David Müller (Hrsg.)
Controlling für kleine und mittlere Unternehmen

Controlling für kleine und mittlere Unternehmen

Herausgegeben von
David Müller

2., überarbeitete und erweiterte Auflage

DE GRUYTER
OLDENBOURG

ISBN 978-3-11-065978-8
e-ISBN (PDF) 978-3-11-051716-3
e-ISBN (EPUB) 978-3-11-051499-5

Library of Congress Cataloging-in-Publication Data
A CIP catalog record for this book has been applied for at the Library of Congress.

Bibliografische Information der Deutschen Nationalbibliothek
Die Deutsche Nationalbibliothek verzeichnet diese Publikation in der Deutschen
Nationalbibliografie; detaillierte bibliografische Daten sind im Internet über
http://dnb.dnb.de abrufbar.

Dieser Band ist text- und seitenidentisch mit der 2017 erschienenen
gebundenen Ausgabe.
Umschlaggestaltung: Epoxy/iStock/Thinkstock
Satz: le-tex publishing services GmbH, Leipzig
Druck und Bindung: CPI books GmbH, Leck

♾ Gedruckt auf säurefreiem Papier
Printed in Germany

www.degruyter.com

Vorwort zur 2. Auflage

Im Jahr 2009 erschien die Erstauflage des vorliegenden Sammelbandes, welcher auf eine positive Resonanz stieß. In den Folgejahren zeigte sich eine gleichbleibend hohe Bedeutung des Controllings für kleine und mittlere Unternehmen (KMU) in Theorie und Praxis. In dieser Zeit veränderten sich jedoch die in der Praxis auftretenden Fragestellungen ebenso, wie die in der Theorie entwickelten Interpretations- und Lösungsansätze. Aus diesen Gründen reifte der Entschluss, diesen neuen Themen – neben weiterhin aktuellen Problemstellungen – in einer überarbeiteten Auflage Raum zu geben.

Die Grundstruktur des Bandes hat sich bewährt und wurde deshalb beibehalten. Die 22 Aufsätze von 39 Autoren sind in **vier Bereiche** untergliedert. Im Mittelpunkt des **ersten Teils** stehen Überlegungen zur Konzeption des Controllings sowie zur Rolle des Controllers.

Wolf/Kuttner/Feldbauer-Durstmüller analysieren 32 Studien zu Anforderungsprofilen an Controller und zeichnen auf dieser Basis ein sehr heterogenes Bild. Die vielschichtige Entwicklung führt zu Rollendivergenzen, steigenden Anforderungsprofilen und Spannungsfeldern für den Controller. Die Autorinnen identifizieren die Unternehmensgröße als wesentlichen Kontextfaktor, da KMU eine größenadäquate Anpassung der Aufgaben und Anforderungen verlangen.

Jacobs et al. identifizieren die Deckung des Informationsbedarfs als essenzielle Grundlage für die Controlling-Funktionen. Für den Einsatz von Methoden und Instrumenten des Controllings entwickeln sie eine Differenzierung verschiedener KMU-Typen, um die sehr hohe Heterogenität hinsichtlich der Strukturen und Tätigkeitsfelder zu berücksichtigen. Lingnau/Seewald erklären die geringe Bedeutung des Controllings in eigentümergeführten Unternehmungen dadurch, dass die Eigentümer ihre Interessen selbst einbringen und das demzufolge Informationsasymmetrien als Voraussetzung für die Controllingfunktion der Entscheidungsbeeinflussung dementsprechend nicht vorhanden sind. Ein weiterer konzeptioneller Vorschlag für die KMU-spezifische Ausgestaltung des Controllings wird von Mäder/Hirsch erarbeitet. Die Autoren identifizieren das Streben nach Transparenz und die damit angestrebte Verbesserung von Führungs-Entscheidungen als neue Controllingaufgabe.

An die Rolle des Controllers werden unterschiedlichste Erwartungen herangetragen, die personen-, unternehmens- und zeitabhängig sind. Controller empfangen jedoch nicht ausschließlich Anforderungen an ihre Rolle, sondern gestalten dieses Rollenbild aktiv mit. Wichtig ist in diesem Zusammenhang, dass das Selbstverständnis der Controllingakteure in der Praxis ebenso differenziert ist, wie die Erwartungen an diese Akteure. Aus diesem Grund untersucht Rieg unterschiedliche Interpretationen der Controller-Rolle und deren Entwicklung. Dabei geht er den verschiedenen Ansichten des Rollenwandels kritisch auf den Grund, um zu erkennen, was wissenschaftlich fundiert ist, was vermutet werden kann und was bisher noch unklar ist.

Diese Darstellungen werden von empirischen Analysen zum Anwendungsstand des Controllings flankiert. Becker/Ulrich nähern sich der Frage nach den Spezifika eines KMU-Controllings durch Aufarbeitung der konzeptionellen und theoretischen Literatur sowie durch eine eigene empirische Umfrage. Hiebl diskutiert die spezifische Nutzung und die potenziellen Vorzüge eines verstärkten Einsatzes des strategischen Controllings vor dem Hintergrund empirischer Studien. Er stellt fest, dass eine adäquate Anwendung von strategischem Controlling in KMU ebenso wünschenswert ist, wie eine verstärkte deutschsprachige Forschung zur Beziehung dieser beiden Bereiche.

Der **zweite Teil** beinhaltet Analysen des externen Rechnungswesens sowie Überlegungen zu speziellen Problemen der Kostenrechnung. Funk/Rossmanith/Strigel analysieren die Auswirkungen der IFRS für kleine und mittelgroße Unternehmen auf das Rechnungswesen und auf das Controlling dieser Unternehmensgruppe. Toebe weist auf die Bedeutung eines Compliance Management Systems hin und präsentiert einen Regelkreis, der steuerliche Überraschungseffekte vermeiden soll und ein Überwachungssystem aus prozessunabhängigen Kontrollen beinhaltet.

Darüber hinaus werden ausgewählte Probleme der Kostenrechnung diskutiert. Eine steigende Anzahl von Kunden und auch der Gesetzgeber definieren die Zertifizierung von Produkten, Prozessen oder Personen als grundlegende Anforderung. Die Frage, wie die damit verbundenen Kosten erfasst und verrechnet werden, wurde bislang kaum gestellt. Deshalb widmet M. Müller seinen Beitrag der Relevanz sowie den Möglichkeiten der Verrechnung von Zertifizierungskosten.

Aufgrund der geringen Größe sind KMU häufig auf Kooperationen angewiesen. Dies ist – nicht nur, aber insbesondere – in der Land- und Forstwirtschaft der Fall. Mit einer Kooperation wird die Erreichung eines Zieles in einem Maße angestrebt, welches das der Zielerreichung im Alleingang übersteigt, was auch als Synergieeffekt bezeichnet wird. Dabei entsteht die Frage nach der Verteilung des erzielten Gemeinschaftsgewinns. Die gerechte Verteilung des Synergiegewinns ist ein zentrales Problem von Kooperationen. Aus diesem Grund stellt D. Müller spieltheoretische Verfahren zur fairen Kostenaufteilung in land- und forstwirtschaftlichen Kooperationen vor.

Fragestellungen und Lösungsansätze an der Schnittstelle von Unternehmensführung und Controlling bilden den **dritten Teil**. Behrends/Martin verwenden eine dynamische KMU-Perspektive und machen deutlich, dass der Erhalt bzw. Ausbau elementarer betrieblicher Führungsfähigkeiten stets durch „Balancierungsoperationen" strukturell abgesichert werden muss. Busch diskutiert mit Hilfe dynamischer Fähigkeiten ein integratives Konzept, das eine Brücke zwischen Innenorientierung (Kompetenzbetrachtung) und Außenorientierung (Marktbetrachtung) schlägt. Er präsentiert und analysiert das Teaming als unternehmerische Fähigkeit zur geschickten Rekonfiguration von Teams und verdeutlicht, dass es sich dabei um einen entscheidenden Wettbewerbsfaktor handeln kann. von der Oelsnitz/Knopf untersuchen intangible Erfolgsfaktoren im Rahmen des Innovationsprozesses. Sie plädieren für ein erweitertes

Controllingverständnis, welches der Unwägbarkeit des Prozesses Rechnung trägt und eine bessere Steuerung ermöglicht.

Der Unternehmenserfolg wird in wesentlichem Maße durch die verwendeten Managementpraktiken bestimmt. Da es bisher kaum eine systematische Auseinandersetzung mit den Managementpraktiken in den KMU gibt, nimmt sich Thommes dieser Thematik an. Sie geht dabei der Frage nach, welche Managementpraktiken – und vor allem auch, welche Kombination von Praktiken – für KMUs erfolgversprechend sind.

In KMU spielt die Improvisation eine vergleichsweise große Rolle. Der Frage nach den Gründen für diese Bedeutung geht D. Müller in seinem Beitrag nach. Er zeigt, dass Planung und Improvisation zwei sich ergänzende bzw. ersetzende Formen der Problemlösung sind. Zusätzlich untersucht er die Faktoren, welche für den Erfolg von improvisierten Maßnahmen bestimmend sind.

Der **vierte Teil** beinhaltet Beiträge zur Finanzierung, zur Investitionsplanung und zur Unternehmensnachfolge. Martin/Mühlbauer/Martin diskutieren unterschiedliche Optionen zur Abwicklung der Unternehmensnachfolge und weisen auf die Notwendigkeit einer frühzeitigen und systematischen Nachfolgeplanung hin, die neben der Wahl eines geeigneten Nachfolgers in der Geschäftsführung auch die Absicherung des Alt-Eigentümers umfasst und auf den langfristigen Unternehmensfortbestand ausgerichtet ist. Darüber hinaus indizieren die Autoren Probleme bei der Ermittlung eines angemessenen Verkaufspreises aufgrund subjektiver Bewertungsperspektiven. Toll/Hering greifen dieses Problem auf und argumentieren, dass der präsumtive Käufer seine subjektive Grenze der Konzessionsbereitschaft kennen sollte, um sich durch einen geplanten Unternehmenserwerb wirtschaftlich nicht zu verschlechtern. In ihrem Beitrag zeigen sie, wie dieses Bewertungsproblem anhand des Grenzpreiskalküls gelöst werden kann.

Die Planung von Investitionen stellt eine Herausforderung für viele Unternehmen dar, nicht nur für KMU. Muche/Höge demonstrieren, wie eine Investitionsplanung in KMU bei Annahme vollkommener Kapitalmärkte und unter Rückgriff auf Kapitalmarktdaten durchgeführt werden kann. Trost/Fox diskutieren die Methodenwahl in der Investitionsrechnung von KMU, welche das Ziel hat, die Charakteristika realer Kapitalmärkte angemessen zu berücksichtigen. Dies erfordert die Aufgabe der Prämisse vollkommener Märkte und führt zur Analyse des Verfahrens der Vollständigen Finanzpläne in KMU.

Gegenüber Großunternehmen haben KMU mit begrenzten Finanzierungsmöglichkeiten – sowohl der gewöhnlichen Geschäftstätigkeit als auch von Innovationsprozessen – zu kämpfen. Fox/Schonert präsentieren in ihrem Beitrag unterschiedliche Finanzierungsquellen und deren Eignung für KMU. Sie gehen dabei der Frage nach, unter welchen Bedingungen Mezzanine-Kapital bei der Mittelstandsfinanzierung zur Überwindung des Finanzierungsengpasses eingesetzt werden kann. Ziel des Beitrags von Oehler/Wendt ist es, Herausforderungen hinsichtlich der sozialökologischen Ausrichtung der Investitions- und Finanzierungspolitik der KMU zu erörtern. Sie gehen davon aus, dass in diesen Unternehmen bereits – implizit oder explizit – eine zumin-

dest teilweise sozial-ökologische Ausrichtung der unternehmerischen Tätigkeit vorliegt, untersuchen jedoch eine systematische und umfassende Berücksichtigung so-
zialökologischer Kriterien bei der Investitions- und Finanzierungspolitik.

Ich bedanke mich bei allen Autoren für die gute Zusammenarbeit und die beigesteuerten Aufsätze. Durch diese Zusammenführung praktischer und theoretischer
Analysen ist eine umfassende Betrachtung entstanden. Bei Frau Yvonne Rast-Neu-
haus, Herrn Dipl.-Kfm. Max Patzenhauer und bei Herrn Dipl.-Kfm. Martin Müller vom
Lehrstuhlteam bedanke ich mich ebenfalls herzlich. Letzterem gebührt besonderer
Dank für die selbstständige und engagierte Übernahme der redaktionellen Hauptar-
beitslast.

Den Lesern wünsche ich eine angenehme und erhellende Lektüre!

Cottbus, Juni 2017   David Müller

Vorwort zur 1. Auflage

In den Jahren 2005–2007 wurde von acht Partnern das Projekt „WiKoM – Wissens- und Kompetenzmanagement", finanziert durch den Europäischen Sozialfonds, im Rahmen der Gemeinschaftsinitiative EQUAL durchgeführt. Die Fachgebiete Rechnungswesen/Controlling und Allgemeine Betriebswirtschaftslehre der Technischen Universität Ilmenau waren in diesem Rahmen für das Teilprojekt „Managementunterstützungssysteme in kleinen und mittleren Unternehmen (KMU)" verantwortlich. Ziel des Teilprojektes war es, die Anpassungsfähigkeit sowie die Entscheidungsqualität dieser Unternehmen zu analysieren und zu steigern. Dazu wurden eine Reihe von Instrumenten und Modellen auf deren Relevanz und Eignung hin untersucht, den Einsatzbedingungen entsprechend modifiziert bzw. der notwendige Änderungsbedarf festgestellt.

In diesem Zusammenhang kristallisierte sich als zentrale Frage heraus, warum die von Seiten der Theorie entwickelten betriebswirtschaftlichen Modelle und Methoden zur verbesserten Entscheidungsfindung in KMU nicht in dem Maße zum Einsatz kommen, wie dies in Großunternehmen der Fall ist. Für Vertreter der Theorie ist der geringe Verbreitungsgrad von Methoden und Modellen sicherlich unbefriedigend. Die Schlussfolgerung, es handele sich um ein Defizit, welches durch einen verstärkten Einsatz dieser Modelle zu beheben ist, scheint nahe zu liegen, ist jedoch nicht in jedem Fall zutreffend. Es ist vielmehr zu klären, ob die entwickelten Methoden sowohl problemadäquat als auch nutzeradäquat, und auf diese Weise in der Summe geeignet sind, die Probleme der betrachteten Unternehmensgruppe zu erfassen und zu lösen.

Die Beantwortung dieser Frage ist Ziel des vorliegenden Bandes. Dazu werden die Erfahrungen des Projektes in eine umfassende Diskussion eingebettet. In 19 Beiträgen untersuchen 34 Autoren den Einsatz und die Perspektiven von Instrumenten zur Managementunterstützung in KMU. Als Analyserahmen wird das Controlling gewählt, da es als grundelegende Aufgabe die Managementunterstützung beinhaltet. Es wird untersucht, welche Controlling-Konzeptionen für KMU besonders fruchtbar erscheinen und welche, die Managementunterstützung konkretisierenden, Aufgaben Controlling in ausgewählten Unternehmensbereichen erfüllen soll und kann. Daran schließt sich die Frage, wie die bestehenden Instrumente und Methoden einzuordnen und an aktuelle Entwicklungen anzupassen sind.

Der Band ist, diesem Gedankengang folgend, in vier Teile untergliedert. Im ersten Teil werden Eignung und Aussagemöglichkeit unterschiedlicher Controlling-Konzeptionen für, sowie der Anwendungsstand des Controllings in KMU analysiert. Für die Betrachtung einzelner Instrumente und Methoden wurden drei Bereiche ausgewählt, welche anschließend in je einem Teil diskutiert werden. Im Mittelpunkt des zweiten Teiles stehen Analysen zu Vorschriften und Instrumenten des externen Rechnungswesens und daraus resultierenden Anpassungserfordernissen. Fragestellungen und Lösungsansätze an der Schnittstelle von Unternehmensführung und Controlling bilden den dritten Teil. Im abschließenden vierten Teil werden die Perspektiven von alternativen Finanzierungsinstrumenten und die Durchführung der Investitionsplanung in KMU beleuchtet.

Ich bedanke mich bei allen Autoren für die gute Zusammenarbeit und die beigesteuerten Aufsätze. Durch diese Zusammenführung ist eine umfassende Betrachtung und Beantwortung der Forschungsfrage möglich geworden. Herrn Dr. Jürgen Schechler danke ich für die engagierte Unterstützung von Seiten des Verlags.

Ilmenau, November 2008   David Müller

ESF
Europäischer Sozialfonds
für Deutschland

Bundesministerium
für Arbeit und Soziales

Gemeinschaftsinitiative
Equal

Inhalt

Teil 1: Konzeptionen des Controllings und Rollen des Controllers

Teil 2: Externe Rechnungslegung, Steuern und Kostenrechnung

Teil 3: Steuerung von Personal und von Innovationen

Teil 4: Unternehmensnachfolge, Finanzierung und Investition

Teil 1: **Konzeptionen des Controllings und Rollen des Controllers**

Tanja Wolf, Michael Kuttner und Birgit Feldbauer-Durstmüller

Anforderungen an Controller in KMU

1 Einleitung

Bedingt durch herausfordernde wirtschaftliche Rahmenbedingungen, rechtliche und technologische Veränderungen und neue Rollenbilder haben sich die **Anforderungen** im **Finanzbereich** eines Unternehmens stark verändert.[1] Im Kontext einer immer dynamischer und komplexer werdenden Umwelt, die **neue Planungs- und Steue-**

---

[1] Vgl. Steiner (2014), S. 114–115.

DOI 10.1515/9783110517163-001

rungsinstrumente verlangt und den **Informationsbedarf** in den Unternehmen erhöht, nehmen **Controller** eine wichtige Funktion in den Unternehmen ein.[2]

Controlling gehört zu den **komplexesten Funktionen** in den Unternehmen, da Controller die Unternehmensführung entlasten, ergänzen und begrenzen sollen.[3] Aus der Kostenrechnung kommend, wurde dem Controller im Laufe der letzten Jahre eine umfangreiche und thematisch breite Verantwortung in den Unternehmen übertragen. Dabei wird der Wandel der Controller-Rolle vom **„Zahlenknecht" und „Erbsenzähler"** zum **„Business Partner"** betont.[4]

Anforderungen an Controller werden in der Literatur zumeist sehr allgemein betrachtet. Auf der einen Seite werden in **theoretischen Quellen** zahlreiche Anforderungen an Controller aufgezählt, ohne Prioritäten zu setzen und wesentliche Fähigkeiten zu identifizieren.[5] In **empirischen Untersuchungen** sind zwar Prioritäten erkennbar, jedoch werden die dahinter liegenden Gründe für die Wichtigkeit bestimmter Anforderungen nicht erklärt. Anforderungen an Controller sind somit in Theorie und Praxis zahlreich zu finden, jedoch sind sie von inhaltlicher Heterogenität gekennzeichnet, lassen zumeist lange Listen an Wissen und Fähigkeiten entstehen, zeigen selten Bezugspunkte zu Theorien auf, nehmen kaum eine Schwerpunktsetzung vor und betrachten das Anforderungsprofil nur ansatzweise kontextbezogen.[6]

In diesem Beitrag sollen die **zentralen Komponenten eines Anforderungsprofils für Controller in kleinen und mittleren Unternehmen (KMU)** herausgearbeitet werden. Zuerst erfolgt als **Basis** eine kurze Einführung in das Controlling, eine Darstellung des Controllers als Aufgabenträger und ein Überblick über Controlleraufgaben. Darauf aufbauend werden **Controlleranforderungsprofile in Theorie und Praxis** erläutert. Abgeleitet aus der Analyse von **32 Studien** über Controlleranforderungsprofile werden die **Kernkompetenzen** eines Controllers dargestellt. Zusätzlich sind jedoch umwelt- und unternehmensbedingte **Einflussfaktoren** auf diese Anforderungen zu berücksichtigen. Da die europäische Unternehmenslandschaft von KMU geprägt ist, wird als ein entscheidender Einflussfaktor die **Unternehmensgröße** dargestellt und **Anforderungen an Controller in KMU** spezifiziert.

---

2 Vgl. Weber et al. (2008), S. VII; Horváth (2011), S. 3–9; Mitter/Mühlberger (2014), S. 94.
3 Vgl. Pietsch (2003), S. 44; Weber/Schäffer (2014), S. 43–45.
4 Vgl. Preis (2012), S. 16–17; Mitter/Mühlberger (2014), S. 99; Weber/Schäffer (2014), S. 470–471.
5 Vgl. Küpper (1990), S. 337; Preis (2012), S. 2–3; Weber/Schäffer (2014), S. 471–480.
6 Vgl. Preis (2012), S. 66.

2 Controlling und Controller

2.1 Grundlegendes zum Controlling

Controlling gilt als Phänomen, das in der **Praxis** entstanden ist.[7] Der **Begriff „Controlling"**, abgeleitet vom englischen Wort „to control", bedeutet nicht nur „Kontrolle", sondern auch „Lenken" bzw. „Steuern" eines Unternehmens. Das Controlling stellt dem Management Informationen zur Entscheidungsunterstützung zur Verfügung und übt somit eine Steuerungsfunktion aus. Während das Controlling in der Unternehmenspraxis erfolgreich etabliert ist, bestehen in der wissenschaftlichen Literatur Diskussionen über die Begriffsabgrenzung.[8]

Zu Beginn der **theoretischen Fundierung des Controllings** stand die **Informationsversorgung** mit Fokus auf bedarfsgerechte Aufbereitung und Bereitstellung entscheidungsrelevanter Informationen im Vordergrund. Bis Ende der 1990er-Jahre schien sich ein gemeinsames Verständnis des Controllings als **Koordination** des Führungssystems herausgebildet zu haben, bevor die Sichtweise von Weber/Schäffer, die Controlling als **Rationalitätssicherung** der Führung betrachten, die Diskussion neu entfachte.[9]

Über die zielgerichtete **Entscheidungsbeeinflussung** des Controllings innerhalb eines Unternehmens besteht Einigkeit, es werden vor allem der **Koordinationsaspekt** und die **Zielausrichtung** diskutiert. Koordination kann sich auf Planung, Kontrolle und Informationsversorgung beschränken oder alle Führungsteilsysteme umfassen. Uneinigkeit herrscht ferner über die Zielausrichtung des Controllings, die entweder das Ergebnisziel allein oder alle Unternehmensziele umfasst. Aus diesen Diskussionen resultiert eine große Anzahl an unterschiedlichen **Controllingkonzeptionen.**[10]

Nicht nur Ziele, **Funktionen** und die **daraus abgeleiteten Aufgaben**, sondern auch **Personen** prägen das Controlling. Die Art und Qualität der Erfüllung der Aufgaben durch die Aufgabenträger ist neben anderen Faktoren im Unternehmen stark von der Person des Controllers abhängig. Controller brauchen bestimmte **fachlich-methodische Fähigkeiten** und **persönliche Eigenschaften**, um den **Nutzen**, den eine professionelle Controllingkonzeption ermöglicht und den sich das Unternehmen vom Einsatz eines Controllings verspricht, tatsächlich zu erbringen.[11]

---

[7] Vgl. Weber/Schäffer (2014), S. 3.
[8] Vgl. Küpper et al. (2013), S. 3–4; Weber/Schäffer (2014), S. 1–3.
[9] Vgl. Weber/Schäffer (2014), S. 37–54; Wall (2008), S. 464.
[10] Vgl. Wall (2008), S. 465–469; Horváth (2011), S. 131–134; Küpper et al. (2013), S. 30–40; Weber/Schäffer (2014), S. 20–27.
[11] Vgl. Eschenbach/Siller (2011), S. 58.

2.2 Controller als Aufgabenträger

Auch bei den **Definitionen des Controllers** besteht keine Einigkeit: Kaum ein Begriff wird so vielfältig interpretiert und ebenso häufig missverstanden wie der des Controllers.[12] Grundsätzlich wird unter einem Controller ein **Stelleninhaber** verstanden, der für Manager ein bestimmtes Set an Aufgaben wahrnimmt.[13] Jedoch zeigt sich in Theorie und Praxis eine große Vielfältigkeit an Aufgaben von Controllern: „In practice, people with title of controller have functions that are at one extreme little more than bookkeeping and, at the other extreme, de facto general management".[14]

Controller müssen ein breites Spektrum an Kenntnissen und Fähigkeiten aufweisen, sodass von einem **„Chamäleon namens Controller"** gesprochen wird und Kritik am Controlling über dessen Anmaßung von Wissen und Können und **Selbstbeweihräucherung zum Supermann** geübt wird.[15] Im Hinblick auf die **Anforderungen** sind Controller als hochqualifizierte Führungskräfte zu sehen, die im Anforderungsniveau Linienverantwortlichen nicht nachstehen, allein schon aus Akzeptanzgründen. Von Führungskräften unterscheiden sich Controller in der fehlenden Weisungskompetenz, sie sind darauf angewiesen, andere zu überzeugen.[16]

2.3 Controlleraufgaben

2.3.1 Grundlegendes zu Controlleraufgaben

Basis der **Herleitung eines Anforderungsprofils** ist die Notwendigkeit einer trennscharfen Betrachtung der **Aufgaben**, die Controller zu erfüllen haben. Mängel in der Aufgabenbeschreibung führen dazu, dass ein Anforderungsprofil nicht prägnant hergeleitet werden kann und schlagen unmittelbar auf die Qualität der Formulierung von Anforderungen an die Aufgabenträger durch (vgl. Abb. 1).[17]

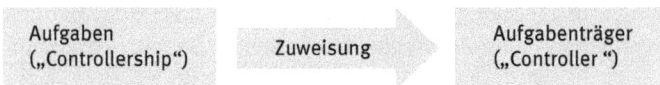

Aufgaben („Controllership") — Zuweisung → Aufgabenträger („Controller ")

Abb. 1: Aufgaben und Aufgabenträger[18].

12 Vgl. Becker (2005), S. 11.
13 Vgl. Weber/Schäffer (2014), S. 1.
14 Anthony (1965), S. 28.
15 Vgl. Schneider (1991), S. 765; Weber/Schäffer (2014), S. 472.
16 Vgl. Preis (2012), S. 41.
17 Vgl. Preis (2012), S. 41.
18 Quelle: eigene Darstellung in Anlehnung an Weber/Schäffer (2014), S. 20–27.

Ein Anforderungsprofil lässt sich erst herleiten, wenn die Aufgabenfelder einen relativ großen gemeinsamen Kern aufzeigen.[19] Daher sollen zunächst kurz die wesentlichen Aufgaben des Controllings in Theorie und Praxis dargestellt werden.

2.3.2 Controlleraufgaben in der Theorie

Je nach **Controllingkonzeption** sind unterschiedliche Schwerpunktsetzungen bei den Aufgaben zu finden (vgl. Tab. 1).

2.3.3 Controlleraufgaben in der Praxis

Bezüglich **Controlleraufgaben** in der Praxis ist ein Beitrag von Mitter/Mühlberger anzuführen, der basierend auf 32 empirischen Studien in deutschsprachigen Zeitschriften einen systematischen Überblick über die Befunde bzgl. Rolle, Aufgaben und Controlleranforderungen erstellt. Vor dem Hintergrund stetiger Veränderungen haben sich auch Controller auf neue Aufgaben vorzubereiten. Das **Aufgabenspektrum wird als groß und vielfältig** bezeichnet, wobei sich jedoch **vier Bereiche** herauskristallisieren:[20]

- Informationsversorgung als grundlegende Aufgabe, auf der die anderen Bereiche aufbauen,
- Planung und Kontrolle als Kristallisationskern der Controllertätigkeit,
- Koordination bedingt durch Differenzierung des Führungssystems des Unternehmens in verschiedene Teilsysteme,
- Rationalitätssicherung durch Beratung und Entlastung der Führungskräfte.

Dabei werden die **Aufgaben Informationsversorgung, Planung** und **Kontrolle** in allen Studien als **Kernaufgaben der Controllertätigkeit** dargestellt, während Koordination ausschließlich in Studien großer Unternehmen zu finden ist. Bei den Rationalitätssicherungsaufgaben ist im Zeitvergleich eine stetige Bedeutungszunahme erkennbar.[21]

---

19 Vgl. Küpper (1990), S. 327.
20 Vgl. Becker et al. (2012), S. 215; Küpper et al. (2013), S. 131–414; Mitter/Mühlberger (2014), S. 104; Weber/Schäffer (2014), S. 38.
21 Vgl. Mitter/Mühlberger (2014), S. 105–106.

Tab. 1: Controllingkonzeptionen und Aufgaben[22].

Informations-orientierte Konzeption	**Aufgaben** – Informationsbeschaffung, -aufbereitung und -bereitstellung im Rahmen eines regelmäßigen Berichtswesens – Gestaltung, Implementierung und Pflege von Informationssystemen – Kontinuierliche Analyse und Deckung des Bedarfs an entscheidungsrelevanten Informationen
Planungs- und kontroll-orientierte Konzeption	**Aufgaben** – Koordination des Planungs- und Kontrollsystems – Entwurf, Gestaltung und Implementierung des Planungs- und Kontrollsystems als primäre Aufgabe – Initiierung von Planungstätigkeiten, Bestimmung der Planungsaufgaben, Steuerung und Koordination des Planungsprozesses, Bereitstellung von planungsrelevanten Informationen und Erläuterung von Planungsinstrumenten – Koordination des Informationsversorgungssystems: Ermittlung des Informationsbedarfs, Informationsbeschaffung, -aufbereitung und -übermittlung
Führungssystem-orientierte Konzeption	**Aufgaben** – Koordination innerhalb der Führungsteilsysteme – Informationssystem, Planungssystem, Kontrollsystem, Organisationssystem, Personalführungssystem – Koordination zwischen verschiedenen Führungsteilsystemen – z. B. zwischen Planung, Kontrolle und Personalführung – Personalführungssystem ist von zentraler Bedeutung, da Verhalten von Mitarbeitern über Informationen beeinflusst wird
Rationalitäts-orientierte Konzeption	**Aufgaben** – Sicherung der Rationalität der Unternehmensführung – Entlastungsaufgaben als Aufgaben, die an Controller delegiert werden, wie z. B. die Übernahme des Berichtswesens oder laufende Abweichungsanalysen – Ergänzungsaufgaben wie Überprüfung vorliegender Pläne, um unabhängige Personen beizuziehen – Begrenzungsaufgaben, wenn Manager sich opportunistisch verhalten und es darum geht, Fehler zu verhindern oder deren Auswirkungen zu minimieren

2.3.4 Kernaufgaben des Controllers

Als **Kernaufgaben** für den Controller lassen sich sowohl in **Theorie** und **Praxis**
– Informationsversorgungsaufgaben;
– Aufgaben im Rahmen der Planung und Kontrolle;
– Rationalitätssicherung als Beratung und Entlastung der Führungskräfte;
– Aufgaben der Koordination in großen Unternehmen festhalten.

---

22 Quelle: eigene Darstellung in Anlehnung an Reichmann (2006), S. 3–19; Horváth (2011), S. 182–184 und 317–321; Küpper et al. (2013), S. 129–422; Weber/Schäffer (2014), S. 42–48.

3 Controlleranforderungsprofil

3.1 Grundlegendes zur Profilerstellung

Anforderungsprofile sind als schriftliche Dokumentation von Kenntnissen und Fähigkeiten von Mitarbeitern zu sehen und stellen Sollausprägungen dar. Dabei stellt sich neben der Frage nach der konkreten Ausprägung des Profils auch jene nach einer sinnvollen Gliederung der Anforderungen.[23]

Das Controlleranforderungsprofil soll im Folgenden, basierend auf **zwei Metastudien ergänzt um weitere Studien**, dargestellt werden. Die erste **Metastudie** wurde von Preis im Rahmen der Dissertation erstellt und gliedert die Erkenntnisbeiträge der Controllingforschung in konzeptionelle Aussagen und empirische Forschungsergebnisse, welche in Stellenanzeigenanalysen, quantitative und qualitative empirische Erhebungen unterteilt werden. Als zweite **Metastudie** wurde die Übersicht von Mitter/Mühlberger bzgl. Anforderungen an Controller ergänzt, welche sich auf empirische Studien konzentriert. Eine Studie vom Institut für Controlling und Consulting wurde hinzugefügt, die sich speziell auf Controllingleiter fokussiert. Weiter wurden zwei aktuelle Studien von Berens et al. und Traxler/Greiling basierend auf Internetstellenanzeigen analysiert, um den zunehmenden Trend von Veröffentlichungen von Stellenanzeigen in Onlinemedien zu berücksichtigen. Untersuchungen, welche sich auf spezielle Aufgabenkreise wie Beteiligungs-, Konzern- oder strategische Controller fokussieren, wurden hier nicht berücksichtigt. Insgesamt wurden **32 Studien** analysiert (vgl. Tab. 2).[24]

In den folgenden Ausführungen werden die ausgewählten Studien genauer beschrieben.

Tab. 2: Überblick Studien[25].

Anforderungen	Anzahl
Konzeptionelle theoretische Studien	10
Stellenanzeigeanalysen	12
Quantitative empirische Erhebungen	7
Qualitative empirische Erhebung	1
Stellenanzeigen und ergänzend qualitative Forschung	1
Quantitative und ergänzend qualitative Forschung	1
Gesamt	**32**

---

23 Vgl. Stock-Homburg (2008), S. 12; Preis (2012), S. 18.
24 Die 32 analysierten Studien sind im Literaturverzeichnis gekennzeichnet.
25 Quelle: eigene Darstellung.

3.2 Controlleranforderungsprofile in der Theorie

Mit **Controlleranforderungsprofilen** haben sich Autoren schon sehr früh auseinandergesetzt. Die Metastudie von Preis führt konzeptionelle Darstellungen von 1971 bis 2008 an, wobei die älteren Studien von Asser über das Persönlichkeitsbild des Controllers oder von Deyhle jedoch eher als von der Praxis beeinflusst zu bezeichnen sind. Deyhle erwähnt bereits die Bedeutung von **Kontextfaktoren** für das Anforderungsprofil und vermutet unterschiedliche Schwerpunktsetzungen bei Controllern in der Zentrale oder in dezentralen Einheiten. Baumgartner sieht die fachlichen Anforderungen an Controller durch deren Aufgaben determiniert, zeigt jedoch noch sehr widersprüchliche Auffassungen wie unternehmerisches Denken und die Fähigkeit, Tätigkeiten mit dienendem Charakter erfüllen zu können. Diesen Widerspruch versucht er zu lösen, indem er für den Controller die Fähigkeit zur Integration **widersprüchlicher Komponenten** fordert.[26]

Erst bei Küpper ist erstmalig eine **theoretische Ableitung des Anforderungsprofils aus Controllingkonzeptionen** zu finden. Küpper geht von der von ihm vertretenen Koordinationssicht aus und leitet systematisch fachliche und persönliche Anforderungen aus den einzelnen Führungsteilsystemen ab. Dabei ist er sich der sehr umfangreichen Anforderungen bewusst und fordert, dass Controller eher Generalisten als Spezialisten sein sollen.[27] Solaro legt in seinen Betrachtungen den Schwerpunkt auf die **Ausbildung** der Controller – idealerweise ein **Hochschulstudium** – und die daraus erworbenen Fähigkeiten. Die Ausbildung darf nicht auf Buchführung und Bilanzierung beschränkt sein, denn ein Controller muss ebenso Kenntnisse in EDV, Planung, Kosten- und Leistungsrechnung sowie Organisationsmethoden, aber auch ein gewisses Maß an technischem Verständnis besitzen.[28]

Ederer befasst sich mit **Controllern im Mittelstand** und betont die hohen fachlichen und persönlichen Anforderungen. Im Unterschied zu Controllern in Großunternehmen sind in mittelständischen Unternehmen „Rechnungswesen-Allrounder" gefordert, die in allen Bereichen der Betriebswirtschaft ein breites Wissen besitzen. Controller im Mittelstand müssen die Fähigkeit besitzen, über den Tellerrand hinauszublicken, und tragen eine grundlegende Verantwortung für das gesamte Unternehmen.[29]

Erste Ansätze, die vielen Anforderungen zusammenzufassen, sind bei David zu finden, der Kenntnisse und Fähigkeiten als Ressourcen betrachtet und zu **fünf Kernkompetenzen** verbindet (vgl. Tab. 3).[30]

---

26 Vgl. Asser (1971), S. 627–650; Baumgartner (1980), S. 141–142; Deyhle (1980), S. 40–41; Preis (2012), S. 33–34.
27 Vgl. Küpper (1990), S. 335–341; Preis (2012), S. 35–36.
28 Vgl. Solaro (1992), S. 432–437; Preis (2012), S. 37.
29 Vgl. Ederer (2005), S. 137–139.
30 Vgl. David (2005), S. 147–155; Preis (2012), S. 39–40.

Tab. 3: Kernkompetenzen[31].

Datenhoheit	Ermittlung führungsrelevanter Informationen
Monetäre Bewertung	Bewertung von Geschäftsvorfällen in Unternehmen
Transparenzerzeugung	klares Verständnis betriebswirtschaftlicher Sachverhalte
Kritischer Sparringpartner	Diskussion mit dem Management
Betriebswirtschaftlicher Berater	Vorschläge für Verbesserungsmaßnahmen

Weber/Schäffer fordern eine Ableitung der Fähigkeiten aus den zu **erfüllenden Aufgaben.** Als fachliche Anforderungen führen sie Kostenrechnung, Planungs- und Kontrollverfahren, Entscheidungsrechnungen (wie Investitionsrechnungen) und externes Rechnungswesen an. Als persönliche Fähigkeiten werden Kundenorientierung, Sensibilität und didaktisches Geschick, aber auch Konfliktfähigkeit, Standfestigkeit, Unbestechlichkeit und Kommunikationsfähigkeiten gefordert.[32]

Zusammenfassend ist bei den theoretischen Beiträgen kritisch anzumerken, dass in der Vielzahl der Studien die Aufzählung **verschiedener Anforderungen ohne konkrete Begründung oder Herleitung** erfolgt. Nur bei Küpper und Weber/Schäffer erfolgt **eine theoretische Ableitung.** Die Studien verwenden unterschiedliche Bezeichnungen für die Strukturierungen der Anforderungen, die sich jedoch letztendlich in **fachlich-methodische** und **persönliche Anforderungen** gruppieren lassen. Aus den verschiedenen Anforderungsprofilen sind **bestimmte Eigenschaften immer wieder erkennbar,** auch wenn dafür unterschiedliche Begrifflichkeiten verwendet werden, wie beispielsweise Kommunikationsfähigkeit und Eloquenz. Dies lässt zentrale Bestandteile eines Anforderungsprofils vermuten, trotzdem sind die Darstellungen von **Überfrachtung** und **inhaltlicher Heterogenität** geprägt.[33]

3.3 Controlleranforderungsprofile in der Praxis

3.3.1 Stellenanzeigenanalysen

Bei **Stellenanzeigen** sind einige **Einschränkungen** zu berücksichtigen. Es werden nicht alle Stellen extern ausgeschrieben, die Kapazität von Stellenanzeigen ist begrenzt, und daher ist im Text nur ein Ausschnitt eines Gesamtbildes zu finden. Weiters sind solche Anzeigen von bestimmten Usancen der Formulierung geprägt und es liegen unterschiedliche Vorstellungen von Eigenschaftsbegriffen vor. Stellenanzeigen zeigen ausschließlich Sollvorstellungen, und dabei besteht eine potenzielle Überfrachtungsgefahr der Texte. Jedoch zeigen die Auswertungen der Stellenanzeigen eine

---

31 Quelle: eigene Darstellung in Anlehnung an David (2005), S. 147–155.
32 Vgl. Preis (2012), S. 40–41; Weber/Schäffer (2014), S. 471–482.
33 Vgl. Preis (2012), S. 44.

höhere Übereinstimmung zwischen den unterschiedlichen Studien als die theoretischen Ausführungen.[34]

Bereits 1978 wird laut einer Studie von Bramsemann in knapp der Hälfte (48 %) der ausgeschriebenen Stellen ein **Hochschulabschluss** gefordert und **Berufspraxis** erwartet. Als wichtige **Kenntnisse** werden damals bereits Kostenrechnung, Planung und Budgetierung, Finanzbuchhaltung, Berichts- und Informationswesen, Organisation und allgemeine Verwaltung sowie EDV- und Englischkenntnisse angeführt. Als persönliche Fähigkeiten werden vor allem Führungsqualitäten, Durchsetzungsvermögen und Verhandlungsgeschick genannt.[35]

Die **umfangreichsten** Studien bzgl. Stellenanzeigen stellen die Auswertungen von Weber/Kosmider und Weber/Schäffer dar, welche Aufgaben und Anforderungen in einem Zeitraum von 1949 bis 1994 analysieren. Dabei nimmt bei den **fachlichen Kenntnissen** die Bedeutung eines Hochschulstudiums immer mehr zu und praktische Erfahrung ist eine wesentliche Voraussetzung. Es folgen Fremdsprachenkenntnisse und EDV-Wissen, erst danach Kostenrechnung, Kalkulation, Finanzen und technisches Wissen. Als wichtigste **persönliche Anforderungen** ergeben sich analytische Fähigkeiten, gefolgt von Durchsetzungs- und Führungsvermögen sowie Team- und Kommunikationsfähigkeit. Die Forderung nach Kommunikationsfähigkeit steigt ab den 80er-Jahren und wird von Autoren als eine Abkehr vom Controller von seiner Rolle als bloßer Zahlenlieferant interpretiert. Im Zeitablauf hat die absolute Anzahl der Anforderungen, die an Controller gestellt werden, zugenommen. So haben sich die anfänglich fünf fachlichen und zwei persönlichen Anforderungen auf inzwischen jeweils neun Positionen gesteigert.[36]

Ausgehend von den Angaben dieser umfangreichen Studien für den Zeitraum **1990–1994** sollen weitere Studien in einem kurzen Überblick dargestellt werden (vgl. Tab. 4). Bei diesen Studien sind bei den **fachlichen Anforderungen** stets ein Studium, zumeist auch EDV, Kostenrechnung, Berufserfahrung und Fremdsprachenkenntnisse zu finden. Bei den **persönlichen Anforderungen** sind stets analytisches Denkvermögen, Kooperationsbereitschaft und Teamfähigkeit, Durchsetzungsfähigkeit sowie Kommunikationsfähigkeit anzutreffen.

Zunehmend erfolgt die Veröffentlichung von Stellenanzeigen via Onlinemedien, und daher sind Erhebungen von Berens et al. und Traxler/Greiling in Internetportalen anzuführen. Berens et al. beschäftigten sich speziell mit den **Erwartungen an Controller** und deren **Ausbildung** und skizzieren die **geschichtliche Entwicklung der Anforderungen**. Auch in dieser Studie bildet die Analyse von Bramsemann den Ausgangspunkt, da dort von knapp der Hälfte ein **Studienabschluss** gefordert wird. In allen nachfolgenden Studien wird die hohe Relevanz einer **Hochschulausbildung** für

---

34 Vgl. Preis (2012), S. 45; weitere kritische Aussagen bzgl. Stellenanzeigen siehe Preißner (1998), S. 219–220.

35 Vgl. Bramsemann (1978), S. 20–28; Preis (2012), S. 45–46.

36 Vgl. Weber/Kosmider (1991), S. 20–31; Preis (2012), S. 47–49; Weber/Schäffer (2014), S. 471–482.

Tab. 4: Überblick Studien[37].

Studien	Weber/ Schäffer 1990–94	Klinkenberg 1994	Kalwait/ Maginot 1998	Preißner 1998	Steinle et al. 1998
Fachliche Anforderungen					
Studium	34,6 %	Nur Persön-	84,0 %	91,0 %	88,0 %
Berufserfahrung	21,7 %	lichkeits-	89,0 %		95,0 %
Fremdsprachen	12,7 %	merkmale	64,0 %		63,0 %
EDV	12,0 %		67,0 %	76,0 %	Fast 3/4
Kostenrechnung	8,1 %		65,0 %	33,0 %	
Berichtswesen				40,0 %	
Planung				44,0 %	
Persönliche Anforderungen					
Analytisches Denkvermögen	19,3 %	45,0 %	38,0 %	Keine Per- sönlichkeits-	48,0 %
Kooperationsbereitschaft/ Teamgeist	17,3 %	37,5 %	48,0 %	merkmale	41,8 %
Durchsetzungsfähigkeit	15,2 %	17,5 %	33,0 %		20,4 %
Führungsfähigkeit	14,4 %				
Selbstständigkeit	14,4 %				
Kommunikationsfähigkeit	14,2 %	22,5 %	39,0 %		21,4 %

Controller betont, und dies ist als **Trend zu einer Akademisierung** des Controller-berufs zu sehen. Die zunehmende Bedeutung des Studienabschlusses wird auch von Traxler/Greiling bestätigt. Als ideale Studienrichtung werden dabei bevorzugt wirt-schaftswissenschaftliche Ausbildungslehrgänge genannt.[38]

Bei den **persönlichen Anforderungen** zeigt sich, dass frühere Studien die Be-deutung von **Führungsqualität** und **Durchsetzungsvermögen** betonen, während in späteren Veröffentlichungen vor allem **analytische Fähigkeiten** als Kerneigenschaft von Controllern betrachtet werden. Heute legen Unternehmen neben den analyti-schen Fähigkeiten vor allem Wert auf **Kooperationsbereitschaft, Teamgeist und Kommunikationsfähigkeit**. Als Controller wird ein kommunikativer **Teamplayer mit analytischen Fähigkeiten** erwartet (vgl. Tab. 5).[39]

Zusammenfassend kann bei den Stellenanzeigenanalysen angeführt werden, dass diese im Vergleich zu den theoretischen Quellen stärkere **inhaltliche Ähn-lichkeiten** aufweisen. Aus den Analysen der Stellenanzeigen ist die geschichtliche Entwicklung der Anforderungen gut erkennbar. Während in den früheren Studien

37 Quelle: eigene Darstellung. Es ist darauf hinzuweisen, dass bei den angeführten Studien von unter-schiedlichen Methoden, Stichprobenzusammensetzungen und Erfassungskriterien auszugehen ist.
38 Vgl. Berens et al. (2013), S. 10; Traxler/Greiling (2014), S. 58–60.
39 Vgl. Berens et al. (2013), S. 13–15.

Tab. 5: Persönliche Anforderungen an Controller laut Berens et al.[40]

Anforderungen	%
Kooperationsbereitschaft/Teamgeist	64,6
Analytische Fähigkeiten	59,3
Kommunikationsfähigkeit	54,5
Persönliches Engagement/Eigeninitiative	39,7
Selbstständigkeit	32,3

Führungsqualität und Durchsetzungsvermögen im Vordergrund stehen, werden in späteren Veröffentlichungen analytische Fähigkeiten als Kernkompetenz von Controllern betrachtet. Neuere Analysen heben Kooperationsbereitschaft, Teamgeist und Kommunikationsfähigkeit hervor. Konzeptionellen Studien und Stellenanzeigen gemeinsam ist, dass Kenntnisse zur **Erfüllung der Aufgaben** in den Bereichen **Planung, Kontrolle und Informationsversorgung** ähnlich bedeutend betont werden.[41]

3.3.2 Quantitativ-empirische Studien

Bei den **quantitativ-empirischen Studien** ist anzuführen, dass nur selten große empirische fragebogengestützte Erhebungen zu finden sind, die sich mit dem Anforderungsprofil des Controllers befassen. Weiters ist bei der Analyse der Studien entscheidend zu beachten, wer befragt wurde, ob dies Controller, die Unternehmensführung, Manager oder eher neutrale Experten waren. So kann bei Befragungen von Controllern deren **Wunschdenken** betreffend ihrer Position mögliche Antworten beeinflussen. Unterschiede im **Selbst- und Fremdbild** des Controllers werden nur erfasst, wenn verschiedene Gruppen in Unternehmen befragt werden. Bestimmend ist auch, welche **Controllingkonzeption** vom Autor der Studie vertreten wird.

Als eine der ersten Studien sind die Befragungen von Controllern durch von Landsberg/Mayer zum **Berufsbild** des Controllers anzuführen. In dieser Studie wurde explizit nach den **Bildungsabschlüssen** der Controller gefragt, und diese zeigen bei über 60 % mit Universitäts- oder Fachhochschulabschluss ein **hohes Ausbildungsniveau**, das auch in konzeptionellen Überlegungen und anderen empirischen Studien zu finden ist.[42] Eine Vielzahl an fachlichen Fähigkeiten wurde abgefragt, meistens werden Kostenrechnung und EDV-Kenntnisse, aber auch Organisationsmethoden, Finanzbuchhaltung und Abweichungsanalyse genannt. Bei den persönlichen An-

---

40 Quelle: eigene Darstellung in Anlehnung an Berens et al. (2013), S. 13–15.
41 Vgl. Preis (2012), S. 53; Berens et al. (2013), S. 15–16.
42 Siehe Studien von Solaro (1992), S. 432–437; Weber/Kosmider (1991), S. 20–31; Weber/Schäffer (1998), S. 227–233.

forderungen stehen Kontaktstärke, Kooperationsbereitschaft, Durchsetzungskraft und Zuverlässigkeit im Vordergrund.[43] Buchner/Mayer haben sowohl **Controller** als auch **Vertreter** aus dem **Personalbereich** zum Controller der Zukunft befragt. Dabei werden Fachkompetenzen von Controllern als wesentlich wichtiger eingestuft. Auffällig ist, dass innovative und zukunftsgerichtete Controllingansätze bei Controllern von größerer Bedeutung sind. Dies lässt Unterschiede im Fremd- und Selbstbild der Controller vermuten. Die Rollenvielfalt des Controllers führt zu Rollendivergenzen, steigenden Anforderungsprofilen und Spannungsfeldern für den Controller.[44] Dies lässt propagierte Rollenentwicklungen kritisch hinterfragen.

Ein **unternehmensgrößenspezifisches Bild für KMU** liefert die Dissertation von Kummert (vgl. Tab. 6). Laut Studie wird von der Unternehmensführung in KMU ein klarer Fokus auf fachliche Anforderungen des Controllers gelegt, erst dann folgen Methodenkompetenz und soziale Kompetenzen. Bei den persönlichen Eigenschaften steht das Erkennen von Zusammenhängen an erster Stelle, gefolgt von EDV-Verständnis, kritischem Denken und ziel- und prozessorientiertem Arbeiten.[45]

Ein abgeschlossenes **Studium** und **Englischkenntnisse** werden lediglich mit 25 bzw. 9,1% angeführt und scheinen somit in KMU **weniger wichtig**.[46] Hier sind unternehmensgrößenspezifische Unterschiede erkennbar. Dabei ist jedoch zu betonen, dass diese Studie aus dem Jahr 2004 stammt und dabei in den letzten 10 Jahren Veränderungen bzgl. der Akademisierung in KMU erkennbar ist. Die Forderung nach breit gefächertem betriebswirtschaftlichem Wissen spricht für eine **generalistische Einsetzung des KMU-Controllers**. Das **Kompetenzprofil eines KMU-Controllers**

Tab. 6: Anforderungen an KMU-Controller[47].

Voraussetzung	%
Erkennen von Zusammenhängen	100
EDV-Verständnis	97,8
Kritisches Denken in Alternativen	97,7
Zielorientiertes Arbeiten	97,7
Denken in Prozessen	95,4
Flexibilität und Belastbarkeit	95,4
Weit gefächertes Wissen	90,9

---

43 Vgl. von Landsberg/Mayer (1988), S. 53–94; Preis (2012), S. 54–55.

44 Vgl. Buchner/Mayer (2000), S. 130.

45 Vgl. Kummert (2004), S. 164; Bauer/Kummert (2005), S. 143–146.

46 Vgl. Kummert (2004), S. 191–195; Bauer/Kummert (2005), S. 142–145; fachliche Anforderungen 44,3%, Methodenkompetenz und soziale Kompetenzen mit 29 und 26,7%.

47 Quelle: eigene Darstellung in Anlehnung an Kummert (2004), S. 195; Bauer/Kummert (2005), S. 144.

hängt besonders von den Erfahrungen mit Controlling im Unternehmen ab. Je geringer die Erfahrung, desto mehr wird auf Fachkompetenz geachtet, je größer die Erfahrung, desto ausgeglichener gestaltet sich das Kompetenzprofil des Controllers in KMU.[48]

Bei einer groß angelegten Studie von Weber et al. wurden die **vier wichtigsten Fähigkeiten** von Controllern angegeben (vgl. Tab. 7).

Tab. 7: Anforderungen an Controller[49].

Anforderung	%
Fähigkeit kritisch zu hinterfragen und Schwachstellen zu erkennen	54,4
Kommunikationsfähigkeit	54,1
Beherrschen der Controllinginstrumente	49,8
Geschäftsverständnis	38,8

Persönliche Fähigkeiten und Geschäftsverständnis bilden die wichtigsten Anforderungen, fachliche Fähigkeiten folgen in dieser Studie erst später. Auf die Frage, welche Fähigkeit **zukünftig** an Bedeutung gewinnen wird, ist am bedeutsamsten die **Kommunikationsfähigkeit** als Fähigkeit, sich adressatengerecht mitzuteilen, anzusehen.[50] Eine Befragung des Instituts für Controlling und Consulting von Controllingleitern in österreichischen Großunternehmen zeigt als wichtigste Fähigkeiten für **Controllingleiter** ebenfalls Kommunikationsfähigkeit mit steigender Bedeutung, gefolgt von analytischen Fähigkeiten, einem breiten BWL-Wissen und strategischem Denken.[51]

Zusammenfassend lässt sich bei den **quantitativ-empirischen Studien** anführen, dass deutliche inhaltliche Unterschiede zu erkennen sind: In manchen Studien werden fachliche Fähigkeiten vorrangig angeführt, in anderen Erhebungen werden persönliche Anforderungen als wichtiger erachtet. Gründe für Widersprüche oder zusätzliche Erklärungen für spannende Aspekte können bei solchen Studien nicht mehr nachgefragt werden.[52]

---

48 Vgl. Kummert (2004), S. 164; Bauer/Kummert (2005), S. 143–146.
49 Quelle: eigene Darstellung in Anlehnung an Weber et al. (2006), S. 56.
50 Vgl. Weber et al. (2006), S. 31–57; Weber et al. (2010), S. 31 (Befragung von ICV-Mitgliedern – also Personen mit besonderer Nähe zum Controlling); Preis (2012), S. 58–59.
51 Vgl. Cimirotic/Feldbauer-Durstmüller/Hiebl (2012), S. 12–13.
52 Vgl. Preis (2012), S. 60; Weber et al. (2010), S. 18–19.

3.3.3 Qualitativ-empirische Erhebungen

Qualitative Studien könnten mehr auf Hintergründe eingehen und kontextbezogene Betrachtungen ermöglichen, sind jedoch kaum zu finden.[53]

Hoffjan/Bebek haben ihre Stellenanzeigenanalyse mit **Experteninterviews** ergänzt. Die als besonders relevant erachteten Anforderungen der Stellenanzeigen wurden in den Interviews genauer diskutiert. Mehr als die Hälfte der Experten setzt ebenfalls ein **Studium** voraus, dadurch sind bestimmte Grundkenntnisse und organisatorische Kenntnisse vorhanden. Kenntnisse der Investitions- und Kostenrechnung, Methoden der Planung und Kontrolle, allgemeine betriebswirtschaftliche und EDV-Kenntnisse werden als besonders bedeutsame **fachliche Anforderungen** genannt. Die Experten heben deutlich hervor, wie wichtig die **sozialen Kompetenzen** des Controllers sind. Sachverhalte sind vom Controller zu hinterfragen, und daher ist **analytisches und kritisches Denkvermögen** notwendig. Weiters steht die **Kommunikationsfähigkeit** im Vordergrund, da Controller nicht nur fachlich fundiertes Wissen aufweisen sollen, sondern auch die **Fähigkeit besitzen müssen, dieses Wissen entsprechend zu kommunizieren**.[54]

Preis hat im Rahmen der **Dissertation** eine qualitative Studie in drei Unternehmen durchgeführt. Die qualitative Studie unterscheidet fachlich-methodische Fähigkeiten, persönliche Fähigkeiten und Geschäftskenntnis (vgl. Tab. 8).[55] Zahlenverständnis wird als zentrale Anforderung gesehen und Kostenrechnungskenntnisse als bedeutsam angeführt. Fremdsprachen (vorrangig Englischkenntnisse) sind nur zwin-

Tab. 8: Zentrale Bestandteile Controlleranforderungsprofil nach Preis[56].

Fachlich-methodische Fähigkeiten	Geschäftskenntnis	Persönliche Fähigkeiten
– Zahlenverständnis	– Produktverständnis	– Kommunikationsfähigkeit
– Kostenrechnung	– Produktionsverständnis	– Teamfähigkeit
– Rechnungslegung	– Technisches Wissen	– Analytisches Denken
– Investitionsrechnung	– Geschäftsprozesskenntnis	– Standfestigkeit/Rückgrat
– Informationstechnologie	– Fähigkeit zur	– Neutralität
– Fremdsprachen	betriebswirtschaftlichen	– Glaubwürdigkeit
– Hochschulstudium	Interpretation von	– Flexibilität
– Interkulturelle	Vertragsinhalten	– Selbstständigkeit
Handlungskompetenz		

---

53 Vgl. Preis (2012), S. 60–61. In der Dissertation von Preis wird nur eine qualitative Studie von Weber (2008) angeführt, die sich jedoch mit Konzerncontrollern beschäftigt.

54 Vgl. Hoffjan/Bebek (2009), S. 619–622.

55 Vgl. Preis (2012), S. 68.

56 Quelle: Preis (2012), S. 191.

gend notwendig bei Auslandsbezug. IT-Kenntnisse sind erforderlich für Controller und ein absolviertes Hochschulstudium wird immer wichtiger. **Geschäftskenntnis** ist unverzichtbar, jedoch werden auch andere Begriffe verwendet wie z. B. „technisches Verständnis". Als Geschäftskenntnis werden die Fähigkeit, die Realität hinter den Zahlen zu erkennen, und das Wissen über entscheidende Stellhebel im Unternehmen bezeichnet. Im Bereich der persönlichen Anforderungen ist die Kommunikationsfähigkeit zentral, wichtig sind ebenfalls die Teamfähigkeit und analytisches Denken.[57]

Folgende **Kontextfaktoren** werden in der qualitativen Studie von Preis herausgearbeitet (vgl. Tab. 9).

Tab. 9: Zentrale Kontextfaktoren nach Preis[58].

Interne Faktoren	Externe Faktoren
– Organisatorische Positionierung der Controller – dezentraler Controller oder Zentralcontroller – Fertigungsart – Einzelfertigung oder Serienfertigung – Internationalisierung – Größe Controllerbereich – Komplexitätszuwachs – Produkt- und Produktionskomplexität	– Wirtschaftlicher Druck in wirtschaftlich schwierigen Zeiten – Wettbewerbsdruck als expliziter Druck durch die Wettbewerber – Innovationsorientierung: Innovationen, die vom Markt gewünscht werden bzw. erforderlich sind

Die Kontextfaktoren lassen **erste Schwerpunktsetzungen** erkennen: Es bestehen unterschiedliche Anforderungsprofile für dezentrale Controller und Controller im Zentralcontrolling und bedeutende **Veränderungen** der Controlleraufgaben ergeben sich durch Akquisitionen und Umsatzwachstum. Die **internationale Ausrichtung** der Unternehmen erhöht nicht nur die Wichtigkeit von Fremdsprachen, sondern auch die Bedeutung interkultureller Handlungskompetenz. Bei den fachlich-methodischen Fähigkeiten ist erkennbar, dass die Spezialisierung der Controller auf bestimmte Tätigkeiten mit zunehmender Größe des Controllerbereichs steigt. Mit der Größe des Controllerbereichs kann auch die Unternehmensgröße in Zusammenhang gebracht werden. Mit zunehmender Unternehmensgröße ist auch von einem steigenden **Spezialisierungsgrad der Controller** auszugehen. Komplexere Produkte verlangen von den Controllern **detailliertere Produktkenntnis**, einerseits um die Kalkulationen durchführen, andererseits um fundiert als betriebswirtschaftlicher Berater auch mit Technikern kommunizieren zu können.[59]

---

57 Vgl. Weber et al. (2010), S. 29; Preis (2012), S. 191–192.
58 Quelle: eigene Darstellung in Anlehnung an Preis (2012), S. 229.
59 Vgl. Preis (2012), S. 200–212. Ferner werden hier einige ausgewählte Erklärungen zu Kontextfaktoren angeführt.

Bei den **externen Faktoren** wird angegeben, dass wirtschaftlicher Druck die persönlichen Fähigkeiten bedeutungsvoller werden lässt. Insbesondere Standfestigkeit, Unabhängigkeit und Kommunikationsfähigkeit gewinnen hier an Bedeutung, da in wirtschaftlich schwierigen Zeiten schlechte Nachrichten durch Controller zu überbringen und negative Zahlen dem Management zu erklären sind. Innovationsorientierung fordert verstärkte Kostenrechnungskenntnisse, um die Marktfähigkeit von Innovationen von der Kostenseite aus analysieren zu können. Da bei Innovationen in erster Linie Techniker beteiligt sind, sind Kommunikations- und Teamfähigkeit in enger Zusammenarbeit mit den Innovationsträgern im Unternehmen entscheidend.[60]

Bei der qualitativen Studie ist festzustellen, dass im Zeitablauf **insgesamt breitere Anforderungen an Controller** gestellt werden. Dabei ist der Zuwachs im Bereich persönlicher Fähigkeiten beträchtlicher als bei den fachlich-methodischen Anforderungen. Der Anspruch an Geschäftskenntnis ist im Laufe der Jahre hinzugekommen, wesentlicher Grund dafür ist in der veränderten Controllerrolle zu sehen. Wollen Controller tatsächlich als betriebswirtschaftliche Berater agieren, ist es wichtig, die Interessen und Perspektiven des Managements zu verstehen.[61]

3.4 Kernkompetenzen des Controllers

Vor dem Hintergrund stetiger Veränderungen sind **Controller von wandelnden Anforderungen** betroffen, wobei fachliche Fähigkeiten immer mehr zur Selbstverständlichkeit werden und die Bedeutung sozialer Kompetenzen zunimmt.[62] Es wird betont, dass Controller ihr Fachwissen stets auf dem aktuellsten Stand zu halten und Instrumente zu beherrschen haben. Dies ist jedoch **nicht ausreichend**. Zusätzlich soll ein Controller Kenntnisse über das **Unternehmen und dessen Geschäftsprozesse** besitzen, um die Zahlen beurteilen zu können.[63] Neben fachlichen Kompetenzen sind **persönliche Fähigkeiten** entscheidend, da Controller mit vielen Unternehmensbereichen zusammenarbeiten und als Verkäufer ihrer Leistung kundenorientiert handeln müssen. Um die vielfältigen Anforderungen zu komprimieren, haben Gänßlen et al. wesentliche **Kernkompetenzen** von Controllern angeführt (vgl. Abb. 2).

Dabei steht in Übereinstimmung mit den bisher angeführten Studien ebenfalls die Kommunikations- und Analysefähigkeit im Vordergrund, weiters wird hier noch die

---

60 Vgl. Preis (2012), S. 212–217.
61 Vgl. Preis (2012), S. 218–222.
62 Vgl. Mitter/Mühlberger (2014), S. 108–110.
63 Vgl. Weber et al. (2010), S. 14–15; Eschenbach/Siller (2011), S. 60; Küpper et al. (2013), S. 570; Mitter/Mühlberger (2014), S. 109; Weber/Schäffer (2014), S. 475.

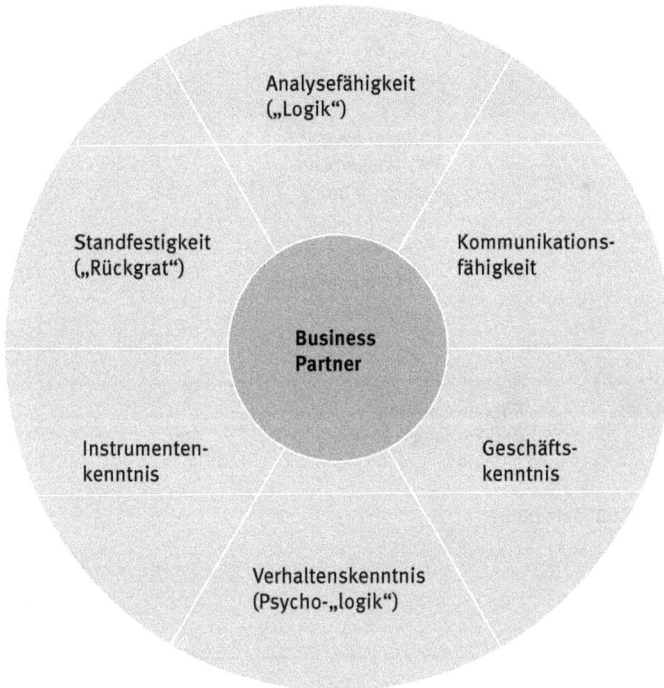

Abb. 2: Zentrale Kompetenzen von Controllern laut Gänßlen et al. [64]

Standfestigkeit angegeben. Bei den fachlichen Anforderungen werden Instrumenten-kenntnisse, Geschäftskenntnisse, aber auch Verhaltenskenntnisse angeführt.[65]

Die Analyse der **32 Studien** ergibt folgende **wichtige fachlich-methodische und persönliche Kernkompetenzen** (vgl. Abb. 3).

Als meist genannte fachlich-methodische Anforderungen sind **EDV-Kenntnis-se** und **Studium** anzuführen. Wird nicht speziell ein Studium erwähnt, so sind die Forderung nach **breitem BWL-Wissen** oder die Kenntnisse betriebswirtschaftlicher Instrumente zu finden. Die weiteren meist genannten fachlich-methodischen Anfor-derungen sind **Fremdsprachenkenntnisse** (vorrangig Englisch), **Berufserfahrung**, **Kostenrechnung** (in älteren Studien zumeist in Kombination mit Rechnungswesen) und **Planung**. Bei den **persönlichen Fähigkeiten** sind als meist genannte Positionen **Kommunikations- und Teamfähigkeit sowie analytische Fähigkeiten**[66] anzutref-fen.

---

64 Quelle: Gänßlen et al. (2012), S. 7.
65 Vgl. Gänßlen et al. (2012), S. 7–8.
66 Oder ähnliche Bezeichnungen, die diesen drei Begriffen zugeordnet werden können.

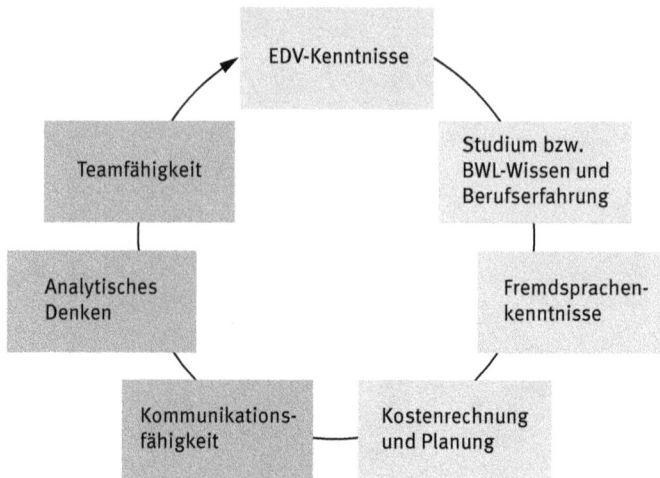

Abb. 3: Zentrale Kompetenzen laut Metastudie[67].

4 Einflussfaktor Unternehmensgröße

4.1 Quantitative Abgrenzung von KMU

Es sind unterschiedliche **quantitative und qualitative Abgrenzungskriterien** für kleine und mittlere Unternehmen zu finden. Gemäß den quantitativen Abgrenzungs-kriterien der EU zur Unternehmensgrößenklassenbestimmung sind Unternehmen mit weniger als 250 Mitarbeitern und einer Bilanzsumme und Umsatz unter 43 Mio bzw. 50 Mio. € als KMU einzustufen (vgl. Abb. 4).[68]

Im **Vergleich** dazu definiert das Institut für Mittelstandsforschung mittelständische Unternehmen bis zu einer Betriebsgröße von 499 Mitarbeitern und 50 Mio. € Jah-resumsatz, andere Mittelstandsinstitute erfassen mittlere Unternehmen sogar bis zu 3.000 Beschäftigten und 600 Mio. € Jahresumsatz. Aufgrund der uneinheitlichen Definition des Untersuchungsobjektes – KMU, Mittelstand, mittelständische Unter-nehmen – sind Erkenntnisse oft schwer vergleichbar.[69] Daher erfolgt eine Abgrenzung zumeist auf Basis qualitativer Merkmale von KMU.

---

67 Quelle: eigene Darstellung.
68 Vgl. Europäische Kommission (2003), S. 36.
69 Vgl. Pfohl (2006), S. 18–21; Mugler (2008), S. 25–27.

	KMU			GU
	Kleinst-unternehmen	Kleine Unternehmen	Mittlere Unternehmen	Große Unternehmen
Anzahl der beschäftigten Personen	< 10	< 50	< 250	≥ 250
und Jahresumsatz	< 2 Mio. €	< 10 Mio. €	< 50 Mio. €	≥ 50 Mio. €
und/oder Bilanzsumme	< 2 Mio. €	< 10 Mio. €	< 43 Mio. €	≥ 43 Mio. €

Abb. 4: Abgrenzung großer Unternehmen von KMU gemäß der Europäischen Kommission[70].

4.2 Qualitative Merkmale von KMU

KMU unterscheiden sich von größeren Unternehmen durch begrenzte finanzielle und personelle Ressourcen, individuelle Leistungserstellung, einfachere Organisations- und Führungsstrukturen und starke Unternehmerprägung.[71] Daher ist eine **Ausrichtung der Funktionen, Aufgabengebiete und Anforderungen an größenspezifische Besonderheiten** notwendig.[72] Die im Folgenden erläuterten Spezifika stellen eine **Auswahl** größenspezifischer Besonderheiten dar, die einen hohen Einfluss auf die Gestaltung des Controllings und das Anforderungsprofil des Controllers haben.

Bezüglich der Unternehmensumwelt ist davon auszugehen, dass KMU diese nicht oder nur eingeschränkt beeinflussen können, da sie **aufgrund ihrer geringen Unternehmensgröße keine Machtposition** besitzen.[73] Da KMU nur über einen begrenzten Einfluss auf die Märkte verfügen, ist eine **schnelle Anpassung** an Umweltveränderungen umso wichtiger, um markt- und konkurrenzfähig zu bleiben.[74] Daher ist **Früherkennung von Chancen und Risiken** entscheidend, um aktiv steuern zu können.

---

70 Quelle: eigene Darstellung in Anlehnung an Europäische Kommission (2003).

71 Vgl. Pfohl (2006), S. 18–21; Mugler (2008), S. 25–27.

72 Vgl. Mühlböck (2012), S. 109.

73 Vgl. Pleitner (1995), S. 44; Neumann (1999), S. 13; Welge/Al-Laham (2008), S. 289; Mühlböck (2012), S. 87–92.

74 Vgl. Pleitner (1995), S. 44; Neumann (1999), S. 13; Heidenbauer (2008), S. 291; Welge/Al-Laham (2008), S. 289; Mühlböck (2012), S. 87–92.

Der **Reaktionsdruck ist bei KMU größer,** da bei diesen aufgrund ihrer begrenzten Ressourcen Versäumnisse schnell existenzbedrohend werden können.[75]

KMU können sich Marktzwängen weniger entziehen und kämpfen mit steigendem **Preis- und Kostendruck,** daher ist ein **laufendes Erlös- und Kostenmanagement** unentbehrlich.[76] KMU verfolgen zumeist **Nischenstrategien** und sind durch Individualisierung der Produktion und Dienstleistung gekennzeichnet. Eine **entscheidungs- und zukunftsorientierte Informationsversorgung** ist für die notwendige Flexibilität bei kundenwunschorientierter, individueller Leistungserstellung unabdingbar. Dazu sind der **Aufbau einer größenadäquaten Kostenrechnung** und **verständliche Kalkulationsgrundlagen** notwendig.[77]

KMU verfügen zumeist nur über **begrenzte finanzielle Ressourcen,** die vor allem für die laufende Geschäftstätigkeit benötigt werden. Eine **laufende Planung und Überwachung der Liquidität und der Vorlaufgröße Erfolg** sind erforderlich.[78] Auch die geringen Eigenkapitalquoten und damit verbundene Abhängigkeit von Fremdkapitalgebern bedingen eine **detaillierte Ertrags- und Finanzplanung.**[79] Kritisch ist auch das **Investitionsverhalten** in KMU zu beobachten: Da größere Investitionen ein existenzielles Risiko darstellen können, ist die Planung und Kontrolle von Investitionen substanziell.[80]

Als weitere **Aspekte** sind die starke **Unternehmensführung, beschränkte personelle Kapazitäten sowie Wachstumsschwellen** anzuführen. Vorrangig ist bei KMU die **Persönlichkeit des Unternehmers** zu beachten. Für KMU ist die Verschmelzung von Unternehmer, Kapitalgeber und Leitung in einer Person kennzeichnend, und der Unternehmer ist prägend für alle Bereiche des Unternehmens. Das Verständnis für betriebswirtschaftliche Sachverhalte ist wenig ausgeprägt, und daher sind Rationalitätssicherung, Beratung und Entlastung der Unternehmensführung gefragt. Aufgrund der **geringen personellen Kapazitäten** werden oft mehrere Bereiche von einer Führungsperson verantwortet. Daher sollen systematische Planungs-, Kontroll- und Informationssysteme Führungskräfte im Unternehmen entlasten. In kleinen Unternehmen bis 49 Mitarbeiter ist oftmals ein **Fehlen betriebswirtschaftlicher Instru-**

---

75 Vgl. Wild (1982), S. 20–21; Pleitner (1995), S. 44; Legenhausen (1998), S. 25; Neumann (1999), S. 12–13; Wittenberg (2007), S. 92 und 115; Heidenbauer (2008), S. 224; Mühlböck (2012), S. 89–90.
76 Vgl. Neumann (1999), S. 14; Kummert (2004), S. VII; Manegold/Steinle/Krummaker (2007), S. 11; Mugler (2008), S. 25; Mühlböck (2012), S. 91.
77 Vgl. Legenhausen (1998), S. 27; Neumann (1999), S. 14; Seitz/Dietrich, (2005), S. 451; Manegold et al. (2007), S. 27; Keuper/Brösel/Albrecht (2009), S. 57; Mühlböck (2012), S. 91.
78 Vgl. Wossidlo (1997), S. 295; Pernsteiner (2005), S. 526; Rautenstrauch/Müller (2006), S. 104; Ossadnik/van Lengerich/Barklage (2010), S. 131; Mühlböck (2012), S. 93–95.
79 Vgl. Keuper/Brösel/Albrecht (2009), S. 57.
80 Vgl. Pernsteiner (2005), S. 540; Rautenstrauch/Müller (2006), S. 104; Ossadnik/van Lengerich/Barklage (2010), S. 131; Mühlböck (2012), S. 94.

mentarien festzustellen, während in Unternehmen ab 50 Mitarbeitern zumindest von einem **Standardinstrumentarium** auszugehen ist.[81]

Hat ein Unternehmen bestimmte **Wachstumsschwellen** erreicht, ist eine Unternehmenssteuerung nicht mehr durch Intuition und Improvisation möglich, sondern eine formalisierte Koordination der verschiedenen Führungsebenen erforderlich. Diese Koordinationsfunktion wird dem Controlling zugeschrieben.[82] Aus den Merkmalen von KMU ergibt sich **folgender Controllingbedarf** (vgl. Tab. 10).

Tab. 10: Merkmale von KMU und Controllingbedarf[83].

Merkmale von KMU	Controllingbedarf
– Geringe Machtposition am Beschaffungs- und Absatzmarkt – Abhängigkeiten von Kunden und Lieferanten	– Früherkennung von Chancen und Risiken – Informationsversorgung, Planung und Kontrolle in Verbindung mit Absatz- und Beschaffungsmarkt
– Preis- und Kostendruck – Nischenstrategien – Individuelle Produktion und Dienstleistungen	– Laufendes Erlös- und Kostenmanagement durch transparente Kostenrechnung und Kalkulation
– Knappe finanzielle Ressourcen – Eigenkapitalausschüttung – abhängig von Fremdfinanzierung – Investitionen	– Liquiditäts- und Ertragsplanung und -steuerung – Investitionsplanung und -kontrolle
– Unternehmergeprägt – Defizite im Managementprozess – Knappe personelle Ressourcen – Funktionshäufung und Überlastung	– Rationalitätssicherung bei Führungsentscheidungen – Fachliche Unterstützung, Beratung und Entlastung der Führungskräfte – Schaffung von Controllingbewusstsein
– Unterschiedliche Entwicklungsphasen – Wachstumsschwellen	– Früherkennung von Wachstumsschwellen – Zunehmende Koordination bei Unternehmenswachstum

81 Vgl. Pfohl (2006), S. 20; Feldbauer-Durstmüller/Mitter (2008), S. 56–57; Keuper/Brösel/Albrecht (2009), S. 62; Feldbauer-Durstmüller/Duller/Haas (2010), S. 314–315; Mühlböck (2012), S. 96–109.
82 Vgl. Merker (1997), S. 24; Pichler/Pleitner/Schmidt (1997), S. 12; Pfohl (2006), S. 20–21; Keuper/Brösel/Albrecht (2009), S. 62; Mäder/Hirsch (2009), S. 7–8; Mühlböck (2012), S. 96–109.
83 Quelle: eigene Darstellung in Anlehnung an Mühlböck (2012), S. 110.

4.3 Aufgaben von Controllern in KMU

Die meisten Ausführungen zu Controlleraufgaben in KMU konzentrieren sich auf **Planung, Kontrolle und Informationsversorgung**. Mäder/Hirsch haben jedoch aufgezeigt, wie wichtig **Rationalitätssicherung** auch in KMU ist. Könnensdefizite sind durch die Ressourcenknappheit in KMU bedingt, da die Führungskräfte aufgrund der Fülle der unterschiedlichen Aufgaben überfordert sein können und sich somit von „Bauchentscheidungen" leiten lassen. Primäre Aufgaben des Controllers sind das Aufzeigen von Rationalitätsdefiziten, die Ergänzung des Unternehmers als Counterpart und die Schaffung von Transparenz.[84] In KMU sind somit **drei wesentliche Aufgabengebiete des Controllings** – Informationsversorgung, Planung und Kontrolle sowie Rationalitätssicherung – zu erfüllen. Koordinationsaufgaben sind erst mit zunehmender Unternehmensgröße im Controlling zu finden.[85]

Eine größenadäquate **Informationsversorgung** ist für eine entscheidungsorientierte Unterstützung der Unternehmensführung in KMU von hoher Bedeutung.[86] Zu den Aufgaben im Rahmen der Informationsversorgung gehören u. a. die Ermittlung des Informationsbedarfs und die Beschaffung und Aufbereitung entscheidungsrelevanter Informationen.[87] Die Informationsversorgungsaufgabe hat sich durch die **EDV-technischen Entwicklungen** wesentlich verändert. Informationen aufzubereiten und an Empfänger weiterzuleiten ist auch in KMU nicht ausreichend; der Controller ist hier als Diskussionspartner gefragt.[88]

Planung und Kontrolle ermöglichen ein **frühzeitiges Erkennen** von Engpässen, Chancen und Risiken. Dazu gehört neben der operativen Planung auch in KMU eine größenangepasste strategische Planung.[89] Im Zusammenhang mit der Zielerreichungskontrolle sind **Abweichungs- und Analysetätigkeiten** zu übernehmen, mögliche **Anpassungsmaßnahmen** vorzuschlagen und für die Unternehmensführung aufzubereiten.[90] Eine gezielte Beschäftigung mit Vergangenheit und Zukunft in Form von Planung und Kontrolle führt zu einer aktiveren und professionelleren Unternehmensführung in KMU.[91]

Beratung und Rationalitätssicherung ist als **übergreifende** Controlleraufgabe zu sehen, da sowohl im Bereich der Planung und Kontrolle als auch der Informationsversorgung beratungsrelevante Aspekte auftreten können. KMU sind oft von **Improvisation und Intuition** geprägt. Aufgrund von Zeit- und Wissensmangel werden betriebs-

---

84 Vgl. Mäder/Hirsch (2009), S. 4–17.
85 Vgl. Becker et al. (2012), S. 215; Mühlböck (2012), S. 115; Mitter/Mühlberger (2014), S. 104–105.
86 Vgl. Mühlböck (2012), S. 130.
87 Vgl. Horváth (2011), S. 306–310; Mühlböck (2012), S. 131.
88 Vgl. Preis (2012), S. 222; Mitter/Mühlberger (2014), S. 105.
89 Vgl. Bea/Haas (2001), S. 49; Hahn/Hungenberg (2001), S. 45; Mühlböck (2012), S. 118–129.
90 Vgl. Mühlböck (2012), S. 129; Weber/Schäffer (2014), S. 305.
91 Vgl. Koenig (2004), S. 68–69; Horváth (2011), S. 222.

wirtschaftliche Aspekte von der Unternehmensführung oft nicht ausreichend berücksichtigt. Bei der fachlichen Unterstützung geht es um **Interpretationshilfen**, zeitliche Entlastung geschieht durch **Informationsbeschaffung und -aufbereitung**.[92] Dazu kommen Aufgaben wie die Ermittlung und Überwachung von **wichtigen Entscheidungsgrößen, Interpretation** und **Diskussion** von Abweichungen und Korrekturempfehlungen und auch **Ad-hoc-Analysen**.[93]

Bei den unterschiedlichen Entwicklungsphasen von KMU geht es um das **rechtzeitige Erkennen von Wachstumsschwellen,** die zumeist zu einer Divergenz zwischen Aufgaben, Aufgabenträgern und organisatorischen Strukturen in KMU führen. In dieser Phase ist Controlling und Informationsversorgung so auszugestalten, dass die notwendigen Informationen zur ziel- und zukunftsorientierten Ausrichtung des Unternehmens zeitnah abgebildet werden.[94] Für Controller in KMU ergibt sich folgender **Aufgabenkatalog** im Bereich der **Kernaufgaben** Informationsversorgung, Planung und Kontrolle sowie Rationalitätssicherung (vgl. Tab. 11).

Tab. 11: Überblick Aufgaben in KMU[95].

Informationsversorgung	Planung und Kontrolle	Rationalitätssicherung durch Beratung
1. Informationsbedarfs-ermittlung	1. Operative Planung (Ertrags-, Finanz- und Investitionsplanung)	1. Bereitstellung von Interpretationshilfen
2. Informationsbeschaffung	2. Strategische Planung (Umfeld- und Unternehmensanalyse, Business Plan)	2. Ermittlung und Überwachung wichtiger Entscheidungsgrößen
3. Aufbereitung von entscheidungsrelevanten Informationen	3. Initiierung von Planungstätigkeiten	3. Interpretation und Diskussion von Abweichungen und Korrekturempfehlungen
4. Aufbau und Weiterentwicklung Berichtswesen	4. Steuerung und Koordination des Planungsprozesses	4. Ad-hoc-Analysen
5. IT-Unterstützung der Informationsversorgung	5. Bereitstellung und Erläuterung von Planungsinstrumenten	5. Erkennen von Wachstumsschwellen und Anpassung von Instrumenten
	6. Abweichungs- und Analysetätigkeiten	
	7. Aufbereitung von Anpassungsmaßnahmen	

92 Vgl. Flacke (2006), S. 58; Pfohl (2006), S. 20–24; Mäder/Hirsch (2009), S. 12–20; Mühlböck (2012), S. 84–110.
93 Vgl. Eschenbach/Niedermayr (1996), S. 69; Breitkopf (1999), S. 54–56; Mühlböck (2012), S. 117.
94 Vgl. Engels (2010), S. 18.
95 Quelle: eigene Darstellung in Anlehnung an Horváth (2011), S. 173–183 und 306–310; Mühlböck (2012); Mitter/Mühlberger (2014), S. 104–108.

4.4 Anforderungen an Controller in KMU

Buchner/Weigand sowie Ederer zeigen auf, dass mittelständische Controller aufgrund des breiteren Aufgabenumfelds als **Generalisten** gefragt sind. Auch bei Kummert spricht die Forderung nach **breit gefächertem betriebswirtschaftlichem Wissen** für die generalistische Einsetzung des KMU-Controllers. Erst mit zunehmender **Unternehmensgröße** und Größe des Controllerbereichs steigt die Spezialisierung der Controller für bestimmte Tätigkeiten.[96]

Aufgrund der vielfältigen **Controlleraufgaben in KMU** ist eine rein formale Beherrschung von Instrumenten der Planung und Kontrolle nicht ausreichend. Es sind ebenso **Kenntnisse** über das Unternehmen und dessen Geschäftsprozesse notwendig, um ermittelte Zahlen beurteilen zu können. Auch Kummert betrachtet technisches Grundverständnis als erforderlich, um Zusammenhänge und Abhängigkeiten erkennen zu können. **Es ist nicht mehr angemessen nur Zahlenlieferant zu sein, sondern die Unternehmensführung ist aktiv zu beraten.** Neben fachlichen Kompetenzen sind somit **persönliche Fähigkeiten** unerlässlich, da die Inhalte des Controllings entsprechend kommuniziert werden müssen und im Unternehmen ein entsprechendes Controllingbewusstsein zu schaffen ist.[97]

KMU sind von starken persönlichen Bindungen und kurzen direkten Informationswegen geprägt. Dadurch ergeben sich spezielle Anforderungen an die **Persönlichkeit** des Controllers als **Vertrauensperson** und **zentralem Ansprechpartner**. Der Controller hat verschiedene Rollen des Beraters, Informanten, Vermittlers oder Sparringpartners einzunehmen. Diese vielschichtigen Rollen können sich jedoch als problematisch für die Entwicklung von Vertrauensverhältnissen erweisen.[98]

Die anhand der 32 analysierten Studien erstellten **Kernkompetenzen des Controllers** können auch für KMU übernommen werden. Dabei sind folgende Aspekte zu ergänzen (vgl. Abb. 5).

EDV-Kenntnisse sind in KMU als entscheidende Anforderung zu sehen; kritisch sind hier das Wissen und die Erfahrung des Controllers, da sich KMU aufgrund ihrer begrenzten Ressourcen keine Fehlinvestitionen leisten können. In KMU ist die Strukturierung der betriebswirtschaftlichen Informationsversorgung notwendig, um entscheidungsrelevante Informationen bereitstellen zu können.[99]

Bezüglich der Anforderungen eines Hochschulabschlusses ist anzumerken, dass, wenn nicht speziell ein **Studium** gefordert wird, so jedoch **breites BWL-Wissen** unerlässlich ist. In KMU ist oft kein angemessenes betriebswirtschaftliches Fachwissen

---

96 Vgl. Buchner/Weigand (1999), S. 294; Kummert (2004), S. 164–205; Ederer (2005), S. 137–139; Becker/Ulrich (2009), S. 310; Preis (2012), S. 200–212.
97 Vgl. Weber et al. (2010), S. 15; Eschenbach/Siller (2011), S. 60; Küpper et al. (2013), S. 697–699; Mitter/Mühlberger (2014), S. 109; Kummert (2004), S. 168.
98 Vgl. Kummert (2004), S. 168; Pfohl (2006), S. 20–21; Hoffjan/Bebek (2009), S. 622.
99 Vgl. Mäder/Hirsch (2009), S. 20.

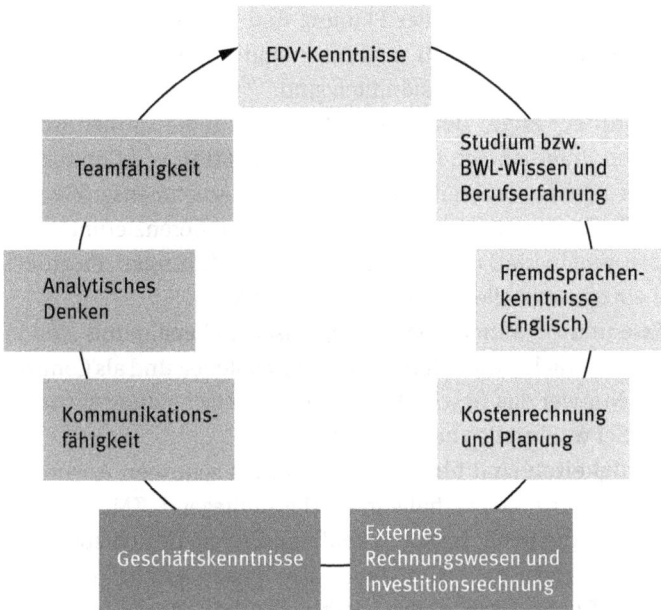

Abb. 5: Anforderungen KMU-Controller[100].

vorhanden, daher ist die fachliche Beratung in diesem Bereich wesentlich. Entscheidend für die **generalistische Einsetzung des Controllers in KMU** sind Kenntnisse über unterschiedliche betriebswirtschaftliche Methoden.[101]

Bezüglich der **Berufserfahrung** ist davon auszugehen, dass in KMU ein Controlling auf- oder auszubauen ist und daher praktische Erfahrungen aus anderen Unternehmen notwendig sind. In KMU hat der Controller kritisch-wirtschaftliche Analysen zu erstellen, Entscheidungsprozesse zu hinterfragen und Schwachstellen aufzudecken.[102] Dazu sind Erfahrungen um mögliche Konflikte und Lösungen aus anderen Unternehmen unerlässlich. **Fremdsprachenkenntnisse** (vorrangig Englisch) sind ausschließlich bei Auslandsbezug erforderlich.

Planung ist notwendig für die Früherkennung von Chancen und Risiken, bei knappen finanziellen Ressourcen und die Begleitung von Unternehmenswachstum. In KMU ist von einer fehlenden planungs- und kontrollorientierten Führungsmentalität auszugehen; hier hat der Controller entsprechende **Aufbauarbeit** zu leisten. **Kostenrechnung** ist eine notwendige Entscheidungsgrundlage bedingt durch den Preis- und Kostendruck, die Individualisierung von Produktion und Dienstleistung in

---

100 Quelle: eigene Darstellung.
101 Siehe auch bei Horváth/Weber (1997), S. 340; Buchner/Weigand (1999), S. 294; Kummert (2004), S. 164; Rieg/Gruber/Reißig-Thust (2013), S. 67.
102 Vgl. Mäder/Hirsch (2009), S. 22.

diesen Unternehmen. Entscheidend ist bei der Planung und Kostenrechnung, dass diese auf die spezifische Situation des KMU angepasst sind und die verwendeten Instrumente für die Entscheidungsträger verständlich sind.

Generell besteht in KMU ein **enger Bezug** des Controllers zum externen **Rechnungswesen**, bei kleineren Unternehmen ist von einer **Integration** von Controlling und Rechnungswesen auszugehen. Erst mit zunehmender Unternehmensgröße verfügen KMU über personelle Ressourcen, die stärkere Aufgabendifferenzierungen ermöglichen.[103] Zu ergänzen sind in KMU noch die **Investitionsrechnungen**, da größere Investitionen schnell ein existenzielles Risiko darstellen können.

Geschäftskenntnisse und ein Mindestmaß an technischem Verständnis sind in KMU Voraussetzung, um die Sprache des Unternehmens zu verstehen und als Controller akzeptiert zu werden. Nur wer das Geschäft kennt, kann Entscheidungsprozesse kritisch hinterfragen und Schwachstellen aufdecken.[104]

Kommunikationsfähigkeiten sind für den Controller als zentralen Ansprechpartner für betriebswirtschaftliche Sachverhalte in KMU grundlegend. KMU sind zumeist technisch geprägte Unternehmen, in denen kaufmännischen Gesichtspunkten eine eher geringe Bedeutung beigemessen wird, daher ist es umso wichtiger, dass entscheidende betriebswirtschaftliche Aspekte auch entsprechend verständlich kommuniziert werden. **Analytischem Denken** kommt in von Improvisation und Intuition geprägten KMU eine besondere Bedeutung zu; hier ist der Controller im Rahmen der Rationalitätssicherungsaufgaben ausdrücklich als Ausgleich gefragt. **Teamfähigkeit** ist in KMU aufgrund der starken persönlichen Bindungen, der direkten Teilnahme am Betriebsgeschehen und der stärkeren Einbeziehung in Entscheidungsprozesse unumgänglich. Dabei ist Teamfähigkeit als zweischneidiges Schwert zu sehen: Der Controller ist als kritischer Counterpart gefragt, soll sich jedoch integrieren können, ohne sich unnötig in Abhängigkeiten zu begeben oder allen gefallen zu wollen.[105]

5 Resümee

Ausgehend von einer kurzen **Einführung** über das Controlling und der Darstellung des Controllers als Aufgabenträger erfolgte die Erläuterung der Controlleraufgaben als Basis für die Ableitung von Anforderungen an Controller. Dabei wurden **32 Studien** bzgl. **Anforderungsprofilen in Theorie und Praxis** analysiert und diskutiert. Bei den Anforderungen ist von einem sehr heterogenen Bild in den Studien auszugehen. Die vielschichtige Entwicklung der Controllerrollen führt zu Rollendivergenzen, stei-

---

103 Vgl. Rieg/Gruber/Reißig-Thust (2013), S. 67 – hier wird der Begriff „Biltroller" verwendet.
104 Vgl. Preis (2012), S. 153–154; Kummert (2004), S. 168.
105 Vgl. Kummert (2004), S. 165; Hoffjan/Bebek (2009), S. 622; Weber et al. (2010), S. 33–34.

genden Anforderungsprofilen und Spannungsfeldern für den Controller.[106] Trotzdem lassen sich aus den 32 Studien wesentliche **Kernkompetenzen** wie EDV-Kenntnisse, Studium und Berufserfahrung, Fremdsprachen (vorrangig Englisch), Kostenrechnung und Planung, Kommunikationsfähigkeit, analytisches Denken und Teamfähigkeit herausfiltern.

Die **Unternehmensgröße** ist als beeinflussender Kontextfaktor zu beachten, da KMU eine größenadäquate Anpassung der Aufgaben und Anforderungen verlangen. Grundsätzlich sind KMU durch **Funktionshäufungen** geprägt, und bei **Controllern** erfolgt daher eine **generalistische Einsetzung**. Es ist somit von einem **breiten Aufgaben- und Anforderungsspektrum** auszugehen.[107] Für **KMU-Controller** lassen sich folgende wesentliche Kompetenzen hervorheben (vgl. Tab. 12).

Tab. 12: Anforderungen KMU-Controller[108].

Fachlich-methodische Fähigkeiten	Persönliche Fähigkeiten
– Studium bzw. breites BWL-Wissen – Berufserfahrung als Basis für Controllingaufbau/-ausbau – EDV-Kenntnisse – Fremdsprachenkenntnisse (Englisch) nur bei Auslandsbezug – Kostenrechnung und Planung – Externes Rechnungswesen und Investitionsrechnung	– Kommunikationsfähigkeit – Controller als zentraler Ansprechpartner für betriebswirtschaftliche Sachverhalte – Analytisches Denken – Controller ausgleichend im Rahmen der Rationalitätssicherung – Teamfähigkeit – Controller in Balance zwischen starken persönlichen Bindungen und der Rolle als kritischer Counterpart
Geschäftskenntnisse	

6 Literatur

Anthony, R. N. (1965): Planning and control systems. Boston.
Asser, G. (1971): Der Controller. In: Bobsin, R. (Hg.): Handbuch der Kostenrechnung. München, S. 623–652. (Diese Quelle ist Bestandteil der Metastudie).
Bauer, U./Kummert, B. (2005): Anforderungsprofil an einen Controller. In: CM, 30. Jg., H. 2, S. 141–146. (Diese Quelle ist Bestandteil der Metastudie).
Baumgartner, B. (1980): Die Controller-Konzeption: Theoretische Darstellung und praktische Anwendung. Bern. (Diese Quelle ist Bestandteil der Metastudie).

---

106 Vgl. Buchner/Mayer (2000), S. 130.

107 Vgl. Küpper (1990), S. 336; Buchner/Weigand (1999), S. 294; Engels (2010), S. 18; Mühlböck (2012), S. 96.

108 Quelle: eigene Darstellung.

Bea, F. X./Haas, J. (2001): Strategisches Management. Stuttgart.

Becker, H. J. (2005): Controller und Controlling. 3. Aufl., Renningen. (Diese Quelle ist Bestandteil der Metastudie).

Becker, W./Ulrich, P. (2009): Spezifika des Controllings im Mittelstand, Ergebnisse einer Interviewaktion. In: ZfCM, 53. Jg., H. 5, S. 308–316.

Becker, W./Ulrich, P./Zimmermann, L. (2012): Betriebsgröße als Gestaltungsparameter des Controllings. In: Controlling, 24. Jg., H. 4/5, S. 208–213.

Berens, W./Knauer, T./Sommer, F./Wöhrmann, A. (2013): Controller gesucht! – Erwartungen an Controller und ihre Ausbildung. In: ZfCM, 57. Jg., H. 7, S. 8. (Diese Quelle ist Bestandteil der Metastudie).

Bramsemann, R. (1978): Controlling. Wiesbaden. (Diese Quelle ist Bestandteil der Metastudie).

Breitkopf, S. K. (1999): Externes Controlling: eine konzeptionelle und empirische Analyse am Beispiel des marktorientierten Kostenmanagements in der Bekleidungsindustrie. Berlin.

Buchner, H./Mayer, F. (2000): Der Controller der Zukunft. In: CM, 25. Jg., H. 2, S. 128–135. (Diese Quelle ist Bestandteil der Metastudie).

Buchner, H./Weigand, A. (1999): Ansätze zur Weiterentwicklung des mittelständischen Controlling. In: CM, 24. Jg., H. 4, S. 293–302.

Cimirotic, R./Feldbauer-Durstmüller, B./Hiebl, M. R. (2012): Anforderungen an Controlling-Leiter. In: CM, 37. Jg., H. 5, S. 10–13. (Diese Quelle ist Bestandteil der Metastudie).

David, U. (2005): Strategisches Management von Controllerbereichen – Konzept und Fallstudien. Wiesbaden. (Diese Quelle ist Bestandteil der Metastudie).

Deyhle, A. (1980): Controller Handbuch. 2. Aufl., Gauting.

Ederer, F. (2005): Controller im Mittelstand. In: CM, 30. Jg., H. 2, S. 130–140. (Diese Quelle ist Bestandteil der Metastudie).

Engels, L. (2010): Aufgaben des CFO im Krisen- und Restrukturierungsmanagement. In: ZfCM, 54. Jg., H. 2, S. 17–21.

Eschenbach, R./Niedermayr, R. (1996): Die Konzeption des Controlling. In: Eschenbach, R. (Hg.): Controlling. Stuttgart, S. 49–96.

Eschenbach, R./Siller, H. (2011): Controlling professionell: Konzeption und Werkzeuge. Stuttgart.

Europäische Kommission (2003): Empfehlung der Kommission vom 6. Mai 2003 betreffend die Definition der Kleinstunternehmen sowie der kleinen und mittleren Unternehmen. 2003/361/EG, ABl. Nr. L 124, S. 36–41.

Feldbauer-Durstmüller, B./Duller, C./Haas, T. (2010): Controlling mittlerer und großer Unternehmen – Größeneffekte, Internationalisierung, Umsetzungsstand. In: Seicht, G. (Hg.): Jahrbuch für Controlling und Rechnungswesen. Wien, S. 313–336.

Feldbauer-Durstmüller, B./Mitter, C. (2008): Corporate Governance und gerichtliche Sanierung – dargestellt am Bundesland Oberösterreich. In: ZfB, 78. Jg., H. 2, S. 45–67.

Flacke, K. (2006): Controlling in mittelständischen Unternehmen – Ausgestaltung, Einflussfaktoren der Instrumentennutzung und Einfluss auf die Bankkommunikation. Münster.

Gänßlen, S./Losbichler, H./Niedermayr, R./Rieder, L./Schäffer, U./Weber, J. (2012): Grundsatzposition des Internationalen Controller Vereins (ICV) und der International Group of Controlling (IGC). http://www.controller-institut.at/uploads/content/tx_downloads/file/ICV_13_16_Grundsatzpapier_Druck.pdf, Abruf: 30.06.2017.

Hahn, D./Hungenberg, H. (2001): PuK: Planung und Kontrolle, Planungs- und Kontrollsysteme, Planungs- und Kontrollrechnung, wertorientierte Controllingkonzepte. Wiesbaden.

Heidenbauer, M. (2008): Erfolgsfaktoren in kleinen und mittleren Unternehmen. Der Einfluss des Controllingsystems auf den Erfolg von österreichischen KMU – eine vergleichende empirische Studie. Saarbrücken.

Herzog, A. (1999): Gestaltung von Controllership – Die Zuordnung von Aufgaben zu Controllern. Wiesbaden. (Diese Quelle ist Bestandteil der Metastudie).

Hoffjan, A./Bebek, M. (2009): Anforderungen an den Controller aus Sicht der Praxis. In: Controlling, 21. Jg., H. 11, S. 617–623. (Diese Quelle ist Bestandteil der Metastudie).

Horváth, P. (2011): Controlling. 12. Aufl., München.

Horváth, P./Weber, J. (1997): Controlling. In: Pfohl, H. C. (Hg.): Betriebswirtschaftslehre der Mittel- und Kleinbetriebe. 3. Aufl., Berlin, S. 335–376.

Kalwait, R./Maginot, S. (1998): Wenn Controller wechseln wollen: Controller's Anforderungsprofil. In: CM, 23. Jg., H. 1, S. 57–60. (Diese Quelle ist Bestandteil der Metastudie).

Keuper, F./Brösel, G./Albrecht, T. (2009): Controlling in KMU. Identifikation spezifischer Handlungs- bedarfe auf Basis aktueller Studien. In: Müller, D. (Hg.): Controlling für kleine und mittlere Un- ternehmen. München, S. 55–71.

Klinkenberg, U. (1994): Persönlichkeitsmerkmale in Stellenanzeigen für qualifizierte Fach- und Füh- rungskräfte. Eine Überprüfung ihrer Verwendung sowie der Selektions- und Akquisitionseffekti- vität. In: Zeitschrift für Personalforschung, 8. Jg., H. 4, S. 401–418. (Diese Quelle ist Bestandteil der Metastudie).

Koenig, J. (2004): Ein Informationssystem für das strategische Management in KMU. Kaiserslautern.

Krupp, A./Ljuboschiz-Ramien, D. (2010): Controller-Aufgaben, fachliches und persönliches Anforde- rungsprofil. In: CM, 35. Jg., H. 5, S. 91–92. (Diese Quelle ist Bestandteil der Metastudie).

Kummert, B. (2004): Controlling in kleinen und mittleren Unternehmen – Vom Geschäftsprozessmo- dell zum Controller-Profil. Wiesbaden.

Küpper, H.-U. (1990): Controller-Anforderungsprofil in der Theorie. In: Mayer, E./Weber, J. (Hg.): Handbuch Controlling. Stuttgart, S. 325–342. (Diese Quelle ist Bestandteil der Metastudie).

Küpper, H.-U./Friedl, G./Hofmann, C./Hofmann, Y./Pedell, B. (2013): Controlling: Konzeption, Aufga- ben, Instrumente. Stuttgart.

v. Landsberg, G./Mayer, E. (1988): Berufsbild des Controllers. Stuttgart. (Diese Quelle ist Bestandteil der Metastudie).

Legenhausen, C. (1998): Controllinginstrumente für den Mittelstand. Wiesbaden.

Mäder, O. B./Hirsch, B. (2009): Rationalitätssicherung als Controllingaufgabe in KMU. In: Müller, D. (Hg.): Controlling für kleine und mittlere Unternehmen. München, S. 3–28.

Manegold, D./Steinle, C./Krummaker, S. (2007): Controlling in kleinen und mittleren Unternehmun- gen: Konzept und Praxisempfehlungen. Saarbrücken.

Matschke, D. (2001): Tendenzen in der Controllingpraxis der 500 größten deutschen Unternehmen. In: CM, 26. Jg., H. 4, S. 368–374. (Diese Quelle ist Bestandteil der Metastudie).

Merker, R. (1997): Organisatorische Erscheinungsformen von Klein-und Mittelunternehmen: Ansätze für eine Organisationstypologie von KMU. Bochum.

Mitter, C./Mühlberger, J. (2014): Rolle, Aufgaben und Anforderungsprofil des Controllers. In: Seicht, G. (Hg.): Jahrbuch für Controlling und Rechnungswesen. Wien, S. 93–120.

Mugler, J. (2008): Grundlagen der BWL der Klein- und Mittelbetriebe. 2. Aufl., Wien.

Mühlböck, S. (2012): Controlling für Kleinst- und Kleinunternehmen unter Mithilfe von Steuerbera- tungskanzleien. Wien.

Neumann, I. (1999): Controllingberatung im Mittelstand: Entwicklung einer Morphologie. Aachen.

Ossadnik, W./Van Lengerich, E./Barklage, D. (2010): Controlling mittelständischer Unternehmen: empirischer Status quo und Handlungsempfehlungen. Wiesbaden.

Peemöller, V. H./Schmid, R./Meister, U. (1989): Das Berufsbild des Controllers. In: CM, 14. Jg., H. 6, S. 295–301. (Diese Quelle ist Bestandteil der Metastudie).

Pernsteiner, H. (2005): Anforderungen an das unternehmerische Controlling aufgrund Basel II. In: Feldbauer-Durstmüller, B. (Hg.): Handbuch Controlling und Consulting. Wien, S. 515–552.

Pfohl, H. C. (2006): Abgrenzung der Klein-und Mittelbetriebe von Großbetrieben. In: Pfohl, H. C. (Hg.): Betriebswirtschaftslehre der Mittel- und Kleinbetriebe: größenspezifische Probleme und Möglichkeiten zu ihrer Lösung. Berlin, S. 1–24.

Pfohl, H. C./Zettelmeyer, B. (1986): Anforderungen an den Controller in der Literatur und in Stellenanzeigen. In: KRP, 30. Jg., H. 4, S. 125–132. (Diese Quelle ist Bestandteil der Metastudie).

Pichler, J. H./Pleitner, H. J./Schmidt, K. H. (1997): Management in KMU – Die Führung von Klein- und Mittelunternehmen. 2. Aufl., Bern, Stuttgart, Wien.

Pietsch, G. (2003): Reflexionsorientiertes Controlling. Wiesbaden.

Pleitner, H. J. (1995): Die Klein- und Mittelunternehmen zwischen Chancen und Risiken. In: Mugler, J./Schmidt, K.-H. (Hg.): Klein- und Mittelunternehmen in einer dynamischen Wirtschaft, Ausgewählte Schriften von Hans Jobst Pleitner. Berlin, München, St. Gallen, S. 43–58.

Preis, A. (2012): Controller-Anforderungsprofile. Eine empirische Untersuchung. Wiesbaden.

Preißner, A. (1998): Was machen Controller? Eine Analyse von 600 überregionalen Stellenangeboten. In: CM, 23. Jg., H. 3, S. 217–221. (Diese Quelle ist Bestandteil der Metastudie).

Rautenstrauch, T./Müller, C. (2006): Investitionscontrolling in kleinen und mittleren Unternehmen (KMU). In: ZfCM, 50. Jg., H. 2, S. 100–105.

Reichmann, T. (2006): Controlling mit Kennzahlen und Management-Tools. Die systemgestützte Controlling-Konzeption. 7. Aufl., München.

Rieg, R./Gruber, T./Reißig-Thust, S. (2013): Der Biltroller im Mittelstand – Controlling und Bilanzierung in einer Hand. In: ZfCM, 57. Jg., H. 8, S. 62–69.

Schneider, D. (1991): Versagen des Controlling durch eine überholte Kostenrechnung. In: DB, 44. Jg., H. 15, S. 765–772.

Seitz, P. J./Dittrich, P. N. (2005): Controllingbedarf und Controllinganforderungen in mittelständischen Unternehmen – ein Bericht aus der Praxis. In: Jander, H./Kray, A. (Hg.): Betriebliches Rechnungswesen und Controlling im Spannungsfeld von Theorie und Praxis, Festschrift für Prof. Dr. Jürgen Graßhoff zum 65. Geburtstag. Hamburg, S. 449–465.

Solaro, D. (1992): Controller. In: Frese, E. (Hg.): Handwörterbuch der Organisation. 3. Aufl., Stuttgart, S. 432–442. (Diese Quelle ist Bestandteil der Metastudie).

Steiner, U. (2014): Aktuelle Trends und Entwicklungen am Job-Markt für Fachkräfte im Finanzbereich. In: Feldbauer-Durstmüller, B./Hiebl, M. R. W. (Hg.): Controlling in Forschung und Praxis – 25 Jahre spezielle Betriebswirtschaftslehre „Controlling" an der JKU Linz. Wien, S. 111–122.

Steinle, C./Bruch, H./Michels, T. (1998): Controller-Rollen: Anforderungsprofile, Persönlichkeit und Selbstverständnis – Ein empirisches Schlaglicht. In: Steinle, C./Eggers, B./Lawa, D. (Hg.): Zukunftsgerichtetes Controlling. 3. Aufl., Wiesbaden, S. 443–466. (Diese Quelle ist Bestandteil der Metastudie).

Steinle, C./Daum, A. (2007): Controllerrollen – Fachliche und persönliche Anforderungsprofile, Selbstverständnis und Fremdwahrnehmung. In: Steinle, C./Daum, A., (Hg.): Controlling: Kompendium für Ausbildung und Praxis. 4. Aufl., Stuttgart, S. 48–62.

Stock-Homburg, R. (2008): Personalmanagement: Theorien – Konzepte – Instrumente. Wiesbaden.

Traxler, A. A./Greiling, D. (2014): Wie sich Stellenprofile von Controllern gewandelt haben. In: ZfCM, 58. Jg., H. 3, S. 56–63. (Diese Quelle ist Bestandteil der Metastudie).

Wall, F. (2008): Controlling zwischen Entscheidungs- und Verhaltenssteuerungsfunktion. In: DBW, 68. Jg., H. 4, S. 463–482.

Weber, J. (2008): Fähigkeitsprofil von Controllern. Kann die Empirie die Notwendigkeit einer verhaltensorientierten Perspektive des Controllings stützen? In: ZfCM, 52. Jg., H. 1, S. 95–103.

Weber, J./Hirsch, B./Rambusch, R./Schlüter, H./Sill, F./Spatz, A. C. (2006): Controlling 2006 – Stand und Perspektiven. Vallendar. (Diese Quelle ist Bestandteil der Metastudie).

Weber, J./Kosmider, A. (1991): Controlling – Entwicklung in der Bundesrepublik Deutschland im Spiegel von Stellenanzeigen. In: ZfB, Ergänzungsheft 3, S. 17–35. (Diese Quelle ist Bestandteil der Metastudie).

Weber, J./Preis, A./Boettger, U. (2010): Neue Anforderungen an Controller: Ergebnisse aus der Unternehmenspraxis. Weinheim.

Weber, J./Schäffer, U. (1998): Controlling-Entwicklung im Spiegel von Stellenanzeigen 1990–1994. In: KRP, 42. Jg., H. 4, S. 227–234. (Diese Quelle ist Bestandteil der Metastudie).

Weber, J./Schäffer, U. (2008): Einführung in das Controlling. 12. Aufl., Stuttgart. (Diese Quelle ist Bestandteil der Metastudie).

Weber, J./Schäffer, U. (2014): Einführung in das Controlling. 14. Aufl., Stuttgart.

Weber, J./Strauß, E./Spittler, S. (2012): Controlling & IT: Wie Trends und Herausforderungen der IT die Controllingfunktion verändern. In: ZfCM, 56. Jg., H. 2, S. 105–109. (Diese Quelle ist Bestandteil der Metastudie).

Weber, J./Vater, H./Schmidt, W./Reinhard, H./Ernst, E. (2008): Die neue Rolle des Controllers: Aufgaben, Anforderungen, Best Practices. Stuttgart.

Weber, J./Zubler, S./Rehring, J. (2009): Aktuelle Benchmarking-Ergebnisse – Auswirkungen der Krise auf das Controlling. In: ZfCM, 53. Jg., H. 6, S. 361–366. (Diese Quelle ist Bestandteil der Metastudie).

Welge, M. K./Al-Laham, A. (2008): Strategisches Management – Grundlagen, Prozess, Implementierung. 5. Aufl., Wiesbaden.

Wild, J. (1982): Grundlagen der Unternehmensplanung. 4. Aufl., Opladen.

Wittenberg, V. (2007): Controlling in jungen Unternehmen: phasenspezifische Controllingkonzeptionen für Unternehmen in der Gründungs- und Wachstumsphase. Wiesbaden.

Wossidlo, P. R. (1997): Finanzierung. In: Pfohl, H. C. (Hg.): Betriebswirtschaftslehre der Mittel- und Kleinbetriebe: größenspezifische Probleme und Möglichkeiten zu ihrer Lösung. Berlin, S. 239–287.

Jens Jacobs, Peter Letmathe, Thomas Urigshardt und Marc Zielinski

Typologiebezogene Controllinganforderungen und -instrumente von kleinen und mittleren Unternehmen des produzierenden Gewerbes

1 Einleitung

Die Notwendigkeit, Controllingaufgaben[1] in Unternehmen wahrzunehmen, besteht unabhängig von Unternehmensgröße oder Branchenzugehörigkeit.[2] Dies impliziert, dass auch für KMU Controllingbedarf besteht. Im Fokus des Beitrags steht dabei die Deckung des Informationsbedarfs, der als essenzielle Grundlage für die Controllingfunktionen fungiert. Für die organisatorische Fundierung, die Adressantengerechtigkeit sowie den Einsatz von Methoden und Instrumenten des Controllings ist jedoch eine Differenzierung verschiedener KMU-Typen sinnvoll. Denn innerhalb der KMU ist eine sehr hohe Heterogenität hinsichtlich der Strukturen, Tätigkeitsfelder und stra-

---

Dieser Beitrag ist eine überarbeitete Fassung von Jacobs et al. (2009).

1 Ohne tiefer in die Diskussion um die theoretische Controllingfundierung einzusteigen, werden in diesem Beitrag die Sicherung der Informationsversorgung, die Steuerungsunterstützung und die Sicherung der Planung als wesentliche Aufgaben des Controllings angesehen.

2 Vgl. z. B. Horváth (2003), S. 264; Horváth/Weber (1997), S. 347.

DOI 10.1515/9783110517163-002

tegischen Handlungsmaximen zu verzeichnen.[3] Folglich ist es notwendig, Controllinganforderungen in Bezug auf einzelne, eindeutig abgegrenzte KMU-Typen herauszuarbeiten und Empfehlungen für die Ausgestaltung des Controllings abzuleiten. Im Hinblick auf die Zielsetzung dieses Beitrags, Anforderungen und Empfehlungen für ein adressatengerechtes Controlling in produzierenden KMU aufzuzeigen, wird in einem ersten Schritt eine Typologisierung von KMU mit dem Ziel vorgenommen, spezifische Typen von KMU des produzierenden Gewerbes zu definieren und abzugrenzen. Auf dieser Basis werden typenbezogene strategische Implikationen und sich daraus ergebende controllingbezogene Anforderungen abgeleitet. Darauf aufbauend werden in einem weiteren Schritt etablierte Controllinginstrumente diskutiert und im Hinblick auf ihre Relevanz für die Erfüllung der zuvor definierten Anforderungen den verschiedenen KMU-Typen zugeordnet. Begleitend werden die sich aus den aktuellen Megatrends „demografischer Wandel" und „Digitalisierung der Produktion" (Industrie 4.0) ergebenden Herausforderungen und Konsequenzen für das Controlling in kleinen und mittleren Unternehmen skizziert. Im vierten Kapitel werden zudem Ansätze für die Ausgestaltung des im Zuge von Industrie 4.0 erforderlichen Wissenstransfers und Kompetenzcontrollings aufgezeigt.

2 Typologie für KMU

Der Zweck der Typenbildung besteht darin, eine logische Analyse von Erscheinungen unter Verwendung einer schwerpunktartigen Fallbildung vorzunehmen und eine systematische Beschreibung gedanklicher Konstrukte bzw. der Realität durchzuführen.[4] Dabei lassen sich drei wesentliche Merkmalsebenen bzw. -dimensionen zugrunde legen (vgl. Abb. 6):

1. Abgrenzung von KMU gegenüber Großunternehmen,
2. Abgrenzung von KMU der Sachleistungsproduktion gegenüber KMU der Dienstleistungserbringung und
3. Unterscheidung von produzierenden KMU hinsichtlich des Fertigungstyps.

Auf der ersten Ebene erfolgt eine Abgrenzung von KMU gegenüber Großunternehmen. Es existieren zahlreiche Ansätze, die sich mit dieser Abgrenzungsproblematik beschäftigen. Sie verwenden in der Regel Kriterienkataloge, die sich auf quantitative und/oder qualitative Merkmale der Unternehmen beziehen.

Zur quantitativen Abgrenzung lassen sich verschiedene formale Kriterien heranziehen wie Umsatz, Beschäftigtenzahl oder die Bilanzsumme des Unternehmens.[5]

---

3 Vgl. Pawlowsky et al. (2006), S. 1–2.
4 Vgl. Schierenbeck/Wöhle (2012), S. 35.
5 Vgl. Arentz/Münstermann (2013), S. 3–6.

```
                        Unternehmen


            KMU              Großunternehmen        1. Ebene


    Sachleistungs-      Dienstleistungs-            2. Ebene
    produktion          produktion


                                                    3. Ebene
  Einzel-/          Großserien-/
  Kleinserien-      Massenfertiger
  fertiger
```

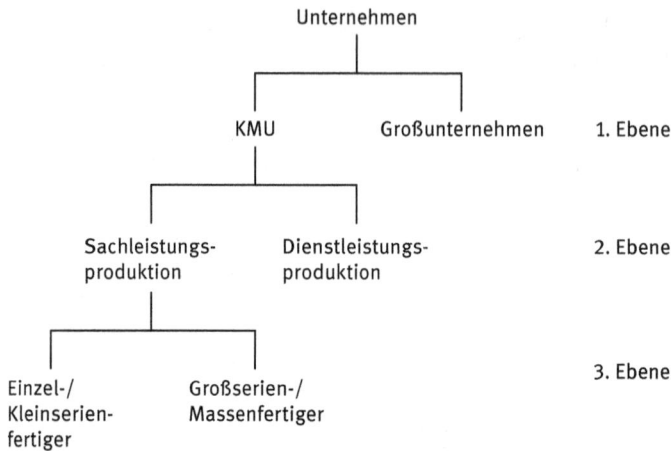

Abb. 6: KMU-Typen[6].

Trotz der Vielzahl der Definitionsversuche[7] hat sich bislang kein einheitlicher und allgemeingültiger Konsens herausgebildet, nach dem eine eindeutige Abgrenzung erfolgen kann. Dennoch kristallisiert sich als häufig verwendetes Kennzeichen die Beschäftigtenzahl heraus.[8] Danach klassifizieren viele Definitionen ein Unternehmen als KMU, wenn es weniger als 250 Mitarbeiter beschäftigt.[9] Der Vorteil dieser Größe gegenüber anderen quantitativen Kriterien ist insbesondere darin zu sehen, dass die Mitarbeiterzahl eines Unternehmens in der Regel verfügbar ist und keine Erfassungsschwierigkeiten auftreten.[10]

Neben der Verwendung quantifizierbarer Kriterien werden zur Abgrenzung von KMU häufig qualitative Kriterien hinzugezogen.[11] Die Abgrenzung von KMU mittels qualitativer Merkmale hält Wossidlo allerdings für ungeeignet, da zeitlich sehr variante Merkmale verwendet werden, Erfassungsprobleme auftreten und bei Nichterfüllung von Merkmalen im Falle der Intendierung konjunktiver Merkmalskombinationen eine Vielzahl geschlossener Unternehmenskategorien entsteht.[12]

Auf der zweiten Merkmalsebene sind die zuvor von den Großunternehmen abgegrenzten KMU hinsichtlich ihres Outputs zu differenzieren. Diese Unterscheidung ergibt sich aus der Systematik der Outputgüter bzw. Produkte eines Unternehmens. Die

---

6 Quelle: eigene Darstellung.
7 Vgl. z. B. § 267 HGB; Kommission der Europäischen Union (2003), S. 37–39; Institut für Mittelstandsforschung (2002). Für branchenspezifische Größenmerkmale von KMU vgl. z. B. Pfohl (2006a) S. 10.
8 Vgl. Pfohl (2006a), S. 10.
9 Vgl. Arentz/Münstermann (2013), S. 6.
10 Vgl. Letmathe (2002), S. 9.
11 Vgl. z. B. Mugler (1999), S. 18–23 sowie Arentz/Münstermann (2013), S. 3–5.
12 Vgl. Wossidlo (1993), Sp. 2890.

Beantwortung der Frage nach der Herkunft der Outputgüter führt zur Ableitung einer Branchensystematik, welche unabhängig von der Einordnung eines Unternehmens als KMU oder Großunternehmen zugrunde gelegt werden kann.[13] Danach lassen sich Dienstleistungs- und Sachleistungsbetriebe voneinander abgrenzen. Dienstleistungsbetriebe werden grundsätzlich in Handels-, Bank-, Versicherungs-, Verkehrsbetriebe sowie sonstige Dienstleistungsbetriebe eingeteilt. Die Sachleistungsbetriebe umfassen insbesondere Gewinnungs-, Aufbereitungs- und Verarbeitungsbetriebe und produzieren hauptsächlich materielle Outputgüter.[14] Eine bedeutsame Kategorie der Sachleistungsbetriebe stellen Industriebetriebe dar, die insbesondere den Aufbereitungs- und Verarbeitungsbetrieben zuzurechnen sind.[15]

Industriebetriebe befassen sich zunehmend auch mit der Erbringung von Dienstleistungen und bieten häufig hybride Produkte bzw. hybride Leistungsbündel an, wobei der Tätigkeitsschwerpunkt sowohl bei der Produktion von Sachleistungen als auch bei der Erbringung von produktbegleitenden Dienstleistungen liegen kann.[16]

Im weiteren Verlauf dieses Beitrags wird von einer Auslegung des Begriffs „produzierende KMU" in einem engeren Sinne ausgegangen und dahingehend verstanden, dass unter diesen Unternehmenstyp jene KMU subsumiert werden, die den Aufbereitungs- und Verarbeitungsbetrieben zuzurechnen sind und deren primäre Outputgüter Sachleistungen darstellen. Die Produktion von Dienstleistungen als Nebenleistung ist dabei unerheblich. Gewinnungsbetriebe werden somit nicht in die weiteren Betrachtungen einbezogen.

Die dritte und letzte Dimension zielt auf die Einteilung in unterschiedliche Fertigungstypen ab, deren Grundlage der Wiederholungsgrad der Produktion ist.[17] In der Regel werden folgende vier Fertigungsformen voneinander unterschieden: Massenfertigung, Großserienfertigung, Kleinserienfertigung und Einzelfertigung. Bei der Massenfertigung wird ein Gut bzw. Produkt in ständiger Wiederholung über einen langen Zeitraum hergestellt.[18] Die Großserienfertigung lässt sich von der Massenfertigung insoweit abgrenzen, als die Produktion auch häufig wiederholt wird, jedoch ein Wechsel der Produktart vorgenommen werden kann. Daher können die Betriebsmittel nicht nur zur Herstellung einer Produktart verwendet werden, sie können für die Produktion

---

13 Vgl. Nebl (2011), S. 73–76.

14 Zu den Gewinnungsbetrieben gehören insbesondere Landwirtschafts-, Forst- und Fischereibetriebe sowie Bergbaubetriebe. Aufbereitungsbetriebe umfassen z. B. chemische Industriebetriebe, Hüttenwerke und Gießereien, während beispielsweise Unternehmen der Fertigungs- und Montageindustrie zu den Verarbeitungsbetrieben gezählt werden. Für eine umfassende Darstellung vgl. z. B. Nebl (2011), S. 76 sowie Blohm et al. (1997), S. 24–27.

15 Vgl. Nebl (2011), S. 76; ergänzend Schierenbeck (2012), S. 47–50.

16 Vgl. zu den Begriffen „hybride Produkte" bzw. „hybride Leistungsbündel" z. B. Spath/Demuß (2003), S. 474–475; Korell/Ganz (2000), S. 154.

17 Vgl. Steven (1994), S. 128; Corsten/Gössinger (2016), S. 30–40.

18 Vgl. Steven (1994), S. 129; ergänzend Blohm et al. (1997), S. 247.

verwandter Produkte mit ähnlichen Fertigungsprozessen umgerüstet werden.[19] Kleinserienfertigung liegt im Vergleich zur Großserienfertigung dann vor, wenn nur wenige Einheiten und kein Massenprodukt produziert werden. Der Terminus „wenige" ist
dann im Hinblick auf die speziellen Anforderungsbedingungen zu präzisieren.[20] Von
Einzelfertigung wird gesprochen, wenn ein Gut nach individuellen Spezifikationen erzeugt wird, ohne dass eine Wiederholung geplant ist.[21]

Da die Übergänge der Fertigungsformen mitunter fließend sind, ist eine exakte
Bestimmung von Controllinganforderungen für jede der vier Fertigungsformen nicht
nur problematisch, sondern unzweckmäßig. Vielmehr bietet es sich an, die vier Fertigungsformen den produktionswirtschaftlichen Erscheinungsformen „auftragsorien-
tierte Produktion" und „marktorientierte Produktion" zuzuordnen. Die „auftragsori-
entierte Produktion" umfasst vorwiegend die Erstellung von Produktionsgütern und
dient primär der Herstellung von Individualprodukten. Die „marktorientierte Produktion" rückt im Gegensatz dazu die Konsumgüterproduktion in den Fokus und damit
die Fertigung von Standardprodukten. Unter Bezugnahme auf den Wiederholungsgrad der Produktion können die Einzel- und Kleinserienfertigung unter den Begriff der
„auftragsorientierten Produktion" subsumiert werden, die Großserien- und Massenfertigung fungieren als Fertigungstypen der „marktorientierten Produktion".[22] Diese
Einteilung ist durch eine erhöhte Realitätsnähe zu begründen, da insbesondere die
Massen- und die Einzelfertigung nur selten in reiner Form auftreten, sie stellen vielmehr Extremformen dar.[23] Folgt man dieser Einteilung, kristallisieren sich zwei wesentliche Typen heraus:

- produzierende KMU der Einzel- und Kleinserienfertigung sowie
- produzierende KMU der Großserien- und Massenfertigung.

Für diese beiden über drei Ebenen herausgearbeiteten Typen sind nunmehr strategische Implikationen abzuleiten und darauf aufbauend unterschiedliche Informations-
bedarfe zu eruieren.

Auf Grundlage der Typenmerkmale lassen sich für produzierende KMU Wettbewerbsstrategien ableiten. Wettbewerbsstrategien bieten die Möglichkeit, langfristig
strategische Wettbewerbsvorteile zu generieren[24] und das eigene Unternehmen mit
Wettbewerbern zu vergleichen.[25] Bezug nehmend auf das von Porter vorgeschlagene
Konzept der generischen Wettbewerbsstrategien lassen sich die Strategietypen „Kos-

---

19 Vgl. Steven (1994), S. 131.
20 Vgl. Steven (1994), S. 134.
21 Vgl. Steven (1994), S. 134; ergänzend Blohm et al. (1997), S. 247.
22 Vgl. Corsten/Gössinger (2016), S. 40.
23 Vgl. Steven (1994), S. 128.
24 Vgl. Simon (1998), S. 465.
25 Vgl. O'Donnell et al. (2002), S. 206.

tenführerschaft", „Differenzierung" sowie „Konzentration auf Schwerpunkte" unterscheiden.[26]

Die Strategie der Kostenführerschaft fokussiert auf die Erzielung eines relativen Kostenvorteils gegenüber den Wettbewerbern.[27] Dazu wird unter Ausnutzung von Betriebsgrößen- und Lernkurveneffekten eine Minimierung der Produktstückkosten bei Wahrung einer angemessenen Produktqualität angestrebt. Weitere Erfolgsfaktoren wie Flexibilität oder Service müssen den marktüblichen Erwartungen entsprechen.[28]

Eine Differenzierungsstrategie zielt darauf ab, sich mittels einzigartiger Leistungen von den Wettbewerbern abzuheben.[29] In diesem Zusammenhang wird versucht, durch eine überlegene Qualität oder Faktoren wie Flexibilität, Kundennähe, Lieferbereitschaft oder Service einen Wettbewerbsvorteil zu erlangen.[30]

KMU streben häufig eine Konzentrationsstrategie an, bei der eine Segmentierung der jeweils betrachteten Branchen und Märkte vollzogen wird und damit eindeutig abgrenzbare Zielgruppen und Marktnischen in den Mittelpunkt rücken.[31] Bezogen auf einzelne Segmente kann seitens der KMU eine Differenzierungsstrategie angestrebt werden. Die Erfüllung differenzierter Kundenwünsche steht dann im Fokus des Unternehmens und erfüllt die Voraussetzungen der auftragsorientierten Produktion, die von produzierenden KMU der Einzel- und Kleinserienfertigung wahrgenommen wird.

Neben solchen KMU, die eine Konzentrationsstrategie mit Differenzierungsschwerpunkt verfolgen, streben andere KMU hingegen eine Strategie der Kostenführerschaft an. Dieser Strategietyp steht im Fokus produzierender KMU der Großserien- und Massenfertigung, da die Voraussetzungen für eine marktorientierte Produktion vorliegen und diese Unternehmen in der Lage sind, unter Ausnutzung von Skaleneffekten eine Minimierung der Stückkosten anzustreben.

Auf Basis der gewählten Wettbewerbsstrategie lassen sich produktionswirtschaftliche Wettbewerbsziele ableiten. So rücken für KMU der Einzel- und Kleinserienfertigung insbesondere Qualität, Zeit und Flexibilität in den Vordergrund. Dabei stellt die Qualität in der Regel das wichtigste Teilziel dar.[32] Qualität muss aber auch in Verbindung mit den anderen Wettbewerbsfaktoren gesehen werden, um dauerhafte Wettbewerbsvorteile zu erlangen und nachhaltige Unternehmenserfolge zu realisieren.[33] Dabei ist zu fordern, dass mögliche, zwischen den produktionswirtschaftlichen Zielen

---

26 Vgl. Porter (1999), S. 71–75.
27 Vgl. Porter (1999), S. 71; ergänzend Corsten/Gössinger (2016), S. 49–51.
28 Vgl. Schneider (2006), S. 158.
29 Vgl. Porter (1999), S. 73.
30 Vgl. Schneider (2006), S. 158–159.
31 Vgl. Schneider (2006), S. 151; Pfohl (2006b), S. 103.
32 Vgl. Azzone/Cainarca (1993), S. 67; Zahn/Huber-Hoffmann (1995), S. 139. Qualität fungiert insbesondere bei technisch anspruchsvollen Produkten, wie sie im Rahmen der Einzel- und Kleinserienfertigung auftreten, häufig als „kaufentscheidender Faktor"; vgl. Günther/Tempelmeier (2005), S. 129.
33 Vgl. O'Donnell et al. (2002), S. 214; Zahn/Huber-Hoffmann (1995), S. 140.

vorhandene Zielkonflikte aufgehoben werden und ein Kompromiss angestrebt wird.[34] In diesem Zusammenhang sind auch Kostenaspekte zu berücksichtigen, da trotz der Fokussierung auf eine Differenzierungsstrategie für KMU der Einzel- und Kleinserienfertigung das Ausschöpfen von Kostensenkungspotenzialen für den Wettbewerbserfolg von großer Bedeutung ist.

Für KMU der Großserien- und Massenfertigung stellen die Kosten das wichtigste produktionswirtschaftliche Ziel dar. Unter Beachtung marktüblicher Mindestniveaus hinsichtlich Qualität, Zeit und Flexibilität wird angestrebt, jegliche produktionsbezogenen Kostensenkungspotenziale zu eruieren und eine kontinuierliche Minimierung der Kosten zu erreichen.[35] Aus den produktionswirtschaftlichen Zielen ergeben sich Charakteristika, mittels derer die Produktion des jeweiligen KMU-Typs gekennzeichnet werden kann (vgl. Tab. 13).

Für KMU der Einzel- und Kleinserienfertigung wird deutlich, dass die Produktion einen starken Projektbezug aufweist.[36] Im Fokus der Produktion steht die Fertigung qualitativ hochwertiger, oft kundenindividueller Produkte. Dies impliziert, dass flexible, durch manuelle Tätigkeiten geprägte Prozesse im Fokus der Produktion stehen. Auswirkungen ergeben sich dadurch zum einen auf die organisatorische Ausgestaltung, indem in der Regel auftragsbezogene Projektteams gebildet werden. Zum anderen ergeben sich Konsequenzen für die Betriebsmittelausstattung und die Ausgestaltung der Eingangslogistik, von denen eine hohe Flexibilität gefordert wird.[37] Da das Projektgeschäft in der Regel von Schwankungen und diskontinuierlichen Zahlungsströmen gekennzeichnet ist, treten in unregelmäßigen Abständen temporäre Finanzierungsbedarfe auf. Dem steht nach größeren Zahlungseingängen die Möglichkeit zur kurzfristigen Anlage liquider Mittel gegenüber.

Die Produktionsprozesse bei KMU der Großserien- und Massenfertigung sind dagegen durch standardisierte Prozesse gekennzeichnet, da die Produktion von ebenfalls standardisierten Produkten im Rahmen einer Kostenführerschaftsstrategie im Vordergrund steht.[38] Eine Hochpreisstrategie ist selbst bei technisch überlegenen Produkten nur beschränkt möglich, da attraktive Märkte Wettbewerber zum Markteintritt veranlassen können, wenn Kostensenkungspotenziale dauerhaft ungenutzt bleiben. Daraus resultiert einerseits ein höherer Automatisierungsgrad, verbunden mit einem geringeren Anteil manueller Tätigkeiten. Andererseits kann auch die Beschaffung von Repetierfaktoren standardisiert werden und kontinuierlich über den Zeitablauf erfolgen. Es liegen in der Regel stabile Lieferbeziehungen vor.[39]

---

34 Vgl. Zahn/Huber-Hoffmann (1995), S. 140.
35 Vgl. Eidenmüller (1989), S. 18.
36 Vgl. Böhl (2001), S. 19.
37 Vgl. Schneider (2006), S. 161.
38 Vgl. Schneider (2006), S. 160.
39 Vgl. Schneider (2006), S. 161.

Tab. 13: Charakterisierung der Produktion[40].

	Einzel- und Kleinserienfertigung	Großserien- und Massenfertigung
Eingangslogistik	– Auftragsbezogene Beschaffung	– Standardisierte Beschaffung – Bestandsmanagement
Betriebsmittel	– Flexible Maschinen – Geringerer Automatisierungsgrad	– Spezialmaschinen – Höherer Automatisierungsgrad
Prozesse	– Flexible Prozesse, die eines Projektmanagements bedürfen	– Hoch standardisierte Prozesse
Arbeitsinhalt	– Größere manuelle Anteile	– Minimierung manueller Anteile
Engpässe	– Projekte konkurrieren um personelle und finanzielle Ressourcen	– Maschinenkapazitäten
Organisatorische Gestaltung	– Projektbezogene Organisation – Auftragsbezogene Projektteams	– Klassisch: funktionale Organisation – Tendenz: Dezentralisierung (Prozessorientierung) im Sinne eines Lean Management
Finanzierungs-/ Liquiditätsaspekte	– Häufig hoher auftragsbezogener Finanzierungsbedarf – Finanzierungsbedarf ändert sich je nach Auftragssituation und konkreter Zahlungsfristen	– Finanzierungsbedarf insbesondere bei Investitionen in Anlagevermögen – Liquiditätsflüsse gleichmäßiger

Durch den höheren Automatisierungsgrad stellt die Maschinen- und Anlagenausstattung der Produktion einen kritischen Faktor dar. Zum einen können sich daraus Engpasssituationen ergeben, zum anderen ist ein hoher Finanzierungsbedarf bei der Investition in Betriebsmittel erforderlich. Im Gegensatz zu den KMU der Einzel- und Kleinserienfertigung liegen deutlich gleichmäßigere Liquiditätsflüsse vor, mittels derer der Finanzierungsbedarf aus laufender Produktion gedeckt werden sollte.

3 Controllinganforderungen

3.1 Typologiebedingte Anforderungen

Auf Basis der produktionswirtschaftlichen Charakteristika lassen sich weitreichende Anforderungen an das Controlling ableiten. Für die Einzel- und Kleinserienfertiger ist das operative Controlling vor allem im Hinblick auf den großen Umfang der koordinierenden Aufgaben auszugestalten. Beispielsweise ist die bedarfsgerechte Ma-

---

40 Quelle: eigene Darstellung.

terialbeschaffung inklusive der einzuhaltenden Termine nur über eine enge Abstimmung der betrieblichen Teilbereiche möglich. Über den Vertrieb sind Informationen über anstehende Projekte frühzeitig verfügbar, zudem werden hier die Produktspezifika weitgehend festgelegt. Die Entwicklung und die Konstruktion sind schwerpunktmäßig für die Materialvielfalt verantwortlich. Arbeitsvorbereitung und Produktionsplanung lösen schließlich den konkreten Materialbedarf aus. Dieses Beispiel aus der Beschaffung zeigt, wie die Prozesse der Leistungserstellung weit über die eigentliche Produktion hinausreichen. Die übergreifende Prozessgestaltung ist somit kennzeichnend für die Einzel- und Kleinserienfertigung und erfordert eine auftragsbezogene Projektorganisation. Das Projektgeschäft geht mit intensiven Koordinationsaufgaben zwischen der Produktion und anderen Funktionsbereichen wie Forschung und Entwicklung, Konstruktion, Marketing bzw. Vertrieb sowie ggf. Reparatur- und Serviceeinheiten einher.[41] Die wesentlichen Aufgaben des Projektmanagements umfassen neben der Projektplanung die Einhaltung der Projekttermine, die Überwachung von kritischen Pfaden sowie die Ermittlung von und die Reaktion auf qualitative, terminliche und kostenmäßige Abweichungen.[42] Aufgrund der Konkurrenz um beschränkte finanzielle und personelle Ressourcen fällt dem Controlling hierbei u. a. die Aufgabe zu, die Ressourcenverteilung und -planung bzgl. ablaufender Projekte und Prozesse so zu gestalten, dass eine optimale Allokation der vorhandenen Ressourcen gewährleistet ist.[43] Demgegenüber stehen bei Großserien- und Massenfertigern das strategische Kostenmanagement sowie die Kostensteuerung im Vordergrund. Dem Controlling obliegt die Aufgabe, die bei der Produktion anfallenden Kosten zu erfassen sowie detaillierte Kontrollberichte zur Steuerung und Lenkung der Produktionsaktivitäten zur Verfügung zu stellen. Wird eine Kostenführerschaft angestrebt,[44] ist eine Betrachtung über alle betrieblichen Funktionsbereiche hinweg notwendig. Das Kostenmanagement bezieht sich auf die umfassende und antizipative Kostenplanung, -steuerung und -kontrolle zur Beeinflussung des Kostenniveaus, der Kostenstruktur und des Kostenverhaltens im Sinne der Strategie des Unternehmens.[45] Neben Kostengesichtspunkten ist, je nach strategischer Ausrichtung, die Überwachung der Produktqualität gleichrangige oder nachrangige Controllingaufgabe. Gegenstand des strategischen Kostenmanagements sind die Optimierung des Fabriklayouts sowie die Ermittlung der Kostenwirkungen von Investitionen und Anpassungen der Betriebsmittel, z. B. der Verkettung von Maschinen im Produktionsfluss. Die operative Ebene der Kostensteuerung umfasst die Bereitstellung von Informationen zu Wertschöpfungsverlusten als Grundlage für kontinuierliche Verbesserungsprozesse sowie laufende Abweichungsanalysen, um Ursachen überhöhter Kosten zu ermitteln und Korrekturmaßnahmen zu ermög-

---

41 Vgl. Zielasek (2013), S. 26–31.
42 Vgl. Rattay (1996), S. 372.
43 Vgl. Rattay (1996), S. 383.
44 Vgl. Porter (1999), S. 71.
45 Vgl. Franz/Kajüter (2002), S. 14.

lichen.[46] Das Controlling sollte dabei sowohl Ergebnis- als auch Verhaltensaspekte einbeziehen. Die Ergebnisse von Realisierungsprozessen stehen im Fokus der Ergebniskontrolle, bei der Verfahrenskontrolle sind einzelne Handlungen bzw. die gesamten Produktionsprozesse von Interesse, während Verhaltensaspekte bei der gezielten Motivation und Information von Mitarbeitern verschiedener Hierarchieebenen ansetzen.[47] Um alle Kostensenkungspotenziale ausnutzen und qualitative Standards einhalten zu können, ist eine Abstimmung zwischen den betrieblichen Teilbereichen und Funktionen herbeizuführen. Weitere Controllingaufgaben betreffen insbesondere die Koordination von Materialflüssen sowie die Maschinenbelegungsplanung zur Begegnung von Kapazitätsengpässen. Bezüglich des Materialflusses sind z. B. die Lagerhaltung, die Vermeidung von Stillstandszeiten und die Integration von Qualitätssicherungsmaßnahmen zu kontrollieren und aufeinander abzustimmen.

Die aus der Typologie abgeleiteten Anforderungen sind zugleich Ausdruck der erforderlichen Adressatengerechtigkeit des Controllings. Adressatengerechtes Controlling hat sich in den schwerpunktmäßig wahrgenommenen Aufgaben, den eingesetzten Instrumenten und der organisatorischen Ausgestaltung an den spezifischen Anforderungen der KMU-Typen auszurichten.

3.2 KMU-Controlling im Zeitalter der Digitalisierung

Traditionelle Geschäftsmodelle von mittelständischen Unternehmen werden in den nächsten Jahren zunehmend unter Druck geraten. Verantwortlich dafür sind verschiedene Megatrends, wobei für den deutschen Mittelstand insbesondere die demografische Entwicklung und die Digitalisierung der Produktion (Industrie 4.0) eine wichtige Rolle spielen. Von diesen Veränderungen sind sowohl Einzel- und Kleinserienfertiger als auch Serien- und Massenfertiger betroffen.[48]

Insbesondere die mit der Digitalisierung einhergehenden Veränderungen werden die Interaktionsmuster in Unternehmen verändern. Während Routineaufgaben zunehmend automatisiert werden, müssen die Mitarbeiter verstärkt interdisziplinäre und unstrukturierte Probleme lösen.[49] Darüber hinaus spielen sich strukturell verändernde Mensch-Maschine-Interaktionen eine immer größere Rolle.[50] Damit steigt nicht nur die Komplexität, sondern auch die Notwendigkeit der fachübergreifenden Zusammenarbeit massiv an. Dadurch ergeben sich gestiegene Anforderungen an die Kompetenzen der Mitarbeiter, die grob in methodische, fachliche, fachübergreifende und Selbstkompetenzen unterschieden werden können.[51]

---

46 Vgl. Letmathe (2016).
47 Vgl. Letmathe (2002), S. 187–188.
48 Vgl. Sauter/Bode/Kittelberger (2015), S. 475–484; Paulus/Zeibig (2015), S. 504–509.
49 Vgl. Bonin/Gregory/Zierahn (2015); Dworschak/Zaiser (2014), S. 345–350.
50 Vgl. Gregory/Schmitt/Loskyll (2014), S. 525–527.
51 Vgl. Letmathe/Schinner (2017).

Mertens konstatiert, dass die diesbezüglichen Konsequenzen für das betriebliche Controlling bedeutend, aber in der wirtschaftswissenschaftlichen Literatur bislang noch kaum ausreichend diskutiert sind.[52] Lingnau und Branding heben in diesem Zusammenhang die gestiegene Komplexität, die Flexibilitätsanforderungen und die Unsicherheit gerade bei der Überführung von traditionellen in neue Geschäftsmodelle hervor.[53] Damit gehen zahlreiche Herausforderungen für das Controlling einher, die kaum durch bisherige Controllingkonzepte abgedeckt sind. Beispielsweise ist es keineswegs mehr ausreichend, sich auf klassische Steuerungskonzepte von Wertschöpfungsprozessen zu beschränken.[54] Vielmehr bedarf es neuer Informations- und Steuerungsinstrumente, die fundierte Daten für die Entscheidungsfindung im Produktionsbereich sowie die kontinuierliche Verbesserung (Verringerung von Wertschöpfungsverlusten) in agilen Produktionsumgebungen erlauben. Damit geht eine Veränderung der Verrechnungsmechanismen des Controllings einher, die bislang in erster Linie auf die Verrechnung von Inputs (Kostenarten) auf Kostenstellen (Prozesse) und auf Kostenträger (Produkte) ausgerichtet sind. Auf eine umfassende Veränderung eingesetzter Controllingkonzeptionen sind bislang aber weder die gängigen Softwareprodukte noch die anwendenden Unternehmen ausgerichtet.

Reischauer und Schober betonen die Agilität von Wertschöpfungssystemen und die damit einhergehende hohe Produkt- und Prozessvariabilität, die dazu führen, dass bei hoher Komplexität eine laufende Kostenkontrolle ermöglicht werden muss. Zweitens werden Informationen benötigt, die ad hoc für häufig unstrukturierte Problemstellungen zur Verfügung gestellt werden müssen. Ein dritter Aspekt ist die interne und unternehmensübergreifende Vernetzung von Informationen. Die damit einhergehende erforderliche Prozessintegration des Controllings ist dabei ein wichtiger Erfolgsfaktor.[55]

Schon die hier bewusst kurz gehaltenen Ausführungen zeigen, dass die Digitalisierung zu einem umfassenden Wandel des Controllings führen wird. Zusammengefasst können folgende Anforderungen als besonders wichtig angesehen werden:

- Controlling als Informationsgenerator: Ad-hoc-Bereitstellung von Informationen insbesondere auch für unstrukturierte Problemstellungen;
- Flexibilisierung von Verrechnungsmechanismen und Kostenzuordnungen;
- Integration von Controllingprozessen im Unternehmen und in der Wertschöpfungskette;
- Implementierung und Weiterentwicklung von Controllinginstrumenten für die Erfassung und Verringerung von Wertschöpfungsverlusten;

---

52 Vgl. Mertens (2015), S. 452–454.
53 Vgl. Lingnau/Branding (2015), S. 455–460.
54 Vgl. Sauter/Bode/Kittelerger (2015), S. 475–484.
55 Vgl. Reischauer/Schober (2015), S. 22–28.

- Aufbau eines Kompetenzcontrollings, das die Schaffung der für die Bewältigung von Industrie 4.0 erforderlichen Kompetenzen unter Berücksichtigung der Konsequenzen des demografischen Wandels ermöglicht;
- Unterstützung von Lernprozessen im Rahmen des Anlaufmanagements und agiler Produktionsumgebungen.

4 Controllinginstrumente

4.1 Typologiebedingte Instrumentenzuordnung

Über die Typenabgrenzung und die Betrachtung der Auswirkungen der zunehmenden Digitalisierung gelangen wir nun zum stärker operationalen Instrumentenbereich. Dieser erlaubt zunächst wiederum eine typenspezifische Zuordnung, wie Tab. 14 verdeutlicht.

Tab. 14: Controllinginstrumente[56].

	Einzel- und Kleinserienfertigung	Großserien- und Massenfertigung
Produktentwicklung und -kalkulation	– Grobe Vorkalkulation bei Angebotserstellung – Feinkalkulation nach Auftragseingang – Konstruktionsbegleitendes Controlling	– Target Costing für Produktentwicklung – Erfahrungskurvenbasierte Vorkalkulation
Beschaffungscontrolling	– Qualitätscontrolling – Eingliederung in die Projektplanung	– Optimale Beschaffungsmengen und -zeitpunkte
Produktionsbegleitendes Controlling	– Überwachung der Projekttermine – Qualitätsüberwachung – Mitlaufendes Kostenmanagement – Nachkalkulation	– Produktivitäts- und Kostenüberwachung – Aufdeckung/Ausschöpfung von Kostensenkungspotenzialen – Maschinenbelegungsplanung (Engpassbetrachtung)
Erfolgsrechnung	– Projektkostenrechnung – DB-Rechnung	– Kennzahlensysteme – Mehrstufige DB-Rechnung
Finanzcontrolling	– Liquiditätsüberwachung zur rechtzeitigen Aufdeckung von Finanzierungsbedarfen	– Finanzierungsüberwachung insbesondere bei Investionen in Betriebsmittel

---

56 Quelle: eigene Darstellung.

4.2 Instrumente der Einzel- und Kleinserienfertiger

Aus den Anforderungen an das Controlling von Einzel- und Kleinserienfertigern, die sich knapp mit Koordination, Projekt- und Qualitätsfokussierung umschreiben lassen, können nun Instrumente abgeleitet werden. Für die laufende Produktion spielen mit Blick auf die Anforderungen das Projektcontrolling und die Qualitätsüberwachung eine wichtige Rolle. Wie bereits bei der Charakterisierung der Produktion erwähnt, wird die Produktion bei Einzel- und Kleinserienfertigern meist im Rahmen von Projekten durchgeführt, weshalb das Projektcontrolling für die Steuerung der Auftragsabwicklung unerlässlich ist. Das Projektcontrolling überwacht den Projektfortschritt und die Kostensituation. Die Projektfortschrittsüberwachung bedingt eine detaillierte Zeitplanung. Um eine detaillierte Zeitplanung zu ermöglichen, muss das Projekt in einzelne Arbeitspakete gegliedert werden. Auf Basis der Projektstrukturplanung mittels Arbeitspaketspezifikationen können weitere Methoden wie eine Meilensteinplanung, ein Netzplan und ein Balkenplan eingesetzt werden.[57] Mittels dieser Projektplanungsmethoden kann einerseits das Projekt – hier die Fertigung – bzgl. der Ressourcen und Phasen geplant werden und andererseits der Projektfortschritt kontrolliert werden. Gerade das Meilensteinkonzept konzentriert sich auf die Erfolgskontrolle.[58] Im Fall von Abweichungen müssen Korrekturmaßnahmen durchgeführt werden, z. B. die Bereitstellung zusätzlicher Ressourcen oder die Verbesserung der internen Kommunikation. Neben der Zeitplanung kann die Arbeitspaketspezifikation als Grundlage der Projektkostenrechnung dienen.[59] Somit kann, in Verknüpfung mit der Zeitplanung, der zukünftige Kostenanfall für die Fertigung geplant werden. Eine weitere Aufgabe der Projektkostenrechnung ist die Kontrolle der Istkosten und die Generierung von Maßnahmen zur Kostenreduzierung.

Die Projektbetrachtung ist nicht nur auf die Produktion beschränkt, vielmehr sind Projektcontrollinginstrumente in der Entwicklung bzw. in der Konstruktion verbreitet. In der Konstruktionsphase ist es bei Einzelfertigern üblich, eine konstruktionsbegleitende Kalkulation anzuwenden.[60] Mit voranschreitender Konstruktion reduziert sich die anfängliche Unkenntnis über das Produkt, Kosten können präziser festgelegt werden. Gleichzeitig nimmt die Möglichkeit der Kostenbeeinflussung ab.[61] Aus diesem Grund ist es erforderlich, entlang der Konstruktionsaktivitäten die Produktkosten zu aktualisieren, um frühzeitig Abweichungen festzustellen und Maßnahmen zur Kostenbeeinflussung einzuleiten. Für die Aktualisierung der Produktkosten im Rahmen einer die Konstruktion begleitenden Kalkulation können pauschale oder analytische

---

57 Vgl. Zimmermann/Stark/Riek (2006), S. 6–7.
58 Vgl. Madauss (2000), S. 214.
59 Vgl. Bürgel/Hess/Bauder (2006), S. 234.
60 Vgl. Dietrich (2005), S. 129.
61 Vgl. Wübbenhorst (1984), S. 123.

Methoden genutzt werden.[62] Pauschale Methoden gestatten eine Kostenermittlung, die entweder auf Beziehungen zwischen Merkmalen und bekannten Kenngrößen oder auf Ähnlichkeiten zu schon gefertigten Produkten, z. B. bei Varianten, beruht. Die Kostenermittlung durch analytische Methoden benötigt Informationen wie Fertigungszeiten und Stücklisten. Zur Beeinflussung der Produktkosten können Arbeitsgänge verändert, der Fremdbezug von Komponenten und die Substitution von Materialien in Betracht gezogen werden.

Die angesprochene Unsicherheit ist z. B. hinsichtlich der Kosten zum Zeitpunkt der Angebotserstellung am größten. Da es sich bei Einzel- und Kleinserienfertigern nicht lohnt, aufwändige Konzepte zur Preisfindung und -gestaltung wie das Target Costing einzusetzen, werden bei der Angebotserstellung eine relativ grobe Vorkalkulation und erst nach Auftragseingang eine Feinkalkulation durchgeführt. Dies resultiert z. B. auch aus der geringen Anzahl von erfolgreichen Angeboten.[63] In der Praxis ist für die Vorkalkulation die Anwendung der Zuschlagskalkulation sehr verbreitet. Dabei ist zu bedenken, dass mit der Zuschlagskalkulation erhebliche Schwierigkeiten wie willkürliche Zuschlagssätze einhergehen.[64] Aus diesem Grund bietet es sich an, vor allem für die Erfolgsrechnung eine ein- oder auch mehrstufige Deckungsbeitragsrechnung einzusetzen.

Die Erfolgsrechnung allein genügt nicht zur Beurteilung der Finanzlage des Unternehmens. Es muss neben der Ertragssituation die Liquidität beachtet werden. Da bei Einzel- und Kleinserienfertigern die Liquidität mit einzelnen Produktprojekten stark schwanken kann, muss der Finanzierungsbedarf, welcher aus einzelnen Aufträgen resultieren kann, analysiert werden. In diesem Kontext sind z. B. Anzahlungen, das Forderungsmanagement und Fertigungszeiten von Bedeutung. Es bietet sich an, den Liquiditätsbedarf anhand dieser Punkte und der kalkulierten Ausgaben zu berechnen.

Eine weitere Anforderung ist die Qualitätsfokussierung. Hierbei soll das Controlling die Überwachung der Qualität in der Fertigung gewährleisten. Die Informationen über die Produktqualität werden durch das Qualitätsmanagement erhoben. Aufgabe des Controllings muss es sein, diese Informationen zu Kennzahlen zu verdichten und bereitzustellen.

Die Koordinationsaufgabe des Controllings wird bei Einzel- und Kleinserienfertigern besonders in der Entwicklungsphase deutlich. Weil bei Einzel- und Kleinserienfertigern die Erfüllung spezifischer Kundenwünsche weniger Kunden im Zentrum ihrer Geschäftsmodelle steht, muss eine enge Zusammenarbeit und somit eine gute Koordination, insbesondere zwischen den Funktionsbereichen Marketing, Vertrieb,

---

62 Vgl. im Folgenden Franz (1992), S. 130–131.
63 Vgl. Dietrich (2005), S. 42–43.
64 Zu Ungenauigkeiten der Zuschlagskalkulation vgl. Gabele/Fischer (1992), S. 202–204.

Forschung und Entwicklung sowie Produktion vorherrschen. Die Koordinationsaufgabe umfasst dabei auch die auftragsbegleitende Kommunikation mit den Auftraggebern.[65]

4.3 Instrumente der Großserien- und Massenfertiger

Wesentliche Anforderungen für das Controlling bei Großserien- und Massenfertigern resultieren aus den Charakteristika der Produktion. Zusammenfassend sind hier die Kostenkontrolle und das Kapazitätsmanagement in der Produktion zu nennen. Bei den Großserien- und Massenfertigern kann, im Gegensatz zu den Einzel- und Kleinserienfertigern, in der Preisfindung und -gestaltung zudem das Target Costing sinnvoll eingesetzt werden. Eine detaillierte Vorkalkulation und verhaltensorientierte Steuerung der Produktentwicklung, wie sie im Zusammenhang mit dem Target Costing erfolgt, wird aufgrund von vor Fertigungsbeginn fest definierten Daten wie etwa Stücklisten möglich.[66] Grundgedanke des Target Costing sind die marktorientierte Ermittlung des Produktpreises und die Kostenbeeinflussung, um diesen Preis zu ermöglichen. Die Kosten für einzelne Komponenten werden im Target Costing retrograd vom Marktpreis und dem geforderten Gewinn her errechnet.[67]

Das Target Costing ist nicht ausschließlich auf die anfänglichen Kosten beschränkt. Es werden Erfahrungskurveneffekte einbezogen. Mittels der Beachtung von Lern- und Erfahrungskurveneffekten können die empirisch nachgewiesenen Kostensenkungspotenziale im Unternehmen in die Preisfindung einfließen. Wird kein Target Costing angewendet, können die Lern- und Erfahrungskurveneffekte in der Vorkalkulation die Preisentwicklung für die Zukunft stützen.[68]

Eine charakteristische Strategie der produzierenden KMU der Groß- und Massenfertigung ist die Strategie der Kostenführerschaft. Diese Strategie erfordert eine gezielte Überwachung und Steuerung der Kosten. Dafür muss eine Kostenrechnung aufgebaut werden, die eine verursachungsrechte Kostenzurechnung und eine detaillierte Kostenaufschlüsselung erlaubt. Zu diesem Zweck kann eine Grundrechnung nach Riebel eingesetzt werden.[69] Des Weiteren kann die Kostenwirkungsgradrechnung genauen Aufschluss über Verschwendungen in der Produktion geben. Gerade für die Kostenwirkungsgradrechnung ist eine genaue Erfassung des Mengengerüstes in der Produktion notwendig.[70] Dies gilt allerdings ebenso für andere Kostenrechnungen, wenn realitätsnahe Aussagen der Kostenrechnung erwartet werden.

---

65 Vgl. Barten (2007), S. 418–420.
66 Vgl. Dietrich (2005), S. 40–42.
67 Vgl. Riegler (2000), S. 239–255.
68 Vgl. Dietrich (2005), S. 41.
69 Vgl. Riebel (1979a und 1979b).
70 Vgl. Letmathe (2002), S. 204–230.

In der Erfolgsausweisung sollte, ähnlich wie bei den Einzel- und Kleinserienfertigern, eine Deckungsbeitragsrechnung genutzt werden. Jedoch sollten Groß- und Massenfertiger, im Gegensatz zu Einzel- und Kleinserienfertigern, immer über eine mehrstufige Deckungsbeitragsrechnung[71] verfügen, da das über eine Periode hinweg relativ konstante Produktspektrum dies zulässt.

Während bei den Einzel- und Kleinserienfertigern die Liquidität maßgeblich durch den Liquiditätsbedarf einzelner Aufträge bestimmt wird, ist der Liquiditätsfluss bei Großserien- und Massenfertigern gleichmäßiger. Ein höherer Liquiditätsbedarf ergibt sich vor allem aus Investitionen in das Anlagevermögen. Für diese Investitionen sollte neben den Finanzplänen auf Methoden der dynamischen Investitionsrechnung zurückgegriffen werden.[72] Neben einer aussagekräftigen Kostenrechnung sind bei Großserien- und Massenfertigern Kennzahlensysteme ein adäquates Instrument zur Überwachung der Produktion. Kennzahlensysteme haben den Vorteil, dass mit ihnen flexibel auf verschiedene Situationen reagiert werden kann. Es können, entsprechend der Situation, neue Kennzahlen mit einer anderen Aussagekraft hinzufügt oder entfernt werden.[73] Kennzahlensysteme können zudem zu einem Performance Measurement System wie der Balanced Scorecard erweitert werden.

Gegenüber Einzel- und Kleinserienfertigern spielt in der Produktion von Großserien- und Massenfertigern das Projektmanagement eine untergeordnete Rolle. Bei Großserien- und Massenfertigern konkurrieren die Produkte und Produktgruppen vor allem um knappe Kapazitäten von Maschinen. Dieses Problem wird in der Maschinenbelegungsplanung betrachtet. Zur Optimierung der Nutzung der Maschinenbelegung aus Ertragsgesichtspunkten können spezifische Deckungsbeiträge eingeführt werden. Spezifische Deckungsbeiträge ergeben sich aus dem Deckungsbeitrag des Produktes und dessen Fertigungszeit auf der Maschine.[74]

Neben unterschiedlichen Produktionsaktivitäten werden die Kapazitäten der Maschinen durch Instandhaltungsaktivitäten belegt. Instandhaltungsaktivitäten sollen den technischen Zustand der Maschinen und Anlagen aufrechterhalten.[75] Da Maschinen und Anlagen im Zeitablauf und mit der Belastung durch die Produktion abnutzen, kann es zu Störungen kommen, welche die Verfügbarkeit und somit die vorhandene Maschinenkapazität erheblich reduzieren können.[76] Ferner gehen mit Maschinenausfällen hohe Kosten, z. B. für Produktionsausfälle, einher.[77] Zur Steigerung der Verfügbarkeit kann das Controlling mithilfe von Kennwerten einen wesentlichen Beitrag leisten.

---

71 Vgl. Schweitzer/Küpper (2011), S. 469–471.
72 Vgl. beispielsweise Perridon/Steiner (2007), S. 25–27.
73 Die Flexibilität und weitere Anforderungen werden z. B. bei Reichmann (2006), S. 27 angesprochen.
74 Vgl. Schweitzer/Küpper (2011), S. 548–555.
75 Vgl. Deutsches Institut für Normung (1985), S. 1.
76 Vgl. z. B. Eichler (1990), S. 24–26; Warnecke/Berka (1981), S. 65–102.
77 Vgl. Männel (1992), S. 101–103.

Im Verbundprojekt „Verapro"[78] wurde ein Konzept zur Erfassung des Maschinenzustands sowohl aus technischer als auch aus organisatorischer Sicht erarbeitet. Die Erfassung und Bewertung des Maschinenzustands ist eine grundlegende Information zur Vorbeugung von Störungen und zur Optimierung von Wartungseinsätzen. Aus organisatorischer Perspektive kann die Verfügbarkeit einer Maschine bzw. Anlage aufgrund von Materialmängeln, fehlenden Personals etc. beeinträchtigt sein. Im Projekt wurde ein Controlling konzipiert, das mittels einer korrekten Betriebsdatenerfassung die Verfügbarkeit und Verfügbarkeitsverluste aufzeigen kann. Auf Basis dieser Informationen können dann Maßnahmen zur Steigerung der organisatorischen und technischen Verfügbarkeit abgeleitet werden.[79] Wegen der Komplexität des Themas und der oft fehlenden Kompetenz in Unternehmen zur Handhabung der Datenerfassung und Datenauswertung sowie Maßnahmenableitung wird hier eine externe Ansiedlung dieser Funktion bevorzugt.

4.4 Controllinginstrumente für Industrie 4.0

Agilität, Komplexität, die Lösung unstrukturierter Probleme und die umfassende Integration von Controllingprozessen sind Schlagworte des digitalen Wandels von Wertschöpfungsstrukturen und Geschäftsmodellen. Die umfassende Diskussion der damit einhergehenden erforderlichen Veränderungen von Controllinginstrumenten würde den Rahmen dieses Artikels bei Weitem sprengen. Daher konzentrieren sich die folgenden Ausführungen auf die Unterstützung des Controllings für die Ausgestaltung des Wissenstransfers, auf die Gestaltung von Feedbacksystemen und die Konzeption des Kompetenzcontrollings. Wie bereits angesprochen, ist absehbar, dass die bestehenden Ansätze dafür keineswegs ausreichend sind und dass vielmehr eine umfassende Forschung und praktische Erprobung in diesem Bereich erforderlich sind. Die folgenden Beispiele aus den Bereichen des Prozess- und Entscheidungslernens verdeutlichen die mit Industrie 4.0 einhergehenden Controllingbedarfe.

Im Zuge der agilen Veränderung von Produktionsprozessen ist es von besonderer Bedeutung, den Produktionsanlauf (Ramp up-Management) und die dabei zu erzielenden Lerneffekte optimal auszugestalten. Entscheidend sind dabei die Mechanismen des Wissenstransfers. Gerade beim Erlernen neuer Prozesse sind kognitive Imitationen (aufgrund begrenzter Kapazität des Arbeitsspeichers im Gehirn) von besonderer Bedeutung. Daher müssen Mechanismen des Wissenstransfers so ausgestaltet werden, dass die bereitgestellten Informationen verarbeitbar sind, dass die Mustererkennung (Pattern Recognition) gestärkt wird und dass die zu entwickeln-

78 Das Projekt wurde aus Mitteln des Bundesministeriums für Bildung und Forschung innerhalb des Rahmenkonzepts „Forschung für die Produktion von morgen" gefördert und vom Projektträger Forschungszentrum Karlsruhe, Bereich Produktion und Fertigungstechnologien betreut.
79 Vgl. Jacobs/Junker/Letmathe (2009), S. 1259–1282.

den Problemlösungsheuristiken zu möglichst guten Lösungen führen. Unsere eigenen Experimente in diesem Bereich zeigen, dass der explizite Wissenstransfer sowohl dem autonomen Lernen als auch dem Austausch von Wissen in Workshops und auch impliziten Interaktionsmechanismen überlegen ist.[80] Diese Erkenntnis setzen viele Unternehmen mittlerweile auch durch automatisierte Arbeitsanweisungen um, bei denen Mitarbeiter über Videos, einfache Visualisierung sowie gut strukturierte Arbeitsanweisungen prozessbegleitend, d. h. Schritt für Schritt, neue Prozesse erlernen können. Erste Resultate in der Demonstrationsfabrik des WZL der RWTH Aachen zeigen, dass das Erlernen neuer Prozesse mit Hinblick auf die Produktivität und die Qualität der Prozessergebnisse massiv verbessert werden kann.

Im Rahmen von Industrie 4.0-Strukturen müssen Mitarbeiter häufiger Entscheidungen treffen, bei denen die zugrunde liegende Problemstruktur durch Komplexität, Unstrukturiertheit und eine diffuse Informationslage gekennzeichnet ist. Dem Entscheidungslernen kommt daher eine wichtige Bedeutung zu. Wie Abb. 7 verdeutlicht, sind dabei das Analysevermögen, die Informationsverarbeitung, die Mustererkennung und die Fähigkeit der heuristischen Problemlösung wichtige Merkmale, um eine gute Entscheidungsqualität zu erzielen. Die bereitgestellten Informationen im Sinne der Problembeschreibung sowie das laufende Feedback zur Problemlösungsqualität sind hier von großer Bedeutung. Unsere experimentellen Studien dazu zeigen, dass Feedback zusätzlich zur Problembeschreibung nicht unbedingt zu einer höhe-

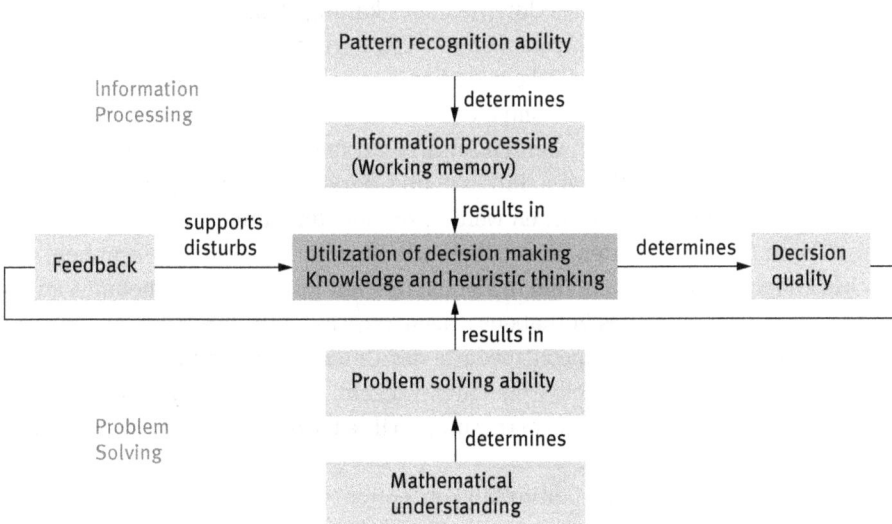

Abb. 7: Einflussfaktoren des Entscheidungslernens[81].

80 Vgl. Letmathe/Schweitzer/Zielinski (2012), S. 221–236.
81 Quelle: eigene Darstellung.

ren Entscheidungsqualität führt.[82] Dies gilt im besonderen Maße für Entscheider, die am Anfang des Entscheidungslernprozesses stehen bzw. deren vergangene Entscheidungen von unterdurchschnittlicher Qualität waren. In diesen Fällen können die Entscheider bereitgestellte Informationen nicht vollständig verarbeiten, d. h., zusätzliche Feedbackinformationen können dazu führen, dass die bereits bestehende Informationsüberladung (Information Overload) weiter verstärkt wird. Auch zeigen unsere experimentellen Studien zum Entscheidungslernen, dass die Informationen adressatengerecht aufbereitet sein müssen. Dies spiegelt sich in unseren Ergebnissen darin wider, dass Probanden mit ingenieurwissenschaftlichem Hintergrund nicht finanzielle Informationen besser verarbeiten können als Probanden mit rein wirtschaftswissenschaftlichem Hintergrund und vice versa. Schon diese Ergebnisse verdeutlichen, dass sich das Controlling infolge der Ansprüche von Industrie 4.0 grundlegend ändern muss und die spezifischen Kontexte der Adressaten (Ausbildungshintergrund, Informationsverarbeitungskapazität, Mustererkennung) mit einbeziehen muss. Ein „one-fits-all approach" ist also keineswegs ausreichend, und gerade in komplexen und unstrukturierten Situationen ist eine maßgeschneiderte Informationsbereitstellung und Entscheidungsunterstützung erforderlich.

Unternehmen geben an, dass mangelnde Kompetenzen in der Mitarbeiterschaft das größte Hemmnis bei der Umsetzung von Industrie 4.0-Lösungen darstellen. Daher kommt dem Kompetenzmanagement bzw. dem Kompetenzcontrolling eine große Bedeutung zu. Die Aufgabe besteht darin, erforderliche Kompetenzen zu erfassen, im Sinne der strategischen Ziele des Unternehmens künftige Kompetenzprofile festzulegen und die vorhandenen Kompetenzen mit den daraus resultierenden Sollkompetenzen abzugleichen. Aus der Lücke zwischen Ist- und Sollkompetenzen ergibt sich der Bedarf an zu entwickelnden Kompetenzen. Um derartige Grundlagen des Kompetenzmanagements zu schaffen, werden Ansätze zur fairen Erfassung und Bewertung von Kompetenzen auf der Prozess-, Produkt- und Marktebene benötigt, die bis auf die Mitarbeiterebene heruntergebrochen werden können. Im Rahmen eines von der Stiftung Zukunft NRW geförderten Forschungsvorhabens hatten wir die Gelegenheit, ein solches Konzept zu entwickeln und in kleinen und mittleren Pilotunternehmen zu erproben.[83] Die Ergebnisse des Vorhabens zeigen, dass es von Mitarbeitern vielfach sogar gewünscht wird, die Kompetenzbedarfe des Unternehmens zu kennen und sich im Sinne der Unternehmensziele weiterzuentwickeln. Dadurch können die Mitarbeiter nicht nur ihren Arbeitsplatz sichern, sondern ihre Karriere im Unternehmen befördern.

Die hier angesprochenen Controllingkonzeptionen, die auf die Bedürfnisse von Industrie 4.0 zugeschnitten sind, unterscheiden sich deutlich von klassischen Kosten-

---

[82] Vgl. Letmathe/Zielinski (2016), S. 825–848.

[83] Vgl. Becker/Letmathe/Schinner (2016). Die daraus resultierende Software ist unter www. demografiecontrolling.de verfügbar und ermöglicht es, zahlreiche kompetenzbezogene Analysen durchzuführen.

rechnungen, wie sie heute in kleinen und mittleren Unternehmen angewendet werden. Dennoch handelt es sich nur um einige Facetten von künftigen Controllingansätzen, die den Anforderungen der Digitalisierung gerecht werden. Damit weist gerade dieser Bereich ein großes Forschungspotenzial auf, wobei hier insbesondere Vorhaben mit der direkten Umsetzung in der betrieblichen Praxis als sinnvoll erscheinen.

5 Bedeutung des externen Controllings

In der bisherigen Darstellung zur Adressatengerechtigkeit und zu den Anforderungen an das Controlling der produzierenden KMU standen die Controllingaufgaben und die Controllinginstrumente im Mittelpunkt. Hingegen wurde die Wahrnehmung der Aufgaben nur am Rande erwähnt. Grundsätzlich sind drei Formen der organisatorischen Umsetzung denkbar und unterscheidbar.[84] Beim Selbstcontrolling werden die Controllingaufgaben von den Mitgliedern des Managements selbst und als Zusatzaufgabe wahrgenommen. Dem stehen zwei sehr unterschiedliche Formen des Fremdcontrollings gegenüber: Das institutionalisierte Controlling verfügt über spezialisierte Controller oder Controllingabteilungen, beim externen Controlling werden einzelne Controllingaufgaben von Unternehmensexternen erbracht. Ein Charakteristikum der KMU, welches bei der Abgrenzung im ersten Kapitel und der anschließenden Ableitung der Anforderungen bereits Erwähnung fand, ist die eingeschränkte Ressourcenausstattung.[85] Der Ressourcenbegriff ist dabei durchaus weit auszulegen.[86] Er umfasst neben den personellen und finanziellen Ressourcen auch das im Unternehmen verfügbare Know-how, welches jedoch, personengebunden, eng mit der Ressource Personal verknüpft ist. Die genannten Beschränkungen führen dazu, dass in KMU oftmals nicht alle Controllingaufgaben im notwendigen Umfang sowie in der angemessenen Qualität wahrgenommen werden. Institutionalisiertes Controlling ist nur in größeren KMU zu finden.[87] Durch den im Vergleich zu den Großunternehmen deutlich geringeren zeitlichen Aufgabenumfang wären spezialisierte Controller durch das Controlling alleine nämlich oft nicht ausgelastet. Selbstcontrolling wiederum hat eigene Beschränkungen. Wie beschrieben nehmen die Führungskräfte die Controllingaufgaben ihres Verantwortungsbereichs selbst wahr. Neben dem erforderlichen Können[88] – es handelt sich normalerweise nicht um ausgebildete Controller – wird vor allem das notwendige Wollen in Zweifel gezogen.[89] Selbstcontrolling kann, so die überwiegen-

---

84 Vgl. Urigshardt/Jacobs/Letmathe (2008), S. 8–9.
85 Vgl. Flacke (2007), S. 16–17; Klett/Pivernetz (2004), S. 18–19.
86 Vgl. Urigshardt/Jacobs/Letmathe (2008), S. 7–8.
87 Vgl. Horváth/Weber (1997), S. 340.
88 Vgl. Peemöller (2005), S. 108; Horváth (2003), S. 264.
89 Vgl. Dethlefs (1997), S. 21.

de Meinung, opportunistisches Verhalten nicht aufdecken und noch weniger verhindern.[90] Die kritische Distanz zwischen Controllingobjekt und -subjekt, wie sie beim Fremdcontrolling vorliegt, fehlt hier und lässt sich auch nicht ersetzen.[91] Als Alternative oder als notwendige Ergänzung zum Selbstcontrolling wird in den KMU daher nicht zuletzt das externe Controlling angesehen.[92] Die Möglichkeiten des externen Controllings sind jedoch ebenfalls begrenzt. Neben dem Vertrauen als kritischer Faktor sind die notwendige Kommunikation und Koordination zwischen Unternehmen und Controller sowie allgemein die Kosten der fremdbezogenen Leistung zu berücksichtigen.[93]

Als Ausgangspunkt der Überlegungen in diesem Beitrag dienen die Unterschiede zwischen den Einzel- und Kleinserienfertigern einerseits sowie den Großserien- und Massenfertigern andererseits. In den Schwerpunkten einer möglichen und sinnvollen Unterstützung durch externes Controlling finden sich diese ebenso wieder wie bei den zuvor behandelten Anforderungen und den Instrumenten. Für die Einzel- und Kleinserienfertiger wurde die Projektorganisation als zweckmäßige Organisationsform der Fertigung angesehen.[94] Dem entspricht controllingseitig ein Projektcontrolling. Im Mittelpunkt des Projektcontrollings stehen die zeitliche Überwachung des Projektfortschritts und die Koordination zwischen den einbezogenen Funktionsbereichen. Für die Wahrnehmung der zeitlichen Planung und Steuerung ist das Projektmanagement selbst prädestiniert. Dementsprechend ist Selbstcontrolling die geeignetste organisatorische Umsetzung dieser Controllingaufgabe.[95] Auch für die Überwachung der Qualität ist das Selbstcontrolling ein geeigneter Ansatz.[96] Die Koordination, die im Projektcontrolling den zweiten Schwerpunkt bildet, ist ebenfalls nicht für die Übertragung an unternehmensexterne Aufgabenträger geeignet. Das produktbezogene Know-how ist ein wichtiger Wettbewerbsfaktor. Durch den notwendigen Schutz gegenüber Diebstahl des geistigen Eigentums sind Tätigkeiten des F&E-Controllings ebenfalls grundsätzlich ungeeignet, um Dritten übertragen zu werden.[97] Hingegen kann die Versorgung des Projektmanagements sowie der Unternehmensführung mit den entscheidungsrelevanten Informationen allgemeiner Art (beispielsweise zu recht-

---

90 Vgl. Krystek (1995), S. 29.

91 Vgl. Peemöller (2005), S. 107.

92 Vgl. Urigshardt/Jacobs/Letmathe (2008), S. 11.

93 Vgl. Dethlefs (1997), S. 21.

94 Vgl. Schreyögg (2006), S. 192–196; Picot/Dietl/Franck (2005), S. 297–300.

95 Bei Peemöller findet sich eine abweichende Sichtweise. Er sieht gerade das Projektmanagement als geeignetes Objekt für den Fremdbezug von Controllingleistungen an. Vgl. Peemöller (2005), S. 111. Dem wird hier, mit Bezug auf die Einzel- und Kleinserienfertiger und der dortigen Bedeutung des produkt- und produktionsbezogenen Projektmanagements, jedoch widersprochen.

96 Nach Erfahrungen aus dem Qualitätsmanagement können Eigenkontrollen der Fremdkontrolle sogar weit überlegen sein; vgl. Weber (1995), S. 404.

97 Das F&E-Controlling nimmt noch aus anderen Gründen eine Sonderstellung ein. Konkrete Ziele sind kaum vorzugeben; vgl. Peemöller (2005), S. 371–373. Zudem würden zu restriktive Beschränkungen das kreative Potenzial stark beschränken.

lichen Rahmenbedingungen oder zur marktlichen Umwelt), projektbezogen, aber auch darüber hinaus, durchaus sinnvoll an Externe übertragen werden. Auch die Methodenschulung oder das Coaching der mit Controllingaufgaben betrauten Führungskräfte ist eine Aufgabe, die sehr gut für die Übertragung an Externe geeignet ist. Hier ist beispielsweise an die Anpassung und Einweisung in die Handhabung der in Tab. 14 aufgeführten Methoden und Instrumente zu denken. Die Aufgabe des externen Controllings ist damit schwerpunktmäßig in der Unterstützung der Führung beim Selbstcontrolling zu sehen.[98]

Weitergehend sind hingegen die Möglichkeiten zur Nutzung externen Controlling-Know-hows für die Großserien- und Massenfertiger. Aus der strategischen Ausrichtung dieses KMU-Typs wurde zuvor der Fokus auf Steuerung und Kontrolle abgeleitet, der sich zum einen auf die Kostengestaltung und zum anderen auf die Produktqualität beziehen kann. Dies stimmt grundsätzlich mit dem Schwerpunkt der in den KMU vorrangig wahrgenommenen Controllingaufgaben überein.[99] Gerade in der Kontrolle werden die Beschränkungen des Selbstcontrollings gesehen. Eigen- oder Selbstkontrolle ist ungeeignet, um daraus resultierendes opportunistisches Verhalten bei Zieldivergenzen zwischen Prinzipal und Agenten und Informationsasymmetrien zu vermeiden.[100] Hier kann eine Fremdkontrolle Abhilfe schaffen. Für eine Eigenkontrolle sprechen hingegen unmittelbare Lerneffekte beim Aufgabenträger sowie die Vermeidung demotivierender Aspekte einer Überwachung durch Fremdkontrolle. Allerdings kann die Erzielung von Lerneffekten häufig durch methodische Unterstützung sowie geeignete Trainingsmaßnahmen verstärkt werden. Ein Beispiel für vorhandene methodische Defizite ist die nach wie vor hohe Verbreitung der Zuschlagskalkulation in der betrieblichen Praxis. Ein externes Controlling kann hier z. B. die Einführung einer mehrstufigen Deckungsbeitragsrechnung begleiten sowie weitere Methoden, z. B. des Bestandsmanagements, der Produktionsplanung sowie des Target Costing, einführen und in ihrer Durchführung unterstützen. Auch die Konzeption zielgenauer Kennzahlensysteme kann einen wichtigen Beitrag leisten. Neben der methodisch sauberen Informationsbereitstellung sind die Anwender auch bezogen auf die Nutzung der Ergebnisse zu schulen, um so ein optimales Entscheidungsverhalten herbeizuführen.

Aus Bestrebungen zur Dezentralisierung und zum Lean Management, die inzwischen auch in den KMU vorzufinden sind, ergeben sich weitere Ansatzpunkte für die Auslagerung einmaliger oder dauerhafter Aufgaben der Informationsbeschaffung und -auswertung. In Tab. 13 wurde etwa die Notwendigkeit von Investitionsrechnungen bei der Neu- oder Ersatzbeschaffung von Anlagen aufgeführt. Die fehlende Methoden- und Instrumentenbeherrschung in den KMU erschwert zudem die Abschätzung von Kostenentwicklungen, die sich erfahrungsbedingt im Zeitverlauf ergeben, ebenso wie

---

98 Zur Unterstützung des Selbstcontrollings durch das Fremdcontrolling vgl. Horváth (2003), S. 269.
99 Vgl. Witt/Witt (1997), S. 56.
100 Vgl. zur Prinzipal-Agenten-Problematik Ewert/Wagenhofer (2014), S. 399–415.

die Aufdeckung und Ausschöpfung von Kostensenkungspotenzialen. Beides ist für die kostenorientierte Produktion jedoch unbedingt notwendig. Auch hier kann externes Controlling sowohl methodisch als auch über die Informationsbereitstellung unterstützend eingesetzt werden.

Es gibt jedoch noch weitere Aufgaben, die für beide Unternehmenstypen wichtig und zugleich für die Übertragung an externe Controller geeignet sind. Vor allem „Einmalaufgaben", die sich ggf. zudem durch besonderes Know-how auszeichnen, sind hierfür prädestiniert. Aufgabenfelder, die infrage kommen, sind beispielsweise ein Energiecheck der Produktionsprozesse im Rahmen des Energiemanagements oder vergleichbare Bestandsaufnahmen und Beratungen für den Arbeitsschutz und das Gesundheitsmanagement. Derartige Aufgaben haben oftmals Projektcharakter, gehören als solche zum Angebot von spezialisierten Beratern und werden daher zunächst nicht in jedem Falle dem externen Controlling zugerechnet. Letztlich handelt es sich jedoch, zumindest bei einer weitergehenden Abgrenzung der Controllingfunktion, wie sie heute bereits des Öfteren zu finden ist, um (Teil-)Aufgaben, die dem Controlling zuzuordnen sind.

6 Schlussbemerkungen

Kleine und mittlere Unternehmen bilden mit hohen Anteilen an der Bruttowertschöpfung, an der Bereitstellung von Ausbildungsplätzen und am Arbeitsplatzaufkommen das Rückgrat unserer Volkswirtschaft.[101] Zahlreiche kleine und mittlere Unternehmen sind heute internationalisiert und nehmen teilweise Spitzenpositionen in ihren Märkten ein.[102] Auch die lediglich lokal aufgestellten kleineren Unternehmen arbeiten als Zulieferer mit den großen bzw. mittelgroßen Exportunternehmen zusammen. Gerade diese Arbeitsteilung hat einen großen Anteil am Erfolg der deutschen Unternehmen in den globalisierten Märkten. Diese Stärken gilt es hervorzuheben und weiterhin auszubauen, wobei aus Sicht des adressatengerechten Controllings drei wesentliche Ansatzpunkte gegeben sind:

– Berücksichtigung der spezifischen Controllinganforderungen verschiedener Unternehmenstypen: Innerhalb der KMU lässt sich eine große Heterogenität hinsichtlich der Strukturen und Tätigkeitsfelder verzeichnen. Dies betrifft insbesondere die KMU des produzierenden Gewerbes, die hinsichtlich der gewählten Fertigungsform voneinander unterschieden werden können. Im Rahmen des Beitrags wurde eine entsprechende Typologie herausgearbeitet, nach der produzierende KMU der Einzel- und Kleinserienfertigung von solchen der Groß- und Massenfertigung abgegrenzt werden. Auf dieser Grundlage wurden sodann Controllinganforderun-

---

101 Vgl. Günterberg (2012), S. 11–16.
102 Vgl. Simon (2012).

gen und Auswertungszwecke für beide Typen definiert. Dabei wurde die nicht nur von Schneider aufgestellte Forderung zugrunde gelegt, dass der Rechnungszweck den Rechnungsinhalt bestimmt.[103] Wie dieser Beitrag gezeigt hat, können sich die Auswertungszwecke der verschiedenen Unternehmenstypen stark unterscheiden. Diese basieren neben der Fertigungsform insbesondere auf der jeweiligen Wettbewerbsstrategie, wobei für KMU der Einzel- und Kleinserienfertigung in der Regel eine Konzentrationsstrategie mit Differenzierungsschwerpunkt in Betracht kommt, für KMU der Großserien- und Massenfertigung hingegen eine Strategie der Kostenführerschaft. In diesem Zusammenhang wurden im Rahmen des Beitrags unterschiedliche Auswertungszwecke und Controllingschwerpunkte in Abhängigkeit des Unternehmenstyps abgeleitet. So liegt bei KMU der Einzel- und Kleinserienfertigung der Schwerpunkt auf projektbezogenen Controllingaufgaben, während bei KMU der Großserien- und Massenfertigung eine kontinuierliche Kostengestaltung im Fokus steht. Neben den aus der Unternehmenstypologie abgeleiteten Auswertungszwecken treten situative Faktoren (z. B. Gründung, Turnaround-Situation, Unternehmensveräußerung etc.) hinzu, die weitere Auswertungszwecke determinieren. Die hier begonnene unternehmenstypologische Betrachtung mit den jeweilig einzusetzenden Instrumenten sollte daher weiter mit dem Ziel verfeinert werden, gerade kleinen und mittleren Unternehmen für ihre jeweiligen Auswertungszwecke passgenaue Controllingkonzeptionen zur Verfügung stellen zu können.

- Kompensation der Ressourcenschwäche kleiner und mittlerer Unternehmen: Die in KMU vorhandene Personalausstattung und die damit eingeschränkte Methodenkompetenz kann sich negativ auf die Einführung professioneller Controllingstrukturen auswirken. Controllingaufgaben werden oft im Nebenamt, etwa von der Geschäftsführung oder dem Leiter des Rechnungswesens, wahrgenommen. Die „Professionalisierung" ist auch deshalb schwierig, weil die in hoher Quantität vorhandene Literatur die spezifischen Bedürfnisse von KMU kaum thematisiert. Immer wieder werden zwar die allgemeinen Methoden des Controllings und der Kostenrechnung dargestellt. Allerdings fehlen häufig konkrete Hinweise, welcher Methodenmix wann und in welcher spezifischen Unternehmenssituation anwendbar ist. Maßnahmen, die die Ressourcenschwäche bezogen auf das Controlling mildern können, liegen im gezielten Training der mit den entsprechenden Aufgaben befassten Mitarbeiter. Auch ein externes Controlling kann positive Beiträge leisten, wobei das externe Controlling auf den jeweiligen KMU-Unternehmenstyp zugeschnitten sein sollte. In diesem Zusammenhang wurde herausgearbeitet, dass es in der Regel nicht zweckmäßig ist, alle Controllingaufgaben an einen externen Dienstleister auszulagern.

---

103 Vgl. Schneider (1994), S. 28.

- Bewältigung der digitalen Transformation: Die zu erwartende massive Veränderung tradierter Geschäftsmodelle von kleinen und mittleren Unternehmen werden einen entsprechenden Einfluss auf die Entwicklung neuer Controllingkonzeptionen haben. Diese müssen sich an veränderte Wertschöpfungsstrukturen in Unternehmen anpassen und entsprechend flexibel ausgestaltet werden. Dabei spielen das Kompetenzcontrolling, die Flexibilisierung von Verrechnungsmechanismen, die Unterstützung von Mitarbeitern bei der Lösung von unstrukturierten Problemen und die interne Prozessintegration des Controllings eine wichtige Rolle. Lernprozesse müssen über geeignete Feedback- und Wissenstransfermechanismen adressatengerecht ausgestaltet werden und dabei kognitive Limitationen und verhaltenswissenschaftliche Aspekte einbeziehen.

In allen drei Feldern hat die Controllingforschung noch erheblichen Handlungsbedarf. Sowohl die Ressourcensituation als auch die typologischen und situativen Faktoren in kleinen und mittleren Unternehmen werden vielfach nicht betrachtet. Das Controlling von Industrie 4.0 steckt noch in den Kinderschuhen. Geschlossene Controllingkonzeptionen zu den hier angesprochenen Themenfeldern sind daher zurzeit noch nicht verfügbar.

7 Literatur

Arentz, O./Münstermann, L. (2013): Mittelunternehmen statt KMU? Ein Diskussionsbeitrag zum Mittelstandsbegriff. Otto-Wolf-Institut Discussion Paper, Köln.

Azzone, G./Cainarca, G. C. (1993): The Strategic Role of Quality in Small Size Firms. In: SBE, 5. Jg., H. 1, S. 67–76.

Barten, G. (2007): Beziehungsmanagement im industriellen Anlagengeschäft. In: Letmathe, P./Eigler, J./Welter, F./Kathan, D./Heupel, T. (Hg.): Management kleinerer und mittlerer Unternehmen. Wiesbaden, S. 413–441.

Becker, H./Letmathe, P./Schinner, M. (2016): Demografiecontrolling in kleinen und mittleren Unternehmen. Inhalte verfügbar unter www.demografiecontrolling.de, Abruf: 30.06.2017.

Blohm, H./Beer, T./Seidenberg, U./Silber, H. (1997): Produktionswirtschaft. Herne.

Böhl, J. (2001): Wissensmanagement im Klein- und mittelständischen Unternehmen der Einzel- und Kleinserienfertigung. München.

Bonin, H./Gregory, T./Zierahn, U. (2015): Endbericht – Kurzexpertise Nr. 57 – Übertragung der Studie von Frey/Osborne (2013) auf Deutschland. Bundesministerium für Arbeit und Soziales. ftp://ftp.zew.de/pub/zew-docs/gutachten/Kurzexpertise_BMAS_ZEW2015.pdf, Abruf: 30.06.2017.

Bürgel, H. D./Hess, S./Bauder, S. (2006): Management von Innovation und Risiko – Quantensprünge in der Entwicklung erfolgreich managen. Berlin et al.

Corsten, H./Gössinger, R. (2016): Produktionswirtschaft. 14. Aufl., München.

Dethlefs, L. (1997): Kennzahlencontrolling in kleinen und mittleren Unternehmen (KMU). Frankfurt am Main.

DIN (Deutsches Institut für Normung) (Hg.) (1985): 31051: Instandhaltung: Begriffe und Maßnahmen.

Dietrich, R. (2005): Aktuelle Fragen der Produktkostenkalkulation und des Produktkostencontrollings, Frankfurt am Main.

Dworschak, B./Zaiser, H. (2014): Competences for cyber physical systems in manufacturing – first findings and scenarios. Procedia CIRP 25, S. 345–350.

Eichler, C. (1990): Instandhaltungstechnik. Berlin.

Eidenmüller, B. (1989): Die Produktion als Wettbewerbsfaktor: Herausforderungen an das Produktionsmanagement. Zürich.

Ewert, R./Wagenhofer, A. (2014): Interne Unternehmensrechnung. 8. Aufl., Berlin/Heidelberg.

Flacke, K. (2007): Controlling in mittelständischen Unternehmen – Ausgestaltung, Einflussfaktoren der Instrumentennutzung und Einfluss auf die Bankkommunikation. Dissertation Westfälische Wilhelms-Universität Münster, Münster.

Franz, K.-P. (1992): Moderne Methoden der Kostenbeeinflussung. In: KRP, o. Jg., H. 3, S. 127–134.

Franz, K.-P./Kajüter, P. (2002): Kostenmanagement. 2. Aufl., Stuttgart.

Gabele, E./Fischer, P. (1992): Kosten- und Erlösrechnung. München.

Gorecky, D./Schmitt, M./Loskyll, M. (2014): Mensch-Maschine-Interaktion im Industrie 4.0-Zeitalter. In: Bauernhansl, T./ten Hompel, M./Vogel-Heuser, B. (Hg.): Industrie 4.0 in Produktion, Automatisierung und Logistik – Anwendung – Technologien – Migration. Wiesbaden, S. 525–527.

Günterberg, B. (2012): Unternehmensgrößenstatistik – Unternehmen, Umsatz und sozialversicherungspflichtig Beschäftigte 2004 bis 2009 in Deutschland, Ergebnisse des Unternehmensregisters (URS 95). In: Institut für Mittelstandsforschung Bonn (Hg.): Daten und Fakten Nr. 2. Bonn.

Günther, H.-O./Tempelmeier, H. (2005): Produktion und Logistik. Berlin/Heidelberg.

Horváth, P. (Hg.) (2003): Das Controllingkonzept – Der Weg zu einem wirkungsvollen Controlling. München.

Horváth, P./Weber, J. (1997): Controlling. In: Pfohl, H.-C. (Hg.): Betriebswirtschaftslehre der Mittel- und Kleinbetriebe – Größenspezifische Probleme und Möglichkeiten zu ihrer Lösung. Berlin, S. 335–376.

Jacobs, J./Junker, A./Letmathe, P. (2009): Zustandsorientierte Maschinenzuordnungs- und Instandhaltungsplanung. In: ZfB 79. Jg., H. 11, S. 1259–1282.

Jacobs, J./Letmathe, P./Urigshardt, T./Zielinski, M. (2009): Typologiebezogene Controllinganforderungen und -instrumente von kleinen und mittleren Unternehmen des produzierenden Gewerbes. In: Müller, D. (Hg.): Controlling für kleine und mittlere Unternehmen. München, S. 29–54.

Kommission der Europäischen Union (Hg.) (2003): Empfehlung der Kommission vom 6. Mai 2003 betreffend die Definition der Kleinstunternehmen sowie der kleinen und mittleren Unternehmen. In: Amtsblatt der Europäischen Union L 124/36. Brüssel.

Korell, M./Ganz, W. (2000): Design hybrider Produkte – Der Weg vom Produkthersteller zum Problemlöser. In: Bullinger, H.-J. (Hg.): Wettbewerbsfaktor Kreativität – Strategien, Konzepte und Werkzeuge zur Steigerung der Dienstleistungsperformance. Wiesbaden, S. 153–159.

Krystek, U. (1995): Entwicklungsrichtungen eines zukunftsorientierten Controllings: Auf dem Weg zum Selbst-Controlling. In: Gablers Magazin, Nr. 9(9), S. 26–30.

Letmathe, P. (2002): Flexible Standardisierung – Ein dezentrales Produktionsmanagement-Konzept für kleine und mittlere Unternehmen. Wiesbaden.

Letmathe, P./Schinner, M. (2017): Competence Management in the Age of Cyber Physical Systems. In: Song, H./Jeschke, S./Brecher, C./Rawat, D. (Hg.): Industrial Internet of Things: Cybermanufacturing Systems. Berlin/Heidelberg, S. 595–614.

Letmathe, P. (2016): Wertschöpfungsmanagement. In: Ketting, M./Pfundtner, R./Zollondz, H.-D. (Hg.): Lexikon Qualitätsmanagement. 2. Aufl., München/Wien, S. 1232–1242.

Letmathe, P./Schweitzer, M./Zielinski, M. (2012): How to learn new tasks: shop floor performance effects of knowledge transfer and performance feedback. In: Journal of Operations Management, 30. Jg., H. 3, S. 221–236.

Letmathe, P./Zielinski, M. (2016): Determinants of feedback effectiveness in production planning. In: IJOPM, 36. Jg., H. 7, S. 825–848.

Lingnau, V./Brenning, M. (2015): Komplexität, Flexibilität und Unsicherheit – Konzeptionelle Herausforderungen für das Controlling durch Industrie 4.0. In: Controlling, 27. Jg., H. 8/9, S. 455–460.

Madauss, B. J. (2000): Handbuch Projektmanagement: Mit Handlungsanleitungen für Industriebetriebe, Unternehmensberater und Behörden. Stuttgart.

Männel, W. (1992): Anlagencontrolling. Lauf an der Pegnitz.

Mertens, P. (2015): Industrie 4.0-Herausforderungen auch an Rechnungswesen und Controlling im
Überblick. In: Controlling, 27. Jg., H. 8/9, S. 452–454.

Sauter, R./Bode, M./Kittelberger, D. (2015): Auswirkungen von Industrie 4.0 auf die produktionsna-
he Steuerung der Wertschöpfung. In: Controlling, 27. Jg., H. 8/9, S. 475–484.

Mugler, J. (1999): Betriebswirtschaftslehre der Klein- und Mittelbetriebe. Band 1. Wien/New York.

Nebl, T. (2011): Produktionswirtschaft. 7. Aufl., München.

Obermaier, R. (2016): Industrie 4.0 als unternehmerische Gestaltungsaufgabe: Strategische und
operative Handlungsfelder für Industriebetriebe. In: Obermaier, R. (Hg.): Industrie 4.0 als unternehmerische Gestaltungsaufgabe. Wiesbaden, S. 3–34.

O'Donnell, A./Gilmore, A./Carson, D./Cummins, D. (2002): Competitive advantage in small to medium-sized enterprises. In: Journal of Strategic Marketing, 10. Jg., H. 3, S. 205–223.

Paulus, T./Zeibig, S. (2015): Controlling & Industrie 4.0 aus Sicht eines Maschinen- und Anlagenbau-
ers. In: Controlling, 27. Jg., H. 8/9, S. 504–509.

Pawlowsky, P./Gerlach, L./Hauptmann, S./Puggel, A. (2006): Wissen als Wettbewerbsvorteil in kleinen und mittelständischen Unternehmen: Empirische Typologisierungen auf Grundlage einer
bundesweiten Befragung, FOKUS prints 09/06. Lehrstuhl Personal und Führung, TU Chemnitz.
Chemnitz.

Peemöller, V. H. (2005): Controlling – Grundlagen und Einsatzgebiete. 5. Aufl., Herne/Berlin.

Perridon, L./Steiner, M. (2007): Finanzwirtschaft der Unternehmung. München.

Pfohl, H.-C. (2006a): Abgrenzung der Klein- und Mittelbetriebe von Großbetrieben. In: Pfohl, H.-C.
(Hg.): Betriebswirtschaftslehre der Mittel- und Kleinbetriebe: Größenspezifische Probleme und
Möglichkeiten zu ihrer Lösung. Berlin, S. 1–24.

Pfohl, H.-C. (2006b): Unternehmensführung. In: Pfohl, H.-C. (Hg.): Betriebswirtschaftslehre der
Mittel- und Kleinbetriebe: Größenspezifische Probleme und Möglichkeiten zu ihrer Lösung.
Berlin, S. 79–111.

Picot, A./Dietl, H./Franck, E. (2005): Organisation – Eine ökonomische Perspektive. Stuttgart.

Porter, M. E. (1999): Wettbewerbsstrategie (Competitive Advantage): Methoden zur Analyse von
Branchen und Konkurrenten. Frankfurt/Main.

Rattay, G. (1996): Projektplanung und -steuerung. In: Eschenbach, R. (Hg.): Controlling. Stuttgart,
S. 371–412.

Reichmann, T. (2006): Controlling mit Kennzahlen und Management-Tools – Die systemgestützte
Controlling-Konzeption. München.

Reischauer, G./Schober, L. (2015): Controlling von Industrie 4.0-Prozessen. In: CMR, 59. Jg., H. 5,
S. 22–28.

Riebel, P. (1979a): Zum Konzept einer zweckneutralen Grundrechnung. In: ZfbF, 31. Jg., H. 11,
S. 785–798.

Riebel, P. (1979b): Gestaltungsprobleme einer zweckneutralen Grundrechnung. In: ZfbF, 31. Jg.,
H. 12, S. 863–893.

Riegler, C. (2000): Zielkosten. In: Fischer, T. M. (Hg.): Kosten-Controlling: Neue Methoden und Inhalte. Stuttgart, S. 237–264.

Sauter, R./Bode, M./Kittelberger, D. (2015): Auswirkungen von Industrie 4.0 auf die produktionsna-
he Steuerung der Wertschöpfung. In: Controlling, 27. Jg., H. 8/9, S. 475–484.

Schallmo, D. R./Brecht, L. (2014): Prozessinnovation erfolgreich anwenden: Grundlagen und metho-
disches Vorgehen. Berlin/Heidelberg.

Schierenbeck, H./Wöhle, C. B. (2012): Grundzüge der Betriebswirtschaftslehre. 18. Aufl., München.

Schneider, D. (1994): Betriebswirtschaftslehre – Rechnungswesen. München Wien.

Schneider, H. M. (2006): Produktionsmanagement. In: Pfohl, H.-C. (Hg.): Betriebswirtschaftslehre der Mittel- und Kleinbetriebe: Größenspezifische Probleme und Möglichkeiten zu ihrer Lösung. Berlin, S. 149–182.

Schreyögg, G. (2006): Organisation – Grundlagen moderner Organisationsgestaltung – Mit Fallstudien. 4. Aufl., Nachdruck 2006. Wiesbaden.

Schweitzer, M./Küpper, H.-U. (2011): Systeme der Kosten- und Erlösrechnung. 10. Aufl., München.

Simon, H. (1998): Management strategischer Wettbewerbsvorteile. In: ZfB, 58. Jg., H. 4, S. 461–480.

Simon, H. (2012): Hidden Champions-Aufbruch nach Globalia: Die Erfolgsstrategien unbekannter Weltmarktführer. Frankfurt am Main.

Spath, D./Demuß, L. (2003): Entwicklung hybrider Produkte – Gestaltung materieller und immaterieller Leistungsbündel. In: Bullinger, H.-J./Scheer, A.-W. (Hg.): Service Engineering – Entwicklung und Gestaltung innovativer Dienstleistungen. Berlin/Heidelberg, S. 468–505.

Steven, M. (1994): Hierarchische Produktionsplanung. Heidelberg.

Urigshardt, T./Jacobs, J./Letmathe, P. (2008): Externes Controlling als Ansatz für Kleinst- und Kleinunternehmen? In: Lingnau, V. (Hg.): Die Rolle des Controllers im Mittelstand – Funktionale, institutionale und instrumentelle Ausgestaltung. Lohmar, S. 1–23.

Warnecke, H. J./Berka, G. (Hg.) (1981): Instandhaltung – Grundlagen. Köln.

Weber, J. (1995): Einführung in das Controlling. Stuttgart.

Witt, F.-J./Witt, K. (1996): Controlling für Mittel- und Kleinbetriebe – Bausteine und Handwerkszeug für Ihren Controllingleitstand. München.

Wossidlo, P. R. (1993): Mittelständische Unternehmen. In: Wittmann, W./Kern, W./Köhler, R./Küpper, H.-U./von Wysocki, K. (Hg.): HWB. Teilband 2. Stuttgart, Sp. 2888–2898.

Wübbenhorst, K. L. (1984): Konzept der Lebenszykluskosten – Grundlagen, Problemstellungen und technologische Zusammenhänge. Darmstadt.

Zahn, E./Huber-Hoffmann, M. (1995): Die Produktion als Wettbewerbskraft. In: Corsten, H. (Hg.): Produktion als Wettbewerbsfaktor: Beiträge zur Wettbewerbs- und Produktionsstrategie. Wiesbaden, S. 133–155.

Zielasek, G. (2013): Projektmanagement: erfolgreich durch Aktivierung aller Unternehmensebenen. Berlin.

Zimmermann, J./Stark, C./Rieck, J. (2006): Projektplanung – Modelle, Methoden, Management. Berlin.

Volker Lingnau und Yannik B. Seewald

Perspektiven eines verhaltensorientierten Controllings für KMU

1 Einleitung

Controlling ist ein Phänomen, das aus der Praxis heraus entstanden ist und mit dem die betriebswirtschaftliche Forschung bis zum heutigen Tage Probleme hat. Es ist trotz etlicher Versuche nicht gelungen, eine mehrheitlich akzeptierte Definition zu finden, was den Kern des Controllings ausmacht und worin die Begründung für die Eigenständigkeit einer wissenschaftlichen Disziplin Controlling liegt.[1] An Schärfe gewinnt das Problem in kleinen und mittleren Unternehmen (KMU). Auf der einen Seite tragen diese bedeutend zur Wertschöpfung der deutschen Volkswirtschaft bei,[2] aber auf der anderen Seite verfügen sie im Vergleich zu Großunternehmen wesentlich seltener über institutionalisierte Controllingstellen, wodurch sich die dort wahrgenommenen

---

Dieser Beitrag ist eine überarbeitete Fassung von Hoogen/Lingnau (2009).

1 Vgl. Lingnau (2006), S. 1.
2 Vgl. Hausch (2004), S. 5; Becker/Ulrich/Botzkowski (2016), S. 599.

DOI 10.1515/9783110517163-003

spezifischen Aufgaben eines Controllings noch indifferenter als in Großunternehmen darstellen.

Der vorliegende Beitrag setzt sich zum Ziel, zunächst die Charakteristika von KMU im Hinblick auf die Ausprägungen von Institution und Funktion des Controllings zu untersuchen. Dazu werden einige Abgrenzungsversuche für den Begriff der KMU vorgestellt, um darauf aufbauend qualitative Charakteristika von KMU zu selektieren. Hierzu zählen vor allem die Eigentümerdominanz in der Führungsstruktur, Ressourcenmangel und fehlendes Expertenwissen, die häufig dazu führen, dass originäre Controllingaufgaben von der Institution Management übernommen werden. Die Funktion Controlling weist erhebliche Unterschiede zu der Controllingfunktion in Großunternehmen auf, sodass vor allem eine starke Rechnungswesenorientierung zu verzeichnen ist. Die herausgearbeiteten Aussagen zur Institution und Funktion des KMU-Controllings werden sodann mit empirischen Befunden verglichen, um zum einen Entwicklungen des KMU-Controllings ableiten zu können und um zum anderen ein Konzept zu formulieren, wie eine mittelstandskonforme Ausprägung der Controllingfunktion und -institution gestaltet sein kann. Da bedingt durch die wenig institutionalisierte Funktion bzw. die Wahrnehmung der Funktion durch andere Institutionen das fehlende Expertenwissen potenziell zu Defiziten in der Anwendung von Controllinginstrumenten führt, wird ein besonderer Schwerpunkt auf eine anwendungsgerechte Gestaltung von Controllinginstrumenten gelegt.

2 Charakteristika von KMU

2.1 Quantitative Abgrenzungsversuche

Eine allgemeingültige und eindeutige Definition von KMU ist nicht existent. Häufig wird versucht, KMU über quantitative Merkmale gegenüber Großunternehmen abzugrenzen. Zu den gebräuchlichen Kennzahlen gehören vor allem Mitarbeiterzahl und Jahresumsatz. Je nach Branchen gibt es auch Vorschläge, die Bilanzsumme, den Jahresüberschuss oder andere bilanzielle Kennzahlen zu verwenden.[3] Alle Definitionen weisen aber Defizite in ihrer branchenübergreifenden Aussagekraft aus und sind damit nicht generell genug, um definitorischen Gehalt zu besitzen. Häufig wird deswegen aus Gründen der Praktikabilität auf Definitionen des Gesetzgebers[4] verwiesen

---

3 Vgl. Rautenstrauch/Müller (2005), S. 193.

4 Vgl. § 267 HGB, der die Unternehmen nach der Zahl der Beschäftigten, dem Jahresumsatz und der Bilanzsumme differenziert. Die Definition des Gesetzgebers grenzt jedoch den Begriff KMU speziell für Kapitalgesellschaften ab, was folglich zur Nichtbeachtung anderer Gesellschaftsformen führt. Gerade Kleinstunternehmen wählen jedoch größtenteils die Rechtsform der Personengesellschaft. Ähnlich ist die Definition der Kommission der Europäischen Union (EU), welche sich entweder auf die Zahl

Tab. 15: Unternehmensgröße und quantitative Merkmale[5].

	Kriterium	Kleinstunternehmen	Kleine Unternehmen	Mittlere Unternehmen	Große Unternehmen
IfM	Beschäftigte	–	bis 9	10–499	über 500
IfM	Jahresumsatz	–	bis 1 Mio. EUR	1–49 Mio. EUR	über 50 Mio. EUR
EKAM	Beschäftigte	bis ca. 30	bis ca. 300	bis ca. 3.000	über 3.000
EKAM	Jahresumsatz	bis ca. 6 Mio. EUR	bis ca. 60 Mio. EUR	bis ca. 600 Mio. EUR	über 600 Mio. EUR
Europäische Kommission	Beschäftigte	bis 9	10–49	50–249	–
Europäische Kommission	Jahresumsatz	bis 2 Mio. EUR	bis 10 Mio. EUR	bis 50 Mio. EUR	–
Europäische Kommission	Bilanzsumme	bis 2 Mio. EUR	bis 10 Mio. EUR	bis 43 Mio. EUR	–

oder auf Definitionen der verschiedenen mittelstandsnahen Institute[6] zurückgegriffen.

Zur Orientierung gibt Tab. 15 einen Überblick über die Einordnungen des Instituts für Mittelstandsforschung Bonn (IfM), des Europäischen Kompetenzzentrums für Angewandte Mittelstandsforschung an der Universität Bamberg (EKAM) sowie der Europäischen Kommission, welche die drei am weitesten verbreiteten Definitionen darstellen.[7]

Für die weiteren Ausführungen sollen KMU nicht rein quantitativ abgegrenzt werden, sondern zusätzlich über qualitative Merkmale. Die dargestellten Charakteristika liegen allen KMU als eine Art „Familienähnlichkeit" zugrunde. Dies bedeutet, dass nicht alle Charakteristika in allen KMU gleich stark ausgeprägt sein müssen,[8] aber die Ausprägungen der diversen Eigenschaften tendenziell in allen Branchen über den Durchschnitt der KMU zu finden sind.

---

der Beschäftigten und den Jahresumsatz oder auf die Zahl der Beschäftigten und die Bilanzsumme bezieht. Vgl. o. V. (2016c).

5 Vgl. Becker/Ulrich (2011), S. 29; o. V. (2016a); o. V. (2016c).

6 So z. B. die Definition des Instituts für Mittelstandsforschung Bonn (IfM). Vgl. o. V. (2016a).

7 Vgl. Becker/Ulrich/Botzkowski (2016), S. 585.

8 So gibt es z. B. das Merkmal der dünnen Eigenkapitaldecke, das zwar je nach Branche unterschiedlich stark ausgeprägt ist, aber relativ zu den Großunternehmen der jeweiligen Branche grundsätzlich den Durchschnitt der KMU betrifft.

2.2 Qualitative Merkmale von KMU

Die Merkmale werden in den vier Bereichen Eigentümerstruktur und Gesellschaftsform, Führungs- und Organisationsstruktur, Unternehmensumfeld sowie Ressourcenbeschränkungen diskutiert.[9]

2.2.1 Eigentümerstruktur und Gesellschaftsform

Die Eigentümer von KMU sind in der Regel identisch mit der Führungsebene des Unternehmens oder zumindest in dieser mit Entscheidungs- bzw. Kontrollbefugnis vertreten.[10] Die Anzahl der Eigentümer ist üblicherweise klein, da KMU sich häufig im
Familienbesitz befinden. Bedingt durch die Eigentümerstruktur wird das unternehmerische Risiko in Abhängigkeit der Gesellschaftsform von den wenigen Eigentümern
getragen und nicht auf den Kapitalmarkt transferiert.[11]

Da die Existenz der Eigentümer vom Unternehmen abhängt, hat dies auch Auswirkungen auf die Zielsetzungen von Eigentümerunternehmen. So verschmelzen regelmäßig die persönlichen, subjektiven Ziele der Eigentümer wie z. B. Unabhängigkeit
oder Selbstständigkeit mit rein ökonomischen Zielen.[12] Eine dominante Eigenkapital-
wertmaximierung (Shareholder-Value-Maximierung) ist daher in solchen KMU im Allgemeinen nicht anzutreffen.

Die häufigsten Gesellschaftsformen von kleinen Unternehmen sind folgerichtig
Einzelunternehmen bzw. Personengesellschaften, ebenso wie bei den mittleren Unternehmen. Bei den Unternehmen mittlerer Größe gibt es im Rahmen der Kapitalgesellschaften häufig die Form der GmbH bzw. der GmbH & Co. KG.[13]

2.2.2 Führungs- und Organisationsstruktur

Die Führungs- und Organisationsstruktur zeichnet sich üblicherweise durch eine sehr
flache Hierarchie aus, wodurch Mitarbeiter schnell mit Führungsverantwortung konfrontiert werden und innerhalb des Führungssystems große Leitungsspannen abdecken müssen. Dies bedingt eine geringe Spezialisierung der Führungsverantwortli-
chen, die als Generalisten für viele unterschiedliche Bereiche, respektive für die betriebliche Leitung verantwortlich sind.[14] Die flache Hierarchie und die vielfach wenig

---

9 Vgl. Winter (2008), S. 77.
10 Vgl. Impulse/Institut für Mittelstandsforschung (2004), S. 15; Schneck (2006), S. 13.
11 Vgl. Günther/Gonschorek (2008), S. 62–63.
12 Vgl. Krämer (2014), S. 183.
13 Vgl. Buschmann (2005), S. 130.
14 Vgl. Fröhlich/Pichler/Pleitner (1996), S. 36.

formalisierten Planungssysteme bieten den Vorteil einer großen unternehmerischen Flexibilität durch die kurzen (häufig auch informellen) Informationswege, weitreichende Entscheidungsbefugnisse[15] und persönliche Koordination der Führungsebene.[16] Durch die geringe Komplexität der unternehmerischen Struktur befinden sich aber die formalen Planungs-, Steuerungs- und Kontrollsysteme auf einem tendenziell niedrig ausgeprägten Niveau, was sich mit empirischen Befunden zu Schwächen in der Lang- und Mittelfristplanung deckt.[17] So verfügt etwa nur die Hälfte aller KMU (nach IfM-Definition) über eine schriftlich dokumentierte strategische Planung.[18] Dadurch kennzeichnet sich ein kleines oder mittleres Unternehmen eher durch reaktives, anstatt zukunftsorientiertes Handeln.[19] Verstärkt werden diese Schwächen noch durch die geringe personelle Kapazität sowie die geringe Spezialisierung.

2.2.3 Unternehmensumfeld

Die Umfeldbedingungen von KMU decken sich im Makrobereich weitestgehend mit gesamtwirtschaftlichen Entwicklungen, denen auch Großunternehmen gegenüberstehen. Zu nennen ist vor allem die zunehmende Globalisierung, welche immer stärker internationale Wettbewerbsfähigkeit und interkulturelle Kompetenzen abverlangt. Steigendem Kostendruck bei gleichzeitig hohen Qualitätsanforderungen stehen KMU aber unsicherer gegenüber als Großunternehmen, da z. B. die Einführung neuer Systeme zur Qualitätssicherung[20] oder Maßnahmen des Kostenmanagements für KMU Großprojekte darstellen, die mit – ggf. bestandsgefährdenden – finanziellen Risiken behaftet sind.[21] Die im Zuge der Globalisierung erhöhten Anforderungen an die Führung sowie die damit verbundenen wettbewerbsstrategischen Anpassungen führen zwangsläufig zu Koordinations- und Steuerungskosten, die für KMU Probleme darstellen können.[22]

Im direkten Umfeld des Unternehmens ist die Kundenstruktur von entscheidender Bedeutung. KMU sehen sich oft einem hohen Preisdruck gegenüber, wenn nur

---

15 Bzw. kleinere Gruppen von Entscheidungsträgern als in einem Großunternehmen.

16 Vgl. Winter (2008), S. 77.

17 Vgl. Horváth/Weber (1997), S. 352; Geiger/Hermann (2003), S. 105.

18 Vgl. Krämer (2014), S. 187.

19 Vgl. Becker/Ulrich (2011), S. 58.

20 Wie es z. B. im Bereich der Automobilindustrie häufig von mittelständischen Zulieferern verlangt wird.

21 Der Extremfall der Produktionsverlagerung in Billiglohnländer z. B. stellt für KMU häufig ein existenzielles Risiko dar, bei gleichzeitig hohen Chancen. Im Allgemeinen kann gesagt werden, dass sich Risiken für KMU wesentlich schneller zu existenziellen Risiken entwickeln können, da dort die Kapitaldecke und die Liquidität im Vergleich zu Großunternehmen erwartungsgemäß geringer sind. Vgl. Maser (1998), S. 39–40.

22 Vgl. Becker (1992), S. 171.

wenige große Kunden bedient werden und diese durch ihre Marktmacht weitgehend dominant die Vertragskonditionen gestalten können.[23] Die Erschließung neuer Märkte und Gewinnung neuer Kunden scheitern häufig an fehlenden Ressourcen von KMU.

2.2.4 Ressourcenbeschränkungen

KMU sind in der Regel mit finanziellen[24] und personellen Kapazitätsrestriktionen konfrontiert, da zum einen die Personalbudgets relativ gering sind und zum anderen das Recruiting des Führungskräftenachwuchses sich schwierig gestaltet, da Großunternehmen als Arbeitgeber attraktiver erscheinen.[25] Einhergehend mit den personellen Kapazitätsbeschränkungen und der bereits erwähnten Tendenz zum „Generalisten" als Führungskraft der KMU lässt sich ein Mangel an betriebswirtschaftlichem Knowhow festhalten.[26] Der Mangel an betriebswirtschaftlicher Fachkenntnis folgt aus mehreren Ursachen: Zum einen wird der Führungskräftenachwuchs sehr häufig intern[27] aus den technischen Abteilungen der KMU rekrutiert, sodass im Extremfall Ingenieure mit betriebswirtschaftlichen Problematiken konfrontiert werden. Zum anderen zeigt sich in empirischen Studien, dass der Mittelstand insgesamt durch eine geringe Akademikerquote gekennzeichnet ist.[28] Charakteristisch für deutsche KMU ist die traditionell sehr geringe Eigenkapitalquote.[29]

3 Controlling in KMU

3.1 Besonderheiten des Controllings in KMU

Die Führung der KMU durch den Eigentümer erfolgt häufig patriarchalisch und autoritär, und die Führungsentscheidungen können die Ebene der Eigentümerfamilie betreffen. Die Einrichtung einer Controllerstelle kann somit von der Unternehmensführung als ein unerwünschtes Aufdecken von eigenen Missständen und Fehlern in-

---

23 Vgl. Fröhlich/Pichler/Pleitner (1996), S. 21.
24 Vgl. Rautenstrauch/Müller (2006), S. 100.
25 Man vergleiche z. B. die Umfragen diverser Organisationen wie z. B. „Das Absolventenbarometer" von trendenceStudie oder Toparbeitgeber des Magazins Focus, in dem als attraktivste Arbeitgeber Großunternehmen die vordersten Plätze belegen.
26 Vgl. Jonen/Simgen-Weber (2008), S. 101; Rautenstrauch/Mittelstädt/Salomon (2008), S. 141.
27 Was u. a. an der bereits erwähnten Problematik der Rekrutierung externer Fachkräfte liegt.
28 Vgl. Fröhlich/Pichler/Pleitner (1996), S. 36; Jonen/Simgen-Weber (2008), S. 101.
29 Diese liegt „meist unter 18 %". Vgl. Geiger/Hermann (2003), S. 105; Berkau/Arnsfeld/Frey (2006), S. 67; o. V. (2016b).

terpretiert werden.[30] Zudem droht eine Beschneidung der eigenen Autonomie durch die „harten betriebswirtschaftlichen Fakten" des Controllings, die der häufig eher intuitiven Führungsweise gegenüberstehen.[31] Das Controlling droht durch den autoritären Führungsstil seine professionelle Unabhängigkeit zu verlieren und u. U. zu einem Legitimator der unternehmerischen Entscheidung zu werden, der das Zahlenmaterial nicht transparent, sondern zielgerichtet aufzubereiten hat.[32] Sowohl das Generalistentum als auch die personellen und technischen Ressourcenbeschränkungen bedingen Probleme des Controllings in KMU. Die tendenziell niedrige Akademikerquote innerhalb von KMU[33] ist verbunden mit der Anwendung von weniger komplexen Controllinginstrumenten, deren Anwendungsprämissen einfacher einzuhalten sind und für deren Anwendung das Fakten- und Methodenwissen der ausführenden Instanz nicht auf Expertenniveau sein muss. Gerade wegen der relativen Einfachheit der umgesetzten Aufgaben ist die Controllingfunktion in KMU in ihrer Ausführungstiefe begrenzt, sodass sich die Einrichtung einer eigenen Controllerstelle oft „nicht rechnet".[34] Aus diesem Grund wird die Controllingfunktion häufig von anderen Institutionen bzw. von unternehmensexternen Institutionen übernommen.[35] Speziell bei Start-up-Unternehmen fehlen in der Gründungsphase die nötigen personellen und finanziellen Ressourcen, um eine eigene Controllerstelle zu errichten oder extern auszulagern, sodass hier erst recht die Controllingaufgaben von den Eigentümern übernommen werden.[36]

Abbildung 8 verdeutlicht, welche Institutionen für die Wahrnehmung der Controllingfunktion infrage kommen. Unternehmensintern ist dies in der Regel eine eigene organisatorische Stelle, die als originäre Controllinginstitution innerhalb des Unternehmens existiert.

Wie bereits erläutert, ist dies aufgrund personeller und finanzieller Limitationen in KMU häufig nicht umzusetzen, sodass andere unternehmensinterne Institutionen das Controlling wahrnehmen. Dies sind vor allem die Unternehmensführung oder die Leitung der Rechnungswesen- oder Buchhaltungsabteilung bzw. andere Fach- und Führungskräfte.[37] Damit stellt sich unmittelbar die Frage, auf Grundlage welcher Datenbasis Controlling dann vollzogen wird. Gerade im Falle einer das Controlling ausführenden Buchhaltung darf wohl davon ausgegangen werden, dass nicht mit den

---

30 Das wird dadurch verdeutlicht, dass weitaus mehr Nicht-Familienunternehmen mehr eigenständige Controllerstellen aufweisen als Familienunternehmen. Vgl. Feldbauer-Durstmüller et al. (2012), S. 410.

31 Vgl. Maser (1998), S. 37; Dintner (1999), S. 65.

32 Zur Legitimationsfunktion des Controllings vgl. Scherm/Pietsch (2004).

33 Vgl. Fröhlich/Pichler/Pleitner (1996), S. 36; Jonen/Simgen-Weber (2008), S. 101.

34 Vgl. Urigshardt/Jacobs/Letmathe (2008), S. 9.

35 Vgl. Krey/Lorson (2007), S. 1718. Demnach sind meistens der Unternehmer selbst oder aber der externe Steuerberater Träger der Controllingfunktion.

36 Vgl. Diehm (2014), S. 29.

37 Vgl. Rautenstrauch/Müller (2005), S. 202.

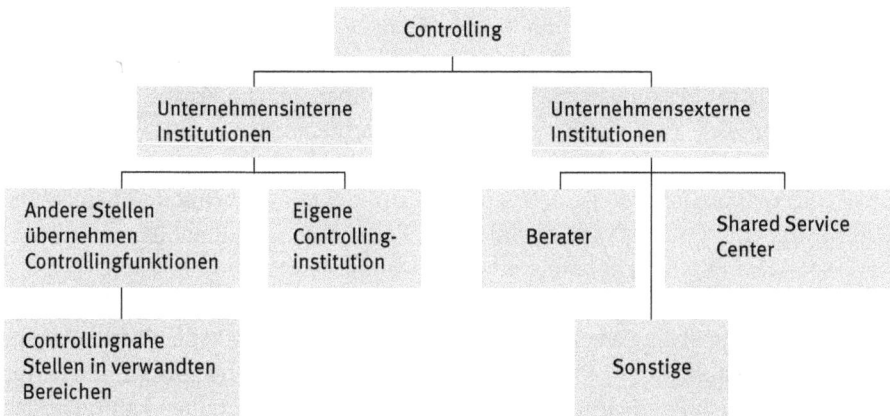

Abb. 8: Institutionelle Ausgestaltungsmöglichkeiten des Controllings[38].

Daten ausgefeilter Kostenrechnungssysteme gearbeitet wird, sondern mit Buchhaltungsdaten, die primär externe Adressaten haben und somit nicht die Informationen liefern können, die das Controlling als planende Instanz (eigentlich) braucht. Ebenfalls ist die daraus resultierende Vergangenheitsorientierung problematisch für eine Zukunfts- und Zielorientierung des Controllings.[39]

Im Falle einer externen Trägerschaft der Controllingfunktion sind Unternehmensberatungen, Kreditinstitute, die Industrie- und Handelskammern sowie die diversen Branchenverbände mögliche Institutionen. Vor allem bei kleinen Unternehmen scheint dem Steuerberater als unternehmensexternem Controller Bedeutung beizumessen zu sein. Da dieser üblicherweise seine Einschätzungen auf der Bilanzbuchhaltung aufbaut, steht zu vermuten, dass dem Controlling als Datenbasis auch hier hauptsächlich Istdaten bzw. vergangenheitsbezogene Daten zugrunde liegen. Die Planungsfunktion des Controllings kann somit nicht in ausreichendem Maße erfüllt werden.

Ein weiterer Grund für die Nichterfüllung bzw. geringe Bedeutung der Planung[40] liegt in dem geringen Formalisierungsgrad und dem geringen Umfang der Strukturierung der Planungs-, aber auch der Kontrollsysteme. Dies mag die vielfältigsten Gründe haben, zu nennen ist sicherlich die eher intuitive Führung, welche sich nicht notwendigerweise anhand umfangreicher quantitativer Planung in Entscheidungssituationen zu rechtfertigen hat. Auf der anderen Seite spielt gerade bei schnell expandierenden Unternehmen eine Rolle, dass die formalen Strukturen der Unternehmung nicht in gleichem Maße mitwachsen. Ein dritter zu nennender Grund sind die knap-

---

38 In Anlehnung an Rautenstrauch/Müller (2005), S. 19.
39 Vgl. Kosmider (1994), S. 84.
40 Vor allem der langfristigen bzw. strategischen Planung, wie bereits in Kapitel 2.2.2 erläutert.

pen personellen Kapazitäten der KMU. So ist es nicht verwunderlich, dass z. B. ex post Kontrollen aufgestellter Pläne oder getätigter Investitionen selten durchgeführt werden, da diese am ehesten verzichtbar erscheinen. Aber auch im Prozess der Planung unterscheiden sich KMU signifikant von Großunternehmen, sowohl im sachlichen und zeitlichen Umfang der Pläne als auch im Detailgrad. KMU scheinen wesentlich kurzfristiger zu planen, sodass u. U. nur der Zeitraum des nächsten Geschäftsjahres in der Planung abgebildet wird. Sachlich gesehen scheint eine Planbilanz und Plan-GuV ebenfalls in KMU nicht häufig umgesetzt zu werden.[41]

Auch im Rahmen der klassischen Kostenrechnung sind deutliche Unterschiede zu Großunternehmen zu verzeichnen. Aufgrund der niedrigen Akademikerquote und des Generalistentums kommen einfach geprägte Instrumente zum Einsatz, deren Nutzung keine ausgeprägte Planungs- oder Steuerungsfunktion entfalten kann. Für das Controlling in KMU bedeuten die angeführten Besonderheiten eine Fokussierung auf die grundlegenden Kostenrechnungsinstrumente wie z. B. die Betriebsergebnisrechnung und den Betriebsabrechnungsbogen.[42] Eine Gemeinkostenverrechnung und im nächsten Schritt das Gemeinkostenmanagement finden häufig überhaupt nicht statt. Seltener anzutreffen sind Systeme der Grenzplan- oder Prozesskostenrechnung, was sicherlich mit der relativen Komplexität dieser Kostenrechnungssysteme zusammenhängt. Damit scheint eine der grundlegenden Funktionen der Kostenrechnung, nämlich die Lieferung entscheidungsrelevanter Informationen,[43] nicht gegeben zu sein. Kostenrechnung in diesem Sinne scheint lediglich eine Dokumentationsfunktion zu haben. Dem Controlling kommt in KMU demnach vermeintlich die klassische Rolle des Bilanzbuchhalters mit erweiterten Rechnungswesenkompetenzen zu.

Eine der typischen Aufgaben des Controllings in Großunternehmen, der Entwurf anreizkompatibler Steuerungssysteme, scheint sich in KMU überhaupt nicht wiederzufinden. Zum einen scheinen Anreizsysteme, sofern sie vorhanden sind, eher auf bilanziellen Größen aufzubauen, zum anderen werden wertorientierte Kennzahlen in KMU weitestgehend nicht verwendet.[44]

Welche Konsequenzen die vorherigen Ausführungen für die Erfüllung von Controllingaufgaben in KMU haben, wird in den folgenden Kapiteln verdeutlicht. Auch auf die Entwicklung des Aufgabenbereichs des Controllings soll hierbei Wert gelegt werden, um eventuelle Entwicklungen aufzeigen zu können, die zumindest in der wissenschaftlichen Literatur zum Controlling postuliert werden. Waren anfangs die rechnungswesenorientierten Aufgaben bzw. die Informationsversorgung die wichtigsten Aufgabenfelder, scheint sich dies, folgt man der Literatur, zu wandeln.

---

41 Vgl. Flacke (2007), S. 289–291.
42 Vgl. Flacke (2007), S. 280.
43 Vgl. Hoitsch/Lingnau (2007), S. 235–237.
44 Vgl. Flacke (2007), S. 2.

3.2 Empirische Untersuchungen zum Controlling in KMU

In die Diskussion haben empirische Studien Eingang gefunden, die querschnittsartig einen Zeitraum von knapp 25 Jahren abdecken (vgl. Tab. 16). Alle Studien haben das gleiche Untersuchungsobjekt im Fokus, nämlich die Ausprägung des Controllings in KMU, wobei KMU im Wesentlichen durch die Mitarbeiterzahl, zum Teil noch durch den Jahresumsatz operationalisiert werden.

Tab. 16: Auswahl empirischer Studien zum Controlling in KMU[45].

Autor	Untersuchungs-jahr	Wirtschafts-zweig	Mitarbeiterzahl	Stichproben-größe
Kosmider	1988	Verarbeitendes Gewerbe	20–500	440
Dintner	1996	Produzierendes Gewerbe	< 500	122
Rautenstrauch/ Müller	2005	Verarbeitendes Gewerbe	20–500	188
Flacke	2007	Verarbeitendes Gewerbe	10–499	157
Feldbauer-Durstmüller et al.	2012	Vollerhebung	> 50	950

3.2.1 Ausprägung der Controllinginstitution in KMU

Während Kosmider (1988) feststellte, dass lediglich ca. 11 % der befragten Unternehmen über eine eigenständige institutionalisierte Controllingstelle verfügen,[46] antworteten bei Dintner (1996) bereits 21,3 % der befragten Unternehmen, eine eigenständige Controllingabteilung zu besitzen. Davon sind allerdings lediglich 7 % Kleinunternehmen, sodass mit steigender Unternehmensgröße die Wahrscheinlichkeit einer eigenen Controllingabteilung steigt. Dies bestätigen die Ergebnisse von Rautenstrauch/ Müller (2005), wonach über die gesamte Stichprobe rund 34 % über eine eigenständige Controllingabteilung verfügen. Unternehmen mit 20–50 Mitarbeitern geben dabei nur zu 7 % an, eine eigenständige Controllingstelle zu haben, wobei Unternehmen mit 201–500 Mitarbeitern schon zu 70 % antworten, eine eigene Controllingstelle zu haben.[47] Bei Feldbauer-Durstmüller et al. (2012) lässt sich erneut eine Steigerung erkennen. Bei Unternehmen mittlerer Unternehmensgröße sind es dort schon 33,2 %, die eine eigenständige Controllingabteilung haben. Speziell bei Nicht-Familienunter-

---

45 Quelle: eigene Darstellung.
46 Vgl. Kosmider (1994), S. 98.
47 Vgl. Rautenstrauch/Müller (2005), S. 201–202.

nehmen sind es sogar fast 60 %.[48] Die Ergebnisse von Flacke (2007) können diese Ergebnisse allerdings nicht unterstützen, da lediglich 22 % der dort befragten Unternehmen über eine eigene Controllingabteilung verfügten. Die Möglichkeit von Mehrfachfachnennungen mag die Ergebnisse hier zum Teil etwas weniger aussagekräftig gemacht haben.[49] Insgesamt lässt sich aber festhalten, dass die Notwendigkeit einer eigenständigen Controllingabteilung auch von KMU erkannt worden ist, und eine positive Entwicklung hin zu einem institutionalisierten Controlling zu verzeichnen ist. Jedoch vollzieht sich die Entwicklung recht langsam und ist abhängig von der Größe. Der häufigste Fall ist immer noch die Fremdwahrnehmung der Controllingaufgaben.[50]

An die Existenzfrage eines institutionalisierten Controllings schließt sich die Frage an, wer die Controllingaufgaben wahrnimmt, wenn dies nicht die Controllingabteilung ist. In Kosmiders Untersuchung war dies vor allem die Geschäftsleitung, gefolgt von der Finanz- und Rechnungswesenabteilung, wobei die Ausprägung dabei in Abhängigkeit der Größe der befragten Unternehmen variierte.[51] Dintners Ergebnisse bestätigen dieses Bild. Hier ist die Unternehmensleitung zu 28 % verantwortlich für die Controllingaufgaben, die Leitung des Rechnungswesens sogar zu 29,8 %.[52] Ähnliche Werte finden sich auch bei Feldbauer-Durstmüller et al.[53] Gleiches besagen die Ergebnisse von Rautenstrauch/Müller und Flacke, wenn auch in der prozentualen Ausprägung etwas anders, da Mehrfachnennungen möglich waren. So ist in beiden Untersuchungen die Unternehmensleitung zu mehr als 73 % neben anderen Institutionen mit dem Controlling betraut, das Rechnungswesen zu mehr als 36 %.[54] Interessant ist noch die Qualifikation der Controllingverantwortlichen. Hierauf geben lediglich Rautenstrauch/Müller Antworten. So verfügen 54,3 % der Befragten über ein wirtschaftswissenschaftliches Studium bzw. 47,9 % über eine kaufmännische Ausbildung.[55] 13,8 % der Befragten geben ein technisches Studium als Qualifikation an. Die fachspezifische Qualifikation nimmt mit Größe der Unternehmen zu, sodass in kleinen Unternehmen ca. 30 % der Controllingverantwortlichen über ein technisches Studi-

---

48 Vgl. Feldbauer-Durstmüller et al. (2012), S. 410.

49 Vgl. Flacke (2007), S. 278–279.

50 Und zwar zumeist in deutlich mehr als zwei Drittel aller befragten Unternehmen in allen Studien.

51 Vgl. Kosmider (1994), S. 137.

52 Vgl. Dintner (1999), S. 156.

53 Vgl. Feldbauer-Durstmüller et al. (2012), S. 410.

54 Vgl. Rautenstrauch/Müller (2005), S. 202; Flacke (2007), S. 279. Allerdings gibt es bei der Antwort, dass das Rechnungswesen das Controlling mache, einen vielleicht bedeutenden Unterschied in den beiden Umfragen: Rautenstrauch/Müller geben als Antwortmöglichkeit den Leiter der Abteilung Rechnungs- und Finanzwesen (50 % aller Befragten), während Flacke als Antwortmöglichkeit die Mitarbeiter der Rechnungswesenabteilung vorgibt (36 % aller Befragten).

55 Vgl. Rautenstrauch/Müller (2005), S. 204.

um verfügen, während in größeren Unternehmen[56] über 80 % der Befragten ein wirtschaftswissenschaftliches Studium angeben.[57]

Die bis hierhin diskutierten Ergebnisse decken sich mit den in Kapitel 2.2 und 3.1 vorgestellten Ausgangsbedingungen und Besonderheiten des Mittelstandes. Es zeigt sich, dass eine eigenständige Institution Controlling umso seltener existiert, je kleiner die Unternehmung ist. Die Wahrnehmung der Aufgaben obliegt größtenteils der Unternehmensleitung und der Leitung des Rechnungswesens. Über den Zeitraum von fast 25 Jahren, den die zitierten empirischen Untersuchungen abdecken, ist jedoch eine stetige, wenn auch langsame, Zunahme von Controllingabteilungen in KMU zu beobachten. Im nächsten Schritt wird die Frage zu klären sein, welches Verständnis die Controllingverantwortlichen besitzen und welche Schwerpunkte sie in dem Aufgabenbündel des Controllings ausmachen können.

3.2.2 Ausprägung der Controllingfunktion in KMU

Kosmiders Untersuchung liefert einen klaren Anhaltspunkt für eine Kontroll- bzw. Überwachungsorientierung des Controllings. Um innerbetriebliche Schwachstellen zu identifizieren und zu beheben, vollzieht das Controlling, vor allem bei kleinen Unternehmen, Kontrollaufgaben. Diese sind nicht als „Reglementierungsinstrument gegenüber den Mitarbeitern"[58] zu verstehen, sondern als Informationsfunktion zur Prozessverbesserung.[59]

Ähnlich wie Kosmider kommt Dintner zu dem Ergebnis, dass Controllingaufgaben in KMU vor allem rechnungswesenorientiert sind.[60] Im Rahmen der Untersuchung konnten die Befragten verschiedene Aufgabengebiete auf ihre Relevanz für das Controlling auf einer Skala von 1 bis 5 beurteilen. 1 bedeutet eine starke Zustimmung zur Relevanz des Aufgabengebiets innerhalb des Controllings, während 5 Ablehnung signalisiert. Dintner bildet daraus anhand der Mittelwerte der Nennungen die Rangfolge der Controllingaufgaben, wie in der Tab. 17 gezeigt.

Die Aufgaben mit der höchsten Zustimmung der Befragten sind Aufgaben, die typischerweise den operativen Controllingaufgaben entsprechen. Dazu zählen vor allem die Planung sowie die Kontrolle der geplanten Größen mithilfe von Soll-Ist-Vergleichen. Dies deckt sich mit den Ergebnissen zu einer weiteren Frage Dintners, der Einsatzintensität und der notwendigen Weiterentwicklung von Planungs-, Überwachungs- und Berichtsinstrumenten in den verschiedenen Unternehmensbereichen.[62]

---

56 Die Größe definieren Rautenstrauch/Müller hierbei über den Jahresumsatz, sodass für die angesprochenen großen Unternehmen ein Jahresumsatz von 25 bis 50 Mio. € gilt.
57 Vgl. Rautenstrauch/Müller (2005), S. 204.
58 Vgl. Kosmider (1994), S. 104.
59 Vgl. Kosmider (1994), S. 95–96.
60 Vgl. Dintner (1999), S. 151.

Tab. 17: Aufgaben des Controllings nach Dintner[61].

Aufgaben des Controllings	Mittelwert	Rang
Ermittlung von innerbetrieblichen Schwachstellen und Engpässen	1,661	1
Entwicklung und Ausbau des Planungs- und Kontrollsystems	1,707	2
Kontrolle, z. B. durch Soll-Ist-Vergleiche	1,767	3
Kontrolle und laufende Anpassung der Planungs-, Kontroll- und Informationssysteme	1,991	4
Einrichtung und Weiterentwicklung des innerbetrieblichen Informations- und Berichtssystems	2,007	5
Informationsdienste für andere Fachbereiche und/oder Unternehmensleitung (z. B. Erstellung von Wirtschaftlichkeitsanalysen)	2,0096	6
Beratung der Unternehmensleitung in betriebswirtschaftlichen Fragen	2,017	7
Finanzwirtschaftliche Aufgaben (z. B. Liquiditätssicherung, Bilanzierungsfragen)	2,414	8

Besonders in den Bereichen Kostenrechnung, Finanzwesen, Gesamtplanung sowie Kontrolle und Überwachung sahen die Befragten eine hohe Einsatzintensität und einen großen Weiterentwicklungsbedarf.[63]

Rautenstrauch/Müller gehen ähnlich vor wie Dintner,[64] kommen aber zu aussagekräftigeren Ergebnissen, da sie die einzelnen Aufgabengebiete differenzierter darstellen.

Es zeigt sich auch hier die Bedeutung der operativen Aufgaben im Bereich der Planung und Kontrolle. Zusätzlich aber wird die Wichtigkeit des betrieblichen Rechnungswesens und der Finanzbuchhaltung deutlich, die bei Dintner nicht explizit in den Aufgabenbündeln angesprochen werden. Das Controlling in KMU weist große Bezüge zum Rechnungswesen und der Finanzbuchhaltung auf. Dies liegt u. U. daran, dass das Rechnungswesen zum Teil ausführende Institution von Controllingaufgaben ist, zum Teil aber auch daran, dass dem Controlling u. U. Daten aus genau diesen Bereichen zur Datenanalyse zur Verfügung stehen. Auffällig ist die Abhängigkeit der genannten Aufgabenbündel von der Unternehmensgröße. Treten in kleinen Unternehmen vor allem die operativen Aufgaben (wie Finanzbuchhaltung und Rechnungswesen) in den Vordergrund, werden bei zunehmender Größe komplexere Controllingaufgaben wie z. B. das Reporting und Berichtswesen wichtiger (vgl. Tab. 18). Die Da-

---

61 Quelle: empirische Erhebung nach Dintner (1999), S. 150.
62 Vgl. Dintner (1999), S. 176–173.
63 Vgl. Dintner (1999), S. 151.
64 Ein Unterschied ist die Skalierung, die Rautenstrauch/Müller mit einer 4er-Skala ansetzen. 1 bedeutet hierbei, trifft voll zu, 4 trifft gar nicht zu in Bezug auf die Relevanz der genannten Aufgabengebiete für den Controlleralltag. Vgl. Rautenstrauch/Müller (2005), S. 198.

Tab. 18: Aufgaben des Controllings nach Rautenstrauch/Müller[65].

Aufgaben des Controllings (im Original Controllingverständnis)	Mittelwert	Rang
Datenanalyse und -aufbereitung bzgl. Abweichungen, Schwachstellen und Engpässen	1,55	1
Kostenrechnung und Finanzbuchhaltung	1,61	2
Präsentation von entscheidungsrelevanten und aussagekräftigen Informationen (Reporting, Berichtswesen)	1,75	3
Finanzwirtschaftliche Aufgaben (z. B. Liquiditätssicherung, Bilanzfragen)	1,84	4
Begleitung und Beratung des Managements in betriebswirtschaftlichen Fragen	2,00	5
Transparente und aktuelle Darstellung des Unternehmens mit seinem komplexen Umfeld	2,00	5
Gestaltung und Weiterentwicklung des Informations-, Planungs-, Kontroll- und Steuerungssystems	2,09	6

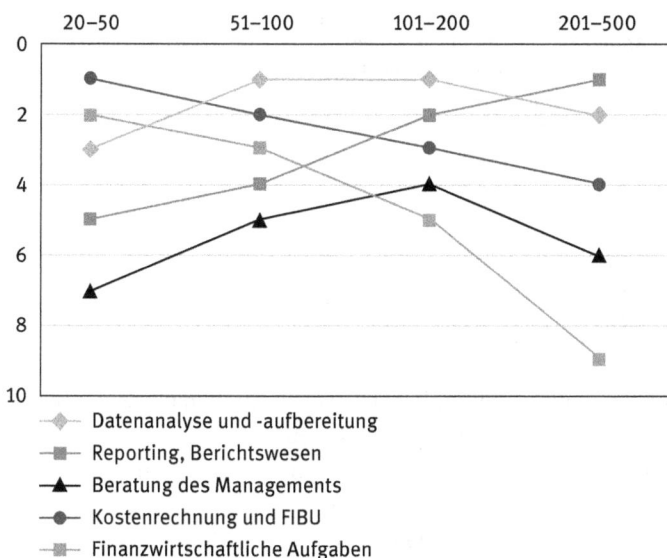

Abb. 9: Aufgaben des Controllings in Abhängigkeit von der Unternehmensgröße (Mitarbeiterzahl) nach Rautenstrauch/Müller[66].

tenanalyse und Aufbereitung ist in allen betrachteten Größenklassen konstant wichtig und stellt wohl eine der klassischen, grundlegenden Controllingaufgaben dar (vgl. Abb. 9).

---

65 Quelle: empirische Erhebung nach Rautenstrauch/Müller (2005), S. 199.
66 Die Ordinate beziffert die Rangfolge nach Tab. 18. Quelle: in Anlehung an Rautenstrauch/Müller (2005), S. 200.

Zu ähnlichen Ergebnissen gelangt Flacke. Jedoch sind die Ergebnisse nur bedingt zu vergleichen mit den bereits diskutierten Untersuchungen, da die Beschreibung der Aufgabenfelder im Rahmen des Fragebogens lediglich stichwortartig erfolgte und die Befragten nicht im Rahmen einer Skala antworteten, die Akzeptanz oder Ablehnung ausdrückt, sondern direkt die Rangfolge nach Bedeutung in ihrem eigenen Unternehmen bilden sollten.[67]

Die Befragten schätzten die Bereiche Planung und Kostenrechnung als bedeutendste Aufgabengebiete in ihrem Unternehmenscontrolling ein. Mit deutlichem Abstand[68] folgen die Arbeit mit Kennzahlen und das Berichtswesen, noch relativ dicht gefolgt von strategischem Controlling und Risikomanagement (vgl. Tab. 19).

Auch hier zeigt sich deutlich das Übergewicht der operativen Controllingaufgaben in KMU. Komplexere Aufgaben wie z. B. Investitionscontrolling und Risikomanagement landen relativ abgeschlagen auf hinteren Rängen.

Tab. 19: Aufgaben des Controllings nach Flacke[69].

Teilbereich	Arithmetisches Mittel des Ranges, den die Befragten dem Teilbereich zugeordnet haben
Planung	2,33
Kostenrechnung	2,44
Kennzahlen	4,08
Berichtswesen	4,11
Strategisches Controlling	4,61
Risikomanagement	4,61
Investition	5,13

In der Untersuchung von Feldbauer-Durstmüller et al. wurde direkt nach dem Einsatzgrad bestimmter Controllinginstrumente gefragt. Die Ergebnisse schließen sich denen der anderen Untersuchungen an. Tabelle 20 zeigt die fünf dort meistgenannten Controllinginstrumente.[70]

In dieser Untersuchung sind zwei Aspekte besonders festzuhalten. Erstens werden allgemein mehr Controllinginstrumente in Nicht-Familienunternehmen (NFU) als in Familienunternehmen (FU) verwendet, und zweite ns benutzen Erstgenannte auch modernere und anspruchsvollere Instrumente.[71] Das lässt sich durch die zunehmen-

67 Vgl. Flacke (2007), S. 292.
68 Bezogen auf das arithmetische Mittel der Rangzuordnung.
69 Quelle: Vgl. empirische Erhebung nach Flacke (2007), S. 293.
70 Vgl. Feldbauer-Durstmüller et al. (2012), S. 410–411.
71 Vgl. Feldbauer-Durstmüller et al. (2012), S. 411–413.

Tab. 20: Einsatzgrad von Controllinginstrumenten nach Feldbauer-Durstmüller[72].

Instrument	Nennungen in %	Nennungen in FU in %	Nennungen in NFU in %
Kennzahlensysteme	89,6	90,3	91,6
Umsatz-/Absatzplanung	81,0	82,7	83,1
Liquiditätsplanung	75,2	75,1	79,0
Personalplanung	60,4	58,2	70,3
Bilanz, Erfolgs- und Steuerungsplanung	53,5	53,9	57,4

den Informations- und Rechtfertigungserfordernisse gegenüber den Eigentümern begründen.[73]

Die hier aufgeführten Studien zeigen, wie breit das Spektrum an verwendeten Controllinginstrumenten in KMU ist, auch wenn es sich dabei um viele nicht originäre Controllinginstrumente handelt. Gerade in Tab. 20 ist das deutlich zu erkennen, denn keines der dort genannten Instrumente zählt zu den exklusiven Controllinginstrumenten.[74]

Funktionell kommt dem Controlling in KMU somit nicht das Aufgabenbündel zu, welches in der einschlägigen Literatur postuliert wird.

3.3 Konzeptionelle Basis für das Controlling in KMU[75]

Betrachtet man die bislang formulierten Controllingkonzeptionen, so fällt auf, dass diese – unbeschadet ihrer zum Teil erheblich divergierenden Basisannahmen – sämtlich versuchen, Controlling in Relation zum normativen Leitbild des ökonomischen Rationalprinzips zu konzeptionalisieren, wie es auch der „klassischen" Betriebswirtschaftslehre zugrunde liegt, die in der Tradition von Gutenberg, der in diesem Punkt Schmalenbachs Überlegungen weiterführte, allgemein als (apersonale) „Wirtschaftlichkeitsoptimierungslehre" interpretiert wird.[76] So galt Gutenbergs Interesse der Suche nach, vom jeweiligen Wirtschafts- und Gesellschaftssystem unabhängigen, ökonomischen Strukturen des Betriebes, was zur Formulierung eines systemindifferenten Prinzips der Wirtschaftlichkeit führte, bei dem nicht zuletzt das *„psychophysische[]*

---

72 Quelle: eigene Darstellung in Anlehnung an Feldbauer-Durstmüller et al. (2012), S. 410–411.

73 Vgl. Feldbauer-Durstmüller et al. (2012), S. 411.

74 Für eine Übersicht über die Einordnung der Controllinginstrumente vgl. Jonen/Lingnau (2007), S. 13.

75 Der folgende Abschnitt beruht auf Lingnau (2009).

76 Vgl. z. B. Eichhorn (2015).

Subjekt [...] aus der Unternehmung als Objekt betriebswirtschaftlicher Theorie elimi-niert"[77] ist.

Grundannahme des **rationalitätssicherungsorientierten** Controllingansatzes[78] ist, dass Manager aufgrund ihrer beschränkten Rationalität und ihres (grundsätzlich unbeschränkten) Opportunismus Entscheidungen treffen, die nicht dem ökonomischen Rationalprinzip entsprechen. Aufgabe des Controllings ist es danach, diesen Entscheidungsdefekten entgegenzuwirken, d. h., Rationalitätssicherung zu betreiben. Die **koordinationsorientierten** Ansätze[79] gehen davon aus, dass das Verhalten arbeitsteilig organisierter Führungssysteme aufgrund der in ihnen existenten Schnittstellen vom ökonomisch rationalen Verhalten einer monolithischen Führung abweicht. Die Controllingfunktion besteht danach in der Koordination des Führungssystems, um ökonomisch rationales Verhalten zu bewirken. Nach den **rechnungswesen**- bzw. **informationsorientierten** Ansätzen[80] liegt die Controllingfunktion in der Bereitstellung der nach dem ökonomischen Rationalprinzip entscheidungsrelevanten Informationen aus dem Rechnungswesen bzw. dem gesamten Informationssystem der Organisation.

Auch wenn unbestritten ist, dass dem Controlling Informationsversorgungs-, Koordinations- und Rationalitätssicherungsaufgaben zukommen, so kann man doch als Fazit der Diskussion der letzten Jahrzehnte ansehen, dass diese Funktionen weder controllingexklusiv noch controllingumfassend sind, also keine controllingdiskriminierende Wirkung entfalten. Dementsprechend ist es auch bislang nicht gelungen, das Unterscheidende, was Controlling mit keiner anderen Teildisziplin gemein hat und was ihm also eigentümlich ist, zu bestimmen.

Vor dem Hintergrund der im letzten halben Jahrhundert nicht gelungenen Verankerung des Controllings in Relation zur traditionellen Betriebswirtschaftslehre wird der weitere Versuch, auf diesem Wege eine „Lücke" zu finden, die (exklusiv) durch das Controlling zu schließen ist, als wenig aussichtsreich eingeschätzt. Zieht man daraus nicht die Konsequenz, auf eine konzeptionelle Fundierung des Controllings ganz zu verzichten und sich z. B. darauf zu beschränken, Anwendungsbedingungen und Wirkungen von Controllinginstrumenten zum Untersuchungsobjekt zu erheben[81] – was aber letztlich den Verzicht auf die Etablierung einer eigenständigen wissenschaftlichen Teildisziplin bedeuten würde –, so bleibt als Möglichkeit konsequenterweise nur, eine Verankerung mithilfe eines alternativen Referenzrahmens vorzunehmen, der im Folgenden skizziert sei.

---

77 Gutenberg (1929), S. 41–42.
78 Vgl. Weber/Schäffer (2016).
79 Vgl. Horváth/Gleich/Seiter (2015) oder Küpper et al. (2013).
80 Vgl. z. B. Reichmann et al. (2011)
81 Vgl. Becker (2003).

3.4 Controlling und anspruchsgruppenbezogenes Wissen[82]

Ausgangspunkt der weiteren Ausführungen sind die Überlegungen von *Cyert* und *March* zur organisatorischen Zielbildung, die die Unternehmung als Koalition von Individuen betrachten, die wiederum in Subkoalitionen organisiert sind.[83] Dementsprechend ist jede Organisation einer Vielzahl von Ansprüchen unterschiedlicher Gruppen mit zum Teil divergierenden Zielen ausgesetzt, wobei die Bezeichnungen Stakeholder, Anspruchsgruppen, Partizipanten und Interessengruppen im Folgenden synonym verwendet werden.

Aufgabe des Managements ist es damit, die – zum Teil konfligierenden – Ansprüche der zahlreichen relevanten Anspruchsgruppen zu integrieren, um das Überleben der Organisation nachhaltig sicherzustellen, wie dies auch die nachfolgenden Äußerungen beispielhaft deutlich machen: „*[C]orporate executives [do not] answer only to shareholders. There is a long list of interest groups that exercise influence in the head offices and boardrooms of the world. Employees and unions, customers and consumer advocates, bankers and creditors, environmentalists, governments and the public at large all have legitimate interests that you have to balance off against the shareholders' desire to make money.*"[84] „*[M]anagers are challenged to achieve good economic results while also considering the needs and requirements of their business stakeholders*".[85] Anders ausgedrückt sind Manager „*[...] confronted with the task of making sense of very complex and ambiguous environments*".[86]

Für die Organisation ist es damit überlebenswichtig, die Interessen der relevanten Anspruchsgruppen zu kennen, auch ohne dass diese direkt in den Entscheidungsprozess involviert sind, da es dem Management ohne Kenntnis der Zielstrukturen der relevanten Stakeholder nicht möglich ist, fundierte Entscheidungen zur nachhaltigen Entwicklung der Organisation zu treffen. Hierzu bedarf es des Wissens darüber, wie die Zielerreichung dieser Anspruchsgruppen durch Entscheidungen des Managements beeinflusst wird. Die Organisation institutionalisiert daher das Wissen über die Zielstrukturen der relevanten Anspruchsgruppen, mit dem Ziel, über Expertise zumindest in Bezug auf die wichtigsten Anspruchsgruppen zu verfügen.

Es gibt zahlreiche Beispiele für derart institutionalisiertes Wissen von Anspruchsgruppen in Unternehmungen:

---

82 Der folgende Abschnitt beruht auf Lingnau (2009).
83 Vgl. Cyert/March (1995), S. 29.
84 Bemmels (2004).
85 Post/Lawrence/Weber (2002), S. 3.
86 Garud/Porac (1999), S. xiv.

Käufer:	Marketingabteilung
Lieferanten:	Beschaffungsabteilung
Mitarbeiter:	Personalabteilung
Fremdkapitalgeber:	Finanzabteilung/Bilanzbuchhaltung
Natürliche Umwelt:	Umweltschutzbeauftragter
Staat:	Steuerabteilung

Aus dieser Aufzählung wird deutlich, dass die Institutionalisierung des Wissens über die Interessen der einzelnen Gruppen nicht etwa im Sinne eines Lobbyismus für die entsprechende Gruppe verstanden werden darf, was am augenfälligsten bei der Steuerabteilung sein dürfte.

Damit stellt sich die Frage, wo das Wissen über die Interessen der Eigenkapitalgeber institutionalisiert ist. Hier käme natürlich zunächst einmal das Management infrage, das ja schließlich von den Eigentümern zur Führung des Unternehmens eingesetzt wird. Die obigen Überlegungen haben allerdings gezeigt, dass die primäre Aufgabe des Managements, die Unternehmung in einer durch Interessenkonflikte gekennzeichneten komplexen Umwelt auszurichten und zu führen und damit das Überleben der Unternehmung nachhaltig zu sichern, nicht identisch mit der Verfolgung der Ziele der Shareholder ist; die Berücksichtigung der Interessen der Shareholder damit also zusätzlich erfolgen müsste. Die Forderung, dass Manager zusätzlich zu ihrer Unternehmensführungsexpertise auch noch über „Eigentümerexpertise" verfügen müssen, ist aufgrund der kognitiven Beschränkungen realer Entscheidungsträger allerdings nur in einer wenig komplexen Umwelt zu erfüllen.[87]

Diese „bounded rationality" realer Entscheidungsträger thematisiert die „managerial and organizational cognition theory", deren Erkenntnisse auch den weiteren Ausführungen zugrunde liegen.[88] Damit bedarf das Management eines Experten für das Wissen über die Interessen der Eigentümer, um seiner Aufgabe, die Unternehmung zu führen, nachkommen zu können, genauso wie es des Wissens über die Interessen der anderen relevanten Anspruchsgruppen bedarf.

Als Träger dieses Wissens kann das Controlling identifiziert werden, womit Controlling (institutional) folgendermaßen definiert werden kann:

Das Controlling ist Träger des Wissens über die (formalzielorientierten) Ansprüche der Eigenkapitalgeber und bringt dieses (aus Sicht des Managements sekundäre) Wissen in die Problemlösungsprozesse innerhalb der Organisation ein.[89] Hierzu gestaltet und nutzt das Controlling Systeme zur Entscheidungsunterstützung und Entscheidungsbeeinflussung unter Berücksichtigung der begrenzten Rationalität und des begrenzten Opportunismus realer Entscheidungsträger.

---

87 Zur Bedeutung kognitiver Beschränkungen speziell für das Controlling siehe Lingnau (2004); Lingnau (2005); Lingnau (2006).

88 Zur Bedeutung der „managerial and organizational cognition theory" für eine verhaltensorientierte Konzeptionalisierung des Controllings siehe Lingnau (2004); Lingnau (2005); Lingnau (2006).

89 Zur Unterteilung von primärem und sekundärem Wissen siehe Lingnau (2004).

Die Controllingfunktion umfasst damit das Einbringen dieses Wissens in die Problemlösungsprozesse innerhalb der Organisation, sodass Funktion und Institution kongruent sind. Nochmals sei unterstrichen, dass die Träger des Wissens (hier die Controller) über die Ziele einer Anspruchsgruppe (hier die Eigenkapitalgeber) nicht etwa als Interessenvertreter der entsprechenden Anspruchsgruppe interpretiert werden dürfen. In Anlehnung an die oft nautischen Metaphern für das Controlling liegt die Analogie nahe, dass der Navigator als Träger des Wissens über die Untiefen ja keinesfalls als Interessenvertreter der Untiefen zu interpretieren ist. Des Weiteren sei darauf hingewiesen, dass die hier vorgenommene Einschränkung auf die formalzielorientierten Interessen der Eigenkapitalgeber nicht konstitutiv ist. Andere als formalzielorientierte Interessen von Eigenkapitalgebern (z. B. Macht, Ansehen, Gerechtigkeit) scheinen bislang jedoch im Rahmen der Stakeholderbetrachtung weder in der Literatur noch in der Praxis eine Rolle zu spielen, wenngleich auch reale Eigenkapitalgeber natürlich nicht dem Homo-oeconomicus-Paradigma entsprechen, wobei hier ggf. noch zwischen institutionellen und natürlichen Eigentümern zu unterscheiden wäre.

Bei **kapitalmarktorientierten Unternehmen** kann, in Analogie zum Marketing, Controlling funktional als Planung, Koordination und Kontrolle aller auf die aktuellen und potenziellen Kapitalmärkte ausgerichteten Unternehmensaktivitäten verstanden werden. In seiner Zielform würde dies die Ausrichtung aller Unternehmensaktivitäten am Kapitalmarkt bedeuten mit der dazugehörigen Philosophie einer kapitalmarktorientierten Unternehmensführung.

In **eigentümergeführten Unternehmen** ist die Notwendigkeit der Institutionalisierung eigentümerorientierten Wissens zunächst nicht ohne Weiteres plausibel, da gezeigt wurde, dass das Thema Controlling in eigentümergeführten Unternehmen spezielle Implikationen aufweist. So scheint sich z. B. in (typischerweise eigentümergeführten) KMU die Gestaltung und Nutzung von Systemen zur Entscheidungsbeeinflussung als Controllingaufgabe *„überhaupt nicht wiederzufinden"*[90]. Insgesamt kann ebenfalls festgestellt werden, *„dass [...] die aktuell diskutierten [koordinationsorientierten und rationalitätssicherungsorientierten (Anm. d. Verf.)] Controllingkonzeptionen nicht geeignet sind, die Besonderheiten von Controlling in KMU abzubilden bzw. zu erklären"*[91]. Eine Konzentration auf die Entscheidungsunterstützungsfunktion in Form sekundären, eigentümerorientierten Wissens wird aber zumindest nachvollziehbar, wenn man dieses Wissen im Sinne einer Professionalisierung formalzielorientierter Eigentümerinteressen interpretiert. So bedienen sich ja auch Privatpersonen bei der Verfolgung ihrer Ziele der Unterstützung durch Finanzberater, in der Erwartung, dass diese über die entsprechende Expertise verfügen, die finanziellen Aktivitäten im Sinne der Ziele ihrer Auftraggeber zu planen, zu koordinieren und zu kontrollieren.

---

90 Hoogen/Lingnau (2009), S. 110.
91 Hoogen/Lingnau (2009), S. 113.

Bei eigentümergeführten Unternehmen kommt der Identität von Eigentum und Management eine konzeptionelle Bedeutung in Bezug auf die Controllingaufgaben zu. Aufgrund der Identität von Eigentümern und Managern kann es kein Auseinanderfallen bei den verfolgten Zielen geben, sodass für ein entsprechendes Anreizsystem – und damit einen Aufgabenschwerpunkt des Controllings in nicht eigentümergeführten Organisationen – gar keine Notwendigkeit besteht. Sieht man ferner als grundlegende Funktion des Controllings das Einbringen von Wissen über die Interessen der Eigentümer an, so erklärt dies auch die nicht nur graduellen Unterschiede im Rahmen der Führungsunterstützungsfunktion: Das Wissen über die Interessen der Eigentümer ist mit diesen selbst schon im Unternehmen vorhanden. Lediglich dort, wo die Verfolgung der Interessen der Eigentümermanager an deren kognitive Grenzen stößt, bleibt Platz für eine entsprechende Controllingfunktion, denn zur Berücksichtigung formalzielorientierter Eigentümerinteressen im Rahmen von Problemlösungsprozessen bedarf es einer bestimmten „geistigen Ausstattung"[92] des Problemlösers in Form von Wissen. Verfügt ein Problemlöser nicht über das dafür notwendige Wissen, so bedarf es einer zusätzlichen Informationsaufnahme und -verarbeitung, die jedoch nur im Rahmen der engen kognitiven Grenzen realer Problemlöser möglich ist. Hieraus erwächst die Notwendigkeit, den Entscheidungsträgern dieses Wissen in geeigneter Weise zur Verfügung zu stellen. Grundlegende Voraussetzung dafür ist aber, dass diese eine derartige Unterstützung überhaupt wünschen und nicht z. B. die real existierenden kognitiven Beschränkungen als persönliche Schwäche interpretieren.

4 Fazit für das Controlling in KMU

Betrachtet man die Charakteristika von KMU, die oben diskutiert wurden, so kommt der Identität von Eigentum und Management eine konzeptionelle Bedeutung in Bezug auf die Controllingaufgaben zu, während die anderen Charakteristika eher die Ausgestaltung dieser Aufgaben betreffen. Aufgrund der Identität von Eigentümern und Managern kann es kein Auseinanderfallen bei den verfolgten Zielen geben, sodass für ein entsprechendes Anreizsystem – und damit einen Aufgabenschwerpunkt des Controllings, die Entscheidungsbeeinflussung, in eigentümergeführten Organisationen – gar keine Notwendigkeit besteht. Dies wird auch durch die geringe Anzahl an eigenen Controllinginstitutionen in Verbindung mit den Ressourcenbeschränkungen von KMU verdeutlicht. Sieht man ferner als grundlegende Funktion des Controllings das Einbringen von Wissen über die Interessen der Eigentümer an, so lässt sich die geringe Bedeutung des Controllings in eigentümergeführten Unternehmungen auch dadurch erklären, dass die Eigentümer ihre Interessen selbst einbringen, die im Zweifel deutlich komplexer sind, als eine reine „Zahlungsstrommaximierung". Informati-

---

92 Arbinger (1997), S. 17.

onsasymmetrien als Voraussetzung für die Controllingfunktion der Entscheidungsbeeinflussung sind dementsprechend nicht vorhanden. Die Eigentümer verfügen damit über „primäres Wissen" in Bezug auf ihre eigenen Interessen und sehen keinen Bedarf für eine Unterstützung durch „sekundäres Wissen" in diesem Bereich. Dass diese Wahrnehmung möglicherweise in einem komplexen Umfeld verzerrt ist, zeigen die o. a. Überlegungen zur Notwendigkeit einer „Professionalisierung" dieses Wissens. Lediglich dort, wo die Verfolgung der Interessen der Eigentümermanager an deren kognitive Grenzen stößt, bleibt Platz für eine entsprechende Controllingfunktion. Und hier ist dann von besonderer Bedeutung, dass das Controlling sich bei der Ausübung seiner Führungsunterstützungsfunktion an realen Abläufen von Problemlösungsprozessen orientiert, die insbesondere durch die begrenzte Rationalität der Problemlöser gekennzeichnet sind. Der Einsatz von Optimierungsinstrumenten scheidet damit weitgehend aus. Die Ergebnisse der o. a. empirischen Studien zum Einsatz von Controllinginstrumenten in KMU können vor diesem Hintergrund auch dahingehend interpretiert werden, dass das Controlling in KMU diese Überlegungen bei der Auswahl der Instrumente (bewusst oder intuitiv) berücksichtigt.

Als Aufgabe des Controllings in KMU kann damit vorwiegend die Entscheidungsunterstützung angesehen werden. Das Controlling stellt sekundäres Fakten- und Methodenwissen[93] zur Verfügung, über welches das Management bzw. die Unternehmensführung in KMU nicht verfügt. Wie in Kapitel 3.2.2 erwähnt, wird in KMU eine sehr breite Spanne an Instrumenten mit dem Controlling in Verbindung gebracht, um die Eigentümer unter Berücksichtigung von deren kognitiven Grenzen mit betriebswirtschaftlichem Fachwissen zu unterstützen. Ein typisches Instrument zum Liefern dieses sekundären Fachwissens ist das Rechnungswesen. Damit kann zumindest teilweise die Rechnungswesenorientierung innerhalb des KMU-Controllings erklärt werden. Existiert eine Institution Controlling in KMU, so kann sie als Expertin angesehen werden, welche aufgrund ihres Wissens die betriebswirtschaftlich relevanten Informationen angemessen für das Management aufbereitet und bereitstellt, was den starken Bezug des KMU-Controllings zur Informationsaufbereitung und -verarbeitung erklärt. Außerdem wird auch dadurch deutlich, dass in kleineren, eigentümergeführten Unternehmen die klassischen Optimierungsinstrumente der Betriebswirtschaftslehre eher eine untergeordnete Rolle spielen.

Je größer die KMU ist, desto wahrscheinlicher ist die Existenz einer eigenen Institution Controlling. In Abhängigkeit von der Größe konnte aber auch gezeigt werden, dass Controllingaufgaben zunehmen, welche das angesprochene sekundäre Wissen erfordern. Allein die zunehmende Komplexität der Unternehmensstruktur macht es erforderlich, mehr Planungs-, Steuerungs- und Kontrollsysteme einzuführen. So sinkt bei steigender Unternehmensgröße die Priorität der buchhalterischen Aufgaben, ebenso die der finanzwirtschaftlichen Aufgabenbereiche und der reinen Kostenrech-

---

93 Zu den verschiedenen Wissensarten vgl. Anderson (2013); Schnotz (1994).

nung. Von zunehmender Bedeutung sind aber die Datenanalyse und -aufbereitung, die dem angesprochenen Zweck der Verbesserung des Entscheidungsumfelds dienlich sind.[94]

Wie allerdings anhand der empirischen Ergebnisse in Kapitel 3.2.1 gezeigt werden konnte, existiert in der Mehrzahl der KMU keine eigene Controllingstelle bzw. -abteilung. Die anderen internen Institutionen der KMU besitzen jedoch keine Expertise in den Controllingaufgaben. Es stellt sich damit die Frage, wie in diesem Rahmen eine Institution Controlling verortet werden kann. Als Möglichkeit bietet sich eine Mischung aus einer internen und einer externen Controllinginstitution an,[95] die man als hybrides Controlling bezeichnen kann. Die externe Institution[96] könnte in dieser Konstellation die strategische bzw. planerische Expertise zur Verfügung stellen. Unterstützt wird sie von der internen Institution, welche die typischen repetitiven Aufgaben ausführt, die Routinecharakter haben, wie z. B. die Datensammlung und Aufbereitung.[97]

5 Literatur

Anderson, J. R. (2013): Kognitive Psychologie. 7. Aufl., Oxford.

Arbinger, R. (1997): Psychologie des Problemlösens. Darmstadt.

Becker, A. (2003): Controlling als reflexive Steuerung von Organisationen. Stuttgart.

Becker, W. (1992): Komplexitätskosten. In: KRP, 36. Jg., S. 171–175.

Becker, W./Ulrich, P. (2011): Mittelstandsforschung: Begriffe, Relevanz und Konsequenzen. Stuttgart.

Becker, W./Ulrich, P./Botzkowski, T. (2016): Controlling im Mittelstand. In: Becker, W./Ulrich, P. (Hg.): Handbuch Controlling. Wiesbaden, S. 583–603.

Bemmels, B. (2004): zit. n. Hoggan J./Littlemore R.: Corporate redemption. https://www.bcbusiness.ca/corporate-redemption. Abruf: 30.06.2017.

Berkau, C./Arnsfeld, T./Frey, A. (2006): Prozessorientiertes Risiko-Controlling für den Mittelstand. In: Controlling Berater, S. 63–98.

Buschmann, B. (2005): Jahrbuch Entrepreneurship 2004/2005. Berlin/Heidelberg.

Cyert, R. M./March, J. G. (1995): Eine verhaltenswissenschaftliche Theorie der Unternehmung (Auszug: Organisationale Wahlakte). 2. Aufl., Stuttgart.

Diehm, J. (2014): Controlling in Start-up-Unternehmen. Wiesbaden.

Dintner, R. (1999): Controlling in kleinen und mittelgroßen Unternehmen: Klassifikation, Stand und Entwicklung. Frankfurt/M.

Eichhorn, P. (2015): Das Prinzip Wirtschaftlichkeit: Basiswissen der Betriebswirtschaftslehre. 4. Aufl., Wiesbaden.

---

94 Ebenso ist eine zunehmende Priorität des Reportings und des Berichtswesens zu verzeichnen.

95 Vgl. Krey/Lorson (2007), S. 1721–1723.

96 z. B. Steuer- oder Unternehmensberater.

97 Dies hat den Vorteil, dass nicht lediglich bilanzielle Daten im Rahmen des Controllings eingesetzt werden.

Feldbauer-Durstmüller, B./Duller, C./Mayr, S./Neubauer, H./Ulrich, P. (2012): Controlling in mittelständischen Familienunternehmen – ein Vergleich von Deutschland und Österreich. In: CMR, 56. Jg., H. 6, S. 408–413.

Flacke, K. (2007): Controlling in mittelständischen Unternehmen: Ergebnisse einer empirischen Studie. In: Horváth, P. (Hg.): Erfolgstreiber für das Controlling: Konzepte und Praxislösungen. Stuttgart, S. 275–298.

Fröhlich, E./Pichler, H./Pleitner, H. J. (1996): Größe in der Kleinheit. In: Pichler, H./Pleitner, H. J./Schmidt, K. H. (Hg.): Management in KMU: Die Führung von Klein- und Mittelunternehmen. Bern, S. 11–42.

Garud, R./Porac, J. F. (1999): Kognition. In: Garud, R./Porac, J. F./Meindl, J. R. (Hg.): Advances in managerial cognition and organizational information processing. 6. Aufl., Greenwich, S. ix-xxi.

Geiger, C./Hermann, S. (2003): Zielsichere Unternehmensführung: Zum Einsatz der Balanced Scorecard im Mittelstand. In: BC, 27. Jg., H. 5, S. 105–109.

Günther, T./Gonschorek, T. (2008): Wert(e)orientierte Unternehmensführung im Mittelstand: Ausgewählte Ergebnisse einer empirischen Untersuchung. In: Lingnau, V. (Hg.): Die Rolle des Controllers im Mittelstand. Kaiserslautern, S. 49–70.

Gutenberg, E. (1929): Die Unternehmung als Gegenstand betriebswirtschaftlicher Theorie. Unveränderter Nachdruck der 1. Aufl., Wiesbaden.

Hausch, K. T. (2004): Corporate Governance im deutschen Mittelstand: Veränderungen externer Rahmenbedingungen und interner Elemente. Wiesbaden.

Hoitsch, H.-J./Lingnau, V. (2007): Kosten- und Erlösrechnung: Eine controllingorientierte Einführung. 6. Aufl., Berlin/Heidelberg.

Hoogen, M./Lingnau, V. (2009): Perspektiven eines kognitionsorientierten Controllings für KMU. In: Müller, D. (Hg.): Controlling für kleine und mittlere Unternehmen. München, S. 101–126.

Horváth, P./Gleich, R./Seiter, M. (2015): Controlling. 13. Aufl., München.

Horváth, P./Weber, J. (1997): Controlling. In: Pfohl, H.-C. (Hg.): Betriebswirtschaftslehre der Mittel- und Kleinbetriebe: Größenspezifische Probleme und Möglichkeiten zu ihrer Lösung. Berlin, S. 335–376.

Impulse/Institut für Mittelstandsforschung (2004): Mind 03 – Mittelstand in Deutschland. Köln.

Jonen, A./Lingnau, V. (2007): Das real existierende Phänomen Controlling und seine Instrumente – Eine kognitionsorientierte Analyse. In: Lingnau, V. (Hg.): Beiträge zur Controlling-Forschung Nr. 13. Kaiserslautern.

Jonen, A./Simgen-Weber, B. (2008): Risikowirtschaft im Mittelstand: Eine explorative Analyse. In: Lingnau, V. (Hg.): Die Rolle des Controllers im Mittelstand. Kaiserslautern, S. 93–114.

Kosmider, A. (1994): Controlling im Mittelstand: Eine Untersuchung der Gestaltung und Anwendung des Controllings in mittelständischen Industrieunternehmen. 2. Aufl., Stuttgart.

Krämer, J. (2014): Mittelstand 2.0 – Typabhängige Nutzungspotenziale von Social Media in mittelständischen Unternehmen. Wiesbaden.

Krey, A./Lorson, P. (2007): Controlling in KMU; Gestaltungsempfehlungen für eine Kombination aus internem und externem Controlling. In: BB, 62. Jg., H. 32, S. 1717–1723.

Küpper, H.-U./Friedl, G./Hofmann, C./Hofmann, Y./Pedell, B. (2013): Controlling – Konzeption, Aufgaben, Instrumente. 6. Aufl., Stuttgart.

Lingnau, V. (2004): Kognitionsorientiertes Controlling. In: Pietsch, G./Scherm, E. (Hg.): Controlling. München, S. 729–749.

Lingnau, V. (2005): Kognitionswissenschaftliche Implikationen für das Controlling. In: Weber, J./Meyer, M. (Hg.): Internationalisierung des Controllings: Standortbestimmung und Optionen. Wiesbaden, S. 231–246.

Lingnau, V. (2006): Controlling – Ein kognitionsorientierter Ansatz. In: Lingnau, V. (Hg.): Beiträge zur Controlling-Forschung des Lehrstuhls für Unternehmensrechnung und Controlling der TU Kaiserslautern Nr. 4. 2. Aufl., Kaiserslautern.

Lingnau, V. (2009): Shareholder Value als Kern des Controllings? In: Wall, F./Schröder, R. W. (Hg.): Controlling zwischen Shareholder Value und Stakeholder Value. München, S. 19–37.

Maser, S. (1998): Controlling in mittelständischen Unternehmen: Konzeption und Implementierung eines betriebsgrößenadäquaten Kostenrechnungssystems auf der Basis des Tabellenkalkulationsprogramms EXCEL. Renningen-Malmsheim.

o. V. (2016a): KMU-Definition des IfM Bonn. Online im Internet, URL: http://www.ifm-bonn.org/definitionen/kmu-definition-des-ifm-bonn/, Abruf: 30.06.2017.

o. V. (2016b): Mittelstand im Einzelnen. Online im Internet, URL: http://www.ifm-bonn.org/statistiken/mittelstand-im-einzelnen/#accordion=0&tab=3, Abruf: 30.06.2017.

o. V. (2016c): What is an SME? Online im Internet, URL: http://ec.europa.eu/growth/smes/business-friendly-environment/sme-definition/index_en.htm, Abruf: 30.06.2017.

Post, J. E./Lawrence, A. T./Weber, J. (2002): Business and Society – corporate strategy, public policy, ethics. 10. Aufl., Boston.

Rautenstrauch, T./Mittelstädt, E./Salomon, K.-S. (2008): Risikomanagement in mittelständischen Unternehmen: Controlling und Organisationsentwicklung im Spannungsfeld von Ressourcenbarrieren und betriebswirtschaftlicher Erfordernis. In: Lingnau, V. (Hg.): Die Rolle des Controllers im Mittelstand. Kaiserslautern, S. 135–154.

Rautenstrauch, T./Müller, C. (2005): Verständnis und Organisation des Controlling in kleinen und mittleren Unternehmen. In: ZfPU, S. 189–209.

Rautenstrauch, T./Müller, C. (2006): Investitionscontrolling in kleinen und mittleren Unternehmen (KMU). In: ZfCM, 50. Jg., H. 2, S. 100–105.

Reichmann, T./Kißler, M./Hoffjan, A./Palloks-Kahlen, M./Rihter, H. J. (2011): Controlling mit Kennzahlen. 8. Aufl., München.

Scherm, E./Pietsch, G. (2004): Theorie und Konzeption in der Controllingforschung. In: Scherm, E./Pietsch, G. (Hg.): Controlling: Theorien und Konzeptionen. München, S. 3–19.

Schneck, O. (2006): Handbuch alternative Finanzierungsformen. Weinheim.

Schnotz, W. (1994): Aufbau von Wissensstrukturen: Untersuchungen zur Kohärenzbildung beim Wissenserwerb mit Texten. Weinheim.

Simon, H. A. (1998): Information 101 – It's not what you know, it's how you know it. In: Journal for Quality and Participation, 21. Jg., H. 4, S. 30–33.

Urigshardt, T./Jacobs, J./Letmathe, P. (2008): Externes Controlling als Ansatz für Kleinst- und Kleinunternehmen. In: Lingnau, V. (Hg.): Die Rolle des Controllers im Mittelstand. Kaiserslautern, S. 1–24.

Weber, J./Schäffer, U. (2016): Einführung in das Controlling. 15. Aufl., Stuttgart.

Winter, P. (2008): Der Controller als Risikomanager? Die Rolle von Controllern beim Unternehmensrisikomanagement. In: Lingnau, V. (Hg.): Die Rolle des Controllers im Mittelstand. Kaiserslautern, S. 71–92.

Olaf B. Mäder und Bernhard Hirsch

Streben nach Transparenz – Die zentrale Controllingaufgabe in KMU

1 Hinführung

Controlling hat sich über die letzten Jahrzehnte in deutschen Unternehmen etabliert.[1] Die Verbreitung sowie Ausgestaltung des Controllings in kleinen und mittelständischen Unternehmen (KMU) unterscheidet sich jedoch zum Teil deutlich von der Ausprägung in mittelgroßen und großen bzw. börsennotierten Unternehmen.[2] Dies erscheint zumindest auf den ersten Blick deshalb überraschend, da die Rahmenbedingungen wirtschaftlichen Handelns insbesondere auch für KMU in den letzten Jahren nicht einfacher geworden sind. Nicht zuletzt aufgrund von Trends,

---

1 Vgl. exemplarisch Weber/Hirsch/Spatz (2007); Weber (2007) und Gleich/Hofmann/Schulze (2013).
2 Vgl. Ossadnik/Barklage/van Lengerich (2004), S. 621 und Weber/Hirsch/Spatz (2007), S. 24.

DOI 10.1515/9783110517163-004

die unter dem Begriff „Globalisierung" subsumiert werden, sieht sich das Management von KMU mit steigender Komplexität und Diskontinuität des Geschäftsverlaufs konfrontiert.[3] Dieser Herausforderung kann mit mehr Transparenz sowohl für interne Entscheidungsträger als auch externe Informationsadressaten begegnet werden.[4] Vor diesem Hintergrund betrachten wir in diesem Beitrag die spezifischen Anforderungen an ein Controlling für KMU.[5]

Die bisherige Ausrichtung des Controllings in KMU konzentriert sich häufig mit Schwerpunkt auf die operative Planung und Kontrolle. Strategische und steuernde Aspekte sowie der Einsatz der ganzen Bandbreite an Controllinginstrumenten sind bei kleineren Unternehmen hingegen häufig rudimentär ausgeprägt, wie empirische Erkenntnisse zeigen. Für KMU lässt sich insbesondere konstatieren, dass auf der einen Seite ein modernes Controlling zur Handhabung der komplexen Herausforderungen notwendig geworden ist. Auf der anderen Seite ist nicht nur ein Defizit beim grundsätzlichen Einsatz des Controllings in KMU empirisch zu beobachten, sondern auch hinsichtlich einer zweckorientierten Ausgestaltung. Darüber hinaus bieten bisherige konzeptionelle Veröffentlichungen in der Regel keine theoretisch fundierten *und* praxisorientierten Ansätze.[6]

Dieser Beitrag hat deshalb das Ziel, einen konzeptionellen Vorschlag für die KMU-spezifische Ausgestaltung des Controllings zu unterbreiten. Damit soll es solchen Unternehmen erleichtert werden, in der Praxis ein adäquates Controllingsystem aufzubauen. Der Beitrag ist wie folgt aufgebaut: Im folgenden Kapitel 2 beschreiben wir konzeptionelle Grundlagen des Controllings für KMU und nehmen Abgrenzungen vor. In Kapitel 3 stellen wir darauf aufbauend unser Konzept eines Controllings vor, das das Streben nach Transparenz und die Verbesserung von Führungsentscheidungen in KMU in den Fokus rückt. Das abschließende Kapitel 4 fasst unsere Überlegungen nochmals zusammen und zeigt weiteren Forschungsbedarf auf.

2 Grundlagen und Abgrenzungen

Ziel dieses Abschnitts ist es, grundlegende Aspekte im Kontext unserer Problemstellung zu definieren, um die Nachvollziehbarkeit unserer Argumentation zu ermöglichen bzw. zu vereinfachen. Hierzu charakterisieren wir KMU sowohl hinsichtlich qualitativer als auch quantitativer Eigenschaften, wobei Letztere darüber hinaus zur Abgrenzung von anderen Unternehmensklassen herangezogen werden. Im zweiten Abschnitt zeigen wir auf, welches generelle Verständnis in Bezug auf Controlling

---

3 Vgl. Windau/Emde (1999), S. 37; Mäder (2015).
4 Vgl. Wambach/Wunderlich (2002), S. 37.
5 Vgl. für diese Forderung Ossadnik/Barklage/van Lengerich (2004), S. 629.
6 Vgl. Rautenstrauch/Müller (2006); Ruchhöft/Krey (2006); Berens/Wüller (2007).

unseren Überlegungen zugrunde liegt. Im Rahmen dessen skizzieren wir vorab die konzeptionelle Vielfalt der Controllingforschung und zentrale Eigenschaften unseres Controllingverständnisses.

2.1 Charakteristische Merkmale von KMU

Kleine und mittlere Unternehmen haben nicht nur eine zentrale volkswirtschaftliche Bedeutung,[7] sondern weisen im Vergleich zu großen Unternehmen einige Besonderheiten auf. Diese gilt es für die Entwicklung einer für KMU spezifischen Controllingkonzeption mehr als bisher zu berücksichtigen.[8] Im Folgenden werden charakteristische Merkmale von KMU skizziert, welche diese Unternehmensgruppe von Großunternehmen unterscheidet.

Um eine Zuordnung bzw. Abgrenzung von Unternehmen hinsichtlich des Bereichs KMU vornehmen zu können, werden in der Literatur verschiedene Merkmale hinsichtlich ihrer Relevanz und Bedeutung diskutiert. Dabei wird grob zwischen quantitativen und qualitativen Merkmalen unterschieden, da beide Bereiche in der Regel in unterschiedlichen Kontexten Anwendung finden und sich darüber hinaus im Aussagegehalt unterscheiden. Die folgenden Merkmale sind aus unserer Sicht von zentraler Bedeutung.[9]

2.1.1 Quantitative Merkmale von KMU

Als quantitative Eigenschaften von KMU werden in der Literatur insbesondere die Größen „Gesamtkapital", „Bilanzsumme", „Zahl der Beschäftigten" sowie Ausbringungsgrößen wie „Umsatz", „Marktanteil" oder „Produktionsumfang" genannt.[10] Die Einbeziehung aller möglichen Kriterien zur Abgrenzung von KMU ist in der Regel weder zwingend noch zielführend. Alternativ werden deswegen zur Betriebsgrößenklassifikation ausgewählte quantitative Größen vorgeschlagen. Exemplarisch seien hier die Regelungen des Handelsgesetzbuches (HGB),[11] des Instituts für Mittelstandsfor-

---

7 Legt man beispielsweise die Definition für KMU des IfM zugrunde, waren 2012 99,6 % der Unternehmen in Deutschland KMU und beschäftigten diese mehr als 60 % der sozialversicherungspflichtigen Arbeitnehmer; vgl. IfM (Hg.) (2015).

8 Vgl. Ossadnik/Barklage/van Lengerich (2004), S. 621.

9 Wir sehen hier die Darlegung unserer „Zeichenmenge" – in Bezug auf wichtige Einzelaspekte als Voraussetzung für das Verstehen unseres Standpunktes und Grundlage für eine ggf. stattfindende Diskussion – als zwingend an. Vgl. Mäder, (2006a), S. 14.

10 Vgl. Geiseler (1999), S. 14; Behringer (1999), S. 8.

11 In § 267 HGB sind Größenklassen definiert. Als Auswahlkriterien werden die Bilanzsumme, der Umsatz sowie die Anzahl der Arbeitnehmer eines Unternehmens in Bezug auf einen Zeitraum von zwölf

schung Bonn (IfM)[12] sowie der Europäischen Union (EU)[13] aufgeführt. Alle drei referenzieren auf die Größen „Mitarbeiterzahl" und „Umsatz". Das HGB sowie die EU beziehen darüber hinaus die Bilanzsumme als dritte Variable in die Größenprüfung mit ein. Weitere Abweichungen gibt es in Bezug auf die Anzahl von Größenklassen[14] sowie die maßgeblichen Schwellwerte.[15]

Für uns ist im Weiteren insbesondere die Grenzziehung zwischen KMU und Großunternehmen relevant. Um auf der einen Seite eine klare und einfache Abgrenzung vornehmen zu können, auf der anderen Seite jedoch auch nicht zu viele Unternehmen auszugrenzen, sind für uns die Merkmale „Beschäftigtenzahl" und „Umsatz" maßgeblich. Für das weitere Vorgehen definieren wir, dass alle Unternehmen, die weniger als 500 Mitarbeiter und einen Umsatz von bis zu 50 Mio. € aufweisen, als KMU einzustufen sind. Eine weitere Differenzierung, beispielsweise hinsichtlich Branchenzugehörigkeit oder zusätzlichen quantitativen Merkmalen wie Bilanzsumme, nehmen wir nicht vor.

2.1.2 Qualitative Merkmale von KMU

In diesem Abschnitt zeigen wir auf, welche Bandbreite an qualitativen Merkmalen von KMU in der Literatur vorliegt und welche Eigenschaften für die hier betrachtete Fragestellung im Zusammenhang mit dem Controlling von besonderer Bedeutung sind.

Eine interessante Darstellung charakteristischer qualitativer Merkmale von KMU findet sich bei Pichler/Pleitner/Schmidt. Als kennzeichnend für diese werden dort u. a. folgende Eigenschaften genannt:[16]
1. Selbstständigkeit des Unternehmens;
2. Fähigkeit zur Erbringung individualisierter differenzierter Leistungen;

Monaten vor dem Abschlussstichtag herangezogen. Des Weiteren werden börsennotierte Kapitalgesellschaften immer als große eingestuft. Im hier vorliegenden handelsrechtlichen Kontext ist die Abgrenzung dahingehend von Relevanz, dass die Pflichten im Rahmen der externen Rechnungslegung mit zunehmender Unternehmensgröße umfangreicher werden.

12 Für das IfM sind hingegen nur die quantitativen Merkmale „Zahl der Beschäftigten" und „Umsatz pro Jahr" bei der Abgrenzung relevant; vgl. IfM (Hg.) (2015).

13 Die Europäische Union zieht zur Differenzierung von Unternehmen hinsichtlich ihrer Größe die Merkmale „Bilanzsumme", „Umsatz" sowie „Mitarbeiterzahl" heran und verwendet somit die gleiche Systematik wie das deutsche Handelsrecht; vgl. Europäische Union (Hg.) (2013), S. 28.

14 Das IfM nimmt eine Dreiteilung in klein, mittel, groß vor. Die EU nimmt darüber hinaus noch die Unterteilung „kleinst" vor. Das HGB spricht inzwischen in § 267 a von Kleinstkapitalgesellschaften.

15 Gemäß der Definition von HGB und EU beginnen die Großunternehmen bereits ab mehr als 250 Mitarbeitern. Im Gegensatz dazu sieht das IfM den beschäftigungsabhängigen Schwellwert erst bei 500 Mitarbeitern. Darüber hinaus gibt es Abweichungen bei den drei Definitionen hinsichtlich der Eurobeträge in Bezug auf Bilanzsumme und Umsatz.

16 Vgl. Pichler/Pleitner/Schmidt (1997), S. 12.

3. Verschmelzung von Unternehmer, Kapitalgeber und Leitung in einer Person;
4. Prägung des Betriebs durch die Persönlichkeit des Unternehmers;
5. geringer Formalisierungsgrad sowie
6. regional oder hinsichtlich der Marktgröße begrenzte Tätigkeit.

Konkret arbeiten wir im Folgenden maßgebliche Merkmale von KMU heraus, die entscheidend für die Konzeption und Umsetzung eines Controllings sind.

Der wohl entscheidende Punkt für spezifische Herausforderungen und Rahmenbedingungen bei KMU ist die Eigentümer- und Managementstruktur. Haben wir bei großen Unternehmen sowie bei Publikumsgesellschaften mehrheitlich eine Trennung hinsichtlich Management und Kapitalgeberseite, ist es ein zentrales Charakteristikum von KMU, dass diese eigentümergeführt sind. Der Unternehmer ist in der Folge prägend für alle Bereiche des Unternehmens. Diese Dominanz ergibt sich nicht zuletzt aus der Verflechtung von persönlichen und geschäftlichen Interessen des Eigentümers. Ursächlich hierfür ist insbesondere das durch ihn zu tragende unternehmerische Risiko. Aus der beschriebenen Konstellation, verbunden mit dem Sachverhalt, dass Gründer „in vielen Fällen Experten in Technik, Naturwissenschaften, Medizin, Informationstechnologie (IT) oder Softwareentwicklung sind, aber nicht immer über fundierte Kenntnisse zum Management des Überlebens sowie des Wachstums [...] verfügen",[17] entsteht die Gefahr von Defiziten in Bezug auf die Unternehmensführung insgesamt. So kann das Verständnis für ein strukturiertes und betriebswirtschaftlich fundiertes Management des Unternehmens wenig ausgeprägt sein. Der damit verbundene geringe Formalisierungsgrad der Unternehmenssteuerung ist ein weiteres prägendes Merkmal für KMU. Defizite bei der Aufbau- und Ablauforganisation führen aber häufig zu suboptimalen Lösungen, insbesondere dann, wenn das Unternehmen beispielsweise durch Wachstum mit organisatorischen Herausforderungen konfrontiert wird, welche entsprechend ihrem Komplexitätsgrad ein bestimmtes Maß an Formalisierung zwingend erfordern.

Für den Entscheidungsfindungsprozess bei KMU ist in der Folge eigentümlich, dass auch das Informationsmanagement[18] meist nur rudimentär ausgebildet ist. Überwiegend werden in diesem Kontext nur gesetzliche Mindeststandards, beispielsweise hinsichtlich des externen Rechnungswesens erfüllt. Ein darüber hinausgehendes (umfassendes) Informationssystem ist kaum anzutreffen. Im Weiteren stellen sich Herausforderungen in anderen Bereichen wie „Beschaffung", „Produktion", „Absatz", „Logistik", „Finanzierung", „Forschung und Entwicklung", „Personal" und „Entsorgung". Insbesondere ergeben sich hier Limitierungen der KMU aufgrund von Größennachteilen und damit verbundenen Eintrittsbarrieren oder -nachteilen.[19] Auf-

---

17 Dowling/Drumm (2002), S. 3.
18 Vgl. dazu Weber/Schäffer (2014), S. 80–109.
19 Vgl. Mugler (2007), Sp. 1236.

grund des im Vergleich zu Großunternehmen in der Regel geringen Materialbedarfs von KMU ergibt sich beispielsweise häufig eine schwache Stellung im Beschaffungsmarkt, was zu entsprechenden Nachteilen beim Einkauf von (Vor-)Produkten und Dienstleistungen führen kann. Darüber hinaus sind ganzheitliche Logistikkonzepte nur schwer zu realisieren. Geringe Produktionsumfänge ermöglichen die Realisierung von Lernkurven- und Skaleneffekten nur in geringerem Maße. Die Möglichkeiten im Absatzbereich sind, insbesondere aufgrund begrenzter materieller und personeller Ressourcen, häufig eingeschränkt und erzwingen dann eine Fokussierung bzw. lassen nur eine oberflächlichere Marktbearbeitung zu. Auch hinsichtlich der Finanzierung sind Einschränkungen gegeben. Diese resultieren mehrheitlich daraus, dass für KMU in der Regel kein Zugang zum Kapitalmarkt gegeben ist und somit wichtige Finanzierungsformen nicht realisiert werden können. In der Folge weisen KMU in Deutschland durchschnittlich nur ca. 10 % Eigenkapitalquote auf, was ihre Anfälligkeit in Krisensituationen dramatisch erhöht.[20] Durch die begrenzte Verfügbarkeit von finanziellen Mitteln ist eine kontinuierliche Forschungs- und Entwicklungstätigkeit häufig kaum möglich. Vielmehr erfordert die Ressourcenallokation auch hier eine starke Fokussierung. Aufgrund der skizzierten Risikobereiche, verbunden mit Aspekten wie niedrigeres Einkommen, schlechtere Entwicklungsperspektiven sowie geringer Bekanntheitsgrad ist es für KMU auch zunehmend schwieriger, am Arbeitsmarkt qualifizierte Mitarbeiter zu rekrutieren. Hinsichtlich der Entsorgungsaktivitäten sind wiederum mögliche Kostennachteile als kritisch zu betrachten.[21]

Basierend auf der Analyse der aufgezeigten Problemfelder lassen sich aus unserer Sicht folgende zentrale qualitative Merkmale in Bezug auf die spezifische Situation von KMU abstrahieren:

1. Selbstbestimmung des Unternehmers;
2. steigender Leidensdruck;
3. Defizite im allgemeinen Managementprozess (operativ und strategisch);
4. geringer Organisationsgrad;
5. Ressourcenknappheit und
6. geringes Maß an Arbeitsteilung.

Die skizzierten Merkmale sind aus unserer Sicht auch die zentralen Determinanten für den Entwurf eines auf die Bedürfnisse von KMU zugeschnittenen Controllings.

---

20 Vgl. Steiner/Schiffel (2006), S. 9.
21 Vgl. Pfohl (2006), S. 1.

2.2 Streben nach Transparenz –
die zentrale Controllingaufgabe in KMU

Zielsetzung dieses Abschnitts ist es, einen Controllingansatz, der das Streben nach Transparenz in das Zentrum der Betrachtung stellt, in den Gesamtkontext von theoretischen Controllingkonzepten einzuordnen sowie dessen wichtigste Merkmale und Voraussetzungen zu skizzieren.

2.2.1 Controllinggrundlagen und -konzeptionen – ein Überblick

Die Betriebswirtschaftslehre beschäftigt sich schon seit einigen Jahrzehnten mit dem Wesen und den Spezifika des Controllings.[22] Sowohl das Vorgehen[23] als auch die Intensität der wissenschaftlichen Auseinandersetzung,[24] eine theoretische Fundierung des Controllings sowie eine Einordnung innerhalb der Betriebswirtschaftslehre zu erreichen,[25] wurden immer wieder kritisch kommentiert.[26] Die Folge des andauernden „Selbstfindungsprozesses" des Controllings bzw. der Controller ist eine Definitions- und Ansatzfülle.[27] Vor diesem Hintergrund stellen wir in diesem Abschnitt dar, welche prominenten Controllingkonzeptionen mit ihren Charakteristika aktuell diskutiert werden und welche sich für unsere Problemstellung als zweckmäßig erweisen.

Die in Tab. 21 dargestellte Systematisierung dient im Weiteren der Beschreibung des aktuellen Standes der wissenschaftlichen Diskussion um das Wesen des Controllings. Wir unterscheiden damit grundsätzlich drei Cluster an Controllingkonzeptionen, die gleichberechtigt nebeneinander stehen. Eine weitere Differenzierung haben wir bewusst vermieden.[28] Der erste Bereich „informationsorientierte Controllingkonzeption" kann grundsätzlich in drei Ausprägungen unterteilt werden.[29] Zentrale Herausforderung des rein informationsorientierten Ansatzes, der mit Schwerpunkt auf Reichmann zurückgeführt werden kann, ist die Versorgung der Entscheidungsträger eines Unternehmens mit entscheidungsrelevanten Informationen.[30] Die planungs-

---

22 Vgl. Möller/Stoi (2002).

23 Vgl. Weber/Schäffer (1999), S. 732–733.

24 Homburg empfahl in diesem Kontext, aus den eigenen Erfahrungen im Bereich Marketing, dass sich das Controlling weniger mit sich selbst und dafür mehr mit den Problemen der Praxis beschäftigen sollte. Vgl. Homburg (2001).

25 Als grundsätzliches Ziel wurde das Erreichen von „generally accepted controlling principles" zu Beginn der 90er-Jahre definiert. Vgl. Küpper/Weber/Zünd (1990), S. 282.

26 Vgl. zum Beispiel Bramsemann/Heineke/Kunz (2004).

27 Vgl. als Überblick Pietsch/Scherm (2000).

28 Vgl. für die Möglichkeit einer anderen Differenzierung bzw. Darstellung Schaefer/Lange (2004), S. 108; Lange/Schaefer (2003), S. 400; Pietsch/Scherm (2000).

29 Vgl. Henseler/Jonen/Lingnau (2006), S. 4–5; Weber/Schäffer (2014), S. 21–22.

30 Vgl. Reichmann (2011).

orientierte Controllingkonzeption, welche Hahn/Hungenberg zugerechnet wird, geht von einer ergebnisorientierten Aufbereitung von Führungsinformationen aus und sieht somit nicht nur die Informationsbeschaffung, sondern auch die Mitwirkung bei Planung und Kontrolle als Bestandteil der Controllingaufgaben.[31] Der von Baum/ Coenenberg/Günther entwickelte regelungsorientierte Ansatz erweitert die beiden vorhergehenden dahin, dass neben der Bereitstellung entscheidungsrelevanter Informationen ein Planungs- und Kontrollsystem durch das Controlling zu entwickeln und zu betreiben ist, welches dann auch für die Koordination von dezentralen Organisationselementen verwandt wird.[32] Kritiker bemängeln in Bezug auf die informationsorientierten Controllingkonzeptionen, dass die beschriebenen Aufgaben bzw. Inhalte keine neuen sind, sondern in der Vergangenheit dem Bereich der Informationswirtschaft zugeordnet waren und darüber hinaus die in der Praxis von einem Controller zu erfüllenden Aufgaben zum Teil deutlich über die in diesen Ansätzen zugewiesenen hinausgehen.[33]

Auch hinsichtlich der koordinationsorientierten Controllingansätze kann eine Dreiteilung vorgenommen werden. Der von Horváth[34] begründete planungs- und kontrollorientierte Ansatz impliziert, dass das Controlling ein Subsystem der Führung ist, das die Bereiche Planung, Kontrolle und Informationsversorgung koordiniert, wobei ,Koordination' als Abstimmungshandlung einzelner Entscheidungen auf ein gemeinsames Ziel verstanden wird. Küpper[35] nimmt in Bezug auf die Koordination eine Erweiterung um die Bereiche Organisation und Personal vor und kommt somit zu einem führungssystemorientierten Controllingansatz. Die Abstimmung erfolgt in diesem sowohl innerhalb als auch zwischen den Teilsystemen.[36] Zentrale Kritikpunkte in Bezug auf die koordinationsorientierten Controllingkonzeptionen sind Abgrenzungsprobleme zu den Bereichen Management und Unternehmensführung sowie die ,Anmaßung' der Wahrnehmung eines quasi Metamanagements durch das Controlling.[37]

Sowohl der rationalitätsorientierte als auch der kognitionsorientierte Controllingansatz greifen die Kritikpunkte auf und entwickeln die controllingspezifischen Konzeptionen weiter bzw. definieren Problemstellung und Vorgehen auf der Basis anderer Ausgangspunkte. Zentral ist bei beiden die Fundierung mittels der Verhaltenstheorie.

Der auf Weber/Schäffer zurückgehende Ansatz des Controllings als Rationalitätssicherung der Führung baut auf einer spezifischen Führungsperspektive, dem Erkenntnisprozess von Führungskräften auf. Zentrale Annahme dabei ist, dass die

---

31 Vgl. Hahn/Hungenberg (2001).
32 Vgl. Baum/Coenenberg/Günther (2013).
33 Vgl. Henseler/Jonen/Lingnau (2006), S. 4–5; Weber/Schäffer (2016), S. 21–22.
34 Vgl. aktuell Horváth/Gleich/Seiter (2015).
35 Vgl. aktuell Küpper et al. (2013).
36 Vgl. Friedl (2003), S. 158–160; Henseler/Jonen/Lingnau (2006), S. 5–6.
37 Vgl. Weber/Schäffer (2014), S. 26–27; Henseler/Jonen/Lingnau (2006), S. 6; Pietsch/Scherm (2000), S. 398–399.

Tab. 21: Überblick zu den verschiedenen Controllingkonzeptionen[38].

Verfasser	Ausrichtung	Cluster
Reichmann	Informationsorientierung zur Planung, Koordination und Kontrolle	Informationsorientiert
Hahn/ Hungenberg	Ergebnisorientierte Aufbereitung von Führungsinformationen	Informationsorientiert
Coenenberg/ Baum/Günther	Entwicklung und Betrieb eines Planungs- und Kontrollsystems	Informationsorientiert
Horváth	Ergebnisziel- und Koordinationsorientierung	Koordinationsorientiert
Küpper	Zielgerichtete Koordination des Führungsgesamtsystems	Koordinationsorientert
Weber/Schäffer	Rationalitätssicherung der Führung	Verhaltensorientiert
Lignau	Kognitionsorientierung des Controllings	Verhaltensorientiert

kognitiven Fähigkeiten der handelnden Personen durch Wollens- und Könnensdefizite begrenzt sind. In der Folge wird dem Controlling die Aufgabe zugewiesen, Defizite zu erkennen und diesen zu begegnen.[39] Der beschriebene Ansatz wird zum Teil kontrovers diskutiert. Insbesondere wird in Bezug auf den Ansatz kritisiert, dass das Verständnis verschiedener Elemente unklar bleibt und in der Folge wiederum keine eindeutige Bestimmung von Funktionen und Aufgaben des Controllings möglich ist.[40] Darüber hinaus kritisieren Henseler/Jonen/Lingnau, dass auch der Controller nicht vollkommen rational denken und handeln kann und in der Folge ihm eine eigentlich unmöglich zu erfüllende Aufgabe zugewiesen wird.[41]

Vor diesem Hintergrund schlägt Lingnau einen kognitionsorientierten Controllingansatz vor.[42] Mittelpunkt dieser Konzeption ist die optimale Gestaltung des Problemlösungsprozesses. Lingnau weist dabei dem Controlling die Aufgabe zu, Entscheidungsträgern, ergänzend zu ihrem primären (subjektiven) Wissen, sekundäres Wissen zur Verfügung zu stellen.[43] Problematisch an diesem Ansatz sehen wir, dass zum einen Wollensdefizite des Entscheidungsträgers nicht mit berücksichtigt werden, d. h., dass er trotz des vorhandenen primären Wissens nicht zielorientiert hinsichtlich der Problemlösung handelt. Zum anderen betrachten wir die Einführung des „Wissensaspektes" im Vergleich zur bisher grundlegenden Informationsorientierung kritisch.

---

38 Quelle: in Anlehnung an Friedl (2003), S. 149 und Henseler/Jonen/Lingnau (2006), S. 13.
39 Vgl. für eine grobe Skizze aktuell Weber/Schäffer (2014), S. 47–58.
40 Vgl. Irrek (2002).
41 Vgl. Henseler/Jonen/Lingnau (2006), S. 7–8.
42 Vgl. Lingnau (2004).
43 Vgl. Henseler/Jonen/Lingnau (2006) und Gerling (2007).

Insbesondere werden neue Abgrenzungsprobleme geschaffen und darüber hinaus die Komplexität eines möglichen Handlungsrahmens deutlich erhöht.

Hinsichtlich der in Theorie und Praxis diskutierten Controllingkonzeptionen haben wir die prominentesten skizziert. Es ist ersichtlich, dass die beiden neueren, verhaltensorientierten Ansätze – Rationalitätssicherung bzw. Kognitionsorientierung – versuchen, die konzeptionellen Defizite der informationsorientierten sowie der koordinationsorientierten Controllingkonzeption zu beseitigen. Da der kognitionsorientierte Ansatz nach unserer Einschätzung sowohl von einem idealisierten, unrealistischen Bild des Entscheidungsträgers ausgeht, indem er Wollensdefizite nicht berücksichtigt, als auch durch die Substituierung des Informations- durch den Wissensaspekt zum einen die Komplexität erhöht und zum anderen neue Abgrenzungsprobleme schafft, greift unsere weitere Argumentation auf Elemente der rationalitätsorientierten Controllingkonzeption zurück. Sie berücksichtigt jedoch auch die Kritik der Unmöglichkeit vollkommener Rationalität.

2.2.2 Charakteristische Merkmale des Controllings

Basis des von uns vorgeschlagenen Verständnisses von Controlling ist eine spezifische Betrachtung des Erkenntnis- bzw. Entscheidungsprozesses von Führungskräften in KMU. Zentrales Element des Ansatzes ist die Erkenntnis, dass Menschen nicht objektiv oder rational handeln, sondern, basierend auf den Erkenntnissen der Verhaltenswissenschaften, Anomalien und Limitierungen in ihren Erkenntnis- und Entscheidungsprozessen vorliegen.[44] Die Herausforderung des Controllings besteht deswegen darin, mittels eines Objektivierungsprozesses hier einzugreifen und entgegenzusteuern.

Ein Objektivierungsprozess lässt sich in zwei Phasen gliedern. Die Objektivierung ersten Grades (intersubjektive Nachvollziehbarkeit) stellt die Voraussetzung für den Objektivierungsprozess dar und ist durch die Merkmale Dokumentation, Belegbarkeit, Differenzierbarkeit und Umfänglichkeit gekennzeichnet. Die Objektivierung zweiten Grades (Entsubjektivierung) umfasst die Verwendung anerkannter Methoden, das Sicherstellen von Plausibilität und die Berücksichtigung der Unsicherheit in Form von Bandbreiten.

Betrachtet man vor diesem Hintergrund die Anforderungen an KMU, können folgende grundlegende inhaltliche Aspekte als Aufgabe durch das Controlling formuliert werden:
1. *Objektivierung*: Controlling wird verstanden als Effizienz- und Effektivitätssicherung der Führung und damit von Führungsentscheidungen.
2. *Unterstützung der Führung*: Wahrnehmung von Entlastungs-, Ergänzungs- und Begrenzungsaufgaben als Controllingaufgabe.

---

44 Vgl. Kahneman/Knetsch/Thaler (1991).

3. *Streben nach Transparenz*: Schaffung eines methodischen Rahmens zur entscheidungsorientierten Informationsbereitstellung als Controllingaufgabe.

4. *Kontextabhängigkeit der Ausgestaltung*: Die Objektivierung wird beeinflusst durch Anomalien und Limitierungen der Akteure. Die unternehmensspezifischen Rahmenbedingungen sind bei der Ausgestaltung des Controllingsystems zu beachten.

5. *Wertorientierte Grundausrichtung*: Die quantitativ-monetäre Bewertung von Optionen ist eine originäre Kernkompetenz des Controllings und dient als wichtiges Abgrenzungsmerkmal zu anderen Bereichen.

6. *Wirtschaftlichkeit des Handelns*: Die Controllingkosten sind geringer als generierte Nutzen.

Die sechs beschriebenen Merkmale sind maßgeblich für die allgemeine funktionale und institutionelle Ausgestaltung des Controllings. Insbesondere die Punkte 3 und 4 zeigen, dass eine situationsspezifische Anpassung grundsätzlich möglich und dies aufgrund der in den vorhergehenden Abschnitten skizzierten Eigenheiten von KMU auch zwingend notwendig ist.

Bei genauer Betrachtung der dargestellten sechs Aspekte zeigt sich darüber hinaus, dass innerhalb dieser Aspekte eine Differenzierung bzw. Klassifizierung hinsichtlich der KMU-spezifischen Controllingaufgaben möglich ist. Diese haben wir in Abb. 10 skizziert. Wir unterscheiden in (A.) sekundäre und (B.) primäre Aufgaben des Controllings im Rahmen des Strebens nach Transparenz und der Führungsunterstützung.

Ad (A.): Die sekundären Aufgaben des Controllings zielen ab auf die Systemgestaltung, d. h. die Definition von (unternehmens-)spezifischen Rahmenbedingungen des Controllings. Da wir KMU als erwerbswirtschaftliche Unternehmen verstehen, erge-

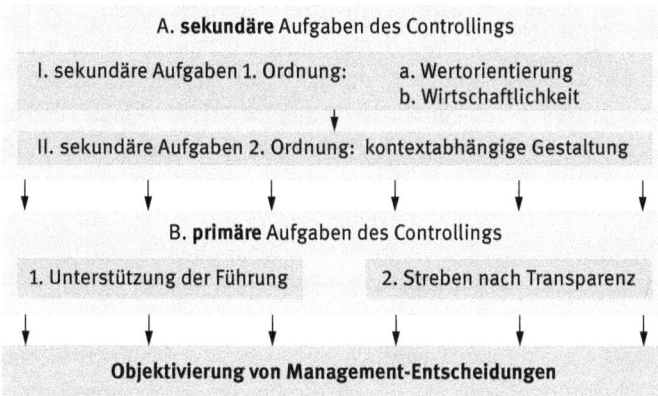

Abb. 10: Allgemeiner Bezugsrahmen des Controllings unter Annahme der Objektivierung[45].

---

45 Quelle: eigene Darstellung.

ben sich bei der Ausgestaltung der Wertorientierung sowie der Wirtschaftlichkeit nur geringe Freiheitsgrade. Vielmehr ist ein so konkretisiertes Streben nach wirtschaftlichem Erfolg ein gesetzter Parameter unter den beschriebenen Voraussetzungen und wird somit als sekundäre Aufgaben erster Ordnung definiert. Gestaltbar und somit variabel sind die kontextabhängigen Aspekte, d. h. sowohl funktionale, organisationale als auch personenspezifische Gesichtspunkte. Diese bezeichnen wir als sekundäre Aufgaben des Controllings zweiter Ordnung.

Ad (B.): Als primäre Aufgaben des Controllings sehen wir auch die Unterstützung der Führung und das Streben nach Transparenz. Diese Aufgaben sind weitgehend unabhängig von den institutionellen und individuellen Charakteristika von Unternehmen zu erfüllen.

Aufbauend auf dieser allgemeinen Spezifizierung unseres Ansatzes ergeben sich bei der Betrachtung konkreter Unternehmen Freiheitsgrade, welche es auszufüllen gilt. Die Ausgestaltung des sekundären Aufgabenspektrums wirkt dann direkt auf die Wahrnehmung der primären Aufgaben und im Weiteren (indirekt) auf die Objektivierung von Managemententscheidungen. Innerhalb der im Rahmen der sekundären Aufgaben vorgegebenen Bandbreite sind dann die primären Aufgaben des Controllings auszuformen und zu erfüllen.

2.3 Zwischenfazit

Ziel dieses Abschnitts ist es, charakteristische Merkmale und Eigenschaften von KMU als auch des Controllings darzustellen. Wir haben Merkmale aufgezeigt, mit deren Hilfe eine Abgrenzung bzw. Einordnung von KMU vorgenommen werden kann. Diese Kriterien können sowohl quantitativen als auch qualitativen Charakter haben. Für unser weiteres Vorgehen haben wir, basierend auf den Ansätzen vom Handelsrecht, der EU sowie des Instituts für Mittelstandsforschung, definiert, dass grundsätzlich alle Unternehmen, die weniger als 500 Mitarbeiter und einen Umsatz von bis zu 50 Mio. € aufweisen, als KMU einzustufen sind. Hinsichtlich der qualitativen Merkmale, haben wir ausgehend von der Systematisierung nach betrieblichen Funktionen nach Pohl die sechs Merkmale (1) „Selbstbestimmung des Unternehmers", (2) „steigender Leidensdruck", (3) „Defizite im allgemeinen Managementprozess (operativ und strategisch)", (4) „geringer Organisationsgrad", (5) „Ressourcenknappheit" sowie (6) „geringes Maß an Arbeitsteilung" als die zentralen charakteristischen sowie limitierenden Aspekte herausgearbeitet. Diese können den Prozess der Entscheidungsvorbereitung und -umsetzung negativ beeinflussen, weshalb sie als erfolgskritische Faktoren für die Qualität von Entscheidungen und in der Folge daraus den Erfolg eines Unternehmens einzustufen sind.

In Bezug auf das Controllingverständnis haben wir umrissen, wie sich dieses über mehrere Jahrzehnte entwickelt hat. Im Ergebnis musste konstatiert werden, dass sich noch keine „generally accepted controlling principles" oder ein annähernd allgemein akzeptierter Ansatz herausgebildet haben. Für die von uns diskutierte Problemstellung bauen wir unsere weiteren Überlegungen auf den Erkenntnissen verhaltenswissenschaftlicher Controllingansätze auf. Wir haben dabei sechs zentrale Merkmale, die sowohl für die funktionale als auch institutionelle Ausgestaltung des Controllings von hoher Bedeutung sind, extrahiert und diese im Weiteren differenziert. Dabei dienen die Merkmale (1) „Wertorientierung", (2) „Wirtschaftlichkeit" und (3) „kontextabhängige Gestaltung" zur Rahmensetzung für die Wahrnehmung der Aufgaben (4) „Unterstützung der Führung" und (5) „Streben nach Transparenz". Die Erfüllung dieser Aufgaben ist somit Voraussetzung für die Objektivierung von Managemententscheidungen, welche als übergeordnete Zielsetzung (6) fungiert.

3 Controlling als Funktion zur Objektivierung von Managemententscheidungen in KMU

Nachdem wir im vorhergehenden Kapitel die für uns maßgeblichen Rahmenbedingungen in Bezug auf KMU und Controlling herausgearbeitet haben, ist es Ziel dieses Abschnitts, unser Verständnis von Controlling als Funktion zur Objektivierung von Managemententscheidungen in KMU zu prüfen sowie spezifische Aspekte bzw. kritische Bereiche dieses Ansatzes herauszuarbeiten. Im Ergebnis wollen wir eine konzeptionelle Systematik ableiten, mittels derer es möglich ist, innerhalb der Idee des objektivierungsorientierten Controllings Vorschläge zu erarbeiten, die adäquat für die charakteristische Situation eines kleinen oder mittelständischen Unternehmens sind. Darauf aufbauend skizzieren wir Instrumente bzw. Tools, die aus unserer Sicht unter den spezifischen Herausforderungen von KMU geeignet sind, Controlling zielorientiert einzusetzen.

3.1 Spezifische Merkmale des Controllings als Objektivierung von Managemententscheidungen in KMU

In diesem Abschnitt arbeiten wir heraus, welche der in Abb. 10 dargestellten Aufgaben unseres Controllingbezugsrahmens im Kontext von KMU zentrale Bedeutung haben. Im Ergebnis schaffen wir die konzeptionelle Voraussetzung, um unternehmensspezifisch objektivierungsorientierte Controllingsysteme erarbeiten zu können.

3.1.1 Grundsätzliche Diskussion von Bezugsrahmen und KMU-Merkmalen

Im vorhergehenden Abschnitt haben wir bereits dargelegt, dass die sekundären Aufgaben erster Ordnung des Controllings für uns in der hier betrachteten Problemstellung als nicht veränderbar gelten. Hinzu kommt, dass die Aufgaben „wertorientiertes und wirtschaftliches Handeln" für erwerbswirtschaftliche Unternehmen und damit auch für KMU zwingend sind, da ein prägendes Merkmal von KMU die Ressourcenknappheit sowohl in materieller als auch personeller Hinsicht ist.[46] Vor diesem Hintergrund ist ein Controllingkonzept bzw. -system für KMU immer dahingehend zu bewerten, welche Entwicklungs- sowie Folge- und Betriebskosten mit diesem verbunden sind.

Von zentraler Bedeutung für KMU ist die kontextabhängige Gestaltung ihrer Controllingsysteme. Dabei ist – innerhalb der Bandbreite an Möglichkeiten – für verschiedene Parameter klar zu definieren, welche Ausrichtung des Systems zweckmäßig ist. Sowohl die bereits skizzierten Defizite im allgemeinen Managementprozess, ein geringer Organisationsgrad, ein geringeres Maß an Arbeitsteilung als auch insbesondere die Ressourcenknappheit als typische Merkmale mittelständischer Unternehmen legen den Schluss nahe, dass bei den im und für das Unternehmen handelnden Akteuren „Könnensdefizite" und „Wollensdefizite" zu erwarten sind.[47] So können Manager von KMU wegen der Fülle unterschiedlicher Aufgaben, mit denen sie typischerweise konfrontiert sind, kognitiv überfordert sein (Könnensdefizite). So können sie zu wenig Expertise bei der Beobachtung der für sie relevanten Märkte besitzen. Es ist wahrscheinlich, dass sie mit einem Wust an Informationen, die sie nicht adäquat verarbeiten können, konfrontiert sind, oder sie lassen sich sehr vom „Bauchgefühl" in ihren Entscheidungen leiten. Von „Wollensdefiziten" ist dann auszugehen, wenn die Verfolgung persönlicher Interessen Mitarbeiter und Führungskräfte von einer effizienten Mittelverwendung für das Unternehmen abhält. Dies dürfte vor allem dann der Fall sein, wenn Fremdmanager die Geschicke von KMU leiten. Diese handeln im Auftrag der Eigentümer, was nicht immer bedeuten muss, dass sie auch deren Interessen verfolgen. Dieser Problematik trägt die Forderung, dass Pläne als Zielvorgaben der Manager die Basis ihres unternehmerischen Handelns darstellen sollen, bereits Rechnung. Darüber wird auch eine Formalisierung und Konkretisierung der Unternehmenssteuerung erreicht.

Die Objektivierung von Managemententscheidungen kann zusätzlich durch die beiden Variablen „Unterstützung der Führung" (FU) und „Streben nach Transparenz" (T) sowie durch die Berücksichtigung der Kriterien zur Objektivierung sichergestellt werden. Dabei bezieht sich die Aufgabe der Objektivierung auf den Unternehmensführungsprozess als Ganzes.

Transparenz wird grundsätzlich verstanden als die Durchdringung des Unternehmens oder Geschäftsmodells mittels eines betriebswirtschaftlichen Informationssystems, welches im Ergebnis entscheidungsrelevante Informationen zur Verfügung

---

46 Vgl. Abschnitt 2.1 dieses Beitrags.
47 Vgl. dazu allgemein z. B. Weber/Schäffer (2014), S. 42–43.

stellt.[48] Die Führungsunterstützung des Controllings im Sinne einer Beraterfunktion bei betriebswirtschaftlichen Fragestellungen baut auf diesen Informationen auf. Dies impliziert auch die Bereitstellung von Vorschlägen zur Beseitigung erkannter Informations- und Entscheidungsdefizite und deren Diskussion. Eine solche Beratung und damit die Erhöhung der Transparenz von Managemententscheidungen wird in KMU erschwert durch die bereits skizzierten „Defizite im allgemeinen Managementprozess" sowie den geringen Organisationsgrad von KMU. Dies kann zur Folge haben, dass das spezifische Geschäftsmodell von KMU[49] formal nicht bzw. zumindest nicht vollständig formuliert und dokumentiert ist. Konkret werden beispielsweise Prozesse kaum dokumentiert und formalisiert, Stellenbeschreibungen liegen nicht vor.

Aus dieser fehlenden Formalisierung ergeben sich Schwierigkeiten bei der Informationsbeschaffung durch das Controlling. So ermöglicht beispielsweise eine Prozessdarstellung, dass Aktivitäten oder Teilprozesse im Unternehmen vorerst isoliert betrachtet werden können und deren spezifische Performance gemessen werden kann. Ist dies nicht ausreichend möglich, erschwert dies eine wirksame Unternehmenssteuerung: „If you can't measure it you can't manage it!"

Ein besonderes Spannungsfeld ergibt sich in diesem Kontext darüber hinaus dadurch, dass in KMU sowohl materielle als auch personelle Ressourcen häufig knapp sind. Dies erschwert zusätzlich die Fähigkeit des Controllings, Führungsunterstützung zu leisten.

3.1.2 Detaillierte Ausgestaltung des konzeptionellen Rahmens für ein objektivierungsorientiertes Controlling in KMU

Im vorhergehenden Abschnitt haben wir die Bezüge zwischen dem allgemeinen Bezugsrahmen des objektivierungsorientierten Controllings und den spezifischen Merkmalen von KMU diskutiert. Zielsetzung ist es nunmehr, die dort herausgearbeiteten Problembereiche (1) „kontextabhängige Gestaltung der Controllingsysteme", (2) „Führungsunterstützung" und (3) „Streben nach Transparenz" näher zu betrachten und Vorschläge zur Ausgestaltung zu skizzieren.

Ad (1): Hinsichtlich der „kontextabhängigen Gestaltung der Controllingsysteme" gibt es grundsätzlich eine große Bandbreite an Optionen, die insbesondere durch das Selbstverständnis der Unternehmensführung beeinflusst werden. Wir haben bereits dargelegt, dass wir als Voraussetzung für eine zweckmäßige Durchführung des Controllings zum einen die Steuerung über Pläne empfehlen und zum anderen eine verhaltensorientierte Sichtweise einnehmen, was eine explizite Betrachtung und

---

48 Vgl. für die Problematik des entscheidungsrelevanten, verarbeitbaren Informationsumfangs Mäder (2006b), S. 252–275.
49 Vgl. Mäder (2006a), S. 135–146.

Handhabung von Wollens- und Könnensdefiziten nach sich zieht. Darüber hinaus erachten wir es als zweckmäßig, weitere Grundsätze zu formulieren, um ein zielorientiertes Handeln des Controllings in KMU zu ermöglichen. Diese beziehen sich auf folgende Aspekte:[50]

– Funktionale Aspekte: Welche Schwerpunktbereiche/-aufgaben fallen in das Tätigkeitsspektrum des Controllers?
– Institutionelle Aspekte: Wie berücksichtigen wir die Aufgaben bzw. Tätigkeiten des Controllings in Bezug auf die Aufbau- und Ablauforganisation des Unternehmens?
– Instrumentelle Aspekte: Welche Konsequenzen ergeben sich aus der unternehmensspezifischen Controllingphilosophie?

Wir erachten es als zweckmäßig, für diese drei Bereiche Grundsätze in Abstimmung zwischen Unternehmensführung und Controlling zu formulieren, welche den Rahmen des Handelns für alle Beteiligten abstecken.

Ad (2): Die „Führungsunterstützung" impliziert für uns das konkrete Handeln der Controller in Bezug auf die Identifikation sowie Handhabung von Wollens- und Könnensdefiziten. Der Umfang der Wahrnehmung dieser Aufgaben ist durch die Rahmensetzung der „konzeptionellen Ausgestaltung des Controllings", insbesondere hinsichtlich der funktionalen Aspekte determiniert. Durch diese wird festgelegt bzw. abgegrenzt, welches Spektrum an Aufgaben und Tätigkeiten durch das Controlling bzw. den Controller wahrzunehmen sind.

Ad (3): Der Bereich „Streben nach Transparenz" beinhaltet für uns, wie bereits ausgeführt, ein strukturiertes betriebswirtschaftliches Informationsmanagement. Wir sehen hier zwei zentrale Dimensionen, die auf dessen Ausgestaltung und Umsetzung einwirken. Dies sind inhaltliche sowie technisch-institutionelle Aspekte. Die inhaltliche Dimension hat den Prozess der Bereitstellung des entscheidungsrelevanten, verarbeitbaren Informationsumfangs zum Gegenstand.[51] Dieser Prozess ist möglichst objektiviert zu gestalten. Hinsichtlich der technisch-institutionellen Komponente ist zu hinterfragen, in welcher Form eine IT-gestützte Wahrnehmung der Controllingaufgabe stattfinden kann. Hier ist zu konstatieren, dass bei KMU in diesem Bereich erheblicher Nachholbedarf zu verzeichnen ist. Zentrale Merkmale der aktuellen Situation sind dabei häufig:[52]

– kein ganzheitliches softwarebasiertes Informationssystem;
– eine Fokussierung auf die Erfüllung bzw. Abbildung gesetzlicher Vorgaben im externen Rechnungswesen;

---

[50] Vgl. Kosmider (1991).
[51] Vgl. für eine ausführliche Diskussion dieser Problematik Mäder (2006a), S. 83–106 und Mäder (2006b), S. 252–275.
[52] Die aufgezeigten Merkmale sind das Ergebnis einer 2005 durchgeführten Befragung von 834 KMU aus dem Bereich München und Oberbayern; vgl. Mäder/Ziegler (2010).

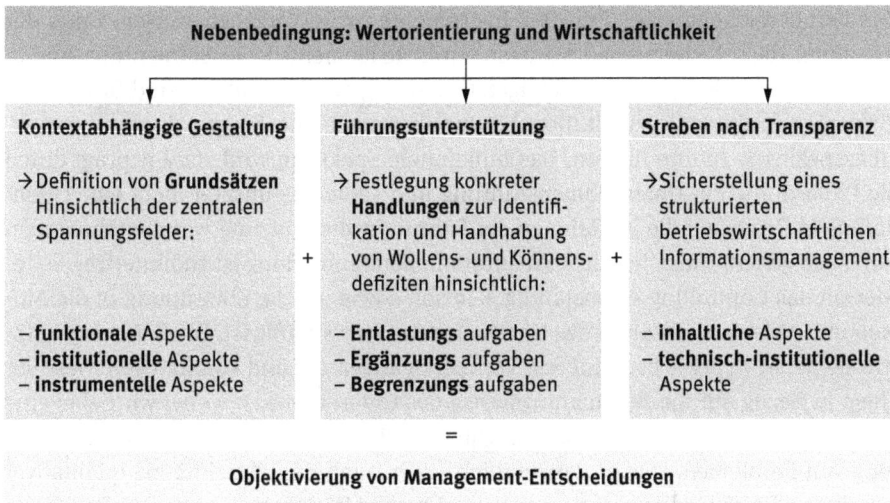

Abb. 11: KMU-spezifischer Bezugsrahmen des Controllings unter Annahme der Objektivierung[53].

- der Einsatz der Software Excel zur Datenkalkulation;
- der Verzicht auf klassische Controllinginstrumente (beispielsweise Balanced Scorecard, Risikomanagement, Customer Relationship Management).

Aus den bisherigen Überlegungen wird aus unserer Sicht deutlich, dass die Kernaufgabe des Controllings in KMU in der kontextabhängigen Führungsunterstützung durch das Streben nach Transparenz liegt. Darüber hinaus sind bei KMU als erwerbswirtschaftlichen Unternehmen die Nebenbedingungen „Wertorientierung" und „Wirtschaftlichkeit" zu beachten, um in letzter Konsequenz die Zielsetzung des Controllings – Objektivierung von Managemententscheidungen – zu erreichen (Abb. 11).

3.2 Anmerkungen zur praktischen Umsetzung des Konzepts

Nachdem wir in den vorhergehenden Abschnitten die Rahmenbedingungen für das objektivierungsorientierte Controlling bei KMU herausgearbeitet und einen spezifischen Bezugsrahmen abgeleitet haben, skizzieren wir in diesem Abschnitt einige Handlungsoptionen zur Umsetzung bzw. Anwendung des Ansatzes. Wir wollen vorwegschicken, dass die Realisierbarkeit der Vorschläge insbesondere durch die Unternehmensgröße beeinflusst wird.[54] Konkret skizzieren wir im Folgenden für die

---

53 Quelle: eigene Darstellung.
54 Vgl. Kosmider (1991), S. 167–168.

drei Kernbereiche unseres Ansatzes Instrumente sowie Vorgehensweisen, unter der Annahme, dass die Nebenbedingungen implizite Elemente jeder Betrachtung sind.

Im Rahmen der kontextabhängigen Gestaltung des Controllings sind Grundsätze für dessen funktionale, institutionelle und instrumentelle Ausgestaltung unternehmensspezifisch zu formulieren. Das funktionale Spektrum wird stark geprägt durch die Philosophie der Unternehmensführung und sollte aus unserer Sicht eine Orientierung in Bezug auf die im Rahmen der Führungsunterstützung wahrzunehmenden Aufgaben geben. Hinsichtlich der institutionellen Einbindung ist zu hinterfragen, inwieweit das Controlling eigenständig sein soll sowie welche Einordnung in die Aufbau- und Ablauforganisation des Unternehmens zweckmäßig ist. Die Betrachtung instrumenteller Aspekte baut auf den Vorüberlegungen auf und konkretisiert diese vor allem in Bezug auf die Betrachtungsweise des Unternehmens, wobei wir dabei eine Bandbreite an Ausrichtung zwischen „quantitativ-monetär“, d. h. partielle Betrachtung von Problemen, sowie „ganzheitlich“, d. h. auch Berücksichtigung qualitativer Aspekte und Aufzeigen von systematischen Ursache-Wirkungs-Zusammenhängen, sehen. Eine solche Positionierung sollte unter Berücksichtigung unternehmensspezifischer Gegebenheiten und aufgrund von Kosten-Nutzen-Überlegungen entschieden werden. Beispielhaft formulieren wir folgende Grundsätze:

1. *Funktional*: Der Controller stellt sicher, dass das betriebswirtschaftliche Informationsmanagement adäquat zur Situation des Unternehmens ist und steht Entscheidungsträgern als kritischer Diskussionspartner zur Verfügung.
2. *Institutionell*: Wir haben einen hauptamtlichen Controller, der als Stabsstelle der Geschäftsführung unterstellt ist. Zur Bewältigung seines Aufgabenspektrums unterstützen ihn Mitarbeiter der Fachabteilungen in Zweitfunktion. Die Vereinbarung hinsichtlich dieser Zusammenarbeit erfolgt jährlich neu.
3. *Instrumentell*: Ausgehend von dem Grundkonzept „wertorientiertes Geschäftsmodell“[55] ist es unser Ziel, unser Geschäft in Bezug auf seinen Wertbeitrag in Unternehmensreports abzubilden.

Zur Konkretisierung der Idee der Führungsunterstützung durch das Controlling sind konkrete Handlungen festzulegen, mittels derer die Identifikation und Handhabung von Wollens- und Könnensdefiziten erfolgen kann. Dies kann durch die Wahrnehmung von Entlastungs-, Ergänzungs- und Begrenzungsaufgaben durch den Controller geschehen.[56]

Entlastungsaufgaben bilden den umfangreichsten Teil der Controllingaufgaben. Zur Konkretisierung bieten sich aus unserer Sicht insbesondere zwei Möglichkeiten an. Zum einen bietet es sich im Rahmen von Stellenbeschreibungen an, festzulegen,

55 Ziel dieses Ansatzes ist es, „alle Gebiete, in denen die Unternehmensführung im Rahmen der Leistungserstellung aktiv werden muss, identifizieren, planen, steuern und überwachen zu können.“ Mäder (2006a), S. 138.
56 Vgl. Weber/Schäffer (2014), S. 43–45.

welche Tätigkeiten von Controllern wahrzunehmen sind. Eine Differenzierung könnte beispielsweise wie folgt aussehen:[57]

1. *Planung*:
   a. Mitwirkung bei der Definition von Unternehmenszielen;
   b. Überwachung und Steuerung von operativer und strategischer Unternehmensplanung;
   c. …
2. *Steuerung*:
   a. Konzeption, Aufbau, Pflege und Weiterentwicklung eines ganzheitlichen Informationssystems;
   b. regelmäßige Bereitstellung kommentierter Reports zu festgelegten Themen;
   c. …
3. *Organisation/Datenverarbeitung*:
   a. Projektverantwortung gemäß Absprache;
   b. Sourcing externer Fachleute;
   c. …
4. *Sonstiges*:
   a. Mitarbeit in Fachausschüssen von Kammern und Verbänden.

Ergänzungsaufgaben werden dem Controller durch Dritte zugewiesen. Die Wahrnehmung von Begrenzungsaufgaben bedeutet, dass Controller erkennen, wann Wollensdefizite von Managern auftreten oder entstehen können. Darauf regiert der Controller mit einer kritisch-wirtschaftlichen Analyse bzw. Beurteilung von Sachverhalten und dem Anspruch, Entscheidungsprozesse permanent kritisch zu hinterfragen und somit Schwachstellen aufzudecken.

Das Streben nach Transparenz impliziert die Formulierung einer Informationsordnung durch das Controlling. Diese definiert nicht nur den Umfang und den Inhalt

Tab. 22: Beispielhafte Elemente einer Informationsordnung[58].

Informations-umfang/-inhalt	Informations-zeitpunkt	Informations-format	Informations-verantwortung/-herkunft	Informations-verarbeitung
– Qualitativ – Quantitativ	– Permanent – Regelmäßig – Bei Bedarf	– Mündlich – Schriftlich	– Hol-/Bringschuld – Direkt/indirekt	– Vorstand gesamt – Abteilungsleiter – Weitere Führungs-kräfte

---

57 Vgl. Horvath & Partner (1991), S. 12.
58 Quelle: eigene Darstellung. Für eine weiterführende Auseinandersetzung mit der Thematik „Informationsordnung" vgl. Mäder (2006a), S. 115–119.

der vom Controlling bereitgestellten Informationen, sondern legt auch den Zeitpunkt, das Format und die Adressaten der bereitgestellten Informationen fest (Tab. 22). Ein solches „Handbuch für die Informationsversorgung" ermöglicht insbesondere eine Zuordnung von Verantwortung für die Informationsbereitstellung an das Management und stellt die Basis für regelmäßige Prüfungen der Zweckmäßigkeit des Informationssystems eines Unternehmens dar. Aus unserer Sicht sollte eine solche Prüfung jährlich stattfinden.

Hinsichtlich der IT-technischen Umsetzung der Informationsbereitstellung sehen wir für KMU folgende Handlungsoptionen:

1. *Beibehaltung des Status quo*: Beibehaltung des reaktiven Verhaltens: Anpassung des Informationssystems an rechtliche Rahmenbedingungen und nur bei dringendem Handlungsbedarf;
2. *Weiterentwicklung Excel-Einsatz*: Optimierung der Anwendung: Nutzung der Vorteile und Handhabung bzw. Beseitigung der Nachteile;
3. *Einsatz „klassischer" betriebswirtschaftlicher Software*: Anpassung/Optimierung auf KMU-Bedürfnisse: ganzheitliche betriebswirtschaftliche Softwarelösungen mit gutem Kosten-Nutzen-Verhältnis auch für (kleine) KMU;
4. *Application Service Providing (ASP) Cloud-Dienste*: Flexibilisierung der Softwarenutzung: Nutzung betriebswirtschaftlicher Software entsprechend der unternehmensspezifischen Bedürfnisse von Dienstleistern;
5. *Advanced Application Service Providing (aASP)*: gezieltes Outsourcing: Erweiterung der Auslagerung um Aufgaben der Informationsverarbeitung.

Die Relevanz der skizzierten Möglichkeiten ist unternehmensspezifisch zu prüfen. Grundsätzlich als nicht zielführend erachten wir die Option 1. Mittels dieses Ansatzes wird es nicht mehr möglich sein, aktuelle und zukünftige Anforderungen in Bezug auf die Bereitstellung eines optimalen Informationsumfangs zu erfüllen.

3.3 Zwischenfazit

Ziel dieses Abschnitts war es, Controllingaufgaben in Bezug auf die spezifischen Herausforderungen von KMU zu konkretisieren. Aus der Gegenüberstellung der sechs charakteristischen Merkmale von KMU und den Elementen unseres allgemeinen Bezugsrahmens für ein objektivierungsorientiertes Controlling konnten wir die drei Kernbereiche „kontextabhängige Gestaltung des Controllingsysems", „Führungsunterstützung" sowie „Streben nach Transparenz" mit wichtigen Einzelaspekten identifizieren. Diese tragen in Verbindung mit den impliziten Nebenbedingungen bei erwerbswirtschaftlichen Unternehmen dazu bei, dass die Objektivierung von Managemententscheidungen gesichert werden kann. Insgesamt ergibt sich ein KMU-spezifischer Bezugsrahmen des Controllings unter Annahme der Objektivierung.

Im Weiteren haben wir beispielhaft skizziert, wie dieser KMU-spezifische Bezugsrahmen ausgestaltet werden kann. Aufgrund des Sachverhalts, dass die Unternehmensgröße der zentrale Einflussfaktor auf das Controlling ist, sind keine allgemeingültigen Musterlösungen möglich. Vielmehr gilt es, aufbauend auf formulierten Grundsätzen unternehmensspezifische Lösungen zu entwickeln. Es konnte gezeigt werden, dass neben Ergänzungs- und Begrenzungsaufgaben, die nicht den Schwerpunkt der Controllingaufgaben darstellen, mittels einer Informationsordnung sowohl die Entlastungsaufgaben als Teil der Führungsunterstützung als auch die inhaltlichen Aspekte im Rahmen des Strebens nach Transparenz abgedeckt werden können. Abschließend wurde dargestellt, welche grundsätzlichen Möglichkeiten der Softwareunterstützung gegeben sind. Die Realisierung dieser hängt wiederum von den Rahmenbedingungen des Unternehmens, insbesondere der Ressourcenausstattung ab.

4 Zusammenfassung und Ausblick

Der Beitrag stellt die KMU-spezifischen Ausgestaltungsmöglichkeiten des Controllings, basierend auf verhaltenswissenschaftlichen Erkenntnissen dar. Aufbauend auf der Diskussion grundlegender Definitions- und Abgrenzungsmöglichkeiten leiten wir zum einen sechs charakteristische Merkmale von KMU – Selbstbestimmung des Unternehmers, steigender Leidensdruck, Defizite im allgemeinen Managementprozess (operativ und strategisch), geringer Organisationsgrad, Ressourcenknappheit und geringes Maß an Arbeitsteilung – sowie grundlegende Elemente des objektivierungsorientierten Controllingansatzes ab. Diese umfassen die Unterstützung der Führung durch das Controlling, das Streben nach Transparenz, die Kontextabhängigkeit der Ausgestaltung des Controllings, seine wertorientierte Grundausrichtung und die Wirtschaftlichkeit des Handelns. In der Verknüpfung beider Bereiche konnten wir die drei zentralen Kernelemente eines KMU-spezifischen Ansatzes „kontextabhängige Gestaltung des Controllings", „Führungsunterstützung" sowie „Streben nach Transparenz" herausarbeiten, welche unter Beachtung der Nebenbedingungen „Wertorientierung" und „Wirtschaftlichkeit" dazu beitragen, die Objektivierung von Managemententscheidungen zu sichern.

Für die Zukunft bleibt zu hoffen, dass sich Vertreter der Controllerforschung dem spezifischen Thema KMU verstärkt annehmen. KMU prägen den Wirtschaftsstandort Deutschland in erheblichem Maße, und ein modernes KMU-spezifisches Controlling kann einen Beitrag dazu leisten, die Konkurrenzfähigkeit kleiner und mittelständischer Unternehmen im globalen Wettbewerb zu verbessern.

5 Literatur

Baum, H.-G./Coenenberg, A. G./Günther, T. (2013): Strategisches Controlling. 5. Aufl., Stuttgart.

Behringer, S. (1999): Unternehmensberatung der Mittel- und Kleinbetriebe: Betriebswirtschaftliche Verfahrensweisen. Berlin.

Berens, W./Wüller, F. (2007): Strategisches Controlling in KMU – Bedeutung, Umsetzungsstand und edv-technische Unterstützung. In: Controlling, 19. Jg., H. 7, S. 393–403.

Bramsemann, U./Heineke, C./Kunz, J. (2004): Verhaltensorientiertes Controlling – Konturierung und Entwicklungsstand einer Forschungsperspektive. In: DBW, 64. Jg., H. 5, S. 550–570.

Dowling, M./Drumm, H. (2002): Grundprobleme, Ziele und Aufbau des Buchs. In: Dowling, M./ Drumm, H. (Hg.): Gründungsmanagement – Vom erfolgreichen Unternehmensstart zu dauerhaftem Wachstum. Berlin et al., S. 1–7.

Europäische Union (Hg.) (2013): Amtsblatt der Europäischen Union L182 vom 29.06.2013. Brüssel.

Friedl, B. (2003): Controlling. Stuttgart.

Geiseler, C. (1999): Das Finanzierungsverhalten kleiner und mittlerer Unternehmen. Eine empirische Untersuchung. Wiesbaden.

Gerling, P. (2007): Controlling und Kognition – Implikation begrenzter kognitiver Kapazitäten für das Controlling. Lohmar.

Gleich, R./Hofmann, S./Schulze, M. (2013): Controlling. In: Pfohl, H.-C. (Hg.): Betriebswirtschaftslehre der Mittel- und Kleinbetriebe. 5. Aufl., Berlin, S. 347–374.

Hahn, D./Hungenberg, H. (2001): PuK – Wertorientierte Controllingkonzepte. 6. Aufl., Wiesbaden.

Henseler, J./Jonen, A./Lingnau, V. (2006): Die Rolle des Controllings bei der Ein- und Weiterführung der Balanced Scorecard – Eine empirische Untersuchung. 2. Aufl., Kaiserslautern.

Homburg, C. (2001): Der Selbstfindungsprozess des Controllings: einige Randbemerkungen aus der Marketingperspektive. In: Die Unternehmung, 55. Jg., H. 6, S. 425–430.

Horvath & Partner (Hg.) (1991): Das Controllingkonzept. München.

Horváth, P./Gleich, R./Seiter, M. (2015): Controlling. 13. Aufl., München.

Institut für Mittelstandsforschung Bonn (Hg.) (2015): AVL: URL: www.ifm-bonn.org, Abruf: 30.06.2017.

Irrek, W. (2002): Controlling als Rationalitätssicherung der Unternehmensführung? Denkanstöße zur jüngsten Entwicklung der Controllingdiskussion. In: KRP, 46. Jg., H. 1, S. 46–51.

Kahneman, D./Knetsch, J./Thaler, R. (1991): Anomalies: The Endowment Effect, Loss Aversion, and Status Quo Bias. In: Journal of Economic Perspectives, 5. Jg., H. 1, S. 193–206.

Keuper, F./Brösel, G./Albrecht, T. (2009): Controlling in KMU – Identifikation spezifischer Handlungsbedarfe auf Basis aktueller Studien. In: Müller, D. (Hg.): Controlling für kleine und mittlere Unternehmen. München, S. 55–72.

Kosmider, A. (1991): Controlling im Mittelstand: eine Untersuchung der Gestaltung und Anwendung des Controllings im mittelständischen Unternehmen. Stuttgart.

Küpper, H./Friedl, G./Hofmann, C./Hofmann, Y./Pedell, B. (2013): Controlling – Konzeption, Aufgaben, Instrumente. 4. Aufl., Stuttgart.

Küpper, H./Weber, J./Zünd, A. (1990): Zum Verständnis und Selbstverständnis des Controllings. In: ZfB, 60. Jg., H. 3, S. 281–293.

Lange, C./Schaefer, S. (2003): Perspektiven der Controllingforschung – Weiterentwicklung des informationsorientierten Controllingansatzes. In: Controlling, 15. Jg., H. 7, S. 399–404.

Lingnau, V. (2004): Controlling – Ein kognitionsorientierter Ansatz. Kaiserslautern.

Mäder, O. (2006a): Ein Cockpit für den Aufsichtsrat – Entwurf eines systemisch-prozessorientierten Modells zur aufgabenspezifischen Informationsversorgung des Aufsichtsrats. Wiesbaden.

Mäder, O. (2006b): Objektivierung von Informationsumfängen – Gebot und Vorgehen. In: Meeh, G. (Hg.), 2006: Unternehmensbewertung, Rechnungslegung und Prüfung. Hamburg, S. 251–275.

Mäder, O. (2015): Controlling – A critical success factor in a globalized world. Berlin.

Mäder, O./Ziegler, M. (2010): Erfolgsfaktoren im Auswahlprozess betriebswirtschaftlicher Software für KMU. In: ZfB, 62. Jg., H. 5, S. 558–574.

Möller, K./Stoi, R. (2002): Quo vadis Controlling? Status Quo und Perspektiven der Controlling-Forschung. In: Controlling, 14. Jg., S. 561–569.

Mugler, J. (2007): Mittelständische Unternehmen. In: Köhler, R./Küpper, H.-U./Pfingsten, A. (Hg.): HWB. Stuttgart, S. 1232–1240.

Ossadnik, W./Barklage, D./van Lengerich, E. (2004): Controlling im Mittelstand – Ergebnisse einer empirischen Untersuchung. In: Controlling, 16. Jg., H. 11, S. 621–630.

Pfohl, H.-C. (2006): Abgrenzung der Klein- und Mittelbetriebe von Großbetrieben. In: Pfohl, H.-C. (Hg.): Betriebswirtschaftslehre der Mittel- und Kleinbetriebe. 4. Aufl., Berlin, S. 1–24.

Pichler, J./Pleitner, H./Schmidt, K. (1997): Management in KMU. Die Führung von Klein- und Mittelunternehmen. Stuttgart.

Pietsch, G./Scherm, E. (2000): Die Präzisierung des Controllings als Führungs- und Führungsunterstützungsfunktion. In: Die Unternehmung. 54. Jg., S. 395–412.

Rautenstrauch, T./Müller, C. (2006): Strategisches Controlling in mittelständischen Unternehmen: Wunsch oder Wirklichkeit? In: CM 31. Jg., H. 3, S. 226–229.

Reichmann, T. (2011): Controlling mit Kennzahlen. Die systemgestützte Controlling-Konzeption mit Analyse- und Reportinginstrumenten. 8. Aufl., München.

Ruchhöft, S./Krey, A. (2006): Controllingkonzept für Kleinunternehmen – modular geht's besser. In: CM, 31. Jg., H. 3, S. 230–238.

Schaefer, S./Lange, C. (2004): Informationsorientierte Controllingkonzeptionen – Ein Überblick und Ansatzpunkte der Weiterentwicklung. In: Scherm, E./Pietsch, G. (Hg.): Controlling. Theorien und Konzeptionen. München, S. 103–123.

Steiner, M./Schiffel, S. (2006): Mittelstandsfinanzierung in Deutschland: Struktur und Rahmenbedingungen. In: Bösl, K./Sommer, M. (Hg.): Mezzanine Finanzierung. München, S. 1–12.

Wambach, M./Wunderlich, D. (2002): Die Bedeutung des Controllings für das Rating mittelständischer Unternehmen. In: KRP, 46. Jg., Sonderheft 1, S. 37–43.

Weber, J. (2007): Aktuelle Controllingpraxis in Deutschland. Weinheim.

Weber, J./Hirsch, B./Spatz, A. (2007): Perspektiven des Controllings. Weinheim.

Weber, J./Schäffer, U. (1999): Sicherstellung der Rationalität der Führung als Aufgabe des Controllings? In: DBW, 59. Jg., H. 6, S. 731–747.

Weber, J./Schäffer, U. (2014): Einführung in das Controlling. 14. Aufl., Stuttgart.

Windau, P. G./Emde, M. (1999): Zeitgemäße Kostenrechnung in mittelständischen Unternehmen unter Berücksichtigung von Flexibilitätskosten. In: KRP, 43. Jg., Sonderheft 2, S. 37–45.

Robert Rieg

Biltroller, Controller, Business Partner: Mythen und Wahrheiten des Rollenwandels für KMU

1 Diskussion um Rollen und Rollenwandel

Während historisch betrachtet Controller vor allem mit Budgetierungs- und Kontroll-aufgaben beschäftigt waren,[1] kamen schon recht früh Forderungen nach einer stärkeren Unterstützung des Managements auf.[2] Insofern ist die Diskussion um Aufgaben und Rollen von Controllern nicht neu, sie hat jedoch an Fahrt gewonnen. Dies insbesondere mit dem Aufkommen von Personal Computern und der dadurch möglichen Automatisierung vieler bisher manueller Routineaufgaben. Durch sie erhielten Controller zeitliche Freiräume für neue Aufgaben.[3] Daneben entstanden durch neue Auswertungsinstrumente und größere Datenverfügbarkeit auch neue Möglichkeiten und Anforderungen an die Unternehmenssteuerung.

Neben der wissenschaftlichen Diskussion haben auch Berufsverbände und Praktiker in die Diskussion eingegriffen.[4] Insbesondere diese vertreten offen eine präskriptive Sicht, wie Controller agieren sollten. In den Hintergrund rückt dabei, ob und in welchem Ausmaß solche Rollenänderungen tatsächlich stattfinden. Ebenso zu kurz geraten abwägende und kritische Analysen. So manche These wie beispielsweise die, dass „Biltrolling", also die Konvergenz von Controlling- und Rechnungswesenaufgaben, durch IFRS gefördert werde,[5] zeigt sich als zu pauschal oder verzerrend.

---

1 Vgl. Weber (2011).
2 Vgl. beispielsweise Anderson (1944).
3 Vgl. Scapens/Jazayeri (2003).
4 Vgl. beispielsweise ICV – IGC (2013).
5 Vgl. Weber/Schäffer (2014), S. 126.

DOI 10.1515/9783110517163-005

In den eher praxisorientierten Veröffentlichungen scheint eine Tendenz auf, Vorschläge, Meinungen und Erwartungen mit der Realität zu verwechseln. Es könnte in manchen Fällen auch ein bewusstes Setzen von Trends sein, die dann im Zuge von sich selbst erfüllenden Prophezeiungen Realität werden sollen.

Die Diskussion und Forschung zum Rollenwandel bezieht sich oft auf größere Unternehmen und weniger auf KMU. Mehr oder weniger stillschweigend mag hier eine Sicht zutage treten, dass die Erkenntnisse in größeren Unternehmen auch für kleinere gälten.[6] Diese Annahme ist jedoch nicht haltbar, wie die Forschung zeigt.[7]

Ziel dieses Beitrags ist es, mehreren Ansichten im Umfeld des Rollenwandels kritisch auf den Grund zu gehen, um zu erkennen, was davon wissenschaftlich fundiert ist, was vermutet werden kann und was bisher noch unklar ist. Diese Ansichten werden hier bewusst provokativ Mythen genannt, um sie an der Wirklichkeit deutlicher zu kontrastieren. Der Hintergrund dieser Kritik ist die spezifische Situation kleinerer und mittlerer Unternehmen.

Die hier betrachteten Mythen sind im Einzelnen:
- Controller als Notwendigkeit: Jedes Unternehmen sollte Controller beschäftigen, um Erfolge zu sichern und zu steigern.
- Zusammenwachsen von Controlling und Bilanzierung durch IFRS (Biltrolling): Künftig und vor allem in IFRS-bilanzierenden Unternehmen wird es immer mehr Controller geben, die sich auch mit externem Rechnungswesen beschäftigen.
- Business Partner als ideale Controllerrolle: Controller sollen primär das Management eng unterstützen und damit auch Mitverantwortung für den Unternehmenserfolg übernehmen.
- Objektivität und Rationalität als Wesenskern von Controllern: Controller sind per se objektiv und rational – oder zumindest objektiver und rationaler als andere Mitarbeiter – und können dadurch helfen, dass Führungsentscheidungen besser getroffen werden. Die Zielsetzung ist dabei, nicht einzelne Wissenschaftler zu kritisieren, sondern thematische Kritik zu üben, die, sofern überzeugend, zu weiteren Forschungen anregen soll.

2 Mythos 1: Controller als Notwendigkeit

Lehrbücher prägen naturgemäß das Verständnis und die Sicht von akademisch ausgebildeten Controllern. Sie propagieren verständlicherweise ein Bild des Controllings und Controllers als Notwendigkeit für eine erfolgreiche Unternehmensführung. Nicht

---

6 Vgl. Weber (2015).
7 Vgl. beispielsweise Becker/Ulrich (2009a), S. 6; Becker/Ulrich/Baltzer (2011).

ganz uneigennützig werden Studien zitiert, die eine Erfolgswirkung auf Manager und damit Unternehmen aufzeigen.[8]

Auch die große Zahl an Veröffentlichungen[9] sowie Professuren und Lehrstühlen soll diese Bedeutung untermauern helfen.[10] Nicht zuletzt permanent hohe Zahlen an Stellenanzeigen für Controller unterstützen diese Sicht.[11]

Diese Sichtweise wird durch zwei Aspekte relativiert: (a) die Kontextabhängigkeit des Controllings sowie (b) Besonderheiten kleinerer und mittlerer Unternehmen.

Zu (a): Schon zu Beginn der wissenschaftlichen Auseinandersetzung mit Controlling wurde die Abhängigkeit der Ausgestaltung des Controllings von Kontextfaktoren deutlich.[12] Typische Kontextfaktoren sind die Unternehmensgröße, länderspezifische Ausprägungen als auch Erwartungen und Entscheidungen des Managements eines Unternehmens.

Die Unternehmensgröße spielt sicher eine Hauptrolle und ist zugleich der am besten untersuchte Kontextfaktor. Mit zunehmender Größe geht eine Zunahme und Ausdifferenzierung von Aufgaben einher, die entsprechend mehr Personalbedarf nach sich zieht.[13] Generell nimmt die Zahl an Controllern mit der Unternehmensgröße zu, wenn auch ihr prozentualer Anteil schrittweise geringer wird, was auf Skaleneffekte hindeutet.[14]

Neben der Unternehmensgröße sind zwei weitere wesentliche Einflussfaktoren die Eigentümerstruktur sowie das Engagement der Eigentümer im Management. Eigentümergeführte Unternehmen und solche mit wenigen Eigentümern (oft familiengeführte Unternehmen) führen meist anders als solche Unternehmen mit externen Managern. Erstere vertrauen auf eher „weiche" Faktoren, auf weniger formale Steuerungsinstrumente[15] und benötigen entsprechend weniger Controller, die dann auch eher Routineaufgaben erfüllen.[16] Abbildung 12 zeigt die Zahl an Controllern in Abhängigkeit der Unternehmensgröße, die den postulierten Zusammenhang bestätigt.

Des Weiteren ist die Einrichtung von Controllerstellen eine freie Entscheidung des Managements. Sie könnten diese Aufgaben auch selbst übernehmen oder anderen Personen und Stellen übertragen.[17] Manche gehen so weit zu sagen: „Das fähige Management braucht keine Controller als Managementservice."[18] Diese Entscheidungs-

---

8 Vgl. Weber/Schäffer (2014), S. 515–530.
9 Vgl. Binder/Schäffer (2005).
10 Vgl. Schäffer/Binder (2008), S. 39.
11 Vgl. Becker/Baltzer/Ulrich (2014), S. 19.
12 Vgl. Horváth/Gleich/Seiter (2015), S. 378–385.
13 Vgl. Becker/Ulrich/Zimmermann (2012); Kieser/Walgenbach (2010), S. 293–295.
14 Vgl. Rieg/Reißig-Thust/Gruber (2015).
15 Vgl. Schachner/Speckbacher/Wentges (2006); Ulrich (2014).
16 Vgl. Rieg/Reißig-Thust/Gruber (2015), S. 198; Rieg (2015).
17 Vgl. Weber/Schäffer (2014), S. 428–430.
18 Brandes (2002), S. 156.

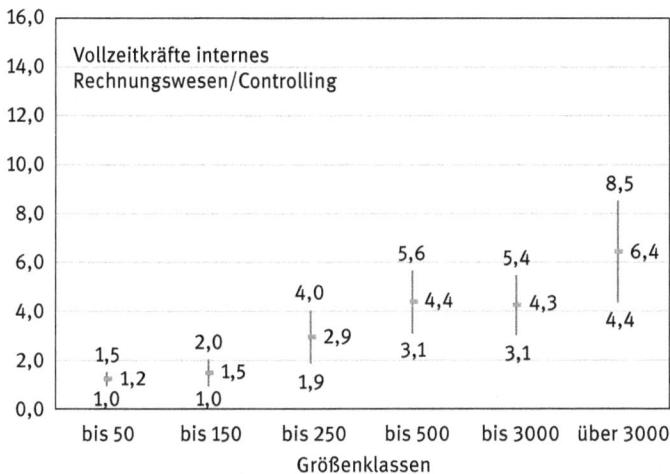

Abb. 12: Zahl der Controller und Unternehmensgröße. Abgebildet ist jeweils der Mittelwert je Größenklasse und das 95 %-Konfidenzintervall[19].

freiheit wird auch augenfällig im Vergleich mit anderen Ländern, die keine so deutliche Auftrennung in Controlling und externes Rechnungswesen kennen wie etwa die USA und Großbritannien.[20] Hier spielen dann auch Länderunterschiede in „Geschäftstraditionen" eine Rolle, die dazu führen, dass beispielsweise in Frankreich Controller auf unteren Hierarchieebenen arbeiten und primär Budgetplanung und Budgetkontrolle durchführen.[21]

Zu (b): In kleinsten bis kleinen Unternehmen, beispielsweise bis zu 50 Mitarbeiter, sind Ressourcengrenzen schnell spürbar. Es fehlt an geschultem Personal aber auch an der Zeit und den Möglichkeiten, sich intensiv mit betriebswirtschaftlichen Systemen zu beschäftigen.[22] Andererseits mögen Steuerungsaufgaben je nach Unternehmen auch noch nicht so komplex sein, als dass Manager sie nicht auch selbst oder mit ein wenig Zuarbeit lösen könnten.

Insofern können und manchmal müssen dann Controllingaufgaben durch das Management selbst durchgeführt werden, oder es werden externe Personen zur Unterstützung beauftragt.[23] Erste empirische Erhebungen liegen dazu vor,[24] es wäre aber zu wünschen, über die Art und Ausgestaltung dieser Zusammenarbeit mehr zu erfahren.

---

19 Quelle: Rieg/Reißig-Thust/Gruber (2015), S. 195.
20 Vgl. Sorensen (2008).
21 Vgl. Stoffel (1995).
22 Vgl. allgemein Pfohl (2006).
23 Vgl. Beyer/Geis (2009).
24 Vgl. beispielsweise Rautenstrauch/Müller (2007), S. 203, 205–206 und Rieg/Wimmer (2009).

3 Mythos 2: Zusammenwachsen von Controlling und Bilanzierung durch IFRS (Biltrolling)

Beginnend mit der Angleichung der internen an die externe Ergebnisrechnung der Siemens AG[25] entspann sich eine Diskussion und Forderung nach der Harmonisierung des Rechnungswesens.[26] Die Möglichkeit dazu ergab sich nach Ansicht verschiedener Autoren durch die Angleichung der Rechnungszwecke von Investoren und Management im Zuge der wertorientierten Steuerung sowie der auf die Investoren ausgerichteten Übernahme der IFRS für Konzerne.

Als eine weitere Auswirkung gingen dann verschiedene Wissenschaftler und Praktiker davon aus, dass Controller die Bilanzierung unterstützende Aufgaben übernehmen.[27] Manche gehen auch so weit, von einer Verschmelzung der Aufgaben hin zum „Biltrolling" zu reden.[28] Konsequenterweise wird dann der Ruf nach „Biltrollern" laut.[29]

Diese Argumentationslinie geht davon aus, dass Controlling und internes Rechnungswesen zwar auf Daten der Bilanzierung aufbauen, jedoch sich von dieser klar trennen und abgrenzen müssen, um als eigene Disziplin zu existieren.[30] Erst durch die Anwendung der IFRS in Konzernen würde wieder eine Annäherung möglich.

Betrachtet man jedoch die Situation kleinerer Unternehmen, so ist deren Rechnungswesen von Beginn an „harmonisiert", d. h., sie werden zu Beginn sich vor allem auf die Kennzahlen des externen Rechnungswesens verlassen.[31] Schrittweise wird vermutlich eine Aufteilung und Spezialisierung stattfinden, wobei es für Mitarbeiter kleinerer und mittlerer Unternehmen noch möglich sein dürfte, beide Themengebiete abzudecken, also als Biltroller zu arbeiten. Eine schematische Darstellung dieser Entwicklung zeigt Abb. 13. Biltroller wären demnach eher in mittelgroßen Unternehmen anzutreffen, eine Einschätzung, die sich auch mit empirischen Ergebnissen deckt.[32] In größeren Unternehmen werden Aufgabenfülle als auch Spezialisierungsnotwendigkeiten und -vorteile kaum Biltroller-Rollen zulassen.[33]

Hinzu kommt die Fragwürdigkeit einer allgemein hohen Bedeutung von IFRS zur Bilanzierung und als Basis für die Unternehmenssteuerung. Dies muss selbst für Konzerne und erst recht für KMU relativiert werden. Selbstverständlich sind al-

25 Zur Historie vgl. Ziegler (1994).
26 Vgl. zum Überblick Günther/Zurwehme (2008); Trapp (2012).
27 Vgl. Fülbier/Hirsch/Meyer (2006); Weißenberger (2006).
28 Vgl. Weber/Schäffer (2014), S. 126.
29 Vgl. Funk/Rossmanith (2008), S. 50.
30 Vgl. beispielhaft Horváth&Partners (2009).
31 Vgl. Rieg/Gruber/Reißig-Thust (2016).
32 Vgl. Rieg/Gruber/Reißig-Thust (2012).
33 Vgl. Kunz (2014), S. 339.

Rechnungswesen/
Controlling-
Organisation

Weitere Differenzierung
in Konzernen, Einzel-
gesellschaften

Organisatorische
Auftrennung
Rechnungswesen
und Controlling

Harmonisierung der
Inhalte durch
IFRS/Shareholder Value,
evtl. BilMoG

Eine Organisations-
einheit mit Controllern
und Bilanz-Mitarbeitern

Biltrolling
(Personalunion
Rechnungswesen
und Controlling)

Eigene Buchführung
Externe Bilanzierung (StB);
Controlling durch
Geschäftsleitung

Externe Erledigung
(Steuerberater,
Bilanzbuchhalter)

Zunehmende Größe des Unternehmens und/oder organisatorische Komplexität
(bspw. Zahl an Geschäftsbereichen, Sortimentsbreite, Wertschöpfungstiefe und -struktur,
Eigentümerstruktur, zunehmend anonymisiert über Kapitalmärkte)

Abb. 13: Schematische Entwicklungsstufen[34].

le kapitalmarktorientierten Unternehmen qua Gesetz zur Anwendung der IFRS in
ihrem Konzernabschluss verpflichtet. Diese sind meist die größten Unternehmen,
machen jedoch zahlenmäßig nicht einmal die Mehrheit der Konzerne und Unterneh-
mensverbünde aus. Statistische Daten deuten darauf hin, dass von den etwa 7.000
Unternehmensverbünden, die einen Konzernabschluss zu erstellen haben, nur etwa
1.000 kapitalmarktorientiert sind und damit nach IFRS bilanzieren.[35] Eine freiwillige
Berichterstattung im Konzern- oder Einzelabschluss nicht kapitalmarktorientierter
Unternehmen wäre möglich, scheint bis heute aber immer noch eine Ausnahme zu
sein.[36] Die speziell für KMU vom IASB verabschiedeten „IFRS for SME" verbreiten sich
global nur langsam mit abschwächender Tendenz und sind für deutsche KMU nicht
zulässig.[37]

---

34 Quelle: Rieg/Gruber/Reißig-Thust (2012), S. 102.
35 Basierend auf Sturm/Tümmler/Opfermann (2009); Kleber/Sturm/Tümmler (2010), insbesondere
S. 534; Ballwieser (2006), S. 25; Burger/Fröhlich/Ulbrich (2006), S. 118.
36 Vgl. die empirischen Ergebnisse von Küting/Pfitzer/Weber (2011).
37 Vgl. die aktuelle Erhebung von Kaya/Lutterberg (2016).

Angesichts der weiterhin hohen Dominanz des deutschen Handelsrechts wollte der Gesetzgeber mit dem Bilanzrechtsmodernisierungsgesetz (BilMoG) eine Alternative zu IFRS in Form eines modifizierten HGB schaffen. Explizit sollte die Informationsfunktion des Abschlusses für Investoren und damit indirekt auch für die Unternehmenssteuerung gestärkt werden.[38] Die verschiedenen weiter bestehenden Unterschiede des HGB zu IFRS und entsprechende Wahlrechte erlauben jedoch sowohl eine Annäherung des Einzelabschlusses an die Steuerbilanz (Einheitsbilanz) als auch eine stärker an der Informationsfunktion ausgerichtete handelsrechtliche Bilanzierung, was zu einem eigenständigen „tax accounting" führen würde.[39]

Eine stärkere Ausrichtung an der Informationsfunktion dürfte dann erfolgen, sofern Unternehmen über einen größeren, eher anonymen Eigentümerkreis verfügen, Eigentümer nicht in der Geschäftsführung aktiv sind, Informationsbedürfnisse vorliegen, die nicht anderweitig besser erfüllt werden können sowie Delegationsprobleme vorhanden sind, für deren Begrenzung Kontrollrechnungen adäquat erscheinen.[40] Das sind jedoch oft nicht die Bedingungen, die in KMU herrschen. In diesen richtet sich die Gestaltung des Rechnungswesens oft eher an der Wirtschaftlichkeit aus, was die Tendenz zur Einheitsbilanz erklären kann.[41]

Zusammenfassend zeigt die Diskussion in diesem Abschnitt: IFRS dürfte kein Auslöser oder Beschleuniger eines Zusammenwachsens von Bilanzierung und Controlling in KMU sein. Biltroller sind eher in KMU zu finden und dies aufgrund der besonderen Rahmenbedingungen kleinerer Unternehmen in Bezug auf Aufgabenkomplexität und Wirtschaftlichkeitsanforderungen. Von welchen Überlegungen sich KMU in ihrer Gestaltung des internen und externen Rechnungswesens leiten lassen und wie die konkrete Arbeit von Biltrollern aussieht, sind jedoch bis heute nur wenig beleuchtete Fragen.

4 Mythos 3: Business Partner als ideale Controllerrolle

In der Controllingliteratur wird sowohl von praktischer Seite[42] als auch von wissenschaftlicher[43] schon länger eine stärkere Unterstützung des Managements durch Controller gefordert. Controller sollen ein stärkeres Verständnis für den Kern des Ge-

---

38 Vgl. Heyd/Kreher (2010), S. 1–3.
39 Vgl. Rieg/Heyd (2015).
40 Vgl. hierzu Rieg/Heyd (2015), S. 84–85.
41 Vgl. in Bezug auf Familienunternehmen Reuther/Fink (2010); Keitz/Wenk/Jagosch (2011a); Keitz/Wenk/Jagosch (2011b).
42 Vgl. Siegel (1999).
43 Vgl. beispielsweise Granlund/Lukka (1998).

schäfts eines Unternehmens entwickeln und dem Manager als (Business) Partner zur Seite stehen. Auch Berufsverbände unterstützen dies.[44] Fast schon pathetisch wird dann teilweise formuliert: „bean counters no more"[45]. Der Controller als Business Partner wird auch von Managern gewünscht und gefordert,[46] jedoch auch Controller selbst wollen sich darin sehen.[47] Damit stellt der Business Partner eine ideale, von allen Seiten gewünschte Rolle des Controllers dar.

Hier lohnt sich jedoch ein genauerer Blick: (a) Was soll mit Business Partner gemeint sein, (b) kann eine solche Zusammenarbeit ggf. auch Konflikte auslösen oder scheitern und (c) inwieweit ist der Wunsch nach „Business Partnering" auch Realität geworden, hat also eine Verschiebung vom „Erbsenzählen" zum Business Partner stattgefunden?

Zu (a): Es ist keineswegs eindeutig und identisch, was verschiedene Autoren mit Business Partner meinen. Geht es hier tatsächlich um Partnerschaft auf gleicher Augenhöhe oder ist damit eher eine engere Zusammenarbeit mit und für das Management gemeint? Verschiedene Autoren deuten das in der letztgenannten Weise, was die Frage aufwirft, was das spezifisch „partnerschaftliche" daran sein soll.[48] Man darf durchaus annehmen, dass die Vagheit bei gleichzeitiger positiver Konnotation gewollt ist, um eine Rollenausrichtung auch ein Stück weit zu verkaufen.[49]

Zu (b): Nur vereinzelt werden auch mögliche Konflikte und Probleme mit der Business-Partner-Rolle angesprochen. Grundsätzlich bedeutet diese Rolle eine Verschiebung oder Erweiterung von einer methodischen und prozessbezogenen hin zu einer inhaltlichen Verantwortung von Controllern.[50] Dabei wären u. a. folgende Fragen zu klären:[51]

- Übereinstimmung von Verantwortung und Entlohnung: Eine zumindest teilweise Verantwortung von Controllern für Unternehmensentscheidungen müsste sich auch in entsprechender Entlohnung widerspiegeln. Dafür fehlen bisher empirische Nachweise.
- Übereinstimmung von Verantwortung und Aufgaben: Eine Partnerschaft in der Führung eines Unternehmens müsste auch klären, welche unternehmerischen Aufgaben Controller dann übernehmen, die bisher von Führungskräften übernommen wurden. Hierbei müssten Manager Aufgaben und Verantwortung an Controller abgeben.

---

44 Vgl. ICV – IGC (2013).
45 Quelle: Baier (2014), S. 27.
46 Vgl. Johnston/Brignall/Fitzgerald (2002).
47 Vgl. Weißenberger et al. (2012).
48 Vgl. beispielhaft Horváth/Gleich/Seiter (2015), S. 432. Zu Kritik vgl. Quinn (2014).
49 Vgl. hierzu Ndiweni/Verhoeven (2014).
50 Vgl. beispielsweise Weißenberger et al. (2012).
51 Vgl. nachfolgend auch Burns/Warren/Oliveira (2014).

–   Überschreiten der eigenen Fähigkeiten und Fertigkeiten: Neue Aufgaben erfordern auch entsprechende Kompetenzen, die jedoch in der bisherigen Ausbildung und Praxis von Controllern nicht vorgesehen sind.
–   Zielkongruenz von Managern und Controllern: Es ist nicht per se anzunehmen, dass Controller und Manager dieselben Ziele verfolgen. Tun sie es nicht, sind Konflikte programmiert.
–   Positive Aufnahme durch Manager: Die Abgabe von Aufgaben an Controller, selbe Entlohnung und identische Ziele werden vermutlich nicht von allen Führungskräften begrüßt werden.
–   Verlust eines eigenen Fachgebiets: Die Abkehr vom eigenen Fachgebiet hin zu Unternehmensführung bedeutet natürlich auch eine Abkehr von einer Spezialisierung und den damit einhergehenden Vorteilen.
–   Verlust der Unabhängigkeit: In der Vergangenheit wurde immer wieder die Rolle des Controllers als unabhängiger Sparringspartner des Managements betont.[52] Diese würde bei einer Mitverantwortung für Führungsentscheidungen zumindest eingeschränkt, mit entsprechenden möglichen negativen Folgen.

Zu (c): Verschiedene Studien haben über die letzten Jahre dokumentiert, dass sich Controller zunehmend in der Rolle des Business Partner sehen.[53] Kongruent dazu sind entsprechende Erwartungen von Managern.[54] Allerdings existieren auch Studien, die diese Sicht nicht unterstützen[55] bzw. die eher von einem „hybriden Controller" ausgehen, der sowohl klassische Aufgaben übernimmt als auch stärker das Management unterstützt.[56] Insofern kann man stand heute nicht von einer klaren Empirie sprechen, da viele der eingangs erwähnten Studien nicht die tatsächlichen Aufgaben und Interaktionen mit dem Management abfragen, sondern persönliche Einschätzungen. Solche sind jedoch selten zuverlässig, denn Befragte überschätzen ihre eigene Bedeutung und sehen sich tendenziell in einem (zu) positiven Licht. Des Weiteren ist es auch plausibel anzunehmen, dass sich Aufgaben und damit auch Rollen über die Jahre verändern, sodass Business Partner keine feststehende Rolle sein mag.[57]

In Bezug auf die Rolle von Controllern in KMU sind weitere Besonderheiten zu beachten. So zeigen verschiedene Studien klar den Einfluss der Leitungsstruktur, d. h. Führung durch Eigentümer oder Fremdmanager, und der Unternehmensgröße auf die Institutionalisierung der Controllingorganisation sowie auf Aufgaben und Instrumen-

---

52 Vgl. insbesondere Weber/Schäffer (2014), S. 440–441.
53 Vgl. beispielsweise Malmi/Seppälä/Rantanen (2001); Rambusch/Sill (2007); Weißenberger et al. (2012); Xydias-Lobo/Tilt/Forsaith (2004).
54 Vgl. Rambusch/Sill (2007); Wolf et al. (2015).
55 So etwa Loo/Verstegen/Swagerman (2011).
56 Vgl. Cooper/Dart (2013); Graham/Davey-Evans/Toon (2012).
57 Vgl. dazu Goretzki/Strauss/Weber (2013).

te.[58] Oft sind solche Unternehmen auch im Familienbesitz, was sich in ähnlichen Ausprägungen äußert: seltenere Institutionalisierung von Controlling und weniger Controller.[59]

Die Rolle, die Controller in kleineren und oft von Eigentümern geführten Unternehmen spielen, ist wenig untersucht. Die erwähnten Studien deuten jedoch darauf hin, dass die starke Stellung der Eigentümer und Familien sowie deren oft eher intuitiver und dominanter Entscheidungsstil einer Business-Partner-Rolle von Controllern eher entgegensteht. Auch weisen solche Unternehmen nicht dieselben Kontrollprobleme auf, die ein Controlling als kritisches Element der Managerüberwachung bräuchten.

5 Mythos 4: Objektivität und Rationalität als Wesenskern von Controllern

Ein breiter Konsens herrscht über die wesentlichen Anforderungen an Controller aus fachlicher und persönlicher Sicht. Die persönlichen Anforderungen umfassen vor allem die Fähigkeit zum kritischen Hinterfragen von Annahmen und Entscheidungen und die Fähigkeit, als Sparringspartner des Managements zu fungieren.[60] Weber und Schäffer pointieren dies mit ihrem Konzept der Controlleraufgabe der Sicherung der Zweckrationalität von Managern in Bezug auf methodische Fragen. Nimmt man dann hinzu, dass Controller als Business Partner auch inhaltliche Entscheidungen mittragen sollen,[61] dann müsste der Controller nicht nur instrumentelle Rationalität an den Tag legen, sondern auch ziel- und entscheidungsbezogene. Pointiert gesagt: Er müsste also rationaler vorgehen, entscheiden und handeln als es Manager selbst könnten. Diese Ansicht erscheint besonders für Controller in KMU relevant, sagen doch viele KMU-Manager von sich selbst, dass sie eher intuitiv und aus dem Bauch heraus entscheiden.[62]

Fraglich ist, ob Controller tatsächlich rationaler sind. Sicher wird es bei der Bestellung von Controllern Selbstselektionseffekte geben:[63] Primär diejenigen, die über analytische Fähigkeiten und entsprechende Persönlichkeitsmerkmale verfügen, werden solche Berufe ergreifen. Doch das bedeutet nicht, dass sie per se objektiver handeln könnten oder rationaler wären als Manager oder als der Durchschnitt der Bevölke-

---

58 Vgl. Becker/Ulrich (2009b) sowie Abschnitt 2 dieses Beitrags.
59 Vgl. Hiebl/Feldbauer-Durstmüller/Duller (2013).
60 Vgl. Horváth/Gleich/Seiter (2015), S. 430–438.
61 Vgl. Goretzki/Weber (2012), S. 25.
62 Vgl. beispielsweise Biel (2012), S. 9.
63 Vgl. in Bezug auf die Entscheidung von Studierenden, Rechnungswesen als Fachgebiet zu wählen, Bealing/Baker/Russo (2006).

rung. Hinzu kommt die Beobachtung, dass Menschen in ihrem Handeln auch stark die jeweilige Situation und das Handeln anderer berücksichtigen, beispielsweise in Form von Imitation und Herdeneffekten[64] als auch Normen und sozialen Erwartungen, wie beispielsweise die Rolle des Business Partner.[65] Dem widerspricht auch nicht, dass bestimmte grundlegende Charaktereigenschaften wie Extraversion und emotionale Stabilität sich im Erwachsenenalter wenig zu verändern scheinen.[66] Die Verbindung aus eher konstanten Charaktereigenschaften und konkretem, controllingrelevantem Handeln ist nicht direkt und muss es auch nicht sein. Inwiefern also Controller die postulierte Rationalität in konkreten Situationen umsetzen, wäre auch dort zu untersuchen. Zwar weisen einzelne Untersuchungen auf eine positive Wirkung des Controllings auf den Erfolg hin,[67] diese basieren jedoch auf statistischen Assoziationen von Befragungsergebnissen, nicht auf Beobachtung und Bewertung konkreten Controllerhandelns. Sollte eine mangelnde Rationalität von Controllern auftreten, schlagen manche Autoren vor, dass das Management aktiv eingreift und dies beendet.[68] Damit beauftragt man jedoch diejenigen Personen mit der Sicherung der Rationalität durch Auswahl und Überwachung der Controller, die doch durch dieselben Controller in ihrer eigenen Rationalität gesichert werden sollen. Hinzu kommen Fragen, ob Manager von sich aus Personen einstellen wollen, die sie selbst wiederum kontrollieren sollen, und ob die untergeordneten und weisungsgebundenen Personen (Controller) dies sinnvoll überhaupt können.

6 Diskussion und Abriss künftiger Forschung

In Summe zeigt die obige Diskussion eine ganze Reihe offener Fragen auf, die teils theoretischer und teils empirischer Natur sind. Bezogen auf die angesprochenen Mythen könnten dies beispielhaft die folgenden Forschungsthemen sein:
1. Zu „Controller als Notwendigkeit": Hier zeigte sich keineswegs eine Notwendigkeit, sondern es kommen gerade in KMU Unternehmen vor, die keine oder kaum Controller aufweisen, als auch solche, die externes Controlling in Anspruch nehmen. Forschungslücken bestehen in der Art und Ausgestaltung externen Controllings als auch in der Frage, wie und mit welchen vielleicht vereinfachten Instrumenten solche Unternehmen führen, die auf Controller verzichten wollen oder müssen.
2. Zu „Zusammenwachsen von Controlling und Bilanzierung durch IFRS (Biltrolling)": Im Gegensatz zu einem Großteil der Literatur sprechen empirische Ergeb-

---

64 Vgl. allgemein Bikhchandani/Hirshleifer/Welch (1998).
65 Vgl. Wolf et al. (2015).
66 Vgl. Cobb-Clark/Schurer (2012).
67 Vgl. beispielsweise Sill (2009).
68 So explizit Weber/Schäffer (2014), S. 502.

nisse eher dafür, dass Biltrolling und Biltroller in kleineren Unternehmen vorhanden sind. Die Gründe dafür mögen in der größenbedingten höheren Wirtschaftlichkeitsanforderung liegen, sie sind jedoch nicht vollständig verstanden. Unklar ist auch, welche konkreten Anforderungsprofile für Biltroller gelten sollten und ob und wie sich die Zusammenarbeit mit anderen Funktionsbereichen und dem Management vollzieht.

3. Zu „Business Partner als ideale Controllerrolle": In Abschnitt 4 wurde auf die Vagheit dieses Rollenbilds verwiesen sowie auf viele noch offene Fragen. Studien sollten sich mit den konkreten Reibungspunkten auseinandersetzen, die weiter oben angesprochen wurden.

4. Zu „Objektivität und Rationalität als Wesenskern von Controllern": Die Diskussion deutet darauf hin, dass die Frage, wie sich die postulierte Objektivität und Rationalität in der konkreten Arbeit und Interaktion zeigt, nicht theoretisch und empirisch belegt ist.

Zusammenfassend deuten die verschiedenen Aspekte der Controllerrollen und des Rollenwandels wieder einmal auf Unterschiede zwischen KMU und Großunternehmen hin. KMU sind eben keine kleineren Großunternehmen. Eine Lösung für Letztere muss nicht für Erstere passen, oder wie Becker und Ulrich formulieren: „Der Mittelstand besitzt eine eigene Problemlandkarte."[69]

Angesichts der Vielgestaltigkeit sozialer Phänomene wie dem Controlling verwundert es vielleicht auch nicht, dass so viele Fragen noch ungeklärt sind. Jede Controllingtheorie, jede Controllingkonzeption muss zwangsläufig vereinfachen und kann nicht die Mannigfaltigkeit der Praxis widerspiegeln. Neue Entwicklungen in der Praxis oder neue Modelle und Ideen können praktische und wissenschaftliche Auseinandersetzungen anstoßen, die dann Schritt für Schritt zu neuen Erkenntnissen führen. Manche davon sind dann belastbare Wahrheiten, anderes muss wieder verworfen werden.

7 Literatur

Anderson, D. R. (1944): The Function of Industrial Controllership. In: TAR, 19. Jg., H. 1, S. 55–65.

Baier, N. H. (2014): Bean counters no more! In: SF, 95. Jg., H. 11, S. 27–33.

Ballwieser, W. (2006): IFRS für nicht kapitalmarktorientierte Unternehmen? In: IRZ, 1. Jg., H. 1, S. 23–30.

Bealing, W. E. Jr./Baker, R. L./Russo, C. A. (2006): Personality: What it takes to be an accountant. In: The Accounting Educator's Journal, 16. Jg., S. 119–128.

Becker, W./Baltzer, B./Ulrich, P. (2014): Wertschöpfungsorientiertes Controlling. Konzeption und Umsetzung. Stuttgart.

---

69 Quelle: Becker/Ulrich (2009a), S. 6.

Becker, W./Ulrich, P. (2009a): Mittelstand, KMU und Familienunternehmen in der Betriebswirtschaftslehre. In: WiSt, 38. Jg., H. 1, S. 2–7.

Becker, W./Ulrich, P. (2009b): Spezifika des Controllings im Mittelstand. Ergebnisse einer Interviewaktion. In: ZfCM, 53. Jg., H. 5, S. 308–316.

Becker, W./Ulrich, P./Baltzer, B. (2011): Controlling in mittelständischen Unternehmen. Effekte von Unternehmensgröße und Familieneinfluss. In: DB, 63. Jg., H. 6, S. 309–313.

Becker, W./Ulrich, P./Zimmermann, L. (2012): Betriebsgröße als Gestaltungsparameter des Controllings. In: Controlling, 24. Jg., H. 4/5, S. 208–213.

Beyer, A./Geis, G. (2009): Möglichkeiten und Grenzen des externen Controllings für KMU. In: Controlling, 21. Jg., H. 7, S. 371–376.

Biel, A. (2012): Controlling im Mittelstand. Interview mit Prof. Dr. Dr. habil. Wolfgang Becker und Dr. rer. pol. Patrick Ulrich. In: CM, o. Jg., H. 2, S. 4–9.

Bikhchandani, S./Hirshleifer, D./Welch, I. (1998): Learning from the Behavior of Others: Conformity, Fads, and Informational Cascades. In: JEP, 12. Jg., H. 3, S. 151–170.

Binder, C./Schäffer, U. (2005): Die Entwicklung des Controllings von 1970 bis 2003 im Spiegel von Publikationen in deutschsprachigen Zeitschriften. In: DBW, 65. Jg., H. 6, S. 603.

Brandes, D. (2002): Einfach managen. Klarheit und Verzicht – der Weg zum Wesentlichen. Frankfurt [u. a.].

Burger, A./Fröhlich, J./Ulbrich, P. (2006): Kapitalmarktorientierung in Deutschland. Aktualisierung der Studien aus den Jahren 2003 und 2004 vor dem Hintergrund der Änderungen der Rechnungslegung von Emittenten. In: KoR, 6. Jg., H. 2, S. 113–122.

Burns, J./Warren, L./Oliveira, J. (2014): Business Partnering: Is It All That Good? In: CMR, 58. Jg., H. 2, S. 36–41.

Cobb-Clark, D. A./Schurer, S. (2012): The stability of big-five personality traits. In: Economics Letters, 115. Jg., H. 1, S. 11–15.

Cooper, P./Dart, E. (2013): Business Partnering as a complement to the accountant's other roles: international survey evidence. Working Paper, University of Bath, Bath.

Fülbier, R. U./Hirsch, B./Meyer, M. (2006): Wirtschaftsprüfung und Controlling – Verstärkte Zusammenarbeit zwischen zwei zentralen Institutionen des Rechnungswesens. In: CMR, 50. Jg., H. 4, S. 234–241.

Funk, W./Rossmanith, J. (2008): Internationalisierung der Rechnungslegung und des Controllings. Einflussfaktoren und Auswirkungen. In: Funk, W./Rossmanith, J. (Hg.): Internationale Rechnungslegung und internationales Controlling. Herausforderungen – Handlungsfelder – Erfolgspotenziale. Wiesbaden, S. 3–76.

Goretzki, L./Strauss, E./Weber, J. (2013): An institutional perspective on the changes in management accountants' professional role. In: MAR, 24. Jg., H. 1, S. 41–63.

Goretzki, L./Weber, J. (2012): Die Zukunft des Business Partners – Ergebnisse einer empirischen Studie zur Zukunft des Controllings. In: ZfCM, 56. Jg., H. 1, S. 22–28.

Graham, A./Davey-Evans, S./Toon, I. (2012): The developing role of the financial controller: evidence from the UK. In: JAAR, 13. Jg., H. 1, S. 71–88.

Granlund, M./Lukka, K. (1998): Towards increasing business orientation: Finnish management accountants in a changing cultural context. In: MAR, 9. Jg., H. 2, S. 185–211.

Günther, T./Zurwehme, A. (2008): Harmonisierung des Rechnungswesens – Stellschrauben, Informationswirkung und Nutzenbewertung. In: BFuP, 60. Jg., H. 2, S. 101–121.

Heyd, R./Kreher, M. (2010): BilMoG – Das Bilanzrechtsmodernisierungsgesetz. München.

Hiebl, M./Feldbauer-Durstmüller, B./Duller, C. (2013): Die Organisation des Controllings in österreichischen und bayerischen Familienunternehmen. In: ZfKE, 61. Jg., H. 1/2, S. 83–114.

Horváth, P./Gleich, R./Seiter, M. (2015): Controlling. 13. Aufl., München.

Horváth & Partners (2009): Das Controllingkonzept. Der Weg zu einem wirkungsvollen Controllingsystem. 7. Aufl., München.

ICV – IGC (2013): The essence of Controlling – the perspective of the Internationaler Controller Verein (ICV) and the International Group of Controlling (IGC). In: JoMAC, 23. Jg., H. 4, S. 311–317.

Johnston, R./Brignall, S./Fitzgerald, L. (2002): The involvement of management accountants in operational process change. In: International Journal of Operations & Production Management, 22. Jg., H. 12, S. 1325–1338.

Kaya, D./Lutterberg, T. (2016): Deskriptive Analyse zur Übernahme des IFRS for SMEs aus Ländersicht. In: KoR, H. 2, S. 60–71.

Keitz, I./von Wenk, M. O./Jagosch, C. (2011a): HGB-Bilanzierungspraxis nach BilMoG (Teil 1) – Eine empirische Analyse von ausgewählten Familienunternehmen. In: DB, 64. Jg., H. 44, S. 2445–2450.

Keitz, I./von Wenk, M. O./Jagosch, C. (2011b): HGB-Bilanzierungspraxis nach BilMoG (Teil 2) – Eine empirische Analyse von ausgewählten Familienunternehmen. In: DB, 64. Jg., H. 45, S. 2503–2508.

Kieser, A./Walgenbach, P. (2010): Organisation. 6. Aufl., Stuttgart.

Kleber, B./Sturm, R./Tümmler, T. (2010): Ergebnisse zu Unternehmensgruppen aus dem Unternehmensregister. In: WISTA, H. 6, S. 527–537.

Kunz, J. (2014): Anforderungen an Mitarbeiter in Controlling und Rechnungswesen. Eine berufspsychologische Perspektive. In: Controlling, 26. Jg., H. 6, S. 334–339.

Küting, K./Pfitzer, N./Weber, C.-P. (2011): IFRS oder HGB? Systemvergleich und Beurteilung. Stuttgart.

Loo, I./de Verstegen, B./Swagerman, D. (2011): Understanding the roles of management accountants. In: European Business Review, 23. Jg., H. 3, S. 287–313.

Malmi, T./Seppälä, T./Rantanen, M. (2001): The practice of management accounting in Finland – a change? In: The Finnish Journal of Business Economics (Liiketaloudellinen Aikakauskirja), H. 4, S. 480–501.

Ndiweni, E./Verhoeven, H. (2014): Transforming or re-branding: whither management accounting? In: International Journal of Critical Accounting, 6. Jg., H. 1, S. 79–99.

Pfohl, H.-C. (2006): Abgrenzung der Klein- und Mittelbetriebe von Großbetrieben. In: Pfohl, H.-C. (Hg.): Betriebswirtschaftslehre der Mittel- und Kleinbetriebe. Größenspezifische Probleme und Möglichkeiten zu ihrer Lösung. 4. Aufl., Berlin, S. 1–24.

Quinn, M. (2014): The Elusive Business Partner Controller. In: CMR, 58. Jg., H. 2, S. 22–27.

Rambusch, R./Sill, F. (2007): Role Making versus Role Taking im Controllerbereich. In: Controlling, 19. Jg., H. 7, S. 375–382.

Rautenstrauch, T./Müller, C. (2007): Stand und Entwicklung des Kosten- und Erlöscontrolling in kleinen und mittleren Unternehmen. In: DB, 60. Jg., H. 34, S. 1821–1826.

Reuther, F./Fink, C. (2010): Besonderheiten der Bilanzierung in Familienunternehmen. In: BB, 62. Jg., H. 7, S. 363–367.

Rieg, R. (2015): From bean counter to business partner? An empirical study on tasks, roles and self-perception of German management accountants and controllers. Working paper, Hochschule Aalen, Aalen.

Rieg, R./Gruber, T./Reißig-Thust, S. (2012): Biltroller und Biltrolling. Empirische Ergebnisse zur Zusammenführung von externem Rechnungswesen und Controlling im Mittelstand. In: BC, 36. Jg., H. 3, S. 100–105.

Rieg, R./Gruber, T./Reißig-Thust, S. (2016): Einflussfaktoren auf die Konvergenz der Rechnungslegung in kleinen und mittleren Unternehmen – eine empirische Untersuchung. In: BFuP, zur Veröffentlichung angenommen.

Rieg, R./Heyd, R. (2015): BilMoG und die Konvergenz des Rechnungswesens: zwischen Informationsfunktion und Einheitsbilanz. In: BFuP, 67. Jg., H. 1, S. 68–88.

Rieg, R./Reißig-Thust, S./Gruber, T. (2015): Einflussfaktoren auf die Anzahl der Mitarbeiter im Rechnungswesen, Controlling und Biltrolling. In: Controlling, 27. Jg., H. 3, S. 192–199.

Rieg, R./Wimmer, A. (2009): Preisgestaltung und wirtschaftliche Situation selbstständiger Bilanzbuchhalter und Controller 2008. Eine empirische Untersuchung in Zusammenarbeit mit dem
BVBC. In: BC, 33. Jg., H. 7, S. 308–312.

Scapens, R. W./Jazayeri, M. (2003): ERP systems and management accounting change: opportunities or impacts? A research note. In: EAR, 12. Jg., H. 1, S. 201–233.

Schachner, M./Speckbacher, G./Wentges, P. (2006): Steuerung mittelständischer Unternehmen: Größeneffekte und Einfluss der Eigentums- und Führungsstruktur. In: ZfB, 76. Jg., H. 6,
S. 589–614.

Schäffer, U./Binder, C. (2008): „Controlling" as an academic discipline: the development of management accounting and management control research in German-speaking countries between 1970 and 2003. In: Accounting History, 13. Jg., H. 1, S. 33–74.

Siegel, G. (1999): Counting More, Counting Less: The New Role of Management Accountants. In: SF,
81. Jg., H. 5, S. 20–22.

Sill, F. (2009): Controllerbereichserfolg aus Sicht des Managements. Eine empirische Analyse. Wiesbaden.

Sorensen, J. E. (2008): Management Accountants in the United States: Practitioner and Academic
Views of Recent Developments. In: Chapman, C. S./Hopwood, A. G./Shields, M. D. (Hg.): Hand-
books of Management Accounting Research. S. 1271–1296.

Stoffel, K. (1995): Controllership im internationalen Vergleich. Wiesbaden.

Sturm, R./Tümmler, T./Opfermann, R. (2009): Unternehmensverflechtungen im statistischen Unternehmensregister. In: WISTA, H. 8, S. 764–773.

Trapp, R. (2012): Konvergenz des internen und externen Rechnungswesens. Etablierung oder Auflösung eines Theorie-Praxis-Paradoxons? In: ZfB, 82. Jg., H. 9, S. 969–1008.

Ulrich, P. (2014): „Controllen" Familienunternehmen anders als Nicht-Familienunternehmen? In:
Zeitschrift für Familienunternehmen und Stiftungen, H. 5, S. 171–176.

Weber, J. (2011): The development of controller tasks: explaining the nature of controller-ship and its
changes. In: JoMaC, 22. Jg., H. 1, S. 25–46.

Weber, J. (2015): Können Controller in kleinen Unternehmen von denen in Großunternehmen lernen?
In: CM, H. 6, S. 61.

Weber, J./Schäffer, U. (2014): Einführung in das Controlling. 14. Aufl., Stuttgart.

Weißenberger, B. E. (2006): Controller und IFRS. Konsequenzen einer IFRS-Fi.nanzberichterstattung
für die Aufgabenfelder von Controllern. In: BFuP, 58. Jg., H. 4, S. 342–364.

Weißenberger, B. E./Wolf, S./Neumann-Giesen, A./Elbers, G. (2012): Controller als Business Partner: Ansatzpunkte für eine erfolgreiche Umsetzung des Rollenwandels. In: ZfCM, 56. Jg., H. 5,
S. 330–335.

Wolf, S./Weißenberger, B. E./Wehner, M. C./Kabst, R. (2015): Controllers as business partners in
managerial decision-making: Attitude, subjective norm, and internal improvements. In: JAOC,
11. Jg., H. 1, S. 24–46.

Xydias-Lobo, M./Tilt, C./Forsaith, D. (2004): The Future of Management Accounting: A South Austra-
lian Perspective. In: Journal of applied management accounting research, 2. Jg., H. 1, S. 55–69.

Ziegler, H. (1994): Neuorientierung des internen Rechnungswesens für das Unterneh-
mens-Controlling im Hause Siemens. In: ZfbF, 46. Jg., H. 2, S. 175–188.

Wolfgang Becker und Patrick Ulrich

Controlling in mittelständischen Unternehmen – konzeptionelle Erfordernisse und empirische Befunde

1 Einleitung

Zunehmend sehen sich nicht nur Großunternehmen, sondern auch kleinere und mittlere Unternehmen (KMU) mit erhöhten internen und externen Anforderungen an das Controlling konfrontiert.[1] Diese sind zusätzlich zu den ohnehin bestehenden internen und bereits sehr anspruchsvollen Herausforderungen zu sehen, die aus der spezifischen Wert- und Sozialstruktur dieser Unternehmen resultieren.[2] Letztere äußert sich

---

[1] Vgl. Lavia-López/Hiebl (2015), S. 81–83. Vgl. hierzu und im Folgenden Becker/Ulrich/Baltzer (2015), S. 57–80.
[2] Vgl. Schomaker/Günther (2006), S. 217–219.

DOI 10.1515/9783110517163-006

insbesondere in eher flachen Hierarchien, einer starken Eigentümerorientierung und einer hohen Innovationsfähigkeit,[3] in Einzelfällen auch durch einen stark intuitiven und weniger faktenorientierten Entscheidungsstil.[4]

Immer wieder wurde bisher die überragende Bedeutung der KMU für die deutsche Volkswirtschaft, aber auch die Volkswirtschaften anderer entwickelter Ökonomien zitiert.[5] In den letzten Jahren widmet man diesem Betriebstyp auch stärker als bisher öffentliche und endlich auch wissenschaftliche Aufmerksamkeit. Die einschlägige wissenschaftliche Literatur zu Klein- und Mittelbetrieben fokussiert in der Diskussion jedoch vor allem qualitative und quantitative Abgrenzungskriterien.[6] Die enge Verzahnung von Eigentum und Unternehmen prägt zudem das Geschäftsmodell von KMU nachhaltig.[7] Zudem wird noch immer eine meist geringere Rationalität der Führung – verstanden als ein vermeintlich geringerer Professionalisierungsgrad – in KMU propagiert. Aus dieser Situation heraus ergeben sich in der Folge nicht nur spezifische Problemstellungen, sondern auch besondere Anforderungen und Herausforderungen an das Controlling in und für KMU. Im Gegensatz zur landläufigen und vor allem in der Unternehmensberatung verbreiteten Meinung, man könne das Controlling von Großunternehmen einfach auf KMU „herunterskalieren", wird den Bedürfnissen dieses Betriebstyps in keiner Weise gerecht.

Um sich dieser Frage nach den Spezifika des Controllings in KMU zu nähern, wurde neben der Aufarbeitung der konzeptionellen und theoretischen Literatur auch eine eigene empirische Umfrage realisiert. Als theoretisches Framework wurde die Systemtheorie gewählt, die in der internationalen und deutschsprachigen Controllingforschung breite Anwendung findet.[8] Zwei grundlegende Fragenbereiche werden in diesem Beitrag diskutiert:

- Gibt es in KMU Unterschiede im Controllingverständnis und der entsprechenden Konzeptualisierung?
- Welche Rolle spielen Betriebsgröße und Leitungsstruktur als Kontextfaktoren der Controllinggestaltung in KMU?

In Kapitel 2 werden zunächst begriffliche und theoretische Grundlagen gelegt. Im Anschluss werden im dritten Kapitel die Ergebnisse der eigenen Erhebung ausführlich dargestellt. Kapitel 4 leitet Handlungsempfehlungen ab und Kapitel 5 fasst die Erkenntnisse des Beitrags zusammen.

---

3 Vgl. Brem/Vollrath (2015), S. 21–23.
4 Vgl. aktuell Deloitte (2014).
5 Vgl. Wallau (2006), S. 16–18.
6 Vgl. z. B. Pfohl (2013).
7 Vgl. Becker/Ulrich (2013).
8 Vgl. z. B. Speckbacher/Wentges (2012).

2 Begriffliche und theoretische Grundlagen

2.1 Charakterisierung kleiner und mittlerer Unternehmen (KMU)

Der Begriff KMU stellt rein auf quantitative Aspekte von Unternehmen ab, nach denen Unternehmen gruppiert werden. In der klassischen BWL wird diese Sichtweise als sogenannte „Betriebsgröße" erfasst. Die quantitativen Merkmale zur Bestimmung der Betriebsgröße lassen sich dabei in insgesamt fünf Kategorien einteilen, auf die an dieser Stelle nicht im Detail eingegangen wird.[9]

Quantitative Abgrenzungen können eindimensional oder mehrdimensional erfolgen. Während eindimensionale Abgrenzungen einfach operationalisierbar sind, können mehrdimensionale Ansätze bei größerer Komplexität auch eine genauere Abgrenzung der jeweiligen Untersuchungsobjekte erreichen. In der (empirischen) Untersuchungspraxis wird jedoch aus Praktikabilitätsgründen auf die Anwendung solch komplexer Kriterien verzichtet. Überwiegend wird aus Vereinfachungsgründen auf zwei zentrale quantitative Aspekte abgezielt:[10]
- die Beschäftigtenzahl sowie
- die jährlichen Umsatzerlöse einer Unternehmung.
- Eine dritte Variable, die gelegentlich in Kategorisierungsversuchen für KMU angebracht wird, ist die Bilanzsumme. Problematisch an einer solchen Vorgehensweise ist der selbstbestätigende Charakter der Kategorisierung anhand von Beschäftigtenzahlen, Umsatzklassen und/oder Bilanzsumme. Des Weiteren erscheint es im Hinblick auf Grenzfälle nicht unmittelbar verständlich, warum z. B. Unternehmen mit 499 Beschäftigten andere Charakteristika aufweisen sollten als solche mit 501 Beschäftigten. Anfangs lediglich zur einfacheren kategorialen Erfassung von KMU in empirischen Erhebungen angewendet, entsteht heutzutage zudem oft der falsche und im Nachhinein meist nicht mehr nachvollziehbare Eindruck, quantitative Größenklassen und nicht dahinter stehende qualitative Charakteristika seien hinreichend für das Vorliegen eines mittelständischen Unternehmens. Da eine einheitliche Definition der quantitativen KMU-Definitionen aufgrund der Heterogenität dieser Unternehmensgruppe z. B. in Bezug auf Branche, Organisationsstruktur, Rechtsform und Finanzierungspräferenzen schwierig erscheint, verwundert folglich auch die Vielzahl verschiedener Kategorisierungsansätze nicht, zumal die genannten Dimensionen noch nicht alle relevanten Perspektiven abdecken.[11]

---

9 Vgl. Busse v. Colbe (1964).
10 Vgl. Wolter/Hauser (2001), S. 27–28.
11 Vgl. Becker/Ulrich (2014), S. 19–21.

Im Folgenden werden vier geläufige quantitative Definitionsansätze für KMU gezeigt, mit dem Ziel, aus diesen Klassifizierungen eine untersuchungsrelevante und besser operationalisierbare Definition abzuleiten.

Die erste zu betrachtende Grundlage quantitativer Definitionen von KMU ist die Sichtweise des HGB. Gemäß § 267 HGB wird im HGB ein mehrdimensionaler Ansatz einer Definition vertreten. Es müssen zwei der drei aufgeführten Kriterien Beschäftigtenzahl, Jahresumsatz und Bilanzsumme erfüllt sein, damit ein Unternehmen einer bestimmten Größenklasse zugeordnet werden kann. Die Fiktion des HGB, welches börsennotierte Unternehmen stets als Großunternehmen charakterisiert, ist problematisch. Auch börsennotierte Unternehmen können durchaus den qualitativen Charakter von KMU besitzen, falls die Anteile mehrheitlich von Gesellschaftern oder einer bzw. mehreren Unternehmerfamilien gehalten werden. Die vielleicht gängigste quantitative Abgrenzung mittelständischer Unternehmen im deutschsprachigen Raum ist die des Instituts für Mittelstandsforschung Bonn (IfM).[12]

Man vergleiche im Folgenden die Klassifikation der Europäischen Kommission (EUK). Diese Abgrenzung ist vor allem deshalb interessant, da sie seit dem 01. Januar 2005 innerhalb des gesamten Europäischen Wirtschaftsraums Anwendung findet und die vorherige Empfehlung der EU aus dem Jahre 1996 ersetzt, welche bis zum Ende des Jahres 2004 gültig war. Im Gegensatz zu den bisher aufgeführten Abgrenzungen gemäß HGB und IfM Bonn ist im Zusammenhang mit der Definition gemäß EU anzumerken, dass neben dem Kriterium der Beschäftigtenzahl alternativ das Kriterium des Jahresumsatzes oder der Bilanzsumme angewendet werden kann (vgl. Tab. 23).[13]

Tab. 23: Übersicht über gängige quantitative KMU-Definitionen[14].

Definitionsansatz	Beschäftigtenzahl	Jahresumsatz (in Mio. €)	Bilanzsumme (in Mio. €)
HGB (HGB-E)	Bis 250	Bis 13,12 (38,5)	Bis 16,06 (19,25)
IfM Bonn	Bis 499	Bis 50	K. A.
Europäische Kommission	Bis 249	Bis 50	Bis 43

In den letzten Jahren hat sich gezeigt, dass die Unterscheidung nach diesen Kriterien zumindest für den deutschen Bereich nicht besonders praktikabel ist, da sich kleine mittlere Unternehmen – im engeren Sinn der Worte also nicht groß – in Deutschland auf weit größere Organisationseinheiten beziehen als in anderen Ländern. Diese wird durch die quantitative Sicht des Europäischen Kompetenzzentrums für Angewandte Mittelstandsforschung (EKAM) repräsentiert, nach dem die Grenze zwischen mittle-

---

12 Vgl. Wolter/Hauser (2001), S. 27–29.
13 Vgl. Europäische Kommission (1996); Europäische Kommission (2003).
14 Quelle: eigene Darstellung.

ren und großen Einheiten nicht strikt gezogen wird, aber bei ca. 3.000 Mitarbeitern und ca. 600 Mio. € Jahresumsatz liegt.[15]

Wahrscheinlich wichtiger als die Frage der quantitativen Abgrenzung von KMU sind die qualitativen Besonderheiten dieses Betriebstyps. In der etablierten wissenschaftlichen Literatur werden folgende Elemente als qualitativ spezifisch für KMU genannt:[16]

- wirtschaftliche und rechtliche Selbstständigkeit des Unternehmens;
- Einheit von Eigentum, Kontrolle und Leitung;
- Personenbezogenheit der Unternehmensführung.

Diese quantitativen und qualitativen Elemente sollten sich auch auf die Ausgestaltung des Controllings auswirken, zu dem im Folgenden zunächst einige Grundlagen diskutiert werden.

2.2 Controlling und Controllingkonzeption

Controllingkonzeptionen können als klar umrissene Grundvorstellungen verstanden werden, in denen alle charakteristischen Merkmale des Controllings enthalten sind.[17] Es handelt sich um zumeist von Wissenschaftlern[18] entwickelte Aussagensysteme, die auf eine oder mehrere Theorien Bezug nehmen[19] und Gestaltungsempfehlungen für die Wirtschaftspraxis geben.[20] Konzeptionen nehmen somit eine „Mittlerfunktion zwischen Theorie und Praxis"[21] ein. Als „charakteristische Merkmale" des Controllings können im Wesentlichen[22] die Ziele des Controllings, die Funktionen und Aufgaben des Controllings,[23] die Träger dieser Controllingaufgaben sowie die Methoden, Instrumente und Werkzeuge des Controllings identifiziert werden, die als generische Elemente in nahezu allen Controllingkonzeptionen beinhaltet sind (vgl. Abb. 14).[24]

---

15 Vgl. Becker/Ulrich (2009), S. 2–7. Von der akademischen Diskussion um die Begriffe KMU, Mittelstand und Familienunternehmen wird an dieser Stelle abstrahiert, sodass die Begriffe in den qualitativ und quantitativ diskutierten Grenzen als Synonyme betrachtet werden.

16 Vgl. Hausch (2004), S. 17; Damken (2007), S. 58–59.

17 Vgl. Ziener (1985), S. 28.

18 Daneben existieren einige sogenannte „Praktikeransätze" (vgl. Niedermayr [1994], S. 22–23).

19 Ein Überblick über die zur Fundierung von Controllingkonzeptionen herangezogenen Theorien findet sich bei Wall (2008), S. 467.

20 Dies entspricht dem heutzutage gängigen Verständnis der Betriebswirtschaftslehre als angewandte Wissenschaft.

21 Scherm/Pietsch (2004), S. 8.

22 In erweiterter Betrachtung können zudem die Philosophie, die Objekte sowie die Prozesse des Controllings zu den Elementen von Controllingkonzeptionen gezählt werden (vgl. Becker [1999], S. 10–11).

23 Konkrete Aufgaben ergeben sich infolge der Durchführung allgemeiner Funktionen an Objekten (vgl. Krüger (1992), S. 223).

24 Vgl. Hess (2002), S. 50.

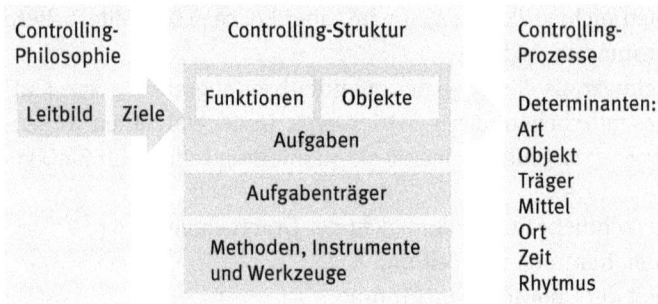

Controlling-Philosophie	Controlling-Struktur	Controlling-Prozesse
Leitbild Ziele	Funktionen Objekte / Aufgaben / Aufgabenträger / Methoden, Instrumente und Werkzeuge	Determinanten: Art Objekt Träger Mittel Ort Zeit Rhytmus

Abb. 14: Generische Elemente einer Controllingkonzeption[25].

Controllingkonzeptionen ermöglichen somit neben einer zielorientierten, insbesondere eine funktionale, eine institutionale sowie eine instrumentelle Analyse des Phänomens Controlling.[26]

Das Controlling stellt sich nach Becker als eine integrierte Aufgabe der Unternehmensführung dar, die im Dienste der Optimierung von Effektivität und Effizienz das initialisierende Anstoßen sowie das Ausrichten des Handelns von Betrieben auf den Zweck der Wertschöpfung sicherzustellen hat. Diese originäre Funktion des Controllings wird als Lokomotion bezeichnet. Die Wahrnehmung der originären Lokomotionsfunktion setzt insbesondere eine begleitende Erfüllung von derivativen Funktionen des Controllings voraus. Hierzu zählen die Sicherung wechselseitiger Abstimmung (Integration, Koordination und Adaption) von Führung und Ausführung sowie die dementsprechende Schaffung von Informationskongruenz innerhalb der Führung und Ausführung. Die Wahrnehmung dieser beiden derivativen Funktionen erfolgt vorrangig über wertorientierte Gestaltungs- und Lenkungsmechanismen.[27]

Der Abgrenzung zwischen der funktionalen und der institutionalen Perspektive des Controllings wird zwar eine große Bedeutung beigemessen,[28] sie wird jedoch weder in der Wissenschaft[29] noch in der Unternehmenspraxis konsequent eingehalten.

Von einer Institutionalisierung der Funktion Controlling spricht man, wenn auf Controllingaufgaben spezialisierte Stellen existieren, deren Inhaber üblicherweise Controller genannt werden. Obwohl sich für die organisatorische Zusammenfassung mehrerer Controllerstellen der Terminus „Controllerbereich" anbietet, ist in der Wirtschaftspraxis stattdessen zumeist der Begriff „Controllingabteilung" anzutreffen.[30]

---

25 Quelle: eigene Darstellung.
26 Vgl. Küpper/Weber/Zünd (1990), S. 282. Die instrumentelle Perspektive steht nicht im Fokus dieses Beitrags, siehe dazu ausführlich Becker/Baltzer (2009) und Baltzer (2013).
27 Vgl. Becker (1999), S. 3; Becker/Baltzer/Ulrich (2014), S. 53–56.
28 Vgl. Küpper (2008), S. 8; Horváth (2009), S. 746.
29 Vgl. Pietsch/Scherm (2002), S. 196–197.
30 Vgl. Spillecke (2006), S. 12.

Dadurch kommt es zu einer Vermischung zwischen der Betrachtung des Controllings als Funktion und als Institution. Der Umkehrschluss, dass beim Nichtvorhandensein einer „Controllingabteilung" im Unternehmen kein Controlling „gemacht" wird, ist nämlich nicht zulässig. Die organisatorische Zuordnung von Controllingaufgaben zu verschiedenen Aufgabenträgern ist vielmehr von der Art der Aufgabe sowie von zahlreichen Kontextfaktoren abhängig. Als wichtiger, empirisch vielfach bestätigter Einflussfaktor ist hierbei insbesondere die Unternehmensgröße zu nennen. Da der Umfang der Controllingaufgaben als mit der Unternehmensgröße zunehmend angesehen wird, steigt die Wahrscheinlichkeit der Einrichtung von Controllerstellen mit wachsender Unternehmensgröße an.[31] Allerdings kann davon ausgegangen werden, dass unabhängig vom Vorhandensein von Controllerstellen grundsätzlich in jedem Unternehmen Controllingaufgaben anfallen.[32] Sind in einem Unternehmen daher (noch) keine Controllerstellen eingerichtet, so werden die Controllingaufgaben regelmäßig von Managern, von Stäben oder von anderen Stelleninhabern übernommen.

Um die allgemeinen Darstellungen zum Controlling zu konkretisieren, werden im Folgenden bisherige Erkenntnisse zum Controlling von KMU dargestellt.

2.3 Forschungsstand zum Controlling in KMU

Anhand empirischer Studien zu Insolvenzgründen von Unternehmen kann fehlendes Controlling als ein wichtiger, wenn nicht als der wichtigste Haupteinflussfaktor für Unternehmenskrisen identifiziert werden.[33] In der gleichen Studie werden fehlende betriebswirtschaftliche Kenntnisse von Unternehmern als ein bedeutsamer Grund für Insolvenzen, insbesondere von KMU genannt. Aber nicht nur die Verringerung der Insolvenzgefahr sollte ein Grund für die Etablierung des Controllings in KMU sein. Controlling kann für KMU zudem ein bedeutender Erfolgsfaktor sein, weshalb sich KMU proaktiv mit Controllingerkenntnissen auseinandersetzen sollten. Vor dem Hintergrund des steigenden globalen Wettbewerbs sehen sich KMU mit immer größeren und rapideren Veränderungen konfrontiert. Folglich entsteht eine Wettbewerbssituation, die den Fortbestand insbesondere von KMU gefährden kann.[34]

Bezüglich der Aufgaben, die ein Controller übernehmen sollte, gibt es in der Literatur unterschiedliche Auffassungen bzw. ein breites Spektrum an Möglichkeiten. Controller befassen sich demnach dabei hauptsächlich mit dem Berichtswesen, operativer Planung, Budgetierung, Kontrolle und Investitionsplanung. Die deutschsprachige Controllingforschung konzentriert sich folgerichtig bisher auch auf Aspekte der Planung, Budgetierung, Kontrolle und Informationsversorgung. Beiträge mit KMU-

---

31 Vgl. Küpper (2008), S. 545–547.
32 Vgl. Henselmann (2002), Sp. 1357.
33 Vgl. Euler/Hermes (2006), S. 7.
34 Vgl. Hoch/Heupel (2013), S. 417–419.

Tab. 24: Controllingforschung zu KMU im deutschsprachigen Bereich[35].

Quelle	Erhebung	Rücklauf	Quote	Konzerne	Anzahl MA	Branche	Region
Bussiek (1981)	k.A.	208	21,1 %	k.A.	< 1.000	alle	k.A.
Pohl/Rehkugler (1986)	1984	217	19,9 %	k.A.	20–1.000	alle	Bremen/Stade
Lachnit/Dey (1989)	1985	24	p.Befr.	k.A.	<500	alle	IHK Oldenburg
Lanz (1990)	1985	420	13,7 %	nein	<500	alle	Schweiz
Kosmider (1994)	1988	440	39,6 %	ja	20–über 500	Industrie	IHK Koblenz
Legenhausen (1998)	1992	139	13,1 %	k.A.	<500	alle	IHK Bremen
Dinter/Schorcht (1999)	1994/1995	152	15,9 %	k.A.	<500	Industrie	Thüringen
Zimmermann (2001)	2000	84	p.Befr.	nein	50–1.000	Industrie	Alte BRD
Ossadnik/Barklage/van Lengerich (2003, 2004)	2002	155	11,8 %	ja	<500	alle	Osnabrück-Emsland
Bischof/Benz/Maier (2004)	k.A.	34	20,7 %	k.A.	<750	Industrie /Handel	Vorarlberg (Österreich)
Rautenstrauch/Müller (2005, 2006)	2003	188	12,0 %	k.A.	20–500	Industrie	Ostwestfalen
Schachner/Specktacher/ Wentges (2005)	2003	205	13,7 %	k.A.	50–500	alle	Süddeutschland/ Österreich
Flade (2007)	2004	211	~ 7,0 %	nein	<500	alle	Region Münster
Feldbauer-Durstmüller /Wimmer/Duller (2008)	2007	236	20,0 %	k.A.	>50	alle	Oberösterreich
Becker/Baltzer/Ulrich (2008)	2008	115	11,5 %	ja	25–3.000	alle	Franken

Bezug weisen dem Controller eine Generalistenrolle zu, um der geringeren Aufgabendifferenzierung und -spezialisierung Rechnung zu tragen. Dies bekräftigt zusätzlich die tendenziell geringere Komplexität der Führungssysteme in KMU.[36]

Im deutschsprachigen Bereich werden seit ca. 20 Jahren immer wieder deskriptive Forschungen zur Implementierung des Controllings im Mittelstand oder in Familienunternehmen durchgeführt. Die Tab. 24 veranschaulicht einen Abriss der deskriptiven deutschsprachigen Controllingforschung zu KMU, Mittelstand und Familienunternehmen.

Aufgrund der uneinheitlichen Definition der Untersuchungsobjekte (KMU, Mittelstand, Familienunternehmen) sowie der regionalen Charaktere der Untersuchungen sind die Erkenntnisse wenig verallgemeinerbar.

Insbesondere in der internationalen Management-Accounting-Forschung und der Forschung zu Familienunternehmen wurden quantitative Studien zu den Einflussfaktoren auf das Controlling realisiert.[37] Die Ergebnisse sind recht unterschiedlich. Matthews/Scott (1995) finden einen positiv bzw. negativ signifikanten Zusammenhang zwischen den Einflussfaktoren Unsicherheit, Unternehmensgröße und den abhängigen Größen strategische und operative Planung. Gibson/Cassar (2002) finden in einer Erhebung unter 3.554 australischen Unternehmen eine positive Signifikanz zwischen

---

35 Quelle: eigene Darstellung.

36 Vgl. Spraul/Oeser (2007), S. 10–12.

37 Vgl. Matthews/Scott (1995); Reid/Smith (2000); Gibson/Cassar (2002).

der Unternehmensgröße und der abhängigen Variable „Planung". Feldbauer-Durst-müller/Wimmer/Duller (2008) identifizieren in einer Studie von österreichischen Familienunternehmen ab 50 Mitarbeitern keine eindeutigen Größen- und Leitungseffekte auf die Ausprägung des Controllings. Neuere Publikationen zu den Kontextfaktoren des Controllings widmen sich eher Effekten des Familieneinflusses oder länderspezifischen Unterschieden.[38]

Management Accounting und Management Control werden insbesondere im angloamerikanischen Bereich in den größeren Kontext des sogenannten Financial Management gestellt, der die deutschen Bereiche Finanzen sowie internes und externes Rechnungswesen[39] umfasst. Hier liegen einige Beiträge vor, die sich mit den Besonderheiten von familiengeführten KMU in diesem Bereich befassen und stark auf spezifische Ziele[40], Zeithorizonte, Governance-Strukturen[41] und Machtpotenziale abstellen.[42] Insgesamt wird Familienunternehmen hier ein geringerer Formalisierungsgrad von Unternehmensführung und Controlling sowie eine schwächere Ausprägung professioneller[43] Steuerungsmechanismen attestiert.[44] Hiebl befasst sich in zwei aktuellen Beiträgen mit dem Finanzmanagement[45] sowie der Risikodisposition[46] in Familienunternehmen. Hier werden wiederum Befunde abgeleitet, die eine eher traditionelle Einstellung zu Steuerungsmaßen, einen langfristigen Horizont und eine eher beratende (im Vergleich zu einer aktiv entscheidenden) Rolle von Finanzverantwortlichen in Familienunternehmen nahelegen.[47]

Sowohl Speckbacher/Wentges[48] als auch Hiebl et al.[49] können belegen, dass der Einfluss der Größe „familiness" auf das Steuerungssystem mit zunehmender Unternehmensgröße abnimmt. Andere Autoren wie z. B. Duller/Feldbauer/Mitter[50] führen Unterschiede in Unternehmensführung und Controlling auf die Generation der Unternehmerfamilie zurück und propagieren einen U-förmigen Zusammenhang zwischen Generationenzahl und Unternehmensführung und Controlling. Giovannini[51] postu-

---

38 Vgl. als Beispiel zum Familieneinfluss Duller/Feldbauer-Durstmüller/Hiebl (2014), als Beispiel für die Untersuchung der länderspezifischen Controllingunterschiede Hiebl et al. (2015).
39 Vgl. hier beispielsweise Cascino et al. (2010).
40 Vgl. Chrisman et al. (2012), S. 267–269.
41 Vgl. z. B. Anderson/Mansi/Reeb (2003).
42 Vgl. z. B. Salvato/Moores (2010).
43 Das Attribut „professionell" ist hier weitgehend wertfrei als Steigerung des Formalisierungsgrades und Anwendung wissenschaftlich orientierter Methoden, Instrumente und Werkzeuge zu verstehen.
44 Vgl. García Pérez de Lem/Duréndez (2007).
45 Vgl. Hiebl (2012a), S. 315–317.
46 Vgl. Hiebl (2012b), S. 49–51.
47 Vgl. auch Gomez-Mejia et al. (2007), S. 106–109.
48 Vgl. Speckbacher/Wentges (2012), S. 38–40.
49 Vgl. Hiebl et al. (2011).
50 Vgl. Duller/Feldbauer-Durstmüller/Mitter (2011), S. 29–31.
51 Vgl. Giovannini (2010).

liert, dass die Nutzung von formalisierten Methoden, Instrumenten und Werkzeugen aus Unternehmensführung und Controlling die Überlebenschance des Systems „Familienunternehmen" deutlich steigern könne, und plädiert insofern für den Einsatz dieser formalisierten Praktiken[52] als Möglichkeit, implizites Wissen der Eigentümer für das Unternehmen nutzbar zu machen.

Innerhalb der Forschung zur Management Control in Familienunternehmen können aktuell die drei Schwerpunkte Person, Instrumente und Organisation unterschieden werden. Im Bereich der Person liegt der Fokus der Betrachtungen auf der Person der unterstützenden Rolle (im deutschsprachigen Bereich Controller, im englischsprachigen Bereich der Management Accountant).[53] Auf der Leitungsebene von Unternehmen hat besonders der Chief Financial Officer (CFO) in Familienunternehmen in den letzten Jahren starke Aufmerksamkeit erfahren.[54]

Die Unternehmensperformance wird von einer Mehrheit der Beiträge direkt mit dem Familieneinfluss per se in Verbindung gebracht.[55] Als einer der wenigen Beiträge befasst sich der Artikel von Posch/Speckbacher mit dem Einfluss von Unternehmensführung und Controlling auf den Erfolg von Familienunternehmen. Die Autoren kommen zu dem Ergebnis, dass es keine Performanceunterschiede zwischen Familienunternehmen, die formelle Steuerungsmechanismen nutzen, und solchen, die dies nicht tun, gibt.[56] Insofern ist hier eine Anknüpfung zur vorher angeführten Nutzung von informellen Steuerungsmechanismen in Familienunternehmen gegeben.

Im Folgenden werden die Erkenntnisse der eigenen empirischen Erhebung dargestellt.[57]

3 Ergebnisse einer eigenen empirischen Erhebung

3.1 Charakterisierung von Erhebung und Probanden

Von Mai bis Juli 2008 wurde zur Untersuchung des Controllings in KMU am Lehrstuhl für Betriebswirtschaftslehre, insbesondere Unternehmensführung und Controlling der Otto-Friedrich-Universität Bamberg eine schriftliche Befragung von KMU in Baden-Württemberg, Bayern und Sachsen durchgeführt. Die Gesamtheit der über die Hoppenstedt Firmendatenbank ermittelten Adressen betrug 4.300 Unternehmen. Es wurde eine Zufallsstichprobe von 430 Unternehmen gezogen. Der Fragebogen war an

---

52 Insbesondere in der angloamerikanischen Literatur ist eher von „practices" als von Methoden, Instrumenten oder Werkzeugen die Rede.
53 Vgl. Granlund/Lukka (1998).
54 Vgl. Hiebl (2013).
55 Vgl. stellvertretend Poutziouris/Savva/Hadjielias (2015).
56 Vgl. Posch/Speckbacher (2012).
57 Vgl. zur Darstellung der empirischen Erkenntnisse auch Becker/Staffel/Ulrich (2010), S. 195–197.

Mitglieder aus Geschäftsleitung/Vorstand adressiert. Führungskräfte aus Controlling, Finanzen oder Rechnungswesen durften ebenfalls teilnehmen.

Für die Untersuchung ergab sich nach Haupterhebung und Nacherfassung ein Rücklauf von 63 auswertbaren Fragebögen, was einer zufriedenstellenden Quote von 14,7 % entspricht. In Gegenüberstellung mit vergleichbaren Erhebungen ist die Rücklaufquote als gut zu bezeichnen.

Von den 63 antwortenden Unternehmen firmieren 33 als GmbH. In Bezug auf die Branchenverteilung ist eine stark industrielle Prägung der Stichprobe zu verzeichnen. Dreißig von 60 Unternehmen, die auf diese Frage antworteten, sind dem verarbeitenden Gewerbe zuzuordnen. Die Unternehmen der Stichprobe weisen bei einer durchschnittlichen Mitarbeiterzahl von 853 einen durchschnittlichen Umsatz von 155 Mio. € auf. Nach Klassifikation des EKAM befinden sich vier Kleinstunternehmen, 23 Kleinunternehmen, 33 mittlere Unternehmen und drei Großunternehmen in der Stichprobe. Nach Größenklassifikation der Europäischen Kommission sind es dementsprechend 27 KMU und 36 Großunternehmen.

3.2 Deskriptive Erkenntnisse

3.2.1 Controllingphilosophie und -funktionen

In Bezug auf das Controllingverständnis wurden die Probanden gebeten, in einer offenen Frage eine subjektive Auskunft zu geben. Die Antworten wurden zu Kategorien verdichtet. Bei insgesamt 151 Nennungen waren folgende fünf Kategorien die häufigsten: Erarbeitung von Steuerungsmaßnahmen ($n = 28$), Beratung der Unternehmensführung ($n = 27$), Zielsetzung, Planung und Budgetierung ($n = 22$), Durchführung von Kontrollen und Analysen ($n = 20$) und Informationsbereitstellung, Berichtwesen und Schaffung von Transparenz ($n = 15$). Dies stellt in Bezug auf die Literaturlage eine Abweichung dar. In den untersuchten Unternehmen wird Controlling eher mit einer Führungsunterstützungsfunktion gleichgesetzt, was als ein modernes Controllingverständnis interpretiert werden kann (vgl. Abb. 15).

Auf einer fünfstufigen Skala von „1 = überhaupt nicht" bis „5 = sehr stark" wurden die Untersuchungsteilnehmer darum gebeten, die Wahrnehmung in der Literatur diskutierter Controllingfunktionen anzugeben. Dabei wurden – in Analogie zum bereits diskutierten Controllingverständnis – die Funktionen Informationsversorgung, Bereitstellung von Kennzahlen (Konkretisierung der Informationsfunktion), Planung und Entscheidungsvorbereitung als besonders bedeutsam hervorgehoben. Interessant erscheint zudem die prominente Nennung der Existenzsicherung und Lokomotion – abstrakterer Funktionen des Controllings, welche sich an grundsätzlichen Unternehmenszielen orientieren.

Funktionen des Controlling

Funktion	keine Angabe	überhaupt nicht	schwach	eher schwach	eher stark	sehr stark
Informationsversorgung	1	1	7		31	23
Bereitstellung von Kennzahlen	1	1	10		23	28
Planung	1	1	1	9	28	23
Entscheidungsvorbereitung	1		5	10	29	18
Existenzsicherung	2		4	12	29	16
Lokomotion	1	1	6	11	32	12
Aufdeckung von Schwachstellen	1	2		17	24	19
Interne Beratung	2	1	4	18	31	7
Kontrolle	1		3	22	28	9
Rationalitätssicherung	2	1	2	24	27	7
Koordination	1		5	6	23	20	8

Nennungen [N = 63]

keine Angabe · schwach · eher stark
überhaupt nicht · eher schwach · sehr stark

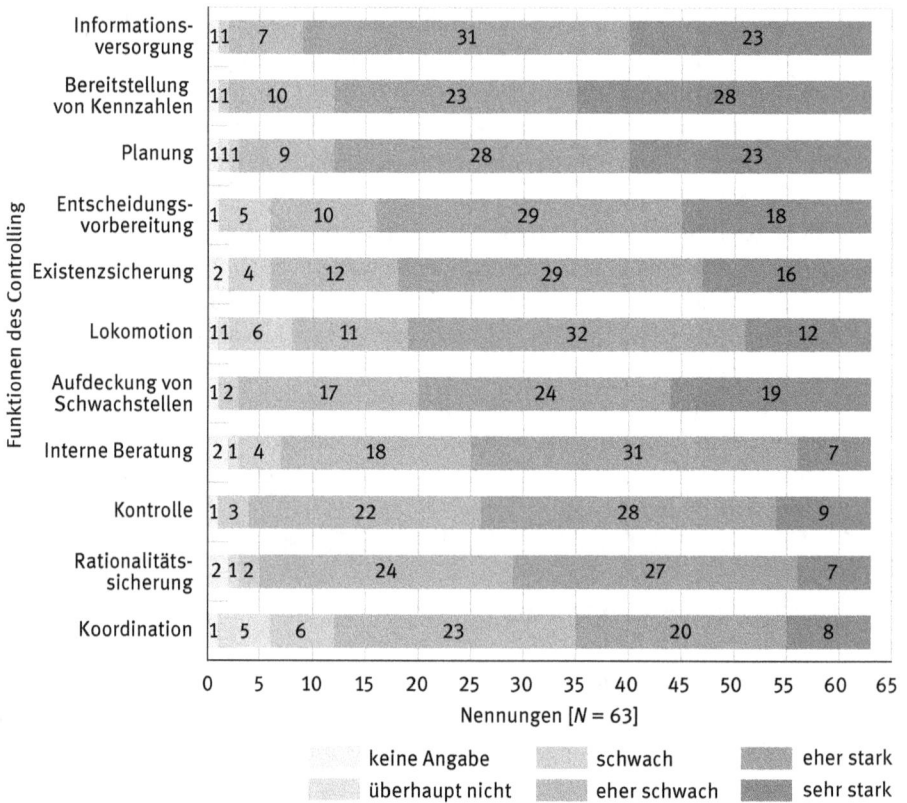

Abb. 15: Funktionen des Controllings[58].

Die Funktionswahrnehmung des Controllings in der Stichprobe entspricht durchaus dem aktuellen Stand der Controllingforschung. Insbesondere die Funktionen Planung und Entscheidungsunterstützung werden neben dem traditionellen Kern des Controllings – Informationsversorgung sowie die Konkretisierung durch Bereitstellung von Kennzahlen – wahrgenommen. Warum die in der aktuellen Literatur gängigen Funktionen Rationalitätssicherung und Koordination deutlich schwächer ausgeprägt sind, sollte näher erforscht werden. Für die Unternehmenspraxis kann die Empfehlung gegeben werden, sich mit diesen modernen Sichten des Controllings stärker zu befassen.

---

58 Quelle: eigene Darstellung.

3.2.2 Controllingaufgaben

In einer offenen Frage wurden die Untersuchungsteilnehmer gebeten, Controllingaufgaben in ihrem Unternehmen zu beschreiben. Dabei stellen Aufgaben eine Konkretisierung von Funktionen an Objekten dar. Die Nennungen wurden gängigen Abgrenzungen der Literatur zugewiesen und ein durchschnittlicher Verbreitungsgrad
(VG) wurde berechnet. Zusätzlich wurde die Möglichkeit gegeben, die durchschnittlich für die jeweilige Aufgabe verwendete Arbeitszeit eines Aufgabenträgers (AZ) anzugeben. Folgende Aufgaben wurden am häufigsten genannt: Berichtswesen (VG 72,1%,
AZ 30,9%), Planung (VG 54,1%, AZ 27,3%), Beratung der Unternehmensführung (VG
39,3%, AZ 19,2%) sowie Bereitstellung von Kennzahlen (VG 31,1%, AZ 28,7%). Sehr
selten anzutreffende Controllingaufgaben sind z. B. die wertorientierte Steuerung (VG
9,8%, AZ 19,2%), das Finanzcontrolling (VG 8,2%, AZ 26,0%) sowie das Risikocontrolling (VG 3,3%, AZ 22,5%).

Die Aufgabenverteilung ergibt einen leichten Kontrast zur Funktionswahrnehmung. Die Aufgaben des Controllings sind noch immer eher operativ geprägt. Insbesondere die wertorientierte Steuerung sowie das Risikocontrolling stellen jedoch
wichtige strategische Controllingaufgaben dar und sollten stärker berücksichtigt werden. Für die Wissenschaft ist dies ein Anknüpfungspunkt, das Missverhältnis zwischen operativen und strategischen Controllingaufgaben in KMU zu hinterfragen.

3.2.3 Controllingaufgabenträger

In der Literatur wurde die Institutionalisierung des Controllings im Sinne der Controllingaufgabenträger mehrfach thematisiert. Die Probanden aus den befragten KMU
wurden folgerichtig gebeten, in einer offenen Frage bis zu fünf Träger von Controllingaufgaben und den jeweiligen Anteil der Aufgaben an der Gesamtarbeitszeit anzugeben.

Es zeigt sich, dass die Etablierung spezieller Controllerstellen in der vorliegenden Stichprobe mit 88,3% der antwortenden Unternehmen stark ausgeprägt ist. Auch
Führungskräfte ab der zweiten Hierarchieebene abwärts sowie Mitglieder der Unternehmensleitung nehmen in starkem Maß Controllingaufgaben wahr. Eigentümer oder
Gesellschafter, welche in der Vergangenheit oftmals Controllingaufgaben zusätzlich
zu ihren eigentlichen Funktionen übernahmen, erreichen nur noch einen Anteil von
6,7% der befragten Unternehmen (vgl. Abb. 16).

Die mangelnde Institutionalisierung des Controllings in KMU ist in dem Maße,
wie sie bisher angemahnt wurde, in der vorliegenden Studie nicht mehr anzutreffen.
Der Großteil der befragten Unternehmen verfügt über spezialisierte Controllerstellen, und auch die Aufgabenübernahme der Eigentümer im Controlling ist gesunken.
Auch wenn Führungskräfte der vorliegenden Stichprobe seltener Controllingaufgaben übernehmen als in vergleichbaren Studien, verwenden sie immerhin noch ca.

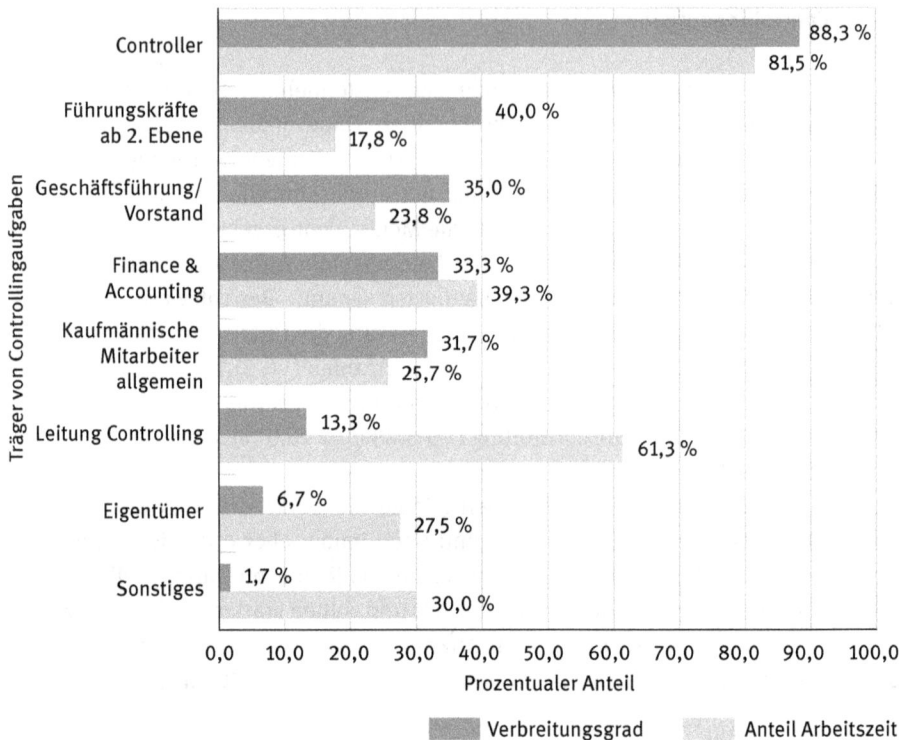

Abb. 16: Träger von Controllingaufgaben[59].

30 % ihrer Arbeitszeit für das Controlling. Dieser Anteil sollte reduziert werden, um Führungskräfte für Leitungsaufgaben freizustellen.

3.2.4 Controllingmethoden und -instrumente

Die Nutzung von Controllingmethoden und -instrumenten ist der in der Literatur am häufigsten thematisierte Bereich. In der vorliegenden Studie wurden die Teilnehmer gebeten, einen Katalog von 22 Controllingmethoden und -instrumenten hinsichtlich der Nutzungsintensität auf einer Skala von „1 = keine Nutzung" bis „5 = sehr intensive Nutzung" zu beurteilen. Zur Interpretation der Ergebnisse wird darauf verwiesen, dass Methoden und Instrumente des Controllings nicht einwandfrei von Controlling-funktionen und -aufgaben abgegrenzt werden können. Den Probanden wurde folglich der Hinweis gegeben, die methodische Unterstützung der jeweiligen Aufgaben hinsichtlich der Nutzungsintensität zu bewerten. Methoden und Instrumente, die in der

---

59 Quelle: eigene Darstellung.

Literatur als eher operativ charakterisiert werden, weisen eine große Verbreitung auf. Hierzu gehören die methodische Unterstützung von Ergebniscontrolling, Berichtswesen, Kostenrechnung sowie operativer Planung/Budgetierung.

Weniger intensiv durch Methoden und Instrumente werden Aufgaben und Funktionen unterstützt, welche in der Literatur als eher strategisch angesehen werden. So weisen weniger als die Hälfte der befragten Unternehmen eine methodische Unterstützung u. a. durch Managementinformationssystem (MIS), Prognosen, Risikocontrolling und Vertriebscontrolling auf. Nur ca. ein Drittel der befragten Unternehmen nutzt Methoden und Instrumente der strategischen Planung, der wertorientierten Unternehmenssteuerung oder der strategischen Analyse intensiv. Projektcontrolling und

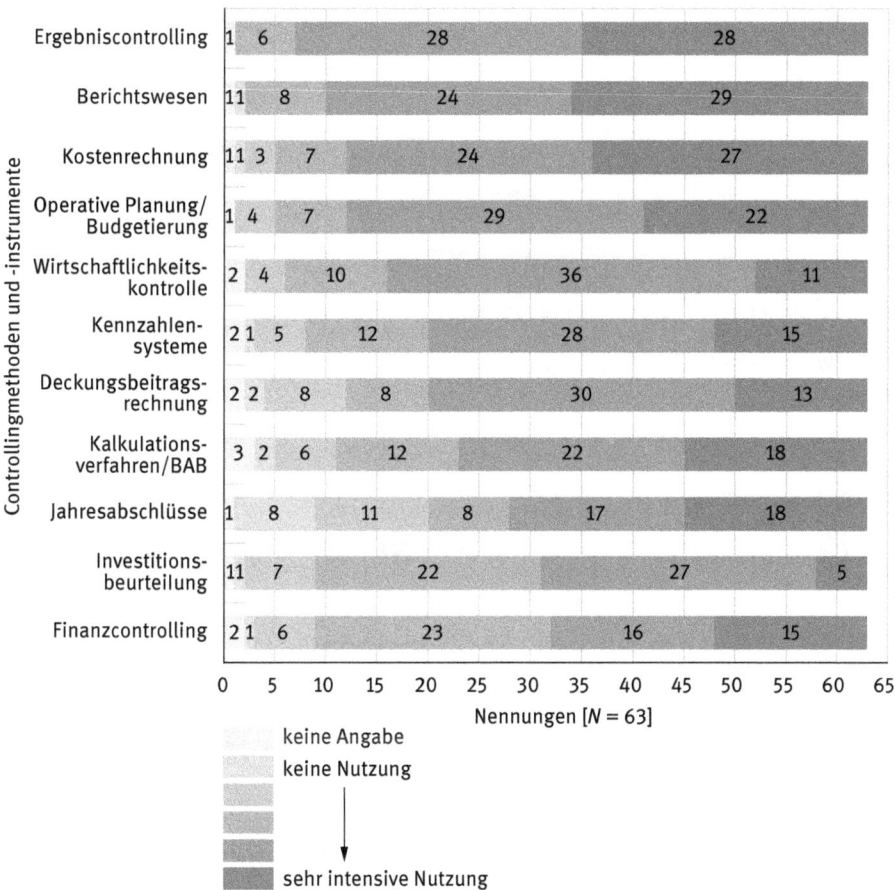

Abb. 17: Intensiv genutzte Controllingmethoden und -instrumente[60].

---

60 Quelle: eigene Darstellung.

Verhaltenssteuerung werden nur von ca. einem Drittel bzw. einem Siebtel der befragten Unternehmen intensiv methodisch unterstützt (vgl. Abb. 17).

Die Tatsache, dass beinahe alle abgefragten strategischen Methoden und Instrumente zur Gruppe der wenig intensiv genutzten gehören, steht im starken Kontrast zu den bisherigen Ausführungen zu Funktionen und Aufgabenträgern, deckt sich jedoch mit der Analyse der Aufgaben. Eine Interpretation ist schwierig. Mitunter könnte noch immer das tendenziell geringere Controllingwissen in KMU in Zusammenhang mit der großen Bedeutung des Tagesgeschäfts als Erklärung dienen (vgl. Abb. 18).

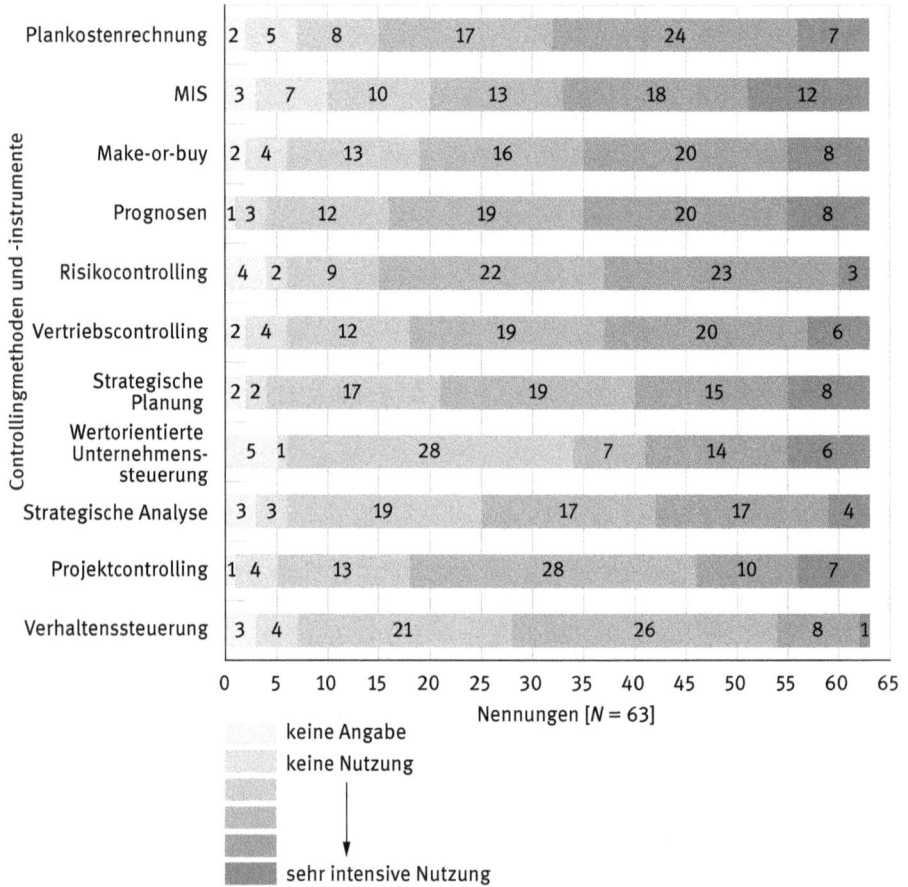

Abb. 18: Weniger intensiv genutzte Controllingmethoden und -instrumente[61].

---

61 Quelle: eigene Darstellung.

3.3 Kontrastierung der Stichprobe

In der Literatur zum Controlling in KMU werden Unternehmensgröße und Leitungs-struktur als wichtige Kontextfaktoren identifiziert. Mit steigender Unternehmensgrö-ße sollen sowohl die Wahrnehmung strategischer Controllingfunktionen als auch die Institutionalisierung spezieller Controllerstellen zunehmen. Der Mitwirkung von oder der Führung durch externe Manager werden ebenfalls positive Einflüsse auf das Con-trolling zugesprochen. In der vorliegenden Stichprobe können bei Controllingaufga-ben und der Etablierung spezieller Controllerstellen keine Abhängigkeiten von Unter-nehmensgröße oder Leitungsstruktur festgestellt werden. Dies stellt eine Abweichung zur Literatur dar.

Die Wahrnehmung von Controllingfunktionen zeigt in der Stichprobe einige Auf-fälligkeiten. Zunächst unterscheidet sich die Funktionswahrnehmung zwischen ei-gentümer- und managergeführten Unternehmen nicht. Hinsichtlich der Unterneh-mensgröße kann jedoch festgestellt werden, dass die subjektiv empfundene Bedeu-tung des Controllings mit steigender Betriebsgröße zunimmt. Dies könnte mit der Be-deutung des Controllings für die Komplexitätsreduktion zusammenhängen. Zudem weisen KMU dem Controlling durchgängig eine geringere Funktionswahrnehmung als große Mittelständler zu. Führungskräfte in größeren Unternehmen entscheiden auch deutlich stärker als Kollegen in kleineren Unternehmen kennzahlenbasiert (vgl. Abb. 19).

In Bezug auf Controllingmethoden und -instrumente kann festgestellt werden, dass große Unternehmen strategisch orientierte Controllingaufgaben wie z. B. Verhal-tenssteuerung, strategische Analyse, wertorientierte Unternehmenssteuerung und Managementinformationssysteme deutlich intensiver methodisch unterstützen als KMU. Auch Einflüsse der Leitungsstruktur sind erkennbar. Eher operative Aufgaben wie z. B. Kosten- und Ergebnisrechnung werden stärker von eigentümergeführten, strategische Aufgaben wie z. B. strategische Analyse und Risikocontrolling stärker von managergeführten Unternehmen methodisch unterstützt (vgl. Abb. 20).

Verbesserungsvorschläge für das Controlling in und für KMU ergeben sich aus den vorangegangenen deskriptiven Auswertungen und der Kontrastierung der Stichprobe. Allgemein ist die Tendenz der stärkeren Institutionalisierung von Controllerstellen im KMU zu begrüßen, da somit die im Mittelstand tendenziell stark belasteten Führungs-kräfte entlastet werden. Handlungsempfehlungen zu eher strategisch orientierten As-pekten des Controllings werden im Folgenden thematisiert.

4 Handlungsempfehlungen

Aus der vorliegenden Untersuchung lassen sich in Kombination mit der gängigen Li-teratur und aktuellen Best Practices einige Verbesserungsempfehlungen ableiten.

Nutzungsintensität Methoden und Instrumente

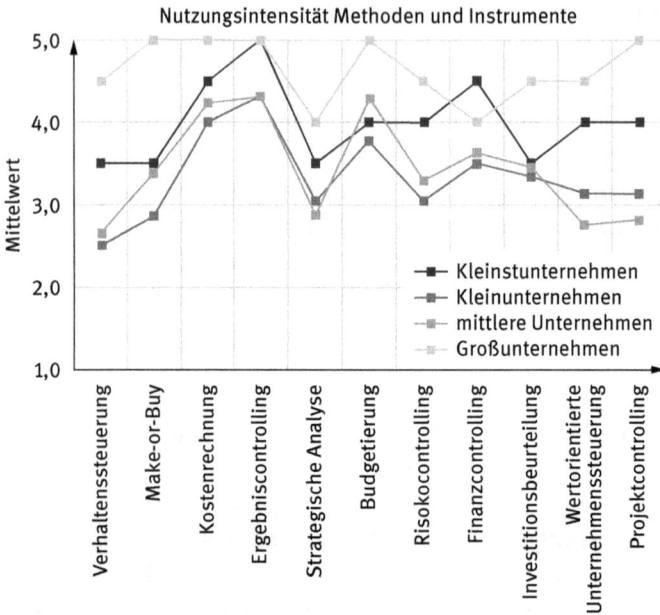

Abb. 19: Nutzungsintensität nach Unternehmensgröße – Teil 1[62].

Nutzungsintensität Methoden und Instrumente

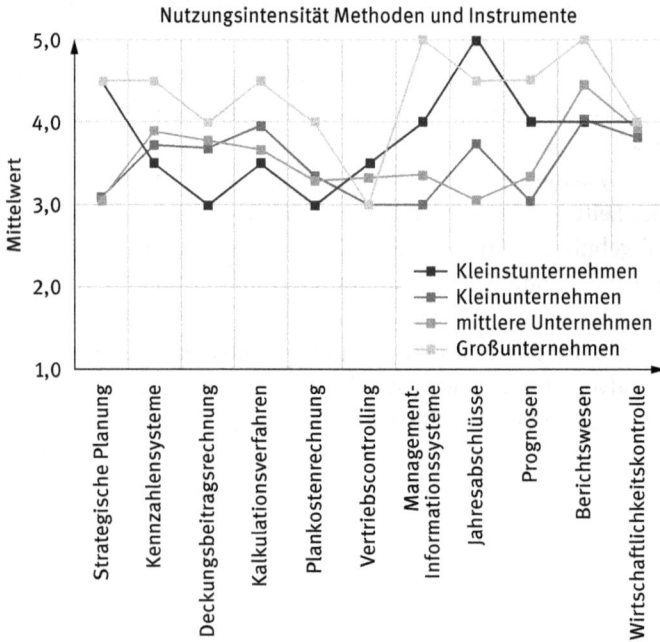

Abb. 20: Nutzungsintensität nach Unternehmensgröße – Teil 2[63].

62 Quelle: eigene Darstellung.
63 Quelle: eigene Darstellung.

4.1 Strategie

Methoden und Instrumente mit eher strategischer Orientierung wie z. B. die wertorientierte Steuerung, das Investitionscontrolling oder das Risikocontrolling werden im Mittelstand noch immer sehr selten und wenig intensiv genutzt. Die Lokomotionsfunktion des Controllings, welche mit einer stärkeren Wertschöpfungsorientierung korrespondiert, sollte in KMU stärker betont werden. Durch Kostenrechnung, Informationsversorgung und Planung ist noch keine Steuerbarkeit von Unternehmen garantiert. Hierzu müssen im Sinne des Managementregelkreises aus Planung, Entscheidung, Durchführung und Kontrolle regelmäßig Daten über Vergangenheit, Gegenwart und Zukunft analysiert werden. Die Anwendung der genannten strategischen Methoden und Instrumente ermöglicht es, frühzeitig auf Mängel im Wertschöpfungskreislauf und damit auf Bestandsrisiken zu reagieren. Dies ist insbesondere vor dem Hintergrund steigender Zahlen von Unternehmensinsolvenzen in KMU von Interesse, da Mängel im strategischen Controlling als Hauptursache von Insolvenzen identifiziert wurden.[64]

4.2 Transparenz

KMU benötigen zur Fundierung von Entscheidungen Transparenz über das unternehmerische Geschehen. Wissen im Unternehmen sollte nicht in den Köpfen der handelnden Akteure bleiben, sondern expliziert werden. Ein Managementinformationssystem (MIS) kann helfen, die für die Unternehmensführung wichtigen Informationen strukturiert zu sammeln und mit speziellen Werkzeugen zu analysieren. Auf Basis eines zentralen Data Warehouse entstehen u. a. automatisierte Berichte und Kennzahlen-Cockpits zur Entscheidungsunterstützung. Auch wenn sich in der vorliegenden Erhebung der Einsatz von MIS in KMU nicht durchgesetzt hat, kann deren Einsatz vorteilhaft sein. Nicht nur die Steuerbarkeit des Unternehmens kann verbessert werden. Zusätzlich können die in einem MIS enthaltenen Informationen proaktiv verschiedenen wichtigen Stakeholdergruppen wie z. B. Banken zur Verfügung gestellt werden. Dies würde neben einem verbesserten Zugang zu Kapitalmitteln zusätzlich die Qualität der Beziehungen des Unternehmens zu wichtigen Stakeholdern verbessern. Als ein Beispiel wird die Software MinD.Unternehmer® angeführt. Mit diesem Instrument können u. a. Aspekte der Bonitätsanalyse, Portfolioanalyse und Kennzahlenanalyse abgedeckt werden.[65]

---

64 Vgl. Keuper/Brösel/Albrecht (2009), S. 56–58.
65 Vgl. Berens/Wüller (2007), S. 398.

4.3 Führungsstil

Die Mehrzahl der Kleinstunternehmen der Stichprobe geben an, ihr Unternehmen „aus dem Bauch heraus" zu führen.[66] Diese Unternehmen werden häufig von Unternehmern geführt, die häufig intuitiv richtig entscheiden und weniger Kennzahlen benötigen als angestellte Manager. Die Nutzung von Kennzahlen in KMU sollte kein Selbstzweck sein. Die steigende Komplexität sorgt jedoch dafür, dass Kennzahlen die Entscheidungsqualität signifikant verbessern können. Folglich kann die unternehmerische Intuition durch ausgewählte betriebswirtschaftliche Kennzahlen ergänzt werden, um Rationalität und Intuition auszubalancieren. Ein Instrument hierfür ist die Balanced Scorecard (BSC).[67] Durch die Explizierung von Strategie, Vision und Mission, die Sensibilisierung für strategische Fragestellungen sowie die Messbarmachung von Vorgängen verschiedener Perspektiven kann die BSC in KMU helfen, das im Unternehmen vorhandene Wissen insbesondere der Mitarbeiter stärker zu nutzen und Wettbewerbsvorteile zu generieren.[68] Dies kann für KMU bedeuten, dass neue strategische Handlungsmuster wie z. B. eine integrierte Kosten- und Leistungsführerschaft zunehmend erreichbarer werden.[69]

5 Zusammenfassung

Das Ziel der vorliegenden Untersuchung bestand darin, Spezifika des Controllings in KMU und deren Begründung zu ermitteln und Handlungsempfehlungen abzuleiten. Folgende Kernaspekte lassen sich festhalten:

- Controllingfunktionen: In der Wahrnehmung der Entscheidungsträger in KMU sind Controlling und Controllership Synonyme. Die derivativen Funktionen des Controllings (Information und Abstimmung) sind präsenter als die originäre Lokomotion. Eigentümer messen der Informationsfunktion eine höhere Bedeutung bei, was durch „agency"-theoretische Überlegungen (Controlling als Kontrolle) begründet werden kann.
- Controllingaufgaben: Controller übernehmen umso mehr Aufgaben, je größer das Unternehmen ist. In managergeführten Unternehmen tragen Controller mehr Aufgaben mit strategischer Orientierung als in eigentümergeführten Unternehmen; die strategische Planung beanspruchen Führungskräfte aller Unternehmenstypen für sich.

---

66 Vgl. zur Unterscheidung von Bauch- und Kopfentscheidungen im Kontext von Data Analytics nochmals aktuell Deloitte (2014).
67 Vgl. Kaplan/Norton (1996).
68 Vgl. Müller/Krieg (2009), S. 315–317.
69 Vgl. Becker/Ulrich/Krämer (2010), S. 481–483.

- Controllingaufgabenträger: Mit wachsender Unternehmensgröße geht eine zunehmende Spezialisierung einher. Auch die Institutionalisierung von Controllerstellen nimmt mit steigender Größe zu. In managergeführten Unternehmen sind spezialisierte Controllingmitarbeiter deutlich häufiger Aufgabenträger des Controllings als in eigentümergeführten Unternehmen.
- Controllingmethoden: In Bezug auf eingesetzte Methoden und Instrumente gibt es keine signifikanten größen-, typen- oder leitungsstrukturspezifischen Unterschiede. Die Nutzungsgrade liegen bei managergeführten Unternehmen tendenziell höher als bei eigentümergeführten Unternehmen.

Die vorliegende Untersuchung konnte einen Beitrag zum besseren Verständnis des Controllings in KMU leisten. Der Einfluss von Leitungsstruktur und Unternehmensgröße auf das Controlling in KMU ist zu vermuten. Der Erweiterung sowie Überprüfung der gewonnenen Hypothesen sollte in Folgeuntersuchungen nachgegangen werden. Insgesamt zeigen die Erkenntnisse jedoch recht deutlich, dass sich das Controlling in KMU nicht einfach als verkleinerte Version des Controllings von Großunternehmen darstellt. Interessant ist vor allem die Überlappung der verschiedenen Einflussfaktoren im Kontext von KMU wie Branche, Familieneinfluss, Größe und Umweltunsicherheit. Hierzu fehlen bisher belastbare, auch statistisch fundierte Effekteinschätzungen, die die Erarbeitung KMU-spezifischer Controllingtools deutlich erleichtern würden.

6 Literatur

Anderson, R. C./Mansi, S. A./Reeb, D. M. (2003): Founding family ownership and the agency cost of debt. In: JFE, 68. Jg., S. 263–285.

Baltzer, B. (2013): Einsatz und Erfolg von Controlling-Instrumenten, Wiesbaden.

Becker, W. (1999): Begriff und Funktionen des Controllings. In: BBB, Bd. 106, Bamberg.

Becker, W./Baltzer, B. (2009): Controlling – Eine instrumentelle Perspektive. Bamberg.

Becker, W./Baltzer, B./Ulrich, P. (2008): Aktuelle Entwicklungen in der Unternehmensführung mittelständischer Unternehmen. In: BBB, Forschungsmaterialien, Nr. 150, Bamberg.

Becker, W./Baltzer, B./Ulrich, P. (2014): Wertschöpfungsorientiertes Controlling – Konzeption und Umsetzung. Stuttgart.

Becker, W./Staffel, M./Ulrich, P. (2010): Elemente von Controllingsystemen im Mittelstand: empirische Analyse und Ableitung von Handlungsempfehlungen. In: Controlling, 22. Jg., S. 195–203.

Becker, W./Ulrich, P. (2009): Mittelstand, KMU und Familienunternehmen in der Betriebswirtschaftslehre. In: WiST, 38. Jg., S. 2–7.

Becker, W./Ulrich, P. (2013): Geschäftsmodelle im Mittelstand. Stuttgart.

Becker, W./Ulrich, P. (2014): Begriffsabgrenzung und volkswirtschaftliche Bedeutung. In: Becker, W./Ulrich, P. (Hg.): BWL im Mittelstand, Stuttgart, S. 19–37.

Becker, W./Ulrich, P./Baltzer, B. (2015): Besonderheiten des Controllings in KMU – theoretische und empirische Befunde. In: Feldbauer-Durstmüller, B./Janschek, O. (Hg.): Jahrbuch für Controlling und Rechnungswesen 2015. Wien, S. 57–80.

Becker, W./Ulrich, P./Krämer, J. (2010): Integrierte Kosten- und Leistungsführerschaft – ein strategisches Handlungsmuster für KMU. In: Meyer, J.-A. (Hg.): Strategien von kleinen und mittleren Unternehmen – Jahrbuch der KMU-Forschung und -Praxis 2010. Lohmar/Köln, S. 481–498.

Berens, W./Wüller, F. (2007): Strategisches Controlling in KMU – Bedeutung, Umsetzungsstand und edv-technische Unterstützung. In: Controlling, 19. Jg., S. 393–403.

Bischof, J./Benz, C./Maier, E. (2004): Controlling in mittelständischen Betrieben: Ergebnisse einer Untersuchung in Vorarlberg. In: ControllerNews, 7. Jg., S. 154–158.

Brem, A./Vollrath, O. (2015): Management von Innovationen – Hintergrund und Status Quo des Innovationsmanagements im Mittelstand. In: Becker, W./Ulrich, P. (Hg.): BWL im Mittelstand. Stuttgart, S. 80–105.

Busse von Colbe, W. (1964): Die Planung der Betriebsgröße. Wiesbaden.

Bussiek, J. (1981): Erfolgsorientierte Steuerung mittelständischer Unternehmen. München.

Cascino, S./Pugliese, A./Mussolino, D./Sansone, C. (2010): The influence of family ownership on the quality accounting information. In: FBR, 23. Jg., S. 246–265.

Chrisman, J. J./Chua, J. H./Pearson, A. W./Barnett, T. (2012): Family involvement, family influence, and family-centered non-economic goals in small firms. In: ETP, 36. Jg., S. 267–293.

Damken, N. (2007): Corporate Governance in mittelständischen Kapitalgesellschaften: Bedeutung der Businesss Judgement Rule und der D&O-Versicherung für Manager im Mittelstand nach der Novellierung des § 93 AktG durch das UMAG. Edewecht.

Deloitte (2014): Data Analytics im Mittelstand. München.

Dintner, R./Schorcht, H. (1999): Stand der Voraussetzungen für das Controlling und Entwicklungstendenzen in KMU. In: Dintner, R. (Hg.): Controlling in kleinen und mittleren Unternehmen. Klassifikation, Stand und Entwicklung. Frankfurt am Main, S. 85–125.

Duller, C./Feldbauer-Durstmüller, B./Hiebl, M. R. W. (2014): Funktionen des Controllings in Familienunternehmen: Die Informationsversorgungsfunktion wird weniger intensiv wahrgenommen als in Nicht-Familienunternehmen. In: CM, 39. Jg., S. 26–29.

Duller, C./Feldbauer-Durstmüller, B./Mitter, C. (2011): Corporate Governance and Management Accounting in Family Firms: Does Generation Matter? In: International Journal of Business Research, 11. Jg., S. 29–46.

Europäische Kommission (1996): KMU-Definition: Empfehlung der Kommission vom 03. April 1996. In: Amtsblatt der Europäischen Gemeinschaft, L 107 vom 30. April 1996.

Europäische Kommission (2003): KMU-Definition: Empfehlung der Kommission vom 06. Mai 2003. In: Amtsblatt der Europäischen Gemeinschaft, L 124 vom 20.05.2003, S. 36.

EulerHermes Kreditversicherung (2006): Ursachen von Insolvenzen: Gründe für Unternehmensinsolvenzen aus Sicht von Insolvenzverwaltern.

Feldbauer-Durstmüller, B./Wimmer, B./Duller, C. (2008): Controlling in österreichischen Familienunternehmen – dargestellt am Bundesland Oberösterreich. In: ZfPU, 18. Jg., S. 427–443.

Flacke, K. (2007): Controlling in mittelständischen Unternehmen. Ausgestaltung, Einflussfaktoren der Instrumentennutzung und Einfluss auf die Bankkommunikation. URN urn:nbn:de:hbz:6-29539358259, Münster.

García Pérez de Lema, D./Duréndez, A. (2007): Managerial behaviour of small and medium-sized family businesses: An empirical study. In: IJEBR, 13. Jg., S. 151–172.

Gibson, B./Cassar, G. (2002): Planning Behavior Variables in Small Firms. In: JSBM, 40. Jg., S. 171–186.

Giovannini, R. (2010): Corporate governance, family ownership and performance. In: Journal of Management and Governance, 14. Jg., S. 145–166.

Gomez-Mejia, L. R./Haynes, K. T./Núñez-Nickel, M./Jacobson, K. J. L./Moyano-Fuentes, J. (2007): Socioemotional wealth and business risks in family-controlled firms: Evidence from Spanish oil mills. In: ASQ, 52. Jg., S. 106–137.

Granlund, M./Lukka, K. (1998): Towards increasing business orientation: Finnish management accountants in a changing cultural context. In: MAR, 9. Jg., S. 185–211.

Hausch, K. (2004): Corporate Governance im deutschen Mittelstand: Veränderungen externer Rahmenbedingungen und interner Elemente. Wiesbaden.

Henselmann, K. (2002): Organisation des Controllings. In: Küpper, H.-U./Wagenhofer, A. (Hg.): Handwörterbuch Unternehmensrechnung und Controlling. Stuttgart, S. 1357–1365.

Hess, T. (2002): Netzwerkcontrolling – Instrumente und ihre Werkzeugunterstützung. Wiesbaden.

Hiebl, M. R. W. (2012a): Peculiarities of financial management in family firms. In: International Business & Economics Research Journal, 11. Jg., S. 315–322.

Hiebl, M. R. W. (2012b): Risk aversion in family firms: what do we really know? In: The Journal of Risk Finance, 14. Jg., S. 49–70.

Hiebl, M. R. W. (2013): Non-family CFOs in family businesses: do they fit? In: JBS, 34. Jg., S. 45–51.

Hiebl, M. R. W./Duller, C./Feldbauer-Durstmüller, B./Ulrich, P. (2015): Family Influence and Management Accounting Usage – Findings from Germany and Austria. In: SBR, 67. Jg., H. 3, S. 368–404.

Hiebl, M. R. W./Feldbauer-Durstmüller, B./Duller, C./Neubauer, H. (2011): Institutionalisation of Management Accounting in Family Businesses. In: Empirical Evidence from Austria and Germany, Working paper.

Hoch, G./Heupel, T. (2013): Demografiekonformes Controlling in KMU. In: Göke, M./Heupel, T. (Hg.): Wirtschaftliche Implikationen des demografischen Wandels. Wiesbaden, S. 417–432.

Horváth, P. (2009): Controlling. 11. Aufl., München.

Kaplan, R./Norton, D. (1996): The Balanced Scorecard: Translating Strategy into Action. Boston.

Keuper, F./Brösel, G./Albrecht, T. (2009): Controlling in KMU – Identifikation spezifischer Handlungsbedarfe auf Basis aktueller Studien. In: Müller, D. (Hg.): Controlling für kleine und mittlere Unternehmen. München, S. 55–71.

Kosmider, A. (1994): Controlling im Mittelstand. Eine Untersuchung der Gestaltung und Anwendung des Controllings in mittelständischen Industrieunternehmen. 2. Aufl., Stuttgart.

Krüger, W. (1992): Aufgabenanalyse und -synthese. In: Frese, E. (Hg.): Handwörterbuch der Organisation. Stuttgart, S. 221–236.

Küpper, H.-U. (2008): Controlling. 5. Aufl., Stuttgart.

Küpper, H.-U./Weber, J./Zünd, A. (1990): Zum Verständnis und Selbstverständnis des Controllings. In: ZfB, 60. Jg., S. 281–293.

Lachnit, L./Dey, G. (1989): Stand der in Klein- und Mittelbetrieben angewendeten Führungs-Informationssysteme: eine empirische Untersuchung. In: Lachnit, L. (Hg.): EDV-gestützte Unternehmensführung in Mittelständischen Betrieben: Controllingsysteme zur integrierten Erfolgs- und Finanzlenkung auf operativer und strategischer Basis. München, S. 57–96.

Lanz, R. (1990): Controlling in kleinen und mittleren Unternehmen. 2. Aufl., Bern.

Lavia-López, O./Hiebl, M. (2015): Management Accounting in Small and Medium-Sized Enterprises: Current Knowledge and Avenues for Further Research. In: JMAR, 27. Jg., H. 1, S. 81–119.

Legenhausen, C. (1998): Controllinginstrumente für den Mittelstand. Wiesbaden.

Matthews, C. H./Scott, S. G. (1995): Uncertainty and planning in small and entrepreneurial firms: an empirical assessment. In: JSBM, 33. Jg., S. 34–52.

Müller, S./Krieg, A. (2009): Einsatz der Balanced Scorecard in Eigentümerunternehmen. In: Müller, D. (Hg.): Controlling für kleine und mittlere Unternehmen. München, S. 315–338.

Niedermayr, R. (1994): Entwicklungsstand des Controllings – System, Kontext und Effizienz. Wiesbaden.

Ossadnik, W./Barklage, D./van Lengerich, E. (2003): Controlling mittelständischer Unternehmen in der Region Osnabrück-Emsland: Empirische Bestandsaufnahme, Evaluierung, und Handlungsempfehlungen, Abschlussbericht eines vom IfMOS geförderten Projektes, Osnabrück 2003.

Ossadnik, W./Barklage, D./van Lengerich, E. (2004): Controlling im Mittelstand: Ergebnisse einer empirischen Untersuchung. In: Controlling, 16. Jg., S. 621– 630.

Pfohl, H.-C. (2013): Betriebswirtschaftslehre der Mittel- und Kleinbetriebe: größenspezifische Probleme und Möglichkeiten zu ihrer Lösung. 5. Aufl., Berlin.

Pietsch, G./Scherm, E. (2002): Gemeinsamkeiten und Forschungsperspektiven in der konzeptionell orientierten Controllingforschung. In: Weber, J./Hirsch, B. (Hg.): Controlling als akademische Disziplin – Eine Bestandsaufnahme. Wiesbaden, S. 191–204.

Pohl, H. J./Rehkugler, H. (1986): Mittelständische Unternehmen: durch qualifiziertes Management zum Erfolg. Hochschule Bremen Fachbereich Wirtschaftswissenschaften, Bremen.

Posch, A./Speckbacher, G. (2012): Führung in Familienunternehmen: Besonderheiten der Entscheidungsfindung und Verhaltenssteuerung und deren Auswirkung auf den Unternehmenserfolg. In: ZfB, 82. Jg., S. 5–23.

Poutziouris, P./Savva, C. S./Hadjielias, E. (2015): Family involvement and firm performance: Evidence from UK listed firms. In: JFBS, 6. Jg., S. 14–32.

Rautenstrauch, T./Müller, C. (2005): Verständnis und Organisation des Controlling in kleinen und mittleren Betrieben. In: ZfPU, 16. Jg., S. 189–209.

Rautenstrauch, T./Müller, C. (2006): Investitionscontrolling in kleinen und mittleren Unternehmen (KMU). In: ZfCM, 50. Jg., S. 100–105.

Reid, G. C./Smith, J. A. (2000): The impact of contingencies on management accounting system development. In: MAR, 11. Jg., S. 427–450.

Salvato, C./Moores, K. (2010): Research on accounting in family firms: Past accomplishments and future challenges. In: FBR, 23. Jg., S. 193–215.

Schachner, M./Speckbacher, G./Wentges, P. (2006): Steuerung mittelständischer Unternehmen: Größeneffekte und Einfluss der Eigentums- und Führungsstruktur. In: ZfB, 76. Jg., S. 589–614.

Scherm, E./Pietsch, G. (2004): Theorie und Konzeption in der Controllingforschung. In: Scherm, E./Pietsch, G. (Hg.): Controlling – Theorien und Konzeptionen. München, S. 3–19.

Scherm, E./Pietsch, G. (2004): Controlling – Theorien und Konzeptionen, München.

Schomaker, M./Günther, T. (2006): Wertorientiertes Management für den Mittelstand. In: Schweickart, N./Töpfer, A. (Hg.): Wertorientiertes Management. Heidelberg, S. 215–240.

Speckbacher, G./Wentges, P. (2012): The impact of family control on the use of performance measures in strategic target setting and incentive compensation: A research note. In: MAR, 23. Jg., S. 34–46.

Spillecke, D. (2006): Interne Kundenorientierung des Controllerbereichs. Wiesbaden.

Spraul, A./Oeser, J. (2007): Controlling. In: Handelsblatt Mittelstands-Bibliothek – Band 2. Stuttgart.

Wall, F. (2008): Controlling zwischen Entscheidungs- und Verhaltenssteuerungsfunktion. In: DBW, 68. Jg., S. 463–482.

Wallau, F. (2006): Mittelständische Unternehmen in Deutschland: Das Rückgrat der Wirtschaft. In: Schauf, M. (Hg.): Unternehmensführung im Mittelstand: Rollenwandel kleiner und mittlerer Unternehmen in der Globalisierung. München/Mering, S. 11–33.

Wolter, H. J./Hauser, H. E. (2001): Die Bedeutung des Eigentümerunternehmens in Deutschland. In: IfM Bonn (Hg.): Jahrbuch zur Mittelstandsforschung. S. 27–78.

Ziener, M. (1985): Controlling im multinationalen Unternehmen. Landsberg a. L.

Zimmermann, C. (2001): Controlling in international tätigen mittelständischen Unternehmen. Wiesbaden.

Martin R. W. Hiebl

Strategisches Controlling in Klein- und Mittelunternehmen

1 Einleitung

Viele empirische Studien belegen die enorme volkswirtschaftliche Bedeutung von Klein- und Mittelunternehmen (KMU). Diese Bedeutung spiegelt sich sowohl in der Tatsache wider, dass KMU den Großteil aller Unternehmen vieler Volkswirtschaften ausmachen, als auch der Tatsache, dass ein Großteil der Wirtschaftsleistung dieser Volkswirtschaften in KMU erwirtschaftet wird.[1] Gleichzeitig genießen KMU häufig spezifische Vorzüge, haben aber auch mit besonderen Herausforderungen zu kämpfen. Unter den Vorzügen ist etwa eine höhere Flexibilität als Großunternehmen zu

---

[1] Vgl. Ayyagari/Beck/Demirguc-Kunt (2007), S. 418–419; Beck/Demirguc-Kunt (2006), S. 2935.

DOI 10.1515/9783110517163-007

nennen,[2] unter den Herausforderungen hingegen insbesondere die in der Regel anzutreffende knappe Ausstattung mit finanziellen und personellen Ressourcen.[3]

Unter anderem dieser Ressourcenknappheit ist auch geschuldet, dass viele KMU in geringerem Ausmaß als Großunternehmen Controlling einsetzen,[4] obwohl gerade für KMU ein adäquater Controllingeinsatz spezifische Vorteile mit sich bringen würde. So argumentieren etwa Berens/Wüller, dass KMU durch einen entsprechenden Einsatz von strategischem Controlling Bedrohungspotenziale frühzeitig erkennen, somit akute Unternehmenskrisen vermeiden und folglich eine Insolvenzgefährdung verringern können.[5] Allerdings gilt für den Einsatz von strategischem Controlling noch stärker als für den Einsatz von operativem Controlling, dass KMU dies in geringem und eventuell auch häufig unzureichendem Ausmaß einsetzen. So zeigen etwa Ossadnik/Barklage/van Lengerich, dass sich das Controlling in vielen KMU auf den Einsatz operativer Controllinginstrumente konzentriert, strategische Controllinginstrumente hingegen nur marginal Anwendung finden.[6]

Vor diesem Hintergrund scheint es angebracht, die spezifische Nutzung, aber auch die potenziellen Vorzüge eines verstärkten Einsatzes von strategischem Controlling in KMU näher zu analysieren. Der vorliegende Beitrag folgt diesem Ziel und versucht, interessierten Praktikern, aber auch Studierenden und Wissenschaftlern einen Überblick über strategisches Controlling in KMU zu bieten. Hierfür wird zunächst in Kapitel 2 das in diesem Beitrag verwendete Verständnis der Begriffe „strategisches Controlling" und „KMU" erläutert. Kapitel 3 widmet sich Kontextfaktoren des strategischen Controllings in KMU, während Kapitel 4 sich der Ausgestaltung des strategischen Controllings in KMU zuwendet. In Kapitel 5 werden Folgen des strategischen Controllings in KMU diskutiert. Kapitel 6 beschließt diesen Beitrag mit einem Resümee und einem kurzen Ausblick auf weitere Forschungsbedarfe.

Es sei jedoch bereits an dieser Stelle angemerkt, dass es schwierig erscheint, eine absolut vollständige Aufarbeitung aller Kontextfaktoren, Ausgestaltungsformen und Folgen des strategischen Controllings in KMU zu erbringen. Die folgenden Kapitel konzentrieren sich daher auf die Haupterkenntnisse zu diesem Themenfeld – insbesondere die empirischen – und jene Kontextfaktoren, Ausgestaltungsformen und Folgen, die in der Literatur am häufigsten diskutiert werden.

---

2 Vgl. z. B. Levy/Powell (1998), S. 185–186.
3 Vgl. z. B. Günther/Schomaker (2012), S. 21; Feldbauer-Durstmüller/Hiebl (2015), S. 193.
4 Vgl. Lavia Lopez/Hiebl (2015), S. 83.
5 Vgl. Berens/Wüller (2007), S. 393–396.
6 Vgl. Ossadnik/Barklage/van Lengerich (2004), S. 628–629.

2 Begriffsabgrenzungen

2.1 Strategisches Controlling

Ähnlich wie bei der Bedeutung des allgemeinen Begriffs „Controlling"[7] existieren in der – sowohl deutschsprachigen als auch englischsprachigen – Literatur unterschiedliche Interpretationen bzw. Konzeptionen des Begriffs „strategisches Controlling".[8] Hierbei ist ferner anzumerken, dass es in der englischsprachigen Literatur keine 1:1-Entsprechung dessen gibt, was im deutschsprachigen Raum in der Regel unter dem Begriff „Controlling" verstanden wird.[9] Dementsprechend findet sich auch für den Begriff des strategischen Controllings keine eindeutige englischsprachige Entsprechung. In der englischsprachigen Literatur werden allerdings häufig die Begriffe des „Strategic Management Accounting" (vor allem im Vereinigten Königreich, Australien und Neuseeland) oder des „Strategic Cost Management" (vor allem in den USA)[10] verwendet, unter denen zumindest ähnliche Instrumente wie unter dem Begriff „strategisches Controlling" zusammengefasst werden – wie etwa strategische Planung, Performance-Measurement- oder Performance-Management-Systeme.[11] Daher wird in den folgenden Ausführungen sowohl auf deutschsprachige Literatur referenziert, die sich auf strategisches Controlling bezieht, als auch auf englischsprachige, die sich mit Aspekten von Strategic Management Accounting bzw. Strategic Cost Management befasst.

Gleichwohl bleibt zu klären, was konkret unter strategischem Controlling verstanden werden kann. In der deutschsprachigen Literatur bieten manche Lehr- und Fachbücher zu strategischem Controlling Ansätze einer Definition. So sieht etwa Buchholz strategisches Controlling als „die Koordination zwischen strategischer Planung, Information (zu unternehmensinternen und -externen Rahmenbedingungen) sowie Analyse und Kontrolle der strategischen Pläne und deren Prämissen"[12]. Ähnlich, aber etwas umfangreicher wird der Begriff von Baum/Coenenberg/Günther gedeutet. Diesen Autoren zufolge kann strategisches Controlling *„als ein System der Informationsgenerierung und -verarbeitung zur Unterstützung der Unternehmensführung durch Planung und Kontrolle von Strategien und deren Umsetzung und als Koordination verschiedener strategischer sowie operativer Subsysteme des Unternehmens zur Gewährung ei-*

---

7 Vgl. z. B. Buchholz (2013), S. 10–14; Guenther (2013), S. 271, 275–281; Kramer/Valentin (2009), S. 83–85; Müller (2014), S. 71–72.

8 Vgl. Baum/Coenenberg/Günther (2013), S. 14; Langfield-Smith (2008), S. 205–207.

9 Vgl. Feldbauer-Durstmüller/Hiebl (2015), S. 194; Guenther (2013), S. 285–286; Roso/Vormweg/Wall (2003), S. 58–61.

10 Vgl. Langfield-Smith (2008), S. 204–206.

11 Vgl. z. B. Chenhall/Langfield-Smith (1998), S. 250; Günther/Breiter (2007), S. 6–8.

12 Buchholz (2013), S. 50.

ner nachhaltigen Entwicklung als oberste Zielsetzung verstanden werden".[13] Gemein ist beiden Definitionsansätzen, dass Aspekte, die häufig als Kernfunktionen des Controllings genannt werden – wie Koordination, Informationsversorgung, Planung und Kontrolle[14] – Eingang finden und auf Strategien bzw. strategische Planung bezogen werden.

Wesentlich diverser erscheinen die angloamerikanischen Definitionsansätze zu Strategic Management Accounting und Strategic Cost Management. So sieht in einer der ersten Definitionen Simmonds die Bereitstellung und Analyse von Management-Accounting-Daten für den Zweck der Entwicklung und Kontrolle der Unternehmensstrategie im Fokus von Strategic Management Accounting.[15] Bromwich hingegen gestaltet seinen Definitionsansatz von Strategic Management Accounting sehr wettbewerbsorientiert. Er sieht die Bereitstellung von finanziellen Informationen zu Produktmärkten und Wettbewerbern sowie die Kontrolle von Strategien des eigenen Unternehmens und jener der Wettbewerber im Fokus von Strategic Management Accounting.[16] Stark mit der Marketingfunktion verbunden sehen hingegen Roslender/Hart den Begriff des Strategic Management Accounting. Sie sehen Strategic Management Accounting als generischen Ansatz zur Integration von Management-Accounting-Informationen mit jenem aus dem Marketingmanagement im Rahmen des strategischen Managements.[17] Jedoch scheinen auch zwischen diesen ausgewählten Definitionen Gemeinsamkeiten zu bestehen. So sind auch hier zumindest die Versorgung mit strategierelevanten Informationen sowie die Kontrolle von Strategien in dem Begriff des Strategic Management Accounting inbegriffen. Teilweise sind den genannten Autoren zufolge auch weitere Controllingfunktionen wie Koordination und Planung implizit oder explizit umfasst.[18]

Aus dieser kurzen Übersicht über einige deutschsprachige und angloamerikanische Definitionsansätze zum strategischen Controlling wird deutlich, dass sich – wie oben angedeutet – die Literatur uneins darüber ist, was strategisches Controlling im engeren Sinne bedeutet bzw. bedeuten soll. Allerdings scheint ein gewisser Konsens darüber zu bestehen, dass klassische Controllingfunktionen wie Koordination, Informationsversorgung, Planung und Kontrolle auch Teil des strategischen Controllings sind. Dementsprechend wird im Folgenden von einer relativ weiten Sichtweise ausgegangen und strategisches Controlling als die Planung, Koordination und Kontrolle von Strategien sowie die einhergehende Versorgung mit strategierelevanten Informationen verstanden.

---

13 Baum/Coenenberg/Günther (2013), S. 14.
14 Vgl. z. B. Guenther (2013), S. 275–284; Weber/Schäffer (2014), S. 20–27.
15 Vgl. Simmonds (1981), S. 26.
16 Vgl. Bromwich (1990), S. 28.
17 Vgl. Roslender/Hart (2003), S. 272.
18 Vgl. Bromwich (1990), S. 28; Roslender/Hart (2003), S. 259.

2.2 Klein- und Mittelunternehmen (KMU)

Genauso wie beim Begriff des strategischen Controllings gibt es auch bzgl. der Auslegung des Terminus „KMU" keine einheitliche Meinung in der Literatur. Häufig wird der Begriff KMU in der Betriebswirtschaft auch synonym mit anderen Begriffen wie „Mittelstand" oder „Familienunternehmen" verwendet.[19] Diese synonyme Verwendung ist jedoch kritisch zu sehen, da sich der Begriff KMU meist auf quantifizierbare Kriterien zur Abgrenzung von Großunternehmen stützt, während bei der Klassifizierung von Unternehmen als „mittelständisch" oder als „Familienunternehmen" häufig auch qualitative Kriterien berücksichtigt werden, um die spezifischen Charakteristika dieser Unternehmensformen erfassen zu können. Diese Charakteristika gehen auch, aber nicht nur mit einer geringeren Unternehmensgröße einher.[20] Das heißt, es gibt durchaus Schnittmengen zwischen KMU, mittelständischen Unternehmen und Familienunternehmen. Von einer Synonymität der Begriffe kann aber nicht ausgegangen werden.

Vor dem Hintergrund der Zielsetzung dieses Beitrags wird im Folgenden nur der Begriff KMU näher diskutiert. Wie weiter unten ersichtlich kann jedoch durchaus auch in der Gruppe der KMU Familieneinfluss eine Rolle spielen, was aber nicht bedeuten soll, dass alle KMU Familienunternehmen wären, sondern dass die Höhe des Familieneinflusses ein relevanter Kontextfaktor für die Ausgestaltung des strategischen Controllings in KMU zu sein scheint.

Im Folgenden wird der überwiegenden Literaturmeinung gefolgt, dass KMU sinnvollerweise mittels Größenkriterien von Großunternehmen abzugrenzen sind.[21] Allerdings stehen bei dieser Herangehensweise auch mehrere konkrete Definitionen zur Verfügung. Im deutschsprachigen Raum werden mittlerweile vor allem zwei Ansätze häufig angewandt: jener des Instituts für Mittelstandforschung (IfM) Bonn[22] und jener der Europäischen Kommission[23]. Beide Definitionen haben gemein, dass diese auf die Mitarbeiteranzahl und den Jahresumsatz zurückgreifen, um Unternehmen als Teil der Gruppe der KMU zu klassifizieren.[24] Sowohl das IfM Bonn als auch die Europäische Kommission gehen hierbei von einem maximalen Jahresumsatz von 50 Mio. € aus, um ein Unternehmen als Teil der KMU zu klassifizieren. Bei der Mitarbeiteranzahl jedoch unterscheiden sich beide Ansätze. Die EU-Kommission geht von einer maximalen Mitarbeiteranzahl von 249 aus, während das IfM Bonn bei 499 Mitarbeitern die maximale Anzahl an Mitarbeitern sieht, bei welcher ein Unternehmen noch als Teil der

---

19 Vgl. Becker/Ulrich (2009a), S. 2.
20 Vgl. Becker/Ulrich (2009a), S. 3–5; Steiger/Duller/Hiebl (2015), S. 34–38.
21 Vgl. z. B. Goeke (2008), S. 10.
22 Vgl. Institut für Mittelstandsforschung Bonn (2016).
23 Vgl. Europäische Kommission (2003).
24 Die Definition der Europäischen Kommission (2003) umfasst zusätzlich bzw. alternativ zum Jahresumsatz auch noch die Bilanzsumme.

Tab. 25: KMU-Definition des IfM Bonn[25].

Unternehmensgröße	Zahl der Beschäftigten	und	Umsatz in € pro Jahr
Kleinst	Bis 9		Bis 2 Mio.
Klein*	Bis 49		Bis 10 Mio.
Mittel**	Bis 499		Bis 50 Mio.
KMU gesamt	Unter 500		Bis 50 Mio.

* und kein kleinstes Unternehmen
** und kein kleinstes oder kleines Unternehmen

KMU kategorisiert werden kann.[26] Dieser höhere Schwellenwert bei der Definition des IfM Bonn wird durch die Spezifika der deutschen Unternehmenslandschaft erklärt,[27] die mitunter darin liegen, dass sich auch Unternehmen, die in anderen Ländern eindeutig als „Großunternehmen" klassifiziert würden, in Deutschland häufig selbst als Teil des Mittelstands sehen.[28] Da sich dieser Beitrag aufgrund seiner Sprache primär einem deutschen bzw. deutschsprachigen Publikum zuwendet, soll daher im Folgenden der KMU-Definition des IfM Bonn gefolgt werden. Wie in Tab. 25 ersichtlich, ist dementsprechend für die Zuordnung eines Unternehmens zur Gruppe der KMU eine Mitarbeiteranzahl von unter 500 erforderlich und ein Jahresumsatz von maximal 50 Mio. €.

Innerhalb der Gruppe der KMU lassen sich – entsprechend der in Tab. 25 dargestellten Kriterien – kleinste, kleine und mittlere Unternehmen unterscheiden. Dies verdeutlicht, dass auch innerhalb der Gruppe der KMU mehrere Größenklassen identifiziert werden können. Wie im nächsten Kapitel gezeigt wird, haben unterschiedliche Größenklassen auch einen Einfluss auf die Ausgestaltung des strategischen Controllings in KMU, weshalb auch die konkrete Unternehmensgröße innerhalb der Gruppe der KMU als relevanter Kontextfaktor diskutiert wird.

3 Kontextfaktoren des strategischen Controllings in KMU

3.1 Unternehmensgröße

Wie in Abschnitt 2.2 angedeutet, werden innerhalb der Gruppe der KMU häufig – und so auch bei der in diesem Beitrag herangezogenen Definition des IfM Bonn – mehrere

---

25 Quelle: Institut für Mittelstandsforschung Bonn (2016).
26 Vgl. Europäische Kommission (2003); Institut für Mittelstandsforschung Bonn (2016).
27 Vgl. Institut für Mittelstandsforschung Bonn (2016).
28 Vgl. z. B. Heinicke/Guenther/Widener (2016), S. 5; Hiebl (2015), S. 361.

Größenklassen unterschieden. Die empirische Literatur zeigt, dass mit diesen Größenklassen – und somit dem Kontextfaktor „Unternehmensgröße" – auch innerhalb der
Gruppe der KMU die Nutzung von strategischem Controlling divergiert.[29] So kommen
mehrere empirische Studien aus dem deutschsprachigen Raum relativ einhellig zu
dem Schluss, dass kleine Unternehmen Instrumente des strategischen Controllings signifikant weniger häufig bzw. weniger intensiv einsetzen als mittlere Unternehmen.[30]

Erklärt wird der Zusammenhang zwischen der konkreten Unternehmensgröße
von KMU und der Nutzung von strategischem Controlling in der Regel durch zwei
Faktoren.[31] Erstens wird argumentiert, dass kleine Unternehmen (noch) weniger –
vor allem finanzielle und personelle – *Ressourcen* zur Verfügung haben als mittlere Unternehmen. Damit stehen auch weniger Ressourcen für die Implementierung
und Nutzung von strategischen Controllinginstrumenten bereit oder die Etablierung
eigenständiger Controllingabteilungen.[32] Zweitens wird häufig auf die geringere *Komplexität* von kleinen Unternehmen im Vergleich mit mittleren Unternehmen hingewiesen. So ist ein Klein- oder ein Kleinstunternehmen in der Regel einfacher zu über-
blicken, und es bedarf dementsprechend weniger formaler Controllinginstrumente,
um das Unternehmen zu steuern. Mittelunternehmen haben hingegen bereits eine
größere Anzahl von Mitarbeitern und Führungskräften, was auch formale – operative
und strategische – Controllinginstrumente für Planung, Koordination, Kontrolle und
Informationsversorgung im Unternehmen notwendig macht.[33]

3.2 Familieneinfluss

Wie weiter oben angedeutet, bestehen zwischen den Gruppen der KMU und der Familienunternehmen relativ große Überlappungen; d. h., viele KMU können gleichzeitig auch als Familienunternehmen klassifiziert werden.[34] Allerdings gibt es unter den
KMU eine gewisse Anzahl von Nicht-Familienunternehmen und Unternehmen mit höherem oder niedrigerem Familieneinfluss. In KMU können also deutlich unterschied-

---

29 Vgl. Lavia Lopez/Hiebl (2015), S. 98–100.

30 Vgl. Becker/Ulrich/Baltzer (2015), S. 71–73; Deimel (2008), S. 287–294; Feldbauer-Durstmüller/Haas
(2009), S. 49–51; Flacke (2006), S. 243–247; Legenhausen (1998), S. 68–69; Ossadnik/Barklage/van
Lengerich (2004), S. 627–628; Speckbacher/Wentges (2012), S. 41–42.

31 Vgl. Lavia Lopez/Hiebl (2015), S. 82, 98.

32 Vgl. z. B. Beyer/Geis (2009), S. 374–375; Jacobs et al. (2009), S. 46; Rautenstrauch/Müller (2005),
S. 190–201.

33 Vgl. z. B. Becker/Ulrich (2009b), S. 310–313; Beyer/Geis (2009), S. 373.

34 Diese Aussage kann getroffen werden, auch wenn in der internationalen Familienunternehmens-
forschung nach wie vor keine einheitlich anerkannte Definition von „Familienunternehmen" gefunden werden konnte – vgl. O'Boyle/Pollack/Rutherford (2012), S. 8; Steiger/Duller/Hiebl (2015),
S. 34–38.

liche Grade des Familieneinflusses – also des Einflusses einer oder mehrerer Eigentümerfamilien – beobachtet werden.[35]

Wie die Controllingforschung in jüngerer Vergangenheit verstärkt gezeigt hat, scheint Familieneinfluss auch Einfluss auf die Anwendung von strategischem Controlling zu haben.[36] So zeigen etwa die Studien von Hiebl/Feldbauer-Durstmüller/Duller,[37] Hiebl et al.[38] oder Speckbacher/Wentges,[39] dass KMU mit höherem Familieneinfluss strategische Controllinginstrumente wie Performance-Management-Systeme, Benchmarking oder Szenarioplanung weniger häufig anwenden als KMU mit niedrigerem Familieneinfluss. Diese Studien zeigen auch, dass dieser Zusammenhang stärker in KMU als in Großunternehmen zu gelten scheint. Dies legt nahe, dass insbesondere in KMU Familieneinfluss mit der Nutzung von strategischem Controlling in Zusammenhang steht, aber nicht bzw. nicht in gleichem Ausmaß in Großunternehmen.

Mögliche Erklärungen für den Zusammenhang zwischen Familieneinfluss und Controlling werden in erster Linie in der Agency-Theorie und dem ressourcenorientierten Ansatz begründet gesehen. Familienunternehmen zeichnen sich häufig durch eine intensive Einbindung der Eigentümer in die Führung des Unternehmens aus.[40] Durch die hierdurch entstehende Personalunion zwischen Eigentum und Management kann von einem niedrigeren Grad an Agency-Konflikten ausgegangen werden, die in nicht eigentümergeführten Unternehmen durch die Trennung von Eigentum und Management entstehen können.[41] Da sowohl strategische als auch operative Controllinginstrumente als ein Mittel zur Verringerung von Agency-Konflikten gesehen werden,[42] kann gefolgert werden, dass Familienunternehmen weniger Bedarf an Controllinginstrumenten haben als Nicht-Familienunternehmen.[43] Hingegen wird in Arbeiten auf Basis des ressourcenorientierten Ansatzes in der Regel argumentiert, dass Familienunternehmen über ein besonderes Set an Ressourcen verfügen, aber teilweise auch Ressourcenmängel aufweisen. So zeigen etwa die Ergebnisse von Andric/Kammerlander[44], dass KMU mit höherem Familieneinfluss niedrigeres Controlling-Know-how aufweisen, was wiederum mit einer niedrigeren Nutzung strategischer Controllinginstrumente in Zusammenhang steht. Umgekehrt setzen – dieser Studie zufolge – KMU mit höherem Familieneinfluss stärker auf die Ressourcen „Intuiti-

35 Vgl. Becker/Ulrich (2009a), S. 4–6; Klein (2000), S. 159–172.
36 Vgl. Senftlechner/Hiebl (2015), S. 594–595.
37 Vgl. Hiebl/Feldbauer-Durstmüller/Duller (2013b), S. 139.
38 Vgl. Hiebl et al. (2015), S. 386–395.
39 Vgl. Speckbacher/Wentges (2012), S. 40–42.
40 Vgl. z. B. Sirmon/Hitt (2003), S. 340–345.
41 Vgl. Chrisman/Chua/Litz (2004), S. 335–339; Jensen/Meckling (1976), S. 330.
42 Vgl. Wagenhofer (2010), S. 13–15.
43 Vgl. Feldbauer-Durstmüller/Hiebl (2015), S. 196; Mitter (2014), S. 347–348.
44 Vgl. Andric/Kammerlander (2017).

on" und „Erfahrung", welche ebenfalls mit einer niedrigeren Nutzung strategischer Controllinginstrumente in Zusammenhang stehen.

3.3 Akteure

Die Literatur hat neben den Faktoren Unternehmensgröße und Familieneinfluss zuletzt auch betont, dass gewisse Akteure einen deutlichen Einfluss auf die Ausgestaltung des strategischen Controllings in KMU haben. Insbesondere sind unter diesen Akteuren Eigentümer, Chief Financial Officers, Banken und andere Kapitalgeber zu nennen.

Wie im vorangegangen Kapitel erwähnt, sind KMU häufig durch eine enge Einbindung der Eigentümer in die Führung des Unternehmens gekennzeichnet. Es scheint daher nicht überraschend, dass Eigentümer und ihre Charakteristika starken Einfluss auf die Anwendung von betriebswirtschaftlichen Instrumenten und Praktiken in KMU haben.[45] Analog zum generell beobachtbaren Zusammenhang zwischen Topmanagercharakteristika und Controllingnutzung[46] haben jüngere Forschungsergebnisse gezeigt, dass dieser Zusammenhang auch für das strategische Controlling in KMU zuzutreffen scheint – obgleich anzumerken ist, dass empirische Befunde für den Einfluss von Eigentümern auf das Controlling in KMU derzeit noch rar sind.[47] Reheul/Jorissen[48] berichten aber, dass die Anwesenheit von länger gedienten und besser ausgebildeten Eigentümergeschäftsführern in KMU mit der Anwendung subjektiver Performance-Measurement-Systeme – einem klassischen Instrument des strategischen Controllings –[49] positiv korreliert. In ähnlicher Weise zeigen die bereits oben erwähnten Ergebnisse von Andric/Kammerlander,[50] dass ein höheres Controlling-Know-how von Eigentümern mit einer stärkeren Nutzung strategischer Controllinginstrumente einhergeht. Zudem legen die Forschungsresultate von Davila/Foster[51] nahe, dass in KMU mit erfahreneren Geschäftsführern – die in vielen Fällen gleichzeitig die Haupteigentümer von KMU sind – schneller und mehr Controllinginstrumente, darunter auch strategische, eingeführt werden als in KMU mit weniger erfahrenen Geschäftsführern.

Manche KMU beschäftigen familienfremde kaufmännische Geschäftsführer oder kaufmännische Leiter, für die im Folgenden der Sammelbegriff „Chief Financial Officers (CFO)" verwendet wird.[52] Die empirische Literatur hat gezeigt, dass CFO

---

45 Vgl. Hankinson/Bartlett/Ducheneaut (1997), S. 168–174.
46 Vgl. Hiebl (2014), S. 228–234.
47 Vgl. Feldbauer-Durstmüller/Hiebl (2015), S. 201.
48 Vgl. Reheul/Jorissen (2014), S. 481–482.
49 Vgl. Baum/Coenenberg/Günther (2013), S. 409–410.
50 Vgl. Andric/Kammerlander (2017).
51 Vgl. Davila/Foster (2005), S. 1063–1064.
52 Vgl. Hiebl (2015), S. 362–363.

aufgrund ihrer häufigen Verantwortung für das betriebliche Controlling häufig einen entscheidenden Einfluss auf dessen Ausgestaltung nehmen.[53] Ebenso wie für den Einfluss von Eigentümern sind allerdings auch empirische Befunde zum Einfluss von CFO auf das Controlling speziell in KMU überschaubar. So berichten etwa Giovannoni/Maraghini/Riccaboni[54] auf Basis einer Längsschnittstudie über ein zunächst kleines Familienunternehmen, dass der dort eingestellte CFO[55] durch sein Know-how entscheidend zur Einführung und Professionalisierung von strategischen Controllinginstrumenten wie der Balanced Scorecard beigetragen hat. Ähnlich zeigt die Studie von Gurd/Thomas[56] über australische KMU, dass familiengeführte KMU familienfremde CFO in erster Linie einstellen, um das betriebliche Controlling-Know-how zu stärken. Gleichzeitig legt diese Studie nahe, dass familienfremde CFO in der Regel zwar stark in strategische Controllingprozesse wie die strategische Planung eingebunden sind, dass die eigentliche Entscheidungsmacht jedoch bei den Eigentümergeschäftsführern verbleibt und das Know-how von CFO zu strategischem Controlling zuweilen wenig Beachtung findet.[57]

Schließlich kann aus der bestehenden Literatur geschlossen werden, dass auch Kapitalgeber wie Banken oder Venture-Capital-Unternehmen entscheidenden Einfluss auf das strategische Controlling in KMU haben können. Gerade im deutschsprachigen Raum, in dem viele Unternehmen stark fremdfinanziert sind, ist der Einfluss von Kreditinstituten besonders signifikant.[58] So haben Banken in der Regel – und nicht nur im deutschsprachigen Raum –[59] ein hohes Interesse an Controllinginformationen aus KMU, um deren Bonität besser einschätzen zu können und Controllinginformationen in das bankeigene Ratingsystem einfließen zu lassen. Dementsprechend kann auf KMU ein gewisser Druck herrschen, adäquate Controllingsysteme einzuführen, um den Informationsbedarf ihrer Fremdkapitalgeber zu decken.[60] Dies kann sich auch in der gesteigerten Nutzung von Instrumenten des strategischen Controllings niederschlagen, die es einem Klein- oder Mittelunternehmen sowie dessen Kreditgebern erlauben, eine Einschätzung über die längerfristige Geschäftsentwicklung zu erlangen bzw. aufkeimende Krisenherde frühzeitig zu entdecken.[61] Diese Mechanismen haben sich vor dem Hintergrund gestiegener Anforderungen an Banken bzgl. der Bonitätsbeurteilung ihrer Debitoren im Kontext von Basel II und Basel III in den

---

53 Vgl. Hiebl (2016), S. 631–635.
54 Vgl. Giovannoni/Maraghini/Riccaboni (2011), S. 131–142.
55 In der Studie von Giovannoni/Maraghini/Riccaboni (2011) ist zwar von einem „Controller" die Rede, auf Basis der Beschreibung von dessen Rolle kann dieser jedoch auch als CFO interpretiert werden.
56 Vgl. Gurd/Thomas (2012), S. 300.
57 Vgl. Gurd/Thomas (2012), S. 299–302.
58 Vgl. Ampenberger et al. (2013), S. 248–271.
59 Vgl. Lavia Lopez/Hiebl (2015), S. 106.
60 Vgl. Berens/Püthe/Siemes (2005), S. 187–188; Günther/Gonschorek (2011), S. 24–25.
61 Vgl. Berens/Wüller (2007), S. 396; Wambach/Wunderlich (2002), S. 37–43.

letzten Jahren eher noch verstärkt denn abgeschwächt.[62] Dementsprechend schlagen Hofmann/Schmolz für KMU vor, die wichtigsten Leistungsdimensionen und Kennzahlen in Form einer Balanced Scorecard – einem relativ weit verbreiteten Instrument des strategischen Controllings –[63] zusammenzufassen und hierdurch umfassend gegenüber Fremdkapitalgebern auskunftsfähig zu sein.[64]

Ähnlich wie Banken können auch Eigenkapitalgeber wie Venture-Capital-Unternehmen einen gewissen Druck auf KMU, an denen sie Beteiligungen halten, ausüben, um eine verstärkte Nutzung von operativem und strategischem Controlling zu erwirken.[65] Auf diese Weise wollen derlei Eigenkapitalgeber in der Regel an der Festlegung der strategischen Ziele mitwirken (z. B. bei der Gestaltung eines Businessplans) und laufende Informationen über die Entwicklung des betreffenden KMU sicherstellen.[66] So belegen Studien über US-amerikanische Start-ups (die in der Regel als KMU klassifiziert werden können), dass das Vorhandensein einer Venture-Capital-Finanzierung die Implementierung und Nutzung von strategischen Controllinginstrumenten fördert.[67]

4 Ausgestaltung des strategischen Controllings in KMU

4.1 Institutionelle Ausgestaltung

Unter der institutionellen Ausgestaltung des Controllings wird im deutschsprachigen Raum üblicherweise verstanden, wie Controlling organisiert ist. Hierunter fallen Regelungen, „mit denen die Verteilung und Erledigung von Controllingaufgaben präsituativ geklärt und zielwirksam gestaltet werden".[68] Für den vorliegenden Beitrag stellt sich in diesem Zusammenhang die Frage, wer üblicherweise für das strategische Controlling in KMU verantwortlich ist. Aufgrund der in Abschnitt 3 vorgestellten und möglichen weiteren Kontextfaktoren gibt es auf diese Frage natürlich keine pauschale Antwort. Vielmehr hängt die Organisation des strategischen Controllings – wie in Abschnitt 3 beschrieben – in entscheidendem Maße von der konkreten Unternehmensgröße, vom Familieneinfluss und dem Vorhandensein bzw. der Abwesenheit von

---

62 Vgl. Becker/Ulrich/Botzkowski (2016), S. 592–593; Flacke/Siemes (2005), S. 251–258; Hofmann/Schmolz (2014), S. 51–73.

63 Vgl. z. B. Feldbauer-Durstmüller et al. (2012), S. 410; Speckbacher/Bischof/Pfeiffer (2003), S. 369.

64 Vgl. Hofmann/Schmolz (2014), S. 71–80.

65 Vgl. Sandino (2007), S. 286; Strauss/Nevries/Weber (2013), S. 165; Voigt (2002), S. 237–238.

66 Vgl. Strauss/Nevries/Weber (2013), S. 165–174.

67 Vgl. Davila (2005), S. 235–242; Davila/Foster (2005), S. 1054–1065; Davila/Foster (2007), S. 917–921.

68 Friedl (2003), S. 95.

bestimmten Akteuren ab. Gleichwohl finden sich in der Literatur aber gewisse Tendenzen, wie strategisches Controlling in KMU häufig organisiert ist.

Insbesondere die Unternehmensgröße scheint die Verantwortlichkeit für strategisches Controlling stark zu beeinflussen. So zeigt etwa Deimel, dass in kleineren Unternehmen (hier definiert als jene mit einem Jahresumsatz unter 5 Mio. €) stärker Steuer- und Unternehmensberater für strategische Controllinginstrumente wie die strategische Planung verantwortlich sind, während in mittleren Unternehmen (definiert als Unternehmen mit einem Jahresumsatz zwischen 5 und 50 Mio. €) verstärkt leitende Mitarbeiter oder bereits bestehende eigenständige Controllingabteilungen damit betraut werden.[69] Dieses Ergebnis wird auch durch die Tatsache beeinflusst, dass Klein- und Kleinstunternehmen in der Regel keine eigenen Controller, geschweige denn Controllingabteilungen etabliert haben, während viele mittlere Unternehmen bereits eine Größe – und damit auch eine ausreichende Menge an Controllingagenden – erreicht haben, die die Einstellung eines eigenen Controllers zweckmäßig erscheinen lässt.[70] Teilweise ist in KMU auch zu beobachten, dass andere Fachabteilungen Controllingagenden – teilweise auch jene des strategischen Controllings – mitübernehmen. Hierbei sind insbesondere Finanz- und Rechnungswesenabteilungen zu nennen, die wegen regulatorischer Pflichten (z. B. Rechnungslegung) und einer gewissen thematischen Nähe zum Controlling häufig vor eigenständigen Controllingabteilungen etabliert werden bzw. die Verantwortung für Controllingagenden übernehmen.[71] In vielen KMU übergeben aber die Eigentümer die Verantwortung für strategische Controllinginstrumente wie etwa die strategische Planung gar nicht an andere Personen. Vielmehr verantworten Sie derlei Instrumente häufig selbst, weil mit der Betreuung dieser Instrumente auch ein relativ großer Einblick in die mögliche bzw. beabsichtigte Zukunft des Unternehmens verbunden ist und viele Eigentümer diese Zukunftsvorstellungen nur ungern mit Mitarbeitern oder externen Dienstleistern teilen möchten.[72] Daher ist in vielen – wiederum vor allem besonders kleinen – KMU sogenanntes Selbstcontrolling durch Eigentümer und/oder Geschäftsführer – auch im Bereich des strategischen Controllings – ein häufig anzutreffendes Phänomen.[73]

69 Vgl. Deimel (2008), S. 290–291.
70 Vgl. z. B. Berens/Püthe/Siemes (2005), S. 187–188; Feldbauer-Durstmüller et al. (2012), S. 410; Hiebl/Feldbauer-Durstmüller/Duller (2013a), S. 95–97; Kummert (2005), S. 189, 200; Mayr (2015), S. 330–332; Rautenstrauch/Müller (2005), S. 202.
71 Vgl. Kosmider (1994), S. 137–138; Rautenstrauch/Müller (2005), S. 201–202.
72 Vgl. Gurd/Thomas (2012), S. 299–302; Hiebl (2013a), S. 156.
73 Vgl. Berens/Püthe/Siemes (2005), S. 187–188; Rautenstrauch/Müller (2005), S. 191–192; Siller/Grausam (2013), S. 187–188; Urigshardt/Jacobs/Letmathe (2008), S. 8–10; Breitkopf (1999), S. 4.

4.2 Funktionen

Ebenso wie die institutionelle Gestaltung des strategischen Controllings in KMU scheinen auch die dem Controlling zugewiesenen Funktionen stark von der konkreten Unternehmensgröße abzuhängen. Auch wenn sich die Studie von Rautenstrauch/Müller[74] nicht rein auf das strategische Controlling, sondern generell auf Controlling in KMU fokussiert, können deren Ergebnisse diese Einschätzung stützen. So wird den Resultaten der Studie zufolge in besonders kleinen Unternehmen (20–50 Mitarbeiter) Controlling stark mit finanzwirtschaftlichen Funktionen verbunden, etwa mit der Liquiditätssicherung oder Bilanzfragen. Zusammen mit einer steigenden Unternehmensgröße nimmt diese Funktion ihrer Bedeutung nach ab. Für größere KMU (vor allem jene mit 201–500 Mitarbeitern) zeigt die Studie hingegen, dass die Informationsversorgungsfunktion (z. B. in Form des Berichtswesens) in den Vordergrund tritt. Auch sind – der Studie von Rautenstrauch/Müller zufolge – stärker strategisch ausgerichtete Controllingfunktionen wie die Beratung des Managements eher in größeren denn in kleineren KMU anzutreffen. Diese Ergebnisse legen nahe, dass insbesondere in kleineren KMU eher operative Controllingfunktionen in den Vordergrund gerückt werden, während in größeren KMU intensiver strategische Controllingfunktionen Beachtung finden.[75]

Betrachtet man hingegen die Controllingfunktionen Planung, Koordination, Kontrolle und Informationsversorgung näher, die in der oben angebotenen Definition von strategischem Controlling beinhaltet sind, scheint insbesondere die Informationsversorgung eine herausragende Stellung in KMU zu besitzen.[76] Hierbei ist nicht nur die Informationsversorgung des KMU-Managements zu nennen, sondern vor allem auch die Informationsbereitstellung für kapitalgebende Akteure wie Banken oder Venture-Capital-Unternehmen. Diese haben – wie in Abschnitt 3 angedeutet – gerade deshalb einen entscheidenden Einfluss auf die Ausgestaltung des strategischen Controllings in KMU, da sie danach trachten, ihren Informationsbedarf durch strategische Controllinginstrumente gedeckt zu sehen. KMU verspüren daher vielfach die Notwendigkeit, strategisches Controlling zu betreiben, um gegenüber Fremd- und Eigenkapitalgebern bzgl. der zukünftigen Entwicklung und Risiken des Unternehmens auskunftsfähig zu sein.[77] Für Banken sind derlei Informationen sehr relevant für die Erstellung eines Bonitätsratings für KMU, weshalb KMU versuchen können, durch entsprechende strategische Controllinginformationen ihr Rating zu verbessern und in der Folge ihre Fremdkapitalkosten zu senken.[78]

---

74 Vgl. Rautenstrauch/Müller (2005), S. 198–201.
75 Vgl. Berens/Wüller (2007), S. 393.
76 Vgl. Becker/Ulrich/Botzkowski (2016), S. 593–596.
77 Vgl. Berens/Wüller (2007), S. 396; Müller/Müller/Münnich (2009), S. 211–213; Strauss/Nevries/Weber (2013), S. 164–174.
78 Vgl. Wambach/Wunderlich (2002), S. 41–43.

4.3 Instrumente

Eine Reihe empirischer Arbeiten analysierte in den letzten 15 Jahren die Anwendungshäufigkeit von Instrumenten des strategischen Controllings in KMU des deutschsprachigen Raums.[79] Diese Studien deuten relativ einhellig darauf hin, dass der Einsatzgrad strategischer Controllinginstrumente in KMU überschaubar und allgemein niedriger als in Großunternehmen ist und dass KMU eher operative denn strategische Controllinginstrumente einsetzen.

Da die Ergebnisse dieser Studien ähnlich sind, wird im Rahmen dieses Beitrags nur auf eine konkrete empirische Studie näher eingegangen, nämlich jene von Hiebl/Feldbauer-Durstmüller/Duller[80]. Diese lieferte u. a. Daten zur Anwendungshäufigkeit strategischer Controllinginstrumente in großen und mittleren Unternehmen. In Tab. 26 sind übersichtsmäßig die relativen Anwendungshäufigkeiten für das Sub-Sample der mittleren Unternehmen dargestellt, die in der betreffenden Studie als jene Unternehmen definiert wurden, die zwischen 50 und 249 Mitarbeiter hatten. Diese Anwendungshäufigkeiten sind in Tab. 26 getrennt nach Unternehmen unterschiedlich hoher Grade des Familieneinflusses abgebildet. Wie in Abschnitt 3.2 angedeutet, zeigt sich anhand dieser Daten, dass in KMU der Familieneinfluss für eine Reihe strategischer Controllinginstrumente einen signifikanten Kontextfaktor darstellt. So werden in KMU mit höherem Familieneinfluss Benchmarking, Investitionsrechnungsverfahren, die ABC-Analyse, die Balanced Scorecard, die Szenariotechnik, die Portfolioanalyse, die Gap-Analyse, die Sensitivitätsanalyse sowie die Nutzwertanalyse signifikant weniger häufig angewandt als in KMU mit niedrigem bzw. keinem Familieneinfluss. KMU mit relativ hohem Familieneinfluss setzen dieser Studie zufolge also weniger stark auf derlei formale Instrumente des strategischen Controllings.

In Summe ist aus der Literatur also eine vergleichsweise weniger häufige Anwendung strategischer Controllinginstrumente in KMU sichtbar. Es sei jedoch angemerkt, dass KMU wegen ihrer geringeren Größe und Mitarbeiterzahl eventuell nicht notwendigerweise derlei formale Controllinginstrumente für Planung, Koordination, Kontrolle und Informationsversorgung brauchen. Es erscheint vielmehr realistisch, dass in KMU verstärkt informelle oder improvisierte[81] Mechanismen der Mitarbeitersteuerung eingesetzt werden, auch für strategische Belange. Ob und inwiefern diese Vermutung jedoch auch für die KMU-Praxis zutrifft und welche Vor- und Nachteile mit derlei informellen Controllingmechanismen einhergehen, ist aus einer Controllingperspektive noch weitestgehend unerforscht.[82]

---

79 Vgl. z. B. Becker/Ulrich (2009b), S. 313–315; Berens/Püthe/Siemes (2005), S. 190–191; Feldbauer-Durstmüller et al. (2012), S. 410–411; Flacke (2006), S. 142–145; Günther/Gonschorek (2011), S. 22–23; Hiebl/Feldbauer-Durstmüller/Duller (2013b), S. 138–140; Hiebl et al. (2015), S. 386–395; Ossadnik/Barklage/van Lengerich (2004), S. 626–628.
80 Vgl. Hiebl/Feldbauer-Durstmüller/Duller (2013b).
81 Vgl. Müller (2009), S. 366–369.
82 Vgl. Feldbauer-Durstmüller/Hiebl (2015), S. 201–202; Müller (2009), S. 365–366.

Tab. 26: Anwendungshäufigkeit von Instrumenten des strategischen Controllings[83].

Instrumente des strategischen Controllings	Relative Anwendungshäufigkeit in Abhängigkeit des Familieneinflusses			p-Werte
	Hoher Familieneinfluss (SFI $\geq$ 2)	Mittlerer Familieneinfluss (2 > SFI $\geq$ 1)	Niedriger Familieneinfluss (1 > SFI)	
Kennzahlensysteme	93,2 %	86,9 %	91,5 %	0,420
Stärken-/Schwächen-Analyse	40,5 %	44,3 %	47,5 %	0,642
Benchmarking	25,7 %	42,6 %	56,8 %	0,000***
Investitionsrechnungsverfahren	23,0 %	44,3 %	44,1 %	0,007***
Konkurrenzanalyse	27,0 %	37,7 %	36,4 %	0,318
ABC-Analyse	17,6 %	47,5 %	27,1 %	0,001***
Balanced Scorecard	13,5 %	29,5 %	25,4 %	0,060*
Produktlebenszyklusanalyse	9,5 %	11,5 %	11,0 %	0,918
Erfahrungskurvenanalyse	8,1 %	18,0 %	14,4 %	0,222
Target Costing	6,8 %	13,1 %	9,3 %	0,454
Szenariotechnik	4,1 %	13,1 %	21,2 %	0,004***
Portfolioanalyse	4,1 %	13,1 %	14,4 %	0,071*
Gap-Analyse	2,7 %	3,3 %	16,1 %	0,001***
Wertkettenanalyse	2,7 %	8,2 %	7,6 %	0,311
Sensitivitätsanalyse	1,4 %	4,9 %	13,6 %	0,006***
Nutzwertanalyse	1,4 %	8,2 %	11,9 %	0,032**
Shareholder-Value-Analysen	1,4 %	3,3 %	5,1 %	0,393
Realoptionsmodelle	0,0 %	3,3 %	0,8 %	0,194
PIMS-Modelle	0,0 %	0,0 %	1,7 %	0,316

Die p-Werte basieren auf Pearson's χ^2 Tests. Diese zeigen an, ob bei der Anwendungshäufigkeit der jeweiligen Instrumente des strategischen Controllings signifikante Unterscheide anhand der Höhe des Familieneinflusses feststellbar sind.
Signifikanzniveaus: *p < 0,10; **p < 0,05; ***p < 0,01

5 Folgen des strategischen Controllings in KMU

5.1 Finanzielle Folgen

Eine der wohl essenziellsten Fragen der betriebswirtschaftlichen Forschung beschäftigt sich mit den Auswirkungen betriebswirtschaftlicher Praktiken auf den finanziellen Erfolg.[84] Es erscheint daher nicht überraschend, dass auch für das strategische Controlling untersucht wurde, ob und inwieweit Auswirkungen auf den finanziellen

---

83 Quelle: Hiebl/Feldbauer-Durstmüller/Duller (2013b), S. 139.
84 Vgl. Hamann et al. (2013), S. 67–68; Richard et al. (2009), S. 744.

Erfolg von KMU feststellbar sind – auch wenn derlei Forschungsergebnisse noch relativ rar sind.

So beschäftigt sich etwa Sandino mit den Performanceimplikationen der Einführung von Controllingsystemen in amerikanischen Start-up-Unternehmen. Auch wenn keine direkten Zusammenhänge zwischen strategischen Controllinginstrumenten und Performance in der Studie berichtet werden, deuten die Ergebnisse darauf hin, dass KMU, die ihre Controllingsysteme gut auf die prinzipielle Strategie des Unternehmens abstimmen, einen höheren finanziellen Erfolg erzielen als KMU, die keinen oder nur geringen Fit zwischen ihren Controllingsystemen und der Unternehmensstrategie aufweisen.[85]

Neben der in Unternehmensgewinnen gemessenen Performance von kleinen und mittleren Unternehmen scheint ein hoher Fit zwischen der Unternehmensstrategie und den verwendeten Controllingsystemen auch Einfluss auf die Bewertung von KMU zu haben. So zeigen Davila/Foster/Jia wiederum für ein Sample amerikanischer Start-up-Unternehmen, dass ein solch hoher Fit sich in einer höheren Bewertung niederschlägt.[86] Zudem zeigt die Studie auch einen generellen Zusammenhang zwischen einer intensiveren Verwendung von Controllingsystemen und der Bewertung von KMU – insbesondere bei der Bewertung durch Eigenkapitalgeber.[87] Ein Grund hierfür mag sein, dass durch eine intensivere Nutzung von Controllingsystemen – insbesondere strategischer Controllingsysteme – ein KMU leichter für außenstehende Kapitalgeber verständlich wird, da derlei Kapitalgeber den Wert eines KMU in der Regel mithilfe finanzieller Informationen, die häufig unter Zuhilfenahme von Controllinginstrumenten generiert werden, ermitteln.[88]

Über Performance- und Bewertungsimplikationen hinaus deuten empirische Daten auch darauf hin, dass KMU durch ein adäquates strategisches Controlling Insolvenzen vermeiden können.[89] So wird in mehreren Studien ein fehlendes bzw. unzureichendes Controlling oder Rechnungswesen als eine der wichtigsten Insolvenzursachen genannt.[90] Inhaltlich wird dieser Zusammenhang in der Regel durch den Umstand erklärt, dass KMU bei einem fehlenden oder unzureichenden strategischen Controlling Krisenursachen und aufkeimende Krisen nicht oder nicht rechtzeitig erkennen und sich derlei Krisen dann in einer Insolvenz niederschlagen können.[91]

---

85 Vgl. Sandino (2007), S. 285–288.

86 Vgl. Davila/Foster/Jia (2015), S. 226–231.

87 Vgl. Davila/Foster/Jia (2015), S. 222–226.

88 Vgl. Hiebl (2013c), S. 22.

89 Vgl. Berens/Wüller (2007), S. 393–397.

90 Vgl. Borrmann/Dennert-Rüsken (2010), S. 1; Günther/Scheipers (1993), S. 449–451; Krystek/Moldenhauer/Evertz (2009), S. 166; Staab (2015), S. 6.

91 Vgl. Berens/Wüller (2007), S. 393; Borrmann/Dennert-Rüsken (2010), S. 4; Feldbauer-Durstmüller (2003), S. 128.

5.2 Sonstige Folgen

Neben unmittelbar finanziellen sind aus der Literatur noch weitere Folgen von strategischem Controlling in KMU bekannt, die sich in weiterer Folge auch finanziell niederschlagen können. Eine dieser Folgen ist eine schnellere Anpassungsfähigkeit an Umweltentwicklungen. Durch Informationen aus dem strategischen Controlling werden Umweltentwicklungen sichtbar, wodurch KMU frühzeitig die Gelegenheit erhalten, sich an diese Entwicklungen anzupassen bzw. auf diese zu reagieren.[92]

Zudem führt die Einführung von Instrumenten des strategischen Controllings in KMU in der Regel auch zu einer Kodifizierung von vormals nur implizit vorhandenem Wissen, was in der Folge den Wissenstransfer erleichtert.[93] So zeigt etwa die Fallstudie von Giovannoni/Maraghini/Riccaboni, dass durch die Implementierung einer Balanced Scorecard der Gründer eines kleinen italienischen Unternehmens gewissermaßen gezwungen wurde, seine strategischen Ziele für das Unternehmen niederzuschreiben. Hierdurch wurden in diesem Fall auch erstmals die strategischen Schlagrichtungen des Gründers für andere Mitglieder der Unternehmerfamilie und nicht familienzugehörige Manager transparent – was den Wissenstransfer zwischen Gründer und anderen Mitgliedern des Unternehmens erheblich erleichterte.[94] Folglich können Instrumente des strategischen Controllings auch beitragen, den Wissenstransfer bei der Unternehmensnachfolge von einer auf die nächste Generation eines KMU zu befördern.[95]

Schließlich erscheint ein kleines oder mittleres Unternehmen durch die Einführung und Verwendung strategischer Controllinginstrumente auch für externe Kapitalgeber wie Banken und Venture-Capital-Unternehmen einfacher verständlich zu sein. Wie oben angedeutet, sind derlei externe Kapitalgeber häufig an die Verwendung von formalisierten Informationen – wie sie üblicherweise mittels strategischer Controllinginstrumente generiert werden – gewöhnt, um Ratings oder Unternehmensbewertungen über KMU zu erstellen.[96] Setzen nun KMU intensiver auf strategisches Controlling, erscheint es daher wahrscheinlich, dass externe Kapitalgeber eher in die Lage versetzt werden, die wichtigsten strategischen Ziele und Schlagrichtungen der KMU zu verstehen, was sich folglich – wie oben gezeigt – in Form niedrigerer Fremdkapitalkosten und/oder höherer Unternehmensbewertungen niederschlagen kann.[97]

---

92 Vgl. Lavia Lopez/Hiebl (2015), S. 106–108.
93 Vgl. Hiebl (2013b), S. 80–81.
94 Vgl. Giovannoni/Maraghini/Riccaboni (2011), S. 138–140.
95 Vgl. Hiebl (2013b), S. 81–83.
96 Vgl. Hiebl (2013c), S. 22.
97 Vgl. Davila/Foster/Jia (2015), S. 222–226; Wambach/Wunderlich (2002), S. 37–38.

6 Resümee

Dieser Beitrag hatte zum Ziel, einen Überblick über das strategische Controlling in KMU zu geben. Wie gezeigt werden konnte, bestimmen die Kontextfaktoren Unternehmensgröße, Familieneinfluss sowie bestimmte Akteure in entscheidendem Maße das strategische Controlling in KMU. Institutionell ist dessen Ausgestaltung häufig so organisiert, dass auch das strategische Controlling – vor allem in kleinen Unternehmen und falls überhaupt – häufig durch externe Parteien wie Steuer- oder Unternehmensberater oder durch die Geschäftsführung der betreffenden KMU selbst wahrgenommen wird. In mittleren Unternehmen hingegen existieren oft bereits eigenständige Controllingabteilungen, die dann auch die Agenden des strategischen Controllings übernehmen. Funktional scheint das strategische Controlling in KMU schwerpunktmäßig auf die Informationsversorgungsfunktion ausgerichtet zu sein, was sich auch durch das häufig starke Informationsbedürfnis der zuvor genannten Akteure wie Fremd- und Eigenkapitalgeber erklären lässt. Bezüglich des Instrumenteneinsatzes konnte gezeigt werden, dass KMU strategische Controllinginstrumente weniger häufig als Großunternehmen anwenden und dass KMU mit höherem Familieneinfluss tendenziell weniger derartige Instrumente einsetzen. Schließlich wurden die wichtigsten Folgen des strategischen Controllings diskutiert. Hierunter sind in erster Linie positive Auswirkungen auf die finanzielle Performance, die Unternehmensbewertung und ein vermindertes Insolvenzrisiko zu nennen. Darüber hinaus kann das strategische Controlling in KMU aber auch wertvolle Beiträge für eine bessere Anpassungsfähigkeit an Umweltentwicklungen, für eine Erleichterung des Wissenstransfers innerhalb von KMU sowie für eine bessere Verständlichkeit für externe Parteien wie Kapitalgeber erbringen.

Gerade diese positiven Folgewirkungen könnten Führungskräfte in KMU motivieren, stärkeren Gebrauch von strategischen Controllinginstrumenten zu machen. Denn obwohl eine gewisse Verbreitung strategischer Controllinginstrumente in KMU feststellbar ist, wenden viele KMU noch in unzureichendem Maße bzw. in unpassender Form Instrumente des strategischen Controllings an. Vergegenwärtigt man sich die hohe ökonomische Bedeutung von KMU für viele Volkswirtschaften und die insolvenzrisikoverringernde Wirkung von strategischem Controlling in KMU, wäre auch aus gesamtwirtschaftlicher Sicht eine adäquate Anwendung von strategischem Controlling in KMU wünschenswert.

Zur Bekräftigung und Untermauerung dieser Zusammenhänge ist auch die Forschung gefragt. Wie an manchen Stellen innerhalb dieses Beitrags angedeutet wurde, sind die bisherigen empirischen Ergebnisse zum strategischen Controlling in KMU noch recht überschaubar und teilweise nur für Samples nicht deutschsprachiger KMU verfügbar. Es wäre daher wünschenswert, wenn sich auch die deutschsprachige Forschung zu KMU noch stärker dem strategischen Controlling und insbesondere – ob ihrer unmittelbaren Praxisrelevanz – noch intensiver den Zusammenhängen zwischen strategischem Controlling und den finanziellen und nicht finanziellen Folgen für KMU zuwenden würde. Zudem wäre es auch notwendig, diese Zusammenhänge für spezielle Kontexte wie etwa Familienunternehmen, Venture-Capital-finanzierte KMU oder nicht eigentümergeführte KMU zu untersuchen, um noch treffsicherere Empfehlungen für die Unternehmenspraxis entwickeln zu können. Derlei Empfehlungen könnten in der Folge bei der Insolvenzvermeidung und der erfolgreichen Entwicklung vieler KMU helfen.

7 Literatur

Ampenberger, M./Schmid, T./Achleitner, A.-K./Kaserer, C. (2013): Capital structure decisions in family firms: empirical evidence from a bank-based economy. In: Review of Managerial Science, 7. Jg., H. 3, S. 247–275.

Andric, M./Kammerlander, N. (2017): Motive zum Verzicht auf Controlling in Familienunternehmen: eine Mediator-Analyse. In: ZfKE, 65. Jg., H. 1, im Druck.

Ayyagari, M./Beck, T./Demirguc-Kunt, A. (2007): Small and Medium Enterprises Across the Globe. In: SBE, 29. Jg., H. 4, S. 415–434.

Baum, H.-G./Coenenberg, A. G./Günther, T. (2013): Strategisches Controlling. 5. Auflage, Stuttgart.

Beck, T./Demirguc-Kunt, A. (2006): Small and medium-size enterprises: Access to finance as a growth constraint. In: Journal of Banking & Finance, 30. Jg., H. 11, S. 2931–2943.

Becker, W./Ulrich, P. (2009a): Mittelstand, KMU und Familienunternehmen in der Betriebswirtschaftslehre. In: WiST, 38. Jg., H. 1, S. 2–7.

Becker, W./Ulrich, P. (2009b): Spezifika des Controllings im Mittelstand: Ergebnisse einer Interviewaktion. In: ZfCM, 53. Jg., H. 5, S. 308–316.

Becker, W./Ulrich, P./Baltzer, B. (2015): Besonderheiten des Controllings in KMU: theoretische und empirische Befunde. In: Feldbauer-Durstmüller, B./Janschek, O. (Hg.): Jahrbuch für Controlling und Rechnungswesen 2015. Wien, S. 57–80.

Becker, W./Ulrich, P./Botzkowski, T. (2016): Controlling im Mittelstand. In: Becker, W./Ulrich, P. (Hg.): Handbuch Controlling. Wiesbaden, S. 583–603.

Berens, W./Püthe, T./Siemes, A. (2005): Ausgestaltung der Controllingsysteme im Mittelstand: Ergebnisse einer Untersuchung. In: ZfCM, 49. Jg., H. 3, S. 186–191.

Berens, W./Wüller, F. (2007): Strategisches Controlling in KMU: Bedeutung, Umsetzungsstand und edv-technische Unterstützung. In: Controlling, 19. Jg., H. 7, S. 393–404.

Beyer, A./Geis, G. (2009): Möglichkeiten und Grenzen des externen Controllings für KMU. In: Controlling, 21. Jg., H. 7, S. 371–376.

Borrmann, M./Dennert-Rüsken, U. (2010): Unternehmenskrisen und Insolvenz: erkennen, vermeiden, bewältigen, 2. Auflage, Hamburg.

Breitkopf, S. K. (1999): Externes Controlling: Eine konzeptionelle und empirische Analyse am Beispiel des marktorientierten Kostenmanagements in der Bekleidungsindustrie. Frankfurt am Main.

Bromwich, M. (1990): The case for strategic management accounting: The role of accounting information for strategy in competitive markets. In: AOS, 15. Jg., H. 1/2, S. 27–46.

Buchholz, L. (2013): Strategisches Controlling. Wiesbaden.

Chenhall, R./Langfield-Smith, K. (1998): The relationship between strategic priorities, management techniques and management accounting: an empirical investigation using a systems approach. In: AOS, 23. Jg., H. 3, S. 243–264.

Chrisman, J. J./Chua, J. H./Litz, R. A. (2004): Comparing the Agency Costs of Family and Non-Family Firms: Conceptual Issues and Exploratory Evidence. In: ETP, 28. Jg., H. 4, S. 335–354.

Davila, A./Foster, G. (2005): Management Accounting Systems Adoption Decisions: Evidence and Performance Implications from Early-Stage/Startup Companies. In: TAR, 80. Jg., H. 4, S. 1039–1068.

Davila, A./Foster, G. (2007): Management Control Systems in Early-Stage Startup Companies. In: TAR, 82. Jg., H. 4, S. 907–937.

Davila, A./Foster, G./Jia, N. (2015): The Valuation of Management Control Systems in Start-Up Companies: International Field-Based Evidence. In: EAR, 24. Jg., H. 2, S. 207–239.

Davila, T. (2005): An exploratory study on the emergence of management control systems: Formalizing human resources on small growing firms. In: AOS, 30. Jg., H. 3, S. 223–248.

Deimel, K. (2008): Stand der strategischen Planung in kleinen und mittleren Unternehmen (KMU) in der BRD. In: ZfPU, 19. Jg., H. 3, S. 281–298.

Europäische Kommission (2003): Empfehlung der Kommission vom 6. Mai 2003 betreffend die Definition der Kleinstunternehmen sowie der kleinen und mittleren Unternehmen. 2003/361/EG, ABl. Nr. L 124, S. 36–41.

Feldbauer-Durstmüller, B. (2003): Sanierungsmanagement: Die Bewältigung von Unternehmenskrisen durch Unternehmenssanierung. In: Zeitschrift für Organisation, 72. Jg., H. 3, S. 128–132.

Feldbauer-Durstmüller, B./Duller, C./Mayr, S./Neubauer, H./Ulrich, P. (2012): Controlling in mittelständischen Familienunternehmen: Ein Vergleich von Deutschland und Österreich. In: ZfCM, 56. Jg., H. 6, S. 408–413.

Feldbauer-Durstmüller, B./Haas, T. (2009): Controlling im oberösterreichischen Mittelstand: Theorie und Empirie? In: Mussnig, W./Möderitscher, G./Heidenbauer, M. (Hg.): Erfolgsstrategien mittelständischer Unternehmen: Festschrift für Dietrich Kropfberger. Wien, S. 17–62.

Feldbauer-Durstmüller, B./Hiebl, M. R. W. (2015): Aktuelle Trends und Entwicklungen im Controlling in und für KMU: Eine Einführung der Gastherausgeber. In: ZfKE, 63. Jg., H. 3/4, S. 193–208.

Flacke, K. (2006): Controlling in mittelständischen Unternehmen: Ausgestaltung, Einflussfaktoren der Instrumentennutzung und Einfluss auf die Bankkommunikation. Münster.

Flacke, K./Siemes, A. (2005): Veränderte Finanzierungsrahmenbedingungen für den Mittelstand. In: Controlling, 17. Jg., H. 4/5, S. 251–260.

Friedl, B. (2003): Controlling. Stuttgart.

Giovannoni, E./Maraghini, M. P./Riccaboni, A. (2011): Transmitting Knowledge Across Generations: The Role of Management Accounting Practices. In: FBR, 24. Jg., H. 2, S. 126–150.

Goeke, M. (2008): Der deutsche Mittelstand – Herzstück der deutschen Wirtschaft. In: Goeke, M. (Hg.): Praxishandbuch Mittelstandsfinanzierung: Mit Leasing, Factoring & Co. unternehmerische Potenziale ausschöpfen. Wiesbaden, S. 9–22.

Günther, T. W. (2013): Conceptualisations of 'controlling' in German-speaking countries: analysis and comparison with Anglo-American management control frameworks. In: JoMaC, 23. Jg., H. 4, S. 269–290.

Günther, T./Breiter, H. M. (2007): Strategisches Controlling – State of the Art und Entwicklungstrends. In: ZfCM, 51. Jg., Sonderheft 2, S. 6–15.

Günther, T./Gonschorek, T. (2011): Wertorientierte Unternehmensführung im deutschen Mittelstand – Ergebnisse einer empirischen Studie. In: Controlling, 23. Jg., H. 1, S. 18–27.

Günther, T./Scheipers, T. (1993): Insolvenzursachen – Zum Stand der empirischen Ursachenforschung. In: DStR, 31. Jg., H. 12, S. 447–453.

Günther, T./Schomaker, M. (2012): 10 Thesen für mehr Effizienz in der Planung mittelständischer Unternehmen. In: ZfCM, 56. Jg., Sonderheft 3, S. 18–30.

Gurd, B./Thomas, J. (2012): Family business management: Contribution of the CFO. In: IJEBR, 18. Jg., H. 3, S. 286–304.

Hamann, P. M./Schiemann, F./Bellora, L./Guenther, T. W. (2013): Exploring the Dimensions of Organizational Performance: A Construct Validity Study. In: Organizational Research Methods, 16. Jg., H. 1, S. 67–87.

Hankinson, A./Bartlett, D./Ducheneaut, B. (1997): The key factors in the small profiles of small-medium enterprise owner-managers that influence business performance. In: IJEBR, 3. Jg., H. 3, S. 168–175.

Heinicke, A./Guenther, T. W./Widener, S. K. (2016): An examination of the relationship between the extent of a flexible culture and the levers of control system: The key role of beliefs control. In: MAR, 33. Jg., H. Dec., S. 25–41.

Hiebl, M. R. W. (2015): Der Chief Financial Officer (CFO) im Mittelstand – One Type Fits All? In: Becker, W./Ulrich, P. (Hg.): BWL im Mittelstand: Grundlagen – Besonderheiten – Entwicklungen. Stuttgart, S. 358–373.

Hiebl, M. R. W. (2013a): Bean counter or strategist? Differences in the role of the CFO in family and non-family businesses. In: JFBS, 4. Jg., H. 2, S. 147–161.

Hiebl, M. R. W. (2013b): Einfluss von Controlling-Systemen auf die Unternehmensführung mittelgroßer Familienunternehmen. In: CMR, 57. Jg., H. 1, S. 78–84.

Hiebl, M. R. W. (2013c): Management accounting in the family business: tipping the balance for survival. In: JBS, 34. Jg., H. 6, S. 19–25.

Hiebl, M. R. W. (2014): Upper echelons theory in management accounting and control research. In: JoMAC, 24. Jg., H. 3, S. 223–240.

Hiebl, M. R. W. (2016): Einfluss des Chief Financial Officers auf die Ausgestaltung des Controllings. In: Becker, W./Ulrich, P. (Hg.): Handbuch Controlling. Wiesbaden, S. 627–638.

Hiebl, M. R. W./Duller, C./Feldbauer-Durstmüller, B./Ulrich, P. (2015): Family Influence and Management Accounting Usage: Findings from Germany and Austria. In: SBR, 67. Jg., H. 3, S. 368–404.

Hiebl, M. R. W./Feldbauer-Durstmüller, B./Duller, C. (2013a): Die Organisation des Controllings in österreichischen und bayerischen Familienunternehmen. In: ZfKE, 61. Jg., H. 1/2, S. 83–114.

Hiebl, M. R. W./Feldbauer-Durstmüller, B./Duller, C. (2013b): The changing role of management accounting in the transition from a family business to a non-family business. In: JAOC, 9. Jg., H. 2, S. 119–154.

Hofmann, J./Schmolz, S. (2014): Controlling und Basel III in der Unternehmenspraxis: Strategien zur Bewältigung erhöhter Bonitätsanforderungen. Wiesbaden.

Institut für Mittelstandsforschung Bonn (2016): KMU-Definition des IfM Bonn, http://www.ifm-bonn. org/definitionen/kmu-definition-des-ifm-bonn/, Abruf: 30.06.2017.

Jacobs, J./Letmathe, P./Urigshardt, T./Zielinksi, M. (2009): Typologiebezogene Controllinganforderungen und -instrumente von kleinen und mittleren Unternehmen des produzierenden Gewerbes. In: Müller, D. (Hg.): Controlling für kleine und mittlere Unternehmen. München, S. 29–54.

Jensen, M. C./Meckling, W. H. (1976): Theory of the Firm: Managerial Behavior, Agency Costs and Ownership Structure. In: JFE, 3. Jg., H. 4, S. 305–360.

Klein, S. B. (2000): Family Business in Germany: Significance and Structure. In: FBR, 13. Jg., H. 3, S. 157–181.

Kosmider, A. (1994): Controlling im Mittelstand: Eine Untersuchung der Gestaltung und Anwendung des Controllings in mittelständischen Industrieunternehmen. 2. Auflage, Stuttgart.

Kramer, M./Valentin, M. (2009): Controlling-Konzeptionen in KMU – Forschungsstand und Auswirkungen auf die Absolventenausbildung unter didaktischen Gesichtspunkten. In: Müller, D. (Hg.): Controlling für kleine und mittlere Unternehmen. München, S. 73–100.

Krystek, U./Moldenhauer, R./Evertz, D. (2009): Controlling in aktuellen Krisenerscheinungen: Lösung oder Problem? In: ZfCM, 53. Jg., H. 3, S. 164–168.

Kummert, B. (2005): Controlling in kleinen und mittleren Unternehmen: Vom Geschäftsprozessmodell zum Controller-Profil, Wiesbaden.

Langfield-Smith, K. (2008): Strategic management accounting: how far have we come in 25 years? In: Accounting, Auditing & Accountability Journal, 21. Jg., H. 2, S. 204–228.

Lavia Lopez, O./Hiebl, M. R. W. (2015): Management Accounting in Small and Medium-Sized Enterprises: Current Knowledge and Avenues for Further Research. In: JMAR, 27. Jg., H. 1, S. 81–119.

Legenhausen, C. (1998): Controllinginstrumente für den Mittelstand. Wiesbaden.

Levy, M./Powell, P. (1998): SME Flexibility and the Role of Information Systems. In: SBE, 11. Jg., H. 2, S. 183–196.

Mayr, A. (2015): Controlling in Klein- und Kleinstunternehmen durch Steuerberater. In: ZfKE, 63. Jg., H. 3/4, S. 325–334.

Mitter, C. (2014): Controlling in Familienunternehmen. In: ZfKE, 62. Jg., H. 4, S. 345–352.

Müller, D. (2009): Zur Rolle von Planung und Improvisation in KMU. In: Controlling, 21. Jg., H. 7, S. 364–370.

Müller, D. (2014): Investitionscontrolling. Berlin.

Müller, D./Müller, S./Münnich, A. (2009): Anforderungen an das Controlling von KMU bei Wagniskapitalfinanzierung. In: Lingnau, V. (Hg.): Mittelstandscontrolling 2009. Lohmar, S. 195–216.

O'Boyle, E. H./Pollack, J. M./Rutherford, M. W. (2012): Exploring the relation between family involvement and firms' financial performance: A meta-analysis of main and moderator effects. In: JBV, 27. Jg., H. 1, S. 1–18.

Ossadnik, W./Barklage, D./van Lengerich, E. (2004): Controlling im Mittelstand: Ergebnisse einer empirischen Untersuchung. In: Controlling, 16. Jg., H. 11, S. 621–630.

Rautenstrauch, T./Müller, C. (2005): Verständnis und Organisation des Controlling in kleinen und mittleren Unternehmen. In: ZfPU, 16. Jg., H. 2, S. 189–209.

Reheul, A.-M./Jorissen, A. (2014): Do management control systems in SMEs reflect CEO demographics? In: JSBED, 21. Jg., H. 3, S. 470–488.

Richard, P. J./Devinney, T. M./Yip, G. S./Johnson, G. (2009): Measuring Organizational Performance: Towards Methodological Best Practice. In: JoM, 35. Jg., H. 3, S. 718–804.

Roslender, R./Hart, S. J. (2003): In search of strategic management accounting: theoretical and field study perspectives. In: MAR, 14. Jg., H. 3, S. 255–279.

Roso, M./Vormweg, R./Wall, F. (2003): Controllingnahe Begriffe in Deutschland und USA – Eine vergleichende Lehrbuchanalyse. In: ZfCM, 47. Jg., H. 1, S. 56–61.

Sandino, T. (2007): Introducing the First Management Control Systems: Evidence from the Retail Sector. In: TAR, 82. Jg., H. 1, S. 265–293.

Senftlechner, D./Hiebl, M. R. W. (2015): Management accounting and management control in family businesses: Past accomplishments and future opportunities. In: JAOC, 11. Jg., H. 4, S. 573–606.

Siller, H./Grausam, A. (2013): Selbstcontrolling für Selbständige und kleine Unternehmen. Wiesbaden.

Simmonds, K. (1981): Strategic Management Accounting. In: Management Accounting, 59. Jg., H. 4, S. 26–30.

Sirmon, D. G./Hitt, M. A. (2003): Managing Resources: Linking Unique Resources, Management, and Wealth Creation in Family Firms. In: ETP, 27. Jg., H. 4, S. 339–358.

Speckbacher, G./Bischof, J./Pfeiffer, T. (2003): A descriptive analysis on the implementation of Balanced Scorecards in German-speaking countries. In: MAR, 14. Jg., H. 4, S. 361–387.

Speckbacher, G./Wentges, P. (2012): The impact of family control on the use of performance measures in strategic target setting and incentive compensation: A research note. In: MAR, 23. Jg., H. 1, S. 34–46.

Staab, J. (2015): Die 7 häufigsten Insolvenzgründe erkennen und vermeiden: Wie KMU nachhaltig erfolgreich bleiben. Wiesbaden.

Steiger, T./Duller, C./Hiebl, M. R. W. (2015): No Consensus in Sight: An Analysis of Ten Years of Family Business Definitions in Empirical Research Studies. In: Journal of Enterprising Culture, 23. Jg., H. 1, S. 25–62.

Strauss, E. R./Nevries, P./Weber, J. (2013): The development of MCS packages – balancing constituents' demands. In: JAOC, 9. Jg., H. 2, S. 155–187.

Urigshardt, T./Jacobs, J./Letmathe, P. (2008): Externes Controlling als Ansatz für Kleinst- und Kleinunternehmen? In: Lingnau, V. (Hg.): Die Rolle des Controllers im Mittelstand. Funktionale, institutionale und instrumentelle Ausgestaltung. Lohmar, S. 1–23.

Voigt, K.-I. (2002): Der Businessplan als Controllinginstrument – einige Betrachtungen aus der Perspektive des Mittelstandes. In: KRP, 46. Jg., H. 4, S. 236–238.

Wagenhofer, A. (2010): Corporate Governance und Controlling. In: Wagenhofer, A. (Hg.): Controlling und Corporate Governance-Anforderungen. Berlin, S. 1–22.

Wambach, M./Wunderlich, D. (2002): Die Bedeutung des Controlling für das Rating mittelständischer Unternehmen. In: KRP, 46. Jg., Sonderheft 1, S. 37–43.

Weber, J./Schäffer, U. (2014): Einführung in das Controlling, 14. Auflage, Stuttgart.

Teil 2: **Externe Rechnungslegung, Steuern und Kostenrechnung**

Wilfried Funk, Jonas Rossmanith und Benedikt Strigel

IFRS for SMEs – Auswirkungen auf die Gestaltung des Rechnungswesens und des Controllings in KMU

1 Einführung

Bis vor wenigen Jahren war die internationale Rechnungslegung für klein- und mittelständische Unternehmen noch nicht Gegenstand von Diskussionen. Heute hingegen

---

Dieser Beitrag ist eine überarbeitete Fassung von Funk/Rossmanith/Eha (2009).

DOI 10.1515/9783110517163-008

sehen sich auch KMU der Herausforderung IFRS gegenüber. Zu dieser Entwicklung hat nicht zuletzt auch die Globalisierung der Kapitalmärkte beigetragen. Um der daraus resultierenden Forderung nach einer international vergleichbaren Rechnungslegung nachkommen zu können, sind auch kleine und mittelständische Unternehmen dazu angehalten, sich mit internationalen Rechnungslegungsstandards auseinanderzusetzen.

Laut einer Unternehmensbefragung des Instituts für Mittelstandsforschung (IfM) haben ca. 65 % der Kleinunternehmen und ca. 76 % der mittelgroßen Unternehmen direkte Auslandsaktivitäten. Sogar fast ein Drittel der Kleinstunternehmen mit 0–9 Mitarbeitern pflegen internationale Kontakte.[1] Es ist somit zu erkennen, dass die Internationalisierung von klein- und mittelständischen Unternehmen bereits in vollem Gange ist, infolgedessen ist auch im Rahmen des Jahresabschlusses dieser Entwicklung Rechnung zu tragen. Dies kann gelingen, wenn der Unternehmensalltag insbesondere im Hinblick auf die Gestaltung des Controllings und der Rechnungslegung von Aktionen anstelle von Reaktionen bestimmt wird.

Mit dem sogenannten Full IFRS, welches grundsätzlich seit dem Geschäftsjahr 2005 gilt, hat der europäische Gesetzgeber ein verbindliches Rechnungslegungsnormensystem für kapitalmarktorientierte Unternehmen auf Ebene des Konzernabschlusses geschaffen. Es ist allerdings den Mitgliedsstaaten freigestellt, ob sie auf der Ebene der Jahresabschlüsse bzw. auf Ebene der Konzernabschlüsse die Full IFRS für nicht kapitalmarktorientierte Unternehmen mit befreiender Wirkung zulassen oder gar vorschreiben.[2] Nicht kapitalmarktorientierte Unternehmen in Deutschland können gemäß §315e Abs. 3 HGB einen befreienden Konzernabschluss nach IFRS anstelle eines HGB-Konzernabschlusses erstellen und offenlegen. Für Unternehmen, welche einen Börsengang vorbereiten oder deren Banken einen IFRS-Abschluss für ihr Rating voraussetzen, stellt diese Möglichkeit der freiwilligen Anwendung der IFRS eine attraktive Lösung dar.[3] Dass die Full IFRS ihren Ursprung in der Vereinheitlichung der Rechnungslegung kapitalmarktorientierter Unternehmen haben und dementsprechend weniger auf die Bedürfnisse von KMU zugeschnitten sind, hat bereits 1998 auch der IASB erkannt. Insofern beschäftigt sich der IASB seit Juli 2003 mit der Entwicklung der IFRS for SMEs.[4]

Mit der Veröffentlichung des IFRS für kleine und mittelgroße Unternehmen (IFRS for SMEs) im Juli 2009 realisierte der IASB erstmals einen Rechnungslegungsstandard für nicht kapitalmarktorientierte Unternehmen, mit dem Ziel, auch für diese einen einheitlichen Rechnungslegungsstandard bereitzustellen, der eine Vergleichbarkeit der Vermögens-, Finanz- und Ertragslage über Ländergrenzen gewährleisten soll.[5] Bereits

---

1 Vgl. Kranzusch/Holz (2013), S. 37.
2 Vgl. Verordnung (EG) Nr. 1606/2002, Art. 5.
3 Vgl. RBS IFRS-Portal (o. J.), o. S.
4 Vgl. Röver & Partner (2007), S. 3.
5 Vgl. IFRS for SMEs 2.2; Eierle/Ketterer/Ther (2016), S. 601; Buschhüter/Striegel (2015), S. 15.

den damaligen Entwurf sahen Experten als *„entscheidende Entwicklungsstufe auf dem Weg zu einer internationalen Angleichung der Rechnungslegung von nicht kapitalmarktorientierten Unternehmen"*[6]. Im Dezember 2015 wurde planmäßig eine überarbeitete Version des Standards veröffentlicht, die ab dem 01. Januar 2017 anzuwenden ist.[7]

Der nachfolgende Beitrag stellt die Wirkungen der IFRS for SMEs auf die Anforderungen und Gestaltung der Rechnungslegung und des Controllings in KMU dar und analysiert den Rechnungslegungsstandard kritisch.

2 SMEs als Zielgruppe einer internationalen Rechnungslegung

2.1 Bedeutung einer internationalen Rechnungslegung für SMEs

Der Begriff „Mittelstand" ist international nicht geläufig, klassischerweise werden diese Unternehmen unter der Bezeichnung „kleine und mittelständische Unternehmen", KMU, bzw. „small and medium-sized entities", SMEs, zusammengefasst.[8] Eine eindeutige Abgrenzung bzw. Definition des „Mittelstands" gibt es nicht. Die international gebräuchliche Bezeichnung „KMU" orientiert sich an rein quantitativen Kriterien.

Je nach Quelle werden Unternehmen als KMU bezeichnet, falls folgende quantitative Kriterien erfüllt sind (vgl. Tab. 27):

Tab. 27: Verschiedene KMU-Definitionen[9].

Kriterium	Arbeitnehmerzahl	Umsatz/Jahr	Bilanzsumme/Jahr
Quelle:			
Institut für Mittelstandsforschung, Bonn (IfM Bonn)	Bis 499	Bis 50 Mio. €	K. A.
Empfehlung der Europäischen Kommission vom 06. Mai 2003 (2003/361/EG)	Bis 250	Bis 50 Mio. €	Bis 43 Mio. €
§267 HGB	Bis 250	Bis 40 Mio. €	Bis 20 Mio. €

Aufgrund der Komplexität und Dynamik werden die Full IFRS nur für kapitalmarktorientierte Unternehmen als geeignet angesehen.[10] Mit der Veröffentlichung des IFRS

---

6 Haller/Beiersdorf/Eierle (2007), S. 540.

7 Vgl. IASB (2015), S. 1; eine frühere Anwendung ist zulässig.

8 Vgl. Mandler (2004), S. 13.

9 Quelle: eigene Darstellung in Anlehnung an IfM Bonn (o. J.); Europäische Kommission (2003), S. 39; § 267 HGB.

10 Vgl. Bruns/Beiersdorf (2006), S. 45.

for SMEs hat der IASB ein neues Kapitel in der Standardsetzung der Rechnungslegung aufgeschlagen. Die deutliche Aussage des IASB, auch qualitativ hochwertige Rechnungslegungsstandards explizit auch für kleine, nicht am Kapitalmarkt aktive Unternehmen zu entwickeln, wurde damit unterstrichen.[11]

Durch diesen relativ neuen Standard ist die Möglichkeit geschaffen worden, die Rechnungslegungsnormen vieler Unternehmenstypen international zu vereinheitlichen und somit gleichzeitig vergleichbar zu machen.[12] Vor allem Banken, die grenzüberschreitende Kredite vergeben, ausländische Lieferanten, Kunden wie auch ausländische Kapitalgeber und Ratingagenturen können von einer Rechnungslegung nach den Vorgaben der IFRS for SMEs profitieren. Durch den Vertrauensgewinn dieser Parteien gegenüber dem so bilanzierenden Unternehmen wird folglich auch die Fremdkapitalbeschaffung und Gewinnung neuer Lieferanten und Kunden erleichtert.[13] Zusammenfassend kann man von einer besseren und transparenteren Information der jeweiligen Abschlussadressaten sprechen. Dies wiederum ermöglicht eine verbesserte Vergleichbarkeit verschiedener Unternehmen untereinander selbst über verschiedene Branchen und Ländergrenzen hinweg. Insbesondere profitieren Länder ohne angemessene entwickelte nationale Rechnungslegungsnormen von dem neuen Rechnungslegungsstandard.[14]

2.2 Zielsetzung und Entwicklung der IFRS for SMEs

Der IASB veröffentlichte am 09. Juli 2009, nach einem nahezu zehnjährigen Standardsetterprozess, den International Financial Reporting Standard für KMU, den sogenannten IFRS for SMEs (Small and Medium-sized Entities), welcher erstmalig als eigenständiger und international vergleichbarer Rechnungslegungsstandard für nicht kapitalmarktorientierte Unternehmen gilt.[15] Bereits bei der Einführung des IFRS for SMEs war seitens des IASB eine gründliche Überprüfung des Standards nach ca. dreijähriger Anwendungszeit geplant, um die Praxistauglichkeit zu überprüfen und eventuelle Anpassungen vorzunehmen.[16] Im Jahre 2012 wurde diese Überprüfung eingeleitet und im darauffolgenden Jahr eine Entwurfsfassung (ED/2013/9 Proposed Amendments to the IFRS for SMEs) veröffentlicht.[17] Dieser sogenannte Comprehensive Review wurde im Mai 2015 abgeschlossen. Zunächst wurden nur die Amendments to the IFRS for SMEs und die damit korrespondierenden Basis for Conclusions (BC)

---

11 Vgl. Haller/Beiersdorf/Eierle (2007), S. 540.
12 Vgl. Haller/Beiersdorf/Eierle (2007), S. 540.
13 Vgl. Bernhard (2007), S. 13; IFRS for SMEs BC80.
14 Vgl. Haller/Beiersdorf/Eierle (2007), S. 540.
15 Vgl. Eierle/Ketterer/Ther (2016), S. 601.
16 Vgl. IFRS for SMEs P16, BC165.
17 Vgl. Beiersdorf/Schubert (2013), S. 401; Eierle et al. (2014a), S. 2180.

veröffentlicht. Am 01. Dezember 2015 gab der IASB eine final überarbeitete Version des Standards heraus.[18] Der neu überarbeitete Standard enthält nur wenige Änderungen gegenüber der ursprünglichen Fassung. Dies ist vor allem der Intention des IASB geschuldet, um für Beständigkeit und Stetigkeit innerhalb des Standards zu sorgen, da es sich noch um einen recht neuen Standard handelt.[19]

Einen Überblick über den Verlauf des „IFRS for SMEs" gibt die Tab. 28.

Die Zielsetzung des IFRS for SMEs ist es, analog zu den Full IFRS den Abschlussadressaten entscheidungsrelevante Informationen zur Verfügung zu stellen.[20] Der IASB leistet mit diesem Standard einen weiteren Beitrag zur weltweiten Vergleichbarkeit von Rechnungslegungsinformationen, indem er mit dem IFRS for SMEs das Ziel eines eigenständigen und leicht anwendbaren Regelwerks verfolgt und darin die Besonderheiten von SMEs bzgl. der Kosten-Nutzen-Abwägung von Rechnungslegungsinformationen ebenso wie die speziellen Anforderungen der Abschlussadressaten beachtet. Grundlage für den bisherigen IFRS for SMEs bilden die Full IFRS, deren – eben unter Beachtung der Kosten-Nutzen-Verhältnisse für SMEs – Komplexität reduziert wurde. Diesbezüglich kann insofern von einem Top-down-Ansatz gesprochen werden.[21] Dennoch soll der IFRS for SMEs als eigenständiger und unabhängiger Standard betrachtet werden. Der IASB sieht die Bedürfnisse der Jahresabschlussadressaten und -nutzer von SME-Abschlüssen eher auf die kurzfristige Liquidität, die Bilanzstruktur, die historische Entwicklung der Ertragskraft sowie Zinsdeckung gerichtet als auf die Informationen zur Unterstützung zukunftsorientierter Prognosen in Bezug auf Cashflows, Ertragspotenzial und Unternehmenswert.[22]

Der IFRS for SMEs gliedert sich in folgende 35 Abschnitte:[23]
1. **Kleine und mittelgroße Unternehmen** (Small and Medium Entities)
2. **Konzepte und grundlegende Prinzipien** (Concepts and Pervasive Principles)
3. **Darstellung des Abschlusses** (Financial Statement Presentation)
4. **Bilanz** (Statement of Financial Position)
5. **Gesamtergebnisrechnung und Gewinn- und Verlustrechnung** (Statement of Comprehensive Income and Income Statement)
6. **Eigenkapitalveränderungsrechnung und Gewinnverwendungsrechnung** (Statement of Changes in Equity and Statement of Income and Retained Earnings)
7. **Kapitalflussrechnung** (Statement of Cash Flows)
8. **Anhang** (Notes to the Financial Statements)

---

18 Vgl. IFRS for SMEs S. 1–185; Eierle/Ketterer/Ther (2016), S. 601.
19 Vgl. Eierle et al. (2014a), S. 2181; IASB (2013b), S. 1.
20 Vgl. IFRS for SMEs 2.1.
21 Vgl. Haller/Beiersdorf/Eierle (2007), S. 541.
22 Vgl. IFRS for SMEs BC45.
23 IFRS for SMEs S. 3–4.

Tab. 28: Zeittafel zur Entwicklung von IFRS for SMEs[24].

	Zeittafel der Entwicklungen des IFRS for SMEs
April 1998	Überlegungen zu speziellen Rechnungslegungsanforderungen (insbesondere: „accounting needs of countries in transition and developing and newly industrialised countries")
Juli 2001	Standard Advisory Council (SAC); Zustimmung zur Initiierung des Forschungsprojekts „Financial Reporting in Emerging Economies and by Small Enterprises"
Juni 2004	Veröffentlichung des Diskussionspapiers: Preliminary Views on Accounting Standards for Small and Medium-sized Entities
September 2004	Ende der Kommentierungsfrist zum Diskussionspapier; insgesamt 121 Stellungnahmen (davon elf Stellungnahmen aus Deutschland)
Januar 2005	IASB-Sitzung: vorläufige Entscheidungen zur Ausrichtung des Projekts auf Grundlage der Stellungnahmen zum Diskussionspapier
April 2005	Fragebogen: Possible Recognition and Measurement Modifications for Small and Medium-sized Entities (SMEs); Erweiterung der SME-Arbeitsgruppe des IASB auf 35 Mitglieder (davon zwei Vertreter aus Deutschland)
August und November 2006	Veröffentlichung von Arbeitsentwürfen des IFRS for SMEs (Staff Draft of an IFRS for SMEs)
Februar 2007	Veröffentlichung des Standardentwurfs ED-IFRS for SMEs
Oktober 2007	Ende der Kommentierungsfrist zum Standardentwurf ED-IFRS for SMEs
November 2007	Die Kommentierungsfrist für den ED-IFRS for SMEs wurde vom IASB nachträglich bis zum 30. November 2007 verlängert um Probeabschlüsse gemäß den IFRS for SMEs berücksichtigen zu können
9. Juli 2009	Veröffentlichung des endgültigen Standards (kein zwangsläufiges Inkrafttreten, da abhängig von den Entscheidungen des nationalen Gesetzgebers)
Juni 2012	Request for Information (Veröffentlichung einer Bitte zur Einreichung von Informationen, welche Änderungen vorgenommen werden sollen)
November 2012	Ende der Stellungnahmefrist
Oktober 2013	Veröffentlichung des Änderungsentwurfs ED/2013/9
März 2014	Ende der Stellungnahmefrist zum Änderungsentwurf ED/2013/9
Mai 2015	Veröffentlichung der Änderungen am IFRS for SMEs (Amendments to the IFRS for SMEs) sowie der Basis for Conclusions
1. Dezember 2015	Veröffentlichung des endgültigen Standards IFRS for SMEs 2015 (tritt in Kraft für Berichtsperioden, die am oder nach dem 01. Januar 2017 beginnen; eine frühere Anwendung ist zulässig)

---

24 Quelle: eigene Darstellung in Anlehnung an Schween (2007), S. 24.

9. **Konzern- und Jahresabschlüsse** (Consolidated and Separate Financial Statements)
10. **Rechnungslegungsmethoden, Schätzungen und Fehler** (Accounting Policies, Estimates and Errors)
11. **Grundlegende Finanzinstrumente** (Basic Financial Instruments)
12. **Weitere Aspekte zu Finanzinstrumenten** (Other Financial Instruments Issues)
13. **Vorräte** (Inventories)
14. **Beteiligungen an assoziierten Unternehmen** (Investments in Associates)
15. **Beteiligungen an Gemeinschaftsunternehmen** (Investments in Joint Ventures)
16. **Als Finanzinvestition gehaltene Immobilien** (Investment Property)
17. **Sachanlagen** (Property, Plant and Equipment)
18. **Immaterielle Vermögenswerte mit Ausnahme des Geschäfts- oder Firmenwertes** (Intangible Assets other than Goodwill)
19. **Unternehmenszusammenschlüsse und Geschäfts- oder Firmenwert** (Business Combinations and Goodwill)
20. **Leasingverhältnisse** (Leases)
21. **Rückstellungen und Eventualposten** (Provisions and Contingencies)
22. **Schulden und Eigenkapital** (Liabilities and Equitiy)
23. **Umsatzerlöse** (Revenue)
24. **Zuwendungen der öffentlichen Hand** (Government Grants)
25. **Fremdkapitalkosten** (Borrowing Costs)
26. **Anteilsbasierte Vergütung** (Share-based Payment)
27. **Wertminderung von Vermögenswerten** (Impairment of Assets)
28. **Leistungen an Arbeitnehmer** (Employee Benefits)
29. **Ertragssteuern** (Income Tax)
30. **Währungsumrechnung** (Foreign Currency Translation)
31. **Hochinflation** (Hyperinflation)
32. **Ereignisse nach dem Ende der Berichtsperiode** (Events after the End of the Reporting Period)
33. **Angaben über Beziehungen zu nahestehenden Unternehmen und Personen** (Related Party Disclosures)
34. **Spezialisierte Tätigkeitsbereiche** (Specilised Activities)
35. **Übergang auf den IFRS für KMU** (Transition to the IFRS for SMEs)

Hilfreich für dessen Umsetzung sind das Glossar (Glossary) und die Überleitungstabelle (Derivation Table). Des Weiteren existieren die Grundlage für Schlussfolgerungen (Basis for Conclusions), ein Beispielabschluss (Illustrative Financial Statements) und ferner eine Checkliste (Disclosure Checklist) mit allen Angaben des Standards, welche für die Abschlussinstrumente bzw. den Anhang gefordert werden.

Gemäß Abschnitt 3.17 des IFRS for SMEs besteht der Abschluss von SMEs aus Bilanz, GuV-Rechnung, Kapitalflussrechnung, Eigenkapitalveränderungsrechnung und

Anhang. Wie in den Full IFRS ist im IFRS for SMEs weder für die GuV-Rechnung noch für die Bilanz ein besonderes Mindestgliederungsschema oder ein besonderes Präsentationsformat vorgesehen wie etwa Konten- oder Staffelform.[25] Es sind bestimmte Mindestangaben vorgesehen, welche allerdings um bestimmte zusätzliche Posten, Gruppenüberschriften oder Zwischensummen zu erweitern sind, falls dies für das Verständnis der wirtschaftlichen Situation des Unternehmens erforderlich ist. Anhaltspunkte für die Gliederung sind auch aus dem Beispielabschluss und aus den Anwendungsleitlinien abzuleiten.[26]

Die dem IASB zufolge untypischen Sachverhalte in KMU werden nicht im IFRS for SMEs dargestellt.[27] Sollte ein KMU doch in einen derartigen Anwendungsbereich fallen, so sind vom Management entsprechende Rechnungslegungsmethoden zu entwickeln, welche die relevanten und verlässlichen Informationen bereitstellen.[28] Bei dieser Ermessensausübung ist zunächst zu prüfen, ob der IFRS for SMEs einen ähnlichen Sachverhalt regelt, auf den zurückgegriffen werden könnte. Trifft dies nicht zu, so ist auf die allgemeinen Konzepte und grundlegenden Prinzipien im Abschnitt 2 Bezug zu nehmen.[29] Auch kann bei der Ermessensausübung auf die Regelungen der Full IFRS zurückgegriffen werden.[30] Eine Pflicht zum Rückgriff („mandatory fallback") auf die Full IFRS besteht allerdings ausdrücklich nicht.[31] Zwar wurde dies in den ersten Entwürfen des IFRS for SMEs noch gefordert, mit dem IASB-Update im Dezember 2006 wurde dieser Ansatz jedoch aufgegeben.[32]

Es ist vom IASB vorgesehen, den IFRS for SMEs in einem ca. dreijährigen Zyklus zu überarbeiten. Da auch hier die Eigenständigkeit des Standards gewahrt werden soll, sind Änderungen, die zwischenzeitlich in den Full IFRS vom IASB vorgenommen oder vorgeschlagen worden sind, nicht im IFRS-Standard for SMEs zu berücksichtigen.[33]

In Abschnitt 2 des SME-Standards sind die qualitativen Anforderungen an die Rechnungslegung dargestellt. Entgegen des IFRS-Frameworks werden diese qualitativen Anforderungen hier nicht in Primär- und Sekundärgrundsätze gegliedert, sondern stehen quasi auf einer Ebene nebeneinander.[34] Im Einzelnen beinhaltet der IFRS for SMEs folgende qualitative Anforderungen an Informationen in Abschlüssen:

1. **Verständlichkeit** (Understandability)
2. **Relevanz** (Relevance)

---

25 Vgl. IFRS for SMEs 4.9.
26 Vgl. Haller/Beiersdorf/Eierle (2007), S. 545.
27 Vgl. IFRS for SMEs, BC87–BC88.
28 Vgl. IFRS for SMEs 10.4.
29 Vgl. IFRS für SMEs 10.5.
30 Vgl. IFRS for SMEs 10.6.
31 Vgl. IFRS for SMEs BC83; Driesch/Senger (2016), Fn. 15, 21.
32 Vgl. IFRS for SMEs BC34 (e).
33 Vgl. IFRS for SMEs P16.
34 Vgl. Kirsch (2016), S. 9.

3. **Wesentlichkeit** (Materiality)[35]
4. **Verlässlichkeit** (Reliability)
5. **Wirtschaftliche Betrachtungsweise** (Substance over form)
6. **Vorsicht** (Prudence)
7. **Vollständigkeit** (Completeness)
8. **Vergleichbarkeit** (Comparability)
9. **Zeitnähe** (Timeliness)
10. **Abwägung von Nutzen und Kosten** (Balance between benefit and cost)
11. **Unverhältnismäßige Kosten oder Anstrengungen** (Undue cost or effort)

Insgesamt betrachtet, stellt die Anwendung der IFRS die Abkehr vom im HGB verankerten Vorsichtsprinzip und eine Hinwendung zur sogenannten Fair-Value-Bewertung dar, wobei seit Einführung des BilMoG im Jahre 2009 dieses Imparitätsprinzip nicht mehr uneingeschränkt gilt.[36] Bei den IFRS dominiert die Informationsfunktion für Kapitalgeber, der Schutz der Gläubiger und die ebenfalls bisher zentrale Funktion der Kapitalerhaltung.[37]

2.3 Potenzieller Anwenderkreis der IFRS for SMEs

In 1.2 IFRS for SMEs ist festgelegt, für welchen Bereich die Rechnungslegungsvorschriften für SMEs Anwendung finden. Im Sinne dieses Standards sind dies Unternehmen, welche
- keine Verpflichtung zur öffentlichen Rechenschaft („public accountability") haben und
- die sogenannte Mehrzweckabschlüsse („general purpose financial statements") für externe Jahresabschlussadressaten veröffentlichen.

Von der Anwendung des Standards ausgeschlossen sind
- kapitalmarktorientierte Unternehmen;
- Banken, Versicherungsunternehmen, Börsenmakler, Fonds etc., welche Vermögenswerte treuhänderisch verwalten.[38]

---

35 Vgl. Rossmanith (1998), S. 8–82; Rossmanith (2000a), S. 801–808; Rossmanith (2000b), S. 243–275; Rossmanith (2004), S. 116–118.
36 Im Zuge der Modernisierung des deutschen Bilanzrechts durch das BilMoG erfolgte eine teilweise Annäherung an die IFRS. Die Fair-Value-Bewertung findet aber nur im begrenzten Umfang im deutschen Handelsrecht statt.
37 Vgl. RBS IFRS-Portal (o. J.), o. S.
38 Vgl. IFRS for SMEs 1.3.

Zu erkennen ist, dass der Begriff der SMEs hier vorwiegend negativ abgegrenzt wird.[39] Es wird seitens des IASB bewusst auf die Abgrenzung anhand quantitativer Schwellenwerte zur Beschreibung von SMEs verzichtet, da die eindeutige Bestimmung des Anwenderkreises für IFRS for SMEs den nationalen Gesetzgebern vorbehalten bleiben soll.[40] Der potenzielle Anwenderkreis ist somit stark heterogen und umfasst sowohl nicht kapitalmarktorientierte Unternehmen mit komplexem Geschäftsbetrieb als auch Kleinstunternehmen, die sogenannten Micro-sized Entities, sofern sie die allgemeinen Voraussetzungen erfüllen.[41] Hierzu hat der IASB im Juni 2013 einen zusätzlichen Leitfaden veröffentlicht, welcher die Kleinstunternehmen bei der Anwendung des originären IFRS for SMEs unterstützen soll.[42] Von den IFRS for SMEs sollen insbesondere auch Unternehmen aus Entwicklungs-, Schwellen- oder Transformationsländern ohne entsprechend entwickelte Rechnungslegungsnormen profitieren. Da ihnen eine relativ geringe Ressourcenausstattung unterstellt wird, soll diesen Unternehmen auf diese Weise die Umstellung auf international anerkannte Rechnungslegungsnormen erleichtert und ermöglicht werden.

2.4 SME-Abschlussadressaten

Als maßgebliche Adressaten von SME-Abschlüssen werden kreditgebende Banken, Lieferanten, Kunden, Ratingagenturen wie auch die nicht an der Unternehmensleitung beteiligten Eigentümer gesehen.[43] Die IFRS for SMEs konzentrieren sich dabei auf die Adressaten, welche nicht in der Lage sind, an weiterführende Informationen zu gelangen. Überdies informiert ein Abschluss nach IFRS for SMEs auch über die Ergebnisse der Tätigkeiten des Managements.[44] Es wird ferner betont, dass weder Eigentümer, welche aktiv an der Unternehmensleitung beteiligt sind, noch Steuerbehörden als Adressaten der IFRS for SMEs gesehen werden.[45] Allerdings ist hierbei zu bemerken, dass die Informationen, welche aufgrund eines IFRS-Abschlusses gewonnen werden, speziell den Eigentümern eines SMEs in der Weise dienlich sein können, als dass ihnen diese erweiterten und strukturierten Informationen über das eigene Unternehmen für interne Steuerungszwecke zur Verfügung stehen.

---

39 Vgl. Kirsch (2016), S. 3.
40 Vgl. IFRS for SMEs BC 69–70; Kirsch (2016), S. 3–4.
41 Vgl. Wiedmann/Beiersdorf/Schmidt (2007), S. 330; IFRS for SMEs BC71.
42 Vgl. IASB (2013a), S. 1–99; dieser Leitfaden ist explizit nicht Bestandteil des IFRS for SMEs und soll nur zur Unterstützung der Kleinstunternehmen bei der Umsetzung des IFRS for SMEs dienen. Aufgrund der überarbeiteten Fassung des neuen IFRS for SMEs soll auch der Leitfaden für Kleinstunternehmen aktualisiert werden, welcher in der zweiten Jahreshälfte 2016 erscheinen soll.
43 Vgl. IFRS for SMEs BC80.
44 Vgl. IFRS for SMEs 2.3.
45 Vgl. IFRS for SMEs P11; IFRS for SMEs BC49–52.

Es ist daher festzustellen, dass durch die Anwendung der IFRS for SMEs primär prognoseorientierte Informationen vermittelt werden, da die Adressaten ohne weitergehende Informationsmöglichkeiten im Fokus dieses Rechnungslegungsstandards stehen.[46]

3 IFRS for SMEs als Herausforderung für SMEs

3.1 Unterschiede und Neuerungen zwischen HGB, IFRS for SMEs und Full IFRS

Ein Zweck der deutschen Bilanzierung ist im Hinblick auf die Gewinnermittlungsvorschriften darin zu sehen, einen nach Möglichkeit tendenziell niedrig bemessenen Gewinn auszuweisen. Durch die hierdurch bedingte Bildung stiller Reserven soll die langfristige Sicherung der Unternehmenssubstanz gewährleistet und so dem Ziel des Gläubigerschutzes entsprochen werden.[47] Diese Vormachtstellung des Vorsichtsprinzips kann somit als Resultat einer starken Finanzmarktorganisation verstanden werden, welche ihren Ausdruck in den starken Gläubigerschutzregelungen gefunden hat.[48] Deshalb ist beispielsweise die Anwendung der PoC-Methode (Percentage-of-Completion-Method) in einer HGB-Rechnungslegung im Gegensatz zu den IFRS und den IFRS for SMEs[50] nicht zulässig.

Nach dem deutschen Bilanzrecht ist es möglich, den Jahresabschluss auf die unterschiedlichen Bilanzierungszwecke auszurichten. Hierzu bietet das HGB zahlreiche Bilanzierungs- und Bewertungswahlrechte, die die Unternehmen für sich im Rahmen des Stetigkeitsprinzips bilanzpolitisch nutzen können. Allerdings wird hierdurch den Bilanzadressaten die Interpretation des Jahresabschlusses zusätzlich erschwert.[51] Tabelle 29 stellt die wesentlichen Grundsätze des HGB den internationalen Rechnungslegungsstandards gegenüber.

Im Zuge der Überarbeitung des IFRS for SMEs von 2009 startete der IASB nach ca. dreijähriger Anwendungsphase den sogenannten Comprehensive Review[52], um auf Grundlage der bisherigen Erfahrungen der Erstanwender und weiterer Interessenten den recht neuen Standard weiterzuentwickeln und zu verbessern, was mit der Herausgabe des überarbeiteten Standards am 01. Dezember 2015, welcher für beginnende

---

46 Vgl. Kirsch/Meth (2007), S. 8.
47 Vgl. Mandler (2004), S. 11.
48 Vgl. Glaum (2001), S. 126.
49 Quelle: eigene Darstellung.
50 Vgl. IFRS for SMEs 23.21–23.27.
51 Vgl. Mandler (2004), S. 11.
52 Ausführlich zum Comprehensive Review vgl. Eierle et al. (2014a), S. 2180–2187; Eierle et al. (2014b), S. 2239–2244.

Tab. 29: Grundsätzliche Unterschiede der IFRS zum HGB[49].

Grundsätzliche Unterschiede zwischen internationalen Rechnungslegungsstandards und HGB		
Themenbereich	**HGB**	**IFRS for SMEs**
Philosophie	Gläubigerschutzfunktion, Kapitalerhaltungsfunktion, Steuerbemessungsfunktion	Decision Usefullness (Vermittlung von Informationen für die Investoren)
Primärer Rechnungs-legungsgrundsatz	Vorsichtsprinzip (konkretisiert durch Realisations- und Imparitätsprinzip)	Fair Presentation
Bilanzpolitik	Viele Bewertungs- und Bilanzierungswahlrechte	Weitestgehend Verzicht auf Wahlrechte
Verknüpfung von Handels- und Steuerbilanz	Maßgeblichkeitsprinzip; HGB für Steuerbilanz maßgeblich	Strenge Trennung

Geschäftsjahre ab 01. Januar 2017 anwendbar ist[53], endete.[54] Die Intention der Überarbeitung war vor allem die Beständigkeit und Stetigkeit des neuen Regelwerks beizubehalten, um Unternehmen, welche den IFRS for SMEs gerade erst implementiert haben, nicht zu überfordern. Aufgrund dessen sind die in der Zwischenzeit neuen oder überarbeiteten Standards IFRS 3, 10, 13 und IAS 19 nicht Bestandteil des IFRS for SMEs, da sie zu komplexe Änderungen nach sich ziehen würden.[55]

Im überarbeiteten IFRS for SMEs befinden sich 56 Änderungen. Drei davon stuft der IASB als wesentlich ein, zwölf beinhalten geringfügige Änderungen oder Erläuterungen basierend auf neuen oder überarbeiteten IFRS, sieben stellen Ausnahmen von den Anforderungen in den IFRS for SMEs dar, welche nur in bestimmten Fällen erlaubt sind, sechs Regelungen beinhalten Änderungen bei den Ansatz- und Bewertungsvorschriften, sechs weitere Änderungen beinhalten Bewertungs- und Ausweisvorschriften. Darüber hinaus gibt es weitere kleinere Erläuterungen zu Leitlinien, welche voraussichtlich keine Auswirkungen auf die gängige Praxis haben werden (vgl. Anhang: Tab. 30).[56] Spezifische Unterschiede zwischen den IFRS for SMEs gegenüber den Full IFRS werden in Tab. 31 dargestellt (vgl. Anhang).

---

53 Eine frühere Anwendung ist zulässig.
54 Vgl. IASB (2015), S. 1; Eierle/Ketterer/Ther (2016), S. 602.
55 Vgl. IFRS for SMEs BC197–200.
56 Vgl. IFRS for SMEs BC235.

3.2 Spezielle Anforderungen an das Controlling durch die Anwendung der IFRS for SMEs

3.2.1 Besonderheiten des Mittelstandscontrollings

Unternehmen, die dem Mittelstand zuzuordnen sind, werden klassischerweise nicht von angestellten Managern, sondern von ihren Gesellschaftern geführt, welche einen vergleichsweise starken Einfluss ausüben. Ferner sind sie nicht im Sinne des Publizitätsgesetzes als Großunternehmen zu qualifizieren und nehmen üblicherweise auch nicht den Kapitalmarkt für Zwecke der Finanzierung in Anspruch. Die Außenfinanzierung ist tendenziell eher über die Kreditfinanzierung bei den Hausbanken charakterisiert. Die Rechnungslegung ist im Besonderen bei mittelständischen Unternehmen durch die Dominanz des Jahresabschlusses mit dem Ziel einer steuerpolitischen Gestaltung als primäres Ziel der Bilanzpolitik gekennzeichnet. Darüber hinaus wird die Identität der Handels- und Steuerbilanz angestrebt. In diesem Zusammenhang wird von einer „Einheitsbilanz" gesprochen.[57]

Die Gestaltungsspielräume, welche durch die Bilanzierung nach HGB eröffnet werden, werden dabei entsprechend dem Vorsichtsprinzip soweit ausgeschöpft, als dass sich Steuerstundungseffekte bewirken lassen. Somit rückt im Zweifelsfall die Darstellung der tatsächlichen Verhältnisse (Fair Presentation) zurück.[58]

Es kann somit festgestellt werden, dass der primäre Zweck der Rechnungslegung von SMEs in Deutschland nicht der Rechenschaftslegung und Publizität gegenüber dem anonymen Kapitalmarkt dienen soll, sondern eher zur Selbstinformation der geschäftsführenden Gesellschafter sowie der Gläubiger zuzuordnen ist.[59]

Soweit ersichtlich, hat die bewusste Wahrnehmung und Gestaltung der Controllingfunktion in SME in den letzten zehn Jahren deutlich zugenommen.[60] Es ist jedoch festzustellen, dass sich nicht kapitalmarktorientierte Unternehmen stark von großen börsennotierten Unternehmen hinsichtlich der Ausgestaltung und Zielsetzung des Rechnungswesens sowie der internen Informationssysteme unterscheiden. Dies betrifft in gleicher Weise ihre Anforderungen bzgl. ihres Bilanzierungs- und Offenlegungsverhaltens und die in ihrer Adressatenstruktur.[61]

Es gestaltet sich schwierig, Controllinginstrumente, die heutzutage in der Theorie beschrieben werden, auf SMEs anzuwenden. Doch die Bedeutung des Controllings wird weiter zunehmen und die Anforderungen sowohl an die Qualität als auch an die

---

57 Vgl. Rieg/Heyd (2015), S. 73–74; Mandler (2004), S. 37–38.
58 Vgl. Mandler (2004), S. 40–41.
59 Vgl. Mandler (2004), S. 39.
60 Vgl. Weber et al. (2006), S. 20.
61 Vgl. Göbel/Kormaier (2007), S. 520.

Geschwindigkeit der Informationsverarbeitung werden nicht zuletzt durch die globale Vernetzung ansteigen.[62]

Als ein zentraler Schwachpunkt in SMEs kann das Finanz- und Rechnungswesen bezeichnet werden.[63] Die Kapitalflussrechnung, die Investitionsrechnung und in Teilen auch die Kostenrechnung finden immer noch zu geringe Anwendung und weisen oft eine geringe Aussagekraft auf. SMEs vernachlässigen oft eine ausgedehnte Unternehmensplanung mit strategischer Planung.[64] Das stärkste Interesse wird im Mittelstand den Instrumenten „Liquiditätsüberwachung", „Kostenüberwachung" sowie der „Umsatz- und Absatzüberwachung" zuteil. Sie finden die stärkste Anwendung und sind dem operativen Bereich der Kontrolle bzw. Überwachung zuzuordnen. Hingegen sind Instrumente aus den Bereichen der Kostenplanung und des strategischen Controllings eher weniger zu finden. Zu diesen sozusagen „modernen" Instrumenten zählen Kennzahlenvergleiche, Nutzschwellenrechnungen, Kapitalwertrechnungen, langfristige Investitionspläne, langfristige Produkt-/Verfahrensplanung und der Lebenszyklusrechnung einzelner Produkte.[65]

Pointiert formuliert lässt sich Folgendes feststellen: Die Träger eines KMU-Controllings sind letztlich der Unternehmer selbst sowie insbesondere dessen Steuerberater. Inhaltlich ist eine Beschränkung auf betriebswirtschaftliche Auswertungen von Buchhaltungsdaten und eine Beschränkung auf die fallweisen Anfragen beim Steuerberater festzustellen. So fungiert der Steuerberater oft als betriebswirtschaftlicher Berater in SMEs.[66]

Schwachpunkte und Problembereiche eines derart ausgestalteten Controllings in SMEs zeigen sowohl wissenschaftliche als auch praxisorientierte Publikationen auf. Es sind diese im Einzelnen:

– Die Wahrnehmung von Controllingaufgaben ist nicht verbindlich geregelt.[67]
– Der Inhabergeschäftsführer richtet sein Augenmerk stärker auf die Minimierung der Steuerlast als auf den betriebswirtschaftlichen Erfolg des Unternehmens.[68]
– Eine steueroptimierte Buchhaltung bildet die Datenbasis für das Controlling.[69]
– Kostenrechnungssysteme sind nur gering verbreitet.[70]
– Istrechnungen dominieren, wohingegen Planungsinstrumente selten zum Einsatz kommen.[71]

---

62 Vgl. Hegglin/Kaufmann (2003), S. 359; Feldbauer-Durstmüller/Hiebl (2015), S. 193–197.
63 Vgl. Pichler/Pleitner/Schmidt (2000), S. 154.
64 Vgl. Lanz (1992), S. 93; Icks/Kaufmann/Menke (1997), S. 59.
65 Vgl. Kosmider (1991), S. 96.
66 Vgl. Küting (2004), S. VI; Graumann (2003), S. 24; Klett/Pivernetz (2004), S. 22.
67 Vgl. Peemöller (2005), S. 92–94.
68 Vgl. Kummert (2005), S. 160.
69 Vgl. Klett/Pivernetz (2004), S. 44–46.
70 Vgl. Kosmider (1991), S. 110–112.
71 Vgl. Klett/Pivernetz (2004), S. 17.

Das Controlling muss auch in SMEs mehr als ein reines Rechnungswesen sein[72] und Controlling in SMEs muss an dessen Informationsbedürfnissen ausgerichtet werden. Es gilt, sie zu analysieren und regelmäßig zu hinterfragen.[73] Um bessere und auch schnellere Entscheidungen treffen zu können, sind zwar aufbereitete betriebswirtschaftliche Daten aus der Buchhaltung unverzichtbar, jedoch sind sie nicht ausreichend. Einfach zu bedienende, flexible als auch übersichtliche Anwendungsinstrumente, Planungsrechnungen und auch Simulationen sind mindestens ebenso wichtig. Es ist hierfür allerdings nicht zwingend erforderlich, spezielle Software anzuschaffen. Klassische Tabellenkalkulationsprogramme sind leistungsfähig, sind für viele Nutzer gut zu bedienen und bieten Schnittstellen zur Buchhaltung an. Darüber hinaus verursachen sie kaum zusätzliche Kosten.[74] Schließlich soll die Führung eines SMEs durch Controlling entlastet werden und dadurch Freiräume für strategische Überlegungen erhalten. Voraussetzung hierfür sind eine sinnvolle organisatorische Einordnung des Controllings, die Implementierung eines strukturierten Controllingprozesses und eine Motivierung der SME-Führung zur Planung und Kontrolle durch den Nachweis, dass die unternehmerischen Freiheiten nicht eingeschränkt, sondern erweitert werden.[75]

Der Beitrag zur langfristigen Existenzsicherung ist als ein wichtiger Nutzenaspekt des Controllings in SMEs anzusehen, wobei sich dieser Nutzen lediglich zu einem gewissen Teil in Zahlen darstellen lässt. Es kann auch nicht erwartet werden, dass dieser Nutzen unverzüglich nach Einführung eines Controllings beobachtet werden kann.[76]

3.2.2 Controllingrelevante Standards der internationalen Rechnungslegung

Durch die Globalisierung sehen sich Unternehmen verschiedenen Veränderungen gegenüber. Insbesondere sind davon die Rechnungslegung, die Finanzierung sowie die Unternehmenssteuerung und -kontrolle betroffen. Das Controlling als bereichsübergreifendes Planungs- und Steuerungssystem nimmt hier eine besondere Stellung ein. Aufgrund der Internationalisierung kommt der Ausgestaltung eine besondere Bedeutung zu. In diesem Zusammenhang verdienen die Beziehungen zwischen internem und externem Rechnungswesen eine besondere Beachtung. Daneben unterliegen auch die einzelnen Controllingaufgaben Veränderungen, wobei als zentrale Felder hier das Reporting und das Projektcontrolling zu nennen sind.[77]

Es zeichnet sich ab, dass durch die Anwendung internationaler Rechnungslegungsstandards das Controlling keinesfalls ersetzt wird, wie etwa durch die Bereiche

---

[72] Vgl. Horváth/Gleich/Seiter (2016), S. 3–4.
[73] Vgl. Krey/Lorson (2007), S. 1719.
[74] Vgl. exemplarisch Nelles (2016).
[75] Vgl. Ruchhöft/Krey (2006), S. 231.
[76] Vgl. Krey/Lorson (2007), S. 1718.
[77] Vgl. Funk/Rossmanith (2011), S. 61.

des Financial Accounting, sondern im Gegenteil das Controlling durchaus noch an Bedeutung gewinnen kann.[78] In Bezug auf die Harmonisierung von internem und externem Rechnungswesen erhält hier das Controlling ein erweitertes Rollenverständnis im Sinne des Informationsdienstleisters insbesondere auch für die internationale Rechnungslegung.[79]

Durch den sogenannten Management Approach wird der Controllingbereich zum Informationsdienstleister für die IFRS-Rechnungslegung und übernimmt dadurch stärker als früher Mitverantwortung für die nach außen kommunizierten Finanzinformationen.[80] Besonders IAS 11[81] (Fertigungsaufträge) zeigt die Verzahnung von IFRS und Controlling durch den Rückgriff der Projektplanung und Projektkalkulation zur Ermittlung des Fertigstellungsgrades bei der Teilgewinnrealisierung (Percentage-of-Completion-Method) auf.[82]

3.2.3 Notwendigkeit eines Projektcontrollings im Bezugsrahmen der IFRS for SMEs

Für Unternehmen, die im Gegensatz zum HGB nach IFRS for SMEs bilanzieren, gilt die PoC-Methode (Percentage-of-Completion-Method).[83] Im IFRS for SMEs 23.17 Satz 1 ist festgelegt, dass, wenn das Ergebnis eines Fertigungsauftrages verlässlich geschätzt werden kann, die Auftragserlöse und -kosten in Verbindung mit diesem Fertigungsauftrag entsprechend dem Leistungsfortschritt zu erfassen sind. Dieser Vorgang ist unter dem Begriff der PoC-Methode bekannt. Um die Erlöse verlässlich ermitteln zu können ist es erforderlich, dass der Fertigstellungsgrad sowie die zukünftig anfallenden Kosten verlässlich bestimmt werden. In den Abschnitten IFRS for SMEs 23.21 bis 23.27 sind die Grundsätze zur Anwendung der PoC-Methode festgelegt.

Um die PoC-Methode anwenden zu können, müssen SMEs die in IAS 11.23 aufgeführten Kriterien erfüllen. Insbesondere kleine Unternehmen sehen sich dadurch dem Problem gegenüber, die angefallenen Kosten sowie den Fertigstellungsgrad eines Auftrages bestimmen zu müssen. Da SMEs meist über kein ausgereiftes Auftrags- oder Projektcontrolling verfügen, kann dies ein zentrales Problem darstellen.[84]

In Zusammenhang mit der Bewertung der Fertigungsaufträge gemäß der PoC-Methode werden an das Projektcontrolling zwei wesentliche Anforderungen gestellt. Dabei handelt es sich zum einen um Strukturen und Systeme, welche zur Erfassung

---

78 Vgl. Biel (2004), S. 207.
79 Vgl. IGC (2006), S. 32–34.
80 Vgl. Fleischer (2005), S. 197.
81 IAS 11 wird durch IFRS 15 (Erlöse aus Verträgen mit Kunden) zum 01. Januar 2018 ersetzt.
82 Vgl. Weißenberger (2011), S. 549–550.
83 Vgl. IFRS for SMEs 23.21–23.27.
84 Vgl. Baetge/Klaholz (2006), S. 39; Beyer/Geis (2009), S. 371–372.

angefallener Projektkosten auskunftsfähig sind, zum anderen erfordert die Bestimmung des Projektfertigstellungsgrades ein funktionierendes Projektcontrolling.[85]

Ein ausgereiftes Auftrags- und Projektcontrolling stellt die Basis zur Ermittlung des Fertigstellungsgrades dar. Typischerweise wird dies jedoch in SMEs vom Eigentümer selbst übernommen, der aufgrund der überschaubaren Projekte und aufgrund seiner Übersicht über das gesamte betriebliche Geschehen die Steuerung und Kontrolle selbst übernimmt. Daraus resultiert unterdessen eine deutlich verschlechterte Zuverlässigkeit des Umsatzes und des Ergebnisses, welche nach der PoC-Methode ermittelt werden. Insofern erhält die Einführung eines Projektcontrollings eine besondere Notwendigkeit.[86]

Grundsätzlich gibt es zwei Ansätze, welche dem Controlling zur Bestimmung des Projektfertigstellungsgrades zur Verfügung stehen: Es sind die inputorientierten und die outputorientierten Verfahren. Im Rahmen der outputorientierten Verfahren wird der Fertigstellungsgrad anhand des Verhältnisses der bereits erbrachten Leistung zur vereinbarten Gesamtleistung ermittelt. Der Fertigstellungsgrad wird somit direkt ermittelt. Problematisch wird diese Vorgehensweise allerdings dadurch, dass die Projektverantwortlichen oftmals damit überfordert sind und in der Regel der Projektfertigstellungsgrad als zu hoch deklariert wird. Diesem Problem könnte die Aufspaltung des Gesamtprojekts in einzelne Teilprojekte entgegenwirken. Dabei nehmen die jeweils Teilprojektverantwortlichen eine Schätzung des Projektfertigstellungsgrades ihres Teilprojekts vor. Dies bietet den Vorteil, dass die Abschätzungen der einzelnen Fortschritte einfacher sind als im Fall des Gesamtprojekts, und damit auch zuverlässiger. Allerdings setzt dieses Vorgehen eine differenzierte Projektplanung voraus. Dies bedeutet, dass die Projektplanung folgende Punkte beinhaltet: zum einen die Aufteilung des Gesamtprojekts in Teilprojekte mit den korrespondierenden Arbeitspaketen, Teilzielen etc. sowie zum anderen die genaue Ablauf-, Termin-, Zeit- und Budgetplanung. Insgesamt gelingt somit eine leistungsfähige Projektstrukturplanung.[87] Die Grundlage für die Bestimmung des Projektfertigstellungsgrades des Gesamtprojekts setzt sich somit in der Regel aus den Budgets der einzelnen Teilprojekte zusammen.[88]

Inputorientierte Verfahren hingegen messen den Projektfortschritt anhand des tatsächlichen Ressourceneinsatzes und ermitteln den Projektfortschritt somit, im Gegensatz zu den outputorientierten Verfahren, indirekt anhand der „cost-to-cost-method" oder der „effort-expended-method".[89] Es wird somit deutlich, dass die Anwendung der PoC-Methode in Zusammenhang mit der Anwendung internationaler Rechnungslegungsstandards ein umfängliches Projektcontrolling unumgänglich wer-

---

85 Vgl. Funk/Rossmanith (2011), S. 71–72.
86 Vgl. Baetge/Klaholz (2006), S. 39.
87 Vgl. Erichsen (2006), S. 205–207.
88 Vgl. Kirsch (2006), S. 53–55.
89 Vgl. Velte (2006), S. 225, nähere Erläuterungen zu diesen Methoden bei Funk/Rossmanith (2011), S. 71–74.

den lässt.[90] Die enge Verknüpfung zwischen Controlling und der Rechnungslegung wird hiermit bestätigt.[91]

Findet die PoC-Methode aufgrund der Umstellung auf die IFRS for SMEs Anwendung, so führt dies allerdings lediglich zu einem einmaligen Effekt. Dabei steigen in der Regel der Umsatz sowie das Unternehmensergebnis. Bereits im zweiten Anwendungsjahr dieser Berechnungsmethode erfolgt kein weiteres Vorziehen von Projektgewinnen für die SMEs.[92]

3.2.4 Anforderungen an das Reportingsystem

Die Anwendung internationaler Rechnungslegungsstandards stellt hohe Anforderungen an das Reporting. Im Rahmen des Reportings soll sowohl innerhalb des Unternehmens als auch gegenüber externen Anspruchsgruppen über die Finanz-, Ertrags- und Vermögenslage als auch über die künftige Unternehmensentwicklung informiert werden. Die wichtigsten Interessengruppen sind dabei die Unternehmensleitung, Eigenkapitalgeber, Fremdkapitalgeber, Kontrollorgane sowie die Öffentlichkeit. Das Controlling hat hier die spezielle Aufgabe, ein umfassendes Reportingsystem aufzubauen, welches den Informationsbedürfnissen dieser ungleichen Interessengruppen gerecht wird. Das Controlling hat infolgedessen ein empfängerorientiertes, zeitnahes, genaues und aussagefähiges Reporting sicherzustellen.[93] Bei der Errichtung eines internen und externen Reportings gilt es essenzielle Punkte zu beachten, um die Aussagefähigkeit dieser Systeme zu gewährleisten:[94]

– Integriertes Konzept: Hierbei sollen das interne und externe Reporting gemeinsam konzipiert werden um Ressourcen zu optimieren und Prozesse zu synchronisieren.
– Konsistente Datenbasis: Eine umfassende IT-Struktur soll sicherstellen, dass Informationen möglichst einheitlich verarbeitet werden.
– Vermeidung von Inkonsistenzen: Die Darstellungsform, der Detaillierungsgrad, die Berichtstruktur etc. sollen eine einheitliche Erscheinungsform erhalten.
– Projektverzahnung: Mehraufwand soll dadurch vermieden werden, dass parallel laufende Projekte, die sowohl das interne als auch das externe Reporting betreffen, verbunden werden.
– Klärung von Differenzen: Es ist Aufgabe des Controllings, Abweichungen, die aufgrund von Bewertungsunterschieden entstehen, hinreichend zu erklären.

---

90 Vgl. Velte (2006), S. 228.
91 Vgl. Funk/Rossmanith (2011), S. 74.
92 Vgl. Baetge/Klaholz (2006), S. 39.
93 Vgl. Velte (2006), S. 228.
94 Vgl. PwC (2006), S. 51.

Grundsätzlich gilt, dass die Abweichungen zwischen dem internen und externen Ergebnis vor allem in der Bewertung von Finanzinstrumenten begründet sind[95] als auch in einer möglichen Nichterfassung immaterieller Vermögensgegenstände. Das klassische Unternehmensreporting bezieht sich meist nur auf die finanziellen Ergebnisse, wobei immaterielle Werte weitgehend vernachlässigt werden. Aufgrund der Tatsache, dass bei vielen Unternehmen der Buchwert und der Marktwert erheblich voneinander abweichen, entsteht eine Lücke, welche zu Fehleinschätzungen bzgl. der Leistungsfähigkeit des Unternehmens führen kann.[96]

4 Kritische Analyse einer Rechnungslegung nach IFRS for SMEs

4.1 Nutzenpotenziale

Die Anwendung internationaler Rechnungslegungsstandards von SMEs ermöglicht es, ihre Abschlüsse inhaltlich vergleichbar zu machen, selbst über verschiedene Branchen hinweg.[97] Auch die nicht zu unterschätzende Kommunikation mit Analysten sowie institutionellen Investoren anderer Nationen wird dadurch positiv unterstützt. Um auf den verschiedenen internationalen Wertpapiermärkten alternative Anlagemöglichkeiten in verschiedenen Unternehmen bewerten zu können, ist es für global operierende Investoren mit ihren beratenden Finanzanalysten äußerst vorteilhaft, auf international vergleichbare Jahresabschlüsse zurückgreifen zu können. Dies erhöht nicht nur die Qualität der Vergleiche, sondern verringert auch entsprechend die Unsicherheiten bei der Anlageentscheidung und bedeutet eine Risikominimierung für Investoren.[98]

Im weltweiten Wettbewerb um neue Aufträge ist festzustellen, dass sowohl nationale als auch internationale Großunternehmen bei der Auswahl und Bewertung ihrer Lieferanten die Einreichung eines Jahresabschlusses von mittelständischen Unternehmen verlangen. Eine einheitliche Rechnungslegung nach international gültigen Standards kann somit dazu beitragen, im Wettlauf um einen Auftrag eine bessere Ausgangssituation einzubringen, da eine HGB-Rechnungslegung insbesondere im Vergleich zu angelsächsischen Konkurrenten Nachteile mit sich bringt.[99]

Ein weiterer Nutzenaspekt einer internationalen Rechnungslegung ergibt sich aus der möglichen Harmonisierung von internem und externem Rechnungswesen.

---

95 Vgl. Volkart/Schön/Labhardt (2005), S. 520–521.
96 Vgl. Schmid (2005), S. 47–50.
97 Vgl. Böcking/Herold/Müßig (2004), S. 672.
98 Vgl. Winkeljohann/Ull (2006), S. 16.
99 Vgl. Winkeljohann/Ull (2006), S. 17.

Im Rahmen des deutschen Rechnungswesens ist bisher noch eher eine Trennung von internem und externem Rechnungswesen festzustellen.[100] Als Gründe für diese Zweiteilung sind die verschiedenen Zielsetzungen dieser Rechnungssysteme zu sehen. Zentrale Zwecke des externen Rechnungswesens nach HGB sind die Zahlungsbemessungsfunktion sowie die Informationsfunktion.[101] Im Gegensatz dazu dient das interne Rechnungswesen dafür, dass ein unternehmenszielorientiertes Planungs-, Kontroll- und Steuerungssystem betrieben werden kann.[102] Durch die Trennung des Rechnungswesens ergibt sich häufig der Umstand, dass in vielen mittelständischen Unternehmen Geschäftsvorfälle doppelt erfasst, zwei Inventare gepflegt oder zumindest umfangreiche Nebenrechnungen erforderlich werden.[103] Die parallele Inventarpflege ist in den unterschiedlichen Nutzungsdauern und deren Bewertungsgrundlagen, welche aus internem und externem Rechnungswesen stammen, begründet. Die Tatsache, dass dies immer öfter zu Verständnisproblemen aufgrund der unterschiedlichen Ergebnisse des externen und internen Rechnungswesens führt, stellt dabei einen unangenehmen Effekt dar. Die Anwendung internationaler Rechnungslegungsstandards kann hierbei unterstützend eingreifen, um internes und externes Rechnungswesen aneinander anzugleichen. Dies ist darin begründet, dass die Zielsetzung der IFRS auf dem Grundsatz der Decision Usefulness, also der Bereitstellung entscheidungsrelevanter Informationen und im Bezugsrahmen eines True-and-Fair-Value-Ansatzes beruht. Somit werden durch die Anwendung der IFRS ähnliche Ziele verfolgt, wie dies in Deutschland im Rahmen des internen Rechnungswesens der Fall ist. Es können daher die IFRS auch für die Feststellung interner steuerungsrelevanter Daten verwendet werden. Daher kann auch der zusätzliche Aufwand für die separat zu pflegende Datenbasis für interne Informations-, Planungs- und Kontrollzwecke bei Anwendung der IFRS entfallen.[104]

4.2 Risikofelder

Allerdings dürfen bei allen Vorteilen, die eine Rechnungslegung nach IFRS for SMEs bieten könnte, die daraus resultierenden Nachteile nicht übersehen oder vernachlässigt werden. Aus einer Rechnungslegung nach IFRS ergeben sich grundsätzlich verschiedene Bilanzierungs- und Bewertungsunterschiede, welche zu beachten sind.[105]

---

100 Vgl. Zirkler/Nohe (2003), S. 222; Hinz (2005), S. 4–6; Möller/Hüfner (2004), S. 14. In den letzten Jahren zeigt sich jedoch ein Trend des Zusammenwachsens des Controllings und der Rechnungslegung, welches unter dem Begriff „Biltroller" zusammengefasst werden kann, hierzu beispielhaft Rieg/Gruber/Reißig-Thust (2013), S. 62–67; Rieg (2017).
101 Vgl. Coenenberg/Haller/Schultze (2016), S. 17–25.
102 Vgl. Haller (1997), S. 271.
103 Vgl. Ziegler (1994), S. 175–176.
104 Vgl. Winkeljohann/Ull (2006), S. 12–13.
105 Vgl. RBS IFRS-Portal (o. J.), o. S.

Im Rahmen der Finanzierung kommt der Erhöhung der Eigenkapitalquote bei vielen Mittelständlern eine Schlüsselfunktion zu. Durch eine höhere Eigenkapitalquote nehmen die Probleme bei der Finanzierung ab, zudem wird das Rating dieser Unternehmen verbessert, was wiederum auch den Zugang zu Fremdkapital positiv unterstützt.[106] Als zentrales Problem der IFRS für deutsche Familienunternehmen ist daher die Abgrenzung von Eigen- und Fremdkapital zu sehen. Auch der IFRS for SMEs löst diese Problematik nicht. Gemäß IAS 32 kann das von den Gesellschaftern zur Verfügung gestellte Kapital nur in den Fällen als Eigenkapital ausgewiesen werden, wenn seitens der einzelnen Kapitalgeber kein individueller Rückzahlungsanspruch auf das von ihnen investierte Kapital existiert. Die deutsche Gesetzeslage verhindert dies allerdings. Hier haben Gesellschafter von Personengesellschaften per Gesetz ein ordentliches Kündigungsrecht, welches nicht ausgeschaltet werden kann.[107] Dies betrifft in Deutschland eine große Anzahl von Rechtsformen, betroffen sind die OHG, KG,[108] Genossenschaften[109] sowie die stillen Gesellschaften aufgrund der stillen Einlage.[110] In der Praxis haben auch gesellschaftsvertragliche ordentliche Kündigungsrechte bei der GmbH eine hohe Bedeutung.[111] Danach ist es nicht zulässig, Einlagen in deutsche Personengesellschaften als Eigenkapital zu definieren – sie sind als Fremdkapital einzustufen. Als Konsequenz sehen sich deutsche Personengesellschaften nach der IFRS-Umstellung der Tatsache gegenüber, ohne Eigenkapital zu sein.[112] Senger spricht sogar von einer Kapital vernichtenden Konsequenz. Bevor nicht eine sachgemäße Lösung dieser Problematik auch innerhalb der Full IFRS gefunden ist, wird dies auch für die IFRS for SMEs nicht möglich sein.[113]

Die hohen Anforderungen an die Planungsrechnung, welche in SMEs bisher tendenziell nicht ausgebildet ist, und die hohen Anforderungen an die Qualifikation der Mitarbeiter sind als „Kostentreiber" zu sehen.[114] Da die Einführung neuer Rechnungslegungsvorschriften als ein in der Regel einmaliges Ereignis zu sehen ist, gibt es diesbezüglich auch keine Erfahrung innerhalb des Unternehmens. Die Notwendigkeit, externe Berater einzubeziehen, ist gegeben, auch um das Umstellungsprojekt erfolgreich zum Abschluss bringen zu können,[115] was wiederum hohe Kosten verursachen kann.

Selbst wenn ein Unternehmen seinen Konzernabschluss auf IFRS umgestellt hat, ist zunächst weiterhin zwingend ein HGB-Jahresabschluss zu erstellen, welcher als

---

106 Vgl. KPMG (2007b), S. 10.
107 Vgl. Controllingportal (2013), o. S.
108 Vgl. §§131 Abs. 3 Nr.3, 132, 161 Abs. 2 HGB.
109 Vgl. §65 I GenG.
110 Vgl. §234 HGB.
111 Vgl. Breker/Harrison/Schmidt (2005), S. 472.
112 Vgl. Controllingportal (2013), o. S.
113 Vgl. Senger (2007), S. 413–414.
114 Vgl. Küting (2007), S. 1.
115 Vgl. KPMG (2007a), S. 3.

Grundlage für die Ausschüttungs- und Steuerbemessungsfunktion gilt. Dieser Umstand führt in der Praxis zu einer doppelten Bilanzierung.

Auch das oft angeführte Argument, durch eine Umstellung der Rechnungslegung auf internationale Standards ein verbessertes Rating bekommen zu können, wird dadurch entkräftet, dass Banken bereits heute die Umstellungseffekte von HGB auf IFRS für ihr bankinternes Bilanzrating herausrechnen und somit keinen Bonus für eine Rechnungslegung nach IFRS for SMEs vergeben.[116]

4.3 Akzeptanz der IFRS for SMEs

Aus der überarbeiteten Neufassung des IFRS for SMEs ergeben sich nur wenige materielle Änderungen, welche keine großen Auswirkungen auf die bisherige Berichterstattung haben.[117] Vielmehr ist der überarbeitete Standard als Klarstellung und Verbesserung zu seiner vorherigen Version zu sehen.

International erfährt der IFRS-Standard mehr und mehr an Bedeutung. Zum gegenwärtigen Zeitpunkt findet der IFRS for SMEs in 83 Staaten Anwendung, 75 übernahmen ihn ohne Änderungen.[118] Es ist allerdings anzumerken, dass die Mehrzahl als Schwellen- und Entwicklungsländer einzustufen ist. Hierzu zählen vor allem lateinamerikanische und afrikanische Staaten. In der EU zählen nur Irland und Großbritanien zu den Anwendern einer stark modifizierten Version.[119] Grund hierfür ist, dass eine EU-weite Umsetzung der IFRS for SMEs im Einklang mit der 4., 7. und 8. EU-Richtlinie sein müsste. Die Europäische Kommission ist der Auffassung, dass der Standard nicht gänzlich im Einklang mit den Zielen der EU steht. Beispielsweise ist eine Kapitalflussrechnung nach den IFRS for SMEs obligatorisch, während die EU-Rechnungslegungsrichtlinie eben diese für kleine Unternehmen explizit verbietet, weshalb nur eine modifizierte Form des Standards zulässig wäre.[120] Auch der deutsche Gesetzgeber stellt den SME-Standard infrage. Fast zeitgleich mit der Veröffentlichung des IFRS for SMEs trat das Bilanzrechtsmodernisierungsgesetz (BilMoG) in Kraft, welches eine gleichwertige und gleichzeitig einfachere und kostengünstigere Alternative zum Full IFRS und IFRS for SMEs darstellen soll.[121]

Vor der erstmaligen Herausgabe des IFRS for SMEs durch den IASB initiierten der Deutsche Industrie- und Handelskammertag und die Wirtschaftsprüfungsgesellschaft

---

116 Vgl. Baetge/Klaholz (2006), S. 42–43; Egner (2008), S. 92–93.
117 Vgl. Eierle/Ketterer/Ther (2016), S. 607; IASB (2015), S. 1.
118 Der IASB stellt unter http://www.ifrs.org/Use-around-the-world/Pages/Analysis-of-SME-profiles.aspx eine ständig aktualisierte Übersicht zu den anwendenden Staaten bereit.
119 In Schweden findet der IFRS for SMEs zwar keine Anwendung, dennoch orientiert sich der nationale Rechnungslegungsstandard BFNAR 2011-1 für Großunternehmen, deren Wertpapiere nicht öffentlich gehandelt werden, an diesem Standard.
120 Vgl. Eierle et al. (2014), S. 2180–2181; Europäische Kommission (2013), S. 4.
121 Vgl. Driesch/Senger (2016), Rn 9.

PricewaterhouseCoopers eine Umfrage, um die Stimmung im deutschen Mittelstand gegenüber dem neuen Rechnungslegungsstandard zu eruieren. Die damalige Studie hat ergeben, dass sich der nicht kapitalmarktorientierte Mittelstand (insbesondere größere Unternehmen und Unternehmen mit höherer Auslandsorientierung) mit den internationalen Rechnungslegungsvorschriften beschäftigt, jedoch keine freiwillige Umstellung vorsieht.[122]

Als wesentlicher Kritikpunkt der IFRS for SMEs wird aufgeführt, dass die Komplexität immer noch zu hoch ist. Darüber hinaus wirken die eingeräumten Wahlrechte sowie die Übertragung von Entscheidungen bzgl. der zu wählenden Differenzierungskriterien an die nationalen Gesetzgeber einer internationalen Gesetzgebung entgegen.[123]

Ein weiteres wesentliches Problem für die Akzeptanz der IFRS for SMEs stellen die hohen Umstellungskosten von der nationalen Rechnungslegung auf die internationale Rechnungslegung dar sowie auch die nicht zu unterschätzenden laufenden Kosten für die Erstellung eines SME-IFRS-Jahresabschlusses. Da davon auszugehen ist, dass den kleinen Unternehmen das Know-how für die Abschlusserstellung gemäß IFRS for SMEs fehlen wird, sind entweder IFRS-Experten einzustellen oder auch als Berater zu engagieren, was dann notwendigerweise die Kosten des Jahresabschluss deutlich erhöht.[124]

Laut KPMG ergeben sich für bestimmte Mittelständler aber durchaus Vorteile aus einer Anwendung internationaler Rechnungslegungsstandards, und zwar immer dann, wenn diese international ausgerichtet sind. Hier ergibt sich ein einheitliches Reporting in der Gruppe nach IFRS for SMEs. Bei internationaler Kapitalbeschaffung ist es leichter, sich Fremdkapital außerhalb der öffentlichen Kapitalmärkte (z. B. Private-Equity-Finanzierungen) zu beschaffen. Bei einem mittelfristig geplanten Börsengang ergibt sich aus einer IFRS-for-SMEs-Anwendung die vereinfachte Umstellung in Stufen auf die Full IFRS. Auch Wachstumsunternehmen profitieren von den IFRS for SMEs, indem ihnen hierdurch die Kapitalbeschaffung außerhalb der öffentlichen Kapitalmärkte erleichtert wird. Es ist auch festzustellen, dass die IFRS for SMEs grundsätzlich zu einer Vereinheitlichung von externem und internem Rechnungswesen beitragen kann.

5 Fazit

Dass die Internationalisierung der Rechnungslegung auch für SMEs immer mehr an Bedeutung gewinnt, konnte im vorliegenden Beitrag deutlich aufgezeigt und dargestellt werden. Jedoch bleibt die Abwägung des Pro und Kontra dem Einzelfall über-

---

122 79 % lehnen die Umstellung auf IFRS ab; vgl. DIHK/PwC (2005), S. 5.
123 Vgl. Kirsch/Meth (2007), S. 10.
124 Vgl. Baetge/Klaholz (2006), S. 40.

lassen, sodass die Entscheidung für oder gegen eine Anwendung international an-erkannter Rechnungslegungsstandards den individuellen Gegebenheiten angepasst werden muss. Daher kann an dieser Stelle, lediglich auf die u. E. wesentlich zu beach-tenden Punkte hingewiesen werden, wobei eine konkrete Handlungsanweisung nicht im Fokus stehen kann.

Die Umstellung der Rechnungslegung von HGB auf internationale Rechnungsle-gungsvorschriften stellt für mittelständische Unternehmen in der Praxis eine nicht zu unterschätzende Herausforderung dar.[125] Unternehmen, welche die Umstellung ih-rer Rechnungslegung in Erwägung ziehen, sollten dazu gehalten sein, genau zu prü-fen, inwieweit ihnen die Umstellung ihrer Rechnungslegung auf internationale Rech-nungslegungsstandards Vorteile einbringt und welche Risiken diesem Vorhaben ge-genüberstehen. Es sind dabei nicht nur sachbezogene Kosten wie etwa die für eine leistungs- und damit aussagefähige IT-Struktur, sondern auch andere Investitionen zu beachten.

Auch die höheren Personalkosten, die aufgrund einer Umstellung auf internatio-nale Rechnungslegungsstandards entstehen, dürfen nicht übersehen werden. Sie fal-len nicht nur für den Zeitraum der Umstellung an, sondern bleiben aufgrund der kom-plexen Anforderungen der neuen Rechnungslegung ständig erhalten[126] und das nicht zuletzt aus Gründen der permanenten Up-to-date-Pflicht bzgl. Änderungen der IFRS for SMEs sowie des deutschen Handelsrechts. Kosten für externe Berater und ständi-ge Weiterbildungskosten für unternehmensinternes Personal sind ebenfalls vorab in die Kalkulation zur Umstellung der nationalen Rechnungslegung auf internationale Standards einzubeziehen.

Der vom Full IFRS unabhängige Standard stellt vor allem für Entwicklungs- und Schwellenländer, welche eine weniger historisch gewachsene Rechnungslegung wie beispielsweise Deutschland haben, eine interessante Alternative dar.[127] Zumindest in Deutschland ist der Nutzen von IFRS for SMEs kritisch zu betrachten. Vor allem durch die Umsetzung des Bilanzrechtsmodernisierungsgesetzes (BilMoG) und des erst kürz-lich umgesetzten Bilanzrichtlinie-Umsetzungsgesetzes (BilRUG) hat sich das deutsche Handelsrecht den Full IFRS angenähert und stellt somit nach Meinung des Gesetzge-bers eine vollwertige und kostengünstigere Alternative zu der internationalen Rech-nungslegung dar.[128] Zwar wurde die umgekehrte Maßgeblichkeit zwischen Handels-und Steuerbilanz aufgegeben, dennoch stellt ein Abschluss nach HGB die Grundla-ge zur Steuerbemessungsfunktion, was ein Abschluss auf Basis der IFRS for SMEs nach derzeitiger gesetzlicher Regelung nicht leisten kann und will.[129] Somit wäre ein Abschluss nach HGB, trotz einer möglichen Einführung der IFRS for SMEs, dennoch

---

125 Vgl. Winkeljohann/Ull (2004), S. 432.
126 Vgl. Erfahrungsbericht bei Tomaszewski/Blome (2006), S. 150.
127 Vgl. Winkeljohann/Ull (2014), S. 38–39.
128 Vgl. Driesch/Senger (2016), Rn 9.
129 Vgl. IFRS for SMEs BC51.

unvermeidlich. Eine freiwillige Bilanzierung nach den IFRS for SMEs zu Informationszwecken ist grundsätzlich denkbar, aber im Hinblick auf die entstehenden Umsetzungskosten wenig praktikabel.[130]

In bestimmten Fällen wäre die Einbeziehung des Standards in die Konzernberichterstattung denkbar. Durch eine Verminderung des Anpassungsbedarfs beim Übergang auf die Full IFRS ist es möglich, ausländische Tochterunternehmen, die ihrerseits die IFRS for SMEs anwenden, kostengünstiger und einfacher in den Konzernabschluss einzubeziehen.

Last but not least ist die besondere Bedeutung eines leistungsstarken Controllings in SMEs zu beachten. Die erwähnten Schwachstellen des SME-Controllings führen in der Konsequenz dazu, dass die Unternehmen vielfach nicht in der Lage sind, die Informationsbedürfnisse ihrer insbesonders externen Abschlussadressaten gerecht zu werden. Diese Schwachstellen sind seitens der SMEs zu beheben, um sich internationalen Rechnungslegungsstandards grundsätzlich hinwenden zu können und um qualitativ hochwertige Informationen gewährleisten zu können. Zusammenfassend lässt sich demzufolge ein nicht unerheblicher Nachholbedarf bei der Ausgestaltung des Controllings in SMEs feststellen. Dies gilt sowohl für das operative als auch für das strategische Controlling.

Auch zukünftig wird der IFRS for SMEs einen schweren Stand in Europa, vor allem auch in Deutschland, haben. Eine flächendeckende Einführung in den kommenden Jahren ist nicht ersichtlich. Dennoch gewinnt der Standard im internationalen Kontext zunehmend an Bedeutung. Die erst kürzlich überarbeitete Version der IFRS for SMEs zeigt, dass der IASB bestrebt ist, einen beständigen, anwenderfreundlichen und modernen Rechnungslegungsstandard für die Bedürfnisse von SMEs zu schaffen. Mit der Zunahme der anwendenden Staaten[131] wird auch die Bedeutung des IFRS for SMEs weiter steigen, sodass sich auch deutsche Unternehmen und Gesetzgeber davor nicht gänzlich verschließen sollten.

Es bleibt abzuwarten, inwieweit sich der IFRS for SMEs zukünftig weiterentwickeln wird. Für die weltweite Vergleichbarkeit und Harmonisierung der Rechnungslegung wäre es wünschenswert, international anerkannte Rechnungslegungsstandards für SMEs zu erhalten, wobei zuzugebender Weise damit in allzu naher Zukunft nicht zu rechnen sein wird.

---

130 Vgl. Driesch/Senger (2016), Rn. 10.
131 Aktuell wenden 83 Staaten den IFRS for SMEs an, 75 davon ohne Änderungen; vgl. hierzu auch Kapitel 4.3 in diesem Beitrag.

6 Anhang

Tab. 30: Wesentliche Änderungen bei Ansatz-, Ausweis- und Bewertungsvorschriften sowie zusätzliche Erleichterungen für bestimmte Bilanzierungssachverhalte.[132]

Wesentliche Änderungen bei Ansatz-, Ausweis- und Bewertungsvorschriften sowie zusätzliche Erleichterungen für bestimmte Bilanzierungssachverhalte	
Wesentliche Änderungen von Ansatz- und Bewertungsvorschriften, IFRS for SMEs BC236:	**IFRS for SMEs**
Einführung eines Wahlrechts zur Anwendung des Neubewertungsmodells bei der Folgebewertung von Sachanlagen nach Vorbild des IAS 16.	BC208-212; 17.15.
Angleichung der Vorschriften zu Ansatz und Bewertung von tatsächlichen und latenten Ertragsteuern an die Regelungen des IAS 12.	BC219-223; 29.1-29.41.
Implementierung der wesentlichen Bilanzierungsregeln zur Exploration und Evaluierung von Bodenschätzen aus IFRS 6.	BC224-226; 34.11-34.11F.
Sonstige Änderungen von Ansatz- und Bewertungsvorschriften, IFRS for SMEs, BC244 ff.:	**IFRS for SMEs**
Anpassung der Definition kombinierter Abschlüsse. Demnach bildet ein kombinierter Abschluss jene Unternehmen ab, die unter gemeinschaftlicher Kontrolle stehen (diese Kontrolle muss nicht mehr von nur einem Investor ausgehen).	BC245; 9.28.
Aufnahme von beispielhaften zukünftigen Ereignissen, von denen eine vorzeitige Beendigung eines Schuldinstruments abhängen kann. Implementierung von Beispielen wie Schuldinstrumente, die mit fixer und variabler Verzinsung sowie speziellen Bankbeziehungen, die eine vorzeitige Terminierung erlauben, ausgestaltet sein können.	BC246; 11.9; 11.9A-11.9B.
Änderung im Zuge der Bestimmung der wirtschaftlichen Nutzungsdauer immaterieller Vermögenswerte und des derivativen Goodwill. Ist diese nicht verlässlich bestimmbar, soll auf die bestmögliche Schätzung des Managements zurückgegriffen werden, welche zehn Jahre aber nicht überschreiten darf.	BC247; 18.20; 19.23.
Aufnahme von Leasingbeziehungen mit variablen Zinssätzen in den Anwendungsbereich des Abschnitts 20 „Leasingverhältnisse", anstelle deren bisheriger Abbildung durch die Vorschriften des Abschnitts 12 „Weitere Aspekte zu Finanzinstrumenten".	BC248; 20.1(e).
Änderung der Behandlung einer Schuldkomponente bei zusammengesetzten Finanzinstrumenten. Diese sind künftig nach Abschnitt 11 gemäß der Effektivzinsmethode zu bilanzieren, sofern die Kriterien in Abschnitt 11.9 erfüllt sind. Handelt es sich jedoch um ein komplexes Finanzinstrument, welches die Kriterien in Abschnitt 11.9 nicht erfüllt, so ist dieses nach Abschnitt 12 zu behandeln.	BC249; 22.15.

---

132 Quelle: eigene Darstellung in Anlehnung an Eierle/Ketterer/Ther (2016), S. 604, 607.

Wesentliche Änderungen bei Ansatz-, Ausweis- und Bewertungsvorschriften sowie zusätzliche Erleichterungen für bestimmte Bilanzierungssachverhalte

Übertragung der für staatliche Programme geltenden Vorschriften zur bilanziellen Abbildung einer nicht eindeutig identifizierbaren Gegenleistung, die durch Eigenkapitalinstrumente beglichen wird, auf alle Gegenleistungen, deren Wert geringer ist als der beizulegende Zeitwert der gewährten Eigenkapitalinstrumente oder der entstandenen Schuld.	BC250; 26.17.

Änderungen von Ausweis- und Offenlegungsvorschriften, IFRS for SMEs BC251:	**IFRS for SMEs**
Verpflichtung zur Angabe der Gründe wann eine „Cost-or-Effort"-Ausnahmeregelung in Anspruch genommen wird.	BC251(a); 2.14A-2.14D.
Als Finanzinvestitionen gehaltene Immobilien, die zu historischen Anschaffungskosten abzgl. planmäßiger Abschreibungen und außerplanmäßiger Wertminderungen bilanziert werden, müssen fortan als separater Unterposten in der Bilanz oder im Anhang angegeben werden.	BC251(b); 17.31.
Aufhebung der Verpflichtung zur Gewährung von Vergleichsinformationen für die vorangegangene Periode hinsichtlich: a) der Überleitung der Zahl der im Umlauf befindlichen Anteile für Unternehmen mit gezeichnetem Kapital sowie b) der Überleitung der Änderung des Buchwerts von biologischen Vermögenswerten, die zu Fair Value bewertet werden.	251(c); 4.12(iv); BC251(c); 34.7(c).
Da Leistungen aus Anlass der Beendigung des Arbeitsverhältnisses von Arbeitnehmern nach dem IFRS for SMEs verpflichtend aufwandswirksam zu erfassen sind, wurde die Verpflichtung zur Angabe der Rechnungslegungsmethode mangels Wahlmöglichkeit aufgehoben.	BC251(d); 28.43.
Modifikation der Definition eines nahestehenden Unternehmens in Anlehnung an die Vorschriften das IAS 24.	BC251(e); 33.2 sowie die dazugehörige Definition im Glossar.

Neu implementierte Undue-Cost-or-Effort-Ausnahmeregelungen, IFRS for SMEs BC238(a) i. V. m. IFRS for SMEs BC239):	**IFRS for SMEs**
Aufnahme der Möglichkeit zum Verzicht auf eine Fair-Value-Bewertung von: 1. öffentlich gehandelten grundlegenden Finanzinstrumenten (nicht wandelbare und nicht kündbare Vorzugsanteile und nicht kündbare Stammanteile) sowie 2. Finanzinstrumenten, deren beizulegender Zeitwert auf sonstige Weise verlässlich ermittelt werden kann, falls der beizulegende Zeitwert nur mit unverhältnismäßig hohen Kosten bestimmt werden kann. Verzicht auf die separate Erfassung von immateriellen Vermögenswerten bei Unternehmenszusammenschlüssen, falls für die Ermittlung der entsprechenden Information unverhältnismäßig hohe Kosten entstehen würden.	BC239(a); 11.4, 11.14(c), 11.32 und 11.44.

Wesentliche Änderungen bei Ansatz-, Ausweis- und Bewertungsvorschriften sowie zusätzliche Erleichterungen für bestimmte Bilanzierungssachverhalte	
Möglicher Verzicht auf die Fair-Value-Bewertung einer Verbindlichkeit, die im Rahmen einer Ausschüttung einer Sachdividende anfällt, falls der dazugehörige beizulegende Zeitwert nur unter unverhältnismäßigen Kosten ermittelt werden kann.	BC239(c); 22.18, 22.18A und 22.20.
Ist ein Unternehmen dazu verpflichtet, Steuerschulden und Steueransprüche zu saldieren, ist dies nur umzusetzen, falls das Unternehmen dadurch nicht unverhältnismäßig belastet wird.	BC239(d); 29.37, 29.41.
Erleichterungen für die Bewertung von Vermögenswerten unter gemeinschaftlicher Kontrolle, IFRS for SMEs BC238 (b):	**IFRS for SMEs**
Werden Eigenkapitalinstrumente im Rahmen von Unternehmenszusammenschlüssen oder für die Begleichung von Verbindlichkeiten emittiert, so müssen diese nicht zum Fair Value der erhaltenen Zahlungsmittel, Forderungen oder anderen Ressourcen (abzgl. Transaktionskosten) bewertet werden.	BC242(a); 22.8
Verzicht auf die Regelungen in 22.18–22.18A bei der Ausschüttung von Sachdividenden, wenn die Anteile vor und nach der Ausschüttung von derselben Partei/denselben Parteien gehalten werden.	BC242(b); 22.18B
Sonstige neu implementierte Erleichterungen, IFRS for SMEs BC238(c):	**IFRS for SMEs**
Aufnahme der Ausnahme der Tz. 70 des IAS 16 zur Heranziehung der Wiederbeschaffungskosten als Anhaltspunkt für die ursprünglichen Anschaffungs- und Herstellungskosten von Komponenten eines Vermögenswertes, die ersetzt werden, falls deren Buchwert zum Zeitpunkt der Ausbuchung nicht festgestellt werden kann.	BC238(c); 17.6.

Tab. 31: Wesentliche Abweichungen des IFRS for SMEs von den Full IFRS[133].

Themenbereich	Wesentliche Abweichungen des IFRS for SMEs	IFRS for SMEs	Korresp. Full IFRS
Anwendungsbereich	Unternehmen ohne Rechenschaftspflicht (public accountability), negativ ausgedrückt: – keine mit Eigen- oder Fremdkapitalinstrumenten börsennotierte Unternehmen; – keine Banken, Versicherungen, Broker, Fonds.	1.2, 1.3	Framework

---

133 Quelle: eigene Darstellung in Anlehnung an Lüdenbach/Hofmann/Freiberg (2015), S. 2536–2541.

Themenbereich	Wesentliche Abweichungen des IFRS for SMEs	IFRS for SMEs	Korresp. Full IFRS
Darstellung des Abschlusses (Prinzipien Abschlussbestandteile)	Verzicht auf Eigenkapitaländerungsrechnung und Gesamtergebnisrechnung möglich, wenn sich das Eigenkapital nur durch GuV-wirksamen Erfolg, Dividendenzahlungen, Fehlerberichtigungen und Methodenwechsel verändert. Bei Verzicht stattdessen Darstellung des Erfolgs und Rücklagenveränderungen in einem „statement of income and retained earnings".	3.18	IAS 1
Konzernabschluss	Erfolgsneutrale Behandlung verbleibender Anteile bei Abwärtskonsolidierung. Behandlung von Tochter-, Gemeinschafts- und assoziierten Unternehmen im Jahresabschluss: Wird nicht at cost, sondern zum Fair Value bilanziert, sind die Fair-Value-Änderungen zwingend erfolgswirksam zu erfassen.	9.19, 9.26	IAS 27
Vorräte	Keine Sonderregeln zum Impairment von Vorräten, sondern Verweis auf die allgemeinen Regeln.	13.19	IAS 2
Anteile an assoziierten Unternehmen	Kein Zwang zur Equity-Konsolidierung, wahlweise auch Bilanzierung nach Anschaffungskosten oder erfolgswirksam zum Fair Value. Einheitliche Ausübung des Wahlrechts; bei börsennotierten Unternehmen zwingend zum Fair Value.	14.4, 14.7	IAS 28
Anteile an Joint Ventures	Wahlweise Equity-Konsolidierung, wahlweise Bilanzierung zu Anschaffungskosten oder erfolgswirksam zum Fair Value. Einheitliche Ausübung des Wahlrechts; bei börsennotierten Anteilen zwingend zum Fair Value.	15.9, 15.12	IFRS 11
Sachanlagen	Unzulässigkeit der Neubewertungsmethode.	17.15	IAS 16
Immaterielle Vermögenswerte mit Ausnahme des Geschäfts- oder Firmenwertes	Unzulässigkeit der Neubewertungsmethode. Aktivierungsverbot für selbst erstellte immaterielle Anlagen. Bei Unmöglichkeit einer verlässlichen Schätzung der Nutzungsdauer, Abschreibung höchstens über zehn Jahre.	18.14, 18.18, 18.20	IAS 38

Themenbereich	Wesentliche Abweichungen des IFRS for SMEs	IFRS for SMEs	Korresp. Full IFRS
Bilanzierung von Unternehmenszusammenschlüssen und des Geschäfts- oder Firmenwertes	Erfolgsneutrale Behandlung bedingter Anschaffungskosten (Anpassungen des Goodwill). Planmäßige Abschreibung des Goodwill, bei Unmöglichkeit einer verlässlichen Schätzung der Nutzungsdauer, Abschreibung höchstens über zehn Jahre. Kein Wahlrecht zur Full-Goodwill-Methode.	19.13, 19.24, 19.22	IFRS 3

7 Literatur

Baetge, J./Klaholz, E. (2006): IFRS und Mittelstand. In: Winkeljohann, N./Herzig, N. (Hg.): IFRS für den Mittelstand. Stuttgart, S. 31–44.

Beiersorf, K./Schubert, R. (2013): Überarbeitung des IFRS for SMEs – Beständigkeit steht im Vordergrund! In: IRZ, 8. Jg., H. 11, S. 401–402.

Bernhard, M. (2007): Entwurf eines Rechnungslegungsstandards für kleine und mittelgroße Unternehmen. In: Accounting, 2. Jg., S. 13.

Beyer, A./Geis, G. (2009): Möglichkeiten und Grenzen des externen Controllings für KMU. In: Controlling, 21. Jg., H. 11, S. 371–376.

Biel, A. (2004): IAS/IFRS bewegt Controller und verändert Controlling – und hat bereits begonnen. In: CM, 29. Jg., H. 3, S. 202–208.

Böcking, H.-J./Herold, C./Mußig, A. (2004): IFRS für nicht kapitalmarktorientierte Unternehmen – unter besonderer Berücksichtigung mittelständischer Belange. In: Der Konzern, 2. Jg., H. 10, S. 664–672.

Breker, N./Harrison, D. A./Schmidt, M. (2005): Die Abgrenzung von Eigen- und Fremdkapital. In: KoR, 5. Jg., H. 11, S. 469–479.

Bruns, H.-G./Beiersdorf, K. (2006): Das IASB-Projekt zur Entwicklung von Accounting Standards for Small and Medium-sized Entities (IFRS for SMEs). In: Winkeljohann, N./Herzig, N. (Hg.): IFRS für den Mittelstand. Stuttgart S. 45–70.

Buschhüter, M./Striegel, A. (2015): IFRS für kleine und mittelgroße Unternehmen – Praktischer Einstieg in den IFRS for SMEs. Wiesbaden.

Coenenberg, A. G./Haller, A./Schultze, W. (2016): Jahresabschluss und Jahresabschlussanalyse. 24. Aufl., Stuttgart.

Controllingportal (2013): Entwurf der IFRS für den Mittelstand enttäuscht. http://www.controllingportal.de/Fachinfo/IAS---IFRS/Entwurf-der-IFRS-fuer-den-Mittelstand-enttaeuscht.html, Stand: 22.08.2013, Abruf: 30.06.2017.

DIHK/PwC (2005): International Financial Reporting Standards (IFRS) in mittelständischen Unternehmen, Studie vom Deutschen Industrie- und Handelskammertag und PricewaterhouseCoopers Wirtschaftsprüfungsgesellschaft vom Juli 2005. Berlin/Frankfurt a. M.

Driesch, D./Senger, T. (2016): §46 IFRS für den Mittelstand. In: Driesch, D./Riese, J./Schlüter, J./Senger, T. (Hg.): Beck'sches IFRS-Handbuch. 5. Aufl., München, S. 1979–2022.

Egner, T. (2008): „IFRS for SMEs" – eine Perspektive für die Rechnungslegung im Mittelstand? In: Seicht, G. (Hg.): Jahrbuch für Controlling und Rechnungswesen 2008. Wien, S. 83–105.

Eierle, B./Ketterer, S./Shirkhani, D./Kummer, S. (2014a): Überarbeitung des IFRS for SMEs durch den Comprehensive Review (Teil 1) – Eine Vorstellung der geplanten Änderungen unter Bezugnahme auf die Stellungnahmen zum Request for Information. In: DB, 67. Jg., H. 39, S. 2180–2187.

Eierle, B./Ketterer, S./Shirkhani, D./Kummer, S. (2014b): Überarbeitung des IFRS for SMEs durch den Comprehensive Review (Teil 2) – Eine Vorstellung der geplanten Änderungen unter Bezugnahme auf die Stellungnahmen zum Request for Information. In: DB, 67. Jg., H. 40, S. 2239–2244.

Eierle, B./Ketterer, S./Ther, F. (2016): Überarbeitung des IFRS for SMEs im Rahmen des Comprehensive Review – Eine Vorstellung wichtiger Änderungen des neuen Standards. In: DB, 69. Jg., H. 11, S. 601–607.

Erichsen, J. (2006): Projekte erfolgreich planen, kontrollieren und umsetzen. In: Buchführung, Bilanzierung, Kostenrechnung, H. 4, S. 205–216.

Europäische Kommission (2003): Empfehlung der Kommission vom 6. Mai 2003 betreffend die Definition der Kleinstunternehmen sowie der kleinen und mittleren Unternehmen. 2003/361/EG, ABl. Nr. L 124, S. 36–41.

Europäische Kommission (2013): Financial reporting obligations for limited liability companies (Accounting Directive) – frequently asked questions. Memo vom 12.06.2013.

Feldbauer-Durstmüller, B./Hiebl, M. R. W. (2015): Aktuelle Trends und Entwicklungen in und für KMU: Eine Einführung der Gastherausgeber. In: ZfKE, 63. Jg., H. 3/4, S. 193–208.

Fleischer, W. (2005): Rolle des Controllings im Spannungsfeld internes und externes Reporting. In: Horváth, P. (Hg.): Organisationsstrukturen und Geschäftsprozesse wirkungsvoll steuern. Stuttgart, S. 189–200.

Funk, W./Rossmanith, J./Eha, C. (2009): IFRS for SMEs – Auswirkungen auf die Gestaltung des Rechnungswesens und des Controllings in KMU. In: Müller, D. (Hg.): Controlling für kleine und mittlere Unternehmen. München, S. 153–187.

Funk, W./Rossmanith, J. (2011): Rechnungslegung und Controlling im Spannungsfeld der Globalisierung – Einflussgrößen und Wirkungsbereiche. In: Funk, W./Rossmanith, J. (Hg.): Internationale Rechnungslegung und Internationales Controlling. 2. Aufl., Wiesbaden, S. 3–101.

Glaum, M. (2001): Die Internationalisierung der deutschen Rechnungslegung. In: KoR, 1. Jg., H. 3, S. 124–134.

Göbel, S./Kormaier, B. (2007): Adressaten und deren Anforderungen an die externe Berichterstattung nicht kapitalmarktorientierter Unternehmen. In: KoR, 7. Jg., H. 10, S. 519–532.

Graumann, M. (2003): Controlling. Düsseldorf.

Haller, A. (1997): Zur Eignung der US-GAAP für Zwecke des internen Rechnungswesens. In: Controlling, 9. Jg., H. 4, S. 270–276.

Haller, A./Beiersdorf, K./Eierle, B. (2007): ED-IFRS for SMEs – Entwurf eines internationalen Rechnungslegungsstandards für kleine und mittelgroße Unternehmen. In: BB, 62. Jg., H. 10, S. 540–551.

Hegglin, A./Kaufmann, H. (2003): Controlling in KMU. In: ST, 77. Jg., H. 5, S. 359–368.

Hinz, M. (2005): Rechnungslegung nach IFRS. München.

Horváth, P./Gleich, R./Seiter, M. (2015): Controlling. 13. Aufl., München.

IASB (2013a): IFRS for SMEs – A Guide for Micro-sized Entities Applying the IFRS for SMEs. London.

IASB (2013b): IASB proposes limited amendments to the IFRS for SMEs. Pressemitteilung vom 03.10.2013, Wilmington.

IASB (2015): IASB completes comprehensive review of the IFRS for SMEs. Pressemitteilung vom 21.05.2015, Wilmington.

Icks, A./Kaufmann, F./Menke, A. (1997): Unternehmen Mittelstand. München.

IfM Bonn (o. J.): KMU-Definitionen des IfM Bonn. http://www.ifm-bonn.org/definitionen/kmu-definition-des-ifm-bonn/, Stand: 01.01.2016, Abruf: 30.06.2017.

IGC (2006): Controller und IFRS: Konsequenzen für die Controlleraufgaben durch die Finanzberichterstattung nach IFRS. Freiburg i. Br.

Kirsch, H. (2006): Bewertung von Fertigungsaufträgen nach der Percentage-of-Completion-Methode: Eine Fallstudie zur Bilanzierung nach IAS 11. In: KoR, 6. Jg., H. 1, S. 52–58.

Kirsch, H. (2016): IFRS-Rechnungslegung für kleine und mittlere Unternehmen. 3. Aufl., Herne.

Kirsch, H.-J./Meth, D. (2007): Adressaten einer IFRS-Rechnungslegung für mittelständische Unternehmen. In: BB-Special 6, 62. Jg., H. 19, S. 7–12.

Klett, C./Pivernetz, M. (2004): Controlling in kleinen und mittleren Unternehmen. Herne/Berlin.

Kosmider, A. (1991): Controlling im Mittelstand. Stuttgart.

KPMG (2007a): Umstellung der Rechnungslegung auf IFRS bei mittelständischen Unternehmen. https://www.kpmg.de/docs/umstellung_auf_ifrs_mittelstaendische_unternehmen.pdf, Stand: Januar 2007, Abruf: 30.06.2017.

KPMG (2007b): Wachstum und Internationalisierung mittelständischer Unternehmen – Deutschland im europäischen Vergleich. O. O.

Kranzusch, P./Holz, M. (2013): Internationalisierungsgrad von KMU. Ergebnisse einer Unternehmensbefragung. In: Institut für Mittelstandsforschung Bonn (Hg.): IfM-Materialien Nr. 222. Bonn.

Krey, A./Lorson, P. (2007): Controlling in KMU – Gestaltungsempfehlungen für eine Kombination aus internem und externem Controlling. In: BB, 62. Jg., H. 32, S. 1717–1723.

Kummert, B. (2005): Controlling in kleineren und mittleren Unternehmen. Wiesbaden.

Küting, K. (2007): IFRS-Standardentwurf für den Mittelstand: Der Preis einer Umstellung ist zu hoch! In: BB-Special 6, 62. Jg., H. 19, S. 1.

Küting, K. (Hg.) (2004): Saarbrücker Handbuch der Betriebswirtschaftlichen Beratung. Berlin.

Lanz, R. (1992): Controlling in kleinen und mittleren Unternehmen. Stuttgart.

Lüdenbach, N./Hofmann, W.-D./Freiberg, J. (2015): Haufe IFRS-Kommentar. Freiburg.

Mandler, U. (2004): Der deutsche Mittelstand vor der IAS-Umstellung 2005. Herne/Berlin.

Möller, H. P./Hüfner, B. (2004): Betriebswirtschaftliches Rechnungswesen. München.

Nelles, S. (2016): Excel 2016 im Controlling: Zuverlässige und effiziente Praxislösungen für Controller. Bonn.

Peemöller, V. H. (2005): Controlling. Grundlagen und Einsatzgebiete. Herne/Berlin.

Pesce, W. J./Wiley, P. B. (2007): IFRS 2007. Weinheim.

Pichler, H. J./Pleitner, H. J./Schmidt, K.-H. (2000): Management in KMU. Die Führung von Klein- und Mittelunternehmen. Bern.

PwC (2006): IFRS und Basel II – eine Schnittstellenanalyse. Frankfurt a. M.

RBS IFRS-Portal (o. J.): Was sind IFRS/IAS? http://www.ifrs-portal.com/Grundlagen/Was_sind_IFRS_IAS_01.htm, Abruf: 30.06.2017.

Rieg, R. (2017): Biltroller, Controller, Business Partner: Mythen und Wahrheiten des Rollenwandels in KMU. In: Müller, D. (Hg.): Controlling für kleine und mittler Unternehmen. 2. Aufl., München, S. 110–124.

Rieg, R./Gruber, T./Reißig-Thust, S. (2013): Der Biltroller im Mittelstand – Controlling und Bilanzierung in einer Hand. In: CMR, 57. Jg., H. 8, S. 62–69.

Rieg, R./Heyd, R. (2015): BilMoG und die Konvergenz des Rechnungswesens: zwischen Informationsfunktion und Einheitsbilanz. In: BFuP, 67. Jg., H. 1, S. 68–88.

Rossmanith, J. (1998): Der Materiality-Grundsatz. Die Konkretisierung für den handelsrechtlichen Jahres- und Konzernabschluss. Wien.

Rossmanith, J. (2000a): Die Bedeutung des Materiality-Grundsatzes für die Rechnungslegungs- und Prüfungspraxis. Ein Vergleich zwischen dem anglo-amerikanischen und kontinentaleuropäischen Rechtskreis. In: ST, S. 801–808.

Rossmanith, J. (2000b): Die Konkretisierung des Materiality-Grundsatzes für den Einzel- und Konzernabschluss. In: Seicht, G. (Hg.): Jahrbuch für Controlling und Rechnungswesen 2000. Wien, S. 243–275.

Rossmanith, J. (2004): Das Maßgeblichkeitsprinzip verliert seine Bedeutung. In: Akademie, Zeitschrift für Führungskräfte in Verwaltung und Wirtschaft, 49. Jg., H. 4, S. 116–118.

Röver & Partner (2007) (Hg.): IFRS – Leitfaden Mittelstand. Berlin.

Ruchhöft, S./Krey, A. (2006): Controllingkonzepte für Kleinunternehmen – Modular geht's besser. In: CM, 31. Jg., H. 3, S. 230–238.

Schmid, M. (2005): Corporate Governance und die Konsequenzen für das Reporting. In: Schmid, M./Kuhnle, H./Sonnabend, M. (Hg.): Value Reporting. München, S. 29–72.

Schween, C. (2007): Tatsächliche und latente Steuern im IFRS-Standardentwurf für den Mittelstand. In: BB-Special 6, 62. Jg., H. 19, S. 18–24.

Senger, T. (2007): Begleitung mittelständischer Unternehmen bei der Umstellung der Rechnungslegung auf IFRS. In: WPg, 60. Jg., H. 10, S. 412–422.

Tomaszewski, C./Blome, M. (2006): IFRS-Umstellung in einem multinationalen Familienunternehmen. Besondere Problemfelder bei der Anwendung der IFRS. In: Winkeljohann, N./Herzig, N. (Hg.): IFRS für den Mittelstand. Stuttgart, S. 139–154.

Velte, P. (2006): ZP-Stichwort: Percentage-of-Completion-Methode. In: ZfPU, 17. Jg., H. 2, S. 223–228.

Verordnung (EG) Nr. 1606/2002 des Europäischen Parlaments und des Rates 19. Juli 2002 betreffend die Anwendung internationaler Rechnungslegungsstandards (IAS-Verordnung). ABl L243/ S. 1–4.

Volkart, R./Schön, E./Lebhart, P. (2005): Fair Value-Bewertung und Value Reporting. In: Bieg, H./Heyd, R. (Hg.): Fair Value, Bewertung in Rechnungswesen, Controlling und Finanzwirtschaft. München, S. 517–542.

Weber, J./Hirsch, B./Rambusch, R./Schlüter, H./Sill, F./Spatz, A. C. (2006): Controlling 2006 – Stand und Perspektiven. Berlin.

Weißenberger, B. (2011): Controller und IFRS. In: Funk, W./Rossmanith, J. (Hg.): Internationale Rechnungslegung und Internationales Controlling. 2. Aufl., Wiesbaden, S. 539–567.

Wiedmann, H./Beiersdorf, K./Schmidt, M. (2007): IFRS im Mittelstand vor dem Hintergrund des Entwurfes eines IFRS für KMU. In: BFuP, 59. Jg., H. 6, S. 326–345.

Winkeljohann, N./Ull, T. (2004): IAS im Mittelstand – Aktueller Stand – Kosten/Nutzen – Praxisberichte zur Umstellung: Ein Tagungsbericht. In: KoR, 4. Jg., H. 10, S. 430–434.

Winkeljohann, N./Ull, T. (2006): Determinanten einer zunehmenden Relevanz der IFRS für mittelständische Unternehmen. In: Winkeljohann, N./Herzig, N. (Hg.): IFRS für den Mittelstand. Stuttgart, S. 3–30.

Winkeljohann, N./Ull, T. (2014): IFRS for SMEs und BilMoG. In: Reuter, F./Fink, C./Heyd, R. (Hg.): Full IFRS in Familienunternehmen – Praxishandbuch mit Fallstudie. S. 31–39.

Ziegler, H. (1994): Neuorientierung des internen Rechnungswesens für das Unternehmenscontrolling im Hause Siemens. In: ZfbF, 46. Jg., S. 175–188.

Zirkler, B./Nohe, R. (2003): Harmonisierung von internem und externem Rechnungswesen – Gründe und Stand in der Praxis. In: BC, 27. Jg., H. 10, S. 222–225.

Marc Toebe

Tax Compliance System als Teil eines Compliance Management Systems in KMU

1 Einleitung

1.1 Ausgangspunkt eines Compliance Management

Ein Compliance Management System (CMS) ist die Gesamtheit der unternehmensziel-bezogenen Grundsätze und Maßnahmen einer Unternehmung zur Verhinderung wesentlicher Regelverstöße gesetzlicher Vertreter, Mitarbeiter und ggf. Dritter.[1] Ein CMS soll sich gemäß des Instituts der Wirtschaftsprüfer in Deutschland e. V. (IDW) auf Geschäftsbereiche, auf Unternehmensprozesse oder auf bestimmte Rechtsgebiete beziehen können und ist Bestandteil der Corporate Governance. Eine separate CMS-Aufbau- und Ablauforganisation ist nicht erforderlich.[2]

Eine erfolgreiche Organisation ohne regelkonformes Verhalten ihrer Organisationsmitglieder ist nicht denkbar. Obige Anglizismen betreffen daher Althergebrachtes insoweit, als fallweise bedingte und unbedingte hierarchieabhängige Regelungen

---

1 „Compliance" bezeichnet „regelkonformes Verhalten".
2 Vgl. IDW (2011), Tz. 1.

DOI 10.1515/9783110517163-009

und Anweisungen kontrolliert bzw. überwacht werden müssen, die Überwachung aber selbst auf Regelungen und Anweisungen fußt, die der Kontrolle des verantwortlichen Managements einer Unternehmung unterliegen.

„Compliance" setzt also voraus, dass überhaupt Regeln existieren. Dazu zählen neben den von außen festgelegten Regeln (z. B. Gesetze oder Empfehlungen wie beispielsweise die Empfehlungen der „Regierungskommission Deutscher Corporate Governance Kodex") ebenfalls die von der Unternehmungsleitung für unternehmensinterne Zwecke definierten Grundsätze, die der Organisation das Gepräge geben und sie funktionsfähig machen.

Was ist der theoretische Ausgangspunkt dieser Entwicklung?

Chancen und Risiken des Einkommenserwerbs von Individuen resultieren aus der Unsicherheit von Umweltzuständen, wobei Entscheidungssituationen dadurch gekennzeichnet sind, dass die Abgrenzung für möglich gehaltener Zustände unscharf, als Überlagerung der zu beschreibenden Zustände erlebt wird. Als Folge ist auch der angestrebte Nutzen aus Handlungen von Individuen, die zum ökonomischen Prozess verschmelzen, unsicher. Fehlende Kenntnisse über aktuelle Bedingungen und mögliche künftige Resultate erzeugen Sicherheitsstreben, was präferenzabhängig in eine unmittelbare Transformation der Einkommensunsicherheit in Einkommenssicherheit mittels direkter Anspruchspositionen durch dauerhafte Dienstverpflichtung oder in Bestrebungen mündet, eigene Unkenntnisse bestmöglich zu beseitigen.[3]

Diese Bestrebungen bedingen die Schaffung von Institutionen. Sie bieten die Möglichkeit einer Verringerung von Unsicherheit durch Bündelung von Wissen und die Schaffung von Regelungen, die tatsächliche Abläufe reglementieren und künftige Handlungsabläufe koordinieren. Möglicherweise vorliegende Zustände und ihre Folgen werden entscheidungslogisch handhabbarer. Zu diesen Institutionen zum Zwecke der Verringerung von Unsicherheiten beim Einkommenserwerb zählen Unternehmungen.[4] Die Verknüpfung der Arbeitsteilung mit der Theorie der Hierarchie und der Unternehmung führt zum grundlegenden Sachverhalt der Verringerung von Einkommensunsicherheit durch Unterordnung unter die Anordnung eines Vorgesetzten.[5]

Eine Unternehmung aus betriebswirtschaftlicher Sicht bezeichnet eine Teilmenge von Führungsaufgaben innerhalb einer Organisation, die auf Beschaffungs- und Absatzmärkten auftritt und ihre Leistungen gegen Entgelt abgibt. Wirtschaftstheoretisch werden der Unternehmung drei Funktionen zugeordnet:[6]

1. Funktion der zeitlich begrenzten Übernahme der Einkommensunsicherheit von Individuen (Begründung der Unternehmung);
2. Erzielung von Spekulations-/Arbitragegewinnen (Erhaltung der Unternehmung nach außen);

---

3 Vgl. Schneider (1987), S. 5.
4 Vgl. Schneider (1987), S. 5–6.
5 Vgl. Schneider (2001), S. 537.
6 Vgl. Schneider (2001), S. 510–511.

3. Koordination zur Durchsetzung von Änderungen gegenüber Mitarbeitern und Anteilseignern sowie die Durchsetzung wirtschaftlicher Führerschaft (Erhaltung der Unternehmung nach innen).

Institutionell ist eine Unternehmung eine Organisation, instrumentell ist sie Inbegriff einer Vielzahl von Regelungen zur Aufgabenverteilung und Koordination.[7] Zweck ist die Verringerung von Einkommensunsicherheit. Mittel zur Erfüllung des Zwecks ist die Ausnutzung von Preisdifferenzen.[8]

Im Gegensatz zu unternehmerischen Chancen bei der Ausnutzung von Preisdifferenzen werden „Risiken" oft höher gewichtet. Was ist unter „Risiko" zu verstehen?

Ein einheitliches unternehmenspolitisches Risikoverständnis existiert im betriebswirtschaftlichen Schrifttum nicht.[9] Auch stellt die betriebswirtschaftliche Risikotheorie bisher kein einheitliches Aussagensystem, sondern vielmehr eine Zusammenfassung verschiedener Ansätze dar, deren Unterschiede auf divergierenden Vorstellungen darüber basieren, wie Risiko mit einer Theorie der Unternehmungspolitik zu verbinden ist.

Allerdings lassen sich zwei Ansätze unterscheiden. Einerseits die traditionelle betriebswirtschaftliche Risikolehre, die Risiko als eigenständiges betriebswirtschaftliches Problem anerkennt. Ihre Risikotheorie soll helfen, spezielle Maßnahmen zur Überwindung von Risiken zu entwickeln. Andererseits der generelle Risikoansatz, der die Risikobezogenheit sämtlicher Entscheidungen hervorhebt und die Risikoproblematik in ein Aussagesystem integriert; eine eigenständige Risikotheorie entfällt. Unabhängig davon aber, ob Unternehmenspolitik aus dem Blickwinkel betriebswirtschaftlicher Teiltheorien oder totalbetrachtet analysiert wird, besteht (immer noch) das Ziel, eine einheitliche Theorie der Unternehmung zu schaffen.[10]

Das für eine Organisation relevante „Risiko" ist in diesem Zusammenhang dem generellen Risikoansatz zuzuordnen, aber kontextabhängig, je nachdem, welche „Art von Welt" betrachtet wird.

In einer Welt, in der der planende Unternehmer durch Suchen und Auswerten sämtlicher Informationen alle künftigen Zustände z_i (mit $i = 1, \ldots, n$) und durch Anwendung von Theorien für Prognosen die Zukunftslagen $Z_j \in Z \subseteq M$ (mit $j = 1, \ldots, k$ und Z als Menge konstruierbarer Zukunftslagen sowie M als Menge aller möglichen Zukunftslagen der Welt) bilden kann, sind Ex-post-Überraschungen (Überraschungsereignisse) ausgeschlossen.[11] „Risiko" besteht nicht.

---

7 Vgl. Picot (1993), S. 104.
8 Vgl. Gutenberg (1998), S. 11–12.
9 Eine der zahlreichen empirischen Studien zur Einstellung und zum Verhalten von Managern vor dem Hintergrund von Risikokonzeptionen liefern beispielsweise March/Shapira (1987), S. 1404–1418.
10 Vgl. Kupsch (1975), S. 153.
11 Vgl. Schneider (1997), S. 39–40.

In der realen Welt mit ungleich verteiltem Wissen hingegen scheitert die vollständige Beschreibung der Welt. Dem planenden Unternehmer wird nur ein begrenzter Umfang an z_i bekannt, weil Informationsbeschaffung und Auswertung Kosten verursachen und ihm nur ein begrenzter Zeitrahmen zur Verfügung steht. Begrenzt sind ebenso sein Wissen und Können als Grundlage der Bildung von Zukunftslagen für eine bestimmte Zeitspanne, sodass unsicher ist, welche Möglichkeiten der Wahrheit am nächsten kommen,[12] die Konsequenzen der Alternativen unbestimmt bleiben müssen und stets ein Fall „rationaler Indeterminiertheit" vorliegt.[13]

Unternehmer der realen Welt unterliegen demnach dem „Risiko", dass neben geplanten auch ungeplante Zustände (Überraschungsereignisse) eintreten können.[14] Die Eintrittsgefahr ist umso höher, je weniger (verarbeitete) Informationen vorliegen. Überraschungsereignisse sind Resultate von Informationsrisiken. Ihre Ursachen liegen begründet:[15]

1. im Informationsmangel durch unvollständiges Wissen über tatsächlich vorliegende Zustände und über Vergangenes (z. B. Wissen über eigene Mittel und Möglichkeiten, Kunden und Konkurrenten) und
2. bei verfügbaren Informationen
    - im Auftreten von Denkfehlern beim Schließen von Tatsachen auf zukünftige Zustände und deren Glaubwürdigkeiten (fehlendes Wissen um Theorien, Logik, Mathematik);
    - in zwar logisch fehlerfreier Erwartungsbildung, fußend jedoch auf Fehlbeurteilungen künftiger Mittel und Handlungsmöglichkeiten anderer Akteure;
    - in der Verringerung von Planungszeiten und Planungsaufwand durch vom Planenden zu vertretenden Gründen.

Informationsbeschaffung ist ein Prozess, der Ressourcen bindet und Wirtschaftlichkeitsüberlegungen unterliegt, die wiederum Informationen voraussetzen. Das Informationsproblem ist daher einerseits mindestens zweistufig.[16] Anderseits ist es schwierig, Informationen einen ökonomischen Wert beizumessen,[17] sodass auch die Ökonomisierung von Informationssammlungs- und Verarbeitungskosten scheitert.[18]

Wird die Informationsbeschaffung und -auswertung einer Anzahl spezifischer Maßgaben (Φ) unterworfen, wie z. B.

---

12 Vgl. Arrow (1980), S. 32; Schneider (1997), S. 44–45.
13 Vgl. Gäfgen (1963), S. 107.
14 Vgl. Katzner (2001), S. 121.
15 Vgl. Schneider (1997), S. 103–104.
16 Vgl. Loitlsberger (1963), S. 124.
17 Zur Diskussion z. B. vgl. Arrow (1994) S. 113; Arrow (1986), S. 137; Arrow (1976), S. 150; Hirshleifer/ Riley (1994), S. 200; Laux (1996), S. 510–511; Lawrence (1999), S. 6; Marschak (1959), S. 80.
18 Vgl. Rutherford (1990), S. 136.

- Vollständigkeit
- Genauigkeit
- Verlässlichkeit
- Rechtfertigung des Informationsbeschaffungsaufwands[19] und
- vernünftige Erwartungsbildung,

so ist eine glaubwürdige Bildung von Zukunftslagen Z_j bis zur Grenzzukunftslage $Z_r (r < k)$ möglich.[20]

Es ergeben sich folgende Teilmengen von Z:

1. $Z_j \in Z_\phi$ (mit $j = 1, \ldots, r$) als die Zukunftslagen, die maßgabenkonform gebildet wurden und Grundlage vernünftiger Erwartungsbildung sind;
2. $Z_s \notin Z_\phi$ (mit $s = r + 1, \ldots, k$) als die Zukunftslagen, die aus gerechtfertigten Gründen nicht berücksichtigt werden können;
3. $\bar{Z}_v \in Z_\phi \subset Z$ (mit $v = 1, \ldots, r$) als die Zukunftslagen, die aus ungerechtfertigten Gründen nicht berücksichtigt werden.

Während die Z_s das unternehmerische Wagnis widerspiegeln und charakteristisch für eine unternehmerische Einkommenserzielung mittels Residualeinkommen sind,[21] stehen die $\bar{Z}_v$ für vermeidbare „Risiken", die zu ungerechtfertigten Schäden für die Unternehmung führen können. Unechte Überraschungsereignisse sind zu sanktionieren, soweit daraus

- ein überraschender Auszahlungsüberschuss und/oder
- ein bestandsgefährdender Verlust

mit der Folge des Ausscheidens der Unternehmung aus dem Erwerbsprozess droht.

1.2 Managementregelsystem

Die empirische Insolvenzforschung identifiziert als Ursachen für Unternehmenskrisen neben Problemen, die von der Person des Managers selbst ausgehen, vor allem Mängel innerhalb des Managementprozesses nebst Führungsfehlern.[22] Pflichtverletzungen des Managements resultieren oft aus einem unzureichenden Managementregelsystem. Da keine Organisationstheorie existiert, aus der zweckentsprechende Handlungsanweisungen ableitbar wären, liegt die Einrichtung eines Regelsystems im Ermessen der Unternehmungsführung. Bei der Beurteilung, ob ggf. Pflichten verletzt wurden, dürfen natürliche Restriktionen nicht zulasten der Leitungsorgane gehen. Allerdings besteht ein schmaler Grat, da die Menge an Restriktionen unscharf ist.

---

19 Vgl. Klein/Scholl (2004), S. 138, 187.
20 Vgl. Winter (1964), S. 264.
21 Vgl. Knight (1972), S. 232.
22 Vgl. Lück (2000), S. 1474–1475; Janke (2000), S. 213.

Organisatorische Regeln können, ebenso wie ein Rechtssystem, nicht alle Sachverhalte präzise regeln. Gleichwohl greifen betriebswirtschaftliche Regeln und Grundsätze auch dann, wenn gesetzliche Regelungen fehlen. Sie vermitteln, beispielsweise wie „Treu und Glauben", „billiges Ermessen" oder „Sorgfalt eines ordentlichen Kaufmanns", was Einzelne als Verhalten anderer erwarten dürfen.[23]

Welchem Zweck bzw. Maßstab müssen organisatorische Regelungen genügen?

Judikatur und die h. M. im Schrifttum identifizieren als übergeordneten Zweck das „Unternehmensinteresse", das, da nicht überzeugend objektivierbar, bis heute aber keinen subsumtionsfähigen Maßstab liefern kann.[24]

Einigkeit besteht jedoch darin, dass Managementregeln stets geeignet sein müssen, der Erhaltung und der langfristigen Rentabilität einer Unternehmung zu dienen,[25] was voraussetzt, dass Risiken „beherrscht" werden. Dazu müssen alle Beteiligten ihre ggf. divergierenden Zielauffassungen dauerhaft zu einem einheitlichen Ziel- und Regelsystem integrieren[26] und Führungsaufgaben mit der Sorgfalt eines ordentlichen und gewissenhaften Geschäftsleiters wahrnehmen.

Unabhängig von Größe und Komplexität einer Unternehmung sind „Risiken" umso unwahrscheinlicher, je geregelter Abläufe sind. Bei der Einrichtung und Beurteilung eines Managementregelsystems kann daher auf das Gutenberg'sche Substitutionsprinzip der Organisation zurückgegriffen werden: „Die Tendenz zur generellen Regelung nimmt mit abnehmender Variabilität betrieblicher Tatbestände zu."[27]

Überall dort, wo betriebliche Vorgänge ein verhältnismäßig hohes Maß an Gleichartigkeit und Periodizität aufweisen, sind generelle den fallweisen Regelungen vorzuziehen. Jedes „Einpassen" betrieblicher Tätigkeiten in einen fest geregelten Zusammenhang ist gleichzeitig verbunden mit der Beschränkung des Ermessensspielraums des mit einer bestimmten Arbeitsverrichtung Betrauten und führt damit tendenziell zu einer Entindividualisierung des Lenkungs- und Arbeitsprozesses.[28]

Für ein Managementregelsystem lässt sich schlussfolgern:

1. Schaffung unbedingter Regelungen für Vorgänge, die sich durch Gleichartigkeit, Regelmäßigkeit und Einfachheit auszeichnen;
2. Schaffung bedingter Regelungen für Vorgänge mit hoher inhärenter Variabilität, weil Ermessensspielraum Voraussetzung für die erforderliche Flexibilität einer Unternehmung ist;
3. Schaffung von Kontrollinstanzen zur Überwachung des Regelsystems.

---

23 Vgl. Leffson (1987), S. 22–23.
24 Vgl. Rittner (1980), S. 118.
25 Vgl. Rittner (1980), S. 115; hinsichtlich der Shareholder-Value-Diskussion vgl. von Werder (1998), S. 77–78.
26 Vgl. Mertens (1977), S. 276.
27 Gutenberg (1962), S. 145.
28 Vgl. Gutenberg (1983), S. 238–240.

Die Regeln zu 1. und 2. müssen *angemessen* (i. S. von geeignet) sein und dienen der Verhinderung des Eintritts $\bar{Z}_v$:

– Maßnahmen zu 1. sind so zu definieren und zu implementieren, dass keine Informationsrisiken entstehen.

– Maßnahmen zu 2. sind so zu definieren und zu implementieren, dass keine vermeidbaren Informationsrisiken entstehen. Der Umgang mit möglicherweise eintretenden Überraschungsereignissen ist festzulegen.

Die Regeln zu 3. bilden das Überwachungssystem. Sie müssen sich daran messen lassen, ob das Regelsystem *wirksam* ist.

Alle drei Elemente ermöglichen „Compliance". Über die Einhaltung der internen Regeln wird sichergestellt, dass allen extern auferlegten Pflichten verlässlich entsprochen wird.

Das Managementregelsystem liefert Gerüst und Verbindungselemente des sozialen Systems „Organisation" und prägt die Organisationsstruktur. Nach diesem Verständnis werden Organisationsprobleme überführt in Prozessergebnisse wie von Institutionen und Instanzen mit dem Ziel, menschliches Verhalten zu beeinflussen.[29]

Das Erfordernis, Aufgaben einzelnen Individuen zuzuweisen und ihre Beziehungen zueinander zu regeln, führt zu Teilsystemen innerhalb der Organisation (Subsystemen). Eine solche Subsystemstruktur wird im Schrifttum als *Aufbauorganisation* bezeichnet.[30]

Die Ausgestaltung der Beziehungen als Wirkungssystem zwischen den teilsystemischen Zuordnungseinheiten wird im Schrifttum *Ablauforganisation* genannt und unterliegt dem organisatorischen Prinzip der Technizität.[31] Sie ist ausgerichtet auf den in Raum und Zeit ablaufenden Leistungsprozess entlang der Wertschöpfungskette und bezieht sich auf die laufende Rhythmisierung und Terminierung der Arbeitsgänge.[32]

Ein Managementregelsystem erweist sich damit nicht als ein Bestandteil der Aufbau- und Ablauforganisation, sondern die Aufbau- und Ablauforganisation ist vielmehr das Ergebnis eines Regelsystems. Ein mangelhaftes Managementregelsystem führt daher stets zu einer mangelhaften Aufbau- und Ablauforganisation.

---

29 Vgl. Picot (1993), S. 114.

30 Vgl. z. B. Bleicher (1980), S. 23.

31 Vgl. Kosiol (1976), S. 32, 187.

32 Vgl. Kosiol (1976), S. 188.

2 CMS als Teil eines Managementregelsystems

2.1 Leitungspflichten

Das juristische Schrifttum lässt keinen Zweifel daran, dass sich für Führungskräfte von Unternehmen, angelehnt an §§ 76 I, 93 I, II AktG, ein enger Pflichtenrahmen bei der Einrichtung eines angemessenen Managementregelsystems ergibt. Zwar muss einem Gesellschaftsorgan Ermessen zugebilligt werden, Ermessensgrenzen ergeben sich aber aufgrund der Vielzahl möglicher Haftungstatbestände.

Sorgfaltspflichterfüllung erfordert vor allem eine verlässliche Informationsbasis, da im Schadensfall Rechtfertigungszwang besteht. Dies schließt die „Risikohandhabung" mit ein, weil sie Basis der Grenzziehung für ein unternehmerisches verantwortungsbewusstes Handeln ist und der Kontrolle des Aufsichts- oder Verwaltungsrats unterliegt.

Die Judikatur verlangt als Grundlage für die Ausübung der Unternehmerfunktion Regelungen zu Aufgaben/Kompetenzen, Sicherstellung des Datenaustausches sowie Überwachungsmaßnahmen.[33] Die Regelungen sind Voraussetzung, um der durch das UMAG[34] eingeführten, bereits früher anerkannten[35] *Business Judgment Rule* genügen zu können. Danach darf ein verantwortlicher Manager nur dann guten Gewissens eine unternehmerische Entscheidung treffen, wenn er
1. kein eigenes Vermögensinteresse an der Sache hat,
2. einen ausreichenden Informationsumfang in der Sache nachweisen kann und
3. glaubhaft im besten Interesse der Unternehmung handelt.

1. und 2. sind objektive Elemente der Sorgfaltspflichtbeurteilung; 3. enthält eine subjektive Komponente und damit einen gewissen Handlungsfreiraum.

Objektives Element der Sorgfaltspflichtbeurteilung ist die Unternehmungsorganisation, auf die zwar in der Betitelung zu § 91 AktG verwiesen wird, deren Ausgestaltung gesetzlich aber nicht geregelt ist. Losgelöst von konkreten Maßnahmen besteht jedoch die Pflicht zur Errichtung und Durchsetzung einer plausiblen und auf Vermeidung „typischer Risiken" gerichteten Unternehmungsorganisation[36] verbunden mit einem Koordinationsmechanismus, damit die Führungskräfte der verschiedenen Hierarchien wissen, dass die Belange der Gesamtunternehmung Vorrang vor den Interessen der Geschäftsbereiche haben und jeder Mitarbeiter der Unternehmung versteht, was die

---

33 Vgl. Schwark (2002), S. 81; Semler (1996), S. 48; Götz (1995), S. 338; Gernoth (2001), S. 300; Lutter (2000), S. 305–306.
34 Art. 1 Nr. 1a Gesetz zur Unternehmensintegrität und Modernisierung des Anfechtungsrechts (UMAG) (1990), S. 2802.
35 Vgl. Wirth (2001), S. 120–121; BGHZ 135, 244, 253; BGHZ 136, 133, 139; BGHZ 134, 392, 398.
36 Vgl. Schwark (2002), S. 81.

Unternehmungsleitung anstrebt und erwartet, sodass das Management handlungsfähig bleibt, wenn tatsächliches Geschehen vom geplanten Verlauf abweicht.[37]

Sorgfaltspflichtverletzungen verantwortlicher Manager,[38] die zu Organisationsverschulden führen, stellen einen Unterfall unerlaubter Handlungen (§ 823 Abs. 1 BGB, § 130 OWiG), grundsätzlich verbunden mit persönlicher Haftung, dar wobei die Rechtsprechung zwischen Selektionsverschulden (Einsatz ungeeigneter Mitarbeiter), Anweisungsverschulden (Fehlen von Regelungen) und Überwachungsverschulden (mangelhafte Überwachung und Kontrolle) unterscheidet.

Ein Compliance Management System (CMS) hat die Aufgabe, Selektions-, Anweisungs- und Überwachungsverschulden des Leitungsorgans zu verhindern.

Das CMS hat als Instrument des Leitungsorgans nicht die Aufgabe, das verantwortliche Topmanagement zu überwachen. Compliance-Verstöße oberer Hierarchieebenen führten in der Vergangenheit allerdings im Vergleich zu Verstößen unterer Ebenen eher zu wesentlichen Vermögensschäden.[39]

2.2 Kernelemente

Unabhängig von der Größe und Komplexität einer Unternehmung sollte ein Management-Regelsystem folgende Kernelemente enthalten:[40]

1. Managementgrundorganisation
   - klare Regelungen betreffs
     - Entscheidungs- und Anordnungskompetenzen;
     - Arbeitsanweisungen an Organisationsmitglieder auf allen Hierarchieeben der Unternehmung ohne Trennung von Zuständigkeit und Verantwortung;
     - Überwachung und Kontrolle;
     - internes Belegwesen (Gestaltung der Belege und des Belegflusses, Sicherung der Belegablage);
   - Funktionstrennungen;
   - Datenzugriffsbeschränkungen;
   - Organisationsplanung;
2. Managementinformationssystem
   - ordnungsmäßiges externes Rechnungswesen;
   - Liquiditätsplanung;

---

37 Vgl. Semler (1983), S. 15.
38 Grundsätzlich ressortübergreifend, vgl. z. B. BGH (1990), S. 1413–1417.
39 Seit der Philipp-Holzmann-Pleite im Jahr 2002 verpflichten sich Topmanager, die Compliance-Regeln der „Regierungskommission Deutscher Corporate Governance Kodex" (Deutsche Corporate Governance Kodex) freiwillig einzuhalten, überprüfbar ist es jedoch nicht.
40 Vgl. Toebe (2006), S. 166–171.

- internes Rechnungswesen als Basis für ein Controlling;
- Controlling, wobei Controllingerfordernisse möglichst vermieden werden sollten und stets zu prüfen ist, ob eine Aktivität mit Controllingbedarf überhaupt erforderlich wird bzw. ob bereits etablierte Aktivitäten möglicherweise abgeschafft oder vereinfacht werden können[41], sowie beschränkt auf das bislang wissenschaftlich haltbare, nämlich auf eine rechnungslegungsgestützte Koordinations- und Kontrollhilfe:
    - Koordination im Sinne einer Abstimmung bestehender Einzelpläne der dezentral Verantwortlichen mit den, soweit vorhandenen, strategischen Zielvorstellungen der Unternehmungsleitung und der Erarbeitung eines gemeinsamen Wirtschaftsplans.[42]
    - Kontrolle der Plandurchführung durch das interne Rechnungswesen, das auch die Ausgangszahlen für künftige Planungstätigkeiten bereitstellt.[43]

3. Managementprozess
    - Steuerung
        - Festlegungen, wann nach Zugang neuer Informationen Entscheidungsänderungen notwendig sind;
        - Festlegungen, ob und inwieweit Organisationsmitglieder Befugnisse ausüben dürfen;
        - Festlegungen, wer als Beauftragter den angeordneten Vollzug von Entscheidungen kontrolliert; zu unterscheiden sind:
            - prozessabhängige Überwachungsmaßnahmen (Low Level Controls) – der Überwachungsträger ist in den Arbeitsablauf integriert und sowohl für das Ergebnis des überwachten Prozesses als auch für die Überwachung verantwortlich; zu den Kontrollen gehören manuelle Soll-Ist-Vergleiche, jedoch insbesondere elektronische Kontrollen und Plausibilitätsprüfungen;
            - prozessunabhängige Überwachungsmaßnahmen (High Level Controls) – der Überwachungsträger ist nicht in den Arbeitsablauf integriert und daher nicht für das Ergebnis des Prozesses verantwortlich;
                - interne Revision;
                - jeweiliges Leitungsorgan der Hierarchieebene, das jedoch auch für die Überwachung des Prozesses und, als gesetzlicher Vertreter, für die prozessunabhängigen Überwachungsmaßnahmen verantwortlich ist.

---

41 Vgl. Horváth (1992), S. 7–8.

42 Empirische Studien zeigen, dass sich gerade die Schnittstelle zwischen strategischer Planung und operativer Umsetzung als gravierendes Problem erweist; vgl. Horváth (2004), S. 359.

43 Vgl. Schneider (1992), S. 20.

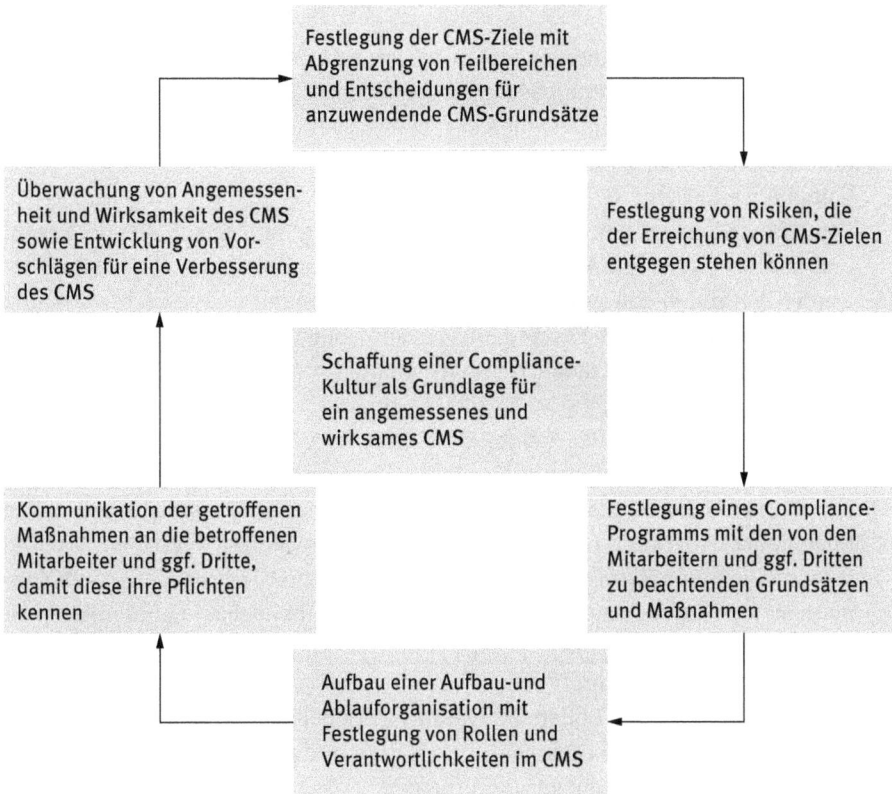

Abb. 21: CMS-Regelkreis des IDW[45].

Die konkrete CMS-Ausgestaltung kann sich am Enterprise Risk Management-Framework des Committee of Sponsoring Organizations of the Treadway Commission (COSO ERM-Framework, 2004) orientieren und nach Ansicht des IDW folgende miteinander in Wechselwirkung stehenden Grundelemente aufweisen (vgl. Abb. 21):[44]

- Compliance-Kultur:
  Die Compliance-Kultur stellt die Grundlage für die Angemessenheit und Wirksamkeit des CMS dar und wird geprägt durch die Grundeinstellungen und Verhaltensweisen des Managements sowie durch die Rolle eines ggf. eingerichteten Aufsichtsorgans. Die Compliance-Kultur beeinflusst die Bedeutung, die Mitarbeiter Regeln beimessen, und damit ihre Bereitschaft zum regelkonformen Verhalten.

---

44 Vgl. IDW (2016a), S. 561; IDW (2011), Tz. 23.
45 Quelle: IDW (2016a), S. 561; IDW (2011), Tz. 23.

- Compliance-Ziele:
Die Unternehmungsleitung legt auf der Grundlage der Unternehmungsziele und der Analyse und Gewichtung bedeutsamer Regeln CMS-Ziele für relevante Teilbereiche und die dort einzuhaltenden Regeln fest. Die Compliance-Ziele sind Grundlage der Beurteilung von Compliance-Risiken.
- Compliance-Risiken:
Compliance-Risiken betreffen mögliche Verstöße gegen einzuhaltende Regeln und können damit eine Verfehlung der Compliance-Ziele zur Folge haben. Hier werden Verfahren zur systematischen Risikoerkennung und -berichterstattung für notwendig erachtet. Festgestellte Risiken sollten im Hinblick auf Eintrittswahrscheinlichkeit und mögliche Folgen analysiert werden.
- Compliance-Programm:
Auf der Grundlage der Beurteilung der Compliance-Risiken werden Grundsätze und Maßnahmen eingeführt, die auf eine Begrenzung der Compliance-Risiken und damit auf die Vermeidung von Compliance-Verstößen ausgerichtet sind. Das Compliance-Programm muss auch Handlungsanweisungen enthalten, wie bei festgestellten Compliance-Verstößen zu verfahren ist. Alle Grundsätze und Maßnahmen sind zur Sicherstellung einer personenunabhängigen CMS-Funktion zu dokumentieren.
- Compliance-Organisation:
Das Management regelt Rollen und Verantwortlichkeiten für das CMS als integralen Bestandteil der Unternehmensorganisation und stellt die für ein wirksames CMS notwendigen Ressourcen zur Verfügung.
- Compliance-Kommunikation:
Mitarbeiter und ggf. Dritte werden über das Compliance-Programm sowie die festgelegten Rollen und Verantwortlichkeiten informiert, um eine sachgerechte Aufgabenerfüllung zu ermöglichen. Dies schließt mit ein, wie Compliance-Risiken sowie Hinweise auf mögliche sowie festgestellte Regelverstöße an die Unternehmungsleitung und ggf. ein Aufsichtsorgan zu berichten sind.
- Compliance-Überwachung und Verbesserung:
Angemessenheit und Wirksamkeit des CMS müssen überwacht werden, was eine ausreichende Dokumentation voraussetzt. Festgestellte Schwachstellen im CMS bzw. Regelverstöße sind berichtspflichtig. Die Unternehmungsleitung sorgt für die Durchsetzung des CMS, die Beseitigung der Mängel und die Verbesserung des Systems.

3 Tax Compliance Management System

3.1 Einführende Aspekte

Steuern berühren den Verantwortungsbereich der Unternehmungsleitung unmittelbar:

- Verpflichtungen aus einem Steuerschuldverhältnis entstehen unabhängig von der Kenntnislage vertretungspflichtiger Organe dann, wenn der Tatbestand verwirklicht wird, an den das Gesetz die Leistungspflicht knüpft (§ 38 AO).
- Gesetzliche Vertreter haften für nicht festgesetzte oder nicht rechtzeitig festgesetzte Steuerbeträge (§ 69 AO).
- Steuern sind vermögensbelastend, denn sie werden als Geldleistungen fällig (§ 3 Abs. 1 AO) und beeinflussen als Schatteneffekt betrieblicher Entscheidungen stets den operativen Cashflow der Unternehmung.
- Das Steuersystem ist nicht entscheidungsneutral; Steuerwirkungen sind in das Entscheidungskalkül einzubeziehen.

Einerseits gebietet die allgemeine Vorsorgepflicht dem Leitungsorgan, Entscheidungsgrundlagen vollständig und richtig zusammenzustellen, wobei Änderungen von Entscheidungsparametern durch die steuerlichen Wirkungen ceteris paribus zu einer Veränderung der ursprünglichen Durchführungsrangfolge von Investitionsalternativen führen können.

Andererseits sind organisatorische Vorkehrungen erforderlich, um den Anforderungen des Besteuerungssystems gerecht zu werden, wobei die bloße Delegation auf Angehörige des steuerberatenden Berufs nicht genügt, da diese hauptsächlich nur Informationen verarbeiten. Die Informationsbeschaffung als Voraussetzung für die Erfüllung steuerlicher Pflichten obliegt ausschließlich der Unternehmungsleitung.

Das für eine Unternehmung relevante Steuersystem ist mit einer Vielzahl von Einzelsteuern sehr komplex (vgl. Abb. 22).

Ein steuerlicher Zahlungsstrom entsteht durch Multiplikation einer Bemessungsgrundlage (BMG) mit einem Steuersatz (s):

$$\text{BMG} \cdot s = \text{Steuerbetrag}(S) \, .$$

Eine BMG ist eine Wert- oder Mengengröße, die ein Steuerobjekt quantifiziert.

Steuerobjekt ist der verwirklichte Tatbestand, an den das Steuergesetz die Leistungsfähigkeit knüpft (Vorgang, Zustand, Gegenstand).

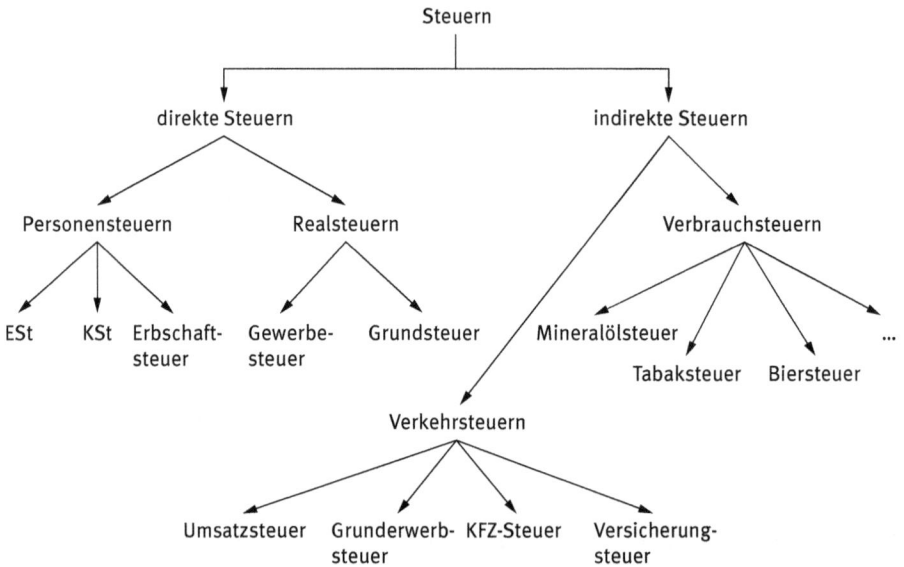

Abb. 22: Steuerarten[46].

Für einzelne Steuerarten gilt beispielsweise:

Steuerart	Steuerobjekt	Bemessungsgrundlage
Einkommensteuer	Einkünfte	Zu versteuerndes Einkommen (z. v. E.)
Umsatzsteuer	Lieferung/Leistung	Entgelt
Gewerbesteuer	Gewerbebetrieb	Gewerbeertrag
Kfz-Steuer	Gehaltenes Kfz	Größe des Hubraums

Der Steuersatz ergibt sich im Umkehrschuss aus dem Quotient von S und BMG. Seine Berechnung setzt einen Steuertarif voraus, der einer BMG den Steuerbetrag S eindeutig und vollständig mittels Steuerbetragsfunktion f(BMG) zuordnet; entweder als Steuerbetragstarif (fester Betrag pro Einheit BMG wie z. B. die Kfz- oder Kaffeesteuer) oder als Prozentsatz pro Besteuerungseinheit (wie z. B. Umsatzsteuer, Gewerbesteuer, Körperschaftsteuer, Solidaritätszuschlag). Beim Einkommensteuertarif handelt es sich um einen progressiven Steuerbetragstarif.

Die Veränderung des steuerlichen Zahlungsstroms durch Veränderungen der steuerlichen BMG im Rahmen betrieblicher Entscheidungsfindung (ex ante) sowie die vollständige Deklaration der steuerlichen BMG gegenüber der Finanzbehörde (ex post) verlangt Grundlagenwissen der Entscheidungsträger und erfordert organisatorische Maßnahmen innerhalb der Unternehmungsorganisation.

---

46 Quelle: eigene Darstellung.

Bei der Beurteilung ertragsteuerlicher Auswirkungen sind zudem nur „effektive" Grenzsteuersätze relevant:
- s_{eff}: effektiver Grenzsteuersatz;
- 0,035: Steuermesszahl (§ 11 Abs. 2 GewStG);
- h: Hebesatz der Gemeinde;
- 3,8: Steuerermäßigung bezogen auf die Steuermesszahl (§ 35 EStG);
- t_g: tariflicher Einkommensgrenzsteuersatz;
- E: Entnahme;
- $T = (1 - E)$: Gewinnthesaurierung.

Für Gesellschafter einer PersG, die nur diese Einkommensquelle besitzen, folgt:
a) im Fall ohne T: $s_{eff\_PersG} = t_g \cdot 1{,}055 + 0{,}035 \cdot (h - \min\{3{,}8; h\})$;
b) im Fall mit T ($T = 1$): $s_{eff\_PersG\_T} = 0{,}2825 + 0{,}035 \cdot (h - \min\{3{,}8; h\})$.

Wird in einem Wirtschaftsjahr im Thesaurierungsfall die Steuer durch Entnahmen aus dem Betriebsvermögen geleistet, ist sie als Entnahme $t_g \cdot 1{,}055$ zu unterwerfen, sodass ein Zirkelproblem entsteht:
$s_{\_PersG\_T} = T \cdot 0{,}2825 + E \cdot t_g + 0{,}035 \cdot (h - \min\{3{,}8; h\})$, wobei
$E = 0{,}2825 + 0{,}035 \cdot (h - \min\{3{,}8; h\})$.
Für natürliche Personen als Gesellschafter einer KapG, deren Anteile im Privatvermögen gehalten werden, gilt:
a) im Fall ohne T:
  - mit Abgeltungsteuer:
    $s_{eff\_GKapG\_Abgeltung} = 0{,}15 + 0{,}035 \cdot h + 0{,}25 \cdot (1 - 0{,}15 - 0{,}035 \cdot h)$
  - ohne Abgeltungsteuer:
    $s_{eff\_GKapG} = 0{,}15 + 0{,}035 \cdot h + t_g \cdot (1 - 0{,}15 - 0{,}035 \cdot h)$
b) im Fall mit T ($T = 1$): $s_{eff\_KapG} = 0{,}15 + 0{,}035 \cdot h$.

3.1.1 Rechtsform und Innenfinanzierung

Die Rechtsform bezeichnet das Rechtskleid, mit dem ein Betrieb nach außen in Erscheinung tritt. Sie basiert auf einem System rechtlicher Regelungen, die die Beziehungen zwischen Eigentümern und Betrieb, Betrieb und Außenstehenden sowie Außenstehenden und Eigentümern verbindlich gestalten. Steuerliche Einflüsse ergeben sich in Abhängigkeit von der Rechtsform in den Bereichen der laufenden Besteuerung, Besteuerung bei Umwandlung oder Auflösung.

Bei der Rechtsformwahl ist die zu erwartende Steuerbelastung von Personengesellschaften (PersG) im Vergleich zu Kapitalgesellschaften (KapG) von Interesse; bei KMU insbesondere auf Gesellschafterebene, da Eigentümer von KMU-KapG oft eine Geschäftsführungsfunktion übernehmen, KapG aber eine eigene Rechtspersönlichkeit besitzen und damit steuerpflichtig sind. Demgegenüber werden Gewinne aus PersG direkt dem Gesellschafter zugerechnet.

Dabei sind u. a. folgende steuerliche Aspekte relevant:

- PersG:
    - Gewinne unterliegen der Gewerbesteuer unter Berücksichtigung eines Freibetrags in Höhe von 24.500 €.
    - Gesondert und einheitlich festgestellte Gewinne werden den Gesellschaftern (anteilig) unmittelbar zugewiesen; Verluste werden in den Grenzen des § 2 Abs. 3 EStG und § 10d EStG steuermindernd berücksichtigt.
    - Die Gesellschafter sind nach § 35 EStG steuerbegünstigt.
    - Aufwendungen aus Vertragsverhältnissen zwischen Gesellschaft und Gesellschaftern (Miet-, Pacht-, Darlehens-, Arbeitsverträge) sind steuerlich unwirksam und werden bei den Gesellschaftern als gewerbliche Einkünfte erfasst.
    - PersG können eine Thesaurierungsrücklage bilden (§ 34a EStG).
- KapG:
    - Gewinne unterliegen der Gewerbe- und Körperschaftsteuer.
    - Gewinne (Jahresüberschüsse) werden den Gesellschaftern nicht (automatisch) zugewiesen, sondern müssen an die Anteilseigner ausgeschüttet werden; Ausschüttungen führen bei den Gesellschaftern zu Einkünften aus Kapitalvermögen.
    - Werden keine Ausschüttungen vorgenommen, ergeben sich keine Steuerwirkungen auf Gesellschafterebene.
    - Verluste der Gesellschaft können nur auf der Ebene der Gesellschaft und nicht auf der Ebene der Gesellschafter verrechnet werden.
    - Aufwendungen aus Vertragsverhältnissen zwischen Gesellschaft und Gesellschaftern (Miet-, Pacht-, Darlehens-, Arbeitsverträge) sind steuerlich grundsätzlich wirksam und unterliegen dem Einkommensgrenzsteuersatz.

Welche Rechtsform unter steuerlichen Aspekten vorteilhaft ist, hängt stets von den Umständen des Einzelfalls ab. Allerdings ist ein allgemeiner Belastungsvergleich von PersG und KapG unter folgenden Annahmen möglich:

- Höhe der gewerblichen Einkünfte = z. v. E. für die Zeiträume t_1 bis t_n: 251.000 €;
- Gewerbeertrag = z. v. E.;
- h: 400 %;
- Dividenden werden definitiv mit 25 % besteuert.

Fall 1: Belastungsvergleich von PersG und KapG bei Gewinnthesaurierung und Besteuerung der PersG ohne Begünstigung nach § 34a EStG[47]:

---

[47] Die Regelung gilt für Einkünfte aus Land- und Forstwirtschaft, aus Gewerbebetrieb und für freiberufliche Einkünfte.

	PersG %	KapG %	Differenz %
ESt-/KSt-Satz	38,71[48]	15,00	23,71
SolZ	2,13[49]	0,825	1,305
GewSt	0,00[50]	14,00[51]	−14,00
	40,84	29,825	11,015

Im Fall 1 ist die Besteuerung der PersG gegenüber der KapG nachteilig.

Fall 2: Belastungsvergleich von PersG und KapG bei Gewinnthesaurierung und Besteuerung der PersG mit Begünstigung nach § 34a EStG:

	PersG %	KapG %	Differenz %
ESt-/KSt-Satz	28,25	15,00	13,25
SolZ	1,554	0,825	0,729
GewSt	0,00	14,00	−14,00
	29,804	29,825	−0,021

Im Fall 2 kommt es zu einer steuerlichen Entlastung der PersG gegenüber einer Besteuerung ohne Thesaurierungsbegünstigung von 11,036 % $(0,4084 - 0,29804 = 0,11036)$; die Minderbelastung beträgt hier 27.700,36 € $(0,11036 \cdot 251.000 €)$.

Da die Thesaurierungsbeträge an die Gesellschafter in t_n ausgekehrt werden, muss auch die künftige steuerliche Belastung als Szenario in die Entscheidungsfindung einfließen.[52] Im Fall der Auskehrung ergibt sich Folgendes:

	PersG (%)	KapG (%)	Differenz (%)
Thesaurierungsbelastung	29,804	29,825	−0,021
Auskehrungsbelastung	18,51[53]	18,51[54]	0,00
	48,314	48,335	−0,025

Im Ergebnis kommt es zu einer vergleichbaren Steuerbelastung von PersG und KapG.

---

48 § 32a EStG → 0,45 − 15.783/zvE → 0,45 − 15.783/251.000 = 0,3871.

49 §§ 3, 4 SolzG → 0,3871 · 0,055 = 0,0213.

50 § 35 EStG → {(251.000 − 24.500)/251.000} · 0,035 · 4 − min[0,035 · 3,8; {(251.000 − 24.500)/251.000} · 0,035 · 4] = 0.

51 0,14 = 0,035 · 4.

52 Zur Möglichkeit der Vermeidung einer Nachversteuerung bei Formwechsel, vgl. Blöchle/Menninger (2016), S. 1979.

53 0,1851 = (1 − 0,2980) · 0,25 · 1,055.

54 0,1851 = (1 − 0,2980) · 0,25 · 1,055.

Aus betriebswirtschaftlicher Sicht dürfte die Thesaurierungsbegünstigung der PersG allerdings nachteilig sein, denn die Besteuerung mit (48,314 %) gegenüber einer Besteuerung ohne Thesaurierungsbegünstigung (40,84 %) führt zu einer insgesamt höheren Belastung. Vorteilhaft ist die Thesaurierungsbegünstigung allenfalls dann, wenn die Erträge aus der Zwischenanlage der Minderbelastung (27.700,36 €) nach Steuern (i_s) die höhere Besteuerung in t_n überkompensieren können. Für das Beispiel und $n = 10$ Jahre ergibt sich:

$$0,4084 = 0,2980 + \frac{0,18501}{(1 + i_s)^{10}} \rightarrow i_s = 0,053 \rightarrow i = \frac{0,053}{1 - 0,48314} = 0,1025$$

Je länger die Anlagelaufzeit, desto niedriger ist die erforderliche Verzinsung. In diesem Fall müssten 10,25 % p. a. vor Steuern erwirtschaftet werden. Das dürfte eher selten möglich sein. Insoweit ist es mehr als verwunderlich, dass bis 2012 bereits 13,7 % der an einer Studie teilnehmenden 2.469 Steuerberater angaben, die Thesaurierungsbegünstigung für ihre Mandanten angewendet zu haben.[55]

3.1.2 Rechtsform und Außenfinanzierung

Die steuerliche Behandlung der Fremdfinanzierung gegenüber der Eigenfinanzierung zeigt, dass das Steuersystem nicht entscheidungsneutral ist. Während bei der Eigenfinanzierung sämtliche Residualansprüche dem Grenzsteuersatz unterliegen, mindern Zinsen die steuerliche BMG, soweit nicht die Zinsschranke § 4h EStG und/oder die Hinzurechnungsvorschrift § 8a GewStG, die für KMU in der Regel nicht relevant sein dürften, greifen bzw. greift. Die effektiven Auszahlungen für Zinsen verringern sich um die Steuerersparnis (Tax Shield), was wiederum den Financial-Leverage-Effekt verstärkt, der eine Steigerung der Eigenkapitalrendite durch Substitution von Eigenkapital (EK) durch Fremdkapital (FK) beschreibt:[56]

$r_{EK} = r_{GK} + (r_{GK} - [1 - s] \cdot i) \cdot V$ mit V als Verschuldungsgrad ($V = \frac{FK}{EK}$) und i als geforderter Zinssatz p. a.

Unternehmungen können durch außenstehende Dritte oder die Gesellschafter fremdfinanziert werden. Bei einer Fremdfinanzierung durch außenstehende Dritte ergeben sich folgende rechtsformabhängige Tax Shields ($i \cdot s$) auf Gesellschafterebene (ohne Thesaurierung bei der PersG und ohne Abgeltungsteuer):

- PersG: $i \cdot s_{\text{eff\_PersG}}$
- KapG: $i \cdot s_{\text{eff\_KapG}}$.

---

55 Vgl. Brähler/Guttzeit/Scholz (2012), S. 123.
56 Die Eigenkapitalrendite muss steigen, da ceteris paribus die Volatilität der Residualansprüche zunimmt.

Eine steuerlich wirksame Gesellschafterfremdfinanzierung ist nur bei KapG möglich. Da Einzelkaufleute und PersG als Personenvereinigungen steuerlich gleichbehandelt werden müssen, gehören nicht nur die Gewinnanteile der Gesellschafter zu den gewerblichen Einkünften, sondern auch die Vergütungen, die der Gesellschafter von der Gesellschaft für seine Tätigkeit im Dienst der Gesellschaft oder für die Hingabe von Darlehen oder für die Überlassung von Wirtschaftsgütern bezogen hat (§ 15 Abs. 1 Nr. 2 EStG).

Gesellschafter von KapG erzielen hingegen in Höhe der Zinsen Einkünfte aus Kapitalvermögen, was aus steuerlicher Sicht günstiger als eine Ausschüttung ist:

$$s_{\text{eff\_GKapG}} > -s_{\text{eff\_KapG}} + t_g \cdot (1 + s_{\text{eff\_KapG}}).$$

Eine Umlenkung von Dividende in andere Einkunftsarten des Gesellschafters wird durch das Konstrukt der verdeckten Gewinnausschüttung (vGA) beschränkt. Auch die Inanspruchnahme der Abgeltungsteuer mit 25 % ist nicht immer möglich (§ 32d Abs. 2 Nr. 1 EStG).

3.1.3 Cashflow-Planung und Vorteilhaftigkeitsentscheidungen

Die entscheidungsorientierte Betriebswirtschaftslehre soll Entscheidungsfindungen unterstützen. Eine Unternehmung verfolgt in der Regel mehrere Zielgrößen gleichzeitig. Entscheidungsmodelle erfordern Vereinfachungen, beispielsweise das Abzielen auf nur eine Zielgröße bei gegebenen Anspruchsniveaus anderer Zielgrößen oder die Maximierung der gewichteten Summe interessierender Größen. Unabhängig vom konkreten Zielsystem einer Unternehmung ist das unternehmerische Handeln auszurichten auf
- langfristige Gewinnmaximierung unter den Nebenbedingungen
- Vermeidung der Insolvenz und Sicherung des Vermögens der Unternehmung.

Da Gewinne nur dann für den Unternehmer konsumrelevant sind, wenn sie als Zahlungsmittel zur Verfügung stehen, sind Investitionsalternativen hinsichtlich ihres künftigen Zahlungsstroms, bewertet mittels risikoäquivalenter Alternativrendite, zu messen. Dies leisten nur dynamische Investitionsrechenverfahren, insbesondere die Kapitalwertmethode.

Handlungsalternativen können mit unterschiedlichen steuerlichen BMG und Grenzsteuersätzen einhergehen, die den Cashflow der Alternativen in unbestimmter Weise beeinflussen.

Die Berücksichtigung von Steuern verändert den Nettokapitalwert (NKW) der Investitionsalternativen. In der Regel wird der Nettokapitalwert geringer, da die künftigen Cashflows (CF_t) durch Steuerauszahlungen gemindert werden, auch wenn die Rendite der Alternativanlage durch Besteuerung sinkt. In den Fällen, in denen steuerliche Abschreibungen (AfA) nicht linear, sondern verstärkt zu Beginn des Planungszeitraums anfallen, kann die Steuerwirkung im Vergleich zu einer Berechnung ohne Steuern zu einer Erhöhung des Nettokapitalwertes einer Investition führen (Steuerparadoxon). Allgemein gilt:

$$\text{NKW}_{t=0} = -A_0 + \sum_{t=1}^{n} \frac{CF_t - BMG_t \cdot s}{(1 + i_s)^t} + \frac{L_n - BMG_n \cdot s}{(1 + i_s)^n}$$

mit A_0 als Anschaffungsauszahlung, L_n als Liquidationserlös vor Steuern im Zeitpunkt n und i_s als Rendite der Alternativanlage nach Steuern.

Entscheidungen für Alternativen mit positiven Nettokapitalwerten, im Fall von Kapitalrationierung für Alternativen mit den höchsten positiven Nettokapitalwerten, sind zielsystemkonform im Sinne einer Cashflow-Maximierung nach Steuern.

Cashflow-Maximierung nach Steuern verlangt, dass Einzahlungen maximiert und Auszahlungen minimiert werden.

Nicht zielsystemkonform ist das Streben, die steuerliche BMG durch auszahlungswirksame Betriebsausgaben zu mindern. Die aus einer Geldeinheit Betriebsausgabe resultierende Steuerminderzahlung beträgt lediglich s, der Zahlungsmittelbestand verringert sich um $-1 + s$ ($0 < s < 1$). Unterbleibt die Auszahlung hingegen, verbleiben $(1 - s)$ Geldeinheiten in der Unternehmung. Insoweit sind beispielsweise Kredite schnellstmöglich zu tilgen.

Eine Steuerbarwertminimierung ist nur dann zielsystemkonform, wenn eine steuerliche Sachverhaltsgestaltung nicht (mehr) in Betracht kommt. Sie beinhaltet auch planabweichende intertemporäre Steuerlastverschiebungen, ist daher entscheidungsnachgelagert und strategisch von untergeordneter Bedeutung.

Eine Cashflow-Planungsrechnung hat die Aufgabe, sämtliche künftige Ein- und Auszahlungen einer Investitionsalternative unter Berücksichtigung der Steuerwirkungen zu erfassen und, im Falle der Durchführung der Alternative, fortzuführen.[57] Die Planungsrechnungen sind in die Unternehmungsplanung zu integrieren. Eine eigenständige Steuerplanung wie bei international tätigen Konzernen ist bei KMU i. d. R. nicht erforderlich.

3.1.4 Organisation des Deklarationsprozesses

„Steuerdeklaration" meint alle Tätigkeiten, zu denen eine Unternehmungsleitung steuerrechtlich verpflichtet ist, insbesondere die Abgabe von Steuervoranmeldungen und -erklärungen, die Begleitung und Abwicklung von Betriebsprüfungen sowie ggf. außergerichtliche und gerichtliche Rechtsbehelfsverfahren.[58]

---

57 Zur vollständigen Finanzplanung und deren Grenzen vgl. z. B. Breuer (2012), S. 341–365 sowie den Beitrag von Trost/Fox (2017), S. 523–552 in diesem Band.
58 Vgl. Schneider (2001), S. 1224; OECD (2004), S. 7.

Die Sicherstellung des Deklarationsprozesses erfordert eine dafür geeignete Organisation. Darunter kann der Aufbau, die Leitung und die Kontrolle einer Steuerabteilung verstanden werden, ausgestattet mit den erforderlichen personellen und sachlichen Ressourcen.[59]

KMU haben in der Regel keine Steuerabteilung eingerichtet. Die steuerlichen Aufgaben werden in diesen Fällen oft von Steuerberatern, Wirtschaftsprüfern oder Rechtsanwälten wahrgenommen, sowohl bzgl. der Steuerdeklaration als auch der Steuergestaltungsberatung.[60]

Unabhängig davon, ob bestimmte steuerliche Pflichten innerhalb einer KMU nicht wahrgenommen oder wahrgenommen werden oder aber künftig wahrgenommen werden sollen, obliegt es der Verantwortung des Leitungsorgans, dass alle steuerrelevanten Informationen entlang der gesamten Wertschöpfungskette der Unternehmung erfasst, gespeichert und zur Informationsverarbeitung weitergeleitet werden.

Die Organisation dieser Prozesse unterliegt wie jede Organisationsgestaltung dem Prinzip der Technizität. Grundsätzlich stellt sich daher die Frage, inwieweit steuerliche Teilaufgaben und ihre Überwachung zentral oder dezentral organisiert werden können.[61]

Zentralisierung bedeutet, dass sämtliche steuerrelevanten Informationen von einer Person/einer Gruppe von Personen, zugeordnet entweder zu einer bestimmten Einheit der Unternehmung (z. B. des Rechnungswesens/Controllings) oder als eigenständige Abteilung („Steuerabteilung"), gesammelt und aufbereitet sowie ggf. (teilweise) deklariert werden.

Dezentralisierung bedeutet hingegen, dass alle steuerlich relevanten Daten an der Quelle ihrer Verursachung entlang der Wertschöpfungskette erfasst, weitergeleitet oder ggf. verarbeitet werden.

Weder eine vollständige Zentralisierung noch eine vollständige Dezentralisierung wird der erforderlichen organisatorischen Ausgestaltung gerecht. Einerseits gibt es sich wiederholende und leicht erfassbare steuerrelevante Sachverhalte (Verkäufe/Einkäufe), anderseits hängen Informationsumfang und Verarbeitung der Informationen vom konkreten Einzelfall ab (z. B. Personalabrechnung/Art der Lieferung oder Leistung).

Anknüpfungsmerkmale könnten Routine-/Nicht-Routine-Tätigkeiten sowie ggf. die Vertraulichkeit von Informationen sein.

Routinetätigkeiten eignen sind eher für eine Dezentralisierung als Nicht-Routine-Tätigkeiten. Heute werden wohl auch bei KMU überwiegend die für Umsatzsteuervoranmeldungen erforderlichen Daten direkt vom Buchhalter gefiltert, weitergeleitet oder direkt zum Zwecke der Steuerdeklaration mittels EDV verarbeitet. Und auch die

---

59 Vgl. Vera (2001), S. 61.
60 Vgl. Herzig/Vera (2001), S. 675.
61 Vgl. Vera (2001), S. 88.

für Personal verantwortlichen Mitarbeiter bzw. die Geschäftsführung werden sich ihre Kenntnisse über sensible Personaldaten vorbehalten möchten.[62]

Nicht-Routine-Tätigkeiten dürften hingegen alle übrigen Informationen betreffen.

Voraussetzung für eine vollständige Erfassung steuerrelevanter Informationen ist das Vorhandensein eines Mindestmaßes an Steuerfachwissen innerhalb der Organisation, bestenfalls innerhalb des Leitungsorgans, da dieses die Angemessenheit und Wirksamkeit des Tax Compliance Managements (TCM) sicherstellen muss.

3.2 TCM-Regelkreis

Eine gesetzliche Pflicht zur Ergreifung irgendwelcher Compliance-Maßnahmen besteht nicht. Eine Unternehmungsleitung muss eigenverantwortlich entscheiden, ob und wie sie die ihr auferlegten Pflichten erfüllen möchte, sollte aber folgende Aspekte berücksichtigen:
– Sie ist verpflichtet, das Gesellschaftsvermögen zu vermehren und zu schützen.
– Als Organ der Gesellschaft obliegt ihr die Aufgabe, sämtliche gesetzliche Pflichten für die Unternehmung wahrzunehmen.
– Mitglieder des Leitungsorgans haften persönlich für Pflichtverletzungen.

Schon wegen der straf- bzw. ordnungswidrigkeitsrechtlichen Risiken und angesichts der erhöhten Anforderungen des BGH an das Verhalten der Geschäftsleitung[63] ist dem Management zu raten, „Tax-Compliance"-Maßnahmen zu ergreifen.[64]
Steuerkonformes Verhalten innerhalb einer Organisation setzt zwei Schritte voraus:
1. Angemessene, prozessgestaltende Maßnahmen, damit die Unternehmungsleitung ihren gesetzlichen Auflagen nachkommen kann (Tax-Regelsystem).
   Diese Maßnahmen betreffen den Prozess der Erfassung, Kommunikation, Speicherung und Verarbeitung der steuerrelevanten Daten mit dem Ziel der Vermeidung von Informationsrisiken.
2. Überwachungsmaßnahmen (Überwachungssystem).

Ein solches „Tax Compliance Management System" (vgl. Abb. 23) kann gegenüber der Finanzbehörde eine Exkulpationsfunktion übernehmen. Erkennt ein Leitungsorgan die Fehlerhaftigkeit einer abgegebenen Steuererklärung und kommt er der Anzeige- und Berichtigungspflicht nach § 153 Abs. 1 AO unverzüglich nach, liegt nur dann kei-

---

62 Vgl. Schneider (2001), S. 1225.
63 Der BGH nimmt bedingten Tatvorsatz für eine Steuerhinterziehung bereits an, wenn der Steuerpflichtige die Existenz eines Steueranspruchs für möglich hält, die Finanzbehörden aber über die Besteuerungsgrundlagen in Unkenntnis lässt; vgl. BGH v. 8.9.2011 – 1 StR 38/11 (http://www.iww.de/pstr/quellenmaterial/id/80908).
64 Vgl. Aichberger/Schwartz (2015), S. 1762.

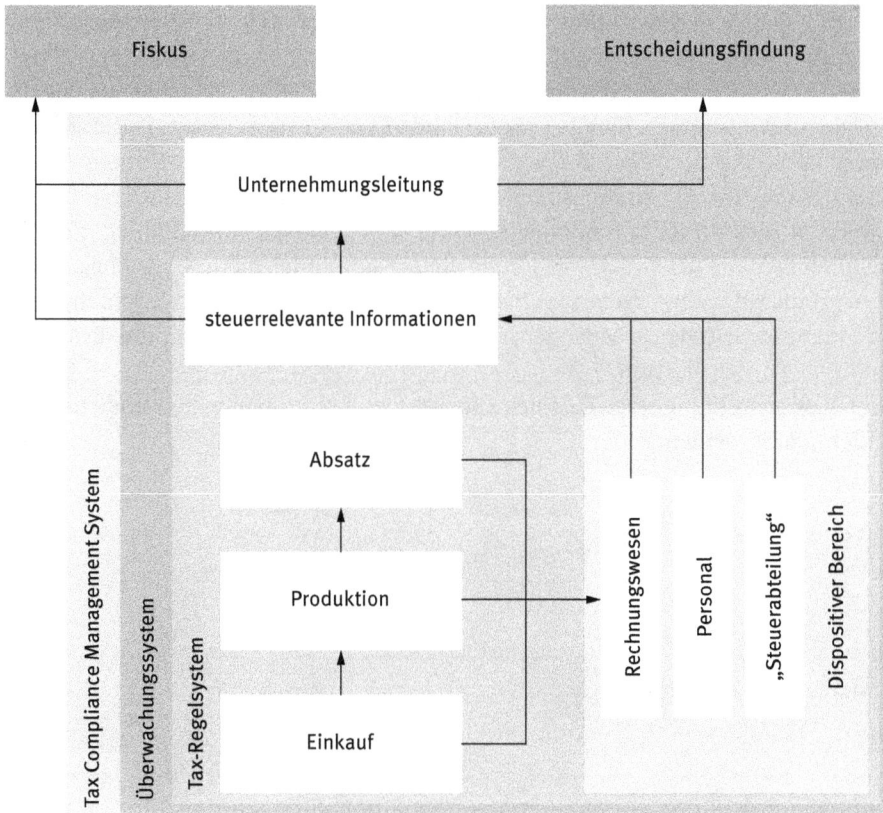

Abb. 23: Tax-Compliance-Management-Systemstruktur[65].

ne Steuerhinterziehung oder leichtfertige Steuerverkürzung vor, wenn es sowohl an Vorsatz als auch an Leichtfertigkeit fehlte. Aus Sicht der Finanzbehörde kann in einem solchen Fall ein „innerbetriebliches Kontrollsystem" ein Indiz dafür sein, dass Vorsatz bzw. Leichtfertigkeit nicht vorlag.[66]

Die Finanzverwaltung ist seit einiger Zeit dazu übergegangen, die Datenflut in digitalisierter Form mittels EDV zu prüfen.[67] Ziel ist es, mit hinlänglich großer Wahrscheinlichkeit festzustellen, ob ein Beanstandungsanlass im Sinne des § 158 AO besteht. Damit steigt die Gefahr für die Unternehmungsleitung, dass sich ein Überraschungsereignis realisiert. Entsprechende Informationsrisiken gilt es zu vermeiden.

---

65 Quelle: eigene Darstellung.

66 Vgl. BMF, Anwendungserlass zu § 153 AO, S. 3 (http://www.bundesfinanzministerium. de/Content/DE/Downloads/BMF_Schreiben/Weitere_Steuerthemen/Abgabenordnung/AO-Anwendungserlass/2016-05-23-anwendungserlass-zu-paragraf-153-AO.html).

67 Vgl. dazu z. B. Becker (2016), S. 1386–1390; S. 1430–1437.

„Tax Compliance" ist jedoch abzugrenzen vom dem, was die Finanzverwaltung darunter versteht. Die Finanzverwaltung sieht Tax Compliance lediglich als ein Mittel, um den Steuerpflichtigen zu motivieren, dem steuergesetzlichen Pflichtenkatalog bewusster nachzukommen, damit der Kontrollbedarf im Einzelfall gesenkt werden kann und so eine Steigerung der Effektivität der Steuererhebung erreicht wird. Der Steuerpflichtige hat zwar Mitwirkungspflichten gegenüber der Steuerbehörde, aber nur insoweit, als diese gesetzlich normiert sind. Es gibt keine allgemeine Pflicht alles zu unternehmen, um der Finanzverwaltung die Arbeit zu erleichtern. Unter Umständen ist es gerade ein probates und mit „Tax Compliance" vereinbares Mittel, dem Handeln der Finanzverwaltung „arbeitsintensive Steine" in den Weg zu legen, um die eigene Auffassung durchzusetzen.[68]

Bei der Errichtung eines TCM-Regelkreises (vgl. Abb. 24) sollten folgende Aspekte berücksichtigt werden:[69]

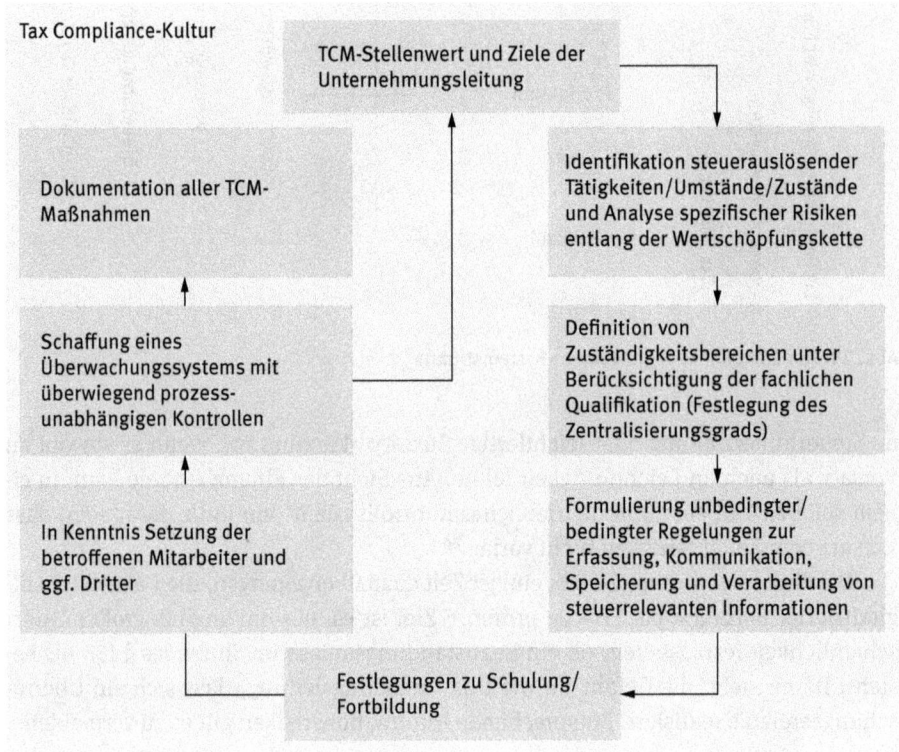

Abb. 24: TCM-Regelkreis[70].

---

68 Vgl. Streck/Binnewies (2009), S. 230.
69 Vgl. z. B. auch Geuenich/Kiesel (2012), S. 155.
70 Quelle: eigene Darstellung.

- Bekenntnis der Unternehmungsführung zur Rechtstreue („Commitment");
- Identifikation steuerauslösender Tätigkeiten/Umstände/Zustände und Analyse spezifischer Risiken entlang der Wertschöpfungskette;
- Definition von Zuständigkeitsbereichen unter Berücksichtigung fachlicher Qualifikation;
- Formulierung von unbedingten und bedingten Regelungen und Anweisungen bzgl. Erfassung, Kommunikation, Speicherung und Verarbeitung steuerrelevanter Informationen;
- Schulung und Fortbildung;
- Dokumentation der organisatorischen Maßnahmen zur Sicherstellung der personenunabhängigen Wirksamkeit.

4 Zusammenfassung

Ein Compliance Management System soll regelkonformes Verhalten innerhalb einer Organisation sicherstellen. Zu den Regeln gehören insbesondere Gesetze oder Empfehlungen wie der Deutsche Corporate Governance Kodex (DCGK) sowie alle unternehmungsinternen Regelungen und Maßnahmen.

Da bei KMU in der Regel unternehmungsinternes steuerliches Know-how fehlt, sollte durch die Errichtung eines Tax Compliance Management Systems der Fokus der Organisation bewusst auf das Thema „Unternehmensbesteuerung" gelenkt werden, denn

1. Steuern beeinflussen den operativen Cashflow und damit betriebliche Entscheidungen und
2. das Steuersystem birgt straf- und ordnungswidrigkeitsrechtliche Risiken für die Leitungsorgane.

Das Risiko für die Leitung einer Unternehmung besteht in der Gefahr des Eintritts von unechten Überraschungsereignissen. Diese resultieren aus fehlenden Informationen darüber, welche Zukunftslagen möglich sind und welche Konsequenzen aus ihnen ggf. drohen (Informationsrisiken). Informationsrisiken ist daher durch angemessene Maßnahmen zu begegnen, die im Ermessen des Leitungsorgans liegen. Die Maßnahmen können sich auf Geschäftsbereiche, auf Unternehmensprozesse oder auf bestimmte Rechtsgebiete wie das Steuerrecht beziehen und sind Bestandteil der Corporate Governance.

Ein Tax Compliance Management System ist auch deshalb sinnvoll, weil steuerrelevante Informationen entlang der gesamten Wertschöpfungskette anfallen. Hier ist zu entscheiden, welche Informationen dezentral und welche Informationen zentral gesammelt, kommuniziert, gespeichert und deklariert werden sollen.

Neben angemessenen Maßnahmen zur Vermeidung steuerlicher Überraschungs-ereignisse ist die Wirksamkeit der Maßnahmen sicherzustellen. Dazu bedarf es eines Überwachungssystems, dass überwiegend aus prozessunabhängigen Kontrollen be-stehen sollte.

Die prozessgestaltenden Maßnahmen zur Erfüllung der steuergesetzlichen Auf-lagen (Tax-Regelsystem) und das Überwachungssystem bilden zusammen das „Tax Compliance Management System", das durch einen „Regelkreismechanismus" (TCM-Regelkreis) weiterzuentwickeln ist.

Schlussendlich unterliegt aber auch ein ansonsten wirksames CMS systemimma-nenten Grenzen, sodass immer die Möglichkeit besteht, dass Regelverstöße auftreten können, ohne systemseitig verhindert oder aufgedeckt zu werden. Weder menschli-ches Fehlverhalten (Nachlässigkeit, Ablenkung, Beurteilungsfehler, missverstandene Arbeitsanweisungen) noch der Missbrauch oder die Vernachlässigung der Verantwor-tung durch für bestimmte Maßnahmen verantwortliche Personen sowie ein Umgehen oder Außerkraftsetzung von Kontrollen durch Zusammenarbeit zweier oder mehrerer Personen lassen sich gänzlich ausschließen. Daher kann ein CMS Verstöße allenfalls mit einer hohen Wahrscheinlichkeit verhindern, aufdecken oder korrigieren.[71]

5 Literatur

Aichberger, T./Schwartz, T. (2015): Tax Compliance – Der Vorstand im Fokus? (Teil II). In: DStR, 53. Jg., H. 31, S. 1758–1764.

Arrow, K. J. (1994): Information and the Organization of Industry. In: Rivista internazionale di scienze soziali, 102. Jg., H. 2, S. 111–116.

Arrow, K. J. (1986): The Value of and Demand for Information. In: Mac-Guire, C. B./Radner, R. (Hg.): Decision and Organization. 2. Aufl., Minneapolis, S. 131–139.

Arrow, K. J. (1980): Wo Organisation endet – Management an den Grenzen des Machbaren. Wiesba-den.

Arrow, K. J. (1976): Essays in the Theory of Risk-Bearing. 3. Aufl., Amsterdam.

Becker, A. (2016): Außenprüfung digital – Prüfungsmethoden im Fokus (Teil I). In: DStR, 54. Jg., H. 25, S. 1386–1390.

Becker, A. (2016): Außenprüfung digital – Prüfungsmethoden im Fokus (Teil II). In: DStR, 54. Jg., H. 2, S. 1430–1437.

BGH (1990): 2 StR 549/89. In: Zeitschrift für Wirtschaftsrecht, 11. Jg., H. 28, S. 1413–1417.

Bleicher, K. (1980): Unternehmungsentwicklung und organisatorische Gestaltung. Stuttgart et al.

Blöchle, D./Menninger, J. (2016): Die Thesaurierungsbegünstigung nach § 34a EStG. In: DStR, 54. Jg., H. 34, S. 1974–1979.

Brähler, G./Guttzeit, M./Scholz, C. (2012): Gelungene Reform oder überflüssige Norm? Eine quanti-tative Studie zu § 34a EStG. In: Steuer und Wirtschaft, 89. Jg., H. 2, S. 119–131.

Breuer, W. (2012): Investition I. 4. Aufl., Wiesbaden.

---

71 Vgl. IDW (2016b), S. 784 (Rn.18).

Gäfgen, G. (1963): Theorie der wirtschaftlichen Entscheidung: Untersuchungen zur Logik und ökono-mischen Bedeutung des rationalen Handelns. Tübingen.

Gernoth, J. P. (2001): Die Überwachungspflichten des Aufsichtsrats im Hinblick auf das Risiko-Management und die daraus resultierenden Haftungsfolgen für den Aufsichtsrat. In: DStR, 39. Jg., H. 8, S. 299–309.

Geuenich, M./Kiesel, H. (2012): Tax Compliance bei Unternehmen – einschlägige Risiken und Folge-rungen für die Praxis. In: BB, 66. Jg., H. 3, S. 155–162.

Götz, H. (1995): Die Überwachung der Aktiengesellschaft im Lichte jüngerer Unternehmenskrisen. In: AG, 40. Jg., H. 8, S. 337–353.

Gutenberg, E. (1998): Die Unternehmung als Gegenstand betriebswirtschaftlicher Theorie. Wiesba-den.

Gutenberg, E. (1983): Grundlagen der Betriebswirtschaftslehre: Band I, Die Produktion. 24. Aufl., Berlin.

Gutenberg, E. (1962): Unternehmensführung: Organisation und Entscheidungen. Wiesbaden.

Herzig, N./Vera, A. (2001): Einsatz externer Steuerberatung in Großunternehmen – Eine theoretische und empirische Analyse. In: DStR, 39. Jg., H. 16, S. 675–684.

Hirshleifer, J./Riley, J. G. (1994): The Analytics of Uncertainty and Information. Cambridge.

Horváth, P. (2004): Strategieumsetzung als Führungsaufgabe. In: Wildemann, H. (Hg.): Organisation und Personal: Festschrift für Rolf Bühner. München. S. 357–367.

Horváth, P. (1992): Effektives und schlankes Controlling – Herausforderungen an den Controller. In: Horváth, P. (Hg.): Effektives und schlankes Controlling. Stuttgart, S. 1–9.

IDW (2016a): IDW PH 9.980.1: Einzelfragen zur Prüfung des Verhaltenskodex des Gesamtverbands der Deutschen Versicherungswirtschaft für den Vertrieb von Versicherungsprodukten. In: IDW LIFE, H. 7, S. 557–573.

IDW (2016b): Entwurf eines IDW Praxishinweises 1/2016: Ausgestaltung und Prüfung eines Tax Com-pliance Management Systems gemäß IDW PS 980. In: IDW LIFE, H. 9, S. 792–802.

IDW (2011): IDW PS 980: Grundsätze ordnungsmäßiger Prüfung von Compliance Management Syste-men. In: IDW Fachnachrichten, H. 4, S. 203–230.

Janke, G. (2000): Interne Revision und Unternehmensinsolvenz. In: Betrieb und Wirtschaft, 54. Jg., H. 6, S. 213–221.

Katzner, D. W. (2001): Time, Ignorance and Uncertainty in Economic Models. Michigan.

Klein, R./Scholl, A. (2004): Planung und Entscheidung. München.

Knight, F. H. (1971): Risk, Uncertainty and Profit. Chicago et al.

Kosiol, E. (1976): Organisation der Unternehmung. 2. Aufl., Wiesbaden.

Kupsch, P. (1975): Risiken als Gegenstand der Unternehmungspolitik. In: WiSt, 4. Jg., H. 4, S. 153–159.

Laux, H. (1996): Grenzen einer Informations- und Entscheidungstheorie. In: ZfbF, 48. Jg., H. 5, S. 492–512.

Lawrence, D. B. (1999): The Economic Value of Information. New York.

Leffson, U. (1987): Grundsätze ordnungsmäßiger Buchführung. 7. Aufl., Düsseldorf.

Loitlsberger, E. (1963): Zum Informationsbegriff und zur Frage der Auswahlkriterien von Informati-onsprozessen. Wiesbaden.

Lück, W. (2000): Managementrisiken im Risikomanagementsystem. In: DBW, 53. Jg., H. 30, S. 1473–1477.

Lutter, M. (2000): Haftung und Haftungsfreiräume des GmbH-Geschäftsführers. In: GmbHR, 91. Jg., H. 7, S. 301–312.

March, J. G./Shapira, Z. (1987): Managerial perspectives on risk and risk taking. In: MS, 33. Jg., H. 11, S. 1404–1418.

Marschak, J. (1959): Remarks on the Economics of Information. In: Contributions to Scientific Research in Management, Western Data Processing Center, University of California, Los Angeles, S. 79–98.

Mertens, H.-J. (1977): Korreferat. In: ZGR, 2. Jg., H. 3, S. 270–289.

OECD (2004): Compliance risk management: Managing and improving tax compliance.

Picot, A. (1993): Organisation. In: Bitz, M./Dellmann, K./Domsch, M./Egner, H. (Hg.): Vahlens Kompendium der Betriebswirtschaftslehre Band 2. 3. Aufl., München, S. 101–174.

Rittner, F. (1980): Zur Verantwortung der Unternehmensleitung. In: JuristenZeitung, 35. Jg., H. 4, S. 113–118.

Rutherford, M. (1990): Rational Expectations in the Light of Modern Psychology. In: Research in the History of Economic Thought and Methodology, 7. Jg., H. 1, S. 127–140.

Schneider, D. (2001): Betriebswirtschaftslehre: Band IV, Geschichte und Methoden der Wirtschaftswissenschaften. München.

Schneider, D. (1997): Betriebswirtschaftslehre: Band III, Theorie der Unternehmen. München.

Schneider, D. (1992): Controlling im Zwiespalt zwischen Koordination und interner Mißerfolgs-Verschleierung. In: Horváth, P. (Hg.): Effektives und schlankes Controlling. Stuttgart, S. 11–35.

Schneider, D. (1987): Allgemeine Betriebswirtschaftslehre. 3. Aufl., München.

Schneider, H. (2001): Die steuerliche Arbeitsteilung innerhalb der Unternehmung – Zentralisation und Dezentralisation steuerlicher Aufgaben in Großunternehmen. In: DStR, 39. Jg., H. 29, S. 1224–1228.

Schwark, E. (2002): Corporate Governance: Vorstand und Aufsichtsrat. In: Hommelhoff, P. (Hg.): Corporate Governance: Gemeinschaftssymposium der Zeitschriften ZHR/ZGR. Heidelberg, S. 75–117.

Semler, J. (1996): Leitung und Überwachung der Aktiengesellschaft: die Leitungsaufgabe des Vorstands und die Überwachungsaufgabe des Aufsichtsrats. 2. Aufl., Köln.

Semler, J. (1983): Die Unternehmensplanung in der Aktiengesellschaft – eine Betrachtung unter rechtlichen Aspekten. In: ZGR, 12. Jg., H. 1, S. 1–33.

Streck, M./Binnewies, B. (2009): Tax Compliance. In: DStR, 47. Jg., H. 2, S. 229–234.

Toebe, M. (2006): Risikofrüherkennungssystem als Bestandteil des Risikomanagements und Gegenstand der gesetzlichen Jahresabschlussprüfung. Frankfurt a. M. et al.

Trost, R./Fox, A. (2017): Investitionsplanung bei unvollkommenen Kapitalmärkten: Die VOFI-Methode. In: Müller, D. (Hg.): Controlling für kleine und mittlere Unternehmen. 2. Aufl., München, S. 523–552.

Vera, A. (2001): Organisation von Steuerabteilungen und Einsatz externer Steuerberatung in deutschen Großunternehmen. Lohmar.

von Werder, A. (1998): Shareholder Value-Ansatz als (einzige) Richtschnur des Vorstandshandelns? In: ZGR, 27. Jg., H. 1, S. 69–91.

Winter, S. G. (1964): Economic Natural Selection, and the Theory of Firm. In: Yale Economic Essay, 4. Jg., H. 2, S. 225–272.

Wirth, G. (2001): Neuere Entwicklungen bei der Organhaftung – Sorgfaltspflichten und Haftung der Organmitglieder bei der AG. In: Henze, H./Hoffmann-Becking, M. (Hg.): Gesellschaftsrecht 2001. Köln, S. 99–122.

Martin Müller

Zertifizierungskosten in der Kalkulation aus der Perspektive von KMU

1 Einleitung

Die Bedeutung von Zertifizierungen in Unternehmen hat in den letzten Jahrzehnten stetig zugenommen.[1] Wandelnde Anforderungen der Kunden und Handelspartner sowie veränderte Absatzmarktbedingungen führen dazu, dass Zertifizierungen immer mehr in den Fokus der Unternehmen rücken. Das gilt sowohl für große als auch für kleine und mittlere Unternehmen (KMU). Da KMU mit ca. 3,7 Mio. Unternehmen und einem privatwirtschaftlichen Anteil von 99,6 % den Großteil der deutschen Wirtschaft ausmachen, sind vor allem diese Unternehmen von den wandelnden Anforderungen und Marktbedingungen betroffen.[2]

Zertifizierungen richten sich im Allgemeinen auf die Bescheinigung der Erfüllung bestimmter Anforderungen. Diese Anforderungen beziehen sich speziell auf qualitative, sozioökonomische und ökologische Aspekte. In der Regel wird die Erfüllung der Anforderung durch eine dritte, unabhängige Stelle bescheinigt. Die Notwendigkeit ei-

---

1 Vgl. ISO (2015), S. 1–3; Sonyi/Zinser (1996), S. 3.
2 Vgl. IfM (2015), S. 1.

DOI 10.1515/9783110517163-010

ner Zertifizierung kann unterschiedliche Ursachen haben. Eine Zertifizierung kann einem potenziellen Käufer bzw. Handelspartner bestimmte Eigenschaften signalisieren, d. h., bestimmte asymmetrische Informationen bzgl. des Produkts oder des Unternehmens werden durch eine Zertifizierung verringert. Die Zertifizierung trägt somit direkt zur Vertrauensbildung bei und kann als Wettbewerbsvorteil angesehen werden. Darüber hinaus kann eine Zertifizierung die Erfüllung gesetzlicher Vorschriften bescheinigen. Häufig ist der Markteintritt in anderen Ländern an die Einhaltung bestimmter gesetzlicher Vorschriften gekoppelt. Die Einhaltung dieser Regelungen wird durch eine Zertifizierung gewährleistet.

Jede Durchführung einer Zertifizierung ist mit Kosten verbunden. Gerade für KMU können diese Kosten erheblich sein, was eine besondere Betrachtung innerhalb der Kostenrechnung rechtfertigt. Mit Hinblick auf den Kostenrechnungsgrundsatz der Vollständigkeit erfolgt eine Erfassung und Verrechnung sämtlicher Kosten. Im Zuge dieser Erfassung werden sämtliche Zertifizierungskosten berücksichtigt, was sich folglich in der Kalkulation der Produkte widerspiegelt. Gleichzeitig muss die Kostenrechnung dem Prinzip der Wirtschaftlichkeit entsprechen. Aus der Sicht von KMU kann eine umfangreiche und detaillierte Erfassung der Zertifizierungskosten diesem Prinzip gegenüberstehen.

Im Rahmen des vorliegenden Beitrags wird allgemein theoretisch untersucht, welche Kosten im Zuge einer Zertifizierung anfallen und wie diese Kosten aus der Perspektive von KMU in der Kalkulation entsprechend berücksichtigt werden können. Darüber hinaus wird dieser Sachverhalt unter Berücksichtigung der Wirtschaftlichkeit erläutert. An dieser Stelle ist hervorzuheben, dass die Relevanz der Zertifizierungskosten in der Literatur weitestgehend unerforscht ist. Zertifizierungen werden lediglich aus der rechtlichen Perspektive in Bezug auf Produktsicherheit und -haftung sowie aus der Perspektive des Qualitätsmanagements betrachtet, wobei hier die Managementzertifizierung gegenüber der Produktzertifizierung deutlich hervorgehoben wird und die dazugehörigen Kosten gänzlich vernachlässigt werden. Aus der Perspektive des internen Rechnungswesens bzw. der Kostenrechnung werden die Kosten der Zertifizierung ebenfalls nicht berücksichtigt. Mit dem vorliegenden Beitrag sollen somit die Grundlagen für weitere Überlegungen geschaffen werden.

2 Grundlagen der Zertifizierung

2.1 Begriffe und Definitionen

Nach der DIN EN ISO/IEC 17000 ist eine Zertifizierung eine „Bestätigung durch eine dritte Seite bezogen auf Produkte, Systeme und Personen".[3] Darüber hinaus be-

---

3 DIN EN ISI/IEC 17000 (2005), S. 15.

schreibt der Begriff Zertifizierung eine festgelegte Vorgehensweise in Bezug auf die Bewertung von Produkten und Verfahren unter der Berücksichtigung vorgegebener Forderungen. Zusätzlich handelt es sich bei einer Zertifizierung um eine offizielle, schriftliche Feststellung der Erfüllung von Anforderungen, die durch einen unparteiischen Dritten erfolgt.[4]

Im Zuge einer Zertifizierung werden unterschiedliche Begrifflichkeiten verwendet. Dazu zählen Konformitätsbewertung, (Über-)Prüfung, Inspektion, Audit, Begutachtung, Akkreditierung, Normung, Zertifizierung und Zertifikat. Häufig werden im Alltagssprachgebrauch die Begriffe nicht einheitlich verwendet. Im Nachfolgenden erfolgt eine Abgrenzung der Begrifflichkeiten. Die präsentierten Definitionen basieren im Wesentlichen auf den international anerkannten Normen DIN EN ISO/IEC 17000 und DIN EN ISO/IEC 17011.

Der Begriff Konformitätsbewertung kann im Rahmen der Zertifizierung als übergeordneter Begriff angesehen werden. Bei einer Konformitätsbewertung handelt es sich um die Überprüfung vorab festgelegter Anforderungen.[5] Dabei kann sich die Überprüfung auf Personen, Produkte, Prozesse, Dienstleistungen und Systeme durch Prüfstellen beziehen. Darüber hinaus kann die Überprüfung von Stellen durch übergeordnete Einrichtungen unter dem Begriff der Konformitätsbewertung erfolgen. Auf Basis der Erläuterungen lassen sich die vorab genannten Begrifflichkeiten zwei Ebenen zuordnen. Die Begriffe Prüfung, Inspektion, Audit und Zertifizierung (Zertifikat) beziehen sich auf die Überprüfung von Personen, Produkten, Prozessen, Dienstleistungen und Systemen. Die Begriffe Begutachtung, Akkreditierung und Überprüfung werden in Zusammenhang mit der Konformitätsbewertung von Stellen verwendet.[6]

Im Rahmen der Konformitätsbewertung von Personen, Produkten, Prozessen, Dienstleistungen und Systemen bezieht sich der Begriff der Prüfung auf die Ermittlung bestimmter Merkmale eines Gegenstands in Bezug auf ein Verfahren. Die Anwendung bezieht sich in der Regel auf Werkstoffe, Produkte oder Prozesse. Der Begriff Inspektion hingegen bezieht sich auf die Untersuchung der Konstruktions- und Entwicklungsunterlagen eines Produktes, eines Produktes selbst, eines Prozesses oder einer Anlage. Dabei wird die Konformität bzgl. spezifischer und allgemeiner Anforderungen ermittelt. Der Begriff Audit findet Verwendung bei der Konformitätsbewertung von Managementsystemen. Mit dem Begriff wird ein systematischer, unabhängiger und dokumentierter Prozess zur Ermittlung von relevanten Informationen bezeichnet. Eine Zertifizierung ist eine Bestätigung der Erfüllung festgelegter Anforderungen auf der Grundlage einer vorab erfolgten Bewertung.[7] Im Rahmen der Zertifizierung erfolgt

---

4 Vgl. Zollondz (2001), S. 1263. Für weitere Definitionen zum Begriff Zertifizierung vgl. Grützner (1994), S. 12; Deutsche Gesellschaft für Qualität (DGQ) (1995), S. 180; Ensthaler/Strübbe/Bock (2007), S. 3; Bieback (2008), S. 33; Dimitropoulos (2012), S. 47.

5 Vgl. DIN EN ISO/IEC 17000 (2005), S. 9.

6 Vgl. Ensthaler/Strübbe/Bock (2007), S. 27–33.

7 Vgl. DIN EN ISO/IEC 17000 (2005), S. 13–15.

die Ausstellung eines Zertifikats. Ein Zertifikat ist der Nachweis, dass Personen, Produkte, Prozesse, Dienstleistungen und Systeme bestimmten Rechtsvorschriften bzw. technischen Anforderungen entsprechen. Die Ausgabe eines Zertifikats erfolgt durch den Hersteller oder durch eine Zertifizierungsstelle. Bei selbst erstellten Zertifikaten wird der Begriff Herstellererklärung verwendet.[8]

Die Begriffe Begutachtung und Akkreditierung finden Verwendung in Bezug auf Konformitätsbewertungs- und Akkreditierungsstellen.[9] Als Konformitätsbewertungsstellen werden die Stellen bezeichnet, welche die Konformitätsbewertung durchführen. Akkreditierungsstellen sind befugte Stellen, die Konformitätsstellen bewerten. Der Begriff Begutachtung beschreibt den Prozess, bei dem eine Akkreditierungsstelle die Befähigung einer Konformitätsbewertungsstelle bewertet. Der Begriff Akkreditierung bezeichnet die formale Bestätigung, dass eine Konformitätsbewertungsstelle die Sachverständigkeit zur Durchführung bestimmter Konformitätsbewertungsaufgaben besitzt.[10]

Im Rahmen einer Zertifizierung wird ebenfalls der Begriff Normung verwendet. Grundsätzlich kann zwischen einer rechtlichen und einer technischen Normung unterschieden werden. Unter dem Begriff Rechtsnorm sind alle förmlichen Gesetze, Rechtsverordnungen und Satzungen zusammengefasst. Technische Normen sind Regeln, die von nicht staatlichen Institutionen vorgegeben werden. Beispielhaft sind herausgegebene Normen des Deutschen Instituts für Normung e. V. Der Inhalt der Normen muss sich nicht zwangsläufig auf technische Sachverhalte konzentrieren, sondern kann ebenfalls organisatorische Regeln enthalten. An der Normenerstellung sind Unternehmen, Verbände, Gewerkschaften und Behörden beteiligt.[11] Grundsätzlich ist jedoch zu unterscheiden, dass die Begriffe Normung und Zertifizierung nicht gleichzusetzen sind. Vielmehr besteht die Möglichkeit, dass sich eine Zertifizierung auf ausgewählte Normen bezieht. In dem Fall handelt es sich um sogenannte zertifizierungsfähige Normen.[12]

Die Entscheidung hinsichtlich der Durchführung einer Zertifizierung kann auf unterschiedlichen Ursachen beruhen. Zum einem kann eine Zertifizierung vom Gesetzgeber vorausgesetzt werden. Dieser gesetzlich geregelte Bereich wird zusätzlich noch in einen harmonisierten und in einen nicht harmonisierten Bereich unterteilt. Der harmonisierte Bereich beinhaltet alle Vorgaben, die im Rahmen des EU-Rechts definiert sind. Der nicht harmonisierte Bereich enthält nationale Rechtsvorgaben. Zum anderen kann es sich um eine freiwillige Zertifizierung handeln. Die Anforderungen an eine solche Zertifizierung sind im gesetzlich nicht geregelten Bereich festgelegt und

---

8 Vgl. Enshaler/Strübbe/Bock (2007), S. 29.
9 Vgl. Enshaler/Strübbe/Bock (2007), S. 32.
10 Vgl. DIN EN ISO/IEC 17000 (2005), S. 9; DIN EN ISO/IEC 17011 (2004), S. 10–12.
11 Vgl. Enshaler/Strübbe/Bock (2007), S. 33.
12 Vgl. Syska (2006), S. 177.

umfassen u. a. die Normen der Verbände DIN, EN, ISO usw.[13] Die Entscheidung zur Durchführung einer freiwilligen Zertifizierung basiert in der Regel auf ökonomischen Überlegungen.

2.2 Zertifizierungsformen

Eine Zertifizierung im Unternehmen kann sich auf unterschiedliche Bereiche beziehen. Wie bereits erwähnt, können Produkte, Prozesse, Systeme oder Personen Gegenstand einer Zertifizierung sein. Die Relevanz einer Zertifizierung besteht sowohl für große Unternehmen als auch für KMU, wobei eine Zertifizierung für KMU eine Herausforderung darstellen kann (vgl. Abb. 25).

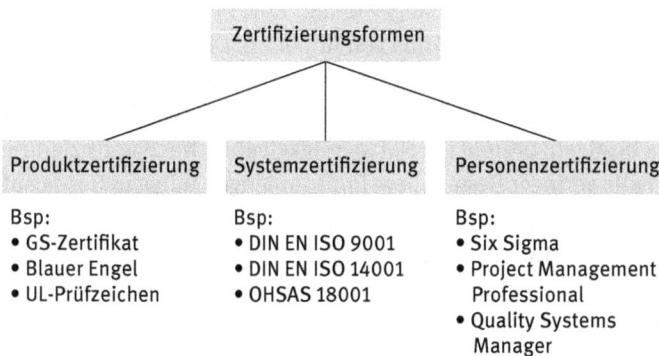

```
                        Zertifizierungsformen


 Produktzertifizierung   Systemzertifizierung   Personenzertifizierung

 Bsp:                    Bsp:                    Bsp:
 • GS-Zertifikat         • DIN EN ISO 9001       • Six Sigma
 • Blauer Engel          • DIN EN ISO 14001      • Project Management
 • UL-Prüfzeichen        • OHSAS 18001             Professional
                                                 • Quality Systems
                                                   Manager
```

Abb. 25: Zertifizierungsformen[14].

Die Zertifizierung von Prozessen und Systemen kann als Managementzertifizierung bezeichnet werden. Darunter zählen u. a. die in der Literatur ausführlich diskutierten Systeme des Qualitätsmanagements.[15] An dieser Stelle ist besonders die Zertifizierung nach der Normenreihe DIN EN ISO 9000–9004 hervorzuheben. Diese Normenreihe befasst sich mit der Standardisierung und Normierung von Maßnahmen zur Fehlererkennung und -vermeidung. Dabei ist die Einführung dieses Qualitätsmanagementsystems produktunabhängig. Gerade für KMU haben solche Qualitätsmanagementzertifizierungen eine hohe Bedeutung. Beispielsweise wird häufig von den klein- und mittelständischen Zulieferern in Supply Chains eine Zertifizierung nach

---

13 Vgl. Feitenhansl (1997), S. 72.
14 Quelle: eigene Darstellung.
15 Vgl. Benes/Groh (2014); Becker (2006); Hering/Steparsch/Linder (1997); Sonyi/Zinser (1996).

DIN EN ISO 9001 vorausgesetzt.[16] Weitere Beispiele einer Systemzertifizierung sind sogenannte Umwelt- und Energiemanagementzertifizierungen.[17]

Eine Zertifizierung kann sich ebenfalls auf Produkte und Dienstleistungen beziehen. Aufgrund der unzähligen Produkt- und Dienstleistungsgruppen, der unterschiedlichen Marktanforderungen sowie der diversen Zertifizierungsmöglichkeiten bzw. -verpflichtungen gibt es eine Vielzahl von Anwendungsfeldern. Ein Großteil der Zertifizierungen bezieht sich auf sogenannte Verbraucherprodukte. Nach dem Produktsicherheitsgesetz (ProdSG) gelten Verbraucherprodukte als neue, gebrauchte oder wiederaufgearbeitete Produkte, die für Verbraucher bestimmt sind bzw. genutzt werden oder den Verbrauchern durch eine Dienstleistung zur Verfügung gestellt werden.[18] Im Rahmen der Produktzertifizierung erfolgt die Vergabe von Prüf- bzw. Gütesiegeln. Beispiele einer solchen Produktzertifizierung sind u. a.: GS-Zertifikate, CE-Kennzeichnungen oder Öko-Tex.[19] Produktzertifizierungen werden in sämtlichen produzierenden Unternehmen, inklusive KMU, angewendet. Eine besondere Bedeutung haben Produktzertifizierungen für KMU im Falle von Importen. Dieser Sachverhalt ist vor allem bei Pflichtzertifizierungen, also bei Zertifizierungen im gesetzlich geregelten Bereich relevant. Falls die importierten Produkte nicht die notwendige Zertifizierung für eine Marktzulassung besitzen, besteht die Notwendigkeit einer Nachzertifizierung auf Seiten der KMU. Im Falle geringer Bestell- bzw. Einfuhrmengen fallen in Bezug auf die Absatzmenge extrem hohe Kosten an.

Neben den dargestellten Produkt- und Managementzertifizierungen können ebenfalls Software und Personen Gegenstand einer Zertifizierung sein. Personenzertifizierungen dienen in der Regel als Nachweis, dass eine Person bestimmte Fähigkeiten bzw. Qualifikationen besitzt. Beispiele einer solchen Zertifizierung sind Teilnahmebescheinigungen, Zertifikate, Zeugnisse und Urkunden, die im Rahmen von Aus- und Weiterbildungen erworben wurden. Softwarezertifizierungen bestätigen den Einsatz bestimmter Software bzw. geprüfte Kenntnisse hinsichtlich der Anwendung. Softwarezertifizierungen können als Personen- oder Systemzertifizierungen angesehen werden, da entweder eine Person als Anwender oder die Software als ein System zertifiziert wird. In den nachfolgenden Erläuterungen liegt der Fokus auf den Management- und Produktzertifizierungen. Die Einschränkung ist mit dem höheren Stellenwert dieser Zertifizierungsformen im Hinblick auf KMU begründet.[20]

---

16 Vgl. Enshaler/Strübbe/Bock (2007), S. 42; Lay/Mies (1997), S. 271.
17 Vgl. DIN EN ISO 14001 (2015); DIN EN ISO 50001 (2011).
18 Vgl. ProdSG §2, Nr. 26.
19 Für einen Überblick über gängige Produktzertifikate vgl. Wollmann (2014), S. 772–786; Konrad/ Scheer (2010), S. 8–14; TÜV Rheinland (2015), S. 1–10.
20 Mit Blick auf die Kalkulation würden Kosten einer Personenzertifizierung lediglich zu höheren Fertigungskosten führen.

2.3 Ablauf und Kosten einer Zertifizierung

Der Ablauf einer Zertifizierung kann je nach Zertifizierungsform deutlich variieren.[21] Dabei besteht kein Unterschied zwischen großen Unternehmen und KMU. Im Nachfolgenden wird ein möglichst allgemeingültiger Ablauf skizziert, der sich mit den jeweiligen spezifischen Ergänzungen auf alle Zertifizierungsformen anwenden lässt. Im Wesentlichen lassen sich drei chronologisch aufeinanderfolgende Zertifizierungsschritte hervorheben:

– Informationsbeschaffung/Vorbereitung bzgl. der Zertifizierung,
– Konformitätsbewertung des Produktes bzw. des Unternehmens,
– Zertifikatsausstellung/Gütesiegelvergabe.

Diese grobe Umschreibung der Zertifizierungsschritte kann noch weiter untergliedert werden. Ein allgemeiner Ablauf einer Zertifizierung unter Berücksichtigung weiterer möglicher Untergliederungen ist in Abb. 26 dargestellt.

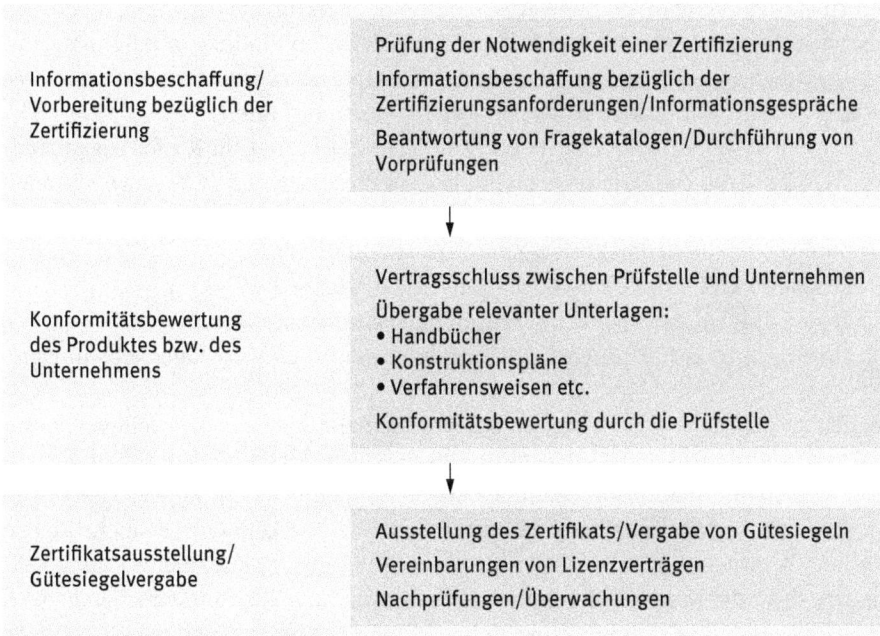

Informationsbeschaffung/ Vorbereitung bezüglich der Zertifizierung	Prüfung der Notwendigkeit einer Zertifizierung Informationsbeschaffung bezüglich der Zertifizierungsanforderungen/Informationsgespräche Beantwortung von Fragekatalogen/Durchführung von Vorprüfungen
Konformitätsbewertung des Produktes bzw. des Unternehmens	Vertragsschluss zwischen Prüfstelle und Unternehmen Übergabe relevanter Unterlagen: • Handbücher • Konstruktionspläne • Verfahrensweisen etc. Konformitätsbewertung durch die Prüfstelle
Zertifikatsausstellung/ Gütesiegelvergabe	Ausstellung des Zertifikats/Vergabe von Gütesiegeln Vereinbarungen von Lizenzverträgen Nachprüfungen/Überwachungen

Abb. 26: Ablauf einer Zertifizierung[22].

---

21 Für einen Überblick bzgl. ausgewählter Ablaufschemata vgl. Drechsel (2014), S. 355; Becker (1999), S. 32; Pärsch/Petrick (1997), S. 77; Dreger (1993), S. 113.
22 Quelle: eigene Darstellung.

Die Durchführung einer Zertifizierung im Unternehmen ist stets mit Kosten verbunden. In der Literatur erfolgt die Definition des Begriffs Zertifizierungskosten lediglich im Rahmen von (Qualitäts-)Managementsystemen. Nach Drechsel setzen sich Zertifizierungskosten aus Registrierungsgebühren und den Personentagen der eingesetzten Auditoren zusammen, wobei die Kosten für externe Beratung und Schulung explizit nicht zu den Zertifizierungskosten gehören.[23] Bachthaler und Bachthaler/Arlt definieren Zertifizierungskosten als die Summe der Abnahme-, Beratungs- und internen Umsetzungskosten, die im Zuge eines Zertifizierungsprojekts entstehen.[24] Brakhahn/Vogt betrachten die Zertifizierungskosten lediglich als ein Teil der Kosten, welche bei der Implementierung eines Qualitätsmanagements anfallen und ordnen diesen grundsätzlich fünf Kostengruppen zu: Dokumentenprüfung, Auditage, Registrierungsgebühren, Kosten der Zertifikatserstellung und -übermittlung und relevante Nebenkosten.[25] Eine allgemeingültige Definition in Bezug auf Systeme, Produkte und Prozesse existiert jedoch nicht.

Die Kosten einer Zertifizierung sind abhängig von der jeweiligen Zertifizierungsform und dem jeweiligen Zertifikat. Um eine möglichst allgemeingültige Kostendefinition zu erarbeiten, wird auf den Verweis bestimmter Zertifikate verzichtet. In diesem Zusammenhang erscheint es sinnvoll, lediglich zwischen Produkt- und System- bzw. Managementzertifizierung zu unterscheiden. Darüber hinaus werden neben den Kosten einer Zertifizierung auch mögliche Kostenfaktoren diskutiert.

Allgemein werden unter dem Begriff Zertifizierungskosten alle Kosten zusammengefasst, die mit der Zertifizierung von Produkten, Prozessen und Systemen verbunden sind. Mit Hinblick auf den vorab beschriebenen Ablauf einer Zertifizierung lassen sich folgende Kosten direkt den Kosten einer Zertifizierung zuordnen:

– Kosten durch Informationsbeschaffung/Richtlinienrecherche;
– Kosten durch die tatsächliche Konformitätsbewertung;
– Lizenzierungskosten durch die Verwendung von Prüfsiegeln/Kennzeichnungen.

Bei den aufgezählten Kosten besteht ein unmittelbarer Bezug zum jeweiligen Zertifizierungsgegenstand, wobei die Kosten unterschiedliche Eigenschaften aufweisen. Die Kosten durch Informationsbeschaffung bzw. Richtlinienrecherche fallen zu Beginn einer Zertifizierung an. Bei einer erstmaligen Zertifizierung können erhebliche Kosten anfallen. Bei wiederholter Zertifizierung kann ein Erfahrungskurveneffekt unterstellt werden, d. h., die Kosten durch Informationsbeschaffung/Richtlinienrecherche werden bei wiederholter Durchführung sinken.[26] Bei den Kosten durch die tatsächliche Konformitätsbewertung ist zwischen selbst erstellten Zertifizierungen, den sogenann-

---

23 Vgl. Drechsel (2014), S. 357.
24 Vgl. Bachthaler (2001), S. 1259; Bachthaler/Arlt (1996), S. 175.
25 Vgl. Brakhahn/Vogt (1996), S. 208.
26 Ein vergleichbarer Zusammenhang von Lernkurveneffekten bei Umweltmanagementsystemen wurde bereits von Letmathe (2003) ausführlich beschrieben.

ten Herstellererklärungen, und durch unabhängige Prüfstellen ausgestellte Zertifizierungen zu unterscheiden. Bei einer Zertifizierung durch eine unabhängige Prüfstelle sind die Kosten der tatsächlichen Konformitätsbewertung eindeutig, d. h., die Zertifizierung erfolgt als Dienstleistung und wird dem Unternehmen in Rechnung gestellt. Bei einer im Unternehmen selbst erstellten Zertifizierung sind die Kosten nicht eindeutig. Bei selbst erstellten Herstellererklärungen werden keine Dienstleistungen in Anspruch genommen. Dennoch fallen Kosten an, die durch interne Prüfstellen in den Material- und Fertigungsstellen entstehen. Die Kosten einer Lizenzierung durch die Verwendung von Prüfsiegeln bzw. Kennzeichnungen können als optional betrachtet werden, da nicht jede Zertifizierung unmittelbar mit Lizenzierungskosten verbunden ist. Neben den aufgezählten, unmittelbaren Kosten können noch weitere Kostenpositionen durch eine Zertifizierung beeinflusst werden. Dabei hängt der Grad der Beeinflussung von der jeweiligen Zertifizierungsform und den bisherigen Eigenschaften des Produktes bzw. des Unternehmens ab. Idealerweise entspricht der Zertifizierungsgegenstand bereits den Zertifizierungsanforderungen. In dem Fall werden der Zertifizierung lediglich die unmittelbaren Kosten zugeordnet.

Eine Zertifizierung kann maßgeblich die Herstellungskosten beeinflussen. Dazu zählen sowohl die Material- als auch die Fertigungskosten. Im Hinblick auf geänderte Anforderungen kann die Notwendigkeit bzgl. eines Einsatzes qualitativ hochwertiger Materialien bestehen. Des Weiteren können im Zuge einer geforderten Qualitätssicherung (zusätzliche) Materialprüfungen erforderlich sein. Der Einfluss auf die Fertigungskosten kann im Einsatz geänderter Fertigungsverfahren begründet sein. Weiterhin können die Vertriebs- und Verwaltungskosten beeinflusst werden. Eine Marktzulassung kann eine bestimmte Zertifizierung voraussetzen. Falls sich eine Zertifizierung nur auf einen bestimmten Absatzmarkt bezieht, sind gesonderte Vertriebsmaßnahmen nötig. Beispielsweise müssen zusätzliche Hinweise an den Produktverpackungen angebracht werden. Des Weiteren können die Verwaltungskosten durch eine Zertifizierung beeinflusst werden. Im Zuge einer Zertifizierung unterstützt die Verwaltung die Entscheidungsträger durch Informationsbereitstellung. Dazu werden Informationen zu folgenden Fragestellungen bereitgestellt: Welche Zertifizierungen sind aus Unternehmenssicht relevant und welche Anforderungen müssen erfüllt werden. An dieser Stelle wird das Problem der Zuordnung der unmittelbaren Kosten durch Informationsbeschaffung bzw. Richtlinienrecherche deutlich. Wie bereits erwähnt, sind die Kosten durch Informationsbeschaffung bzw. Richtlinienrecherche direkt mit der Zertifizierung verbunden. Dennoch wird diese Tätigkeit durch die übergeordnete Stelle der Verwaltung durchgeführt. Durch die Vielzahl der Tätigkeiten der Verwaltung wäre eine separate Betrachtung der Informationsbeschaffung bzw. der Richtlinienrecherche aus Gründen der Wirtschaftlichkeit nicht sinnvoll. Weiterhin können im Rahmen einer Zertifizierung die Forschungs- und Entwicklungskosten beeinflusst werden. Prinzipiell besteht die Möglichkeit, dass eine Zertifizierung grundlegende Veränderungen an Produkten und Verfahren erfordert. Diese Veränderungen wie z. B. Überarbeitung bisheriger Konstruktionspläne oder Neuentwicklung haben Auswirkungen auf die Kosten der Forschung und Entwicklung.

Zertifizierungskosten können aus Sicht von KMU einen verhältnismäßig hohen Anteil an den Kosten im Unternehmen ausmachen. Dieser Sachverhalt rechtfertigt eine besondere Betrachtung im Rahmen der Kostenrechnung bzw. speziell in der Kalkulation.

3 Zertifizierungskosten in der Kalkulation

3.1 Anforderungen an die Kostenrechnung

Die grundlegende Aufgabe der Kostenrechnung ist die Dokumentation, Messung und Verteilung der in Geldeinheiten bewerteten Mengen- und Güterbewegungen im Unternehmen.[27] Dabei ist die Vorgehensweise durch verschiedene Anforderungen gekennzeichnet, welche sich sowohl auf die Zuverlässigkeit als auch auf die Verwendbarkeit der Kosteninformationen beziehen.

Als grundlegende Anforderungen der Zuverlässigkeit gelten die Isomorphie bzw. Strukturgleichheit der tatsächlichen Sachverhalte und Kostenzahlen sowie die intersubjektive Überprüfbarkeit, die eine Nachvollziehbarkeit der Erfassung und Verrechnung durch einen fachkundigen Dritten gewährleistet.[28] Diese Anforderungen können als übergeordnete Prinzipien angesehen werden, da zuverlässige Kostenzahlen die Voraussetzung einer jeden Kostenrechnung sind. Demgegenüber steht jedoch in den vergangenen Jahren aufgekommene kritische Beurteilung der isomorphen Modellbildung innerhalb der Betriebswirtschaftslehre.[29]

Die Anforderung der Isomorphie entspricht der passivistischen Sichtweise, welche als dominante Abbildungssichtweise in der Betriebswirtschaftslehre weitverbreitet ist.[30] Grundsätzlich ist jedoch darauf hinzuweisen, dass eine isomorphe Abbildung der Kostenrechnung weder wünschenswert noch möglich ist. Im Gegensatz zu den Natur- und Ingenieurwissenschaften beruht die Modellbildung in der Betriebswirtschaftslehre als Teil der Sozialwissenschaft nicht auf objektiven Beobachten und logischen Schlüssen, sondern auf subjektiver Wahrnehmung und Interpretation.[31] Demnach kann die Forderung nach Isomorphie verworfen werden. Stattdessen verweisen

---

27 Vgl. Schmidt (2016), S. 20.
28 Vgl. Schweitzer et al. (2015), S. 74.
29 Vgl. Müller (2009), S. 485–486; Reihlen (1997), S. 8–15; Bretzke (1980), S. 28–33.
30 Vgl. Schütte (1998), S. 46–49.
31 Vgl. Müller (2014), S. 123–130; Müller (2009), S. 485–486; Reihlen (1997), S. 8; Bitz (1977), S. 56.

einige Autoren auf die Homomorphie[32] in der Kostenrechnung.[33] Somit ist die Kosten-rechnung als ein Modell anzusehen, das nicht zwingend alle Elemente der Realität re-präsentiert und von den jeweiligen Nutzern und Erschaffern maßgeblich beeinflusst wird.[34]

Neben den Anforderungen der Zuverlässigkeit, richten sich die Anforderungen der Verwendbarkeit vor allem an die praktische Durchführung. Zu diesen Anforde-rungen zählen folgende Prinzipien:[35]

- Vollständigkeit,
- Genauigkeit,
- Aktualität,
- Wirtschaftlichkeit.

Die genannten Anforderungen der Verwendbarkeit sind jedoch nicht zwingend im vol-lem Umfang umzusetzen. Vielmehr hängt der Grad der Umsetzung vom jeweiligen Verwendungszweck ab. Darüber hinaus kann ein Trade-off zwischen den Anforderun-gen auftreten. Beispielsweise kann mit Blick auf die Wirtschaftlichkeit die Genauigkeit der Kostenerfassung vernachlässigt werden.[36] Friedl, Hofmann und Pedell sprechen in diesem Zusammenhang von einer Kosten-Nutzen-Abwägung, da bei einem höheren Ausgestaltungsgrad der Nutzen nicht proportional zu den Kosten steigt.[37]

Wie bereits erwähnt, sind die dargestellten Anforderungen zweckgebunden, d. h., die Umsetzung dieser Anforderungen ist vom jeweiligen Zweck der Kostenrechnung abhängig. Somit bestimmt der Kostenrechnungszweck über das Kostenrechnungsziel den Kostenrechnungsinhalt.[38] Allgemein liegt der Zweck in der Planung, Dokumen-tation und Kontrolle der betrieblichen Abläufe.[39] Speziell können folgende Zwecke der Kostenrechnung genannt werden: Preiskalkulation, Wirtschaftlichkeitskontrol-len, Gewinn- und Erfolgsrechnungen.[40] Durch die unterschiedlichen Verwendungs-zwecke ist eine standardisierte Vorgehensweise nicht vorteilhaft. Vielmehr erfolgt je

---

32 Homomorphie und Isomorphie sind Ähnlichkeitsmaße der passivistischen Sichtweise. Vgl. Bitz (1977), S. 54–59; Kersten (1996), S. 15–16; Bretzke (1980), S. 29–30. Homomorph beschreibt in diesem Zusammenhang die Berücksichtigung aller realen Elemente im Modell und den Rückschluss von den Elementbeziehungen im Modell auf die realen Elementbeziehungen. Vgl. Müller (2009), S. 485.

33 Vgl. Krieger (1995), S. 73–74; Weber/Kalaitzis (1984), S. 449–450.

34 Vgl. Stachowiak (1973), S. 132; Zschocke (1995), S. 251–252.

35 Vgl. Riebel (1994), S. 21–34. Zusätzlich werden in diesem Zusammenhang noch die Anforderungen *Relevanz* und *Flexibilität* genannt. Vgl. Friedl/Hofmann/Pedell (2013), S. 13; Schweitzer et al. (2015), S. 27.

36 Vgl. Schweitzer et al. (2015), S. 74; Riebel (1994), S. 27.

37 Vgl. Friedl/Hofmann/Pedell (2013), S. 12–13.

38 Diese Aussage ist angelehnt an das Zitat von Schneider (1997), S. 46: „Der Rechnungszweck be-stimmt über das Rechnungsziel den Rechnungsinhalt."

39 Vgl. Schmidt (2016), S. 17–20.

40 Vgl. Plinke/Rese/Utzig (2015), S. 20.

Unternehmen eine individuelle Ausgestaltung der Kostenrechnung. Die angesproche-
nen Verwendungszwecke werden dabei maßgeblich durch unterschiedliche Bestim-
mungsfaktoren beeinflusst. Dazu zählen u. a.:[41]
- Komplexität/Unsicherheit der Produktionsprozesse,
- Rechnungszweck[42],
- Wettbewerbsumfeld/-strategie,
- Verhaltenssteuerung.

Die aufgezählten Bestimmungsfaktoren unterscheiden sich je nach Unternehmen und
sind damit rein subjektiv. Demzufolge werden die Anforderungen an die Kostenrechnung durch die Unternehmen selbst festgelegt. Somit ist die Nutzeradäquanz maßgeblich bei der Ausgestaltung der Kostenrechnung.[43]

Abschließend ist festzuhalten, dass die konkreten Anforderungen Genauigkeit,
Vollständigkeit, Aktualität, Relevanz, Überprüfbarkeit und Wirtschaftlichkeit geeignete Anforderungen an die Kostenrechnung darstellen, wobei diese Anforderungen
durchaus konkurrieren können. Gleichzeitig hängt die Ausgestaltung der Kostenrechnung von der Nutzenadäquanz des jeweiligen Unternehmens ab und basiert auf rein
subjektiven Vorstellungen. Eine allgemein theoretische, modellbasierte Vorgehensweise ist nicht möglich, bzw. nicht sinnvoll.

3.2 Prinzipien der Kostenverrechnung

Neben den allgemeinen Anforderungen an die Kostenrechnung, erfolgt die Verrechnung bzw. Zuteilung von Kosten im Rahmen der Kostenrechnung bzw. Kalkulation
auf Basis bestimmter Kostenverrechnungsprinzipien. Prinzipiell wird eine möglichst
wirklichkeitsgetreue bzw. ursachenorientierte Zuordnung der Kosten angestrebt, was
aber durch unterschiedliche Rechnungslegungsziele nicht immer gewährleistet werden kann. In dem Fall werden (Hilfs-)Prinzipien verwendet, die von einer wirklichkeitsgetreuen Verteilung abweichen und die Kosten auf Grundlage bestimmter Verfahren verrechnen.[44] Zu den wirklichkeitsgetreuen Verrechnungsprinzipien zählen
u. a.:[45]

41 Vgl. Friedl/Hofmann/Pedell (2013), S. 14.
42 Friedl/Hofmann/Pedell unterteilen den Rechnungszweck nach der Planung und nach der Steuerung. Vgl. Friedl/Hofmann/Pedell (2013), S. 14.
43 Vgl. Müller (2008), S. 256.
44 Vgl. Schweitzer et al. (2015), S. 75; Haberstock (2008), S. 47.
45 Vgl. Plinke/Rese/Utzig (2015), S. 47–49; Schweitzer et al. (2015), S. 75–78; Macha (2010), S. 31; Götze
(2010), S. 18.

- Verursachungsprinzip,
- Identitätsprinzip,
- Proportionalitätsprinzip.

Im Sinne des Verursachungsprinzips werden nur die Kosten dem Bezugsobjekt zugerechnet, die bei der objektbezogenen Leistungserstellung entstanden sind.[46] Im Rahmen des Verursachungsprinzips wird zusätzlich zwischen dem Kausalitäts- und dem Finalitätsprinzip unterschieden. Während bei dem Kausalitätsprinzip zwischen dem Bezugsobjekt und den Kosten ein Ursache-Wirkungs-Zusammenhang besteht, beschreibt das Finalitätsprinzip die Zweck-Mittel-Beziehung.[47] Abweichend vom Verursachungsprinzip setzt das Identitätsprinzip eine Entscheidung zu Beginn der Leistungserstellung voraus. Auf dieser Grundlage werden die jeweiligen Kosten nur dann dem Bezugsobjekt zugeordnet, wenn die Existenz des Objekts und die zu verrechnenden Kosten auf derselben Entscheidung basieren.[48] Als weiteres realitätsgetreues Verrechnungsprinzip gilt das Proportionalitätsprinzip. Die Verteilung der Kosten erfolgt proportional und bezieht sich dabei auf bestimmte Bezugs- bzw. Maßgrößen. Die Anwendung des Proportionalitätsprinzips setzt eine Messbarkeit der Bezugsgrößen, einen linearen Verlauf der Kostenfunktion, eine Berücksichtigung aller Kostengrößen und eine Abspaltung des fixen Betrags voraus.[49] Wie bereits erwähnt, kann eine realitätsgetreue Kostenverrechnung nicht immer gewährleistet werden. In dem Fall erfolgt eine indirekte Kostenverrechnung auf Prinzipien verschiedener Verrechnungsgrößen.[50] Zu diesen nicht wirklichkeitsgetreuen Verrechnungsprinzipien zählen u. a.:[51]
- Durchschnittsprinzip,
- Tragfähigkeitsprinzip.

Beim Durchschnittsprinzip werden die Kosten durchschnittlich auf die jeweiligen Bezugsgrößen verrechnet.[52] Die Verrechnung der Kosten im Rahmen des Tragfähigkeitsprinzips, als eine Form des Durchschnittsprinzips, orientiert sich an der Höhe des Preises bzw. Umsatzes der Bezugsgröße. Dabei werden die Kosten in Bezug auf die Höhe des Preises bzw. Umsatzes anteilig verrechnet.[53]

Die Anwendung der genannten Kostenrechnungsprinzipien obliegt dem Anwender. Eine Hierarchie bzw. Rangfolge ist nicht vorgegeben. Dyckhoff, Kasah und Quan-

---

[46] Vgl. Müller (2013), S. 323.
[47] Für eine ausführliche Beschreibung vgl. Haberstock (2008), S. 48.
[48] Vgl. Müller (2013), S. 323.
[49] Vgl. Schweitzer et al. (2015), S. 78. Aufgrund der zahlreichen Voraussetzungen wird das Proportionalitätsprinzip von einigen Autoren den Verteilungsprinzipien zugeordnet, vgl. dazu u. a. Friedl (2010), S. 69.
[50] Vgl. Friedl (2010), S. 68–69.
[51] Vgl. Plinke/Rese/Utzig (2015), S. 48; Götze (2010), S. 18.
[52] Vgl. Schweitzer et al. (2015), S. 79.
[53] Vgl. Schmidt (2016), S. 36.

del weisen in diesem Zusammenhang auf die DIN EN ISO 14044 und die dazugehörige qualitative Rangfolge der Allokationsprinzipien. Demnach sollte die Kostenverteilung zuerst auf Basis des Identitätsprinzips erfolgen. Falls eine Allokation unvermeidbar ist, erfolgt die Verteilung auf Grundlage physikalischer Kausalitäten. Diese Vorgehensweise entspricht dem Verursachungsprinzip. Falls die genannten Beziehungen nicht vorliegen, erfolgt im dritten Schritt die Verteilung der Kosten auf Basis anderer Kausalitäten gemäß des Proportionalitäts-, Tragfähigkeits- und Durchschnittsprinzips.[54]

Die Zuordnung der Kosten auf Basis der Kostenverrechnungsprinzipien bildet die Grundlage der Kostenrechnung. Sowohl in der Kostenstellen- als auch in der Kostenträgerrechnung (Kalkulation) wird eine wirklichkeitsgetreue Verrechnung der Kosten angestrebt. Falls das nicht möglich ist, werden die Kosten durch unterschiedliche Verfahren verrechnet.

3.3 Grundlagen und Verfahren der Kalkulation

Eine wesentliche Aufgabe der Kalkulation ist die Ermittlung der Herstell- sowie der Selbstkosten einer betrieblichen Leistungseinheit.[55] Dabei ist die Kalkulation in das System der Kostenrechnung integriert und setzt die Kostenarten- und die Kostenstellenrechnung als vorab durchgeführte Teilschritte voraus.

Im Rahmen der Kostenartenrechnung werden alle im Unternehmen angefallenen Kosten erfasst und gegliedert. Die Gliederung kann nach Art der Verrechnung, der Beschäftigung, der verbrauchten Produktionsfaktoren, der betrieblichen Funktion, der Kostenherkunft und der Kostenerfassung erfolgen.[56] Für die folgenden Berechnungen ist vor allem die Einteilung nach Art der Verrechnung relevant. Nach der Art der Verrechnung erfolgt eine Einteilung der Kosten in Einzel- und Gemeinkosten.[57] Einzelkosten werden direkt in der Kalkulation berücksichtigt. Die identifizierten Gemeinkosten werden in der nachfolgenden Kostenstellenrechnung verteilt. Die Aufgabe der Kostenstellenrechnung, als Bindeglied zwischen Kostenarten- und Kostenträgerrechnung, ist die Zuweisung der in der Kostenartenrechnung identifizierten Gemeinkosten auf die jeweiligen Kostenstellen im Unternehmen. Die Zuweisung der Gemeinkosten auf die entsprechenden Kostenstellen ist die Voraussetzung für eine verursachungsgerechte Verteilung der Gemeinkosten in Bezug auf die Kalkulation der Kostenträger. Darüber hinaus stellt die Kostenstellenrechnung Informationen für Wirtschaftlichkeitsberechnungen und Planungsentscheidungen zur Verfügung.[58]

---

54 Vgl. Dyckhoff/Kasah/Quandel (2012), S. 86–89; DIN EN ISO 14044 (2006), S. 29.
55 Vgl. Dahmen (2014), S. 42; Götze (2010), S. 99; Kalenberg (2008), S. 107.
56 Für eine detaillierte Beschreibung der Gliederungsmöglichkeiten innerhalb der Kostenartenrechnung vgl. Plinke/Rese/Utzig (2015), S. 64.
57 Vgl. Macha (2010), S. 31; Götze (2010), S. 19–20; Stelling (2009), S. 24.
58 Vgl. Walter/Wünsche (2013), S. 144; Coenenberg et al. (2016), S. 117–118; Götze (2010), S. 73.

Im letzten Schritt im System der Kostenrechnung erfolgt die Zurechnung der Kosten auf einen Kostenträger. Dabei werden sowohl die in der Kostenartenrechnung identifizierten Einzelkosten als auch die zugewiesenen Gemeinkosten aus der Kostenstellenrechnung in der Berechnung berücksichtigt. Grundsätzlich kann im Rahmen der Kostenträgerrechnung zwischen zwei Methoden unterschieden werden. Die Kostenträgerzeitrechnung dient zur Ermittlung des kurzfristigen Betriebsergebnisses. Die Kostenträgerstückrechnung (oder auch Kalkulation) dient zur Ermittlung der Herstell- sowie der Selbstkosten einer betrieblichen Leistungseinheit. Dabei kann die Leistungseinheit sowohl ein Produkt als auch einen Auftrag darstellen.

Die Kalkulation von Kostenträgern orientiert sich an einem Kalkulationsschema. Der Aufbau leitet sich von den Funktionsbereichen des Unternehmens ab. Die Reihenfolge der Gliederung ist nicht verbindlich vorgegeben. Weiterhin sind branchenbedingte und betriebsindividuelle Anpassungen möglich. Gerade in Bezug auf KMU mit übersichtlichen Produktionsprogrammen und schlanken Fertigungsverfahren sind vereinfachte Kalkulationsschemata denkbar.

Die Herausforderung in der Kalkulation besteht in der wirklichkeitsgetreuen Verteilung der Gemeinkosten auf die Kostenträger. Im Zuge dieser Verteilung der Gemeinkosten stehen unterschiedliche Kalkulationsverfahren zur Verfügung. Zu den gängigen Verfahren zählen u. a.: die Divisions-,[59] die Äquivalenzziffern-,[60] die Zuschlags-,[61] die Kuppel-[62] und die Maschinenstundensatzkalkulation bzw. die Bezugsgrößenkalkulation.[63] Eine in der Literatur bisher wenig beachtete Möglichkeit, eine verursachungs- bzw. leistungsgerechte Gemeinkostenverteilung zu gewährleisten, stellen Verfahren auf Basis spieltheoretischer Überlegungen dar.[64] Darüber hinaus ist der Einsatz der Prozesskostenrechnung denkbar. In dem Fall wird eine beanspruchungsgerechte Verteilung der Gemeinkosten dadurch gewährleistet, dass die Kosten den jeweiligen Prozessen zugeordnet werden.[65]

---

59 Vgl. für weiterführende Ausführungen Plinke/Rese/Utzig (2015), S. 102–103; Szyszka (2015), S. 255; Joos (2014), S. 187–188; Horsch (2015), S. 116; Freidank (2012), S. 158; Haberstock (2008), S. 148.

60 Für eine ausführliche Beschreibung der Äquivalenzziffernkalkulation vgl. Müller (2013), S. 366–372.

61 Für weiterführende Erläuterungen vgl. Plinke/Rese/Utzig (2015), S. 116–118; Friedl/Hofmann/Pedell (2013), S. 78–81.

62 Für eine ausführliche und formale Beschreibung des Verfahrens vgl. Plinke/Rese/Utzig (2015), S. 115; Haberstock (2008), S. 166–167. Die Kuppelkalkulation entspricht nicht dem Verursachungsprinzip und präsentiert lediglich eine Approximation, da im Rahmen der Kuppelproduktion die Ermittlung der genauen Kostenanteile unmöglich ist. Vgl. Schmidt (2016), S. 134–136; Götze (2010), S. 124–125.

63 Vgl. Joos (2014), S. 206–207; Schmidt (2016), S. 130–131; Götze (2010), S. 119–124.

64 Die Verrechnung von Gemeinkosten mithilfe der kooperativen Spieltheorie ist keine neue Methodik. Eine Anwendung ist u.a. bei Wißler (1997) zu finden. Jedoch haben sich diese Ansätze in der einschlägigen Literatur noch nicht durchgesetzt.

65 Für weiterführende Erläuterungen zum Thema Prozesskostenrechnung vgl. Horsch (2015), S. 269–290; Plinke/Rese/Utzig (2015), S. 229–248.

Die Wahl des Kalkulationsverfahrens ist abhängig vom Fertigungsprozess, von den Eigenschaften der Kostenträger und vom Kalkulationsziel. Die Verwendung der Kalkulationsverfahren erfolgt nicht strikt abgegrenzt voneinander. Eine Kombination der Verfahren ist möglich. Gerade bei mehrstufigen Fertigungsverfahren ist ein Einsatz unterschiedlicher Verfahren erforderlich.

3.4 Einordnung der Zertifizierungskosten im Rahmen der Kalkulation

3.4.1 Zertifizierungskosten im System der Kostenrechnung

Die Berücksichtigung der Zertifizierungskosten in der Kalkulation erfordert eine vorherige Erfassung im Rahmen der Kostenarten- und Kostenstellenrechnung. Aufgrund der Vielzahl der Zertifizierungsformen und -möglichkeiten wird auf den Verweis auf einzelne Zertifikate verzichtet. Die nachfolgenden allgemeingültigen Erläuterungen beziehen sich übergeordnet auf die Kosten einer Produkt- bzw. Managementzertifizierung.

Die Kosten einer Zertifizierung werden erstmalig in der Kostenartenrechnung erfasst und gegliedert. Die Gliederung erfolgt nach den in Kapitel 3.1 aufgezählten Einteilungsmöglichkeiten. Nach der Art der Verrechnung werden Zertifizierungskosten durch verschiedene Faktoren beeinflusst. Produktzertifizierungskosten bei Einzelprodukten können als Einzelkosten angesehen werden, da eine direkte Zuordnung möglich ist. Bei der Fertigung von mehreren identischen Erzeugnissen ist eine eindeutige Zuordnung der Zertifizierungskosten nicht möglich. Dennoch können die Zertifizierungskosten einem Auftrag bzw. einer Losgröße zugeordnet werden. Aufgrund dieser speziellen Eigenschaft können Zertifizierungskosten als Sondereinzelkosten eingestuft werden. Die Kosten einer Managementzertifizierung können eindeutig als Gemeinkosten eingestuft werden. Die Gliederung der Zertifizierungskosten in Bezug auf ihre Beschäftigungsabhängigkeit ist ebenfalls vom Gegenstand der Zertifizierung abhängig. Managementzertifizierungskosten sind unabhängig von der Beschäftigung und stellen somit fixe Kosten dar. Da sich diese Kosten auf das ganze Unternehmen beziehen, spricht man in diesem Zusammenhang auch von unternehmensfixen Kosten. Produktzertifizierungskosten bei Einzelprodukten sind variable Kosten, da sie von der Beschäftigung abhängen. Schwieriger erscheint die Einteilung bei Zertifizierungskosten, die sich auf mehrere Produkte beziehen. In dem Fall liegen sogenannte produktfixe bzw. produktgruppenfixe Kosten vor.

Die Einteilung nach Art der verbrauchten Produktionsfaktoren ist abhängig von der Vergabestelle der Zertifizierung. Die Kosten einer Zertifizierung sind als Dienstleistungskosten anzusehen, wenn die Zertifizierung durch eine unabhängige Prüfstelle erfolgt. Darüber hinaus besteht die Möglichkeit, dass Kosten durch Prüfungen in den Bereichen Personal und Material anfallen. Bei einer selbst erstellten Zertifizierung wird keine Dienstleistung in Anspruch genommen. Dementsprechend fallen lediglich Personal- und Materialkosten an. Des Weiteren können Zertifizierungskosten als Qualitätskosten angesehen werden. Unter dem Begriff Qualitätskosten werden alle Kosten zusammengefasst, die im Rahmen von Prüfung, Fehlervermeidung und Fehlerbeseitigung entstehen.[66] In dem Fall können die Kosten einer Zertifizierung als Prüfkosten eingestuft werden. Bei der Gliederung nach Art der Kostenherkunft muss zwischen einer durch eine externe Prüfstelle durchgeführte Zertifizierung und einer selbst erstellten Zertifizierung unterschieden werden. Bei einer durch eine externe Prüfstelle durchgeführten Zertifizierung liegen aufwandsgleiche Kosten vor. Bei einer selbst erstellten Zertifizierung werden die Kosten als kalkulatorische Kosten erfasst.

Die Einteilung der Zertifizierungskosten kann ebenfalls nach der Art der betrieblichen Funktion erfolgen. Produktbezogene Zertifizierungskosten sind je nach Bezug zu den Fertigungs- bzw. zu den Vertriebskosten zuzuordnen. Auf Grundlage der Einordnung der Zertifizierungskosten als Sondereinzelkosten wird in der Literatur zwischen Sondereinzelkosten der Fertigung und Sondereinzelkosten des Vertriebs unterschieden. Beziehen sich die Kosten auf eine Produktgruppe, spricht man von Sondereinzelkosten der Fertigung. Besteht ein Zusammenhang zwischen den Kosten und den Kunden, spricht man von Sondereinzelkosten des Vertriebs. Zertifizierungskosten beziehen sich in der Regel auf eine Produktgruppe bzw. Produktreihe und sind dementsprechend der Fertigung zuzuordnen. Darüber hinaus ist es möglich, dass eine Zertifizierung lediglich für einen bestimmten Absatzmarkt erfolgt, d. h., eine Zertifizierung der gesamten Produktgruppe bzw. Produktreihe ist nicht erforderlich. In dem Fall werden die Zertifizierungskosten dem Vertrieb zugeordnet. Managementbezogene Zertifizierungskosten sind nicht unmittelbar mit einem Produkt verbunden. Denkbar wäre eine Berücksichtigung in den Unternehmensbereichen der Verwaltung oder der Fertigung.

Nach der erstmaligen Erfassung und Gliederung der Zertifizierungskosten in der Kostenartenrechnung folgt die Kostenstellenrechnung. Falls die Zertifizierungskosten als Einzelkosten vorliegen, ist die Verrechnung der Kosten in der Kostenstellenrechnung nicht notwendig. Im Falle von Gemeinkosten erfolgt die verursachungsgerechte Verteilung der Zertifizierungskosten auf die Kostenstellen. Prinzipiell besteht die Möglichkeit, dass es sich bei den Zertifizierungskosten im Zuge der primären Gemeinkostenverrechnung um Kostenstelleneinzelkosten handelt. In dem Fall können die Kosten vollständig einer Kostenstelle zugeordnet werden. Darüber hinaus besteht die Möglichkeit, dass es sich bei Zertifizierungskosten um Kostenstellengemeinkosten handelt.[67] Gerade im Bezug zu den unterschiedlichen Kostenpositionen[68] ist eine in-

---

66 Vgl. DIN 55350-11 (2008), S. 8; Stelling (2009), S. 190–191; Schneider/Geiger/Scheuring (2008), S. 212–213.

67 Für eine ausführliche Erläuterung der Begrifflichkeiten vgl. Kalenberg (2008), S. 80.

68 Vgl. die Ausführungen zu den möglichen Beeinflussungen der Kostenpositionen im Rahmen einer Zertifizierung in Kapitel 2.3.

nerbetriebliche Leistungsverrechnung im Rahmen der Sekundärkostenverrechnung sinnvoll. Nachdem die Zertifizierungskosten erfasst, gegliedert und im Falle von Gemeinkosten in der Kostenstellenrechnung verursachungsgerecht verteilt wurden, folgt die Kalkulation. Im Zuge dessen werden die jeweiligen Einzelkosten und die durch geeignete Kalkulationsmethoden verteilten Gemeinkosten den Kostenträgern zugeordnet.

3.4.2 Wahl einer geeigneten Kalkulationsmethode aus Sicht von KMU

Bei der Wahl der Kalkulationsmethode muss zunächst unterschieden werden, ob die vorab erfassten Zertifizierungskosten nach der Art der Verrechnung als Einzel- oder als Gemeinkosten erfasst sind. Im Falle der Einzelkosten erfolgt die direkte Verrechnung auf die Kostenträger ohne die Anwendung einer Kalkulationsmethode. Liegen die Zertifizierungskosten als Gemeinkosten (bzw. Sondereinzelkosten) vor, ist der Einsatz einer Kalkulationsmethode erforderlich. Bei der Wahl der Kalkulationsmethode muss ebenfalls die Art der Fertigung berücksichtigt werden. Grundsätzlich muss jedoch berücksichtigt werden, dass eine allgemeingültige Kalkulationsmethode nicht zur Verfügung steht, sondern durch unterschiedliche unternehmens- und produktspezifische Faktoren bestimmt wird.

An dieser Stelle wird der in Kapitel 3.1 angesprochene Trade-off in Bezug auf die Anforderungen an die Kostenrechnung deutlich. Im Sinne der Vollständigkeit und Genauigkeit sollte eine umfangreiche Erfassung der Zertifizierungskosten erfolgen. Diese Erfassung kann jedoch der Anforderung der Wirtschaftlichkeit widersprechen, d. h., aus wirtschaftlichen Gesichtspunkten wird auf eine exakte Erfassung der Zertifizierungskosten verzichtet. Ebenfalls kann die fehlende Relevanz, beispielsweise durch sehr niedrige Kosten, zu einer vereinfachten Betrachtung führen. Die Behandlung der Zertifizierungskosten hängt dementsprechend von Charakteristika der Unternehmen ab. Eine allgemeingültige Vorgehensweise existiert somit nicht, sondern wird durch das Unternehmens selbst und durch die Art der Zertifizierung vorgegeben. Die Art der Zertifizierung bezieht sich dabei auf die Zertifizierungsformen (vgl. Kapitel 2.2). So weisen beispielsweise Kosten einer Systemzertifizierung einen anderen Kostencharakter als Kosten einer Produktzertifizierung auf.

Im Falle eines Ein-Produkt-Unternehmens mit Massenfertigung kann der Einsatz der Divisionskalkulation erfolgen. Gerade bei KMU kann die Voraussetzung zur Anwendung der Divisionskalkulation erfüllt sein. Weiterhin wird das Problem der exakten Bestimmung der Zertifizierungskosten umgangen. Die Kosten der Zertifizierung (K_{Zert}) können entweder innerhalb der Herstellkosten ($K_{Zert} \subseteq K_H$) oder der Verwaltungs- und Vertriebskosten ($K_{Zert} \subseteq K_{VV}$) erfasst werden. Falls die Zertifizierungskosten als Gemeinkosten bzw. Sondereinzelkosten vorliegen, kann bei Einzel- und Serienfertigung die Zuschlagskalkulation angewendet werden. Denkbar wäre im Fall vorliegender Sondereinzelkosten eine Kombination der Divisions- und der differenzierenden Zuschlagskalkulation. Aufgrund der Produktbezogenheit können die Sondereinzelkosten mithilfe der Divisionskalkulation für einen Kostenträger verrechnet werden. Das gilt sowohl für Sondereinzelkosten der Fertigung als auch für die Sondereinzelkosten des Vertriebs. Gerade für KMU, deren Produktion häufig auf Einzel- und Serienfertigungen basiert, bietet sich die Zuschlagskalkulation als geeignete Kalkulationsmethode an. Grundsätzlich muss an dieser Stelle zwischen einer Produkt- und einer Auftragskalkulation unterschieden werden. Eine Kombination der Zuschlags- und Divisionskalkulation im Rahmen einer Produktkalkulation unter der Berücksichtigung der Zertifizierungskosten als Sondereinzelkosten der Fertigung ($K_{SEF_{Zert}}$) bzw. des Vertriebs ($K_{SEV_{Zert}}$) kann formal wie folgt dargestellt werden:

$$k_{SK_i} = \left[k_{MEK_i} \left(1 + \frac{z_{MGK_i}}{100} \right) + k_{FEK_i} \left(1 + \frac{z_{FGK_i}}{100} \right) + \frac{k_{SEF_{Zert}}}{x_{Zert}} \right] \cdot \left(1 + \frac{z_{VwGk_i} + z_{VwGk_i}}{100} \right) + \frac{k_{SEV_{Zert}}}{x_{Zert}}$$

wobei die Zertifizierungskosten nicht doppelt erfasst werden, sondern entweder der Fertigung oder dem Vertrieb zugeordnet werden. Problematisch erscheint an dieser Stelle die Festlegung der zertifizierten Produktionsmenge (x_{Zert}). Im Idealfall ist die Zertifizierung an die Produktionsmenge gekoppelt. Häufig besteht aber kein direkter Bezug zur Produktionsmenge, sondern die Zertifizierung bezieht sich lediglich auf einen Zeitraum, der über die Abrechnungsperiode hinausgehen kann. Die unterschiedlichen Zeitbezüge erschweren eine verursachungsgerechte Verteilung der Zertifizierungskosten. An dieser Stelle wäre eine auftragsbezogene bzw. eine prozessorientierte Kalkulation denkbar. Wenn die Zertifizierungskosten als variable Kosten vorliegen, erfolgt eine einfache Erfassung im Rahmen der Material- ($K_{Zert} \subseteq K_{MEK}$) oder Fertigungseinzelkosten ($K_{Zert} \subseteq K_{FEK}$).

Die Anwendung der Kuppelkalkulation und der Äquivalenzziffernkalkulation in Verbindung mit einer Zertifizierung ist theoretisch möglich. Der Einsatz ist aber lediglich bei produktunabhängigen Zertifizierungskosten durchführbar. Im Falle einer Produktzertifizierung, also einer Zertifizierung mit direktem Bezug zu einem Produkt, ist die Anwendung der Kuppelkalkulation und der Äquivalenzziffernkalkulation ungeeignet.

Aufgrund der unterschiedlichen Zertifikats- und Fertigungseigenschaften sowie abweichenden Zeitbezüge ist eine allgemeingültige Erfassung und Verrechnung der Kosten einer Zertifizierung in der Kalkulation nicht möglich. Die präsentierten Ansätze liefern jedoch potenzielle Verrechnungsmöglichkeiten. Diese Ansätze gelten sowohl für große Unternehmen als auch für KMU, wobei im Nachfolgenden diskutiert wird, inwieweit die Ansätze unter dem Aspekt der Wirtschaftlichkeit für KMU geeignet sind.

4 Betrachtung der Kostenrechnungsanforderungen aus Sicht von KMU

Wie bereits erwähnt, können die Kosten einer Zertifizierung aus der Perspektive von KMU erheblich sein. Im Hinblick auf den Grundsatz der Vollständigkeit, Genauigkeit und Aktualität werden alle Kosten, einschließlich der Zertifizierungskosten, in der Kostenrechnung erfasst. Gleichzeitig unterliegt die Kostenrechnung dem Grundsatz der Wirtschaftlichkeit, d. h., alle Maßnahmen müssen in einem angemessenen Verhältnis zum Ergebnis stehen. Die vorab präsentierten Erläuterungen beziehen sich im Wesentlichen auf eine genaue Einordnung und leistungsgerechte Verrechnung der Zertifizierungskosten. Mit Bezug auf die in Kapitel 2.3 präsentierte Definition der Zertifizierungskosten und die beeinflussten Kostenpositionen sind genaue Aufschlüsselungen möglich. Grundsätzlich stellt sich aber die Frage, inwiefern eine derart detaillierte Erfassung und Verrechnung der Zertifizierungskosten in der Kalkulation gerechtfertigt ist. Diese Fragestellung ist besonders bei KMU relevant, deren Kostenrechnung durch begrenzte Kapazitäten und Fähigkeiten gekennzeichnet ist. Zur Einschätzung der Wirtschaftlichkeit sind folgende Faktoren von Bedeutung: der Anlass der Zertifizierung, die Höhe der Zertifizierungskosten und die Vergabestelle der Zertifizierung.

Der Anlass einer Zertifizierung kann zum einen in der gesetzlichen Notwendigkeit bestehen, zum anderen auf einer freiwilligen Entscheidung zum Erlangen eines Wettbewerbsvorteils basieren. Gesetzlich notwendige bzw. vorgeschriebene Zertifikate sind stets mit einer Marktzulassung verbunden. Ein Verkauf der Erzeugnisse auf den Zielmärkten wäre ohne entsprechende Zertifizierungen nicht möglich. Somit ist die Zertifizierung ein wesentlicher Bestandteil der Produktion. Eine genaue Kalkulation ist folglich notwendig zur Ermittlung der Selbstkosten. Auf Basis der ermittelten Informationen können Entscheidungen bzgl. der Annahme/Einstellung der Produktion sowie der Festlegung von Preisuntergrenzen getroffen werden. Durch die zwingende Notwendigkeit kann der genauen Höhe der Zertifizierungskosten eine untergeordnete Bedeutung zugeordnet werden. In diesem Sinne entspricht eine sehr detaillierte Kalkulation u. U. nicht dem Grundsatz der Wirtschaftlichkeit. Bei einer freiwilligen Zertifizierung stellt die Kalkulation neben den Informationen zu den Selbstkosten ebenfalls Informationen hinsichtlich absatzpolitischer Entscheidungen zur Verfügung. In dem Fall ist die Aufgabe der Kalkulation die exakte Ermittlung der Zertifizierungskosten, um ein Gegenüberstellen der zertifizierten und nicht zertifizierten Produkte zu ermöglichen. Damit ist der Grundsatz der Wirtschaftlichkeit bei einer freiwilligen Zertifizierung eher gegeben als bei einer Pflichtzertifizierung. Dennoch unterliegt die Genauigkeit einer Kalkulation bei freiwilligen Zertifikaten bestimmten Einflussfaktoren. Zu diesen Einflussfaktoren zählen u. a. das Produktionsprogramm, der erwartete Umsatz und die Unternehmensgröße. Gerade bei KMU mit schmalen Produktionsprogrammen sollten sorgfältig die Effekte einer freiwilligen Zertifizierung abgewogen werden. Eine Fehlentscheidung hätte in dem Fall weitreichende Folgen und rechtfertigt deshalb eine detaillierte Erfassung in der Kostenrechnung. Weiterhin kann bei KMU der Fall auftreten, dass es sich de jure um eine freiwillige Zertifizierung, aber de facto um eine Pflichtzertifizierung handelt. Diese Sachlage tritt häufig bei kleinen und mittelständischen Zuliefern auf. Große Unternehmen setzen für eine Zusammenarbeit häufig bestimmte Zertifizierungen voraus. Aufgrund der Verknüpfung der kleinen und mittelständischen Zulieferer besteht also die Notwendigkeit einer Quasipflichtzertifizierung. Diese existenzielle Abhängigkeit rechtfertigt eine detaillierte Erfassung der Zertifizierungskosten in der Kalkulation.

Die Wirtschaftlichkeit einer detaillierten Erfassung und Zurechnung der Zertifizierungskosten hängt ebenfalls von der Höhe der Kosten im Vergleich zu den Gesamtkosten ab. Je höher die Kosten einer Zertifizierung sind, desto größer sind die Auswirkungen einer nicht adäquaten Berücksichtigung in der Kalkulation. Um die relative Höhe der Zertifizierungskosten abzuwägen, besteht ein grundsätzliches Problem. Um zu entscheiden, ob die vorliegenden Kosten relativ niedrig sind und der Grundsatz der Wirtschaftlichkeit nicht erfüllt ist, muss zu Beginn eine genaue Identifikation der Kosten im Rahmen der Kostenrechnung erfolgen. Um dieses Problem zu umgehen, können Unternehmen den Anteil der Zertifizierungskosten aufgrund von Erfahrungswerten einschätzen. Die relative Höhe der Kosten einer Zertifizierung ist besonders für KMU relevant. Sowohl die Höhe als auch die Struktur der Kosten in KMU unterscheidet sich maßgeblich von denen großer Unternehmen. Im Falle fixer Zertifizierungskosten ist der relative Anteil bei KMU deutlich höher als bei großen Unternehmen und rechtfertigt deshalb eine separate Betrachtung im Rahmen der Kostenrechnung bzw. Kalkulation. Gleichzeitig muss berücksichtigt werden, dass KMU häufig nur über sehr vereinfachte Bereiche des internen Rechnungswesens verfügen und deshalb eine detaillierte Erfassung und Verrechnung der Zertifizierungskosten nicht dem Wirtschaftlichkeitsgrundsatz entsprechen kann. In dem Fall muss zwischen dem Nutzen der detaillierten Erfassung und Verrechnung und den gegenüberstehenden Tätigkeiten im Rahmen der Kostenrechnung abgewogen werden.

Aus Gründen der Wirtschaftlichkeit besteht die Möglichkeit Einzelkosten, deren Ermittlung einen erheblichen Aufwand darstellen, als Gemeinkosten zu erfassen. Diese Gemeinkosten werden als unechte Gemeinkosten bezeichnet. Gerade bei Tätigkeiten der Zertifizierung, die im Rahmen der Verwaltung anfallen, bietet sich die Einordnung der Kosten als unechte Gemeinkosten an. Beispielhaft wären die Kosten durch Informationsbeschaffung bzw. Richtlinienrecherche. Prinzipiell wäre es möglich, diese Kosten einem Arbeitsplatz zuzuordnen. Die Zuordnung der Kosten entspricht aber nicht dem Grundsatz der Wirtschaftlichkeit. Desweiteren fallen bei selbst erstellten Zertifizierungen keine Kosten durch eine externe Prüfung an, sondern es entstehen eventuell höhere Kosten in den Bereichen Material, Fertigung, Verwaltung und Vertrieb. Eine exakte Ermittlung ist in dem Fall nicht notwendig und entspricht ebenfalls nicht dem Grundsatz der Wirtschaftlichkeit.

5 Zusammenfassung

Aus der Sicht von Unternehmen, einschließlich KMU, existiert eine Vielzahl von Zertifizierungsmöglichkeiten. Das Spektrum reicht von einzelnen Produkten, über Prozesse und Verfahren, bis hin zum Unternehmen selbst. Dabei weisen die jeweiligen Zertifizierungen unterschiedliche Eigenschaften bzw. Anforderungen und Zertifizierungsabläufe auf. Ähnlich vielschichtig sind die Kosten, die im Rahmen einer Zertifizierung im Unternehmen anfallen. Diese Kosten können in Abhängigkeit der Zertifizierung verschiedene Eigenschaften aufweisen, d. h., die Kosten können u. U. in allen Funktionsbereichen des Unternehmens auftreten. Des Weiteren decken die Kosten einer Zertifizierung das gesamte Spektrum der Kostenarten ab. Prinzipiell besteht die Möglichkeit, dass die Zertifizierungskosten sowohl als fixe oder variable Gemeinkosten oder als Einzelkosten vorliegen. Die unterschiedlichen Verrechnungsmöglichkeiten erschweren eine adäquate Berücksichtigung in der Kalkulation. Aus Unternehmenssicht ist aber eine genaue Erfassung der Zertifizierungskosten nicht nur für die Bewertung der Erzeugnisse relevant, sondern ebenfalls für absatzpolitische Entscheidungen und Wirtschaftlichkeitsüberprüfungen von hoher Bedeutung. Deshalb ist eine besondere Berücksichtigung der Zertifizierungskosten im Rahmen der Kalkulation gerechtfertigt.

Eine verursachungsgerechte Verrechnung der Zertifizierungskosten hängt von verschiedenen Faktoren ab. Zu diesen Faktoren zählen die Zertifizierungsform, die Art der Fertigung, der Zertifizierungsablauf sowie unternehmens- und branchenbedingte Faktoren. Eine genaue Erfassung und Verrechnung der Zertifizierungskosten setzt häufig eine Kombination verschiedener Verrechnungsmethoden voraus. Diese Vorgehensweise ist zwangsläufig mit einem hohen Aufwand im Rahmen der Kalkulation verbunden. Die Durchführung einer exakten Kostenrechnung muss deshalb dem Prinzip der Wirtschaftlichkeit unterliegen. Gerade bei KMU hat dieser Sachverhalt eine hohe Relevanz. Häufig werden Zertifizierungen von Handelspartnern vorausgesetzt und haben weitreichende Auswirkungen auf das Produktionsprogramm. Somit hat eine detaillierte Erfassung und Verrechnung von Zertifizierungskosten eine existenzielle Bedeutung für KMU. Zeitgleich sind aber Kapazitäten und Ressourcen in KMU begrenzt. Im vorliegenden Beitrag wurden unter Berücksichtigung der Eigenschaften von KMU durchführbare Verrechnungsmöglichkeiten der Zertifizierungskosten im Rahmen der Kalkulation präsentiert und unter dem Aspekt der Wirtschaftlichkeit diskutiert.

Grundsätzlich ist hervorzuheben, dass die Zertifizierungskosten in der Literatur weitestgehend ignoriert werden. Sowohl auf der Seite des Qualitätsmanagements als auch auf der Seite der Kostenrechnung haben bisher noch keine Diskussionen diesbezüglich stattgefunden. Der vorliegende Beitrag liefert somit erste Grundüberlegungen, die im Zuge weiterer Forschung vertieft bzw. konkretisiert werden können. Mögliches Ziel einer weiterführenden praxisbezogenen Forschung wäre die Ermittlung des Anteils der Zertifizierungskosten in Bezug auf die Gesamtkosten. Dies stellt einen elementaren Schritt dar, da niedrige Zertifizierungskosten im Verhältnis zu den Gesamtkosten eine weiterführende Forschung nicht rechtfertigen. Darüber hinaus gilt es, folgende Fragen zu klären: Welche Kosten werden in der Praxis als Zertifizierungskosten erfasst? Wie erfolgt die Verrechnung im Rahmen der Kostenstellenrechnung? Welche Kalkulationsmethode verwenden die Unternehmen in der Praxis? Werden die Anpassungen in der Produktion aufgrund einer Zertifizierung als (Zertifizierungs-)Kosten erfasst?

6 Literatur

Bachthaler, M. (2001): Zertifizierungskosten. In: Zollondz, H. D. (Hg.): Lexikon Qualitätsmanagement: Handbuch des Modernen Managements auf der Basis des Qualitätsmanagements. München, Wien, S. 1259–1262.

Bachthaler, M./Arlt, G. (1996): Nutzenbringendes Qualitätsmanagement NQM und Zertifizierungskosten – Strategie für flexible Betriebsorganisation. In: Technische Mitteilungen 89. Jg., H. 4, S. 175–183.

Becker, B. (1999): Zertifizierung von Qualitätsmanagement-Systemen im Einzelhandel. Frankfurt a. M.

Becker, P. (2006): Prozessorientiertes Qualitätsmanagement: nach der Ausgabe Dezember 2000 der Normenfamilie DIN EN ISO 9000 – Zertifizierung und andere Managementsysteme. 5. Aufl., Renningen.

Benes, G. M./Groh, P. E. (2014): Grundlagen des Qualitätsmanagements. München.

Bieback, K. (2008): Zertifizierung und Akkreditierung – Das Zusammenwirken staatlicher und nichtstaatlicher Akteure in gestuften Prüfsystemen. Hamburg.

Bitz, M. (1977): Die Strukturierung ökonomischer Entscheidungsmodelle. Wiesbaden.

Brakhahn, W./Vogt, U. (1996): ISO 9000 für Dienstleister – Schnell und effektiv zum Zertifikat. Landsberg.

Bretzke, W.-R. (1980): Der Problembezug von Entscheidungsmodellen. Tübingen.

Coenenberg, A. G./Fischer, T. M./Günther, T. (2016): Kostenrechnung und Kostenanalyse. 9. Aufl., Stuttgart.

Dahmen, A. (2014): Kostenrechnung. 4. Aufl., München.

DGQ (1995): Begriffe zum Qualitätsmanagement – Schrift 11–4. Berlin.

Dimitropoulos, G. (2012): Zertifizierung und Akkreditierung im internationalen Verwaltungsverbund: internationale Verbundverwaltung und gesellschaftliche Administration. Tübingen.

DIN EN ISO 9001 (2015): Qualitätsmanagementsysteme – Anforderungen. Berlin.

DIN EN ISO 14001 (2015): Umweltmanagementsysteme – Anforderungen mit Anleitung zur Anwendung. Berlin.

DIN EN ISO 14044 (2006): Umweltmanagement – Ökobilanz – Anforderungen und Anleitungen. Berlin.

DIN EN ISO/IEC 17000 (2005): Konformitätsbewertung – Begriffe und allgemeine Grundlagen. Berlin.

DIN EN ISO/IEC 17011 (2005): Konformitätsbewertung – Allgemeine Anforderungen an Akkreditierungsstellen, die Konformitätsbewertungsstellen akkreditieren. Berlin.

DIN EN ISO 50001 (2011): Energiemanagementsysteme – Anforderungen mit Anleitung zur Anwendung. Berlin.

DIN 55350–11 (2008): Begriffe zum Qualitätsmanagement – Teil 11. Berlin.

Drechsel, M. (2014): Zertifizierung von Qualitätsmanagementsystemen. In: Pfeifer, T./Schmitt, R. (Hg.): Masing Handbuch Qualitätsmanagement. München, Wien, S. 349–359.

Dreger, G. (1993): Zertifizierung von elektronischen Erzeugnissen. In: Hansen, W. (Hg.): Zertifizierung und Akkreditierung von Produkten und Leistungen der Wirtschaft. München, Wien, S. 109–128.

Dyckhoff, H./Kasah, T./Quandel, A. (2012): Allokation von Kosten und Umweltwirkungen bei Kuppelproduktion. Wieviel darf's denn sein? In: Zeitschrift für Umweltpolitik & Umweltrecht, 35. Jg., H. 1, S. 79–115.

Ensthaler, J./Strübbe, K./Bock, L. (2007): Zertifizierung und Akkreditierung technischer Produkte. Berlin.

Feitenhansl, N. (1997): Binnenmarkt-Richtlinien nach Art. 100 a EG-Vertrag. In: Petrick, K. (Hg.): Qualitätsmanagement, Umweltmanagement und Zertifizierung in der Europäischen Union. 2. Aufl., Berlin, u. a.

Freidank, C. C. (2012): Kostenrechnung: Grundlagen des innerbetrieblichen Rechnungswesens und Konzepte des Kostenmanagements. 9. Aufl., München.

Friedl, B. (2010): Kostenrechnung – Grundlagen, Teilrechnungen und Systeme der Kostenrechnung. 2. Aufl., München.

Friedl, G./Hofmann, C./Pedell, B. (2013): Kostenrechnung – Eine entscheidungsorientierte Einführung. 2. Aufl., München.

Götze, U. (2010): Kostenrechnung und Kostenmanagement. 5. Aufl., Heidelberg u. a.

Grützner, B. (1994): Normung, Zertifizierung und Akkreditierung im EU-Binnenmarkt. Berlin, Offenbach.

Haberstock, L. (2008): Kostenrechnung I – Einführung. 13. Aufl., Berlin.

Hering, E./Steparsch, W./Linder, M. (1997): Zertifizierung nach DIN EN ISO 9000: Prozessoptimierung und Steigerung der Wertschöpfung. 2. Aufl., Berlin u. a.

Horsch, J. (2015): Kostenrechnung. 2. Aufl., Wiesbaden.

IfM Institut für Mittelstandsforschung (2015): Der Mittelstand im Überblick. http://www.ifm-bonn.org/fileadmin/data/redaktion/ueber_uns/ifm-flyer/IfM-Flyer-2015.pdf, Abruf: 30.06.2017.

ISO (2015): The ISO Survey of Management System Standard Certifications 2015. https://www.iso.org/files/live/sites/isoorg/files/standards/conformity_assessment/certification/doc/survey_executive-summary.pdf, Abruf: 30.06.2017.

Joos, T. (2014): Controlling, Kostenrechnung und Kostenmanagement. 5. Aufl., Wiesbaden.

Kalenberg, F. (2008): Kostenrechnung. 2. Aufl., München.

Kersten, F. (1996): Simulation in der Investitionsplanung. Wiesbaden.

Konrad, W./Scheer, D. (2010): Grenzen und Möglichkeiten der Verbraucherinformation durch Produktkennzeichnung. In: Epp, A./Kurzenhäuser, S./Hertel, R./Böl, G.-F. (Hg.): BfR Wissenschaft. Berlin, S. 1–216.

Krieger, R. (1995): Betriebsindividuelle Gestaltung der Kostenrechnung. Berlin.

Lay, G./Mies, C. (1997): Erfolgreich reorganisieren: Unternehmenskonzepte aus der Praxis. Berlin, u. a.

Letmathe, P. (2003): Die Erzielung von Lernkurveneffekten durch Umweltmanagementsysteme. In: Kramer, M./Eifler, P. (Hg.): Umwelt- und kostenorientierte Unternehmensführung. Wiesbaden, S. 15–37.

Macha, R. (2010): Grundlagen der Kosten- und Leistungsrechnung. 5. Aufl., München.

Müller, D. (2008): Controller als Beobachter zweiter Ordnung des Einsatzes von Investitionsrechenmodellen in KMU. In: Lingnau, V. (Hg.): Die Rolle des Controllers im Mittelstand. Lohmar, S. 245–267.

Müller, D. (2009): Sichtweise und Beurteilung des Modelleinsatzes in KMU. In: Müller, D. (Hg.): Controlling in kleinen und mittleren Unternehmen. München, S. 475–505.

Müller, D. (2013): Betriebswirtschaftslehre für Ingenieure. 2. Aufl., Berlin, Heidelberg.

Müller, D. (2014): Investitionscontrolling. Berlin, Heidelberg.

Pärsch, J./Petrick, K. (1997): Verfahren zur Zertifizierung von Qualitäts- und Umweltmanagementsystemen. In: Petrick, K. (Hg.): Qualitätsmanagement, Umweltmanagement und Zertifizierung in der europäischen Union. Aufsätze, EG-Richtlinien und -Verordnungen, CE-Kennzeichnung; Öko-Audit. Berlin, S. 75–79.

Plinke, W./Rese, M./Utzig, B. P. (2015): Industrielle Kostenrechnung – Eine Einführung. 8. Aufl., Berlin, Heidelberg.

Produktsicherheitsgesetz (ProdSG): Gesetz über die Bereitstellung von Produkten auf dem Markt. In der Fassung vom 08.11.2011, zuletzt geändert durch Artikel 435 der Verordnung vom 31. August 2015 (BGBl. I S. 1474).

Reihlen, M. (1997): Grundlegende Positionen in der Modelldiskussion: Eine Analyse der Passivistischen Abbildungsthese und der Aktivistischen Konstruktionsthese. In: Working Paper Series, Seminar für Unternehmensführung und Logistik, Universität Köln, S. 1–23.

Riebel, P. (1994): Einzelkosten- und Deckungsbeitragsrechnung. 7. Aufl., Wiesbaden.

Schmidt, A. (2016): Kostenrechnung. 7. Aufl., Stuttgart.

Schneider, D. (1997): Betriebswirtschaftslehre – Band 2: Rechnungswesen. 2. Aufl., München u. a.

Schneider, G./Geiger, I. K./Scheuring, J. (2008): Prozess-und Qualitätsmanagement: Grundlagen der Prozessgestaltung und Qualitätsverbesserung mit zahlreichen Beispielen, Repetitionsfragen und Antworten. Merenschwand.

Schütte, R. (1998): Grundsätze ordnungsmäßiger Referenzmodellierung. Wiesbaden.

Schweitzer, M./Küpper, H.-U./Friedl, G./Hofmann, C./Pedell, B. (2015): Systeme der Kostenrechnung. 11. Aufl., München.

Sonyi, R./Zinser, H.-P. (1996): Auf dem Weg zum Zertifikat – Qualitätsmanagement-Systeme in kleinen und mittleren Unternehmen. Stuttgart.

Stachowiak, H. (1973): Allgemeine Modelltheorie. Wien u. a.

Stelling, J. N. (2009): Kostenmanagement und Controlling. 3. Aufl., München.

Syska, A. (2006): Produktionsmanagement – Das A–Z wichtiger Methoden und Konzepte für die Produktion von heute. Wiesbaden.

Szyszka, U. (2015): IT-gestützte Kostenrechnung – Grundlagen, Instrumente, Anwendungen. 2. Aufl., Wiesbaden.

TÜV Rheinland (2015): Prüfzeichen und Prüfungen für Produkte – eine Auswahl. https://www.tuv.com/media/01_presse_2/all_languages_pressemeldungen/transparenzkampagne_dokumente/07_Pruefzeichen_und_Pruefungen_fuer_Produkte.pdf, Abruf: 30.06.2017.

Walter, W. G./Wünsche, I. (2013): Einführung in die moderne Kostenrechnung. 4. Aufl., Wiesbaden.

Weber, J./Kalaitzis, D. (1984): Aufgaben, Zwecke und Grundanforderungen einer entscheidungsorientierten Kosten- und Leistungsrechnung. In: WISU, 13. Jg., H. 10, S. 447–452.

Wißler, W. (1997): Unternehmenssteuerung durch Gemeinkostenzuteilung: eine spieltheoretische Untersuchung, Wiesbaden.

Wollmann, R. (2014): Warenkennzeichnung. In: Pfeifer, T./Schmitt, R. (Hg.): Masing Handbuch Qualitätsmanagement. 6. Aufl., München, Wien, S. 769–786.

Zollondz, H. D. (Hg.) (2001): Lexikon Qualitätsmanagement: Handbuch des Modernen Managements auf der Basis des Qualitätsmanagements. München, Wien.

Zschocke, D. (1995): Modellbildung in der Ökonomie. München.

David Müller

Faire Kostenaufteilung von Kooperationen in der Forst- und Landwirtschaft

1 Einleitung

Kleine und mittelständische Unternehmen (KMU) führen eine Reihe von Maßnahmen in der Forst- und Landwirtschaft oftmals als Kooperation durch bzw. können Projekte in diesen Bereichen oftmals nur in Kooperation erfolgreich realisiert werden. Dabei entsteht die Frage nach der Verteilung des erzielten Gemeinschaftsgewinns. Die ökonomischen Vorteile müssen gerecht aufgeteilt werden, damit die Kooperationen langfristig Bestand haben. Die KMU sehen sich dabei dem Dilemma gegenüber, dass einerseits die Projekte nur durch Kooperation realisierbar sind, jedoch andererseits

DOI 10.1515/9783110517163-011

gleichzeitig jeder Kooperationspartner als selbstständiges Unternehmen ein Interesse an der Erhöhung seines Gewinnanteils hat. Dies ist jedoch nur zulasten der übrigen Unternehmen möglich. Zwar wird in einer Reihe von Quellen auf die Notwendigkeit einer gerechten Verteilung von Nutzen und Lasten der Kooperationen hingewiesen, jedoch sind Ansätze zur Lösung dieses Problems nur vereinzelt zu finden. Um diese Frage einer fairen und deshalb allseits akzeptierten Gewinnteilung zu klären wird die kooperative Spieltheorie als Analyserahmen gewählt.

2 Mittelstand und Kooperationen in der Forst- und Landwirtschaft

2.1 Begriff und Rolle des Mittelstandes

Entsprechend des mehrdimensionalen Definitionsansatzes des Instituts für Mittelstandsforschung Bonn werden zur Identifizierung eines Unternehmens als notwendige Voraussetzungen die Merkmale „Beschäftigtenzahl" und „Umsatzhöhe" betrachtet. Als kleines und mittleres Unternehmen (KMU) kann ein Unternehmen dann eingestuft werden, wenn es bis zu einschließlich 499 Beschäftigte aufweist und der jährliche Umsatz geringer als 50 Mio. € ist.[1] Neben der geringen Größe ist die direkte Beteiligung der Eigentümer ein Spezifikum mittelständischer Unternehmen. Deshalb werden folgende qualitative Merkmale zur Beschreibung des Charakteristikums „mittelständisch" herangezogen:[2]

– Das Unternehmen ist wirtschaftlich und rechtlich selbstständig.
– Mindestens ein Inhaber ist an der Unternehmensleitung beteiligt.
– Die Mehrheit der Unternehmensanteile liegt bei einer natürlichen Person oder einem eng begrenzten Kreis natürlicher Personen.

Aus dem Kreise der so definierten Unternehmen kamen im Jahr 2011 in der BRD 99,3 % aller umsatzsteuerpflichtigen Unternehmen, welche 60,2 % der sozialversicherungspflichtigen Arbeitnehmer beschäftigten.[3]

Im Bereich der Land- und Forstwirtschaft kann die Unternehmensgröße unter Verwendung von zwei Dimensionen gemessen werden.[4] Dies kann einerseits inputorientiert erfolgen, wobei z. B. die Größe der bewirtschafteten Fläche oder die Anzahl an Ar-

---

1 Vgl. Welter et al. (2014), S. 5; May-Strobl/Welter (2016), S. 3.
2 Vgl. Müller (2014b), S. 51. Im Unterschied zu den Ausführungen von Welter et al. und Strobl/Welter wird im weiteren Verlauf **nicht** zwischen Mittelstand und KMU differenziert, sondern es werden beide Begriffe synonym verwendet. Vgl. Welter et al. (2014); Strobl/Welter (2016).
3 Vgl. Söllner (2014), S. 42.
4 Vgl. Mußhoff/Hirschauer (2013), S. 32.

beitskräften verwendet wird. So erfolgt in der Forstwirtschaft die Unterscheidung zwischen dem Kleinstprivatwald, womit private Waldflächen bis zu 5 ha Größe bezeichnet werden, und dem Kleinprivatwald, welcher Flächen von bis zu 20 ha Größe umfasst.[5] Andererseits ist eine outputorientierte Messung möglich, wozu Ertragskennzahlen, wie z. B. die Produktionsmenge oder Umsatzzahlen herangezogen werden.

Als aktuelle Kenngröße in der Landwirtschaft wird der jährliche Standardoutput verwendet. Der Standardoutput beschreibt einen 5-Jahres-Durchschnitt des Geldwertes der Erzeugnisse je Flächeneinheit einer Pflanzenart oder je Tiereinheit einer Viehart.[6] Die Unterteilung von Haupterwerbsbetrieben in Größenklassen ist folgende:[7]
- kleinere Betriebe: Standardoutput bis 100.000 €;
- mittlere Betriebe: Standardoutput von 100.000 bis 250.000 €;
- größere Betriebe: Standardoutput über 250.000 €.

Im Bereich der Landwirtschaft und der Forstwirtschaft spielen kleine Unternehmen eine bedeutende Rolle. Im Jahr 2013 waren ca. 90 % der landwirtschaftlichen Unternehmen Einzelunternehmen, die 84 % der landwirtschaftlichen Nutzfläche bewirtschafteten.[8] Gemessen am Standardoutput waren im Wirtschaftsjahr 2013/2014 ca. drei Viertel der Landwirtschaftsbetriebe kleine und mittlere Betriebe.[9]

Circa 98 % der privaten Waldeigentümer besitzen Flächen von weniger als 20 ha.[10] Die hohe Bedeutung des Kleinprivatwaldes wird ebenso immer wieder hervorgehoben wie die Notwendigkeit einer Zusammenarbeit zwischen den Eigentümern.[11]

Im weiteren Verlauf werden als KMU bzw. Mittelstand in der Land- und Forstwirtschaft Unternehmen verstanden, die:
- als Einzelunternehmen tätig sind und/oder
- einen kleinen bzw. mittleren Betrieb gemessen am Standardoutput darstellen und/oder
- Flächen des Kleinst- oder Kleinprivatwaldes bewirtschaften.

2.2 Charakteristika und Bedeutung von Kooperationen

Kooperationen können allgemein beschrieben werden als:[12]
- freiwillige,
- vertraglich vereinbarte,

---

5 Vgl. Hennig (2016), S. 330.
6 Vgl. Statistisches Bundesamt (2011), S. 8.
7 Vgl. BMEL (2015), S. 54.
8 Vgl. BMEL (2014), S. 5.
9 Vgl. BMEL (2015), S. 54.
10 Vgl. Polley/Hennig (2015), S. 34; Hennig (2016), S. 330.
11 Vgl. BMEL (2015), S. 77.
12 Vgl. Müller (2015), S. 458.

- längerfristige Zusammenarbeit,
- zwischen rechtlich und ökonomisch selbstständigen Wirtschaftseinheiten,
- welche die einmalige Transaktion übersteigt.

Für KMU stellen Kooperationen ein probates Mittel dar, um Größennachteile zu kompensieren.[13] In den Bereichen der Land- und Forstwirtschaft können Kooperationen auf eine lange – jedoch nicht überall positive – Geschichte verweisen.[14] Kaum eine Rechtsform verkörpert den Kooperationsgedanken in diesen Bereichen so wie die **Genossenschaft**. Der Zweck einer Genossenschaft besteht zwar nicht primär in der Gewinnerzielung, sondern in der Selbsthilfe der Mitglieder durch einen gemeinschaftlichen Geschäftsbetrieb im wirtschaftlichen, sozialen oder kulturellen Bereich.[15] Jedoch ist es oftmals das übergeordnete Ziel, durch die Zusammenarbeit die wirtschaftliche Situation der Mitglieder zu verbessern.

Die Kooperation ist in unterschiedlichen Bereichen der Wertschöpfung möglich. Klassischerweise erfolgt die Einteilung in folgende landwirtschaftliche Funktionsbereiche:[16]
- Beschaffung (Einkaufsgenossenschaft),
- Produktion (z. B. Molkerei, Mosterei, Winzerei oder Müllerei),
- Absatz (Vertriebsgenossenschaft).

Im forstwirtschaftlichen Bereich können die bereits beschriebenen Organisationsformen der Genossenschaft – aber auch andere Gesellschaftsformen des Privatrechts – als sogenannte **Forstbetriebsgemeinschaften** geführt werden. Der Begriff Forstbetriebsgemeinschaft beschreibt *„privatrechtliche Zusammenschlüsse von Grundbesitzern, die den Zweck verfolgen, die Bewirtschaftung der angeschlossenen Waldflächen und der zur Aufforstung bestimmten Grundstücke (Grundstücke) zu verbessern, insbesondere die Nachteile geringer Flächengröße, ungünstiger Flächengestalt, der Besitzzersplitterung, der Gemengelage, des unzureichenden Waldaufschlusses oder anderer Strukturmängel zu überwinden.“*[17] Neben der Forstbetriebsgemeinschaft ist die Bildung eines Forstbetriebsverbandes möglich, der jedoch weniger häufig anzutreffen ist. Zweck dieser Zusammenschlüsse ist die Überwindung von natürlichen bzw. wirtschaftlich-sozialen Nachteilen durch Kooperation.

Ziele von Kooperationen sind äußerst vielfältig. In der Land- und Forstwirtschaft werden neben finanziellen Zielen häufig auch soziale und/oder ökologische Ziele verfolgt.[18] Bei den finanziellen Zielen stehen prinzipiell die Erhöhung der Erträge und/oder die Senkung der Ausgaben im Vordergrund.

---

13 Vgl. Stahl/Rissbacher (2016), S. 106.
14 Vgl. Becker/Paasch (1971).
15 Vgl. § 1 GenG (2016).
16 Vgl. Vasthoff (1965), S. 113.
17 § 16 BWaldG (2015).
18 Vgl. Mann/Muziol (2001), S. 60–63.

In der landwirtschaftlichen Praxis werden häufig Gegenstände des Anlagevermö-
gens (z. B. Gebäude, Maschinen, Anlagen) gemeinsam errichtet bzw. erworben und
gemeinschaftlich genutzt, und/oder es wird versucht, die Macht der Partner auf dem
Beschaffungs- bzw. Absatzmarkt zu bündeln, um dadurch Skaleneffekte zu erzielen.[19]
In der forstwirtschaftlichen Praxis wird in der Regel eine verbesserte Wirtschaftlichkeit durch Erlössteigerungen und/oder durch eine Senkung der Beschaffungskosten
bzw. Senkung der Maschinenkosten angestrebt.

Im Detail werden für land- und forstwirtschaftliche Kooperationen oftmals fol-
gende wirtschaftliche **Ziele** angegeben:[20]
- Reduktion:
    - von Arbeits- und Betriebskosten,
    - der Fixkosten,
    - des Risikos,
    - der Steuerlast,
- Erhöhung:
    - des Gewinns,
    - der Produktionseinheiten,
    - der Flexibilität,
    - der Arbeitsqualität,
    - der Qualität betrieblicher Entscheidungen,
    - des Wachstums.
- Vorteile sowohl auf dem Absatzmarkt als auch auf dem Beschaffungsmarkt.

Diese Ziele werden in einer Kooperation ursächlich mittels Skalen- und/oder Verbundeffekten erreicht. Neben den angestrebten und beabsichtigten Zielen bzw. Effekten treten jedoch auch unbeabsichtigte, negative Effekte auf, die im wirtschaftlichen, sozialen oder ökologischen Bereich liegen können. Wesentliche ökonomische **Probleme**
landwirtschaftlicher Kooperationen bestehen u. a. in:[21]
- einer unbeabsichtigten Fixkostenerhöhung;
- der Einschränkung der Entscheidungsbefugnis bzw. der Gefahr suboptimaler
  Kompromisse;
- der ungerechten Verteilung von Gewinnen, Verlusten, Leistungen, Kosten;
- Unvollständigkeit und mangelnder Aktualität der Kooperationsverträge.

Die Notwendigkeit der gerechten Aufteilung von Nutzen und Lasten wurde sowohl
für landwirtschaftliche Kooperationen[22] als auch für forstwirtschaftliche Kooperatio-

19 Vgl. Doluschitz/Morath/Pape (2011), S. 113–121.
20 Vgl. Becker/Paasch (1971), S. 437; Peyerl/Breuer (2006), S. 24–28; Hein/Lavèn/Doluschitz (2011),
S. 20.
21 Vgl. Peyerl/Breuer (2006), S. 29–33; Hein/Lavèn/Doluschitz (2011), S. 24.
22 Vgl. Berg et al. (2001), S. 166–172; Schwerdtle (2001), S. 46; Kluth (2009), S. 529.

nen wiederholt festgestellt,[23] und es wurden schon frühzeitig Lösungsansätze entwickelt.[24]

Darüber hinaus bestehen Kooperationen in einem Bereich, welcher zwar ebenfalls dem landwirtschaftlichen Sektor zugerechnet werden kann, der jedoch von weiter reichender Bedeutung ist. Es handelt sich dabei um die gemeinsame Nutzung und Bewirtschaftung von Wasserressourcen, bei welcher die Gerechtigkeitsfrage seit Jahrhunderten besteht und besonders intensiv diskutiert wird. Aufgrund der hohen und häufig auch nationalen bzw. internationalen Relevanz dieser Problematik hat sich eine eigenständige Forschungsrichtung etabliert, welche hier nur erwähnt und für deren detaillierte Ausführungen auf die weiterführende Literatur verwiesen wird.[25]

Zur Lösung des Problems der gerechten Verteilung bietet sich u. a. die kooperative Spieltheorie an, die sich mit der Frage beschäftigt, wie eine faire Aufteilung der in einer Kooperation erzielten Ergebnisse erfolgen kann. Dieser Bereich, der schon seit geraumer Zeit existiert[26] und mit Bezug zu ökonomischen Problemen diskutiert wurde, erfuhr seit den Anfängen seiner Entwicklung auch sporadische Beachtung im deutschsprachigen Diskurs,[27] welche sich in den letzten Jahren etwas erhöhte.[28] Für die hier betrachtete Problematik ist dieser Bereich von besonderem Interesse, weshalb er im Folgenden vorgestellt wird.

3 Grundlagen der kooperativen Spieltheorie

3.1 Interpretationsrahmen und Annahmen

Im Rahmen der kooperativen Spieltheorie wird von Unternehmen als Kooperationspartnern ausgegangen und nicht von Unternehmen als Gegenspielern. Damit erübrigen sich Annahmen über die Art der Gegenspieler sowie über deren mögliche Handlungsstrategien, wie dies bei der strategischen Spieltheorie der Fall ist. Eine **Koalition** ist ein **Zusammenschluss von Unternehmen**, die in diesem Zusammenhang als Koalitionäre bezeichnet werden. Es gelten die folgenden Annahmen:[29]

- Zwischen den Unternehmen können feste, bindende **Abmachungen** getroffen werden.
- Die Unternehmen streben die gemeinsame Erreichung eines Ergebnisses an.

---

23 Vgl. Carter/Gronow (2005), S. 29; Mahanty/Guernier/Yasmi (2009), S. 276; World Bank (2013), S. 36.
24 Vgl. Hof et al. (1985); Sääksjärvi (1986); Rideout/Wagner (1988).
25 Vgl. Rogers (1969); Ambec/Dinar/McKinney (2013); Ambec/Ehlers (2008); Van den Brink/Van der Laan/Moes (2012).
26 Vgl. von Neumann/Morgenstern (1944).
27 Vgl. Krelle (1968), S. 348–365; Reichardt (1969); Wild (1967); Winand (1977); Winand (1978).
28 Vgl. Zelewski (2009), S. 24–29; Müller (2014b); Müller (2015); Müller (2016).
29 Vgl. Fromen (2004), S. 81; Müller (2014a), S. 291–292.

- Die Ergebnisse der Koalitionen können von den daran beteiligten Unternehmen beeinflusst werden.
- Die Koalitionäre verhalten sich eigennutzenmaximierend. Emotionale Komponenten wie Schadenfreude oder Mitleid werden nicht berücksichtigt.
- Der von einer Koalition erwirtschaftete Gewinn ist **vollständig transferierbar**, sodass dieser zwischen den Koalitionären aufgeteilt werden kann. Diese Aufteilung wird mittels Transferzahlungen realisiert, die als **Seitenzahlungen** bezeichnet werden.
- Mit der Transferierbarkeit des Nutzens wird Linearität der Nutzenfunktionen der Unternehmen angenommen. Wenn Linearität angenommen wird, kann auf die Betrachtung individueller Nutzenfunktionen verzichtet werden.

Weitere Annahmen werden nicht getroffen. Zur mathematischen Modellierung muss ein Spiel definiert werden.

Definition 1. Ein kooperatives n-Personen-Spiel Γ ist das Tupel (N, v), wobei $N = \{1, 2, 3 \ldots, n\}$ die Menge der Spieler und v die Koalitionsfunktion sind.[30]

Neben der Menge aller Spieler N – die als große Koalition bezeichnet wird – sind auch alle Teilmengen von N bedeutsam. Eine derartige Teilmenge $S \subseteq N$ wird als Koalition S bezeichnet.

Jede Koalition S erwirtschaftet ein bestimmtes Ergebnis und ist demzufolge durch eine Wertfunktion $v(S)$ gekennzeichnet. Die Funktion v ordnet jeder Teilmenge S einen Wert zu, der die ökonomische Leistungsfähigkeit dieser Koalition darstellt. Diese Funktion ist die **Koalitionsfunktion** des Spieles, auch als charakteristische Funktion bezeichnet.

Definition 2. Die Koalitionsfunktion v eines kooperativen Spieles $\Gamma(N, v)$ ordnet jeder Koalition einen Wert zu, sodass gilt $v \colon S \to \mathbb{R} \forall S \in 2^N$ und $v(\emptyset) = 0$.[31]

3.2 Wünschenswerte Eigenschaften der Kooperation

Nicht jede Kooperation ist erfolgreich. Es erscheint jedoch sinnvoll, die Betrachtung auf die erfolgreichen Kooperationen zu beschränken bzw. zu definieren, was als erfolgreiche Zusammenarbeit zu bezeichnen ist. Dies erfolgt über die Beschreibung wünschenswerter Eigenschaften, welche nach Möglichkeit durch die Zusammenarbeit erreicht werden sollen.

Als erste wünschenswerte Eigenschaft ist festzuhalten, dass die Kooperation keine negativen Resultate erzielt.

---

30 Vgl. Müller (2014a), S. 292.
31 Vgl. Zelewski (2009), S. 80.

Eigenschaft 1. *Keine Koalition erwirtschaftet ein negatives Ergebnis:*

$$v(S) \geq 0 \; \forall S \subseteq N \,.$$

Mit einer Kooperation wird angestrebt, dass der Gewinn der Kooperation mindestens genauso groß, wenn nicht noch größer ist, als die Einzelgewinne der teilnehmenden Unternehmen. Diesem Umstand wird mit der Charaktereigenschaft der **Superadditivität** (Synergie) Rechnung getragen.

Eigenschaft 2. *Ein Spiel $\Gamma(N, v)$ ist superadditiv, wenn gilt:*[32]

$$v(R \cup S) \geq v(R) + v(S) \forall R, S \subseteq N \quad mit \quad R \cap S = \emptyset \,.$$

Als letzte Eigenschaft ist festzuhalten, dass eine zahlenmäßig größere Koalition auch ein ökonomisch besseres Ergebnis erzielt. Dies wird durch die Konvexität ausgedrückt.

Eigenschaft 3. *Ein Spiel $\Gamma(N, v)$ ist konvex:*[33]
Wenn für alle Koalitionen $R, S \subseteq N$, die weder $R \subseteq S$ noch $S \subseteq R$ erfüllen, gilt:

$$v(S \cup R) + v(S \cap R) \geq v(R) + v(S)$$

oder: Wenn für alle Koalitionen $R, S \subseteq N$ mit $S \subseteq R$ und für alle Spieler $i \in N$, die weder in S noch in R enthalten sind, gilt:

$$v(S \cup \{i\}) - v(S) \leq v(R \cup \{i\}) - v(R) \,.$$

Superadditivität und Konvexität eines kooperativen Spieles sind einleuchtend für den Fall, dass die zugrunde liegenden Werte positive Erfolgsgrößen wie z. B. Gewinne darstellen. Für den Fall von angestrebten gemeinsamen Kostenreduktionen jedoch sind diese Begriffe nur dann einsetzbar, wenn aus dem Kostenspiel ein Kostenreduktionsspiel abgeleitet wird.

Definition 3. Die Kostenreduktionsfunktion als charakteristische Funktion des Spieles $\Gamma(N, v)$ wird auf Basis der Kostenfunktion des Spieles $\Gamma(N, c)$ wie folgt ermittelt:[34]

$$v(S) = \sum_{i \in S} c(\{i\}) - c(S), \forall S \subseteq N \,.$$

Es wird deutlich, dass die unterschiedlichen Ziele einer Kooperation – Kostenreduktion und/oder Gewinnerhöhung – als wünschenswerte Eigenschaften abgebildet werden können.

---

32 Vgl. Wiese (2005), S. 103.
33 Vgl. Wiese (2005), S. 106–108; Holler/Illing (2009), S. 272.
34 Vgl. Mueller (2017), S. 262.

4 Gerechte Aufteilung von Kosten und Kostensenkungen

4.1 Allgemeine Anforderungen an eine Lösung

Ein Lösungskonzept wird auf die Koalitionsfunktion angewandt und definiert die Auszahlungen für die einzelnen Unternehmen. Für ein und dieselbe Koalitionsfunktion existieren mehrere unterschiedliche Möglichkeiten der Ergebnisverteilung. **Grundlegendes Ziel** dieser Lösungskonzepte ist die Identifizierung einer **fairen Aufteilung**.

Definition 4. Ein Lösungskonzept ist eine Funktion f, welche zu einem kooperativen Spiel (N, v) eine Teilmenge $f(v)$ mit $f(v) \subseteq \mathbb{R}^n$ zuweist.

Dieses Konzept sorgt für die Verteilung von $v(N)$ und erzeugt einen Auszahlungsvektor $x = (x_1, x_2, x_3 \ldots x_n)$ mit $x \in \mathbb{R}^n$. Um eine Lösung zu erhalten, die von allen Spielern als fair empfunden wird, wurden in den vergangenen Jahren folgende Anforderungen formuliert:[35]

- Effizienz,
- individuelle Rationalität,
- Anonymität,
- Dummy-Spieler-Eigenschaft,
- Monotonie im Aggregat sowie
- Additivität.

Als Grundanforderung muss gelten, dass der gesamte Koalitionsgewinn verteilt wird.

Anforderung 1. *Ein Lösungskonzept f ist effizient, wenn gilt:* $\sum_{i \in N} f_i(v) = v(N)$.

Eine wesentliche Grundanforderung an eine Lösung des Koalitionsspieles ist die Erfüllung individueller Rationalität.

Anforderung 2. *Ein Lösungskonzept f erfüllt die Anforderung der individuellen Rationalität, wenn gilt:* $f_i(v) \geq v(\{i\}) \, \forall i \in N$.

Eine Zuteilung, die die Anforderung der individuellen Rationalität und der Effizienz erfüllt, wird als Imputation bezeichnet.

Definition 5. In einem Spiel $\Gamma = (N, v)$ wird der Vektor $x = (x_1, x_2, \ldots, x_n)$ als Imputation bezeichnet, wenn gilt:[36] $\sum_{i \in N} x_i = v(N)$ sowie $x_i \geq v(\{i\}) \, \forall i \in N$.

---

35 Vgl. Wiese (2005), S. 200–210; Müller (2015), S. 466. Zu einer Kritik dieser – in der Spieltheorie weitverbreiteten und akzeptierten – axiomatischen Vorgehensweise aus ökonomischer Sicht vgl. Zelewski (2009), S. 89–90.
36 Vgl. Fromen (2004), S. 93.

Definition 6. Die Menge aller Imputationen eines kooperativen Spieles $\Gamma(N, v)$ wird bezeichnet mit $I(N, v)$.

Als weitere Anforderung ist festzuhalten, dass ein Unternehmen, das keinen Beitrag zu einer Koalition leistet, auch keinen Anteil am Koalitionsgewinn erhält, da die Koalition ohne dieses Unternehmen denselben Gewinn erzielen kann. Das Unternehmen trägt nur so viel zum Koalitionsergebnis bei, wie es in einer Einerkoalition erzielen würde.

Definition 7. Ein Spieler $i \in N$ ist dann ein Dummy-Spieler, wenn für jede Koalition $S \subseteq N$ mit $i \notin S$ gilt: $v(S \cup \{i\}) = v(S) + v(\{i\})$.

Die Kooperation mit einem solchen Unternehmen bietet keinen Koalitionsmehrwert, was durch das Lösungskonzept berücksichtigt werden muss.

Anforderung 3. *Ein Lösungskonzept f erfüllt die Dummy-Spieler-Forderung, wenn gilt:* $f_i(v) = v(\{i\})$.

Weiterhin ist zu fordern, dass zwei Unternehmen, die einen identischen Beitrag zu dem Koalitionsgewinn leisten, gleich behandelt werden. Die Auszahlungen an die Spieler hängen demzufolge ausschließlich von ihren Beiträgen zur Koalition und nicht von anderen Faktoren (z. B. Herkunft oder Name) ab.[37]

Anforderung 4. *Ein Lösungskonzept f erfüllt die Anonymitätsforderung, wenn für zwei Spieler i und j, mit* $v(S \cup \{i\}) = v(S \cup \{j\}) \; \forall S \subseteq N$ *und* $i, j \notin S$ *gilt:* $f_i(v) = f_j(v)$.

Anonymität wird in der Literatur oftmals auch als Equal-Treatment-Property (ETP) bzw. als Symmetrie (SYM) bezeichnet.

Die Aggregatsmonotonie erfordert, dass bei wachsendem Spielwert und bei Konstanz aller anderen Rahmendaten die Zuteilungen an die Koalitionäre nicht sinken dürfen.[38]

Anforderung 5. *Ein Lösungskonzept f erfüllt die Forderung nach Monotonie im Aggregat, wenn aus* $v(N) \geq w(N)$ *und* $v(S) = w(S) \forall S \subsetneq N$ *folgt:* $f_i(v) \geq f_i(w) \; \forall i \in N$.

Ein Zuteilungsmechanismus ist dann aggregatsmonoton, wenn sich die Zuteilung an die Spieler in genau demselben Maße verändert wie die Kooperationsergebnisse. Als weitere Forderung an ein Lösungskonzept ist die Additivität einzuführen.

Anforderung 6. *Ein Lösungskonzept f erfüllt die Additivitätsforderung, wenn es für zwei Spiele* $\Gamma_1(N, v)$ *und* $\Gamma_2(N, w)$ *Auszahlungen generiert, für die gilt:* $f(v + w) = f(v) + f(w)$.

---

37 Vgl. Fiestras-Janeiro/García-Jurado/Mosquera (2011), S. 4; Wiese (2005), S. 206–207.
38 Vgl. Müller (2015), S. 464.

Diese Forderung ist seit ihrer Einführung[39] sehr umstritten und wurde frühzeitig kritisiert.[40] Shapley bezeichnete dies als „law of aggregation" und wies darauf hin, dass die beiden Spiele unabhängig voneinander sein müssen. Werden z. B. zwei Kostenstellen (KST) eines Unternehmens betrachtet und werden die KST-Leiter an der Höhe der Kosten gemessen und entsprechend entlohnt, so muss das Entlohnungsschema so gestaltet sein, dass die Entlohnung identisch ist, wenn sowohl beide KST einzeln oder gemeinsam betrachtet werden. Demzufolge darf es nicht möglich sein, dass sich die KST-Leiter durch rechnerische Zusammenlegung oder Trennung der KST besser bzw. schlechter stellen.[41] Die Entlohnung der Verantwortlichen darf nicht durch die Aufteilung des Unternehmens in KST beeinflusst werden. Die Entlohnung der KST-Leiter bei getrennter Kostenerfassung muss dieselbe sein wie bei gemeinsamer Kostenerfassung – vorausgesetzt die Kostenhöhe bleibt bei getrennter und gemeinsamer Erfassung dieselbe. Die grundsätzliche Frage ist jedoch, ob derartige Konstellationen als voneinander unabhängige Spiele interpretiert werden können.

4.2 Kern

Ein wesentliches Lösungskonzept für kooperative Spiele ist der Kern.[42] Grundgedanke ist die Identifikation von Auszahlungen, die keinen Anreiz bieten, die Koalition zu verlassen. Eine Auszahlung bietet keinen Anreiz für einen Koalitionär, die Koalition zu verlassen, wenn keine andere Zuteilung existiert, die diesem Koalitionär eine höhere Auszahlung bietet. Dies wird als Dominanz bezeichnet. Die Menge der Imputationen, die nicht dominiert werden, wird als Kern eines Spieles Kern(N, v) bezeichnet. Diese Imputationen werden durch keine anderen Auszahlungsvektoren dominiert.

Definition 8. Der Kern des Spieles Kern(N, v) besteht aus der Menge der Imputationen x, für welche gilt:[43]

$$\text{Kern}(N, v) = \left\{ x : \sum_{i \in S} x_i \geq v(S) \forall\ S \subseteq N \right\}.$$

Der Kern besteht aus Auszahlungsvektoren, die:
- individuell rational,
- kollektiv rational und
- durch keine – nicht große – Koalition blockierbar sind.

---

39 Vgl. Shapley (1953), S. 309.
40 Vgl. Luce/Raiffa (1957), S. 250–252; Spinetto (1975), S. 486.
41 Vgl. Wißler (1997), S. 37.
42 Vgl. Gillies (1959).
43 Vgl. Fromen (2004), S. 98–99.

Der Kern eines Spieles gibt eine Menge an Auszahlungen an, liefert jedoch keinen exakten Aufteilungsvorschlag. Diese Menge kann sehr groß, aber auch leer sein.

Der Lösungsraum für das Verteilungsproblem wird mit dem Kern auf diejenigen Zuteilungen beschränkt, die fair und deshalb langfristig stabil sind. Das bedeutet, lediglich Spiele mit einem nicht leeren Kern verfügen über eine stabile Lösungsmenge und können einen Anreiz zur Kooperation bieten. Deshalb wäre es wünschenswert, diejenigen Spiele zu identifizieren, die über einen nicht leeren Kern verfügen. Um diese Spiele zu identifizieren, wird die folgende Argumentation verwendet:[44] Jeder Spieler $i \in N$ verfügt über bestimmte Ressourcen, z. B. personelle bzw. finanzielle Ressourcen oder Arbeitszeit. Diese Ressourcen kann er für die Erwirtschaftung des Koalitionsergebnisses einsetzen. Nun sind jedoch bei einer Menge von N Spielern 2^N Koalitionen denkbar, in denen der Spieler $\{i\}$ mitarbeiten kann. Wenn dieser Spieler nicht sämtliche ihm zur Verfügung stehende Ressourcen einsetzt, kann geschlussfolgert werden, dass ihm diese ungenutzten Ressourcen keinen zusätzlichen Nutzen stiften. Als rationaler Akteur würde er diese sonst einsetzen, um seinen Nutzen zu vergrößern. Offensichtlich ist es für alle Akteure nur dann ökonomisch sinnvoll, sich an einer Koalition zu beteiligen, wenn jeder Akteur seine Ressourcen voll in die Koalition einbringt. Zur Beschreibung der Zugehörigkeit eines Spielers $\{i\}$ zu einer Koalition S wird der Zugehörigkeitsvektor z_S eingeführt. Dabei handelt es sich um einen (0,1)-Vektor mit $z_S = (z_S(1), z_S(2), \ldots z_S(n))$ mit:[45]

$$z_S(i) = \begin{cases} 1: & \text{für } i \in S \\ 0: & \text{für } i \in N \backslash S. \end{cases}$$

Der Umstand, dass ein Spieler seine gesamten Ressourcen in die möglichen Koalitionen einbringt, wird mit dem Begriff der **Balanciertheit** bzw. **Ausgewogenheit** beschrieben. Im Folgenden wird eine Menge von nicht leeren Koalitionen als Koalitionssystem $\mathbb{B}$ mit $\mathbb{B} = \{S_1, S_2, \ldots, S_m\}$ bezeichnet. Weiterhin wird der Gewichtungsfaktor α_j mit $j = 1, \ldots, m$ eingeführt, der beschreibt, welchen Anteil die Koalition S_j an der Gesamtzahl der Koalitionen aufweist, an denen der Spieler $\{i\}$ beteiligt ist.

Eigenschaft 4. *Ein Koalitionssystem $\mathbb{B}$ mit $\mathbb{B} = \{S_1, S_2, \ldots, S_m\}$ heißt balanciert, wenn es für jeden Spieler $i \in N$ reellwertige Koeffizienten $0 \le \alpha_j \le 1$ gibt, sodass gilt:*[46]

$$\sum_{j=1}^{m} \alpha_j z_{S_j}(i) = 1 \forall S_j \in \mathbb{B}.$$

Mit dem Produkt $\alpha_j z_{S_j}(i)$ wird das Gewicht der Koalition S_j aus Sicht des Spielers $\{i\}$ beschrieben, an der er beteiligt ist.

---

44 Vgl. Karagök (2006), S. 37; Wiese (2005), S. 161–162.
45 Vgl. Driessen (1988), S. 47; Karagök (2006), S. 36.
46 Vgl. Müller (2014a), S. 300.

Eigenschaft 5. *Ein kooperatives Spiel $\Gamma = (N, v)$ heißt ausgewogen, wenn für jedes balancierte Koalitionssystem $\mathbb{B}$ mit den Faktoren $\alpha_j \ldots \alpha_m > 0$ gilt:*[47]

$$\sum_{j=1}^{m} \alpha_j v(S_j) \le v(N) .$$

Es konnte gezeigt werden:[48]
- dass die Eigenschaft der Balanciertheit eines Spieles sicherstellt, dass dieses Spiel einen nicht leeren Kern besitzt;
- dass konvexe Spiele ebenfalls immer einen nicht leeren Kern besitzen.

Der Kern stellt ein Konzept dar, welches keine spezifische Lösung entwickelt, sondern lediglich indiziert, ob es eine nicht leere Lösungsmenge gibt. Er wurde auch zur Lösung der Verteilungsproblematik forstwirtschaftlicher Kooperationen vorgeschlagen.[49]

Mit B^N wird im Folgenden die Menge aller balancierten Spiele bezeichnet und es wird die Kernzugehörigkeit („core selection") als eine weitere Anforderung an ein Lösungskonzept festgehalten.

Anforderung 7. *Ein Lösungskonzept f erfüllt die Forderung nach Kernzugehörigkeit, wenn $f(v) \in Kern(N, v) \; \forall v \in B^N$.*

Damit soll sichergestellt werden, dass die ermittelte Lösung zur Menge der nicht dominierten Imputationen gehört.

4.3 Shapley-Wert

Dieses Lösungskonzept ist das älteste der hier vorgestellten Konzepte und wurde 1953 entwickelt.[50] Der Grundgedanke ist: Jeder Spieler erhält einen Gewinnanteil, der von seinen Beiträgen zu den prinzipiell möglichen – also allen denkbaren – Koalitionen abhängt. Der Beitrag des Unternehmens besteht in der Wertsteigerung, die es durch die Teilnahme an der Koalition bewirkt. Dies wird als **marginaler Beitrag** bezeichnet. Der marginale Beitrag $mb_{i;S}$ des Spielers i für die Koalition S wird ermittelt durch: $mb_{i;S} = v(S) - v(S\setminus\{i\})$. Zur Ermittlung des Anteils werden **alle möglichen Reihenfolgen**, mittels derer die Koalitionen unter Teilnahme des Unternehmens i gebildet werden, festgestellt, und für jede dieser Reihenfolgen wird der marginale Beitrag des Unternehmens i ermittelt. Es existieren $n!$ Reihenfolgen, in denen die einzelnen Spieler der Koalition beitreten können.

47 Vgl. Wiese (2005), S. 163; Karagök (2006), S. 40.
48 Vgl. Müller (2014a), S. 301.
49 Vgl. Hof (1993), S. 31–33; Sääksjärvi (1986), S. 248–249.
50 Vgl. Shapley (1953).

Weiterhin wird angenommen, dass alle Reihenfolgen **gleich wahrscheinlich** sind. Der so gebildete **gewichtete marginale Beitrag** des Unternehmens $W_i(v)$ wird als Shapley-Wert bezeichnet.[51]

Definition 9. Für ein kooperatives Spiel $\Gamma(N, v)$ lässt sich der Shapley-Wert $W_i(v)$ für alle $i \in N$ wie folgt bestimmen:[52]

$$W_i(v) = \sum_{i \in S; S \subseteq N} \frac{(|S| - 1)! \ (n - |S|)!}{n!} [v(S) - v(S \setminus \{i\})] \ .$$

Dieser Wert ist das bekannteste Lösungskonzept und wurde schon mehrfach zur Verteilung von Kosten oder Gewinnen von Unternehmenskooperationen herangezogen.[53] Dies erfolgt auch im Kontext forstwirtschaftlicher Kooperationen[54] und für landwirtschaftliche Betriebsgesellschaften.[55]

Der Shapley-Wert erfüllt von den eingeführten Forderungen[56] die Forderung nach[57]

- Effizienz,
- Symmetrie,
- Dummy-Spieler-Eigenschaft,
- Monotonie im Aggregat und
- Additivität.

für alle $v \in \Gamma^N$, d. h. für **alle kooperativen Spiele.** Die Forderungen nach individueller Rationalität sowie nach Kernzugehörigkeit werden vom Shapley-Wert nur für alle $v \in C^N$, also nur für konvexe Spiele erfüllt. Für jedes konvexe Spiel befindet sich der Shapley-Wert im nicht leeren Kern.[58] Jedoch ist nur für konvexe Spiele sichergestellt, dass der Shapley-Wert Bestandteil des Kerns ist. Im Fall nicht konvexer Spiele es ist möglich, dass der Wert nicht im Kern liegt, sodass er keine stabile Lösung darstellt.[59] Da der Shapley-Wert immer – d. h. für jedes Spiel – existiert, besteht die Gefahr, dass er als Lösung verwendet wird, ohne dass er zum Kern gehört, also ohne dass er eine stabile Lösung darstellt.

Weiterhin ist zu kritisieren, dass bei der Ermittlung des Shapley-Wertes davon ausgegangen wird, dass alle Koalitionen dieselbe Wahrscheinlichkeit des Zustandekommens aufweisen. Dies dürfte jedoch in der Realität nicht immer der Fall sein.

---

51 Vgl. Shapley (1953), S. 311.
52 Vgl. Müller (2014a), S. 302.
53 Vgl. Müller (2015), S. 467–468; Mueller (2018).
54 Vgl. Rideout/Wagner (1988), S. 290; Hof (1993), S. 35; Frisk et al. (2010), S. 455–457.
55 Vgl. Kluth (2009).
56 Vgl. S. 268 und S. 272.
57 Vgl. Wiese (2005), S. 225–230; Müller (2015), S. 475.
58 Vgl. Müller (2014a), S. 302.
59 Vgl. Müller (2015), S. 472.

4.4 Nucleolus

Der Nucleolus wurde 1969 entwickelt.[60] Die Argumentation des Nucleolus basiert auf folgendem Gedankenspiel: Zum Zweck der gerechten Aufteilung soll ein unabhängiger „Schlichter" entsprechende Vorschläge unterbreiten. Ziel ist es, den Gewinn der großen Koalition so zu verteilen, dass kein Spieler benachteiligt wird. Wenn ein Spieler durch die Aufteilung benachteiligt würde, hätte er die Möglichkeit, die große Koalition zu verlassen. Dann würde der Spieler eine Außenseiterkoalition bilden, in der er zwar weniger erwirtschaften würde als in der großen Koalition, diesen Gewinn jedoch auch mit weniger Koalitionären bzw. im Fall der Stand-alone-Lösung gar nicht teilen müsste. Um über das Maß der Benachteiligung der Spieler zu entscheiden, wird der sogenannte Koalitionsüberschuss herangezogen.

Definition 10. In einem kooperativen Spiel $\Gamma(N, v)$ wird der Überschuss einer Koalition $S \subseteq N$ in Bezug auf einen Auszahlungsvektor $x \in I(N, v)$ definiert durch:[61]

$$e(S, x) = v(S) - \sum_{i \in S} x_i .$$

Der Überschuss $e(S, x)$ stellt demnach die Differenz zwischen dem Koalitionswert und der Auszahlung an diese Koalition dar. Eine Koalition ist bzgl. eines Auszahlungsvektors x umso schlechtergestellt, je größer der Koalitionsüberschuss $e(S, x)$ ist.

Es wird versucht, die Unzufriedenheit der Spieler mit den vorgeschlagenen Aufteilungen zu minimieren. Dazu wird der Vektor der Überschüsse geordnet, beginnend mit dem höchsten Wert – also der größten Unzufriedenheit. Ziel ist die Minimierung **aller** Koalitionsüberschüsse. Der „Schlichter" schlägt mehrere Auszahlungen vor, welche miteinander zu vergleichen sind. Auf Basis eines Auszahlungsvorschlags $x = (x_1, x_2, x_3, \ldots, x_n)$ wird der Vektor der – in absteigender Reihenfolge – geordneten Koalitionsüberschüsse $\Theta(x)$ gebildet. Die verschiedenen Auszahlungsvorschläge des Schlichters werden auf Basis dieser Vektoren miteinander verglichen. Für diesen Vergleich der Vektoren wird das Konzept der lexikografischen Ordnung herangezogen. Das Schlichterverfahren wird so lange fortgesetzt, bis es keine Auszahlung mehr gibt, die den Vektor der geordneten Überschüsse weiter minimiert. Die dann gefundene Lösung ist der Nucleolus.

Definition 11. Der Nucleolus $\mathrm{nuc}(N, v)$ eines Spieles ist die Menge aller Imputationen x, die $\Theta(x)$ lexikografisch minimieren. Es gilt:[62]

$$\mathrm{nuc}(N, v) = \{x \in I(N, v) | \Theta(x) \leq_{Lex} \Theta(y) \forall y \in I(N, v)\} .$$

---

60 Vgl. Schmeidler (1969).
61 Vgl. Schmeidler (1969), S. 1163.
62 Vgl. Müller (2014a), S. 306.

Von den vorgestellten Forderungen[63] erfüllt der Nucleolus die Forderung nach:[64]
- Effizienz,
- individuelle Rationalität,
- Anonymität,
- Dummy-Spieler-Eigenschaft sowie
- Kernzugehörigkeit.

Der Nucleolus erfüllt jedoch die Forderungen nach Aggregatsmonotonie und Additivität nicht. Der **wesentliche Vorteil** des Nucleolus im Vergleich zum Shapley-Wert ist der Umstand, dass der Nucleolus aufgrund der Erfüllung der Kernzugehörigkeitsforderung **immer** im Kern balancierter Spiele liegt. Der Nucleolus wurde ebenfalls schon mehrfach zur Kostenaufteilung von gemeinsam genutzten Ressourcen herangezogen,[65] auch im Kontext forstwirtschaftlicher Kooperationen.[66] Aufgrund der relativ komplizierten Berechnungsweise ist er jedoch nicht so verbreitet wie der Shapley-Wert.

5 Beispiel

5.1 Einführung und Problemstellung

Es werden vier landwirtschaftliche Betriebe betrachtet, die im Bereich der Milchverarbeitung tätig sind. Die Unternehmen sind durch den gestiegenen Wettbewerbsdruck gezwungen, die bisher getrennten Molkereien zusammenzulegen. Die Unternehmen haben folgende Milchmengen prognostiziert, die zu verarbeiten sind: Unternehmen A und C jeweils 1.500 hl, Unternehmen B 1.000 hl und Unternehmen D 2.000 hl. Die technischen Restriktionen erlauben die Dimensionierung der Anlagen entsprechend der Tab. 32.

Tab. 32: Eingangsdaten des Beispiels.

Anlagentyp	Jährliche Leistung (hl)	Gesamtkosten (€)	Kosten je Einheit (€/hl)
Klein	1.500	200.000	133,33
Mittel	3.000	280.000	93,33
Gross	4.000	330.000	82,50
Kooperativ	6.000	500.000	83,33

---

63 Vgl. S. 268 und S. 272.
64 Vgl. Maschler/Solan/Zamir (2013), S. 812; Müller (2015), S. 475.
65 Vgl. Littlechild/Thompson (1977); Fischer (2008), S. 70.
66 Vgl. Rideout/Wagner (1988), S. 291–292; Hof (1993), S. 35–38.

Nun stellt sich die Frage, welche Anlagekombination ökonomisch vorteilhaft ist und wie die Kosten dieser Anlage auf die Unternehmen zu verteilen sind. Folgende traditionelle Aufteilungsmöglichkeiten bieten sich an:

- Mittels der Gleichverteilung würden pro Unternehmen 125.000,- € Kosten kalkuliert. Dies wäre jedoch gegenüber Unternehmen B ungerecht, da dieses Unternehmen lediglich ein Sechstel des Gesamtvolumens verursacht.
- Die Gesamtkosten der kooperativen Anlage könnten dem Verursachungsprinzip entsprechend nach der Menge der zu verarbeitenden Milch geschlüsselt werden. Unternehmen A und C würden bei der Kooperativanlage und Kosten von $83\frac{1}{3}$ € je hl jeweils 125.000 € bezahlen, Unternehmen B hingegen lediglich 83.333,33 €, und Unternehmen D müsste 166.666,67 € Kosten übernehmen. Gegen eine derartige Schlüsselung spricht der Umstand, dass sich die Unternehmen A, B und C zusammenschließen könnten und eine kleinere Anlage für 330.000 € errichten könnten. Damit würden diese Unternehmen 270.000 € im Vergleich zur Stand-alone-Lösung einsparen. Gleichzeitig wäre der bei dieser Anlage resultierende Kostensatz von 82,50 € je hl geringer, als im Fall der Kooperativanlage. Deshalb stellt sich aus Sicht dieser Unternehmen die Frage, warum sie mit dem Unternehmen D eine Kooperativanlage errichten sollen.

Zur Klärung dieser Problematik wird auf die vorgestellten Argumentationen und spieltheoretischen Verfahren zurückgegriffen.

5.2 Spieltheoretische Lösung

5.2.1 Identifikation der Lösungsmenge

Die Kostenfunktion dieser Konstellation ist in der Tab. 33 zu sehen.

Tab. 33: Kostenfunktion der Molkereivarianten (Angaben in Tausend €).

S	c(S)	S	c(S)	S	c(S)	S	c(S)
∅	0	{D}	280	{B, C}	280	{A, B, D}	480
{A}	200	{A, B}	280	{B, D}	280	{A, C, D}	500
{B}	200	{A, C}	280	{C, D}	330	{B, C, D}	480
{C}	200	{A, D}	330	{A, B, C}	330	{A, B, C, D}	500

Um die Frage der Kostenaufteilung zu beantworten, wird im ersten Schritt aus der Kostenfunktion unter Verwendung der Definition 3[67] die Kostenreduktionsfunktion gebildet (vgl. Tab. 34).

Tab. 34: Kostenreduktionsfunktion der Molkereivarianten (Angaben in Tausend €).

S	v(S)	S	v(S)	S	v(S)	S	v(S)
∅	0	{D}	0	{B, C}	120	{A, B, D}	200
{A}	0	{A, B}	120	{B, D}	200	{A, C, D}	180
{B}	0	{A, C}	120	{C, D}	150	{B, C, D}	200
{C}	0	{A, D}	150	{A, B, C}	270	{A, B, C, D}	380

Dies ist die charakteristische Funktion, auf welche die beschriebenen Lösungsverfahren angewendet werden können. Das vorliegende Spiel ist superadditiv (vgl. Eigenschaft 2), jedoch nicht konvex (vgl. Eigenschaft 3).[68] Da das Spiel nicht konvex ist, besteht die Möglichkeit, dass keine stabile Lösung existiert. Eine Analyse des Spieles auf Balanciertheit hin[69] zeigt jedoch, dass ein nicht leerer Kern existiert (vgl. Abb. 27).

Demzufolge gibt es eine stabile Lösung, d. h. eine gerechte Aufteilung der gemeinsam erzielten Kostenreduktion. Mit dieser Erkenntnis ist jedoch noch nicht festgestellt

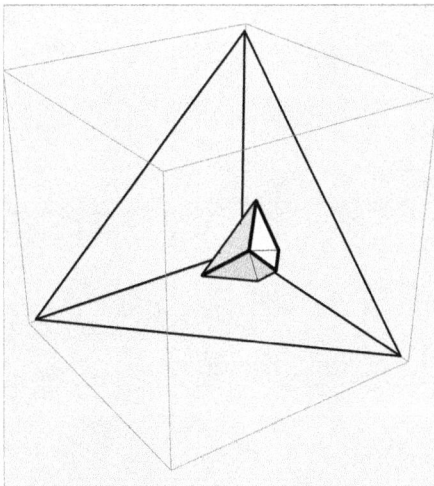

Abb. 27: Kern des Kostenaufteilungsspiels[70].

---

67 Vgl. S. 267.
68 Vgl. S. 267.
69 Vgl. S. 271.
70 Quelle: eigene Darstellung auf Basis von Meinhardt (2016).

worden, welches Unternehmen welchen Anteil erhält. Diese Frage wird im nächsten Abschnitt beantwortet.

5.2.2 Feststellung konkreter Kostenanteile

Die Ermittlung des Shapley-Wertes ist in der Tab. 35 dargestellt und basiert auf der Definition 9.[71]

Tab. 35: Tabellarische Ermittlung des Shapley-Wertes (Angaben in Tausend €).

| Permutationen | Marginalbeitrag $(v(S) - v(S \setminus \{i\}))$ | | | |
	$\{A\}$	$\{B\}$	$\{C\}$	$\{D\}$
(A, B, C, D)	0	120	150	110
(A, B, D, C)	0	120	180	80
(A, C, B, D)	0	150	120	110
(A, C, D, B)	0	200	120	60
(A, D, B, C)	0	50	180	150
(A, D, C, B)	0	200	30	150
(B, A, C, D)	120	0	150	110
(B, A, D, C)	120	0	180	80
(B, C, A, D)	150	0	120	110
(B, C, D, A)	180	0	120	80
(B, D, A, C)	0	0	180	200
(B, D, C, A)	180	0	0	200
(C, A, B, D)	120	150	0	110
(C, A, D, B)	120	200	0	60
(C, B, A, D)	150	120	0	110
(C, B, D, A)	180	120	0	80
(C, D, A, B)	30	200	0	150
(C, D, B, A)	180	50	0	150
(D, A, B, C)	150	50	180	0
(D, A, C, B)	150	200	30	0
(D, B, A, C)	0	200	180	0
(D, B, C, A)	180	200	0	0
(D, C, A, B)	30	200	150	0
(D, C, B, A)	180	50	150	0
Summe	2.220	2.580	2.220	2.100
Shapley-Wert	92,50	107,50	92,50	87,50

---

[71] Vgl. S. 273.

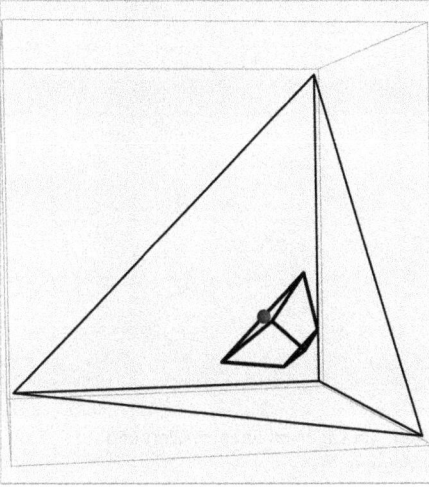

Abb. 28: Lage des Shapley-Wertes[72].

Der Shapley-Wert liegt jedoch nicht im Kern. Dies wird bei der Betrachtung der Koalition $\{B, D\}$ deutlich. Diese Koalition erwirtschaftet eine Kostenreduktion in Höhe von 200.000 €, erhält mittels der Shapley-Verteilung jedoch nur 195.000 € zugeteilt. Demzufolge besteht kein Anreiz für diese Unternehmen, sich an der 4-Unternehmen-Koalition zu beteiligen. In der grafischen Darstellung der Lage des Shapley-Wertes wird deutlich (vgl. Abb. 28), dass dieser Wert nicht im Kern liegt.

Da festgestellt wurde, dass ein nicht leerer Kern existiert, muss eine Lösung gefunden werden, welche Bestandteil des Kerns ist. Es wurde darauf hingewiesen, dass der Nucleolus immer zum nicht leeren Kern gehört.[73] Für das beschriebene Kostenreduktionsspiel ergibt sich der Nucleolus – auf Basis der im Abschnitt 4.4 beschriebenen Vorgehensweise – mit:

$$nuc(N, v) = (80.000, 130.000, 80.000, 90.000) \, .$$

Dies stellt eine faire Kostenaufteilung dar. In der grafischen Darstellung wird deutlich (vgl. Abb. 29), dass der Nucleolus – per definitionem – zum nicht leeren Kern gehört.

Die Aufteilung der Gesamtkostenreduktion von 380.000 € entsprechend des Nucleolus führt zu der folgenden Kostenaufteilung zwischen den Unternehmen:
- Unternehmen A: 120.000 €,
- Unternehmen B: 70.000 €,
- Unternehmen C: 120.000 € sowie
- Unternehmen D: 190.000 €.

---

72 Quelle: eigene Darstellung auf Basis von Meinhardt (2016).
73 Vgl. S. 275.

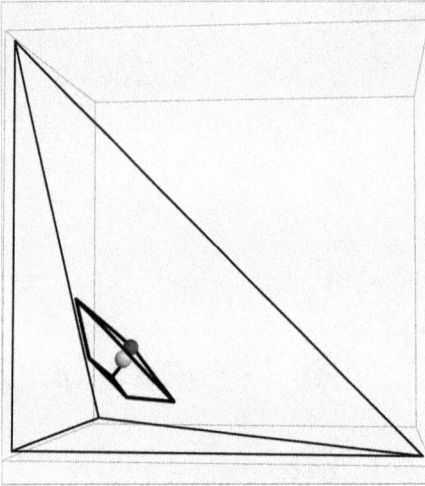

Abb. 29: Lage von Shapley-Wert und Nucleolus[74].

6 Eignung der kooperativen Spieltheorie für KMU

6.1 Verfahrensbezogene Faktoren

Die Akzeptanz und Verbreitung von betriebswirtschaftlichen Methoden ist in der Praxis in hohem Maße von der Nutzeradäquanz der Verfahren bestimmt. Die Nutzeradäquanz beschreibt die Passgenauigkeit des Modells für den Anwender und wird von folgenden Faktoren determiniert:[75]

– Selbsterklärung und Komplexität der Ergebnisse;
– Kompatibilität und Kommunizierbarkeit des Verfahrens;
– Beschaffung der Inputdaten;
– Transparenz der Rechenvorgänge;
– Modellkosten;
– Realitätsnähe.

Mit Blick auf die Selbsterklärung und Komplexität der Ergebnisse sowie die Transparenz der Berechnungen muss festgestellt werden, dass die kooperative Spieltheorie hohe Anforderungen an den Anwender stellt. Die Beschaffung der Inputdaten ist leicht zu realisieren, da es sich lediglich um Kosteninformationen handelt. Die Kosten der Modellierung sind als sehr gering einzuschätzen. Die Kompatibilität der Modelle der kooperativen Spieltheorie ist lediglich bei Kenntnis der betreffenden Unternehmen, der beteiligten Subjekte und der jeweiligen Situation zu beurteilen.

---

74 Quelle: eigene Darstellung auf Basis von Meinhardt (2016).
75 Vgl. Müller (2009), S. 484.

Die Realitätsnähe wird durch die Diskussion der verwendeten Annahmen analysiert. Es sind dies folgende Annahmen:
- Die beteiligten Unternehmen treffen ex ante verbindliche Abmachungen, die auch ex post eingehalten werden.
- Zwischen den beteiligten Unternehmen besteht die Möglichkeit von Seitenzahlungen.

Die erste dieser Annahmen kann durch die Interpretation dieser Abmachungen als Kooperationsvereinbarung gerechtfertigt werden, die durchaus als realistisch angesehen werden kann. Größere Schwierigkeiten bereitet die Annahme der Möglichkeit von Seitenzahlungen zwischen den beteiligten Unternehmen. Diese Schwierigkeiten stellen sich wie folgt dar: Das Konzept der Seitenzahlungen erfordert, dass die gesamten Synergiegewinne **sowohl** offengelegt werden **als auch** durch eine Instanz respektive ein Koalitionsunternehmen eingezogen und anschließend verteilt werden.

Es ist ebenfalls erforderlich, für unterschiedlichste Koalitionsvarianten die Werte der Koalitionsfunktionen ex ante benennen zu können. Dies erscheint gerade im Hinblick auf einen praktischen Einsatz das Kardinalproblem zu sein. Die Annahme, dass die Unternehmen die Kooperationsgewinne der jeweiligen Koalitionsvarianten zu Beginn der Kooperation kennen, setzt vollständiges Wissen über die Zukunft und Sicherheit über die entsprechenden Daten voraus.

6.2 Unternehmensbezogene Faktoren

Als wesentliche Faktoren, die den Modelleinsatz bestimmen, sind die Organisationsstruktur, die Akteurseigenschaften und die Unternehmenskultur festzustellen. Die organisationale Struktur wird determiniert durch die Größe des Unternehmens, den Grad der Zentralisierung, Formalisierung, der funktionalen Differenzierung und der Spezialisierung.

Mit zunehmender Größe der Unternehmen steigt die Aufnahme und Verbreitung anspruchsvoller Modelle, da mit steigender Größe unternehmerische Ressourcen und die Wissensbasis wachsen. Eine hohe funktionale Differenzierung und ein hoher Spezialisierungsgrad verstärken diese Effekte positiv. Die Unternehmenskultur mit der Ausprägung der Risikobereitschaft, der Offenheit gegenüber Veränderungen und der Kommunikationskultur bildet einen weiteren wichtigen Einflussfaktor. Der Nachteil der geringen Unternehmensgröße für die Anwendung anspruchsvoller Modelle in den KMU wird häufig durch innovationsfreundliche Akteurseigenschaften und eine ebenso geprägte Unternehmenskultur kompensiert, womit KMU nicht per se benachteiligt sind.[76]

Es stellt sich die Frage, ob die mittelständischen Unternehmen bereit und in der Lage sind, das notwendige Verständnis für die kooperative Spieltheorie aufzubringen.

---

76 Vgl. Müller (2008), S. 257–258.

In Abhängigkeit von

- dem vorliegenden Entscheidungsproblem und
- den Eigenschaften des Entscheidungsträgers bzw. dessen Unternehmens

wird ein Spannungsverhältnis zwischen den Modellanforderungen und den Akteurs-fähigkeiten bzw. Unternehmenscharakteristika existieren. Die Eignung der Verfahren der kooperativen Spieltheorie für KMU ist demzufolge unternehmensspezifisch zu be-urteilen und wird durch den Grad der Übereinstimmung von Modellanforderungen und unternehmensbezogenen Eigenschaften – Qualifikation, Motivation, Problemlö-sungskapazität – determiniert.

Es muss hier jedoch darauf hingewiesen werden, dass der Einsatz der koopera-tiven Spieltheorie in den KMU auch durch unternehmensexterne Institutionen bzw. Personen vorgenommen und begleitet werden kann. Dies ergibt sich aus dem rationa-litätsorientierten Controllingverständnis, welches die Träger der Rationalitätssiche-rung nicht ausschließlich im Unternehmen sieht.[77] Deshalb kann die Anwendung der kooperativen Spieltheorie durch andere Akteure – wie z. B. Verbände, akademische Institutionen, Unternehmensberatungen – initiiert und begleitet werden.

7 Fazit

Eine Grundanforderung an Kooperationen in der Land- und Forstwirtschaft ist die ge-rechte Aufteilung der gemeinsam erzielten Ergebnisse unter den Partnern. Die koope-rative Spieltheorie:

- definiert diejenigen Anforderungen, welche an eine gerechte Verteilung zu stellen sind, und operationalisiert damit den Gerechtigkeitsbegriff;
- definiert verschiedene Spielklassen (also Kooperationsergebnisklassen);
- liefert eine Aussage darüber, ob ein Spiel prinzipiell eine gerechte Lösung auf-weist;
- offeriert mehrere Konzepte zur Identifikation der gerechten Zuteilung.

In Summe dieser Betrachtungen kann festgestellt werden, dass die kooperative Spiel-theorie sehr gut geeignet ist, das Aufteilungsproblem zu lösen.

Dieser Aussage ist auf theoretischer Ebene vorbehaltlos zuzustimmen. Mit Blick auf die praktischen Einsatzmöglichkeiten in den KMU hingegen scheint das Verständ-nis und die Kommunikation dieser Methodik problematisch. Eine vielfältige Anwen-dung dieser Verfahren ist deshalb erst einmal nicht zu erwarten. Jedoch ist der unter-stützende Einsatz der Modelle durch wirtschaftswissenschaftliche Know-how-Träger wie z. B. Unternehmensberatungen oder akademische Institutionen für diese Unter-nehmen durchaus zielführend und wünschenswert.

---

77 Vgl. Müller (2014a), S. 135–137.

8 Literatur

Ambec, S./Dinar, A./McKinney, D. (2013): Water sharing agreements sustainable to reduced flows. In: JEEM, 66. Jg., H. 3, S. 639–655.

Ambec, S./Ehlers, L. (2008): Sharing a river among satiable agents. In: Games and Economic Behavior, 64. Jg., H. 1, S. 35–50.

Becker, W./Paasch, F. (1971): Überlegungen zur Problematik von Kooperationen in der Landwirtschaft. In: Berichte über Landwirtschaft, 49. Jg., H. 3/4, S. 425–452.

Berg, E./Trenkel, H./Lüttgens, B./Grienberger, R./Möller, K./Reinders, M. (2001): Motivation, Zielsetzung und innere Organisation von Betriebsgesellschaften in der Landwirtschaft. In: Landwirtschaftliche Rentenbank (Hg.): Betriebsgesellschaften in der Landwirtschaft: Chancen und Grenzen im Strukturwandel. Frankfurt/M.: Rentenbank, S. 141–178.

BMEL (Hg.) (2014): Ausgewählte Daten und Fakten der Agrarwirtschaft 2014. Bundesministerium für Ernährung und Landwirtschaft. Berlin.

BMEL (Hg.) (2015): Agrarpolitischer Bericht der Bundesregierung. Bundesministerium für Ernährung und Landwirtschaft. Berlin.

Carter, J./Gronow, J. (2005): Recent experience in collaborative forest management – a review paper. CIFOR Occasional Paper No. 43.

Doluschitz, R./Morath, C./Pape, J. (2011): Agrarmanagement. Stuttgart.

Driessen, T. (1988): Cooperative games, solutions and applications. Dordrecht.

Fiestras-Janeiro, M./García-Jurado, I./Mosquera, M. (2011): Cooperative games and cost allocation problems. In: Top, 19. Jg., H. 1, S. 1–22.

Fischer, D. (2008): Leistungsgerechte Zuteilung von Erlösen in Netzwerkorganisationen: Am Beispiel von Verkehrsverbünden. Baden-Baden.

Frisk, M./Göthe-Lundgren, M./Jörnsten, K./Rönnquist, M. (2010): Cost allocation in collaborative forest transportation. In: EJOR, 205. Jg., H. 2, S. 448–458.

Fromen, B. (2004): Faire Aufteilung in Unternehmensnetzwerken: Lösungsvorschläge auf der Basis der kooperativen Spieltheorie. Wiesbaden.

Gillies, D. B. (1959): Solutions to general non-zero-sum-games. In: Tucker, A./Luce, R. D. (Hg.): Contributions to the theory of games. Vol. 4. Princeton, S. 47–87.

Hein, K./Lavèn, P./Doluschitz, R. (2011): Voraussetzungen, Vorteile und Probleme in Kooperationen zwischen landwirtschaftlichen Unternehmen – theoretische Analyse und empirische Überprüfung. In: Berichte über Landwirtschaft, 89. Jg., H. 1, S. 13–37.

Hennig, P. (2016): Kleinprivatwald: höhere Vorräte, geringere Nutzung. In: Holz-Zentralblatt, 142. Jg., H. 12, S. 330–332.

Hof, J. (1993): Coactive forest management. London.

Hof, J./Lee, R./Dyer, A./Kent, B. (1985): An analysis of joint costs in a managed forest ecosystem. In: JEEM, 12. Jg., H. 4, S. 338–352.

Holler, M. J./Illing, G. (2009): Einführung in die Spieltheorie. 7. Aufl., Berlin.

Karagök, Y. (2006): Methoden zur Berechnung des Nukleolus kooperativer Spiele mit einer Anwendung für die Schweiz. Diss., Tübingen.

Kluth, M. (2009): Kooperationsverträge und Gewinnverteilungsmodelle landwirtschaftlicher Betriebsgesellschaften – Anwendungsmöglichkeiten der Spieltheorie. In: Berg, E./Hartmann, M./Heckelei, T./Holm-Müller, K./Schiefer, G. (Hg.): Risiken in der Agrar- und Ernährungswirtschaft und ihre Bewältigung. Münster, S. 529–531.

Krelle, W. (1968): Präferenz- und Entscheidungstheorie. Tübingen: J. C. B. Mohr.

Littlechild, C./Thompson, G. F. (1977): Aircraft landing fees: a game theory approach. In: The Bell Journal of Economics, 8. Jg., H. 1, S. 186–204.

Luce, R. D./Raiffa, H. (1957): Games and Decisions – Introduction and Critical Survey. New York.

Mahanty, S./Guernier, J./Yasmi, Y. (2009): A fair share? Sharing the benefits and costs of collaborative forest management. In: International Forestry Review, 11. Jg., H. 2, S. 268–280.

Mann, K. H./Muziol, O. (2001): Darstellungen erfolgreicher Kooperationen und Analyse der Erfolgsfaktoren. In: Landwirtschaftliche Rentenbank (Hg.): Betriebsgesellschaften in der Landwirtschaft: Chancen und Grenzen im Strukturwandel. Frankfurt/M.: Rentenbank, S. 55–97.

Maschler, M./Solan, E./Zamir, S. (2013): Game Theory. Cambridge.

May-Strobl, E./Welter, F. (2016): KMU, Mittelstand, Familienunternehmen: Eine Klarstellung. In: Stahl, H. K./Hinterhuber, H. H. (Hg.): Erfolgreich im Schatten der Großen – Wettbewerbsvorteile für kleine und mittlere Unternehmen. Berlin: Erich Schmidt. 2. Aufl., S. 1–11.

Müller, D. (2008): Controller als Beobachter zweiter Ordnung des Einsatzes von Investitionsrechenmodellen in KMU. In: Lingnau, V. (Hg.): Die Rolle des Controllers im Mittelstand. Lohmar, S. 245–267.

Müller, D. (2009): Einsatz und Beurteilung formaler und mentaler Modelle des Investitionscontrollings. In: Müller, D. (Hg.): Controlling für kleine und mittlere Unternehmen. München, S. 475–505.

Müller, D. (2014a): Investitionscontrolling. Berlin.

Müller, D. (2014b): Faire Verteilung von Synergieeffekten im Rahmen kooperativer Umweltschutzinvestitionen. In: Meyer, A.-J. (Hg.): Jahrbuch der KMU-Forschung und -Praxis 2014 – Energie- und Umweltmanagement in kleineren und mittleren Unternehmen. Köln, S. 49–77.

Müller, D. (2015): Erweiterung des Instrumentariums des Kooperationscontrollings durch Lösungskonzepte der kooperativen Spieltheorie – eine Analyse. In: BFuP, 67. Jg., H. 4, S. 457–481.

Müller, D. (2016): Lösung von NIMBY-Problemen beim Ausbau des deutschen Stromnetzes. In: Zeitschrift für öffentliche und gemeinwirtschaftliche Unternehmen, 39. Jg., H. 3, S. 248–269.

Mueller, D. (2017a): ... and justice for all – cost fairness in Volkswagen's product family. In: JAAR, 18. Jg., H. 2, S. 261–271.

Mueller, D. (2018): The Usability and Suitability of Allocation Schemes for Corporate Cost Accounting. In: Mueller, D./Trost, R. (Hg.): Game Theory in Management Accounting: Implementing Incentives and Fairness. Berlin, S. 401–427.

Mußhoff, O./Hirschauer, N. (2013): Modernes Agrarmanagement – Betriebswirtschaftliche Analyse- und Planungsverfahren. 3. Aufl., München.

von Neumann, J. M./Morgenstern, O. (1944): Theory of games and economic behavior. Princeton: University Press.

Peyerl, H./Breuer, G. (2006): Kooperationen – Theoretische Überlegungen aus Perspektive der Haushaltsökonomie. In: Darnhofer, I./Walla, C./Wytrzens, H. K. (Hg.): Alternative Strategien für die Landwirtschaft. Wien, S. 21–34.

Polley, H./Hennig, P. (2015): Waldeigentum im Spiegel der Bundeswaldinventur. In: Allgemeine Forstzeitschrift – Der Wald, 70. Jg., H. 6, S. 34–36.

Reichardt, R. (1969): Kompromiß-Schemata in kollektiven Wertentscheidungen. In: Zeitschrift für Nationalökonomie, 29. Jg., H. 3/4, S. 267–290.

Rideout, D./Wagner, J. E. (1988): Testing cost-sharing techniques on a multiple-use timber sale. In: Forest Ecology and Management, 23. Jg., H. 4, S. 285–296.

Rogers, P. (1969): A game theory approach to the problems of international river basins. In: Water Resources Research, 5. Jg., H. 4, S. 749–760.

Schmeidler, D. (1969): The nucleolus of a characteristic function game. In: Journal of Applied Mathematics, 17. Jg., H. 6, S. 1163–1170.

Schwerdtle, J. G. (2001): Betriebsgesellschaften in der Landwirtschaft. In: Landwirtschaftliche Rentenbank (Hg.): Betriebsgesellschaften in der Landwirtschaft: Chancen und Grenzen im Strukturwandel. Frankfurt/M.: Rentenbank, S. 7–56.

Sääksjärvi, M. (1986): Cost allocation in cooperative wood procurement: A game theoretic approach. In: Kallio, M./Andersson, Å. E./Seppälä, R./Morgan, A. (Hg.): System analysis in forestry and forest industries. New York, S. 245–254.

Shapley, L. S. (1953): A value for n-person games. In: Kuhn, H. W./Tucker, A. W. (Hg.): Contributions to the theory of games. Volume II, Princeton, S. 307–317.

Söllner, R. (2014): Die wirtschaftliche Bedeutung kleiner und mittlerer Unternehmen in Deutschland. In: Statistisches Bundesamt. Wirtschaft und Statistik, Januar 2014, S. 40–51.

Spinetto, R. D. (1975): Fairness in Cost Allocation and Cooperative Games. In: Decision Sciences, 6. Jg., H. 3, S. 482–491.

Stahl, H. K./Rissbacher, C. (2016): Gemeinsam statt alleine: Chancen und Grenzen der Kooperation. In: Stahl, H. K./Hinterhuber, H. H. (Hg.): Erfolgreich im Schatten der Großen – Wettbewerbsvorteile für kleine und mittlere Unternehmen. Berlin: Erich Schmidt. 2. Aufl., S. 103–118.

Statistisches Bundesamt (2011): Land- und Forstwirtschaft, Fischerei – Betriebswirtschaftliche Ausrichtung und Standardoutput, Landwirtschaftszählung/Agrarstrukturerhebung. Fachserie 3, Reihe 2.1.4. Wiesbaden.

Van den Brink, R./Van der Laan, G./Moes, N. (2012): Fair agreements for sharing international rivers with multiple springs and externalities. In: JEEM, 63. Jg., H. 3, S. 388–403.

Vasthoff, J. (1965): Begriff, Wesen und Systematik der Kooperation in der Landwirtschaft. In: Agrarwirtschaft, 14. Jg., H. 1, S. 107–114.

Welter, F./May-Strobl, E./Wolter, H.-J./Günterberg, B. (2014): Mittelstand im Wandel, IfM-Materialien, Institut für Mittelstandsforschung (IfM) Bonn, No. 232.

Wiese, H. (2005): Kooperative Spieltheorie. München.

Wild, J. (1967): Spieltheorie und Organisation. In: ZfbF, 19. Jg., H. 11, S. 704–723.

Winand, U. (1977): Spieltheoretische Beiträge zur Konflikthandhabung. In: DBW, 37. Jg., H. 3, S. 485–492.

Winand, U. (1978): Spieltheorie und Unternehmungsplanung: Anwendungsbedingungen und konzeptionelle Erweiterungen spieltheoretischer Modelle und Lösungskonzepte für betriebswirtschaftliche Planungsprozesse. Berlin: Duncker & Humblot.

Wißler, W. (1997): Unternehmenssteuerung durch Gemeinkostenzuteilung: Eine spieltheoretische Untersuchung. Wiesbaden.

World Bank (2013): Rethinking forest partnerships and benefit sharing: Insights on factors and context that make collaborative arrangements work for communities and landowners. Report No. 51575-GLB. Washington DC.

Zelewski, S. (2009): Faire Verteilung von Effizienzgewinnen in Supply Webs – ein spieltheoretischer Ansatz auf Basis des τ-Wertes. Berlin.

Rechtsquellen

BWaldG (2015): Gesetz zur Erhaltung des Waldes und zur Förderung der Forstwirtschaft i. d. F. vom 31.08.2015.

GenG (2016): Gesetz betreffend die Erwerbs- und Wirtschaftsgenossenschaften i. d. F. vom 31.03.2016.

Technische Dokumentation

Meinhardt, H. I. (2016): TuGames: A Mathematica Package for Cooperative Game Theory. http://library.wolfram.com/infocenter/MathSource/5709. Version 2.4., Abruf: 30.06.2017.

Teil 3: **Steuerung von Personal und von Innovationen**

Thomas Behrends und Alexander Martin

Strukturentwicklung als Führungsaufgabe in KMU – Die betriebsgrößenbedingte Entwicklung organisationaler Führungsfähigkeiten

1 Einleitung

Welchen besonderen Anforderungen sieht sich eine erfolgreiche Unternehmensführung in mittelständischen Unternehmen gegenüber? Bei der Beschreibung und Analyse der Charakteristika des Führungsgeschehens in Klein- und Mittelbetrieben wird zur Beantwortung dieser Frage vornehmlich auf die ausgeprägte Zentralisation der betrieblichen Entscheidungs- und Machtstrukturen in KMU verwiesen. Der Ausgangspunkt dieser Argumentation ist zunächst einleuchtend: Das organisationale Geschehen ist in diesen Unternehmen vergleichsweise überschaubar, die hierarchische und funktionale Ausdifferenzierung der internen Strukturen noch relativ gering, und die Geschäftsleitung liegt oftmals in den Händen des Gründers/Eigentümers, der – mehr oder weniger *autokratisch* – die Geschicke „seines" Unternehmens lenkt. Ausgehend von diesen Überlegungen findet sich in der einschlägigen Literatur eine ganze Rei-

---

Dieser Beitrag ist eine überarbeitete Fassung von Behrends (2009).

DOI 10.1515/9783110517163-012

he von Untersuchungen zum Zusammenhang zwischen verschiedenen Persönlichkeitsattributen mittelständischer Unternehmer und unterschiedlichen Aspekten des (strategischen) Unternehmensverhaltens bzw. -erfolgs.[1]

Zweifelsohne ist der jeweiligen Unternehmerpersönlichkeit eine erhebliche Bedeutung für den (Führungs-)Erfolg von KMU beizumessen. Für eine umfassende Analyse und Erklärung der (mehr oder weniger) erfolgreichen Bewältigung strategischer Herausforderungen und wachstumsinduzierter Entwicklungsprozesse greift eine solchermaßen akteurszentrierte Forschungsperspektive aber doch deutlich zu kurz: Zum einen vernachlässigt sie den unabdingbar *sozialen Charakter* des betrieblichen Führungsgeschehens. Selbst in hochgradig autokratischen Systemen markiert das Unternehmensverhalten stets (und notwendigerweise) das Ergebnis hierarchie- und funktionsübergreifender Interaktions- und Koordinationsprozesse.[2] So müssen etwa einerseits entscheidungsrelevante Informationen an die Unternehmensspitze weitergeleitet und andererseits die von der Leitung getroffenen Entscheidungen von den ausführenden Stellen in konkretes Handeln überführt werden. Die betrieblichen Entscheidungsträger sind somit in nennenswertem Maße auf die Mitwirkung und das Engagement der Beschäftigten aller Hierarchieebenen angewiesen.[3] Zum anderen bleibt die einseitige Fokussierung auf die individuellen Präferenzen und Dispositionen des Unternehmers auch einem unangemessen *statischen* KMU-Verständnis verhaftet. Empirische Studien belegen demgegenüber jedoch recht eindeutig, dass die Einfachstrukturen kleiner Betriebe im Zuge des fortschreitenden Unternehmenswachstums einer erheblichen Veränderungsdynamik unterliegen.[4] Diese Dynamik findet ihren Ausdruck insbesondere in einer zunehmenden Ausdifferenzierung der jeweiligen Organisations- und Führungsstrukturen.[5]

Angesichts dieser einleitenden Überlegungen wollen wir unsere Erörterung der besonderen Herausforderungen an eine erfolgreiche Unternehmensführung in mittelständischen Unternehmen im vorliegenden Beitrag auf eine andere, im Wesentlichen *strukturtheoretisch* fundierte Argumentationsperspektive gründen. Eine solche Betrachtungsweise richtet den Blick weniger auf das konkrete *Führungsverhalten* (weniger) ausgewählter Entscheidungsträger, sondern stellt stattdessen die Ausgestaltung des organisationalen *Handlungsgefüges* in den Mittelpunkt der Diskussion. Insofern nehmen wir in diesem Beitrag einen Standpunkt ein, demzufolge das betriebliche Führungs- und Entscheidungsverhalten nur bedingt auf Persönlichkeitsmerkmale der Unternehmer zurückzuführen ist, sondern wesentlich – wenn auch nicht ausschließ-

---

1 Vgl. etwa Begley/Boyd (1987); Brandstätter (1999); Chandler/Jansen (1992); Göbel/Frese (1999); Soriano/Castrogiovanni (2012); Wagner/Ziltener (2007).

2 Vgl. etwa Kotthoff/Reindl (1990), S. 384–393; Kotthoff (2013), S. 141–142.

3 Vgl. etwa Huy (2001).

4 Vgl. für viele etwa Quinn/Cameron (1983), S. 44–48.

5 Vgl. etwa Kühl (2002), S. 197–198; Martin (2008), S. 192–195; Mayntz (1963), insbesondere S. 18–23 u. S. 107–111.

lich – aus der jeweiligen Beschaffenheit organisationaler Strukturen bzw. struktureller Arrangements resultiert. Ausgehend von der Frage, inwieweit die größen- bzw. wachstumsbedingten Anpassungs- und Entwicklungserfordernisse von KMU auch in einem Wandel der betrieblichen Führungsstrukturen ihren Ausdruck finden (müssen), werden wir zunächst einige theoretische Überlegungen zur *Tensegrität* (also zur „lebendigen Balance") betrieblicher Organisations- und Führungsstrukturen vorstellen und diese anschließend mit den grundlegenden Entwicklungstendenzen und -problemen eines wachstumsinduzierten Wandels von Organisationen verknüpfen.[6] Im Lichte einer solchermaßen *dynamischen* KMU-Perspektive wird u. E. deutlich, dass der Erhalt bzw. Ausbau elementarer betrieblicher Führungsfähigkeiten stets durch entsprechende „Balancierungsoperationen" strukturell abgesichert werden muss. In diesem Zusammenhang lässt sich dann – zumindest in einem ersten Schritt – auch zeigen, dass in Abhängigkeit von der jeweiligen Wachstumsphase spezifische Anforderungen an die Etablierung „tensegrativer" Organisations- und Führungsstrukturen zu stellen sind.

2 Die immanente Widersprüchlichkeit produktiver Organisations- und Führungsstrukturen

Innerhalb der organisationstheoretisch informierten Managementforschung wird der Bedeutung (formaler) organisationaler Strukturen für das Verhalten bzw. den Erfolg von Unternehmen insbesondere durch den sogenannten „situativen Ansatz" besondere Aufmerksamkeit gewidmet.[7] In den einschlägigen empirischen Studien wird dabei vornehmlich der Zusammenhang zwischen bestimmten Aspekten des Unternehmens bzw. der Unternehmensumwelt (wie z. B. Größe und Alter des Unternehmens, die Marktdynamik oder die zum Einsatz kommende Technologie) und elementaren Strukturmerkmalen – allen voran *Formalisierung, Zentralisierung* und *Spezialisierung* – untersucht. Ungeachtet der insgesamt nur bedingt befriedigenden Befundlage liegt für die KMU-Forschung ein wesentlicher Vorzug des situativen Ansatzes in seiner Überwindung der grundlegenden Annahme eines – wie auch immer gearteten – „one best way" betrieblicher Strukturgestaltung.[8] Indem die entsprechen-

---

6 Vgl. ergänzend auch die Diskussion zur organisationalen Ambidextrie (etwa Benner/Tushman 2015; Birkinshaw et al. 2016; O'Reilly/Tushman 2013). Diese Arbeiten fokussieren vorwiegend auf (multinationale) Großunternehmen und gehen in aller Regel nicht dezidiert auf betriebliche Wachstums- und Entwicklungsprozesse von KMU ein. Gleichwohl wird im Anschluss an March (1991) auch dort betont, dass Unternehmen widersprüchliche Anforderungen im Hinblick auf die Gestaltung von Wandel und Stabilität bewältigen müssen.

7 Vgl. Donaldson (2001); Kieser/Kubicek (1992); Kieser/Walgenbach (2003), insb. S. 40–43.

8 Vgl. beispielsweise Mintzberg (1992), S. 16–42.

den Forschungsarbeiten explizit die Bedeutung der spezifischen organisationalen Handlungsvoraussetzungen für die Leistungsfähigkeit unterschiedlicher Strukturentwürfe hervorheben, bieten sie einen sinnvollen Anknüpfungspunkt auch für die Erörterung *größenbedingt* unterschiedlicher Anforderungen an die Ausgestaltung erfolgswirksamer Organisationsstrukturen.[9]

Allerdings betrachten die entsprechenden Beiträge vornehmlich die *handlungs-kanalisierende* Kraft bestehender Organisationsstrukturen und bleiben so über weite Strecken einem eher *statischen* Strukturverständnis verhaftet.[10] Über Prozesse der größenbedingten Anpassung bzw. des wachstumsinduzierten Wandels organisationaler Strukturen lassen sich aus diesen Ansätzen kaum tragfähige Erkenntnisse gewinnen. Demgegenüber findet sich im Bereich der Organisationsforschung aber auch eine Reihe strukturtheoretischer Beiträge, die stärker den *handlungsgenerieren-den* Charakter sozialer Strukturen hervorheben. Den Ausgangspunkt bildet dabei die Überlegung, dass sich Organisationen fortwährend einer Vielzahl unterschiedlicher, sich wandelnder und in Teilen auch *widersprüchlicher* Anforderungen gegenüber-sehen.[11] Für eine ausgewogene Bewältigung dieser Anforderungen bedarf es mithin eines entsprechend *dynamischen* strukturellen Rahmens, durch den eine flexible bzw. innovative Problembearbeitung nicht bloß gewährleistet, sondern geradezu *stimuliert* wird.[12] Das hier zugrunde liegende Strukturverständnis richtet seinen Blick also weniger auf die ordnungsstiftende, stabilisierende Wirkung von Organisationsstrukturen als vielmehr auf die grundsätzliche Möglichkeit, gerade auch die organisationale Veränderungs- und Anpassungsfähigkeit *strukturell* (und damit dauerhaft) zu verankern. Organisationalen Strukturen fällt somit in letzter Konsequenz eine doppelte Funktion zu: Zum einen verleihen sie durch ihren ordnungsstiftenden Charakter kollektivem (Führungs-)Handeln Stabilität und Verlässlichkeit. Zum anderen bilden sie aber zugleich auch das Rahmenfundament für die (mehr oder weniger ausgeprägte) Genese betrieblicher Anpassungs- und Veränderungsprozesse.[13]

---

9 Vgl. allgemein hierzu z. B. die Arbeiten von Blau (1970); Child (1973); Pugh et al. (1969) oder Woodward (1965). Zur Bedeutung größenabhängiger Handlungsvoraussetzungen des Unternehmensverhaltens vgl. beispielsweise Behrends/Martin (2006), S. 38–44.
10 Vgl. zu dieser Kritik z. B. Child (1972), S. 13; Benson (1977), S. 10–13.
11 So thematisiert etwa Gebert (2000) die Dialektik von Freiheit und Ordnung in Organisationen. Dougherty (1996) weist auf die notwendige Balance von Kreativität und Disziplin für die Bewältigung von betrieblichen Innovationsvorhaben hin. Für eine allgemeine Diskussion von Paradoxien im Kontext der Organisationforschung siehe beispielsweise Lewis (2000).
12 Vgl. hierzu die Arbeiten von Bouchikhi (1998); Hedberg/Nystrom/Starbuck (1976); Mintzberg/ Westley (1992); Naujoks (1998).
13 Vgl. hierzu etwa Kühl (2002), S. 197–201. Dort wird u. a. gezeigt, dass Begründung und angenommenes Ausmaß der handlungskanalisierenden Kraft organisationaler Strukturen im Detail durchaus variiert: Während manche Autoren organisationale Strukturen als konstituierend für die kollektive Handlungsfähigkeit erachten, weisen andere darauf hin, dass organisationale Strukturen stets einer

Wodurch sind nun aber solchermaßen produktive Strukturen gekennzeichnet? Über die verschiedenen theoretischen Perspektiven und Konzeptionen hinweg wird in diesem Zusammenhang zunächst auf die grundsätzliche Gefahr negativer Sekundäreffekte jedweder einseitigen Strukturgestaltung hingewiesen. So können die ursprünglich intendierten positiven Wirkungen bestimmter Strukturmerkmale leicht konterkariert werden, wenn sich diese gewissermaßen „ungehemmt" entfalten und nicht stets durch entsprechende strukturimmanente „Gegengewichte" begrenzt bzw. abgefedert werden.[14] Organisationale Strukturen bieten durch ihre komplexitätsreduzierende (und somit verhaltenskanalisierende) Kraft ein gewisses Maß an Stabilität und Orientierung – und machen daher koordiniertes Handeln in arbeitsteiligen Systemen überhaupt erst möglich. Eine ungebremste Maximierung struktureller Verhaltens(vor-)steuerung würde nun aber die organisationalen Akteure ihres – z. B. für kreative bzw. situationsadäquate Problemlösungen erforderlichen – Handlungsspielraums berauben und so schließlich die nicht minder (überlebens-)notwendige Beweglichkeit des gesamten Systems gefährden. Um ihren widersprüchlichen Funktionsanforderungen (und der daraus notwendigerweise resultierenden Pluralität organisationaler Zielsetzungen) gerecht zu werden, benötigen Organisationen demzufolge Strukturkonfigurationen, die durch ein dynamisches Gleichgewicht widersprüchlicher, sich wechselseitig ausbalancierender Systemkräfte gekennzeichnet sind.

2.1 Dialektische Führungsstrukturen

Die oben in gebotener Kürze vorgestellten Überlegungen beziehen sich zunächst noch ganz allgemein auf die Beschaffenheit produktiver Strukturen für die gesamte Organisation. In seinen Arbeiten zur *dialektischen Führungstheorie* werden die wesentlichen Argumente dieses organisationstheoretischen Diskurses von Albert Martin aufgegriffen und in eine Konzeption dialektischer *Führungsstrukturen* überführt.[15] Während die Wirkung der Organisationsstrukturen auf das Unternehmensverhalten durch eine Vielzahl intervenierender Faktoren moderiert wird und sich insofern hier lediglich recht grobe Zusammenhänge skizzieren lassen, gerät durch die Fokussierung auf das betriebliche Führungsteam nunmehr konkret die Handlungseinheit in den Mittelpunkt der Betrachtung, die das wohl bedeutendste *Aktionszentrum* eines Unternehmens darstellt.[16] Anders als der Großteil der einschlägigen Arbeiten auf dem Gebiet der „Topmanagement-Team"-Forschung interessiert sich Martin aber weniger

---

Interpretation durch die Akteure bedürfen und insofern das organisationale Verhalten nur bedingt determinieren könnten.

14 Vgl. Hedberg/Nystrom/Starbuck (1976); Volberda (1998), S. 73–80.

15 Vgl. hierzu die Arbeiten von Martin (1995), (2004), (2006) und (2007).

16 Vgl. Martin (2007), S. 30. Aus der Perspektive der Dialektik (und ähnlicher Ansätze) ist Macht nie absolut (vgl. etwa Thomas/Sargent/Hardy [2011], S. 24). Jedoch wird in diesen Ansätzen immer auch

für die Frage der optimalen Zusammensetzung der Führungsmannschaft, sondern richtet seine Aufmerksamkeit in erster Linie auf grundlegende Aspekte der Aufgabenverteilung – und somit auf die *sachbezogene* Dimension organisationaler Führungsstrukturen. Die zentrale These lautet dabei, dass die Qualität des betrieblichen Führungshandelns maßgeblich davon abhängt, inwieweit die Aufgabenstrukturierung innerhalb des Führungssystems durch eine ausgewogene Berücksichtigung widersprüchlicher Strukturkräfte gekennzeichnet ist.

2.1.1 Führungsfähigkeiten

Wie lässt sich nun aber die Qualität der Führung näher beschreiben? Bei der Bestimmung entsprechender Merkmale greift Martin zunächst die Arbeiten Kirschs zur Beschaffenheit *organisationaler Basisfähigkeiten* auf und verknüpft diese mit wesentlichen Einsichten aus dem Bereich der deskriptiven Entscheidungsforschung.[17] Den Ausgangspunkt bildet hierbei die Überlegung, dass das (strategische) Unternehmensverhalten als Ergebnis wechselseitiger Abstimmungsprozesse (vor allem unter den Mitgliedern des Führungssystems) aufgefasst werden kann. Im Zuge kollektiver Entscheidungsprozesse treffen die verschiedenen Perspektiven, Präferenzen und Kompetenzen der organisationalen Entscheidungsträger zusammen und werden schließlich in mehr oder weniger konkrete Problemlösungen, Maßnahmenpläne etc. überführt. Insofern lassen sich die im Führungsteam getroffenen Entscheidungen gewissermaßen als „Kristallisierungen" eines kollektiven Gestaltungswillens interpretieren. Eine hohe Führungsqualität schlägt sich demnach in einem höheren Maß an Rationalität der betrieblichen Entscheidungsfindung nieder. Martin benennt drei (strukturelle!) *Führungsfähigkeiten*, denen im Hinblick auf die Entscheidungsqualität grundlegende Bedeutung beizumessen ist:[18]

– Die *Intelligenz* eines Führungssystems bezieht sich primär auf die *kognitiven* Aspekte der Entscheidungsfindung. Sie spiegelt sich etwa in der Informationsverarbeitungskapazität und der Wahrnehmungsfähigkeit des Führungsteams wider. Je besser es den Entscheidungsträgern gelingt, ihre individuellen „cognitive maps" im Zuge des Entscheidungsprozesses zu einem umfassenden und realitätsnahen Wirklichkeitsmodell zu verdichten, desto besser bzw. angemessener werden auch die getroffenen Entscheidungen ausfallen.

---

in Rechnung gestellt, dass Macht in Unternehmen in aller Regel nicht gleichmäßig verteilt ist und das Management letztlich eine privilegierte (Macht-)Position innerhalb des Unternehmens besitzt.

17 Vgl. grundlegend Martin (1995). Zu den organisationalen Basisfähigkeiten siehe auch Kirsch (1992), S. 137–142; Zeise (2008), S. 39–58.

18 Vgl. insbesondere Martin (1995), S. 46–48. Eine zusammenfassende Darstellung findet sich bei Zeise (2008), S. 32–39.

–   Aktivität als zweite wesentliche Führungsfähigkeit thematisiert demgegenüber die *motivationale* Komponente des individuellen und kollektiven Entscheidungshandelns. Entscheidungen müssen initiiert und vorangetrieben werden. Ohne die erforderliche Antriebsenergie bzw. den notwendigen Gestaltungswillen der Akteure laufen Entscheidungsprozesse sonst leicht Gefahr, ins Stocken zu geraten oder gar völlig zu versanden.

–   In der dritten elementaren Führungsfähigkeit, dem *Slack (Ressourcenzugang)*, kommt schließlich die Überlegung zum Ausdruck, dass der Handlungsspielraum sowohl des Führungssystems als auch der gesamten Organisation maßgeblich durch die prinzipielle Möglichkeit, im Bedarfsfall auf bestimmte Ressourcenpotenziale (fachliche Kompetenzen, zusätzliche finanzielle Mittel, Zugang zu Informationsquellen etc.) zugreifen zu können, begrenzt wird.

2.1.2 „Tensegrität" als Strukturierungsprinzip

Die Führungsstrukturen eines Unternehmens bilden nun gewissermaßen das Fundament für die Generierung und (produktive) Nutzung der oben skizzierten Führungsfähigkeiten *Intelligenz, Aktivität* und *Slack*. Bei seiner Erörterung der Frage, welchen besonderen Anforderungen das betriebliche Führungssystem genügen muss, um die Erzeugung dieser Führungsfähigkeiten dauerhaft *strukturell* zu verankern, richtet Martin seinen Blick auf die drei in der Organisationsforschung üblicherweise als zentral erachteten Dimensionen einer (sachbezogenen) Organisations- bzw. Führungsstruktur: *(De-)Zentralisierung, Differenzierung/Spezialisierung* und *Formalisierung/Regulierung*.

Den angesprochenen Strukturdimensionen wohnt dabei im Hinblick auf die organisationale Führungsqualität zunächst durchaus eine positive Kraft inne: Dezentralisierte Strukturen schaffen überhaupt erst die für eine Bewältigung der Führungsaufgaben notwendigen Gestaltungs- und Entscheidungsspielräume, Differenzierung reduziert die Komplexität der einzelnen zu bearbeitenden Aufgaben und erleichtert so eine tiefer gehende und qualifizierte Auseinandersetzung mit bestimmten (Teil-)Problemen der betrieblichen Leistungserstellung, und Formalisierung bzw. Regulierung verleiht dem organisationalen Geschehen Stabilität und Verlässlichkeit. Bei näherer Betrachtung wird jedoch rasch ersichtlich, dass die ursprünglich intendierten positiven Wirkungen einer fortschreitenden Dezentralisierung, Differenzierung und Formalisierung der Führungsstrukturen auch leicht in ihr Gegenteil umschlagen und schließlich die Qualität des betrieblichen Führungshandelns negativ beeinträchtigen können. So mag beispielsweise eine „ungebremste" Dezentralisierung schnell zu einer Überbetonung von Partikularinteressen und Bereichsegoismen führen, ausgeprägtes Spezialistentum steht nicht selten einer umfassenden und ganzheitlichen Problembetrachtung im Wege, und eine (Über-)Regulierung betrieblicher Prozesse birgt immer auch die Gefahr der Übersteuerung und somit mangelnder Flexibilität des Systems in sich.[19]

Welche Anforderungen ergeben sich nun aus den vorangestellten Überlegungen für die Gestaltung betrieblicher Führungsstrukturen? Martin verweist in diesem Zusammenhang auf das Konzept der *Tensegrität*, welches beispielsweise in der Biologie oder auch im Bereich der Architektur zur Beschreibung dynamischer, selbsttragender Strukturen verwendet wird.[20] Im Einklang mit der eingangs vorgestellten strukturtheoretischen Argumentation resultiert die produktive Wirkung tensegrativer Strukturen aus einem dialektischen Verhältnis einander widerstrebender und sich somit wechselseitig begrenzender Strukturkräfte. Um also zu verhindern, dass die Vorzüge der angesprochenen Strukturmerkmale von den ihnen potenziell innewohnenden negativen Begleiterscheinungen konterkariert werden, plädiert Martin für die bewusste Implementierung entsprechender Komplementärkräfte in der betrieblichen Führungsstruktur: So kann etwa die weitreichende Autonomie dezentraler Führungseinheiten durch die Zuweisung klarer *Verantwortlichkeiten* abgefedert werden. Verantwortlichkeit fördert prinzipiell ein umsichtiges und vorausschauendes Vorgehen und wirkt auf diese Weise einer einseitigen Orientierung der autonomen Bereiche an ihren jeweiligen Partikularinteressen entgegen. Das augenfälligste Risiko einer ausufernden Spezialisierung besteht wohl in der unzureichenden Synthese und Verzahnung unterschiedlich spezialisierter Problemperspektiven und -lösungen.[21] Daher bedarf es diesbezüglich einer Gegensteuerung durch entsprechend *integrative Strukturkräfte*, die die spezialisierten Handlungsstrategien der verschiedenen Bereiche zusammenführen und so dem Auseinanderdriften des Führungssystems Einhalt gebieten. Der Gefahr einer zunehmenden Erstarrung und Unbeweglichkeit bürokratischer Übersteuerung kann schließlich über die strukturelle Verankerung eines gewissen Maßes an *Offenheit* in den betrieblichen Entscheidungsprozessen begegnet werden.[22] Offene bzw. partizipative Strukturen erleichtern den Informationsfluss (nicht nur) innerhalb des Führungssystems sowie den Zugang von Akteuren bzw. Lösungen zu den jeweiligen Entscheidungsgelegenheiten im Unternehmen. Sie „durchbrechen" somit die Rigidität organisationaler Verfahrensvorschriften und erhalten dem System auf diese Weise die erforderliche Durchlässigkeit und Flexibilität. In Abb. 30 sind die beschriebenen Mechanismen dialektischer Führungsstrukturen zusammengefasst.

Dort sind zum einen auch noch einmal die potenziellen Negativwirkungen der strukturellen Gegenkräfte *Verantwortlichkeit*, *Integration* und *Offenheit* aufgeführt. Zum anderen wird den betrachteten Dimensionen der Führungsstruktur jeweils eine der von uns erörterten elementaren Führungsfähigkeiten lose zugeordnet. So ergibt sich die *Aktivierung* des Führungssystems primär aus dem Spannungsfeld von Auto-

---

19 Vgl. Hirsch-Kreinsen (1995), S. 429–431; Martin (2006), S. 424–426; Martin (2007), S. 31–32.
20 Vgl. Martin (2004).
21 Vgl. etwa Van de Ven (1986), S. 597–601.
22 Vgl. ergänzend hierzu die Idee der Polyarchie bei Schirmer/Ziesche (2010), S. 29–38.

Führungs-dimensionen	Dezentralisierung		Differenzierung		Formalisierung	
	Autonomie	Verant-wortlichkeit	Speziali-sierung	Integration	Regulierung	Offenheit
Positive Wirkung	Unab-hängigkeit	Vorsicht	Analyse	Synthese	Verlässlich-keit	Reaktions-fähigkeit
Negative Wirkung	Ressort-egoismus	Unbeweg-lichkeit	Unter-steuerung	System-überlastung	Über-steuerung	Personen-überlastung
Führungs-fähigkeit	„Aktivität"		„Intelligenz"		„Slack"	

Abb. 30: Dialektische Mechanismen der Führungsstruktur[23].

nomie und Verantwortlichkeit; das Wechselspiel von Spezialisierung und Integration fördert vornehmlich dessen *Intelligenz*; Regulierung und Offenheit kanalisieren schließlich den Zugang und die Nutzung von *Ressourcen*.

2.2 Struktur und Führungshandeln

Ein ganz grundlegendes Problem strukturtheoretischer Konzeptionen besteht in der Auseinandersetzung mit der Frage, auf welche Weise die jeweils betrachteten Strukturelemente ihre verhaltensprägende Wirkung entfalten. Oder bezogen auf unsere Fragestellung: Welche *Wirkungsmechanismen* vermitteln zwischen der überindividuellen Führungsstruktur und dem individuellen bzw. kollektiven Verhalten der Mitglieder des Führungsteams? In seiner dialektischen Führungstheorie benennt Martin mit der *Anreizstruktur*, der *Rolle* und der *sozialen Regel* drei konzeptionelle Bindeglieder (sogenannte *intermediäre Ordnungsschemata*), die allesamt an der „Schnittstelle" zwischen Struktur und Handeln ansetzen und sich insofern gut für eine Erklärung der Verhaltenswirkung (mehr oder auch weniger) tensegrativer Führungsstrukturen eignen.[24]

Wie oben ausgeführt, bezieht sich die Führungsfähigkeit *Aktivität* wesentlich auf das motivationale Fundament des Führungssystems. An welchen Zielsetzungen und Entscheidungskalkülen sich die Mitglieder des Führungsteams bei der Nutzung der ihnen jeweils zur Verfügung stehenden Gestaltungsspielräume orientieren, hängt maßgeblich von der Beschaffenheit der jeweils gegebenen *Anreizstrukturen* ab. So kann etwa der Herausbildung unproduktiver Bereichsegoismen durch die Vergabe entsprechender Belohnungen (aber auch durch die Androhung von Sanktionen) entgegengewirkt werden. Die spezifische Balance zwischen Autonomie und Verantwortung wird

---

23 Quelle: eigene Darstellung in Anlehnung an Martin (2007).
24 Vgl. Martin (2006), S. 435–437; Martin (2007), S. 37–39.

somit ganz wesentlich durch die Ausgestaltung des betrieblichen Anreizsystems moderiert. Die (strukturelle) *Intelligenz* des Führungssystems ergibt sich aus dem (jeweils spezifisch) austarierten Ineinandergreifen sowohl analytischer als auch synthetischer Kompetenzen. In dieser Dimension gründet sich die Führungsqualität auf das gleichzeitige Vorhandensein unterschiedlicher Modi wissensbasierter Wirklichkeitskonstruktionen.[25] Insofern ist sie eng an das Spannungsverhältnis zwischen Spezialisierung und Integration geknüpft (vgl. Abb. 30). Im Hinblick auf die soziale Konfiguration des Führungsteams wiederum spiegelt sich dieses Spannungsverhältnis vor allem in der Definition und Abgrenzung verschiedener betrieblicher Rollen (*Positionen und Mitgliedschaften*) wider. Im Zuge der Ausgestaltung betrieblicher Rollen werden die individuellen Vorstellungen und Präferenzen der – in aller Regel spezialisierten – Positionsinhaber durch die notwendige Berücksichtigung systembezogener (und damit tendenziell eher auf Integration hinwirkender) Rollenerwartungen begrenzt. Die Verfügbarkeit führungsrelevanter *Ressourcenpotenziale* hängt schließlich eng mit der Beschaffenheit des betrieblichen *„Regelwerks"* zusammen. Denn die Rigidität bzw. Flexibilität formaler Verfahrensvorschriften und informaler Verhaltensnormen innerhalb des Führungssystems reguliert in erheblichem Maße sowohl den Informations- und Ressourcenfluss als auch den Zugang der organisationalen Akteure zu den betrieblichen Entscheidungsarenen bzw. -gelegenheiten.

In Abb. 31 sind die beschriebenen Zusammenhänge zwischen den strukturellen Spannungsfeldern und den intermediären Ordnungsschemata nochmals zusammen-

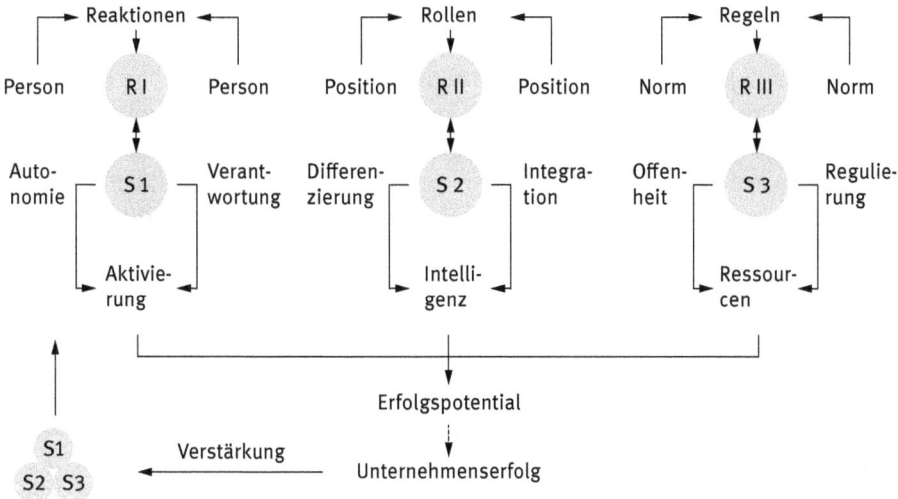

Abb. 31: Dialektische Führungsstrukturen und Führungsfähigkeiten[26].

25 Vgl. hierzu grundlegend Cook/Brown (1999); Kolb (1984).
26 Quelle: Martin (2007), S. 39.

gefasst. Zudem werden dort auch zwei grundlegende Lernmechanismen angedeutet, über die sich eine dauerhafte Stabilisierung dialektischer Strukturen vollziehen kann. Der erste Mechanismus setzt unmittelbar am Arbeitserleben der Mitglieder des Führungssystems an. Im Sinne eines *„erfahrungsgestützten Interaktionslernens"* tragen die im Zuge des individuellen und kollektiven Führungshandelns gesammelten Erfahrungen zu einer Verfestigung strukturkonformer Handlungsmuster – und damit letztlich zu einer Reproduktion der dialektischen Führungsstruktur – bei. Darüber hinaus lässt sich aber noch ein zweiter, systemischer Lernpfad skizzieren. So vollzieht sich die Beurteilung bzw. Bewertung des betrieblichen Führungshandelns immer auch vor dem Hintergrund des übergeordneten Unternehmenserfolgs. Eine positive Erfolgsentwicklung wirkt dementsprechend als „Verstärker" für das gewählte Führungsverhalten und führt auf diesem Wege auch zu einer Bestätigung der bestehenden Führungsstrukturen. Diese Form des strukturbezogenen Lernens wird von Martin als *„erfolgsgestütztes Systemlernen"* bezeichnet.

2.3 Zwischenfazit

Unstrittig ist, dass Strukturen das Verhalten der organisationalen Akteure kanalisieren. Besondere Bedeutung für das Unternehmensverhalten kommt dabei den betrieblichen Führungsstrukturen zu. Indem sie gleichsam als Nährboden für die Generierung elementarer Führungsfähigkeiten fungieren, hat ihre Beschaffenheit einen maßgeblichen Einfluss auf die Qualität der betrieblichen Entscheidungsfindung. Unsere knappe Erläuterung der *dialektischen Führungstheorie* macht deutlich, dass eine nachhaltige Unterstützung des Führungssystems insbesondere von *tensegrativen* Strukturlösungen zu erwarten ist. Hierbei handelt es sich um Strukturen, die in der Lage sind, die produktiven Wirkungen der in Teilen widersprüchlichen Strukturkräfte zu aktivieren und zugleich deren potenzielle Dysfunktionalitäten durch die Implementierung entsprechender struktureller „Gegengewichte" auszubalancieren.

Bevor wir uns nun im folgenden Abschnitt der Frage zuwenden, welchen besonderen Herausforderungen sich die Unternehmensführung mittelständischer Betriebe bei der Gestaltung dialektischer Führungsstrukturen gegenübersieht, sei – gerade auch im Hinblick auf die praktische Relevanz der hier vorgestellten Überlegungen – abschließend noch knapp auf einen bedeutsamen empirischen Befund im Zusammenhang mit der dialektischen Führungstheorie hingewiesen. So konnte Martin im Rahmen einer Studie zur Entscheidungsfindung in KMU (n = 170) eine deutliche Bestätigung des postulierten Zusammenhangs zwischen struktureller Tensegrität und der Qualität betrieblicher Führungsentscheidungen beobachten: Zum einen fiel der durchschnittliche Rationalitätsindex der Entscheidungsfindung in Betrieben mit dialektischer Führungsstruktur deutlich und signifikant höher aus als in KMU mit weniger ausgewogenen Strukturen. Zum anderen lag hier auch der Anteil derjenigen Betriebe, deren Entscheidungsverhalten als einigermaßen „umsichtig" bzw. „vollständig" bezeichnet werden kann, mit 30,4 % erheblich über dem Anteil der Vergleichsgruppe (10,5 %).[27]

3 Die wachstumsinduzierte Entwicklung organisationaler Strukturen in KMU

Welche (besonderen) Implikationen ergeben sich nun aus den voranstehenden Überlegungen zur Beschaffenheit produktiver Führungsstrukturen für die Unternehmensführung in kleinen und mittleren Betrieben? Den Ausgangspunkt einer *KMU-spezifischen* Erörterung organisationstheoretisch relevanter Sachverhalte bildet für gewöhnlich die Annahme, dass der Unternehmensgröße im Hinblick auf die Erklärung der jeweils interessierenden Aspekte des Unternehmensverhaltens eine hohe Bedeutung beizumessen ist.[28] Die *dialektische Führungstheorie* beschäftigt sich aber ganz allgemein mit der Wirksamkeit struktureller Mechanismen in sozialen Systemen – unabhängig von deren Größe. Dementsprechend lassen sich auch den beschriebenen Zusammenhängen zwischen der Dialektik betrieblicher Führungsstrukturen und der Erzeugung bzw. Aufrechterhaltung grundlegender Führungsfähigkeiten noch keine unmittelbaren Hinweise für die Beantwortung unserer Fragestellung entnehmen. Es erscheint daher geboten, zunächst einmal diejenigen Besonderheiten von KMU zu identifizieren, die tatsächlich einen (größenbedingten!) Einfluss auf die Beschaffenheit und Entwicklung betrieblicher Führungsstrukturen entfalten können.

In der einschlägigen Literatur findet sich eine ganze Reihe von Versuchen, den *„Mittelstand"* bzw. die Gruppe der *„KMU"* anhand verschiedener Merkmale oder Merkmalslisten näher zu bestimmen.[29] Quantitativ begründete Mittelstandsdefinitionen setzen unmittelbar an mehr oder weniger eindeutig bestimmbaren Größenindikatoren an (Mitarbeiter- oder Umsatzzahlen etc.) und finden vorwiegend im Zusammenhang mit volkswirtschaftlichen, juristischen oder politischen Fragestellungen sinnvolle Anwendung. Für eine theoretische Begründung des mittelständischen Charakters von Unternehmen sind sie aber kaum geeignet. Auch eine Anbindung unserer strukturtheoretischen Überlegungen an die zahlreichen qualitativen Merkmale, die üblicherweise zur Beschreibung von KMU herangezogen werden (die Familienverbundenheit, die Identität von Eigentum und Geschäftsleitung etc.), erscheint problematisch. Zwar werden hier durchaus Aspekte angesprochen, denen für die theoretische Erklärung des Unternehmensverhaltens eine gewisse Bedeutung zuzuschreiben ist, allerdings bleiben diese stets auf bestimmte Teilgruppen mittelständischer Betriebe

---

27 Vgl. Martin (2006), S. 441; Martin (2007), S. 43–44.
28 Vgl. Behrends/Martin (2006), S. 25–26.
29 Vgl. z. B. Mugler (1998), S. 7–39; Pfohl (2006), S. 5–14; kritisch hierzu Behrends/Martin (2006), S. 27.

beschränkt.[30] Sie werden daher der enormen Heterogenität innerhalb der Gruppe der KMU nicht wirklich gerecht. Für unsere Analyse mittelständischer Führungsstrukturen und -fähigkeiten verzichten wir ganz bewusst auf eine verbindliche Anbindung an eine (mehr oder weniger) eindeutige Mittelstandsdefinition. Stattdessen beschränken wir uns mit der Betrachtung der betrieblichen Wachstumsdynamik auf ein Problemfeld, das eng mit der Unternehmensgröße verknüpft ist und dem, wie ja bereits eingangs erwähnt, im Zusammenhang mit Fragen der Funktionalität und Entwicklung organisationaler Strukturen große Bedeutung zukommt.

3.1 Organisationales Wachstum und Strukturanpassung

Die Organisations- und Managementforschung unterscheidet gemeinhin zwischen dem Wachstum und der Entwicklung von Unternehmen.[31] Während Wachstum üblicherweise als primär quantitative (und in der Regel positiv konnotierte) Veränderung der Unternehmensgröße beschrieben wird, bezieht sich die Unternehmensentwicklung auf solche Prozesse organisationaler Veränderung, die zu einem mehr oder weniger *tief greifenden qualitativen Wandel des betrieblichen Leistungspotenzials und/oder der organisationalen Handlungslogik* führen.[32] Zugleich ist das Verhältnis von Unternehmenswachstum und -entwicklung durch ausgeprägte wechselseitige Einflussbeziehungen gekennzeichnet: So fungiert ein fortschreitendes organisationales Größenwachstum einerseits als ein zentraler „Auslöser" entsprechender adaptiver Entwicklungsprozesse im Unternehmen, andererseits bietet oftmals erst der im Zuge einer adäquaten Unternehmensentwicklung realisierte Zugewinn an organisationaler Effizienz und Intelligenz den notwendigen Nährboden für weiteres quantitatives Wachstum.

In der Literatur findet sich eine kaum mehr überschaubare Zahl unterschiedlicher (aber oftmals doch nicht unähnlicher) Konzeptionen und Ansätze, in denen diese Interaktion zwischen (extern induziertem) Wachstum und struktureller Anpassung aufgegriffen und in entsprechende Beschreibungen des „typischen" Verlaufs organisationaler Entwicklungsprozesse überführt wird.[33] Ein mittlerweile als nahezu „klassisch" zu bezeichnendes Modell, das insbesondere den uns interessierenden Zusammenhang zwischen Wachstum und der Entwicklung organisationaler Struktu-

---

30 Nicht jeder mittelständische Betrieb ist beispielsweise ein Familienunternehmen (und vice versa), und auch die Eigentumsverhältnisse innerhalb der Gruppe der KMU nehmen in der Realität durchaus vielfältige und unterschiedliche Erscheinungsformen an.
31 Vgl. Manstedten (1997), S. 38–40.
32 Für eine Übersicht über gängige Maßgrößen zur Bestimmung des Unternehmenswachstums siehe Purle (2004), S. 16–19.
33 Siehe hierzu die Zusammenstellungen bei Quinn/Cameron (1983), S. 34–40; Manstedten (1997), S. 125–149.

ren thematisiert, stammt von Larry Greiner.[34] Seiner Auffassung nach lässt sich das Wachstum von Unternehmen als Wechselspiel von *evolutionären* Phasen organisationaler Prosperität und *revolutionären* Phasen organisationaler Strukturentwicklung begreifen. Das stetige Wachstum in den einzelnen evolutionären Phasen gründet dabei auf einem jeweils unterschiedlichen „Managementparadigma", welches sich wiederum in erster Linie in der Beschaffenheit der entsprechenden Organisationsstrukturen widerspiegelt. Revolutionäre Phasen werden stets durch eine Unternehmenskrise eingeleitet. Auslöser dieser Krisen ist nach Greiner die Tatsache, dass das dominante Managementparadigma der vorangegangenen evolutionären Phase mit einer (infolge des Wachstums) nicht länger tragbaren Missachtung anderer zentraler Managementprinzipien einhergeht. Im Zentrum einer solchen Revolution steht somit die funktional notwendige Überarbeitung der vorherrschenden Steuerungslogik des Unternehmens, welche schließlich in eine umfassende (eben *revolutionäre*) Reorganisation der organisationalen Strukturen mündet. Durch diese „Kurskorrektur" gelangt die Organisation zunächst wieder in eine – nunmehr „höher entwickelte" – Phase evolutionären Wachstums. Doch auch die wachstumsfördernde Wirkung der neuen Strukturlösung ist nur von begrenzter Dauer, da mit der Übernahme dieses neuen Paradigmas zugleich auch der Grundstein für die nächste Krise (und Revolution) gelegt wird. Die ursprünglich zur Bewältigung des Unternehmenswachstums notwendigerweise eingeführten Managementpraktiken und Organisationsstrukturen mutieren also allmählich selbst zu „Hemmschuhen des Wachstums", welche ihrerseits durch die Implementierung neuer Praktiken und Strukturen überwunden werden müssen. Greiner benennt nun insgesamt fünf solcher Entwicklungsphasen (vgl. Abb. 32).

In der *Gründungsphase* eines Unternehmens stehen die kreativen Fähigkeiten des Managements im Vordergrund. Die Gründer des Unternehmens richten ihre Aufmerksamkeit in erster Linie auf die Bewältigung produkt- bzw. marktbezogener Probleme; andere Managementaufgaben (wie beispielsweise die strategische Planung) werden eher vernachlässigt. Ein hohes Maß an Enthusiasmus, Kreativität und Flexibilität sind in dieser Phase die zentralen Erfolgsfaktoren. Nach einer gewissen Zeit des Wachstums verändern sich die Anforderungen an das Management. Die Managementpraktiken aus der Gründungsphase reichen nunmehr nicht länger aus, um den neuen Anforderungen gerecht zu werden: Strategische Managementaufgaben gewinnen zunehmend an Bedeutung und die weitgehend informale Koordination der betrieblichen Prozesse führt aufgrund der gestiegenen Mitarbeiterzahl immer häufiger zu Abstimmungsproblemen. Es kommt zu einer *Führungskrise*. Am Ende dieser ersten revolutionären Phase wird die ursprüngliche – eher informale und bis dato nur wenig spezialisierte – Organisationsstruktur aufgegeben, und ein professionelles Managementteam,

---

34 Vgl. Greiner (1972) und (1998).

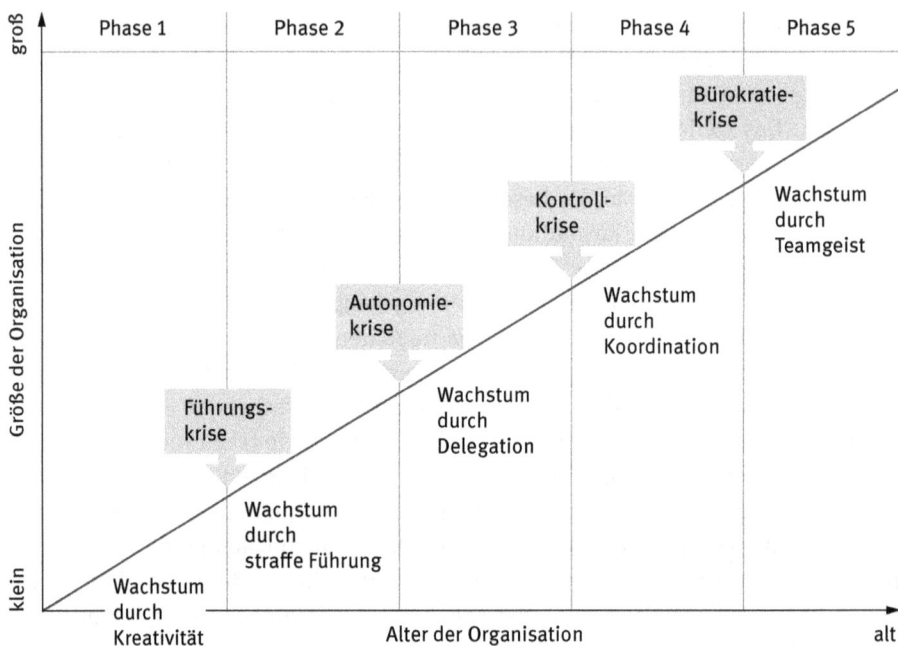

Abb. 32: Evolutionäre und revolutionäre Phasen der Organisationsentwicklung[35].

das sich aus verschiedenen Spezialisten zusammensetzt, übernimmt die Leitung des Unternehmens.

Das neue Führungsteam reagiert auf die gestiegene Komplexität des organisationalen Geschehens mit der Einführung einer funktionalen Organisationsstruktur. Spezialisten lösen die mittlerweile überforderten „Allrounder" ab, und ein Großteil der Tätigkeiten, die in der Gründungsphase des Unternehmens noch eher spontan und individuell abliefen, wird nun in Inhalt und Ablauf verbindlich festgelegt (z. B. über die Einführung von Stellenbeschreibungen, Verfahrensvorschriften oder Controlling- und Anreizsystemen). Wachstum wird in dieser Phase möglich durch die Ausnutzung des vorhandenen Rationalisierungspotenzials. Spezialisierung und Regulierung führen somit zunächst zu einer Steigerung der unternehmerischen Effizienz, werden in der größer und komplexer werdenden Organisation jedoch insbesondere von den Angehörigen des mittleren Managements mehr und mehr als hinderliche Beschränkung ihres Entscheidungs- und Handlungsspielraums empfunden. Schließlich ist das Unternehmen so sehr gewachsen und in unterschiedliche Geschäftsbereiche verzweigt, dass eine zentrale Steuerung und Koordination der verschiedenen Teilaktivitäten durch das Topmanagement-Team nicht mehr angemessen geleistet werden kann. Die daraus resultierende *Autonomiekrise* und die dementsprechend notwendige Ent-

---

35 Quelle: Greiner (1972), S. 41.

wicklung der Organisation hin zu einer dezentraleren Struktur erfordert daher eine zunehmende Delegation von Entscheidungsmacht auf die untergeordneten Stellen. Dementsprechend wachsen auch die Anforderungen an das mittlere Management, das nunmehr auch eigenständig verantwortungsvolle Entscheidungen treffen muss.

Im weiteren Verlauf verlässt das Modell allmählich die Ebene mittelständischer Organisationsentwicklung und wendet sich stärker den Steuerungsproblemen diversifizierter Großunternehmen zu. So beschreibt Greiner etwa als ein zentrales Charakteristikum des Wachstums in Phase 3, dass *„much greater responsibility is given to the managers of plants and market territories.“*[36] Wir wollen unsere knappe Skizzierung der Greiner'schen Argumentation daher an dieser Stelle abbrechen und uns abschließend der Frage zuwenden, welche weiterführenden Einsichten sich vor dem Hintergrund der beschriebenen Zusammenhänge zwischen Unternehmenswachstum und Strukturentwicklung für die Gestaltung dialektischer Führungsstrukturen in KMU gewinnen lassen.[37]

3.2 Die Aufrechterhaltung struktureller Balance als Führungsaufgabe in KMU

Ungeachtet aller konzeptionellen Heterogenität lassen sich anhand der vorliegenden Forschungsbefunde zum wachstumsinduzierten Wandel organisationaler Strukturen drei grundlegende Entwicklungstendenzen identifizieren. So zeigt sich, dass kleinere und mittlere Betriebe auf die ansteigende Komplexität der von ihnen zu bewältigenden Aufgaben und Herausforderungen mit der Implementierung von Strukturlösungen reagieren (müssen), die durch einen allmählichen *Zuwachs* sowohl an *Dezentralisierung* bzw. *Autonomie* als auch an *Spezialisierung* und *Regulierung* gekennzeichnet sind.[38] Da sich die Aufmerksamkeit des Managements gerade in kleineren Unternehmen zunächst vorrangig auf das *operative* Geschehen und auf den *Markt* (also nach *außen*) richtet, wird die bewusste Auseinandersetzung mit Fragen der (strategischen) Unternehmensentwicklung vielfach so lange vernachlässigt, bis diese sich in nahezu krisenhafter Form ins Blickfeld der Unternehmensführung drängen. In-

---

36 Greiner (1998), S. 62.

37 Auf einen ähnlichen Sachverhalt weist auch Hirsch-Kreinsen (1995), S. 429–435 hin: Dieser geht auf die mit der Dezentralisierung und Vermarktlichung von (netzwerkförmigen) Unternehmen verbundenen Probleme ein und zeigt, dass hierdurch die Wirksamkeit sozialintegrativer Koordinations- und Abstimmungsprozesse erheblich beeinträchtigt wird. Dies, so die weitere Argumentation, droht in letzter Konsequenz die betriebliche Innovations- und Wettbewerbsfähigkeit – etwa aufgrund der Herausbildung starker Ressortegoismen – zu schwächen. Vor diesem Hintergrund betrachtet Hirsch-Kreinsen (dezentralisierte und vermarktlichte) Unternehmen auch folgerichtig im beständigen *„Wechselspiel zwischen Dezentralisierung einerseits und begrenzter Rezentralisierung anderseits“* (S. 433).

38 Vgl. hierzu auch die Zusammenstellung der entsprechenden Forschungsbefunde bei Manstedten (1997), S. 150–153.

sofern fügen sich die von Greiner beschriebenen *Auslöser betrieblicher Krisen* gut in die Kernargumentation der dialektischen Führungstheorie. Die Dysfunktionalität der jeweils geltenden Strukturlösungen tritt nämlich immer dann offen zutage, wenn – hier *wachstumsbedingt* – die potenziellen Negativeffekte der dominanten Strukturmerkmale deren ursprünglich positive Wirkung zu überlagern beginnen.[39]

Diese wachstumsbedingte Anpassung organisationaler Strukturen stellt die Unternehmensführung in KMU in mehrfacher Hinsicht vor große Herausforderungen. Zum einen muss sie in der Lage sein, auf die einschlägigen, eher *offensichtlichen* Funktionsprobleme der bisherigen Struktur angemessen zu reagieren: So bedarf es einer auf die spezifischen Belange des Unternehmens abgestimmten Ausdifferenzierung der betrieblichen Aufgabenstruktur, einer zunehmenden Delegation von Weisungsbefugnissen und Entscheidungskompetenzen sowie der schrittweisen Ablösung (zumindest aber deutlichen Ergänzung) sozialintegrativer Koordinationsmechanismen durch formale Regelungen und Vorschriften. Obgleich diese Veränderungen im Hinblick auf die Aufrechterhaltung der Leistungs- und Wettbewerbsfähigkeit des Unternehmens unumgänglich sein mögen, stoßen sie in vielen KMU doch auf ausgeprägte Widerstände.[40] Gerade Gründerunternehmer tun sich beispielsweise oft schwer damit, ihre gewohnte „Allzuständigkeit" aufzugeben.[41] Und auch die Beschäftigten erleben etwa die fortschreitende Bürokratisierung und Hierarchisierung „ihres Unternehmens" nicht selten als Bruch mit bewährten, unternehmenskulturell verankerten Gepflogenheiten.[42]

---

39 Die Annahme, dass eine Überwindung strukturell bedingter Wachstumsbarrieren nur über die Durchführung radikaler Strukturbrüche zu bewerkstelligen sei, steht dabei nur oberflächlich im Widerspruch zu unseren Überlegungen. Denn zum einen beschränkt sich Greiner in seiner Betrachtung nicht ausschließlich auf das Führungssystem, sondern bezieht seine Ausführungen auf die in Abständen von ca. vier bis acht Jahren notwendig werdende Anpassung der organisationalen Gesamtstruktur. Eine solche systemweit verbindliche Reorganisation betrieblicher Prozesse und Kooperationszusammenhänge nimmt schon aufgrund ihrer Reichweite und des erforderlichen Steuerungs- bzw. Ressourcenaufwands nahezu zwangsläufig die Gestalt eines tief greifenden strukturellen Umbruchs an. Zum anderen wird bei genauerer Analyse der aufeinanderfolgenden Strukturlösungen deutlich, dass die gleichsam „dahinter" liegende Gestaltungslogik durchaus dialektische Züge trägt. So stellt nämlich die simple Rückkehr zu den ehemals erfolgreichen Strukturen früherer Wachstumsphasen in Greiners Augen keine gangbare Alternative dar. Bei den verschiedenen Strukturmodifikationen handelt es sich stets um Weiterentwicklungen, die darauf abzielen, das wachstumsbedingte Ungleichgewicht zwischen struktureller Differenzierung und Integration – gewissermaßen auf verändertem Niveau – wiederherzustellen.
40 Vgl. hierzu beispielsweise Kühl (2002), S. 200–202. Dort wird am Beispiel von Unternehmen der New Economy aufgezeigt, dass mit der formalen Einführung dezentraler Organisationsstrukturen und Entscheidungsprozesse oftmals erhebliche Schwierigkeiten verbunden sind, die bisweilen gar den paradoxen Effekt einer faktisch verstärkten Zentralisierung von Entscheidung und Verantwortung zeitigen können.
41 Vgl. Hofer/Charan (1984), S. 3–4; Manstedten (1997), S. 56–57; Rimler/Humphreys (1976).
42 Zu den Ausprägungen mittelständischer Sozialordnungen vgl. Kotthoff/Reindl (1990).

Zum anderen ergibt sich aus dem wachstumsbedingten Strukturwandel aber auch noch eine zweite, weniger offensichtliche, aber nicht minder bedeutsame Anpassungsproblematik. Denn vor allem beim Übergang vom Kleinunternehmen zum Mittelbetrieb setzen die beschriebenen Strukturkräfte mehr oder weniger *direkt* am Führungssystem des Unternehmens an und beeinträchtigen unweigerlich dessen strukturelle Balance.[43] Die wachstumsinduzierten Strukturveränderungen müssen daher durch flankierende Maßnahmen ausgeglichen bzw. abgestützt werden, um die Aufrechterhaltung bzw. Weiterentwicklung der organisationalen Führungsfähigkeiten zu gewährleisten. Die Durchführung derartiger *Balancierungsoperationen* zur Wiederherstellung der produktiven Strukturspannung stellt eine elementar wichtige (und ausgesprochen anspruchsvolle) Aufgabe für die Unternehmensführung in (wachsenden) KMU dar. So kann beispielsweise den negativen Folgen einer fortschreitenden *Dezentralisierung* durch die Implementierung von bereichsübergreifenden ziel- bzw. *ergebnisorientierten Steuerungs- und Anreizmechanismen* begegnet werden. Über die verbindliche Anbindung der Entscheidungsträger an das übergeordnete Zielsystem des Unternehmens wird deren Verantwortlichkeit gegenüber dem Gesamtergebnis gestärkt, zugleich aber auch die erforderliche Handlungsautonomie aufrechterhalten. Hierbei geht es also darum, den aus der betrieblichen Dezentralisierung von Entscheidungskompetenzen resultierenden Steuerungsproblemen entsprechende (handlungskanalisierende) Anreizstrukturen gegenüberzustellen, die eine gegenläufige Wirkung entfalten und so eine (*gesamtverantwortliche*) Handlungskoordination über alle Unternehmensbereiche hinweg erlauben. Der bis zu einem bestimmten Grad ja durchaus gewollten Forcierung von Autonomie und internem Wettbewerb sind im Zuge des Unternehmenswachstums also gewandelte Formen kooperativer Handlungskoordination anbei zu stellen.[44] Dies gilt in ganz ähnlicher Weise auch für die potenziell desintegrierende Wirkung struktureller Spezialisierung: Auch hier ist es notwendig, die negativen Effekte einer einseitigen Spezialisierung in gewissem Maße durch die Einrichtung *bereichsübergreifender Kooperations- und Kommunikationszusammenhänge strukturell* abzufedern.[45] Interdisziplinäre Arbeitskreise, Quali-

---

43 Auf die negativen Auswirkungen einer unausgewogenen Strukturgestaltung haben wir allgemein bereits in Abschnitt 2.1.2 hingewiesen. Ihre praktische Relevanz insbesondere für Wachstumsunternehmen lässt sich zudem recht gut anhand der „typischen" Steuerungsprobleme großer Unternehmen veranschaulichen: So können etwa die ausgeprägte *Politisierung* des organisationalen Geschehens, die *unzureichende strategische Integration* betrieblicher Teilaktivitäten und auch die vielfach beklagte *Unbeweglichkeit* von Großunternehmen bzw. Konzernen durchaus als Hinweis auf die potenzielle Dysfunktionalität hochdifferenzierter und formalisierter, aber eben nicht ausbalancierter Strukturen interpretiert werden.

44 Vgl. hierzu und zu Folgendem Hirsch-Kreinsen (1995), S. 429–433 sowie zum Verhältnis von Kooperation und Wettbewerb grundsätzlich Deutsch (2006).

45 Vgl. etwa Van de Ven (1986), S. 598–599 und die dort skizzierte Idee der „holografischen Organisation" („hologram metaphor"). Im Kern geht es darum, den dysfunktionalen Effekten betrieblicher Dezentralisierung und Spezialisierung durch eine ganzheitliche Sichtweise zu begegnen.

tätszirkel, Projektteams o. Ä. erzeugen überlappende Mitgliedschaften, die gleichsam „quer" durch die formale Funktionalstruktur greifen und so (institutionalisierte) Gelegenheiten für interpersonellen Austausch und produktive Konfrontation der unterschiedlichen betrieblichen Denkwelten und Perspektiven schaffen.[46] Der (ungebremste) Ausbau bürokratischer *Regulierung* schließlich beeinträchtigt zwangsläufig die Flexibilität des Führungssystems. Der Gefahr einer Übersteuerung des Führungshandelns durch (inadäquate) Vorschriften und Prozessvorgaben kann grundsätzlich auf zweierlei Weise begegnet werden: Zum einen kann über die ergänzende Etablierung entsprechender *informeller Normen* eine eher flexible Handhabung formaler Regelungen (gewissermaßen „unternehmenskulturell") im System verankert werden.[47] Zum anderen lässt sich aber durch bewusst durchlässig gehaltene Informations- und Kommunikationskanäle oder die Installation formal abgestützter Partizipationsangebote (z. B. ein betriebliches Vorschlagswesen oder Ideenmanagement) die notwendige Offenheit der Führungsstruktur – zumindest in Teilen – auch „bürokratisch" verordnen.

Unsere Überlegungen zu den möglichen Ansatzpunkten strukturbezogener Balancierungsoperationen bleiben notwendigerweise noch recht abstrakt und unspezifisch. Eine begründete Auswahl der zum Ausgleich struktureller Ungleichgewichte geeigneten Instrumente und Maßnahmen kann letztlich nur vor dem Hintergrund der besonderen situativen Gegebenheiten des jeweiligen Unternehmens erfolgen. Ganz grundsätzlich lässt sich aber festhalten, dass sich der wachstumsinduzierte Wandel betrieblicher Organisations- und Führungsstrukturen gerade in Klein- und Mittelbetrieben oftmals von „Nebenwirkungen" begleitet sieht, die die Generierung elementarer Führungsfähigkeiten nachhaltig beeinträchtigen können. Um diesen negativen Begleiterscheinungen entgegenzuwirken, bedürfen Strukturveränderungen stets einer Abstützung durch ausgleichende Gestaltungsmaßnahmen.

Es sollte u. E. deutlich geworden sein, dass KMU im Zuge ihres Unternehmenswachstums fortwährend über die Notwendigkeit einer Einführung oder Anpassung jeweils gegenwirksamer Strukturentwürfe reflektieren müssen. So dürfte sich die Balance zwischen handlungs*kanalisierenden* (stabilitätsfördernden) und handlungs*generierenden* (flexibilitätsfördernden) Strukturkräften im Zeitverlauf (mehrfach!) verschieben: In den frühen Phasen des Wachstums gilt es, allmählich und behutsam formale Organisationsstrukturen zu entwickeln, die dem komplexer werdenden

---

[46] Vgl. hierzu beispielsweise auch die Überlegungen zur Gestaltung überlappender Mitgliedschaften („linking pins") bei Likert (1972). Auf Koordinations- und Lernprobleme stark dezentralisierter bzw. projektförmiger Organisationsstrukturen weist zusammenfassend auch Lam (2006), S. 127–132 hin.

[47] Insofern geht es in dieser Dimension der Führungsqualität darum, durch den Rückgriff auf bestimmte (mal mehr, mal weniger offizielle) Möglichkeiten der (situativen) Regelbeugung der handlungsbeschränkenden Wirkung (allzu) starrer Prozessvorschriften produktive Grenzen zu setzen. Vgl. hierzu bereits Bensman/Gerver (1963) sowie ergänzend Kühl (2002), S. 202–204 und die dort zu findenden Hinweise auf Metastrukturen und -regeln.

Unternehmensgeschehen das erforderliche Maß an Effizienz, Stabilität und Verlässlichkeit verleihen. In späteren Phasen des Wachstums dürfte der Schwerpunkt betrieblicher Strukturgestaltung hingegen auf der Reaktivierung entsprechender flexibilitätsfördernder Strukturkräfte liegen. Gemäß unserer dialektischen Auffassung bedeutet dies allerdings auch, dass sich die jeweiligen strukturellen Entwürfe im Zuge des Unternehmenswachstums nicht einfach *sequenziell* ablösen. Zur Bewältigung nachhaltigen Wachstums (und um etwaigen Wachstumskrisen bereits frühzeitig begegnen zu können) ist vielmehr eine beständig aktualisierte Schwerpunktsetzung und Rejustierung der verschieden wirksamen Führungs- und Organisationsstrukturen vorzunehmen.

4 Fazit

Strukturen kanalisieren das Verhalten der Organisationsmitglieder und verleihen dem organisationalen Geschehen auf diese Weise Stabilität und Verlässlichkeit. Darüber hinaus wohnt ihnen aber auch eine generative, verhaltensaktivierende Kraft inne. Dies gilt insbesondere für solche Strukturkonfigurationen, die durch ein ausbalanciertes Wechselspiel widersprüchlicher Kräfte gekennzeichnet sind.

Ausgehend von den zentralen Gedanken der dialektischen Führungstheorie haben wir uns im vorliegenden Beitrag der Frage zugewandt, welche besonderen Herausforderungen sich in diesem Zusammenhang aus dem wachstumsbedingten Wandel der betrieblichen Organisations- und Führungsstrukturen in Klein- und Mittelbetrieben ergeben. Dabei wurde deutlich, dass sich die Aufmerksamkeit der Unternehmensführung bei der Bewältigung notwendiger Strukturanpassungen gerade in den frühen Phasen des Unternehmenswachstums (nachvollziehbarerweise) eher auf die *ordnungsstiftenden* Funktionen von Strukturen richtet. Eine in dieser Hinsicht einseitige bzw. unausgewogene Neugestaltung entzieht der Struktur jedoch ihr Spannungspotenzial und kann daher leicht eine Beeinträchtigung elementarer Führungsfähigkeiten nach sich ziehen. Die fortwährende Aufrechterhaltung bzw. Revitalisierung produktiver Strukturspannungen – durch die Einführung entsprechender struktureller Gegengewichte entlang der (analytischen) Dimensionen *Dezentralisierung*, *Differenzierung* und *Formalisierung* – stellt somit eine ebenso wichtige wie anspruchsvolle Gestaltungsaufgabe mittelständischer Unternehmensführung in Phasen des Wachstums dar.

5 Literatur

Begley, T. M./Boyd, D. P. (1987): Psychological characteristics associated with performance in entrepreneurial firms and smaller businesses. In: JBV, 2. Jg., H. 1, S. 79–93.

Behrends, T. (2009): Strukturentwicklung als Führungsaufgabe in KMU – Die betriebsgrößenbedingte Entwicklung organisationaler Führungsfähigkeiten. In: Müller, D. (Hg.): Controlling für kleine und mittlere Unternehmen. München, S. 275–293.

Behrends, T./Martin, A. (2006): Personalarbeit in Klein- und Mittelbetrieben: Empirische Befunde und Ansatzpunkte zu ihrer theoretischen Erklärung. In: ZfKE, 54. Jg., H. 1, S. 25–49.

Benner, M. J./Tushman, M. L. (2015): Reflections on the 2013 Decade Award: „Exploitation, exploration, and process management: The productivity dilemma revisited" ten years later. In: AMR, 40. Jg., H. 4, S. 497–514.

Bensman, J./Gerver, I. (1963): Crime and punishment in the factory: The function of deviancy in maintaining the social system. In: ASR, 28. Jg., H. 4, S. 588–598.

Benson, K. (1977): Organizations: A dialectical view. In: ASQ, 22. Jg., H. 1, S. 1–21.

Birkinshaw, J./Crilly, D./Bouquet, C./Lee, S. Y. (2016): How do firms manage strategic dualities? A process perspective. In: AMD, 2. Jg., H. 1, S. 51–78.

Blau, P. M. (1970): A formal theory of differentiation in organizations. In: ASR, 35. Jg., H. 2, S. 201–218.

Bouchikhi, H. (1998): Living with and building on complexity: A constructivist perspective on organizations. In: Organization, 5. Jg., H. 2, S. 217–232.

Brandstätter, H. (1999): Unternehmensgründung und Unternehmenserfolg aus persönlichkeitspsychologischer Sicht. In: Moser, K./Batinic, B./Zempel, J. (Hg.): Unternehmerisch erfolgreiches Handeln. Göttingen, S. 155–172.

Chandler, G. N./Jansen, E. (1992): The founder's self-assessed competence and venture performance. In: JBV, 7. Jg., H. 3, S. 223–236.

Child, J. (1972): Organizational structure, environment and performance: The role of strategic choice. In: Sociology, 6. Jg., H. 1, S. 1–22.

Child, J. (1973): Predicting and understanding organization structure. In: ASQ, 18. Jg., H. 2, S. 168–185.

Cook, S. D. N./Brown, J. S. (1999): Bridging epistemologies: The generative dance between organizational knowledge and organizational knowing. In: OS, 10. Jg., H. 4, S. 381–400.

Deutsch, M. (2006): Cooperation and competition. In: Deutsch, M./Coleman, P. T./Marcus, E. C. (Hg.): The handbook of conflict resolution: Theory and practice. 2. Aufl., San Francisco, S. 23–42.

Donaldson, L. (2001): The contingency theory of organizations: Foundations for organizational science. Thousand Oaks.

Dougherty, D. (1996): Organizing for innovation. In: Clegg, S. R./Hardy, C./Nord, W. R. (Hg.): Handbook of organization studies. London, S. 424–439.

Gebert, D. (2000): Zwischen Freiheit und Reglementierung: Widersprüchlichkeiten als Motor inkrementalen und transformationalen Wandels in Organisationen: eine Kritik des punctuated equilibrium-Modells. In: Schreyögg, G./Conrad, P. (Hg.): Organisatorischer Wandel und Transformation, Managementforschung, Bd. 10. Wiesbaden, S. 1–32.

Göbel, S./Frese, M. (1999): Persönlichkeit, Strategien und Erfolg bei Kleinunternehmern. In: Moser, K./Batinic, B./Zempel, J. (Hg.): Unternehmerisch erfolgreiches Handeln. Göttingen, S. 93–113.

Greiner, L. E. (1972): Evolution and revolution as organizations grow. In: HBR, 50. Jg., H. 4, S. 37–46.

Greiner, L. E. (1998): Evolution and revolution as organizations grow (überarb. Reprint). In: HBR, 76. Jg., H. 3, S. 55–68.

Hedberg, B. L. T./Nystrom, P. C./Starbuck, W. H. (1976): Camping on seesaws: Prescriptions for a self-designing organization. In: ASQ, 21. Jg., H. 1, S. 41–65.

Hirsch-Kreinsen, H. (1995): Dezentralisierung: Unternehmen zwischen Stabilität und Desintegration. In: ZfS, 24. Jg., H. 6, S. 422–435.

Hofer, C. W./Charan, R. (1984): The transition to professional management: Mission impossible? In: AJSB, 9. Jg., H. 1, S. 1–11.

Huy, Q. N. (2001): In praise of the middle managers. In: HBR, 79. Jg., H. 8, S. 72–79.

Kieser, A./Kubicek, H. (1992): Organisation. 3. Aufl., Berlin/New York.

Kieser, A./Walgenbach, P. (2003): Organisation, 4. Aufl., Stuttgart.

Kirsch, W. (1992): Kommunikatives Handeln, Autopoiese, Rationalität: Sondierungen zu einer evolutionären Führungslehre. München.

Kolb, D. A. (1984): Experiential learning: Experience as the source of learning and development. Englewood Cliffs, NJ.

Kotthoff, H. (2013): Betriebliche Sozialordnung. In: Hirsch-Kreinsen, H./Minssen, H. (Hg.): Lexikon der Arbeits- und Industriesoziologie. Berlin, S. 140–145.

Kotthoff, H./Reindl, J. (1990): Die soziale Welt kleiner Betriebe: Wirtschaften, Arbeiten und Leben im mittelständischen Industriebetrieb. Göttingen.

Kühl, S. (2002): Jenseits der Face-to-face-Organisation: Wachstumsprozesse in kapitalmarktorientierten Unternehmen. In: ZfS, 31. Jg., H. 3, S. 186–210.

Lam, A. (2006): Organizational innovation. In: Fagerberg, J./Mowery, D. C./Nelson, R. R. (Hg.): The Oxford Handbook of Innovation. Oxford, S. 115–147.

Lewis, M. W. (2000): Exploring paradox: Toward a more comprehensive guide. In: AMR, 25. Jg., H. 4, S. 760–776.

Likert, R. (1972): Neue Ansätze der Unternehmungsführung. Bern.

Manstedten, B. C. (1997): Entwicklung von Organisationsstrukturen in der Gründungs- und Frühentwicklungsphase von Unternehmungen. Köln-Dortmund.

March, J. G. (1991): Exploration and exploitation in organizational learning. In: OS, 2. Jg., H. 1, S. 71–87.

Martin, A. (1995): Führungsstrukturen und Entscheidungsprozesse. In: Schriften aus dem Institut für Mittelstandsforschung, H. 1, Lüneburg.

Martin, A. (2004): Tensegrität: Lebendige Balance in den Führungsstrukturen von Unternehmen und ihre Bedeutung für den unternehmerischen Entscheidungsprozess. In: Merz, J./Wagner, J. (Hg.): Perspektiven der Mittelstandsforschung: Ökonomische Analysen zu Selbständigkeit, Freien Berufen und KMU. Münster, S. 3–30.

Martin, A. (2006): Dialectical conditions: Leadership structures as productive action generators. In: MR, 17. Jg., H. 4, S. 420–447.

Martin, A. (2007): Führungsstrukturen in KMU: Die produktive Verteilung von Führungsaufgaben. In: Merz, J. (Hg.): Fortschritte der Mittelstands-Forschung. Hamburg, S. 29–49.

Martin, A. (2008): Individuelle oder kollektive Unternehmensführung? Die Bedeutsamkeit der kollektiven Führung für die unternehmerische Entscheidungsfindung und den Unternehmenserfolg in kleinen und mittleren Unternehmen. In: Bouncken, R. B./Jochims, T./Küsters, E. A. (Hg.): Steuerung versus Emergenz: Entwicklung und Wachstum von Unternehmen: Festschrift zum 65. Geburtstag von Prof. Dr. Egbert Kahle. Wiesbaden, S. 187–218.

Mayntz, R. (1963): Soziologie der Organisation. Reinbek bei Hamburg.

Mintzberg, H. (1992): Die Mintzberg-Struktur: Organisationen effektiver gestalten. Landsberg.

Mintzberg, H./Westley, F. (1992): Cycles of organizational change. In: SMJ, 13. Jg., H. S2, S. 39–59.

Mugler, J. (1998): Betriebswirtschaftslehre der Klein- und Mittelbetriebe. 3. Aufl., Wien/New York.

Naujoks, T. (1998): Unternehmensentwicklung im Spannungsfeld von Stabilität und Dynamik: Management von Dualitäten. Wiesbaden.

O'Reilly, C. A./Tushman, M. L. (2013): Organizational ambidexterity: Past, present, and future. In: AMP, 27. Jg., H. 4, S. 324–338.

Pfohl, H.-C. (2006): Abgrenzung der Klein- und Mittelbetriebe von Großbetrieben. In: Pfohl, H.-C. (Hg.): Betriebswirtschaftslehre der Mittel- und Kleinbetriebe: Größenspezifische Probleme und Möglichkeiten zu ihrer Lösung. 4. Aufl., Berlin, S. 1–24.

Pugh, D. S./Hickson, D. J./Hinings, C. R./Turner, C. (1969): The context of organization structures. In: ASQ, 14. Jg., H. 1, S. 91–114.

Purle, E. (2004): Management von Komplexität in jungen Wachstumsunternehmen. Lohmar/ Köln.

Quinn, R. E./Cameron, K. (1983): Organizational life cycles and shifting criteria of effectiveness: Some preliminary evidence. In: MS, 29. Jg., H. 1, S. 33–51.

Rimler, G. W./Humphreys, N. J. (1976): Successful delegation: A must for small business. In: JSBM, 14. Jg., H. 1, S. 42–45.

Schirmer, F./Ziesche, K. (2010): Dynamic Capabilities: Das Dilemma von Stabilität und Dynamik aus organisationspolitischer Perspektive. In: Barthel, E./Hanft, A./Hasebrook, J. (Hg.): Integriertes Kompetenzmanagement im Spannungsfeld von Innovation und Routine. Münster, S. 15–43.

Soriano, D. R./Castrogiovanni, G. J. (2012): The impact of education, experience and inner circle advisors on SME performance: Insights from a study of public development centers. In: SBE, 38. Jg., H. 3, S. 333–349.

Thomas, R./Sargent, L. D./Hardy, C. (2011): Managing organizational change: Negotiating meaning and power-resistance relations. In: OS, 22. Jg., H. 1, S. 22–41.

Van de Ven, A. H. (1986): Central problems in the management of innovation. In: MS, 32. Jg., H. 5, S. 590–607.

Volberda, H. W. (1998): Building the flexible firm: How to remain competitive. Oxford.

Wagner, K./Ziltener, A. (2007): Die Unternehmerpersönlichkeit und ihre Gründungsentscheidung: Gründungsmotive als Weichensteller. In: Fink, M./Kraus, S./Almer-Jarz, D. (Hg.): Sozialwissenschaftliche Aspekte des Gründungsmanagements: Die Entstehung und Entwicklung junger Unternehmen im gesellschaftlichen Kontext. Stuttgart, S. 192–222.

Woodward, J. (1965): Industrial organization: Theory and practice. London.

Zeise, M. (2008): Führungsfähigkeiten und Basisfähigkeiten als Determinanten des Unternehmenserfolgs: Theoretische Aspekte und Ergebnisse einer empirischen Studie unter mittelständischen Unternehmen. München/Mering.

Michael W. Busch

Teaming – Die Neuzusammenstellung von Teams als Motor des betrieblichen Innovationsmanagements

1 Dynamische Fähigkeiten, Ambidextrie und Teaming

Mit der Frage, wie es Unternehmen gelingt, dauerhaft ihre Existenz zu sichern und dies möglichst erfolgreich, beschäftigt sich die Managementlehre seit jeher. In der Praxis zeichnen sich speziell Familienunternehmen durch eine generationenübergreifende Perspektive aus, in der Nachhaltigkeit und auf Langfristigkeit ausgerichtete Investitionen einen festen Bestandteil der Unternehmenswerte bilden.[1] In der Wissenschaft sind organisationales Lernen, Organisationsentwicklung, Change Management, Technologie-, Wissens- und Innovationsmanagement sowie die strategische Planung Forschungsbereiche, in denen die für das Überleben von Unternehmen erforderliche Anpassungsleistung thematisiert wird. Jüngst wird mithilfe der dynamischen Fähigkeiten ein integratives Konzept diskutiert, das vergangene Einsichten aufgreift und die Brücke zwischen Innenorientierung (Kompetenzbetrachtung) und Außenorientierung (Marktbetrachtung) schlagen soll. Als inhaltlicher Kern wird die durch das Management initiierte Veränderung der betrieblichen Ressourcenbasis als Antwort auf geänderte Umweltbedingungen angesehen.[2] Das Management hat demnach

---

1 Vgl. Weishaupt (2015), S. 54–61.
2 Vgl. Ambrosini/Bowman (2009), S. 30–32.

DOI 10.1515/9783110517163-013

relevante Umweltveränderungen rechtzeitig zu registrieren („sensing"), richtig zu bewerten („seizing") und in entsprechenden Ressourcenzuweisungen bzw. veränderten Ressourcenkombinationen umzusetzen („reconfiguring").[3]

- *Sensing – Umweltveränderungen wahrnehmen*: Dies betrifft die Fähigkeit, sowohl Markt- als auch Technologieveränderungen im Sinne eines „opportunity recognition" fortwährend zu erfassen und zu analysieren (z. B. Potenziale von Big Data, Industrie 4.0). Dazu gehört ebenso der Blick auf die Branchenentwicklung, auf die Entwicklung von Kunden- bzw. Konsumentenbedürfnissen und das Verhalten von Stakeholdern. Die Suche sollte dabei proaktiv erfolgen und nicht lokal beschränkt sein.

- *Seizing – Umweltveränderungen bewerten*: Hierbei ist zu prüfen, welche von den technologischen Änderungen oder kundenbezogenen Anforderungen in Produkte und Dienstleistungen übernommen werden können, wie sich diese in das bestehende Produktportfolio einfügen (z. B. Vermeidung von Kannibalisierungseffekten, Stimmigkeit mit dem Markenverständnis), wo es zu einer Fusion bestimmter Technologien kommen soll, wie sich Konsumentenbedürfnisse mit der betrieblichen Kostenstruktur bzw. den Gewinnerwartungen vertragen und ob Innovationen im Alleingang oder in Kooperation, als geschlossener oder offener Prozess durchgeführt werden sollen.

- *Reconfiguring – Ressourcen anpassen*: Durch konkrete Change-Maßnahmen – Ressourcenzuweisungen, Teambildungen, Kompetenzaufbau, Wissensintegration – erfolgt die Umsetzung, wobei natürlich der beste Weg nicht die reaktive Anpassung an den Markt, sondern dessen Formung im eigenen Sinne ist (market shaping): „Niemand kann den Wandel managen. Wir können ihm nur einen Schritt voraus sein."[4]

Nachfolgend soll speziell der Bereich der Rekonfiguration näher betrachtet und mit dem Konzept der Ambidextrie verknüpft werden, um zu einer operativen Konkretisierung des in vielerlei Hinsicht vage bleibenden Begriffs der dynamischen Fähigkeiten zu gelangen.[5] Mit Ambidextrie (wörtlich Beidhändigkeit) wird die Fähigkeit eines Unternehmens umschrieben, das Lernen in kleinen Schritten (= Exploitation) mit dem Lernen in großen Schritten (= Exploration) sinnvoll zu verknüpfen, mit dem Ziel, sowohl inkrementelle als auch radikale Innovationen hervorzubringen. Im Zentrum stehen hierbei Teams, da sie eine strukturelle Schlüsselstellung in Unternehmen der Gegenwart einnehmen. Ihre eminente Bedeutung als *Bindeglied zwischen individuellem und organisationalem Lernen* ist seit Senges Longseller *Die Fünfte Disziplin* weithin anerkannt.[6] Mithin können sie auch als *Motor des betrieblichen Innovationsmanage-*

---

3 Vgl. Teece (2007), S. 1319.
4 Drucker (1999), S. 109.
5 Vgl. Moldaschl (2007), S. 12–18.
6 Vgl. Senge (2011), S. 257.

ments begriffen werden. Bereits Mintzberg wies auf die Verbreitung adhokratischer, anlassbezogener, also immer wieder für neue Zwecke gebildeter, temporärer Organisationsstrukturen hin, die besonders in wissensintensiven Branchen weitverbreitet sind.[7] Aktuell sieht Edmondson in der unternehmerischen Fähigkeit des *Teaming* einen entscheidenden Wettbewerbsfaktor. *Unternehmen, denen es gelingt, sich durch die geschickte Rekonfiguration von Teams immer wieder neu zu erfinden, sind anpassungsfähiger und im Idealfall auch innovativer.*[8] Von Mitarbeitern verlangt dies, dass sie in der Lage sind, sich in unterschiedliche Teamformationen einzufügen und sich auf unterschiedliche Kooperationspartner einzustellen. Dies dürfte einer der Gründe sein, weshalb Teamfähigkeit, also eine gewisse Offenheit gegenüber Neuem und die Bereitschaft, sich fachlich und emotional auf andere einzulassen, als personelle Anforderung heutzutage in fast jeder Stellenanzeige auftaucht. Neben dem IQ gewinnt der EQ immer mehr an Bedeutung, d. h., harte fachliche Eignungen („taskwork") sollten mit zwischenmenschlichen Fähigkeiten einhergehen („teamwork").[9]

Die Verknüpfung dynamischer Fähigkeiten mit den Bereichen Teams, Ambidextrie und Innovation lässt sich durch deren kleinsten gemeinsamen Nenner rechtfertigen: das Lernen. Versteht man dynamische Fähigkeiten ganz allgemein als eine Anpassung an internen oder externen Veränderungsdruck, so ist der Bezug zum Lernen unmittelbar ersichtlich, hat doch auch Lernen in seiner Grundlogik mit Veränderung zu tun.[10] Teams sind in dieser Lesart nicht nur Einheiten, *in denen* gelernt wird, sondern auch Einheiten, *durch die* ein Unternehmen – ggf. auch im Verbund mit anderen Unternehmen oder Akteuren (z. B. Kunden, Lieferanten, Freelancer) – lernt. „Teaming in today's and tomorrow's world will be about learning."[11] Und hier liegt auch die Verbindung zum Konzept der Ambidextrie, das die Ausbalancierung exploitativer und explorativer Lernaktivitäten im Unternehmen anstrebt. Ähnlich wie im Portfoliomanagement, durch das ein finanzielles Gleichgewicht zwischen unterschiedlich riskanten strategischen Geschäftsfeldern erreicht werden soll, zielt auch Ambidextrie in letzter Konsequenz auf den langfristigen Erhalt der Liquidität eines Unternehmens; deutlich im Vordergrund steht jedoch die Herstellung einer ausgeglichenen „Lernbilanz". Mit anderen Worten sollte ein Unternehmen innerhalb seiner „Teamlandschaft"

---

7 Vgl. Mintzberg (1992), S. 339. Ähnlich sehen Rindova/Kotha (2001), S. 1264–1275 in der kontinuierlichen Änderung angebotener Produkte und Dienstleistungen, die mit Ressourcen-, Fähigkeits- und Strukturanpassungen einhergehen („continuous morphing"), die Voraussetzung für den Erhalt der Wettbewerbsfähigkeit eines Unternehmens, speziell in einem hochdynamischen, hyperkompetitiven Umfeld wie der IT-Branche. Die konventionelle Sichtweise von Organisationen als relativ stabile und träge, hierarchisch geprägte Strukturen, die beinahe isoliert von der Umwelt, d. h. ohne Kooperationen, agieren können, wird damit obsolet. Als illustrative Beispiele wurden damals die Unternehmen Yahoo! und Excite in ihrer Entwicklung analysiert. Vgl. aktuell auch Laloux (2015).
8 Vgl. Edmondson (2012), S. 14; Rindova/Kotha (2001), S. 1264.
9 Vgl. Busch (2015), S. 52.
10 Vgl. von der Oelsnitz/Hahmann (2003), S. 63.
11 Edgar Schein, zitiert in Edmondson (2012), S. XII.

bzw. seines Projektportfolios einerseits über Teams verfügen, die dazu beitragen, dass erfolgreiche Produkte oder Dienstleistungen in gleichbleibender Qualität angeboten und schrittweise optimiert werden (= regelbefolgende Exploitation), um seine Ertragslage in der Gegenwart zu sichern, andererseits aber auch über Teams, die innovative Lösungen hervorbringen (= regelbrechende Exploration), um langfristige Erfolgspotenziale zu erschließen.[12] Innerhalb des Innovationscontrollings wird die gekonnte Austarierung beider Lernaktivitäten zu einem wichtigen Gradmesser der Zukunftsorientierung eines Unternehmens.

Google etwa hat dies in der 70–20–10–Formel organisational verankert.[13] Demnach sind 70 % der Arbeitszeit in die Verbesserung der vorhandenen Arbeitsbereiche zu stecken, 20 % in Dienste, die das Kerngeschäft deutlich erweitern, und 10 % der Arbeitszeit in ausgefallene Ideen (sogenannte moonshots).[14] Ergänzend kommt die berühmte, ursprünglich bei 3M eingeführte 20 %-Regel zum Einsatz, wonach jeder Softwareentwickler bis zu 20 % seiner Arbeitszeit für eigene Ideen und Initiativen aufwenden darf, was nicht nur zur Verbesserung der Innovationskraft des Unternehmens beiträgt, sondern auch als Personalbindungsmaßnahme der hochtalentierten, oft eigenwilligen Mitarbeiter, die nach Herausforderungen verlangen und hohe Ansprüche an Arbeitsinhalte stellen, aufzufassen ist.[15]

Die Bildung unterschiedlicher „Lernklassen" von Teams mit je spezifischen Mischverhältnissen exploitativer und explorativer Aktivitäten steht im Zentrum der nachfolgenden Betrachtung. Dabei wird auf die von Henderson und Clark vorgenommene Differenzierung von Innovationen in inkrementelle, modulare, architekturelle und radikale Formen Bezug genommen, um der Vielschichtigkeit des betrieblichen Lern- und Neuerungsgeschehens Rechnung zu tragen, denn die dichotome Untertei-

---

12 Vgl. hierzu auch Daniel/Ward/Franken (2014), S. 96–97, S. 107; Pavlou/El Sawy (2011), S. 244–246.
13 Auch Jack Welch (*1935) verwendete bekanntlich eine solche Formel, allerdings zu einem gänzlich anderen Zweck. „Welch war es, der in den 80er Jahren die Formulierung Low Performer oder auch ‚Bottom 10' in die Welt setzte (…) Jedes Jahr teilte er die Mitarbeiter in Gruppen ein – 20 Prozent Topleister, 70 Prozent Solide, 10 Prozent Ausfälle – und wusste auch gleich, was zu tun ist: Die letzten 10 Prozent flogen raus." Buchhorn (2012), S. 95–96. Jüngst hat die Yahoo!-Chefin Marissa Mayer mit einem ähnlichen „Forced-Ranking"-Modell ebenfalls für kontroverse Diskussionen gesorgt. Vgl. Römer (2013).
14 Vgl. Hamel/Breen (2008), S. 155. Die zwischenzeitlich erfolgte Reorganisation des Konzerns unter die Dachmarke Alphabet nach dem Vorbild von Warren Buffetts Berkshire Hathaway spiegelt dies nun auch strukturell wider. Die finanzielle und rechtliche Separierung der einzelnen Geschäftsfelder soll nicht zuletzt der unterschiedlichen Risikoorientierung der Teilbereiche besser Rechnung tragen, ihnen die gebührende Autonomie gewähren, Finanzströme besser kontrollierbar machen, aber auch das Kerngeschäft Google vor Imageschäden bewahren, falls einzelne Geschäftsfelder scheitern bzw. veräußert werden müssen. Vgl. Beuth (2015).
15 Vgl. Hamel/Breen (2008), S. 164. „In der Praxis verbringen nur wenige Mitarbeiter 20 Prozent jedes einzelnen Arbeitstages oder jeder Woche damit, an einem Lieblingsprojekt zu tüfteln. Eher entschließt sich ein Ingenieur nach sechsmonatiger harter Arbeit an einem wichtigen Projekt, sechs Wochen an einer neuen Idee herumzuexperimentieren." Hamel/Breen (2008), S. 164–165.

lung in rein exploitative (wissensnutzende) Teamarbeit (z. B. in der Fertigung) oder rein explorative (wissenserzeugende) Teamarbeit (z. B. in der Produktentwicklung) lässt sich nur in der Theorie trennscharf vornehmen.[16] In der Praxis betreiben die meisten Teams sowohl Exploitation als auch Exploration, wenn auch der jeweilige Schwerpunkt je nach angestrebter Innovationsform anders gelagert ist.

Zusammenfassend sollen dynamische Fähigkeiten mithilfe des Konzepts der Ambidextrie erklärt werden, wobei die Erzeugung von Ambidextrie als eine durch und in Teams zu leistende (Lern-)Aufgabe begriffen wird. Teams bilden sowohl ein Vehikel zur Umsetzung als auch eine Maßnahme zur Entwicklung dynamischer Fähigkeiten. Hierzu werden unterschiedliche „Gewichtsklassen" von Teams mit ihren je spezifischen Herausforderungen eingehender betrachtet. Mit der dezidierten Berücksichtigung von Teams unterhalb der Topmanagementebene werden Leerstellen sowohl der Ambidextrie- als auch der Dynamic-Capabilities-Forschung ausgefüllt. Da beide Themengebiete in vergleichsweise isoliert geführten Diskussionen unter Forschern aus dem Feld des strategischen Managements stattfinden, verwundert es nicht, dass hier Erkenntnisse der Teamliteratur weitgehend ausgeklammert bleiben, obwohl sich deren Wert für die praktische Umsetzung kaum anzweifeln lässt.

2 Ambidextrie durch die Bildung geeigneter Teamstrukturen

2.1 Exploitation und Exploration

Seit Marchs Veröffentlichung aus dem Jahre 1991 werden Exploitation und Exploration intensiv als zwei grundlegende Lernformen erörtert.[17] March scheint mit dieser terminologischen Unterscheidung einen Nerv getroffen zu haben, sonst wären die bei Google Scholar ausgewiesenen 16.125 Zitationen (Stand: 10.05.2016) nicht erklärbar. Offenkundig ist der Bedarf nach sinnvollen Sammelbegriffen, die vergangene Einsichten aus unterschiedlichen Disziplinen unter sich vereinen können, sehr groß, was wohl auch mit der Fülle an Neuveröffentlichungen zusammenhängt. Je mehr publiziert wird, desto wichtiger werden begriffliche „Kompassnadeln", die ein Zurechtfinden innerhalb des immer schwerer zu passierenden „Erkenntnisdickichts" ermöglichen. Tabelle 36 gibt einen (unvollständigen) Überblick über verwandte Konzepte aus der Vergangenheit, die sich unter Exploitation bzw. Exploration subsumieren lassen. Hierbei muss allerdings betont werden, dass die Zuweisung mit Vorsicht zu behandeln ist, da auch exploitative Aktivitäten wie die Planung, die Anwendung des

---

16 Vgl. Busch (2008), S. 17–21.
17 Vgl. March (1991), S. 71.

Tab. 36: Exploitation und Exploration als Sammelbegriffe[18].

Exploitation (= Bestehendes nutzen)	Exploration (= Neues erkunden)
• single-loop learning	• double-loop learning
• adaptives Lernen	• generatives Lernen
• inkrementelle Innovation	• radikale Innovation
• Effizienz	• Effektivität
• generelle Regelung	• fallweise Regelung
• Planung	• Improvisation
• Formalisierung	• Flexibilisierung
• Management	• Leadership
• transaktionale Führung	• transformationale Führung
• selektive Retention	• Varianzerhöhung
• KVP, TQM	• Business Reengineering
• evolutionärer Wandel	• revolutionärer Wandel
• Kodifizierung von Wissen	• Personalisierung von Wissen
• mechanistische Struktur	• organische Struktur
• Primärorganisation	• Sekundärorganisation

in Regeln und Handbüchern dokumentierten Wissens, die transaktionale Führung oder ein ausgeprägtes Qualitätsstreben im Rahmen des Total Quality Managements zu „explorativen" Ideen und Sprüngen führen können, ja vermutlich überhaupt erst deren Grundlage bilden.[19] Dies legen auch Erkenntnisse aus der Expertiseforschung nahe. Ein Experte muss sein Fachgebiet zunächst durch disziplinierte Übung gründlich erschlossen haben und fehlerfrei beherrschen, bevor er wirkliche Kreativität und Virtuosität entwickeln kann.[20] Bei professionellen Musikern etwa wird der reguläre Orchesterbetrieb als „handwerkliche" Routine (wenn auch auf sehr hohem Niveau) angesehen, kammermusikalische oder solistische Darbietungen hingegen als kreativ-künstlerische „Spielwiese", auf der neue und ungewöhnliche musikalische Wege (z. B. Crossovers) beschritten werden können.

Allgemein greift der exploitative Lernmodus, wenn Bedingungen vorliegen, die einander von Tag zu Tag weitgehend gleichen, sodass der Aufbau genereller Regeln in Form von Programmen oder Plänen Sinn ergibt. Es kommt zu einer ausgesprochenen Standardisierung von Aufgabenstrukturen, Verhaltensweisen und Zielen. Der Handlungsspielraum der Beteiligten ist äußerst eingeschränkt (Varianzreduktion).

---

18 Quelle: eigene Darstellung.
19 So konnten Güttel et al. für die international tätige Schmuckmanufaktur Ehinger-Schwarz in einer Einzelfallstudie nachweisen, dass hier ein umfangreiches Handbuch kombiniert mit Trainingsprogrammen, in denen klare Verfahrensweisen, Richtlinien und Kommunikationsvorgaben vermittelt werden, nicht nur eine Voraussetzung für die Übertragung (Replikation) des bestehenden Geschäftsmodells bilden, sondern auch als (explorative) Lernquelle zu begreifen sind, indem sie einen gemeinsamen Bezugsrahmen schaffen und als Diskussionsgrundlage für kreative Weiterentwicklungen dienen. Vgl. Güttel et al. (2012), S. 192–196.
20 Vgl. Busch/von der Oelsnitz (2012), S. 144–146.

Diese bewegen sich gleichsam auf einem Netz vorgefertigter „Schienen". Typischerweise finden sich solche hochrepetitiven und dadurch auch monotonen Tätigkeiten im Bereich der Fertigung (z. B. Montage) oder der Dienstleistung (z. B. Systemgastronomie, Callcenter, Verwaltung). Die explorative (Denk-)Arbeit hat hier bereits im Vorfeld stattgefunden (etwa durch die Fertigungsplanung). Kontinuierliche (schrittweise) Verbesserungen bestehender Standards werden zwar durchaus willkommen geheißen, allerdings sind diese in der Regel außerhalb der Arbeit zu entwickeln (z. B. in Teambesprechungen oder in Qualitätszirkeln). Der Fokus während der Arbeit liegt auf disziplinierter und effizienter Ausführung („organizing to execute"). Angestrebt werden vorhersagbare, qualitativ hochwertige und unmittelbar sichtbare Resultate.[21] Die Wurzeln dieses Ausführungsmodus liegen im Taylorismus und im Fordismus. Alles zielt auf maschinenartiges Funktionieren.[22]

Eben diese Gleichförmigkeit soll im explorativen Lernmodus durchbrochen werden. Regeln, Verhaltensweisen und Verfahren werden hierbei bewusst hinterfragt, gänzlich neue Ideen angestoßen, um schließlich zu einer mehr oder weniger radikalen Änderung des Status quo (z. B. der angebotenen Produkte) zu gelangen („organizing to learn").[23] Die kreative Lösungssuche setzt eine Erweiterung des Handlungsspielraums voraus (Varianzerhöhung). Gegenüber dem exploitativen Lernmodus weist der explorative Modus den Nachteil auf, dass die durch ihn hervorgebrachten Ergebnisse weniger kalkulierbar sind und die Suche nach Lösungen zunächst werteverzehrend wirkt. Und auch Fehlschläge sind in Kauf zu nehmen. Erfolge in Form von Zahlungsrückflüssen dagegen stellen lediglich erhoffte Zukunftserwartungen dar. „Die totale Flexibilität verzichtet auf Erfahrungsgewinne, Spezialisierungsvorteile, Größenerträge und Synergien jeder Art."[24] Es verwundert daher nicht, dass Unternehmen sehr viel mehr dazu tendieren, am Bestehenden festzuhalten, also etwa weiterhin dieselben Produkte mit denselben Verfahren und Technologien – allenfalls in leicht verbesserter Form – anzubieten. Das ist auf kurze Sicht weit weniger riskant. Selbst Firmen wie Apple unterliegen dieser Versuchung, nicht nur aus Profitstreben, sondern auch aus Mangel an genialen neuen Ideen – schließlich lässt sich ein iPhone nicht jede Periode neu erfinden. Dennoch ist der Innovationsdruck durch die Konkurrenz und die Erwartungshaltung von Konsumenten in schnelllebigen Branchen allgemein so hoch, dass sich Unternehmen ohne ein Mindestmaß an Exploration der Gefahr aussetzen, ins Hintertreffen zu geraten, aufgekauft oder gar vom Markt verdrängt zu werden.[25] Genau dieser Gefahr soll durch „Mischkalkulation" auf Teamebene, durch die Aufstellung eines ausgeglichenen Portfolios, welches sowohl gewinnermöglichende (ex-

---

21 Vgl. Keller (2012), S. 22.
22 Vgl. Morgan (2008), S. 23–50.
23 Vgl. Keller (2012), S. 22. Die Formulierungen „organizing to execute" und „organizing to learn" stammen von Edmondson (2012), S. 15–30.
24 Schreyögg/Kliesch (2006), S. 468.
25 Vgl. O'Reilly/Tushman (2013), S. 325; Christensen (2003).

ploitative) als auch – zumindest kurzfristig – verlustbringende (explorative) Teams enthält, entgegengewirkt werden.

2.2 Eine Typologisierung von Teams anhand ihres Lernmodus

Im Rahmen der Teambildung stellt sich diesbezüglich die Frage, wie sich der Lernmodus bzw. das Verhältnis zwischen den beiden Lernmodi in einzelnen Teams sinnvoll mit der jeweils angestrebten Aufgabe – die vom Routinecharakter bis hin zur radikalen Neuerung reicht – in Einklang bringen lässt. Hierbei ist zwischen monodexteren (einhändigen) und ambidexteren (beidhändigen) Teams zu unterscheiden.[26] Die einen Teams betreiben „nur" Exploitation bzw. Exploration, die anderen betreiben beides zugleich oder zumindest in Abfolge (simultane bzw. zyklische Ambidextrie).

2.2.1 Monodextere Teams: nur arbeiten oder nur träumen

Auf der Suche nach rein monodexteren Tätigkeitsfeldern, die von Menschen ausgeübt werden, tut man sich in der Gegenwart zumindest in westlichen Industrieländern immer schwerer. Während zu Fords Zeiten die „blinde" Befolgung von Regeln und Zielvorgaben üblich war – Mitarbeiter sollten während der Arbeit möglichst schweigen, Lächeln wurde teilweise sogar durch Entlassung geahndet[27] – ist der mitdenkende Mitarbeiter, der „Arbeitskraftunternehmer"[28], heute das von den meisten Unternehmen angestrebte Ideal. Reine Exploitation findet sich am ehesten noch bei einfachen Tätigkeiten wie der Automobilmontage oder der Sicherheitskontrolle, doch auch hier wird durch die Bildung teilautonomer Gruppen zunehmend die aktive Beteiligung und Selbstorganisation von Mitarbeitern angestrebt (etwa bei der Schichteinteilung, der Arbeitsauswertung oder der Feststellung des Weiterqualifizierungsbedarfs im Zuge geplanter Stellenrotationen). Tayloristisch-fordistische „Urzustände" finden sich aber weiterhin in Billiglohn- und Schwellenländern.

Sowohl das Was (Arbeitsinhalte) als auch das Wie (Arbeitsprozesse) sind in rein exploitativ ausgerichteten Arbeitsteams festgelegt. Die Hinterfragung bestehender Vorgaben (z. B. Verkaufen von Hamburgern, Bearbeiten von Anträgen) erscheint während der Arbeit geradezu absurd. Erforderliches Stellenwissen ist weitgehend verschriftlicht und lässt sich damit auch leicht von Mitarbeiter zu Mitarbeiter transferieren bzw. auf neu gegründete Geschäftseinheiten übertragen (sogenannte Replikation).[29] Die Stellenbildung erfolgt damit aufgaben- und nicht personenbezogen (so-

---

26 Vgl. Busch/Hobus (2012), S. 30.
27 Vgl. Edmondson (2012), S. 17.
28 Voß/Pongratz (1998); zu einer kritischen Zusammenfassung vgl. Sichler (2006), S. 59–72.
29 Vgl. Konlechner/Güttel (2011), S. 3–8.

genanntes Ad-rem-Prinzip). Entsprechend gering ist die Abhängigkeit von einzelnen Mitarbeitern und entsprechend hoch deren Ersetzbarkeit (was speziell Leiharbeiter bisweilen schmerzlich zu spüren bekommen). Wie ausgeprägt auch immer die explorative „Flankierung" in reinen Arbeitsteams ausgestaltet ist, in der Praxis stellen Arbeitsteams die häufigste Teamformation dar, da sie den Kernbereich betrieblichen Handelns abdecken und somit für den gegenwärtigen Bestandserhalt des Unternehmens essenziell sind.

Den monodexteren Gegenpol zu exploitativen Arbeitsteams bilden rein explorativ ausgerichtete Teams. Die Möglichkeit, dass sich Teams allein mit Exploration beschäftigen können und sollen, wird allerdings äußerst selten geboten. Das heißt aber nicht, dass es solche Fälle nicht gibt. Beispiele hierfür sind Grundlagenforschungsteams in der Wissenschaft, Trendforschungsteams in der Beratung, aber auch Think Tanks in Großunternehmen. Der ansonsten anzutreffende Leistungsdruck und die Orientierung am Verwertungsprinzip sind hier weitaus geringer ausgeprägt. Think Tanks etwa, wie sie bei Daimler, der Deutschen Telekom oder dem Henkel-Konzern existieren, leisten ein „Denken auf Vorrat", erkennen und analysieren Trends, identifizieren lukrative Geschäftsfelder der Zukunft und sorgen für eine kreative Vernetzung interner und externer Wissensträger.[30] Im Gegensatz zu Arbeitsteams sind hier das Lernen und Reflektieren nicht Neben-, sondern Hauptaufgabe. Die Vorstellung allerdings, dass solche Teams ihrer Kreativität völlig ungezügelt freien Lauf lassen können, ist falsch. Auch rein explorative Teams haben in gewissen Abständen Rechenschaft über die von ihnen hervorgebrachten Ideen abzulegen.[31]

Die allgemeine Frage, ob es Druck braucht, um kreative Ideen hervorzubringen, oder ob völlig angst- und zwangfreie Bedingungen herrschen sollten, damit die berühmten tausend Blumen blühen können, ist innerhalb der Kreativitätsforschung bis dato nicht wirklich zufriedenstellend beantwortet. Auch wenn die überwiegende Mehrzahl der Forscher heutzutage für „psychologische Sicherheit" und positivsinnstiftende, ja „lässige" Arbeitsumgebungen (flow-förderliche Zustände) plädiert, zeigen Unternehmensbeispiele wie Google oder Apple, dass kreative Freiräume und ausgesprochener Erfolgsdruck einander nicht ausschließen.

2.2.2 Ambidextere Teams: Kreativität mit Disziplin verbinden

Was auch immer die idealen Bedingungen zur Kreativitätsförderung sind, fest steht, dass die Vorhersagbarkeit von Ergebnissen mit zunehmendem Explorationsgrad der Aufgabe abnimmt, denn die Zielformulierung wird umso schwieriger, je kühnere und damit auch unbekanntere Züge die gewünschte Innovation annimmt. Diese Aussa-

---

30 Vgl. Stephan/Rosteck (2010), S. 356–357.
31 Vgl. Stephan/Rosteck (2010), S. 358–359.

ge gilt auch für die nachfolgend dargestellten ambidexteren Teams, die Innovationen unterschiedlichen Ausmaßes hervorbringen sollen. Je radikaler die angestrebte Innovation, desto autonomer sollte ein Team agieren können, desto fragwürdiger wird aber auch die Aussicht auf Erfolg.

Aus Sicht der Unternehmensleitung besitzt der Aspekt, wie es Innovationsteams intern gelingt, Kreativität zu entfalten und Lernprozesse lösungsorientiert zu gestalten, verständlicherweise geringere Bedeutung als die Einforderung sichtbarer Resultate. Genau darauf bezieht sich der Innovationsbegriff im Gegensatz zum Lernbegriff. Er hebt auf die marktseitige Bewährung bzw. die allgemein erfolgreiche Verwendbarkeit hervorgebrachter Ergebnisse ab. Auch wenn viele kleinteilige Lernprozesse ohne Zweifel die Voraussetzung für Innovationen bilden, für das Management sind sie in gewisser Weise uninteressant, denn gefragt sind schlussendlich nur Lernerfolge in Form von verwertbaren Produkten oder Dienstleistungen.[32] Produktinnovation ist jedoch nicht gleich Produktinnovation. In ihrer wegweisenden Studie aus dem Jahre 1990 unterschieden Henderson und Clark je nach Neuerungsgrad vier verschiedene Innovationstypen.[33]

Inkrementelle Innovationen verfeinern bzw. verbessern lediglich bestehende Produkte. In gewisser Weise werden hier nur Defizite eines bereits auf einem Markt etablierten Produktes oder eines in einem Unternehmen bereits eingesetzten Verfahrens behoben. „Ein typisches Beispiel stellen Software-Updates dar, in denen Fehler und Sicherheitslücken einer Software beseitigt werden. Das Ursprungsprogramm bleibt im Wesentlichen unverändert (...) Exploration erfolgt nur in Maßen und bewegt sich auf weitgehend bekanntem Terrain."[34] Teilweise gehören solche Innovationen zum Alltagsgeschäft, teilweise werden sie von außen initiiert (beispielsweise durch häufige Kundenbeschwerden oder auftretende technische Störungen, die Nachbesserungen erforderlich werden lassen).

Modulare Innovationen betreffen Einzelkomponenten eines Gesamtprodukts. Das Gesamtprodukt bleibt dabei aber erhalten, d. h., es kommt zu keiner Veränderung der Systemarchitektur („dominant design"). Die Systemarchitektur ergibt sich im Zeitverlauf durch wechselseitige Anpassung der Konkurrenten innerhalb einer Branche, d. h., in reifen Produktmärkten ähneln die Produkte in ihren Grundbestandteilen und

---

[32] Allgemein lassen sich Innovationen in technische (Produkte, Prozesse, Wissen), organisationale (Strukturen, Kulturen, [Management-]Systeme) und geschäftsbezogene Innovationen (veränderte Branchen- und Marktstruktur) unterteilen. Vgl. Hauschildt/Gemünden (2011), S. 25. Fragen lässt sich ferner, was neu ist (= Innovationsobjekt), wie neu etwas ist (= Innovationsgrad) und für wen es neu ist (= Bezugseinheit), d. h., handelt es sich um eine Betriebs- oder um eine Marktneuheit. Vgl. Heinemann (2007), S. 14. Hier erfolgt eine Beschränkung auf (Teil-)Produktinnovationen, deren Grundlage gleichwohl organisationale Innovationen in Gestalt spezieller struktureller Rahmenbedingungen bilden (Ökosysteme für Innovationen).

[33] Vgl. Henderson/Clark (1990), S. 11–12.

[34] Busch/Hobus (2012), S. 31.

in ihrer Anordnung einander immer mehr (z. B. Smartphones). Standards kann für gewöhnlich nur der Pionier („first-to-market") setzen. So ist es im Automobilbau inzwischen unüblich, den Motor im Kofferraum zu platzieren. Der Kofferraum selbst – als Modul des Gesamtprodukts – kann allerdings sehr wohl verändert werden. Ein weiteres Beispiel für eine modulare Innovation ist die Einführung von LED-Scheinwerfern bei Audi. Die Entwicklungsarbeit hierfür erfolgte durch den deutschen Zulieferer Hella. „Aus Sicht von Hella stellte die LED-Technologie ohne Zweifel eine grundlegende Neuerung von hoher strategischer Bedeutung dar. Aus Sicht von Audi bildet die neue Beleuchtung allerdings nur einen Teilaspekt des Gesamtsystems ‚Auto', dessen Integration mehr exploitativen als explorativen Charakter hat."[35]

Anders gestaltet sich dies bei *architekturellen Innovationen*. Hier kommt es durch die Veränderung eines wichtigen Moduls zu einer Veränderung der Konfiguration des Gesamtprodukts, d. h., das dominante Design kann in der bis dahin geltenden Form so nicht mehr aufrechterhalten werden. Als Beispiel wird der Übergang vom Propeller- zum Düsenantrieb im Flugzeugbau genannt, der das Zusammenspiel aller Produktkomponenten beeinflusste. Die etablierten Anbieter der Branche hatten damals sehr wohl die Notwendigkeit erkannt, Kompetenzen im Bereich des Düsentriebwerks aufzubauen. Viele unterschätzten aber die Effekte, die das Triebwerk auf alle übrigen Bauteile des Flugzeugs ausübte. Am Ende ging Boeing als Branchenführer aus dieser herausfordernden „architekturellen" Umstellung hervor.[36] Als weiteres Beispiel führen Henderson und Clark den Unterschied zwischen einem Tisch- und einem Deckenventilator an. „While the primary components would be largely the same (e.g., blade, motor, control system), the architecture of the product would be quite different."[37]

Die umwälzendste Form der Innovation bildet die *radikale Innovation*, die auch als disruptive Innovation bezeichnet wird, da sie substituierend wirkt, also die kreative Zerstörung (Schumpeter) eines etablierten Produktes einleitet. Vorhergehende Produkte werden durch sie weitgehend verdrängt, so die Vinylplatte durch die CD, die Videokassette durch die DVD, die analoge durch die digitale Fotografie, der PC – in fortschreitendem Maße – durch Smartphones und Tablets. Solche innovativen Sprünge sind Ausnahmen von der Regel und kommen etwa nur alle zehn Jahre vor.[38] Für Unternehmen, die derartige Innovationen in ihrer Bedeutung zu spät erkennen, kann dies existenzbedrohlich sein. Ein berühmtes Beispiel hierfür ist Polaroid. Obwohl intern bereits die Kompetenzen für die Digitalfotografie entwickelt worden waren, überlebte das Unternehmen nicht, weil das Management zu lange am bestehenden Geschäftsmodell festhielt. Gutes Geld wurde nicht mit den (Sofortbild-)Kameras, sondern mit den Filmen verdient – ähnlich wie die Hersteller von Rasierapparaten mehr vom Verkauf der Scherblätter als vom Verkauf der Rasierapparate profitieren (weshalb

---

35 Busch/Hobus (2012), S. 31–32.
36 Vgl. Henderson/Clark (1990), S. 17.
37 Henderson/Clark (1990), S. 12.
38 Vgl. Burgelman/Christensen/Wheelwright (2009), S. 160–161.

auch vom Razorblade-Geschäftsmodell gesprochen wird). Entsprechend konnte sich das Management bei Polaroid damals nicht vorstellen, woher künftig die Einnahmen kommen sollten, wenn es keine Filme mehr geben würde. So sahen sich die Entwicklungsingenieure immer wieder mit der Frage konfrontiert, wo denn nun der Film bei dem neuen Produkt sei. Die Fantasie reichte nicht aus, um alternative Einnahmequellen auf einem noch nicht existenten Markt zu ersinnen.[39]

Innerhalb der Erforschung von Entwicklungsprojekten ist der Einfluss des Innovationsgrads bislang nur unzureichend berücksichtigt worden,[40] obwohl seine praktische Bedeutung für die Umsetzung von Ambidextrie auf Teamebene sicherlich hoch ist, denn es macht einen Unterschied, ob lediglich inkrementelle oder aber radikale Innovationen angepeilt werden. Die Nachfrage (das angestrebte Innovationsniveau) sollte hier über das Angebot (die zu schaffenden Rahmenbedingungen) bestimmen, denn durch die Wahl geeigneter Rahmenbedingungen lässt sich zumindest indirekt steuern, ob es in Teams zu stärker explorativ oder stärker exploitativ ausgerichteten Lernprozessen kommt. Eine Innovationsgarantie kann damit gleichwohl nicht gegeben werden, genauso wenig, wie sich vorhersagen lässt, dass die vermeintlich stärkste Fußballmannschaft als Sieger aus einem Turnier hervorgehen wird (wie der Meistertitel von Leicester City in der englischen Premier League in der Saison 2015/16 eindrucksvoll beweist).

Die Herbeiführung einer sinnvollen Passung zwischen Innovationsvorhaben und Ressourcenausstattung – das „reconfiguring" – ist eine wichtige Aufgabe des Topmanagements. „Companies need to identify their desired mix of projects on a project map and then allocate resources accordingly. It is important that the mix of projects represented on such a map be consistent both with the company's resources, and with its expression of strategic intent."[41] Hierbei lassen sich drei Stellgrößen unterscheiden:[42]
– die Autonomie des Projektteams;
– die zeitliche und räumliche Einbindung der Teammitglieder;
– der fachliche und hierarchische Status der Teammitglieder.

Autonomie kann auf zweierlei Weise verstanden werden. Einerseits als die Möglichkeit eines Teams, eigenständig über die zur Verfügung stehenden Ressourcen (z. B. Zeit, Materialien, Personal, Geld), die eingesetzten Arbeitsverfahren, die Aufgabenverteilung sowie die inhaltliche Konkretisierung des mehr oder weniger klar definierten Zielzustands zu entscheiden, andererseits ist damit aber auch die kulturelle Eigen-

---

39 Vgl. zu diesem Beispiel Tripsas/Gavetti (2000), S. 1151. Als entlastend für das Management kann jedoch auch das Verantwortungsgefühl gegenüber Mitarbeitern bzw. die Furcht vor Massenentlassungen angeführt werden.

40 Vgl. Hauschildt/Salomo (2011), S. 93.

41 Schilling/Hill (1998), S. 58; vgl. auch Eriksson (2014), S. 71.

42 Vgl. Wheelwright/Clark (1994), S. 132, S. 262–264; Busch/Hobus (2012), S. 30–31; Busch (2015), S. 462–463.

ständigkeit eines Teams gemeint, d. h. seine Möglichkeit, sich bei Normen und Werten von der rahmengebenden Unternehmenskultur zu lösen, geltende Regeln zu brechen und eigene „Lebenswelten" zu entwickeln.[43] Dies setzt speziell bei hochinnovativen Vorhaben voraus, dass das Team nicht in organisationale Weisungsstrukturen eingebunden bleibt, sondern direkt einen Fürsprecher bzw. Sponsor im Topmanagement hat, der bei auftretenden Problemen auf unbürokratische Weise Hilfe leistet.

In engem Zusammenhang mit dieser Loslösung von der Primärorganisation steht der Aspekt, inwiefern Teammitglieder sich in zeitlicher Hinsicht vollumfänglich der Aufgabe widmen können und ob eine räumliche Zusammenführung aller Teilnehmer vorgesehen ist (oder eben auch nicht oder nur zum Teil). Es dürfte klar sein, dass Teammitglieder, für die eine Projektaufgabe nur einen Teil ihrer Gesamtarbeit ausmacht und die weiterhin in ihrer Abteilung arbeiten und damit auch ihrem Vorgesetzten unterstellt bleiben, weitaus weniger dazu in der Lage sind, frei von inhaltlichen und kulturellen Zwängen zu agieren. „It is only through separation that the firm can avoid any potential spillover of the established corporate culture, policies, and systems that could impede the development of the new business."[44] Außerdem erlaubt eine fehlende räumliche Zusammenführung kein dichtes, kreativitätsförderliches Kommunizieren der Teammitglieder untereinander – allen Vernetzungsmöglichkeiten durch moderne Informations- und Kommunikationstechnologien zum Trotz.[45]

Schließlich spielt der fachliche und hierarchische Status der Teammitglieder eine Rolle. Je strategisch bedeutsamer ein Innovationsvorhaben ist, desto stärker sollte auf die langjährige Erfahrung und Expertise von Teammitgliedern geachtet werden, desto eher sollten „Schwergewichte" ihres jeweiligen Fachgebiets zusammengeführt werden. Speziell der Teamleiter sollte darüber hinaus auch über eine hohe formelle oder informelle Stellung innerhalb der Hierarchie verfügen, um im Sinne eines Intrapreneurs organisationale Widerstände überwinden zu können. Was bei einem Mangel an Erfahrung passieren kann, lässt sich am Beispiel des nach bald 17 Jahren immer noch im Gedächtnis von Zeitzeugen präsenten „Elch-Tests", den die Mercedes A-Klasse seinerzeit nicht bestand, demonstrieren. Das Auto kippte damals bei Testfahrten zur Seite um, als plötzliche Ausweichmanöver durchgeführt wurden. „Die Entwicklungsabteilung, die zuständig für die Entwicklung des neuen Kleinwagens sein sollte, wurde mit jungen Leuten besetzt. Dieses Entwicklungsteam bestand vorwiegend aus Nachwuchsingenieuren, teilweise direkt von der Universität, deren mangelnde Erfahrung durch entsprechend höhere Motivation wettgemacht wurde. Sie nannten sich selbst die „Jungen Wilden", und ihr Ziel war es, wirklich neue Dinge zu konstruieren."[46] Zwar existierte eine starke Führungspersönlichkeit, doch wirkte sich diese in Verbindung mit hohem Leistungsdruck durch eine äußerst knapp bemessene Ent-

---

43 Vgl. Lee-Kelley/Blackman (2005), S. 19.
44 Markides (2013), S. 314.
45 Vgl. Gemünden/Kock (2010), S. 39.
46 Badke-Schaub/Frankenberger (2004), S. 131.

Autonomie des
Projektteams

Fachlicher und hierarchischer
Status der Projektmitglieder

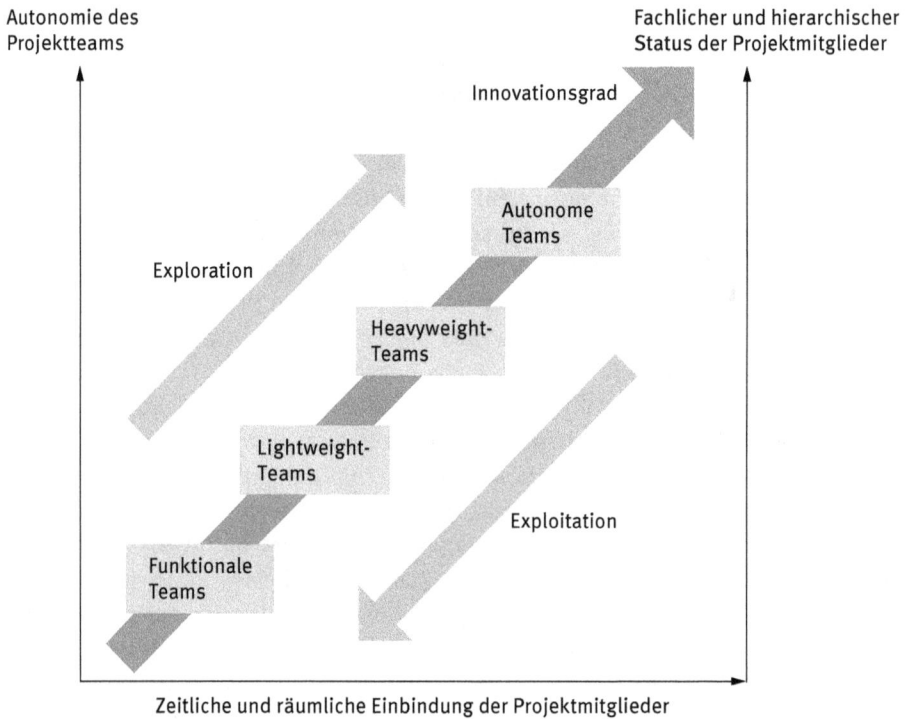

Abb. 33: Innovative Gewichtsklassen von Projektteams[47].

wicklungszeit negativ aus, indem dadurch groupthink-artige Bedingungen entstanden. Als Folge davon wurden alternative Lösungskonzepte nur unzureichend diskutiert und widersprüchliche Informationen weitgehend ausgeblendet. Es gab keinen „Plan B" für etwaige Notfälle.[48]

Abbildung 33 zeigt, auf welche Weise die soeben aufgezeigten Rahmenbedingungen mit dem Innovationsgrad sowie dem dazu jeweils passenden Teamtyp und dem in ihm wirksamen Lernmodus zusammenhängen. Die einzelnen ambidexteren Teamformationen werden nachfolgend inhaltlich beschrieben.

Funktionale Teams

Funktionale Teams werden gebildet, um inkrementelle Innovationen hervorzubringen. Funktional bedeutet hierbei nicht, dass das Team monofunktional bzw. homogen zusammengesetzt ist, vielmehr ist damit gemeint, dass die aus unterschiedlichen funktionalen Bereichen stammenden Mitglieder während der Teamarbeit innerhalb

---

47 Quelle: eigene Darstellung.
48 Vgl. Badke-Schaub/Frankenberger (2004), S. 133.

ihrer Bereiche verbleiben, es also zu keiner räumlichen Zusammenführung kommt. Zudem beansprucht die Arbeit nur einen Teil ihrer regulären Arbeitszeit. Zum Einsatz kommen Projektstrukturpläne, die eindeutige Arbeitspakete definieren, und formalisierte Verfahren der Koordination zur Einhaltung von Zeit- und Kostenvorgaben. Was die Selbststeuerung betrifft, sind dem Team damit deutlich Grenzen gesetzt. „Die Hauptverantwortung für das Projekt geht im Verlauf der Entwicklung reihum, wandert also von Fachbereich zu Fachbereich (…) Man spricht etwa davon, dass die Verantwortung für das Projekt an die nächste Funktion ‚weitergereicht' oder ‚abgegeben' wird. Beides ist eher beschönigend. Der Wahrheit viel näher kommt wohl das Bild, dass das Ganze gleichsam über die Mauer ‚nach drüben' geworfen wird, wenn man mit seinem Teil fertig ist."[49] Da die Arbeit funktionaler Teams auf vergangenen Arbeitserfahrungen und weitgehend bekanntem technischem Know-how aufbaut, steht entsprechend die Wissensnutzung (Exploitation) im Vordergrund. Der explorative Anteil ist gering, sodass häufige Brainstormings oder Workshops zur Ideenfindung nicht erforderlich sind.

Lightweight-Teams

In Lightweight-Teams steigt der explorative Anteil, er beschränkt sich jedoch nur auf eine ganz bestimmte Produktkomponente (modulare Innovation). Innerhalb des Hochschulbereichs wäre dies etwa die Entwicklung einer neuen Lehrveranstaltung innerhalb eines bereits bestehenden Studiengangs. Sicherlich ist hierbei auf mögliche Schnittstellen und Überschneidungen mit anderen Lehrangeboten zu achten, es kommt jedoch nicht zu einer Veränderung der Gesamtarchitektur des Studiengangs und damit zu einer substanziellen Verschiebung seiner inhaltlichen Ausrichtung, die eine intensive Abstimmung aller Beteiligten und eine anschließende Neuakkreditierung erforderlich machen würde. Im Automobilbereich ist an die Verbesserung einzelner Produktkomponenten (z. B. Klimaanlage, Beleuchtung) zu denken. Bei diesen ist zwar ebenfalls auf die Integrierbarkeit in das Gesamtprodukt zu achten, die Änderung zieht jedoch keine Anpassung des Gesamtsystems „Auto" nach sich. Das dominante Design, die Produktarchitektur, bleibt weitgehend erhalten.

Die Mitglieder von Lightweight-Teams verbleiben wie die Mitglieder funktionaler Teams ebenfalls in ihren angestammten Arbeitsbereichen, verwenden jedoch mehr Zeit (etwa ein Viertel ihrer gesamten Arbeitszeit) auf die Projektarbeit, die durch einen Manager der mittleren Ebene gesteuert wird. In seiner Autonomie ist dieser jedoch beschränkt, d. h., er kann nicht eigenständig über Ressourcenzuweisungen und Personalveränderungen entscheiden.[50] Es besteht ein klarer Auftrag von oben, der handlungsleitend wirkt. Dessen eigenständige Ausführung und inhaltliche Realisierung obliegt dem Lightweight-Team. Strategische Implikationen bestehen nur sehr be-

---

49 Wheelwright/Clark (1994), S. 264.
50 Vgl. Wheelwright/Clark (1994), S. 265–267.

grenzt, sodass die obere Ebene kaum beteiligt ist. Anders würde sich dies etwa gestalten, wenn – um im obigen Beispiel zu bleiben – ein vollständig neuer Studiengang erarbeitet würde. Dabei wäre die obere Ebene mit involviert, weil ein neuer Studiengang auch eine Veränderung der strategischen Grundausrichtung der Hochschule nach sich ziehen würde und deswegen zusätzlich zu den internen Beteiligten auch externe Akteure (z. B. Ministerien, Akkreditierungsagenturen und andere Stakeholder) konsultiert werden müssten.

Heavyweight-Teams

Den aus strategischer wie operativer Perspektive interessantesten Fall bilden Heavyweight-Teams. Diese werden gebildet, um architekturelle Innovationen hervorzubringen. Neben dem schon erwähnten Beispiel des Übergangs vom Propeller- zum Düsenantrieb kann aktuell die Entwicklung des Hybridantriebs als neuartige Antriebstechnologie im Automobilbereich genannt werden. Bei der herkömmlichen Technologie wurde die frei werdende Bremsenergie nicht genutzt, sodass kein Abstimmungsbedarf zwischen Batterie- und Bremsspezialisten bestand. Durch die Hybridtechnologie entstand jedoch ein solcher Abstimmungsbedarf. BMW bildete deswegen das „Energiekettenteam". Dieses sollte speziell die Frage der Rekuperation – der Rückgewinnung bzw. Speicherung von Bremsenergie – klären.[51] Ähnlich ging auch Toyota bei der Entwicklung des Prius – des ersten serienreifen Autos mit Hybridantrieb – vor. Anders als bei der Entwicklung der A-Klasse setzte Toyota dabei von Beginn an auf Experten mit langjähriger Erfahrung, die sich fokussiert ihren Aufgaben zuwenden konnten. „Toyota pulled key people from each department and put them together in a completely different location to serve as a heavyweight team. While these people brought their functional expertise to the team, their role was not to represent the interests or needs of their respective departments. Rather, their role was to use their expertise to help generate a completely different architecture. This separation and clarity of mission gave them the ability to trade the interests of one group against another's: to add costs in one place to save cost or improve performance in another; to combine certain components, eliminate others entirely, invent new ones, and so on."[52] Als weitere Beispiele können die Entwicklung des Elektroautos i3 bei BMW, die Entwicklung des Films „Toy Story" durch Pixar und Walt Disney, die Entwicklung der Boeing 777, die Entwicklung des Handys Typ RAZR durch Motorola, die Entwicklung des VW Passat sowie die Entwicklung des Betriebssystems Android unter der Leitung von Andy Rubin bei Google aufgeführt werden.[53] Damals erhielt die betreffende

---

[51] Vgl. Govindarajan/Trimble (2010), S. 78.
[52] Christensen/Horn/Johnson (2008), S. 206.
[53] Vgl. Freitag (2013), S. 53–54; Mankins/Bird/Root (2013), S. 42–44; Edmondson (2012), S. 56; o. V. (2005).

Google-Einheit „volle Autonomie. Räumlich getrennt vom Rest der Google-Mannschaft, tüftelten die Android-Angestellten an ihrer neuen Supersoftware. Vor allem aber hatte Rubin mit Page einen leidenschaftlichen Fürsprecher – internen Zweiflern zum Trotz."[54]

Vergleicht man all diese Beispiele, so kristallisieren sich ähnliche Rahmenbedingungen bzw. Erfolgsmuster für Heavyweight-Teams heraus:

- Es gibt einen engagierten, hochqualifizierten, innerhalb der Hierarchie arrivierten bzw. vernetzten und von Teammitgliedern respektierten Teamleiter.
- Die Teammitglieder sind äußerst motiviert und verfügen über ausgesprochene Erfahrung auf ihrem jeweiligen Fachgebiet.
- Das Team wird räumlich zusammengeführt und kann sich zeitlich vollauf der gestellten Aufgabe widmen. Die zahlreichen Schnittstellenprobleme, die sich aus der Veränderung der Produktarchitektur ergeben, lassen sich dadurch unmittelbar während der Zusammenarbeit klären.
- Die Ressourcenausstattung ist vorzüglich und das Team ist von bürokratischen Zwängen befreit.
- Die Autonomie des Projektleiters ist stark ausgeprägt. Dieser besitzt in der Regel einen Unterstützer direkt im Topmanagement und kann sich gegen die Linie durchsetzen.

Heavyweight-Teams besitzen sowohl in der Eigen- als auch in der Fremdwahrnehmung einen privilegierten Status; sie sind sozusagen Unternehmen im Unternehmen, Inkubatoren oder Start-ups, in denen der Gründungsgeist vergangener Tage bewusst wieder aufleben soll. Dies hatte Steve Jobs bereits in den 1980er-Jahren bei der Entwicklung des Macintosh erkannt. „Die handverlesenen Teammitglieder wurden von allem operativen Ballast befreit, so dass sie sich ausschließlich und mit vollem Engagement der Entwicklung einer neuen Computergeneration widmen konnten. Eine über ihrem Gebäude gehisste Piratenflagge symbolisierte den revolutionären Charakter des Teams. Ihr Schlachtruf lautete: ‚It's more fun to be a pirate than to join the Navy'.[55] Die Teams brannten für die Sache, die sie verfolgten, was auch auf den T-Shirts der Teammitglieder zum Ausdruck kam. Diese hatten die Aufschrift: „90 hours a week and loving it!"[56] Dass darüber so manche Ehe und Beziehung der Beteiligten Schaden nahm oder gar in die Brüche ging, sollte nicht unerwähnt bleiben.[57]

Der Erfolg von Heavyweight-Teams ist zweifellos eng mit der Existenz eines Fürsprechers auf höchster Ebene verknüpft. Ohne dessen Unterstützung sind solche idealen Teambedingungen kaum realisierbar. Im Umkehrschluss heißt dies aber auch, dass sein Rückhalt im Topmanagement vom Erfolg des Teams abhängt, andernfalls ist

---

54 Maier/Rickens (2011), S. 38.
55 Busch/Hobus (2010), S. 39.
56 von der Oelsnitz/Busch (2014), S. 71.
57 Vgl. Bennis/Biederman (1998), S. 99.

die privilegierte Ressourcenausstattung auf Dauer nicht aufrechtzuerhalten. Scheitert das Team, dann scheitert womöglich auch der Fürsprecher. Er wird somit alles daransetzen, dass das Team erfolgreich ist. All dies sind Bedingungen, die ein sogenanntes eskalierendes Engagement („escalating commitment") nach sich ziehen können. Schlechtes Geld wird am Ende gutem hinterhergeworfen. An dem Projekt wird festgehalten, obwohl längst klar ist, dass es zum Scheitern verurteilt ist.[58] Man denke an das langsame „Sterben" des Transrapids in Deutschland, das Ende des Phaeton im Zuge des VW-Abgasskandals oder den Misserfolg des Frachtzeppelins Cargolifter.[59] Um ambitionierte Projekte voranzutreiben, braucht es sicherlich Geld. Die Frage ist jedoch, ab welchem Zeitpunkt bei dauerhaft ausbleibendem Erfolg die Zahlungsflüsse für ein Projektvorhaben eingestellt werden sollten. Eine Lösung hierfür ergibt sich zumeist nur aus friktionsreichen Machtkämpfen.

Unabhängig von diesem Problem auf strategischer Ebene stellt das Heavyweight-Team auf operativer Ebene sicherlich den Paradefall des ambidexteren Teams dar, da Exploitation und Exploration in ein annäherndes Gleichgewicht zu bringen sind. Einerseits müssen Teammitglieder hier ein ausgeprägtes Schnittstellenbewusstsein entwickeln. Das Lernen mit- und voneinander ist zu forcieren. Weder dürfen Ideen noch Kritik unterdrückt werden. Das Debattieren und Experimentieren sollte den Kern der Zusammenarbeit bilden.[60] Die fachlichen „Schwergewichte" haben jeweils ihre Expertise und ihr Detailwissen über Einzelbestandteile des Produktes und einzelne Prozessschritte einzubringen, sodass auf interaktivem Wege neue Ideen entstehen, die zu einer gänzlich neuen Produktarchitektur führen.[61] Bei all diesem explorativen Drang darf andererseits aber auch die Anschlussfähigkeit an die bestehende Unternehmensstruktur und das vorhandene Produktprogramm nicht aus den Augen verloren gehen. Am Ende sollte ein Heavyweight-Team zu Lösungen gelangen, die durch das Unternehmen sowohl was die technologische Realisierung als auch was die marktliche Verwertung betrifft noch umsetzbar sind. Steve Jobs wiederholte daher folgenden Spruch wie ein Mantra:„Echte Künstler verkaufen".[62] Heavyweight-Teams sollten demnach stets auch um Exploitation bemüht sein. Die rasche Entwicklung von Prototypen (Rapid Prototyping), die als Referenzobjekte fungieren und an denen sich die Innovationskommunikation entzünden kann, spielt in dem Zusammenhang eine nicht unwesentliche Rolle.[63]

Dabei hat besonders die Führung darauf zu achten, dass die Fliehkräfte durch das Durchspielen unterschiedlichster Ideen und Gestaltungsvorschläge nicht zu groß

---

58 Vgl. Jenner (2001).
59 Vgl. ausführlicher zur Frage gescheiterter Innovationen Bauer (2006).
60 Vgl. Edmondson (2012), S. 56.
61 Vgl. Busch/Hobus (2012), S. 32.
62 Zitiert in Bennis/Biederman (1998), S. 147.
63 Vgl. Neyer/Doll/Möslein (2008), S. 210–212 sowie Börjesson/Elmquist/Hooge (2014), S. 130–134 zum Einsatz von Prototypen bei dem Automobilhersteller Renault.

werden. Sie sollte speziell am Anfang eher explorative Züge aufweisen, also visionär sein, individuelle Ideen fördern, kreative Freiräume zulassen und Synergien erkennen, gegen Ende des Projekts hingegen stärker auf Exploitation hinwirken. Da die empirische Forschung bisher keinen belastbaren Zusammenhang zwischen transformationaler Führung und Exploration bzw. transaktionaler Führung und Exploitation nachweisen konnte,[64] erscheint es sinnvoller, das Führungsverhalten funktional zu betrachten und von öffnendem oder schließendem Führungsverhalten zu sprechen. Beispiele *öffnenden Führungsverhaltens* sind die Erlaubnis, eine Aufgabe durch unterschiedliche Lösungswege anzugehen, die Ermutigung, mit unterschiedlichen Ideen zu experimentieren und Risiken einzugehen, die Ermöglichung unabhängigen Denkens und Handelns inklusive der Ermunterung, auch ausgefallene Ideen vorbringen zu dürfen, die Praktizierung von Fehlertoleranz und allgemein die Betrachtung von Fehlern als wichtige Lernquelle. Beispiele *schließenden Führungsverhaltens* sind regelmäßige Kontrollen des Arbeitsfortschritts und der allgemeinen Zielerreichung, die Etablierung von Routinen, Handlungskorrekturen, das Achten auf die Einhaltung von Regeln und die Erfüllung von Leistungsstandards, die Sanktionierung von Fehlern und Fehlverhalten sowie das Insistieren auf Planvorgaben.[65] Hierbei kann auch von ambidexterer Führung gesprochen werden.[66] So einleuchtend die Forderung nach einer solchen Führung in Heavyweight-Teams erscheint – die Gretchenfrage, wann genau und wie oft ein Wechsel zwischen Exploration und Exploitation vollzogen werden sollte und von wem hierfür die Initiative auszugehen hat, ist damit noch nicht beantwortet. Ob es hierauf je eine letztgültige Antwort geben wird, ist anzuzweifeln. Zu vermuten ist, dass jedes Team situativ zu entscheiden hat, also von Fall zu Fall im Rahmen von Reflexionsprozessen immer wieder neu klären muss, worin die richtige Antwort auf teaminterne und teamexterne Veränderungen besteht – ob im Anziehen oder im Schleifenlassen der Zügel.

Und schließlich bleibt die im Zusammenhang mit Heavyweight-Teams offene Frage, wie es immer wieder neu gelingt, aus vermeintlich teamunfähigen „High Performern" – schwierigen Charakteren, Eigenbrötlern, Perfektionisten und Querdenkern – dennoch eine schlagkräftige Einheit zu formen, wie also trotz oder gerade wegen auftretender Spannungen kreative Lösungen hervorgebracht werden können.[67] Essenziell dürfte hierfür eine konstruktive Konfliktbewältigung sein, d. h., die Beteiligten müssen es lernen, *qualitativ gut zu streiten* – ein mühsamer Prozess, dessen Kitt wiederum Leadershipfähigkeiten der Teamführung und eine herausfordernde Zielstellung (Vision) sind.[68]

---

64 Vgl. etwa Jansen et al. (2008), S. 988–990; Nemanich/Vera (2009), S. 28.
65 Vgl. zum Vorhergehenden Rosing/Frese/Bausch (2011), S. 967.
66 Vgl. Gebert/Kearney (2011), S. 76–78.
67 Vgl. Busch (2015), S. 470; Goffee/Jones (2009).
68 Zur Frage der Leadershipfähigkeiten vgl. Drucker (2014); Malik (2014).

Autonome Teams

Nicht allen Heavyweight-Teams gelingt es, ihren Forschungsdrang rechtzeitig einzu-dämmen und zu anschlussfähigen Lösungen zu gelangen. Der Übergang zu sogenann-ten autonomen Teams ist dann fließend. Deren Gründung verfolgt allerdings einen noch einschneidenderen Zweck. Sie sollen radikale Innovationen hervorbringen, die zu gänzlich neuen Geschäftsmodellen oder auch Marktstrukturen führen. Stellen be-reits Heavyweight-Teams eine Seltenheit dar, so gilt dies noch viel mehr für autono-me Teams, die häufig erst gebildet werden, wenn das Unternehmen in Existenznö-te geraten ist. Der Ursprung von autonomen Teams liegt in den sogenannten skunk works.[69] Das amerikanische Luftfahrtunternehmen Lockheed sollte im Rahmen eines Geheimprojekts während des zweiten Weltkriegs zu einer raschen Antwort auf den durch die Deutschen entwickelten Düsenjäger kommen. Damit beauftragt wurde Cla-rence „Kelly" Johnson (1910–1990), der zusammen mit seinem Team in nur 143 Tagen den Prototyp des Jagdbombers P-80 entwickelte. Dieser kam im zweiten Weltkrieg al-lerdings nicht mehr zum Einsatz.[70] Dennoch bildete Lockheed auch nach dem Krieg skunk works, um besonders sensible militärische Vorhaben wie die Entwicklung un-bemannter Drohnen voranzutreiben.[71] Seitdem hat diese „Managementinnovation" in vielen Unternehmen Einzug gehalten.

Autonome Teams weisen ähnliche Bedingungen wie Heavyweight-Teams auf, als deren „geistiger Vater" sie im Grunde genommen gelten können. Johnson hatte hier-zu 14 erfahrungsbasierte Regeln aufgestellt, u. a. sollte der Skunk-works-Manager un-eingeschränkte Handlungsautonomie besitzen und nur hochtalentierte Teammitglie-der rekrutieren. Diese sollten auf äußerst engem Raum operieren und von der Umwelt auf eine geradezu boshafte Weise abgeschottet werden, also strenger Geheimhaltung (auch innerhalb des Unternehmens) unterliegen.[72] Bürokratie sei auf ein Mindestmaß zu reduzieren, d. h., nur die wichtigsten Arbeitsergebnisse seien schriftlich festzuhal-ten. Und schließlich sei es notwendig, dass zwischen dem Auftraggeber und dem Auf-tragnehmer ein absolutes Vertrauensverhältnis bestehe.[73] Inwiefern eine solche Ab-schottung und eine nur unzureichende fortlaufende Dokumentation in Zeiten hoch-komplexer Produkte und immer lauter werdenden Forderungen nach einer Öffnung des Innovationsprozesses heute noch durchgehend möglich ist, ist fraglich. Temporä-

---

69 Vgl. Rich/Janos (1994); Brown (2004), S. 134–136.

70 Vgl. Bennis/Biederman (1998), S. 134–135.

71 Vgl. o. V. (1995), S. 13.

72 „Was immer sonst die Vorteile solch hochgradiger Geheimhaltung sein mögen – sie hebt den Geist der Mission bei allem, was man macht. Das Wissen, zu einem einzigartigen informierten Kader zu gehören, eingeweiht in wunderbare Geheimnisse, die dem Rest der Welt verschlossen bleiben, führt zudem meist stets zu einem starken sozialen Zusammenhalt." Bennis/Biederman (1998) S. 140. „Da-neben schützte Geheimhaltung nach Johnson das Team auch vor den ‚Krawattenträgern', den Erb-senzählern und Bürokraten, die beim Versuch, ein kreatives Projekt unter Kontrolle zu bringen, es im Regelfall zerstörten." Bennis/Biederman (1998), S. 152.

73 Vgl. o. V. (1997), S. 10–12.

re Formen der Abschottung speziell am Beginn der Zusammenarbeit lassen sich aber weiterhin antreffen, so auch im oben genannten Beispiel der Entwicklung des BMW i3. Hier stand der damalige Vorstandsvorsitzende selbst – Norbert Reithofer – voll hinter dem Projekt, das von Ulrich Kranz, einem der erfahrensten Entwicklungsingenieure bei BMW, zunächst in einem achtköpfigen Team von Spezialisten als „Schnellboot" durchgeführt wurde, d. h. losgelöst von der weitverzweigten Gremienstruktur des Forschungs- und Innovationszentrums (FIZ) von BMW in München. Erst später stießen Hybridexperten aus der Formel 1 und ausgewiesene Elektrotechniker hinzu.[74]

Durch die völlige Separierung und die extrem ausgefallenen Ideen, die in autonomen Teams verfolgt werden, entstehen nicht nur hohe Kosten und Risiken, sondern solche Teams bergen auch die Gefahr, am Ende Ergebnisse hervorzubringen, die nicht geplant waren und die sich so auch nicht mehr in die bestehenden Prozesse und Strukturen der auftraggebenden Organisation integrieren lassen.[75] Es müssten neue Geschäftseinheiten gebildet werden, für die aber oft die finanziellen Mittel fehlen.[76] So nutzte etwa XEROX skunk-works-ähnliche Strukturen, die durchaus interessante Ideen hervorbrachten, doch konnten diese aufgrund ihrer „Sprengkraft" nicht in den etablierten Entwicklungsabteilungen und Vertriebsstrukturen umgesetzt werden. Zudem mangelte es an Akzeptanz hierfür.[77] Aus diesem Grund hat BMW wohl auch die Submarke BMW i gegründet, weil sich ein Elektroauto mit einem herkömmlichen benzingetriebenen Auto einfach nicht „verträgt".

Zusammenfassend können autonome Teams somit zwar äußerst erfolgreich im Explorieren sein, im Bereich der Exploitation, der technologischen Umsetzung und Verwertung auf dem Markt aber häufig an ihre Grenzen stoßen. Deswegen wagen sich auch nur wenige, zumeist äußerst finanzkräftige Unternehmen an solche „moonshots" heran. Doch selbst für diese ist es oft bequemer, hochinnovative Technologien, die durch Jungunternehmen oft unter den widrigsten Bedingungen ent-

---

74 Vgl. Freitag (2013), S. 53–54. Einen interessanten Einblick über die komplexe Verflechtung offener und geschlossener Innovationsprozesse im Rahmen einer Neuproduktentwicklung liefert die Entstehungsgeschichte des Deos „Invisible for Black & White" bei der Beiersdorf AG. Das neue Deo sollte keine Flecken auf Textilien hinterlassen. Die Idee hierzu wurde mithilfe von Kunden im Rahmen eines Open-Innovation-Prozesses gewonnen. Es gab zunächst einen Internetaufruf, verschmutzte Kleidungsstücke einzuschicken. Außerdem wurden Foren, Blogs, Communities und Social Media zum Thema Deonutzung analysiert und ausgewertet (Netnografie). Danach fanden Workshops mit internen und externen Personen (z. B. Lead User, Medizintechniker, Nahrungsmittelchemiker) statt. Außerdem sollten im Rahmen einer Onlinebefragung 2.200 Teilnehmer 30 Ideen bewerten. Die zehn besten Ideen wurden dann intern, unter Beteiligung unterschiedlicher Fachvertreter diskutiert. Die technologische Umsetzung erfolgte schließlich in einem „Projekthaus", also wiederum mithilfe einer räumlichen Zusammenführung von Experten aus der Textilbranche sowie der Körper- und Waschmittelchemie in einem Entwicklungslabor. Vgl. Bilgram et al. (2013), S. 62–66.
75 Vgl. Gwynne (1997), S. 22–23.
76 Vgl. Busch/Hobus (2012), S. 32–33.
77 Vgl. Brown (2004), S. 133.

wickelt wurden, einfach aufzukaufen.[78] Abbildung 34 stellt die zuvor geschilderten Erkenntnisse nochmals grafisch zusammen. Streng genommen sollte man sich die Teams nach ihrer Häufigkeit und ihrem unmittelbaren Wertschöpfungsbeitrag als Pyramide vorstellen, wobei Arbeitsteams das Fundament und autonome Teams sowie rein explorative Thinktanks die oberste Spitze der Pyramide bilden.

Aufgabe	Beispiel	Passende Teamform	Lernmodus	
Routine, Replikation	Montage, Dienstleistung	Arbeitsteam	Exploitation	monodextere Teams
Inkrementelle Innovation	Software-Update, Prozessverbesserung	Funktionales Team	Exploitation	
Modulare Innovation	PC mit Multicore-Prozessor	Lightweight-Team		ambidextere Teams
Architekturelle Innovation	Hybridantrieb, iPhone	Heavyweight-Team		
Radikale Innovation	Digitalfotografie, DVD	Autonomes Team	Exploration	
Reflexion, Experimentieren	Ideengenerierung, Grundlagenforschung	Think Tank, Forschungsteam	Exploration	monodextere Teams

Abb. 34: Aufgabe, Teamtyp und Lernmodus[79].

---

78 Auch die skunk works operierten – unabhängig von der technologischen High-End-Ausstattung – unter ansonsten dürftigen Bedingungen. Sie hausten in einer ungenutzten Fläche neben dem Windtunnel der Fabrik. Es handelte sich um eine Art Holzverschlag, der mit einer Zirkuszeltplane überzogen worden war. Das Quartier war gerade groß genug, um das 23-köpfige Team inklusive der 30 Hilfskräfte zu fassen. Vgl. Bennis/Biederman (1998), S. 134. „Großartige Dinge entstehen häufig an unwirtlichen Örtlichkeiten – was Architekten und Raumausstattern zu denken geben sollte. Irgend etwas am kontrollierten Chaos einer Garage, dem kargen Interieur einer Blechhütte scheint das Denkvermögen, die Phantasie anzuregen. Womöglich gelingt es den Menschen an einem dürftigen Ort eher, sich zur Lösung von Problemen nach innen zu wenden. Ganz sicher bietet eine solche Umgebung wenig Ablenkung, im Unterschied jedenfalls zu Plüschluxus-Büros oder majestätischen Ausblicken." Bennis/Biederman (1998), S. 144. Das Sprichwort „Not macht erfinderisch" weist in eine ähnliche Richtung.
79 Quelle: in Anlehnung an Busch/Hobus (2012), S. 30.

3 Fazit und künftige Herausforderungen

Im vorliegenden Beitrag wurde versucht, das Konzept der dynamischen Fähigkeiten durch die Bildung unterschiedlich innovativ ausgerichteter Teams zu konkretisieren. Diese lassen sich auf einem Exploitation-Exploration-Kontinuum abtragen und reichen von reinen Arbeitsteams bis hin zu reinen Forschungsteams. Dazwischen liegen unterschiedlich ambidexter ausgerichtete Innovationsteams. Mit dieser Zuordnung eröffnet sich Unternehmen die Möglichkeit, ihren Ambidextriegrad anhand ihrer bestehenden Teamstrukturen zu bestimmen und ggf. erforderliche Veränderungen ihrer Ressourcenbasis einzuleiten. Abschließend sollen nun noch künftige Gestaltungsherausforderungen auf der strategischen und der operativen Ebene betrachtet werden.

3.1 Herausforderungen auf der strategischen Ebene

Hierbei ist die abstrakte Teamportfoliosteuerung auf der Ebene des strategischen Managements (Ressourcenzuweisung bzw. prinzipielle Zulassung unterschiedlich innovativer Teamstrukturen) von der konkreten Steuerung der Arbeit und des Lernens in den einzelnen Teams zu trennen. Das eine betrifft die Entwicklung einer allgemeinen Änderungsfähigkeit („high-level routine"), das andere die Umsetzungsfähigkeit im Alltag, die Ad-hoc-Problemlösungen im operativen Geschäft.[80] Beides ist natürlich eng miteinander verknüpft. Das zeigt speziell das Beispiel der autonomen Teams bzw. der skunk works. Diese lassen sich zwar durchaus rational von oben planen, indem entsprechende Ressourcen und Rahmenbedingungen zur Verfügung gestellt werden, doch können skunk works auch „erfolgreich scheitern", indem sie zwar völlig neuartige Lösungen hervorbringen, dabei aber die technologischen Umsetzungsmöglichkeiten innerhalb der bestehenden Organisation überschätzen oder den Aspekt der Kundenorientierung und der anschließenden Markteinführung vernachlässigen. Wegen dieses enormen Risikos besteht bei der Projektportfoliosteuerung im Management häufig der Hang, bereits erfolgreiche (exploitative) Projekte gegenüber weniger erfolgreichen (explorativen) Projekten zu bevorzugen und entsprechende Ressourcenallokationen vorzunehmen, sich bildlich ausgedrückt also eher mit dem Spatz in der Hand zu begnügen als der Taube auf dem Dach hinterherzujagen. Denkbar ist aber auch, dass aus Teams, die damit beauftragt waren, inkrementelle Innovationen hervorzubringen, emergent bzw. fließend Teams werden, die sich auf einem höheren Innovationsniveau bewegen.[81] Es ist keinesfalls eine Seltenheit, dass sich aus der intensiven Beschäftigung mit einem Alltagsproblem grundsätzlichere Fragestellungen ergeben, die zur Entdeckung gänzlich neuer Aspekte führen. Fragen wie „Welche Teams lässt

---

80 Vgl. Winter (2003), S. 993–994.
81 Zur Frage der Emergenz vgl. Müller (2009); Busch (2015), S. 213–220.

man laufen?", „Welche fördert man?" und „Welche schränkt man ein?" stellen sich dem Management also stets aufs Neue.

Dies verweist auf zwei generelle Probleme mit denen sich dynamische Fähigkeiten konfrontiert sehen. Das Konzept ist – wie so viele Ansätze in der Managementliteratur – sowohl führungs- als auch planungszentriert. Das Polaroid-Beispiel hat aber gezeigt, dass sich auch unabhängig von Führungsentscheidungen emergent Teams in Unternehmen bilden können, die im wahrsten Sinne des Wortes im Verborgenen arbeiten und sich auf nicht legitimiertem Wege Ressourcen beschaffen müssen, um eigenen Ideen nachgehen zu können.[82] Diesen nicht geplanten Teams droht das Aus, sobald ihre Arbeit publik wird. Andererseits kann gerade dort der Schlüssel für den zukünftigen Unternehmenserfolg liegen. Die Frage ist also, was zu tun ist, wenn das Management selbst der „Hemmschuh" für innovative Bestrebungen ist. Wie lässt sich sicherstellen, dass innerhalb des Topmanagementteams ausreichend Ideenvielfalt, Widerspruch und strategische Reflexivität existieren – gleichsam kognitive Ambidextrie?[83] Hier gilt es, die eingesetzten Verfahren der Entscheidungsbildung immer wieder kritisch zu überprüfen. In einer aktuellen empirischen Studie von 96 Produktideenauswahlgremien („idea screening committee") weltweit angesiedelter Unternehmen aus den Bereichen Finanzdienstleistung, IT und Telekommunikation gelangen Hammedi, van Riel und Sasovova zu den Gestaltungsempfehlungen, dass Leiter von Auswahlgremien ein „Stop-and-think"-Verhalten fördern und die Gruppe explizit dazu auffordern sollten, über das Was und Wie ihres Verhaltens nachzudenken. Teammitgliedern sollte ausreichend Vertrauen entgegengebracht werden, sodass sie sich dazu ermuntert fühlen, offen über die Angemessenheit von Auswahlinstrumenten und -kriterien zu debattieren. „Based on the findings, a strong message to screening committee chairs is: allow team members to stop and think – at least from time to time. Use models and checklists, but do not accept routines to completely dominate the screening meeting. Let committee members play the devil's advocate and let them be critical. Stimulate openness and argument-based discussion, and avoid tacit consent."[84] Das alles klingt äußerst plausibel, setzt jedoch voraus, dass kein offener oder unterschwelliger Zwang durch hierarchiebedingte Machtunterschiede ausgeübt wird – ein oft mehr als frommer Wunsch.

Eine weitere Maßnahme, die einer einseitigen Wirklichkeitssicht („dominant logic") des Managements entgegenwirkt, kann darin bestehen, ein Budget für nicht spezifizierte Projekte vorzusehen. Dieses verschafft kreativen Mitarbeiter(gruppe)n den notwendigen Freiraum, um Ideen nachzugehen, deren Verwertbarkeit sich gegenwärtig noch nicht richtig bestimmen lässt. IBM etwa verfügt über ein solches Budget.[85] Doch auch hier ist wiederum kritisch zu fragen, durch wen die Bewilligung des Bud-

---

82 Vgl. Brown (2004), S. 134–136.
83 Vgl. Smith/Tushman (2005), S. 525–529; Greenberg/McKone-Sweet/Willson (2013), S. 57.
84 Hammedi/Riel/Sasovova (2011), S. 676–677.
85 Vgl. Brown (2004), S. 135.

gets erteilt wird und welchen Zwängen der Bewilliger hierbei unterliegt. Eine moderne Alternative hierzu wäre die Bildung eines (fiktiven) Aktienmarkts, auf dem unternehmensintern Ideen gehandelt werden, oder die Durchführung eines „Innovation Jam", wie ihn wiederum IBM angestoßen hat. Dabei handelt es sich um ein weltweites Onlinediskussionsforum über zwei bis drei Tage, das die Delphi-Methode, Brainstorming, betriebliches Vorschlagswesen und Web 2.0 kreativ miteinander verbindet. Unter Beteiligung von Senior Managern und Moderatoren, die die Diskussionen filtern und lenken, wird eine im Vorfeld bekannt gegebene Agenda (z. B. Green IT, Customers as Partners, Unternehmenswerte) erörtert. Eine zeitnahe Veröffentlichung des Ergebnisberichts und die Umsetzung zentraler Ideen in Geschäftsmodellen und veränderten Organisationsstrukturen sorgen dafür, dass die Teilnahmebereitschaft von Mitarbeitern hoch ist.[86] Auf diesem Wege können auch mögliche Projekte zur Sprache kommen und einer interaktiven Chancen-Risiken-Bewertung unterzogen werden.

Das Beispiel IBM verweist allerdings auch auf ein drittes Problem, das sich im Zusammenhang mit dynamischen Fähigkeiten auf der strategischen Ebene stellt. Die Managementliteratur ist großunternehmenszentriert und blendet damit den Normalfall von Unternehmen ganzer Volkswirtschaften aus. So weist etwa allein Österreich mehr als 90 % KMU auf. Welche Empfehlungen sind für diese Unternehmen, die mit geringeren finanziellen Ressourcen und weniger Mitarbeitern ausgestattet sind, abzugeben? Oft bedienen solche Unternehmen Nischen, in denen sie zwar einzigartig und weltweit führend sind (Hidden Champions), deren umwälzende Weiterentwicklung sie aber vor große Herausforderungen stellt.[87] Welche „abgespeckten" Heavyweight-Strukturen lassen sich hier etablieren? Eine Möglichkeit könnten temporäre Varianten sein, die die operativ stark beanspruchten Mitarbeiter nur kurzfristig von ihren Aufgaben abstellen. Der Schienenfahrzeughersteller Alstom verwendet hierzu sogenannte SWIP-Teams (= Single-Week-Improvement-Programme). „In diesen Teams arbeiten Mitarbeiter im Zeitraum von einer Woche intensiv und ausschließlich an der Lösung bestimmter Probleme (etwa Prozessverbesserungen im Fertigungsbereich, Lösung ergonomischer Fragen)."[88] Damit ließe sich eventuell ein Ausbruch aus dem Denken in Kategorien der nur schrittweisen, kontinuierlichen Verbesserung, wie es besonders durch Qualitätszirkel gefördert wird, bewerkstelligen.

Trotz ihrer vorwiegenden Verwendung in Großunternehmen bieten die zuvor vorgestellten Teamformationen aber zweifellos auch zahlreiche Anknüpfungspunkte und Anregungen für mittelständische Betriebe. Da hier der Teamgedanke ohnedies zumeist ausgeprägter ist, ist die für die Neuzusammenstellung von Teams notwendige Kooperationsbasis bereits vorhanden. Außerdem dürften auch zwischenbetriebliche Kooperationen zum Ausgleich von Kompetenz-, Finanz- oder Größendefiziten

---

86 Vgl. Bjelland/Wood (2008).
87 Vgl. Simon (2012).
88 Busch/Hobus (2010), S. 40.

geradezu prädestinierte Plattformen für KMU bieten, um Innovationsvorhaben im Teamverbund voranzutreiben.

3.2 Herausforderungen auf der operativen Ebene

Neben diesen strategischen Herausforderungen sollen zum Schluss noch solche diskutiert werden, die sich in den einzelnen Teams, also auf operativer Ebene, ergeben. Speziell für ambidextere Teams ist das schon angedeutete Problem des Timings für einen Wechsel zwischen beiden Lernmodi forschungsrelevant. Daneben ist auch zu klären, ob es innerhalb eines Teams unterschiedliche Lerngeschwindigkeiten geben kann oder sollte, ermöglicht etwa durch die Bildung stärker exploitativ oder stärker explorativ ausgerichteter Subgruppen.[89] Hierbei würde dann an Stelle der schwieriger zu erreichenden gleichzeitigen Verfolgung beider Lernmodi innerhalb eines Teams (= kontextuelle Ambidextrie) die leichter zu verwirklichende Trennung beider Lernmuster treten (= strukturelle Ambidextrie), wobei dann die Teamführung oder ein Teammitglied mit besonderer Schnittstellenkompetenz die Rolle des Wissensintegrierers, des Vermittlers zwischen den zwei Lernwelten zu übernehmen hat.

Außerdem ist genauer zu untersuchen, welche Lernwirkung von einzelnen Teamprozessen ausgeht (z. B. Entscheidungsfindung, Konfliktlösung, Kommunikation, Feedback). Jeder Teamprozess birgt prinzipiell beide Lernpotenziale in sich. So kann ein Team offen oder geschlossen miteinander kommunizieren oder Feedback als inkrementelle oder radikale Lernquelle begreifen und einsetzen. Besonders wichtig für das Lernen durch gezielte Prozesssteuerung sind die Teamführung und das Reflexionsvermögen eines Teams. Teamreflexivität bezeichnet die Fähigkeit eines Teams, sich selbst, seine Umwelt und die eingesetzten Prozesse in regelmäßigen Abständen kritisch zu bewerten und – aufbauend auf den dabei gewonnenen Erkenntnissen – zu entsprechenden Anpassungsleistungen zu gelangen.[90] Dass diese Anpassungsleistungen auch durch die rahmengebende Organisation in nicht unerheblichem Maße beeinflusst werden, zeigt die erhellende Analyse von Mattes. Sie konnte im Rahmen von hundert Experteninterviews in fünf großen deutschen Unternehmen aus Schlüsselbranchen erstmals den Nachweis erbringen, dass die teaminterne Herstellung von Ambidextrie – sie nennt dies den Ausgleich zwischen Formalisierung und Flexibilisierung – von Unternehmen zu Unternehmen variiert. Betrachtet wurden dabei die Mischverhältnisse zwischen Formalisierung und Flexibilisierung in den vier an der Produktentwicklung beteiligten „Funktionsarenen" Forschung, Entwicklung, Produktion, Qualitätskontrolle und Marketing. Innerhalb dieser Untersuchung gab es Unternehmen, die bereits bei der Forschung auf den Einsatz standardisierter Verfahren setzten (z. B. Meilensteinüberprüfungen, Regelkommunikation), während andere

---

89 Vgl. Carton/Cummings (2012), S. 457–459.
90 Vgl. West (2012), S. 10–11; Busch (2015), S. 106–146.

Unternehmen den Forschungsteams völlig freie Hand ließen.[91] Beide Unternehmen gelangten zum Ziel, woraus sich der vorsichtige Schluss ziehen lässt, dass es keinen „Königsweg" gibt, um Innovationsvorhaben erfolgreich zu realisieren – eine Erkenntnis, die die Ambidextrieforschung zurück auf ihre Wurzeln im Kontingenzansatz verweist: „There is no ‚one best way' to manage; it all depends on the situation."[92] Eine letzte Herausforderung auf operativer Ebene betrifft die Mitarbeiter selbst. Es erscheint leicht, auf dem Papier von Mitarbeitern die Fähigkeit einzufordern, das eine Mal eher exploitativ – präzise, schnell und kostenbewusst –, das andere Mal eher explorativ – experimentell, phantasieorientiert und risikofreudig – vorzugehen („personal ambidexterity"). Damit verbundener Rollenstress und kognitive Dissonanz, die zusammen ein Gefühl des Überfordertseins auslösen können, werden oft einfach ausgeblendet. Erst jüngst finden sich Veröffentlichungen, die sich dieser Thematik annehmen.[93] Das verwundert insofern, als klar sein dürfte, dass nicht jeder Mitarbeiter eine Persönlichkeit besitzt, die dazu in der Lage ist, sich selbst und sein Handeln fortwährend infrage zu stellen. Voraussetzung hierfür ist eine überdurchschnittlich entwickelte Offenheit für Neues und über eben die verfügt nicht jeder (dieser Umstand kann bei der Teamzusammenstellung aber auch sinnvoll genutzt werden, um produktive „ambidextere" Spannungen zwischen unterschiedlich offenen Mitarbeitertypen auszulösen).[94] Letztlich müssen aber – dies ist hinlänglich aus dem Change Management bekannt – auf unruhige Phasen der Veränderung auch wieder ruhigere Phasen der Stabilisierung und Routinisierung folgen.

Die Ambidextrieforschung sollte also künftig nicht nur mit Erkenntnissen der Personalpsychologie, sondern besonders auch mit Erkenntnissen der betrieblichen Gesundheitsförderung verbunden werden, denn die ambidextere, innovativ ausgeglichene Organisation darf auf lange Sicht nicht zu einer die Gesundheit von Mitarbeitern beeinträchtigenden, „auszehrenden" Organisation werden.[95]

---

[91] Vgl. Mattes (2014), S. 479–481.

[92] Mintzberg (2004), S. 10.

[93] Vgl. Bonesso/Gerli/Scapolan (2014), S. 394.

[94] Offenheit für (neue) Erfahrung (auch: Kreativität, Vorstellungskraft) ist eine der fünf großen Persönlichkeitseigenschaften („Big Five"). Ein hoher Wert bedeutet, „dass diese Person einen unerschöpflichen Appetit auf neue Ideen und Aktivitäten hat und schnell gelangweilt ist. Dagegen bevorzugt eine Person mit einem niedrigen O-Wert Vertrautes und tendiert zu praxisnaher Orientierung." Howard/Howard (2002), S. 25.

[95] Vgl. von der Oelsnitz/Schirmer/Wüstner (2014).

4 Literatur

Ambrosini, V./Bowman, C. (2009): What are dynamic capabilities and are they a useful construct in strategic management? In: International Journal of Management Reviews, 11. Jg., H. 1, S. 29–49.

Badke-Schaub, P./Frankenberger, E. (2004): Management kritischer Situationen. Produktentwicklung erfolgreich gestalten. Berlin.

Bauer, R. (2006): Gescheiterte Innovationen. Fehlschläge und technologischer Wandel. Frankfurt a. M.

Bennis, W./Biederman, P. W. (1998): Geniale Teams. Das Geheimnis kreativer Zusammenarbeit. Frankfurt a. M.

Beuth, P. (2015): Ungefähr zehn gute Gründe für den Google-Umbau. In: http://www.zeit.de/digital/internet/2015-08/google-alphabet-aufspaltung-analyse, Abruf: 30.06.2017.

Bjelland, O. M./Wood, R. C. (2008): An inside view of IBM's 'Innovation Jam'. In: MIT SMR, 50. Jg., H. 1, S. 32–40.

Bilgram, V./Füller, J./Bartl, M./Biel, S./Miertsch, H. (2013): Eine Allianz gegen Flecken. In: HBM, 35. Jg., H. 3, S. 62–68.

Bonesso, S./Gerli, F./Scapolan, A. (2014): The individual side of ambidexterity: do individuals' perceptions match actual behaviors in reconciling the exploration and exploitation trade-off? In: EMJ, 32. Jg., H. 3, S. 392–405.

Börjesson, S./Elmquist, M./Hooge, S. (2014): The challenges of innovation capability building: learning from longitudinal studies of innovation efforts at Renault and Volvo cars. In: JET-M, 31. Jg., S. 120–140.

Brown, T. E. (2004): Skunk works: a sign of failure, a sign of hope? In: Brown, T./Ulijn, J. (Hg.): Innovation, entrepreneurship and culture. The interaction between technology, progress and economic growth. Cheltenham, S. 130–146.

Buchhorn, E. (2012): Keine Gnade für Faulenzer. In: MM, H. 11, S. 92–97.

Burgelman, R. A./Christensen, C. M./Wheelwright, S. C. (2009): Strategic management of technology and innovation. 5. Aufl., Boston.

Busch, M. W. (2008): Kompetenzsteuerung in Arbeits- und Innovationsteams. Eine gestaltungsorientierte Analyse. Wiesbaden.

Busch, M. W. (2015): Management und Dynamik teambezogener Lernprozesse. München, Mering.

Busch, M. W./Hobus, B. (2010): Projekten mehr Gewicht geben. In: Personal, 62. Jg., H. 9, S. 38–40.

Busch, M. W./Hobus, B. (2012): Kreativ und umsetzungsstark. Ambidextrie in Teams. In: ZFO, 81. Jg., H. 1, S. 29–37.

Busch, M. W./von der Oelsnitz, D. (2012): Expertenwissen: Entstehungsbedingungen – Identifikation – Bewahrung. In: Güttel, W. H./Konlechner, S. (Hg.): Jahrbuch Strategisches Kompetenz-Management, Bd. 6: Strategisches Lernen. München, Mering, S. 133–164.

Carton, A. M./Cummings, J. N. (2012): A theory of subgroups in work teams. In: AMR, 37. Jg., H. 3, S. 441–470.

Christensen, C. M. (2003): The innovator's dilemma. The revolutionary book that will change the way you do business. New York.

Christensen, C. M./Horn, M. B./Johnson, C. W. (2008): Disrupting class. How disruptive innovation will change the way the world learns. New York.

Daniel, E. M./Ward, J. M./Franken, A. (2014): A dynamic capabilities perspective of IS project portfolio management. In: The Journal of Strategic Information Systems, 23. Jg., H. 2, S. 95–111.

Drucker, P. F. (1999): Management im 21. Jahrhundert. 2. Aufl., München.

Drucker, P. F. (2014): The Effective Executive. Effektivität und Handlungsfähigkeit in der Führungsrolle gewinnen. München.

Edmondson, A. C. (2012): Teaming. How organizations learn, innovate, and compete in the knowledge economy. San Francisco.

Eriksson, T. (2014): Process, antecedents and outcomes of dynamic capabilities. In: Scandinavian Journal of Management, 30. Jg., H. 1, S. 65–82.

Freitag, M. (2013): Carbon Guy. In: MM, H. 7, S. 50–56.

Gebert, D./Kearney, E. (2011): Ambidextre Führung. Eine andere Sichtweise. In: Zeitschrift für Arbeits- und Organisationspsychologie, 55. Jg., H. 2, S. 74–87.

Gemünden, H. G./Kock, A. (2010): Bei radikalen Innovationen gelten andere Spielregeln. In: Harland, P. E./Schwarz-Geschka, M. (Hg.): Immer eine Idee voraus. Wie innovative Unternehmen Kreativität systematisch nutzen. Lichtenberg, S. 31–51.

Goffee, R./Jones, G. (2009): Clever. Leading your smartest, most creative people. Boston.

Govindarajan, V./Trimble, C. (2010): Stop the innovation wars. In: HBR, 88. Jg., H. 7–8, S. 76–83.

Greenberg, D./McKone-Sweet, K./Wilson, H. J. (2013): Entrepreneurial leaders: creating opportunity in an unknowable world. In: Leader to leader, 67. Jg., S. 56–62.

Güttel, W. H./Konlechner, S. W./Mueller, B./Trede, J. K./Lehrer, M. (2012): Facilitating ambidexterity in replicator organizations: artifacts in their role as routine–recreators. In: SBR, 64. Jg., H. 3, S. 187–203.

Gwynne, P. (1997): Skunk works, 1990s-style. In: RTM, 40. Jg., H. 4, S. 18–23.

Hamel, G./Breen, B. (2008): Das Ende des Managements. Unternehmensführung im 21. Jahrhundert. Berlin.

Hammedi, W./Van Riel, A. C. R./Sasovova, Z. (2011): Antecedents and consequences of reflexivity in new product idea screening. In: The Journal of Product Innovation Management, 28. Jg., H. 5, S. 662–679.

Hauschildt, J./Gemünden, H. G. (2011): Dimensionen der Innovation. In: Albers, S./Gassmann, O. (Hg.): Handbuch Technologie- und Innovationsmanagement. 2. Aufl., Wiesbaden, S. 21–38.

Hauschildt, J./Salomo, S. (2011): Innovationsmanagement. 5. Aufl., München.

Heinemann, F. (2007): Organisation von Projekten zur Neuproduktentwicklung. Ein fähigkeitsbasierter Ansatz. Wiesbaden.

Henderson, R. M./Clark, K. B. (1990): Architectural innovation: the reconfiguration of existing product technologies and the failure of established firms. In: ASQ, 35. Jg., H. 1, S. 9–30.

Howard, P. J./Howard, J. M. (2002): Führen mit dem Big-Five-Persönlichkeitsmodell. Das Instrument für optimale Zusammenarbeit. Frankfurt a. M.

Jansen, J. P./George, G./Van den Bosch, F. A./Volberda, H. W. (2008): Senior team attributes and organizational ambidexterity: the moderating role of transformational leadership. In: JOMS, 45. Jg., H. 5, S. 982–1007.

Jenner, T. (2001): Escalating Commitment bei der Markteinführung von Innovationen im Konsumgüterbereich. In: ZfB, 71. Jg., H. 2, S. 143–160.

Keller, T. (2012): Verhalten zwischen Exploration und Exploitation. Ein Beitrag zur Ambidextrieforschung auf der organisationalen Mikroebene. Hagen.

Konlechner, S. W./Güttel, W. H. (2011): Die Replikation organisationaler Routinen: Replikationsstrategien zwischen Templates und Prinzipien. In: Oelsnitz, D. von der/Güttel, W. (Hg.): Jahrbuch Strategisches Kompetenz-Management, Bd. 5: Kooperationsorientierte Kompetenzen. München, Mering, S. 1–27.

Laloux, F. (2015): Reinventing Organizations. Ein Leitfaden zur Gestaltung sinnstiftender Formen der Zusammenarbeit. München.

Lee-Kelley, L./Blackman, D. (2005): In addition to shared goals: the impact of mental models on team innovation and learning. In: International Journal of Innovation and Learning, 2. Jg., H. 1, S. 11–25.

Maier, A./Rickens, C. (2011): Revolution. Google Larry Page will dem mächtigsten Internetkonzern der Welt seine Angriffslust zurückgeben – und setzt voll auf Risiko. In: MM, H. 10, S. 32–40.

Malik, F. (2014): Führen Leisten Leben. Wirksames Management für eine neue Welt. Frankfurt a. M.

Mankins, M./Bird, A./Root, J. (2013): Ein Spitzenteam aus Stars formen. In: HBM, 35. Jg., H. 3, S. 40–46.

March, J. G. (1991): Exploration and exploitation in organizational learning. In: OS, 2. Jg., H. 1, S. 71–87.

Markides, C. C. (2013): Business model innovation: what can the ambidexterity literature teach us? In: TAMP, 27. Jg., H. 4, S. 313–323.

Mattes, J. (2014): Formalisation and flexibilisation in organisations – dynamic and selective approaches in corporate innovation processes. In: EMJ, 32. Jg., H. 3, S. 475–486.

Mintzberg, H. (1992): Die Mintzberg-Struktur. Organisationen effektiver gestalten. Landsberg am Lech.

Mintzberg, H. (2004): Managers not MBAs. A hard look at the soft practice of managing and management development. London.

Moldaschl, M. (2007): Kompetenzvermögen und Untergangsfähigkeit – Zur Kritik und Revision der Theorie Strategischen Kompetenzmanagements. In: Freiling, J./Gemünden, H. G. (Hg.): Jahrbuch Strategisches Kompetenz-Management, Bd. 1: Dynamische Theorien der Kompetenzentstehung und Kompetenzverwertung im strategischen Kontext. München, Mering, S. 3–48.

Morgan, G. (2008): Bilder der Organisation. 4. Aufl., Stuttgart.

Müller, D. (2009): Betrachtung emergenter Strategien durch das Prisma der Improvisation. In: ZfM, 4. Jg., H. 3, S. 283–304.

Nemanich, L. A./Vera, D. (2009): Transformational leadership and ambidexterity in the context of an acquisition. In: LQ, 20. Jg., H. 1, S. 19–33.

Neyer, A.-D./Doll, B./Möslein, K. M. (2008): Prototyping als Instrument der Innovationskommunikation. In: ZFO, 77. Jg., H. 4, S. 210–216.

Oelsnitz, D. von der/Busch, M. W. (2014): TEAM – Toll, Ein Anderer Macht's! Die Wahrheit über Teamarbeit. 2. Aufl., Zürich.

Oelsnitz, D. von der/Hahmann, M. (2003): Wissensmanagement. Strategie und Lernen in wissensbasierten Unternehmen. Stuttgart.

Oelsnitz, D. von der/Schirmer, F./Wüstner, K. (2014): Die auszehrende Organisation. Leistung und Gesundheit in einer anspruchsvollen Arbeitswelt. Wiesbaden.

O'Reilly, C. A./Tushman, M. L. (2013): Organizational ambidexterity: past, present, and future. In: TAMP, 27. Jg., H. 4, S. 324–338.

o. V. (1995): Lockheed's skunk works. In: Air International, 48. Jg., H. 1, S. 8–13.

o. V. (1997): The fourteen rules of Kelly Johnson. In: Project Manager Today, 9. Jg., H. 1, S. 10–13.

o. V. (2005): Neuer Passat in nur drei Jahren entwickelt. Interview mit „Heavy weight"-Produktmanager Horst König. In: http://autogramm.volkswagen.de/02_05s/interview/0205s_interview.htm, Abruf: 30.06.2017.

Pavlou, P. A./El Sawy, O. A. (2011): Understanding the elusive black box of dynamic capabilities. In: Decision Sciences, 42. Jg., H. 1, S. 239–273.

Rich, B. R./Janos, L. (1994): Skunk works. A personal memoir of my years at Lockheed. New York.

Rindova, V. P./Kotha, S. (2001): Continuous "morphing": competing through dynamic capabilities, form, and function. In: AMJ, 44. Jg., H. 6, S. 1263–1280.

Römer, J. (2013): Bewertungssystem. Yahoo-Chefin Mayer knöpft sich „Minderleister" vor. http://www.spiegel.de/karriere/berufsleben/internetkonzern-yahoo-mayer-veraergert-mitarbeiter-a-933051.html, Abruf: 30.06.2017.

Rosing, K./Frese, M./Bausch, A. (2011): Explaining the heterogeneity of the leadership-innovation relationship: ambidextrous leadership. In: LQ, 22. Jg., H. 5, S. 956–974.

Schilling, M. A./Hill, C. W. L. (1998): Managing the new product development process: strategic imperatives. In: IEEE Engineering Management Review, 26. Jg., H. 4, S. 55–68.

Schreyögg, G./Kliesch, M. (2006): Zur Dynamisierung Organisationaler Kompetenzen – „Dynamic Capabilities" als Lösungsansatz? In: ZfbF, 58. Jg., H. 4, S. 455–476.

Senge, P. M. (2011): Die fünfte Disziplin. Kunst und Praxis der lernenden Organisation. 11. Aufl., Stuttgart.

Sichler, R. (2006): Autonomie in der Arbeitswelt. Göttingen.

Simon, H. (2012): Hidden Champions – Aufbruch nach Globalia. Die Erfolgsstrategien unbekannter Weltmarktführer. Frankfurt a. M.

Smith, W. K./Tushman, M. L. (2005): Managing strategic contradictions: a top management model for managing innovation streams. In: OS, 16. Jg., H. 5, S. 522–536.

Stephan, M./Rosteck, F. (2010): Think Tanks in Unternehmen. In: WiSt, 39. Jg., H. 7, S. 355–359.

Teece, D. J. (2007): Explicating dynamic capabilities: the nature and microfoundations of (sustainable) enterprise performance. In: SMJ, 28. Jg., H. 13, S. 1319–1350.

Tripsas, M./Gavetti, G. (2000): Capabilities, cognition, and inertia: evidence from digital imaging. In: SMJ, 21. Jg., H. 10–11, S. 1147–1161.

Voß, G.-G./Pongratz, H. J. (1998): Der Arbeitskraftunternehmer. Eine neue Grundform der Ware Arbeitskraft? In: Kölner Zeitschrift für Soziologie und Sozialpsychologie, 50. Jg., H. 1, S. 131–158.

Weishaupt, M. (2015): Radikal anders. Die DNA erfolgreicher Familienunternehmen. Frankfurt a. M.

West, M. A. (2012): Effective teamwork. Practical lessons from organizational research. 3. Aufl., Chichester.

Wheelwright, S. C./Clark, K. B. (1994): Revolution der Produktentwicklung. Spitzenleistungen in Schnelligkeit, Effizienz und Qualität durch dynamische Teams. Frankfurt a. M.

Winter, S. G. (2003): Understanding dynamic capabilities. In: SMJ, 24. Jg., H. 10, S. 991–995.

Dietrich von der Oelsnitz und Lukas Knopf

Intangible Erfolgsfaktoren im Innovationsmanagement: weshalb relevant und wie erfassbar?

1 Von der Produktidee zum Markterfolg

Obwohl in den meisten Firmenbefragungen die Notwendigkeit zur Kreation eigenständiger Innovationen unter den Top-3-Prioritäten des Managements rangiert, existiert bis heute über die wesentlichen Erfolgsfaktoren des Innovationsmanagements eine gewisse Unsicherheit. Auch die Möglichkeiten zur Steuerung der dahinter stehenden Unternehmensprozesse sind vielfach unklar bis unbekannt. Die Erfahrung zeigt, dass Innovationsaktivitäten nicht linear verlaufen, d. h., eher aus einer Vielzahl von Höhen und Tiefen, unerwarteten Sackgassen oder abrupten Neuorientierungen bestehen. Insbesondere in ihren frühen Phasen sind Innovationsprozesse erratisch und wenig planbar. *Chronos* und *Kairos*[1] stehen gleichberechtigt nebeneinander, d. h., es bedarf sowohl der konsequenten, zeitplangetakteten Regulierung („schedules and clock time") als auch der Initiierung und Tolerierung von gelegenheitsgetriebenen Maßnahmen („serendipity and opportune moments").[2]

Die Erfolgsfaktoren sind daher weniger in klaren Regeln und Routineprozeduren zu suchen als vielmehr in einem komplex verschränkten Bündel intangibler, also

---

[1] Kairos ist in der altgriechischen Mythologie der Gott der Gelegenheiten und „guten Momente".

[2] Für das Unternehmen 3M gilt z. B.: „Innovation and performance, exploration and exploitation, kairos and chronos, were part and parcel of everyday work"; Garud/Gehman/Kumaraswamy (2011), S. 741.

DOI 10.1515/9783110517163-014

nicht sichtbarer Parameter. Entsprechend kompliziert sind in der Praxis die Erfassung und Bewertung dieser Faktoren. Wenn der Innovationserfolg „gemessen" wird, dann vor allen Dingen über Inputfaktoren (Aufwand, nötiges Know-how) oder auf den Output bezogene Analysen, welche z. B. die absolute oder relative Anzahl neuer Produkte oder das Volumen der angemeldeten Patente erfassen. Prozessanalysen (Time-to-market, Einhaltung von Meilensteinen etc.) runden das Gesamtbild dann ab.[3]

Dass diese Vorgehensweise ihre Tücken hat, zeigen beispielhaft die Erfahrungen, die das **Unternehmen 3M** gemacht hat. 3M – von Wirtschaftsjournalisten gern als Innovationsweltmeister tituliert – wurde 1902 von fünf Inhabern in Minnesota im Rahmen der Bergbaubranche gegründet und geriet nach sehr erfolgreichen Jahren um die Jahrtausendwende in ökonomische Schwierigkeiten. Die Patentanmeldungen gingen ebenso zurück wie Umsätze und Renditen. Der daraufhin angeheuerte neue CEO James McNerney reagierte auf diese Misere mit dem Streben nach Verbesserung der operativen Effizienz. Er etablierte zentrale Kontrollmechanismen, führte die aus der Industrieproduktion bekannte Six-Sigma-Methode ein und etablierte diverse Standardroutinen. Letztlich legte er seinen Hauptschwerpunkt so auf Projekte, die kurzfristige Resultate versprachen. Obwohl die Profite von 3M sich daraufhin etwas erholten, hatte diese Führungsphilosophie mittelfristig doch schädliche Auswirkungen auf die Innovationskultur des Unternehmens (es verlor daraufhin u. a. seinen Spitzenstatus als „most innovative company in America"). Der daraufhin 2004 eingesetzte Nachfolger George Buckley riss das Ruder dann wieder herum und führte 3M auf seinen ursprünglichen Innovationsansatz zurück. Buckley brachte das Problem damals wie folgt auf den Punkt:

> „*Invention is, by its very nature, a disorderly process. You can't put a six sigma process into that area and say 'Well, I'm getting behind on invention, so I'm going to schedule myself for three good ideas on Wednesday and two on Friday.' That is not how creativity works.*"[4]

Innovative Prozesse und Projekte stellen für das betriebliche Controlling insofern eine besondere Herausforderung dar. Der faktische Zeit- und Ressourcenbedarf, aber auch die spätere Kundenakzeptanz oder die effektive Amortisationsdauer der Entwicklungsaufwendungen sind schwer abschätzbar, interne Verläufe kaum exakt vorhersehbar. Dementsprechend verfügt z. B. nur ein Viertel der Zulieferer in der Automobilindustrie über tragfähige Instrumente des Innovationscontrollings.[5] Gleichwohl dient das betriebliche Controlling auch in diesem Bereich der Versorgung der Unternehmensführung mit relevanten Informationen zur Beurteilung und Steuerung der wertschaffenden Aktivitäten des Unternehmens – und zählt damit zu den wesentlichen Unterstützungsfunktionen des Managements. Demgemäß werden ungezählte

---

3 Vgl. beispielhaft Möller et al. (2011), S. 39–64.
4 Hindo (2007).
5 Vgl. Roth (2012), S. 110.

Daten erhoben und Kennzahlen berechnet – und durch entsprechende Abteilungen oder Stabsstellen anschließend analysiert. Gerade bei kreativen Entwicklungsprozessen funktioniert diese Logik aber aufgrund der o. g. Ungewissheit nur eingeschränkt.[6] Die frühzeitige Kosten-Nutzen-Abschätzung bzw. Risikobewertung eines konkreten Innovationsprojekts bleibt als Kernaufgabe dennoch unerlässlich. Andernfalls bekäme das Management kaum Unterstützung bei seiner Entscheidung darüber, wann ein Projekt vorzeitig zu beenden oder ggf. auch weiter zu finanzieren ist.

Grob kann der **Innovationsprozess in zwei Hauptphasen** unterteilt werden: den primären Entwicklungs- bzw. Erfindungsprozess („Invention") sowie den anschließenden Bewährungsprozess auf dem Zielmarkt („Innovation i. e. S."). Während das erste Stadium maßgeblich von internen Faktoren bestimmt wird, ist das Projekt im zweiten Stadium vorwiegend externen Einflüssen ausgesetzt (die aber ihrerseits durch interne Festlegungen, z. B. den gewählten Absatzpreis oder die einführungsbegleitenden Maßnahmen, firmenseitig zu beeinflussen sind). Insofern hängen die Diffusion bzw. der ökonomische Erfolg einer Innovation maßgeblich von internen Entscheidungen ab, die vor dem Markteintritt getroffen worden sind. Erst auf dem Markt, wo das Neuprodukt mit Konkurrenzprodukten in den Wettbewerb tritt, zeigt sich, ob sich die getroffenen Annahmen, z. B. hinsichtlich des wahrgenommenen Kundennutzens, bewahrheiten.[7]

Etwas differenziertere Modelle unterteilen den betrieblichen Innovationsprozess in mehrere Abschnitte; Verworn und Herstatt (2007) beispielsweise gliedern den Innovationsprozess in fünf Phasen (vgl. Abb. 35).[8]

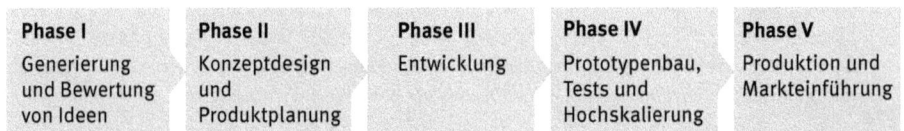

Phase I	**Phase II**	**Phase III**	**Phase IV**	**Phase V**
Generierung und Bewertung von Ideen	Konzeptdesign und Produktplanung	Entwicklung	Prototypenbau, Tests und Hochskalierung	Produktion und Markteinführung

Abb. 35: Modell eines Innovationsprozesses[9].

Nicht alle Innovationsprojekte beginnen jedoch zwingend mit unternehmenseigenen Ideen. Es gibt auch Produktlösungen, die von den Kunden mehr oder weniger aktiv eingefordert werden. Bei diesen sogenannten **Market-Pull-Innovationen** handelt es

---

6 Vgl. zur grundsätzlichen Problematik auch Holtrup/Littkemann (2005), S. 264–280.

7 Innovationen lassen sich letztlich auf verschiedene Weise kategorisieren. Inhaltlich bestehen einerseits für jedermann sichtbare Produkt-, Dienstleistungs- oder Geschäftsmodellinnovationen, die auf den Austausch einer Organisation mit seiner Kundschaft ausgerichtet sind. Andererseits gibt es Innovationen, die primär intraorganisationale Veränderungen mit sich bringen. Dazu zählen vor allem eher introvertierte Prozess-, Struktur- und Sozialinnovationen. Wir konzentrieren uns nachfolgend auf Produktneuerungen.

8 In Anlehnung an Verworn/Herstatt (2007), S. 9.

9 Quelle: eigene Darstellung in Anlehnung an Verworn/Herstatt (2007), S. 9.

sich zumeist um inkrementelle Verbesserungen bekannter Produkte oder Dienstleistungen. Exemplarisch kann hier auf das Kundenbedürfnis nach effizienteren Motoren bei Automobilen oder längeren Akkulaufzeiten bei Mobiltelefonen verwiesen werden. Da der Bedarf am Markt erkennbar ist, sinkt das Risiko hinsichtlich der Amortisation einer Neuentwicklung.

Häufig aber sprechen Kunden auch gut auf eine neue Technologie an, die ein bestehendes Problem löst. Sie präferieren z. B. ein satellitengestütztes Navigationsgerät gegenüber einer papierenen Landkarte oder finden einen CD-Player hilfreicher als einen empfindlichen Schallplattenspieler. Neue Technologien wecken somit sowohl neue, bislang unartikulierte Kundenbedürfnisse als auch die Ansprache bekannter Kundenwünsche, die sie mittels neuartiger Verfahrensweisen befriedigen. Im ersten Fall liegt eine sogenannte **Push-Innovation** vor. Hierbei liefert das Unternehmen mit seiner Forschungsabteilung den Startimpuls und entwickelt letztlich eine neue Technologie. Nicht selten führt das sogar zu neuen Geschäftsmodellen. Apple hat z. B. durch die Einführung des iPhone einen neuen Markt für Mobiltelefone geschaffen und die Wertschöpfung durch die Kombination innovativer Technologien sowie daran andockender Angebote wie dem App-Store vollkommen verändert (*radikale Innovation*). Push-Innovationen haben aufgrund des größeren Entwicklungsaufwands und der weniger kalkulierbareren Reaktion des Marktes ein höheres Risiko und oft auch eine geringere Erfolgswahrscheinlichkeit (siehe aktuell Elektroautos) – bei allerdings deutlich höheren Renditeaussichten im Erfolgsfall.

Die Erfahrung zeigt: Je größer die Gefahr des Scheiterns ist, desto stärker wird beim Management der Wunsch nach handhabbaren Methoden zur systematischen Risikobewertung und -steuerung. Insbesondere bei **kleineren Organisationen** mit weit geringerer Ressourcenbasis, als es bei Konzernen der Fall ist, können kreative Fehlschläge nicht über eine große Zahl an anderenorts erfolgreichen Entwicklungsprojekten kompensiert werden. Stattdessen entwickeln sich Fehlinvestitionen bei kleinen Unternehmen schnell zu einem bedrohlichen Szenario.

Die Notwendigkeit einer kontinuierlichen Bewertung von Innovationsprojekten ist also evident. Sie wird noch offenkundiger, wenn man sich die hohe Zahl gescheiterter Neuerungen vor Augen führt. Eine Metaanalyse unterschiedlicher Studien liefern Stevens und Burley (1997): Die Autoren erstellen aus verschiedenen Untersuchungen aus mehr als vier Jahrzehnten sowie unterschiedlichen Regionen (UK, Japan, USA) und Branchen eine sogenannte **Overall Success Curve** (OSC) für Neuproduktprojekte.[10] Danach werden aus schätzungsweise 3.000 Ideen von Mitarbeitern, Kunden, Geschäftspartnern etc. nur knapp 300 in der Organisation überhaupt kommuniziert. Daraus entstehen dann knapp 125 kleinere Projekte, aus denen im Laufe der Zeit neun mittlere und lediglich vier Großprojekte werden. Am Ende steht mit ca. zwei Markteintritten eine überschaubare Anzahl an Innovationsprojekten an der Schwelle zu

---

10 Vgl. Stevens/Burley (1997), S. 17, 21.

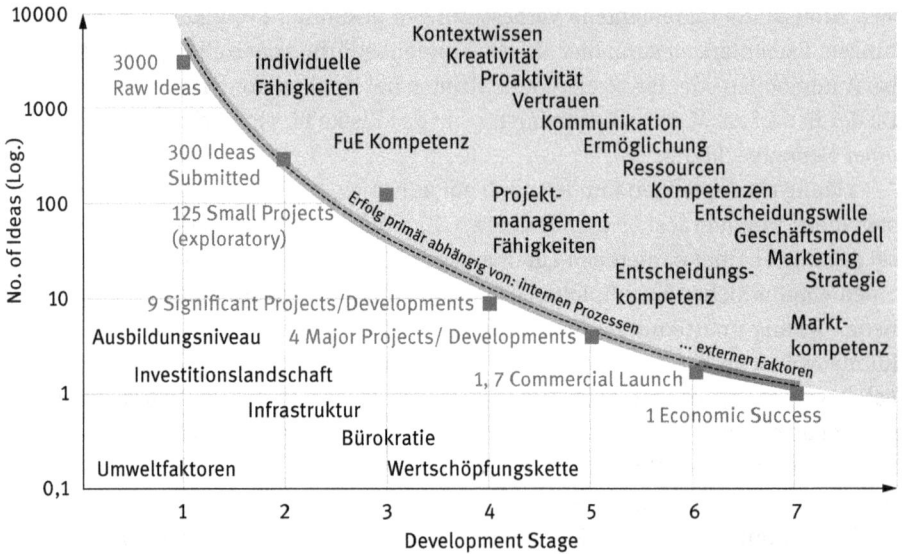

Abb. 36: Erfolgswahrscheinlichkeiten von Innovationen[11].

möglichen Umsätzen. Jedoch wird nur ein einziges Projekt am Ende als Markterfolg ausgewiesen![12]

Trotz einer Vielzahl von Limitationen dieser pauschalen Zusammenschau verdeutlicht die genannte Studie eindrucksvoll das Grunddilemma der Neuentwicklung: **die hohe Rate aufgegebener Inventions- und Innovationsprojekte** (vgl. Abb. 36). Auch wenn je nach Marktsituation, organisationalen Rahmenbedingungen oder dem Neuheitsgrad einer Innovation die konkrete Anzahl an verwertbaren „Submitted Ideas" oder „Major Projects" im Einzelfall variieren mag, ist anzunehmen, dass sich die statistischen Relationen von zugrunde gelegten mehreren Tausend Ideen (Stage 1: Raw Idea) bis hin zu dem – durchschnittlich anzunehmenden – einen einzigen Markterfolg (Stage 7: Economic Success) in vielen Branchen ähneln.

Damit ist – neben dem Innovationscontrolling – ein zweiter Schwerpunkt dieses Beitrags angesprochen: Welche internen Restriktionen im Unternehmen sind für eine derart unbefriedigende Erfolgsquote verantwortlich? Oder anders: Welche Ressourcen führen spiegelbildlich zu am Ende erfolgreich bewältigten Innovationsprojekten? Wir glauben, dass hierbei die erwähnten **immateriellen Vermögenswerte** (Intangible Assets) eines Unternehmens die Hauptrolle spielen.

---

11 Quelle: eigene Darstellung in Anlehnung an Stevens/Burley (1997).

12 Wobei der „Erfolg" von der Art der unternehmensspezifisch festgelegten Ziele abhängig ist und in der Praxis auch unterschiedlich gemessen wird. Dabei spielt insbesondere das jeweils fokussierte Stadium der Innovation eine Rolle. Vgl. dazu Holtrup/Littkemann (2005), S. 256–258.

2 Intangible Assets

Am 13. Juni 2016 wurde bekannt gegeben, dass **LinkedIn** für ca. 26 Mrd. USD an Microsoft verkauft werden soll. Vor der Akquise von LinkedIn wurden die Aktien an der New York Stock Exchange zu einem Marktpreis von 130–135 USD gehandelt, was bei knapp 133 Mio. Aktien einem antizipierten Unternehmenswert von ca. 17,5 Mrd. USD entspricht.[13] Das zum Ende des ersten Quartals 2016 ausgewiesene Gesamtvermögen (Total Assets) des sozialen Netzwerks lag dagegen nur bei 7,2 Mrd. USD.[14] Das bilanzierte Vermögen spiegelt also nur knapp 41 % des Marktwertes und **nur ca. 28 % des Gesamtkaufpreises** wider. Damit wird offensichtlich, dass ein großer Teil des für Microsoft ausschlaggebenden Unternehmenswertes weder im Buchwert zu erkennen noch vollständig im Börsenwert einkalkuliert ist. Einerseits wird das Kaufangebot von Microsoft von strategischen Überlegungen im Wettbewerb mit Facebook und Google bzgl. des Aufbaus eines konkurrenzfähigen sozialen Netzwerks bestimmt, andererseits gibt diese (große) Differenz auch beredete Auskunft über die unsichtbaren bzw. immateriellen Vermögenswerte von LinkedIn!

Im Rahmen dieses Beitrags sollen unter immateriellen Vermögenswerten Faktoren und Merkmale von Organisationen verstanden werden, die weder greifbar noch indirekt handelbar sind. Diese sogenannten **Intangible Assets**[15] sind insofern von übergeordneter Bedeutung, als sie auf den Beschaffungsmärkten letztendlich nicht käuflich, sondern vom jeweiligen Unternehmen durch systematische Bemühungen selbst zu entwickeln sind. Dieser Prozess dauert seine Zeit und ist nur schwer abzukürzen.[16] Exemplarisch können neben der Reputation von Unternehmen (z. B. Mercedes), starken Produktmarken (z. B. Nivea) oder der Unternehmenskultur (z. B. Ikea) auch das intellektuelle Kapital eines Unternehmens, also das in den Köpfen der Mitarbeiter oder in speziellen Prozessen bzw. Routinen kodifizierte Wissen angeführt werden. Hier wollen wir etwas genauer hinschauen.

2.1 Ressourcen, Fähigkeiten und Kompetenzen

Die Leistungsfähigkeit von Unternehmen wird im Wesentlichen durch die zur Verfügung stehenden Ressourcen sowie die Produktivität der internen Transformati-

---

13 Um aus einem Aktienkurs den Marktwert eines Unternehmens ableiten zu können, muss die Annahme gelten, dass der Preismechanismus intakt ist. Dies bedeutet insbesondere, dass der Kaufpreis der Aktie aufgrund einer realistischen Einschätzung durch die Marktteilnehmer zustande kommt und kein Marktversagen vorliegt. Vgl. dazu den Beitrag von Muche/Höge auf S. 492–522 in diesem Band.
14 Vgl. Ariva (2016); Börse (2016); LinkedIn (2016), S. 13.
15 Vgl. Itami (1987).
16 Vgl. zur Pfadabhängigkeit bzw. den „Time Compression Diseconomies" Dierickx/Cool (1989), S. 1507.

onsprozesse bestimmt. Das wirtschaftliche Potenzial, welches durch den Einsatz von Ressourcen erschlossen werden kann, wurde bereits von David Ricardo (1817) thematisiert und von Edith Penrose (1959) in die betriebswirtschaftliche Diskussion eingebracht.[17] Die jeweiligen Definitionsgrenzen zwischen Ressourcen, Fähigkeiten und Kompetenzen sind im wissenschaftlichen Diskurs uneinheitlich. Speziell die Unterscheidung zwischen unternehmerischen Fähigkeiten und intangiblen Ressourcen ist konzeptionell wie inhaltlich kompliziert. Als Gegenstück der tangiblen Ressourcen eines Unternehmens werden intangible Ressourcen in der Literatur beschrieben als „typically embedded in unique routines and practices that have evolved and accumulated over time".[18] Allgemeiner formuliert sind darunter Assets zu verstehen „that you cannot touch or see but that are very often critical in creating competitive advantage".[19]

Für diesen Beitrag soll folgender Logik gefolgt werden: **Ressourcen** gelten als handelbare Mittel zur Erzeugung eines Wertangebotes, die erst durch eine geschickte Bündelung neue Fähigkeiten ausbilden.[20] **Fähigkeiten** werden folglich unternehmensspezifisch entwickelt und beeinflussen wiederum interne Umwandlungsprozesse.[21] Erfüllen Fähigkeiten die aus dem Arbeitsumfang resultierenden Anforderungen, kann man von **Kompetenz** sprechen („where skill meets the task"). Kompetenzen stehen also in einem unmittelbaren Zusammenhang mit der betrieblichen Aufgabenerfüllung und basieren – im Speziellen bei innovationsorientierten Organisationen – in der Regel auf Wissen. Oder anders: „Competence evolves through an interplay between task execution and knowledge acquisition".[22] Eine **Kernkompetenz** schließlich umfasst mehr als eine singuläre Fähigkeit, sondern vielmehr „die Summe des über einzelne Fähigkeitsbereiche und einzelne Organisationseinheiten hinweg Erlernten".[23] Kernkompetenzen zeichnen sich aus durch:

1. einen Kundennutzen;
2. eine wahrnehmbare Differenzierungsfähigkeit gegenüber Wettbewerbern;
3. die nachhaltige Stellung am Markt mittels einer erschwerten Imitierbarkeit und Substituierbarkeit durch die Konkurrenz sowie
4. die Transferierbarkeit dieser Kompetenz auf andere Produkte und Märkte.

Die Aufgabe von Unternehmen besteht darin, ihre Kompetenzen so einzusetzen, dass marktfähige, nutzenstiftende und bestenfalls einmalige Produkte und Dienstleistungen erstellt werden. In der Praxis haben sich anpassungsfähige Fähigkeiten bewährt,

---

17 Vgl. Ricardo (1817); Penrose (1959), S. 25, 75.
18 Dess/Lumpkin/Eisner (2008), S. 90.
19 Pearce/Robinson (2009), S. 171.
20 Vgl. Sirmon/Hitt/Ireland (2007), S. 273 oder Amit/Schoemaker (1993), S. 35.
21 Vgl. Amit/Schoemaker (1993), S. 35.
22 Krogh/Roos (1995), S. 67.
23 Hamel/Prahalad (1997), S. 307.

um ein langfristiges Engagement auf nachfragedominierten und volatilen Märkten zu ermöglichen. In diesem Sinne hat sich in der Wissenschaft das starre Konzept organisationaler Fähigkeiten zugunsten **dynamischer Fähigkeiten (*dynamic capabilities*)** weiterentwickelt.[24] Damit verbindet sich die Auffassung, dass anhaltend erfolgreiche Organisationen ein aktives Management ihrer Ressourcen und Fähigkeiten benötigen. Die in diesem Beitrag in den Mittelpunkt gestellten Faktoren sind essenziell zum Aufbau von Kompetenzen, die dazu dienen, sich einem schnell wandelnden Marktumfeld anpassen zu können. Aktuell ist hierfür das Schlagwort „Agilität" en vogue.

Allerdings werden organisationale Ressourcen, Fähigkeiten und Kompetenzen häufig nicht wahrgenommen, identifiziert oder präzise artikuliert. Viele Eigentümer, Manager, Teamleiter oder Mitarbeiter sind nicht in der Lage, individuelle oder abteilungsspezifische Attribute explizit und korrekt zu benennen. Damit liegen unternehmerische Stärken und Schwächen verdeckt vor und entziehen sich somit einer klaren Analyse und Steuerung. Der Nobelpreisträger Gary Klein beurteilt dies wie folgt: „Because most organizations do not really understand how to value their own experience, they tend to lose it. They fail to develop a workable corporate memory."[25]

Eine systematische Erfassung bzw. Sichtbarmachung von immateriellen Vermögenswerten kann aber beispielsweise durch die **VRIO-Methode** unterstützt werden. Die Bestimmung organisationaler Ressourcen und Fähigkeiten geschieht anhand der vier Kategorien **V**alue (Wert), **R**arity (Seltenheit), **I**mitability (Imitierbarkeit) und **O**rganizational Support/Specitivity (organisationale Unterstützung und Spezität). Abbildung 37 verdeutlicht eine mögliche Kategorisierung der Fähigkeiten im Hinblick auf ihre Auswirkungen auf die eigene Wettbewerbsposition.[26]

Ein etwas älterer Erklärungsansatz von Sveiby kann als weiterer Ansatzpunkt zur Erfassung immaterieller Vermögenswerte dienen: Die Ausbildung und Erfahrung der eigenen Mitarbeiter wird in dieser Systematik als **Humankapital**, u. a. die Unternehmenskultur als **Strukturkapital** und die Beziehungen zu Kunden und Lieferanten als **Beziehungskapital** einer Organisation bezeichnet.[27] Daran anknüpfend konzentriert sich der Beitrag nun auf folgende Faktoren, die für das Innovationsmanagement von kleinen und mittleren Unternehmen (KMU) einen besonderen Einfluss besitzen:

- Organisationsstruktur
- Unternehmenskultur
- Kreativität und Lernen
- Netzwerke, Beziehungen und Schnittstellen.

Während die Struktur grundsätzliche Gestaltungsparameter der Organisation widerspiegelt, repräsentieren Kreativität und Lernen sowie die gelebte Unternehmenskul-

---

24 Vgl. Teece (1997), S. 513–526.
25 Klein (1992), S. 170.
26 In Anlehnung an Barney/Hesterly (2008), S. 92.
27 Vgl. Sveiby (1998), S. 26–31.

Auswirkungen auf den Wettbewerb	Ist die Fähigkeit...			
	...wertvoll?	...selten?	...nicht imitierbar?	...organisational unterstützt?
Nachteil	Nein	–	–	Nein
Parität	Ja	Nein	–	
kurzfristiger Vorteil	Ja	Ja	Nein	
langfristiger Vorteil	Ja	Ja	Ja	Ja

Abb. 37: Der VRIO-Rahmen[28].

tur die – aus unserer Sicht – wichtigsten innovationsbegleitenden Rahmenbedingungen. Zur effizienten Koordination der Zusammenarbeit (intern wie extern) sind entsprechende Netzwerke aufzubauen, Beziehungen zu pflegen und Schnittstellen abzustimmen. Diese vier Faktoren bedingen sich gegenseitig und sind in der Lage, sich positiv zu verstärken.

2.2 Organisationsstruktur

Der innere Aufbau eines Unternehmens muss sowohl die Rahmenbedingungen dafür schaffen, wiederkehrende Geschäftsprozesse effizient ausführen, als auch dazu beitragen, eine flexible und anpassungsfähige Struktur für seltene Ereignisse (z. B. kostbare Innovationsideen) bereitstellen zu können. Viele Aspekte einer für Innovationen günstigen Organisationsgestaltung sind bereits aus der Innovationsforschung bekannt: Flache Hierarchien, geringere Regelungsdichte, Möglichkeiten zum Networking und zur Teamarbeit sowie ein aktiver Wissenstransfer zwischen den verschiedenen Organisationseinheiten sind keine wirklich neuen Einsichten. Der in der Organisationslehre etablierte Ausdruck für solch einen innovationsförderlichen Zuschnitt ist die *organische Organisation*.[29]

Wie aber lässt sich die **formale Organisationsstruktur** fassen und präzisieren? Dazu konnten Forscher der Aston Group fünf zentrale Dimensionen herauskristallisieren: die Spezialisierung, Koordination, Konfiguration, Delegation sowie die Formalisierung.[30] Als *Spezialisierung* bezeichnet man eine bestimmte „Form der

---

28 Quelle: eigene Darstellung in Anlehnung an Barney/Hesterly (2008), S. 92.
29 Vgl. Burns/Stalker (1961).
30 Vgl. Kieser/Walgenbach (2003), S. 77.

Arbeitsteilung, bei der Teilaufgaben unterschiedlicher Art entstehen".[31] Durch innerorganisationale Spezialisierung können so z. B. komplexe Arbeitspakete aufgeteilt und durch Experten bewältigt werden. Diese sachliche Fragmentierung ermöglicht Arbeitsergebnisse, die einer einzelnen Person in dieser Güte vermutlich nicht möglich gewesen wären, erfordert jedoch Koordination. Unter der *Koordination* werden Regelungen verstanden, „die der Abstimmung arbeitsteiliger Prozesse und der Ausrichtung von Aktivitäten auf die Organisationsziele dienen".[32] Die *Konfiguration* stellt hingegen die äußere Form des organisationalen Stellengefüges dar und kann als Abbildung des formalen Leitungssystems betrachtet werden.[33] Die Übertragung von Aufgaben, Befugnissen, Verantwortung etc. innerhalb dieses Gefüges wird *Delegation* genannt bzw. durch den *Delegationsgrad* beschrieben. Im Sinne einer Entscheidungsdelegation ist dabei die „umfangmäßige Verteilung der Entscheidungsbefugnisse in einer Organisation" gemeint, welche die Konzentration der Entscheidungsgewalt von einigen Wenigen (bei manchen KMU oft nur einem einzigen Eigentümer) aufbricht und ausgewählte Entscheidungsrechte auf einen größeren Personenkreis ausdehnt.[34] Die *Formalisierung* beschreibt schließlich den Einsatz zumeist schriftlich fixierter Regeln zur Verhaltens- und Prozesssteuerung und ist ein charakteristisches Merkmal bürokratischer Organisationen.[35] Sie manifestiert sich u. a. in Richtlinien, Organisationshandbüchern oder Verfahrensvorschriften.

Innovationsstarke Unternehmen zeichnen sich dementsprechend durch einen reduzierten Spezialisierungsgrad, einen hohen Delegationsgrad, einen geringen Formalisierungsgrad, eine flache Konfiguration („kurze Wege", siehe unten) sowie eine Koordination nicht über hierarchische Weisungen, sondern über individuelle Selbstabstimmung aus. So tragen z. B. sogenannte *Strategy-Center*, die Verfahrens-, Technologie- und Kundenexperten zusammenbringen, zur effektiveren Verlinkung einzelner Funktionsabteilungen bei und bilden einzelne Personen zugleich wichtige „Boundary spanner". Speziell bei technologischen Durchbruchinnovationen, welche die Grenzen einzelner Technologien oder Fachdomänen überschreiten, sollten unbedingt alle Mitarbeiter zusammengebracht werden, die an der späteren Umsetzung einer bestimmten Neuerung beteiligt sind.

Da letztlich das Personal der Lern- und Innovationsträger einer Organisation ist, liegt in der Gestaltung seiner konkreten Arbeitssituation ein entscheidender Ansatzpunkt der Innovationsförderung. Dazu zählen vor allem der operative **Aufgabenzuschnitt**, die Haltung der Vorgesetzten und Kollegen, das Rollenverständnis sowie die persönlichen mentalen Modelle der Organisationsmitglieder. Die für innovationsorientierte Unternehmen kennzeichnenden Merkmale sind die Arbeitsteilung durch

---

31 Kieser/Kubicek (1992), S. 76.
32 Kieser/Kubicek (1992), S. 95–96.
33 Vgl. Kieser/Kubicek (1992), S. 126.
34 Vgl. Kieser/Kubicek (1992), S. 155, 157.
35 Vgl. Derlien (1992), Sp. 392.

Spezialisten, die zeitgleiche Parallelarbeit an Teilaufgaben und der flexible Umgang mit unvorhergesehenen Situationen. Für Innovationsteams ist somit von eminenter Wichtigkeit, dass Aufgaben – samt der für die Leistungserstellung notwendigen Befugnisse – an die Fachkräfte delegiert und koordiniert werden, gleichzeitig aber einschränkende formale Vorschriften auf ein Minimum reduziert werden. Mit steigender Komplexität nimmt der Anteil koordinierender Tätigkeiten zu, um z. B. in Meetings eine Synchronisierung der Arbeit zu ermöglichen und Schnittstellen zu überbrücken.

Die Führungskräfte entwickeln sich in KMU idealerweise zu gut vernetzten Generalisten mit vertieften Markt- oder Produktkenntnissen (sogenannte *T-Shaped Skills*).[36] Dadurch sinkt das Ausmaß der einzelfachlichen Spezialisierung zugunsten eines vernetzten Denkens. Die flache Hierarchie und das tiefere Verständnis der leitenden Angestellten für die Probleme der Arbeitsebene bieten zudem Geschwindigkeitsvorteile, die durch die **Nähe zu wesentlichen Entscheidungsträgern** noch weiter verstärkt werden. Der zumeist kurze Weg zum „Chef" ist ein weiterer Vorteil unternehmergeführter KMU, die durch den hohen Grad an Entscheidungsautonomie somit ein sehr großes Potenzial haben, schnelle Beschlüsse herbeizuführen, die in Konzernen Tage oder Wochen benötigt hätten.

2.3 Unternehmenskultur

In der Praxis trifft man nicht selten die Meinung an, klare Steuerung und Kreativität schlössen sich aus, also ein Unternehmen müsse sich letztlich zwischen einer Effizienz- und einer Innovationskultur entscheiden.[37] Ist das tatsächlich so?

Nach Edgar Schein beschreibt die *Unternehmenskultur* das vorherrschende Muster von Emotionen und Grundannahmen zur erfolgreichen Bewältigung von Aufgaben, deren Lösungsstrategie erlernt, akzeptiert und weitergegeben wird.[38] Folglich kann die Kultur als ergänzender Faktor zur Struktur aufgefasst werden. Beide Faktoren – Struktur und Kultur – beeinflussen in hohem Maße die Effizienz interner Arbeitsprozesse und wirken sich direkt auf die Leistungsfähigkeit des Unternehmens aus. Die Unternehmenskultur beinhaltet in diesem Sinne auch einen geteilten Verhaltenskodex („Signale richtigen Verhaltens"). Damit sind einheitliche Annahmen hinsichtlich gemeinschaftlicher Werte und Normen gemeint, die innerhalb einer Gruppe die kol-

---

36 Iansiti (1993) spricht von T-Shaped Skills: „They possess a T-shaped combination of skills: [...] On the one hand, they have a deep knowledge of a discipline [...], represented by the vertical stroke of the T. On the other hand, these [...] specialists also know how their discipline interacts with others [...] – the T's horizontal top stroke."

37 Vgl. Möller/Menninger/Robers (2011), S. 160.

38 Schein (2004), S. 17: „The culture of a group can now be defined as a pattern of shared basic assumptions that was learned by a group as it solved its problems of external adaptation and internal integration, that has worked well enough to be considered valid and, therefore, to be taught to new members as the correct way to perceive, think, and feel in relation to those problems."

lektive Leistungserbringung unterstützen können. Dies führt im Unternehmen sowohl zu einem ähnlichen Muster bei der Kommunikation oder dem Beziehungsaufbau als auch zu einem gemeinsamen Situationsverständnis (shared mental models). Wichtig hierfür ist u. a. die Häufigkeit, aber auch die Art und Weise eines Transparenz schaffenden Austauschs über Team- oder Abteilungsgrenzen hinweg. Die Unternehmenskultur als Form der Sozialisation trägt zu berechenbaren Reaktionen, der Bestätigung von Erwartungen und somit letztlich zur Ausbildung von Vertrauen unter den Organisationsmitgliedern bei.

Bei innovationsorientierten Unternehmen spielen Faktoren wie die Experimentierfreude, Kooperationskompetenz und unternehmerisches Denken eine übergeordnete Rolle. Ferner gehört zum Repertoire einer innovativen Unternehmenskultur der respektvolle und professionelle Umgang mit Verbesserungsvorschlägen und Kritik sowie die Akzeptanz von Fehlentscheidungen – Fehler werden verziehen. Als wichtiger intangibler Asset wird auch die Existenz neuerungsfreundlicher Narrative gesehen, also das firmeninterne Vorhandensein von tradierten Geschichten über wagemutige und erfolgreiche Intrapreneure und Tüftler.[39]

Die häufig in KMU vorherrschende räumliche Nähe aller Mitarbeiter ermöglicht den persönlichen Kontakt unter den Mitarbeitern sowie auch zum Führungspersonal. Der größere Anteil **direkter mündlicher Kommunikation** in innovationsstarken Firmen gestattet den schnellen Austausch von Argumenten und forciert so eine zielführendere Diskussion als es bei rein elektronischer Kommunikation – z. B. via E-Mail oder Skype – möglich wäre. Bei all den Vorteilen, die moderne Informationstechnologien bieten, muss allen klar sein, dass Kommunikation mehr ist als bloße Informationsweitergabe. Im Zeitalter der *E-Mail* wird der Austausch oft sogar eher gelähmt – durch die Kombination aus Zeitdruck und fehlender Bereitschaft, sich um fokussierte Nachrichten zu bemühen, quellen die Postfächer vieler Accounts über. Statt eines kurzen Gesprächs samt Gestik, Mimik, Betonung und anderer Aspekte der nonverbalen Kommunikation, wird den Kollegen im Nachbarbüro oft hastig eine unreflektierte E-Mail zwischen zwei Meetings zugesendet. Stattdessen sollten die Mitarbeiter in KMU aus der räumlichen Nähe Kapital schlagen und sich lieber zu einem kurzen informellen Austausch treffen. Dies stärkt überdies die Identifikation mit dem Team und fördert die gegenseitige Empathie.

Zur Unternehmenskultur gehört auch die Art und Weise des Umgangs der Führungskräfte mit den Arbeitnehmern. Unstreitig hat eine motivierende und sinnstiftende Personalführung einen großen Einfluss auf das Gelingen von Innovationsprozessen und kann somit ebenfalls als immaterieller Unternehmenswert interpretiert werden. Ein wertschätzender Führungsstil, größere Partizipation und stärkere Einbindung auf Basis geteilter Werte wirken förderlich für Innovationen, da sie Mitarbeiter

---

39 Vgl. dazu speziell Bartel/Garud (2009).

darin bestärken, sich proaktiv in die Entwicklungsprozesse einzubringen.[40] Vor allem das Konzept der *transformationalen Führung* übt einen positiven Einfluss aus. Hierdurch sollte es den Führungskräften gelingen, ihre Mitarbeiter zu inspirieren, das Eigeninteresse an bestimmten Aufgabenpaketen zu wecken und sich letztlich als Angestellte im unternehmerischen Sinne zu fühlen.[41] Bereits ein schlichtes „Führen durch Vorbild" liefert Orientierung. Die Etablierung **effektiver Führer-Geführten-Beziehungen** sollte demnach ein besonderes Anliegen innovationsorientierter Unternehmen sein.

Gute Führung ist ein wertvolles Kulturmerkmal, das direkt bei den Mitarbeitern ankommt. Und Unternehmen mit zufriedenen Mitarbeitern weisen niedrigere Fluktuationsraten auf – und können somit im Wettbewerb um talentierte Mitarbeiter einen wichtigen Vorteil erzielen. Knapp 64 % der mittelständischen Betriebe verzeichnen einen Fach- und Führungskräftemangel, der sich kurz- bis mittelfristig nicht entschärfen wird.[42] Insbesondere dem Faktor *Unternehmenskultur* wird im Kampf um hervorragende Mitarbeiter daher das Potenzial beigemessen, die Mitarbeiterzufriedenheit signifikant zu verbessern und so der Entlohnungsdominanz größerer Unternehmen auf dem Personalmarkt wirksam entgegenzutreten!

2.4 Kreativität und Lernen

Erfinder wie Unternehmen erarbeiten sich Innovationen durch die Fähigkeit, neue Lösungen für Herausforderungen zu entdecken oder bekannte Lösungsansätze für spezielle Anwendungen neuartig zu kombinieren. Die dafür erforderliche Kreativität ist abhängig von den zur Verfügung stehenden Trägern und Anwendern von relevantem Wissen (z. B. Know-how, Know-why). Unter Kreativität (von lat. creare) wird die Fähigkeit verstanden, etwas Neues zu erschaffen, was a) einen Zustand verbessert, b) sich realistisch umsetzen lässt, c) im Sinne einer Problemlösung eine erkennbare Nützlichkeit aufweist und d) eine statistische seltene Antwort auf ein zu lösendes Problem darstellt.[43] Die einer Idee innewohnende Kreativität kann somit hinsichtlich ihrer **Originalität und Wirkung** der erarbeiteten Lösung eingeordnet werden.[44] In der Praxis lässt sich die Ideenfindung im Unternehmen durch die schöpferische Kraft des (spontanen) Einfalls erklären, aber auch durch systematische Ansätze wie z. B. TRIZ[45] zur Produktentwicklung unterstützen.

---

40 Vgl. Griffin/Parker/Mason (2010), S. 178.
41 Vgl. García-Morales/Jiménez-Barrionuevo/Gutiérrez-Gutiérrez (2012), S. 1044 f. sowie bereits Bass (1990).
42 Vgl. DZ Bank (2016), S. 16.
43 Vgl. Sternberg/Lubart (1999), S. 3; MacKinnon (1962), S. 485.
44 Vgl. Schuler/Görlich (2007), S. 8–9.
45 Das der russischen Sprache entspringende Akronym TRIZ steht für die „Theorie des erfinderischen Problemlösens" und wurde aus einer umfangreichen Patentanalyse von technisch herausragenden

Den erforderlichen institutionellen Rahmen für Ideenreichtum und kreative Konzepte bieten die bereits dargelegten Faktoren der Unternehmensstruktur und -kultur. Es sind insbesondere vier Eigenschaften, die eine effektiv vom Markt lernende Organisation auszeichnen:[46]
- eine marktfreundliche Grundgesinnung („open-minded inquiry");
- eine breite Informationsstreuung („synergistic information distribution");
- wechselseitig angepasste mentale Modelle („mutually informed"), die eine gemeinsame Interpretation von Chancen und Risiken gestatten;
- ein zugänglicher Wissensspeicher („accessible memory"), der die gemachten Lernergebnisse festhält.

Hier wird die große Schnittmenge zwischen *Lernvermögen und Unternehmenskultur* sichtbar. Zur Lernkultur gehört neben der Grundeinstellung zum Markt unweigerlich auch die Art und Weise, in welchem Ausmaß es Richtlinien und Mitarbeiter zulassen, dass Informationen und Wissensbestände im Unternehmen fluktuieren.

In diesem Zusammenhang können KMU ein großes Potenzial entfalten: Ihre Nähe zum Markt, der meist enge Kontakt zu Kunden, aber auch ihre übersichtlichen Strukturen ermöglichen eine **vertrauensvolle Zirkulation von Daten, Informationen und Wissen**. In Hinblick auf die Informationsverteilung, aber auch die Annäherung der mentalen Modelle hat sich die zielgerichtete Versorgung der Nicht-Marketer mit Marktinformationen als förderlich erwiesen. Die Teilnahme von Entwicklern an marktorientierten Besprechungen begünstigt ein interdisziplinäres „Information Sharing". Ebenso erweist sich der Informationsfluss vom Innovationsteam in Richtung Organisation, Markt und Kunde als wichtig.[47] Dies unterstreicht nochmals den Stellenwert eines regelmäßigen Austauschs über typische Bereichsgrenzen hinweg. Ein verbesserter Wissenstransfer reduziert Kosten und Entwicklungszeit und ermöglicht bessere Entscheidungen bzw. Ideen.[48] Eine Studie in einem US-amerikanischen Elektronikkonzern zeigt, dass Unternehmenseinheiten mit zentraler Position in **informalen Wissensnetzwerken** und „kurzen Wegen" zu benachbarten Einheiten ihre Neuproduktentwicklung signifikant schneller abschließen konnten.[49] Dieser Zeitvorteil ergab sich zum einen aus verkürzten Suchzeiten hilfreicher Wissensträger, zum anderen aus der erhöhten Teilungsbereitschaft erfolgskritischen Know-hows in vertrauten Netzwerken.

Neben dem klassischen Lernniveau eines adaptiven Regelkreises, geprägt von sukzessiver Anpassung durch Erfahrung und kleine Verbesserungen (sogenanntes

---

Erfindungen abgeleitet. Diese Methode wird in der Praxis zur Ideengenerierung eingesetzt. Vgl. dazu Altschuller (1986).

46 Vgl. Day (1994), S. 44.
47 Vgl. Billing (2003), S. 273.
48 Vgl. Hansen/Nohria (2004), S. 23.
49 Vgl. Hansen (2002), S. 242–243.

Single-Loop-Learning) gilt das generative Lernen zur Gewinnung gänzlich neuer Einsichten – meist durch Infragestellen von Zielen, Wirkzusammenhängen und Prämissen – als Triebfeder von Innovationen (Double-Loop-Learning).[50] Hierbei muss jedoch berücksichtigt werden, dass insbesondere im Innovationsmanagement die Fähigkeiten eines Unternehmens sehr wichtig sind, Wissen unterschiedlich zu kombinieren, Daten andersartig zu interpretieren und Informationen neu zu verknüpfen. Letztlich geht es auf der höchsten Stufe um die Kompetenz eines Unternehmens, das **Lernen zu lernen** (Deutero Learning).

Obgleich die meisten innovations- wie produktorientierten KMU auf eine funktionierende **IT-Infrastruktur** angewiesen sind, werden diese Technologien vorrangig für operative oder analytische Zwecke eingesetzt (also zur Speicherung, Transfer und Berechnung von Daten), weniger jedoch für schöpferisch-kreative Prozesse.[51] Demzufolge steht insbesondere die kognitive Leistungsfähigkeit der Beschäftigten – abhängig von Begabung, Lernfähigkeit und -wille, Know-how, Informationsstand etc. – als immaterieller Vermögenswert im Mittelpunkt. Dies wird sich auch im Rahmen der bevorstehenden Umwälzungen durch die Industrie 4.0 bzw. dem „Internet der Dinge" nicht fundamental ändern. Allerdings werden sich durch autonom anpassende Bearbeitungszyklen einer vernetzten Wertschöpfungskette viele Potenziale eröffnen, die sonst erst von Menschen hätten erdacht und implementiert werden müssen. Inwieweit aber maschinelles Lernen nicht nur zur Eigenoptimierung in vorgegebenen Parametern, sondern auch zur umfassenden Reflexion von Annahmen eingesetzt werden kann, wird die Zukunft zeigen. Das 2005 zum zweiten Mal aufgelegte *Oslo Manual* der OECD stellt jedenfalls noch einmal die zentrale Bedeutung des Wissensmanagements als Schlüsselelement für erfolgreiche Innovationsvorhaben heraus.[52]

2.5 Netzwerke, Beziehungen und Schnittstellen

Der Alltag FuE-orientierter KMU wird heute durch die Dominanz des Projektmanagements geprägt, wobei im Hinblick auf z. B. Prozess- oder Entscheidungspromotoren die externe wie interne Vernetzung immens wichtig geworden ist. Bei ansteigender Komplexität von Projekten und Technologien nimmt die Spezialisierung und Koordination von Arbeitsabläufen sowie anschließend die Integration der Arbeitsergebnisse stetig zu. Während noch zur Jahrtausendwende Just-in-time-Ansätze einen hohen Anspruch an Logistikketten stellten, ist heute die qualitative, quantitative wie terminli-

---

50 Vgl. Argyris/Schön (1978), S. 4, 18–19.
51 Zwar sind Konzerne wie Google (Google Brain) oder IBM (Watson) auf dem Weg, maschinelles Lernen und künstliche Intelligenz auf ein hochwertiges Niveau anzuheben, doch bleiben die entsprechenden Algorithmen z. B. zur Mustererkennung oder -vorhersage oft noch anderen Unternehmen vorbehalten.
52 OECD (2005), S. 15.

che Abstimmung zwischen Organisationseinheiten zu einer **Mindestvoraussetzung für kollaborative Wertschöpfung** avanciert. Besonders in wissensintensiven Branchen müssen sich Teammitglieder, Abteilungen oder ganze Unternehmen kontinuierlich über veränderte Rahmenbedingungen und Produktparameter unterrichten. Das Funktionieren jeder Art von Netzwerk ist von intakten Schnittstellen abhängig. Folglich ist dieser Abschnitt hauptsächlich der dritten Kategorie intangibler Unternehmenswerte zuzuordnen – dem Beziehungskapital.[53]

Gerade auch im Zeitalter der Digitalisierung und Konnektivität spielen **zwischenmenschliche Beziehungen** eine zentrale Rolle. Wie bereits dargelegt, ist die Ausbildung einer vertrauensbasierten Kooperationskultur eine Voraussetzung für den Austausch von Know-how bzw. eine effiziente Zusammenarbeit überhaupt. Ohne die Aussicht auf eine vertrauensvolle Zusammenarbeit sind organisationsübergreifende Kooperationsinitiativen zum Scheitern verurteilt, unabhängig davon, wie eindringlich sie unternehmenspolitisch, technologisch oder rhetorisch unterstützt sein mögen.[54] Die notwendige Loyalität wird zumeist durch Geheimhaltungserklärungen (oder vergleichbare Koordinationsmechanismen) formal bestärkt, um einem etwaigen opportunistischen Verhalten prophylaktisch zu begegnen. Die Verlässlichkeit eines Unternehmens (und seiner Mitarbeiter) ist zum Teil anhand seiner Kooperationshistorie bzw. seiner positiv abgeschlossenen Referenzprojekte ersichtlich. Die Reputation in sensiblen Kooperationsfeldern – wie der FuE – verkörpert sich u. a. in der Professionalität bei auftretenden Problemen oder durch ein effektives Claim-Management.

Aber mit welchen Maßnahmen kann einer **asymmetrischen Abhängigkeit** zu Lasten des eigenen Unternehmens entgegengewirkt werden? Schließlich werden KMU in der Zusammenarbeit mit Konzernen oft zur Übernahme von einheitlichen (Schnittstellen-)Systemen gezwungen. In Entwicklungskooperationen geben OEM kleineren Netzwerkpartnern z. B. Softwarestandards bei Konstruktionsdaten vor (CATIA, NX etc.), die primär als angestrebte Standardisierung der Datenhaltung, jedoch leider auch als **Lock-in-Effekt** bzw. Partnerwechselbarriere ihre Wirkung entfalten. Je stärker sich die Abhängigkeit eines Partners ausprägt, desto größer werden Autonomieverlust und Risiko. Die Chance, etwaige Abhängigkeitsverhältnisse aktiv zu beeinflussen, ist nicht ausschließlich von objektiven Machtverhältnissen abhängig, sondern ebenso vom Feingespür und Verhandlungsgeschick der betrauten Personen.

Insbesondere technisch orientierte deutsche KMU konnten sich bislang im Umfeld der globalen Arbeitsteilung profilieren. Vor allem in Entwicklungsnetzwerken ist es innovationsorientierten Mittelständlern (zum Teil *Hidden Champions*) gelungen, sich dem weltweiten Outsourcing in Niedriglohnländer durch hohe Qualität, Forschungsintensität und Fertigungskomplexität zu entziehen. Vielfach sind jene

53 Vgl. Sveiby (1998), S. 30–32.
54 Vgl. Webber (1993), S. 28; Davenport/Prusak (1999), S. 83; Frey (2000), S. 81.

Unternehmen in ein Geflecht aus Austauschbeziehungen eingebettet, in welchem sie ihre spezielle Kernkompetenz einbringen – meist repräsentiert durch eine noch in Deutschland ansässige Entwicklungsabteilung. Wenn diese KMU mit ihrer Eigenleistung nur einen Teil der zu erbringenden Wertschöpfung innerhalb von Innovationsprozessen abdecken, sind sie auf die Integration in ein weltweit agierendes Beschaffungs-, Produktions- oder Logistiknetzwerk, d. h., ein reibungsarmes **Schnittstellenmanagement** angewiesen.

3 Ansatzpunkte und Grenzen des Innovationscontrollings

Sukzessive hat sich das betriebliche Controlling von einer nachgeordneten Kontrollaufgabe zu einer prozessbegleitenden Tätigkeit entwickelt und durchdringt heute nahezu alle Geschäftsbereiche – vom Finanzcontrolling über das Beschaffungscontrolling bis hin zum Personal- und Vertriebscontrolling. Diverse Aufgaben wurden im Zuge dieser Entwicklung in die operative Ebene delegiert, um Daten und Informationen über Entwicklungen in kürzester Zeit – im Rahmen der fortschreitenden Digitalisierung sogar in Echtzeit – gewinnen und auswerten zu können. Dies trifft mit Einschränkungen auch auf das Innovationscontrolling zu.

In der Regel unterscheidet sich das **Controlling in KMU** von demjenigen in Großunternehmen. Das Personal in KMU ist meist weniger spezialisiert, die Verfahren oft weniger formalisiert und Planungs- und Kontrollsysteme methodisch gröber.[55] Nicht selten müssen den Mitarbeitern bzw. der Unternehmensführung eher robuste, d. h., einfach zu handhabende Instrumente zur Verfügung gestellt werden, die die Ausführenden nicht übermäßig zusätzlich zu ihren operativen Aufgaben belasten.

Speziell die innovationsbezogene Datengewinnung ist für KMU eine besondere Hürde, der sie nicht immer vollumfänglich gewachsen sind. Wegen des operativen Tagesgeschäfts sind dafür insbesondere zeitliche, personelle und/oder finanzielle **Ressourcenengpässe** verantwortlich.[56] Diejenigen KMU, die keine automatisierten Systeme zur Kontrolle interner Aktivitäten verwenden, konzentrieren sich tendenziell stärker auf die betrieblichen Kern- als auf die hintergründigen Unterstützungsprozesse. Ihr Fokus liegt zudem häufig auf der primären Leistungserstellung und weniger auf der Dokumentation der späteren Verwertung bzw. Vermarktung. Dennoch ist einsichtig, dass eine zielgerichtete Bewertung von Investitions- oder Projektentscheidungen nur auf Grundlage einer adäquaten Erfolgsrechnung (auch auf Basis vergangener Projekte) möglich ist.

---

55 Vgl. Davila (2005), S. 226–227.
56 Vgl. Behrends/Meyer/Korjamo (2005), S. 22.

Ein weiteres Problem der Werterfassung von FuE-Aktivitäten liegt in den **Ausstrahleffekten auf benachbarte Unternehmensbereiche**. Die Erfolgsmessung einzelner Projekte wird nicht nur durch die zeitverzögerten Effekte erschwert, sondern auch durch die Tatsache, dass Fehlschläge und Sackgassen in einem Entwicklungsfeld sich im Sinne von unbeabsichtigten Vorarbeiten später durchaus als segensreiche, weil übertragbare Erfahrungen („flashes of insight") in anderen Feldern herausstellen. Entsprechende Erfahrungen hat u. a. 3M gemacht.[57] Dies gilt allerdings auch in negativer Richtung, indem z. B. Managementaufmerksamkeit oder knappe Ressourcen durch letztlich scheiternde Projekte beansprucht und so von den „besseren" Projekten abgezogen wurden.[58] Der Wert von Ressourcen wie Zeit, Know-how, Vertrauen oder Kultur ist noch schwerer zu erfassen, wenn sie auch an anderer Stelle Wirkung entfalten.[59]

Wie in Kapitel 2 deutlich wurde, bietet insbesondere der **Competence-Based-View** eine stichhaltige Erklärung für den Zusammenhang zwischen Ressourcen, Kompetenzen und Wettbewerbsvorteilen eines Unternehmens.[60] Diese **intangiblen Assets** sind, wie bereits herausgearbeitet, von besonderer Bedeutung, da sie auf den Faktormärkten nicht einfach zu kaufen sind, sondern vom Unternehmen durch systematische Bemühungen selbst entwickelt werden müssen. Dies trifft auf die Firmenreputation, starke Produktmarken, eine loyale Belegschaft und eben auch auf die internen Routinen zu, die in besonderem Maße im Innovationsmanagement benötigt werden.[61] Der herausragende Wert dieser Art von Ressourcen basiert letztlich auf deren kausaler Ambiguität bzw. sozialer Komplexität und eben Nichtgreifbarkeit. Wir haben im vorangegangenen Kapitel vier derartige Assets genannt, die ihrerseits auf unterschiedliche Weise erfassbar sind: die Organisationsstruktur und -kultur, der Grad der vorhandenen Kreativität und Lernorientierung sowie die Güte der internen wie externen Beziehungen.

Die **hierarchischen Strukturen** der meisten Unternehmen sind vergleichsweise mühelos in Organigrammen abzubilden. Ein *Organigramm* vermittelt einen Überblick sowohl über einflussreiche Positionen als auch über die durch bestimmte Projekte am meisten betroffenen Unternehmensbereiche. Letztlich geht man von der Annahme aus, dass die Inhaber formaler Weisungsstellen in der Lage sind, ihre Position auch zu einer entsprechenden Einflussnahme auf die in ihrem Verantwortungsbereich stattfindenden (Innovations-)Projekte zu nutzen. Allerdings werden Organigramme aufgrund ihres mitunter beträchtlichen Umfanges nicht immer vollständig bis in die untersten Einheiten ausgeführt; gelegentlich beschränken sich die Organisationsanalysten auf die Wiedergabe der oberen Hierarchieebenen.

---

57 Vgl. Garud/Gehman/Kumaraswamy (2011), S. 738, 761.
58 Vgl. Garud/Gehman/Kumaraswamy (2011), S. 740.
59 Vgl. zu dieser temporalen Ambiguität Billing (2003), S. 155; Cooper/Kleinschmidt (1996), S. 19.
60 Vgl. bereits Peteraf (1993), S. 188–189 oder Itami (1987).
61 Vgl. dazu grundlegend Nelson/Winter (1982); Nelson (1991).

Derartige Organisationsschaubilder sind jedoch in zweifacher Weise **in ihrer Aussagekraft eingeschränkt**. Zunächst: Sie zeigen in erster Linie die Konfiguration der *permanenten* Arbeitseinheiten; temporäre Formen der Organisationsarbeit – wie z. B. Lenkungskreise, Projektausschüsse oder fallweise eingesetzte Venture Teams – gehen dabei oft unter. Gerade diese Institutionen aber sollen die für eine erfolgreiche Innovationsarbeit unverzichtbare Überbrückung von Abteilungsgrenzen leisten und cross-funktionale Begegnungsforen bieten.

Das zweite Problem ist die Überbetonung der *formalen* Weisungs- und Arbeitsbeziehungen. Klar ist, dass Organigramme damit nur einen Teil der Unternehmenswirklichkeit beschreiben – nämlich den gewünscht-institutionalisierten. Wie das soziale Miteinander, das „Leben", also die Kommunikation und das konkrete Zusammenarbeiten in diesem Regelsystem aussieht, erfassen sie nicht. Besteht z. B. ein kooperatives Klima zwischen den einzelnen Stelleninhabern? Oder existieren störende Animositäten? Besteht eine Differenz zwischen offiziellen Verantwortlichen und informalen Meinungsführern? Werden Prozesse des systematischen Vertrauensaufbaus zwischen den Entwicklungsteams gefördert, oder fehlen diese – wird z. B. gegen das Prinzip der Rotation und Mehrfachmitgliedschaften einzelner Schlüsselpersonen verstoßen? Anders gesagt: Organigramme erfassen leider nur das Was, aber nicht das Wie in einem Unternehmen.

Hingegen lässt sich die subjektive Nützlichkeit ressortübergreifender Koordinationsgremien oder auch die Qualität der Zusammenarbeit durch systematische (aber eben aufwändige) *Befragungen* im Unternehmen ermitteln. Auch die von Kurt Lewin entwickelte *Kräftefeldanalyse*, die die Einflusspotenziale von Promotoren oder Opponenten einer betrieblichen Veränderung respektive Innovation ermittelt, wäre hier – speziell in den ersten Phasen des internen Inventionsprozesses (Äußern von Ideen, erste Vorselektion etc.) – eine brauchbare Hilfe.

Ähnlich stellt es sich mit der **Unternehmenskultur** als sozialer Infrastruktur des Unternehmens dar. Die Werte, Grundannahmen und Rollenverständnisse der Unternehmensangehörigen wirken sich in der Praxis extrem stark auf das sogenannte *proaktive Verhalten*, d. h. die persönliche Initiative und Experimentierfreude, aus; sowohl die kollektive Wissensentwicklung als auch die Wissensteilung werden hiervon beeinflusst.[62] Für ein entsprechendes Cultural Assessment werden in praxi zwei Verfahren eingesetzt: die teilnehmende Beobachtung (= soziologisch-interpretativer Ansatz) und/oder die fragebogengestützte Befragung (= positiv-objektivistischer Ansatz).[63]

Das **intellektuelle Kapital** des Unternehmens, also das in den Köpfen der Mitarbeiter oder in besonderen organisatorischen Prozessen befindliche Wissen, lässt sich hingegen mithilfe von betriebsspezifischen Wissenslandkarten (sogenannte Yel-

---

62 Vgl. dazu näher von der Oelsnitz/Eickhölter (2014), S. 295–303.
63 Vgl. zu Details von der Oelsnitz (2009), S. 153–155.

low Pages) sowie den mittlerweile breit ausdifferenzierten Modellen der Humanvermögensrechnung vergleichsweise gut erfassen.[64]

Gemäß der maßgeblichen Visualisierungstechnik lassen sich speziell für das Innovationscontrolling Mapping-Methoden und interpretative Methoden voneinander unterscheiden. **Mapping-Methoden** setzen vor allem auf der „Hintergrundebene" an und zielen darauf ab, über die Analyse bestimmter Prozesse oder über die Wirkungsanalyse bestehender Organisationsroutinen herauszubekommen, welchen strategischen Beitrag diese zum Unternehmenserfolg leisten. Hierzu zählen u. a. die traditionelle Geschäftssegmentierung, die Porter'sche Wertkettenanalyse oder diverse Modelle von Kompetenzmatrizen. Diese Methodengruppe zielt letztlich auf die Sichtbarmachung einzelner Bestandteile der unternehmerischen Ressourcen- bzw. Kompetenzbasis.[65] Ergänzend können **interpretative Methoden** hinzugezogen werden, die primär auf das Werkzeugrepertoire der qualitativen Sozialforschung zurückgreifen. Hier dienen sie vor allem zur Rekonstruktion „tiefer liegender" sozialer Sinn- und Systemstrukturen.[66] Hilfreich ist z. B. die sogenannte *objektive Hermeneutik*. Mit diesem Fokus auf der organisationalen Tiefenstruktur vermeiden die interpretativen Methoden eine zentrale Schwäche der Mapping-Methoden, nämlich lediglich den Status quo zu reflektieren und zudem auf jede Untersuchung der Entwicklungsgeschichte der vorgefundenen Unternehmenswerte zu verzichten. Eine geschickte Verbindung von Mapping- und Interpretationsmethoden dürfte daher zur effektiven Überwindung von Controllingbarrieren beitragen.

Die Fragen in Abb. 38 können dabei helfen, die genannten immateriellen Erfolgsfaktoren für das eigene Unternehmen sichtbarer werden zu lassen.

Doch zu große Euphorie hinsichtlich der realen Wirksamkeit der vorhandenen Methoden zum Innovationscontrolling ist fehl am Platze. Erfahrungsgemäß ist bei der Etablierung von Controllinginstrumenten speziell im Bereich der Forschung und Entwicklung mit zum Teil **beträchtlichem Widerstand** zu rechnen. Gerade Kreativpersonal hegt oft eine Aversion gegen standardisierte Kontrollverfahren sowie eine erhöhte Transparenz der eigenen Tätigkeiten nach innen wie außen. Typische Argumente sind der sensible Schutz von (Entwicklungs-)Daten, die erwartete Einschnürung der Kreativität sowie das Empfinden eines unnötigen Bürokratismus.[67] Die **Akzeptanz** des betrieblichen Innovationscontrollings ist insofern ebenfalls eine (kritische) implizite Kulturvariable, die sich jedoch fördern lässt, wenn die entsprechenden Maßnahmen der Geschäftsführung von den Beteiligten nicht als sanktionsbewehrte Aufdeckung von Schwachstellen im FuE-Bereich interpretiert werden.

---

64 Vgl. zum Wissenscontrolling von der Oelsnitz/Hahmann (2003), S. 164–178 oder North (2012). Zum Human Capital Accounting vgl. z. B. Scholz/Stein/Bechtel (2006).
65 Vgl. Güttel (2006), S. 424–425.
66 Vgl. Güttel (2006), S. 427–429.
67 Vgl. z. B. Zdrowomyslaw (2007), S. 27.

Struktur und Führungs-systeme	• Ist das Unternehmen in Geschäftsbereiche oder nach Funktionen gegliedert? • Sind ausreichend Kontaktstellen zu benachbarten Abteilungen vorhanden? • Verfügt das Projektmanagement über ausreichend Ressourcen? • Wie viele ausgewiesene Experten für Projektmanagement gibt es im Unternehmen – und sind sie materiell und zeitlich auskömmlich ausgestattet? • Sind Mitglieder der Geschäftsleitung direkt in einzelnen Innovationsprojekten involviert? • Fördert das Anreizsystem Kooperation und Lernen? • Unterstützt das Planungssystem methodisch den Innovationsprozess bzw. das Innovationscontrolling? • Verläuft die Kommunikation im Unternehmen eher vertikal oder eher horizontal? • Wird in Teams gearbeitet? Wie hoch ist der Anteil der Teamarbeit?
Kultur und Lernen	• Sind die Grundhaltungen der Beschäftigten neuerungsfreundlich und offen gegenüber Veränderungen? • Artikulieren die Vorgesetzten ihre Erwartungen hinsichtlich der Kreativität der Mitarbeiter bzw. fördern Sie diese sogar aktiv ein? • Halten die Projektmitarbeiter die eingesetzten Kreativitätstechniken für zielführend? • Werden Irrtümer und Fehlschläge bestraft? Wenn ja, wie? • Kooperieren die Beteiligten reibungslos miteinander? Herrscht dabei eine vertrauensvolle Atmosphäre? • Dürfen Bedenken gegenüber den Entscheidungen des Top-Managements offen angesprochen werden? • Wird Wissen eher schriftlich oder eher persönlich weitergegeben? • Kursieren Geschichten (Anekdoten u.ä.) über erfolgreiche oder besonders charismatische Intrapreneure im Unternehmen?
Netzwerke und Beziehungen	• Ist das Unternehmen Teil eines größeren Entwicklungsnetzwerkes? • Bestehen Verbindungen zu Universitäten oder anderen Forschungseinrichtungen? • Wie hoch ist die Reputation des Unternehmens als verlässlicher Kooperationspartner? • Verfügt das Unternehmen über ein professionelles Kooperationsmanagement? • Verfügt das Unternehmen über ausreichend Zugang zu Wagniskapitalgebern? • Welche externen Partner unterstützen ggf. den Markteintritt oder den Vertrieb eines Neuproduktes?

Abb. 38: Fragenkatalog zur Sondierung immaterieller Innovationsfaktoren[68].

4 Resümee: Plädoyer für ein erweitertes Controllingverständnis

In vielen Branchen ist der Innovationswettbewerb durch drei markante Herausforderungen noch einmal härter geworden:
- die zunehmende Komplexität und Verschmelzung von Technologien;
- die immer kürzeren Produktgenerationen und Modellzyklen;
- die wachsenden Anforderungen an digitalisiert-vernetzte Herstellungsverfahren.

---

68 Quelle: eigene Darstellung.

Diese Entwicklungen konfrontieren die Unternehmen unweigerlich mit den weiter gestiegenen Ansprüchen eines internationalen Wettbewerbs und erzwingen letztlich eine entschlossene Konzentration der Kräfte. Trotz aller Fokussierung auf Märkte und Technologien bleiben Ressourcendefizite bei der Entwicklung oder Vermarktung von Produktinnovationen aber vielfach unausweichlich.[69]

Eine Innovation verkörpert letztlich nichts anderes als die Fähigkeit eines Unternehmens, ein Produkt von der Ideenphase in die Konzeptphase und von dieser dann erfolgreich auf den Markt zu bringen. Die dahinterliegenden Prozesse sind gespickt mit Unsicherheiten, Enttäuschungen und Zufällen. Wie aber soll man einen derartig diffusen Prozess steuern, insbesondere dann, wenn man unter „steuern" vor allem die Anwendung von quantitativen Kennzahlen versteht?

Ungewissheiten stammen zudem aus dem System selbst. Vor allem Neuerungsideen, die von „einfachen" Mitarbeitern ohne dezidierte Innovationsverantwortung stammen, stoßen am Anfang oft auf skeptische Vorbehalte bei der Geschäftsführung. Die Wirtschaftsliteratur konzentriert sich beim Blick auf Innovationen leider meist auf die (erwarteten) marktlichen Widerstände – also z. B. Bedenken der potenziellen Kunden oder Gegenaktionen der Konkurrenz. Interne Widerstände bleiben dagegen unbeachtet, und das schon aus einem rein logischen Grund: Wie soll man über betriebliche Fehlschläge schreiben, wenn diese nie ans Licht der Außenwelt gelangen? Die Forschung zeigt jedoch, dass bei wirklichen Neuerungen innerorganisationale Blockaden keine Ausnahme, sondern eher die Regel sind – gleich, ob das Unternehmen einen Top-down-Ansatz (wie bei General Electric) oder einen Bottum-up-Ansatz (wie bei 3M) verfolgt. Von daher kommt es neben der Entwicklung effektiver Kreativitätsroutinen und ausreichend Sozialkapitals auch auf die Etablierung einer institutionellen Förderstruktur sowie die richtige „Einstellung" an. Ohne diese Assets können – bei aller Eigeninitiative – innovative Mitarbeiter nicht wirksam sein.

Entsprechende Vermögenswerte müssen aber nicht nur mit der Zeit aufgebaut, sondern am Ende auch nüchtern bewertet werden. Dies gilt insbesondere für den strukturellen und kulturellen Rahmen des Unternehmens: Fördert dieser wirklich in ausreichendem Maße die betriebliche Erneuerungsfähigkeit? Wir haben uns hier zwar auf Produktinnovationen beschränkt, von dieser Frage sind aber auch Verfahrens-, Sozial- und Organisationsinnovationen nicht ausgenommen. Benötigt wird am Ende ein nicht nur an (scheinbar) „harten" Zahlen orientiertes Controlling, sondern ein Bewertungssystem, das auch verhaltens- und einstellungsorientiert ist. Nur so lassen sich relevante soziale Konstrukte wie Vertrauen, Reziprozität oder Reputation der am Neuerungsprozess Beteiligten einbeziehen. In diesem Sinne möchten wir für eine größere Toleranz gegenüber „weichen" Controllingansätzen werben: Output- *und* Inputfaktoren des Innovationsmanagements sind – ungeachtet ihrer unterschiedlichen methodischen Zugänglichkeit – für den Enderfolg gleichermaßen wichtig. Anders

---

69 Vgl. auch Bouncken (2000), S. 25.

ergibt sich kein vollständiges Bild von den Zukunftsaussichten einer einmal einge-brachten Neuerungsidee.

Ausgangspunkt dieses Beitrags war die statistisch verheerende Erfolgswahr-scheinlichkeit innovativer Entwicklungsprojekte. Diesen Umstand führten wir vor allem auf die Vernachlässigung intangibler Unternehmenswerte zurück. Aus der Sicht vieler Praktiker sind diese Assets ihres Unternehmens kaum zu (er)fassen. Diese Hal-tung ist zwar teilweise nachvollziehbar, am Ende aber brandgefährlich: Was nicht gezählt und gemessen, nicht quantifiziert und monetär bewertet werden kann, ist für viele Verantwortliche kein Bestandteil strategischer Analysen und Entscheidungen und kann folglich auch nicht gezielt bewirtschaftet werden. Dieser Ansatz gilt für KMU leider oft noch häufiger als für Großunternehmen. Eine Folge dieser Haltung ist die eingangs dargestellte *Overall Success Curve*.

5 Literatur

Altschuller, G. S. (1986): Erfinden – Wege zur Lösung technischer Probleme. 2. Aufl., Berlin.

Amit, R./Schoemaker, P. J. H. (1993): Strategic Assets and Organizational Rent. In: SMJ, 14. Jg., H. 1, S. 33–46.

Argyris, C./Schön, D. A. (1978): Organizational Learning: A Theory of Action Perspective. Reading, London.

Ariva (2016): LinkedIn Aktie, http://www.ariva.de/linkedin-aktie/bilanz-guv, Abruf: 30.06.2017.

Barney, J. B./Hesterly, W. S. (2008): Strategic management and competitive advantage: Concepts and cases. 2. Aufl., Harlow.

Bartel, C./Garud, R. (2009): The role of narratives in sustaining organizational innovation. In: OS, 20. Jg., H. 1, S. 107–117.

Bass, B. M. (1990): From Transactional to Transformational Leadership: Learning To Share the Vision. In: OD, 18. Jg., H. 3, S. 19–31.

Behrends, T./Meyer, U./Korjamo, E. M. (2005): Strategisches Management in KMU. In: Schöning, S./ Richter, J./Ott, I./Nissen, D. (Hg.): Kleine und mittlere Unternehmen in Umbruchsituationen. Frankfurt a. M., S. 17–34.

Billing, F. (2003): Koordination in radikalen Innovationsvorhaben. Wiesbaden.

Börse (2016): LinkedIn Aktie. URL: http://www.boerse.de/historische-kurse/LinkedIn-Aktie/ US53578A1088, Abruf: 30.06.2017.

Bouncken, R. (2000): Dem Kern des Erfolgs auf der Spur? State of the Art zur Identifikation von Kern-kompetenzen. In: ZfB, 70. Jg., H. 7/8, S. 865–885.

Burns, T./Stalker, G. M. (1961): The Management of Innovation. London.

Cooper, R./Kleinschmidt, E./Geschka, H. (1996): Erfolgsfaktor Markt – Kundenorientierte Produktin-novation. Berlin.

Davenport, T./Prusak, L. (1999): Wenn Ihr Unternehmen wüsste, was es alles weiß. Das Praxisbuch zum Wissensmanagement. Landsberg.

Davila, T. (2005): An Exploratory Study on the Emergence of Management Control Systems. In: AOS, 30. Jg., H. 3, S. 223–248.

Day, G. S. (1994): The Capabilities of Market-Driven Organizations. In: JM, 58. Jg., H. 4, S. 37–52.

Derlien, H.-U. (1992): Bürokratie. In: Frese, E. (Hg.): Handwörterbuch der Organisation. 3. Aufl., Stuttgart, Sp. 391–400.

Dess, G./Lumpkin, G./Eisner, A. (2008): Strategic Management. Creating competitive advantages. 4. Aufl., Boston.

Dierickx, I./Cool, K. (1989): Asset Stock Accumulation and Sustainability of Competitive Advantage. In: MS, 35. Jg., H. 12, S. 1504–1511.

DZ Bank (Hg.) (2016): Mittelstand im Mittelpunkt, Frankfurt am Main 2016. https://www.dzbank. de/content/dam/dzbank_de/de/home/produkte_services/Firmenkunden/PDF-Dokumente/ publikationen/Mittelstand_im_Mittelpunkt_Fruehjahr_2016.pdf, Abruf: 30.06.2017.

Frey, D. (2000): Kommunikations- und Kooperationskultur aus sozialpsychologischer Sicht. In: Mandl, H./Reinmann-Rothmeier, G. (Hg.): Wissensmanagement. München/Wien, S. 73–92.

García-Morales, V. J./Jiménez-Barrionuevo, M. M./Gutiérrez-Gutiérrez, L. (2012): Transformational leadership influence on organizational performance through organizational learning and innovation. In: JBR, 65. Jg., H. 7, S. 1040–1050.

Garud, R./Gehman, J./Kumaraswamy, A. (2011): Complexity Rangements for sustained Innovation: Lessons from 3M Cooperation. In: ORS, 32. Jg., H. 6, S. 737–767.

Griffin, M. A./Parker, S. K./Mason, C. M. (2010): Leader vision and the development of adaptive and proactive performance: a longitudinal study. In: JAP, 95. Jg., H. 1, S. 174–182.

Güttel, W. (2006): Methoden der Identifikation organisationaler Kompetenzen: Mapping vs. Interpretation. In: Burmann, C./Freiling, J./Hülsmann, M. (Hg.): Neue Perspektiven des Strategischen Kompetenz-Managements. Wiesbaden, S. 411–435.

Hamel, G./Prahalad, C. K. (1997): Wettlauf um die Zukunft. 2. Aufl., Wien.

Hansen, M. (2002): Knowledge Networks: Explaining Effective Knowledge Sharing in Multiunit Companies. In: OS, 13. Jg., H. 3, S. 232–248.

Hansen, M./Nohria, N. (2004): How To Build Collaborative Advantage. In: MIT SMR, 46. Jg., H. 1, S. 22–30.

Hindo, B. (2007): At 3M – A Struggle between Efficiency and Creativity. In: Business Week vom 11. Juni 2007, URL: www.bloomberg.com/news/articles/2007-06-10/at-3m-a-struggle-between-efficiency-and-creativity, URL: 30.06.2017.

Holtrup, M./Littkemann, J. (2005): Probleme der Erfolgsevaluierung von Innovationsprojekten. In: Littkemann, J. (Hg.): Innovationscontrolling. München, S. 253–284.

Iansiti, M. (1993): Real World R&D: Jumping the Product Generation Gap. In: HBR, 71. Jg., H. 3, S. 138–147; URL: https://hbr.org/1993/05/real-world-rd-jumping-the-product-generation-gap#, Abruf: 30.06.2017.

Itami, H. (1987): Mobilizing Invisible Assets. Cambridge.

Kieser, A./Kubicek, H. (1992): Organisation. 3. Aufl., Berlin.

Kieser, A./Walgenbach, P. (2003): Organisation. 6. Aufl., Stuttgart.

Klein, G. (1992): Using knowledge engineering to preserve corporate memory. In: Hoffman, R. (Hg.): The psychology of expertise. Cognitive research and empirical AI. New York, S. 170–187.

Krogh, G. von/Roos, J. (1995): Managing Knowledge – Perspectives on Cooperation and Competition. London.

LinkedIn (2016): LinkedIn Q1'16 Results, https://s21.q4cdn.com/738564050/files/doc_ presentations/2016/1Q'16-Quarterly-Results-Deck-Final.pdf, Abruf: 30.06.2017.

MacKinnon, D. W. (1962): The nature and nurture of creative talent. In: American Psychologist, 17. Jg., H. 7, S. 484–495.

Möller, K./Menninger, J./Robers, D. (2011): Innovationscontrolling. Wiesbaden.

Muche, T./Höge, C. (2017): Investitionsplanung unter Verwendung von Kapitalmarkt- und Jahresabschlussdaten. In: Müller, D. (Hg.): Controlling für kleine und mittlere Unternehmen. 2. Aufl., München, S. 492–522.

Nelson, R. (1991): Why Do Firms Differ, and How Does It Matter? In: SMJ, 12. Jg., H. S2, S. 61–74.

Nelson, R./Winter, S. (1982): An Evolutionary Theory of the Firm. Cambridge.

North, K. (2012): Wissensorientierte Unternehmensführung, Wertschöpfung durch Wissen. 5. Aufl., Wiesbaden.

OECD (2005): Oslo Manual – Guidelines for Collecting and Interpreting Innovation Data. 3. Aufl., Paris.

Oelsnitz, D. von der (2009): Die innovative Organisation. 2. Aufl., Stuttgart.

Oelsnitz, D. von der/Eickhölter, J. K. (2014): Intrapreneurship – Mitarbeiter als Erfolgsfaktor der Innovation. In: Burr, W. (Hg.): Innovation. Theorien, Konzepte und Methoden der Innovationsforschung. Stuttgart, S. 288–319.

Oelsnitz, D. (2003): von der, Hahmann M. Wissensmanagement. Strategie und Lernen in wissensbasierten Unternehmen. Stuttgart.

Pearce, J. A./Robinson, R. (2009): Formulation, Implementation and Control of Competitive Strategy. 11. Aufl., Boston.

Penrose, E. (1959): The Theory of the Growth of the Firm. Oxford.

Peteraf, H. (1993): The Cornerstones of Competitive Advantage: A Resource-based View. In: SMJ, 14. Jg., H. 3, S. 179–191.

Ricardo, D. (1817): Principles of political economy and taxation. London.

Roth, S. (2012): Innovationsfähigkeit im dynamischen Wettbewerb. Wiesbaden.

Schein, E. H. (2004): Organizational culture and leadership. 3. Aufl., San Francisco.

Scholz, C./Stein, V./Bechtel, R. (2006): Human Capital Management. Wege aus der Unverbindlichkeit. 2. Aufl., München/Unterschleißheim.

Schuler, H./Görlich, Y. (2007): Kreativität – Ursachen, Messung, Förderung und Umsetzung in Innovation. Göttingen.

Sirmon, D. G./Hitt, M. A./Ireland, R. D. (2007): Managing Firm Resources in Dynamic Environments to Create Value: Looking Inside the Black Box. In: AMR, 32. Jg., H. 1, S. 273–292.

Sternberg, R. J./Lubart, T. I. (1999): The Concept of Creativity – Prospects and Paradigms. In: Sternberg, R. J. 1999: Handbook of Creativity. Cambridge, S. 3–15.

Stevens, G./Burley, J. (1997): 3,00 raw ideas = 1 commercial success. In: RTM, 40. Jg., H. 3, S. 16–27.

Sveiby, K.-E. (1998): Wissenskapital – das unentdeckte Vermögen: immaterielle Vermögenswerte aufspüren, messen uns steigern. Landsberg/Lech.

Teece, D./Pisano, G./Shuen, A. (1997): Dynamic Capabilities and Strategic Management. In: SMJ, 18. Jg., H. 7, S. 509–533.

Verworn, B./Herstatt, C. (2007): Bedeutung und Charakteristika der frühen Phasen des Innovationsprozesses. In: Verworn, B./Herstatt, C. (Hg.): Management der frühen Innovationsphasen – Grundlagen, Methoden, neue Ansätze. 2. Aufl., Wiesbaden.

Webber, A. (1993): What's so New About the New Economy? In: HBR, 71. Jg., S. 24–42.

Zdrowomyslaw, N. (2007): Personalcontrolling – Der Mensch im Mittelpunkt: Erfahrungsberichte, Funktionen und Instrumente. Gernsbach.

Kirsten Thommes

Managementpraktiken in KMU

1 Einleitung

Der Einsatz von Managementpraktiken in Unternehmen wird als einer der wichtigsten Erfolgsfaktoren aus Sicht der ökonomischen Literatur[1] gesehen. Unter Managementpraktiken werden dabei zum einen Praktiken des Human Resources Management (HRM) verstanden wie z. B. variable Vergütung. Zum anderen zählen dazu aber auch organisatorische Maßnahmen wie Dezentralisierung und operative Maßnahmen sowie systematische Qualitätskontrollen. Wissenschaftliche Untersuchungen dieser Managementpraktiken widmen sich jedoch häufig nur Großunternehmen und unterstellen implizit oder explizit, dass die Befunde für alle Unternehmen Gültigkeit aufweisen, obschon bereits seit Langem die Besonderheiten von Klein- und mittelständischen Unternehmen (KMU) diskutiert werden.[2]

---

[1] Vgl. u. a. Goshal (2005); Bloom/Van Reenen (2010); Bloom et al. (2012).
[2] Vgl. Welsh/White (1981), S. 18 identifizieren als wichtigste Besonderheit Ressourcenarmut und weisen darauf hin, dass KMU nicht einfach wie Großunternehmen mit weniger Mitarbeitern und weniger

DOI 10.1515/9783110517163-015

Chandler und McEvoy (2000) weisen darauf hin, dass die wenigen Untersuchungen von Managementpraktiken in KMU darauf schließen lassen, dass der Einsatz dieser Praktiken der bedeutendste Einflussfaktor für den Erfolg von KMU ist: Die wissenschaftliche Literatur betrachtet jedoch vor allem Großunternehmen, sodass eine systematische Auseinandersetzung mit den Managementpraktiken in KMU fehlt.[3] Zum anderen fokussiert die wissenschaftliche Literatur häufig nur einen Teilbereich der möglichen Praktiken und blendet zugleich andere mögliche Maßnahmen aus, sodass kein umfassendes Bild über den Einsatz von Managementpraktiken in KMU möglich ist. Beispielsweise setzen sich vergleichsweise viele Untersuchungen[4] mit personalwirtschaftlichen Praktiken auseinander, Organisationspraktiken und Praktiken des operativen Managements fehlen jedoch in der Betrachtung. Dies ist eine beklagenswerte Lücke, da bei den drei genannten Gruppen von Managementpraktiken nicht deutlich ist, ob sie in einem komplementären Verhältnis zueinander stehen oder einander substituieren können: Es ist möglich, dass beispielsweise personalwirtschaftliche Praktiken ihre volle Wirkung nur dann entfalten können, wenn sie zugleich von organisationalen und operativen Praktiken begleitet werden. Zum anderen ist es aber auch möglich, dass beispielsweise organisationale Praktiken für KMU einfacher umzusetzen sind und das Fehlen von personalwirtschaftlichen Praktiken wettmachen können.

Der vorliegende Beitrag widmet sich dem Einsatz von Managementpraktiken in KMU und dem Zusammenhang zwischen Managementpraktiken und Erfolg der Unternehmung. Im folgenden Kapitel wird zunächst anhand der bisherigen empirischen Untersuchungen der aktuelle Forschungsstand zum Einsatz von Managementpraktiken in KMU aufgearbeitet. Anschließend wird der Frage nachgegangen, welche Managementpraktiken für KMU erfolgversprechend zu sein scheinen, und vor allem auch, welche Kombination von Praktiken bedeutsam für den Erfolg sein könnte. Im dritten Kapitel wird das empirische Untersuchungsdesign vorgestellt. Die Untersuchung erfolgt mithilfe der dritten Welle der European Company Survey 2013 (ECS), die im Abstand von vier Jahren durch Eurofound in allen Ländern der Europäischen Union sowie den jeweils aktuellen Beitrittskandidaten durchgeführt wird. Nach einer empirischen Analyse des Zusammenhangs zwischen Managementpraktiken und Erfolg der KMU wird weiter auf Unterschiede zwischen Klein- und mittelgroßen Unternehmen eingegangen sowie auf Unterschiede zwischen den Herkunftsländern der KMU. Nach einer Diskussion der Ergebnisse wird im letzten Kapitel ein Fazit gezogen.

Die vorliegende Untersuchung zeigt, dass ein Zusammenhang zwischen dem Einsatz von Managementpraktiken und dem Erfolg besteht. Die von der Literatur als bedeutsam identifizierten Managementpraktiken sind dabei vor allem für Kleinunter-

---

Umsatz sind, sondern dass sie im Regelfall mit weniger Ressourcen ausgestattet sind und zudem Managementpraktiken aufgrund der fehlenden Größe schlechter skaliert werden können.

3 Vgl. Chandler/McEvoy (2000).

4 Vgl. u. a. Cassell et al. (2002).

nehmen bedeutsam. Die Zusammenhänge sind für Unternehmen aus allen europäischen Ländern bedeutsam; es zeigen sich jedoch im internationalen Vergleich deutliche Unterschiede in der Nutzung der Managementpraktiken.

2 Managementpraktiken

2.1 Praktiken des Human Resource Managements

Seit dem vielbesprochenen Beitrag von Huselid[5], in dem deutlich wird, dass Managementpraktiken des HRM nicht nur Einfluss auf Organisationsziele zweiter Ordnung wie Mitarbeiterfluktuation und Mitarbeiterproduktivität haben, sondern auch unmittelbaren Einfluss auf den Unternehmenserfolg, ist in der HRM-Literatur eine Debatte um die besten HRM-Praktiken entbrannt. Unter dem Stichwort der „High-Performance HRM" wird dabei diskutiert, (1) welche HRM-Praktiken Einfluss auf den Unternehmenserfolg haben können, (2) ob klare Aussagen zur Kausalität überhaupt möglich sind und (3) ob sich durch den Einsatz von bestimmten Managementpraktiken unter Umständen nur die Wahrnehmung des Erfolgs der Unternehmung durch die Stakeholder verändert, nicht aber direkt der Erfolg selbst.

(1) In der Literatur wird üblicherweise zwischen (a) fähigkeitsorientierten Maßnahmen und (b) Motivationsmaßnahmen unterschieden.[6] Fähigkeitsorientierte Maßnahmen sorgen dafür, dass die richtigen Mitarbeiter die richtigen Qualifikationen besitzen. Dies wird durch ausgearbeitete Personalauswahlverfahren und Trainingsmaßnahmen gewährleistet. Motivationsmaßnahmen umfassen alle Maßnahmen zur Sicherstellung der Motivation der Mitarbeiter wie Leistungsmessung, wettbewerbsfähige Löhne, Anreizlöhne und Beschäftigungssicherheit.

Bei der Diskussion von HRM-Praktiken wird zwischen zwei Arten von Effekten unterschieden, welche Praktiken auf den Unternehmenserfolg haben können. Zum einen zeigt sich in der empirischen Forschung, dass HRM-Praktiken die Motivation der Mitarbeiter oder ihre Einstellung[7] zum Unternehmen verbessern. Implizit wird hier häufig weiter angenommen, dass Motivationssteigerungen oder ein gesteigertes Zugehörigkeitsgefühl der Mitarbeiter zur Unternehmung sich positiv auf den Unternehmenserfolg auswirken. Zum anderen wird angenommen, dass es auch einen direkten Einfluss

---

5 Vgl. Huselid (1995).

6 In anderen Beiträgen werden neben den hier genannten Arten noch zudem als dritte Kategorie möglichkeitsorientierte Maßnahmen wie flexible Arbeitsgruppen, Partizipation und Mitbestimmung unterschieden, vgl. u. a. Jiang et al. (2012). Diese stellen aber das vergleichsweise am schlechtesten in sich konsistente und abgeschlossene Maßnahmenbündel dar.

7 Vgl. u. a. Edgar/Geare (2005); Zacharatos/Barling/Iverson (2005); Holman et al. (2009); Takeuchi/Chen/Lepak (2009).

auf den Unternehmenserfolg geben könnte, weil die Mitarbeiter aufgrund besserer Fähigkeiten und klaren Anreizen produktiver sind.

(2) Um zu untersuchen, ob bestimmte HRM-Praktiken einen Einfluss auf den Unternehmenserfolg haben, sind zunächst einmal Längsschnittdaten oder ein quasi-experimentelles Setting nötig, in welchem untersucht werden kann, ob Veränderungen der Praktiken auch Veränderungen des Unternehmenserfolgs nach sich ziehen. Wright und Kollegen[8] zeigen anhand ihrer Längsschnittdaten, dass leichte Korrelationen zwischen HRM-Praktiken und Unternehmenserfolg nachgewiesen werden können. Obwohl sie Längsschnittdaten von Unternehmen haben, können Sie jedoch nicht ausschließen, dass (a) erfolgreiche Unternehmen mehr in HRM-Praktiken investieren oder (b) ein dritter Faktor, z. B. ein guter Manager, sowohl die HRM-Praktiken als auch den Unternehmenserfolg positiv beeinflusst.

(3) Hinsichtlich der Frage, ob sich die Verbesserung des Unternehmenserfolgs real oder nur in der Wahrnehmung der Stakeholder verändert, weisen Delaney und Huselid[9] darauf hin, dass bestimmte HRM-Praktiken wie vor allem Training und Weiterbildung positiv mit dem Unternehmenserfolg zusammenhängen, während andere Praktiken wie ein elaborierter Personalauswahlprozess und Anreizvergütung eher die Wahrnehmung des Unternehmenserfolgs durch die Manager beeinflussen.

Aktuelle Metaanalysen[10] zeigen jedoch, dass zumindest die Korrelation zwischen HRM-Praktiken und Unternehmenserfolg stabil über sehr viele Untersuchungen von Großunternehmen ist. Zudem zeigt sich häufig[11], dass eine kausale Verbindung zwischen den eingesetzten HRM-Praktiken und der Mitarbeiterperzeption des Unternehmens besteht, sodass inzwischen davon ausgegangen wird, dass zumindest ein indirekter Einfluss sicher besteht: Je besser und umso mehr HRM-Praktiken genutzt werden, umso positiver sehen die Mitarbeiter ihr Unternehmen. Dies hat direkten Einfluss auf die Motivation und damit den Unternehmenserfolg.

Um herauszufinden, ob die diskutierten Zusammenhänge auch für KMU zutreffen, wurde jüngst der Versuch unternommen, mittels einer Metaanalyse aufzuzeigen, ob es Unterschiede zwischen KMU und Großunternehmen hinsichtlich des Einsatzes von HRM-Praktiken gibt und ob eventuell unterschiedliche Auswirkungen nachgewiesen werden können.[12] Die Annahme dieser Metastudie ist zunächst, dass HRM-Praktiken, die für Großunternehmen von Bedeutung sein könnten, eventuell für KMU nicht relevant sind, weil u. a. die Motivation und auch das Zugehörigkeitsgefühl der Mitarbeiter in KMU im Durchschnitt größer ist als in Großunternehmen. In der empirischen Analyse konnten dafür jedoch keine Hinweise gefunden werden. Im Gegenteil wurde festgestellt, dass es keine signifikanten Unterschiede zwischen Großunternehmen

---

8 Vgl. Wright et al. (2005).
9 Vgl. Delaney/Huselid (1996).
10 Vgl. Jiang et al. (2012).
11 Vgl. Nishii/Wright (2008); Den Hartog et al. (2013).
12 Vgl. Rauch/Hatak (2016).

und KMU hinsichtlich des Einsatzes von HRM-Praktiken gibt und auch die Kausalität weitgehend gleich ist. Dementsprechend wird dies hier auch angenommen:

Hypothese 1: HRM-Praktiken hängen positiv mit dem Unternehmenserfolg zusammen.

Neben den HRM-Praktiken existieren freilich weitere Managementpraktiken[13], die einen Zusammenhang mit dem Unternehmenserfolg aufweisen können. Aufgrund der Dominanz der HRM-Forschung im Bereich des organisationalen Verhaltens sind diese jedoch ungleich schlechter untersucht, und der aktuelle Forschungsstand weist erhebliche Lücken auf. Nichtsdestotrotz ist zu vermuten, dass auch das organisationale Design und Praktiken des operativen Managements im Zusammenhang mit dem unternehmerischen Erfolg stehen.

2.2 Praktiken des organisationalen Designs

Obgleich verschiedene Versuche unternommen worden sind, Praktiken des organisationalen Designs wie die Aufbau- und Ablauforganisationsformen von Unternehmen und die Ausstattung mit Verfügungs- und Entscheidungsrechten von Stelleninhabern an den unterschiedlichen hierarchischen Positionen der Organisation zu klassifizieren[14], scheitert bislang sowohl die Suche nach einem abgeschlossenen Katalog an Organisationspraktiken sowie auch – anders als bei den HRM-Praktiken – die Entwicklung eines Goldstandards. Hinsichtlich der Fragen, ob divisionale oder funktionale Organisationsstrukturen vorzuziehen, ob flache oder steile Hierarchien günstiger oder auch ob Dezentralisierung oder Zentralisierung von Entscheidungsrechten vorzugswürdig sind, herrscht in der wissenschaftlichen Literatur Uneinigkeit.

Häufig wird untersucht, ob die Verbreitung mancher Organisationsformen und Organisationsdesigns eher ein Produkt von sich wandelnden Moden[15] ist (Organisationsdesign als Mode) oder aber ob es strukturelle Unterschiede zwischen Unternehmensumwelten und -aufgaben gibt, in denen manche Organisationsformen vorzugswürdiger sind als andere (Organisation als Wahlentscheidung).

Hinsichtlich der letzteren Entscheidung wird häufig die Zentralisierung bzw. Dezentralisierung von Entscheidungen als Beispiel herangezogen und davon ausgegangen, dass bei hohem Wettbewerbsdruck, besseren lokalen Informationen und einer

---

13 Vgl. u. a. Goshal (2006); Bloom/Van Reenen (2010); Bloom et al. (2012).

14 Das vermutlich bekannteste Modell hierzu ist das 5S-Modell von Mintzberg (1980).

15 Diese Arbeiten bauen zumeist auf dem Beitrag von Meyer/Rowan (1977) auf, die als eine der ersten diskutiert haben, ob die Verbreitung von bestimmten organisationalen Designs durch die Wettbewerbskräfte erklärt werden kann oder ob nicht vielmehr organisationale Designs bestimmten Moden folgen, weil Unternehmen die Designs anderer, aktuell erfolgreicher Unternehmen imitieren, ohne dass es zwangsweise auch das beste Organisationsdesign für die eigene Unternehmensumwelt und/oder -aufgabe sein muss.

schlechten Transferierbarkeit von entscheidungsrelevanten Informationen eine Dezentralisierung vorzugswürdig ist. Sind hingegen die Informationen an der Unternehmensspitze leicht verfügbar oder sammelbar und müssen Entscheidungen auch nicht schnell gefällt werden, kann eher zentral entschieden werden.[16]

Ähnlich dazu zeigen auch Vergleiche von funktionalen und divisionalen Organisationsdesigns, dass divisionale Organisationen dann vorzugswürdig sind, wenn spezifisches Wissen für ein Produkt oder eine Region notwendig sind, weil hier eine flexiblere Anpassung an diese Bedürfnisse möglich ist. Auf der anderen Seite sind funktionale Organisationsdesigns vorzuziehen, wenn Skalen- oder Erfahrungsvorteile zu erwarten sind, sodass mit Vorteilen durch Standardisierung gerechnet werden kann.[17]

Unabhängig davon, ob organisationales Design Moden folgt oder ob die These vertreten wird, dass die Wettbewerbsdynamik zunimmt, folgern beide oben genannte Strömungen, dass divisionale Organisationsstrukturen zunehmen und zudem eine zunehmende Dezentralisierung bei Unternehmen zu beobachten ist. In beiden Forschungsströmungen wird argumentiert, dass Unternehmen mit funktionalen und zentralisierten Organisationsdesigns vom Markt selektiert werden, weil sie nicht den Erwartungen der Kapitalgeber entsprechen (Organisationsdesign als Mode) oder aber aufgrund der Wettbewerbsdynamik weniger effizient sind (Organisationsdesign als Wahlentscheidung).[18]

Dieser Trend zur Divisionalisierung und Dezentralisierung wird vor allem für Großunternehmen beschrieben. Aufgrund des steigenden Wettbewerbsdrucks[19] für KMU wird auch hier davon ausgegangen, dass diese Managementpraktiken für KMU einen Zusammenhang mit dem Erfolg von Unternehmen aufweisen. Daraus folgt:
Hypothese 2: Organisationspraktiken der Dezentralisierung und Divisionalisierung hängen positiv mit dem Unternehmenserfolg zusammen.

2.3 Praktiken des operativen Managements

Ähnlich wie im Bereich des organisationalen Designs existiert auch für die Praktiken des operativen Managements keine Einigkeit über eine allumfassende Liste von möglichen Praktiken. Im Gegensatz dazu werden hier häufig einzelne Praktiken wie Qualitätsmanagement, Informationssysteme und Wissensmanagement getrennt voneinander untersucht.

Im Bereich des Qualitätsmanagements wurde vor allem seit den 90er-Jahren untersucht, ob ein systematisches Qualitätsmanagement und auch schon systematische Qualitätskontrollen die Qualität der Produkte und Services verbessern und zu einem

---

16 Vgl. z. B. Stein (2002); Bloom/Sadun/Van Reenen (2010).
17 Vgl. u. a. Teece (1980); Qian/Roland/Xu (2006).
18 Vgl. Bloom/Sadun/Van Reenen (2010).
19 Vgl. Ruzzier/Hisrich/Antoncic (2006).

nachhaltigen Wettbewerbsvorteil für Unternehmen führen können.[20] Nachdem im letzten Jahrzehnt die wissenschaftlichen Untersuchungen zum Qualitätsmanagement deutlich zurückgegangen sind, erwacht das Forschungsinteresse in diesem Bereich zurzeit wieder, insbesondere im Hinblick auf KMU, bei denen ein Rückstand in Bezug auf das Qualitätsmanagement gegenüber Großunternehmen vermutet wird.[21] Hier zeigt sich, dass schon eine gelegentliche, systematische Qualitätskontrolle nicht nur die Qualität der Produkte und des Services, sondern auch den finanziellen Erfolg von Unternehmen verbessert. Anders als bei den anderen Managementpraktiken kann hier sogar aufgrund geeigneter Daten die Kausalität festgestellt werden.

Im Bereich der Informationssysteme herrscht alleine deshalb kein einheitlicher Forschungsstand, weil es eine Vielzahl untersuchter, zum Teil sehr spezifischer Informationssysteme gibt, sodass die Generalisierbarkeit der Ergebnisse immer infrage gestellt werden kann. Eine mögliche Unterscheidung ist eine Aufteilung in Informationssysteme zum Management der Zulieferer, zur Kontrolle des Absatzes und Managementinformationssysteme.[22] Allgemeinere Studien, die eine Vielzahl von Informationssystemen getrennt betrachten, sind selten, lassen aber den Schluss zu, dass jeder Versuch, die Entscheidungen in KMU durch den Einsatz eines Managementinformationssystems auf einer besseren Informationsbasis beruhen zu lassen, positiv mit dem Unternehmenserfolg zusammenhängt.[23]

Nachdem in der Vergangenheit häufig davon ausgegangen wurde, dass KMU, anders als Großunternehmen, wenig Aufwand in ihr Wissensmanagement stecken,[24] zeigen neuere Untersuchungen[25], dass die meisten fragebogenbasierten Untersuchungen zum Wissensmanagement in KMU alleine deshalb zum Scheitern verurteilt sind, weil KMU zwar Wissensmanagement betreiben, diese Managementpraktiken aber häufig nicht so nennen, sodass der Aufwand und das Ausmaß des Wissensmanagements häufig unterschätzt wird. Zudem ist der Bereich des Wissensmanagements auch fragmentiert, da Praktiken der Identifizierung relevanter Wissensbestandteile, Praktiken zur Dokumentation, Speicherung und zum Wissenstransfer häufig unsystematisch untersucht werden. Dennoch zeigt sich auch bei diesen Untersuchungen ein genereller Trend, nämlich dass Unternehmen dann umso erfolgreicher sind, je mehr sie sich mit dem Thema des Wissensmanagements beschäftigen und umso eher sie in den einzelnen Teilbereichen über systematische Managementpraktiken verfügen. Dementsprechend kann auch hier die folgende Hypothese vermutet werden:

Hypothese 3: Der Einsatz von Managementpraktiken des operationalen Managements hängt positiv mit dem Unternehmenserfolg zusammen.

---

20 Vgl. u. a. Flynn/Schroeder/Sakakibara (1995).
21 Vgl. Demirbag et al. (2010).
22 Vgl. Levy/Powell/Yetton (2002).
23 Vgl. Lybaert (1998); Ghobakhloo et al. (2011); Taylor (2015).
24 Vgl. u. a. McAdam/Reid (2001).
25 Vgl. Hutchinson/Quintas (2008).

2.4 Substitution oder Komplementarität von Managementpraktiken

Bislang wurden die drei großen Bereiche der Managementpraktiken – HRM-Praktiken, Organisationsdesign und Praktiken des operativen Managements – getrennt voneinander betrachtet. Allerdings ist zu vermuten, dass es erhebliche Wechselwirkungen zwischen den drei Bereichen geben könnte. Da es kaum Studien gibt, die alle drei Bereiche gemeinsam betrachten und damit Hinweise auf das Verhältnis der drei Gruppen zueinander geben können, bleibt die Frage des Zusammenspiels eine empirische. Allerdings können theoretisch zwei Möglichkeiten bestehen:

Zum einen ist ein komplementäres Verhältnis der drei Teilbereiche möglich. So wäre es z. B. denkbar, dass fähigkeits- und motivationsorientierte Maßnahmen des HRM besonders dann wirksam werden, wenn die Mitarbeiter in der Organisation auch über weitreichende Entscheidungen im Rahmen von Dezentralisierung verfügen. Dementsprechend könnte vermutet werden, dass beispielsweise variable Anreize für Mitarbeiter sich positiv auf den Unternehmenserfolg auswirken, sich zudem Dezentralisierung positiv auf den Unternehmenserfolg auswirkt und der Unternehmenserfolg noch einmal mehr positiv beeinflusst wird, wenn sowohl variable Anreize als auch Dezentralisierung eingesetzt werden.

Zum anderen ist aber auch ein substitutives Verhältnis zwischen den einzelnen Praktiken denkbar, wenn beispielsweise zwei Maßnahmen dem gleichen Ziel dienen und entweder der Einsatz der einen oder aber der Einsatz der anderen Managementpraktik zur Zielerreichung führt, sodass es nicht notwendig ist, beide Managementpraktiken gleichzeitig anzuwenden. Ein Beispiel dafür könnte das Qualitätsziel der Unternehmung sein, dass sowohl durch regelmäßige Qualitätskontrollen oder durch Mitarbeitermotivation erreicht werden könnte. Substitution würde dann vorliegen, wenn beide Maßnahmen zusammen zu keinem besseren Ergebnis führen würden als eine der beiden Maßnahmen alleine.

Für KMU ist die Frage nach dem Verhältnis der einzelnen Praktiken untereinander besonders bedeutsam, da leicht ersichtlich wird, dass der effiziente Einsatz von Managementpraktiken von dem Verhältnis der Praktik zu anderen Praktiken abhängt. Insbesondere dann, wenn man davon ausgeht, dass KMU arm an Ressourcen sind[26], ist eine detaillierte Kenntnis über sinnvolle und weniger sinnvolle Kombinationen von Managementpraktiken unabdingbar.

---

26 Vgl. Welsh/White (1981).

3 Empirische Analyse

3.1 Datensatz, Variablen und Methode

Die Analyse beruht auf den Daten der Europäischen Company Survey 2013 (ECS).[27] Der ECS-Datensatz 2013 basiert auf computerunterstützten telefonischen Interviews von rund 24.251 Betriebsstätten in den 28 Mitgliedsstaaten der Europäischen Union (EU) sowie den Beitrittskandidaten Mazedonien, Montenegro, Türkei und Island. Die Interviews wurden im Auftrag von Eurofound durch Gallup koordiniert und von lokalen Forschungsinstituten in der jeweiligen Landessprache durchgeführt. Für viele Betriebsstätten sind sowohl jeweils ein Interview mit einem Manager und ein Interview mit einem Arbeitnehmervertreter vorhanden. Die Auswertungen hier stützen sich jedoch alleine auf die Angaben der Manager der Betriebsstätten. Der Datensatz ist über den UK Data Service[28] frei zugänglich.

Von den 24.251 Betriebstätten im Datensatz sind 69,98 % weder öffentliche Unternehmen noch rechtlich unselbstständig. Von dieser Subpopulation im Datensatz erfüllen insgesamt 14.323 die Größenkriterien eines KMU nach der Definition der Europäischen Kommission[29] und beschäftigen weniger als 250 Personen. 65,71 % der Unternehmen beschäftigen dabei weniger als 50 Personen und können als Kleinunternehmen klassifiziert werden, die verbleibenden 34,29 % gelten als mittelgroße Unternehmen nach der EU-Definition. Der finale Datensatz enthält damit alle Unternehmen, die nicht in öffentlicher Hand sind und zudem die KMU-Kriterien erfüllen.

Die abhängige Variable der Auswertungen ist die Selbsteinschätzung der Manager hinsichtlich der finanziellen Situation ihres Unternehmens.[30] Die Antworten wurden auf einer 5-Punkte-Likert-Skala gemessen (von 1 = sehr gut bis 5 = sehr schlecht). Um die Interpretation der Ergebnisse intuitiver zu gestalten, wurde die Skala für die weiteren Auswertungen umgedreht (1 = sehr schlecht bis 5 = sehr gut). Die Zuverlässigkeit der subjektiven Einschätzung des Erfolgs durch die Manager kann grundsätzlich kri-

---

27 Weitere Informationen über die Methodologie und die Inhalte der ECS 2013 finden sich auf der Seite von Eurofound (https://www.eurofound.europa.eu/surveys/european-company-surveys) oder bei Kankaras/van Houten (2015).

28 Ich bedanke mich bei Eurofound und dem UK Data Stream für die Bereitstellung der Daten.

29 Nach der EU-Empfehlung 2003/361.

30 Um die Robustheit der Ergebnisse zu überprüfen, wurde alternativ auch die Einschätzung des Betriebsklimas und der Trend in der Umsatzentwicklung in den letzten drei Jahren (steigend, sinkend, gleichbleibend) verwendet. Die unabhängigen Variablen weisen in diesen beiden Auswertungen auf einen ähnlichen Zusammenhang hin, wie hier dargestellt. Die Ergebnisse können bei der Autorin angefragt werden.

tisch hinterfragt[31] werden, Studien zeigen jedoch, dass die subjektive Selbsteinschätzung valide ist.[32]

Als unabhängige Variablen wurden drei Gruppen von Managementpraktiken genutzt: Ein erstes Set von Managementpraktiken enthält alle in dem Datensatz verfügbaren Informationen zu HRM-Praktiken: Weiterbildungsfinanzierung durch das Unternehmen, On-the-Job-Training durch das Unternehmen, regelmäßige Leistungsbeurteilung, flexible Arbeitszeiten sowie der Einsatz variabler Vergütungsbestandteile. Ein zweites Set von Managementpraktiken umfasst die Organisation der Unternehmung: die Organisationsform, die Anzahl der Hierarchieebenen sowie der Grad der Dezentralisierung von Entscheidungen. In einem dritten Set sind schließlich Praktiken enthalten, die das operative Management der Unternehmung betreffen. Zu ihnen gehören Qualitätskontrollen, eine systematische Dokumentation von Prozessen und der Einsatz von Informationssystemen.

Mithilfe der gestuften Aufnahme der unabhängigen Variablen werden die Hypothesen getestet und zudem auch versucht, Erkenntnisse über das Komplementaritäts- oder Substitutionsverhältnis der einzelnen Maßnahmen zu gewinnen.

Für die Untersuchung wurde zudem für die Branche der Unternehmung und das Land, in welchem das Unternehmen ansässig ist, kontrolliert. Die Tab. 39 im Anhang gibt einen Überblick über die verwendeten Variablen und die deskriptiven Statistiken.

Da die abhängige Variable ordinalskaliert ist, wurde eine ordinal logistische Regression verwendet. In den Ergebnistabellen sind die Wahrscheinlichkeiten wiedergegeben, mit welchen eine Veränderung der unabhängigen Variable um eine Kategorie zu einer Veränderung der abhängigen Variable um eine Kategorie führt („Odd Ratios").

3.2 Ergebnisse

In einem ersten Modell wurde der Zusammenhang zwischen den Praktiken des HRM und dem Unternehmenserfolg analysiert. Zusätzlich zu den einzelnen Praktiken sind Dummy-Variablen für die Länder und Branchen in der Regressionsanalyse enthalten, die Standardfehler wurden robust geclustered für die Länder- und Branchenvariationen.

Die Koeffizienten in dem Modell geben die Wahrscheinlichkeit an, mit der eine Veränderung um eine Kategorie der unabhängigen Variable zu einer Veränderung um eine Kategorie der abhängigen Variable führt.

In dem ersten Modell zeigt sich, dass Unternehmensmanager den Unternehmenserfolg umso besser einschätzen, je mehr Beschäftigte eines Unternehmens in den Genuss einer Finanzierung von externen Weiterbildungsmaßnahmen, On-the-Job-Wei-

---

31 Vgl. z. B. Richard et al. (2009).
32 Vgl. Guthrie (2001); Wall et al. (2004).

terbildungsmaßnahmen, regelmäßigen Leistungsbeurteilungen und variabler Vergütung kommen. Der Zusammenhang zwischen dem Anteil der Belegschaft, der flexible Arbeitszeiten in Anspruch nehmen kann, und dem Unternehmenserfolg ist schwach signifikant. Bei der späteren Kontrolle anderer Managementpraktiken verschwindet der Zusammenhang vollständig (Modelle II und III).

Im zweiten Modell werden zusätzlich organisatorische Praktiken kontrolliert. Hier zeigt sich, dass zunehmende Dezentralisierung und eine geringe Leistungsspanne bzw. viele Hierarchieebenen positiv mit dem Unternehmenserfolg zusammenhängen. Eine auf Regionen ausgerichtete divisionale Organisationsform führt hier zu einer besseren Erfolgseinschätzung als eine funktionale Organisationsform; dieser Zusammenhang bleibt jedoch nicht robust, nachdem im dritten Modell auch operationale Managementpraktiken kontrolliert werden.

Im dritten Modell schließlich werden operationale Managementpraktiken in das Modell mit einbezogen. Regelmäßige Qualitätskontrollen sowie ein System organisationalen Lernens durch regelmäßige Dokumentation der Abläufe weisen einen positiven Zusammenhang mit dem Unternehmenserfolg auf.

Da der Zusammenhang zwischen den meisten Managementpraktiken und dem Unternehmenserfolg bestehen bleibt, kann davon ausgegangen werden, dass die Effekte der Managementpraktiken sich nicht gegenseitig substituieren, sondern eine komplementäre Wirkung aufweisen.[33]

Die Auswertungen zeigen, dass vor allem die Managementpraktiken einen Zusammenhang mit dem Unternehmenserfolg aufweisen, die durch das Management auch veränderbar sind. Während in jeder Unternehmung Weiterbildungen gefördert werden, regelmäßige Leistungsbeurteilungen durchgeführt und variable Vergütungen genutzt werden können, ist es aufgrund der Unternehmensaufgabe und/oder der verwendeten Technologien in manchen Unternehmen freilich nicht möglich, flexible Arbeitszeiten anzubieten oder eine divisionale Organisation zu implementieren. Wie sich zeigt, besteht zwischen genau diesen Managementpraktiken, die nicht alle Unternehmen nutzen können, und dem Unternehmenserfolg auch kein Zusammenhang.

Um zu untersuchen, ob der Zusammenhang zwischen den eingesetzten Praktiken und dem Unternehmenserfolg von der Unternehmensgröße abhängt oder zwischen den Ländern, in denen die Unternehmen ansässig sind, stark variiert, werden im Folgenden einzelne Subgruppen genauer betrachtet (vgl. Tab. 37).

---

[33] Um die Substitutions- bzw. Komplementaritätshypothese zu untersuchen, wurden die einzelnen Praktiken in weiteren Modellen auch in anderen Reihenfolgen getestet. Die hier präsentierten Zusammenhänge bleiben jedoch robust bestehen, sodass die Komplementarität der Managementpraktiken wahrscheinlicher ist.

Tab. 37: Odd Ratios des Ordered-Logit-Modells, abhängige Variable: finanzieller Erfolg der Unternehmung[34].

		Alle Klein- und mittelständischen Unternehmen		
		I	II	III
Panel I: HRM	Externe Weiterbildung finanziert	0,032*** (0,009)	0,022** (0,010)	0,024** (0,011)
	On-the-Job-Weiterbildung	0,035*** (0,008)	0,041*** (0,010)	0,031*** (0,010)
	Leistungsbeurteilungen	0,047*** (0,007)	0,045*** (0,008)	0,034*** (0,008)
	Flexible Arbeitszeiten	0,014* (0,007)	0,012 (0,008)	0,012 (0,009)
	Variable Vergütung	0,320*** (0,038)	0,286*** (0,044)	0,266*** (0,045)
Panel II: Organisation	Dezentralisierung	–	0,124*** (0,033)	0,130*** (0,034)
	Hierarchieebenen	–	0,030*** (0,010)	0,023** (0,010)
	Organisation (Referenzkategorie: funktional)			
	Divisional (Produkte)	–	0,060 (0,044)	0,042 (0,045)
	Divisional (Regionen)	–	0,127** (0,052)	0,089 (0,054)
Panel III: Operations	Qualitätskontrollen	–	–	0,140*** (0,037)
	Dokumentation	–	–	0,191*** (0,043)
	Informationssysteme	–	–	0,058 (0,041)
Kontrollvariablen	Länder-Dummies	Ja	Ja	Ja
	Industrie-Dummies	Ja	Ja	Ja
	N	13.192	10.388	9.854
	Pseudo R	0,1491	0,1486	0,1499

*** $p < 0,01$, ** $p < 0,05$, * $p < 0,1$.
Der Koeffizient gibt den Odd Ratio an und ist als Wahrscheinlichkeit der Änderung der abhängigen Variable um eine Kategorie zu interpretieren. In den Klammern stehen die robusten Standardfehler. Kontrolle für alle 28 Länder (alle 28 Länder der EU sowie die Beitrittskandidaten Mazedonien, Montenegro, Türkei und Island) und Sektoren mittels Dummy-Variablen (produzierendes Gewerbe, Bau, Handel und Gaststätten, Transport und Kommunikation, Finanz- und Immobiliendienstleistungen, andere Dienstleistungen).

---

34 Quelle: eigene Darstellung.

3.3 Unterschiede zwischen Subgruppen

3.3.1 Unterschiede nach Betriebsgröße

Zunächst einmal wäre zu vermuten, dass der Zusammenhang zwischen den einzelnen Managementpraktiken und dem Unternehmenserfolg mit steigender Unternehmensgröße zunimmt. Um dies zu untersuchen, werden die bereits präsentierten Auswertungen erneut dargestellt, wobei dieses Mal getrennte Schätzungen für kleine Unternehmen mit weniger als 50 Mitarbeitern und mittelgroße Unternehmen mit 50 bis 250 Mitarbeitern erfolgen.

Im direkten Vergleich zeigen sich einige bemerkenswerte Unterschiede zwischen den beiden Subpopulationen: So weist z. B. eine Finanzierung externer Weiterbildungen einen positiven Zusammenhang zum Unternehmenserfolg für kleine Unternehmen auf, während dieser Zusammenhang für mittelgroße Unternehmen nicht signifikant ist. Umgekehrt ist der Zusammenhang von On-the-Job-Weiterbildungen und Unternehmenserfolg für mittelgroße Unternehmen stark signifikant, während er für kleine Unternehmen nur schwach signifikant ist. Eine mögliche Erklärung für diese Unterschiede wäre der Substitutionseffekt, der sich hier zeigt: Eventuell setzen Kleinunternehmen eher externe Maßnahmen ein, da in ihrem Fall die Transaktionskosten geringer sind und zudem auch für bestimmte Lerngebiete keine internen Fachleute verfügbar sind. Demgegenüber können mittelgroße Unternehmen möglicherweise einen großen Teil der nötigen Weiterbildungsmaßnahmen durch On-the-Job-Maßnahmen abdecken. Eine Eigenerstellung der Weiterbildung könnte zudem auch durch eine häufigere Nachfrage aufgrund der Unternehmensgröße transaktionskostengünstiger sein.

Hinsichtlich der weiteren HRM Praktiken unterscheiden sich kleine und mittelgroße Unternehmen kaum voneinander. Einzig scheint es für mittelgroße Unternehmen vorteilhafter zu sein, das Konzept flexibler Arbeitszeiten zu nutzen. Dieser Effekt könnte der Größe des Unternehmens geschuldet sein, da mit einer steigenden Anzahl von Mitarbeitern auch mehr Mitarbeiter in der Verwaltung tätig sind, sodass auch eher flexible Arbeitszeitmodelle genutzt werden können.

Im Hinblick auf organisationale und operationale Praktiken finden sich kaum Unterschiede zwischen kleinen und mittelgroßen Unternehmen. Bemerkenswert ist, dass auch für kleine Unternehmen mit weniger als 50 Mitarbeitern sowohl Dezentralisierung als auch die Anzahl der Hierarchieebenen sowie eine systematische Dokumentation zu Lernzwecken einen signifikanten Zusammenhang mit dem Unternehmenserfolg aufweisen (vgl. Tab. 38).

Tab. 38: Odd Ratios des Ordered-Logit-Modells, abhängige Variable: finanzieller Erfolg der Unternehmung, aufgeteilt nach kleinen und mittelgroßen Unternehmen[35].

		Klein-unternehmen	Mittelgroße Unternehmen
Panel I: HRM	Externe Weiterbildung finanziert	0,031**	0,015
		(0,013)	(0,018)
	On-the-Job-Weiterbildung	0,020*	0,051***
		(0,012)	(0,017)
	Leistungsbeurteilungen	0,025**	0,058***
		(0,010)	(0,014)
	Flexible Arbeitszeiten	0,005	0,030*
		(0,011)	(0,016)
	Variable Vergütung	0,286***	0,292***
		(0,055)	(0,080)
Panel II: Organisation	Dezentralisierung	0,097**	0,176***
		(0,042)	(0,058)
	Hierarchieebenen	0,042**	0,017
		(0,018)	(0,014)
	Organisation (Referenzkategorie: funktional)		
	Divisional (Produkte)	0,059	0,010
		(0,056)	(0,077)
	Divisional (Regionen)	0,158**	−0,028
		(0,071)	(0,086)
Panel III: Operations	Qualitätskontrollen	0,182***	0,164**
		(0,044)	(0,068)
	Dokumentation	0,210***	0,233**
		(0,054)	(0,073)
	Informationssysteme	0,059	0,065
		(0,052)	(0,070)
Kontrollvariablen	Länder-Dummies	Ja	Ja
	Industrie-Dummies	Ja	Ja
	N	6.201	3.653
	Pseudo R	0,1543	0,1562

*** $p < 0,01$, ** $p < 0,05$, * $p < 0,1$.
Der Koeffizient gibt den Odd Ratio an und ist als Wahrscheinlichkeit der Änderung der abhängigen Variable um eine Kategorie zu interpretieren. In den Klammern stehen die robusten Standardfehler. Kontrolle für alle 28 Länder (alle 28 Länder der EU sowie die Beitrittskandidaten Mazedonien, Montenegro, Türkei und Island) und Sektoren mittels Dummy-Variablen (produzierendes Gewerbe, Bau, Handel und Gaststätten, Transport und Kommunikation, Finanz- und Immobiliendienstleistungen, andere Dienstleistungen).

---

35 Quelle: eigene Darstellung.

3.3.2 Länderunterschiede

Die Verbreitung von Managementpraktiken variiert deutlich zwischen den einzelnen Ländern. Um die Unterschiede hervorzuheben, wurde ein Index aus den einzelnen Managementpraktiken gebildet. In diesen flossen alle zuvor beschriebenen Praktiken ein. Der Index wurde normalisiert und kann Ausprägungen zwischen 1 und 5 annehmen, wobei 1 bedeutet, das wenige Managementpraktiken (für wenige Mitarbeiter) eingesetzt werden, und 5 bedeutet, dass besonders viele Managementpraktiken besonders intensiv genutzt werden.[36] In einem ersten Schritt wurde untersucht, ob die mittlere Ausprägungsintensität pro Land einen Zusammenhang zu der mittleren Erfolgseinschätzung pro Land aufweist. Die Untersuchung bezieht sich damit auf einen allgemeinen Trend im Vergleich aller Länder.

Die Abb. 39 zeigt den durchschnittlichen Indexwert der Länder und die durchschnittliche Einschätzung des Unternehmenserfolgs. Bemerkenswert ist, dass viele ehemalige KMU aus osteuropäischen Ländern nur verhalten Managementpraktiken

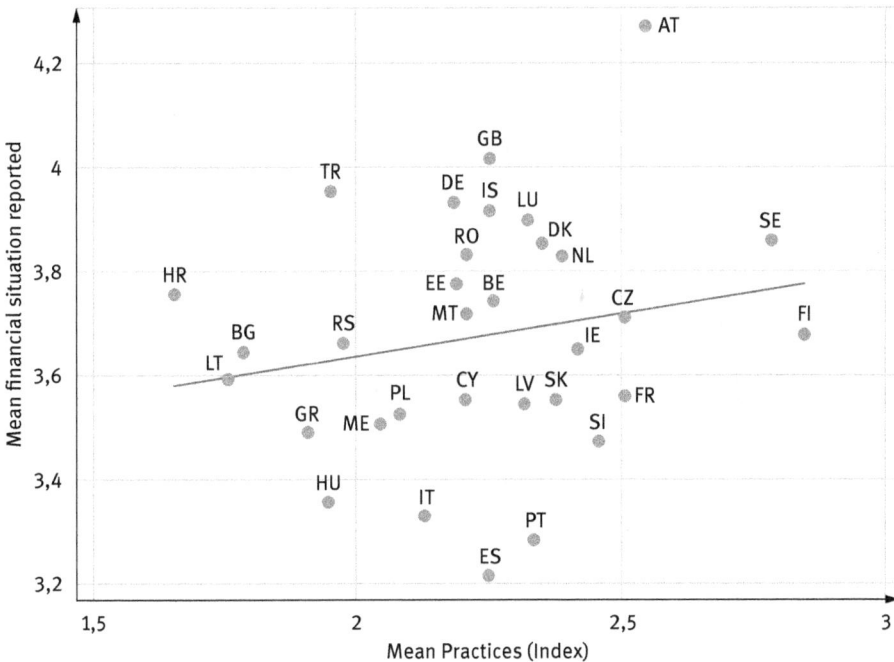

Abb. 39: Durchschnittlicher Einsatz von Managementpraktiken und durchschnittliche Erfolgseinschätzung[37].

---

36 Vgl. zur Methodik der Indexbildung Bloom/Van Reenen (2010).
37 Quelle: eigene Darstellung.

nutzen; die letzten neun Plätze werden von osteuropäischen Ländern eingenommen (mit griechischen Unternehmen auf Platz 28 als Ausnahme zwischen den osteuropäischen Unternehmen).[38] Auf den vorderen Plätzen finden sich erwartungsgemäß[39] Unternehmen aus skandinavischen Ländern (Schweden, Finnland). Hinsichtlich der Erfolgseinschätzung wird deutlich, dass Unternehmen aus südeuropäischen Ländern (Spanien, Portugal, Italien) die durchschnittlich schlechteste Erfolgseinschätzung erhalten.

Eine allgemeine Trendlinie zeichnet sich deutlich ab. Allerdings ist es auch unverkennbar, dass die durchschnittliche Erfolgseinschätzung zwischen den Unternehmen verschiedener Länder stark variiert: Österreichische Unternehmen schätzen ihren wirtschaftlichen Erfolg durchschnittlich als am besten ein und weisen auch den drittbesten Wert hinsichtlich des durchschnittlichen Einsatzes von Managementpraktiken auf. Deutsche KMU schätzen im Durchschnitt ihren Unternehmenserfolg als recht positiv ein (Rang drei), weisen allerdings durchschnittlich nur einen moderaten Einsatz von Managementpraktiken auf. Umgekehrt ist das Verhältnis beispielsweise bei Frankreich, hier werden im Durchschnitt – auch aufgrund von starken rechtlichen Regulierungen – häufig Managementpraktiken für viele Beschäftigte genutzt, allerdings wird der Unternehmenserfolg nur als unterdurchschnittlich gut eingeschätzt.

Freilich variiert nicht nur der Einsatz der Managementpraktiken zwischen den Ländern. Auch innerhalb der einzelnen Länder sind erhebliche Unterschiede zu beobachten. Die Abb. 40 zeigt die relativen Häufigkeiten des Einsatzes der Managementpraktiken in den einzelnen Ländern, wobei zum besseren Vergleich jeweils eine Normalverteilung eingezeichnet ist.

In dem Land, in dem durchschnittlich die wenigsten Managementpraktiken für die wenigsten Mitarbeiter genutzt werden, Kroatien, gibt es Unternehmen, die viele Managementpraktiken für viele Mitarbeiter einsetzen. Der real erreichte Optimalwert nimmt hier auf der Indexskala einen Wert von 4,66 ein und ist somit dem theoretischen Optimalwert von 5,0 sehr nahe. In allen Ländern weist mindestens ein Unternehmen einen solch hohen Indexwert auf sowie auch in vielen Ländern (Belgien, Bulgarien, Spanien, Großbritannien und der Türkei) ein Minimalwert von 0 auf der Indexskala erreicht wird. Die größte Streuung – abgesehen von kleinen Ländern wie Luxemburg, Zypern und Malta – wird ebenfalls von Spanien erreicht.

Insgesamt weist der Vergleich zwischen Unternehmen und Ländern darauf hin, dass es zwar einen leichten Ländertrend zum Einsatz von Managementpraktiken gibt, dennoch auch innerhalb der Länder eine deutliche Varianz zwischen den einzelnen Unternehmen besteht.

---

38 Vgl. zu einem ähnlichen Effekt hinsichtlich Partizipation auch Oertel/Thommes/Walgenbach (2014); Oertel/Thommes/Walgenbach (2016a); Oertel/Thommes/Walgenbach (2016b).
39 Zu einem ähnlichen Ergebnis gelangten auch bereits Bloom/Van Reenen (2010), die allerdings alle Unternehmen, nicht nur KMU vergleichen.

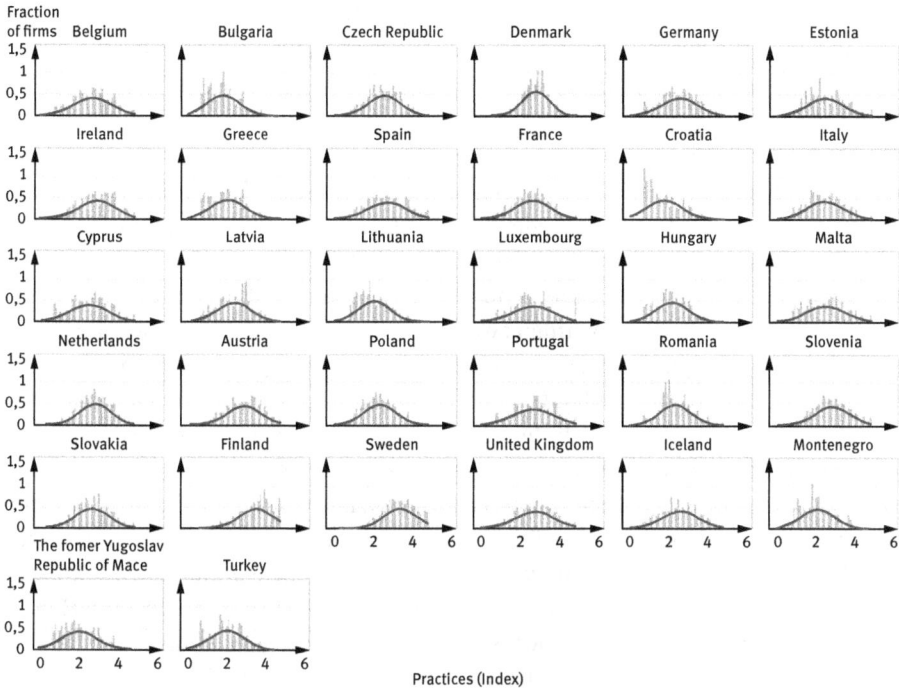

Abb. 40: Einsatz von Managementpraktiken in den einzelnen Ländern[40].

4 Diskussion

Die Frage, ob der Einsatz von Managementpraktiken und der Unternehmenserfolg zusammenhängen, kann auf Basis der empirischen Untersuchungen zunächst einmal positiv beantwortet werden. Sowohl die qualifikations- als auch die motivationsorientierten Managementpraktiken hängen signifikant und stabil mit dem Unternehmenserfolg zusammen. Die Ergebnisse bekräftigen damit die bislang durchgeführten Untersuchungen, welche eindeutig einen positiven Zusammenhang zwischen HRM-Praktiken und Unternehmenserfolg unterstellen.[41] Weiter weisen die getrennten Analysen nach Unternehmensgröße darauf hin, dass dieser Zusammenhang sowohl bei Klein- als auch bei mittelgroßen Unternehmen besteht. Ältere Befunde werden damit bestätigt.[42]

---

40 Quelle: eigene Darstellung.
41 Vgl. Jiang et al. (2012).
42 Vgl. Rauch/Hatak (2016).

Bezüglich des organisationalen Designs zeigen die Ergebnisse, dass der in der Vergangenheit vermutete Trend zur Dezentralisierung[43] auch in den europäischen KMU vorzufinden ist und ein positiver Zusammenhang zwischen Unternehmenserfolg und Dezentralisierung besteht.

Überraschendere Ergebnisse zeigen sich hinsichtlich der Organisationsform und der Anzahl der Hierarchieebene: Zum einen ist der positive Zusammenhang zwischen einer Divisionalorganisation und dem Unternehmenserfolg für KMU nicht stabil nachzuweisen. Zum anderen wird überraschend festgestellt, dass die Anzahl der Hierarchieebenen positiv mit dem Unternehmenserfolg zusammenhängen. Um diesem Ergebnis weiter nachzugehen, wurden zwei ergänzende Analysen[44] durchgeführt: Zum einen wäre es möglich, dass eine gewisse Hierarchie zunächst positiv mit dem Unternehmenserfolg zusammenhängt, zusätzliche Hierarchiestufen jedoch nicht mehr weiter positiv wirken. Hier würde der gefundene positive Zusammenhang dadurch erklärt werden können, dass Hierarchiestufen im ersten Moment positiv wirken, jedoch zu viele Hierarchiestufen keinen weiteren positiven Effekt ausüben. Empirisch konnte dieser Effekt allerdings nicht bestätigt werden. Eine andere Möglichkeit, den positiven Zusammenhang zu erklären, wäre eine starke Branchenspezifität der optimalen Anzahl von Hierarchiestufen. So könnten z. B. im produzierenden Gewerbe Hierarchien positiv mit dem Unternehmenserfolg zusammenhängen, während im Bereich der Dienstleistungen Hierarchien eher negativ wirken. Um dieser Frage nachzugehen, wurden branchenspezifische Analysen angestrengt, allerdings konnte die mögliche Erklärung dadurch nicht bestätigt werden. Entgegen der Erwartung zeigte sich in allen Branchen ein recht stabiler positiver Zusammenhang zwischen Hierarchiestufen und Unternehmenserfolg. Hier bleibt zu spekulieren, dass Hierarchien eventuell dazu führen, dass die Unternehmen Verantwortlichkeiten eindeutig zuweisen und dies in allen KMU eine positive Auswirkung hat.

Bei den operationalen Managementpraktiken weisen die Ergebnisse darauf hin, dass ein systematisches Qualitätsmanagement und der Unternehmenserfolg positiv zusammenhängen. Dieser Effekt ist sowohl in der gesamten Stichprobe als auch bei den nach Größenklassen getrennten Auswertungen sichtbar, sodass davon ausgegangen werden kann, dass sowohl eine Dokumentation der organisationalen Lösungen als auch eine systematische Qualitätskontrolle positiv mit dem Unternehmenserfolg zusammenhängen. Einzig die Nutzung von Managementinformationssystemen zum Management der Inputfaktoren weist keinen Zusammenhang mit dem Unternehmenserfolg auf. Dies könnte daran liegen, dass Inputfaktoren nicht für alle Unternehmen, so z. B. für Dienstleistungsunternehmen, einen relevanten Kostenfaktor darstellen.

Die Auswertungen leisten mit der umfassenden Betrachtung einen Beitrag zur Untersuchung von Managementpraktiken in KMU, da nicht nur singulär Praktiken

---

43 Vgl. z. B. Stein (2002); Bloom/Sadun/Van Reenen (2010).
44 Die Ergebnisse können auf Anfrage bereitgestellt werden.

des HRM oder des Wissens- oder Qualitätsmanagements betrachtet, sondern vielmehr drei Kategorien gemeinschaftlich untersucht werden. Eine wesentliche Erkenntnis besteht darin festzustellen, dass auch bei einer Kontrolle für die anderen Kategorien von Managementpraktiken die in der Literatur bislang einzeln beschriebenen Zusammenhänge zwischen Praktiken des HRM und Unternehmenserfolg stabil bleiben. Dementsprechend scheint auch bei den KMU keine Substitution der Managementpraktiken vorzuliegen, sondern es kann vielmehr davon ausgegangen werden, dass ein verstärkter Einsatz von Managementpraktiken sich positiv auf den Unternehmenserfolg auswirkt.

Nach der allgemeinen Analyse der Managementpraktiken zeigt sich darüber hinaus, dass ein wichtiger Einflussfaktor für das Management in KMU in der Region besteht, in welcher das KMU tätig ist. Die Ergebnisse in der Analyse allgemeiner Ländertrends decken sich zu sehr weiten Teilen mit dem Vergleich von Managementpraktiken in Ländern von Bloom, Sadun und van Reenen[45], in dem verschiedene Ländercluster gefunden werden konnten: Auch bei der Analyse der KMU besteht die generelle Tendenz, dass Unternehmen aus süd- und osteuropäische Ländern grundsätzlich weniger Managementpraktiken nutzen als Unternehmen aus dem angloamerikanischen Raum und Nordeuropa.

Dieser Ländervergleich bedeutet nun nicht, dass automatisch alle Unternehmen aus bestimmten Ländern schlechter gemanagt sind als Unternehmen aus anderen Ländern. Der Vergleich innerhalb der Länder deutet vielmehr darauf hin, dass es auch manche Unternehmen aus den schlechteren Ländergruppen schaffen, gute Managementpraktiken umzusetzen. Dennoch zeigt sich, dass es deutliche Länderunterschiede gibt. Interessant für die KMU-Forschung wäre es nun zu untersuchen, ob beispielsweise ein Unternehmen Wettbewerbsvorteile daraus generieren kann, dass es bessere Managementpraktiken als die Konkurrenten im eigenen Land einsetzt. Diese – auf einem Vergleich der eingesetzten Praktiken zwischen Unternehmen beruhende – Forschung scheint auf Basis der hier gewonnenen Erkenntnisse eine Erfolg versprechende Möglichkeit für weitere Forschung zu sein.

Die Studie weist einige Limitationen auf, die die Generalisierbarkeit der Ergebnisse verfälschen könnten. Die drei größten Probleme der vorliegenden Studie sind das Querschnittsdesign sowie die fehlende Betrachtung von unternehmensinternen und unternehmensexternen Faktoren. Wie bereits im Bereich der HRM-Praktiken diskutiert, ist nicht ganz eindeutig feststellbar, ob Managementpraktiken Unternehmen erfolgreicher machen oder aber erfolgreiche Unternehmen mehr Ressourcen zur Verfügung haben, welche diese zum Teil in die Einführung von Managementpraktiken investieren. Freilich scheint der Zusammenhang zwischen allen drei Arten von Managementpraktiken und Unternehmenserfolg so stabil zu sein, dass eine Kausalität naheliegt, jedoch fehlen dazu nach wie vor die eindeutigen empirischen Belege. Diese

---

45 Vgl. Bloom/Sadun/Van Reenen (2010).

Frage kann aufgrund des Querschnittsdesigns der Daten hier auch nicht geklärt werden. Die Studie liefert dementsprechend nur einen Beitrag dazu festzustellen, dass die Korrelation auch im Bereich der KMU vorliegt und der stärkste Zusammenhang im Bereich der HRM-Praktiken zu vermuten ist. Eine kausale Interpretation der Ergebnisse ist jedoch nicht möglich.

Hinsichtlich der unternehmensinternen Faktoren, welche die Ergebnisse beeinflussen könnten und dementsprechend zumindest als Kontrollvariablen zu beachten sind, konnten einige Faktoren aufgrund fehlender Verfügbarkeit nicht in die Untersuchung einbezogen werden. Die wichtigsten Faktoren, von denen jedoch ausgegangen werden kann, dass sie einen Einfluss auf den Zusammenhang von Managementpraktiken und Unternehmenserfolg aufweisen müssten, sind der Überzeugung nach das Alter der Unternehmung und ihre Besitz- und Managementverhältnisse. In vielen Lebenszyklusmodellen wird z. B. davon ausgegangen, dass Neugründungen grundsätzlich andere Managementpraktiken anwenden als ältere Unternehmen und dass dies aufgrund der Gründungssituation auch vorteilhaft ist. So wird z. B. unterstellt[46], dass Unternehmen in der Gründungsphase eher wenig formalisierte Abläufe aufweisen sollten, um besser mit denen im Gründungsprozess unumgänglichen Unsicherheiten umzugehen. Erst mit zunehmender Etablierung am Markt sind formalisierte Prozesse zwangsweise anzuwenden. Da in der vorliegenden Studie Neugründungen und alte Unternehmen aufgrund der Nichtverfügbarkeit des Unternehmensalters zusammen als KMU betrachtet werden, sofern diese weniger als 250 Mitarbeiter haben, kann diese sicher notwendige Unterscheidung nicht adäquat berücksichtigt werden. Daneben ist auch aus der Forschung zu Managementpraktiken bekannt, dass Eigentum und Management der Unternehmen einen starken Einfluss auf die Umsetzung von Managementpraktiken haben. Hier zeigt sich u. a., dass Familienunternehmen, insbesondere dann, wenn das Management qua Erbe innerhalb der Familie weitergegeben wird, grundsätzlich weniger Managementpraktiken einsetzen als andere Unternehmen.[47] Da im Datensatz keine Informationen zu den Besitzverhältnissen oder zu den Managern der Unternehmung verfügbar sind, konnten Unterschiede dahingegen nicht kontrolliert werden. Auf der anderen Seite zeigt sich im Datensatz, dass unabhängig von den unterschiedlichen unternehmensinternen Faktoren ein deutlicher Zusammenhang bestehen bleibt. Die zuvor genannten Unterscheidungen hinsichtlich Alter, Besitz- und Managementstrukturen zeigen auf, dass die Unterschiede in den beiden Gruppen bei Großunternehmen zwar signifikant sind, die generelle Tendenz, dass mit steigendem Einsatz von Managementpraktiken auch steigender Unternehmenserfolg verbunden ist, in allen Gruppen zu verzeichnen ist. Dementsprechend würde man auch bei einer Kontrolle für unternehmensinterne Faktoren nur eine graduelle Differenzierung erwarten, nicht aber eine Umkehr des Effektes für Teilgruppen.

---

46 Vgl. u. a. Peli (2009).
47 Vgl. Bloom/Van Reenen (2010).

Nicht so sehr aus der Literatur zu HRM-Praktiken, sehr wohl aber auch aus der Literatur zu organisationalen und operationalen Praktiken ist bekannt, dass die Unternehmensumwelt die Vorzugswürdigkeit einzelner Praktiken beeinflusst. Insbesondere die Dynamik und der Druck des Wettbewerbs, aber auch die Anforderungen an Spezifizierung unterscheiden sich zwischen den Unternehmensumwelten und haben Einfluss auf die Verbreitung und die Vorteilhaftigkeit von Managementpraktiken. Dies könnte erklären, warum die Effekte in beiden Bereichen weniger eindeutig sind als bei den HRM-Praktiken. Im Umkehrschluss könnte dies bedeuten, dass nur bei den HRM-Praktiken umweltinvariante Vorteile erzielt werden können. In den anderen beiden Bereichen zeigen sich nur bei Dezentralisierung, Qualitätskontrollen und Dokumentation ähnliche, umweltinvariante Einflüsse.

5 Fazit

Die vorliegende Studie leistet einen Beitrag dazu, die Verbreitung von Managementpraktiken in KMU besser abschätzen zu können. Obschon die wenigen Studien zu Managementpraktiken in KMU darauf hinweisen, dass der Einsatz von Managementpraktiken eine wichtige Determinante des Unternehmenserfolgs in KMU ist,[48] fehlt bislang eine systematische Auseinandersetzung. Die bisher vorliegenden Studien sind aus drei Gründen kaum geeignet, allgemeine Aussagen über Managementpraktiken in KMU abzuleiten: (1) Zunächst einmal fokussieren sich die Arbeiten zu Managementpraktiken häufig auf Großunternehmen oder aber enthalten zwar Unternehmen aller Größenklassen, unterscheiden aber nicht zwischen diesen. (2) Darüber hinaus werden häufig Stichproben aus einem oder einigen wenigen Ländern zur Untersuchung der Verbreitung und der möglichen Effekte herangezogen, sodass die Aussagen nur begrenzt zu verallgemeinern sind und auch keine Ländereffekte festgestellt werden können (und sollen). (3) Schließlich werden häufig nur einige wenige Managementpraktiken untersucht, wie z. B. Praktiken des HRM, ohne aber Organisations- oder operationale Managementpraktiken einzubeziehen. Dies führt eventuell zu einer Überbetonung des HRM.

Dieser Beitrag versucht allgemeine Hinweise zu finden, um das Ausmaß der Probleme vergangener Studien besser einschätzen zu können. Zunächst einmal bleibt festzustellen, dass die Zusammenhänge von Managementpraktiken und Unternehmenserfolg, wie sie bereits mannigfaltig für Großunternehmen nachgewiesen werden konnten, auch für KMU ihre Gültigkeit nicht verlieren. Im Gegenteil scheinen sich für KMU ebenfalls Zusammenhänge zu bestätigen, die auch für Großunternehmen bereits nachgewiesen wurden.

---

48 Vgl. Chandler/McEvoy (2000).

Wesentlich problematischer scheint die Fokussierung auf ein Land oder auch einige wenige Länder: Die allgemeine Analyse zeigt zwar, dass die grundsätzlichen Zusammenhänge auch bei der Kontrolle für die unterschiedlichen Herkunftsländer der KMU bestehen bleiben, sodass auch hier von einer Verallgemeinerbarkeit der Ergebnisse ausgegangen werden kann. Jedoch zeigen sich im Ländervergleich erhebliche Unterschiede zwischen den in den einzelnen Ländern eingesetzten Managementpraktiken. Die Länderunterschiede könnten dazu genutzt werden, mehr über die Adaption von Managementpraktiken in KMU zu erfahren und zudem auch die Kausalität genauer bestimmen zu können: Wann setzten KMU Managementpraktiken ein, wenn Unternehmen ihres Umfelds von dem Einsatz genau dieser Managementpraktiken im Allgemeinen absehen? Und welchen Effekt hat eine Differenzierung über Managementpraktiken gegenüber der unmittelbaren Konkurrenz für den Unternehmenserfolg?

Nachvollziehbar aber lückenhaft schließlich ist die Fokussierung auf einige wenige Managementpraktiken: Sehr wohl könnte es sein, dass bestimmte HRM-Praktiken nur dann positiv auf den Unternehmenserfolg wirken, wenn zugleich auch andere organisationale oder operationale Praktiken eingesetzt werden. Die Substitutions- und Komplementaritätsbeziehungen zwischen den einzelnen Praktiken konnten auch in diesem Beitrag nicht abschließend geklärt werden. Wenngleich die empirischen Untersuchungen eher ein additives Verhältnis der einzelnen Maßnahmen nahelegen, sind doch detaillierte Analysen notwendig, um die Frage voll umfassend zu beantworten. Darüber hinaus ist auch eine größere Sorgfalt bei unternehmensinternen und -externen Faktoren notwendig, um diese Frage abschließend zu klären, da es z. B. gut möglich ist, dass bei der Gründung einer Unternehmung zunächst ein substitutives Verhältnis besteht und z. B. eine Qualitätskontrolle (direkt oder indirekt über Anreize und Leistungsbeurteilung) vorteilhaft ist, während das Verhältnis sich hingegen im weiteren Verlauf wandelt und die Bausteine dann am wirkungsvollsten sind, wenn sie gleichzeitig eingesetzt werden.[49]

---

49 Vgl. Oertel/Thommes/Walgenbach (2016a).

6 Anhang

Tab. 39: Variablen der Untersuchung[50].

Variable	Operationalisierung	MW	Med	Min	Max	N
Unternehmens-situation	Wie würden Sie die finanzielle Situation Ihre Unternehmens bewerten? [1 = sehr schlecht bis 5 = sehr gut]	3,66	4	1	5	13.914
Externe Weiterbildung finanziert	Welcher Anteil Ihrer Angestellten hat in den letzten 12 Monaten mindestens eine durch das Unternehmen finanzierte Weiterbildung erhalten? [1 = keiner, 2 = weniger als 20 %, 3 = 20 bis 39 %, 4 = 40 bis 59 %, 5 = 60 bis 79 %, 6 = 80 bis 99 %, 7 = alle]	2,88	2	1	7	14.133
On-the-Job-Weiterbildung	Welcher Anteil Ihrer Angestellten hat in den letzten 12 Monaten „On-the-Job"-Weiterbildung erhalten? [1 = keiner, 2 = weniger als 20 %, 3 = 20 bis 39 %, 4 = 40 bis 59 %, 5 = 60 bis 79 %, 6 = 80 bis 99 %, 7 = alle]	3,48	3	1	7	14.144
Leistungs-beurteilung	Für welchen Anteil Ihrer Angestellten wird mindestens einmal im Jahr eine Leistungsbeurteilung durchgeführt? [1 = keiner, 2 = weniger als 20 %, 3 = 20 bis 39 %, 4 = 40 bis 59 %, 5 = 60 bis 79 %, 6 = 80 bis 99 %, 7 = alle]	4,18	4	1	7	14.114
Flexible Arbeitszeiten	Welcher Anteil Ihrer Angestellten kann – im Rahmen von bestimmten Grenzen – den Beginn oder das Ende der Arbeitszeit nach den persönlichen Wünschen oder Bedürfnissen selber festlegen? [1 = keiner, 2 = weniger als 20 %, 3 = 20 bis 39 %, 4 = 40 bis 59 %, 5 = 60 bis 79 %, 6 = 80 bis 99 %, 7 = alle]	3,27	2	1	7	14.214

---

50 Quelle: eigene Darstellung.

Variable	Operationalisierung	MW	Med	Min	Max	N
Variable Vergütung	Gibt es für manche Angestellte variable Vergütungsbestandteile (z. B. Stücklohn, variable Leistungsvergütung)?	0,67	1	0	1	14.124
Dezentralisierung	Wer entscheidet üblicherweise über die Planung und Ausführung der täglichen Arbeiten in Ihrem Unternehmen? [0 = immer das Management, 1 = teilweise oder vollständig die betroffenen Arbeitnehmer]	0,46	0	0	1	14.293
Hierarchieebenen	Wie viele Hierarchieebenen umfasst Ihre Organisation?	3,37	3	1	100	14.073
Qualitäts-kontrollen	Überwacht das Unternehmen die Qualität des Produktionsprozesses oder der Serviceerstellung? [1 = nein, 2 = zeitweise, 3 = regelmäßig]	2,70	3	1	3	14.261
Dokumentation	Dokumentieren die Angestellten in diesem Unternehmen ihre Arbeitsweise oder Lernerfahrungen mit dem Ziel, die Aufzeichnungen mit anderen Angestellten zu teilen? [0 = nein, 1 = ja]	0,61	1	0	1	13.974
Informations-systeme	Nutzt das Unternehmen Informationssysteme um den Bestand an Vorprodukten oder die Anzahl der unfertigen Prozesse zu minimieren? [0 = nein, 1 = ja]	0,49	0	0	1	13.761

		Anteil in %	N
Organisations-prinzip	Funktionale Organisation	39,44	4.501
	Divisionale Organisation (Produkte)	38,45	4.388
	Divisionale Organisation (Regionen)	22,11	2.523
Branche	Produzierendes Gewerbe	34,27	4.850
	Bau	10,46	1.480
	Handel und Gaststätten	26,56	3.759
	Transport und Kommunikation	7,31	1.035
	Finanz- und Immobiliendienstleistungen	4,18	592
	Andere Dienstleistungen	17,21	2.435
Länder-Dummies	Enthalten für alle 28 Länder der EU sowie den Beitrittskandidaten Mazedonien, Montenegro, Türkei und Island		

7 Literatur

Bloom, N./Van Reenen, J. (2010): Why do Management Practices differ across Firms and Countries? In: The JEP, 24. Jg., H. 1, S. 203–224.

Bloom, N./Sadun, R./Van Reenen, J. (2010): Does Product Market Competition Lead Firms to Decentralize? In: AER, 100. Jg., H. 2, S. 434–38.

Bloom, N./Genakos, C./Sadun, R./Van Reenen, J. (2012): Management Practices across Firms and Countries. In: TAMP, 26. Jg., H. 1, S. 12–33.

Cassell, C./Nadin, S./Gray, M./Clegg, C. (2002): Exploring Human Resource Management Practices in Small and Medium Sized Enterprises. In: Personnel Review, 31. Jg., H. 6, S. 671–692.

Chandler, G. N./McEvoy, G. M. (2000): Human Resource Management, TQM, and Firm Performance in Small and Medium-Size Enterprises. In: ETP, 25. Jg., H. 1, S. 43–43.

Delaney, J. T./Huselid, M. A. (1996): The Impact of Human Resource Management Practices on Perceptions of Organizational Performance. In: AMJ, 39. Jg., H. 4, S. 949–969.

Demirbag, M./Lenny Koh, S. C./Tatoglu, E./Zaim, S. (2006): TQM and Market Orientation's Impact on SMEs' Performance. In: Industrial Management & Data Systems, 106. Jg., H. 8, S. 1206–1228.

Den Hartog, D. N./Boon, C./Verburg, R. M./Croon, M. A. (2013): HRM, Communication, Satisfaction, and Perceived Performance a Cross-Level Test. In: JoM, 39. Jg., H. 6, S. 1637–1665.

Edgar, F./Geare, A. (2005): HRM Practice and Employee Attitudes: Different Measures – Different Results. In: Personnel Review, 34. Jg., H. 5, S. 534–549.

Flynn, B. B./Schroeder, R. G./Sakakibara, S. (1995): The Impact of Quality Management Practices on Performance and Competitive Advantage. In: Decision Sciences, 26. Jg., H. 5, S. 659–691.

Ghobakhloo, M./Sabouri, M. S./Hong, T. S./Zulkifli, N. (2011): Information Technology adoption in Small and Medium-Sized Enterprises; An Appraisal of Two Decades Literature. In: Interdisciplinary Journal of Research in Business, 1. Jg., H. 7, S. 53–80.

Ghoshal, S. (2005): Bad Management Theories are Destroying Good Management Practices. In: Academy of Management Learning & education, 4. Jg., H. 1, S. 75–91.

Guthrie, J. P. (2001): High-Involvement Work Practices, Turnover, and Productivity: Evidence from New Zealand. In: AMJ, 44. Jg., H. 1, S. 180–190.

Holman, D./Frenkel, S./Sorenson, O./Wood, S. (2009): Work Design Variation and Outcomes in Call Centers: Strategic Choice and Institutional Explanations. In: Industrial and Labor Relations Review, 62. Jg., H. 4, S. 510–532.

Huselid, M. A. (1995): The Impact of Human Resource Management Practices on Turnover, Productivity, and Corporate Financial Performance. In: AMJ, 38. Jg., H. 3, S. 635–672.

Hutchinson, V./Quintas, P. (2008): Do SMEs do Knowledge Management? Or simply manage what they know? In: International Small Business Journal, 26. Jg., H. 2, S. 131–154.

Jiang, K./Lepak, D. P./Han, K./Hong, Y./Kim, A./Winkler, A. L. (2012): Clarifying the Construct of Human Resource Systems: Relating Human Resource Management to Employee Performance. In: Human Resource Management Review, 22. Jg., H. 2, S. 73–85.

Kankaras, M./Van Houten, G. (2015): Third European Company Survey – Overview report: Workplace Practices – Patterns, Performance and Well-Being. Publications Office of the European Union, Luxembourg, abrufbar unter: https://www.eurofound.europa.eu/sites/default/files/ef_publication/field_ef_document/ef1502en_0.pdf, Abruf: 30.06.2017.

Levy, M./Powell, P./Yetton, P. (2002): The Dynamics of SME Information Systems. In: SBE, 19. Jg., H. 4, S. 341–354.

Lybaert, N. (1998): The Information use in a SME: its Importance and some Elements of Influence. In: SBE, 10. Jg., H. 2, S. 171–191.

McAdam, R./Reid, R. (2001): SME and Large Organisation Perceptions of Knowledge Management: Comparisons and Contrasts. In: Journal of Knowledge Management, 5. Jg., H. 3, S. 231–241.

Meyer, J. W./Rowan, B. (1977): Institutionalized Organizations: Formal Structure as Myth and Ceremony. In: American Journal of Sociology, 83. Jg., H. 2, S. 340–363.

Mintzberg, H. (1980): Structure in 5's: A Synthesis of the Research on Organization Design. In: MS, 26. Jg., H. 3, S. 322–341.

Nishii, L. H./Wright, P. M. (2008): Variability within organizations: Implications for Strategic Human Resource Management. In: Smith, D. B. (Hg.): The People make the Place: Dynamic Linkages between Individuals and Organizations. Mahwah, NJ: Lawrence Erlbaum Associates, S. 225–248.

Oertel, S./Thommes, K./Walgenbach, P. (2014): Die Rechte von Arbeitnehmervertretern in Ost- und Westeuropa – Einheitseuropa oder Zweiklassengesellschaft? In: Steger, T./Kranz, O. (Hg.): Zwischen Instrumentalisierung und Bedeutungslosigkeit. Mitarbeiter-Partizipation im organisationalen Kontext in Mittel- und Osteuropa. München/Mering, S. 223–251.

Oertel, S./Thommes, K./Walgenbach, P. (2016a): Organizational Failure in the Aftermath of Radical Institutional Change. In: ORS, 37. Jg., H. 8, S. 1067–1087.

Oertel, S./Thommes, K./Walgenbach, P. (2016b): Shadows of the Past: The Effect of Communist Heritage on Employee Consultation. In: ILR Review, 69. Jg., H. 3, S. 683–713.

Peli, G. (2009): Fit by founding, fit by adaptation: Reconciling Conflicting Organization Theories with Logical Formalization. In: AMR, 34. Jg., H. 2, S. 343–360.

Qian, Y./Roland, G./Xu, C. (2006): Coordination and Experimentation in M-form and U-form Organizations. In: JPE, 114. Jg., H. 2, S. 366–402.

Rauch, A./Hatak, I. (2016): A Meta-Analysis of different HR-enhancing Practices and Performance of Small and Medium Sized Firms. In: JBV, 31. Jg., H. 5, S. 485–504.

Richard, P. J./Devinney, T. M./Yip, G. S./Johnson, G. (2009): Measuring Organizational Performance: Towards Methodological Best Practice. In: JoM, 35. Jg., H. 3, S. 718–804.

Ruzzier, M./Hisrich, R. D./Antoncic, B. (2006): SME Internationalization Research: Past, Present, and Future. In: JSBED, 13. Jg., H. 4, S. 476–497.

Stein, J. C. (2002): Information Production and Capital Allocation: Decentralized Versus Hierarchical Firms. In: TJF, 57. Jg., H. 5, S. 1891–1921.

Takeuchi, R./Chen, G./Lepak, D. (2009): Through the Looking Glass of a Social System: Cross-Level Effects of High-Performance Work Systems on Employees' Attitudes. In: PP, 62. Jg., H. 1, S. 1–29.

Taylor, P. (2015): The Importance of Information and Communication Technologies (ICTs): An Integration of the Extant Literature on ICT Adoption in Small and Medium Enterprises. In: International Journal of Economics, Commerce and Management, 3. Jg., H. 5, S. 274– 295.

Teece, D. J. (1980): The Diffusion of an Administrative Innovation. In: MS, 26. Jg., H. 5, S. 464–470.

Wall, T. D./Michie, J./Patterson, M./Wood, S. J./Sheehan, M./Clegg, C. W., West, M. (2004): On the Validity of Subjective Measures of Company Performance. In: PP, 57. Jg., H. 1, S. 95–118.

Welsh, J./White, J. (1981): Small is Different – Reply. In: HBR, 59. Jg., H. 6, S. 205–205.

Wright, P. M./Gardner, T. M./Moynihan, L. M./Allen, M. R. (2005): The Relationship Between HR Practices and Firm Performance: Examining Causal Order. In: PP, 58. Jg., H. 2, S. 409–446.

Zacharatos, A./Barling, J./Iverson, R. D. (2005): High-Performance Work Systems and Occupational Safety. In: JAP, 90. Jg., H. 1, S. 77–93.

David Müller
Analyse der Improvisation
als Problemlösungsalternative in KMU

1 Einleitung

Dass die Improvisation in kleinen und mittleren Unternehmen (KMU) eine, im Vergleich zu Großunternehmen, wichtige Rolle spielt, wird in vielen Beiträgen hervorgehoben. Detaillierte Aussagen darüber, was unter Improvisation zu verstehen ist, sind in diesen Beiträgen jedoch nicht zu finden. Auch wird die Möglichkeit, das Phänomen der Improvisation detailliert zu untersuchen, in der bisherigen deutschsprachigen Diskussion, im Gegensatz zum breiten internationalen Diskurs in der Organisationsforschung, für KMU selten genutzt. Da trotz aller Planungsbemühungen Planungs-

Dieser Beitrag ist eine überarbeitete Fassung von Müller (2009a).

DOI 10.1515/9783110517163-016

grenzen existieren, ist zu klären, wie außerhalb dieser Grenzen Probleme gelöst werden können und welche Faktoren die Lage dieser Grenzen beeinflussen. Deshalb wird im folgenden Beitrag untersucht, wann und wie eine Problemlösung auch ohne Planung möglich und erfolgreich sein kann und welche Konsequenzen daraus für die Beurteilung des Planungseinsatzes in den KMU resultieren. Dieser Ansatz bietet die Möglichkeit zur Einordnung der Improvisation als Problemlösungsalternative. Ziel des Aufsatzes ist es, aufbauend auf der Diskussion von Planungsgrenzen, für einen Einzelakteur die Beziehung von Planung und Improvisation zu analysieren und festzustellen, in welchen Fällen improvisierte Problemlösungen in KMU eine legitime Vorgehensweise und erfolgreich sein können.

2 Einsatz der Planung in KMU

2.1 Rolle und Grenzen der Planung

Planung nimmt einen zentralen Platz im idealtypischen Führungsprozess ein.[1] Im Verlauf der bisherigen betriebswirtschaftlichen Diskussion sind verschiedene Auffassungen von Planung und zahlreiche Definitionen des Planungsbegriffs entstanden, welche problem- und zeitabhängig divergieren.[2] Darstellung und Diskussion der Planung sind sowohl in der Tiefe als auch in der Breite äußerst umfangreich und ausführlich. Planung wird als[3]
- zukunftsorientierter,
- reflexiver,
- informationsverarbeitender,
- systematischer und
- rationaler Prozess
der Willensbildung mit den Aufgaben der
- Zielorientierung,
- Gestaltungsorientierung,
- Koordination,
- Risikoidentifizierung und -reduktion,
- Komplexitätsreduktion und
- Flexibilitätserhöhung
definiert. Ergebnis der Planung ist ein **Plan**, dessen Realisierung die Zielerreichung ermöglichen soll. In Organisationen wird oftmals zwischen den Personen des Planers

---

1 Vgl. Küpper et al. (2013), S. 131–134; Fischer/Möller/Schultze (2015), S. 58–59.
2 Vgl. Kamp (2016), S. 11–13; Czada (2016), S. 216–218.
3 Vgl. Klein/Scholl (2011), S. 1–3; Friedl (2013), S. 119–122; Weber/Schäffer (2014), S. 255; Fischer/Möller/Schultze (2015), S. 58.

einerseits sowie der Person des antizipierten und des realen Adressaten andererseits unterschieden.[4] Dies ist jedoch kein konstitutives Merkmal des Planungsbegriffs, da die Funktion der Planerstellung und der Planrealisierung auch in Personalunion bestehen können.

Die Notwendigkeit der Planung für eine erfolgreiche Unternehmensführung wird immer wieder hervorgehoben, wenngleich die empirischen Daten diesen Zusammenhang nicht eindeutig belegen.[5]

Im idealtypischen Führungsprozess werden Entscheidungen zur Problemlösung durch ein Individuum, im Folgenden als Akteur bezeichnet, geplant, realisiert und kontrolliert. Planung, als geistiger Entwurf zukünftig zu erreichender Ziele und der erforderlichen Maßnahmen, soll die nachfolgenden Funktionen ermöglichen. Die Dringlichkeit des Entscheidungsproblems gestattet die geistige Antizipation der zukünftigen Handlungen.[6] Der Willensbildungsprozess ist aus Sicht des Akteurs vollständig abgeschlossen, bevor dieser mit der Realisierung derselben beginnt.

Planung ist durch Grenzen in drei Dimensionen gekennzeichnet (vgl. Abb. 41). Die Prozessdimension umfasst prinzipielle Grenzen, Implementierungs- sowie Kontrollgrenzen. Prinzipielle Grenzen ergeben sich aus Spannungsverhältnissen zwischen Planung und Wissen, Planung und Zufall sowie zwischen Planung und Freiheit. Die

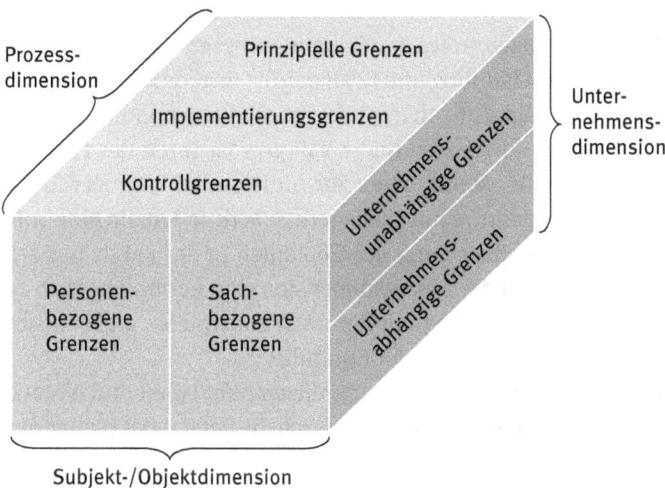

Abb. 41: Dimensionen der Planungsgrenzen[7].

---

4 Vgl. Schneeweiß (2016), S. 64.
5 Vgl. Schäffer/Willauer (2002), S. 78–79; Linder (2004); Pfohl/Stölzle (1997), S. 55; Weissenberger/Löhr (2007).
6 Vgl. Müller (2014), S. 12.
7 Quelle: eigene Darstellung in Anlehnung an den Arbeitskreis „Integrierte Unternehmensplanung" (1991), S. 817.

Zukunftsbezogenheit der Planung bedingt, dass zukunftsbezogenes Wissen über die Feststellung hinaus, dass die Zukunft unsicher ist, nicht möglich ist.[8]

Mit dieser Antinomie verbunden ist das Verhältnis von Planung und Zufall. Trotz aller Verfahren zur Berücksichtigung von Unsicherheit können Informationsrisiken existieren, wenn neben den für wahrscheinlich angesehenen Umweltzuständen andere Situationen auftreten, die nicht vorhersehbar waren[9] bzw. wenn die den Handlungsalternativen zugeordneten Ergebnisse nur unzulänglich bekannt sind oder in Unkenntnis der Wirkungsrelationen falsch vorausgesagt wurden. Durch die Ex-post-Überraschung wird das Informationsrisiko offengelegt. In jeder Planung besteht die Möglichkeit von Informationsrisiken und somit von Ex-post-Überraschungen.[10] In derartigen Situationen sind Ad-hoc-Maßnahmen erforderlich, da die klassischen Planungsschemata versagen, sodass eine andere Form der Problemlösung notwendig ist.[11]

Als letztes Spannungsverhältnis ist die Beziehung von Planung und Freiheit anzuführen. Die Festlegung und Vorbereitung von Alternativen und Maßnahmeplänen führt zu einer Einschränkung von Handlungsspielräumen und von Flexibilität. Mit der flexiblen Planung kann das Spannungsverhältnis zwischen Freiheit und Planung reduziert werden. Flexible Planung besteht nicht im Aufstellen ausufernder Entscheidungsbäume, sondern im Entwerfen von Ausweichstrategien für ausgewählte Datenszenarien.

Neben diese prinzipiellen Grenzen treten Implementierungsgrenzen, welche im Wesentlichen aus der Trennung von Planung und Realisierung resultieren.[12] Erst während der Phase der Realisierung zeigt sich, ob der Plan umsetzbar ist und wie zutreffend die verwendeten Annahmen, Prognosen und Lösungsprozeduren der Planung letztendlich gewesen sind. Trotz aller Maßnahmen zur Antizipation künftiger Ereignisse ist die Realisierung selbst wiederum mit Unsicherheit verbunden, da eine vollkommen zutreffende, störungsfreie Umsetzung des Geplanten in der Praxis nur selten gelingt.[13] Als weiterer Bestandteil der Prozessdimension sind Kontrollgrenzen zu nennen. Da Planung nur im Zusammenhang mit Kontrolle sinnvoll ist, ergeben sich Planungsgrenzen aus fehlender bzw. mangelnder Kontrolle.[14]

In der Subjekt-/Objektdimension sind Planungsgrenzen zum einen durch Merkmale des Planungsproblems selbst und zum anderen durch die Person des planenden

---

8 Vgl. Müller (2014), S. 34.

9 Dies erkannte auch schon Gutenberg. Vgl. Gutenberg (1983), S. 149–150.

10 So existierten für die Durchführung der deutschen Wiedervereinigung keine Pläne, da dieser Fall als quasi undenkbar außerhalb aller planbaren Möglichkeiten eingestuft wurde. Vgl. Czada (2016), S. 233–234.

11 Vgl. Schröder/Geiger (2014), S. 156–157.

12 Vgl. Steinmann/Schreyögg/Koch (2013), S. 129; Lindahl (2007), S. 161.

13 Vgl. Schneeweiß (2016), S. 81–82.

14 Vgl. Müller (2014), S. 34.

Akteurs zu beachten. Objektbezogene Grenzen werden durch die Effizienzforderung deutlich, die an die Planung gestellt wird und welche besagt, dass der durch Planung verursachte Aufwand geringer als der Planungsnutzen sein soll. Aus dieser Anforderung an die Nutzen-Kosten-Relation wird ein Planungsoptimum abgeleitet, dessen praktische Identifikation jedoch durch einen leicht erfassbaren Planungsaufwand und einen schwerer messbaren Planungsnutzen gekennzeichnet ist. Subjektbezogene Grenzen ergeben sich aus der Motivationswirkung von Plänen bzw. der Planerstellung auf Individuen, aus der Planungsmentalität von Personen sowie aus dem begrenzten Wissen des Akteurs in Bezug auf Planungsinstrumente. Es sei mit Blick auf die unterschiedlichen nationalen Kulturen darauf verwiesen, dass die Einstellung zur Planung zwischen den Kulturen sehr unterschiedlich ist.[15]

Unternehmensbezogene Planungsgrenzen resultieren aus unterschiedlichen Beschreibungsmerkmalen von Unternehmen wie z. B. Unternehmensgröße, Internationalität oder Branche. Eine klassische Grenze der Unternehmensplanung besteht in der, mit der Unternehmensgröße korrelierenden, Planungskapazität.

2.2 Einsatz und Stellenwert der Planung in KMU

Als KMU kann ein Unternehmen dann eingestuft werden, wenn es bis zu einschließlich 499 Beschäftigte aufweist und der jährliche Umsatz geringer als 50 Mio. € ist. Folgende, in ihrer Gesamtheit zu erfüllende, qualitative Merkmale ermöglichen die Zuordnung eines Unternehmens zur Gruppe der KMU:
- Das Unternehmen ist wirtschaftlich und rechtlich selbstständig.
- Mindestens ein Inhaber ist an der Unternehmensleitung beteiligt.
- Die Mehrheit der Unternehmensanteile liegt bei einer natürlichen Person oder einem eng begrenzten Kreis natürlicher Personen.

Einsatz und Qualität der Planung in KMU wurden in unterschiedlichen empirischen Analysen untersucht, deren Ergebnisse nicht eindeutig sind. Aussagen, dass in KMU zu wenig geplant wird bzw. die Qualität der Planung zu gering sei, stehen neben Aussagen, welche dies nicht bestätigen.[16] Diese mangelnde Übereinstimmung der Ergebnisse mag auf unterschiedliche Faktoren (z. B. Auswahl der zu befragenden Unternehmen, Stichprobengröße, Bestimmung der Branche) zurückzuführen sein,[17] aber auch

---

15 Für einen Vergleich von unterschiedlichen nationalen Planungskulturen vgl. Aram/Walochik (1997); Boucoiran (2010), S. 130–139; Hoffjan et al. (2012).
16 Vgl. Welter (2003), S. 35–38; Tegel (2005), S. 44; Pfohl (2013a), S. 97–98. Zu einem Überblick über Gegenstand und Ergebnis empirischer Studien zum Einsatz und Erfolg der Planung in KMU vgl. Siegfried (2015), S. 228–235.
17 Vgl. Kraus (2006), S. 79–82.

auf den von Wissenschaftlern und Unternehmensvertretern verwendeten Planungs-
begriff. Als Gründe für den geringen Einsatz der Planung in KMU werden angeführt:[18]

- eingeschränkter Kenntnisstand über Planung;
- Misstrauen gegenüber wissenschaftlichen Methoden;
- fehlendes Bewusstsein der Notwendigkeit;
- hohes Selbstvertrauen in die eigene Leistung;
- möglicher Flexibilitätsverlust;
- Unvorhersehbarkeit und Unbeeinflussbarkeit der Zukunft;
- mangelnde Planungskapazität;
- Mangel an qualifiziertem Personal.

Die ersten vier Gründe sind als Planungsgrenzen der Subjekt-/Objektdimension zuzuordnen, und die letzten zwei Gründe sind unternehmensbezogene Planungsgrenzen,
wohingegen die Ablehnung der Planung aufgrund von Flexibilitätsverlust sowie die
Unvorhersehbarkeit und Unbeeinflussbarkeit der Zukunft prinzipielle Planungsgrenzen darstellen (vgl. Abb. 41).

Nach der Feststellung dieser Planungsgrenzen sind zwei alternative Forschungs-
richtungen möglich: Einerseits können Konzeptionen und Vorschläge für eine Erhöhung von Planungsintensität und -qualität in den KMU entwickelt werden.[19] Diese
Ansätze zielen somit darauf ab, die Planungsgrenzen zu verschieben. Zum anderen
ist es möglich, diese Grenzen als gegeben einzuordnen und zu untersuchen, wie eine ungeplante Problemlösung erfolgt, in welchen Fällen diese Problemlösungsform
erfolgreich und in welchen Fällen die ungeplante der geplanten Problemlösung überlegen ist.

Die zweite Alternative ist für Vertreter der Planungstheorie sicherlich unbefriedigend und scheinbar wenig attraktiv. Jedoch ist die Schlussfolgerung, es handle sich
um ein Defizit, wenn Planungsmodelle und -methoden in den KMU praktisch nicht
oder nur in geringem Maße zum Einsatz kommen, welches durch einen verstärkten
Modelleinsatz zu beheben ist, nicht in jedem Fall zutreffend. Vielmehr ist in einer
differenzierten Betrachtung zu klären, ob der Verzicht auf diese Instrumente in KMU
nicht durchaus legitim und begründbar ist.

Im weiteren Verlauf wird diese Forschungsalternative gewählt, was wie folgt
begründet wird: Einige Planungsgrenzen (prinzipielle Grenzen, Implementierungsgrenzen) sind unabhängig von der Unternehmensgröße nicht zu verändern, was eine
von der Planung abweichende Problemlösung erfordert. Andere Planungsgrenzen
wie z. B. die geringen Planungskapazitäten stellen sich insbesondere für KMU als
nicht variierbar dar, sodass vorliegende Probleme ebenfalls ohne Planung zu lösen

---

18 Vgl. Behrends/Meyer/Korjamo (2005), S. 19–21; Pfohl (2013a), S. 102; Rabbe/Schulz (2007), S. 18;
Kraus et al. (2007), S. 38; Siegfried (2015), S. 96.
19 Vgl. Peters/Zelewski (2007), S. 88–91.

sind. Deshalb wird im Folgenden die Improvisation als alternative Problemlösungsvariante diskutiert. Nach einer Abgrenzung und Beschreibung von Improvisation werden deren Einflussfaktoren dargestellt, um auf dieser Basis die Einordnung von Improvisationen in KMU zu diskutieren.

3 Stellenwert und Einflussfaktoren der Improvisation

3.1 Charakteristika musikalischer Improvisation

Der Ursprung aller Vokal- und Instrumentalmusik liegt in der Improvisation, im spontanen Musizieren aus dem augenblicklichen Einfall.[20] Im Zuge der Improvisation werden existierende Werke verändert oder auch völlig neue Musikformen geschaffen. Komposition hingegen beschreibt den bewussten, mehrfach reflektierten, schriftlich festgehaltenen Prozess der Schaffung von auf diese Weise reproduzierbarer Musik vor der Aufführung.[21]

Für eine Abgrenzung von Improvisation und Komposition werden der Zeitpunkt der Entstehung des Musikstückes und der Zeitpunkt der Aufführung desselben verglichen. Bei einer Komposition werden Einfälle und Inspirationen schriftlich oder tontechnisch festgehalten und vor der Aufführung einer Prüfung unterzogen. Die Entstehung des Stückes liegt zeitlich vor der Aufführung desselben. Bei der Improvisation hingegen werden die Gedanken sofort umgesetzt, Entstehung und Aufführung des Werkes erfolgen gleichzeitig. Improvisieren ist simultanes Erfinden und Realisieren von Musik.[22] Ergebnis dieser Vorgehensweise ist eine unvorhersehbare Entwicklung, welche zu neuartigen Musikstücken führt.[23]

Die Abgrenzung von Komposition und Improvisation ist jedoch durch den Schaffensprozess der Aufführung nicht trennscharf zu verorten. Selbst die Aufführung von komponierten Werken beinhaltet einen Restbestandteil improvisatorischer Elemente, sodass eher ein Kontinuum zwischen Komposition und Improvisation vorliegt.[24]

In Bezug auf die Orientierung lassen sich freie und gebundene Improvisationen unterscheiden. Im Rahmen einer gebundenen Improvisation improvisiert der Musiker über ein gegebenes Thema oder Motiv, während die freie Improvisation an wenige Grundregeln gebunden ist.[25] Im Verlauf einer freien Improvisation besitzt der Mu-

---

20 Vgl. Saner (2011), S. 64.
21 Vgl. Bresgen (2004), S. 15–16; Melöchin/Hemming (2014), S. 15; Schütz (2015), S. 7–9.
22 Vgl. Sikora (2012), S. 477; Phillip (2003), S. 539.
23 Vgl. Canonne/Garnier (2015), S. 158; Figueroa-Dreher (2016), S. 11–15.
24 Vgl. Mahnkopf (2011), S. 88–89; Lehmann (2011), S. 338–339.
25 Vgl. Hickey (2015), S. 427.

siker große Freiräume, hingegen existieren bei der gebundenen Variante Vorgaben in Bezug auf Rhythmus, Melodik, Harmonik, Sound und Form.[26] Jedoch liegen auch bei den freien Improvisationen bestimmte Rahmenvorgaben, die Arrangements, vor, mit denen die Improvisation geleitet und auch strukturiert wird. Diese Arrangements sind häufig lediglich mündlich vereinbart bzw. entstammen der Spielpraxis und werden implizit verwendet. Es ist an dieser Stelle wichtig darauf hinzuweisen, dass musikalische Improvisationen zielgerichtet erfolgen. Der Musiker verfolgt während seines Spieles ein übergeordnetes Ziel.[27]

Vom Improvisierenden ist eine Reihe von Parametern auf mikro- und makrostruktureller Ebene zu integrieren. Für die Berücksichtigung und Zusammenführung der Komponenten Form, Melodie, Rhythmus, Harmonie und Klangfarbe greifen Musiker auf eine breite Wissensbasis zurück.[28] Die Improvisation besteht aus einer Reihenfolge musikalischer Aktionen, Tonfolgen und Takte, welche zu Ereignisclustern zusammengefasst werden können. Die Improvisation ist das Ergebnis der realisierten Entscheidungen, also die Reihe von Ereignissen und Situationen, bei denen die Erzeugung eines Clusters auf Basis der vorhergehenden Ereigniscluster erfolgt. Neben den vorangegangenen Aktionen sind für das folgende Cluster die persönlichen Zielvorstellungen, die Wissensbasis und die Referenz, verstanden als Schema oder Führungsthema, welches der Musiker verwendet, von Bedeutung. Der Musiker verarbeitet zeitstetig Informationen aus den verschiedenen Teilbereichen und vorangegangenen Clustern, vergleicht den tatsächlichen mit dem angestrebten Zustand und initiiert die Aktion, welche den folgenden Zustand definiert. Diese Form der simultanen Realisierung und Rückkopplung ermöglicht es dem Musiker, Fehler in einem Cluster zu erkennen und in dem oder den nächsten Clustern zu produktiven Leistungen umzuarbeiten, sodass in retrospektiver Betrachtung eine fehlerfreie Vorstellung resultiert.[29] Es sei an dieser Stelle jedoch auch darauf hingewiesen, dass es in unterschiedlichen Musikrichtungen verschiedene Definitionen, Interpretationen und Akzeptanzgrenzen von Fehlern in der Improvisation gibt.[30]

Der improvisierende Musiker ist gezwungen, sich an den Rahmenbedingungen zu orientieren und sich diesen unterzuordnen. Bei vorgesehenen Improvisationen oder Sessions, die um der Improvisation selbst willen durchgeführt werden, weiß der Musiker oftmals nur, dass er improvisieren kann, jedoch ist nicht festgelegt wann und

---

26 Vgl. Ferand (1938), S. 9; Sikora (2012), S. 474.

27 Vgl. Schütz (2015), S. 63; *„There are still a few die-hards who believe [...] there is such a thing as unadulterated improvisation without any preparation or anticipation. It is my firm belief that there has never been anybody who has blown even two bars worth listening to who didn't have some idea about what he was going to play before he started[...]"* Duke Ellington in Sikora (2012), S. 472.

28 Vgl. Figueroa-Dreher (2016), S. 193–195.

29 Vgl. Ferand (1938), S. 17.

30 Für einen Vergleich von Fehlerdefinition und zum Umgang mit Fehlern in Improvisationen des Flamenco und des Free Jazz vgl. Figueroa-Dreher (2016), S. 243–250.

wie lange er improvisieren kann.[31] Auch ein Kirchenorganist muss sein Spiel dem sich entwickelnden, von ihm zu begleitenden Gottesdienst anpassen, Reaktionen des Publikums, oder die Entwicklung der zu begleitenden Handlung (z. B. in der Kirche) werden wahrgenommen und in dem weiteren Spiel berücksichtigt.[32] Der Musiker bereitet sich auf die Improvisation vor, indem er bestimmte Phrasen und Strukturen wiederholt und die Grundstruktur des Vortrags vorwegnimmt. Er setzt Methoden ein, welche in vorangegangenen Auftritten zu einer erfolgreichen Problemlösung führten. Um gut improvisieren zu können, ist eine langfristige Ausbildung und eine damit gewonnene umfangreiche Erfahrung erforderlich.[33] Damit ist die durch die Assoziation der Improvisation mit einer Stegreifhandlung implizierte Vorstellung, dass zur Improvisation keine lange Vorbereitung erforderlich sei, stark relativiert.[34]

Rückkopplung und Reaktion des Improvisierenden erfolgt aufgrund der Simultaneität vordergründig unbewusst und intuitiv. Intuition basiert auf Mustererkennung und -bewertung, nutzt das Wiedererkennen von Situationen und Modellen, greift also auf implizites Wissen zurück. Dieses implizite Wissen sowie die Fähigkeit zur Verwendung bekannter Strukturen und Elemente werden vom Musiker durch das Einüben, Wiederholen und Variieren von Strukturelementen sowie Improvisationspraxis erworben.[35]

Die Qualität der Improvisation ist von der Wissensbasis und dem Persönlichkeitsprofil des Musikers abhängig. Für eine gute Improvisation klassischer Musik ist eine andere Wissensbasis erforderlich als für eine gute Bluesimprovisation. Die Kenntnis von unterschiedlichen Musikstilen mit deren eigener Sprache lässt sich als idiomatisches Wissen bezeichnen. Ein musikalisches Idiom ist durch eine Vielzahl von thematischen, rhythmischen und harmonischen Modellstrukturen gekennzeichnet. Dieses Wissen, im Zusammenspiel mit dem technischen und dem theoretischen Wissen, determiniert die Variationsbreite des Musikers. Neben der Wissensbasis bestimmen Dispositionen und Intentionen (z. B. Gefühle und Motive) des Musikers sowie Persönlichkeitsmerkmale (z. B. Persistenz, Ausdauer, Zielstrebigkeit) den Gesamtcharakter der Improvisation. Mit zunehmender Übung im Improvisieren wird auch die Wissensbasis vergrößert.[36]

---

31 Vgl. Figueroa-Dreher (2016), S. 229–230.
32 *„Zwischen diesen Elementen pendelt der Organist nun oft hilflos umher, indem er bald ein- oder überleitet, Zwischen- und Nachspiele ausführt und häufig nur zu tun hat, um ‚tote Stellen' zu überbrücken, d. h. jede Gelegenheit zu einer echten Stille zu umgehen."* Bresgen (2004), S. 23, Hervorhebung im Original.
33 Vgl. Gembris (2011), S. 169; Lehmann/Gruber (2009), S. 462; Figueroa-Dreher (2016), S. 173–176.
34 Vgl. Sikora (2012), S. 472–473.
35 Vgl. Schütz (2015), S. 76–79; Legg/Philpott (2015), S. 215–222.
36 Vgl. Vitouch (2005), S. 670; Schütz (2015), S. 63.

Zusammenfassend kann festgestellt werden, dass folgende Parameter für die Qualität der musikalischen Improvisation bestimmend sind:[37]
- Arrangement;
- zeitgleiche Rückkopplung;
- Kontextbedingungen des Auftritts:
  - Orientierung: Zielstellung, Kontext, Publikum, Instrument, eigenes Spiel;
  - Wissensbasis: idiomatisches, thematisches, theoretisches, technisches Wissen;
  - Dispositionen und Intentionen: Motivation, Stimmung, überdauernde Handlungen.

Die vorstehenden Ausführungen machen folgendes deutlich: Improvisation ist ein zielorientierter, systematischer Prozess, welcher durch simultane Konzeption, Realisierung und Rückkopplung gekennzeichnet ist. Für eine erfolgreiche Improvisation ist eine umfangreiche, themenspezifische Wissensbasis erforderlich, welche ausschließlich durch langfristiges Lernen erworben werden kann.

Wesen und Zielstellungen von Musik und Organisationstheorie sind naturgemäß unterschiedlich, woraus die Frage nach der Zulässigkeit eines Vergleiches von Improvisationen aus diesen Bereichen resultiert. Diese Frage wird im folgenden Abschnitt beantwortet.

3.2 Vergleichbarkeit musikalischer und unternehmerischer Improvisation

Ziel der Improvisation in der Musik ist die Aufführung eines Musikstückes, welches eine bestimmte Qualität aufzuweisen hat, um als gut zu gelten. An die Kunst sind Wertvorstellungen gebunden; sie fordert Urteile und Wertschätzungen heraus. Diese wiederum sind abhängig von Wertkriterien, die sich auf Grundlage traditioneller Werke gebildet haben. Geschmack selbst ist ein Zeugnis für die Wandelbarkeit menschlicher Dinge und die Relativität menschlicher Werte. Dieselbe Musik wird von Hörern mit unterschiedlichen Assoziationsreihen als mehr oder weniger angenehm bzw. gut eingeschätzt. Damit wird deutlich, dass die Wertmaßstäbe für eine gute bzw. erfolgreiche Improvisation subjektiver Natur sind. Aufgrund der erlernten Wertkriterien der Hörer eines Kulturkreises sind diese Kriterien objektiv in dem Sinne, dass ein Konsens über die Qualität von Improvisationen innerhalb dieses Kulturkreises hergestellt werden kann.

Ziel der Planung und Realisierung von Entscheidungen in einer Organisation ist die Problemlösung. Werden die Zuhörer des Musikers als Anspruchsgruppe und die

---

[37] Vgl. Müller (2007), S. 266.

Zufriedenstellung derselben als Ziel definiert, sind Parallelen zur Organisation sichtbar. Unter diesen Bedingungen ist eine prinzipielle Vergleichbarkeit zwischen der Improvisation in Musik und in der Organisationstheorie herstellbar. In beiden Bereichen werden simultan eine Maßnahme konzipiert und realisiert und im Verlauf der Fortführung die bisherigen Ergebnisse durch zeitgleiche Rückkopplung in den weiteren Verlauf eingebunden. Diese Parallelen werden, im Bewusstsein der Schwierigkeiten des Begründungszusammenhangs, als ausreichend für die folgende konzeptionelle Analyse erachtet. Analogiegrenzen ergeben sich aus den diskutierten verschiedenen Zielstellungen zwischen Kunst und Wirtschaftswissenschaft.

3.3 Darstellung der Improvisation in der Planungsliteratur

Einordnung und Bewertung der Improvisation erfolgte lange Zeit aus dem normativen Blickwinkel der Planungsüberlegenheit, gespeist aus den Bemühungen der Betriebswirtschaftslehre um eine vernünftige, objektiv nachvollziehbare Problemlösung.[38]

> *„Das betriebswirtschaftliche Planen ist eine Geistesarbeit, die das Wirtschaften in den Betrieben dadurch erleichtern soll, dass sie Wahl und Entscheidung aus den Bereichen der unsystematischen Intuitionen und der Improvisationen mit ungewissem Ausgang in das Licht der Vernunft rückt."*[39]

In den Beiträgen zur Planungstheorie und zum Controlling wird Improvisation folgerichtig als pathologisches Pendant der Planung mehr skizziert als diskutiert. Es finden sich Abgrenzungen von Planung und Improvisation, welche feststellen, dass Planung das Gegenteil von Improvisation ist,[40] oder hervorheben, dass Unternehmenspolitik oft ein Gemisch von Planung und Improvisation ist und dass Improvisation im Fall von Wissensdefiziten erforderlich ist, ohne jedoch zu beschreiben, was unter Improvisation verstanden wird.[41]

Darüber hinaus wird argumentiert, dass Improvisation dann sinnvoll ist, wenn der Zielerreichungsgrad gegenüber geplanten Maßnahmen nur gering negativ abweicht, jedoch Planungskosten eingespart werden und dass der Zielerreichungsgrad von improvisierten Problemlösungen in Situationen unter Sicherheit im Durchschnitt unter dem der geplanten Problemlösungen bleibt.[42]

Eine Ausnahme bilden die Ausführungen von Koch. In diesen wird unter „[...] *Improvisation jene Entscheidung verstanden, die erst nach Eintritt jener Datenkonstel-*

---

38 Vgl. Rieger (1967), S. 5–12.
39 Kortzfleisch (1959), S. 9.
40 Vgl. Lehner (2001), S. 111; Homburg (2013), S. 3; Baumüller/Hartmann/Kreuzer (2015), S. 1; Mumm (2015), S. 311.
41 Vgl. Weber/Schäffer (2014), S. 259.
42 Vgl. Voigt (1992), S. 73.

lation bzw. Periode getroffen wird, auf welche sie abzielt."[43] Auch werden Vorteile der Improvisation gegenüber der Planung herausgearbeitet.[44]

Es kann hier darauf hingewiesen werden, dass in der Forschung zur strategischen Planung sehr wohl erkannt wurde, dass es neben den geplanten auch ungeplante Strategien gibt. Diese ungeplanten Strategien werden als „emergent" bezeichnet.[45]

Dass die Improvisation in KMU eine besondere, herausragende Rolle spielt, wird immer wieder betont und dieser Fakt teilweise auch zum Zweck der Definition dieser Unternehmensgruppe herangezogen.[46] Detaillierte Aussagen darüber, was unter Improvisation zu verstehen ist, sind in diesen Beiträgen jedoch nicht zu finden. Auch wird die Möglichkeit, das Phänomen der Improvisation detailliert zu untersuchen, nicht genutzt.

Im Gegensatz zu diesen eher impliziten Definitionen und Analysen wird die Improvisation im Bereich der Organisationsforschung seit geraumer Zeit explizit diskutiert.[47] Unter Bezugnahme auf die Jazzmusik werden Analogien zwischen der Improvisation in Musik und Organisation herausgestellt und auf dieser Basis Handlungsempfehlungen für den Einsatz von Improvisation in Organisationen abgeleitet. Für die weitere Darstellung wird Improvisation als ein informationsverarbeitendes, gestaltungs- und auch zukunftsorientiertes Problemlösungsverhalten definiert, bei dem:[48]

1. Konzeption und Realisierung der Maßnahme simultan erfolgen, sodass
2. die Realisierung der Maßnahme ohne eine vollständige antizipative Reflexion von Alternativen und deren Konsequenzen beginnt und
3. die Zwischenergebnisse der Realisierung durch simultane Rückkopplung in der weiteren Problemlösung berücksichtigt werden.

Diese Definition rekurriert auf die geringe Zeitspanne zwischen Konzeption, Realisierung und Rückkopplung, verwendet jedoch gezielt nicht die in anderen Definitionen enthaltene Konvergenz von Reflexion und Aktion, da die Konzeption von Problemlösungsmaßnahmen auch ohne Reflexion erfolgen kann. Die Reflexion von Lösungsalternativen und deren Konsequenzen ist zu Beginn der Realisierung gar nicht oder nur unvollständig erfolgt. Unvollständigkeit der Reflexion ist in Hinsicht auf Auswahl oder

---

43 Koch (1975), Sp. 3002.
44 Vgl. Koch (1975), Sp. 3002.
45 Vgl. Mintzberg (1994), S. 25; Mintzberg/Waters (1985), S. 258; Mintzberg (1978), S. 945. Da der Begriff der Emergenz sehr unscharf ist und keinen Erkenntnismehrwert verspricht, wird er hier nicht verwendet. Vgl. Müller (2009c), S. 286–289.
46 Vgl. Wegmann (2006), S. 185; Mollbach (2006), S. 141; Berens/Wüller (2007), S. 397; Fiedler (2014), S. 2; Pfohl (2013b), S. 19; Froschauer/Lueger (2015), S. 201; Ulrich (2011), S. 30; Becker/Ulrich/Botzkowski (2016), S. 72.
47 Vgl. Aram/Walochik (1997); Crossan/Sorrenti (1997); Hatch (1997); Leybourne (2006); Maldonado/Vera (2014); Vera/Rodriguez-Lopez (2007); Mueller (2011); Trotter/Salmon/Lenné (2014); Hadida/Tarvainen/Rose (2015).
48 Vgl. Müller (2007), S. 261.

Auswirkungen der Alternativen möglich, d. h., entweder wurden nicht alle verfügbaren Alternativen geprüft, oder mit der Realisierung der Problemlösung wird begonnen, bevor die Konsequenzen der gewählten Alternative bis zu deren letztendlichem Ergebnisbeitrag reflektiert wurden. Ergebnis dieser Vorgehensweise ist eine simultane Willensbildung und -realisierung. Der Übergang von Planung zu Improvisation ist eher fließend als eindeutig feststellbar.[49]

Es wird deutlich, dass ein Alternativenvergleich von Planung und Improvisation nur dann konsistent ist, wenn nicht nur die Planung, sondern auch die sich daran anschließende Realisierung der Improvisation gegenübergestellt wird. Improvisation ist eine Einheit aus Willensbildung und -realisierung. Demzufolge ist nicht nur der Plan als Ergebnis der Planung, sondern auch dessen Umsetzung in einen Vorteilhaftigkeitsvergleich zu integrieren. Eine ausschließliche Betrachtung der Planung bzw. ihres Ergebnisses, des Plans, führt zwangsläufig zur Feststellung der tendenziellen Überlegenheit im Vergleich zur Improvisation, da die Realisierbarkeit des Plans noch nicht bewiesen wurde und noch keine Ergebnisse der Planrealisierung vorliegen, während im Fall der Improvisation die Ergebnisse sofort vorliegen und beurteilt werden können.

Die Analyse von Prozessdimension und Subjekt-/Objektdimension (vgl. Abb. 41 auf S. 395) zeigt zwei verschiedene Improvisationsarten: vorhergesehene und unvorhergesehene Improvisationen. Vorhergesehene Improvisationen sind dadurch gekennzeichnet, dass der in der Subjekt-/Objektdimension ex ante durchgeführte Aufwand-Nutzen-Vergleich der Entscheidungsalternative „Planung und Realisierung" zur Feststellung der Vorteilhaftigkeit der Entscheidungsalternative „Improvisation" führt. In jedem Plan sind improvisatorische Elemente enthalten, welche durch die Aufwand-Nutzen-Relation des Detaillierungsgrades der Planung bedingt sind.[50] Neben die vorhergesehene tritt die unvorhergesehene Improvisation, bei welcher die Problemkonstellation als Ex-post-Überraschung auftritt und eine sofortige Problemlösung zu realisieren ist. Improvisation ist demzufolge nicht nur als Problemlösungsform in Situationen hoher Dynamik, Unsicherheit und Komplexität (Situationen mit prozessdimensionierten Planungsgrenzen), sondern aus Wirtschaftlichkeits- oder Kapazitätsgründen auch in anderen Situationen (Situationen mit subjekt-/objekt- bzw. unternehmensdimensionierten Planungsgrenzen) erforderlich.

Improvisation kann wie auch Planung und deren Umsetzung erfolgreich oder erfolglos sein.[51] Ziel der Improvisation ist die Lösung des Problems innerhalb eines vorgegebenen Zeitraums. Wird das Problem innerhalb dieses Zeitraums gelöst, ist

---

49 Schon 1962 formulierte Kosiol:*„Ihre Abgrenzung ist schwierig und unscharf, da organisatorische und improvisatorische Strukturierung graduell und fließend ineinander übergehen."* Kosiol (1962), S. 28.
50 Vgl. Becker (2005), S. 233–235.
51 Als Beispiele für erfolgreiche Improvisationen werden die Rettung der Apollo-13-Mission und die Bewältigung des Tylenol-Skandals angeführt. Vgl. Trotter/Salmon/Lenné (2014), S. 65–69; Müller (2007), S. 271. Beispiele erfolgloser Improvisationen sind das Costa-Concordia-Unglück und die

die Improvisation erfolgreich. Inhalt der Improvisation ist nicht die Identifikation der besten, sondern einer realisierbaren Lösung und deren Umsetzung. Besondere Kennzeichen und damit wesentlicher Unterschied der Improvisation sind die simultane Entwicklung und Realisierung von Problemlösungsmaßnahmen, ohne dass die Handlungskonsequenzen vollständig reflektiert wurden, sowie die simultane Rückkopplung über die Problemlösungsschritte. Diese Simultaneität von Konzeption, Realisierung und Rückkopplung ist kein Merkmal des inkrementalen Planungsprozesses, vielmehr ist dieser durch die Suche nach zufriedenstellenden Zielen und einer Alternativensuche in der Nähe bekannter Alternativen gekennzeichnet, wobei diese Prozesse mit einer ausreichenden zeitlichen Differenz zwischen Entwicklung und Realisierung der Maßnahmen durchgeführt werden.

Der positive Beitrag von Improvisationen für betriebliche Problemlösungen wurde in unterschiedlichen unternehmerischen Funktionsbereichen festgestellt. Dies gilt – neben Reaktionen auf Ex-post-Überraschungen – für die Phase der Unternehmensgründung,[52] für Prozesse, bei denen ein hohes Maß an Innovation erforderlich ist,[53] für organisationales Lernen,[54] für Verhandlungssituationen[55] und für Situationen mit hohen Unsicherheiten.[56] Nachdem festgestellt wurde, was unter Improvisation zu verstehen ist und in welchen Fällen diese zum Einsatz kommt, muss geklärt werden, welche Faktoren den Erfolg der Improvisation beeinflussen. Dies erfolgt im nächsten Abschnitt.

3.4 Einflussfaktoren der Improvisationsqualität

In der Literatur wurden verschiedene Einfluss- bzw. Bestimmungsfaktoren auf die Improvisationsqualität festgestellt (vgl. Abb. 42), welche hier kurz skizziert werden.

Eigenschaften des Individuums sowie des Problems beeinflussen die Problemlösung mittels Improvisation. Als verhaltensbestimmende Faktoren des Individuums werden Werte, Einstellungen, Qualifikationen, Persönlichkeit, Motivation und Emotion eingestuft. Im Zusammenhang mit Improvisation im Unternehmen ist die Wertung von und Einstellung zu einer von Planung abweichenden Problemlösung relevant. Improvisation ist durch eine geringere inhaltliche und auch zeitliche Strukturierung gekennzeichnet als Planung, weshalb die Einstellung des Akteurs zu dieser

---

Mangatepopo-Tragödie. Vgl. Giustiniano/Pina-e-Cunha/Clegg (2016); Trotter/Salmon/Lenné (2014), S. 61–65.

52 Vgl. Hmieleski/Corbett (2006); Baker/Miner/Eesley (2002).
53 Vgl. Moorman/Miner (1998); Akgün et al. (2007); Lindahl (2007); Vera/Crossan (2005); Hadida/Tarvainen/Rose (2015), S. 442–443.
54 Vgl. Chelariu/Johnston/Young (2002).
55 Vgl. Balachandra et al. (2005); McGinn/Keros (2002).
56 Vgl. Leybourne/Kennedy (2015), S. 7; Dell (2012), S. 135; Vera/Rodriguez-Lopez (2007), S. 305.

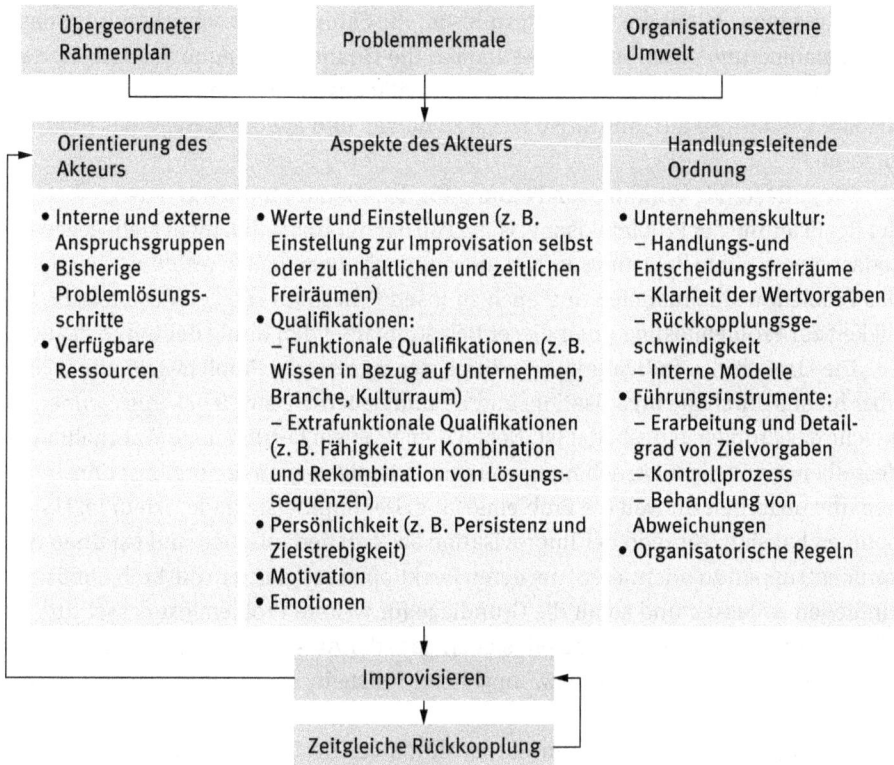

Abb. 42: Einflussfaktoren der Improvisation[57].

Strukturierung und damit zur Problemlösungsform der Improvisation wichtig ist. Da Werte und Einstellungen erlernt werden, ist die Wertung von und Einstellung zur Improvisation abhängig von dem national- und unternehmenskulturellen sowie persönlichen Erfahrungshintergrund des Individuums.[58] Empirisch konnte gezeigt werden, dass ein Improvisationstraining sowohl das Auftreten als auch die Qualität der Improvisationen erhöht, da neben der Übung auch die Einstellung der Individuen zur Improvisation verändert wurde.[59] Neben Werten und Einstellungen sind die Qualifikationen des Akteurs für das Problemlösungsverhalten relevant. Nur in den Bereichen, in denen entsprechende funktionale Qualifikationen vorliegen, kann die improvisierte Entscheidungsfindung erfolgreich sein. Extrafunktionale Qualifikationen spielen im Unternehmen für erfolgreiche Improvisationen eine wichtige Rolle. Die Fähigkeit, flexibel auf unvorhergesehene Situationen reagieren zu können, die Fähigkeit auf Ba-

---

57 Quelle: Müller (2007), S. 274.
58 Vgl. Aram/Walochik (1997), S. 78–80.
59 Vgl. Vera/Crossan (2005), S. 216–218.

sis vorhandener Mittel das Problem zu lösen, die Fähigkeit zur schnellen Informationsaufnahme und -verarbeitung bestimmen die Qualität der Improvisation. Zu den extrafunktionalen Fähigkeiten zählt die Kreativität des Akteurs, im Unternehmen verfügbare Ressourcen auf innovative Weise zu nutzen und auf diese Weise das Problem zu lösen.[60]

Die entlastende Wirkung von Planung für den Akteur im Unternehmen, während der Realisierung der Problemlösung, ist im Fall der Improvisation nicht mehr gegeben, sodass eine erhöhte Belastung auftritt, die aus der Notwendigkeit resultiert, zeitgleich das Problem wahrzunehmen und auch zu lösen.[61] Deshalb entscheidet auch die Fähigkeit zur Problemlösung unter dieser Belastung über den Erfolg der Improvisation.

Die Umwelt des Individuums ist durch das zu lösende Problem selbst und darüber hinaus durch die organisationsinterne und -externe Umwelt gekennzeichnet, in welche das Problem eingebettet ist. Neben dem Problem bestimmt die Wahrnehmung desselben sowie die Wahrnehmung von und Orientierung an der organisationsinternen und -externen Umwelt die Problemlösung. Der improvisierende Akteur im Unternehmen hat sich während der Improvisation stets an den internen und externen Anspruchsgruppen zu orientieren, um deren Reaktionen zeitgleich in die Problemlösung einfließen zu lassen und somit die Grundlage für weitere Problemlösungsschritte zu bilden. Nur diese Orientierung stellt sicher, dass der Akteur sich in einem zulässigen Problemlösungsraum bewegt bzw. umgehend feststellt, wann dieser verlassen wurde.[62]

Die organisationsexterne Umwelt ist durch ein bestimmtes Maß an Komplexität und Unsicherheit sowie Schnelligkeit von Veränderungen gekennzeichnet, durch welches das Entscheidungsproblem und/oder verfügbare Handlungsalternativen und Zeiträume definiert sind. Dieses Maß bestimmt sowohl die Notwendigkeit zur Improvisation aufgrund von prinzipiellen Planungsgrenzen als auch die Möglichkeit zur Improvisation aufgrund subjekt-/objektdimensionierter Planungsgrenzen. Auf der anderen Seite bestimmt dieses Maß jedoch auch die Erfolgswahrscheinlichkeit von Improvisation. Probleme in einer wenig komplexen, eher statischen als dynamischen Umwelt sind tendenziell leichter durch Improvisation erfolgreich zu lösen, sodass der Planungsbedarf gering ist. Komplexe, lang andauernde Probleme hingegen sind kaum erfolgreich durch Improvisation zu lösen.[63]

In einer empirischen Studie wurden widersprüchliche Ergebnisse zum Einfluss einer dynamischen Umwelt auf die Improvisationsqualität festgestellt.[64] Dies ist ein Dilemma, da Improvisation in Unternehmen als ein Bestandteil der Problemlösungskompetenz eingeordnet wird, der umso wichtiger ist, je dynamischer das Wettbe-

---

60 Vgl. Schröder/Geiger (2014), S. 168–170.
61 Vgl. Schenker-Wicki (2014), S. 179.
62 Vgl. Müller (2007), S. 270–272; Hadida/Tarvainen/Rose (2015), S. 453.
63 Vgl. Grün (2014), S. 281.
64 Vgl. Moormann/Miner (1998), S. 12.

werbsumfeld ist und je mehr Informationsrisiken vorliegen. Da Komplexität, Unsicherheit und Dynamik der Umwelt und deren Auswirkung auf die Problemmerkmale nur schwer voneinander zu trennen sind, ist der Einfluss der organisationsexternen Umwelt wiederum im Zusammenhang mit der Akteur-Problem-Relation zu sehen. So ist die Erfolgswahrscheinlichkeit der Improvisation in unsicheren, komplexen und dynamischen Systemen auch von der Akteursqualifikation abhängig. Konnte der Akteur den Umgang mit solchen Situationen erlernen, liegt demzufolge Expertise vor, wird die Erfolgswahrscheinlichkeit höher als bei einem Novizen sein.[65] Darüber hinaus werden aus diesem Dilemma die Planungsbemühungen verständlich, welche einen Rahmen für die Improvisation schaffen.

Improvisation erfordert Planung, um inhaltliche und zeitliche Ziele und Strukturen zu erhalten. In dem Rahmenplan sind inhaltliche und zeitliche Vorgaben der Improvisation festzulegen. Dies trifft auf vorhergesehene ebenso wie auf unvorhergesehene Improvisationen zu. Durch diesen übergeordneten Prozess ist der improvisierende Akteur gezwungen, bestimmte Zwischenziele zu erreichen, was ihm die Ausrichtung und Evaluierung der Improvisation erleichtert. Beispiele für die Entwicklung von Rahmenplänen für Improvisationen aufgrund von Informationsrisiken stellen Issue-Management und Krisenmanagement dar, deren Ziel die Entwicklung von groben Ziel- und Ablaufvorgaben für Notfälle ist.[66]

Die handlungsleitende Ordnung ist Bestandteil der organisationsinternen Umwelt und wird durch Organisationskultur, Führungsinstrumente und organisatorische Regeln beschrieben. Je weniger detailliert die Handlungsanweisungen für konkrete Probleme sind, desto größer ist der Einfluss übergeordneter Ziele und Werte des Unternehmens. Klar festgelegte und kommunizierte Wertvorstellungen und Führungsrichtlinien stellen sicher, dass sich der Akteur in einem zulässigen Lösungsraum bewegt. Darüber hinaus erleichtern implizite Qualitätsstandards in Form interner Modelle dem improvisierenden Akteur die Problemlösung.[67] Ein weiteres Bestimmungsmerkmal der unternehmerischen Improvisation ist das schnelle Feedback als Basis der Fehlerkorrektur. Schnelle Informationen über die Zulässigkeit und den Erfolg der improvisierten Maßnahmen ermöglichen eine Fortführung derselben und eine möglicherweise erforderliche Fehlerkorrektur. Der Akteur muss in die Lage versetzt werden, schnell Informationen über die Qualität der bisherigen improvisierten Lösungsschritte zu erhalten. Auf dieser Basis können die weiteren Lösungssequenzen konzipiert werden. Je mehr Echtzeitinformationen im Unternehmen verfügbar sind, desto größer sind die Erfolgswahrscheinlichkeiten der Improvisation.[68] Improvisation setzt Frei- und Zeiträume zur Realisierung und zum Erlernen von Improvisation voraus. Folg-

---

65 Vgl. Ross/Shafer/Klein (2006), S. 405–412; Hodgkinson/Hughes/Arshad (2016), S. 385; Endsley (2009), S. 637–640.
66 Vgl. Maldonado/Vera (2014), S. 259.
67 Vgl. Lehner (2004), Sp. 459.
68 Vgl. Moorman/Miner (1998), S. 13; Chelariu/Johnston/Young (2002), S. 143.

lich sind Improvisationen eher in einer Unternehmenskultur erfolgreich, welche den Mitgliedern entsprechende Freiräume zur Improvisation bietet.[69]

Improvisation als Problemlösungsform kann nur dann erfolgreich sein, wenn die entsprechenden Bestimmungsfaktoren vorliegen. Bei der Einschätzung darüber, ob die Faktoren vorliegen oder nicht, treten zwei Probleme auf. Ein Problem besteht darin, dass diese Einschätzung ex ante getroffen werden muss, was mit entsprechenden Unsicherheiten verbunden ist. Das zweite Problem erwächst aus der mangelnden Beobachtbarkeit bzw. schwer realisierbaren Erfassung der Faktoren und der Subjektivität der Einschätzung darüber, ob die Ausprägung der Faktoren einen Improvisationserfolg erwarten lässt. Für einen externen Beobachter ist es schwierig respektive unmöglich, die Ausprägung dieser Faktoren für eine konkrete Akteur-Problem-Konstellation zu beurteilen, da dem Beobachter viele erforderliche Informationen nicht vorliegen. Es wird deutlich, dass die Improvisation ein schwer prognostizier- und objektivierbarer Prozess ist, was die bisherige Einordnung im Verhältnis zur Planung und die Planungsbemühungen erklärt.

Die konstruktive Einbindung bisheriger Fehler in die weitere Problemlösung wird durch die Interpretation von Abweichungen als Quelle des Lernens beeinflusst.[70] Der Akteur kann auf diese Weise die bis zu diesem Zeitpunkt als fehlerhaft eingeschätzten Problemlösungsschritte konstruktiv zur weiteren Problemlösung nutzen, sodass die resultierende gesamte Problemlösung in retrospektiver Betrachtung als erfolgreich zu bezeichnen ist. Beispiele hierfür sind die Markteinführung von Motorrädern der Marke Honda auf dem US-amerikanischen Markt, wo entgegen ursprünglichen Plänen zur Einführung großer Maschinen aufgrund von Produktionsproblemen Kleinmotorräder eingeführt wurden, sowie die Entwicklung und erfolgreiche Einführung von „Post-it"-Streifen durch 3M, die aus einer fehlgeschlagenen Produktentwicklung resultierten.[71] In retrospektiver Betrachtung der gesamten Problemlösungssequenz sind diese Projekte erfolgreich, während zu einem früheren Betrachtungszeitpunkt lediglich fehlerhafte Lösungsschritte feststellbar waren.

Nach den bisherigen Ausführungen stellt sich die Frage, ob es einen Erklärungsansatz gibt, welcher die Entscheidungen, die während der Improvisation getroffen werden, analysiert und erklärt. Diese Frage wird im nächsten Abschnitt beantwortet.

---

69 Vgl. Vera/Crossan (2005), S. 208.
70 Vgl. Dell (2012), S. 163–165.
71 Vgl. Crossan/Sorrenti (1997), S. 162.

4 Homo heuristicus als Erklärungsansatz

4.1 Einordnung

Ein möglicher Erklärungsansatz für menschliches Entscheidungsverhalten bei Unsicherheit und unter Zeitdruck ist das Konzept der **probabilistischen mentalen Modelle** (PMM). Mit diesem Konzept wird Simons Vorstellung von begrenzter Rationalität weiterentwickelt[72] bzw. wieder aufgenommen, welche er in dem folgenden Scherenmetapher verdeutlichte: *„Human rational behavior [...] is shaped by a scissors whose two blades are the structure of task environments and the computational capabilities of the actor".*[73]

In Entscheidungssituationen unter Unsicherheit und bei Vorliegen von Informationsdefiziten kommt es vor, dass der Akteur ein PMM konstruiert und darauf aufbauende Heuristiken zur Entscheidungsfindung verwendet. Eine Heuristik ist ein effektives Problemlösungsverfahren, welches auf der Vernachlässigung einiger Problemmerkmale beruht und zu einer realisierbaren Lösung führt, jedoch über keine Lösungsgarantie verfügt.[74] Die Verwendung von Heuristiken erleichtert die Entscheidungsfindung bzw. macht diese in bestimmten Situationen überhaupt erst möglich. Deshalb ist die Verwendung von Heuristiken nicht per se als negativ einzustufen.[75]

Diese Verfahren verfügen über eine große heuristische Kraft und zeichnen sich dadurch aus, dass sie einfach, schnell und robust sind.[76]

Interessant aus Sicht der Entscheidungstheorie ist der Umstand, dass einige Verhaltensweisen, die von Kahneman und Tversky als systematische Urteilsfehler klassifiziert wurden, als rational erklärt und zutreffend prognostiziert werden, so z. B. der Basisratenfehler, der Konjunktionsfehler und der Effekt der Selbstüberschätzung. Dies liegt daran, dass im Fall des Heuristics-and-Biases-Programms von Kahneman und Tversky wie auch in der präskriptiven Entscheidungstheorie mit **Wahrscheinlichkeiten** argumentiert wird. Diese können jedoch nicht von allen Personen fehlerfrei bzw. nur unzureichend verarbeitet werden. Werden anstelle der Wahrscheinlichkeiten jedoch **Häufigkeiten** verwendet, verschwinden einige der festgestellten Phänomene.[77]

---

72 Vgl. Drechsler/Katsikopoulus/Gigerenzer (2014).

73 Simon (1990), S. 7.

74 Vgl. Klein/Scholl (2011), S. 61–62; Gigerenzer/Gaissmaier (2011), S. 454.

75 Vgl. Müller (2014), S. 217.

76 Vgl. Gigerenzer/Czerlinski/Martignon (2002); Goldstein/Gigerenzer (2002). Der Begriff robust bedeutet, dass sich Heuristiken auf neue Situationen übertragen lassen.

77 Vgl. Gigerenzer (2014); Gigerenzer (2005), S. 64. Zu einer kritischen Diskussion des PMM vgl. Vranas (2000); Kahneman/Frederick (2004).

4.2 Beschreibung

Das Konzept PMM-basierter Heuristiken impliziert, dass eine Heuristik nicht per se rational oder irrational sein kann, sondern nur in Bezug auf eine bestimmte Umwelt, weshalb begrenzte Rationalität in diesem Zusammenhang als Umweltrationalität interpretiert wird.[78] Der Prozess der menschlichen Entscheidungsfindung unter Zeitdruck und Unsicherheit ist durch eine selektive, weniger aufwendige Informationssuche und eine nicht kompensatorische, heuristische Vorgehensweise gekennzeichnet. In verschiedenen Studien konnte gezeigt werden, dass Akteure in diesen Situationen einfache Entscheidungsheuristiken verwenden, die weniger kognitive Kapazität erfordern, aber in einer wesentlich kürzeren Bearbeitungszeit zu ähnlich guten, teilweise sogar zu besseren Schlussfolgerungen führen als vergleichsweise analytische Entscheidungsalgorithmen.[79] Diese Heuristiken werden als schnell und frugal bezeichnet, wenn:
- sie nur wenige Informationen benötigen,
- diese einfach zu verarbeiten sind und
- so schnelle und akkurate Urteile ermöglichen.

Basis dieser Heuristiken ist ein PMM, das sich dadurch auszeichnet, dass:[80]
- es ein Netzwerk von alternativen Variablen in Ergänzung zur Zielvariablen nutzt;
- es auf eine Referenzklasse von ähnlichen Objekten zurückgreift;
- unbewusste Wahrscheinlichkeitsabgleiche auf Basis relativer Häufigkeiten durchgeführt und verwendet werden;
- der Akteur die Sicherheit, mit der er sich auf die Lösung verlassen kann, einordnen kann.

Gerade unter Zeitdruck führen diese Heuristiken ebenso zu einem vergleichbaren Anteil an zutreffenden Entscheidungen wie aufwendigere Vorgehensweisen, bei denen alle Informationen gesucht, integriert und für die Entscheidung berücksichtigt werden.[81]

Jede Heuristik setzt sich aus drei konstituierenden Komponenten zusammen, den sogenannten Building Blocks. Hierbei handelt es sich um:[82]
- Suchregel(n), die präzisieren, in welcher Reihenfolge Informationen (Hinweisreize – „Cues") eingeholt werden;
- Abbruchregel(n), die festlegen, wann die Suche nach Informationen beendet wird;

---

78 Vgl. Gigerenzer (2004), S. 390–402; Gigerenzer (2000), S. 57–58; Goldstein/Gigerenzer (2002).
79 Vgl. Brighton/Gigerenzer (2015), S. 1775; Neth et al. (2014).
80 Vgl. Gigerenzer/Hoffrage/Kleinbölting (1991), S. 507; Anderson (2013), S. 340–342.
81 Vgl. Mousavi/Gigerenzer (2014), S. 1673.
82 Vgl. Drechsler/Katsikopoulos/Gigerenzer (2014), S. 185; Brighton/Gigerenzer (2015), S. 1775.

– Entscheidungsregel(n), die Aussagen darüber treffen, wie auf Grundlage der gewonnenen Informationen Entscheidungen getroffen werden.

PMM-basierte Heuristiken schaffen einerseits einen Ausgleich zwischen Allgemeingültigkeit und Spezifität und zum anderen Robustheit durch die Fokussierung auf wenige und besonders starke Hinweisreize. Da eine Heuristik an spezifische Umweltbedingungen angepasst ist, kann sie schnelle und genaue Lösungen für diese Umgebung ermitteln.[83]

Für eine detaillierte Darstellung der Vorgehensweise und Qualität umweltrationaler Heuristiken wird auf die weiterführende Literatur verwiesen.[84]

4.3 Kritik

Kritik erfährt das Konzept der Umweltrationalität vor allem dahingehend, dass umstritten ist, ob und unter welchen Bedingungen die schnellen und frugalen Heuristiken tatsächlich von Individuen angewandt werden. So stellen z. B. Bröder und Eichler die nicht kompensatorische Natur der Wiedererkennungsheuristik infrage. Ihrer Meinung nach verwundert es nicht, dass die Wiedererkennung ein besonderes Kriterium im Entscheidungsprozess darstellt, da per Definition für unbekannte Objekte keine weiteren Hinweisreize zur Verfügung stehen. Jedoch kann ihrerseits nicht bestätigt werden, dass das Wiedererkennen als nicht kompensatorisches Kriterium fungiert, da bei der Nutzung der Wiedererkennungsheuristik im Rahmen der Auswahl zwischen zwei Objekten oftmals weitere Informationen zur Entscheidungsfindung eingeholt werden. Auch bleibt zu überprüfen, ob schnelle und frugale Heuristiken zu systematischen Fehlern führen.[85]

4.4 Improvisation und mentale Modelle

In den vorangegangenen Kapiteln wurde dargelegt, dass erfolgreiche Improvisationen ein hohes Maß an Expertise erfordern. Die Verbindung zwischen Expertise und Entscheidungserfolg der Improvisation kann mittels PMM-basierter Heuristiken erklärt werden.

Von grundlegender Bedeutung für die Qualität der Entscheidungen ist die Konstruktion eines PMM, das auf die Spezifika der Entscheidungssituation aus-

---

83 Vgl. Todd/Gigerenzer (2003), S. 149–152; Brighton/Gigerenzer (2015), S. 1779–1781.
84 Vgl. Gigerenzer/Gaissmaier (2011), S. 460–470; Müller (2014), S. 231–232; Mousavi/Gigerenzer (2014), S. 1675.
85 Vgl. Bröder (2001), S. 159–161; Hertwig/Hoffrage (2001); Bröder/Eichler (2006).

gerichtet ist.[86] Akteure verwenden in unterschiedlichen Entscheidungssituationen unterschiedliche PMM-basierte Heuristiken.[87] Die lediglich teilweise bekannte Problemstruktur eines gegebenen Problems wird auf einen Problemraum mit bekannter Grundstruktur projiziert. Die Möglichkeit dieser Transformation muss erkannt und abgerufen werden. Die erfolgreiche Problemlösung mittels PMM-basierter Heuristiken sowie das Erkennen und Übertragen von Strukturen der Entscheidungssituationen muss vom Akteur erlernt werden. Als Beispiel wird das Entscheidungsverhalten eines Experten im Vergleich zu dem eines Novizen angeführt. Das höhere Maß an Erfahrung des Experten führt nicht dazu, dass bessere Entscheidungen aufgrund von mehr verwendeten Informationen getroffen werden. Vielmehr sind Experten eher in der Lage, relevante von irrelevanten Hinweisreizen zu unterscheiden und treffen auf diese Weise bessere Entscheidungen.[88]

5 Schlussfolgerungen zu Vorteilhaftigkeit und Integration der Improvisation

5.1 Abhängigkeit des Planungsbedarfs

Die Darstellung der Bestimmungsfaktoren der Improvisationsqualität lenkt den Betrachtungsfokus auf den Planungsbedarf in KMU. Je größer die Fähigkeiten und Möglichkeiten zur Improvisation, je besser die Bestimmungsfaktoren der Improvisation im Unternehmen ausgeprägt sind, desto geringer ist auch der Planungsbedarf. Ist der Planungsbedarf gering, wird auch die Planungsintensität und -qualität gering sein, was nur legitim ist. Die Frage nach dem Planungsbedarf für KMU wird in der Literatur nur vereinzelt gestellt,[89] was mit der historischen, normativen Einordnung der Planung (S. 403) zu erklären ist. Es wird festgestellt, dass Unternehmen bis zu einer gewissen Größe[90] oder bei bestimmten Eigenschaften der Umwelt[91] über einen geringen Planungsbedarf verfügen. Die vorstehenden Ausführungen zeigen, dass der Planungsbedarf in den Unternehmen von der Fähigkeit und der Möglichkeit zur erfolgreichen Improvisation abhängig ist, welche bestimmt werden durch (vgl. Abschnitt 3.4):
– die Akteur-Problem-Relation,
– die handlungsleitende Ordnung,

---

86 Vgl. Gigerenzer/Hoffrage/Goldstein (2008), S. 234.

87 Vgl. Jungermann/Pfister/Fischer (2013), S. 176–178; Gigerenzer/Hoffrage/Kleinbölting (1991); Anderson (2013), S. 340–342.

88 Vgl. Ross/Shafer/Klein (2009).

89 Vgl. Steven/Schade (2007), S. 63.

90 Vgl. Martin/Bartscher-Finzer (2006), S. 206–208.

91 Vgl. Steven/Schade (2007), S. 63.

- den Rahmenplan und
- die Orientierung des Akteurs.

Im Unternehmen sind für erfolgreiche Improvisationen in verschiedenen Situationen, Branchen und Kulturräumen differierende, funktionale und extrafunktionale Qualifikationen erforderlich. Die Qualifikation des Akteurs ist nur im Zusammenhang mit den Problemmerkmalen wie z. B. Fristigkeit, Komplexität und Themenbereich zu beurteilen. Merkmale des Problems und die Relation der Qualifikationen des Individuums zu diesen Problemmerkmalen stellen aufgrund der Simultaneität von Konzeption und Realisierung der Problemlösung einen wesentlichen Einflussfaktor der Improvisation dar. Neben den funktionalen Qualifikationen sind extrafunktionale Qualifikationen, Persönlichkeit und Motivation des Akteurs entscheidend für den Improvisationserfolg.

Es wurde schon darauf hingewiesen, dass für eine erfolgreiche Improvisation eine umfangreiche, themenspezifische Wissensbasis erforderlich ist. Liegt ein Problem in einem Bereich vor, in welchem der Akteur über Expertise verfügt, nimmt der Planungsbedarf ab. Die empirisch gewonnene Feststellung, dass in KMU eine zunehmende Expertise zu sinkender Planungsintensität führt,[92] kann vor diesem Hintergrund neu eingeordnet werden. Mit steigender Expertise sinkt der Planungsbedarf, da gleichzeitig die Fähigkeit zur erfolgreichen Improvisation entwickelt wird. Zusätzlich wird deutlich, dass Individuen, trotz identischer Erfahrung und Wissensbasis, nicht zu gleich erfolgreichen Improvisationen in der Lage sind, da neben funktionalen auch extrafunktionale Qualifikationen relevant sind.[93]

Im Zusammenhang mit Improvisationen im Unternehmen sind Persönlichkeitsmerkmale von Interesse, welche sowohl Konzeption als auch Umsetzung der improvisierten Problemlösung begünstigen. Dazu gehören Eigenschaften wie Persistenz, Unkonventionalität, emotionale Stabilität und Zielstrebigkeit sowie die Motivation zur und während der Improvisation. Schon Wittmann vermutete: *„Bestimmend für die Qualität des Improvisierten werden die Erfahrung des Disponierenden und seine Reaktionsfähigkeit sein."*[94]

Im Zusammenhang mit der Akteur-Problem-Relation sind Merkmale der organisationsexternen Umwelt für den Planungsbedarf zu diskutieren. Ein in diesem Zusammenhang postulierter hoher Planungsbedarf für KMU in instabilen Märkten[95] scheint aufgrund der aus dieser Rahmenbedingung resultierenden prinzipiellen Planungsgrenzen ein Dilemma darzustellen. Je instabiler und somit unsicherer die Umwelt, desto schwerer wiegen die Spannungsverhältnisse zwischen Planung und Wissen, Planung und Zufall sowie zwischen Planung und Freiheit, desto geringer sind dem-

---

92 Vgl. Gibson/Cassar (2002), S. 184.
93 Die Bezeichnung „Improvisationstalent" bringt das zum Ausdruck.
94 Wittmann (1959), S. 207.
95 Vgl. Steven/Schade (2007), S. 63.

zufolge die Planungsmöglichkeiten. Wird der postulierte Planungsbedarf für KMU in instabilen Märkten als übergeordneter Rahmenplan interpretiert, welcher der Improvisation ein Ziel und eine Grundstruktur bietet, lässt sich dieses Dilemma überwinden.

Zusätzlich sind die Ausgestaltung der handlungsleitenden Ordnung und die Orientierung des Akteurs zu berücksichtigen. In Unternehmen mit einer geringen Größe, flachen Strukturen, hoher Rückkopplungsgeschwindigkeit sowie hohen Handlungs- und Gestaltungsfreiräumen wird die Improvisation tendenziell erfolgreich sein. Die Möglichkeiten des Akteurs zur Orientierung an externen und internen Anspruchsgruppen, an bisherigen Lösungsschritten und an den verfügbaren Ressourcen werden von der handlungsleitenden Ordnung sowie von der Anzahl an und den Kontakten zu den Anspruchsgruppen bestimmt. Je weniger Anspruchsgruppen zu berücksichtigen sind bzw. je enger der Kontakt zu den Vertretern der zu berücksichtigenden Anspruchsgruppen ist, je schneller Informationen über den Erfolg bisheriger Problemlösungsschritte verfügbar sind, je schneller unternehmensinterne Ressourcen zur Problemlösung herangezogen werden können, desto höher ist die Erfolgswahrscheinlichkeit der Improvisation. Dies sind Eigenschaften, welche in KMU häufig anzutreffen sind, weshalb der Planungsbedarf in diesen Unternehmen tendenziell sinkt.[96]

Der Planungsbedarf im Unternehmen ist entscheidend für den vom Unternehmen wahrgenommenen Planungsnutzen. Ein geringer Planungsbedarf führt zu einem geringen Planungsnutzen, womit die sachbezogene Planungsgrenze der Subjekt-/Objektdimension berührt wird (vgl. Abb. 41 auf S. 395). Neben die beschränkte Planungskapazität, als für KMU spezifische Planungsgrenze, tritt die Improvisationsfähigkeit und -möglichkeit, welche als Grenze sowohl der Subjekt-/Objektdimension als auch der Unternehmensdimension die Vorteilhaftigkeit der Planung beeinflusst.

Aus der vorstehenden Diskussion wird deutlich, dass der Planungsbedarf nicht durch einzelne Merkmale des Unternehmens (z. B. die Größe) oder des Umfelds determiniert wird, sondern durch das Bündel der Bestimmungsfaktoren von Improvisation. Zum einen ist die Aussage, einfache Probleme bedürfen keiner Planung, im Zusammenhang mit der Person des Akteurs zu sehen, da die Einschätzung der Schwierigkeit eines Problems und somit die Beurteilung der Vorteilhaftigkeit der Planung von dem Akteur abhängig ist. Gleiches gilt für Ansätze, welche die Unternehmensgröße als alleinigen Bestimmungsfaktor des Planungsbedarfs heranziehen.

Die Bestimmungsfaktoren des Planungsbedarfs in KMU sind demzufolge vielfältiger und differenzierter als in der Literatur bisher dargestellt. Der Planungsbedarf ist nicht allgemeingültig für alle KMU zu bestimmen, was einen weiteren Erklärungsansatz für die divergierenden Aussagen über ausreichende oder nicht ausreichende Planungsintensität und -qualität in KMU bietet. In Abhängigkeit von den Akteurs-, Pro-

---

96 Vgl. Steven/Schade (2007), S. 63.

blem- und Unternehmenseigenschaften sind die Akteure in verschiedenem Maße in der Lage, erfolgreich zu improvisieren, woraus sich ein unterschiedlicher Planungsbedarf ergibt. Erst mit Kenntnis dieses Planungsbedarfs sind Aussagen über ausreichende oder nicht ausreichende Planungsintensität und -qualität möglich.

5.2 Aufgaben des Controllings

5.2.1 Einordnung der Improvisation

Die vorstehenden Ausführungen verdeutlichen, dass Planung Improvisation erfordert, um:
- trotz mangelnder Planungskapazität Probleme lösen zu können;
- einen wirtschaftlichen Detaillierungsgrad der Problemlösung zu erreichen;
- auf Ex-post-Überraschungen reagieren zu können;
- die Basis für planrelevanten Wissenserwerb bzw. Wissensentwicklung zu schaffen.

Improvisation ist in diesen Fällen in KMU eine notwendige und somit legitime Problemlösungsform. Im Gegenzug erfordert Improvisation Planung, um:
- durch die Planungsaktivität selbst und die Planrealisierung das für spätere Improvisationen erforderliche Wissen zu vermitteln;
- inhaltliche und zeitliche Ziele und Strukturen zu erhalten.

Planung und Improvisation bedingen einander und ergänzen sich: Improvisation ohne Planung ist ebenso wenig anzustreben wie Planung ohne Improvisation. Der Übergang von Planung zu Improvisation ist eher fließend als eindeutig feststellbar (vgl. Abb. 43).[97] Eine absolute Planung ist genauso unmöglich und unwirtschaftlich wie die absolute Improvisation. Die Frage lautet nicht Planung oder Improvisation, sondern welcher Anteil einer Problemlösung improvisiert und welcher Anteil geplant erfolgt, da beide Problemlösungsformen einander ergänzen.[98]

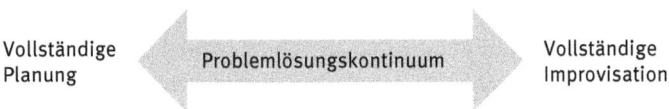

Vollständige Planung ⟵ Problemlösungskontinuum ⟶ Vollständige Improvisation

Abb. 43: Problemlösung als Kontinuum zwischen Planung und Improvisation[99].

---

97 Vgl. Klein/Biesenthal/Dehlin (2015), S. 275.
98 Vgl. Kosiol (1962), S. 30.
99 Quelle: Müller (2009b), S. 368.

Aus diesen Feststellungen ergibt sich, unabhängig von der verwendeten Controllingkonzeption, eine Reihe von Aufgaben für das Controlling. Diese sind für vorhergesehene und unvorhergesehene Improvisationen zu unterscheiden. Im Zusammenhang mit der Festlegung der anzustrebenden Problemlösungsform ist zu klären, welcher Anteil des Problems improvisiert und welcher Anteil geplant zu lösen ist. Damit wird vom Controlling eine Entscheidung über die Problemlösungsform getroffen, und auf diese Weise wird der für die Entscheidungsfindung erforderliche Kompromiss herbeigeführt sowie die planerische Vorbereitung dem ökonomischen Prinzip entsprechend begrenzt. Hierbei besteht die Gefahr des infiniten Regresses, da zur Bestimmung der Problemlösungsform eine weitere Problemlösung erforderlich ist, dessen optimaler Komplexionsgrad ebenfalls mit einer Problemlösung zu bestimmen ist.[100]

Für den zu improvisierenden Teil sind die Bestandteile der handlungsleitenden Ordnung vom Controlling so zu gestalten, dass die Erfolgswahrscheinlichkeit der Improvisation erhöht wird. Zur Strukturierung der Improvisation sind inhaltliche und zeitliche Rahmenvorgaben erforderlich, an denen sich der Akteur orientieren kann. Dazu zählt, dass ein handlungsleitendes Bündel von Prinzipien verfügbar ist und dem Akteur ein Handlungsspielraum eingeräumt wird, innerhalb dessen die Problemlösung flexibel und eigenverantwortlich erfolgen kann.[101] Je weniger detailliert die Planungsvorgaben für konkrete Probleme sind, desto größer ist der Einfluss übergeordneter Ziele und Werte des Unternehmens. Klar festgelegte und kommunizierte Wertvorstellungen und Führungsrichtlinien stellen sicher, dass sich der Akteur in einem zulässigen Lösungsraum bewegt.[102] Darüber hinaus erleichtern implizite Qualitätsstandards in Form interner Modelle dem Akteur die improvisierte Problemlösung.[103]

Im Fall von unvorhergesehenen Improvisationen als Resultat von Ex-post-Überraschungen sowie bei Improvisation aufgrund mangelnden Fachwissens besteht die Alternative der Entscheidung über die Problemlösungsform nicht, es verbleibt lediglich die Improvisation als Problemlösungsform. Aufgabe des Controllings ist es in diesem Fall, die schon beschriebenen Rahmenbedingungen (z. B. inhaltlicher und zeitlicher Rahmen, handlungsleitende Ordnung, mentale Modelle) für eine erfolgreiche Improvisation zu schaffen. Von zentraler Bedeutung im Fall der unvorhergesehenen Improvisation sind Auswahl bzw. Einbezug von Personen, welche auf dem Gebiet, in welchem das Problem angesiedelt ist, über Expertenwissen verfügen. Zusätzlich kann durch die Erarbeitung allgemeiner Handlungs- und Verfahrensanweisungen für derartige Fälle (z. B. durch die Planung eines Krisen- und Notfallmanagements) ein Rahmenplan vorbereitet werden, mittels dessen inhaltliche und zeitliche Orientierungspunkte für die Improvisation verfügbar sind.

---

100 Vgl. Schneider (2001), S. 550.
101 Vgl. Hodgkinson/Hughes/Arshad (2016), S. 381.
102 Vgl. Müller (2014), S. 211.
103 Vgl. Lehner (2004), Sp. 459.

Neben der Vorgabe eines Rahmenplans besteht in der Koordination der improvisierten Problemlösungsmaßnahmen eine wesentliche Controllingaufgabe. Diese resultiert aus der notwendigen, zeitstetigen Abstimmung der Improvisation mit internen und externen Anspruchsgruppen des Unternehmens. Der Akteur hat sich während der Problemlösung an den Anspruchsgruppen zu orientieren, um den Ergebnisbeitrag und die Zulässigkeit von bisher improvisierten Problemlösungsschritten einschätzen und auf Basis der Reaktion dieser Gruppen die weitere Vorgehensweise entwickeln zu können. Diese rekursive Vorgehensweise erfordert zusätzlich zu der Koordination der Akteursaktivitäten mit den Aktivitäten anderer Unternehmensteile eine zeitstetige Informationsversorgung über Ergebnisbeitrag, Zulässigkeit bisher realisierter Maßnahmen und der Reaktion der Anspruchsgruppen. Die zeitstetigen Informationen ermöglichen eine Fortführung der Improvisation auf Basis bisheriger Problemlösungsschritte und eine eventuell erforderliche Fehlerkorrektur. Mit diesen Informationen können die weiteren Lösungssequenzen konzipiert werden. Die Verfügbarkeit von Echtzeitinformationen ermöglicht den improvisierenden Akteuren eine Orientierung und erhöht die Erfolgswahrscheinlichkeit der Improvisation.[104] Neben diese Aufgabe der Informationsversorgung während der Improvisation tritt die Aufgabe, bisherige, sowohl erfolglose als auch erfolgreiche, Improvisationen im Unternehmen zu dokumentieren, auszuwerten und zu speichern. Auf diese Weise werden Erfahrungen in Bezug auf Improvisationen für zukünftige Planungs- und Entscheidungsprozesse nutzbar, womit die Basis für einen langfristigen Lernprozess geschaffen wird.

Implizite Ansätze zur Akzeptanz der Improvisation als zulässige Problemlösungsform lassen sich im Rahmen des Beyond-Budgeting-Ansatzes erkennen. Sowohl vom Grundanliegen als auch von den, die Unternehmenskultur und den Planungsprozess betreffenden, Prinzipien her ist dieses Konzept darauf ausgerichtet, den Budgetierungsprozess weniger durch Planung als durch ein flexibles und dezentral angelegtes Managementmodell zu gestalten.[105] Das Verständnis des Beyond-Budgeting als handlungsleitendes Bündel von Prinzipien, nach denen die Problemlösung zu erfolgen hat, lässt die Nähe zur Improvisation erkennen. Beyond-Budgeting ist für Unternehmen in einem diskontinuierlichen und schlecht planbaren Wettbewerbsumfeld mit dem Ziel konzipiert, Voraussetzungen für Adaptivität und dezentrale Initiative zu schaffen, um flexibler auf neue Entwicklungen reagieren zu können. Den Akteuren wird ein kennzahlengestützter Handlungsspielraum eingeräumt, innerhalb dessen die Problemlösung flexibel und eigenverantwortlich erfolgen kann. Zusätzlich werden, als wesentliche Bestandteile des Konzepts, klare Richtlinien und Grenzen, überall und unmittelbar verfügbare Informationen sowie Selbstkontrolle

---

104 Vgl. Moorman/Miner (1998), S. 5–7; Trotter/Salmon/Lenné (2014), S. 65–66.
105 Vgl. Fischer/Möller/Schultze (2015), S. 444–446.

der Akteure gefordert,[106] was eine handlungsleitende Ordnung als Rahmenbedingung für Improvisation schafft.

5.2.2 Rationalität mentaler heuristischer Modelle

Die in den ersten Arbeiten zum rationalitätsorientierten Controlling verwendete Zweck-Mittel-Rationalität wurde von Weber mit dem Konstrukt der Sollrationalität weiter spezifiziert.[107] Die Bestimmung von Sollrationalität ist abhängig von dem aktuellen Stand des Fachwissens, dieses ist somit die Basis der Sollrationalität. Dieser Wissensstand definiert Standards zur Problemlösung, welche als Sollrationalität bezeichnet werden. An diesem Fachwissen werden die Existenz und der Einsatz individuellen Wissens gemessen und möglicherweise Rationalitätsengpässe identifiziert.

Um eine Rationalitätssicherung „in die falsche Richtung" zu vermeiden, ist es wichtig, dass zwischen Istrationalität und Sollrationalität klar unterschieden wird. Die fehlerhafte Einordnung einer rationalen Verhaltensweise als irrational würde zu einem Effekt führen, der dem eigentlichen Ziel der Rationalitätssicherung entgegensteht. An dieser Stelle leistet das Konzept der Umweltrationalität von PMM einen Beitrag, indem es die Verwendung mentaler Modelle als effizient erkennt und damit der Sollrationalität zuordnet. Aus den diskutierten Studien lassen sich Schlussfolgerungen über die Nutzung von mentalen Modellen ableiten, welche auch normativen Charakter aufweisen. Entscheidungen auf Basis mentaler Modelle können vor diesem Hintergrund auf Rationalität, als Umweltrationalität interpretiert, untersucht werden und es können Vorgaben zur Realisierung umweltrationaler Entscheidungen gemacht werden.

Es stellt sich demzufolge die Frage nach der Relation der Umweltrationalität Gigerenzers zur Sollrationalität Webers. Letztere wird durch einen Problemlösungsprozess beschrieben, welcher durch den kollektiven Wissensstand als optimal determiniert wird. Kollektives Wissen bzw. kollektive Wissensdefizite bestimmen die Sollrationalität und können zum Betrachtungszeitpunkt nicht reduziert werden.

Bei Verwendung einer auf diese Weise definierten Sollrationalität sind die als gesichert eingestuften Erkenntnisse maßgebend. Der Wissensstand bestimmt sich dabei über die anerkannten Erkenntnisse der Fachleute der jeweiligen Wissenschaftsdisziplin. Der Erkenntnisstand zur Umweltrationalität ist als wissenschaftlich abgesichert einzustufen, da dieser im Rahmen des wissenschaftlichen Diskurses erzielt wurde. Gigerenzer bezeichnet das Entscheidungsverhalten dann als umweltrational, wenn der Akteur ein für die Entscheidungsumwelt korrespondierendes probabilistisches mentales Modell konstruiert und eine darauf aufbauende Heuristik nutzt. In diesem

---

106 Vgl. Weber/Schäffer (2014), S. 298–300.
107 Vgl. Weber (2004), S. 472–474.

Fall sind Entscheidungen rational sowohl im Sinne Gigerenzers als auch im Sinne Webers. Umweltrationalität ist demzufolge eine Teilmenge der Sollrationalität. Wenn Entscheidungen umweltrational sind, sind diese auch sollrational.

Die Feststellung, dass viele KMU bei Entscheidungen auf mentale Modelle vertrauen, sollte demnach die Frage aufwerfen, welche mentalen Modelle dies sind und ob diese Vorgehensweisen umweltrational sind. Die Ausführungen zeigen, dass mentale Modelle rational in Bezug auf die Umwelt des Entscheidungsträgers sein können und somit der begrenzten Rationalität entsprechen. Zwar ist auch auf dieser Basis keine Defizitindikation des Modelleinsatzes möglich, jedoch kann die Grundlage der unternehmerischen Entscheidungsfindung verdeutlicht und die subjektive Modellwahl und -konstruktion des Entscheidungsträgers in KMU untersucht werden, was einen höheren Erkenntnisgewinn verspricht.

6 Zusammenfassung

Planung und Improvisation sind zwei sich ergänzende bzw. ersetzende Formen der Problemlösung. Da der Planung Grenzen gesetzt sind, das Hauptaugenmerk der Problemlösungsforschung in KMU jedoch bisher auf der Planung lag, widmet sich der vorliegende Beitrag der Improvisation. Improvisation, als ein in KMU häufig anzutreffendes Phänomen, ist ein informationsverarbeitendes, gestaltungs- und auch zukunftsorientiertes Problemlösungsverhalten, bei dem die Realisierung der Problemlösungsmaßnahme ohne eine vollständige antizipative Reflexion von Alternativen und deren Konsequenzen beginnt und die Zwischenergebnisse der Realisierung durch simultane Rückkopplung in der weiteren Problemlösung berücksichtigt werden.

Da Improvisation wie auch Planung und deren Umsetzung erfolgreich oder nicht erfolgreich sein kann, werden die Bestimmungsfaktoren der Improvisationsqualität diskutiert. Diese Diskussion ermöglicht Aussagen zur Einordnung der Improvisation als legitime und zulässige Problemlösungsform in KMU. Darüber hinaus werden auf der Grundlage der Bestimmungsfaktoren des Improvisationserfolgs Aussagen zum Planungsbedarf in KMU möglich. Es wird gezeigt, dass in dem Maße, wie Möglichkeiten und Fähigkeiten zur erfolgreichen Improvisation im Unternehmen vorliegen, der Planungsbedarf sinkt, woraus die Grenzen der Planungsnotwendigkeit abgeleitet werden. Diese werden bestimmt durch die Akteur-Problem-Relation, die handlungsleitende Ordnung, den Rahmenplan und die Orientierung des Akteurs. Damit wird verdeutlicht, dass die Grenzen der Planungsnotwendigkeit nicht singulär durch die Unternehmensgröße oder einzelne Merkmale des Umfelds determiniert werden, sondern durch das Bündel der Bestimmungsfaktoren des Improvisationserfolgs. Bisher verfügbare Darstellungen zum Planungseinsatz in KMU werden in diesen Kontext konsistent eingeordnet. Die Diskussion ist auf die Problemlösung durch den Einzelakteur im Unternehmen beschränkt. Gruppenimprovisationen sind für eine weiterführende

Diskussion geeignet, welche jedoch nicht im Rahmen des vorliegenden Beitrags erfolgte.

7 Literatur

Akgün, A./Byrne, J. C./Lynn, G. S./Keskin, H. (2007): New product development in turbulent environments: impact of improvisation and unlearning on new product performance. In: JET-M, 24. Jg., H. 3, S. 203–230.

Anderson, J. (2013): Kognitive Psychologie. 7. Aufl., Heidelberg.

Aram, J./Walochik, K. (1997): Improvisation and the Spanish Manager. In: International Studies of Management and Organization, 26. Jg., H. 4, S. 73–89.

Arbeitskreis „Integrierte Unternehmensplanung" der Schmalenbach-Gesellschaft (1991): Grenzen der Planung – Herausforderung an das Management. In: ZfbF, 43. Jg., H. 9, S. 811–829.

Baker, T./Miner, A./Eesley, D. (2002): Improvising firms: bricolage, account giving and improvisational competencies in the founding process. In: Research Policy, 32. Jg., H. 2, S. 255–276.

Balachandra, L./Crossan, M./Dewin, L./Leary, K./Patton, B. (2005): Improvisation and negotiation: Expecting the unexpected. In: Negotiation Journal, 21. Jg., H. 4, S. 415–423.

Baumüller, J./Hartmann, A./Kreuzer, C. (2015): Integrierte Unternehmensplanung. Wien.

Becker, M. (2005): Controlling von Internationalisierungsprozessen. Wiesbaden.

Becker, W./Ulrich, P./Botzkowski, T. (2016): Mergers & Acquisitions im Mittelstand. Berlin.

Behrends, T./Meyer, U./Korjamo, E. (2005): Strategisches Management in KMU – Befunde, Anforderungen und Gestaltungsmöglichkeiten. In: Schöning, S./Ott, I./Richter, J./Nissen, D. (Hg.): Kleine und mittlere Unternehmen in Umbruchsituationen. Frankfurt a. M., S. 17–34.

Berens, W./Wüller, F. (2007): Strategisches Controlling in KMU. In: Controlling, 19. Jg., H. 7, S. 393–403.

Boucoiran, T. (2010): Einfluss nationaler Kultur auf das Controlling: Eine Exploration deutscher und französischer Controllingpraxis aus Sicht deutscher Unternehmen. Hamburg.

Bresgen, C. (2004): Die Improvisation in der Musik. 2. Aufl., Wilhelmshaven.

Brighton, H./Gigerenzer, G. (2015): The bias bias. In: JBR, 68. Jg., H. 8, S. 1772–1784.

Bröder, A. (2001): Die eingeschränkte Fruchtbarkeit eines unvollständigen Forschungsprogramms. In: Psychologische Rundschau, 52. Jg., H. 3, S. 159–162.

Bröder, A./Eichler, A. (2006): The use of recognition information and additional cues in inference from memory. In: Acta Psychologica, 121. Jg., H. 3, S. 275–284.

Canonne, C./Garnier, N. (2015): Individual decisions and perceived form in collective free improvisation. In: Journal of New Music Research, 44. Jg., H. 2, S. 145–167.

Chelariu, C./Johnston, W./Young, L. (2002): Learning to improvise, improvise to learn: A process of responding to complex environments. In: JBR, 55. Jg., H. 2, S. 141–147.

Crossan, M./Pina-e-Cunha, M./Vera, D./Cunha, J. (2005): Time and organizational improvisation. In: AMR, 30. Jg., H. 1, S. 129–145.

Crossan, M./Sorrenti, M. (1997): Making sense of improvisation. In: Advances in Strategic Management, 14. Jg., S. 155–180.

Czada, R. (2016): Planen und Entscheiden als Steuerungsaufgabe und Interaktionsproblem. In: Kamp, G. (Hg.): Langfristiges Planen – Zur Bedeutung sozialer und kognitiver Ressourcen für nachhaltiges Handeln. Berlin, S. 215–249.

Dell, C. (2012): Die improvisierende Organisation. Bielefeld.

Drechsler, M./Katsikopoulos, K./Gigerenzer, G. (2014): Axiomatizing bounded rationality: the priority heuristic. In: Theory and Decision, 77. Jg., H. 2, S. 183–196.

Endsley, M. (2009): Expertise and situation awareness. In: Ericsson, K. A./Charness, N./ Feltovich, P. J./Hoffman, R. R. (Hg.): Expertise and expert performance. Cambridge, S. 633–651.

Ferand, E. (1938): Die Improvisation in der Musik. Zürich.

Fiedler, R. (2014): Organisation kompakt. 3. Aufl., München.

Figueroa-Dreher, S. K. (2016): Improvisieren – Material, Interaktion, Haltung und Musik aus soziologischer Perspektive. Berlin.

Fischer, T. M./Möller, K./Schultze, W. (2015): Controlling: Grundlagen, Instrumente und Entwicklungsperspektiven. 2. Aufl., Stuttgart.

Friedl, B. (2013): Controlling. 2. Aufl., Konstanz.

Froschauer, U./Lueger, M. (2015): Informalität als organisationaler Basisrhythmus. In: Groddeck, V. von/Wilz, S. M. (Hg.): Formalität und Informalität in Organisationen. Berlin, S. 191–213.

Gembris, H. (2011): Musikalische Entwicklung im Erwachsenenalter. In: Bruhn, H./Kopiez, R./Lehmann, A. C. (Hg.): Musikpsychologie. 3. Aufl., Göttingen, S. 162–189.

Gibson, B./Cassar, G. (2002): Planning behavior variables in small firms. In: JSBM, 40. Jg., H. 3, S. 171–186.

Gigerenzer, G. (2000): Adaptive thinking – rationality in the real world. Oxford.

Gigerenzer, G. (2004): Striking a blow for sanity in theories of rationality. In: Augier, M./March, J. (Hg.): Models of a man: Essays in memory of Herbert A. Simon. Cambridge, S. 389–409.

Gigerenzer, G. (2005): Fast and frugal heuristics: the tools of bounded rationality. In: Koehler, D./ Harvey, N. (Hg.): Blackwell Handbook of Judgement and Decision Making. Oxford, S. 62–88.

Gigerenzer, G. (2014): How I got started: teaching physicians and judges risk literacy. In: Applied Cognitive Psychology, 28. Jg., H. 4, S. 612–614.

Gigerenzer, G. (2015): Simply rational – decision making in the real world. Oxford.

Gigerenzer, G./Czerlinski, J./Martignon, L. (2002): How good are fast and frugal heuristics? In: Gilovich, T./Griffin, D./Kahneman, D. (Hg.): Heuristics and biases: the psychology of intuitive judgement. Cambridge, S. 559–581.

Gigerenzer, G./Gaissmaier, W. (2011): Heuristic decision making. In: ARoP, 62. Jg., H. 1, S. 451–482.

Gigerenzer, G./Hoffrage, U./Goldstein, D. (2008): Fast and frugal heuristics are plausible models of cognition: reply to Dougherty, Franco-Watkins, and Thomas. In: PR, 115. Jg., H. 1, S. 230–239.

Gigerenzer, G./Hoffrage, U./Kleinböltling, H. (1991): Probabilistic mental models: a Brunswikian theory of confidence. In: PR, 98. Jg., H. 4, S. 506–528.

Giustiniano, L./Pina-e-Cunha, M./Clegg, S. (2016): The dark side of organizational improvisation: Lessons from the sinking of Costa Concordia. In: Business Horizons, 59. Jg., H. 2, S. 223–232.

Goldstein, D./Gigerenzer, G. (2002): Models of ecological rationality: the recognition heuristics. In: PR, 109. Jg., H. 1, S. 75–90.

Grün, O. (2014): Nachlese. In: Grün, O./Schenker-Wicki, A. (Hg.): Katastrophenmanagement – Grundlagen, Fallstudien und Gestaltungsoptionen aus betriebswirtschaftlicher Sicht. Berlin, S. 271–284.

Gutenberg, E. (1983): Grundlagen der Betriebswirtschaftslehre. Bd. 1: Die Produktion. 24. Aufl., Berlin u. a.: Springer.

Hadida, A. L./Tarvainen, W./Rose, J. (2015): Organizational improvisation: a consolidating review and framework. In: International Journal of Management Review, 17. Jg., H. 4, S. 437–459.

Hatch, M. (1997): Jazzing up the Theory of Organizational Improvisation. In: Walsh, J. P./Huff, A. S. (Hg.): Advances in Strategic Management. 14. Jg., S. 181–191.

Hertwig, R./Hoffrage, U. (2001): Eingeschränkte und ökologische Rationalität: Ein Forschungsprogramm. In: Psychologische Rundschau, 52. Jg., H. 1, S. 11–19.

Hickey, M. (2015): Learning from the experts: A study of free-improvisation pedagogues in university settings. In: Journal of Research in Music Education, 62. Jg., H. 4, S. 425–445.

Hmieleski, K./Corbett, A. (2006): Proclivity for improvisation as a predictor of entrepreneurial intentions. In: JSBM, 44. Jg., H. 1, S. 45–63.

Hodgkinson, I. R./Hughes, P./Arshad, D. (2016): Strategy development: Driving improvisation in Malaysia. In: Journal of World Business, 51. Jg., H. 3, S. 379–390.

Hoffjan, A./Endenich, C./Trapp, R./Boucoiran, T. (2012): International Budgeting – Challenges for German – French Companies. In: JoMAC, 23. Jg., H. 1, S. 5–25.

Homburg, C. (2013): Quantitative Betriebswirtschaftslehre. 3. Aufl. [Nachdr.], Wiesbaden.

Jungermann, H./Pfister, H.-R./Fischer, K. (2013): Die Psychologie der Entscheidung. 3. Aufl. [Nachdr.], Heidelberg.

Kahneman, D./Frederick, S. (2004): Attribute substitution in intuitive judgment. In: Augier, M./ March, J. (Hg.): Models of a man: Essays in memory of Herbert A. Simon. Cambridge, S. 411–432.

Kamp, G. (2016): Welches Akteurs- und Rationalitätsverständnis braucht die Planungstheorie? Methodologische Reflexionen. In: Kamp, G. (Hg.): Langfristiges Planen – Zur Bedeutung sozialer und kognitiver Ressourcen für nachhaltiges Handeln. Berlin, S. 11–38.

Klein, L./Biesenthal, C./Dehlin, E. (2015): Improvisation in project management. In: International Journal of Project Management, 33. Jg., H. 2, S. 267–277.

Klein, R./Scholl, A. (2011): Planung und Entscheidung. 2. Aufl., München.

Koch, H. (1975): Betriebswirtschaftliche Planung. In: Grochla, E./Wittmann, W. (Hg.): HWB, Bd. 1/2. 4. Aufl., Stuttgart, Sp. 3001–3006.

v. Kortzfleisch, G. (1959): Zum Wesen der betriebswirtschaftlichen Planung. In: Ries, J./v. Kortzfleisch, G. (Hg.): Betriebswirtschaftliche Planung in industriellen Unternehmungen. Berlin, S. 9–19.

Kosiol, E. (1962): Die Organisation der Unternehmung. Wiesbaden.

Kraus, S. (2006): Strategische Planung und Erfolg junger Unternehmen. Wiesbaden.

Kraus, S./Fink, M./Harms, R./Rößl, D. (2007): Forschungsergebnisse zur strategischen Planung in KMU: Aktueller Stand und zukünftige Entwicklungslinien. In: Meyer, A.-J. (Hg.): Planung in kleinen und mittleren Unternehmen. Lohmar, S. 31–43.

Küpper, H.-U./Friedl, G./Hofmann, C./Hofmann, Y./Pedell, B. (2013): Controlling: Konzeption – Aufgaben – Instrumente. 6. Aufl., Stuttgart.

Legg, A./Philpott, C. (2015): An analysis of performance practices in African American gospel music: rhythm, lyric treatment and structures in improvisation and accompaniment. In: Popular Music, 34. Jg., H. 2, S. 197–225.

Lehmann, C. (2011): Komposition und Improvisation. In: Bruhn, H./Kopiez, R./Lehmann, A. C. (Hg.): Musikpsychologie. 3. Aufl., Göttingen, S. 338–353.

Lehmann, C./Gruber, H. (2009): Music. In: Ericsson, K. A./Charness, N./Feltovich, P. J./Hoffman, R. R. (Hg.): Expertise and expert performance. Cambridge, S. 457–470.

Lehner, J. M. (2001): Planung, Formalisierung und Improvisation. In: Lehner, J. M. (Hg.): Praxisorientiertes Projektmanagement. Wiesbaden, S. 93–113.

Lehner, J. M. (2004): Improvisation. In: Schreyögg, G./v. Werder, A. (Hg.): Handwörterbuch Unternehmensführung und Organisation. Stuttgart, Sp. 457–464.

Leybourne, S. (2006): Improvisation within the project management of change: Some observations from UK financial services. In: Journal of Change Management, 6. Jg., H. 4, S. 365–381.

Leybourne, S./Kennedy, M. (2015): Learning to improvise, or improvising to learn: knowledge generation and ‚innovative practice' in project environments. In: Knowledge and Process Management, 22. Jg., H. 1, S. 1–10.

Lindahl, M. (2007): Engineering improvisation: the case of Wärtsilä. In: Monthoux, P./ Gustafsson, C./Sjöstrand, S.-E. (Hg.): Aesthetic Leadership: Managing Fields of Flow in Art and Business. New York, S. 155–169.

Linder, S. (2004): Wie (un)zuverlässig sind Investitionsplanungen? In: ZfCM, 48. Jg., Sonderheft 1, S. 47–57.

Mahnkopf, C.-S. (2011): Komposition und Improvisation. In: Nanz, D. A. (Hg.): Aspekte der freien Improvisation in der Musik. Hofheim, S. 88–94.

Maldonado, T./Vera, D. (2014): Leadership skills for international crises: The role of cultural intelligence and improvisation. In: OD, 43. Jg., H. 4, S. 257–265.

Martin, A./Bartscher-Finzer, S. (2006): Die Führung mittelständischer Unternehmen – Zwischen Defizit und Äquivalenz. In: Krüger, W./Klippstein, G./Merk, R./Wittberg, V. (Hg.): Praxishandbuch des Mittelstands. Wiesbaden, S. 203–218.

McGinn, K./Keros, A. (2002): Improvisation and the logic of exchange in socially embedded transactions. In: ASQ, 47. Jg., H. 3, S. 442–473.

Melöchin, A. von/Hemming, J. (2014): Improkomposition. Kassel.

Mintzberg, H. (1994): Rethinking strategic planning part II: new roles for planners. In: Long Range Planning, 27. Jg., H. 3, S. 22–30.

Mintzberg, H. (1978): Patterns in strategy formation. In: MS, 24. Jg., H. 9, S. 934–948.

Mintzberg, H./Waters, J. (1985): Of strategies, deliberate and emergent. In: SMJ, 6. Jg., H. 3, S. 257–272.

Mollbach, A. (2006): Top-Management-Coaching in mittleren Unternehmen. In: Organisationsberatung, Supervision, Coaching, 13. Jg., H. 2, S. 139–152.

Moormann, C./Miner, A. (1998): The convergence of planning and execution: Improvisation in new product development. In: JM, 62. Jg., H. 3, S. 1–20.

Mousavi, S./Gigerenzer, G. (2014): Risk, uncertainty, and heuristics. In: JBR, 67. Jg., H. 8, S. 1671–1678.

Müller, D. (2007): Bestimmungsfaktoren der Improvisation im Unternehmen. In: ZfPU, 18. Jg., H. 3, S. 255–277.

Müller, D. (2009a): Analyse der Improvisation als Problemlösungsalternative in KMU. In: Müller, D. (Hg.): Controlling für kleine und mittlere Unternehmen. München, S. 475–505.

Müller, D. (2009b): Zur Rolle von Planung und Improvisation in KMU. In: Controlling, 21. Jg., H. 7, S. 364–370.

Müller, D. (2009c): Betrachtung emergenter Strategien durch das Prisma der Improvisation. In: ZfM, 4. Jg., H. 3, S. 283–304.

Mueller, D. (2011): Antecedences and determinants of improvisation in firms. In: Problems and Perspectives in Management, 9. Jg., H. 4, S. 118–131.

Müller, D. (2014): Investitionscontrolling. Berlin.

Mumm, M. (2015): Kosten- und Leistungsrechnung. 2. Aufl., Berlin.

Neth, H./Meder, B./Kothiyal, A./Gigerenzer, G. (2014): Homo heuristicus in the financial world: From risk management to managing uncertainty. In: Journal of Risk Management, 7. Jg., H. 2, S. 134–144.

Peters, M./Zelewski, S. (2007): Probleme bei der Anwendung betriebswirtschaftlicher Analysetechniken in KMU und Lösungsvorschläge. In: Meyer, A.-J. (Hg.): Planung in kleinen und mittleren Unternehmen. Lohmar, S. 81–95.

Pfohl, H.-C. (2013a): Unternehmensführung. In: Pfohl, H.-C. (Hg.): Betriebswirtschaftslehre der Mittel- und Kleinbetriebe. 5. Aufl., Berlin, S. 85–117.

Pfohl, H.-C. (2013b): Abgrenzung der Klein- und Mittelbetriebe von Großbetrieben. In: Pfohl, H.-C. (Hg.): Betriebswirtschaftslehre der Mittel- und Kleinbetriebe. 5. Aufl., Berlin, S. 1–25.

Pfohl, H.-C./Stölzle, W. (1997): Planung und Kontrolle. München.

Philipp, G. (2003): Klavierspiel und Improvisation. Altenburg.

Rabbe, S./Schulz, A. (2007): Strategisches Management in kleinen und mittleren Unternehmen – Unternehmer zwischen „Planungslücke" und „strategic awareness". In: Meyer, A.-J. (Hg.): Planung in kleinen und mittleren Unternehmen. Lohmar, S. 13–29.

Rieger, H. (1967): Begriff und Logik der Planung. Wiesbaden.

Ross, K./Shafer, J./Klein, G. (2006): Professional judgements and „naturalistic decision making". In: Ericsson, K. A./Charness, N./Feltovich, P. J./Hoffman, R. R. (Hg.): Expertise and expert performance. Cambridge, S. 403–419.

Saner, H. (2011): Als ob die Musik selbst die Führung übernommen hätte... Zur Praxis der Improvisation. In: Nanz, D. A. (Hg.): Aspekte der freien Improvisation in der Musik. Hofheim, S. 64–66.

Schäffer, U./Willauer, B. (2002): Kontrolle, Effektivität der Planung und Erfolg von Geschäftseinheiten – Ergebnisse einer empirischen Erhebung. In: ZfPU, S. 73–97.

Schenker-Wicki, A. (2014): Information im Katastrophenfall. In: Grün, O./Schenker-Wicki, A. (Hg.): Katastrophenmanagement – Grundlagen, Fallstudien und Gestaltungsoptionen aus betriebswirtschaftlicher Sicht. Berlin, S. 177–201.

Schneeweiß, C. (2016): Die formalen Zusammenhänge im Prozess langfristiger, nachhaltiger Planung. In: Kamp, G. (Hg.): Langfristiges Planen – Zur Bedeutung sozialer und kognitiver Ressourcen für nachhaltiges Handeln. Berlin, S. 59–107.

Schneider, D. (2001): Betriebswirtschaftslehre, Bd. 4: Geschichte und Methoden der Wirtschaftswissenschaft. München.

Schröder, A./Geiger, D. (2014): Routine vs. Improvisation im Katastrophenfall – Zur Bedeutung von Routinen in turbulenten Situationen. In: Grün, O./Schenker-Wicki, A. (Hg.): Katastrophenmanagement – Grundlagen, Fallstudien und Gestaltungsoptionen aus betriebswirtschaftlicher Sicht. Berlin, S. 153–175.

Schütz, M. (2015): Improvisation im Jazz. Hamburg.

Siegfried, P. (2015): Strategische Unternehmensplanung in jungen KMU. Berlin.

Sikora, F. (2012): Neue Jazz-Harmonielehre. 5. Aufl., Mainz.

Simon, H. A. (1990): Invariants of human behavior. In: ARoP, 41. Jg., H. 1, S. 1–19.

Steinmann, H./Schreyögg, G./Koch, J. (2013): Management: Grundlagen der Unternehmensführung. 7. Aufl., Wiesbaden.

Steven, M./Schade, S. (2007): Unternehmensübergreifende Planung in KMU. In: Meyer, A.-J. (Hg.): Planung in kleinen und mittleren Unternehmen. Lohmar, S. 61–78.

Tegel, T. (2005): Multidimensionale Konzepte zur Controllingunterstützung in kleinen und mittleren Unternehmen. Wiesbaden.

Todd, P. M./Gigerenzer, G. (2003): Bounding rationality to the world. In: Journal of Economic Psychology, 24. Jg., H. 2, S. 143–165.

Trotter, M. J./Salmon, P. M./Lenné, M. G. (2014): Impromaps: Applying Rasmussen's risk management framework to improvisation incidents. In: Safety Science, 64. Jg., H. April, S. 60–70.

Ulrich, P. (2011): Corporate Governance in mittelständischen Familienunternehmen – Theorien, Feldstudien, Umsetzung. Wiesbaden.

Vera, D./Crossan, M. (2005): Improvisation and Innovative Performance in Teams. In: OS, S. 203–224.

Vera, D./Rodriguez-Lopez, A. (2007): Leading-Improvisation: Lessons from the American revolution. In: OD, S. 303–319.

Vitouch, O. (2005): Erwerb musikalischer Expertise. In: Stoffer, T./Oerter, R. (Hg.): Allgemeine Musikpsychologie. Göttingen, S. 657–715.

Voigt, K.-I. (1992): Strategische Planung und Unsicherheit. Wiesbaden.

Vranas, P. B. M. (2000): Gigerenzer's normative critique of Kahneman and Tversky. In: Cognition, 76. Jg., H. 3, S. 179–193.

Weber, J. (2004): Möglichkeiten und Grenzen der Operationalisierung des Konstrukts „Rationalitäts-sicherung". In: Pietsch, G./Scherm, E. (Hg.): Controlling: Theorie und Konzeptionen. München, S. 467–486.

Weber, J./Schäffer, U. (2014): Einführung in das Controlling. 14. Aufl., Stuttgart.

Wegmann, J. (2006): Betriebswirtschaftslehre mittelständischer Unternehmen. München.

Weissenberger, B./Löhr, B. (2007): Planung und Unternehmenserfolg: Stylized Facts aus der empiri-schen Controllingforschung im deutschsprachigen Raum von 1990–2007. In: ZfPU, S. 335–363.

Welter, F. (2003): Strategien, KMU und Umfeld – Handlungsmuster und Strategiegenese in kleinen und mittleren Unternehmen. Berlin.

Wittmann, W. (1959): Unternehmung und unvollkommene Information. Köln.

Teil 4: **Unternehmensnachfolge, Finanzierung und Investition**

Andrea Martin, Martina Mühlbauer und Thomas A. Martin

Familienexterne Unternehmensnachfolge in mittelständischen Unternehmen: Handlungsalternativen im Rahmen der strategischen Personalplanung

1 Gesamtgesellschaftliche Relevanz der Unternehmensnachfolge

Die Planung der Unternehmensnachfolge ist für Eigentümer[1] und Eigentümerinnen von mittelständischen Unternehmen und KMU von grundlegender Bedeutung. Charakteristisch für mittelständische Unternehmen ist, dass die Person des Eigentümers regelmäßig auch gleichzeitig Geschäftsführer – oftmals auch Gründer – dieser Unternehmung ist, während in großen (Kapital-)Gesellschaften Eigentum und Unternehmensleitung üblicherweise getrennt sind. Dementsprechend stellt sich bei Familien-

---

[1] Im Weiteren jeweils gleichermaßen für Eigentümerinnen gültig.

DOI 10.1515/9783110517163-017

unternehmen im Laufe der Zeit auch die Frage, inwiefern das Unternehmen nach Ausscheiden des Alteigentümers weitergeführt werden soll und ob ein geeigneter Nachfolger – innerhalb, aber auch außerhalb der Familie – gefunden werden kann. Eine erfolgreiche Unternehmensübergabe bedingt dementsprechend eine zielgerichtete Nachfolgeplanung, also eine HR-Maßnahme aus der strategischen Personalplanung.

Die *KfW* gibt die geschätzte Zahl der geplanten Unternehmensnachfolgen von 2013 bis zum Jahr 2017 mit 580.000 Unternehmen an, was 16 % der Mittelständler entspricht. Hinsichtlich der angestrebten Nachfolgelösung setzt sich dieser Prozentsatz zusammen aus 9 % der mittelständischen Unternehmen, die eine familieninterne Nachfolge anstreben, und 7 % der mittelständischen Unternehmen, die eine familienexterne Nachfolge (d. h. Verkauf an Mitarbeiter, an ein anderes Unternehmen oder an Finanzinvestoren) in diesem Zeitraum beabsichtigen.[2] Für das Jahr 2014 ergibt sich ein leichter Anstieg, indem die Zahl der geplanten Unternehmensnachfolgen bis zum Jahr 2018 auf rund 618.000 beziffert wird – dies entspricht 17 % der Mittelständler, die planen, ihr Unternehmen an einen Nachfolger zu übergeben oder zu verkaufen.[3]

Das IfM Bonn schätzt für den Zeitraum 2014 bis 2018, dass von 3,5 Mio. Familienunternehmen in Deutschland ca. 700.000 als „übernahmewürdig"[4] eingestuft werden können.[5] Hiervon stehen ca. 135.000 Unternehmen zur Übergabe an, weil deren Eigentümer in den nächsten fünf Jahren aus dem Unternehmen aufgrund persönlicher Gründe ausscheiden (sogenannte **„übergabereife Unternehmen"**).[6] Die Anzahl der von einer Unternehmensübernahme betroffenen Beschäftigten beläuft sich der Schätzung des IfM Bonn zufolge auf 2,0 Mio. Arbeitnehmer.[7]

Die genannten Werte verdeutlichen die hohe gesellschaftliche und volkswirtschaftliche Bedeutung von Unternehmensübergaben hinsichtlich des Erhalts von Arbeitsplätzen und der wirtschaftlichen Leistungsfähigkeit der mittelständischen

---

2 Vgl. Schwartz/Gerstenberger (2015b), S. 1.

3 Vgl. Schwartz (2015), S. 5.

4 „Übernahmewürdig" bedeutet, dass dieser Berechnung zufolge die zu erwartenden Gewinne höher sein müssen „als die zu erwartenden Einkünfte eines potentiellen Nachfolgers aus einer abhängigen Beschäftigung plus Erträge aus einer alternativen Kapitalanlage." Kay/Suprinovic (2013), S. 3.

5 Die genannten übergabewürdigen 700.000 Familienunternehmen erwirtschaften einen Jahresgewinn von mindestens 53.989 € bei Einzelunternehmen und Personengesellschaften bzw. mindestens 0 € bei Kapitalgesellschaften zuzüglich Mindestverzinsung des Eigenkapitals. Bei Kapitalgesellschaften ist – anders als bei Einzelunternehmen und Personengesellschaften – kein kalkulatorischer Unternehmerlohn zu berücksichtigen, da hier ein Geschäftsführergehalt gezahlt und somit bei der Ermittlung des Jahresergebnisses berücksichtigt wird. Vgl. Kay/Suprinovic (2013), S. 3–8.

6 Vgl. Kay/Suprinovic (2013), S. 8. Unter die genannten „persönlichen Gründe" fallen laut Hauser/Kay/Boerger Alter, Krankheit, Tod und attraktive alternative Beschäftigung. Vgl. Hauser/Kay/Boerger (2010), S. 9–10, deren Schätzungsverfahren für die Jahre 2010 bis 2014 der für den aktuellen Fünfjahreszeitraum durchgeführten Schätzung zugrunde gelegt wird.

7 Vgl. Kay/Suprinovic (2013), S. 14.

und familiengeführten Unternehmenslandschaft. Damit geht für eigentümergeführte (Familien-)Unternehmen die Notwendigkeit einher, die Unternehmensnachfolge rechtzeitig und zielgerichtet zu regeln. Hier sind jedoch bei vielen deutschen Familienunternehmen deutliche Defizite erkennbar: Vielfach verläuft der Nachfolgeprozess aufgrund unzureichender Planung oder schlechter Umsetzung eher ungünstig.[8] Dabei birgt eine ungeklärte Nachfolge insbesondere das Risiko, dass das Investitions- und Innovationsverhalten des Unternehmens im Zeitraum bis zur Klärung negativ beeinflusst wird, was letztlich auch die Übernahme eines Unternehmens selbst gefährden kann.[9]

Die Regelung der Unternehmensnachfolge ist indes ein komplexes Problemfeld, da hier verschiedene, einerseits in der Person des Eigentümers und seinem familiären Umfeld liegende, zum Teil auch emotional begründbare Konfliktpotenziale vorhanden sein könnten, die die Übernahmen be- oder verhindern können, andererseits können jedoch auch von Seiten des (potenziellen) Übernehmers mögliche Hemmnisse ausgehen. Anhand der in Anspruch genommenen Beratungen sieht der *DIHK* für das Jahr 2014 eine erhebliche Differenz zwischen Altinhabern, die einen Nachfolger suchen, und potenziellen Unternehmensübernehmern: Rechnerisch kommen 1,4 Übergeber auf einen potenziellen Übernehmer.[10] Dem *DIHK* zufolge finden 43 % der Altinhaber keinen passenden Nachfolger, wohingegen 46 % der potenziellen Übernehmer wiederum kein passendes Unternehmen finden.[11]

Eine erfolgreiche Nachfolgeplanung umfasst neben der Wahl eines geeigneten Nachfolgers auch die finanzielle Absicherung des Altinhabers nach dessen Ausscheiden aus dem Unternehmen und das Treffen geeigneter Maßnahmen zur Sicherung des Unternehmensfortbestands für die Zeit nach der Übergabe.[12] Wesentlich für eine erfolgreiche Unternehmensübergabe ist eine frühzeitige und systematische Planung, ausgehend von der jeweiligen Istsituation in persönlicher und finanzieller Hinsicht sowie der grundsätzlichen Überlegung, ob neben einer familieninternen Übergabe auch eine Nachfolge außerhalb der Familie infrage kommen kann oder ggf. sogar muss, wenn kein Familienmitglied für eine Übernahme zur Verfügung steht.

Der vorliegende Beitrag befasst sich mit den unterschiedlichen Perspektiven der Nachfolgeplanung: Ausgangsbasis bilden die unterschiedlichen Problemfelder, welche eine Unternehmensnachfolge hemmen oder ernsthaft gefährden können. Im Hinblick auf eine erfolgreiche Übergabe wird anschließend aufgezeigt, wie sich der Prozess der Nachfolgeplanung grundsätzlich systematisieren lässt und welche Ausprägungs-

---

8 Vgl. Hennerkes/Kirchdörfer (2015), S. 170.

9 Vgl. Schwartz/Gerstenberger (2015b), S. 3; Schwartz/Gerstenberger (2015a); Zimmermann (2013).

10 Vgl. DIHK (2015), S. 7. So haben im Jahr 2014 insgesamt 5.943 Altinhaber eine IHK-Beratung in Anspruch genommen, denen lediglich 4.214 Beratungen seitens Übernahmeinteressenten gegenüberstanden. Vgl. DIHK (2015), S. 7.

11 Vgl. DIHK (2015), S. 10.

12 Vgl. Martin/Martin (2006), S. 30.

formen die Nachfolgeregelungen annehmen können. Der Fokus der Ausführungen liegt insbesondere bei der familienexternen Nachfolgeplanung; hierbei werden die Formen des Management-Buy-out und Management-Buy-in schwerpunktmäßig behandelt, indem auf deren Charakteristik und die Strukturierung einer Buy-out-Finanzierung besonders eingegangen wird. Abschließend wird als weiterer Schwerpunkt aufgezeigt, wie die Stiftung als Nachfolgelösung eingesetzt werden kann.

2 Perspektiven der Nachfolgeplanung

2.1 Nachfolge in Familienunternehmen

Obwohl der Begriff des **Familienunternehmens** vielfach gebraucht wird, existiert hierfür keine einheitliche Definition.[13] Als begriffliche Annäherung lässt sich ein Familienunternehmen als „komplexes Mischgebilde" begreifen, das zwei unterschiedliche Systeme vereinigt: emotionaler Familienverbund einerseits, der andererseits mit einem in der Regel rational geführten Unternehmen verknüpft ist.[14] Der untrennbare Zusammenhang zwischen Familie und Unternehmen lässt schon allein darauf schließen, dass gravierende Änderungen innerhalb dieses Familienverbundes oftmals direkten Einfluss auf das Unternehmen haben können, und umgekehrt auch die Unternehmensentwicklung unmittelbare Auswirkungen auf die Familie haben kann. Gemäß der Definition des IfM Bonn liegt ein Wesensmerkmal von Familienunternehmen darin, dass Eigentums- und Leitungsrechte in der Person des Unternehmers oder dessen Familie vereint sind.[15] Zwischen Familienunternehmen und KMU oder mittelständischen Unternehmen existiert zwar eine sehr große Schnittmenge, tatsächlich können aber auch solche Unternehmen zu Familienunternehmen gehören, die die quantitativen Größenklassenkriterien für KMU[16] übersteigen.[17] Sie fallen dann unter das qualitative Begriffsverständnis von mittelständischen Unternehmen und grenzen sich somit von einem rein quantitativen Verständnis des Begriffs KMU ab. Insgesamt sind ca. 95 % der Unternehmen in Deutschland Familienunternehmen[18]

---

13 Vgl. Klein (2010), S. 9 m. w. N.

14 Vgl. Weber (2009), S. 13.

15 Vgl. IfM Bonn (o.J.). So fallen nach dieser Definition hierunter Unternehmen, bei denen „bis zu zwei natürliche Personen oder ihre Familienangehörigen mindestens 50 % der Anteile eines Unternehmens halten und diese natürlichen Personen der Geschäftsführung angehören."IfM Bonn (o.J.).

16 Gängig ist die KMU-Definition des IfM Bonn, wonach weniger als 500 Beschäftigte und ein Umsatz unter 50 Mio. € vorliegen müssen. Vgl. IfM Bonn (o.J.). Die EU-Kommission definiert in ihrer Empfehlung KMU als Unternehmen mit weniger als 250 Beschäftigten, weniger als 50 Mio. € Umsatz und einer Bilanzsumme unter 43 Mio. €. Vgl. Europäische Kommission (2003), S. 39.

17 Vgl. IfM Bonn (o.J.).

18 Vgl. Haunschild/Wolter (2010), S. 13.

und nehmen damit eine herausragende Stellung in der deutschen Unternehmenslandschaft ein. Bedingt durch die Personenidentität von Eigentum und Führung ist die Persönlichkeit des Unternehmers in Familienunternehmen auch die zentrale Einflussgröße für die Unternehmens- und Mitarbeiterführung.[19] Ein zentraler Vorteil von Familienunternehmen ist, dass Prinzipal-Agent-Konflikte grundsätzlich ausgeschlossen sind, weil keine Abstimmungsprozesse zwischen Eigentum und Leitung unternommen werden müssen – andererseits können familieninterne Konflikte der Unternehmensentwicklung direkt schaden.[20]

Ab einem gewissen Punkt im Unternehmenslebenszyklus, spätestens mit fortschreitendem Alter des Eigentümers, werden Familienunternehmen üblicherweise damit konfrontiert, einen geeigneten Nachfolger für das Unternehmen zu finden, an den Eigentum und Leitung des Unternehmens übergeben werden sollen. Unternehmensnachfolge ist somit ein „unvermeidlicher Bestandteil des Lebenszyklus eines Familienunternehmens."[21] Damit verbunden ist „eine komplexe Veränderung, die den Ablauf diverser unternehmensbezogener Bereiche umfasst" und einen Prozess erfordert, „der durch langfristige Auswirkungen auf das Unternehmen charakterisiert ist."[22]

Freiling/Gersch fassen die Nachfolge anhand einer inhaltlichen, kontextbezogenen und prozessbezogenen Dimension wie folgt:[23] Im Rahmen der **inhaltlichen Dimension** bezieht sich die Nachfolge „auf die Übertragung der Dispositionsgewalt von Eigentümer-Unternehmen (einzeln oder in der Gruppe) in Richtung auf eine neue Führungskonstellation in einem bestehenden, hier mittelständischen Betrieb." Bei der **kontextbezogenen Dimension** soll die Nachfolge „unter unsicheren Rahmenbedingungen die nachhaltige Existenzfähigkeit der mittelständischen Unternehmung sicherstellen." Schließlich wird mit der **prozessbezogenen Dimension** die Nachfolge als Prozess verstanden, der mit „dem Entschluss [beginnt], eine Nachfolgeregelung herbeizuführen" und „mit dem faktischen Ausscheiden der übergebenden Eigentümer-Unternehmer" endet. Charakteristisch ist der ambivalente Ausgang des Prozesses, „der bis zu einer Liquidation des zur Rede stehenden Betriebs führen kann."[24]

---

19 Vgl. Meyer (2007), S. 29.
20 Vgl. Kersting/Bitzer/Dupierry (2014), S. 6.
21 Wiesehahn (2015), S. 15.
22 Pirmanschegg (2016), S. 47.
23 Hierbei beziehen sich Freiling/Gersch auf die von Pettigrew für den organisatorischen Wandel als zentral angesehenen führungsrelevanten Dimensionen „content", „context", „process". Vgl. Freiling/Gersch (2007), S. 137. Für die führungsrelevanten Dimensionen vgl. Pettigrew (1987), S. 649 ff. und (1992), S. 5.
24 Für diesen Absatz vgl. Freiling/Gersch (2007), S. 137–138, einschließlich Zitate.

2.2 Problemfelder der Unternehmensnachfolge

Familienunternehmen weisen besondere Risiken[25] auf: Eines dieser Risiken ist die fehlgeschlagene Unternehmernachfolge, d. h. die Nachfolge im Sinne einer Wiederbesetzung in Geschäftsführung und Eigentümerschaft. Eine Unternehmensnachfolge ist bei eigentümergeführten Unternehmen mit einer Reihe von spezifischen und gleichzeitig auch vielschichtigen Problemen behaftet. Ein wesentlicher Problembereich ist mit der Person des Alteigentümers selbst verbunden: Insbesondere falls das Unternehmen sein Lebenswerk darstellt, besteht regelmäßig auch eine starke emotionale Bindung an das Unternehmen, die jedoch im Zuge der Übernahme aufgegeben werden muss. Eine langjährige Identifikation mit der Rolle als Unternehmer – möglicherweise sogar als Unternehmensgründer – kann somit zum Unwillen führen, sich aus dem Unternehmen zurückziehen oder sich überhaupt erst mit dem Thema der Nachfolge beschäftigen zu wollen.

Somit geht vom Alteigentümer oftmals potenziell Konflikt auslösendes Verhalten aus, das – ausgehend von fehlendem Problembewusstsein – sich in der Weigerung ausdrückt, Kompetenzen abzugeben oder zum richtigen Zeitpunkt das Unternehmen an einen Nachfolger zu übergeben.[26] Neben zentralen Einflussfaktoren wie Identifikation mit dem Unternehmen oder das Gefühl, unersetzbar für das Unternehmen zu sein, wird die Übergabebereitschaft des Alteigentümers letztlich auch entscheidend davon beeinflusst, inwiefern eine materielle Absicherung für den Lebensabschnitt nach dem Rückzug vorhanden ist und wie stark das Bestreben ist, den sozialen Status aufrechterhalten zu wollen, da eine Übergabe oftmals als sozialer Abstieg wahrgenommen wird.[27] Allerdings stellt eine Unternehmensübergabe „eine bilaterale Konfliktsituation dar", weil sich mindestens zwei beteiligte Personen in einer kritischen Lebensphase befinden,[28] d. h., auch von der Person des Nachfolgers kann Konfliktpotenzial ausgehen.

Zu den wesentlichen **Hemmnissen für eine Übernahme** seitens der Altunternehmer zählen einer Auswertung des *DIHK* zufolge u. a., dass es an einer rechtzeitigen Vorbereitung mangelt (44 %), das emotionale Loslassen schwerfällt (33 %) oder ein überhöhter Kaufpreis gefordert wird (40 %). Auch auf Seiten der Übergeber lassen sich gewisse Hemmnisse identifizieren: Finanzierungsschwierigkeiten stellen ein großes Hemmnis (43 %) dar, ferner unterschätzen 34 % der potenziellen Übernehmer die Anforderungen an eine Unternehmensnachfolge oder sind nicht ausreichend qualifiziert (22 %).[29]

---

25 Vgl. Martin/Ruda/Pfeffer (2002), S. 48–49.
26 Vgl. Pirmanschegg (2016), S. 70; Klein (2010), S. 94–95.
27 Vgl. Kersting/Bitzer/Dupierry (2014), S. 105–107.
28 Vgl. Pirmanschegg (2016), S. 74.
29 Vgl. DIHK (2015), S. 11.

Insbesondere, was die mangelnde Vorbereitung der Unternehmensnachfolge angeht, zögern viele Alt-Eigentümer die „steuerlich und rechtlich komplexe, bisweilen emotional unbequeme Nachfolgefrage hinaus."[30] Wenn sich diese jedoch aus Alters- oder Gesundheitsgründen zunehmend dringender stellt, gerät der Alt-Eigentümer dementsprechend auch zeitlich stärker unter Druck, wodurch gründliches und rationales Herangehen an die Nachfolge erschwert werden.[31] Die Schwierigkeit, das Lebenswerk loslassen zu können, ist gleichzeitig auch als Ursache für den überhöhten Kaufpreis zu sehen, weil vielfach die viele Arbeit und Entbehrungen in den Kaufpreis mit eingerechnet werden.[32] In diesem Zuge „treffen die Erwartungen des Übergebers bzgl. des Wertes seines Lebenswerks und seine Vorstellungen zur finanziellen Absicherung seines Lebensabends auf die Möglichkeiten der Kapitalbeschaffung des Übernehmers und seinen Willen zur Erhaltung eines genügenden finanziellen Spielraums zur Fortführung des Unternehmens."[33] Für den Übernehmer entscheidet eine mehr rational-zukunftsgerichtete Sichtweise auf die Lage des Unternehmens wie Marktposition, Entwicklungsperspektiven und die Notwendigkeit, Umstrukturierungen und Investitionen vornehmen zu müssen, was schließlich die Diskrepanzen in den Vorstellungen über einen Kaufpreis erklärt.[34] Aus Sicht des Nachfolgers ist es jedoch für eine erfolgreiche Übernahme entsprechend angezeigt, die eigenen Qualifikationen ausreichend kritisch zu hinterfragen und diese genau im Hinblick auf die Anforderungen, die an eine Unternehmensnachfolge zu stellen sind, realistisch einzuschätzen. Dies betrifft nicht nur die fachliche Ausbildung, sondern auch die nötigen persönlichen Eigenschaften, die zur Unternehmensführung qualifizieren.

Analysen der *KfW* zeigen, dass sich die Nachfolgeplanung und konkret die gewählte Form der Nachfolge direkt auf das **Investitionsverhalten** des Unternehmens auswirkt.[35] Vor dem Rückzug aus dem Unternehmen existiert auf Seiten des Alteigentümers eine hohe Unsicherheit „im Hinblick darauf, ob ein potenzieller Nachfolger den künftigen Ertrag einer Investition gleich hoch bewertet wie er selbst – und dies entsprechend im Kaufpreis berücksichtigt wird."[36] Bleibt diese Unsicherheit bestehen, kann dies zum Unterlassen oder Verschieben von Investitionen führen. Entscheidend in diesem Zusammenhang ist jedoch auch die angestrebte Nachfolgelösung: Ein restriktives Investitionsverhalten lässt sich bei Unternehmensübergaben bzw. -verkäufen beobachten, die an Personen außerhalb des Familienkreises erfolgen sollen. Eine länger andauernde Zurückhaltung in Bezug auf Investitionen kann sich jedoch mittelfristig negativ im Hinblick auf eine sinkende Ertragskraft und Wett-

---

30 DIHK (2015), S. 12.
31 Vgl. DIHK (2015), S. 12.
32 Vgl. DIHK (2015), S. 11.
33 Ballarini/Keese (2013), S. 495.
34 Vgl. DIHK (2015), S. 11.
35 Vgl. Schwartz/Gerstenberger (2015b), S. 2–3.
36 Schwartz/Gerstenberger (2015b), S. 2–3.

bewerbsfähigkeit auswirken, was wiederum eine potenzielle Übernahme gefährden kann. Soll die Unternehmensübergabe jedoch innerhalb der Familie erfolgen, ist eine höhere Investitionsbereitschaft erkennbar, die sich mit der Intention der Alteigentümer begründen lässt, ein wirtschaftlich tragfähiges Unternehmen weiterzugeben, dessen Weiterbestehen durch die Investitionen sichergestellt werden soll.[37]

Ein Hinauszögern der Nachfolgeplanung kann sich ferner auch negativ auf die **Liquiditätssituation** des Unternehmens auswirken und zu Liquiditätsengpässen führen. Sollten schließlich kurzfristig ungeplante Übergaben anstehen, wird hierdurch dem Unternehmen Kapital entzogen und der finanzielle Handlungsrahmen eingeschränkt, weil die finanziellen Mittel zur Begleichung von Ertragsteuern oder Erbschaft- und Schenkungsteuer aufgebracht werden müssen, wobei hierfür u. U. auch eine Kreditaufnahme nötig ist.[38]

Daneben ist eine geregelte Unternehmensnachfolge auch von wesentlicher Bedeutung für das **Rating** im Rahmen einer Kreditvergabe.[39] Die Nachfolgeplanung hat direkten Einfluss auf die Risikolage des Unternehmens, weshalb sich eine mängelbehaftete oder nicht vorhandene Nachfolgeregelung in einer entsprechenden Abwertung des Ratings niederschlägt.[40]

Auch die **Zeit nach der Übernahme** kann konfliktträchtig sein, wenn sich das „Nicht-loslassen-Wollen" des Alteigentümers im Falle einer familieninternen Übernahme auf die Arbeit des Nachfolgers nachteilig auswirkt, indem noch ein gewisses Maß an Mitspracherecht eingefordert wird. Aber auch einem externen Nachfolger muss es in angemessener Zeit gelingen, sich in seine neuen Tätigkeitsfelder und Führungsaufgaben einzuarbeiten, um das Unternehmen erfolgreich fortführen zu können.

2.3 Grundsätzliche Systematik der Nachfolgeplanung

Wie bereits festgehalten, kann durch eine frühzeitige Beschäftigung mit der Übernahmethematik einem Scheitern entgegengewirkt werden. Die Nachfolgeplanung sollte zwingend als Teil der Unternehmensstrategie angesehen werden[41] und erfordert eine hinreichende **Systematisierung des Planungsprozesses.** Hierbei lässt sich die Planung grundsätzlich in die nachfolgenden Phasen untergliedern:[42]

---

37 Vgl. für diesen Absatz Schwartz/Gerstenberger (2015b), S. 3.
38 Vgl. Kersting/Bitzer/Dupierry (2014), S. 22.
39 Vgl. Müller/Brackschulze/Mayer-Friedrich (2011), S. 137.
40 Vgl. Müller/Brackschulze/Mayer-Friedrich (2011), S. 139.
41 Vgl. Hennerkes/Kirchdörfer (2015), S. 184.
42 Vgl. Kersting/Bitzer/Dupierry (2014), S. 27.

- **Konzeptphase:** Sowohl auf Seiten des Alteigentümers als auch des Nachfolgers sollten umfassende Vorüberlegungen angestellt werden, vor allem bzgl. der verfolgten Ziele oder grundsätzlichen Vorstellungen.
- **Kontaktphase:** führen erster verbindlicher Gespräche zwischen Alteigentümer und Nachfolger, sowohl bei familieninterner als auch familienexterner Nachfolge.
- **Verhandlungsphase:** Hierunter fallen das Schließen von Verträgen und Klärung der Finanzierung.
- **Übergangsphase:** Durchführung der Unternehmensübergabe an den Nachfolger.[43]

Insbesondere im Hinblick auf die verfolgten Ziele der Beteiligten ist es wichtig, „dass unabhängig von ggf. konträr zueinander stehenden wirtschaftlichen und persönlichen Zielen eine Einigung und schließlich ein Modell zur Nachfolge gefunden"[44] wird. Wie bereits festgehalten, scheitern viele Unternehmensübergaben daran, dass kein geeigneter Nachfolger für das Unternehmen gefunden werden kann. Umso früher ist daher angezeigt, die grundsätzliche Überlegung anzustellen, ob ein Nachfolger innerhalb oder außerhalb der Familie gesucht werden soll. Auch an einen familieninternen Nachfolger sollten möglichst objektive Anforderungen seitens des Stellenprofils gestellt werden, was die nötige Qualifikation betrifft: Dies umfasst soziale Kompetenzen, die zur Unternehmensführung notwendig sind, die fachliche Ausbildung und auch Berufserfahrung außerhalb des Familienunternehmens.[45] Sollte kein Nachfolger innerhalb der Familie infrage kommen, bedeutet dies, rechtzeitig und langfristig mit der Suche nach einem externen Nachfolger zu beginnen.

Unternehmernachfolge gehört systematisch betrachtet zu den strategischen HR-Handlungsfeldern des Personalmanagements und umfasst Aufgaben aus der Personal(bedarfs)planung, der Personalbeschaffung sowie der Personalentwicklung in Verbindung mit Organisationsentwicklung.[46]

Ein Großteil der Unternehmensnachfolgen wird indes durch plötzliche Ereignisse ausgelöst und erfolgt unfreiwillig wie z. B. durch Tod, Unfall oder Handlungsunfähigkeit des Eigentümers.[47] Bestenfalls sollten seitens des Alteigentümers schon von vornherein Notfallpläne für diese unvorhergesehenen Ereignisse vorliegen, um das Fortbestehen des Unternehmens in solchen Fällen abzusichern,[48] auch wenn dies tatsächlich jedoch in der Mehrheit der Fälle nicht in einer geeigneten Form so gehandhabt wird.[49]

---

43 Vgl. für diesen Absatz Kersting/Bitzer/Dupierry (2014), S. 27.
44 Pirmanschegg (2016), S. 71.
45 Vgl. Böllhoff (2004), S. 262.
46 Vgl. Bartscher/Stöckl/Träger (2012), S. 205.
47 Vgl. Hennerkes/Kirchdörfer (2015), S. 170.
48 Vgl. Ballarini/Keese (2013), S. 486.
49 Vgl. z. B. Kerkhoff/Ballarini/Keese (2004), S. 19.

Neben den bereits aufgeführten potenziell übernahmehemmenden Problemfeldern, die sowohl in der Person des Alteigentümers als auch in der des Nachfolgers begründet sein können, muss auch die Unternehmenssituation zum Zeitpunkt der Übernahme Gegenstand intensiver (Vor-)Überlegungen sein und in der Planung ausreichend berücksichtigt werden.

So stellen Pinkwart et. al. die spezifischen Problemstellungen und Handlungsempfehlungen heraus, die sich in Abhängigkeit von der jeweiligen Entwicklungsphase im Rahmen des **Unternehmenslebenszyklus** für den Nachfolger ergeben können.[50] Bei einem Unternehmen in der **Wachstumsphase** gilt es, im Hinblick auf steigende Managementanforderungen und Innovationspotenziale „die Flexibilität des Unternehmens bei gleichzeitiger Differenzierung von Strukturen zu erhalten".[51] Damit geht eine angesichts von Wachstumsprozessen unabdingbare Mitarbeiterförderung bzgl. Motivation und Eigenständigkeit einher. In der **Reifephase** ist eine Überprüfung der strategischen Ausrichtung angezeigt, die insbesondere den F&E-Bereich betrifft. Zwar müssen vorhandene „Cashcows" abgeschöpft oder verteidigt werden, aber gleichzeitig Aktivitäten zur Produktneuentwicklung sowie das Erschließen neuer Märkte unternommen werden. Befindet sich das Unternehmen hingegen in einer Krise – oftmals ausgelöst, weil der Alteigentümer bis zu seinem Ausscheiden aus Altersgründen notwendige (Investitions-)Maßnahmen unterlassen hat –, ist der Nachfolger gefordert, einen Turnaround herbeizuführen. Bei einem solchen **Turnaround-Unternehmen** muss der Nachfolger in vielerlei Hinsicht Anstrengungen unternehmen, durch gebotene Maßnahmen und Veränderungen die Wettbewerbsfähigkeit wiederherzustellen.[52]

Im Rahmen der Nachfolgeplanung kann es zudem von Vorteil sein, wenn **externe Berater** in den Prozess einbezogen werden. Wiesehahn zeigt in einer empirischen Studie, dass mit großer Mehrheit sowohl der Übergeber (78,6 %) als auch der Übernehmer (95,5 %) planen, externe Berater in den Nachfolgeprozess einzubinden.[53] Hieraus kann die Schlussfolgerung gezogen werden, „dass der Berater von den Befragungsteilnehmern als dritte Personengruppe im Nachfolgeprozess weitgehend akzeptiert ist."[54] Hinsichtlich der Beurteilung der Wichtigkeit von Kompetenzen und Eigenschaften von externen Beratern zeigt die Studie, dass „sowohl für den Unternehmensübergeber als auch für Käufer die **weichen Faktoren** Vertrauen, Diskretion, Verschwiegenheit und Erfahrung im Nachfolgeprozess (für Unternehmensübernehmer) sehr wichtig sind."[55] Das rechtliche Expertenwissen (in der Regel durch Rechtsanwälte) wird erst danach

---

50 Vgl. Pinkwart et. al. (2005), S. 14–18 m. w. N.
51 Pinkwart et. al. (2005), S. 16.
52 Vgl. für den gesamten Absatz Pinkwart et. al. (2005), S. 14–18 m. w. N.; vgl. Klein (2010), S. 334–335, zum Verkauf in der Krise.
53 Vgl. Wiesehahn (2015b), S. 35. Für die ausführlichen Studienergebnisse vgl. Wiesehahn (2015a).
54 Wiesehahn (2015b), S. 35.
55 Wiesehahn (2015b), S. 37.

als sehr wichtige Kompetenz genannt, worauf die steuerliche und die allgemein finanzielle Expertise folgen. Das psychologische Expertenwissen ist den Befragungsergebnissen zufolge lediglich von mittlerer Wichtigkeit.[56]

Bei der Nachfolgeplanung sollte schließlich auch der **langfristige Unternehmensfortbestand** im Blick behalten werden. Dazu gehört, dass der Alteigentümer die Einführung des Nachfolgers bei den Mitarbeitern, insbesondere bei den Führungskräften, den Kunden und den Lieferanten in überzeugender und vertrauensstiftender Weise vornimmt und auch für eine erfolgreiche Einarbeitung des Nachfolgers sorgt.[57] Für den Alteigentümer ist es dagegen wichtig, für die Zeit nach der Übergabe auch finanziell abgesichert zu sein und daher entsprechende Vorsorge zu treffen. Dies gilt insbesondere dann, wenn eine unentgeltliche Übertragung im Familienkreis vorgenommen wird. In diesen Fällen müssen (frühzeitig) alternative Versorgungsmöglichkeiten in Betracht gezogen werden wie z. B. durch eine betriebliche Altersvorsorge, disquotale Gewinnausschüttungen, Einnahmen aus Mietverhältnissen, Zins- und Tilgungszahlungen aus Gesellschafterdarlehen oder letztlich doch entgeltlich durch Unternehmensübertragung gegen wiederkehrende Leistungen.[58]

2.4 Ausprägungsformen der Unternehmensnachfolge

Prinzipiell lässt sich die Unternehmensnachfolge also zunächst dahingehend unterscheiden, ob eine familieninterne oder eine familienexterne Nachfolgelösung angestrebt werden soll:

Eine **familieninterne Nachfolge** bedeutet, das Unternehmen, d. h. Geschäftsführung und Gesellschaftsanteile, an einen Nachfolger innerhalb des Familienkreises zu übergeben. Hierdurch kann der Fortbestand des Unternehmens sichergestellt werden. Allerdings bedingt dies, dass der familieninterne Nachfolger sowohl unternehmerisch motiviert als auch ausreichend qualifiziert ist, um die Nachfolge anzutreten.[59]

Zu Beginn der Nachfolgeplanung sollte die aktuelle und zukünftige wirtschaftliche Situation des Unternehmens erfasst werden und in diesem Zuge der Unternehmenswert ermittelt werden. Vor diesem Hintergrund sollten in Abwägung der familiären Interessen gewisse Regelungen in rechtlicher und steuerlicher Hinsicht für die Nachfolge festgelegt werden.[60] Meist erfolgt die Übertragung der gesamten Gesellschaftsanteile erst mit Eintreten des Erbfalls, während bis dahin regelmäßig zunächst die Führungsverantwortung (oder ein Teil hiervon) übergeben wird.[61]

---

56 Vgl. Wiesehahn (2015b), S. 37.
57 Vgl. Ballarini/Keese (2013), S. 496.
58 Vgl. Djanani/Krenzin (2012), S. 205–218.
59 Vgl. Krüger (2006), S. 244.
60 Vgl. Ballarini/Keese (2013), S. 488.
61 Vgl. Schäfer (2006), S. 18.

Gleichzeitig sollten aber auch im Hinblick auf die familiären Strukturen und die Strukturierung der familiären Entscheidungsprozesse folgende Bereiche einer Bestandsaufnahme unterzogen werden:[62]

– **Werte und Traditionen:** wofür die Familie steht, wie ihr Verhalten in Bezug auf das Unternehmen und untereinander aussieht, Umgangsregeln, Informationsflüsse, welche Zielvorstellungen bestehen;

– **Personen und Strukturen:** Aufgabenverteilung, Handlungsfähigkeit der Gremien, Einsatz von Familienmitgliedern im Unternehmen und damit verbundene Konfliktpotenziale, Entwicklung von Familienmitgliedern künftiger Generationen.[63]

Bei der familieninternen Nachfolge kommen folgende Alternativen in Betracht: entweder *eine unentgeltlich* oder *entgeltlich vorweggenommene Erbfolge* oder aber *eine schrittweise unentgeltliche Übertragung durch Gründung einer Personen- oder Kapitalgesellschaft.*[64]

Die *vorweggenommene Erbfolge* eignet sich in den Fällen, falls der Nachfolger schon frühzeitig in das Unternehmen eingebunden werden soll, falls z. B. gesundheitliche Probleme des Alteigentümers oder hohe Arbeitsbelastung dies nötig werden lassen oder zur Ausnutzung der erbschaftssteurlichen Freibeträge. Im Rahmen der vorweggenommenen Erbfolge können demzufolge Teile des Unternehmens oder das ganze Unternehmen übertragen werden, oder der Nachfolger kann als Mitgesellschafter aufgenommen werden; ferner kommt eine Verpachtung des Unternehmens an den Nachfolger mit Vererbung im Todesfall oder eine Übertragung von Grundbesitz unter Vorbehalt des Wohnrechts oder Nießbrauchs in Betracht. Darüber hinaus kann eine Schenkung des Vermögens (oft mit Widerrufsrecht) oder eine Besitzübertragung gegen Entgelt erfolgen.[65]

Denkbar im Rahmen der familieninternen Nachfolge wäre auch eine sukzessive Übertragung der Unternehmensanteile oder der Führungsverantwortung (zunächst per Vollmacht oder Prokura bis hin zur Gesamtvertretungs- und Einzelvertretungsberechtigung) bei gleichzeitig schrittweisem Rückzug des Alteigentümers aus der Geschäftsführung z. B. durch Wechsel in Aufsichts- oder Beiratsgremien.[66]

Bei einer **familienexternen** Nachfolge wird ein Nachfolger von außerhalb des Familienkreises rekrutiert. Ein Unternehmensverkauf (an Dritte oder ein Management-Buy-out oder Management-Buy-in) wird dann in Betracht kommen, wenn das Familienunternehmen „weder kapitalseitig noch durch Managementleistung fortge-

---

62 Vgl. Felden (2012), S. 147.

63 Vgl. Felden (2012), S. 147–148.

64 Vgl. Martin/Martin (2008), S. 225.

65 Vgl. für den gesamten Absatz Martin/Martin (2008), S. 225–226.

66 Vgl. Weitnauer (2013), Rn. 34.

führt werden"[67] kann. Im Vorfeld der Übernahmeverhandlungen sollte der Kaufpreis anhand objektivierter Kriterien bestimmt werden, ausgehend von einer Vermögenserfassung sowie der Ermittlung des Unternehmenswertes. Eine Sonderstellung bei Unternehmensverkäufen nimmt hingegen ein „[r]eaktiver Verkauf" wegen eines Erbfalls ein.[68] Insbesondere wenn der Tod des Alteigentümers plötzlich eintritt und geeignete Notfallpläne für diesen Fall fehlen, können hieraus ernsthafte, den Unternehmensfortbestand gefährdende Konsequenzen resultieren – insofern sollte die Erzielung eines möglichst hohen Kaufpreises nicht das vorrangige Ziel des Verkaufs sein, sondern vielmehr die Schadensminimierung im Vordergrund stehen.[69]

Daneben existieren noch **gemischte Regelungen der Familie mit Dritten**:

- So besteht für die Familie (dauerhaft oder vorübergehend) die Möglichkeit, eine Partnerschaft mit Mitarbeitern oder Dritten einzugehen oder die Öffnung zur Publikumsgesellschaft, wobei die Stimmenmehrheit bei den Familienmitgliedern verbleiben kann.
- Daneben können auch Lösungen mit Dritten in Betracht kommen, wie z. B. die Verpachtung oder eine fremde Geschäftsführung einzusetzen; schließlich existiert hierbei noch eine Nachfolgelösung in Form einer Stiftung.[70]

Ein wesentliches Entscheidungskriterium für die Wahl einer gemischten Regelung mit Dritten besteht darin, dass einerseits das Eigentum am Unternehmen behalten, jedoch die Geschäftsführung abgegeben werden kann. So kann im Zuge der **Trennung von Eigentum und Unternehmensführung** ein Fremdgeschäftsführer eingesetzt werden. Der dauerhafte Einsatz eines Fremdgeschäftsführers findet oftmals in großen, reifen Familienunternehmen statt, während die Familie dementsprechend die Eigentümerfunktion wahrnimmt.[71] Von Vorteil ist hier die meist hohe Professionalität des Managements, während die Familie „verantwortlich für die Formulierung der Geschäftspolitik und der strategischen Ausrichtung sowie für die Berufung und die Kontrolle des Managements" ist.[72] Ein familienfremder Geschäftsführer kann auch auf vorübergehender Basis eingesetzt werden, wenn z. B. die Unternehmensführung für noch minderjährige oder sich noch in Ausbildung befindende Kinder freigehalten werden soll.[73] Letztlich kann durch (dauerhaften) Einsatz eines Fremdgeschäftsführers auch dem Umstand entgegengewirkt werden, dass der eigene Nachwuchs als nicht geeignet für die Führungsaufgaben – insbesondere mit zunehmender Unternehmens-

---

67 Krüger (2006), S. 244.
68 Vgl. Wegmann (2015), S. 91.
69 Vgl. Wegmann (2015), S. 92.
70 Vgl. Martin/Martin (2006), S. 40.
71 Vgl. Felden (2012), S. 152.
72 Vgl. Felden (2012), S. 152.
73 Vgl. Martin/Martin (2008), S. 218.

größe – angesehen wird: So kann die Wahl des Managements allein aufgrund dessen Qualifikation getroffen werden.[74]

3 Familienexterne Nachfolgeplanung: Management-Buy-out und Management-Buy-in

3.1 Gründe für eine familienexterne Nachfolge

Auch wenn eine Unternehmensübergabe innerhalb der Familie nach empirischer Erhebung die emotional bevorzugte Nachfolgelösung des Alteigentümers ist,[75] muss frühzeitig einkalkuliert werden, eine familienexterne Nachfolge in Betracht zu ziehen. Hierbei spielen die oben aufgeführten Gründe eine entscheidende Rolle, ob überhaupt ein Nachfolger innerhalb der Familie gefunden werden kann. Dem IfM Bonn zufolge entfallen auf eine familieninterne Nachfolgelösung 54 % der Unternehmensübergaben, indem das Unternehmen an die Kinder der Eigentümer oder andere Familienmitglieder übergeben wird. Unternehmensextern erfolgen hingegen 29 % der Übergaben, d. h. an externe Führungskräfte, andere Unternehmen oder Interessenten außerhalb des Unternehmens. Schließlich finden 17 % der Übertragungen an Mitarbeiter des Unternehmens, d. h. unternehmensintern, statt.[76] Aus Sicht des Alteigentümers ist es demnach keineswegs sicher, sondern eher ungewiss, sein Unternehmen an Kinder oder einen anderen Nachfolger aus dem Familienkreis übergeben zu können.

Auf die Frage, warum die eigenen Kinder nicht als Nachfolger für den elterlichen Betrieb infrage kommen, geben 63 % (Mehrfachnennungen möglich) der Unternehmer an, dass die Kinder eigene berufliche Interessen verfolgten; insbesondere bei kleinen Unternehmen als Untergruppe ist mangelndes berufliches Interesse am elterlichen Betrieb mit 86 % am höchsten ausgeprägt.[77] Weiterhin wird mit 25 % angegeben, die eigenen Kinder seien zu jung. Weitere Gründe liegen darin, dass die Firmenstruktur eine Übernahme durch die Kinder nicht zulasse (7 %), die Kinder fachlich oder persönlich nicht geeignet seien (jeweils 5 %) oder mit jeweils 3 %, dass unterschiedliche Auffassungen über die Konditionen der Nachfolge vorherrschen, und schließlich, dass es den Kindern an Erfahrung fehle.[78] Einfluss darauf, ob in den Kindern ein potenzieller Nachfolger für das Unternehmen gesehen wird, hat zudem auch die Unternehmensgröße: Bei kleinen Unternehmen (unter 50 Mitarbeitern) geben 62 % der

---

74 Vgl. Kersting/Bitzer/Dupierry (2014), S. 6.
75 Vgl. Kersting/Bitzer/Dupierry (2014), S. 14; Klein (2010), S. 227.
76 Vgl. Kay/Suprinovic (2013), S. 19.
77 Vgl. TNS-Emnid (2011), S. 15.
78 Vgl. TNS-Emnid (2011), S. 15.

Unternehmer an, die Kinder als Nachfolger zu betrachten, in Unternehmen mit 100 bis 500 Mitarbeitern hingegen nur 49 %.[79]

3.2 Gestaltung der familienexternen Nachfolge

Soll eine familienexterne Nachfolgelösung angestrebt werden, muss im Rahmen der Vorbereitung eine Reihe von grundsätzlichen Überlegungen angestellt werden, die einerseits die konkrete **Form der Übergabe** als auch die **Suche eines geeigneten Nachfolgers** betreffen. Ausschlaggebend bei der Nachfolgersuche sind zum einen die unternehmensspezifischen Anforderungen, die das Unternehmen an die Person des Nachfolgers stellt und damit einhergehend, welche **Qualifikationen** und Charaktereigenschaften der Nachfolger aufweisen soll.[80] Vor diesem Hintergrund ist schon frühzeitig die Möglichkeit in Betracht zu ziehen, ob das Unternehmen im Zuge eines Management-Buy-out an eigene Führungskräfte übergeben werden soll oder in Form eines Management-Buy-in an externe Führungskräfte. Der Vorteil eines Management-Buy-out liegt aus Sicht des Alteigentümers darin, dass ihm der potenzielle Nachfolger bereits bekannt ist und sich hier in der Regel verlässliche Aussagen über dessen Qualifikation und Persönlichkeit treffen lassen, während der Nachfolger im Gegenzug auch tief gehende Kenntnisse über das Unternehmen hat – beides kann sich entsprechend günstig auf die Nachfolgeplanung und den Nachfolgeprozess auswirken. Ein unternehmensexterner Nachfolger hat in der Regel ein unvollständiges Bild vom Unternehmen, weshalb hier umfassende Prüfungen der Unternehmenssituation seitens des Übernehmers nötig werden. Im Rahmen einer Due Diligence sollen im Rahmen einer kritischen und umfassenden Prüfung der Unterlagen die Unternehmenssituation, insbesondere im Hinblick auf mögliche Chancen und Risiken, aufgedeckt werden. Hieran schließt sich dann auch die Ermittlung des Kaufpreises an.

Wie bereits festgehalten, scheitert ein wesentlicher Teil der Übergaben (40 % nach den Angaben des *DIHK*) an überhöhten Kaufpreisforderungen des Alteigentümers.[81] Vor diesem Hintergrund ist es zunehmend wichtig, den **Verkaufspreis** nach rationalen Kriterien zu ermitteln und sich nicht von auf emotionaler Ebene basierten subjektiven Wertvorstellungen des eigenen Lebenswerks leiten zu lassen. Entscheidend ist vielmehr die aktuelle und künftige wirtschaftliche Situation des Unternehmens samt Erfolgspotenzialen und Risiken sowie auch dahingehend, inwiefern Investitionen oder Restrukturierungen notwendig werden. Eine wichtige Informationsquelle für die Ermittlung bildet die Rechnungslegung des Unternehmens, die dementsprechend einer sorgfältigen Durchsicht unterzogen werden sollte. Bei der Kaufpreisermittlung wird es regelmäßig unerlässlich sein, externe Beratungen in Anspruch zu nehmen,

---

79 Vgl. TNS-Emnid (2011), S. 14.
80 Vgl. Kersting/Bitzer/Dupierry (2014), S. 196.
81 Vgl. DIHK (2015), S. 11.

z. B. von Steuerberatern, Wirtschaftsprüfern, Rechtsanwälten etc. Dies gilt insbesondere, weil im Hinblick auf die **Unternehmensbewertung** unterschiedliche, nicht methodenneutrale Verfahren existieren. Diese Verfahren unterscheiden sich durch ihre Ziele und die der Bewertung zugrunde liegenden Annahmen, weshalb sich auch nicht alle Verfahren für die Wertermittlung zum Zweck der Nachfolge eignen.[82] Vor diesem Hintergrund können die Erfolgsaussichten einer Übernahme gesteigert werden, wenn gewährleistet ist, dass ein realistischer und nach objektiven Kriterien ermittelter Verkaufspreis Gegenstand der Übernahmeverhandlungen ist. Gleichzeitig sollte sich hingegen für Nachfolger auch die Frage stellen, wie die **Finanzierung** der Übernahme vorgenommen werden soll, da der Kaufpreis regelmäßig nicht alleine aus Eigenmitteln beglichen werden kann.

Im Rahmen der Übergabeverhandlungen ist ferner auch die Frage nach der Form der **Eigentumsübertragung** zu klären, d. h., ob es sich um einen Share-Deal oder Asset-Deal handelt. Die Veräußerung von Einzelunternehmen und Betriebsteilen erfolgt als Asset-Deal, indem die Vermögensgegenstände einzeln übertragen werden.[83] Im Rahmen eines Share-Deals ist der Vertragsgegenstand die Beteiligung des Verkäufers an einer juristischen Person (GmbH oder AG), wobei nur die Unternehmensanteile überschrieben werden, während die Vermögensgegenstände der juristischen Person gehören.[84] Der **Kaufvertrag** sollte neben den Zahlungsmodalitäten (Einmalzahlung, Rate, Rente oder dauernde Last) alle weiteren Übergabemodalitäten sowie insbesondere auch die Haftungsrisiken regeln.

Neben dem Verkaufsprozess muss sich der potenzielle Nachfolger jedoch auch mit der **Geschichte des Unternehmens** und der Familie, einschließlich Traditionen und dem Unternehmensumfeld auseinandersetzen und damit, ob die Tradition und Unternehmenskultur so bewahrt und weitergeführt werden können.[85] Über einen Verkauf entscheidet oftmals die Kenntnis des potenziellen Nachfolgers darüber, „aus welchen Geschäftsfeldern ein Familienunternehmen hervorgegangen ist, wie die Gesellschafterfamilie im regionalen Umfeld verwurzelt ist und wie sie zu ihren Mitarbeitern und Geschäftspartnern steht oder welche verschiedenen Ansichten, teilweise auch religiösen Überzeugungen, innerhalb der Unternehmerfamilien bestehen."[86]

Im Hinblick auf die **künftige Unternehmensentwicklung** sollten ferner auch die Kunden- und Lieferantenbeziehungen in die Nachfolgeplanung einbezogen werden, insbesondere im Hinblick auf den Erhalt von Verträgen mit Kunden und Lieferanten. Da ein familienexterner Nachfolger den Kunden, Lieferanten und schließlich auch den Mitarbeitern in der Regel nicht bekannt sein dürfte, gilt es, die Übernahme so zu ge-

---

82 Vgl. Kersting/Bitzer/Dupierry (2014), S. 196.
83 Vgl. Martin/Martin (2008), S. 224.
84 Vgl. Martin/Martin (2008), S. 224.
85 Vgl. Hennerkes/Kirchdörfer (2015), S. 306.
86 Hennerkes/Kirchdörfer (2015), S. 306.

stalten, dass eine vertrauensvolle Zusammenarbeit in der Zukunft sichergestellt werden kann.

3.3 Buy-out-Formen

Unter dem Oberbegriff **Buy-out** lassen sich Unternehmenskäufe fassen, „bei denen ein Unternehmen oder Unternehmensteil durch einen Verbund von Finanzinvestoren und Management mehrheitlich oder vollständig übernommen wird."[87] Häufig sind mittelständische und gleichzeitig unterbewertete Unternehmen das Ziel von sogenannten **Buy-out-Fonds**, die solche Transaktionen aus Renditeerwägungen vornehmen. Es handelt sich hierbei um Private-Equity-Fonds, die eine Mehrheitsbeteiligung an diesen Unternehmen erwerben, die mittelfristig wieder verkauft werden soll. Der Verkauf kann entweder an strategische Investoren erfolgen oder – wenn weiteres Wertsteigerungspotenzial im Unternehmen identifiziert wird – auch an einen anderen Buy-out-Fonds. Diese durch die Investorenseite gesteuerten Buy-outs bezeichnet man als **institutionelle Buy-outs (IBO)**, während sogenannte **Leverage-Buy-outs (LBO)** dann vorliegen, wenn ein IBO überwiegend fremdfinanziert wird.[88]

Daneben ist es aber auch möglich, dass ein Unternehmen durch das Management erworben wird. Bei diesen Unternehmenskäufen existieren die Grundformen des sogenannten **Management-Buy-out (MBO)** und des **Management-Buy-in (MBI)**. Ein Management-Buy-out bezeichnet Unternehmenskäufe, bei denen das Unternehmen durch die eigenen Führungskräfte erworben wird. Die bereits im Unternehmen tätigen Führungskräfte übernehmen in diesem Zuge sowohl das Kapital des Unternehmens als auch die Unternehmensführung. Bei einem Management-Buy-in erfolgt der Unternehmenserwerb hingegen durch externe Führungskräfte, die noch nicht im Unternehmen eingesetzt sind. Es existieren auch **Mischformen** des Management-Buy-out und -Buy-in, wenn z. B. durch das eigene Management nicht genug Kapital aufgebracht werden kann und dieses somit zum Teil auch durch fremde Führungskräfte eingebracht wird.[89]

Daneben existiert noch das sogenannte **Employee-Buy-out (EBO)**, bei dem die Beschäftigten (neben dem Management) die Anteile am Unternehmen übernehmen und das sogenannte **Owner-Buy-out (OBO)**, bei dem der Alteigentümer seine Anteile an eine Erwerbergesellschaft veräußert, an der er selbst beteiligt ist.[90] Über den Verkauf im Rahmen eines OBO kann somit die Unternehmensbeteiligung zum Teil realisiert werden und gleichzeitig die Unternehmensbeteiligung (auch wenn diese nun

---

87 Weitnauer (2013), Rn. 1.
88 Vgl. für den gesamten Absatz Weitnauer (2013), Rn. 1.
89 Vgl. Martin/Martin (2006), S. 41.
90 Vgl. Hoffelner (2012), S. 314.

nicht mehr eine Mehrheits-, sondern eine Minderheitsbeteiligung darstellt) aufrechterhalten werden.[91]

Buy-out-Finanzierungen erfuhren bis zum Beginn der Finanzkrise bedingt durch eine hohe Liquidität zu günstigen Konditionen an den Kapitalmärkten eine Hochphase, die jedoch im Zuge der Krise durch restriktive Bankenfinanzierung und Verteuerung der Kreditmargen stark abgeschwächt wurde.[92] Seit dem Jahr 2010 ist jedoch wieder eine Erholung zu verzeichnen, wenn auch unter weiterhin konservativen Finanzierungsstrukturen und hohen Konditionen.[93]

3.4 Charakteristik Management-Buy-out/Management-Buy-in

Wird die Nachfolge in Form eines Management-Buy-out (MBO) oder des Management-Buy-in (MBI) gewählt, wird das Unternehmen von den eigenen bzw. externen Führungskräften erworben, die somit an die Stelle des Alteigentümers treten. Hervorzuheben ist, dass die Führungskräfte durch die Eigentümerrolle direkt am Unternehmenserfolg partizipieren, aber gleichsam nun auch alle Risiken aus der Unternehmung tragen. Diese Nachfolgelösung hat den großen Vorteil, dass das Unternehmen in seiner bisherigen Form hinsichtlich Eigenständigkeit und Identität bestehen bleiben kann und damit meistens auch die Arbeitsplätze erhalten werden können.[94] Die Voraussetzungen für eine schnelle und konfliktarme Übergabe zumindest in der Rolle des Geschäftsführers sind bei einem MBO insbesondere dadurch gegeben, dass der Nachfolger als langjährige Führungskraft das Unternehmen bereits gut kennt.[95] So sind die Stärken und Schwächen des Unternehmens bereits bekannt, weshalb aus Übernehmersicht ein solcher Unternehmenskauf ein geringeres Risiko mit sich bringt. Zudem kann sich dieser Umstand positiv auf die Übergabeverhandlungen auswirken, nicht zuletzt auch dadurch, weil oftmals ein Vertrauensverhältnis zwischen Alteigentümer und Führungskräften besteht. Daneben ist es von Vorteil, dass Geschäftsinterna und Geschäftsgeheimnisse nicht im Rahmen einer Due-Diligence-Prüfung oder ähnlichen Vorgängen im Vorfeld der Übergabe an Dritte preisgegeben werden.[96] Ein schneller und reibungsloser Übergabeprozess stärkt wiederum auch das Vertrauen Außenstehender (Lieferanten, Kunden, Mitarbeiter) in die Unternehmensfortführung.

Positiv auf die Führungskultur wirkt sich zudem aus, dass die Motivation und das Engagement der Führungskräfte durch die Übergabe gesteigert werden können.[97]

---

91 Vgl. Weitnauer (2013), Rn. 4.
92 Vgl. Hoffelner (2012), S. 313.
93 Vgl. Hoffelner (2012), S. 313.
94 Vgl. Schroeder (2013), Rn. 100.
95 Vgl. Kersting/Bitzer/Dupierry (2014), S. 203.
96 Vgl. Martin/Martin (2008), S. 222.
97 Vgl. Martin/Martin (2008), S. 222.

Hierbei kann es auch gelingen, zentrale Know-how-Träger enger an das Unternehmen zu binden.[98] Ferner wirkt sich vorteilhaft auf das Unternehmen aus, dass mit der Übernahme durch das Management ein Wegfall der Agency-Costs verbunden ist.[99] Insbesondere dadurch, dass bei einem MBO die Führungskräfte den Mitarbeitern bereits bekannt sind, wird das Risiko gemindert, dass diese mit Ablehnung oder Widerstand auf die Übernahme reagieren.

Im Rahmen des MBI-Konzepts können durch die externen Führungskräfte neue Führungsstile und Ideen in das Unternehmen eingebracht werden.[100] Durch Mischformen des MBO und MBI kann sich dieser Effekt positiv unterstützend auf die bisherige Führungskultur auswirken.

Auf den Nachfolgeprozess im Rahmen eines MBI können sich allerdings **Informationsasymmetrien** problematisch auswirken, d. h., sowohl der Übergeber als auch der Nachfolger benötigen gewisse Informationen im Hinblick auf die Übernahme, zu denen allerdings zwischen beiden Seiten unterschiedliche Kenntnisstände bestehen.[101] Informationsasymmetrien können sich vor Vertragsabschluss negativ auf die Verhandlungen auswirken, indem sie diese verzögern oder gar verhindern, und auch nach Vertragsabschluss die Übergabephase beeinträchtigen.[102] Dies kann vor Vertragsabschluss sowohl zulasten des Übernehmers als auch des Übergebers gehen: Fehlende Informationen über die Qualität des Unternehmens kann in der Zahlung eines zu hohen Kaufpreises münden (adverse Selektion), oder der Übergeber muss feststellen, dass der Nachfolger nicht über die fachlichen oder persönlichen Qualifikationen verfügt, die er vor Vertragsabschluss angegeben hat.[103] Daneben sind nach Vertragsabschluss auch unmoralisches Verhalten/„moral hazard" auf beiden Seiten möglich, wenn z. B. der Nachfolger mangelnden Einsatzwillen zeigt oder entgegen des Interesses des Unternehmens eigene Interessen verfolgt oder wenn der Übergeber mit einem Konkurrenzunternehmen im Markt auftritt.[104]

3.5 Transaktionsstruktur des Buy-out

Von zentraler Bedeutung ist im weiteren Verlauf die Strukturierung der Buy-out-Finanzierung, bei der sich eine Reihe von Gestaltungsmöglichkeiten ergibt. Da das Management regelmäßig nicht in der Lage ist, den Kaufpreis alleine aufzubringen,

---

98 Vgl. Schroeder (2013), Rn. 100.
99 Vgl. Weyers (2009), S. 2.
100 Vgl. Kersting/Bitzer/Dupierry (2014), S. 203.
101 Vgl. Halter et. al. (2013), S. 42.
102 Vgl. Wolter (2010), S. 7.
103 Vgl. Halter et. al. (2013), S. 42. Ausführlich zu den Informationsasymmetrien in der familienexternen Nachfolge vgl. Wolter (2010).
104 Vgl. Halter et al. (2013), S. 42.

wird ein Buy-out zu einem großen Teil aus Fremdkapital finanziert. Oftmals ist es jedoch notwendig, darüber hinaus weitere Kapitalgeber wie Private-Equity-Investoren und Mezzaninegeber einzubeziehen, um eine ausreichende Finanzierung sicherzustellen.[105] Auch wenn der Unternehmenserwerb grundsätzlich vollständig mit Eigenkapital (**All-Equity-Finanzierung**) finanziert werden könnte, ist diese Form in der Praxis eher selten anzutreffen.[106] Neben den geringen Eigenmitteln der Manager fallen die Sicherheiten regelmäßig ebenfalls eher gering aus, ähnlich wie die Bereitschaft, eine persönliche Haftung oder Bürgschaften einzugehen.[107]

Grundsätzlich weisen **Buy-out-Transaktionen** bei der **Akquisitionsfinanzierung** meistens eine Kombination von Eigen-, Mezzanine- und Fremdkapital auf, die wie folgt charakterisiert sind:[108]

– Einsatz von **Private Equity**: Die Eigenkapitalbereitstellung erfolgt von Beteiligungsgesellschaften oder speziellen Buy-out-Fonds. Der Eigenkapitalgeber wird somit zum Partner des Unternehmers, sichert sich aber zum Risikoausgleich weitgehende Kontroll- und Mitspracherechte.[109] Dem Management werden bis zum Exit hingegen lediglich Minderheitenanteile an dem zu erwerbenden Unternehmen eingeräumt, wenn auch zu Vorzugskonditionen.[110] Als Private-Equity-Anbieter fungieren neben rein renditeorientierten Finanzinvestoren auch „**öffentlich geförderte Kapitalbeteiligungsgesellschaften**, die in ihrer Geschäftspolitik den Zielen der staatlichen Wirtschaftsförderung verpflichtet sind."[111]

– **Mezzaninefinanzierung**: Nachrangkapital in Form von Gesellschafterdarlehen (in der Regel verbunden mit Rangrücktritt), Stillen Beteiligungen gemäß § 230ff. HGB, partiarische Darlehen (Darlehen mit Gewinnbeteiligung), Genussrechte oder seitens der Altgesellschafter gestundete Kaufpreisforderung („vendor loan").[112]

– Einsatz von **Fremdkapital beim Leverage-Buy-out (LBO)**: Ausnutzung des Leverage-Effektes, d. h., eine überwiegende Fremdfinanzierung bietet sich an, wenn der Fremdkapitalzinssatz bis zur Rückführung der Verbindlichkeiten unter der Gesamtkapitalrendite der damit durchgeführten Investition liegt. Dieser Fremdkapitaleinsatz kann zudem auch im Interesse eines Private-Equity-Gebers liegen. Da jedoch als Sicherheit letztlich nur das zu übernehmende Unternehmen dienen kann, weil die Eigenmittel des übernehmenden Managements beschränkt sind, kommen für ein LBO grundsätzlich auch nur solche Unternehmen infrage, deren

---

105 Vgl. Schmeisser/Lesener/Tscharntke (2007), S. 127.
106 Vgl. Hähnel (2013), Rn. 5.
107 Vgl. Schroeder (2013), Rn. 104.
108 Vgl. Weitnauer (2013), Rn. 45–51.
109 Vgl. Weitnauer (2013), Rn. 45–46.
110 Vgl. Schroeder (2013), Rn. 105.
111 Hoffelner (2012), S. 316.
112 Vgl. Weitnauer (2013), Rn. 46.

Ertragskraft auch eine zusätzliche Fremdfinanzierungsbelastung zu verkraften im Stande ist.[113]

Da eine Finanzierung mittels Fremdkapital die gegenüber Eigenkapital günstigere Finanzierungsform darstellt, lässt sich hieraus im Rahmen der Buy-out-Transaktion ein Interesse an einem möglichst hohen Fremdkapitalanteil am Transaktionsvolumen ableiten.[114] Gleichzeitig sind jedoch der Aufnahme von Fremdkapital von Seiten der Banken gewisse Grenzen gesetzt, weshalb sich auch neben der Berücksichtigung der Eigenmittel des Managements regelmäßig eine Finanzierungslücke ergibt, die mit den alternativen Finanzierungsinstrumenten in Form externer Investoren oder Mezzaninekapital geschlossen werden muss.[115] Der grundsätzliche Vorteil der Mezzaninefinanzierung liegt in deren Flexibilität, da hiermit „große Freiheiten bei der Gestaltung des Finanzierungsvertrages, insbesondere hinsichtlich der rechtlichen Stellung, Haftung, Erfolgsbeteiligung, Vermögensanspruch, Mitbestimmung, Dauer der Kapitelüberlassung und Besicherung"[116] verbunden sind. Im Rahmen eines MBO oder MBI können hierdurch die Kapitalgeber von Mitspracherechten bzw. der Unternehmensführung ausgeschlossen werden.[117]

Grundsätzlich gilt es, zwischen einer unmittelbaren und mittelbaren Unternehmensübernahme zu unterscheiden. Bei einer **unmittelbaren Übernahme** werden die Unternehmensanteile durch den Manager selbst zusammen mit dem Private-Equity-Investor erworben, wobei die Kreditaufnahme durch die Manager persönlich erfolgt.[118] Deutlich komplexer fällt die Transaktionsstruktur bei einer **mittelbaren Übernahme** aus: Die Manager und die (Private-Equity-)Kapitalgeber beteiligen sich an einer Akquisitionsgesellschaft („New Co."), durch welche die Anteile des Unternehmens oder deren Vermögen erworben und die entsprechende Finanzierung aufgenommen werden.[119] Die Erwerbergesellschaft wird zum Zweck des Anteilerwerbs gegründet und muss demzufolge „durch Einlagen, Gesellschafterdarlehen, mezzanines Kapital und Bankkredite so ausgestattet werden, dass sie im Erwerbsvorgang den vereinbarten Kaufpreis für die Übernahme des Eigenkapitals [...] und die anfallenden Erwerbsnebenkosten (Notargebühren, Eintragungskosten, Kosten der Due-Dilligence u. a.) finanzieren kann."[120] Die Erwerbergesellschaft selbst fungiert als „reines Übernahmevehikel", welches kein operatives Geschäft ausübt.[121] Im weiteren

---

113 Vgl. für den gesamten Absatz Weitnauer (2013), Rn. 51.
114 Vgl. Schmeisser/Lesener/Tscharntke (2007), S. 129.
115 Vgl. Schmeisser/Lesener/Tscharntke (2007), S. 129–131.
116 Müller/Brackschulze/Mayer-Friedrich (2011), S. 237.
117 Vgl. Müller/Brackschulze/Mayer-Friedrich (2011), S. 238.
118 Vgl. Weitnauer (2013), Rn. 53.
119 Vgl. Weitnauer (2013), Rn. 54.
120 Schroeder (2013), S. 71, Rn. 106.
121 Vgl. Hoffelner (2012), S. 317.

Verlauf „kann im Wege **postakquisitorischer Umstrukturierungsmaßnahmen** –
sei es durch Ausschüttung von Vermögen der Zielgesellschaft, Verschmelzung oder
Abschluss eines Gewinnabführungsvertrags – versucht werden, den Cash Flow bzw.
Gewinne der Zielgesellschaft zur Bedienung der Schulden der aufnehmenden Gesellschaft heranzuziehen."[122]

Da eine Privat-Equity-Finanzierung zeitlich begrenzt ist und mit der Veräußerung
der Unternehmensanteile endet, werden der Zeitpunkt und die Form des **Exits** der
Beteiligungsgesellschaft im Rahmen einer Desinvestitionsstrategie entsprechend im
Beteiligungsvertrag geregelt.[123]

4 Familienexterne Nachfolgeplanung: Stiftung

4.1 Wesen und Arten der Stiftung

Eine weitere Alternative der externen Nachfolgeregelung kann die Errichtung einer
Stiftung darstellen. Ein Unternehmer, der eine Stiftung plant, möchte erreichen, dass
sein Unternehmen nicht durch Erbgänge über die nächsten Generationen hinweg
durch viele Nachkommen zersplittert oder gar durch fehlende Nachkommen überhaupt nicht oder außerhalb der Familie fortgeführt wird. Der eigene Lebenszweck
und eine Unternehmenskontinuität können so unabhängig von Vorhandensein von
Nachkommen, Neigungen und unternehmerischer Fähigkeiten der Nachkommen bewahrt werden.

Für die Zwecke der Nachfolgeplanung kommen verschiedene, einfach zu grün-
dende, **rechtsfähige privatrechtliche Stiftungen** infrage, die nicht nur ein gestifte-
tes Vermögen verbrauchen. Eine rechtsfähige Stiftung ist eine rechtsfähige Organisation, die mithilfe eines Vermögens einen vom Stifter festgelegten Zweck verfolgt, der
u. a. gemeinnützig sein und nur schwer geändert werden kann.[124] Der Stifter stellt das
Stiftungsvermögen zu Lebzeiten oder von Todes wegen zur Verfügung.[125]

Bei einer **Familienstiftung** besteht der Stiftungszweck u. a. darin, das Vermögen zu erhalten, die Familienangehörigen finanziell abzusichern, Streitigkeiten und
zu hohe Liquiditätsabflüsse durch den Generationenwechsel oder Pflichtteilansprü-
che zu verhindern.[126] Bei der Familienstiftung besteht das Stiftungsvermögen oft aus
den Beteiligungsrechten an mittelständischen Unternehmen oder aus einem Großunternehmen selbst, das die Stiftung unter ihrer Rechtsform gewinnorientiert betreibt.

---

122 Weitnauer (2013), Rn. 54.
123 Vgl. Hoffelner (2013), S. 329.
124 Vgl. Meyn et al. (2013), Rn. 37.
125 Vgl. Götz/Pach-Hanssenheimb (2014), S. 66–67.
126 Vgl. Götz/Pach-Hanssenheimb (2014), S. 60.

Als **Sonderform** kommt z. B. auch die Stiftung & Co. KG vor, die das Vermögen (Familie als Kommanditisten) von der Unternehmensführung (Stiftung als Komplementärin) trennt. Eine Familienstiftung, die Beteiligungsrechte innehat, könnte auch als Holding (Führungseinheit) mit Familienmitgliedern oder externen Führungskräften besetzt werden und hält nur die Oberaufsicht über selbstständige untergeordnete Tochterunternehmen, die so volle operative Flexibilität behalten. Als Beispiel ist zu nennen: die *Carl Zeiss Stiftung* als jeweilige Alleinaktionärin der *Schott AG* und der *Carl Zeiss AG*.

Die **Doppelstiftung** kombiniert die wirtschaftlichen Aspekte einer Familienstiftung mit den Vorteilen einer steuerbegünstigten gemeinnützigen Stiftung. Gegründet werden zwei Stiftungen: eine Familienstiftung und parallel eine gemeinnützige Stiftung. Die Familienstiftung erhält nur so viele Anteile am Unternehmen, wie für den Unterhalt der Familienmitglieder nötig erscheinen. Die restlichen Anteile an dem Unternehmen gehen an die gemeinnützige Stiftung. Die Familienstiftung hält zwar eine geringere Kapitalquote, dafür werden ihr aber alle oder zumindest der überwiegende Teil der Stimmen übertragen.[127] Als Beispiel gilt hier die *Robert Bosch Stiftung GmbH*, die 92 % der Anteile an der *Robert Bosch GmbH*, aber keinerlei Stimmrechte hat.[128] Zur Stiftungsgründung bedarf es keines hohen Mindestkapitaleinsatzes. Die Mindestausstattung, die von Stiftungsbehörden verlangt wird, beträgt zwischen 25.000 und 40.000 €, eine höhere Kapitalausstattung erscheint jedoch ratsam.[129]

4.2 Einsatz einer Stiftung im Zuge der Unternehmensnachfolge

Die Stiftung ist eigenständiges Rechts- und Steuersubjekt. Sie nimmt mit ihren Organen (Vorstand und ggf. Kuratorium oder Stiftungsrat) am Rechtsverkehr teil. Zu Beginn kann nur der Stifter selbst diese Stellung ausfüllen; die Bandbreite liegt hier von einer Person als Vorstand bis hin zum Kuratoriumsmodell, wobei der Vorstand, bestehend aus einer oder mehreren Personen, die Leitung der Stiftung übernimmt und das Kuratorium Kontroll- und Beratungsfunktionen hat. Die Satzung ist die Handlungsmaxime für die Organe. Anzahl, Amtszeit und sogar persönliche Qualifikationen des Vorstandes können ebenfalls in der Satzung geregelt werden.[130]

Die Stellung der Nutznießer (Destinatäre) im Verhältnis zur Stiftung ist ebenfalls in der Satzung geregelt. Ihr Kreis ist klar abgrenzbar; die Stiftung kann gleichzeitig aber mehrere Begünstigte in unterschiedlicher Ausprägung versorgen.[131] Ohne eine besondere Regelung hat der Destinatär weder rechtliche Ansprüche noch besondere

---

127 Vgl. Meyn et al. (2013), S. 82.
128 Vgl. Kögel/Berg (2011), S. 13–19.
129 Vgl. Meyn et al. (2013), S. 106.
130 Vgl. Meyn et al. (2013), S. 113–114.
131 Vgl. Götz/Pach-Hanssenheimb (2014), S. 60.

Einflussmöglichkeiten. Sollen die Nachkommen ein Mitspracherecht erhalten, muss dies in der Satzung mit ausreichender Wirkung für die Zukunft und alle Risiken einbeziehend geregelt werden.[132]

Steuerliche Gesichtspunkte spielen bei der Errichtung der Stiftung oft eine erhebliche Rolle. Die Stiftung ist ertragsteuerpflichtig, allerdings auch erbschaftsteuerpflichtig. Dabei gibt es jeweils Besonderheiten der Besteuerung bei der Errichtung und Auflösung, laufenden Besteuerung und bei der Besteuerung der Destinatäre.

Die unentgeltliche Übertragung des Vermögens auf die Familienstiftung löst Erbschaftsteuer in der höchsten Steuerklasse aus, die die Stiftung schuldet. Bei Übertragung von Betriebsvermögen kommt es jedoch zu Erleichterungen. Auch ist die Auflösung der Stiftung wieder schenkungsteuerpflichtig.[133]

Die laufende Besteuerung erfolgt wie bei „normalen" Unternehmen. Es fällt Körperschaftsteuer an. Die Zuwendungen an die Familienangehörigen sind allerdings bei der Ermittlung der KöSt nicht abziehbar.[134]

Eine weitere wichtige Steuerart für die inländische Familienstiftung ist die Erbersatzsteuer. Da das Vermögen in der Stiftung verbleibt, gibt es keinen Vermögensübergang bei Generationswechsel. Die Erbersatzsteuer fingiert nun alle 30 Jahre einen Erbfall, der auch Erbschaftsteuer auslöst, wobei unterstellt wird, dass das Vermögen an zwei Kinder fällt.

Ob die Erbersatzsteuer günstiger als die Erbschaftsteuer ohne Stiftung ist, hängt vom Einzelfall ab. Günstiger ist die Erbersatzsteuer dann, wenn sich der tatsächliche Generationswechsel schneller als im 30-Jahre-Rhythmus vollzieht. Von Vorteil ist die Familienstiftung auch dann, wenn nur ein Kind vorhanden ist oder entferntere Verwandte zum Zug kommen würden. Auch lässt sich die Erbersatzsteuer über 30 Jahre bei Verzinsung in Höhe von 5,5 % p. a. möglich verrenten.[135]

5 Zusammenfassung

Die Regelung der Unternehmensnachfolge stellt eigentümergeführte Familienunternehmen vor große, langfristig angelegte Herausforderungen. Aufgrund der Komplexität des Themenfelds sowohl aus betriebswirtschaftlicher, aber auch aus rechtlicher und psychologischer Sicht existiert eine Vielzahl von Einflussfaktoren, die über den Erfolg oder das Scheitern einer Übergabe entscheiden. Vielfach wird zu spät mit der Nachfolgeplanung begonnen, weil aus verschiedenen Gründen – allen voran der Schwierigkeit des Alteigentümers, sein Lebenswerk loszulassen – die Auseinander-

---

132 Vgl. Meyn et al. (2013), S. 318–319.
133 Vgl. Meyn et al. (2013), S. 490–491.
134 Vgl. Götz/Pach-Hanssenheimb (2014), S. 120–121.
135 Vgl. Götz/Pach-Hanssenheimb (2014), S. 183–184.

setzung mit der Nachfolgethematik hinausgezögert wird. Eine ungeklärte Nachfolge hat indes u. a. direkte Auswirkungen auf das Investitionsverhalten, die Liquiditätssituation sowie das Unternehmensrating und führt nicht zuletzt zu Unsicherheiten im direkten Unternehmensumfeld. Um einem Scheitern des Generationswechsels und somit im schlimmsten Falle einer Liquidation des Unternehmens entgegenzuwirken, sollte frühzeitig und systematisch ein konkreter Nachfolgeplan entwickelt werden, der neben der Wahl eines geeigneten Nachfolgers in der Geschäftsführung auch die Absicherung des Alteigentümers umfasst und auf den langfristigen Unternehmensfortbestand ausgerichtet ist.

Den Ausgangspunkt der Nachfolgeüberlegungen bildet die grundsätzliche Frage, welche Nachfolgelösung für das Unternehmen am geeignetsten erscheint: Neben einer Übergabe innerhalb des Familienkreises kann eine familienexterne Nachfolge durch Verkauf infrage kommen sowie diverse Mischformen, in denen Eigentum und Unternehmensführung getrennt fortgeführt werden. Ob ein Nachfolger aus der Unternehmerfamilie zur Verfügung steht, hängt vielfach von den beruflichen Interessen der Kinder oder deren Qualifikation für die Unternehmensführung ab. In den in diesem Beitrag empirisch nachgewiesenen Fällen muss ein Nachfolger von außerhalb des Familienkreises gefunden werden. Hierbei treten jedoch regelmäßig Probleme u. a. bei der Ermittlung eines angemessenen Verkaufspreises auf, weil aufgrund der emotionalen Bindung an das Lebenswerk oft subjektive Bewertungen die Verkaufspreisermittlung determinieren.

Eine Form der familienexternen Übergabe stellt die Nachfolgelösung in Form eines Management-Buy-out und eines -Buy-in dar, indem das Unternehmen von eigenen oder unternehmensexternen Führungskräften übernommen wird. Ein Vorteil dieser Regelung liegt darin, dass das Unternehmen meist in der bestehenden Form erhalten werden kann. Ist eine Übergabe in Form eines Management-Buy-out vorgesehen, kann sich dies positiv auf den gesamten Planungsprozess auswirken, da dem Management das Unternehmen bereits bekannt ist und die Verhandlungen von einem oftmals bereits bestehenden Vertrauensverhältnis zwischen Alteigentümer und Management profitieren können. Auf Seiten des potenziellen Nachfolgers erfordert die Ausgestaltung der Transaktionsstruktur des Buy-out komplexe und strategische Planungen rechtlicher und betriebswirtschaftlicher Natur. Da nur in einer Minderheit der Fälle davon auszugehen ist, dass das Management den Kaufpreis alleine selbst aufbringen kann, steht eine Reihe weiterer Möglichkeiten zur Verfügung, wie die Buy-out-Finanzierung vorgenommen werden kann. Es gilt hierbei Entscheidungen hinsichtlich einer Kombinationen von Eigen-, Mezzanine- und Fremdkapital zu treffen, die je nach Ausgestaltung weitreichende Auswirkungen auf die spätere Unternehmensfortführung haben können.

Stiftungen sind eine weitere Alternative zur Lösung der Nachfolgeproblematik. Die Stiftung sichert die Eigentümerstellung ab, auch gegen Zersplitterung in verschiedene Familienstämme, wie sie typisch ist für langlebige Familienunternehmen. Die Stiftung konzentriert sich regelmäßig auf die Wahrnehmung von Überwachungsaufgaben in Form der Mehrheit der Sitze eines Aufsichtsrats oder Beirats. Die operative Geschäftsführung überträgt die Stiftung in aller Regel Nicht-Familienmitgliedern, die also die Position eines klassischen Managers wahrnehmen. Damit ergeben sich getrennte Lösungen für die Nachfolge im Management und dem Eigentum.

6 Literatur

Ballarini, K./Keese, D. (2013): Unternehmensnachfolge. In: Pfohl, H.-C. (Hg.): Betriebswirtschaftslehre der Mittel- und Kleinbetriebe. Größenspezifische Probleme und Möglichkeiten zu ihrer Lösung. 5. Aufl., Berlin, S. 481–509.

Bartscher, T./Stöckl, J./Träger, T. (2012): Personalmanagement – Grundlagen, Handlungsfelder, Praxis. München.

Böllhoff, W. A. (2004): Gefahren und Konflikte in Familienunternehmen im Rahmen des Generationsübergangs. In: Böllhoff, C. G./Böllhoff, M. W./Böllhoff, W. A./Ebert, M. (Hg.): Management von industriellen Familienunternehmen. Von der Gründung bis zum Generationsübergang. Festschrift für den Unternehmer Wolfgang Böllhoff zu seinem 70. Geburtstag. Stuttgart, S. 259–267.

Europäische Kommission (2003): Empfehlung der Kommission vom 6. Mai 2003 betreffend die Definition der Kleinstunternehmen sowie der kleinen und mittleren Unternehmen. 2003/361/EG, ABl. Nr. L 124 S. 36–41.

Deutscher Industrie- und Handelskammertag (DIHK) (2015): Rekordhoch an Senioren, Rekordtief an Nachfolgern, DIHK-Report zur Unternehmensnachfolge. Berlin.

Djanani, C./Krenzin, A. (2012): Vorsorgeplanung des Altgesellschafters. In: Beckmann, R./Brost, H./Faust, M. (Hg.): Unternehmensnachfolge im Mittelstand. 3. Aufl., Frankfurt a. M., S. 205–218.

Felden, B. (2012): Auswahl eines familieninternen Nachfolgers. In: Beckmann, R./Brost, H./Faust, M. (Hg.): Unternehmensnachfolge im Mittelstand. 3. Aufl., Frankfurt a. M., S. 141–170.

Freiling, J./Gersch, M. (2007): Nachfolgebezogene Unternehmenskrisen im Mittelstand – Eine zentrale ökonomische Herausforderung im Mittelstand aus evolutionsökonomischer Perspektive. In: Letmathe, P./Eigler, J./Welter, F./Kathan, D./Heupel, T. (Hg.): Management kleiner und mittlerer Unternehmen. Wiesbaden, S. 135–152.

Götz, H./Pach-Hanssenheimb, F. (2014): Handbuch der Stiftung. Herne.

Hähnel, J. (2003): Die Finanzierung des Buy-Out. In: Weitnauer, W. (Hg.): Management Buy-out – Handbuch für Recht und Praxis. München, S. 49–67.

Halter, F./Dehlen, T./Sieger, P./Wolter, H.-J. (2013): Informationsasymmetrien zwischen Übergeber und Nachfolger – Herausforderungen und Lösungsmöglichkeiten am Beispiel des Management Buy Ins in Familienunternehmen. In: ZfKE, 61. Jg., H. 1–2, S. 35–54.

Haunschild, L./Wolter, H.-J. (2010): Volkswirtschaftliche Bedeutung von Familien- und Frauenunternehmen. In: Institut für Mittelstandsforschung Bonn (Hg.): IfM-Materialien Nr. 199. Bonn.

Hauser, H.-E./Kay, R./Boerger, S. (2010): Unternehmensnachfolgen in Deutschland 2010 bis 2014: Schätzung mit weiterentwickelten Verfahren. In: Institut für Mittelstandsforschung Bonn (Hg.): IfM-Materialien Nr. 198. Bonn.

Hennerkes, B.-H./Kirchdörfer, R. (2015): Die Familie und ihr Unternehmen. Strategie, Liquidität, Kontrolle. Frankfurt a. M.

Hoffelner, M. (2012): Management-Buy-Out als Finanzierungsinstrument der Unternehmensnachfolge. In: Beckmann, R./Brost, H./Faust, M. (Hg.): Unternehmensnachfolge im Mittelstand. 3. Aufl., Frankfurt am Main, S. 311–333.

IfM Bonn (o. J.): Familienunternehmen-Definition des IfM Bonn. http://www.ifm-bonn.org/definitionen/familienunternehmen-definition, Abruf: 30.06.2017.

Kay, R./Suprinovic, O. (2013): Unternehmensnachfolgen in Deutschland 2014 bis 2018. In: Institut für Mittelstandsforschung Bonn (Hg.): IfM Daten und Fakten Nr. 11. Bonn.

Kerkhoff, E./Ballarini, K./Keese, D. (2004): Generationswechsel in mittelständischen Unternehmen. Das Nachfolgegeschehen in Baden-Württemberg. Karlsruhe.

Kersting, H./Bitzer, S./Dupierry, R. (2014): Nachfolgemanagement in Familienunternehmen. Bewertung – Due Diligence – Finanzierung. Berlin.

Klein, S. (2010): Familienunternehmen – Theoretische und empirische Grundlagen. 3. Aufl., Lohmar/Köln.

Kögel, R./Berg, D. (2011): Die Unternehmensverfassung des Hauses Bosch als Grundmodell der Doppelstiftung. In: FuS, H. 1, S. 13–19.

Krüger, W. (2006): Generationswechsel in Familienunternehmen – zwischen familiärer Gerechtigkeit und nachhaltiger Unternehmensentwicklung. In: Böllhoff, C./Krüger, W./Berni, M. (Hg.): Spitzenleistungen in Familienunternehmen. Ein Managementhandbuch. Stuttgart, S. 237–250.

Martin, A./Martin, T. A. (2006): Mittelstandsökonomie: Unternehmensführung und Unternehmensnachfolge in mittelständischen Unternehmen. Montabaur.

Martin, A./Martin, T. A. (2008): Einflussfaktoren und Gestaltungsdimensionen bei der Unternehmernachfolge im Mittelstand. In: Brauweiler, H. C. (Hg.): Unternehmensführung heute. München/Wien, S. 215–233.

Martin, T./Ruda, W./Pfeffer, M. (2002): Risikomanagement in Familienunternehmen – Unternehmenskrisen und das Risikomanagement nach KonTraG. In: MER Revija za management in razvoj – MER Journal for Management and Development. 4. Jg., H. 1, S. 44–52.

Meyer, A. (2007): Unternehmerfamilie und Familienunternehmen erfolgreich führen. Wiesbaden.

Meyn, C./Richter, A./Koss, C./Gollan, A. K. (2013): Die Stiftung, Umfassende Erläuterungen, Beispiele und Musterformulare für die Rechtspraxis. 3. Aufl., Freiburg.

Müller, S./Brackschulze, K./Mayer-Friedrich, M. D. (2011): Finanzierung mittelständischer Unternehmen nach Basel III. Selbstrating, Risikocontrolling und Finanzierungsalternativen. 2. Aufl., München.

Pettigrew, A. M. (1987): Context and Action in the Transformation of the Firm. In: JOMS, 24. Jg., S. 649–670.

Pettigrew, A. M. (1992): Researching Strategic Change. In: Pettigrew, A. M. (Hg.): The Management of Strategic Change. Oxford, S. 1–13.

Pinkwart, A./Welter, F./Kolb, S./Heinemann, D. (2005): Unternehmensnachfolge als Spezialproblem der Entrepreneurshipforschung. In: Brost, H./Faust, M./Thedens, C. (Hg.): Unternehmensnachfolge im Mittelstand. Frankfurt am Main, S. 3–23.

Pirmanschegg, P. (2016): Die Nachfolge in Familienunternehmen. Aus Konflikten lernen. Wiesbaden.

Schäfer, W. (2006): Die Gesellschafterstruktur von Familienunternehmen – zwischen Familienclan und Beteiligungsgesellschaft. In: Böllhoff, C./Krüger, W./Berni, M. (Hg.): Spitzenleistungen in Familienunternehmen. Ein Managementhandbuch. Stuttgart, S. 15–24.

Schmeisser, W./Lesener, L./Tscharntke, C. (2007): Unternehmensnachfolge durch Unternehmensverkauf. Eine Analyse der Erfolgsfaktoren von nachfolgeinduzierten Buy-out-Transaktionen unter besonderer Berücksichtigung der Banken. München/Mering.

Schroeder, J. (2003): Finanzierung und Management in der Praxis: Nachfolge und andere Konstellationen. In: Weitnauer, W. (Hg.): Management Buy-out – Handbuch für Recht und Praxis. München, S. 68–97.

Schwartz, M. (2015): KfW-Mittelstandspanel 2015: Mit steigender Zuversicht aus dem Investitionstief. In: KfW Bankengruppe (Hg.): KfW Research. Frankfurt a. M.

Schwartz, M./Gerstenberger, J. (2015a): Alterung im Mittelstand bremst Investitionen. In: KfW Bankengruppe (Hg.): Fokus Volkswirtschaft H. 85, KfW Economic Research. Frankfurt a. M.

Schwartz, M./Gerstenberger, J. (2015b): Nachfolgeplanungen im Mittelstand auf Hochtouren: Halbe Million Übergaben bis 2017. In: KfW Bankengruppe (Hg.): Fokus Volkswirtschaft H. 91, KfW Economic Research. Frankfurt a. M.

TNS-Emnid (2011): Studie zur Unternehmensnachfolge im Auftrag der Deutschen Unternehmerbörse. https://www.dub.de/fileadmin/redakteure/PDF/DUB_Auswertung_TNS_Emnid_Studie.pdf, Abruf: 30.06.2017.

Weber, H. (2009): Familienexterne Unternehmensnachfolge. Eine empirische Untersuchung über Akquisitionen von Familienunternehmen. Wiesbaden.

Wegmann J. (2015): Verkauf als Nachfolgestrategie. In: Wegmann, J./Wiesehahn, A. (Hg.): Unternehmensnachfolge. Praxishandbuch für Familienunternehmen. Wiesbaden, S. 89–102.

Weitnauer, W. (2003): Allgemeiner Teil. In: Weitnauer, W. (Hg.): Management Buy-out – Handbuch für Recht und Praxis. München, S. 1–48.

Weyers, S. (2009): Management-Buy-Outs als Nachfolgealternative für kleine und mittlere Unternehmen. In: Rhein-Ruhr-Institut für angewandte Mittelstandsforschung (RIFAM) (Hg.): Schriften zur angewandten Mittelstandsforschung. München/Mering.

Wiesehahn, A. (2015a): Erwartungen an die Unternehmensnachfolge aus Sicht der übergebenden und übernehmenden Personen: Ergebnisse einer empirischen Studie. In: Schriftenreihe des Fachbereichs Wirtschaftswissenschaften der Hochschule Bonn-Rhein-Sieg, Bd 37. Sankt Augustin.

Wiesehahn, A. (2015b): Empirische Studie: Erwartungen an die Unternehmensnachfolge. In: Wegmann, J./Wiesehahn, A. (Hg.): Unternehmensnachfolge. Praxishandbuch für Familienunternehmen. Wiesbaden, S. 15–45.

Wolter, H.-J. (2010): Informationsasymmetrien in der familienexternen Nachfolge und ihre Überwindung. In: Institut für Mittelstandsforschung Bonn (Hg.): IfM-Materialien Nr. 191. Bonn.

Zimmermann, V. (2013): Bringen es die Alten noch? Unterschiede im Innovationsoutput junger und alter Unternehmer. In: KfW Bankengruppe (Hg.): Fokus Volkswirtschaft Nr. 33, KfW Economic Research. Frankfurt am Main.

Christian Toll und Thomas Hering

Zur Bewertung eines Unternehmenskaufs in Abhängigkeit von den Kapitalmarktcharakteristika

1 Unternehmenskauf als Bewertungsanlass

Subsumiert werden der Konfliktsituation vom Typ Kauf/Verkauf diejenigen Bewertungsanlässe, bei denen eine Änderung der Eigentumsverhältnisse an dem zu bewertenden Objekt zu einem *vollständigen Eigentümerwechsel* führt. Eine Konfliktpartei (Verkäufer) gibt ihr Eigentum an dem Bewertungsobjekt zugunsten einer anderen Konfliktpartei (Käufer) auf und erhält dafür eine – in der Regel monetäre – Gegenleistung.[1] Im Mittelpunkt des zu lösenden Konflikts steht die zwischen den Konfliktparteien aufkommende Auseinandersetzung über die Konditionen des Eigentumsübergangs. So ist beispielsweise ein Kauf ökonomisch nur dann nicht nachteilig, wenn der im Gegenzug gezahlte Preis nicht größer ist als der Wert des erworbenen Objekts.[2] Während der *Preis* als Ausdruck eines Verhandlungsergebnisses hinsichtlich der Übertragung eines Gutes zu verstehen ist, resultiert der *Wert* eines Gutes gemäß der von Hermann Heinrich Gossen und Carl Menger begründeten subjektiven Wertlehre[3] aus seinem Grenz-

---

1 Vgl. Matschke (1975), S. 31.
2 Vgl. Hering/Toll (2012), S. 1101.
3 Zur (österreichischen) Grenznutzenschule vgl. Gossen (1854); Menger (1871).

DOI 10.1515/9783110517163-018

nutzen im Hinblick auf die zugrunde gelegte Zielsetzung. Die Wertfindung ist daher von der Zielsetzung und dem die Handlungsmöglichkeiten beschreibenden Entscheidungsfeld des Bewertungssubjekts abhängig. Handelt es sich beim zu bewertenden Objekt um ein Unternehmen, sollte es lediglich dann erworben werden, wenn mit der Realisierung der Transaktion kein niedrigeres Niveau der Zielerreichung einhergeht als bei Verzicht auf den Unternehmenskauf. Um sich im Vergleich zur Ausgangssituation wirtschaftlich nicht zu verschlechtern, sollte der präsumtive Käufer daher seine subjektive Grenze der Konzessionsbereitschaft kennen. Das Ergebnis einer *Unternehmensbewertung* im Sinne dieser Funktion der Entscheidungsgrenzenbestimmung wird als Entscheidungswert bezeichnet.[4] Sofern es in der Verhandlung lediglich um die Festlegung der monetären Gegenleistung geht, entspricht diese Konzessionsgrenze demjenigen Preis, den der Käufer maximal zahlen kann, ohne dass der Unternehmenskauf für ihn ökonomisch nachteilig wird (Grenzpreismerkmal).[5] Der vorliegende Beitrag zeigt, wie dieses Bewertungsproblem anhand des Grenzpreiskalküls gelöst werden kann.

2 Diskussion der geeigneten modelltheoretischen Basis

Während angelsächsische Bewertungsklassiker[6] ihre Abstammung von der österreichischen Grenznutzenschule nicht verleugnen können und in dieser Tradition wertvolle Erkenntnisse für die Fortentwicklung der Bewertungstheorie, insbesondere auf dem unvollkommenen Kapitalmarkt, liefern, fällt die neoklassische Kapitalmarkttheorie[7] wieder auf Fishers Annahme des vollkommenen Kapitalmarkts zurück und wendet sich primär dem bis dato nicht befriedigend durchdrungenen Bewertungsproblem unter Unsicherheit zu.[8] Seit mehr als sechzig Jahren diskutieren die Verfechter einer „neoklassisch" *finanzierungstheoretisch* geprägten Bewertungslehre und die Befürworter einer *investitionstheoretisch* fundierten Bewertungstheorie[9] nunmehr über die für eine Unternehmensbewertung geeignete theoretische Basis. Insbesondere profitierten die Vertreter der investitionstheoretisch geprägten deutschen Schule von der Auseinandersetzung mit der angelsächsischen Schule, wohingegen letztere

---

4 Vgl. Matschke (1975); Hering (2014), S. 5–6; Hering/Toll (2013), S. 1423.

5 Vgl. zum Grenzpreismerkmal bereits von Oeynhausen (1822), S. 306.

6 Vgl. Fisher (1930); Dean (1951); Hirshleifer (1958); Weingartner (1963).

7 Vgl. Modigliani/Miller (1958); Modigliani/Miller (1963); Gordon (1959); Debreu (1959); Sharpe (1964); Lintner (1965); Mossin (1966); Arrow (1964); Black/Scholes (1973); Cox/Ross/Rubinstein (1979).

8 Vgl. für einen Überblick Hering (2014), S. 207–300 und S. 325–342. Vgl. auch Brösel/Toll/Zimmermann (2012), S. 89–92; Olbrich/Quill/Rapp (2015); Hering/Toll (2015), S. 14–15.

9 Vgl. Schmalenbach (1947); Hax (1964); Laux/Franke (1969); Matschke (1975); Hering (2014).

sich selbst genug zu sein scheint und in einsprachiger Bequemlichkeit innehält.[10] Dies mag ein Grund dafür sein, dass das einen gleichgewichtigen und für jedermann gültigen *„objektiven Marktwert"* propagierende angelsächsische Schrifttum bis heute beharrlich empfiehlt, finanzierungstheoretische Bewertungsverfahren als Entscheidungsmodelle zu verwenden, ohne jedoch die zugrunde liegende Modellwelt oder die Eignung für das individuelle Entscheidungsproblem zu hinterfragen.[11]

Da *Gleichgewichtsmodelle* dazu dienen, Marktergebnisse unter idealisierten Bedingungen zu erklären, sollten sie in realen Bewertungssituationen nicht einfach als Entscheidungsmodelle „missbraucht" werden.[12] Die der finanzierungstheoretisch geprägten Bewertungsschule zugrunde liegende Zielsetzung der Marktwertmaximierung entspricht eben nur dann den Interessen aller Eigner, wenn deren Entscheidungsfelder homogen sind und ein vollkommener und vollständiger Markt bei vollständiger Konkurrenz vorliegt. Nur dank dieser Annahmen konnten Arrow und Debreu eine Gleichgewichtstheorie entwickeln,[13] „mit der sich unsichere Zahlungsströme so bewerten lassen, daß für alle Marktteilnehmer unabhängig von ihrer individuellen Risikoneigung derselbe Entscheidungswert resultiert, der aus Arbitragegründen auch zum Marktpreis werden muß."[14] Dass eine derartige Objektivierung des Unternehmenswerts aufgrund der zugrunde liegenden äußerst rigiden Modellwelt teuer erkauft ist, dürfte niemand bezweifeln. Der gleichgewichtige und für jedermann gültige „objektive Marktwert" ist mithin ein nur in einer idealen Modellwelt begründbarer theoretischer Grenzfall des Entscheidungswerts.[15]

Obwohl sich alle der in Tab. 40 genannten finanzierungstheoretischen Gleichgewichtsmodelle auf die arbitragefreie Bewertung zurückführen lassen, bestehen zwischen ihnen dennoch erhebliche *Inkompatibilitäten*.[16] So zeichnen sich die Kapitalstrukturmodelle von Modigliani/Miller und die Optionsmodelle insbesondere durch ihre Präferenzfreiheit und die Irrelevanz von Zustandswahrscheinlichkeiten aus, während Risikoscheu und Erwartungshomogenität für das „Capital Asset Pricing Model" (CAPM) unabdingbar sind. Der Planungszeitraum des CAPM beträgt nur eine Periode (oder zwei Zeitpunkte), wohingegen Optionsbewertungsmodelle eine bedeutend

---

10 Vgl. Hering (2014), S. 333. Es sei nicht ausgeschlossen, dass sich die Verfechter der finanzierungstheoretisch geprägten angelsächsischen Schule auch mit den investitionstheoretischen Modellen auseinandersetzen oder auseinandergesetzt haben. Allerdings ist dies aus den meisten Veröffentlichungen weder im Hinblick auf den Inhalt noch bezüglich der zitierten Literatur zu erkennen. Vgl. hierzu bereits Brösel/Toll (2016), S. 24.

11 Vgl. z. B. Rappaport (1981); De Angelo (1981); Kaplan (1986); Copeland/Koller/Murrin (1990); Dukes (2006); Koller/Goedhart/Wessels (2010); Damodaran (2011).

12 Vgl., auch im Folgenden, Hering (2014), S. 211–213; Brösel/Toll (2016), S. 25–26.

13 Vgl. Debreu (1959); Arrow (1964).

14 Hering (2014), S. 211.

15 Vgl. Hering (2014), S. 216.

16 Vgl. Hering (2014), S. 297–300 und S. 310; Olbrich/Quill/Rapp (2015), S. 15; Brösel/Toll (2016), S. 25–26.

größere Zahl verschiedener Zustände verarbeiten können und Modigliani/Miller eine ewige Rente unterstellen. Im Unterschied zu den Kapitalstrukturmodellen von Modigliani/Miller[17] müssen sowohl das CAPM als auch die Optionsbewertungsmodelle von Unterschieden in der steuerlichen Behandlung bezüglich Eigen- und Fremdkapital abstrahieren. All dies wird von den Apologeten der finanzierungstheoretischen Unternehmensbewertung ignoriert, wenn sie bspw. die Modigliani/Miller-Formeln[18] mit dem CAPM[19] koppeln, um „Discounted Cash Flow" (DCF)-Modelle[20] für die Beratungspraxis zu erschaffen.

Tab. 40: Inkompatible Prämissen der DCF-Modellbausteine[21].

	MODIGLIANI/MILLER	CAPM	Optionsmodelle	DCF
Präferenzfreiheit	Ja	Nein	Ja	Ja
Planungshorizont	∞	1	n	n
Steuern	Ja	Nein	Nein	Ja

Es liegt somit auf der Hand, dass mit einer Kopplung inkompatibler finanzierungstheoretischer Gleichgewichtsmodelle eine *Vielzahl neuer Probleme* einhergeht, was etwa für die Discounted Cash Flow-Modelle bedeutet, dass Fragen bzw. Probleme hinsichtlich der Kapitalstruktur und Kapitalkosten im Wesentlichen unbeantwortet bzw. ungelöst bleiben.[22]

Da die finanzierungstheoretisch geprägte Bewertungsschule einen idealisierten Markt unterstellt, die individuelle Zielsetzung sowie das Entscheidungsfeld des konkreten Entscheidungsträgers bei der Wertfindung ausblendet und vielmehr einen für jedermann als allgemeingültig gepriesenen „wahren", *„objektiven" Wert* verheißt, ist sie schlichtweg nicht in der Lage, unter realistischen Rahmenbedingungen einen Entscheidungswert bereitzustellen. Eine Entscheidungswertermittlung muss daher in realen Bewertungssituationen auf der *subjektiven Wertlehre* basieren, weshalb es sinnvoll ist, investitionstheoretisch fundierte Verfahren in Betracht zu ziehen. Diese werden nämlich nicht nur den subjektiven Vorstellungen und Planungen des konkreten Entscheidungsträgers gerecht, sondern wissen auch mit real existierenden

---

17 Vgl. Modigliani/Miller (1963).
18 Vgl. Modigliani/Miller (1963).
19 Vgl. Markowitz (1952); Sharpe (1964); Lintner (1965); Mossin (1966).
20 Vgl. Coase (1981); Williams (1938); Gordon (1959); Rappaport (1981); Copeland/Koller/Murrin (1990). Vgl. auch Koller/Goedhart/Wessels (2010); Damodaran (2011), S. 398–412 und S. 597–631.
21 Vgl. Hering (2000), S. 445; Olbrich/Quill/Rapp (2015), S. 15; Brösel/Toll (2016), S. 26.
22 Vgl. hierzu ausführlich Hering (2014), S. 271–288. Vgl. ebenfalls kritisch Schneider (1998); Schneider (2009); Coleman (2014); Olbrich/Quill/Rapp (2015), S. 6–17; Brösel/Toll (2016), S. 24–26 m. w. N.

Marktunvollkommenheiten (z. B. Verschuldungsrestriktionen und Geld-Brief-Spannen) umzugehen.

Weil sich das prinzipielle Vorgehen einer investitionstheoretisch fundierten Unternehmensbewertung am besten zeigen lässt, wenn zunächst von allen Unvollkommenheiten und Unsicherheiten des realen Entscheidungsfelds abstrahiert wird, gilt es, nach einer Darstellung der Rahmenbedingungen die Ermittlung des Grenzpreises auf dem vollkommenen Kapitalmarkt unter Sicherheit aufzuzeigen. Um den Erfordernissen realer Entscheidungssituationen möglichst gut zu entsprechen, werden anschließend die Annahmen an die Modellumgebung gelockert, was dazu führt, dass der in diesem Beitrag präsentierte Verfahrensvorschlag sowohl Marktunvollkommenheiten als auch die Mehrdeutigkeit zukünftiger Zahlungsströme abzubilden vermag.

3 Ermittlung des Grenzpreises für einen Unternehmenskauf

3.1 Rahmenbedingungen

Wie oben bereits herausgearbeitet wurde, ist die Wertfindung von der Zielsetzung und dem Entscheidungsfeld eines konkreten Bewertungssubjekts abhängig.

Die *Zielsetzung* des Bewertungssubjekts kann entsprechend seiner Konsumpräferenz als Vermögens- oder Einkommensmaximierung ausgestaltet sein.[23] Bei Verfolgung einer Vermögensmaximierung wird unter der Nebenbedingung eines fest vorgegebenen Einkommensstroms (der auch null sein kann) eine gemäß zeitpunktbezogener Konsumpräferenz maximal erzielbare Geldausschüttung angestrebt, während eine Einkommensmaximierung darauf abzielt, unter der Nebenbedingung fest vorgegebener Ausschüttungen zu definierten Zeitpunkten die Breite eines strukturierten Entnahmestroms zu maximieren.

Das *Entscheidungsfeld* beinhaltet die real- und finanzwirtschaftlichen Handlungsmöglichkeiten inklusive deren Beschränkungen.[24] Der realwirtschaftliche Aktionsraum besteht bspw. aus der derzeitigen Güter- und Personalausstattung sowie den Möglichkeiten, weitere Güter zu beschaffen oder zu verkaufen und Mitarbeiter einzustellen oder freizusetzen. Der finanzwirtschaftliche Aktionsraum ist vor allem durch die strikte Einhaltung der jederzeitigen Zahlungsfähigkeit (Liquidität) begrenzt. Ausprägungen sind z. B. die zur Verfügung stehenden flüssigen Mittel, Geldanlage- und Kreditaufnahmemöglichkeiten sowie gegebenenfalls bestehende Kreditbeschränkungen.[25] Daneben können Interdependenzen, Ganzzahligkeitsforderungen und Aus-

---

23 Vgl. Hering (2015), S. 20–22; Hering (2014), S. 25–27.

24 Vgl. Hering (2014), S. 27–32; Brösel/Toll (2016), S. 28.

25 Vgl. Matschke/Brösel (2013), S. 169.

schlussbedingungen bei Wahlproblemen sowohl auf den finanzwirtschaftlichen als auch auf den realwirtschaftlichen Aktionsraum wirken.[26] Die Beschaffenheit des Entscheidungsfelds bestimmt also, ob mit der Wertermittlung vergleichsweise unbedeutende (vollkommener Markt) oder beträchtliche (unvollkommener Markt) Schwierigkeiten einhergehen.[27] Im Falle völliger Sicherheit[28] stimmt der Planungshorizont mit der Lebensdauer des Unternehmens überein und alle Handlungsalternativen sind mit ihren Zahlungen eindeutig bekannt. Das *Entscheidungsfeld* ist *geschlossen*, weshalb einer Totalgewinnmaximierung nichts im Wege steht. Reale (unsichere) Bewertungssituationen zeichnen sich aufgrund ihres Zukunftsbezugs dadurch aus, dass im Bewertungszeitpunkt weder alle Handlungsmöglichkeiten und -restriktionen bekannt sind noch die Zahlungswirkungen der bekannten Handlungsalternativen eindeutig vorausgesagt werden können und der Planungshorizont unbestimmt bleibt.[29] Der Informationsstand verändert sich mit fortschreitender Zeit. Das Bewertungsproblem ist bei Vorliegen eines *offenen Entscheidungsfelds* somit wirkungs-, bewertungs-, zielsetzungs- und lösungsdefekt.[30] Daher ist das offene Entscheidungsfeld über heuristische Komplexitätsreduktionen durch subjektiv glaubhaft erscheinende Annahmen künstlich zu schließen.[31] So wird z. B. eine sinnvolle Ersatzzielsetzung gesucht, der Planungshorizont pragmatisch festgesetzt und eine Bewertungsmethodik am Ende des Planungszeitraums gewählt. Hinsichtlich der Mehrwertigkeit der Zukunftserwartungen lässt sich leider nicht mehr sagen, als dass diese durch nichts aus der Welt zu schaffen ist und beim Bewertungsvorgang berücksichtigt werden muss. Aufgrund der die Zielsetzung und das Entscheidungsfeld betreffenden mannigfaltigen subjektiven Komplexitätsreduktionen existiert kein eindeutiger einwertiger Entscheidungswert. Vielmehr ist dieser als *Bandbreite* unterschiedlicher Werte aufzufassen, von denen jeder einzelne Wert nur für ein ganz bestimmtes, nach subjektiven Vorstellungen geschlossenes, Entscheidungsfeld gilt. Der Grenzpreis ist mithin keine Zahl, sondern unsicher. Bei Vorliegen entsprechender Informationen kann die Bandbreite allenfalls noch um Hinweise auf die vermutete Wahrscheinlichkeitsverteilung ergänzt werden.[32] Um unter Unsicherheit der Mehrwertigkeit der Zukunftserwartungen beim Bewertungsvorgang Rechnung zu tragen, stehen unsicherheitsverdichtende und unsicherheitsaufdeckende Verfahren als *heuristische Planungsphilosophien* zur Verfügung.[33] Da allen die Unsicherheit verdichtenden Verfahren gemein ist, dass sie auf

---

26 Vgl. Hering (2015), S. 196–219.
27 Vgl. Hering (2014), S. 29–30 sowie ausführlich die Unterkapitel 3.2 und 3.4.
28 Vgl. zu den folgenden Ausführungen ausführlich Hering (2015), S. 11; Hering/Toll (2012), S. 1102.
29 Vgl. Adam (1996), S. 16–25; Hering (2014), S. 7–14 und S. 30–32; Brösel/Toll (2016), S. 30.
30 Vgl. Adam (1996), S. 10–15; Hering (2014), S. 7–9.
31 Vgl. Hering (2014), S. 9 und S. 30–32.
32 Vgl. hierzu ausführlich die Ausführungen in Unterkapitel 3.5.
33 Vgl. Hering (2015), S. 280–397; Rollberg (2012), S. 225–232; Matschke/Brösel (2013), S. 174–178; Brösel/Toll (2016), S. 30–32 und S. 40–43.

die Ermittlung einer exakten Punktgröße abzielen, womit sie wertvolle Informationen über die Zielgröße (z. B. Lage- und Streuungsparameter) verschleiern, stehen in diesem Beitrag die Sensitivitäts- und simulative Risikoanalyse als Vertreterinnen der unsicherheitsoffenlegenden Verfahren im Mittelpunkt des Interesses. Letztere sind nämlich in der Lage, die Spannweite der mehrwertigen Eingangsdaten auf eine Zielgrößenbandbreite zu transformieren, welche es dem Entscheidungsträger ermöglicht, eine sachgerechte unternehmerische Entscheidung zu treffen.

Dem Zuflussprinzip folgend ist nur der zu Konsumzwecken verwendbare subjektiv geschätzte (Netto-)Zahlungsstrom (also unter Berücksichtigung persönlicher Steuern, Zahlungen aus Synergie- bzw. Verbundeffekten etc.) relevant, welcher zwischen dem Unternehmen und dessen Eigentümern voraussichtlich fließt.[34] Diese Ausschüttungsbeträge dienen bei der Grenzpreisermittlung als *Rechengröße*. Zahlungsgrößen sind intersubjektiv nachprüfbar[35] und verglichen mit Erfolgsgrößen (Aufwand und Ertrag oder Kosten und Leistungen) nicht anfällig für Manipulationen.[36] Daneben unterliegt eine Rechnung auf Basis von Zahlungs- anstatt Erfolgsgrößen – wie das Lücke-Theorem[37] zeigt – auch nicht dem Problem von Doppelzählungen, welches nur mittels umständlicher Korrekturrechnungen wieder zu bereinigen wäre.[38]

Um den Erfordernissen realer Entscheidungssituationen möglichst gut zu entsprechen, wird die Ermittlung des Grenzpreises in den nachfolgenden Unterkapiteln nicht nur unter der Annahme von (Quasi-)Sicherheit[39], sondern auch unter Unsicherheit thematisiert.

3.2 Grenzpreisermittlung auf dem vollkommenen Kapitalmarkt unter Sicherheit

Auf dem vollkommenen Kapitalmarkt bei Sicherheit[40] sind nicht nur beliebig hohe Kreditaufnahmen und Geldanlagen zu einem einheitlichen periodenspezifischen

---

34 Vgl. Hering (2014), S. 32–36; Toll/Benda (2014), S. 368; Brösel/Toll (2016), S. 39–40.
35 Vgl. Matschke/Brösel (2013), S. 173.
36 Vgl. Hering (2015), S. 20.
37 Vgl. Lücke (1955).
38 Vgl. Moxter (1983), S. 79; Hering (2014), S. 33; Matschke/Brösel (2013), S. 173.
39 Quasi-Sicherheit liegt vor, wenn das Bewertungssubjekt von einer bestimmten Datenkonstellation ausgeht, die aber tatsächlich gar nicht eintreten muss. Der Entscheidungsträger rechnet somit fest mit dem Eintreffen seiner einwertigen Prognose und verzichtet auf die Berücksichtigung mehrwertiger Erwartungen. In diesem Zusammenhang wird auch von subjektiver Sicherheit gesprochen, die im Vergleich zur objektiven Sicherheit dennoch Prognoseirrtümer zulässt. Vgl. Franke/Hax (2009), S. 148–149 und S. 245–246; Busse von Colbe/Laßmann/Witte (2015), S. 188; Hering (2015), S. 140–141.
40 Vgl. zu den folgenden Ausführungen ausführlich Hering (2015), S. 11 und S. 23–29 sowie S. 33–34; Hering/Toll (2012), S. 1102; Brösel/Toll (2016), S. 28–29.

Zinssatz möglich,[41] sondern zudem stimmt der Planungshorizont mit der Lebensdauer des Unternehmens überein und alle Handlungsalternativen sind mit ihren Zahlungen eindeutig bekannt. Der Wert einer Zahlung ist von ihrem zeitlichen Anfall abhängig, was sich im *Zeitwert des Geldes* ausdrückt. Zum Vergleichsmaßstab für die Wertigkeit der zu den verschiedenen Zeitpunkten anfallenden Zahlungen wird nach der Lenkpreistheorie der Zinssatz der besten alternativen Verwendung des Geldes, welcher angibt, wie sich die letzte in einer Periode aufgenommene oder angelegte Geldeinheit verzinst. Auf dem vollkommenen Kapitalmarkt bei Sicherheit besteht die Kunst der Bewertung in elementarer Finanzmathematik, da der Knappheitspreis der Liquidität (Lenkzins des Kapitals) eindeutig durch den als exogenes Datum anzusehenden periodenspezifischen Zinssatz gegeben ist, so dass dieser zum Kalkulationszins wird.[42] Liegt zudem eine flache Zinsstruktur vor, ist der Lenkpreis für alle Perioden durch den im Zeitablauf gleichbleibenden Zinssatz i bestimmt. Bleiben also Unvollkommenheiten des realen Entscheidungsfelds bewusst unbeachtet, ist der Zeitwert des Geldes extern vorgegeben und bestimmt die Vorteilhaftigkeit eines Zahlungsstroms ganz allein, d. h. unabhängig von der *Konsumpräferenz* des Entscheidungsträgers. Letztere legt nur noch fest, wann die Ausschüttungen am besten getätigt werden sollen, hat aber keinen Einfluss darauf, welche Investitionen und Finanzierungen vorteilhaft sind und realisiert werden, um die maximalen Ausschüttungen gemäß der präferierten Konsumentnahmestruktur bereitzustellen. Somit können Investitions-, Finanzierungs- und Konsumentscheidungen auf einem vollkommenen Kapitalmarkt getrennt voneinander gefällt werden (sog. Fisher-Separation).[43] Infolgedessen ist es im Falle eines Unternehmenskaufs vereinfachend möglich, den maximal zahlbaren Preis mit Hilfe des *Partialmodells* „Ertragswertmethode" zu berechnen, womit sich die Notwendigkeit der Berücksichtigung des gesamten Entscheidungsfelds erübrigt.

Bei vollkommenem Kapitalmarkt und *flacher Zinsstruktur* sind lediglich die zwischen dem präsumtiven Käufer und dem zu bewertenden Unternehmen fließenden zukünftigen Zahlungen mit dem einheitlichen Kalkulationszins i zu kapitalisieren.[44] Das zu bewertende Unternehmen geht für den Käufer im n Perioden umfassenden Planungszeitraum mit dem Zahlungsstrom $\boldsymbol{g}_K := (0, g_{K1}, g_{K2} \ldots, g_{Kt}, \ldots, g_{Kn})$ einher. Er gewinnt diese Zahlungen und sucht den dafür zum Zeitpunkt $t = 0$ maximal zahlbaren Preis. Dieser die letzte Möglichkeit eines vorteilhaften oder zumindest genau zielsetzungsneutralen Unternehmenskaufs markierende Grenzpreis ist bei vollkommenem Kapitalmarkt als *Ertragswert* (Zukunftserfolgswert) E_K definiert.

---

41 Vgl. Franke/Hax (2009), S. 155; Götze (2014), S. 78; Breuer (2012), S. 39–40.

42 Vgl. Fisher (1930); Hering (2014), S. 29.

43 Vgl. Fisher (1930).

44 Vgl. zu den folgenden Ausführungen bereits Hering (2014), S. 38–41; Hering/Toll (2012), S. 1102–1104; Hering/Toll (2013), S. 186–187.

Die Zahlungsreihe g_K erlaubt es dem Unternehmenskäufer, am Kapitalmarkt einen Kredit in Höhe von

$$E_K: \ = \sum_{t=1}^{n} g_{Kt} \cdot (1+i)^{-t}$$

aufzunehmen, dessen Kapitaldienst durch die Rückflüsse des Bewertungsobjekts abgedeckt ist.[45] Die *Kreditaufnahme* lohnt sich, sofern der Kaufpreis nicht größer ist als E_K, da nur dann aus der Transaktion (Unternehmenskauf und Kreditaufnahme) insgesamt ein nichtnegativer Kassenbestand zu $t = 0$ verbleibt, der als „Arbitragegewinn" aus dem Unternehmenskauf interpretiert und gemäß der Konsumpräferenz sofort ausgeschüttet oder am Kapitalmarkt angelegt werden kann. Der Betrag E_K ist der Ertragswert und zugleich Grenzpreis aus der Sicht des Käufers. Das Grenzpreismerkmal des Ertragswerts resultiert auch aus folgender Überlegung: Um mittels *Finanzinvestitionen* am Kapitalmarkt den gleichen Einzahlungsstrom g_K wie aus dem Unternehmen zu erhalten, müsste der Käufer eine Geldanlage im Umfang von E_K tätigen. Er wird also für die gleichen Rückflüsse aus dem Unternehmen nie mehr als den Ertragswert E_K zahlen, da er das Unternehmen finanzwirtschaftlich zum Preis von E_K am Kapitalmarkt nachbilden (duplizieren) kann.

Die Deutung des Ertragswerts als Grenzpreis bei vollkommenem Kapitalmarkt ergibt sich am schnellsten, wenn man auf den Begriff des *Kapitalwerts* zurückgreift. Letzterer lautet für einen n-periodigen Planungszeitraum:

$$C_K = \sum_{t=0}^{n} g_{Kt} \cdot (1+i)^{-t} = g_0 + \sum_{t=1}^{n} g_{Kt} \cdot (1+i)^{-t} \, .$$

Mit dem Ertragswertsymbol E_K lässt sich die Kapitalwertformel auch schreiben als:

$$C_K = g_0 + E_K \, .$$

Mithin stellt ein Unternehmenskauf zum im Entscheidungszeitpunkt $t = 0$ zu entrichtenden Preis p eine vorteilhafte Investition dar, wenn der Kapitalwert C_K aus Sicht des Erwerbers nichtnegativ ist:

$$C_K = -p + E_K \geq 0 \Leftrightarrow p \leq E_K \, .$$

Der Ertragswert E_K ist also als kritischer Preis die *Preisobergrenze*, die der präsumtive Käufer in der Transaktionsverhandlung gerade noch akzeptieren kann, ohne dass der Unternehmenskauf für ihn ökonomisch nachteilig wird (also mit einem negativen Kapitalwert einhergeht).

---

45 Sollten einzelne Überschüsse g_{Kt} negativ sein, sind analog Geldanlagen zum Ausgleich der späteren Auszahlungen zu tätigen. Diese Geldanlagen reduzieren die Einnahmen aus den Krediten und schmälern somit den Ertragswert.

Handelt es sich bei den künftigen Zahlungsüberschüssen um eine *endliche Folge* von gleichen Zahlungen g_K, so müssen die jeweiligen Zahlungen nicht einzeln abgezinst und anschließend aufaddiert werden, sondern der Ertragswert lässt sich elegant mit Hilfe des Rentenbarwertfaktors $RBF_{i,n}$ ermitteln:

$$E_K = g_K \cdot RBF_{i,n} = g_K \cdot \frac{(1+i)^n - 1}{i \cdot (1+i)^n} \ .$$

Wenn der zu bewertende Zahlungsstrom einer *ewigen Rente* in Höhe von g_K entspricht, ist die sog. „kaufmännische Kapitalisierungsformel" zur Ertragswertberechnung heranzuziehen:

$$E_K = g_K \cdot RBF_{i,\infty} = g_K \cdot \frac{1}{i} \ .$$

Gehorchen die zukünftigen Zahlungsüberschüsse des zu erwerbenden Unternehmens einem *Phasenmodell*, wobei zunächst in einer Detailplanungsphase eine differenzierte (bis $t = n$) und später in einer ewigen Rentenphase eine vereinfachte gleichbleibende Prognose der Zukunftserfolge stattfindet, lautet der Ertragswert:

$$E_K = \sum_{t=1}^{n} g_{Kt} \cdot (1+i)^{-t} + g_{Kn+1} \cdot RBF_{i;\infty} \cdot \frac{1}{(1+i)^n}$$

$$= \sum_{t=1}^{n} \frac{g_{Kt}}{(1+i)^t} + \frac{g_{Kn+1}}{i} \cdot \frac{1}{(1+i)^n} \ .$$

Sollten anstatt des oben unterstellten im Zeitablauf gleichbleibenden Zinssatzes i (flache Zinsstruktur) mehrere, periodenspezifisch verschiedene Kalkulationszinsfüße (*nicht-flache Zinsstruktur*) vorliegen, ist zur Bestimmung des Grenzpreises die Formel

$$E_K = \sum_{t=1}^{n} g_{Kt} \cdot \prod_{\tau=1}^{t} (1+i_\tau)^{-1}$$

anzuwenden. Wählt man für den Abzinsungsfaktor des Zeitpunkts t,

$$\prod_{\tau=1}^{t}(1+i_\tau)^{-1} = \frac{1}{\prod_{\tau=1}^{t}(1+i_\tau)} = \frac{1}{(1+i_1) \cdot (1+i_2) \cdot \ldots \cdot (1+i_t)} \ ,$$

die kompaktere Bezeichnung ρ_t, dann gilt:

$$E_K = \sum_{t=1}^{n} g_{Kt} \cdot \rho_t \ .$$

Im Folgenden soll ein *fiktives Beispiel* die Bestimmung des maximal zahlbaren Kaufpreises unter den Bedingungen eines vollkommenen Kapitalmarkts verdeutlichen. Betrachtet sei die auf einem vollkommenen Kapitalmarkt agierende „Pearson AG", welche den Kauf der „Darby International GmbH" anstrebt. Die Pearson AG gewinnt die sich zukünftig aus der Darby International GmbH ergebende Zahlungsreihe

g_K und sucht im Gegenzug den zum Zeitpunkt $t = 0$ maximal zahlbaren Preis, wobei für die nachstehend präsentierten Beispielsituationen 1 bis 4 jeweils von einem Kalkulationszins von $i = 5\,\%$ p. a. auszugehen ist.

Beispiel 1: Nach einer vom Senior Manager „Harvey Specter" vorgenommenen ersten Schätzung geht die Pearson AG davon aus, dass mit dem Kauf der Darby International GmbH der Zahlungsstrom $g_K = (0, 20, 25, 30, 20, 10)$ verbunden ist. Der Grenzpreis berechnet sich unter Verwendung der Ertragswertformel folgendermaßen:

$$E_K = \sum_{t=1}^{n} g_{Kt} \cdot (1 + i)^{-t}$$

$$= 20 \cdot 1{,}05^{-1} + 25 \cdot 1{,}05^{-2} + 30 \cdot 1{,}05^{-3} + 20 \cdot 1{,}05^{-4} + 10 \cdot 1{,}05^{-5}$$

$$= 91{,}9278 \text{ Geldeinheiten (GE)}.$$

$$C_K = -p + E_K \geq 0 \Leftrightarrow p \leq E_K.$$

$$C_K = -p + 91{,}9278 \geq 0 \Leftrightarrow p \leq 91{,}9278 \text{ GE}.$$

Die Pearson AG darf also im Entscheidungszeitpunkt maximal 91,9278 GE für die Darby International GmbH zahlen, damit der Kauf nicht ökonomisch nachteilig wird (vgl. auch Tab. 41).

Tab. 41: Vollständiger Finanzplan der Beispielsituation 1.

Zeitpunkt	$t = 0$	$t = 1$	$t = 2$	$t = 3$	$t = 4$	$t = 5$
g_{Kt}	0	20	25	30	20	10
Grenzpreis	−91,9278					
Kreditaufnahme	91,9278	76,5242	55,3504	28,1179	9,5238	
Rückzahlung		−96,5242	−80,3504	−58,1179	−29,5238	−10
Kontostand	−91,9278	−76,5242	−55,3504	−28,1179	−9,5238	0

Beispiel 2: Es sei unterstellt, dass es sich bei den künftigen Zahlungsüberschüssen der Darby International GmbH um eine endliche Folge von gleichen Zahlungen g_K handelt. Für die Zahlungsreihe $g_K = (0, 25, 25, 25, 25, 25)$ liegt die Preisobergrenze bei:

$$E_K = g_K \cdot \text{RBF}_{i,\infty} = g_K \cdot \frac{(1 + i)^n - 1}{i \cdot (1 + i)^n} = 25 \cdot \frac{1{,}05^5 - 1}{0{,}05 \cdot 1{,}05^5} = 108{,}2369 \text{ GE}.$$

$$C_K = -p + 108{,}2369 \geq 0 \Leftrightarrow p \leq 108{,}2369 \text{ GE}.$$

Die Pearson AG kann demnach in der Transaktionsverhandlung als Sofortzahlung gerade noch 108,2369 GE akzeptieren, ohne sich schlechter zu stellen als bei Verzicht auf den Erwerb der Darby International GmbH.

Beispiel 3: In dieser Beispielsituation sei eine ewige Rente in Höhe von 5 GE angenommen. Der kritische Preis beträgt:

$$E_K = g_K \cdot \text{RBF}_{i,\infty} = g_K \cdot \frac{1}{i} = 5 \cdot \frac{1}{0,05} = 100 \,.$$

$$C_K = -p + 100 \geq \Leftrightarrow p \leq 100 \, \text{GE} \,.$$

Die Pearson AG darf also nicht mehr als 100 GE für den Kauf der Darby International GmbH entrichten.

Beispiel 4: Nun ist davon auszugehen, dass die Darby International GmbH gemäß einem Phasenmodell in der Detailplanungsphase die Zahlungsreihe $\boldsymbol{g}_K$ = (0, 20, 25, 30, 20, 10) und nachfolgend eine ewige Rente in Höhe von 5 GE erwarten lässt. Der für die Darby International GmbH maximal zahlbare Preis lautet:

$$E_K = \sum_{t=1}^{n} \frac{g_{Kt}}{(1+i)^t} + \frac{g_{Kn+1}}{i} \cdot \frac{1}{(1+i)^n}$$

$$= \frac{20}{1,05} + \frac{25}{1,05^2} + \frac{30}{1,05^3} + \frac{20}{1,05^4} + \frac{10}{1,05^5} + \frac{5}{0,05} \cdot \frac{1}{1,05^5} = 84,0925 + 78,3526$$

$$= 170,2804 \, \text{GE} \,.$$

$$C_K = -p + 170,2804 \geq 0 \Leftrightarrow p \leq 170,2804 \, \text{GE} \,.$$

Dass dieser Grenzpreis die letzte Möglichkeit eines vorteilhaften oder zumindest genau zielsetzungsneutralen Geschäfts markiert, zeigt Tab. 42, wobei der ewige Zahlungsüberschuss aus der Darby International GmbH über die kaufmännische Kapitalisierungsformel im Zeitpunkt $t = 5$ berücksichtigt ist.

Beispiel 5: Im Falle einer nicht-flachen Zinsstruktur mit i = (1 %, 2 %, 3 %, 4 %, 5 %) und $\boldsymbol{g}_K$ = (0, 20, 25, 30, 20, 110) beträgt die für die Darby International GmbH

Tab. 42: Vollständiger Finanzplan der Beispielsituation 4.

Zeitpunkt	$t = 0$	$t = 1$	$t = 2$	$t = 3$	$t = 4$	$t = 5$
g_{Kt}	0	20	25	30	20	110
Grenzpreis	−170,2804					
Kreditaufnahme	170,2804	158,7944	141,7342	118,8209	104,7619	
Rückzahlung		−178,7944	−166,7342	−148,8209	−124,7619	−110
Kontostand	−170,2804	−158,7944	−141,7342	−118,8209	−104,7619	0

maximal leistbare Sofortzahlung:

$$E_K = \sum_{t=1}^{n} g_{Kt} \cdot \rho_t = \sum_{t=1}^{n} g_{Kt} \cdot \prod_{\tau=1}^{t} (1 + i_\tau)^{-1}$$

$$= \frac{20}{1{,}01} + \frac{25}{1{,}01 \cdot 1{,}02} + \frac{30}{1{,}01 \cdot 1{,}02 \cdot 1{,}03} + \frac{20}{1{,}01 \cdot 1{,}02 \cdot 1{,}03 \cdot 1{,}04}$$

$$+ \frac{110}{1{,}01 \cdot 1{,}02 \cdot 1{,}03 \cdot 1{,}04 \cdot 1{,}05}$$

$$= 185{,}3965 \, \text{GE} \, .$$

$$C_K = -p + 185{,}3965 \geq 0 \Leftrightarrow p \leq 185{,}3965 \, \text{GE} \, .$$

Die Pearson AG kann also im Entscheidungszeitpunkt maximal 185,3965 GE für die Darby International GmbH zahlen, um sich nicht schlechter zu stellen als bei Verzicht auf die Transaktion.

Auf dem vollkommenen Kapitalmarkt bei Sicherheit besteht die Unternehmensbewertung in simpler Finanzmathematik. Der Grenzpreis kann als Ertragswert der relevanten Zahlungsreihe punktgenau ermittelt werden. Leider müssen Unternehmensbewertungen in der Realität das Unsicherheitsmoment berücksichtigen. Um die Auswirkung der in realen Entscheidungsfeldern herrschenden Unsicherheit zu verdeutlichen, fällt im nachfolgenden Unterkapitel die Annahme sicherer Erwartungen.

3.3 Grenzpreisermittlung auf dem vollkommenen Kapitalmarkt unter Unsicherheit

In realen (unsicheren) Bewertungssituationen vollzieht sich eine Bewertung aufgrund ihres Zukunftsbezugs unter den Bedingungen eines offenen Entscheidungsfelds, weshalb die Mehrwertigkeit der Zukunftserwartungen beim Bewertungsvorgang zu berücksichtigen ist.[46] Hierfür kann auf unsicherheitsaufdeckende und auf unsicherheitsverdichtende Verfahren als heuristische Planungsphilosophien zurückgegriffen werden.

Die nach einer exakten Punktgröße suchenden Anhänger *unsicherheitsverdichtender Verfahren* komprimieren die Unsicherheit entweder auf der Ebene der Eingangsdaten oder auf der Ebene des Zielwerts.[47] Ersteres wird etwa mittels einer Erhöhung des Kalkulationszinses um einen Risikozuschlag, durch Abschläge vom erwarteten Zahlungsstrom oder die Ableitung sogenannter Sicherheitsäquivalente unter Anwendung des BERNOULLI-Prinzips angestrebt.[48] An diesen Methoden ist vor

---

[46] Vgl. zum offenen Entscheidungsfeld die Ausführungen in Unterkapitel 3.1.

[47] Vgl., auch im Folgenden, Brösel/Toll (2016), S. 30–32 m. w. N.

[48] Vgl. Schwetzler (2000); Kürsten (2002); Schwetzler (2002); Diedrich (2003); Wiese (2003); Wilhelm (2005).

allem verlockend, dass die künstlich auf faktische Einwertigkeit zurückgestutzten Eingangsdaten weiterhin mit einem deterministischen Modell ausgewertet werden können.[49] Findet die Verdichtung der Unsicherheit hingegen erst auf der Ebene des Zielwerts statt, gehen die Informationen über die Streuung der Eingangsdaten explizit in die Berechnung des einwertigen Zielwerts ein. Zu diesen Verfahren gehören bspw. die stochastische Optimierung[50] und die unscharfe lineare Optimierung[51]. Letztlich bleibt festzuhalten, dass die Relevanz des durch Verdichtung entstandenen „Werts als Punktgröße" für eine reale (unsichere) Entscheidungssituation fraglich ist, weshalb von einer (alleinigen) Verwendung die Unsicherheit verdichtender Verfahren abzuraten ist.

Hingegen fassen die Vertreter *unsicherheitsaufdeckender Verfahren* den „Wert als Bandbreite" auf. Sie transformieren die mehrwertigen Eingangsdaten auf eine Zielgrößenbandbreite, indem investitionstheoretisch fundierte Bewertungsmethoden z. B. mit einer Sensitivitätsanalyse oder einer simulativen Risikoanalyse heuristisch kombiniert werden.[52] Die Unsicherheit wird dem Entscheidungsträger in vollem Umfang offengelegt, anstatt sie künstlich wegzurechnen. Obwohl unsicherheitsaufdeckende Verfahren demnach keine eindeutige Handlungsempfehlung geben können, schaffen sie als fundierte und anschauliche Grundlage der Entscheidungsvorbereitung dennoch ein hohes Maß an Transparenz im Hinblick auf für möglich gehaltene Konsequenzen des Handelns, die es dem Entscheidungsträger erlaubt, in einer Verhandlungssituation eine sachgerechte unternehmerische Entscheidung unter Berücksichtigung der individuellen Risikoneigung zu fällen.[53] Wegen der soeben umrissenen Vorteile stehen in diesem Beitrag unsicherheitsaufdeckende Verfahren im Mittelpunkt der Betrachtung, wobei im Sinne einer adäquaten Darstellung die Sensitivitätsanalyse[54] Gegenstand dieses Unterkapitels ist und die simulative Risikoanalyse[55] in den Fokus des Unterkapitels 3.5 rückt.

Sensitivitätsanalysen untersuchen die Auswirkung von Variationen der Eingangsdaten auf die Stabilität (Sensitivitätsanalyse der ersten Art) oder den Streubereich (Sensitivitätsanalyse der zweiten Art) einer Optimallösung.[56] Da die Sensitivitätsanalyse erster Art schnell unübersichtlich und unhandlich werden kann, ist eine Sensitivitätsanalyse zweiter Art für Entscheidungszwecke besser geeignet. Letztere vermag

---

49 Vgl. zu diesem Kritikpunkt Hering (2015), S. 273; Rollberg (2012), S. 225.
50 Vgl. Kall (1968); Dinkelbach/Kloock (1969); Kall (1976).
51 Vgl. Zadeh (1965); Zimmermann (1975).
52 Vgl. Hering (2015), S. 274–275; Rollberg (2012), S. 228–230; Matschke/Brösel (2013), S. 178; Brösel/Toll (2016), S. 40–42.
53 Vgl. hierzu auch Brösel/Toll (2016), S. 41.
54 Vgl. Dinkelbach (1969), S. 25–44; Gal (1973); Hax (1985), S. 122–133.
55 Vgl. Hurd (1954); Hertz (1964); Coenenberg (1970); Bretzke (1975), S. 189–209; Ballwieser (1990), S. 46–50.
56 Vgl. Hering (2015), S. 322–334; Götze (2014), S. 388–400; Kruschwitz (2014), S. 312–318; Blohm/Lüder/Schaefer (2012), S. 230–235.

nämlich den Einfluss einer gleichzeitigen Variation mehrerer Eingangsdaten auf die Höhe und Struktur der optimalen Lösung auszuweisen und damit den Streubereich der Optimallösung offenzulegen.[57] Aus Praktikabilitätsgründen bietet sich in der betrieblichen Praxis die Analyse einer pessimistischen, realistischen und optimistischen Schätzung der unsicheren Eingangsdaten an.[58]

Um die Sensitivitätsanalyse zweiter Art zu verdeutlichen, wird die in Unterkapitel 3.2 konzipierte *fiktive Beispielsituation 1* fortgesetzt. Betrachtet sei die auf einem vollkommenen Kapitalmarkt agierende Pearson AG, welche beabsichtigt, die Darby International GmbH zu erwerben und somit den zum Zeitpunkt $t = 0$ maximal zahlbaren Preis sucht. Aus Sicht der Pearson AG sind unterschiedliche Datenszenarien zur Offenlegung der Mehrwertigkeit ihrer Zukunftserwartungen durchzurechnen, welche sich in einer pessimistischen, realistischen und optimistischen Schätzung des mit der Darby International GmbH einhergehenden unsicheren Zahlungsstroms sowie des Kalkulationszinses (flache Zinsstruktur) niederschlagen. Neben den Eingangsdaten sind auch die in den jeweiligen Szenarien maximal zahlbaren Kaufpreise in Tab. 43 dargestellt.

Tab. 43: Grenzpreisermittlung mittels Sensitivitätsanalyse.

Zahlungsstrom Kalkulationszins	(0, 15, 20, 25, 15, 5)	(0, 20, 25, 30, 20, 10)	(0, 25, 30, 35, 25, 15)
3 %	73,9339	96,8325	119,7310
5 %	70,2804	91,9278	113,5752
7 %	66,9033	87,4043	107,9052

Eine Sensitivitätsanalyse zweiter Art liefert einem Entscheidungsträger eine transparente Entscheidungsgrundlage, auf deren Basis er in der Verhandlungssituation eine unternehmerische Entscheidung treffen kann. Die größten *Vorteile* der Sensitivitätsanalyse dürften die Anspruchslosigkeit ihrer Voraussetzungen sowie die Anschaulichkeit und leichte Interpretierbarkeit ihrer Ergebnisse sein.[59] Da lediglich subjektiv plausible Szenarien durchzurechnen sind, müssen weder Zugehörigkeits- noch Wahrscheinlichkeitsfunktionen bekannt sein.[60] Erst nach Abschluss des Bewertungsvorgangs stellt sich das Problem, den Entscheidungswert (als Bandbreite) mit einem konkreten Preis zu vergleichen, und erst dann kann es erforderlich werden, zum ersten und einzigen Mal darüber nachzudenken, ob das subjektive Sicherheitsäquivalent der Ertragswertbandbreite den angebotenen Preis überschreitet. Die nicht ra-

---

57 Vgl. Hax (1985), S. 122–133; Hering (2015), S. 326–333; Brösel/Toll (2016), S. 41.
58 Vgl. Hering (2014), S. 42–44 und S. 177; Matschke/Brösel (2013), S. 237; Brösel/Toll (2016), S. 41.
59 Vgl. Hering (2015), S. 334; Brösel/Toll (2016), S. 42.
60 Vgl. Rollberg (2012), S. 229.

tional nachprüfbare Abwägung zwischen dem unsicheren Entscheidungswert und einem in diese Bandbreite fallenden sicheren Preis kann vom Bewertungsprozess vollständig getrennt werden, so dass die Bestimmung des Entscheidungswerts von informationsverringernden (und in ihren Auswirkungen intransparenten) Verteilungsverdichtungen frei bleibt.[61] Der Verzicht auf eine algorithmisierte Entscheidungsempfehlung ist in Anbetracht der Strukturdefekte des Bewertungsproblems unter Unsicherheit[62] ohnehin nicht als Nachteil, sondern sogar eher als Vorteil zu werten. Informationen über die Streuung der Zielgrößen unter genau definierten, nachvollziehbaren Annahmen sind aussagekräftiger als ein verdichteter Zielwert, dessen Berechnung zwangsläufig einem Informationsverlust unterliegt.[63] Während die Anspruchslosigkeit ihrer Voraussetzungen einerseits ein entscheidender Vorteil der Sensitivitätsanalyse zweiter Art ist, gereicht sie ihr aber gleichzeitig zum *Nachteil*, da nur eine eingeschränkte Anzahl möglicher Parameterkonstellationen untersucht werden kann. Somit sind mit einer Sensitivitätsanalyse keine Informationen über die Wahrscheinlichkeit von Abweichungen generierbar.[64] Dieser Nachteil wird bei Anwendung einer simulativen Risikoanalyse vermieden, weshalb diese nach der Beschreibung der Grenzpreisermittlung auf einem unvollkommenen Kapitalmarkt unter Sicherheit im Mittelpunkt des Unterkapitels 3.5 steht.

3.4 Grenzpreisermittlung auf dem unvollkommenen Kapitalmarkt unter Sicherheit

Kapitalmarktunvollkommenheiten lassen sich vielfach durch Informationsasymmetrien und Transaktionskosten erklären. Sie sind auch für Großunternehmen unausweichlich und bilden insbesondere für mittelständische Bewertungssubjekte ein wesentliches Charakteristikum des Entscheidungsfelds. Ein unvollkommener Kapitalmarkt zeichnet sich dadurch aus, dass Soll- und Habenzins nicht übereinstimmen müssen.[65] Der Kreditzins übersteigt den Geldanlagezins und die Aufnahme und Anlage finanzieller Mittel kann begrenzt sein. Der Sollzins steigt mit zunehmendem Verschuldungsgrad, da der Geldgeber die Risikoprämie erhöht. Der Zinssatz hängt folglich stets von der Marktmacht des Unternehmens und vom Vertrauen des Gläubigers in dessen Bonität ab. Die unterstellte Sicherheit, d. h. die Kenntnis aller Handlungsalternativen und Restriktionen mit ihren Zahlungs-

---

61 Vgl. hierzu bereits Hering (2014), S. 44.
62 Vgl. zu den Strukturdefekten des Bewertungsproblems unter Unsicherheit die Ausführungen in Unterkapitel 3.1.
63 Vgl. Hering (2015), S. 334.
64 Vgl. Götze (2014), S. 400.
65 Vgl., auch im Folgenden, Hering (2015), S. 139–143; Hering/Toll (2013), S. 1423–1424; Brösel/Toll (2016), S. 29–30.

konsequenzen, ist auf dem unvollkommenen Kapitalmarkt nur subjektiv. Welche Konditionen und Kreditbeschränkungen gelten, basiert auf den individuellen Zukunftserwartungen der in die Situation involvierten Wirtschaftssubjekte. Während auf dem vollkommenen Kapitalmarkt der Lenkpreis des Faktors Kapital eindeutig durch den als exogenes Datum anzusehenden periodenspezifischen Zinssatz bestimmt ist, erhöht sich die Komplexität des Bewertungsproblems mit dem Übergang zu einem unvollkommenen Kapitalmarkt beträchtlich:[66] Es stehen vielfältige Investitions- und Finanzierungsobjekte zur Verfügung, die alle als Grenzverwendung des Geldes (Grenzobjekte) in Frage kommen. Die periodenspezifischen Lenkpreise i_t sind aus den Zahlungsreihen der Grenzobjekte zu gewinnen, welche – Ausartungsfälle ausgenommen – nur anteilig realisiert werden. Welches Objekt nun zum Grenzobjekt wird, lässt sich ex ante nicht mehr sagen, sondern hängt von den durchführbaren Investitions- und Finanzierungsobjekten sowie der gewählten Konsumpräferenz ab. Die Vorteilhaftigkeit eines Zahlungsstroms wird also nicht mehr – wie noch bei Vorliegen eines vollkommenen Kapitalmarkts – ausschließlich durch den *Zeitwert des Geldes*, sondern im Zusammenwirken mit der *Konsumpräferenz* des Entscheidungsträgers bestimmt. Anders gesagt, ein unter einem bestimmten Konsumziel (un)vorteilhaftes Investitionsobjekt muss nicht auch für alle anderen Ausprägungen des Konsumziels (un)vorteilhaft sein. Investitions-, Finanzierungs- und Konsumentscheidungen sind daher auf dem unvollkommenen Kapitalmarkt interdependent (Wegfall der Fisher-Separation): Es werden nicht nur die zeitliche Verteilung und die Höhe der einzelnen Entnahmen, sondern auch die Investitions- und Finanzierungsentscheidungen durch die Konsumpräferenz beeinflusst.[67] Daher darf die Quantifizierung der periodenspezifischen Lenkpreise (sog. endogene Grenzzinsfüße) nicht losgelöst von der verfolgten Zielsetzung und dem Entscheidungsfeld des konkreten Bewertungssubjekts erfolgen, womit ihre Verwendung zur Herbeiführung einer Vorteilhaftigkeitsentscheidung durch ein Partialmodell unterstellt, dass sie als modellendogene Größen infolge einer simultanen Berechnung des optimalen Investitions- und Finanzierungsprogramms bereits bekannt sind. Es ist mithin eine simultane Investitions- und Finanzierungsplanung im Rahmen eines *Totalmodells* durchzuführen, denn sie allein vermag es, bei Vorliegen eines unvollkommenen Kapitalmarkts alle Interdependenzen zu berücksichtigen.[68] Freilich ist die Anwendung des Partialmodells „Ertragswertmethode" dann nicht mehr notwendig, da der gesuchte Grenzpreis bereits durch das Totalmodell gefunden wurde (Dilemma der Lenkpreistheorie). Die anschließenden Ausführungen zielen darauf ab, aufzuzeigen, wie eine Grenzpreisermittlung auf dem unvollkommenen

---

66 Vgl. Albach (1962), S. 31–40; Hering/Toll (2015), S. 17–18.
67 Vgl. Franke/Hax, (2009), S. 160–166; Breuer (2012), S. 301.
68 Vgl. Hirshleifer (1958); Weingartner (1963); Hax (1964); Götze (2014), S. 314–342.

Kapitalmarkt erfolgen kann, wobei die Modellierung zur besseren Darstellung der grundsätzlichen Vorgehensweise unter Quasi-Sicherheit vorgenommen wird.

Zur investitionstheoretisch fundierten Grenzpreisermittlung in Vorbereitung auf einen Unternehmenskauf wird im Folgenden das totalanalytische *Zustands-Grenzpreismodell* (ZGPM) verwendet (vgl. Tab. 44).[69] Das beim ZGPM zu durchlaufende zweistufige Verfahren stellt sich wie folgt dar: In der *ersten Stufe* wird die Ausgangssituation betrachtet und als sog. Basisprogramm das Investitions- und Finanzierungsprogramm berechnet, welches den Zielfunktionswert (Einkommen EN oder Vermögen GW) unter unveränderten Eigentumsbedingungen hinsichtlich des Bewertungsobjekts maximiert. Nachfolgend ist in der *zweiten Stufe* im Falle eines Kaufs das Bewertungsobjekt in das Investitionsprogramm des präsumtiven Käufers zu integrieren, und im Gegenzug ist der im Entscheidungszeitpunkt maximal zahlbare Preis gesucht. Das Entscheidungsfeld wird also durch den Zugang des zu bewertenden Unternehmens zum Preis p verändert und außerdem um eine Restriktion erweitert, die gewährleistet, dass der im Basisprogramm gebotene maximale Zielfunktionsbeitrag mindestens wieder erreicht wird. Ergebnis dieser zweiten Optimierungsrechnung ist das sog. Bewertungsprogramm, dessen optimaler Zielfunktionswert p^* den als Sofortzahlung gesuchten Grenzpreis offenbart.

Es sei ein nach *Einkommensmaximierung* strebendes Bewertungssubjekt unterstellt. Dieses verfolgt somit unter der Restriktion fest vorgegebener Ausschüttungen zu definierten Zeitpunkten das Ziel, die Breite EN eines strukturierten Entnahmestroms zu maximieren, wobei sich die tatsächliche Höhe der gewünschten Entnahme im Zeitpunkt t gemäß einer durch die Konsumpräferenz vorgegebenen Struktur ergibt. Die zu maximierende Breite des Einkommensstroms EN wird daher mit Hilfe der die Konsumpräferenz widerspiegelnden Gewichte $\overline{w}_t$ in die tatsächlich gewünschten Entnahmen $\overline{w}_t \cdot$ EN umgerechnet, so dass die angestrebte zeitliche Struktur des Entnahmestroms generiert werden kann. Damit der Fortbestand des Unternehmens über den Planungshorizont n sichergestellt ist, müsste in der Periode n in dem zu diesem Zeitpunkt anfallenden festen Zahlungssaldo b_n zusätzlich ein hinreichend hohes Endvermögen als fiktive Ausschüttung angesetzt werden, welches als Barwert einer unendlichen Rente die Fortführung eines gewünschten Dividendenniveaus gestatten würde. Alternativ wäre es möglich, die fiktive Entnahme am Planungshorizont mittels einer entsprechend hohen Entnahmegewichtung $\overline{w}_n$ zu modellieren.

Ferner gelten für den präsumtiven Käufer folgende *Annahmen*: Der Planungszeitraum beträgt n Perioden, wobei der Zeitpunkt $t = 0$ den Entscheidungszeitpunkt darstellt und ein Zeitpunkt $t = n$ pragmatisch als Planungshorizont festzusetzen ist. In der Ausgangssituation sind die Investitions- und Finanzierungsobjekte $j = 1, \ldots, m$ verfügbar. Hierzu gehören auch die in jedem Zeitpunkt ggf. vorhan-

---

69 Vgl., auch im Folgenden, Hering (2014), S. 45–52; Hering/Toll (2013), S. 1424–1426; Hering/Toll/Kirilova (2015), S. 3–4.

dene Kreditaufnahmemöglichkeit, die Möglichkeit, verzinsliche Geldanlagen vorzunehmen sowie die unbeschränkte Kassenhaltung, welche durch die Zahlungsreihe $(-1, 1)$ definiert ist. Der Zahlungsstrom des Objekts j sei wie folgt beschrieben: $g_j := (g_{j0}, g_{j1}, \ldots, g_{jt}, \ldots, g_{jn})$; hierbei gibt g_{jt} den Zahlungsüberschuss im Zeitpunkt t an. Die Entscheidungsvariable x_j beinhaltet die Anzahl der Realisationen des Investitions- bzw. Finanzierungsobjekts j, nach oben beschränkbar durch eine endliche Konstante $x_j^{\max}$. Für alle x_j mit $x_j^{\max} = \infty$ entfällt die entsprechende Obergrenzenrestriktion. Der sich aus den vordisponierten Zahlungen (z. B. aus dem laufenden Geschäftsbetrieb und bestehenden Darlehensverpflichtungen) speisende feste Zahlungssaldo b_t ist unabhängig von den zu beurteilenden Objekten j und kann positiv, negativ oder null sein. Für die Variablen EN und x_j sind nur nichtnegative Werte zulässig. Obligatorische Nebenbedingung ist die Aufrechterhaltung der jederzeitigen Zahlungsfähigkeit, weshalb mittels Liquiditätsrestriktionen sicherzustellen ist, dass die Summe der Auszahlungen in keinem Zeitpunkt die Summe der Einzahlungen übersteigt. Darüber hinaus existieren keine weiteren (insbesondere nichtfinanziellen) Restriktionen.

In der *ersten Stufe* wird das die Ausgangssituation beschreibende obige Entscheidungsfeld, d. h. ohne den zur Disposition stehenden Unternehmenskauf, zugrunde gelegt, womit zur Bestimmung des Basisprogramms der in Tab. 44 wiedergegebene *Basisansatz „max. Entn"* aufzustellen ist.[70] Dessen optimale Lösung liefert den zugehörigen maximalen Zielfunktionswert EN^*. Anschließend ist in der *zweiten Stufe* ein Unternehmenskauf zum Preis p nur dann ökonomisch akzeptabel, wenn das Bewertungsprogramm mindestens wieder den maximalen Zielfunktionswert des Basisprogramms EN^* erreicht.[71] Der Ansatz zur Bestimmung des Bewertungsprogramms enthält somit die Restriktion $EN \geq EN^*$. Dem Käufer fließt der zukünftig mit dem Kaufobjekt verbundene Zahlungsstrom $g_K := (0, g_{K1}, g_{K2}, \ldots, g_{Kt}, \ldots, g_{Kn})$ zu, so dass der vorgegebene Zahlungssaldo b_t um diese Zahlungsüberschüsse g_{Kt} zu ergänzen ist. Im Falle einer vereinbarten Sofortzahlung des Entgelts entrichtet er im Gegenzug im Entscheidungszeitpunkt den Kaufpreis p. Demnach stellt sich für den Entscheidungsträger die Frage, welchen Preis er gerade noch zahlen kann, ohne sich schlechter zu stellen als bei Verzicht auf den Unternehmenskauf. Unter Verwendung des in Tab. 44 wiedergegebenen *Bewertungsansatzes „max. U"* lässt sich diese Frage beantworten.[72] Aus dessen optimaler Lösung gehen das Bewertungsprogramm und der Grenzpreis $U^* = p^*$ hervor.

Mit Hilfe der Dualitätstheorie der linearen Optimierung lässt sich die folgende *„komplexe Bewertungsformel"* herleiten, welche es bei Kenntnis der endogenen Abzinsungsfaktoren ρ_t bzw. der endogenen Grenzzinsfüße i_t gestattet, den maximal zahl-

---

70 Vgl. Weingartner (1963); Hax (1964); Franke/Laux (1968), S. 755; Hering (2014), S. 50–51; Hering/Toll (2013), S. 1425; Hering/Toll (2015), S. 20.

71 Vgl. Hering (2014), S. 51; Hering/Toll (2013), S. 1425–1426; Hering/Toll/Kirilova (2015), S. 4.

72 Vgl. Hering (2014), S. 52; Hering/Toll (2013), S. 1426–1427; Hering/Toll/Kirilova (2015), S. 4.

Tab. 44: Allgemeiner Basis- und Bewertungsansatz.

max. Entn; Entn := EN	max. U; $U := p$	
$-\sum_{j=1}^{m} g_{j0} \cdot x_j \quad\quad\quad\quad\quad \le b_0$	$-\sum_{j=1}^{m} g_{j0} \cdot x_j + p \quad\quad \le b_0$	
$-\sum_{j=1}^{m} g_{jt} \cdot x_j + \overline{w}_t \cdot \text{EN} \le b_t$	$-\sum_{j=1}^{m} g_{jt} \cdot x_j + \overline{w}_t \cdot \text{EN} \le b_t + g_{Kt}$	$\forall\, t \in \{1, 2, \dots, n\}$
	$-\text{EN} \le -\text{EN}^*$	
$x_j \le x_j^{max}$	$x_j \le x_j^{max}$	$\forall\, j \in \{1, 2, \dots, m\}$
$x_j, \text{EN} \ge 0$	$x_j, \text{EN}, p \ge 0$	$\forall\, j \in \{1, 2, \dots, m\}$

baren Preis p^* partialanalytisch zu bestimmen:[73]

$$p^* = \underbrace{\sum_{t=1}^{n} g_{Kt} \cdot \rho_t}_{\substack{\text{Ertragswert des} \\ \text{Bewertungobjekts}}} + \underbrace{\sum_{t=0}^{n} b_t \cdot \rho_t + \sum_{C_j>0} x_j^{max} \cdot C_j}_{\substack{\text{Kapitalwert des Bewertungspro-} \\ \text{gramms (ohne das Bewertungsobjekt)}}} - \underbrace{\sum_{t=1}^{n} \overline{w}_t \cdot \text{EN}^* \cdot \rho_t}_{\substack{\text{Kapitalwert des} \\ \text{Basisprogramms}}}.$$

Diese Grenzpreisformel lässt auch folgende Deutung zu:

$$p^* = \underbrace{\sum_{t=1}^{n} g_{Kt} \cdot \rho_t + \sum_{t=0}^{n} b_t \cdot \rho_t + \sum_{C_j>0} x_j^{max} \cdot C_j}_{\substack{\text{Kapitalwert des Bewertungsprogramms} \\ \text{(mit Bewertungsobjekt, aber ohne } p)}} - \underbrace{\sum_{t=1}^{n} \overline{w}_t \cdot \text{EN}^* \cdot \rho_t}_{\substack{\text{Kapitalwert des} \\ \text{Basisprogramms}}}.$$

Der Grenzpreis ergibt sich danach als Differenz zwischen dem Kapitalwert des gesamten Bewertungsprogramms (einschließlich des Kaufobjekts, aber ohne Berücksichtigung des Kaufpreises p) und dem dafür aufzugebenden Kapitalwert des Basisprogramms. Ein Unternehmenskauf ist daher nur sinnvoll, wenn der Kaufpreis p nicht größer ist als die durch die Eingliederung des Kaufobjekts eintretende Kapitalwertzunahme des gesamten Investitions- und Finanzierungsprogramms. Um den *Ertragswertbezug* klarer herauszustellen, kann die „komplexe Bewertungsformel" auch geschrieben werden als:

$$p^* = \underbrace{\sum_{t=1}^{n} g_{Kt} \cdot \rho_t}_{\substack{\text{Ertragswert des} \\ \text{Bewertungs-} \\ \text{objekts}}} + \underbrace{\sum_{t=0}^{n} b_t \cdot \rho_t + \sum_{C_j>0} x_j^{max} \cdot C_j - \sum_{t=1}^{n} \overline{w}_t \cdot \text{EN}^* \cdot \rho_t}_{\substack{\text{Kapitalwertänderung durch Umstrukturierung} \\ \text{vom Basis- zum Bewertungsprogramm} \ge 0}}.$$

Obige Formeln verdeutlichen, dass der *Grenzpreis* p^* auf dem unvollkommenen Kapitalmarkt im Allgemeinen *nicht* mehr mit dem *Ertragswert* übereinstimmt.[74]

---

73 Vgl. Laux/Franke (1969), S. 214–218, dort Formel (30); Hering (2014), S. 53–54; Hering/Toll (2013), S. 1425; Hering/Toll/Kirilova (2015), S. 5–6.

74 Vgl. Hering (2014), S. 54–55; Hering/Toll (2013), S. 1426–1427; Hering/Toll/Kirilova (2015), S. 5; Hering/Toll (2015), S. 21.

Finden beim Übergang vom Basis- zum Bewertungsprogramm Umstrukturierungen statt, welche die im Basisprogramm getroffenen optimalen Vorteilhaftigkeitsentscheidungen strukturell ändern, was dazu führt, dass die periodenspezifischen Grenzobjekte und die zugehörigen endogenen Abzinsungsfaktoren ρ_t des Bewertungsprogramms nicht denen des Basisprogramms entsprechen, gilt es bei der Bestimmung des maximal zahlbaren Preises die Kapitalwertänderung zu berücksichtigen. Werden hingegen die bereits im Basisprogramm bestehenden periodenindividuellen Grenzobjekte auch im Bewertungsprogramm – ggf. in einem anderen Umfang – anteilig durchgeführt, beträgt die Kapitalwertänderung null. In diesem Fall gleichen die periodenindividuellen Grenzobjekte und die zugehörigen Abzinsungsfaktoren ρ_t denen des Bewertungsprogramms, weshalb sich die bei stabil bleibender Basislösung kapitalwertneutral erfolgende Umstrukturierung eines Grenzobjekts nicht auf den Gesamtkapitalwert auswirkt und der die umstrukturierungsbedingte Kapitalwertänderung anzeigende Korrekturterm verschwindet.[75] Als Konsequenz ergibt sich der Grenzpreis p^* als Ertragswert E_K (Zukunftserfolgswert). Die „komplexe" geht dann in die *„vereinfachte Bewertungsformel"* nach Laux/Franke über:[76]

$$p^* = \sum_{t=1}^{n} g_{Kt} \cdot \rho_t = E_K = \text{Ertragswert aus Sicht des präsumtiven Käufers.}$$

Da jedoch die optimale Eingliederung des erworbenen Unternehmens in das bisherige Investitions- und Finanzierungsprogramm tendenziell strukturelle Veränderungen auslösen dürfte, welche die im Basisprogramm gefällten optimalen Vorteilhaftigkeitsentscheidungen ändern, wird eine isolierte Bewertung unter Verwendung der Ertragswertmethode in der Regel zum Scheitern verurteilt sein.[77] Eine Anwendung der „vereinfachten Bewertungsformel" ist somit umso eher gerechtfertigt, je unbedeutender die mit dem zu bewertenden Unternehmen einhergehenden Zahlungskonsequenzen im Vergleich zum Umfang der Grenzobjekte des Basisprogramms sind. Daher werden sich gerade große, finanzstrukturändernde Unternehmenstransaktionen einer partialanalytischen vereinfachten Bewertung entziehen. Nur bei Existenz eines (annähernd) vollkommenen Kapitalmarkts wirken sich auch große Transaktionen nicht auf die Finanzierungsstruktur aus, so dass die „vereinfachte Bewertungsformel" dann jederzeit Gültigkeit besitzt.

Um die soeben allgemein präsentierte Vorgehensweise zu verdeutlichen, wird die in Unterkapitel 3.2 konzipierte *fiktive Beispielsituation 4* aufgegriffen:[78] Betrachtet sei die im Sinne ihrer Seniorpartner nach Einkommensmaximierung strebende Pearson AG, welche zur Erweiterung ihres Betätigungsfeldes über den Kauf der Darby International GmbH nachdenkt. Der nahezu unfehlbare Senior Manager Harvey Specter geht

---

75 Vgl. Laux/Franke (1969), S. 218.
76 Vgl. Laux/Franke (1969), S. 210–214, dort Formel (21).
77 Vgl. Hering (2014), S. 57; Toll (2011), S. 67; Hering/Toll (2013), S. 1427.
78 Vgl. zu ähnlichen Beispielen Hering/Toll (2013), S. 1427–1431; Hering/Toll/Kirilova (2015), S. 6–8.

davon aus, dass die Darby International GmbH gemäß einem Phasenmodell in der fünfperiodigen Detailplanungsphase die Zahlungsreihe $g_K = (0, 20, 25, 30, 20, 10)$ und nachfolgend eine ewige Rente in Höhe von 5 GE erwarten lässt. Zum Entscheidungszeitpunkt $t = 0$ rechnet die Pearson AG damit, dass die bisherige Unternehmensaktivität zu einem ewig anfallenden Einzahlungsüberschuss aus Innenfinanzierung b_t in Höhe von 100 GE führt. Im Zeitpunkt $t = 0$ besteht die Möglichkeit, eine beliebig teilbare Investition I durchzuführen, welche den Zahlungsstrom (−160, 20, 20, 20, 20, 220) verspricht. Angenommen sei, dass die Pearson AG auf ein von der „Sidwell Investment Bank" zu $t = 0$ über den fünfperiodigen Planungszeitraum eingeräumtes Aufzinsungsdarlehen (Zinssammler) in Höhe von maximal 100 GE zurückgreifen kann, so dass erst am Ende der Darlehenslaufzeit Tilgung, Zins und Zinseszins in einer Summe zu zahlen sind. Der Zinssatz für das Aufzinsungsdarlehen beträgt 7 % p. a. Darüber hinaus kann nur noch auf eine auf 80 GE begrenzte Kreditlinie zu einem kurzfristigen Sollzinssatz von 12 % p. a. zurückgegriffen werden. Geldanlagen sind in beliebiger Höhe zu einem Habenzins von 5 % p. a. möglich. Zur Spezifizierung der Zielsetzung Einkommensmaximierung mögen die Entnahmegewichte $\overline{w}_t = 1$ für $0 < t < 5$ und $\overline{w}_5 = 21$ festgelegt worden sein, d. h., angestrebt wird ein uniformer Einkommensstrom, der am Planungshorizont ins Unendliche fortgesetzt werden kann, wenn für das Endvermögen ab $t = 5$ eine Rendite von 5 % p. a. erzielbar ist. Von Seiten der Pearson AG ist nunmehr über die Aufstellung des Basis- und Bewertungsansatzes der für den Kauf der Darby International GmbH im Entscheidungszeitpunkt maximal zahlbare Preis gesucht.

Der Basisansatz liefert für das die *Ausgangssituation* beschreibende Entscheidungsfeld, d. h. ohne den Kauf der Darby International GmbH, einen Einkommensstrom der Breite EN* = 103,0760 GE. Tab. 45 zeigt das *Basisprogramm* als vollständigen Finanzplan. Das am Ende des Planungszeitraums bestehende Guthaben in Höhe von 2.061,5199 GE stellt sicher, dass die gewünschte Entnahme von 103,0760 GE bei 5 % Anlagerendite auch für alle Zukunft realisierbar ist. Die Investition I wird vollständig durchgeführt. Zur Finanzierung des Basisprogramms ist nicht nur das Aufzinsungsdarlehen gänzlich in Anspruch zu nehmen, sondern es finden darüber hinaus in jedem Jahr nicht an ihre Obergrenze stoßende kurzfristige Kreditaufnahmen statt. Geldanlagen spielen keine Rolle.

In der *zweiten Stufe* ist der mit dem Kauf der Darby International GmbH einhergehende Zahlungsstrom g_K in das Investitionsprogramm der Pearson AG zu integrieren. Im Gegenzug stellt sich für die Pearson AG die Frage nach demjenigen maximal zahlbaren Preis, welcher sie im Vergleich zur Ausgangssituation wirtschaftlich nicht schlechter stellt. Gemäß Bewertungsansatz beträgt dieser als Sofortzahlung gesuchte Grenzpreis 118,1949 GE. Die Darby International GmbH ist nunmehr Teil des in Tab. 46 wiedergegebenen *Bewertungsprogramms*. Wengleich die Investition I wegen der im Entscheidungszeitpunkt greifenden Kreditlimitierung nur noch zu 38,6282 % durchgeführt wird, ist die Pearson AG trotzdem in der Lage, den gewünschten uniformen ewigen Ausschüttungsstrom weiterhin bereitzustellen. Im Bewertungsprogramm

Tab. 45: Basisprogramm im komplexen Bewertungsfall[79].

Zeitpunkt	$t = 0$	$t = 1$	$t = 2$	$t = 3$	$t = 4$	$t = 5$
b_t	0	100	100	100	100	2.100
Investition	−160	20	20	20	20	220
Aufzinsungsdarlehen	100	0	0	0	0	−140,2552
Kreditaufnahme	60	50,2760	39,3851	27,1873	13,5258	
Rückzahlung		−67,20	−56,3091	−44,1113	−30,4498	−15,1489
Entnahme		−103,0760	−103,0760	−103,0760	−103,0760	−103,0760
Kontostand	−60	−50,2760	−39,3851	−27,1873	−13,5258	2.061,5199

Tab. 46: Bewertungsprogramm im komplexen Bewertungsfall[80].

Zeitpunkt	$t = 0$	$t = 1$	$t = 2$	$t = 3$	$t = 4$	$t = 5$
$b_t + g_{Kt}$	0	120	125	130	120	2.210
Grenzpreis	−118,1949					
Investition (38,63 %)	−61,8051	7,7256	7,7256	7,7256	7,7256	84,9820
Aufzinsungsdarlehen	100	0	0	0	0	−140,2552
Kreditaufnahme	80	64,9504	43,0948	13,6165		
Geldanlage					−9,3992	
Rückzahlung		−89,6000	−72,7444	−48,2661	−15,2505	9,8691
Entnahme		−103,0760	−103,0760	−103,0760	−103,0760	−103,0760
Kontostand	−80	−64,9504	−43,0948	−13,6165	9,3992	2.061,5199

wird neben dem Aufzinsungsdarlehen also auch die auf 80 GE begrenzte Kreditlinie zu $t = 0$ vollständig ausgeschöpft. In den Jahren zwei bis vier finden wie im Basisprogramm nicht an ihre Obergrenze stoßende einperiodige Kreditaufnahmen statt. Geldanlagen sind im fünften Jahr möglich.

Ein Vergleich mit Tab. 45 zeigt, dass der Kauf der Darby International GmbH mit *strukturellen Veränderungen* vom Basis- zum Bewertungsprogramm verbunden ist, welche die im Basisprogramm gefällten optimalen Vorteilhaftigkeitsentscheidungen anbelangen. Folglich unterscheiden sich die Grenzobjekte und die zugehörigen endogenen Grenzzinsfüße des Bewertungsprogramms von denen des Basisprogramms. Während die Pearson AG in der Ausgangssituation als Grenzobjekt in jedem Jahr den einperiodigen Kredit zu 12 % p. a. aufnimmt, sind aus dem in Tab. 46 dargestellten Bewertungsprogramm unmittelbar lediglich die zu $t = 1, 2, 3$ und 4 startenden ein-

---

79 Der ewige Zahlungsüberschuss aus der Innenfinanzierung ist über die kaufmännische Kapitalisierungsformel mit Hilfe des pauschal geschätzten Kalkulationszinsfußes von $i = 5$ % p. a. im Zeitpunkt $t = 5$ berücksichtigt.

80 Der ewige Zahlungsüberschuss aus der Innenfinanzierung und der Darby International GmbH ist über die kaufmännische Kapitalisierungsformel im Zeitpunkt $t = 5$ berücksichtigt.

periodigen Kapitalmarkttransaktionen als Grenzobjekte ablesbar.[81] Zur partialanalytischen Ermittlung des als Sofortzahlung gesuchten Grenzpreises müssen jedoch alle periodenspezifischen endogenen Grenzzinsfüße bekannt sein. Damit stellt sich nun die Frage nach der Höhe des Grenzzinsfußes i_1. In Ermangelung eines zu $t = 0$ startenden einperiodigen Grenzobjekts kann i_1 nur als Mischzinsfuß der anderen Objekte erklärt werden. Zur Berechnung von i_1 dient in diesem Fall die lediglich anteilig realisierte und damit ebenfalls als Grenzobjekt in Erscheinung tretende Investition I. Da der Kapitalwert eines anteilig durchgeführten Objekts null beträgt,[82] ergibt sich i_1 wie folgt:

$$i_1 = \frac{20 + \frac{20}{1,12} + \frac{20}{1,12^2} + \frac{20}{1,12^3} + \frac{220}{1,12^3 \cdot 1,05}}{160} - 1 = 0,35732209 = 35,732209\,\%.^{[83]}$$

Demzufolge lautet der endogene Grenzzinsfußvektor des Bewertungsprogramms (35,73 %, 12 %, 12 %, 12 %, 5 %), wohingegen für das Basisprogramm (12 %, 12 %, 12 %, 12 %, 12 %) gilt. Wegen der zwischen dem Basis- und Bewertungsprogramm abweichenden Grenzzinsfußvektoren resultieren jeweils andere Kapitalwerte und andere Vorteilhaftigkeitsentscheidungen, weshalb eine vereinfachte Bewertung unter Verwendung der Ertragswertformel scheitert und somit eine partialanalytische Bestimmung des im Entscheidungszeitpunkt maximal zahlbaren Preises nur unter Einsatz der *„komplexen Bewertungsformel"* gelingt:

$$p^* = \sum_{t=1}^{n} g_{Kt} \cdot \rho_t + \sum_{t=0}^{n} b_t \cdot \rho_t + \sum_{C_j > 0} x_j^{\max} \cdot C_j - \sum_{t=1}^{n} \overline{w}_t \cdot \text{EN}^* \cdot \rho_t \,.$$

$$p^* = 114{,}2251 + 1.299{,}4290 + 29{,}9525 + 13{,}9877 - 1.339{,}3993 = 118{,}1949\,\text{GE}\,.$$

Die „komplexe Bewertungsformel" bestätigt das Ergebnis des Totalmodells.

Um die Auswirkungen von *Änderungen im Entscheidungsfeld* der Pearson AG auf den Grenzpreis zu veranschaulichen, wird das Zahlenbeispiel wie folgt abgewandelt: Es sei angenommen, dass die Sidwell Investment Bank zwar das Aufzinsungsdarlehen streicht, dafür aber im Gegenzug einen unbeschränkten Kontokorrentkredit zu einem kurzfristigen Sollzins von 10 % p. a. einräumt.

Welchen Effekt dies auf das *Basisprogramm* im Vergleich zum komplexen Bewertungsfall hat, ist der Tab. 47 zu entnehmen.

Zur Finanzierung des Basisprogramms greift die Pearson AG in jedem Jahr auf kurzfristige Kreditaufnahmen zurück. Geldanlagen finden nicht statt. Weil das Fehlen des im ursprünglichen Entscheidungsfeld vollständig ausgeschöpften Aufzinsungsdarlehens in jedem Jahr und für alle Zukunft mit einer Abnahme des entnehmbaren

---

81 Der einperiodige Kredit zu $t = 0$ wird maximal ausgeschöpft und ist nicht Grenzobjekt.
82 Vgl. zur Beweisführung Hering (2015), S. 160–161; Toll (2011), S. 60–62.
83 i_1 entspricht der Initialverzinsung des zu Beginn des ersten Jahres startenden Grenzobjekts I.

Tab. 47: Basisprogramm im vereinfachten Bewertungsfall[84].

Zeitpunkt	$t = 0$	$t = 1$	$t = 2$	$t = 3$	$t = 4$	$t = 5$
b_t	0	100	100	100	100	2.100
Investition	−160	20	20	20	20	220
Kreditaufnahme	160	158,4677	156,7822	154,9282	152,8887	
Rückzahlung		−176	−174,3145	−172,4605	−170,4210	−168,1776
Entnahme		−102,4677	−102,4677	−102,4677	−102,4677	−102,4677
Kontostand	−160	−158,4677	−156,7822	−154,9282	−152,8887	**2.049,3546**

Betrags in Höhe von 1,3653 GE verbunden ist, die verbesserten Konditionen des Kontokorrentkredits aber lediglich dazu führen, dass die aus der Investition I resultierende ewige Rente um 0,7570 GE steigt, ist es der Pearson AG nur noch möglich, einen Einkommensstrom der Breite $EN^* = 102,4677$ GE zu erwirtschaften.

Im *Bewertungsprogramm* kommt es wie im obigen Basisprogramm (vgl. Tab. 47) nicht zu Geldanlagen, sondern es erfolgen in jedem Jahr einperiodige Kreditaufnahmen (vgl. Tab. 48). Die Änderungen im Entscheidungsfeld der Pearson AG führen aufgrund der Verfügbarkeit eines unbeschränkten Kontokorrentkredits dazu, dass auf der einen Seite die Investition I im Gegensatz zum Bewertungsprogramm des komplexen Bewertungsfalls im vollen Umfang durchgeführt wird, was mit einer Kapitalwertzunahme von 40 GE einhergeht, aber auf der anderen Seite auf den Kapitalwert des im Entscheidungszeitpunkt ursprünglich vollständig beanspruchten Kontokorrentkredits in Höhe von 13,9877 GE verzichtet werden muss. Zudem resultiert aus dem Streichen des vormals vollständig ausgeschöpften Aufzinsungsdarlehens eine Reduktion des Kapitalwerts des Bewertungsprogramms um 29,9525 GE. Da sich die endogenen Grenzzinsfüße im komplexen und vereinfachten Bewertungsfall voneinander unterscheiden, steigt der Kapitalwert der autonomen Zahlungsüberschüsse um 321,4924 GE, der Kapitalwert bzw. Ertragswert des Bewertungsobjekts um 29,1189 GE und der Kapitalwert des Entnahmestroms um 321,5220 GE. In Summe ist damit eine Kapitalwertzunahme des gesamten Investitions- und Finanzierungsprogramms in Höhe von 25,1491 GE[85] im Vergleich zum Bewertungsprogramm des komplexen Bewertungsfalls verbunden, so dass die Änderungen im Entscheidungsfeld der Pearson AG einen Anstieg des als Sofortzahlung gesuchten Grenzpreises um 25,1491 GE auf 143,3440 GE[86] bewirken.

Da die Eingliederung der Darby International GmbH *keine strukturellen Veränderungen* beim Übergang vom Basis- zum Bewertungsprogramm auslöst (vgl. die Tab. 47

---

84 Der ewige Zahlungsüberschuss aus der Innenfinanzierung ist erneut über die kaufmännische Kapitalisierungsformel im Zeitpunkt $t = 5$ berücksichtigt.

85 $25,1491 = 40 − 13,9877 − 29,9525 + 321,4924 + 29,1189 − 321,5220$.

86 $143,3440 = 118,1949 + 25,1491$.

Tab. 48: Bewertungsprogramm im vereinfachten Bewertungsfall[87].

Zeitpunkt	$t = 0$	$t = 1$	$t = 2$	$t = 3$	$t = 4$	$t = 5$
$b_t + g_{Kt}$	0	120	125	130	120	2.210
Grenzpreis	−143,3440					
Investition	−160	20	20	20	20	220
Aufzinsungsdarlehen	303,3440	296,1462	283,2285	264,0191	252,8887	
Kreditaufnahme						−9,3992
Geldanlage		−333,6784	−325,7608	−311,5514	−290,4210	−278,1776
Rückzahlung		−102,4677	−102,4677	−102,4677	−102,4677	−102,4677
Kontostand	−303,3440	−296,1462	−283,2285	−264,0191	−252,8887	**2.049,3546**

und 48), ist eine vereinfachte Bewertung anhand des Partialmodells *„Ertragswert"* (Zukunftserfolgswert) statthaft. Die in jedem Jahr als einperiodige Kreditaufnahmen in Erscheinung tretenden Grenzobjekte werden lediglich in einem anderen Umfang aufgenommen, weswegen nur kapitalwertneutrale Umstrukturierungen erfolgen. Die „komplexe" geht dann in die *„vereinfachte Bewertungsformel"* über. Unter Rückgriff auf die endogenen Grenzzinsfüße des Bewertungsprogramms, die – genau wie im Basisprogramm – stets $i = 10\%$ p. a. betragen, darf die Pearson AG für den Kauf der Darby International GmbH maximal einen Preis in Höhe von

$$p^* = \sum_{t=1}^{n} \frac{g_{Kt}}{(1 + i)^t} + \frac{g_{Kn+1}}{i} \cdot \frac{1}{(1 + i)^n} = E_K$$

$$= \frac{20}{1,1} + \frac{25}{1,1^2} + \frac{30}{1,1^3} + \frac{20}{1,1^4} + \frac{10}{1,1^5} + \frac{5}{0,05} \cdot \frac{1}{1,1^5} = 81,2519 + 62,0921$$

$$= 143,3440 \text{ GE}$$

zahlen, damit der Kauf nicht ökonomisch nachteilig wird. Total- und Partialmodell kommen wiederum zum selben Ergebnis. Sollte daher in der Praxis abschätzbar sein, dass sich ein Unternehmenskauf nicht auf die Struktur des optimalen Investitions- und Finanzierungsprogramms auswirkt, dann eröffnet die Formel einen recht einfachen heuristischen Lösungsweg für das Bewertungsproblem. Löst der Kauf eines Unternehmens hingegen strukturelle Veränderungen aus, welche die im Basisprogramm getroffenen optimalen Vorteilhaftigkeitsentscheidungen ändern, kommt man nicht um das explizite Aufstellen und Durchrechnen des Bewertungsansatzes umhin. Obige Ausführungen machen klar, dass der Grenzpreis auf einem unvollkommenen Kapitalmarkt nicht mehr ohne weiteres mit Hilfe des Partialmodells „Ertragswertmethode" berechnet werden kann. Obwohl in der konzipierten Beispielsituation der Zahlungsstrom des Kaufobjekts gleich ist, stimmt der maximal zahlbare Preis nicht

---

87 Der ewige Zahlungsüberschuss aus der Innenfinanzierung und der Darby International GmbH ist erneut über die kaufmännische Kapitalisierungsformel im Zeitpunkt $t = 5$ berücksichtigt.

überein, wenn die der Bewertung zugrunde liegenden Entscheidungsfelder voneinander abweichen. Die Wertfindung ist somit immer von der Zielsetzung und dem die Handlungsmöglichkeiten beschreibenden Entscheidungsfeld des konkreten Entscheidungsträgers abhängig.

Wenngleich die in diesem Unterkapitel unterstellte Modellwelt durch die Annahme subjektiver Sicherheit im Vergleich zur Realität, d. h. zum unvollkommenen Kapitalmarkt unter Unsicherheit, erheblich vereinfacht dargestellt ist, erweist sie sich dennoch als geeignet, einen Anhaltspunkt für Entscheidungen auf einem unvollkommenen Kapitalmarkt unter Unsicherheit zu geben. Da im Unsicherheitsfall grundsätzlich nur heuristische Vorgehensweisen geeignet erscheinen, wird ein Verfahrensvorschlag, der unter Sicherheit optimale Ergebnisse generiert, unter Unsicherheit zumindest annehmbare Ergebnisse liefern. Die im Sicherheitsfall gewonnenen Erkenntnisse können also auch in realen (unsicheren) Entscheidungssituationen von Nutzen sein. Obwohl das Unsicherheitsproblem von keinem Bewertungsverfahren überwunden werden kann, gilt es im nachfolgenden Unterkapitel dennoch eine in der betrieblichen Praxis anwendbare Vorgehensweise vorzustellen, die sich des Problems unsicherer Erwartungen heuristisch annimmt.

3.5 Grenzpreisermittlung auf dem unvollkommenen Kapitalmarkt unter Unsicherheit

Um das in Unterkapitel 3.4 eingeführte investitionstheoretische Grenzpreismodell bei Sicherheit in ein *Zustands-Grenzpreismodell bei Unsicherheit* zu verwandeln, bedarf es lediglich einer Uminterpretation der Zeitpunkte t in mögliche (auch zum Teil zeitverschiedene) künftige Zustände t, wobei über einen Raum von n möglichen künftigen Zuständen geplant wird.[88] Da sich an der Modellierung formal nichts ändert,[89] kann an dieser Stelle auf eine erneute Darstellung verzichtet werden. Leider scheitert ein direkter praktischer Einsatz des ZGPM zu Bewertungszwecken in realistischen (unsicheren) Entscheidungssituationen – ebenso wie die allgemeine Gleichgewichtstheorie nach Arrow und Debreu – an der Unmöglichkeit, alle künftigen Umweltzustände und zustandsbedingten Zahlungsströme zu ermitteln.[90] Um zu anwendungsorientierten Modellen zu gelangen, sind also heuristische Komplexitätsreduktionen erforderlich. So wäre es möglich, als Zustände nur die Zeitpunkte des Planungszeitraums zu betrachten und die Unsicherheit mit Hilfe unsicherheitsaufdeckender Verfahren zu erfassen. Daher wird im Folgenden ein Verfahren vorgeschlagen, welches sowohl Marktunvollkommenheiten als auch die Mehrdeutigkeit

---

88 Vgl. Hering (2000); Hering (2014), S. 303.

89 Vgl. Hering (2000).

90 Vgl. Hering (2000), S. 376; Hering (2014), S. 304; Hering (2015), S. 278–279.

zukünftiger Zahlungsströme berücksichtigt, indem es die simultane Investitions- und Finanzierungsplanung mit einer simulativen Risikoanalyse heuristisch kombiniert.[91]

Die *simulative Risikoanalyse* ähnelt einer automatisierten Sensitivitätsanalyse zweiter Art, wobei erstere jedoch darauf angewiesen ist, dass sich für die unsicheren Eingangsdaten Wahrscheinlichkeitsverteilungen schätzen lassen.[92] Die Unsicherheit wird dem Entscheidungsträger transparent offengelegt. Folgendes Verfahren ist dabei zu durchlaufen:[93] Zunächst sind die Wahrscheinlichkeitsverteilungen aller als unsicher eingestuften Eingangsgrößen durch subjektive Expertenschätzungen zu generieren sowie zwischen den unsicheren Größen gegebenenfalls bestehende stochastische Abhängigkeiten mittels bedingter Verteilungen zu berücksichtigen. Anschließend werden auf Basis der zuvor definierten Wahrscheinlichkeitsverteilungen im Rahmen einer Monte-Carlo-Simulation iterativ und computergestützt Zufallszahlen für alle unsicheren Eingangsdaten gezogen, wobei für jeden Durchlauf des Zufallsprozesses die zugehörige Zielgröße berechnet und gespeichert wird. Sobald sich nach hinreichend vielen Wiederholungen eine stabile Häufigkeitsverteilung einstellt, bietet sich abschließend zur Auswertung der subjektiv interessierenden Sachverhalte eine statistische und graphische Aufbereitung der Ergebnisse an.

Verknüpft man nun die *simulative Risikoanalyse* mit dem in Unterkapitel 3.4 dargestellten *Zustands-Grenzpreismodell*, ist eine Anpassung des Basis- und Bewertungsansatzes erforderlich:[94] Zunächst sind die als unsicher anzusehenden Eingangsgrößen auszuwählen, wofür in der Regel die künftigen Zahlungsüberschüsse der Investitions- und Finanzierungsobjekte g_{jt}, die künftigen Zahlungsüberschüsse des Bewertungsobjekts g_{Kt}, die festen Zahlungsüberschüsse b_t sowie gegebenenfalls die Obergrenzenrestriktionen $x_j^{\max}$ in Frage kommen. Sodann müssen Wahrscheinlichkeitsverteilungen (z. B. Normal-, Gleich-, Dreiecks- oder BetaPert-Verteilungen etc.) für diese unsicheren Größen unter Beachtung von eventuell zwischen diesen bestehenden stochastischen Abhängigkeiten subjektiv festgelegt werden. Da zudem bspw. eine normalverteilte Objektobergrenze $x_j^{\max}$, deren Ausprägung viele Standardabweichungen vom Mittelwert entfernt auch negative Werte annehmen könnte, betriebswirtschaftlich fragwürdig erscheint, wären in derartigen Fällen Nichtnegativitätsbedingungen dringend einzubeziehen. Nachfolgend werden auf Basis der zuvor bestimmten Wahrscheinlichkeitsverteilungen über das ζ-malige Ziehen von zwischen 0 und 1 verteilten Zufallszahlen die jeweiligen Ausprägungen der Eingangsdaten berechnet. Diese werden in jedem Durchlauf jeweils mit einem Index ι ($\iota \in [1, 2, \ldots, \zeta]$) versehen. So zeigt etwa b_2^{ι} die Ausprägung von b_t zum Zeitpunkt $t = 2$ im ι-ten Durchlauf an. Anschließend werden

---

91 Vgl. Salazar/Sen (1966); Toll/Walochnik (2013); Hering/Schneider/Toll (2013).
92 Vgl. Hering (2015), S. 335.
93 Vgl. Blohm/Lüder/Schäfer (2012), S. 236–261; Götze (2014), S. 400–407; Kruschwitz (2014), S. 322–331; Hering (2015), S. 334–353 sowie daneben auch Toll/Walochnik (2013), S. 29–34.
94 Vgl. hierzu insbesondere Toll/Walochnik (2013), S. 30–31 sowie Hering/Schneider/Toll (2013), S. 260–263.

für jeden Durchlauf unter Verwendung der zugehörigen Ausprägungen der sicheren und unsicheren Eingangsdaten das optimale Basis- und Bewertungsprogramm ermittelt und gespeichert. Nach hinreichend vielen Wiederholungen stellen sich der Grenzpreis und die Breite des Entnahmestroms oder die Durchführungshäufigkeiten der Investitions- und Finanzierungsobjekte als Bandbreiten in Form von Vektoren ein.[95] Um nun die mittels einer Monte-Carlo-Simulation erzeugte „Zahlenflut" in eine nutzbare Entscheidungsgrundlage zu überführen, sollte eine statistische und graphische Aufbereitung der Ergebnisse erfolgen. Dem Entscheidungsträger werden damit wichtige Informationen zur Verfügung gestellt, wie bspw. die obere und untere Intervallgrenze, zwischen denen sich der im Entscheidungszeitpunkt maximal zahlbare Preis in allen Simulationsläufen aufgehalten hat, oder der Median, das arithmetische Mittel, bestimmte Quantile und die Standardabweichung. Insbesondere empfiehlt sich eine graphische Aufbereitung mittels Histogrammen (vgl. Abb. 44) oder Risikoprofilen. Zudem kann der Einfluss einzelner unsicherer Eingangsgrößen auf den Zielwert mit Hilfe von Rangkorrelationskoeffizienten in einem Sensitivitätsdiagramm aufgedeckt werden.[96]

Die simulative Risikoanalyse stellt einem Entscheidungsträger also wichtige Anhaltspunkte bereit, auf die er sich in einer Verhandlungssituation stützen kann. So steht für einen präsumtiven Unternehmenskäufer fest, dass die beabsichtigte Transaktion wirtschaftlich unvorteilhaft ist, wenn der in der Verhandlung vom Verkäufer geforderte Preis oberhalb der eigenen oberen Grenze der Konzessionsbereitschaft liegt. In der Regel wird eine Risikoanalyse jedoch nicht imstande sein, ein so eindeutiges Ergebnis zu liefern. Sollte der vom präsumtiven Verkäufer geforderte Preis nämlich innerhalb der eigenen Bandbreite liegen, kann keine eindeutige Handlungsempfehlung gegeben werden. Der Entscheidungsträger muss dann die Chancen und Risiken gemäß seiner individuellen Risikoneigung abwägen. Diese unternehmerische Handlung lässt sich in keiner Weise formalisieren oder einem zwingenden Kalkül unterwerfen, denn für einmalig zu treffende Entscheidungen unter Unsicherheit gibt es keine vor Fehlurteilen schützende Methode. Auch Erwartungswert, Sicherheitsäquivalent und BERNOULLI-Nutzen vermögen den Schleier der Unsicherheit nicht zu lüften.[97]

Bisweilen wird an der simulativen Risikoanalyse *moniert*, sie sei mit Scheingenauigkeit verbunden, greife auf nicht verfügbare Daten zurück oder führe durch die Modellvorstellung einer Wahrscheinlichkeitsverteilung der Zielgröße – z. B. des Grenzpreises – konzeptionell irre.[98] Eine Fehl- oder Überinterpretation von Ergeb-

95 Für eine explizite Darstellung der Optimierungsansätze im Falle eines Unternehmenskaufs bei Unsicherheit sei auf Hering/Schneider/Toll (2013), S. 261–262 verwiesen. Ausführliche Simulationsbeispiele finden sich zudem in Toll/Walochnik (2013), S. 31–34 sowie Hering/Schneider/Toll (2013), S. 263–278.
96 Vgl. hierzu Hering (2015), S. 338–339.
97 Vgl. hierzu bereits Hering (2014), S. 11–14 und S. 44.
98 Vgl. Bretzke (1988), S. 821–823; Bretzke (1993), S. 40–42; Schmidt/Terberger (1997), S. 302–305.

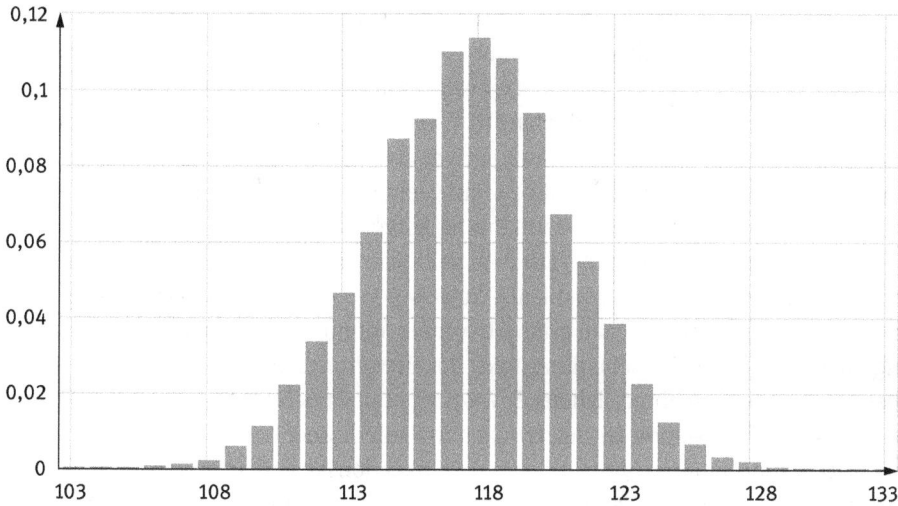

Abb. 44: Relative Häufigkeitsverteilung des Grenzpreises.

nissen droht aber umso eher, je komplexer und/oder prämissenbefrachteter das zugrunde liegende Modell ist, und gerade in dieser Hinsicht weist die Risikoanalyse als anspruchslose „Wenn-dann-Rechnung" mit anschaulicher statistischer Auswertung große *Vorzüge* auf. Sollten keine Wahrscheinlichkeitsverteilungen für die unsicheren Eingangsgrößen geschätzt werden können, wäre es ohnehin ratsam, sich mit Bandbreiten zu begnügen und auf weitere Auswertungen, für die Daten fehlen, zu verzichten.[99]

4 Zusammenfassung

Die Aufgabe eines Unternehmensbewerters besteht darin, die vorhandenen quantitativen und qualitativen Informationen über künftige Zahlungsströme in die gesuchte Größe „Unternehmenswert" zu überführen. Um sich durch einen geplanten Unternehmenserwerb wirtschaftlich nicht zu verschlechtern, sollte der präsumtive Käufer seine subjektive Grenze der Konzessionsbereitschaft kennen. Der vorliegende Beitrag zeigt, wie dieses Bewertungsproblem anhand des Grenzpreiskalküls gelöst werden kann. Hierzu war es zunächst erforderlich, aufzuzeigen, welche modelltheoretische Basis zur Lösung des Bewertungsproblems geeignet ist. Es kristallisierte sich heraus, dass eine Entscheidungswertermittlung in realen Bewertungssituationen auf der subjektiven Wertlehre fußen muss, weshalb die Berechnung des Grenzpreises nur die

---

99 Vgl. hierzu bereits Hering (2014), S. 45.

Aufgabe einer investitionstheoretisch fundierten Unternehmensbewertung sein kann. Anknüpfend an diese Erkenntnis widmete sich das dritte Kapitel der Ermittlung des maximal zahlbaren Preises aus Sicht eines präsumtiven Unternehmenskäufers in Abhängigkeit von den Kapitalmarktcharakteristika. Die Betrachtung des vollkommenen Kapitalmarkts ist in erster Linie didaktisch motiviert, da die im Vergleich zur Realität erheblich vereinfachte Modellwelt sehr gut geeignet ist, erste grundlegende Erkenntnisse zu liefern, ohne die eine Betrachtung komplexerer Modellwelten schwerfallen dürfte. Während der Grenzpreis auf dem vollkommenen Kapitalmarkt bei Sicherheit mittels simpler Finanzmathematik als Ertragswert (Zukunftserfolgswert) der relevanten Zahlungsreihe punktgenau ermittelt werden konnte – und zwar ohne Berücksichtigung des gesamten Entscheidungsfelds des Bewertungssubjekts –, zeigt sich dieser bei Aufgabe der Annahme sicherer Erwartungen nur noch als Bandbreite. Aufgrund der Tatsache, dass gerade die Bewertung mittelständischer Unternehmen in der Realität wegen Informationsasymmetrien und Transaktionskosten unter den Bedingungen eines unvollkommenen Kapitalmarkts zu erfolgen hat, resultiert, dass neben den realwirtschaftlichen Elementen des Entscheidungsfelds auch die finanziellen Opportunitäten von der individuellen Situation des Bewertungssubjekts abhängen. Die Wertfindung ist deshalb untrennbar mit der verfolgten Zielsetzung und dem Entscheidungsfeld des konkreten Bewertungsinteressenten verbunden. Die Betrachtung des unvollkommenen Kapitalmarkts offenbart, dass eine rein partialanalytische Bewertung unter Verwendung der Ertragswertmethode scheitert, sofern die beabsichtigte Unternehmenstransaktion strukturelle Veränderungen auslöst, welche die in der Ausgangssituation getroffenen optimalen Vorteilhaftigkeitsentscheidungen ändern, womit eine simultane Investitions- und Finanzierungsplanung im Rahmen eines Totalmodells unumgänglich wird. Obwohl sich das Unsicherheitsproblem von keinem Bewertungsverfahren „überlisten" lässt, wurde dennoch zu guter Letzt ein Verfahren vorgeschlagen, welches neben Marktunvollkommenheiten auch die Mehrdeutigkeit zukünftiger Zahlungsströme abzubilden vermag, indem es die simultane Investitions- und Finanzierungsplanung mit einer simulativen Risikoanalyse heuristisch kombiniert.

5 Literatur

Adam, D. (1996): Planung und Entscheidung. 4. Aufl., Wiesbaden.

Albach, H. (1962): Investition und Liquidität. Wiesbaden.

De Angelo, H. (1981): Competition and Unanimity. In: AMR, 71. Jg., H. 1, S. 18–27.

Arrow, K. J. (1964): The Role of Securities in the Optimal Allocation of Risk-bearing. In: Review of Economic Studies, 31. Jg., H. 2, S. 91–96.

Ballwieser, W. (1990): Unternehmensbewertung und Komplexitätsreduktion. 3. Aufl., Wiesbaden.

Black, F./Scholes, M. (1973): The Pricing of Options and Corporate Liabilities. In: JPE, 81. Jg., H. 3, S. 637–654.

Blohm, H./Lüder, K./Schaefer, C. (2012): Investition. 10. Aufl., München.

Bretzke, W.-R. (1975): Das Prognoseproblem bei der Unternehmensbewertung. Düsseldorf.

Bretzke, W.-R. (1988): Risiken in der Unternehmungsbewertung. In: ZfbF, 40. Jg., H. 9, S. 813–823.

Bretzke, W.-R. (1993): Unternehmungsbewertung in dynamischen Märkten. In: BFuP, 45. Jg., H. 1, S. 39–45.

Breuer, W. (2012): Investition I. 4. Aufl., Wiesbaden.

Brösel, G./Toll, C. (2016): Unternehmensbewertungsmythen. In: Brauneis, A./Fritz-Schmied, G./ Kanduth-Kristen, S./Schuschnig, T./Schwarz, R. (Hg.): Bewertung von Unternehmen, Festschrift für W. Nadvornik. Wien, S. 19–58.

Brösel, G./Toll, M./Zimmermann, M. (2012): Lessons learned from the financial crisis – unveiling alternative approaches within valuation and accounting theory. In: Financial Reporting, 4. Jg., H. 4, S. 87–107.

Busse von Colbe, W./Laßmann, G./Witte, F. (2015): Investitionstheorie und Investitionsrechnung. 4. Aufl., Berlin/Heidelberg.

Coase, R. H. (1981): Business Organization and the Accountant. In: Buchanan, J. M./Thirlby, G. F. (Hg.): L.S.E. Essays on Cost. New York/London, S. 95–132.

Coenenberg, A. G. (1970): Unternehmensbewertung mit Hilfe der Monte-Carlo-Simulation. In: ZfB, 40. Jg., H. 12, S. 793–804.

Coleman, L. (2014): Why Finance Theory Fails to Survive Contact with the Real World: A Fund Manager Perspective. In: Critical Perspectives on Accounting, 25. Jg., H. 3, S. 226–236.

Copeland, T. E./Koller, T./Murrin, J. (1990): Valuation. New York.

Cox, J. C./Ross, S. A./Rubinstein, M. (1979): Option Pricing: A Simplified Approach. In: JFE, 7. Jg., H. 3, S. 229–263.

Damodaran, A. (2011): Applied Corporate Finance. 3. Aufl., Hoboken.

Dean, J. (1951): Capital Budgeting. New York.

Debreu, G. (1959): Theory of Value. New Haven/London.

Diedrich, R. (2003): Die Sicherheitsäquivalentmethode der Unternehmensbewertung: Ein (auch) entscheidungstheoretisch wohlbegründbares Verfahren. In: ZfbF, 55. Jg., H. 3, S. 281–286.

Dinkelbach, W. (1969): Sensitivitätsanalysen und parametrische Programmierung. Berlin/Heidelberg/New York.

Dinkelbach, W./Kloock, J. (1969): Mathematische Programmierung. In: Menges, G. (Hg.): Beiträge zur Unternehmensforschung. Würzburg/Wien, S. 33–60.

Dukes, W. P. (2006): Business Valuation Basics for Attorneys. In: JBVELA, 1. Jg., H. 1, S. 1–19.

Fisher, I. (1930): The Theory of Interest. New York.

Franke, G./Hax, H. (2009): Finanzwirtschaft des Unternehmens und Kapitalmarkt. 6. Aufl., Berlin/Heidelberg.

Franke, G./Laux, H. (1968): Die Ermittlung der Kalkulationszinsfüße für investitionstheoretische Partialmodelle. In: ZfbF, 20. Jg., H. 11/12, S. 740–759.

Gal, T. (1973): Betriebliche Entscheidungsprobleme, Sensitivitätsanalyse und Parametrische Programmierung. Berlin/New York.

Gordon, M. J. (1959): Dividends, Earnings, and Stock Prices. In: RES, 41. Jg., H. 2, S. 99–105.

Gossen, H. H. (1854): Entwickelung der Gesetze des menschlichen Verkehrs, und der daraus fließenden Regeln für menschliches Handeln. Braunschweig.

Götze, U. (2014): Investitionsrechnung. 7. Aufl., Berlin/Heidelberg.

Hax, H. (1964): Investitions- und Finanzplanung mit Hilfe der linearen Programmierung. In: ZfbF, 16. Jg., H. 7/8, S. 430–446.

Hax, H. (1985): Investitionstheorie. 5. Aufl., Würzburg/Wien.

Hering, T. (2000): Das allgemeine Zustands-Grenzpreismodell zur Bewertung von Unternehmen und anderen unsicheren Zahlungsströmen. In: DBW, 60. Jg., H. 3, S. 362–378.

Hering, T. (2014): Unternehmensbewertung. 3. Aufl., München.

Hering, T. (2015): Investitionstheorie. 4. Aufl., Berlin/Boston.

Hering, T./Schneider, J./Toll, C. (2013): Simulative Unternehmensbewertung. In: BFuP, 65. Jg., H. 3, S. 405–426.

Hering, T./Toll, C. (2012): Unternehmensbewertung auf vollkommenem Kapitalmarkt. In: WISU, 41. Jg., H. 8/9, S. 1101–1106.

Hering, T./Toll, C. (2013): Unternehmensbewertung auf unvollkommenem Kapitalmarkt unter Sicherheit. In: WISU, 42. Jg., H. 11, S. 1423–1432.

Hering, T./Toll, C. (2015): Application of Alternative Valuation Formulas for a Company Sale. In: Global Economy and Finance Journal, 8. Jg., H. 2, S. 14–30.

Hering, T./Toll, C./Kirilova, P. K. (2015): Business Valuation for a Company Purchase: Application of Valuation Formulas. In: International Review of Business Research Papers, 11. Jg., H. 1, S. 1–10.

Hertz, D. B. (1964): Risk Analysis in Capital Investment. In: HBR, 42. Jg., H. 1, S. 95–106.

Hirshleifer, J. (1958): On the Theory of Optimal Investment Decision. In: JPE, 66. Jg., H. 4, S. 329–352.

Hurd, C. C. (1954): Simulation by Computation as an Operations Research Tool. In: Journal of the Operations Research Society of America, 2. Jg., H. 2, S. 205–207.

Kall, P. (1968): Der gegenwärtige Stand der stochastischen Programmierung. In: Unternehmensforschung, 12. Jg., H. 2, S. 81–95.

Kall, P. (1976): Stochastic Linear Programming. Berlin/Heidelberg/New York.

Kaplan, R. S. (1986): Must CIM Be Justified by Faith Alone? In: HBR, 64. Jg., H. 2, S. 87–95.

Koller, T./Goedhart, M. H./Wessels, D. (2010): Valuation. 5. Aufl., Hoboken.

Kruschwitz, L. (2014): Investitionsrechnung. 14. Aufl., München.

Kürsten, W. (2002): „Unternehmensbewertung unter Unsicherheit", oder: Theoriedefizit einer künstlichen Diskussion über Sicherheitsäquivalent- und Risikozuschlagsmethode. In: ZfbF, 54. Jg., H. 2, S. 128–144.

Laux, H./Franke, G. (1969): Zum Problem der Bewertung von Unternehmungen und anderen Investitionsgütern. In: Unternehmensforschung, 13. Jg., H. 3, S. 205–223.

Lintner, J. (1965): The Valuation of Risk Assets and the Selection of Risky Investments in Stock Portfolios and Capital Budgets. In: RES, 47. Jg., H. 1, S. 13–37.

Lücke, W. (1955): Investitionsrechnungen auf der Grundlage von Ausgaben oder Kosten? In: Zeitschrift für handelswissenschaftliche Forschung, 7. Jg., H. 7, S. 310–324.

Markowitz, H. M. (1952): Portfolio Selection. In: TJF, 7. Jg., H. 1, S. 77–91.

Matschke, M. J. (1975): Der Entscheidungswert der Unternehmung. Wiesbaden.

Matschke, M. J./Brösel, G. (2013): Unternehmensbewertung. 4. Aufl., Wiesbaden.

Menger, C. (1871): Grundsätze der Volkswirtschaftslehre. Wien.

Modigliani, F./Miller, M. H. (1958): The Cost of Capital, Corporation Finance and the Theory of Investment. In: AER, 48. Jg., H. 3, S. 261–297.

Modigliani, F./Miller, M. H. (1963): Corporate Income Taxes and the Cost of Capital: A Correction. In: AER, 53. Jg., H. 3, S. 433–443.

Mossin, J. (1966): Equilibrium in a Capital Asset Market. In: Econometrica, 34. Jg., H. 4, S. 768–783.

Moxter, A. (1983): Grundsätze ordnungsmäßiger Unternehmensbewertung. 2. Aufl., Wiesbaden.

von Oeynhausen, C. (1822): Ueber die Bestimmung des Kapitalwerthes von Steinkohlen-Zechen. Mit besonderer Berücksichtigung des Märkschen Kohlenbergbaues. In: Archiv für Bergbau und Hüttenwesen, Bd. 5, S. 306–319.

Olbrich, M./Quill, T./Rapp, D. J. (2015): Business Valuation Inspired by the Austrian School. In: JBVELA, 10. Jg., H. 1, S. 1–43.

Rappaport, A. (1981): Selecting Strategies That Create Shareholder Value. In: HBR, 59. Jg., H. 3, S. 139–149.

Rollberg, R. (2012): Operativ-taktisches Controlling. München.

Salazar, R. C./Sen, S. K. (1968): A Simulation Model of Capital Budgeting under Uncertainty. In: MS, 15. Jg., H. 4, S. B-161–B-179.

Schmalenbach, E. (1947): Pretiale Wirtschaftslenkung, Bd. 1: Die optimale Geltungszahl. Bremen.

Schmidt, R. H./Terberger, E. (1997): Grundzüge der Investitions- und Finanzierungstheorie. 4. Aufl., Wiesbaden.

Schneider, D. (1998): Marktwertorientierte Unternehmensrechnung: Pegasus mit Klumpfuß. In: DB, 51. Jg., H. 30, S. 1473–1478.

Schneider, D. (2009): Wider ein Controlling mit EVA und WACC (Economic Value Added und Weighted Average Cost of Capital). In: Altenburger, O. A. (Hg.): Steuern. Wien, S. 31–45.

Schwetzler, B. (2000): Unternehmensbewertung unter Unsicherheit – Sicherheitsäquivalent- oder Risikozuschlagsmethode? In: ZfbF, 52. Jg., H. 5, S. 469–486.

Schwetzler, B. (2002): Das Ende des Ertragswertverfahrens? In: ZfbF, 54. Jg., H. 2, S. 145–158.

Sharpe, W. F. (1964): Capital Asset Prices: A Theory of Market Equilibrium under Conditions of Risk. In: TJF, 19. Jg., H. 3, S. 425–442.

Toll, C. (2011): Investitionstheoretische Unternehmensbewertung bei Vorliegen verhandelbarer Zahlungsmodalitäten. Wiesbaden.

Toll, C./Benda, F. (2014): Zur Abfindungsbemessung beim Aktionärsausschluss gem. §§ 327a ff. AktG – Rechtlicher Rahmen, Problembereiche und Verbesserungsvorschläge. In: Corporate Finance, 5. Jg., H. 9, S. 361–369.

Toll, C./Walochnik, S. (2013): Entscheidungsorientierte Bewertung vermietbarer Wohnimmobilien zur Kapitalanlage – Eine investitionstheoretische Betrachtung aus Sicht privater Direktinvestoren. In: Zeitschrift für Immobilienökonomie, 12. Jg., H. 1, S. 20–45.

Williams, J. B. (1938): The Theory of Investment Value. Cambridge.

Weingartner, H. M. (1963): Mathematical Programming and the Analysis of Capital Budgeting Problems. Englewood Cliffs.

Wiese, J. (2003): Zur theoretischen Fundierung der Sicherheitsäquivalentmethode und des Begriffs der Risikoauflösung bei der Unternehmensbewertung. In: ZfbF, 55. Jg., H. 3, S. 287–305.

Wilhelm, J. (2005): Unternehmensbewertung – Eine finanzmarkttheoretische Untersuchung. In: ZfB, 75. Jg., H. 6, S. 631–665.

Zadeh, L. A. (1965): Fuzzy Sets. In: Information and Control, 8. Jg., H. 3, S. 338–353.

Zimmermann, H.-J. (1975): Optimale Entscheidungen bei unscharfen Problembeschreibungen. In: ZfbF, 27. Jg., H. 12, S. 785–795.

Thomas Muche und Christin Höge

Investitionsplanung unter Verwendung von Kapitalmarkt- und Jahresabschlussdaten

1 Einleitung

Controlling kann als Steuerung des Unternehmens durch Planung und Kontrolle auf-gefasst werden. Ein wirtschaftlich bedeutender Teil der Planung betrifft die Investi-tionsplanung, da durch Investitionen im Verhältnis zum Unternehmen meist eine größere Kapitalbindung erfolgt und diese Kapitalbindung erst über einen längeren Zeitraum wieder freigesetzt wird. Zur Vermeidung von Fehlentscheidungen ist im Rahmen der Investitionsplanung eine sorgfältige Investitionsbewertung notwendig. Eine sorgfältige Investitionsbewertung ist insbesondere für kleine und mittlere Un-ternehmen (KMU) von Bedeutung, da Fehlschläge bei einzelnen Investitionen deren Unternehmensexistenz gefährden können.[1]

Den Standardansatz im Rahmen der Investitionsbewertung stellt die Kapitalwert-methode dar, die bei der Bewertung den Zeitwert des Geldes berücksichtigt und unmit-telbar die Unternehmenswertsteigerung für die Anteilseigner ausweist. Die Anwen-dung der Kapitalwertmethode in diesem Kontext erfordert eine kapitalmarktbezogene Ermittlung des Alternativzinses der Anteilseigner (Eigenkapitalkosten). Diese Ermitt-lung ist für KMU besonders schwierig, da häufig keine Kapitalmarktpreise für Anteile

---

Dieser Beitrag ist eine überarbeitete Fassung von Muche (2009).

[1] Vgl. Müller (2006), S. 237.

DOI 10.1515/9783110517163-019

an KMU beobachtet werden können (fehlende Börsennotierung). Zur Ermittlung der Eigenkapitalkosten müssen daher Hilfslösungen verwendet werden, die auf Kapitalmarktdaten von Vergleichsunternehmen oder Rechnungswesendaten basieren.

Investitionen werden meist nicht ausschließlich mit Eigenkapital finanziert, sondern erfordern zusätzlich die Bereitstellung von Fremdkapital. Zur Erfassung der Finanzierung bei der Investitionsbewertung existieren verschiedene Ansätze. In der internationalen Praxis wird hauptsächlich auf den Ansatz durchschnittlicher Kapitalkosten zurückgegriffen.[2] Die Bestimmung der durchschnittlichen Kapitalkosten ist für Unternehmen mit fehlender Börsennotierung wiederum besonders schwierig, da zu deren Ermittlung grundsätzlich auch ein Marktwert für das Eigenkapital vorliegen muss, der für Unternehmen ohne Börsennotierung aus einer Unternehmensbewertung abzuleiten ist.

Im hier vorliegenden Beitrag wird im Abschnitt 2 zunächst dargestellt, wie eine kapitalmarktbezogene Ermittlung von Eigenkapitalkosten für KMU vorgenommen werden kann. Darauf basierend behandelt Abschnitt 3 den Einbezug der Finanzierung mit Fremdkapital in die Investitionsbewertung unter Verwendung von durchschnittlichen Kapitalkosten. Abschnitt 4 fasst die wesentlichen Ergebnisse des Beitrags zusammen.

2 Investitionsbewertung mit kapitalmarktorientierten Eigenkapitalkosten

2.1 Grundlagen

Investitionsprojekte sind aus finanzieller Sicht dadurch gekennzeichnet, dass deren bewertungsrelevante Zahlungen meist über mehrere aufeinanderfolgende Jahre in der Zukunft anfallen.

Die Methoden zur Bewertung von Investitionsprojekten können in statische und dynamische Verfahren unterschieden werden. Zu den statischen Verfahren gehören Kosten-, Gewinn-, Rentabilitätsvergleich sowie die statische Amortisationsdauer. Die statischen Verfahren weisen den Nachteil auf, dass diese den unterschiedlichen zeitlichen Anfall der zukünftigen Zahlungen nicht berücksichtigen (keine Berücksichtigung des Zeitwertes des Geldes)[3]. Die dynamischen Verfahren vermeiden diesen Nachteil, indem die zukünftigen Zahlungen im Rahmen einer Barwertermittlung (Present Value) auf den Bewertungszeitpunkt abgezinst werden und für den Regelfall eines positiven Zinses weiter in der Zukunft liegende Zahlungen einen geringeren Wert aufweisen. Zu den dynamischen Verfahren zählen der Kapitalwert (Net Present Value), der

---

2 Vgl. Block (2003), S. 350; Brothersen et al. (2013).
3 Vgl. zu diesen Methoden und zu deren Beurteilung ausführlich Perridon/Steiner (2012), S. 31–48.

interne Zins (Internal Rate of Return) und die dynamische Amortisationsdauer (Pay back period).[4] Der Kapitalwert ist aufgrund der folgenden wesentlichen Eigenschaften die vorzuziehende Bewertungsmethode:[5]
- Erfassung der gesamten zukünftigen Zahlungsreihe der Investition;
- der Kapitalwert entspricht der Wertsteigerung für die Anteilseigner.

Der letzte Punkt ermöglicht es, die Investitionsbewertung unmittelbar mit den finanziellen Zielsetzungen der Anteilseigner zu verbinden und im Rahmen der Investitionsplanung eine stringente Anteilseignerorientierung zu verfolgen (Shareholder-Value-Orientierung). Auf vollkommenen Kapitalmärkten entspricht der Kapitalwert der Marktwertsteigerung, sodass es im Rahmen der Fisher-Separation möglich ist, die Investitionsentscheidungen im Unternehmen unabhängig von den Konsumpräferenzen der Anteilseigner des Unternehmens zu treffen, da die Anteilseigner durch den Kauf und Verkauf von Unternehmensanteilen zu deren Marktwert ihre individuellen Konsumpläne realisieren können.[6] Voraussetzung dafür ist, dass der entsprechende Alternativanlagezins der Anteilseigner (Eigenkapitalkosten) bekannt ist und der Kapitalwert auf Basis der aus dem Projekt an die Anteilseigner ausschüttbaren Zahlungen ermittelt wird. Diese Aussagen bleiben grundsätzlich auch auf unvollkommenen Märkten und unter Berücksichtigung von Unsicherheit gültig.[7]

Aufgrund der genannten Vorteile eines kapitalmarktorientiert ermittelten Kapitalwertes wird im Folgenden dargestellt, wie dessen Bestimmung unter Berücksichtigung der Besonderheiten von KMU vorgenommen werden kann. Dabei wird zunächst der Fall eines vollständig mit Eigenkapital finanzierten Investitionsprojekts betrachtet. Die Vorgehensweise wird durchgehend anhand eines Beispiels verdeutlicht. Vor dem oben skizzierten Hintergrund ist es dabei insbesondere wichtig, möglichst exakte kapi-

---

4 Vgl. Ross et al. (2016), S. 135–157. Zu den dynamischen Methoden gehört ebenfalls der in letzter Zeit stark diskutierte Realoptionsansatz. Dieser stellt im Kern ebenfalls einen Barwertansatz dar und soll eine methodisch korrekte Bewertung von zukünftigen Handlungsspielräumen ermöglichen. Vgl. zu diesem Ansatz ausführlich Muche (2007a).
5 Vgl. dazu und zu weiteren Vorteilen Brealey/Myers/Allen (2014), S. 24 und S. 105–108 und Ross et al. (2016), S. 136–138. Es wird davon ausgegangen, dass kein beschränktes Kapitalbudget vorliegt. Im Fall eines beschränkten Kapitalbudgets kann der Kapitalwert nur mit Einschränkungen angewendet werden. Vgl. dazu z. B. Brealey/Myers/Allen (2014), S. 119–122 und Perridon/Steiner (2012), S. 95–107.
6 Es stellt sich die Frage, ob das Ergebnis der Fisher-Separation für KMU überhaupt relevant ist, die z. B. nur von einem Anteilseigner geführt werden. Dieser Anteilseigner könnte Investitionsentscheidungen grundsätzlich immer unter Berücksichtigung seiner zukünftigen Konsumpläne treffen. Allerdings ist es auch in dieser Situation vorteilhaft, durch den Kapitalwert eine Komplexitätsreduktion bei Investitionsentscheidungen zu erreichen. Des Weiteren ist die Kenntnis des heutigen Marktwertes z. B. bei Kauf-/Verkaufsentscheidungen von Unternehmen/Unternehmensteilen relevant, zu deren Ermittlung der Barwert herangezogen werden kann.
7 Vgl. dazu Muche (2000), S. 24–39 m. w. N.

talmarktorientierte Eigenkapitalkosten zu ermitteln, damit der ermittelte Kapitalwert mindestens eine gute Annäherung an den Marktwert des Investitionsprojekts darstellt.

Zur Ermittlung des Kapitalwertes wird von am Ende des Jahres anfallenden erwarteten Zahlungen Z_t ausgegangen, die vom Zeitpunkt $t = 1$ bis zum Ende des Planungszeitraums $t = T$ anfallen. Die Diskontierung der Zahlungen Z_t mit den Eigenkapitalkosten r resultiert im Barwert des Projekts im Zeitpunkt $t = 0$, B_0. Zur Durchführung des Investitionsprojekts ist im Zeitpunkt $t = 0$ die Investitionsauszahlung I_0 erforderlich, die durch Abzug vom Barwert B_0 den Kapitalwert C_0 ergibt:[8]

$$C_0 = -I_0 + B_0$$

$$C_0 = -I_0 + \sum_{t=1}^{T} \frac{Z_t}{(1+r)^t}$$

Zur Ermittlung des Kapitalwertes C_0 sind zunächst die mit dem Investitionsprojekt erzielbaren erwarteten und an die Anteilseigner ausschüttbaren Zahlungen Z_t zu schätzen. In Anknüpfung an das Rechnungswesen des Unternehmens können diese Zahlungen mit den freien Cashflows gleichgesetzt werden, die nach der Durchführung von Investitionen im Unternehmen für Ausschüttungen an die Anteilseigner zur Verfügung stehen.[9]

Beispiel

Ein KMU in der Rechtsform einer GmbH ist als Automobilzulieferer hauptsächlich für die Volkswagen AG tätig. Der geschäftsführende Gesellschafter hat den größten Teil seines Vermögens in das Unternehmen investiert und hält 100 % der GmbH-Anteile. Das Unternehmen plant eine Rationalisierungsinvestition, die aufgrund schnellerer Durchlaufzeiten auch eine Umsatzausweitung ermöglichen soll. Das Unternehmen hat eine Planung mit dem und ohne das Investitionsprojekt erstellt (siehe Anhang). Das Investitionsprojekt ist zunächst so geplant worden, als würde die Investitionsauszahlung vollständig mit Eigenkapital finanziert werden. Der relevante Zahlungsstrom (= freier Cashflow) des Investitionsprojekts ergibt sich dann aus der Differenz der freien Cashflows beider Planungen (01.01.2015: $t = 0$; 31.12.2015: $t = 1$ usw.) (vgl. Tab. 49).

Grundsätzlich ist für den Großteil von Investitionsprojekten davon auszugehen, dass die zukünftigen freien Cashflows Unsicherheiten unterliegen. Die aus dem Investitionsprojekt ermittelten freien Cashflows stellen somit Erwartungswerte dar, die die zukünftigen Wahrscheinlichkeitsverteilungen auf einen eindimensionalen Wert verdichten.

---

8 Zur Notationsvereinfachung werden hier und im Folgenden keine Erwartungswertoperatoren verwendet.

9 Vgl. zur Ermittlung des freien Cashflows z. B. Coenenberg/Haller/Schultze (2016), S. 796–806 und S. 1101–1102.

Tab. 49: Zahlungsstrom des Investitionsprojekts[10].

	Jahr					
	01.01.2015	31.12.2015	2016	2017	2018	2019
Freier Cashflow Tausend €	-2.500,00	618,99	749,24	920,05	1.011,95	1.198,16

Soll nun auf Basis dieser unsicheren freien Cashflows ein im Sinne von Marktwerten korrekter Kapitalwert ermittelt werden, ist die Kenntnis der dem Risiko der Investition entsprechenden Eigenkapitalkosten erforderlich (sogenannte Risikoäquivalenz). Die Eigenkapitalkosten entsprechen der erwarteten Verzinsung, die die Anteilseigner bei Investition in eine risikoäquivalente Alternative erzielen könnten. Risikoäquivalenz bedeutet dabei, dass die Zahlungen aus der Investition und der Alternative vollständig korrelieren, d. h., dass die Zahlungen aus Alternative und Investition sich in jedem zukünftigen Umweltzustand in die gleiche Richtung entwickeln (perfekt korrelierende Alternative).[11]

Zur Ermittlung von kapitalmarktorientierten und risikoäquivalenten Eigenkapitalkosten (Zins der perfekt korrelierenden Alternative) müssen die Kapitalmarktpreise dieser Alternative im Bewertungszeitpunkt bekannt sein. Diese Kapitalmarktpreise zu finden, dürfte nur für den Ausnahmefall möglich sein, wo ein identisches Investitionsprojekt im Rahmen eines kapitalmarktnotierten Unternehmens finanziert wird oder wurde. Im Allgemeinen muss zur Bestimmung von kapitalmarktorientierten und risikoäquivalenten Eigenkapitalkosten auf Hilfslösungen zurückgegriffen werden, die im Folgenden kurz umrissen und nachfolgend anhand von Beispieldaten erläutert werden.

Im einfachsten Fall liegt ein Unternehmen vor, dessen Marktwert am Kapitalmarkt beobachtet werden kann (Börsennotierung[12]) und bei dem das Risiko des durchzuführenden Investitionsprojekts dem Risiko des Unternehmens entspricht. In diesem Fall können die Kapitalmarktdaten des Unternehmens zur Schätzung der Eigenkapitalkosten verwendet werden (Fall a). Ein weiterer Fall ist dadurch gekennzeichnet, dass entweder keine Börsennotierung vorliegt oder aber das Risiko des Investitionsprojekts nicht dem Risiko des Unternehmens entspricht. In dieser Situation ist zur Ermittlung von kapitalmarktorientierten Eigenkapitalkosten ein Rückgriff auf die Kapitalmarktdaten eines börsennotierten Unternehmens notwendig, dessen Risiko dem des Investitionsprojekts entspricht (Fall b). Für den Fall, dass keine Kapitalmarktdaten entsprechend dem Risiko des Investitionsprojekts erhoben werden können, kann als Hilfslösung ein Rückgriff auf Rechnungswesendaten erfolgen (Fall c), deren Kapital-

---

10 Quelle: eigene Darstellung.
11 Vgl. Copeland/Weston (1992), S. 473–474.
12 Im Ausnahmefall können Marktwerte auch ohne Börsennotierung beobachtet werden, z. B. wenn Unternehmensanteile häufig ge- und verkauft wurden.

Diversifizierter Anteilseigner		
Fall a)	**Fall b)**	**Fall c)**
Börsennotiert und Risiko entspricht Unternehmensrisiko	Keine Börsennotierung und/oder Risiko entspricht nicht Unternehmensrisiko	Keine Kapital-marktdaten
Kapitalmarktdaten Unternehmen	Kapitalmarktdaten von Unternehmen mit vergleichbarem Risiko	Rechnungs-wesendaten
Nicht diversifizierter Anteilseigner		

Abb. 45: Fallkonstellationen zur Ermittlung der Eigenkapitalkosten[13].

marktbezug zumindest näherungsweise über die Verwendung von Kapitalmarktmodellen sichergestellt wird. Können auch über diesen Ansatz keine Eigenkapitalkosten geschätzt werden, bliebe grundsätzlich nur noch die rein subjektive Schätzung der Eigenkapitalkosten. Dieser Fall soll hier nicht behandelt werden, da ausschließlich die Ansätze im Mittelpunkt stehen, die wie die Fälle a bis c eine grundsätzliche Kapitalmarktbezogenheit und Nachprüfbarkeit aufweisen.

Bei den Fällen a bis c ist bei der Ableitung der Eigenkapitalkosten weiterhin relevant, welchen Diversifizierungsgrad die Anteilseigner des Unternehmens aufweisen, das das Investitionsprojekt durchführt. Hierzu sollen die Fälle „diversifizierter Anteilseigner" (Anteilseigner hält neben den Unternehmensanteilen noch viele weitere Anlagen) und „nicht diversifizierter Anteilseigner" (Anteilseigner hält nur die Unternehmensanteile als Anlage) betrachtet werden. Abbildung 45 fasst die im Folgenden im Detail betrachteten Fälle zur Bestimmung der Eigenkapitalkosten zusammen.

KMU sind in den wenigsten Fällen börsennotiert[14], sodass die Fälle b und c für KMU die Hauptanwendungsfälle zur Schätzung der Eigenkapitalkosten darstellen. Der Fall a wird trotz dieser Einschränkung im Folgenden ausführlich dargestellt, da das Vorgehen im Fall a für die Fälle b und c ebenfalls relevant ist.

2.2 Investitionsrisiko entspricht dem des kapitalmarktnotierten Unternehmens – Fall a

In diesem Fall kann auf die Kapitalmarktbewertung des Unternehmens zur Ermittlung der Eigenkapitalkosten zurückgegriffen werden, zu deren Schätzung im Wesentlichen die folgenden Ansätze vorgeschlagen werden:[15]

---

13 Quelle: eigene Darstellung.
14 Die wenigsten KMU sind in der Rechtsform einer AG oder KGaA organisiert, sodass schon die Voraussetzung für eine Börsennotierung nicht gegeben ist. Vgl. Statistisches Bundesamt (2016), Abschnitt 3.2.
15 Vgl. Graham/Harvey (2001), S. 201–205.

1. Barwertmethode
2. unternehmensbezogene Renditen aus historischen Aktienkursen
3. Kapitalmarktmodelle

Dividendenbarwertmodell

Im Rahmen der Barwertmodelle wird schwerpunktmäßig das Dividendenbarwertmodell zur Schätzung von Eigenkapitalkosten verwendet.[16] Im Dividendenbarwertmodell wird davon ausgegangen, dass der heutige ($t = 0$) Aktienkurs S_0 den mit den Eigenkapitalkosten r diskontierten zukünftigen Dividenden entspricht. Wird das Modell einer ewigen Rente mit Wachstum g zugrunde gelegt, resultiert auf Basis der Dividendenschätzung für das nächste Jahr ($t = 1$), Div_1 der folgende Aktienkurs S_0:[17]

$$S_0 = \frac{Div_1}{r - g}$$

Liegen der Aktienkurs S_0, die Dividende Div_1 und das Wachstum g vor, können die Eigenkapitalkosten wie folgt ermittelt werden:

$$r = \frac{Div_1}{S_0} + g$$

Beispiel

Der Aktienkurs der Stammaktie der Volkswagen AG[18] zum 02.01.2014 ($t = 0$, Schlusskurs im XETRA-Handel) beträgt 185,56 € (S_0).[19] Die für das Geschäftsjahr 2014 auszuschüttende Dividende beträgt pro Stammaktie 4,80 €, die mit der Dividende Div_1

---

16 Vgl. Graham/Harvey (2001), S. 203. Neben Dividenden können z. B. auch freie Cashflows verwendet werden. Zudem gibt es Vorschläge, die Eigenkapitalkosten aus den Preisen von Optionen und anderen Derivaten zu schätzen; vgl. Husmann/Stephan (2007); Buss/Vilkov (2012); Chang et al. (2012). Dies erfordert neben einer Kapitalmarktnotierung der Aktien zusätzlich einen liquiden Markt für Derivate mit der Aktie als Basisinstrument, welcher für die wenigsten Unternehmen vorliegen dürfte. Die ebenfalls alternativ vorgeschlagenen wahrscheinlichkeitsbasierten Ansätze versuchen dagegen die Eigenkapitalkosten mithilfe von Ausfallwahrscheinlichkeiten und vergleichbaren Größen zu schätzen, indem die Eigenkapitalgeber gleich den Fremdkapitalgebern betrachtet werden; vgl. Cheung (1999); Beltram et al. (2014). Eine Schätzung derartiger Größen bereitet jedoch bei den meisten Unternehmen ebenfalls große Schwierigkeiten.
17 Vgl. zum Dividendenbarwertmodell z. B. Ross et al. (2016), S. 273–283 und S. 407–409.
18 Es wurde die Volkswagen AG gewählt, um deren Kapitalmarktdaten auf das Beispielprojekt des KMU übertragen zu können.
19 Abweichend von den im Folgenden dargestellten Ansätzen muss auf eine verkürzte Zeitreihe zurückgegriffen werden. Die für das Geschäftsjahr 2015 auszuschüttende Dividende von 0,11 € wird als Zeitreihenausreißer angesehen und bleibt daher unberücksichtigt.

Tab. 50: Dividenden der Volkswagen AG[20].

	Jahr 1999	2000	2001	2002	2003	2004	2005	2006	2007	2008
Dividende	0,77	1,20	1,30	1,30	1,05	1,05	1,15	1,25	1,80	1,93
Wachstum %[a]		55,84	8,33	0,00	−19,23	0,00	9,52	8,70	44,0	7,22

[a](Dividende Jahr − Dividende Vorjahr)/Dividende Vorjahr

	Jahr 2009	2010	2011	2012	2013	2014	Mittelwert
Dividende	1,60	2,20	3,00	3,50	4,00	4,80	
Wachstum %	−17,10	37,50	36,36	16,67	14,29	20,00	$g = 14{,}81$

gleichgesetzt wird. Das erwartete Wachstum g der Dividenden wird auf Basis der seit 1999 ausgeschütteten Dividenden geschätzt (vgl. Tab. 50):[21]

$$r = \frac{4,80}{185,56} + 0,1481 = 17,40\,\%$$

Mit den ermittelten Eigenkapitalkosten von $r = 17{,}40\,\%$ pro Jahr[22] könnte die Volkswagen AG die Investitionsprojekte bewerten, die ein zum Unternehmen vergleichbares Risiko aufweisen.[23] Der Vorteil des Dividendenbarwertmodells ist in dessen Zukunftsbezug zu sehen, da die aktuellen Markterwartungen im Bewertungszeitpunkt einbezogen werden. Dieser Einbezug von aktuellen Markterwartungen ist aber zugleich nachteilig, da kurzfristig schwankende Aktienkurse zu schwankenden Eigenkapitalkosten führen und somit grundsätzlich keine stabilen Eigenkapitalkosten für die langfristig orientierte Investitionsbewertung ableitbar sind.

---

20 Quelle: eigene Darstellung.

21 Vgl. die unter https://www.volkswagenag.com/de/InvestorRelations/news-and-publications.html verfügbaren Konzernabschlüsse der Volkswagen AG ab dem Jahr 2000 und die über http://deutsche-boerse.com verfügbaren Aktienkurse.

22 Die im Folgenden verwendeten Zinssätze stellen grundsätzlich Jahreswerte dar, sodass eine Kennzeichnung nur erfolgt, wenn von diesem Grundsatz abgewichen wird.

23 Das Risiko setzt sich aus dem Investitionsrisiko und dem Finanzierungsrisiko zusammen. Die ermittelten Eigenkapitalkosten enthalten das Investitionsrisiko und das Finanzierungsrisiko für die gesamte Volkswagen AG. Die ermittelten Eigenkapitalkosten können nur dann auf die Bewertung des Investitionsprojekts angewandt werden, wenn auch das Finanzierungsrisiko des Investitionsprojekts dem des Unternehmens entspricht. Andernfalls müssen die Eigenkapitalkosten an ein geändertes Finanzierungsrisiko angepasst werden. In der weiteren Darstellung wird gezeigt, wie im Rahmen des CAPM die Anpassung der Eigenkapitalkosten an ein geändertes Finanzierungsrisiko erfolgen kann.

Historische Rendite

Mit der unternehmensbezogenen Ermittlung von Renditen aus historischen Aktien-kursen wird – wenn vorhanden – auf längere Zeitreihen zurückgegriffen und somit ei-ne stabilere Schätzung von Eigenkapitalkosten möglich. Dazu ist für die gesamte Zeit-reihe unter Einbezug von Dividendenzahlungen zunächst jeweils die Rendite von zwei aufeinanderfolgenden Aktienkursen zu ermitteln. Zur Bestimmung einer Gesamtren-dite für den gesamten Zeitraum der Zeitreihe sind die resultierenden Einzelrenditen zu aggregieren. Diese Renditeaggregation kann arithmetisch oder geometrisch erfol-gen. Die arithmetische Rendite ist als Schätzer für eine zukünftige Rendite geeigneter, und daher der Ermittlung von Eigenkapitalkosten zugrunde zu legen.[24]

Beispiel

Für die Stammaktie der Volkswagen AG werden in Tab. 51 die monatlichen Schlusskur-se von Jahresbeginn 2015 bis 1999 (früheste verfügbare Werte) der Renditeermittlung zugrunde gelegt.

Tab. 51: Schlusskurse und Renditen der Volkswagen AG[25].

Monat	Aktienkurs (€)	Rendite (%)	Nummer
02.01.2015	174,11	−2,39[a]	188
01.12.2014	178,37	6,89	187
03.11.2014	166,87	6,96	186
...	...	...	...
01.07.1999	44,42	5,25	2
01.06.1999	42,21	−6,94	1
03.05.1999	45,36	−	−

[a] (174,11 − 178,37)/178,37.

Die resultierenden monatlichen Renditen in Tab. 51 werden durch einfache Mittelwert-bildung zur arithmetischen Rendite aggregiert, die einen monatlichen Schätzwert für die Eigenkapitalkosten darstellt und mit der Anzahl der Monate pro Jahr in jährliche Eigenkapitalkosten überführt wird:

$$r_{\text{Monat}} = \frac{1}{188} \cdot ((-0{,}0239) + 0{,}0689 + 0{,}0696 + \ldots + 0{,}0525 + (-0{,}0694)) = 1{,}37\,\%$$

$$r = r_{\text{Monat}} \cdot 12 = 0{,}0137 \cdot 12 = 16{,}44\,\%$$

---

24 Vgl. Brealey/Myers/Allen (2014), S. 162–163. Siehe weiterführend Cooper (1996).
25 Quelle: eigene Darstellung.

Analog zum Dividendenbarwertmodell könnte die Volkswagen AG die Eigenkapital-kosten von $r = 16,44\,\%$ für die Bewertung von Investitionsprojekten verwenden, die ein zum Unternehmen vergleichbares Risiko aufweisen.[26]

Mit dem Dividendenbarwertmodell und der Schätzung historischer Renditen wer-den die Eigenkapitalkosten über eine Einzelbetrachtung des Unternehmens ermittelt. Diese Ansätze erlauben daher keine Aussage darüber, was eine im Verhältnis zu an-deren Kapitalmarkttiteln faire Rendite (= Eigenkapitalkosten) wäre. Des Weiteren er-lauben diese Ansätze keine Aussage darüber, ob die ermittelten Eigenkapitalkosten für einen diversifizierten oder nicht diversifizierten Anteilseigner relevant sind, da die Aktienkurse des Unternehmens über Angebots- und Nachfrageprozesse von di-versifizierten und/oder nicht diversifizierten Anlegern beeinflusst werden. Aussagen hinsichtlich für ein gegebenes Risiko fairen Eigenkapitalkosten sowie zur Höhe der Eigenkapitalkosten für diversifizierte und nicht diversifizierte Anteilseigner können auf Basis von Kapitalmarktmodellen abgeleitet werden, die im Folgenden dargestellt werden.

Kapitalmarktmodelle

Kapitalmarktmodelle können in empirische Kapitalmarktmodelle und Kapitalmarkt-gleichgewichtsmodelle unterschieden werden.[27] Den wichtigsten Vertreter der Kapi-talmarktgleichgewichtsmodelle stellt das Capital Asset Pricing Model (CAPM) dar.[28] Im Rahmen des CAPM wird die Annahme getroffen, dass alle Kapitalmarktteilneh-mer das aus sehr vielen Anlagen bestehende sogenannte Marktportfolio halten. Da die Kapitalmarktteilnehmer damit einen sehr hohen Diversifizierungsgrad (hohe Risiko-streuung) aufweisen, werden diversifizierbare (sogenannte unsystematische) Risiken nicht entlohnt, sondern der Anleger erhält nur für die Übernahme sogenannter syste-matischer Risiken eine Risikoprämie auf den risikolosen Zins r_f. Die Risikoprämie für ein einzelnes Wertpapier ermittelt sich aus dem Produkt der Risikoprämie des Marktes und dem Beta β des einzelnen Wertpapiers. Die Risikoprämie des Marktes entspricht der Differenz aus erwarteter Rendite des Marktportfolios r_M und risikolosem Zins r_f. Insgesamt ergibt sich die folgende Bestimmung der Eigenkapitalkosten r (Wertpapier-linie, security market line):

$$r = r_f + (r_M - r_f) \cdot \beta$$

Die Ableitung des CAPM in seiner Standardform erfolgt als Ein-Perioden-Modell auf Basis der zukünftigen Wahrscheinlichkeitsverteilungen für die Renditen und Preise

---

26 Siehe aber die Anmerkung in Fußnote 23.
27 Vgl. Ross et al. (2016), S. 386–387.
28 Vgl. ausführlich zum CAPM z. B. Brealey/Myers/Allen (2014), S. 190–204 und Perridon/Steiner (2012), S. 271–288.

der verschiedenen Anlagen. Da diese zukünftigen Wahrscheinlichkeitsverteilungen nicht am Kapitalmarkt beobachtet werden können, muss zur Anwendung des CAPM auf historische Kapitalmarktdaten zurückgegriffen werden.

Beispiel

Zur Schätzung der Eigenkapitalkosten mit dem CAPM für die Volkswagen AG werden die folgenden Kapitalmarktdaten verwendet:
- Der risikolose Zins r_f wird über die Umlaufrendite von Anleihen der Bundesrepublik Deutschland approximiert, die kein Ausfallrisiko (Standard & Poors Rating AAA), sondern nur ein Zinsänderungsrisiko aufweisen. Zum 02.01.2015 ergibt sich $r_f = 0,48\,\%$.
- Das Marktportfolio wird mit dem CDAX-Performance-Index[29] (CDAX) approximiert, da sich dieser aus sehr vielen Einzelwerten zusammensetzt und damit den Anforderungen an das Marktportfolio nahekommt. Für eine möglichst stabile Schätzung der erwarteten Rendite r_M werden die monatlichen Schlusskurse des CDAX von 1996 bis Jahresbeginn 2015 verwendet (Tab. 52). Die arithmetische Renditeschätzung ergibt für $r_M = 9,50\,\%$.

Tab. 52: Schlusskurse und Renditen für den CDAX[30].

Monat	CDAX	Rendite (%)	Nummer
02.01.2015	876,68	−1,49	220
01.12.2014	889,93	7,38	219
03.11.2014	828,77	−0,92	218
...	...	...	...
01.11.1996	249,03	0,55	2
01.10.1996	247,66	3,98	1
02.09.1996	238,17	–	

- Das Beta β ist als Verhältnis der Kovarianz des einzelnen Wertpapiers, $\text{Cov}(r_M, r)$ zur Varianz des Marktportfolios, $\text{Var}(r_M)$ zu ermitteln: $\beta = \frac{\text{Cov}(r_M, r)}{\text{Var}(r_M)}$. Die Beta-Schätzung wird auf Basis der monatlichen Renditen für die Volkswagen AG

---

29 Ein Performance-Index erfasst neben den Aktienkursen auch die Reinvestition von Dividenden und sonstigen Zahlungen (aus den zugrunde liegenden Aktien) und ermöglicht damit die Ermittlung einer Gesamtrendite ausschließlich auf Basis der Indexstände.
30 Quelle: eigene Darstellung.

(Tab. 51) und der monatlichen Renditen des CDAX (Tab. 52) für 1999 bis 2015 vorgenommen und ergibt $\beta = 0,61$.

Insgesamt ergeben sich die folgenden Eigenkapitalkosten für die Volkswagen AG:

$$r = 0,0048 + (0,0950 - 0,0048) \cdot 0,61 = 5,98\%$$

Für den Fall, dass die Anteilseigner der Volkswagen AG eine hohe Diversifizierung aufweisen, können mit den Eigenkapitalkosten von $r = 5,98\%$ die Investitionsprojekte bewertet werden, die ein zur Volkswagen AG vergleichbares Risiko aufweisen.[31]

Ein weiteres Kapitalmarktgleichgewichtsmodell stellt die Arbitrage Pricing Theory (APT) dar.[32] Im Gegensatz zum CAPM wird die erwartete Rendite einer Anlage nicht nur aufgrund des Betafaktors, sondern aufgrund mehrerer Faktoren erklärt (Multi-Faktor-Modell).[33] Mit der APT sind keine Aussagen dazu ableitbar, welche Faktoren für die erwartete Rendite bestimmend sind, sodass die APT schwieriger als das CAPM zu implementieren ist. Neben den Kapitalmarktgleichgewichtsmodellen existieren empirische Kapitalmarktmodelle, die versuchen mithilfe von statistischen Verfahren die für die Rendite von Anlagen relevanten Faktoren zu identifizieren.[34] Diese Modelle und die APT haben sich zurzeit nicht gegenüber dem CAPM durchgesetzt, sodass im Folgenden nur das CAPM weiter betrachtet wird.[35]

Eine der Kernannahmen des CAPM beinhaltet, dass die Kapitalmarktteilnehmer Anteile des aus sehr vielen Anlagen bestehenden Marktportfolios halten und damit sehr stark diversifiziert sind. Damit sind die mit dem CAPM geschätzten Eigenkapitalkosten auf nicht diversifizierte Anteilseigner nicht anwendbar. Dieser Fall ist gerade für KMU bedeutend, wo die Anteilseigner häufig große Teile ihres Vermögens ausschließlich in das eigene Unternehmen investieren.

Zur Schätzung von Eigenkapitalkosten für einen nicht diversifizierten Anteilseigner kann auf das Modell der Kapitalmarktlinie (Capital Market Line) zurückgegriffen werden, dass auch die Grundlage des CAPM bildet.[36] Im Rahmen des Modells der Kapitalmarktlinie wird davon ausgegangen, dass die Kapitalmarktteilnehmer ihr Vermögen in das Marktportfolio und die risikolose Anlage mit Zins r_f investieren können sowie zusätzlich zu diesem Vermögen durch Verschuldung zu r_f eine Investition in das Marktportfolio vornehmen können. Die Kapitalmarktlinie repräsentiert dann alle möglichen Portfolios, die aus Anlage oder Verschuldung zu r_f und dem Marktportfolio gebildet werden können. Diese Portfolios weisen die Eigenschaft auf, dass zu ihrer je-

---

31 Siehe aber die Anmerkung in Fußnote 23.

32 Vgl. Ross et al. (2016), S. 374–386.

33 Das CAPM wird deshalb auch als Spezialfall der APT mit nur einem Faktor interpretiert. Vgl. Copeland/Weston (1992), S. 222.

34 Vgl. zu einem Überblick der verschiedenen Modelle Bodie/Kane/Marcus (2014), S. 414–441.

35 Vgl. Balz/Bordemann (2007), S. 738; Britzelmaier et al. (2013), S. 8 mit weiteren Quellen.

36 Vgl. zur Kapitalmarktlinie z. B. Perridon/Steiner (2012), S. 271–275.

weiligen Standardabweichung σ kein Portfolio eine höhere erwartete Rendite aufweist (sogenannte effiziente Portfolios). Im Kapitalmarktgleichgewicht gilt dann für die erwartete Rendite r eines Portfolios mit der Standardabweichung σ in Abhängigkeit der Standardabweichung σ_M und der erwarteten Rendite r_M des Marktportfolios:

$$r = r_f + (r_M - r_f) \cdot \frac{\sigma}{\sigma_M}$$

Die Kapitalmarktlinie bietet die Möglichkeit, unter Rückgriff auf das mit der Standardabweichung gemessene systematische und nicht systematische Risiko des Investitionsprojekts die Eigenkapitalkosten r für einen nicht diversifizierten Anteilseigner zu schätzen.[37]

Beispiel

Für die monatlichen Renditen der Volkswagen AG in Tab. 51 ermittelt sich eine Standardabweichung der Stichprobe von $\sigma = 11{,}16\,\%$. Für den als Approximation für das Marktportfolio verwendeten CDAX ergibt sich die Standardabweichung der Stichprobe mit $\sigma_M = 6{,}24\,\%$. Unter Verwendung von $r_f = 0{,}48\,\%$ und $r_M = 9{,}50\,\%$ wie im Beispiel zum CAPM resultieren folgende Eigenkapitalkosten r:

$$r = 0{,}0048 + (0{,}095 - 0{,}0048) \cdot \frac{0{,}1116}{0{,}0624} = 16{,}61\,\%$$

Mit den Eigenkapitalkosten von $r = 16{,}61\,\%$ kann die Volkswagen AG Investitionsprojekte mit einem zum Unternehmen vergleichbaren Risiko bewerten, wenn die Anteilseigner nicht diversifiziert sind.[38]

Für den Fall a wurden verschiedene Methoden vorgestellt, wie die Eigenkapitalkosten auf der Basis von Kapitalmarktdaten geschätzt werden können. Aufgrund ihrer theoretischen Fundierung und der Möglichkeit, einen fairen Renditeanspruch im Verhältnis zu anderen Anlagen zu ermitteln, ist – trotz in der Realität nur näherungsweise erfüllter Modellannahmen – je nach Diversifizierungsgrad die Anwendung des CAPM oder der Kapitalmarktlinie zur Ermittlung von Eigenkapitalkosten zu empfehlen.[39] Diese Empfehlung gilt grundsätzlich auch für den eher selten auftretenden Fall von börsennotierten KMU. Voraussetzung ist, dass für die Aktien des KMU auch ein entsprechend liquider Börsenhandel stattfindet, da die Aktienkurse sonst im Verhältnis zum Markt nicht aussagefähig sind. Sollte für das börsennotierte KMU kein entsprechend liquider Börsenhandel vorliegen, sollte zur Ermittlung

---

37 Vgl. dazu auch m. w. N. Balz/Bordemann (2007), S. 737 und Kratz/Wangler (2005).

38 Siehe aber die Anmerkung in Fußnote 23. Neben den Fällen diversifizierter Anteilseigner und nicht diversifizierter Anteilseigner sind verschiedene Zwischenstufen vorstellbar. Siehe zur Ableitung von Eigenkapitalkosten auch für diese Fälle Kerins/Smith/Smith (2004).

39 Siehe zu einer Diskussion der Annahmen z. B. Muche (2000), S. 35–51 m. w. N.

von Eigenkapitalkosten besser ein Rückgriff auf die Kapitalmarktbewertung von Vergleichsunternehmen erfolgen (Pure Play Approach[40]), wie dies im Folgenden für den Fall b dargestellt wird.

2.3 Verwendung von Kapitalmarktdaten von Vergleichsunternehmen – Fall b

Im oben dargestellten Ausgangsbeispiel will ein nicht börsennotiertes KMU eine Rationalisierungsinvestition durchführen. Da das KMU als Automobilzulieferer hauptsächlich für die Volkswagen AG tätig ist, kann die Annahme getroffen werden, dass das Investitionsrisiko des KMU und der Rationalisierungsinvestition dem Investitionsrisiko der Volkswagen AG entspricht. Die für die Volkswagen AG ermittelten Eigenkapitalkosten können jedoch nicht unmittelbar auf die Bewertung des Investitionsprojekts angewandt werden, da diese Eigenkapitalkosten das gesamte Risiko der Volkswagen AG widerspiegeln, das sich aus dem Investitionsrisiko und dem Finanzierungsrisiko der Volkswagen AG zusammensetzt. Zur Anwendung der Eigenkapitalkosten der Volkswagen AG auf die Bewertung des Investitionsprojekts sind diese Eigenkapitalkosten deshalb an das Finanzierungsrisiko des Investitionsprojekts anzupassen.

Im Rahmen der Schätzung der Eigenkapitalkosten mit dem CAPM kann diese Anpassung erfolgen, indem aus dem Betafaktor des Vergleichsunternehmens zunächst ein sogenanntes unverschuldetes Beta β_u (unlevered beta) ermittelt wird, das nur noch das Investitionsrisiko des Vergleichsunternehmens beinhaltet. Dieses unverschuldete Beta ist anschließend an das Finanzierungsrisiko des Investitionsprojekts anzupassen (relevered beta).

Das unverschuldete Beta β_u ist unter Zugrundelegung des Marktwertes des Eigenkapitals E, des Marktwertes des verzinslichen Fremdkapitals F und des Unternehmenssteuersatzes s des Vergleichsunternehmens folgendermaßen ermittelbar:[41]

$$\beta = \beta_u \left(1 + (1 - s) \cdot \frac{F}{E} \right)$$

$$\Leftrightarrow \quad \beta_u = \frac{\beta}{1 + (1 - s) \cdot \frac{F}{E}}$$

---

40 Vgl. auch Damodaran (2001), S. 239.
41 Vgl. Copeland/Weston/Shastri (2014), S. 541–542. Die Ableitung erfolgt unter der Annahme, dass die Unternehmenssteuerersparnisse aufgrund der Finanzierung mit Fremdkapital mit Sicherheit realisiert werden können. Das hat letztlich und grundsätzlich zur Konsequenz, dass in jedem zukünftigen Umweltzustand die Unternehmenssteuerbemessungsgrundlagen mindestens den Fremdkapitalzinsaufwendungen entsprechen. Können die Unternehmenssteuerersparnisse aufgrund der Finanzierung mit Fremdkapital nur mit Unsicherheit erwartet werden, gilt $\beta = \beta_u \cdot \left(1 + \frac{F}{E} \right)$. Vgl. dazu Taggart (1991).

Beispiel

Das unverschuldete Beta wird unter Verwendung der Konzern-Jahresabschlussdaten für die Volkswagen AG zum 31.12.2014 ermittelt. Der Unternehmenssteuersatz der Volkswagen AG beträgt $s = 30\,\%$.[42] Der Marktwert des verzinslichen Fremdkapitals (kurz- und langfristige Finanzschulden) beläuft sich auf 133,98 Mrd. €. Der Marktwert des Eigenkapitals wird aus der Kapitalmarktbewertung der Stamm- und Vorzugsaktien zum 31.12.2014 ermittelt (vgl. Tab. 53):

Tab. 53: Marktwert des Eigenkapitals der Volkswagen AG[43].

	Stammaktien	Vorzugsaktien	Summe
Aktienkurs (€)	180,100	184,65	
Aktienanzahl (Tsd. Stück)	295.090	180.641	
Marktwert Eigenkapital (Mrd. €)	53,150	33,36	86,51

Aus dem verschuldeten Beta $\beta = 0{,}61$ ergeben sich das unverschuldete Beta β_u und die Eigenkapitalkosten r, die dann nur noch das Investitionsrisiko beinhalten:

$$\beta_u = \frac{0{,}61}{1 + (1 - 0{,}30) \cdot \frac{133{,}98}{86{,}51}} = 0{,}29$$

$$r = 0{,}0048 + (0{,}095 - 0{,}0048) \cdot 0{,}29 = 3{,}10\,\%$$

Mit den Eigenkapitalkosten $r = 3{,}10\,\%$ könnten Investitionsprojekte mit einem zur Volkswagen AG vergleichbaren Investitionsrisiko bewertet werden, die zudem vollständig mit Eigenkapital finanziert werden (kein zusätzliches Finanzierungsrisiko) und wo die Anteilseigner des durchführenden Unternehmens eine hohe Diversifikation aufweisen.

Sind die Anteilseigner des Unternehmens, das das Investitionsprojekt durchführt, nicht diversifiziert, ist auf die über die Kapitalmarktlinie geschätzten Eigenkapitalkosten zurückzugreifen. Wird der Faktor $\frac{\sigma}{\sigma_M}$ als Betafaktor β_{KML} der Kapitalmarktlinie interpretiert[44] und eine zum CAPM analoge Anpassung an die Verschuldung vorgenommen,[45] kann das unverschuldete Beta der Kapitalmarktlinie $\beta_{KML,u}$ wie folgt ermittelt werden:

$$\beta_{KML,u} = \frac{\beta_{KML}}{1 + (1 - s) \cdot \frac{F}{E}} \quad \text{mit } \beta_{KML} = \frac{\sigma}{\sigma_M}$$

---

42 Vgl. Volkswagen AG (2014), S. 112.
43 Quelle: eigene Darstellung.
44 Vgl. Damodaran (2001), S. 212, der dieses Beta als ‚Total Beta' bezeichnet.
45 Das bei Copeland/Weston/Shastri (2014), S. 541–542 beschriebene Vorgehen ist analog anzuwenden.

Beispiel

Die Ermittlung der unverschuldeten Eigenkapitalkosten für einen nicht diversifizierten Anteilseigner der Volkswagen AG erfolgt unter Rückgriff auf die Daten im Fall a zur Kapitalmarktlinie und unter Verwendung der Daten zur Ermittlung von β_u:

$$\beta_{KML,u} = \frac{1,79}{1 + (1 - 0,30) \cdot \frac{133,98}{86,51}} = 0,86 \quad \text{mit } \beta_{KML} = \frac{0,1116}{0,0624} = 1,79$$

$$r = 0,0048 + (0,095 - 0,0048) \cdot 0,86 = 8,24\%$$

Mit den Eigenkapitalkosten von $r = 8,24\%$ könnte grundsätzlich die Rationalisierungsinvestition des KMU im Ausgangsbeispiel bewertet werden, da

1. das Investitionsrisiko der Rationalisierungsinvestition mit dem der Volkswagen AG vergleichbar ist;
2. ein nicht diversifizierter Anteilseigner vorliegt;[46]
3. die Rationalisierungsinvestition vollständig mit Eigenkapital finanziert werden soll und deshalb die Eigenkapitalkosten ohne Berücksichtigung des Finanzierungsrisikos angesetzt werden können.

Es ist nun aber zusätzlich zu berücksichtigen, dass die Eigenkapitalkosten auf Basis der Kapitalmarkt- und Jahresabschlussdaten der Volkswagen AG ermittelt wurden, die im Verhältnis zum KMU ein sehr großes Unternehmen darstellt, das mit der Notierung im Aktienindex DAX gemessen an Orderbuchumsatz und Marktkapitalisierung zu den 30 größten deutschen Unternehmen gehört.[47] Neben der im Verhältnis zu Großunternehmen geringen Größe von KMU (sogenannte small firms) sind diese dadurch gekennzeichnet, dass

– diese meist von einem oder wenigen Anteilseigners geführt werden und
– die Anteile nicht breit gestreut sind, sondern meist wenigen Anteilseignern gehören.[48]

Das zuletzt genannte Charakteristikum hat zur Konsequenz, dass – selbst bei vorliegender Börsennotierung – die Anteile an einem KMU nicht leicht veräußerbar sind und somit kein liquider Handel in diesen Anteilen möglich ist (illiquidity).

Zu den Auswirkungen einer geringen Unternehmensgröße und einer geringen Liquidität auf die Höhe der Anlagerendite und damit der Eigenkapitalkosten wurden die

---

46 Der Anteilseigner des KMU im Ausgangsbeispiel hat den größten Teil seines Vermögens ausschließlich in seinem Unternehmen investiert.
47 Vgl. dazu die Informationen unter http://deutsche-boerse.com.
48 Vgl. Balz/Bordemann (2007), S. 740.

verschiedensten empirischen Untersuchungen durchgeführt. Die wesentlichen Ergebnisse dieser Untersuchungen können wie folgt zusammengefasst werden:[49]

- Die Aktienrenditen von kleinen Unternehmen können im Durchschnitt bis ca. 5 % über den Aktienrenditen von großen Unternehmen liegen, wobei die Aktienrenditen der kleinen Unternehmen auch eine höhere Standardabweichung aufweisen (small firm effect).
- Die Ursachen für die höheren Aktienrenditen von kleinen Unternehmen sind vielschichtig und nicht vollständig erklärbar. Zum Ersten sind kleine Unternehmen Risiken ausgesetzt, die größere Unternehmen leichter kompensieren können (z. B. Wegfall von Kunden, Lieferanten, Unternehmensführung, Kreditgebern). Zum Zweiten kann die geringere Liquidität zu Abschlägen in der Marktbewertung führen. Zum Dritten erfolgt die Berücksichtigung von für die Aktienkurse relevanten Informationen langsamer, sodass die Aktienkurse von kleinen Unternehmen relevante Informationen nur unzureichend widerspiegeln.
- Die Abschläge für eine geringe Liquidierbarkeit von Unternehmensanteilen belaufen sich auf ca. 25–40 % verglichen mit den Kapitalmarktpreisen für Unternehmensanteile mit einer hohen Liquidierbarkeit.

Zur Ermittlung von adäquaten Eigenkapitalkosten für KMU müssen die höheren Renditen von kleinen Unternehmen und der Liquiditätsabschlag berücksichtigt werden, da davon auszugehen ist, dass diese aufgrund der oben beschriebenen Merkmale von KMU auch für diese von Relevanz sind. Dabei ist es schwierig, beide Effekte in ihrer Renditeauswirkung zu trennen, da auch Liquiditätseffekte für den small firm effect eine Rolle spielen. Zur Anpassung der Eigenkapitalkosten an diese Effekte soll hier der pragmatische Ansatz gewählt werden, diese insgesamt aus der Kapitalmarktbewertung eines Portfolios abzuleiten, das den Eigenschaften von KMU möglichst nahekommt. Dieses Portfolio ist durch den SDAX-Aktienindex approximierbar, der am 21. Juni 1999 von der Deutschen Börse AG eingeführt wurde und eine repräsentative Auswahl aus 50 hinsichtlich des Umsatzes und der Marktkapitalisierung sogenannter Small Caps darstellt, die im sogenannten Prime Standard an der Frankfurter Wertpapierbörse gelistet sind.[50]

---

49 Vgl. Bodie/Kane/Marcus (2014) S. 310–313 und S. 433–434; Heaton (2007), Kim/Burnie (2002) und Moor/Sercu (2013) m. w. N. und Einzelheiten.
50 Vgl. dazu die Informationen unter http://deutsche-boerse.com. Alternativ könnte als Portfolio der German Entrepreneurial Index (GEX), der alle „eigentümerdominierten" Unternehmen enthält, verwendet werden. Im GEX sind allerdings auch größere Unternehmen enthalten, was die Repräsentativität für KMU einschränkt. Eine weitere – aber auch aufwendige – Alternative wäre es, ein repräsentatives Portfolio aus kleinen Unternehmen selbst zusammenzustellen. In der Praxis wird für die Bestimmung des small firm effect oft auf die jährlich für unterschiedliche Unternehmensgrößenklassen ermittelten Renditeunterschiede von Ibbotson Associates zurückgegriffen. Vgl. Ibbotson Associates (2013).

Zur Ermittlung eines etwaigen Zuschlags zu den Eigenkapitalkosten ist weiterhin zu bestimmen, zu welcher Größenklasse das Vergleichsunternehmen gehört,[51] dessen Kapitalmarktdaten für die bisherige Ableitung der Eigenkapitalkosten verwendet wurden. Ist dieses Vergleichsunternehmen mit dem KMU hinsichtlich der Unternehmensgröße grundsätzlich vergleichbar, muss eine Anpassung der Eigenkapitalkosten nicht vorgenommen werden. Im anderen Fall sind die Kapitalmarktdaten für ein Portfolio zu finden, dessen Unternehmen eine zum Vergleichsunternehmen entsprechende Unternehmensgröße aufweisen. Der Zuschlag zu den Eigenkapitalkosten ist aus der Differenz der Portfoliorenditen zu ermitteln.

Beispiel

Die als Vergleichsunternehmen zum KMU verwendete Volkswagen AG ist im DAX gelistet.[52] Da die Renditen des SDAX erst ab 1999 vorliegen, werden für den DAX und den SDAX[53] die arithmetischen Renditen auf Basis der monatlichen Schlusskurse ab 1999 bis Jahresbeginn 2015 ermittelt. Tabelle 54 gibt einen Ausschnitt dieser Datenbasis wieder.

Tab. 54: Schlusskurse und Renditen von DAX und SDAX[54].

Monat	DAX	Rendite (%)	SDAX	Rendite (%)	Nummer
02.01.2015	9.764,73	−2,00	7.251,03	3,24	186
01.12.2014	9.963,51	7,69	7.023,31	4,66	185
03.11.2014	9.251,70	−1,39	6.710,67	−1,47	184
...	...	...	...	...	...
01.09.1999	5.317,12	3,66	2.919,77	1,36	2
02.08.1999	5.129,50	−6,40	2.880,57	−1,79	1
01.07.1999	5.480,22	–	2.933,19	–	
Monatliche Rendite (%)		0,52		0,64	
Jährliche Rendite (%)		6,27		7,63	

---

[51] In den Untersuchungen zum small firm effect wird die Unternehmensgröße meist anhand der Marktkapitalisierung (Aktienanzahl·Aktienkurs) der Unternehmen beurteilt. Vgl. z. B. Bodie/Kane/Marcus (2014), S. 367. Für Unternehmen ohne Börsennotierung kann diese nicht bestimmt werden. Zur Beurteilung und zum Vergleich der Unternehmensgröße kann z. B. alternativ auf die Höhe der Umsatzerlöse zurückgegriffen werden. Vgl. z. B. Statistisches Bundesamt (2016).
[52] Vgl. dazu die Informationen unter http://deutsche-boerse.com.
[53] Es werden jeweils die Performance-Indizes verwendet.
[54] Quelle: eigene Darstellung.

Der sich aus Tab. 54 ergebende Renditeunterschied zwischen DAX und SDAX beläuft sich auf 1,36 %. Wird dieser Renditeunterschied zur Anpassung der Eigenkapitalkosten eines nicht diversifizierten Anteilseigners berücksichtigt, ergeben sich die folgenden Eigenkapitalkosten für das Investitionsprojekt des KMU:

$$r = 0,0824 + 0,0136 = 9,60\,\%$$

Mit den Eigenkapitalkosten von $r = 9,60\,\%$ können nun die an den Anteilseigner ausschüttbaren freien Cashflows aus Tab. 49 diskontiert werden:

$$C_0 = -2.500 + \frac{618,99}{1,0960} + \frac{749,24}{1,0960^2} + \frac{920,05}{1,0960^3} + \frac{1.011,95}{1,0960^4} + \frac{1.198,16}{1,0960^5}$$

$$= 846,31 \text{ Tausend } €$$

Aufgrund des positiven Kapitalwertes ist die Durchführung des vollständig eigenfinanzierten Investitionsprojekts aus finanzieller Sicht für den nicht diversifizierten Anteilseigner zu empfehlen, da mit diesem Investitionsprojekt die risikoäquivalente Alternativverzinsung (Eigenkapitalkosten) erreicht wird.

Die beschriebene kapitalmarktorientierte Ermittlung von Eigenkapitalkosten im Fall b ist vorzunehmen, wenn eine aussagefähige Kapitalmarktbewertung von einem oder mehreren Vergleichsunternehmen gefunden werden kann.[55] Liegt eine solche Kapitalmarktbewertung nicht vor, kann als Hilfslösung zur Ableitung von Eigenkapitalkosten auf Rechnungswesendaten zurückgegriffen werden (Accounting Beta Approach), die im Folgenden im Fall c dargestellt wird.

2.4 Verwendung von Rechnungswesendaten – Fall c

Zur Ermittlung von Eigenkapitalkosten auf Basis von Rechnungswesendaten analog zur Verwendung von Kapitalmarktdaten muss zunächst versucht werden, Aktienrenditen geeignet zu approximieren. Aktienrenditen stellen die Verzinsung für die Anteilseigner (Eigenkapitalgeber) dar, die sich auf Basis von Rechnungswesendaten und speziell des Jahresabschlusses über die Eigenkapitalrendite ermitteln lässt. Die Eigenkapitalrendite entspricht dem Verhältnis von Jahresüberschuss zu Eigenkapital.[56]

Für eine zu den im Fall a und b dargestellten und bevorzugten Kapitalmarktmodellen analoge Ermittlung von Eigenkapitalkosten ist zunächst die Kenntnis einer ausreichenden Zeitreihe von Eigenkapitalrenditen für das zu bewertende Investitionspro-

---

55 Die Darstellung erfolgte im Beispiel für ein identifiziertes Vergleichsunternehmen (Volkswagen AG). Für den Fall, dass die Kapitalmarktdaten von mehreren Vergleichsunternehmen vorliegen, können auch Durchschnittswerte dieser Unternehmen zur Ermittlung der Eigenkapitalkosten zugrunde gelegt werden.

56 Vgl. zur Ermittlung der Eigenkapitalrendite Coenenberg/Haller/Schultze (2016), S. 1154–1156.

jekt notwendig.[57] Da sich das Investitionsprojekt erst in der Planungsphase befindet, liegt eine solche Zeitreihe nicht vor, und es muss auf die Eigenkapitalrenditen von Unternehmen oder Investitionsprojekten (Vergleichsobjekte) mit vergleichbarem Investitionsrisiko zurückgegriffen werden. Bei entsprechend aufgebautem Rechnungswesen steht damit eine breitere Basis von Vergleichsobjekten zur Verfügung, da lediglich Voraussetzung ist, dass für die Vergleichsobjekte Eigenkapitalrenditen ermittelt werden können. Nachteilig bei der Verwendung von Rechnungswesendaten ist allerdings, dass die Renditeermittlung regelmäßig nicht auf der Basis von Tagesinformationen, sondern nur in größeren Zeitabständen (in der Regel Jahr, Quartal, Halbjahr, Monat) vorgenommen wird bzw. werden kann.

Zur analogen Anwendung der Kapitalmarktmodelle ist es in einem zweiten Schritt notwendig, die aggregierten Eigenkapitalrenditen für das Marktportfolio bzw. dessen Approximation zu ermitteln. Hier können regelmäßig nicht die internen Informationen des Rechnungswesens zugrunde gelegt werden, sondern es ist auf die Informationen aus externen Unternehmensdatenbanken zurückzugreifen.[58]

Beispiel

Aus Gründen der Vergleichbarkeit zu den oben dargestellten Beispielen wird zur Ermittlung der Eigenkapitalrenditen für das Investitionsprojekt des KMU auf die Jahresabschlüsse der Volkswagen AG von 1997 bis 2014 zurückgegriffen.[59] Die Jahresabschlussdaten für das Marktportfolio werden durch die von der Deutschen Bundesbank erhobenen Jahresabschlussdaten von 1997 bis 2014 für die deutsche Gesamtwirtschaft approximiert[60], und es werden darauf basierend die Eigenkapitalrenditen für das Marktportfolio ermittelt.[61]

Die in Tab. 55 auf Basis der Eigenkapitalrenditen ermittelten Betafaktoren spiegeln das Investitions- und Finanzierungsrisiko der Volkswagen AG wider. Zur Ermittlung von unverschuldeten Betafaktoren und der Eigenkapitalkosten ist analog zur

---

57 Vgl. im Folgenden Hill/Stone (1980) und speziell den auf S. 596 und S. 609 beschriebenen Ansatz. Weiterführend vgl. Mensah (1992).

58 Vgl. z. B. die Informationen der Hoppenstedt Firmeninformationen GmbH unter www.firmendatenbank.de.

59 Vgl. die unter https://www.volkswagenag.com/de/InvestorRelations/news-and-publications.html verfügbaren Konzernabschlüsse der Volkswagen AG ab dem Jahr 2000 und die in diesen Jahresabschlüssen in frühere Jahre zurückreichende Zehnjahresübersichten.

60 Vgl. Deutsche Bundesbank (2015a), S. 35–49 und Deutsche Bundesbank (2015b). Nähere Erläuterungen zur Datenbasis finden sich ebenfalls in Deutsche Bundesbank (2015b).

61 Auf Basis der verfügbaren Daten konnte nicht sichergestellt werden, dass der Jahresüberschuss und das Eigenkapital für die Volkswagen AG und die Gesamtwirtschaft analog ermittelt wurden. Um eine Vergleichbarkeit der ermittelten Eigenkapitalrenditen zu gewährleisten, sollte grundsätzlich versucht werden, eine analoge Ermittlung vorzunehmen.

Tab. 55: Eigenkapitalrenditen für die Volkswagen AG und die Gesamtwirtschaft[62].

	Volkswagen AG in Mio. €			Gesamtwirtschaft in Mrd. €		
	Jahres-überschuss	Eigen-kapital	Eigen-kapital-rendite (%)	Jahres-überschuss	Eigen-kapital	Eigen-kapital-rendite (%)
1997	696	7.322	9,51	78	403	19,35
1998	1.147	9.584	11,97	96	452	21,24
1999	844	10.073	8,38	97	492	19,72
2000	2.062	11.521	17,90	95	512	18,55
2001	2.926	23.995	12,19	101	550	18,36
2002	2.597	24.634	10,54	100	596	16,78
2003	1.118	24.430	4,58	96	624	15,38
2004	716	23.957	2,99	117	652	17,94
2005	1.120	23.647	4,74	141	678	20,80
2006	2.750	26.959	10,20	161	712	22,61
2007	4.122	31.938	12,91	205	794	25,82
2008	4.688	37.388	12,54	168	814	20,64
2009	911	37.430	2,43	119	833	14,29
2010	7.226	48.712	14,83	176	936	18,80
2011	15.799	63.354	24,94	183	979	18,69
2012	21.884	81.825	26,74	188	1.026	18,32
2013	9.145	90.037	10,16	181	1.074	16,85
2014	11.068	90.189	12,27	194	1.144	16,96
Standardabweichung (%)			6,58			2,68
Varianz (%)			0,43			0,07
Kovarianz (%)			0,03			
β			**0,46**			
β_{KML}			**2,46**			

Vorgehensweise im Fall b zu verfahren. Auch die Anpassung der Eigenkapitalkosten aufgrund der Renditeunterschiede für kleine Unternehmen (small firm effect) und aufgrund mangelnder Handelbarkeit der Anteile (illiquidity) ist analog zu den Darstellungen im Fall b vorzunehmen.

Die für die Fälle a bis c dargestellte Ermittlung von Eigenkapitalkosten hatte die Ermittlung von sogenannten nominalen Renditen zum Ergebnis, da die am Kapitalmarkt beobachteten Zinssätze eine Inflationskomponente enthalten.[63] Dies hat zur Konsequenz, dass auch die Planung der freien Cashflows unter Einbezug von zukünftigen Inflationsraten erfolgen muss (sogenannte Kaufkraftäquivalenz). Dies ist auch generell von Vorteil, da die Unternehmenssteuerbemessungsgrundlagen auch immer

---

62 Quelle: eigene Darstellung.
63 Vgl. z. B. Bodie/Kane/Marcus (2014), S. 118–121.

die im jeweiligen Jahr vorliegende Inflation berücksichtigen und somit aus diesem Grund generell nominal geplant werden sollten.

In der bisherigen Darstellung erfolgte keine Erfassung der persönlichen Besteuerung der Anteilseigner. Die Vernachlässigung der persönlichen Besteuerung ist international gebräuchlich, obwohl die persönliche Besteuerung bewertungsrelevant ist.[64] Ein Grund für die Vernachlässigung ist häufig darin zu sehen, dass im Fall vieler Anteilseigner die persönliche Besteuerung der einzelnen Anteilseigner nicht bekannt ist. Dieser Grund ist für KMU weniger relevant, da es sich meist um Unternehmen mit wenigen Anteilseignern handelt. Soll der Einbezug von persönlichen Steuern in die Investitionsbewertung vorgenommen werden, ist zunächst zu ermitteln, wie der freie Cashflow des Investitionsprojekts für die Anteilseigner verfügbar gemacht werden kann.[65] Entsprechend der steuerlichen Art der auf Ebene des Anteilseigners zu berücksichtigenden freien Cashflows (z. B. Dividenden, Kapitalrückzahlungen, Geschäftsführergehalt, Darlehenszinsen) ist die Besteuerung mit Einkommensteuer einschließlich Solidaritätszuschlag und eventuell Kirchensteuer zu ermitteln. Zur Diskontierung der ermittelten freien Cashflows nach persönlichen Steuern sind Eigenkapitalkosten zu verwenden, die ebenfalls die persönliche Besteuerung berücksichtigen (sogenannte Verfügbarkeitsäquivalenz).[66]

In der bisherigen Darstellung ist von einem durch das KMU vollständig mit Eigenkapital finanzierten Investitionsprojekt ausgegangen worden. Da viele Investitionsprojekte auch teilweise mit Fremdkapital finanziert werden, wird im folgenden Abschnitt dargestellt, wie dies bei der Investitionsbewertung berücksichtigt werden kann.

3 Investitionsbewertung mit durchschnittlichen Kapitalkosten

Zum Einbezug der Finanzierung mit Fremdkapital in die Investitionsbewertung können grundsätzlich folgende Methoden angewandt werden:[67]

1. Eigenkapitalansatz (Flow to Equity [FTE])
2. durchschnittliche Kapitalkosten (Weighted Average Cost of Capital [WACC])
3. angepasster Barwert (Adjusted Present Value [APV])

---

64 Vgl. Muche (2008), S. 67–68 m. w. N.

65 Vgl. für den Fall von Dividenden und Kapitalrückzahlungen Muche (2008), S. 71–72.

66 Die Eigenkapitalkosten sind um den – für die Besteuerung der risikoäquivalenten Alternative relevanten – Steuersatz des Anteilseigners zu kürzen. Vgl. Muche (2008), S. 68–69 m. w. N.

67 Vgl. zu einem Überblick Ross et al. (2016), S. 555–570 und Perridon/Steiner (2012), S. 227–233.

Bei Anwendung des FTE-Ansatzes werden die freien Cashflows nach Abzug von Zins- und Tilgungszahlungen auf das Fremdkapital mit den Eigenkapitalkosten der Anteilseigner diskontiert. Im Rahmen des APV-Ansatzes wird auf Basis der unverschuldeten freien Cashflows zunächst der Barwert des unverschuldeten Investitionsprojekts ermittelt und anschließend der Barwert der Unternehmenssteuervorteile aufgrund der Finanzierung mit Fremdkapital addiert. Der FTE- und der APV-Ansatz erfordern in ihrer grundsätzlichen Anwendung die Planung der Höhe des Fremdkapitalbestands für jedes Jahr der geplanten Durchführung des Investitionsprojekts. Zur standardmäßigen Barwertermittlung auf Basis des WACC-Ansatzes werden die unverschuldeten freien Cashflows mit einem konstanten WACC diskontiert, in dem die gewichteten Anteile der Finanzierung mit Eigen- und Fremdkapital erfasst werden. Der WACC-Ansatz erfordert keine Planung der Höhe des jährlichen Fremdkapitalbestands. Mit dieser Planungsvereinfachung wird aber die Annahme getroffen, dass der jährliche Fremdkapitalbestand einen konstanten Anteil f am jährlichen Gesamtbarwert des Investitionsprojekts darstellt (sogenannte marktwert- oder barwertabhängige Finanzierung),[68] wobei der Gesamtbarwert den Wert des Eigen- und Fremdkapitals umfasst.

Wie bereits in Abschnitt 1 angemerkt, wird international der WACC-Ansatz zur Investitionsbewertung am häufigsten angewendet. Die Gründe für die Verbreitung des WACC-Ansatzes sind sicherlich darin zu sehen, dass

- für das einzelne Investitionsprojekt keine Planung des zukünftigen Fremdkapitalbestands erforderlich ist;
- eine Trennung in einen operativen Bereich (unverschuldeter freier Cashflow) und einen Finanzierungsbereich (WACC) erfolgt;
- keine Anpassung der Eigenkapitalkosten an ein geändertes Finanzierungsrisiko erforderlich ist, da der in Marktwerten gemessene Fremdkapitalanteil f konstant bleibt.[69]

Aufgrund der Verbreitung des WACC-Ansatzes soll daher im Folgenden dargestellt werden, wie dessen Anwendung auf das Investitionsprojekt des KMU im Ausgangsbeispiel erfolgen kann.

---

68 Zur Veranschaulichung der marktwertkongruenten Finanzierung für einen Beispielfall vgl. Muche (2008), S. 81. Die Annahme einer marktwertkongruenten Finanzierung kann durchaus der tatsächlichen Durchführung der Finanzierung des Investitionsprojekts entsprechen, da sich durch sich positiv entwickelnde Investitionsprojekte die Verschuldungsmöglichkeiten erhöhen und sich durch sich negativ entwickelnde Investitionsprojekte die Verschuldungsmöglichkeiten reduzieren. Vgl. Ross et al. (2016), S. 561.

69 Vgl. Muche (2008), S. 68 m. w. N. Die letzten beiden Punkte werden auch vom APV-Ansatz erfüllt. Im Rahmen der Bewertungspraxis ist jedoch immer wieder festzustellen, dass der APV-Ansatz schwieriger zu kommunizieren ist als der WACC-Ansatz und deshalb der APV-Ansatz weniger Verbreitung findet.

Die Anwendung des WACC-Ansatzes erfordert zunächst die Planung der unverschuldeten freien Cashflows des Investitionsprojekts, die vor dem Abzug und den steuerlichen Auswirkungen von Zins- und Tilgungszahlungen zu ermitteln sind.[70] Der WACC ist als Gewichtung der Eigen- und Fremdkapitalkosten (Fremdkapitalzins i) zu ermitteln. Der Gewichtungsfaktor f entspricht dem marktwertbasierten Fremdkapitalanteil. Durch die Kürzung des Fremdkapitalzinses i um den Unternehmenssteuersatz s wird die steuerliche Abzugsfähigkeit der Fremdkapitalzinsen erfasst,[71] sodass sich insgesamt folgender WACC ergibt:

$$WACC = r \cdot (1 - f) + i \cdot (1 - s) \cdot f$$

Beispiel

Der unverschuldete freie Cashflow entspricht dem in Tab. 49 angegebenen, da das Investitionsprojekt des KMU unter der Annahme einer vollständigen Finanzierung mit Eigenkapital geplant wurde.

Die nur das Investitionsrisiko umfassenden Eigenkapitalkosten entsprechen $r = 9,60\,\%$ wie im letzten Beispiel von Fall b und sind noch an das Finanzierungsrisiko des hier dargestellten Beispiels anzupassen. Der Fremdkapitalzins beträgt $3\,\%$. Der Unternehmenssteuersatz für die GmbH setzt sich aus dem Körperschaftsteuersatz von $15\,\%$ zuzüglich $5,5\,\%$ Solidaritätszuschlag und dem Gewerbesteuersatz zusammen. Mit einer Gewerbesteuermesszahl von $3,5\,\%$ und einem Hebesatz von $400\,\%$ betragen der Gewerbesteuersatz $14\,\%$ und der Unternehmensteuersatz insgesamt:

$$s = 0,15 \cdot (1 + 0,055) + 0,14 = 29,83\,\%^{72}$$

Zur Ermittlung des marktwertbasierten Fremdkapitalanteils müssen die Marktwerte für das Eigen- und Fremdkapital bekannt sein. Aufgrund der zeitlich begrenzten Überlassung von Fremdkapital kann die Annahme getroffen werden, dass der Marktwert dem Buchwert entspricht.[73] Für den Marktwert des Eigenkapitals kann diese Annahme grundsätzlich nicht getroffen werden, da aufgrund der grundsätzlich unbefristeten Überlassung und der Unsicherheit hinsichtlich der Verzinsungsansprüche

---

70 Vgl. im Folgenden auch Muche (2007b).

71 Zu den Beschränkungen der steuerlichen Abzugsfähigkeit im Rahmen der Unternehmenssteuerreform 2008 vgl. Schultze/Bachmann (2008).

72 Vgl. auch Schultze/Bachmann (2008), S. 11; Kraft/Kraft (2014), S. 244–247.

73 Sollte sich der bonitätsabhängige Marktzins für das Unternehmen wesentlich verändert haben oder hat sich die Bonität des Unternehmens wesentlich verändert, müsste ein diese Gegebenheiten berücksichtigender Kreditzins für das Unternehmen geschätzt werden. Mit diesem Kreditzins wären die Zins- und Tilgungszahlungen des verzinslichen Fremdkapitals zu diskontieren, um den Marktwert des Fremdkapitals ermitteln zu können.

für die Eigenkapitalgeber generell größere Differenzen zwischen Buchwert und Marktwert vorliegen dürften. Da der Marktwert des Eigenkapitals hier nicht aus einer Kapitalmarktbewertung abgeleitet werden kann, ist dieser über eine Unternehmensbewertung zu ermitteln.

Die Unternehmensbewertung kann auf Grundlage der in Tab. 57 im Anhang angegebenen freien Cashflows ohne Investitionsprojekt und unter Verwendung des WACC
für das Unternehmen erfolgen.[74] Da die freien Cashflows bereits eine Planung des
Fremdkapitalbestands enthalten, müssen die Auswirkungen dieser Planung korrigiert
werden, um die unverschuldeten freien Cashflows für das Unternehmen erhalten zu
können (vgl. Tab. 56):

Tab. 56: Unverschuldeter freier Cashflow für das Unternehmen[75].

Tausend €	Jahr 31.12.2015	2016	2017	2018	2019…∞
Freier Cashflow	3.201,74	3.367,53	3.891,21	3.681,56	3.317,70
+ Tilgung Fremdkapital	500,00	250,00	250,00	50,00	450,00
+ Fremdkapitalzinsen	450,00	435,00	427,50	420,00	418,50
– Untersteuerersparnis auf Fremdkapitalzinsen	−134,21	−129,74	−127,50	−125,27	−124,82
= Freier Cashflow (unverschuldet)	4.017,53	3.922,79	4.441,21	4.026,30	4.061,38

Durch Diskontierung der unverschuldeten freien Cashflows mit dem WACC wird der
Gesamtunternehmenswert G_0 ermittelt, der den Marktwert des Eigen- und Fremdkapitals umfasst. Durch den Abzug des Marktwertes des verzinslichen Fremdkapitals F_0 zum 01.01.2015 in Höhe von 15.000 Tausend € (Buchwert Kredite) ergibt
sich der Marktwert des Eigenkapitals (Unternehmenswert U_0). Da das Unternehmen zum 01.01.2015 noch einen Kassenbestand von 1.800 Tausend € aufweist, der
nicht in die Ermittlung der freien Cashflows eingeht, erhöht sich der Gesamt- und
Unternehmenswert um diesen Kassenbestand. Die marktwertbasierte Fremdkapital-
quote ergibt sich dann mit $f = F_0/G_0$. Da G_0 erst ermittelbar ist, wenn f bestimmt
wurde, müssen f und G_0 iterativ ermittelt werden.[76] Wird diese iterative Ermittlung

---

74 Die Unternehmensbewertung könnte, da der Fremdkapitalbestand vorgegeben ist, auch mit dem
APV- oder FTE-Ansatz erfolgen. Da hier der WACC-Ansatz im Mittelpunkt steht, soll dieser auch für die
Unternehmensbewertung angewendet werden.

75 Quelle: eigene Darstellung.

76 Aus der iterativen Ermittlung ergeben sich auch die an das Finanzierungsrisiko angepassten Eigenkapitalkosten und der WACC, die beide die Kenntnis von f erfordern. Die iterative Ermittlung ist
z. B. mit dem Iterationsmodul von Tabellenkalkulationen möglich.

vorgenommen, ergibt sich G_0 = 47.358 Tausend € (mit Kassenbestand) und damit f = 15.000 / 47.358 = 0,3167.

Mit f sind die Eigenkapitalkosten an das Finanzierungsrisiko anzupassen. Da $F/E = f/(1 - f)$ entspricht, können das hier relevante Beta für den nicht diversifizierten Anteilseigner und die resultierenden Eigenkapitalkosten mit Renditezuschlag für den Kleinunternehmen-/Liquiditätseffekt folgendermaßen ermittelt werden:

$$\beta_{KML} = \beta_{KML,u} \cdot \left(1 + (1 - s) \cdot \frac{f}{1 - f}\right)$$

$$= 0,86 \cdot \left(1 + (1 - 0,2983) \cdot \frac{0,3167}{1 - 0,3167}\right) = 1,14$$

$$r = 0,0048 + (0,095 - 0,0048) \cdot 1,14 + 0,0136 = 12,12\%$$

Für den WACC ergibt sich dann:

$$WACC = 0,1212 \cdot (1 - 0,3167) + 0,03 \cdot (1 - 0,2983) \cdot 0,3167 = 8,95\%$$

Werden die unverschuldeten freien Cashflows aus Tab. 56 mit dem WACC diskontiert und wird für den freien Cashflow des Jahres 2019 eine unendliche Rente angenommen, resultiert folgender Gesamtunternehmenswert zuzüglich des Kassenbestands:

$$G_0 = 1.800 + \frac{4.017,53}{1,0895} + \frac{3.922,79}{1,0895^2} + \frac{4.441,21}{1,0895^3} + \frac{4.026,30}{1,0895^4} + \frac{4.061,38}{0,0895 \cdot 1,0895^4}$$

$$= 47.358 \text{ Tausend €}$$

Nachrichtlich

Der Unternehmenswert für die Anteilseigner beträgt U_0 = 47.358 − 15.000 = 32.358 Tausend €. Dies wäre der maximale Kaufpreis/minimale Verkaufspreis für die Anteile an dem Unternehmen.

Mit dem ermittelten WACC sind die unverschuldeten freien Cashflows des Investitionsprojekts zu diskontieren, sodass sich der folgende Kapitalwert ergibt:

$$C_0 = -2.500 + \frac{618,99}{1,0895} + \frac{749,24}{1,0895^2} + \frac{920,05}{1,0895^3} + \frac{1.011,95}{1,0895^4} + \frac{1.198,16}{1,0895^5}$$

$$= 909,48 \text{ Tausend €}$$

Wird das Investitionsprojekt entsprechend den Annahmen des WACC-Ansatzes teilweise mit Fremdkapital finanziert, ist aufgrund des positiven Kapitalwertes eine Durchführung des Projekts zu empfehlen.

Auch bei der Anwendung des WACC-Ansatzes kann ein Einbezug von persönlichen Steuern erfolgen. Analog zu den Ausführungen im Abschnitt 2 sind dazu zum einen die freien Cashflows entsprechend anzupassen und zum anderen ist die persönliche Besteuerung auch bei der Ermittlung des WACC einzubeziehen.[77]

4 Zusammenfassung

Für KMU ist die Durchführung einer sachgerechten Investitionsbewertung besonders wichtig, da Fehlentscheidungen schon bei einzelnen Investitionsprojekten zu einer Existenzgefährdung des gesamten Unternehmens führen können. Die Standardmethoden einer sachgerechten Investitionsbewertung stellen der Kapitalwert mit kapitalmarktorientierten Eigenkapitalkosten und der WACC-Ansatz zur Einbeziehung der Finanzierung dar. Im Beitrag wurde dargestellt, wie die Anwendung dieser Methoden unter Berücksichtigung der Besonderheiten von KMU vorgenommen werden kann. Diese Besonderheiten bestehen im Wesentlichen hinsichtlich folgender Punkte:

1. keine Börsennotierung;
2. kleine Unternehmen;
3. kein liquider Handel in den Unternehmensanteilen;
4. einer bis wenige Anteilseigner, die häufig auch ihr gesamtes Vermögen in das Unternehmen investieren (keine Diversifikation).

Wegen 1. muss zur Schätzung der Eigenkapitalkosten ein Rückgriff auf die Kapitalmarktbewertung von Vergleichsunternehmen oder die Verwendung von Rechnungswesendaten erfolgen. Die Punkte 2 und 3 erfordern eine Anpassung der Eigenkapitalkosten an die Renditeerwartung für kleine Unternehmen mit einem wenig liquiden Anteilshandel. Der 4. Punkt bedingt die Schätzung der Eigenkapitalkosten unter Einbezug von sogenannten unsystematischen Risiken, die ein nicht diversifizierter Anteilseigner zu tragen hat. Bei Einbezug der Finanzierung in die Investitionsbewertung erfordert die Anwendung des WACC-Ansatzes wegen Punkt 1 eine Unternehmensbewertung, um einen marktwertbasierten Fremdkapitalanteil für den WACC ermitteln zu können.

Im Beitrag wurden die genannten Ansätze anhand eines Beispiels und auf der Grundlage von aktuellen Kapitalmarktdaten angewendet, um Entscheidungsträgern in KMU eine Hilfestellung bei der Umsetzbarkeit der aufgezeigten Lösungen anbieten zu können.

---

[77] Vgl. ausführlich Muche (2008).

5 Anhang

Tab. 57: Unternehmensplanung ohne Investitionsprojekt[78].

Gewinn- und Verlustrechnung						
Jahr	2014 (Ist)	2015	2016	2017	2018	2019
Umsatz		11.700,00	11.375,00	12.350,00	12.025,00	12.025,00
Materialaufwand		−4.200,00	−4.060,00	−4.410,00	−4.270,00	−4.270,00
Personalaufwand		−1.300,00	−1.350,00	−1.400,00	−1.400,00	−1.450,00
Sonstiger Aufwand		−700,00	−800,00	−850,00	−900,00	−1.000,00
Abschreibungen		−1.200,00	−1.000,00	−1.000,00	−1.000,00	−800,00
Zinsaufwand		−450,00	−435,00	−427,50	−420,00	−418,50
Betriebsergebnis		3.850,00	3.730,00	4.262,50	4.035,00	4.086,50
Steuern		−1.148,26	−1.112,47	−1.271,29	−1.203,44	−1.218,80
Jahresüberschuss		2.701,74	2.617,53	2.991,21	2.831,56	2.867,70

Bilanz						
Jahr	2014 (Ist)	2015	2016	2017	2018	2019
Anlagevermögen	25.000,00	24.800,00	23.800,00	22.800,00	21.800,00	21.000,00
Umlaufvermögen						
Vorräte	1.000,00	750,00	850,00	1.050,00	900,00	850,00
Forderungen a. L. u. L.	2.200,00	2.100,00	1.900,00	1.800,00	2.000,00	2.050,00
Kasse Bank	1.800,00	4.751,74	5.417,53	6.691,21	7.381,56	7.867,70
	30.000,00	32.401,74	31.967,53	32.341,21	32.081,56	31.767,70
Eigenkapital	14.000,00	14.000,00	14.000,00	14.000,00	14.000,00	14.000,00
Jahresüberschuss	250,00	2.701,74	2.617,53	2.991,21	2.831,56	2.867,70
Fremdkapital						
Verbindlichkeiten ggü. Kreditinst.	15.000,00	14.500,00	14.250,00	14.000,00	13.950,00	13.500,00
Verbindlichkeiten a. L. u. L.	750,00	1.200,00	1.100,00	1.350,00	1.300,00	1.400,00
	30.000,00	32.401,74	31.967,53	32.341,21	32.081,56	31.767,70

Kapitalflussrechnung						
Jahr	2014 (Ist)	2015	2016	2017	2018	2019
Jahresüberschuss		2.701,74	2.617,53	2.991,21	2.831,56	2.867,70
+ Abschreibungen		1.200,00	1.000,00	1.000,00	1.000,00	800,00
+/−Änderung Vorräte		250,00	−100,00	−200,00	150,00	50,00
+/−Änderung Forderungen a. L. u. L.		100,00	200,00	100,00	−200,00	−50,00
+/−Änderung Verbindlichkeiten a. L. u. L.		450,00	−100,00	−100,00	250,00	100,00
= Cash Flow		4.701,74	3.617,53	4.141,21	3.731,56	3.767,70
− Tilgung Kredite		−500,00	−250,00	−250,00	−50,00	−450,00
− Investitionen		−1.000,00				
= Freier Cash Flow		3.201,74	3.367,53	3.891,21	3.681,56	3.317,70
− Ausschüttung		−250,00	−2.701,74	−2.617,53	−2.991,21	−2.831,56
= Änderung Zahlungsmittel		2.951,74	665,79	1.273,68	690,35	486,14
+ Zahlungsmittel Vorjahr		1.800,00	4.751,74	5.417,53	6.691,21	7.381,56
= Zahlungsmittel Geschäftsjahr		4.751,74	5.417,53	6.691,21	7.381,56	7.867,70

---

78 Quelle: eigene Darstellung.

Tab. 58: Unternehmensplanung mit Investitionsprojekt[79].

Gewinn- und Verlustrechnung					
Jahr	2014 (Ist)	2015	2016	2017	2018	2019
Umsatz		12.150,00	11.862,50	12.900,00	12.587,50	12.687,50
Materialaufwand		−3.990,00	−3.857,00	−4.189,50	−4.056,50	−4.056,50
Personalaufwand		−1.235,00	−1.215,00	−1.120,00	−980,00	−870,00
Sonstiger Aufwand		−665,00	−760,00	−807,50	−855,00	−950,00
Abschreibungen		−1.700,00	−1.500,00	−1.500,00	−1.500,00	−1.300,00
Zinsaufwand		−450,00	−435,00	−427,50	−420,00	−418,50
Betriebsergebnis		4.110,00	4.095,50	4.855,50	4.776,00	5.092,50
Steuern		−1.225,81	−1.221,48	−1.448,15	−1.424,44	−1.518,84
Jahresüberschuss		2.884,19	2.874,02	3.407,35	3.351,56	3.573,66

Bilanz					
Jahr	2014 (Ist)	2015	2016	2017	2018	2019
Anlagevermögen	25.000,00	26.800,00	25.300,00	23.800,00	22.300,00	21.000,00
Umlaufvermögen						
Vorräte	1.000,00	778,85	886,43	1.096,76	942,10	896,83
Forderungen a. L. u. L.	2.200,00	2.180,77	1.981,43	1.880,16	2.093,56	2.162,94
Kasse Bank	1.800,00	2.870,73	4.103,30	6.040,55	7.326,71	8.491,02
	30.000,00	32.630,35	32.271,16	32.817,47	32.662,37	32.550,79
Eigenkapital	14.000,00	14.000,00	14.000,00	14.000,00	14.000,00	14.000,00
Jahresüberschuss	250,00	2.884,19	2.874,02	3.407,35	3.351,56	3.573,66
Fremdkapital						
Verbindlichkeiten ggü. Kreditinst.	15.000,00	14.500,00	14.250,00	14.000,00	13.950,00	13.500,00
Verbindlichkeiten a. L. u. L.	750,00	1.246,15	1.147,14	1.410,12	1.360,81	1.477,13
	30.000,00	32.630,35	32.271,16	32.817,47	32.662,37	32.550,79

Kapitalflussrechnung					
Jahr	2014 (Ist)	2015	2016	2017	2018	2019
Jahresüberschuss		2.884,19	2.874,02	3.407,35	3.351,56	3.573,66
+ Abschreibungen		1.700,00	1.500,00	1.500,00	1.500,00	1.300,00
+/−Änderung Vorräte		221,15	−107,58	−210,33	154,66	45,27
+/−Änderung Forderungen a. L. u. L.		19,23	199,34	101,27	−213,39	−69,39
+/−Änderung Verbindlichkeiten a. L. u. L.		496,15	−99,01	262,98	−49,31	116,32
= Cash Flow		5.320,73	4.366,76	5.061,26	4.743,52	4.965,87
− Tilgung Kredite		−500,00	−250,00	−250,00	−50,00	−450,00
− Investitionen		−3.500,00				
= Freier Cash Flow		1.320,73	4.116,76	4.811,26	4.693,52	4.515,87
− Ausschüttung		−250,00	−2.884,19	−2.874,02	−3.407,35	−3.351,56
= Änderung Zahlungsmittel		1.070,73	1.232,57	1.937,24	1.286,17	1.164,31
+ Zahlungsmittel Vorjahr		1.800,00	2.870,73	4.103,30	6.040,55	7.326,71
= Zahlungsmittel Geschäftsjahr		2.870,73	4.103,30	6.040,55	7.326,71	8.491,02

Da die Investitionszahlung in Höhe von 2.500 Tausend € zum 01.01.2015 erfolgt, ist diese dem Jahr 2015 zugeordnet. Bei der Bewertung des Investitionsprojekts werden die Investitionsauszahlung in $t = 0$ und die übrigen zusätzlichen Zahlungen aus dem Investitionsprojekt in $t = 1$ erfasst.

---

79 Quelle: eigene Darstellung.

6 Literatur

Balz, U./Bordemann, H.-G. (2007): Ermittlung von Eigenkapitalkosten zur Unternehmensbewertung mittelständischer Unternehmen mithilfe des CAPM. In: FB, 9. Jg., H. 12, S. 737–743.

Beltrame, F./Cappelletto, R./Toniolo, G. (2014): Estimating SMEs Cost of Equity Using a Value at Risk Approach – The Capital at Risk Model. New York et al.

Block, S. (2003): Divisional Cost of Capital: A Study of its Use by Major US – Firms. In: Engineering Economist, 48. Jg., H. 4, S. 345–362.

Bodie, Z./Kane, A./Marcus, A. J. (2014): Investments. Boston u. a.

Brealey, R. A./Myers, S. C./Allen, F. (2014): Principles of Corporate Finance. New York u. a.

Britzelmaier, B./Kraus, P./Häberle, M./Mayer, B./Beck, V. (2013): Cost of Capital in SMEs – Theoretical Considerations and Practical Implications of a Case Study. In: EuroMed Journal of Business, 8. Jg., H. 1, S. 4–16.

Brothersen, W. D./Eades, K. M./Harris, R. S./Higgins, R. C. (2013): ‚Best Practices' in Estimating Cost of Capital: An Update. In: Journal of Applied Sciences, 23. Jg., H. 1, S. 15–33.

Buss, A./Vilkov, G. (2012): Measuring Equity Risk with Option-implied Correlations. In: Review of Financial Studies, 25. Jg., H. 10, S. 3113–3140.

Chang, B.-Y./Christoffersen, P./Jacobs, K./Vainberg, G. (2012): Option-Implied Measures of Equity Risk. In: Review of Finance, 16. Jg., H. 2, S. 385–428.

Cheung, J. (1999): A Probability Based Approach to Estimating Costs of Capital for Small Business. In: SBE, 12. Jg., H. 4, S. 331–336.

Coenenberg, A. G./Haller, A./Schultze, W. (2016): Jahresabschluss und Jahresabschlussanalyse. 24. Aufl., Stuttgart.

Cooper, I. (1996): Arithmetic Versus Geometric Mean Estimators: Setting Discount Rates for Capital Budgeting. In: European Financial Management, 2. Jg., H. 2, S. 157–167.

Copeland, T. E./Weston, J. F. (1992): Managerial Finance. Orlando. Florida.

Copeland, T. E./Weston, J. F./Shastri, K. (2014): Financial Theory and Corporate Policy. 4. Aufl., Massachusetts u. a.

Damodaran, A. (2001): Corporate Finance. New York.

Deutsche Bundesbank (2015a): Monatsbericht Dezember 2015. Frankfurt a. M.

Deutsche Bundesbank (2015b): Hochgerechnete Angaben aus Jahresabschlüssen deutscher Unternehmen von 1997 bis 2013. Statistische Sonderveröffentlichung 5, Frankfurt a. M.

Graham, J. R./Harvey, C. R. (2001): The Theory and Practice of Corporate Finance: Evidence from the Field. In: JFE, 60. Jg., H. 2/3, S. 187–243.

Heaton, H. (2007): On the Use of Size Premiums, Arithmetic or Geometric Average Returns, and Liquidity Premiums in Determining Discount Rates. In: Journal of Property Tax Assessment & Administration, 4. Jg., H. 4, S. 5–12.

Hill, N. C./Stone, B. K. (1980): Accounting Betas, Systematic Operating Risk, and Financial Leverage: A Risk-Composition Approach to the Determinants of Systematic Risk. In: JFQA, 15. Jg., H. 3, S. 595–637.

Husmann, S./Stephan, A. (2007): On Estimating an Asset's Implicit Beta. In: The Journal of Futures Markets, 27. Jg., H. 10, S. 961–979.

Ibbotson Associates (2013): Stocks, Bonds, Bills, and Inflation Classic Edition 2013 Yearbook. Chicago.

Kerins, F./Smith, J. K./Smith, R. (2004): Opportunity Cost of Capital for Venture Capital Investors and Entrepreneurs. In: JFQA, 39. Jg., H. 2, S. 385–405.

Kim, M. K./Burnie, D. A. (2002): The Firm Size Effect and the Economic Cycle. In: The Journal of Financial Research, 25. Jg., H. 1, S. 111–124.

Kraft, C./Kraft, G. (2014): Grundlagen der Unternehmensbesteuerung. 4. Aufl., Wiesbaden.

Kratz, N./Wangler, C. (2005): Unternehmensbewertung bei nicht kapitalmarktorientierten Unternehmen: Das Problem der Ermittlung entscheidungsrelevanter Kapitalkosten. In: FB, 7. Jg., H. 3, S. 169–176.

Mensah, Y. M. (1992): Adjusted Accounting Beta, Operating Leverage and Financial Leverage as Determinants of Market Beta: A Synthesis and Empirical Evaluation. In: Review of Quantitative Finance and Accounting, 2. Jg., H. 2, S. 187–203.

Moor, L. D./Sercu, P. (2013): The Smallest Firm Effect – An International Study. In: Journal of International Money and Finance, 32. Jg., S. 129–155.

Muche, T. (2009): Investitionsplanung unter Verwendung von Kapitalmarkt- und Jahresabschlussdaten. In: Müller, D. (Hg.): Controlling für kleine und mittlere Unternehmen. München, S. 443–473.

Muche, T. (2008): Unternehmens- und Investitionsbewertung mit durchschnittlichen Kapitalkosten unter Berücksichtigung von persönlichen Steuern und Verlusten. In: DBW, 68. Jg., H. 1, S. 67–84.

Muche, T. (2007a): Investitionsbewertung in der Elektrizitätswirtschaft mit dem Realoptionsansatz. In: Zeitschrift für Energiewirtschaft, 31. Jg., H. 2, S. 137–153.

Muche, T. (2007b): Unternehmensbewertung mit Discounted Cash Flow, WACC und CAPM. In: WISU, 36. Jg., H. 10, S. 1298–1302.

Muche, T. (2000): Unternehmensbewertung unter Einbezug von Steuer- und Handelsrecht. Lohmar/Köln.

Müller, C. (2006): Anforderungen der Banken an das Investitionscontrolling kleiner und mittlerer Unternehmen. In: Controlling, 18. Jg., H. 4/5, S. 237–243.

Perridon, L./Steiner, M./Rathgeber, A. (2012): Finanzwirtschaft der Unternehmung. 16. Aufl., München.

Ross, S. A./Westerfield, R./Jaffe, J./Jordan, B. D. (2016): Corporate Finance. 11. Aufl., New York.

Schultze, W./Bachmann, C. (2008): Unternehmensteuerreform 2008 und Unternehmensbewertung – Auswirkungen auf den Steuervorteil der Fremdfinanzierung von Kapitalgesellschaften. In: DBW, 68. Jg., H. 1, S. 9–34.

Statistisches Bundesamt (2016): Umsatzsteuerstatistik 2014. Wiesbaden.

Taggart, R. A. (1991): Consistent Valuation and Cost of Capital Expressions with Corporate and Personal Taxes. In: Financial Management, 20. Jg., H. 3, S. 8–20.

Volkswagen AG (2015): Geschäftsbericht 2014. Wolfsburg.

Ralf Trost und Alexander Fox

Investitionsplanung bei unvollkommenen Kapitalmärkten: die VOFI-Methode

1 Einleitung

1.1 Investitionsplanung

Der Begriff der **Investition** bezeichnet die längerfristige Bindung von finanziellen Mitteln in Vermögensgegenständen mit dem Ziel, zukünftige Einzahlungen (oder auch verringerte Auszahlungen) zu erwirtschaften (vermögensorientierter Investitionsbegriff).[1] Dies führt automatisch zur zahlungsstromorientierten Definition einer Investition, die im folgenden im Fokus der Erörterungen steht: Eine Investition ist durch einen Zahlungsstrom charakterisiert, der mit einer (oder mehreren) Auszahlung(en) beginnt und zu späteren Zeitpunkten Einzahlungen oder Reduktion von Auszahlungen erwarten lässt.[2] Je nach Art der Vermögensgegenstände kann man **Realinvestitionen** (materielle oder immaterielle Güter) von **Finanzinvestitionen** (geldwerte Ansprüche aus Geldanlage) unterscheiden.[3] In diesem Beitrag geht es ausschließlich um Realinvestitionen.

---

1 Vgl. so und ähnlich z. B. Adam (2000), S. 4; Bieg/Kußmaul/Waschbusch (2016), S. 21; Götze (2014), S. 6; Perridon/Steiner/Rathgeber (2012), S. 29.
2 Vgl. z. B. Götze (2014), S. 6; Müller (2014), S. 44.
3 Vgl. z. B. Götze (2014), S. 8; Müller (2014), S. 46.

DOI 10.1515/9783110517163-020

Der **Investitionsprozess** setzt sich Adam folgend zusammen aus den vier Phasen Investitionsentscheidung, Realisation und Steuerung, Kontrolle sowie Nachbesserungsentscheidungen, wobei in jeder dieser Phasen Instrumente des Controllings Einsatz finden.[4] Ohne den facettenreichen Begriff des Controllings an dieser Stelle zu problematisieren[5], wird für die vorliegende Arbeit die **koordinationsorientierte Controllingkonzeption**[6], hier in der Formulierung von Peemöller, als zielführend erachtet: *„Die Aufgabe des Controlling besteht in der Unterstützung der Unternehmensführung bei der Planung, Steuerung und Kontrolle durch eine koordinierende Informationsversorgung.“*[7] Unter **Investitionscontrolling** soll die Anwendung dieser Controllingkonzeption auf den Investitionsbereich des Unternehmens verstanden werden. Nach Horváth/Gleich/Seiter stellt das Controlling die Instrumente für die Investitionsrechnung zur Verfügung und nimmt die Konsolidierung und Priorisierung der Projekte vor.[8]

Die erste der genannten Phasen des Investitionsprozesses umfasst auch die **Investitionsplanung**. Sie hat nach Müller[9] außer der Festlegung des Zielzustands, der Problemidentifikation, der Alternativensuche und der Prognose zukünftiger Einflüsse insbesondere die **Bewertung der Handlungsalternativen** zum Gegenstand, mit der sich dieser Beitrag befasst. Dabei sind folgende Problembereiche von besonderem Interesse:

- Die Bewertung wird im Allgemeinen nicht isoliert erfolgen können. Im Einklang mit der oben betonten Koordinationsaufgabe des Controllings müssen Investitionsentscheidungen sowohl untereinander als auch mit Finanzierungsentscheidungen sowie mit den anderen betrieblichen Bereichen (Produktion, Personal usw.) koordiniert werden. Dies ist grundsätzlich mit einer erheblichen Komplexität verbunden.
- Horváth/Gleich/Seiter sind *„der Auffassung, dass hier [Anm.: im Investitionscontrolling] die ... Koordinationsaufgabe des Controllers am wichtigsten ist“.* Neben

---

4 Vgl. Adam (2000), S. 11.

5 Für ausführliche Überblicke über die verschiedenen Controllingkonzeptionen und ihre historische Entwicklung in Deutschland sei auf Horváth (2011), S. 42–60 oder Müller (2014), S. 71–84 verwiesen. Zum aktuellen Controllingverständnis vgl. z. B. Horváth/Gleich/Seiter (2015), S. 24–26.

6 Vgl. z. B. Horváth/Gleich/Seiter (2015), S. 8.

7 Peemöller (2005), S. 36. Müller ordnet bzgl. des Investitionsbereichs Peemöller allerdings nicht dem koordinationsorientierten, sondern einem anlagenwirtschaftlichen Ansatz zu; vgl. Müller (2014), S. 85. Für den Gegenstand dieses Beitrags ist eine solche Unterscheidung ohne Bedeutung.

8 Vgl. Horváth/Gleich/Seiter (2015), S. 310.

9 Vgl. Müller (2014), S. 62. Dort wird wie auch bei anderen Autoren, z. B. Kruschwitz (2014), S. 8 oder Bieg/Kußmaul/Waschbusch (2016), S. 30, allerdings umgekehrt die Entscheidung als letzter Schritt des Planungsprozesses angesehen. Für die hier getroffenen Aussagen ist diese Abweichung unerheblich.

organisatorischen Mängeln seien insbesondere „*unklare und uneinheitliche Rechnungsverfahren*" zu beklagen.[10]

Laut Peemöller nimmt Controlling in Großunternehmen eine dominante Stellung ein – was angesichts der Größe der Koordinationsaufgabe naheliegend ist – und wird auch in kleinen und mittleren Unternehmen (KMU) zunehmend wichtiger.[11] Insofern stellt sich auch die Frage, ob „KMU nur kleine Großunternehmen sind" oder ob typische Spezifika dieser Unternehmen spezielle Vorgehensweisen in der Investitionsplanung sinnvoll erscheinen lassen.

1.2 KMU und Investitionsentscheidungen

Die Investitionsplanung bzw. -rechnung in KMU ist auch vor dem Hintergrund der Eigenschaften dieser Unternehmen zu sehen. Eine einheitliche Definition für KMU existiert hierbei jedoch nicht, sodass es eine Vielzahl an möglichen Abgrenzungskriterien gibt. Bei der Einordnung wird vor allem auf quantitative und qualitative Kriterien zurückgegriffen.[12] Quantitative Kriterien stellen vor allem auf Kennzahlen zur Unternehmensgröße ab[13], wobei es aufgrund der Heterogenität dieser Gruppe von Unternehmen eher fragwürdig ist, ob diese Dimension die wesentlichen Charakteristika der KMU hinreichend widerzuspiegeln vermag.[14] Als qualitative Kriterien werden vor allem folgende Punkte angeführt:
- Identität von Eigentümern und Management;
- begrenzter Kreis von Eigentümern;
- entscheidende Bedeutung der Fähigkeiten des Eigentümers für den Unternehmenserfolg;
- geringe Organisationstiefe und Diversifikation;
- Abhängigkeit von meist wenigen Abnehmern und Lieferanten;
- meist geringe Eigenkapitalausstattung;
- eingeschränkte Finanzierungsmöglichkeiten aufgrund des fehlenden Zugangs zum Kapitalmarkt sowie eingeschränkte Handelbarkeit der Anteile;

---

10 Horváth/Gleich/Seiter (2015), S. 220.
11 Vgl. Peemöller (2005), S. 31. Die Aussage dürfte heute nicht weniger zutreffend sein.
12 Vgl. z. B. Haag/Roßmann (2015), S. 1.
13 Als eine Möglichkeit der quantitativen Einordnung von KMU bietet sich die Empfehlung der Europäischen Kommission zur Definition von KMU (2003/361/EG) an, welche bei weniger als 250 Beschäftigten und einem Jahresumsatz von höchstens 50 Mio. € oder einer Jahresbilanzsumme von höchstens 43 Mio. € von mittelständischen Unternehmen ausgeht; vgl. Europäische Kommission (2003). Das Institut für Mittelstandsforschung (IfM) in Bonn ordnet dagegen ein Unternehmen den KMU zu, wenn es weniger als 500 Beschäftigte bei einem Jahresumsatz von höchstens 50 Mio. € besitzt; vgl. IfM Bonn (o.J.).
14 Vgl. hierzu ausführlich Böttcher/Linnemann (2008), S. 163–164.

- limitierte Informationsbasis;[15]
- beschränkt ausgeprägtes und aussagekräftiges Rechnungswesen und Controlling inklusive der Planungs- und Risikomanagementsysteme.

Dem kann man die typischen Schwierigkeiten und Fehlerquellen im betrieblichen Prozess der Investitionsentscheidung gegenüberstellen, wie sie von Blohm/Lüder/ Schaefer herausgearbeitet werden.[16] Neben Gesichtspunkten wie u. a.
- unzureichende Organisation des Investitionsbereichs;
- fehlende Rückkopplung und Kontrolle während und nach Durchführung der Investition;
- mangelnde Koordination der Investitionsplanung mit anderen betrieblichen Bereichen oder
- mangelhafte oder gar unterbleibende Suche nach Alternativen für ein beantragtes Investitionsprojekt

verweisen die Autoren insbesondere auf die Gefahr, dass die Investitionsrechnung
- sich auf unzweckmäßige Verfahren[17] stützt;
- zielgerichtet zur formalen Untermauerung einer bereits vorgefassten Entscheidung dienen soll oder gar
- völlig unterbleibt, beispielsweise weil mit rein technischen Argumenten operiert wird.[18]

Auch wenn Blohm/Lüder/Schaefer betonen, dass diese Schwachstellenanalyse ihrer Erfahrung nach „weitgehend unabhängig von der Charakteristik des Einzelbetriebs" gelte,[19] weisen die oben angedeuteten Spezifika von KMU doch darauf hin, dass von der Möglichkeit fehlerbehafteter Entscheidungsprozesse im Investitionsbereich aufgrund von Unsicherheiten und Fehlern in der Anwendung von Investitionsrechenverfahren ausgegangen werden muss. Darüber hinaus wird sich im Weiteren zeigen, dass die spezifische Finanzierungssituation vieler KMU die Anwendung von Standardverfahren, wie sie in kapitalmarktorientierten Großunternehmen eingesetzt werden können und eingesetzt werden, als durchaus problematisch erscheinen lässt.

---

15 Vgl. zum Problem von Informationsasymmetrien bei KMU auch Niederöcker (2002).

16 Vgl. Blohm/Lüder/Schaefer (2012), S. 5–36.

17 Gegenstand dieses Beitrags sind Investitionsrechenverfahren. Natürlich ist das Ergebnis eines solchen Rechenverfahrens nur *ein* Beitrag zur Gewinnung von Informationen, anhand derer die Investitionsentscheidung zu treffen ist, und keineswegs eine Vorwegnahme der Entscheidung selber, auch wenn der Einfachheit der Sprechweise wegen im weiteren Verlauf die Formulierungen dies nahelegen mögen; vgl. im gleichen Sinne z. B. Altrogge (1996), S. 41; Bieg/Kußmaul/Waschbusch (2016), S. 31 u. 41; Blohm/Lüder/Schaefer (2012), S. 33; Kruschwitz (2014), S. 21–23.

18 Vgl. Blohm/Lüder/Schaefer (2012), S. 33.

19 Blohm/Lüder/Schaefer (2012), S. 3.

1.3 Zielsetzung und Aufbau

Gegenstand ist die adäquate Methodenwahl in der Investitionsrechnung und -planung und hierbei insbesondere die Frage, welche Rolle das Verfahren der vollständigen Finanzpläne (VOFI) in KMU spielen kann, sowie die Beschreibung seines sachgerechten Einsatzes. Dazu werden im zweiten Kapitel zunächst die klassischen Methoden der Investitionsrechnung kurz vorgestellt. Gerade in der Anwendungspraxis besteht bei den sogenannten dynamischen Investitionsrechenverfahren häufig Unkenntnis hinsichtlich des theoretischen Rahmens, innerhalb dessen diese Verfahren ihre Gültigkeit besitzen, und damit auch hinsichtlich der daraus erwachsenden Einschränkungen für die Verlässlichkeit der Ergebnisse.[20] Das Ziel des Kapitels ist, diese Hintergründe so transparent wie möglich darzulegen. In direkter Fortführung der Argumentation wird sodann im dritten Kapitel die Methodik des vollständigen Finanzplans als Investitionsrechenverfahren grundsätzlich vorgestellt. Ein besonderes Anliegen ist dabei auch, die Zusammenhänge zwischen den verschiedenen Varianten der Endwertmethode, den in der Literatur nicht ganz einheitlichen Definitionen eines vollständigen Finanzplans und den jeweils dahinterstehenden Annahmen hinsichtlich der Finanzierungsmöglichkeiten des Unternehmens deutlich zu machen. Zahlenbeispiele sollen die zunächst abstrakt formulierten Sachverhalte in Kapitel 2 und 3 besser greifbar machen. Hierbei ist zu beachten, dass sie aufgrund des begrenzten Raums möglichst geringen Umfang haben sollen, was nach sich zieht, dass die „Investitionsentscheidungen" in den Beispielen meist von sehr kleinen Zahlen(-unterschieden) abhängen. In realen Anwendungssituationen mit längeren Planungshorizonten ist jedoch nicht von marginalen Größenordnungen auszugehen. Das vierte Kapitel betrachtet dann den vollständigen Finanzplan weitergehend als ein Instrument der Planung von Investition und Finanzierung und ordnet ihn in das Umfeld der hierfür einsetzbaren Planungsansätze und Planungsverfahren ein. Das fünfte Kapitel schließt mit einem kurzen Fazit.

---

20 Auch Horváth/Gleich/Seiter weisen darauf hin, dass neben bewusst vorgenommenen Vereinfachungen diese Prämissen „*den Aussagegehalt der Investitionsrechnungen einschränken*" können; vgl. Horváth/Gleich/Seiter (2015), S. 220. Das sich an (künftige) Praktiker richtende, hier als Beispiel herangezogene Lehrbuch Ziegenbein (2012), S. 318–323 andererseits beschreibt die beiden wichtigsten dynamischen Investitionsrechnungsverfahren, ohne auch nur mit einem Wort die Anwendungsbeschränkungen anzudeuten.

2 Standardverfahren: Ansätze und Problemfelder

Ein **Investitionsrechenverfahren**[21] verarbeitet die monetär beschreibbaren Eigenschaften eines Investitionsprojekts und ordnet diesem als Ergebnis eine Kennzahl zu. Bei der **Vorteilhaftigkeitsentscheidung** wird ein einzelnes Investitionsprojekt untersucht, wohingegen bei der **Auswahlentscheidung** eine gegebene Menge von alternativen Investitionsprojekten verglichen wird.[22] Dabei sind Investitionsrechenverfahren oftmals nur für eine der beiden Fragestellungen geeignet, oder die Anwendung unterstellt automatisch, dass in der konkret vorliegenden Entscheidungssituation bestimmte zusätzliche und möglicherweise als problematisch anzusehende Voraussetzungen erfüllt sind.

Monetär betrachtet manifestiert sich ein Investitionsprojekt in Form eines Zahlungsstroms, d. h. einer zeitlichen Abfolge von saldierten Ein- und Auszahlungen über die prognostizierte Projektdauer hinweg.[23] Für eine strikt monetär ausgerichtete Bewertung sind alle relevanten Vorgänge zum Zeitpunkt ihrer Zahlungswirksamkeit zu berücksichtigen. Hierin unterscheiden sich die beiden Gruppen der **statischen** und der **dynamischen Investitionsrechnung**: Während Letztere dieses Postulat zumindest periodengenau, also im Rahmen der für die Rechnung gewählten Prognose- und Rechnungsgenauigkeit berücksichtigen, gehen statische Verfahren vereinfachend von einem identischen Zahlungssaldo in allen Perioden aus. Da dies allein schon aufgrund der Anschaffungsauszahlung sowie etwaiger Liquidationseinzahlungen oder Abbruchauszahlungen am Ende der Projektlebensdauer nicht sachgerecht ist, können die statischen Verfahren die Investitionsprojekte zwangsläufig hinsichtlich der Zahlungswirksamkeit nicht adäquat abbilden. Stattdessen muss man auf der

---

21 Die (hier möglichst knapp gehaltene) Darstellung der Verfahrensansätze kann vertiefend in Lehrbüchern zur Investitionsrechnung nachgeschlagen werden; vgl. z. B. Bieg/Kußmaul/Waschbusch (2016); Bitz/Ewert/Terstege (2002); Blohm/Lüder/Schaefer (2012); Götze (2014); Müller (2014); Pflaumer (2000). Insofern wird für diese Sachverhalte auf Einzelreferenzierungen verzichtet.
22 Speziellere Fragestellungen wie die Ersatzentscheidung sollen an dieser Stelle nicht angesprochen werden. Die Investitionsprogrammentscheidung wird zu einem späteren Zeitpunkt Erwähnung finden.
23 Dabei gehen wir davon aus, dass – abgesehen von etwaigen Prognoseungenauigkeiten – der Zahlungsstrom bereits ex ante festliegt. Dies ignoriert zum einen den Aspekt der Unsicherheit (für dessen Behandlung wir ebenfalls auf die Lehrbuchliteratur verweisen), zum anderen aber die Tatsache, dass Investitionen Optionscharakter aufweisen, d. h., Potenziale für eventuelle zukünftige Handlungsmöglichkeiten beinhalten können. Der **Realoptionsansatz** versucht den Wert dieser Potenziale durch Analogieschluss auf finanzwirtschaftliche Optionen und deren Bewertungstheorie zu berücksichtigen; vgl. z. B. Müller (2004); Müller (2014), S. 496–533; Perridon/Steiner/Rathgeber (2012), S. 146–149. Für den hier behandelten Aspekt der praxistauglichen Verwendung von Investitionsrechenverfahren in KMU ist dieser Ansatz nicht geeignet. Auch Kruschwitz sieht in der Anwendung der Optionspreistheorie in diesem Umfeld einen Irrweg; vgl. Kruschwitz (2014), S. 388–428. Zum Unsicherheitsaspekt im Bewertungskontext vgl. auch Toll/Hering (2017).

Auszahlungsseite zwingend zum Kostenbegriff übergehen.[24] Dabei mögen laufende Betriebskosten im Einzelfall durchaus pagatorischer Natur sein – die beiden Kostenkomponenten kalkulatorische Abschreibungen und kalkulatorische Kosten des durchschnittlich gebundenen Kapitals sind es definitiv nicht. Während der Fehler bei den Kapitalkosten sich im speziellen Falle einer gleichmäßigen Rückführung von speziell für die Investition aufgenommenem Kapital auf die Nichtberücksichtigung des Zinseszinseffektes beschränkt und damit tendenziell eher vernachlässigbar erscheinen könnte, ist die gleichmäßige Verteilung der zu Beginn stattfindenden Anschaffungsauszahlung (ggf. verrechnet mit Schlussein- oder -auszahlungen) auf alle Perioden unter dem Blickwinkel der Zahlungswirksamkeit eine grobe Abweichung.

In der Konsequenz sollten statische Investitionsrechenverfahren grundsätzlich vermieden und allenfalls als ergänzende Verfahren zur groben Abschätzung eingesetzt werden.[25] Wenn die Informationslage nur die Anwendung statischer Verfahren zu erlauben scheint, sollte eine Verbesserung durch zusätzliche Informationsgewinnungsaktivitäten angestrebt werden. In allen Fällen, in denen zumindest auch eine Schätzung der Erlöskomponente möglich ist, kann mit den gleichen Prognosegrößen ebenso ein dynamisches Verfahren angewendet werden, auch wenn so kalkulatorische und pagatorische Zeitpunkte pauschal gleichgesetzt werden. Genauso wenig sollte aus den in Abschnitt 1 genannten Charakteristika eines typischen KMU die Empfehlung abgeleitet werden, zur Unterstützung weitreichender Entscheidungen unzureichende bzw. sogar ungeeignete Verfahren einzusetzen.[26]

Potenzial für eine sachgerechte Unterstützung von Investitionsentscheidungen besitzen somit in erster Linie die dynamischen Verfahren. Dazu muss für jedes betrachtete Investitionsprojekt nach Festlegung der anzunehmenden Nutzungsdauer des Investitionsgutes sowie der Periodengenauigkeit der mit der Investition verbundene **Zahlungsstrom** ermittelt, d. h. im Allgemeinen geschätzt, werden. Er gibt für jede Periode bis zum Ende der Nutzungsdauer den sogenannten **Einzahlungsüberschuss** als Saldo der prognostizierten Ein- und Auszahlungen an. Zu beachten ist hierbei der

---

24 Nach Walz/Gramlich erleichtert die Verwendung von Größen, die zwar nicht pagatorisch sind, aber ohnehin im Rechnungswesen des Unternehmens erfasst werden, die Anwendbarkeit der Verfahren; vgl. Walz/Gramlich (2011), S. 113–114.

25 Daher werden die Verfahren hier in ihrem Ablauf auch nicht genauer vorgestellt. Für zusätzliche Informationen zu **Kostenvergleichsrechnung** und **Gewinnvergleichsrechnung** für die Auswahlentscheidung sowie zur **Rentabilitätsrechnung** für die Vorteilhaftigkeitsentscheidung sei auf die angegebene Lehrbuchliteratur verwiesen. Busse von Colbe/Laßmann/Witte nennen die statischen Verfahren „Vorformen der mathematischen Verfahren", halten sie allenfalls bei kleinen Investitionsprojekten für gelegentlich vertretbar und raten generell zum Verzicht auf ihre Anwendung; vgl. Busse von Colbe/Laßmann/Witte (2015), S. 21. Kruschwitz vertritt gar die Meinung, dass die statischen Verfahren aufgrund ihrer allgemein bekannten Unterlegenheit überhaupt nicht mehr dargestellt werden sollten; vgl. Kruschwitz (2014), S. 29.

26 Pflaumer verwendet die Aussage zwar nicht als Empfehlung, aber als Beschreibung des Istzustands (zumindest zu diesem Zeitpunkt) in KMU; vgl. Pflaumer (2000), S. 108.

pagatorische Ansatz: Anzusetzen ist für jeden Vorgang der Zeitpunkt des tatsächlichen Zahlungsflusses, nicht der ggf. abweichende Zeitpunkt des buchhalterischen Entstehens.[27] Ein dynamisches Verfahren verarbeitet die Einzahlungsüberschüsse unter Berücksichtigung der Zeitpunkte (im Rahmen der Periodengenauigkeit), zu denen sie jeweils anfielen. Den aus unterschiedlichen Zeitpunkten des Anfallens resultierenden Wertunterschied zwischen betragsmäßig gleichen Zahlungen verursacht der Zins, der kalkulatorisch anfällt, wenn eine früher erfolgende Einzahlung zwischenzeitlich angelegt werden kann bzw. eine früher erfolgende Auszahlung zwischenzeitlich aufgenommen werden muss. Die Standardverfahren der dynamischen Investitionsrechnung unterstellen dabei für beide Fälle ein und denselben **Kalkulationszinssatz**, der dann als (eindeutiger) **Marktzinssatz** bezeichnet wird. Bei Verwendung der **Kapitalwertmethode (KWM)** wird die Investition anhand der Summe der abgezinsten Einzahlungsüberschüsse bewertet:

$$C_0 = -I_0 + \sum_{t=1}^{n} \frac{EZ\ddot{U}_t}{(1+i)^t}$$

mit

$\quad\quad C_0$ = Kapitalwert der Investition

$\quad\quad I_0$ = Anfangsauszahlung der Investition[28]

$\quad\quad n$ = zeitlicher Horizont der Kalkulation (Lebensdauer)

$\quad\quad EZ\ddot{U}_t$ = Einzahlungsüberschuss in Periode $t = 1, \ldots, n$

$\quad\quad i$ = Kalkulationszins

Eine vorteilhafte Investition im Sinne des Kapitalwertkalküls ist somit durch einen positiven Kapitalwert charakterisiert. Betrachtet man den Kapitalwert als eine Funktion $C_0(i)$ des Kalkulationszinses i, gelangt man zur **Interner-Zinssatz-Methode (IZM)**. Der interne Zins i_{int} der Investition ist derjenige Zins, für den

$$C_0(i_{int}) = 0$$

gilt. Die Investition ist im Sinne des Kalküls des internen Zinses genau dann vorteilhaft, wenn der interne Zinssatz größer als der vorgegebene Kalkulationszinssatz ist. Zur Berechnung sind im Falle von mehr als zwei Perioden Näherungsverfahren wie lineare Interpolation[29] oder Newton-Verfahren[30] erforderlich.

---

27 Beim Verkauf eines Produktes beispielsweise zählt also nicht der – steuerlich relevante – Zeitpunkt der Umsatzentstehung, sondern der Zeitpunkt, zu dem der Kunde die Rechnung tatsächlich bezahlt.

28 Der Einfachheit der Darstellung halber und ohne Beschränkung der Allgemeinheit sei unterstellt, dass die Anschaffung des Investitionsgutes genau eine einmalige Auszahlung zu Beginn erfordert.

29 Vgl. z. B. Blohm/Lüder/Schaefer (2012), S. 82.

30 Vgl. z. B. Kruschwitz (2014), S. 98.

Möchte man eines dieser beiden Kriterien[31] für die Investitionsrechnung verwenden, sollte man sich fragen, welche ausgesprochenen oder gar unausgesprochenen Annahmen und Voraussetzungen der Methode zugrunde liegen. Da es sich um die Beurteilung eines über die Zeit verteilten Stromes von Zahlungen handelt, spielen die Präferenzen der beurteilenden Person hinsichtlich dieses Aspektes grundsätzlich eine Rolle: Menschen wägen den Nutzen eines früher zufließenden Geldbetrags gegen denjenigen eines später eintreffenden individuell unterschiedlich ab. Wenn nun jedoch der Kapitalwert eine allgemeingültige Kennzahl zur Beurteilung der Vorteilhaftigkeit einer Investition sein soll, muss die durch das Rechenmodell abgebildete Entscheidungssituation gegenüber der realen gedanklich dermaßen vereinfacht sein, dass alle rationalen Entscheidungsträger ein- und dieselbe Entscheidung als optimal erachten. Eine solche Vereinfachung wird in formalen Kalkülen wie den Investitionsrechenverfahren stets durch das Setzen zusätzlicher Annahmen erreicht.

Bei der KWM steckt diese Annahme im Konstrukt des einheitlichen Kalkulationszinses, mit dessen Hilfe der Zahlungsstrom auf eine im festen Zeitpunkt $t = 0$ anfallende Geldgröße verdichtet wird. Bezüglich dieser benötigt man dann nur noch die für rationale Entscheidungsträger selbstverständliche Präferenz, dass ein größerer Geldzufluss besser als ein niedriger ist (Höhenpräferenz).

Bei Durchführung einer Investition wird – ausgedrückt durch die Anfangsauszahlung – Kapital in der Investition gebunden, welches im Zeitablauf durch positive Einzahlungsüberschüsse geringer wird, bis (im Falle einer vorteilhaften Investition) dieses sogenannte gebundene Kapital negativ, also zum Überschuss wird. Solange Kapital tatsächlich gebunden ist, unterstellt die KWM, dass es zum Kalkulationszinssatz finanziert wird. Falls das gebundene Kapital in der allerletzten Periode erstmals (oder überhaupt nicht) in einen Überschuss umschlägt, ist diese Annahme auch völlig unproblematisch. In der Literatur wird dann von einer **isoliert durchführbaren Investition** gesprochen.[32] i ist dann eben der Zinssatz, zu dem das Unternehmen sich Kapital beschaffen kann. Liegt aber bereits zu Beginn einer oder gar mehrerer Perioden während des Betrachtungszeitraums ein Überschuss vor, so unterstellt die KWM implizit, dass der Überschuss zu demselben (!) Zinssatz i über die Teilperiode angelegt werden kann (sogenannte **Wiederanlageprämisse**). Aus Sicht der Praxis ist diese Annahme offensichtlich sehr problematisch – und offensichtlich noch fragwürdiger, sollte sich der Anwender aus der Praxis über diesen Sachverhalt gar nicht im Klaren sein.[33]

Analog ist die Verwendung der IZM genau dann unproblematisch, wenn das gebundene Kapital nicht zwischenzeitlich negativ wird, also eine isoliert durchführbare Investition vorliegt. Dann ist der interne Zins als kritischer Zinssatz zu interpretieren:

---

31 Die **Annuitätenmethode** als weiteres aus der KWM abgeleitetes Investitionsrechenverfahren sei hier nur nachrichtlich unter Verweis auf die Lehrbuchliteratur erwähnt.

32 Vgl. z. B. Blohm/Lüder/Schaefer (2012), S. 81; Götze (2014), S. 105. Der Begriff erklärt sich daraus, dass außer der Investition selber keine weitere Mittelverwendung eine Rolle spielt.

33 Vgl. in diesem Sinne schon Heister (1962), S. 68.

Kann man sich das Kapital günstiger besorgen, lohnt sich die Investition, ansonsten nicht. Wenn jedoch das gebundene Kapital zwischenzeitlich negativ wird, unterstellt die IZM die Reinvestition zum internen Zins. Dabei ist die Wiederanlageprämisse nicht nur aus praktischer Sicht fragwürdig wie oben bei der KWM. Vielmehr handelt es sich um einen logischen Widerspruch, denn die Annahme des vollkommen Kapitalmarkts besagt, dass Überschüsse extern (!) am Kapitalmarkt zum Kalkulationszins angelegt werden und nicht zum internen (!) Zins der Investition. Darüber hinaus gibt es ein weiteres Problem: Da es sich bei der Kapitalwertfunktion um ein Polynom n-ten Grades handelt, kann es zum Zahlungsstrom einer Investition genau eine, mehrere oder auch gar keine reelle Nullstelle geben. Unter gewissen Bedingungen[34] gibt es genau eine Lösung der Gleichung, die zudem ökonomisch sinnvoll ist. Das ist z. B. sichergestellt, wenn das Vorzeichen der Zahlungen im Zahlungsstrom nur einmal wechselt. In den Fällen, in denen die IZM anwendbar ist, führt sie bei der Vorteilhaftigkeitsentscheidung zum gleichen Ergebnis wie die KWM.[35] Insofern wäre sie im Prinzip als überflüssig anzusehen, allerdings erfreut sie sich in der Praxis einer nicht geringen Beliebtheit.[36]

Noch problematischer werden die Verhältnisse bei der Auswahlentscheidung. Unter Verwendung des Kapitalwertes als Kriterium wird die Investitionsalternative A im Vergleich zur Alternative B genau dann als besser angesehen, wenn sie den größeren Kapitalwert aufweist:

$$C_0^A \geq C_0^B$$

mit

$$C_0^A, \; C_0^B = \text{Kapitalwert von Investition A bzw. B}$$

Hierfür kann äquivalent geschrieben werden:

$$C_0^{A-B} \geq 0$$

mit

$$C_0^{A-B} = C_0^A - C_0^B = \text{Kapitalwert der \textbf{Differenzinvestition}}$$

$$\text{Differenzinvestition} = \text{Investition mit } E\ddot{U}_0^{A-B} = -(I_0^A - I_0^B)$$

$$E\ddot{U}_t^{A-B} = E\ddot{U}_t^A - E\ddot{U}_t^B, \; t = 0, 1, \ldots, n$$

---

34 Vgl. z. B. Blohm/Lüder/Schaefer (2012), S. 81–82, m. w. N.

35 Auch im Falle mehrerer Nullstellen kann man mittels zusätzlicher Überlegungen einen ökonomisch sinnvoll interpretierbaren internen Zins ableiten. Als „Lohn der Mühen" erhält man wieder eine Entscheidung, die man mit der KWM ebenso, aber mit geringerem Aufwand getroffen hätte; vgl. Copeland/Weston/Shastri (2008), S. 66–69.

36 So auch Kruschwitz (2014), S. 92; vgl. auch Busse von Colbe/Laßmann/Witte (2015), S. 148.

wobei ohne Beschränkung der Allgemeinheit die Anfangsinvestition (also das gebundene Kapital) bei A zu Beginn als größer oder gleich derjenigen bei B angenommen wird.

Beispiel 1. *Tabelle 59 zeigt die Zahlungsströme und Kapitalwerte zweier alternativ durchführbarer Investitionsprojekte A und B sowie Zahlungsstrom und Kapitalwert der Differenzinvestition, jeweils gemessen in „Geldeinheiten" (GE). Der Kalkulationszinssatz beträgt 10 %.*

Der Kapitalwert von Investition A ist geringer als der von B, daher ist B vorzuziehen. Der Schluss lässt sich ebenso gut am negativen Vorzeichen des Kapitalwertes der Differenzinvestition ablesen: 6,61 − 9,41 = −2,80 < 0.

Tab. 59: Auswahlentscheidung und Differenzinvestition.

Periode	0	1	2	3	Kapitalwerte
Projekt A	−100	90	30	−	6,61
Projekt B	−80	100	−40	42	9,41
Differenzinvestition	−20	−10	70	−42	**−2,80**

Die Verwendung der KWM unterstellt demnach implizit, dass die Entscheidung von der Vorteilhaftigkeit der Differenzinvestition abhängig ist; hat diese einen positiven Kapitalwert, so ist stets Projekt A zu wählen, ansonsten Projekt B. Mit dem oben schon angeführten Argument, dass allgemeingültige, d. h. von individuellen Präferenzen unabhängige, Bewertungen sich nur auf einzelne, zu einem einzigen Zeitpunkt anfallende Zahlungen stützen dürfen, ist für die Zulässigkeit dieser Vorgehensweise dann allerdings zu fordern, dass die Zahlungsströme der Projekte A und B zu allen Zeitpunkten außer einem identisch sein müssen oder – anders ausgedrückt – die Differenzinvestition in allen Zeitpunkten außer einem den Einzahlungsüberschuss 0 aufweist. Das Vorzeichen dieses Geldbetrags entscheidet dann über die relative Vorteilhaftigkeit der beiden Investitionsprojekte. Damit diese Annahme erfüllt ist, muss das gebundene Kapital in jeder außer einer Periode bei beiden Investitionen ebenso wie die Lebensdauer gleich sein. Man spricht in diesem Zusammenhang auch von **vollständigen**[37] oder **echten**[38] **Alternativen.** Exemplarisch kann man sich die Sinnhaftigkeit dieser Bezeichnungen ebenso wie der Argumentation folgendermaßen deutlich machen: Wenn A eine Anfangsauszahlung von 100 Geldeinheiten (GE) erfordert und B eine von 80 GE, so stellt sich die Frage, was im Falle der Realisierung von B mit den „restlichen" 20 GE geschehen soll. Da sie für A zur Verfügung gestan-

---

37 Vgl. z. B. Blohm/Lüder/Schaefer (2012), S. 50.
38 Vgl. z. B. Kruschwitz (2014), S. 34.

den hätten, muss auch im Fall der Realisierung von B eine Entscheidung über ihre Verwendung (und ggf. Beschaffung) getroffen werden.

Allerdings stellen reale Investitionen im Normalfall keine vollständigen Alternativen zueinander dar. Die Tatsache, dass dennoch die o. g. Entscheidungsregel der KWM in der Praxis regelmäßig angewendet wird, lässt sich im Entscheidungskalkül nur mit einer weiteren impliziten Annahme rechtfertigen: Der dem Investor zur Verfügung stehende Kapitalmarkt bietet zum einheitlichen Soll- und Habenzins jederzeit die Möglichkeit, beliebige Geldbeträge über beliebige Zeiträume hinweg aufzunehmen bzw. anzulegen (**vollständiger Kapitalmarkt**). Unter diesen Umständen kann einer der beiden zu vergleichenden Zahlungsströme mittels sogenannter **Ergänzungsinvestitionen** und **Ergänzungsfinanzierungen** so umgeformt werden, dass

1. zu allen Zeitpunkten außer einem die Einzahlungsüberschüsse identisch mit denjenigen der anderen Investition sind;
2. der Kapitalwert des Zahlungsstroms sich nicht ändert (**Kapitalwertneutralität**).

Mittels Vergleich der beiden (einzigen) unterschiedlichen Einzahlungsüberschüsse können dann die beiden Investitionsprojekte verglichen werden. Üblicherweise wird als diejenige Periode mit unterschiedlichen Zahlungen die letzte gewählt. Die Ergänzungsinvestitionen (Ergänzungsfinanzierungen) sind Geldanlagen (Geldaufnahmen) in Höhe der Differenz der Einzahlungsüberschüsse der beiden Projekte, welche – verzinst zum einheitlichen Kalkulationszins – in der letzten Periode zurückfließen.

Beispiel 2. *Das Projekt B aus Beispiel 1 wird durch kapitalwertneutrale Ergänzungen zum Kalkulationszinssatz 10 % mit Projekt A vergleichbar gemacht. Die in Tab. 60 dargestellten notwendigen Ergänzungen können auch an der in Tab. 59 angegebenen Differenzinvestition abgelesen werden.*

Tab. 60: Auswahlentscheidung mit Ergänzungsinvestitionen und -finanzierungen.

Periode	0	1	2	3	(Kapitalwerte)
Projekt B	−80	100	−40	42,00	(9,41)
Ergänzungsinvestition in $t = 0$	−20			26,62	(0,00)
Ergänzungsinvestition in $t = 1$		−10		12,10	(0,00)
Ergänzungsfinanzierung in $t = 2$			70	−77,00	(0,00)
Ergänztes Projekt B	−100	90	30	**3,72**	(9,41)
Projekt A	−100	90	30	**0,00**	(6,61)

Der Rückfluss beispielsweise der ersten Ergänzungsinvestition wird als $-(-20 \cdot (1 + 0,1)^3) = 26,62$ berechnet. Die Angabe der Kapitalwerte erfolgt hier nur zu Erläuterungszwecken. Der Vergleich des ergänzten Projekts B (mit gleichem Kapitalwert wie Projekt B selbst) mit dem Projekt A erfolgt alleine anhand der in Periode $t = n$ anfallenden

Zahlungen dieser beiden: 3,72 > 0, also ist das ergänzte Projekt B und somit auch das Projekt B selbst besser als Projekt A.

Mittels der gleichen Argumentation folgt für die IZM, dass der interne Zins nicht undifferenziert als zu maximierendes Entscheidungskriterium für die Auswahlentscheidung verwendet werden sollte. Da die für die KWM hergeleitete Annahme jetzt – wie weiter vorne bei der Vorteilhaftigkeitsentscheidung – für die interne Rendite jeder denkbaren Investition gelten müsste, würde die implizite Annahme hinsichtlich der Ergänzungsinvestitionen und -finanzierungen in diesem Fall lauten: „Jeder beliebige Geldbetrag kann über jeden beliebigen Zeitraum zu jedem beliebigen Zinssatz am Kapitalmarkt angelegt oder aufgenommen werden." Das ist offenkundig unsinnig. Auch wenn man durch explizite Betrachtung der Differenzinvestition eine komplexere Entscheidungsregel auf Basis der IZM ableiten kann,[39] sollte die IZM für die Auswahlentscheidung gerade bei Realinvestitionen grundsätzlich vermieden werden. Das gilt umso mehr, als dass auch hier gilt: Falls die IZM eingesetzt werden kann, ist sie äquivalent zur KWM.

Zusammenfassend kann hinsichtlich der Standardinvestitionsrechenverfahren festgestellt werden:

– Statische Investitionsrechenverfahren sind grundsätzlich unzureichend und führen allenfalls zufällig zu optimalen Entscheidungen.

– Gerade bei Realinvestitionen ist die Interner-Zinssatz-Methode der Kapitalwertmethode unterlegen, weil sie nur in bestimmten Konstellationen zu optimalen Entscheidungen führt.[40] Diese stimmen dann jedoch mit denen bei Anwendung der Kapitalwertmethode überein.

– Die Anwendung der Kapitalwertmethode ist unproblematisch, wenn ein isoliert durchführbares Investitionsprojekt hinsichtlich seiner Vorteilhaftigkeit untersucht werden soll und als Kalkulationszins die Kapitalkosten des Unternehmens angesetzt werden.

– Die Beurteilung eines nicht isoliert durchführbaren Projekts sowie das Treffen einer Auswahlentscheidung auf Basis des Kapitalwertes unterstellen einen vollständigen und vollkommenen Kapitalmarkt, auf dem beliebige Geldbeträge zum einheitlichen Kalkulationszins angelegt und aufgenommen werden können.

Letzteres stellt die Standardannahme in der sogenannten neoklassischen Finanzierungstheorie dar, die in der Konsequenz in der Investitionsrechnung ebenso wie in der

---

39 In manchen Fällen kann nämlich die Investition mit dem niedrigeren internen Zins den höheren Kapitalwert aufweisen. Dieser Aspekt soll hier nicht weiter vertieft werden; vgl. z. B. Blohm/Lüder/Schaefer (2012), S. 89; Kruschwitz (2014), S. 66–67.

40 Finanzinvestitionen weisen häufig, aber keineswegs immer Zahlungsströme auf, bei denen die Anwendung der IZM und somit die Angabe von Renditekennzahlen möglich ist.

Kapitalmarkttheorie (in Gestalt des Capital Asset Pricing Models[41]) „einfache Wahrheiten" als Lösungsvorschläge anbietet.[42] Der Realitätsgehalt der Annahme ist jedoch offenkundig zweifelhaft. Während man für manche Großunternehmen u. U. noch argumentieren kann, dass der Unterschied zwischen Soll- und Habenzins eher gering sein könnte und dass es vielfältigste Anlage- und Finanzierungsmöglichkeiten gibt, ist diese Annahme für KMU im Allgemeinen ziemlich gewagt, wie die in Abschnitt 1 zusammengetragenen Charakteristika dieser Unternehmensklasse zeigen. Insofern ist es naheliegend, nach einem fundierten Verfahren Ausschau zu halten, welches diese problematische Annahme vermeidet und dennoch hinreichend einfach anwendbar ist.

3 Der VOFI als Investitionsrechenverfahren

3.1 Ausgangspunkt: die Endwertmethode

Die oben bei der Auswahlentscheidung hergeleitete Herangehensweise, zwei Zahlungsströme mittels Ergänzungsinvestitionen und -finanzierungen dadurch vergleichbar zu machen, dass der einzige Unterschied in der Zahlung im Zeitpunkt $t = n$ auftritt, lässt sich unmittelbar auch auf die Vorteilhaftigkeitsentscheidung übertragen. Der Zahlungsstrom des betreffenden Investitionsprojekts muss auf die gleiche Weise mit demjenigen Zahlungsstrom vergleichbar gemacht werden, der in allen Perioden die Zahlung 0 aufweist.

Die in $t = n$ anfallende Zahlung des ergänzten Zahlungsstroms stellt eine weitere bekannte Kenngröße dar, nämlich den Endwert des Zahlungsstroms. Da sie im Weiteren noch modifiziert werden wird, sei sie hier als **einfacher Endwert** bezeichnet. Die Berechnung kann auch formelmäßig erfolgen:

$$C_n = I_0 \cdot (1 + i)^n + \sum_{t=1}^{n} EZ\ddot{U}_t \cdot (1 + i)^{n-t} = C_0 \cdot (1 + i)^n$$

Als Investitionsrechnungsverfahren liefert der einfache Endwert stets die gleiche Entscheidung wie die KWM.

Beispiel 3. *Die Vorteilhaftigkeit des aus obigen Beispielen bekannten Projekts B lässt sich auch wie in Tab. 61 wiedergegeben feststellen.*

---

41 Das Capital Asset Pricing Model (CAPM) geht auf Sharpe, Lintner und Mossin zurück; vgl. Sharpe (1963); Lintner (1965); Mossin (1966). Für überblicksartige Darstellungen vgl. z. B. Copeland/Weston/Shastri (2008), S. 208–216; Drukarczyk (1993), S. 208–216; Steiner/Uhlir (2001), S. 186–197. CAPM wird auch häufig für die Gewinnung der Kapitalkosten als Kalkulationszins in der KWM eingesetzt; vgl. z. B. Busse von Colbe/Laßmann/Witte (2015), 281–293; Muche (2017), S. 501.

42 Für eine Darstellung der grundsätzlichen Charakteristika der neo-klassischen Finanzierungstheorie vgl. z. B. Schmidt/Terberger (1997), S. 53–64.

Tab. 61: Endwertberechnung mittels Ergänzungsinvestitionen und -finanzierungen.

Periode	0	1	2	3
Projekt B	−80	100	−40	42,00
Ergänzungsfinanzierung in $t = 0$	80			−106,48
Ergänzungsinvestition in $t = 1$		−100		121,00
Ergänzungsfinanzierung in $t = 2$			40	−44,00
Zahlungssaldo	0	0	0	**12,52**

Projekt B ist wegen 12,52 > 0 *vorteilhaft. Unter Verwendung der Formel berechnet sich der Endwert als*

$$C_3 = -80 \cdot 1,1^3 + 100 \cdot 1,1^2 - 40 \cdot 1,1 + 42 = 12,52$$

Dreimaliges Abzinsen des Endwertes liefert den bekannten Kapitalwert 9,41.

Die Ergänzungsinvestitionen und -finanzierungen können äquivalent auch so definiert werden, dass der Rückfluss kapitalwertneutral jeweils bereits in der Nachfolgeperiode erfolgt. Die tabellarische Rechnung muss dann in der Folgeperiode durch entsprechende Ergänzungsmaßnahmen dafür sorgen, dass auch diese ausgeglichene Liquidität aufweist usw.

Beispiel 4. *Für das Projekt B wird der Endwert nunmehr wie in Tab. 62 gezeigt berechnet.*

Tab. 62: Endwertberechnung mittels einperiodiger Ergänzungsinvestitionen und -finanzierungen.

Periode	0	1	2	3
Projekt B	−80	100	−40,00	42,00
Ergänzungsfinanzierung in $t = 0$	80	−88		
Ergänzungsinvestition in $t = 1$		−12	13,20	
Ergänzungsfinanzierung in $t = 2$			26,80	−29,48
Zahlungssaldo	0	0	0	**12,52**

Wie man erkennen kann, gibt es keinen zwingenden Grund, bei der Berechnung des Endwertes zwingend von der Gleichheit von Soll- und Habenzins auszugehen. Man kann sich demnach nunmehr von dieser modellhaften und aus praktischer Sicht zweifelhaften Annahme verabschieden und in der Rechnung von einer Periode zur nächsten Guthaben mit dem Habenzins und Fehlbestände (Kredite) mit dem Sollzins verzinsen (**gespaltener Zinssatz**). Diese Methode wird üblicherweise als

(Vermögens-) Endwertmethode bezeichnet.[43] Benötigt wird dabei eine zusätzliche Annahme, ob mit positiven Einzahlungsüberschüssen einer Periode Fehlbestände zurückgeführt werden können (**Kontenausgleichsgebot**) oder ob parallel Guthabenbestände und Fehlbestände bis zum Endzeitpunkt n geführt und erst in der letzten Periode miteinander verrechnet werden (**Kontenausgleichsverbot**).[44] Im letzteren Fall lautet die Berechnungsvorschrift[45]:

$$C_n = V_n^+ + V_n^-$$

mit $\quad V_n^+ = \sum_{t=1}^{n} EZ\ddot{U}_t^+ \cdot (1 + i_H)^{n-t}, \qquad V_n^- = -I_0 \cdot (1 + i_S)^n$

$$+ \sum_{t=1}^{n} EZ\ddot{U}_t^- \cdot (1 + i_S)^{n-t},$$

$$EZ\ddot{U}_t^+ = \max\{EZ\ddot{U}_t, 0\}, \qquad\qquad EZ\ddot{U}_t^- = \min\{EZ\ddot{U}_t, 0\},$$

$$i_H = \text{Habenzins}, \qquad\qquad i_S = \text{Sollzins}$$

Für das Kontenausgleichsgebot lautet die sukzessive Berechnung[46]:

$$V_0 = -I_0$$

$$V_t = EZ\ddot{U}_t + \begin{cases} V_{t-1} \cdot (1 + i_H) & \text{falls } V_{t-1} \geq 0 \\ V_{t-1} \cdot (1 + i_S) & \text{falls } V_{t-1} < 0 \end{cases}, \quad t = 1, \dots, n$$

$$C_n = V_n$$

Da realistischerweise stets $i_H < i_S$ anzusetzen ist, führt das Kontenausgleichsverbot zu einem niedrigeren Endwert.

Beispiel 5. *Gegenüber dem vorherigen Beispiel werden nunmehr ein Sollzinssatz von 10 % und ein Habenzinssatz von 5 % angesetzt. Es wird vom Kontenausgleichsgebot ausgegangen.*

---

43 Im Grunde genommen ist auch die Berechnung des Endwertes bei einheitlichem Kalkulationszinssatz als (Variante der) Endwertmethode zu bezeichnen; dieses Verständnis wird – ohne Verwendung des Begriffs „Methode" – z. B. bei Altrogge (1996), S. 341–352 oder Bitz/Ewert/Terstege (2002), S. 84–88 deutlich. Die Literatur reserviert den Begriff jedoch überwiegend für den Fall gespaltener Zinssätze; vgl. z. B. Bieg/Kußmaul/Waschbüsch (2016), S. 123–125; Blohm/Lüder/Schaefer (2012), S. 44; Götze (2014), S. 117–123; Perridon/Steiner/Rathgeber (2012), S. 90.
44 Das Kontenausgleichsgebot entspricht dabei der Vorgehensweise in Tab. 62, das Kontenausgleichsverbot demjenigen in Tab. 61. Die Gleichheit des Ergebnisses in den beiden Beispielen liegt an der Annahme des einheitlichen Soll- und Habenzinssatzes.
45 Vgl. z. B. Blohm/Lüder/Schaefer (2012), S. 75; Götze (2014), S. 119; Perridon/Steiner/Rathgeber (2012), S. 90.
46 Vgl. z. B. Blohm/Lüder/Schaefer (2012), S. 76; Götze (2014), S. 119; Perridon/Steiner/Rathgeber (2012), S. 91.

Tab. 63: Endwertmethode (gespaltener Zinssatz).

Periode	0	1	2	3
Projekt B	−80	100	−40,00	42,00
Ergänzungsfinanzierung (10 %) in $t = 0$	80	−88		
Ergänzungsinvestition (5 %) in $t = 1$		−12	12,60	
Ergänzungsfinanzierung (10 %) in $t = 2$			27,40	−30,14
Zahlungssaldo	0	0	0	**11,86**

Die Verringerung des in Tab. 63 berechneten Endwertes spiegelt wider, dass das zwischenzeitliche Guthaben von 12 GE während der zweiten Periode nun nicht mehr wie in Beispiel 4 mit 10 %, sondern nunmehr mit 5 % verzinst wird.

Die Entscheidung, ob mit Kontenausgleichsgebot oder -verbot gerechnet werden soll, ist von der gegebenen Finanzierungssituation des Unternehmens abhängig. Man wird das Kontenausgleichsverbot nur dann unterstellen, wenn eine inflexible Finanzierung vorliegt, die nicht vorzeitig zurückgeführt werden kann. Im Falle flexibel gestaltbarer Tilgung ist das Kontenausgleichsgebot zugrunde zu legen.[47] Beide Annahmen sind als idealisierende Fiktionen hinsichtlich der Finanzierung anzusehen.[48]

Blohm/Lüder/Schaefer oder Rolfes folgend[49] kann auch jede teilweise Verrechnung der Einzahlungsüberschüsse mit Fehlbeständen während der Laufzeit des Investitionsprojekts als eine weitere Variante der Endwertmethode angesehen werden. Die **Methode der vollständigen Finanzplanung (VOFI)** nun geht bei der Berücksichtigung spezifischer Finanzierungsgegebenheiten in dieser Richtung weiter[50] und lässt die Abbildung von beliebigen Finanzierungsvereinbarungen in den Zahlungsströmen oder von Abhängigkeiten wie z. B. projektgebundenen Finanzierungszusagen zu.[51]

---

47 Mit dieser Annahme hat man sich allerdings noch nicht weit von der KWM entfernt, denn für isoliert durchführbare Investitionen unter dem Kontenausgleichsgebot fällt die Vorteilhaftigkeitsentscheidung stets genauso aus wie unter der KWM; vgl. Blohm/Lüder/Schaefer (2012), S. 79.

48 Vgl. Blohm/Lüder/Schaefer (2012), S. 78.

49 Vgl. Blohm/Lüder/Schaefer (2012), S. 74; Rolfes (2003), S. 20.

50 Adam hingegen spricht bereits bei der Endwertmethode mit gespaltenem Zins (und Kontenausgleichsgebot) von vollständigen Finanzplänen; vgl. Adam (2000), S. 69–72 u. 120–131. Busse von Colbe/Laßmann/Witte hingegen illustrieren Finanzpläne alleine für den Fall mehrerer Realinvestitionsmöglichkeiten, eines gegebenen Anfangsvermögens ohne weitere Finanzierungsmöglichkeit sowie eine zwischenzeitliche Anlagemöglichkeit am Kapitalmarkt; vgl. Busse von Colbe/Laßmann/Witte (2015), S. 51–55. Schultz weist explizit darauf hin, dass der Konkretisierungsgrad von VOFIs variiert werden kann; vgl. Schultz (2005), S. 157.

51 Schultz zeigt, dass das mit der neoklassischen Finanzierungstheorie inkompatible VOFI-Konzept andererseits gut mit der neoinstitutionalistischen Finanzierungstheorie verträglich ist, die explizit Informationsasymmetrien und Anreizstrukturen berücksichtigt; vgl. Schultz (2005), S. 152–154.

3.2 Das VOFI-Konzept

Der Begriff, für den das Akronym VOFI steht, beinhaltet zwei Komponenten:
1. Die Entscheidung über Investitionsprojekte erfolgt **auf Basis vollständig formulierter Alternativen**, wie sie oben erläutert wurden.
2. Bei der Entscheidung über Investitionen werden die Finanzierungsmaßnahmen simultan und explizit mitgeplant. Damit wird die **Investitionsentscheidung als ein Teil der Finanzplanung** gesehen.[52]

Die weiteren konstitutiven Bestandteile sind:
3. Als Entscheidungsgröße dient der **Endwert** der Investitionsprojekte. Bei der Wahlentscheidung ist der Endwert auf den Endzeitpunkt der Alternative mit dem spätesten Endzeitpunkt zu beziehen.
4. Für alle Perioden außer der letzten weisen die Ein- und Auszahlungen ein **Saldo von null** auf.

Das Konzept zieht eine praktische Folge[53] im Vergleich zu den klassischen Methoden KWM und IZM sowie dem einfachen Endwert nach sich: Während diese mittels mathematischer Formeln beschrieben und direkt berechnet werden können, ist das – erkennbar schon an der Verfahrensbeschreibung der Endwertmethode im vorigen Abschnitt – für die VOFI- wie für die Endwertmethode wenig zweckmäßig. Die Rechnungen erfolgen in Tabellen, die beim VOFI eine Erweiterung der obigen Berechnungstabellen für die Endwertmethode mit gespaltenem Zins darstellen.[54] Die Zahlungsströme werden in zwei Bereiche unterschieden. **Originäre Zahlungen** umfassen den Zahlungsstrom der Investition sowie eventuell „eigene Mittel", bestehend aus dem Einsatz von in $t = 0$ vorhandener Liquidität[55] sowie geplanten Entnahmen in den späteren Perioden. Oftmals wird für die „eigenen Mittel" der Terminus „Eigenkapital" verwendet.[56] Dieser auf die Passivseite der Bilanz bezogene Begriff ist allerdings nur dann sachgerecht, wenn es sich beispielsweise um eine Einlage handelt, welche die Eigentümer zum Zwecke der Investition leisten. Allgemein kann im Betrieb vorhandene Liquidität passivisch natürlich nicht zugeordnet werden. Die **derivati-**

---

52 Vgl. Heister (1962), S. 148.
53 Man kann dies auch wie Grob ernster nehmen und von einem „Paradigmenwechsel" sprechen; vgl. Grob (2006), S. 103.
54 Die in den folgenden Beispielen gewählte Form der Tabelle ist eng an Grob (2006), S. 124 angelehnt. Andere Darstellungen variieren in Details, nicht aber im Prinzip; vgl. z. B. Adam (2000), S. 126; Müller (2014), S. 413; Schultz (2005), S. 161.
55 Adam nennt dies „Startkapital"; vgl. Adam (2000), S. 70.
56 Vgl. stellvertretend Müller (2014), S. 413. – Grob hingegen spricht zunächst stets von „eigenen Mitteln", bis diese dann überraschend „finanzwirtschaftlich als Eigenkapital (EK) bezeichnet" werden; vgl. Grob (2006), S. 244. – Götze verwendet wie der vorliegende Beitrag den Begriff „eigene Mittel"; vgl. Götze (2014), S. 129.

ven Zahlungen beschreiben Finanzierungs- und zwischenzeitliche Geldanlagemaßnahmen. Sie entsprechen bzw. verallgemeinern die Ergänzungsfinanzierungen und -investitionen bei der Endwertmethode und sind so zu bestimmen, dass
- die Zahlungssalden für alle Perioden außer der letzten gleich null sind und
- ein **zulässiger VOFI** entsteht, bei dem alle sonstigen Bedingungen wie projektgebundene Finanzierungen oder bestimmte Tilgungsmodalitäten und -fristen eingehalten werden.

Unterhalb des Zahlungssaldos werden die Bestandsgrößen für Kredite und Guthaben geführt. Sie dienen lediglich der Übersichtlichkeit. Dabei hat sich eingebürgert, den Endwert im Unterschied zur bisherigen Vorgehensweise bei der Endwertmethode nicht als Zahlungssaldo der letzten Periode, sondern als eine finale Bestandsgröße auszuweisen. Damit weist dann auch die letzte Periode formal ein Zahlungssaldo von 0 auf (vgl. die Beispiele im folgenden Abschnitt).

3.3 Investitionsentscheidungen mit der VOFI-Methode

Die **VOFI-Entscheidungsregeln** lauten nun:
- *Vorteilhaftigkeitsentscheidung*: Ein Investitionsprojekt ist dann vorteilhaft, wenn es einen größeren Endwert als die Unterlassungsalternative liefert. Der Endwert der Unterlassungsalternative ist dabei das durch alternative Verwendung der eigenen Mittel generierbare Guthaben im Endzeitpunkt. Im Spezialfall, dass eigene Mittel nicht zu berücksichtigen sind, kennzeichnet ein positiver Endwert eine vorteilhafte Investition.
- *Auswahlentscheidung*: Das Investitionsprojekt mit dem größten Endwert ist zu bevorzugen.

Im Folgenden sollen zwei Beispiele die Endwertberechnung[57] verdeutlichen.

Beispiel 6. *Zur Finanzierung des Projekts B (vgl. vorige Beispiele) werden zwei Kredite herangezogen. Kredit 1 kann flexibel aufgenommen und getilgt werden und hat einen Zinssatz von 10%. Kredit 2 hat ein Volumen von 30 GE, weist einen Zinssatz von 7% sowie eine Laufzeit von drei Jahren auf und wird in zwei gleich großen Tranchen in den letzten beiden Perioden getilgt. Guthaben kann jederzeit zu 5% angelegt werden.*

Tabelle 64 zeigt die Berechnung des Endwertes mittels des VOFI. Das Projekt B ist – in Verbindung mit dieser Finanzierung! – vorteilhaft, denn es wurden keine eigenen Mittel eingesetzt und der Endwert von 12,69 GE ist positiv.

---

[57] Der VOFI kann auch mit einem konstanten Entnahmestrom als zu maximierender Zielgröße verwendet werden; vgl. z. B. Kruschwitz (2014), S. 37; Grob (2006), S. 221–224. Dieser Gesichtspunkt wird hier nicht weiter verfolgt.

Tab. 64: VOFI für eine mit zwei Krediten finanzierte Investition.

Periode	0	1	2	3
Investition (Projekt B)				
Anschaffung	−80,00			
Einzahlungsüberschüsse		100,00	−40,00	42,00
Kredit 1				
+ Aufnahme	50,00		12,05	
− Zinsen (10 %)		−5,00		−1,21
− Tilgung		−50,00		−12,05
Kredit 2				
+ Aufnahme	30,00			
− Zinsen (7 %)		−2,10	−2,10	−1,05
− Tilgung			−15,00	−15,00
Geldanlage				
− Anlage		−42,90		−12,69
+ Zinsen (5 %)			2,15	
+ Auflösung			42,90	
Zahlungssaldo	0,00	0,00	0,00	0,00
Bestände				
− Kredit 1	−50,00	0,00	−12,05	0,00
− Kredit 2	−30,00	−30,00	−15,00	0,00
+ Guthaben	0,00	42,30	0,00	12,69
Bestandssaldo	−80,00	12,30	−27,06	**12,69**

Werden eigene Mittel zum Einsatz gebracht, so gleicht die Rechnung formal der in Tab. 64 gezeigten. Die Interpretation des Ergebnisses weicht allerdings ab, wie im folgenden Beispiel deutlich wird.

Beispiel 7. *Nunmehr sollen 30 GE eigene Mittel für die Durchführung der Investition eingesetzt werden. Als zusätzlicher Kredit steht lediglich der oben als Kredit 1 bezeichnete zur Verfügung (10 % Zins, flexible Aufnahme und Tilgung). Als alternative Verwendung der eigenen Mittel wird die Anlage zum Guthabenzins angesetzt. Tabelle 65 gibt die Rechnungen wieder.*

Der Wert 49,61 darf jetzt jedoch nicht als Endwert interpretiert werden, da die eingesetzten eigenen Mittel damit behandelt würden, als ob sie kostenlos wären und ohne Rückzahlung „verbraucht" werden könnten. Um diesen Gesichtspunkt zu berücksichtigen, muss der Wert mit dem Endwert der Unterlassungsalternative verglichen werden. Da

$$30 \cdot 1{,}05^3 = 34{,}73$$

Tab. 65: VOFI für eine mit eigenen Mitteln und mit einem Kredit finanzierte Investition.

Periode	0	1	2	3
Investition (Projekt B)				
Anschaffung	−80,00			
Einzahlungsüberschüsse		100,00	−40,00	42,00
Eigene Mittel				
+ Einsatz	30,00			
− Entnahmen (geplant)		0,00	0,00	0,00
Kredit				
+ Aufnahme	50,00			
− Zinsen (10 %)		−5,00		
− Tilgung		−50,00		
Geldanlage				
− Anlage		−45,00		−42,36
+ Zinsen (5 %)			2,25	0,36
+ Auflösung			37,75	
Zahlungssaldo	0,00	0,00	0,00	0,00
Bestände				
− Kredit	−50,00	0,00	0,00	0,00
+ Guthaben	0,00	45,00	7,25	49,61
Bestandssaldo	−50,00	45,00	7,25	**49,61**

kleiner als 49,61 ist, wird die Investition als vorteilhaft angesehen. Sie schafft gegenüber der Unterlassungsalternative einen Mehrwert (bezogen auf t = 3) in Höhe von 49,61 − 34,73 = 14,88 GE.

Nun ist die Frage nach der **Rentabilität der eingesetzten eigenen Mittel** sowohl als informative Kenngröße als auch als Entscheidungskriterium naheliegend.[58] Mittels des geometrischen Mittels kann diese aus dem Mitteleinsatz und dem Endwert berechnet werden.

Beispiel 7 (Fortsetzung). *Die Periodenrendite auf die eingesetzten eigenen Mittel beträgt*

$$\sqrt[3]{\frac{49,61}{30}} - 1 = 0,1825 \cong 18,25\,\%$$

Da angenommen wird, dass ansonsten mit den eigenen Mitteln nur die durch den Habenzinssatz beschriebene Rendite von 5 % hätte erzielt werden können, zeigt das Ergebnis eine vorteilhafte Investition an. Diese Aussage ist inhaltlich äquivalent sowohl zu der obigen als auch der im Anschluss diskutierten Modifikation.

---

58 Vgl. Grob (2006), S. 245. Grob spricht dabei von der VOFI-Eigenkapitalrentabilität.

Ein Nachteil der in Tab. 65 beschriebenen Vorgehensweise ist, dass ein positiver Bestandssaldo in $t = n$ fälschlicherweise als Signal für die Vorteilhaftigkeit der Investition interpretiert werden könnte. Daher ist es naheliegend, den Vergleich mit der Unterlassungsalternative unmittelbar in die Rechnung zu integrieren. Zu diesem Zweck kann der Zahlungsstrom der Unterlassungsalternative als eigene Zeile in die Tabelle integriert werden, um die Notwendigkeit des Abgleichs direkt deutlich zu machen. Eine andere Möglichkeit liegt darin, kalkulatorische **Opportunitätskosten** in der Rechnung zu berücksichtigen.[59] Naheliegend ist es, als Opportunitätskosten den Habenzinssatz anzusetzen. Es ist allerdings auch ohne Weiteres möglich, hierfür einen anderen Zinssatz anzunehmen, z. B. wenn eine konkrete Alternativverwendung für diese Mittel zur Verfügung steht, die eine andere (höhere) Rendite produzieren würde als die unspezifizierte Anlage zwischenzeitlicher Überschüsse. Über die Opportunitätskosten hinaus müssen bei dieser Vorgehensweise die eingesetzten eigenen Mittel in der letzten Periode kalkulatorisch zurückgezahlt werden.

Tab. 66: VOFI mit Berücksichtigung von Opportunitätskosten für die eigenen Mittel.

Periode	0	1	2	3
Investition (Projekt B)				
Anschaffung	−80,00			
Einzahlungsüberschüsse		100,00	−40,00	42,00
Eigene Mittel				
+ Einsatz	30,00			
− Opportunitätskosten (5 %)		−1,50	−1,50	−1,50
− Rückführung				−30,00
− Entnahmen (geplant)		0,00	0,00	0,00
Kredit				
+ Aufnahme	50,00			
− Zinsen (10 %)		−5,00		
− Tilgung		−50,00		
Geldanlage				
− Anlage		−43,50		−10,71
+ Zinsen (5 %)			2,18	0,21
+ Auflösung			39,33	
Zahlungssaldo	0,00	0,00	0,00	0,00
Bestände				
− Kredit	−50,00	0,00	0,00	0,00
+ Guthaben	0,00	43,50	4,18	14,88
Bestandssaldo	−50,00	43,50	4,18	**14,88**

---

[59] Dies bedeutet allerdings eine partielle Abkehr von dem Prinzip, nur zahlungswirksame und keine lediglich kalkulatorischen Aspekte im VOFI zu berücksichtigen.

Beispiel 8. *Es wird von der aus Beispiel 7 bekannten Situation ausgegangen. Die alternative Rendite für die eigenen Mittel wird durch den Habenzinssatz von 5 % beschrieben.*

Als Endwert ergibt sich nun (vgl. Tab. 66) genau der in Beispiel 7 als Differenz zum Endwert der Unterlassungsalternative berechnete Wert von 14,88 GE.

4 Der VOFI als Investitionsplanungsinstrument

Wie im vorigen Abschnitt zu sehen war, hat man mit der Abkehr vom vollkommenen Kapitalmarkt (und ebenso von der Endwertmethode mit gespaltenem Zinssatz) auch der isolierten Betrachtung des einzelnen Investitionsprojekts durch Berechnung einer diesem Projekt eindeutig zuordenbaren Kennzahl den Rücken gekehrt. Der VOFI betrachtet stets die Einheit aus einem Investitionsprojekt mit den dazugehörigen Kapitalbeschaffungsaktivitäten. Dies ermöglicht nunmehr, verschiedene denkbare Finanzierungen für ein Investitionsprojekt gegeneinander abzuwägen. Oder anders ausgedrückt: Der VOFI wird damit zu einem Instrument der kombinierten Investitions- und Finanzierungsplanung.[60] Dabei müssen solche Kombinationen gefunden werden, bei denen die Zahlungsströme der einzelnen Komponenten strukturell so gut wie möglich (im Sinne der Endwertmaximierung) zusammenpassen, wie das folgende Beispiel verdeutlicht.[61]

Beispiel 9. *Das aus Beispiel 1 (Tab. 59) bekannte Projekt A kann entweder mit einer Kombination aus Kredit 2 (30 GE, 7 % Zins, Tilgung in zwei Raten gleicher Höhe, im Unterschied zu Beispiel 6 jetzt aber mit nur zwei Jahren Laufzeit) und Kredit 1 (flexibel, 10 % Zins) oder komplett mit einem Kredit 3 zu einem Zinssatz von 8 % bei endfälliger Tilgung nach zwei Perioden finanziert werden. Die Eignung der beiden Varianten kann nicht direkt anhand der Konditionen, sondern nur mittels VOFI (vgl. Tab. 67) bestimmt werden.*

Die Finanzierung mit Kredit 1 und 2 führt gegenüber Kredit 3 zum höheren Endwert. Der mit diesen beiden Krediten erzeugte Finanzierungszahlungsstrom passt besser zur Struktur des Investitionszahlungsstroms als der Zahlungsstrom von Kredit 3.

Die VOFIs in Tab. 67 vergleichen die Projekte „Investitionsprojekt A mit 70:30-Finanzierung mittels Kredit 1 und Kredit 2" und „Investitionsprojekt A mit 100 %-Finanzierung mittels Kredit 3". Es handelt sich um ein Modell zur **Simultanplanung** von

---

60 Im weiter gespannten Modell von Schultz wird der VOFI nicht nur für die Planung, sondern auch als Instrument der Budgetierung in einem divisionalisierten Unternehmen sowie zur begleitenden Kontrolle während der Realisation der Investition genutzt; vgl. Schultz (2005), S. 157.

61 Für ein ähnliches Beispiel, in dem eine von der Investition losgelöste Entscheidung für die – auf Basis der IZM – „günstigste" Finanzierung zu einer erheblichen Fehlentscheidung führen würde, vgl. Breuer (1995).

Investition und Finanzierung. Die Standardinvestitionsrechenverfahren, insbesondere die neoklassischen wie KWM und IZM, hingegen sind **Partialmodelle**, welche
das reale Problem nur teilweise bzw. vereinfacht abbilden.[62] Die durch die Annahme
des vollkommenen Kapitalmarkts erreichte Vereinfachung[63] zerlegt die Menge der zu
treffenden Investitions- und Finanzierungsentscheidungen in Einzelentscheidungen
(**Separationstheorem**).[64] Die Rolle der Finanzierung ist reduziert auf den Kalkulationszins. Die Finanzierung leistet keinen eigenen Beitrag zum Erfolg, dieser stammt
alleine von der Investition. Das Unternehmen muss sich sogar überhaupt nicht mit
der Finanzierung beschäftigen, denn ein Konkurs wegen mangelnder Liquidität ist
ausgeschlossen.[65] Daher lassen sich auch die berühmten neoklassischen **Theore-
me zur Irrelevanz der Finanzierung**[66] als „Spiegelbild" der Separationstheoreme
bezeichnen.[67]

Auf der anderen Seite sind Partialmodelle ein probates Mittel, um sowohl die
Komplexität von Rechnungen als auch die Menge zu beschaffender Daten in be-
herrschbaren Grenzen zu halten. Die Betrachtung von Tab. 67 zeigt, dass dort eine
extrem einfache „Optimierung" vorgenommen wird, nämlich die Auswahl zwischen
zwei Möglichkeiten, die fix vorgegeben sind. Realistischerweise wird man aber von
einer erheblich größeren Anzahl von Möglichkeiten auszugehen haben, insbesondere
wenn noch der Umfang verschiedener Kapitalbeschaffungsmaßnahmen abzustimmen ist (**Finanzierungsmixplanung**) und wenn anstelle von einzelnen Investitionen ganze Investitionsprogramme bestimmt werden sollen. Dies führt zu komplexen
Optimierungsmodellen[68], die mit Methoden des **Operations Research** zu lösen sind.
Das bekannte Modell von Hax und Weingartner[69] bildet genau die Struktur des VOFI
ab mit dem Endwert als zu maximierender Größe und der ausgeglichenen Liquidität
für alle früheren Perioden als Nebenbedingungen. Ganzzahligkeitsbedingungen für
die Projekte machen die Lösung mathematisch noch aufwendiger, erlauben aber auch
die Modellierung zusätzlicher Abhängigkeitsbeziehungen (logischer Verknüpfungen)

---

62 Vgl. Horváth/Gleich/Seiter (2015), S. 218.

63 Adam (2000), S. 6 spricht von „Tricks".

64 Die Trennung der Investitions- von der Finanzierungsentscheidung ist gleichbedeutend mit der
Trennung der Investitions- und der Konsumentscheidung, da Finanzierungen Instrumente zur zeit-
lichen Verlagerung von Konsum sind. Zu Separationstheoremen vgl. z. B. Adam (2000), S. 133–134;
Drukarczyk (1993), S. 34–38 u. S. 51–54; Schmidt/Terberger (1997), S. 109–112. Zur Separation bei der
KWM vgl. auch Toll/Hering (2017), S. 464.

65 Vgl. Adam (2000), S. 6.

66 Vgl. Modigliani/Miller (1958).

67 Vgl. Schmidt/Terberger (1997), S. 260.

68 Kruschwitz weist als nachteilig darauf hin, dass auch aus einer „schlichten" Vorteilhaftigkeits-
betrachtung einer Investition, wie sie hier in Abschnitt 3 behandelt wurde, beim Vorliegen mehrerer
Finanzierungsmöglichkeiten stets eine Optimierungsaufgabe würde; vgl. Kruschwitz (2014), S. 38.

69 Vgl. Hax (1964); Weingartner (1964); Hax (1993), S. 85–97; Kruschwitz (2014), S. 239–246.

Tab. 67: Vergleich zweier Finanzierungsvarianten für eine Investition mit VOFI.

Periode	Finanzierungsvariante 1			Finanzierungsvariante 2		
	0	1	2	0	1	2
Investition (Projekt A)						
Anschaffung	−100,00			−100,00		
Einzahlungsüberschüsse		90,00	30,00		90,00	30,00
Kredit 1						
+ Aufnahme	70,00					
− Zinsen (10 %)		−7,00	−0,41			
− Tilgung		−65,90	−4,10			
Kredit 2						
+ Aufnahme	30,00					
− Zinsen (7 %)		−2,10	−1,05			
− Tilgung		−15,00	−15,00			
Kredit 3						
+ Aufnahme				100,00		
− Zinsen (8 %)					−8,00	−8,00
− Tilgung						−100,00
Geldanlage						
− Anlage			−9,44		−82,00	
+ Zinsen (5 %)						4,10
+ Auflösung						73,90
Zahlungssaldo	0,00	0,00	0,00	0,00	0,00	0,00
Bestände						
− Kredit 1	−70,00	−4,10	0,00			
− Kredit 2	−30,00	−15,00	0,00			
− Kredit 3				−100,00	−100,00	0,00
+ Guthaben	0,00	0,00	9,44	0,00	82,00	8,10
Bestandssaldo	−100,00	−19,10	**9,44**	−100,00	−18,00	**8,10**

zwischen den Projekten[70] (z. B. projektgebundene Finanzierungen oder sequenzielle Investitionen).

Bei steigender Komplexität zeigen sich schnell die **Grenzen der Planbarkeit**. So weist Schneider zwar darauf hin, dass im Grundsatz ein vollständiger Vorteilsvergleich logisch zwingend anhand eines vollständigen Finanzplans erfolgen muss,[71] dass aber aufgrund der Komplexität die Suche nach Optimalität vergeblich und die Aufgabe betriebswirtschaftlicher Theorie daher die Suche nach sinnvollen Vereinfachungen sei. Diese liege in Pauschalannahmen über einzelne Investitions- und

---

70 Vgl. z. B. Kruschwitz (2014), S. 256–258.
71 Vgl. Schneider (1992), S. 71.

Finanzierungsmöglichkeiten.[72] Dieser Argumentation folgt ein großer Teil der einschlägigen Fachliteratur[73], die aber auch Befürworter der Methode aufweist.[74] Die Differenzen zwischen Kritikern und Befürwortern der Methode lassen sich zumindest teilweise darauf zurückführen, welche Zielvorstellungen mit der Planung verbunden sind. Aus der schnell überhandnehmenden Komplexität exakter Optimierungskalküle zieht Schultz ganz andere Schlüsse: „Optimierungsansätze sind in komplexen realen Situationen kaum zweckmäßig und vernachlässigen zudem die Berücksichtigung organisationaler Entscheidungsprozesse." Wichtig sei „vielmehr ein hohes Transparenz erzeugendes und heuristisches Potenzial". Hierfür eigne sich der Endwert, „dessen Ermittlung im VOFI nachvollziehbar und prämissenfrei erfolgt".[75]

Letzten Endes läuft die Beurteilung der VOFI-Methode darauf hinaus, mit welchem Ergebnis man die grundsätzlichen Aspekte

+ gegenüber KWM und IZM weniger (offene und versteckte) unrealistische Annahmen, intuitiv anschaulicher und besser an konkrete Anwendungssituation anpassbar, gut mit sonstigen Zahlenwerken des internen Rechnungswesens zu verknüpfen[76] versus

– hohe Komplexität und größerer Datenbedarf, Ausmaß der zu erwartenden Verbesserungen gegenüber KWM und IZM ungewiss, nur begrenzt für Optimierungsrechnungen tauglich

gegeneinander abwägt.[77] Im abschließenden Abschnitt soll diese Abwägung hinsichtlich der Investitionsplanung in KMU erfolgen.

---

72 Vgl. Schneider (1992), S. 72.

73 Als weitere Beispiele seien genannt: Altrogge (1996), S. 41; Busse von Colbe/Laßmann/Witte (2015), S. 55; Kruschwitz (2014), S. 39; Schmidt/Terberger (1997), S. 169. Am (hier stellvertretend aufgeführten) Lehrbuch von Kruschwitz manifestiert sich diese Ansicht durch den im Vergleich zur vorliegenden Arbeit umgekehrten Aufbau: Ausgehend vom VOFI wird durch das Setzen der zusätzlichen Annahmen die KWM hergeleitet. Adam nennt die klassischen Investitionsrechenverfahren Spezialfälle des VOFI; vgl. Adam (2000), S. 119.

74 Dazu gehören ganz dezidiert Grob (2006) und Schultz (2005), aber auch z. B. Götze (2014). Müller sieht im VOFI einen Schritt zur Beseitigung der Unzulänglichkeiten der KWM; vgl. Müller (2014), S. 392. Adam vermerkt, dass eine vollständige Simultanplanung zwar keine sinnvolle Lösungsstrategie, die neoklassische Annahme der vollkommenen Kapitalmärkte aber andererseits zu stark vereinfachend sei; vgl. Adam (2000), S. 1–2. Zurück geht der Ansatz der vollständigen Finanzplanung auf Heister (1962).

75 Für alle drei Zitate Schultz (2005), S. 195.

76 Vgl. Dechant/Trost (2017); Grob (2006), S. 285–292; Schultz (2005), S. 156–160.

77 Hinsichtlich des Unsicherheitsaspekts unterscheiden sich die beiden Methoden nicht grundsätzlich: Beide sind im Sinne von Toll/Hering **unsicherheitsverdichtende Verfahren**, weil sie jeweils eine (scheinbar exakte) Punktgröße als Ergebnis liefern. Beide eignen sich jedoch gleichermaßen – nämlich mittels Durchführung einer simulativen Risikoanalyse – auch als **unsicherheitsaufdeckende Verfahren**; vgl. Toll/Hering (2017), S. 463 u. 470–473.

5 Fazit

Wie Müller darlegt, geht es auch beim Investitionscontrolling wie stets im Controlling um den Umgang mit Komplexität. Auf die Komplexität kann man mit komplexeren Lösungsstrategien – sprich der Simultanplanung[78] – oder mit Dekomposition reagieren.[79] Die besprochenen Separationstheoreme der neoklassischen Finanzierungstheorie führen genau zu einer solchen Dekomposition. Des Weiteren kann man – ebenfalls Müller folgend[80] – an das verwendete Entscheidungsmodell zwei Forderungen richten:

1. **Problemadäquanz:** möglichst realitätsnahe Abbildung des Entscheidungsproblems;
2. **Nutzeradäquanz:** Entscheidungsträger muss Modell nutzen und verstehen können.

Damit kann die zentrale Frage dieses Beitrags letzten Endes folgendermaßen auf den Punkt gebracht werden: Erreicht man in der Investitionsplanung die Problemadäquanz und die Nutzeradäquanz eher mit komplexeren Modellen (VOFI) oder eher mit Dekomposition (KWM)?[81]

Es sei hier die Hypothese aufgestellt, dass die Antwort auf diese Frage aus folgenden Gründen nicht einheitlich für alle Kategorien von Unternehmen sein kann:

– Perridon/Steiner/Rathgeber weisen darauf hin, dass Soll- und Habenzinsen zwar beispielsweise in den Jahren 2008 bis 2012 recht weit auseinander klafften, in „normalen Zeiten" aber dicht beisammen lägen.[82] Hieraus kann man schließen, dass durch die Annahme eines einheitlichen Marktzinssatzes im Kapitalwertkalkül nur selten Fehlentscheidungen hervorgerufen werden dürften (und dass diese Ungenauigkeit geringere Auswirkungen hat als sonstige Datenungenauigkeiten)[83]. KMU jedoch dürften finanzierungsseitig anderen Realitäten ausgesetzt sein – jedenfalls dann, wenn sich ihnen eine Finanzierung über den Kapital-

---

78 Dabei sei ausgeklammert, dass auch eine solche zwangsläufig immer bestimmte Gesichtspunkte außer Acht lassen muss.

79 Vgl. Müller (2014), S. 101–106.

80 Vgl. Müller (2014), S. 375.

81 Komplett ausgeklammert wird in diesem Beitrag der vor allem theoretisch interessante Zusammenhang, dass aus dem Optimierungsmodell der Simultanplanung stets (periodenspezifische) **Grenzzinssätze** oder **endogene Kalkulationszinssätze** abgeleitet werden können, mittels derer – wenn man sie ex ante gekannt hätte – die KWM (mit periodenspezifischer Diskontierung) die gleiche Entscheidung geliefert hätte; vgl. Hax (1993), S. 97–109; Adam (2000), S. 276; Hering (2003), S. 234–235; Kruschwitz (2014), S. 248–255; Toll/Hering (2017), S. 473–478.

82 Vgl. Perridon/Steiner/Rathgeber (2012), S. 82.

83 Vgl. Blohm/Lüder/Schaefer (2012), S. 80.

markt gar nicht eröffnet und sie auf direkte Verhandlungen mit Kreditinstituten oder sonstigen Kapitalgebern angewiesen sind.

– Die Argumentation gegen den VOFI beruht vor allem darauf, dass die Komplexität der zu berücksichtigenden Abhängigkeiten die Problemdimension unbeherrschbar werden lässt. Für Großunternehmen erscheint dieses Argument plausibel, und auch für größere KMU mag der Sachverhalt vergleichbar sein, nicht jedoch für kleinere, in denen nicht permanent über größere Investitionen befunden werden muss[84] und die nicht über eine Fülle verschiedener Finanzierungsquellen verfügen.

– Wie in diesem Beitrag ausführlich hergeleitet wurde, verbergen sich in den klassischen dynamischen Methoden Fallstricke. In KMU – wenn sie im Unterschied zu Großunternehmen mit ausgebautem Controlling über keine einschlägig ausgebildeten Spezialisten verfügen – kann nicht davon ausgegangen werden, dass dies allen Anwendern bewusst ist, weshalb hierin eine Ursache für potenzielle Fehlentscheidungen zu sehen ist. Das Vorgehen beim VOFI entspricht der natürlichen Strategie beim Aufstellen einer (Finanz-)Planung und sollte somit für Anwendungsfehler weniger anfällig sein.

– Eine Steuerung dezentral verorteter Entscheidungsträger über einen zentral vorgegebenen Kalkulationszins ist in KMU aufgrund der direkteren Führungsstruktur weniger zwingend als in Großunternehmen.

– Auch wenn die vereinfachende KWM und der elaboriertere VOFI in vielen Anwendungsfällen zu keinen unterschiedlichen Ergebnissen führen werden, ist das dennoch so lange kein Argument für die potenziell stärker fehlerbehaftete KWM, wie der Mehraufwand für die Verwendung des VOFI beherrschbar bleibt. In (vor allem kleineren) KMU ist hiervon auszugehen.

Aus diesen Erwägungen heraus kann man den Schluss ziehen, dass für Großunternehmen die Anwendung der KWM sowohl aufgrund der Komplexität der Entscheidungsprobleme als auch der zumindest approximativen Vertretbarkeit der Anwendungsprämissen eine vernünftige Strategie der Investitionsplanung ist, während in KMU – insbesondere wenn sie zu den kleineren Vertretern dieser Klasse von Unternehmen gehören – die VOFI-Methode ein realitätsnahes, transparentes und intuitiv überzeugendes Instrument mit beherrschbarer Komplexität darstellen kann.

---

[84] Den grundsätzlichen Anwendungsbereich für VOFI wird man ohnehin eher bei größeren Investitionen sehen. Götze spricht in diesem Zusammenhang von „strategischen Investitionen"; vgl. Götze (2014), S. 133.

6 Literatur

Adam, D. (2000): Investitionscontrolling. 3. Aufl., München.

Altrogge, G. (1996): Investition. 4. Aufl., München.

Bieg, H./Kußmaul, H./Waschbusch, G. (2016): Investition. 3. Aufl., München.

Bitz, M./Ewert, J./Terstege, U. (2002): Investition – Multimediale Einführung in finanzmathematische Entscheidungskonzepte. Wiesbaden.

Blohm, H./Lüder, K./Schaefer, C. (2012): Investition – Schwachstellenanalyse des Investitionsbereichs und Investitionsrechnung. 10. Aufl., München.

Böttcher, B./Linnemann, C. (2008): Erfolgsmodell Mittelstand – Fakten und Irrtümer. In: FB, 10. Jg., H. 2, S. 163–167.

Breuer, W. (1995): Vollständige Finanzplanung. In: WiST, 24. Jg., H. 10, S. 553–556.

Busse von Colbe, W./Laßmann, G./Witte, F. (2015): Investitionstheorie und Investitionsrechnung. 4. Aufl., Berlin/Heidelberg.

Copeland, T. E./Weston, J. F./Shastri, K. (2008): Finanzierungstheorie und Unternehmenspolitik. 4. Aufl., München.

Dechant, H./Trost, R. (2017): Investitionsbewertung im Kontext betrieblicher Planungsrechnungen. In: Schriften zur Finanzwirtschaft, H. 17, Technische Universität Ilmenau.

Drukarczyk, J. (1993): Theorie und Politik der Finanzierung. 2. Aufl., München.

Europäische Kommission (2003): Empfehlung der Kommission vom 6. Mai 2003 betreffend die Definition der Kleinstunternehmen sowie der kleinen und mittleren Unternehmen. 2003/361/EG, ABl. Nr. L 124, S. 36–41.

Götze, U. (2014): Investitionsrechnung – Modelle und Analysen zur Beurteilung von Investitionsvorhaben. 7. Aufl., Berlin/Heidelberg.

Grob, H. L. (2006): Einführung in die Investitionsrechnung. 5. Aufl., München.

Haag, P./Roßmann, P. (2015): KMU – Stärken und Schwächen, Chancen und Risiken. In: Haag, P./Roßmann, P. (Hg.): Management kleiner und mittlerer Unternehmen. Berlin/Boston, S. 1–18.

Hax, H. (1964): Investitions- und Finanzplanung mit Hilfe der linearen Programmierung. In: ZfbF, 16. Jg., H. 7–8, S. 430–446.

Hax, H. (1993): Investitionstheorie. 5. Aufl. (Nachdruck von 1985), Heidelberg.

Heister, M. (1962): Rentabilitätsanalyse von Investitionen – Ein Beitrag zur Wirtschaftlichkeitsrechnung. Köln-Opladen.

Hering, T. (2003): Investitionstheorie., 2. Aufl., München.

Horváth, P. (2011): Controlling. 12. Aufl., München.

Horváth, P./Gleich, R./Seiter, M. (2015): Controlling. 13. Aufl., München.

IDW – Institut der Wirtschaftsprüfer (2014): WP Handbuch 2014 – Wirtschaftsprüfung, Rechnungslegung und Beratung, Band II. 14. Aufl., Düsseldorf.

IfM Bonn (o.J.): KMU-Definitionen des IfM Bonn. http://www.ifm-bonn.org/definitionen/kmudefinition-des-ifm-bonn/, Abruf: 30.06.2017.

Kruschwitz, L. (2014): Investitionsrechnung. 14. Aufl., München.

Lintner, J. (1965): The valuation of risky assets and the selection of risky investments in stock portfolios and capital budgets. In: RES, 47. Jg., H. 1, S. 13–37.

Modigliani, F./Miller, M. H. (1958): The cost of capital, corporation finance and the theory of investment. In: AER, 48. Jg., H. 3, S. 261–297.

Mossin, J. (1966): Equilibrium in a capital asset market. In: Econometrica, 34. Jg., H. 4, S. 768–783.

Muche, T./Höge, C. (2017): Investitionsplanung unter Verwendung von Kapitalmarkt- und Jahresabschlussdaten. In: Müller, D. (Hg.): Controlling für kleine und mittlere Unternehmen. 2. Aufl., München, S. 492–522.

Müller, D. (2004): Realoptionsmodelle und Investitionscontrolling im Mittelstand. Wiesbaden.

Müller, D. (2014): Investitionscontrolling. Berlin/Heidelberg.

Niederöcker, B. (2002): Finanzierungsalternativen in kleinen und mittleren Unternehmen. Wiesbaden.

Peemöller, V. (2005): Controlling – Grundlagen und Einsatzgebiete. 5. Aufl., Herne-Berlin.

Perridon, L./Steiner, M./Rathgeber, A. (2012): Finanzwirtschaft der Unternehmung. 16. Aufl., München.

Pflaumer, P. (2000): Investitionsrechnung. 4. Aufl., München.

Rolfes, B. (2003): Moderne Investitionsrechnung. 3. Aufl., München.

Schmidt, R./Terberger, E. (1997): Grundzüge der Investitions- und Finanzierungstheorie. 4. Aufl., Wiesbaden.

Schneider, D. (1992): Investition, Finanzierung und Besteuerung. 7. Aufl., Wiesbaden.

Schultz, M. B. (2005): Anreizorientiertes Investitionscontrolling mit vollständigen Finanzplänen – ein Referenzprozessmodell für Investment Center. Berlin.

Sharpe, W. F. (1963): A simplified model for portfolio analysis. In: MS, 9. Jg., H. 2, S. 277–293.

Steiner, P./Uhlir, H. (2001): Wertpapieranalyse. 4. Aufl., Heidelberg.

Toll, C./Hering, T. (2017): Zur Bewertung eines Unternehmenskaufs in Abhängigkeit von den Kapitalmarktcharakteristika. In: Müller, D. (Hg.): Controlling für kleine und mittlere Unternehmen. 2. Aufl., München, S. 458–491.

Walz, H./Gramlich, D. (2011): Investitions- und Finanzplanung. 8. Aufl., Frankfurt a. M.

Weingartner, H. M. (1964): Mathematical programming and the analysis of capital budgeting problems. 2. Aufl., Englewood Cliffs (NJ).

Ziegenbein, K. (2012): Controlling. 10. Aufl., Herne.

Alexander Fox und Bastian Schonert

Mezzaninekapital für KMU

1 Einleitung

Die Beschaffung ausreichender finanzieller Mittel stellt für kleine und mittlere Unternehmen (KMU) seit jeher ein wichtiges Thema dar. So hängt z. B. die Durchführung von Investitionsprojekten entscheidend vom verfügbaren Kapital ab. Den Großteil davon beschaffen sich mittelständische Unternehmen[1] regelmäßig über Fremdkapital.[2] Hierbei muss jedoch beachtet werden, dass Banken bei der Vergabe von Krediten ge-

---

Dieser Beitrag ist eine überarbeitete Fassung von Fox/Schonert (2009).

1 Die Begriffe KMU und mittelständische Unternehmen werden im Folgenden synonym verwendet, vgl. zur Abgrenzung z. B. IfM Bonn (o.J.) sowie Dechant (1998), S. 12 m. w. N.

2 So schon IDW (2014), S. 153. Dies wird z. B. auch durch das KfW-Mittelstandspanel 2015 bestätigt, vgl. KfW Bankengruppe (2015a), S. 7.

DOI 10.1515/9783110517163-021

mäß dem eingegangenen Risiko Eigenkapital hinterlegen müssen und infolgedessen entsprechende Risikoprämien von den Unternehmen verlangen. Diese fallen umso geringer aus, je besser das Rating des Unternehmens ist, welches zum großen Teil von der Eigenkapitalausstattung beeinflusst wird. Daher besteht für KMU oft das Problem, ausreichend Fremdkapital zu bezahlbaren Konditionen zu beschaffen.

Neben dieser Problematik erschweren weitere Eigenschaften von mittelständischen Unternehmen die Kapitalaufnahme. Hierbei üben neben quantitativen Merkmalen[3] vor allem die verschiedenen qualitativen Eigenschaften einen starken Einfluss aus.

So besteht bei KMU oft eine Identität von Eigentümern und Management,[4] welche dazu führt, dass Anteilsverwässerungen und Mitspracherechte durch Dritte unerwünscht sind. Infolgedessen ist die unternehmerische Fähigkeit des Eigentümers für den Erfolg von entscheidender Bedeutung. Diese muss bei der Bereitstellung von finanziellen Mitteln unbedingt berücksichtigt werden. Ähnlich wirkt sich die Abhängigkeit von meist nur wenigen Abnehmern und Lieferanten aus. Des Weiteren bestehen im Mittelstand teils hohe Informationsasymmetrien und damit eine eingeschränkte Informationsbasis für die (potenziellen) Kapitalgeber.[5] So tun sich viele Mittelständler schwer, interne Daten Dritten offenzulegen. Diese werden aber vor einer Kapitalbereitstellung regelmäßig umfangreiche Kontroll- und Informationsrechte einfordern. Zudem muss beachtet werden, dass für die breite Masse der KMU die Wachstumsperspektiven oftmals begrenzt sind und Planungsinstrumente nur vereinzelt genutzt werden.[6] Auch dies kann die Aufnahme von Kapital erschweren.

Um den angesprochenen Problemen für mittelständische Unternehmen bei der Kapitalbeschaffung zu begegnen, wurde in der Vergangenheit verstärkt Mezzaninekapital als mögliche Lösung erwähnt.[7] Es handelt sich hierbei um Finanzierungsinstrumente, welche alle rechtlichen Ausgestaltungsmöglichkeiten zwischen Eigen-

---

3 Als eine Möglichkeit der quantitativen Einordnung von KMU bietet sich die Empfehlung der Europäischen Kommission zur Definition von KMU (2003/361/EG) an, welche bei weniger als 250 Beschäftigten und einem Jahresumsatz von höchstens 50 Mio. € oder einer Jahresbilanzsumme von höchstens 43 Mio. € von mittelständischen Unternehmen ausgeht; vgl. Europäische Kommission (2003). Es ist jedoch zu beachten, dass es sich hierbei um eine sehr heterogene Gruppe von Unternehmen handelt, die quantitativ kaum erfasst werden kann; vgl. hierzu ausführlich Böttcher/Linnemann (2008), S. 163–164.
4 Vgl. IDW (2014), S. 153.
5 Vgl. IDW (2014), S. 153–154. Zum Problem von Informationsasymmetrien bei KMU vgl. auch Niederöcker (2002).
6 Vgl. dazu auch Kamp/Solmecke (2005), S. 619–620 m. w. N. Ausnahmen bilden in diesem Zusammenhang Wachstumsunternehmen, welche unter die KMU-Definition fallen. Hier sind Phasen überdurchschnittlichen Wachstums die Regel.
7 So z. B. Dörscher/Hinz (2003), S. 606; Nelles/Klusemann (2003), S. 1; Harrer/Janssen/Halbig (2005), S. 1.

und Fremdkapital annehmen können.[8] Im Folgenden soll untersucht werden, warum klassische Finanzierungsinstrumente für KMU teilweise nicht ausreichend sind und unter welchen Bedingungen Mezzaninekapital bei der Mittelstandsfinanzierung infrage kommt. Dazu werden im zweiten Kapitel zunächst die klassischen Möglichkeiten der Finanzierung analysiert und die damit verbundenen Probleme näher beleuchtet. Danach erfolgt im dritten Kapitel eine einführende Darstellung der Mezzaninefinanzierung, worauf aufbauend die einzelnen Formen im Hinblick auf die Eignung für KMU untersucht werden.

2 Klassische Möglichkeiten der Finanzierung für KMU

2.1 Grundlegendes

Das klassische[9] Instrumentarium der Mittelstandsfinanzierung lässt sich anhand der Kriterien Rechtsstellung der Kapitalgeber bzw. Kapitalhaftung sowie Mittelherkunft systematisieren (vgl. Tab. 68).[10] Bei der Eigenfinanzierung wird dem Unternehmen von seinen Eigentümern Eigenkapital zugeführt, welches als Risikokapital für alle Verpflichtungen des Unternehmens haftet. Die Fremdfinanzierung ist hingegen dadurch gekennzeichnet, dass die Kapitalgeber Gläubiger des Unternehmens sind und einen vertraglichen Anspruch auf Rückzahlung des überlassenen Kapitals haben. Fremdkapital haftet grundsätzlich nicht für Verbindlichkeiten gegenüber Dritten. Nach dem Kriterium Mittelherkunft werden die Innenfinanzierung sowie die Außenfinanzierung unterschieden. Die Innenfinanzierung umfasst alle Vorgänge, die zur Freisetzung fi-

Tab. 68: Systematisierung der klassischen Finanzierungsformen.

Mittelherkunft / Rechtsstellung	Innenfinanzierung	Außenfinanzierung
Eigenfinanzierung	Selbstfinanzierung	Beteiligungsfinanzierung
Fremdfinanzierung	Finanzierung durch Rückstellung	Kreditfinanzierung

---

8 Vgl. Link/Reichling (2000), S. 266; Link (2002), S. 8; Busse (2003), S. 40; Dörscher/Hinz (2003), S. 606; Nelles/Klusemann (2003), S. 1; Werner (2007), S. 21.

9 Unter „klassisch" sollen die Finanzierungsformen ohne Mezzaninecharakter verstanden werden, ungeachtet des Sachverhalts, dass einige Mezzaninefinanzierungsformen (wie z. B. der Genussschein) ebenfalls auf eine lange Historie zurückblicken können.

10 Vgl. Busse (2003), S. 63–65; Perridon/Steiner/Rathgeber (2012), S. 389–392.

nanzieller Mittel durch das Unternehmen selbst führen, während bei der Außenfinanzierung eine Zuführung finanzieller Mittel durch Eigentümer oder Gläubiger erfolgt. Die sich durch die Zusammenfassung der genannten Aspekte ergebenden konkreten Finanzierungsformen werden in den nachfolgenden Abschnitten dargestellt und erläutert.

2.2 Beteiligungsfinanzierung

Unter den Begriff der Beteiligungsfinanzierung werden alle Vorgänge subsumiert, bei denen die Unternehmenseigner durch Zuführung finanzieller Mittel das Eigenkapital des Unternehmens erhöhen. Hierzu zählen auch Finanzierungsvorgänge, die durch neu hinzukommende Eigner ausgelöst werden. Die Möglichkeiten und die Ausgestaltung der Beteiligungsfinanzierung werden stark von der gewählten Rechtsform des Unternehmens determiniert. Die Mehrzahl der KMU wird als Einzelunternehmung, Personenhandelsgesellschaft (OHG, KG) oder als Gesellschaft mit beschränkter Haftung (GmbH) geführt.[11] Diese haben keinen Zugang zu hochorganisierten Kapitalmärkten, auf denen Eigenkapital beschafft werden könnte.

Inhaber einer Einzelunternehmung bringen das Eigenkapital alleine auf und können dazu ausschließlich auf ihr Privatvermögen zurückgreifen. Die Höhe des Privatvermögens limitiert somit die Möglichkeiten, dem Unternehmen Eigenkapital zuzuführen. Da Einzelunternehmer mit ihrem gesamten Vermögen unbeschränkt und unmittelbar für Verbindlichkeiten aus ihrer Geschäftstätigkeit haften, ist letztlich eine scharfe Trennung zwischen privatem und geschäftlichem Vermögen gar nicht möglich. Übersteigt der Eigenkapitalbedarf des Unternehmens die finanziellen Möglichkeiten seines Inhabers, kann beispielsweise eine Änderung der Rechtsform neue Optionen eröffnen.[12]

Bei Personenhandelsgesellschaften (OHG, KG) wird das Eigenkapital durch Einlagen der Gesellschafter erbracht, welche gegenüber den Gläubigern der Gesellschaft unbeschränkt, unmittelbar und gesamtschuldnerisch haften.[13] Erhöhungen des Eigenkapitals können aus dem Privatvermögen der Gesellschafter oder durch die Aufnahme neuer Gesellschafter erbracht werden. Das disponible Privatvermögen der Gesellschafter begrenzt wie bei der Einzelunternehmung das Finanzierungspotenzial. Die Anzahl unbeschränkt haftender Gesellschafter kann praktisch nicht beliebig ausgeweitet werden, da ab einer gewissen Anzahl mit regelmäßigen Konflikten bei Geschäftsführung und Vertretung der Gesellschaft gerechnet werden muss. Weniger pro-

---

11 So wurden in der Stichprobe der Unternehmensbefragung 2015 der KfW 31,7 % der Unternehmen als Einzelunternehmung, 21,4 % als Personenhandelsgesellschaft und 42,8 % als GmbH geführt; vgl. KfW Bankengruppe (2015b), S. 36.
12 Vgl. Busse (2003), S. 69; Perridon/Steiner/Rathgeber (2012), S. 394.
13 Bei Kommanditisten einer KG ist die Haftung auf deren Einlage beschränkt.

blematisch ist die Aufnahme neuer Kommanditisten bei einer KG, da diese nicht zur Geschäftsführung und Vertretung berechtigt sind.[14]

Das Eigenkapital der Gesellschaft mit beschränkter Haftung (GmbH) besteht hauptsächlich aus Stammkapital und Rücklagen. Das Stammkapital wird durch Einlagen der Gesellschafter aufgebracht und muss mindestens 25.000 € betragen.[15] Es kann durch die Erhöhung der Einlagen bestehender Gesellschafter oder durch die Aufnahme neuer Gesellschafter aufgestockt werden. Dies erfordert jedoch eine notariell zu beurkundende Änderung des Gesellschaftsvertrages, was einen nicht unerheblichen bürokratischen Aufwand darstellt und die Flexibilität einschränkt. Für die Verbindlichkeiten der Gesellschaft haftet gegenüber den Gläubigern ausschließlich das Vermögen der Gesellschaft. Dieser Aspekt kann die Aufnahme von Eigenkapital erleichtern, da das Privatvermögen der Gesellschafter nicht Bestandteil der Haftungsmasse wird. Die Übertragung von GmbH-Anteilen bedarf der notariellen Form, ihre Fungibilität ist daher sehr stark eingeschränkt.[16]

Bei Aktiengesellschaften setzt sich das Eigenkapital hauptsächlich aus Grundkapital und Rücklagen zusammen. Das Grundkapital sowie die Kapitalrücklagen werden durch die Ausgabe von Aktien aufgebracht; die Anzahl der Aktionäre unterliegt keinen Beschränkungen. Kapitalerhöhungen, die zu einer Erweiterung der Eigenkapitalbasis führen, sind nach entsprechender Beschlussfassung durch die Hauptversammlung jederzeit möglich. Das Aktiengesetz sieht folgende Formen der Kapitalerhöhung von außen vor:[17]

- Kapitalerhöhung gegen Einlagen (§§ 182 bis 191 AktG);
- bedingte Kapitalerhöhung (§§ 192 bis 201 AktG);
- genehmigtes Kapital (§§ 202 bis 206 AktG).

Die Rechtsform der Aktiengesellschaft besitzt bei KMU eine vergleichsweise geringe Verbreitung,[18] ist aber formale Voraussetzung, um Eigenkapital an Börsen aufnehmen zu können. Dass ein Unternehmen als Aktiengesellschaft geführt wird, bedeutet jedoch nicht im Umkehrschluss, dass es automatisch auch börsennotiert ist. Eine ausgeprägte Kapitalmarktorientierung ist neben einer eventuellen Änderung der Rechtsform die wichtigste Voraussetzung, um an organisierten Kapitalmärkten erfolgreich Eigenkapital gewinnen zu können. Kapitalmarktorientierung bedeutet hierbei insbesondere die Erfüllung umfangreicher Offenlegungs- und Transparenzanforderungen, um aktuellen und potenziellen Aktionären eine Einschätzung der Chancen und Ri-

---

14 Vgl. Busse (2003), S. 85–86; Perridon/Steiner/Rathgeber (2012), S. 395.

15 Vgl. dazu Abschnitt 2.3.

16 Vgl. Busse (2003), S. 148; Perridon/Steiner/Rathgeber (2012), S. 395–396.

17 Erhöhungen des Grundkapitals sind auch aus Gesellschaftsmitteln möglich. Dies hat keine Finanzierungswirkung und ist nur die Folge einer früheren Selbstfinanzierung.

18 Vgl. dazu die Stichprobe der Unternehmensbefragung 2015 der KfW, wonach 3,2 % der Unternehmen die Rechtsform einer Aktiengesellschaft gewählt hatten; vgl. KfW Bankengruppe (2015b), S. 36.

siken, die mit ihrem Investment verbunden sind, zu ermöglichen.[19] Ein Börsengang kann beim Vorliegen bestimmter quantitativer und qualitativer Voraussetzungen eine Finanzierungsalternative für einzelne KMU sein,[20] für die Mehrzahl von ihnen wird er aber auch zukünftig keine ernsthafte Option darstellen.

2.3 Selbstfinanzierung

Selbstfinanzierung ist möglich, wenn durch die Geschäftstätigkeit regelmäßig Einzahlungsüberschüsse erwirtschaftet werden. Je nachdem, ob ein damit eventuell verbundener Gewinn buchhalterisch festzustellen ist, differenziert man zwischen offener sowie stiller Selbstfinanzierung. Damit ein Finanzierungseffekt zum Tragen kommen kann, müssen in beiden Fällen die erwirtschafteten liquiden Mittel im Unternehmen verbleiben und dürfen nicht ausgeschüttet werden.[21]

Aktuelle Studien zeigen, dass die Einbehaltung von bilanziell ausgewiesenen Gewinnen – die sogenannte offene Selbstfinanzierung – für mittelständische Unternehmen zu den wichtigsten Finanzierungsquellen gehört.[22] Offene Selbstfinanzierung erhöht das Eigenkapital durch Schmälerung der möglichen Gewinnausschüttung an die Unternehmenseigner. Entweder wird auf eine Ausschüttung gänzlich verzichtet, oder es kommt nur zur Ausschüttung eines Teils des erwirtschafteten Gewinns. Der eigentliche Finanzierungseffekt tritt bereits während der Bilanzperiode ein. Die Selbstfinanzierungsentscheidung legt ex post lediglich fest, ob bzw. in welchem Umfang er dauerhaft wird. Erwirtschaftete Zahlungsmittelüberschüsse können somit schon vor der Gewinnfeststellung am Periodenende für neue Investitionen genutzt werden.

Bilanziell wird die Selbstfinanzierung bei Personengesellschaften und Einzelunternehmen durch Gutschrift des einbehaltenen Betrags auf den Kapitalkonten der/des Eigner/-s vollzogen. Bei GmbHs erfolgt zunächst eine Einstellung in die Gewinnrücklagen. Aus den gebildeten Gewinnrücklagen können zu einem späteren Zeitpunkt ggf. die Stammeinlagen durch eine Kapitalerhöhung aus Gesellschaftsmitteln aufgestockt werden. Parallel dazu besteht gemäß § 5a Abs. 1 GmbHG die Möglichkeit der Gründung einer haftungsbeschränkten Unternehmergesellschaft (UG), für die keine Mindestkapitalanforderungen gelten. Um trotzdem eine Eigenkapitalbasis zu schaffen, müssen gemäß § 5a Abs. 3 GmbHG mindestens 25 % des um einen Verlustvortrag aus dem Vorjahr geminderten Jahresüberschusses der UG in eine gesetzliche Rücklage eingestellt werden. Diese Selbstfinanzierung ist so lange durchzuführen, bis das Mindeststammkapital einer regulären GmbH erreicht ist.

---

19 Zu den Aspekten von Investor-Relations beim Börsengang von KMU vgl. Huchzermeier (2006).
20 Vgl. Fey/Kuhn (2008).
21 Vgl. Perridon/Steiner/Rathgeber (2012), S. 503–504.
22 Vgl. hierzu DZ Bank AG (2015), S. 13; KfW Bankengruppe (2015a), S. 19–20.

Die offene Selbstfinanzierung ist unabhängig von der Rechtsform des Unternehmens eine vergleichsweise „teure" Finanzierungsart, da auch einbehaltene Gewinne versteuert werden müssen. Bei Einzelunternehmen und Personengesellschaften geschieht dies auf Ebene der einzelnen Gesellschafter, die ihre jeweiligen Gewinnanteile im Rahmen der persönlichen Einkommensteuererklärung deklarieren müssen.[23] Bei GmbHs unterliegen die erwirtschafteten Gewinne der Körperschaftsteuer, die Besteuerung erfolgt somit direkt auf Gesellschaftsebene. Bei der Gewerbesteuer gibt es keine rechtsformspezifischen Unterschiede.

Die offene Selbstfinanzierung kann sich positiv auf die Bereitschaft externer Investoren auswirken, dem Unternehmen Eigen- oder Fremdkapital zur Verfügung zu stellen. Durch eine offene Selbstfinanzierung signalisiert man Vertrauen in das eigene Unternehmen und untermauert die persönliche Bereitschaft, das unternehmerische Risiko weiter zu tragen.

Im Gegensatz zur offenen Selbstfinanzierung wirkt sich die stille Selbstfinanzierung nicht auf das in der Bilanz ausgewiesene Eigenkapital aus. Der tatsächlich erwirtschaftete Gewinn wird durch die bewusste Anwendung bilanzpolitischer Maßnahmen nicht extern ausgewiesen, wodurch stille Reserven entstehen. Der Finanzierungseffekt wird zusätzlich dadurch verstärkt, dass es durch den verkürzten Gewinnausweis zu einer zinslosen Steuerstundung kommt. Stille Reserven können durch die Unterbewertung von Aktiva[24] oder die Überbewertung von Passiva[25] gebildet werden. Das im deutschen Handelsrecht verankerte Vorsichtsprinzip und das Niederstwertprinzip können als institutionalisierte Förderung der Bildung stiller Reserven angesehen werden. Die Auflösung bzw. Realisierung der stillen Reserven in einer späteren Periode führt zur Erhöhung des ausgewiesenen Gewinns für diesen Zeitraum. Damit verbunden ist der Nachteil einer zukünftig höheren Liquiditätsbelastung durch die nun anfallende zusätzliche Einkommen- bzw. Körperschaftsteuer sowie Gewerbesteuer.

Insgesamt kann konstatiert werden, dass die Selbstfinanzierung ein bedeutendes Finanzierungsinstrument für KMU ist, insbesondere vor dem Hintergrund der Verbreiterung der Eigenkapitalbasis und der damit tendenziell verbundenen Verbesserung der Ratingnoten. Nachteilig ist, dass eine Selbstfinanzierung in der Regel nur in Phasen guter Konjunktur mit entsprechender Gewinn- und Cashflow-Situation möglich

---

23 Hierbei besteht für Personenunternehmen gemäß § 34a EStG eine sogenannte Thesaurierungsbegünstigung. Auf Antrag werden einbehaltene Gewinne mit einem Satz von 28,25 % versteuert. Werden die einbehaltenen Gewinne in folgenden Wirtschaftsjahren nachträglich entnommen, müssen sie mit weiteren 25 % nachversteuert werden. Die Thesaurierungsbegünstigung ist vorteilhaft, wenn der individuelle Einkommensteuersatz über 28,25 % liegt und wenn längerfristig keine Entnahmen vorgenommen werden sollen, die den Gewinn der jeweiligen Geschäftsjahre übersteigen.
24 Dies kann z. B. die Unterlassung von Aktivierungen oder der Ansatz von Vermögensgegenständen unter (Markt-)Wert sein.
25 Hierbei kann es z. B. um die Bildung von Rückstellungen über die tatsächliche Notwendigkeit hinaus handeln.

sein wird. Aufgrund oftmals geringer Wachstumsquoten bei mittelständischen Unternehmen[26] fällt der mögliche Umfang der Selbstfinanzierung – trotz der grundsätzlichen Bedeutung – bei vielen KMU eher bescheiden aus.

2.4 Kreditfinanzierung

2.4.1 Klassische Kreditfinanzierung

Der klassische Bankkredit ist für die Finanzierung kleiner und mittlerer Unternehmen traditionell von großer Bedeutung,[27] auch wenn die Eigenfinanzierungskraft der Unternehmen in den letzten Jahren gestiegen ist.[28] Langfristige Investitionskredite und Kontokorrentkredite sind für die meisten Unternehmen die wichtigste externe Finanzierungsquelle. Bankkredite sind variabel- oder festverzinsliche Darlehen, deren Kapitaldienst zu ex ante festgelegten Terminen zu leisten ist. Durch die Zins- und Tilgungszahlungen entsteht eine feste Liquiditätsbelastung, die auch bei ungünstiger Geschäftsentwicklung getragen werden muss. Die Dispositionsfreiheit des Unternehmens kann so während schwieriger wirtschaftlicher Phasen zusätzlich eingeengt werden. Die Kreditzinsen gehen als Aufwand in die Gewinn- und Verlustrechnung ein und mindern somit den ausgewiesenen und steuerpflichtigen Gewinn. Das überlassene Kapital steht grundsätzlich nur zeitlich befristet zur Verfügung. Bei langfristigen Investitionskrediten gibt es in der Regel zusätzlich eine strenge Zweckbindung. Vorteilhaft aus Unternehmenssicht ist der Aspekt, dass den Banken als Kreditgeber keine formalen Mitspracherechte bei der Geschäftsführung zustehen.

Kontokorrentkredite sind für KMU ein wichtiges Instrument der kurzfristigen Fremdfinanzierung. Insbesondere in Form eines Betriebsmittel- oder Umsatzkredites verbessern sie die Liquiditätslage der Unternehmen und können z. B. durch die Möglichkeit der Ausnutzung von Lieferantenskonti die Inanspruchnahme vergleichsweise teurerer Lieferantenkredite vermeiden helfen. Die Geschäftsbanken stellen solche Kreditlinien auf den Kontokorrentkonten der Firmenkundschaft in der Regel befristet auf das aktuelle Geschäftsjahr zur Verfügung. Nach Ablauf dieser Zeit ist bei ordnungsgemäßer Kontoführung und ausreichender Kreditwürdigkeit eine Prolongation grundsätzlich möglich und in der Praxis auch üblich.

Mit dem Inkrafttreten von Basel II am 01. Januar 2007 in Deutschland hat die Bonitätsprüfung bei der Kreditvergabe durch Banken und Sparkassen an Unternehmen einen neuen Stellenwert erhalten. Die Anforderungen an Sicherheiten und Transparenz haben sich deutlich erhöht und einen stärkeren Einfluss auf den Zugang zu Krediten und die Höhe der Kreditzinsen als in der Vergangenheit. Vor allem KMU mit schlechter

---

26 Vgl. dazu auch FN 6 sowie KfW Bankengruppe (2015a), S. 18–20.
27 Vgl. DZ Bank AG (2015), S. 19; KfW Bankengruppe (2015a), S. 7.
28 Vgl. KfW Bankengruppe (2015), S. 18–20.

Bonität haben traditionell häufig Probleme, Kredite zu für sie angemessenen Konditionen bzw. überhaupt Kredite zu erhalten.[29] Es ist zu vermuten, dass Kreditinstitute
vor dem Hintergrund der Einführung der Regelungen von Basel III bei der Vergabe von
Krediten ein weiter steigendes Risikobewusstsein zeigen und ihre Kreditnehmer sehr
genau prüfen werden.[30]

Banken und Sparkassen gehen mit der Vergabe eines Kredites grundsätzlich das
Risiko ein, dass dieser nicht fristgerecht, nicht in voller Höhe oder im schlimmsten
Fall gar nicht getilgt wird. Das gleiche Risiko besteht für die vereinbarten Zinszahlungen. Alle Kreditinstitute nutzen daher ein umfassendes Instrumentarium, um ihre
Risiken aus dem Kreditgeschäft zu reduzieren und eine angemessene Risikovorsorge
zu betreiben. In diesem Zusammenhang kommt neben der obligatorischen Prüfung
der Kreditfähigkeit und Kreditwürdigkeit insbesondere Kreditsicherheiten eine große
Bedeutung zu.[31] Kleine und mittlere Unternehmen bzw. deren Eigentümer stellen ihren Kreditgebern in der Praxis meist Grundschulden und Sicherungsübereignungen
als Sicherheit. Dem folgen Guthaben auf Konten bzw. Depots, die Abtretung von Forderungen, Bürgschaften Dritter sowie Risikolebensversicherungen. Fast keine Rolle
als Kreditsicherheit spielten in der Vergangenheit immaterielle Vermögenswerte.[32]

Wenn man das Kreditvergabeverhalten von Banken und Sparkassen über längere
Zeiträume untersucht und dabei auch die jeweils ausstehenden Kreditvolumina einbe-
zieht, lassen sich ähnlich den gesamtwirtschaftlichen Konjunkturzyklen auch Kredit-
zyklen beobachten.[33] Ein Kreditzyklus läuft dem jeweiligen Konjunkturzyklus hierbei
in der Regel nach. In Folge einer konjunkturellen Abkühlung stehen KMU tendenziell
häufig vor dem Problem, dass sich ihre Kreditfinanzierungsmöglichkeiten verschlechtern. Dieser Nachteil der Kreditfinanzierung verstärkt sich noch dadurch, dass gerade
in Phasen verminderter Gewinne und Cashflows auch die Möglichkeiten einer (offenen) Selbstfinanzierung meist eingeschränkt sind.

---

29 Vgl. Reichling/Beinert/Henne (2005), S. 179; Haves (2009), S. 27–51 sowie ergänzend KfW Bankengruppe (2015a), S. 8–10.
30 Diese Vermutung wird auch durch verschiedene Umfragen gestützt, wonach unzureichende Sicherheiten seitens der Unternehmen sowie die Anforderungen an die Offenlegung von Geschäftszah-
len und -strategie seit Jahren die wichtigsten Gründe für das Scheitern von Kreditverhandlungen sind;
vgl. z. B. KfW Bankengruppe (2015a), S. 9; KfW Bankengruppe (2015b), S. 12.
31 Vgl. zu Kreditsicherheiten exemplarisch Grill et al. (2015), S. 383–393; Zantow/Dinauer (2011),
S. 157–188; Perridon/Steiner/Rathgeber (2012), S. 418–427.
32 Vgl. KfW Bankengruppe (2007), S. 26.
33 Die Entwicklung des Kreditvolumens deutscher Banken und Sparkassen kann anhand der mo-
natlich veröffentlichten Bankenstatistik der Deutschen Bundesbank nachvollzogen werden. Die KfW
Bankengruppe veröffentlicht u. a. auf Basis dieser Daten vierteljährlich ihren KfW-Kreditmarktaus-
blick, welcher Einschätzungen der Situation auf dem Kreditmarkt sowie Prognosen der zukünftigen
Entwicklung beinhaltet.

2.4.2 Kreditsubstitute

In den beiden folgenden Teilabschnitten werden die Finanzierungsinstrumente Factoring und Leasing skizziert. Diese lassen sich nicht direkt in das zu Beginn des zweiten Kapitels dargestellte Systematisierungsschema einordnen, sind aber aufgrund ihres Potenzials, eine konventionelle Kreditfinanzierung zu ersetzen, von großer Bedeutung für die Finanzierung von mittelständischen Unternehmen.

Factoring

Durch Factoring wird dem Unternehmen kein zusätzliches Eigen- oder Fremdkapital zugeführt. Es ist ein Kreditsubstitut, welches seine Finanzierungswirkung durch einen Tausch innerhalb der Aktiva hin zu liquiden Mitteln entfaltet. Factoring bedeutet den einmaligen oder regelmäßigen Ankauf von Forderungen aus Lieferungen und Leistungen vor Fälligkeit durch einen darauf spezialisierten Finanzdienstleister („Factor"). Einen hohen Forderungsbestand weisen Unternehmen dann auf, wenn die am Markt abgesetzten Produkte und Dienstleistungen nicht sofort bezahlt werden und man den Kunden aus absatzpolitischen Gründen lange Zahlungsziele einräumt. Neben der reinen Finanzierungsfunktion durch den Ankauf der Forderungen werden vom Factor häufig auch umfangreiche Servicefunktionen übernommen. Dazu zählen hauptsächlich die Übernahme der gesamten Debitorenbuchhaltung sowie des Inkasso- und Mahnwesens. Übernimmt der Factor auch das Ausfallrisiko der angekauften Forderungen, übt er zusätzlich eine Delkrederefunktion aus. In diesem Fall spricht man vom sogenannten echten Factoring, während beim unechten Factoring das Ausfallrisiko beim Verkäufer der Forderungen verbleibt. Das Delkredererisiko wird vom Factor in der Regel nur nach positiver Prüfung der Bonität der Debitoren übernommen.[34]

Der Verkauf der Forderungen wird formal durch die Abtretung der Forderungen an den Factor und im Gegenzug durch die Zahlung des Kaufpreises an das veräußernde Unternehmen vollzogen. Der Kaufpreis entspricht hierbei dem Gegenwert der Forderungen abzüglich eines Diskonts für die Leistungen des Factors. Der Diskont beinhaltet banktübliche Sollzinsen für die Vorfinanzierung der Forderungen, weiter eine Gebühr für die Übernahme der Servicefunktionen und – im Fall des echten Factorings – eine zusätzliche Gebühr für die Übernahme des Delkredererisikos. Vom Factor werden darüber hinaus in der Regel zunächst weitere 10 bis 15 % des Kaufpreises auf einem Sperrkonto als Sicherheit für Skontoabzüge und Mängelrügen einbehalten. Diese Beträge werden nach erfolgter Debitorenzahlung, spätestens jedoch bei Fälligkeit der originären Forderungen dem Kunden des Factors gutgeschrieben.[35]

---

34 Vgl. Zantow/Dinauer (2011), S. 314; Perridon/Steiner/Rathgeber (2012), S. 474.
35 Vgl. Schneck (2006), S. 178; Perridon/Steiner/Rathgeber (2012), S. 475.

Um Factoring als Finanzierungsinstrument einsetzen zu können, sollten KMU als Factor-Kunden selbst über eine einwandfreie Bonität verfügen. Ebenso wichtig ist die Bonität der Kunden des KMU, da die gegenüber ihnen bestehenden Forderungen ja schließlich veräußert werden sollen. Eine breite Streuung des Kundenstamms, niedrige historische Forderungsausfälle sowie angemessene Zahlungsziele sind die wesentlichen Kriterien, welche Factoringgesellschaften zur Beurteilung konkreter Engagements heranziehen.[36] Für die Unternehmen besteht der primäre Vorteil des Factorings zunächst im schnellen Zufluss liquider Mittel für den jeweils verkauften Forderungsbestand. Wenn die durch den Tausch der Aktiva gewonnenen liquiden Mittel zur Tilgung von Fremdkapital genutzt werden, kommt es zu einer Bilanzverkürzung. Unter der Annahme eines unveränderten Eigenkapitals kann sich somit die Eigenkapitalquote erhöhen. Dies wirkt sich in der Regel positiv auf die Beurteilung des Unternehmens im Rating durch Banken und Sparkassen aus und kann somit für günstigere Kreditkonditionen und/oder eine erleichterte neue Kreditaufnahme sorgen.

Leasing

Der Begriff Leasing leitet sich vom englischen „to lease" ab, was mit mieten bzw. pachten übersetzt werden kann. Eine Legaldefinition für den Begriff Leasing hat sich bisher nicht herausgebildet; er dient vielmehr als Sammelbegriff für eine Vielzahl unterschiedlicher Sachverhalte im Zusammenhang mit der entgeltlichen Nutzungsüberlassung von beweglichen und unbeweglichen Investitions- und Gebrauchsgütern. Im Unterschied zu einem normalen Mietverhältnis wird hier zwischen dem Hersteller eines Gebrauchsgutes und dessen Verwender (Leasingnehmer) eine Leasinggesellschaft (Leasinggeber) als Käufer und Vermieter eingeschaltet. Es handelt sich somit um ein indirektes Mietgeschäft.[37] Die vielfältigen Leasingarten lassen sich anhand verschiedener Kriterien systematisieren, die am Gegenstand bzw. der Ausgestaltung der Leasingverträge anknüpfen. In der Literatur wird als grundlegendes Unterscheidungskriterium meist auf die Verteilung des Investitionsrisikos zwischen Leasinggeber und Leasingnehmer sowie auf die Dauer und Kündbarkeit der Verträge abgestellt. Hieraus ergibt sich die Unterscheidung zwischen Operate-Leasing und Finance-Leasing.[38]

Beim Operate-Leasing wird dem Leasingnehmer auf zunächst unbestimmte Zeit ein Wirtschaftsgut zur Nutzung überlassen. Das Vertragsverhältnis kann von beiden Parteien kurzfristig gekündigt werden, ohne dass eventuelle Schäden zu ersetzen oder Vertragsstrafen zu zahlen sind. Die Leasingdauer ist in der Regel deutlich kürzer als die mögliche technische Nutzungsdauer der überlassenen Güter. Die Verträge sind

---

36 Vgl. Schneck (2006), S. 177.
37 Vgl. Perridon/Steiner/Rathgeber (2012), S. 485; Büschgen (1998), S. 2.
38 Vgl. Büschgen (1998), S. 6.

somit nicht auf die volle Amortisation der dem Leasinggeber entstandenen Anschaffungskosten ausgelegt, womit deutlich wird, dass das Investitionsrisiko beim Leasinggeber verbleibt. Dieser muss den Leasinggegenstand bilanzieren und abschreiben. Eine Vollamortisation ist für den Leasinggeber nur dann zu erreichen, wenn er das jeweilige Objekt sequenziell an mehrere Leasingnehmer vermietet. Operate-Leasingverträge entsprechen somit weitgehend normalen Mietverträgen im Sinne des Bürgerlichen Gesetzbuches. Der Leasingnehmer ist lediglich verpflichtet, regelmäßig die vereinbarten Leasingraten für die Nutzung zu zahlen; diese gehen als Betriebsaufwand in seine Gewinn- und Verlustrechnung ein. Die Verantwortung für Reparatur und Wartung des Leasinggutes liegt hingegen beim Leasinggeber. Operate-Leasing ermöglicht dem Leasingnehmer die flexible Nutzung benötigter Wirtschaftsgüter, ohne dafür das Investitionsrisiko tragen und eigenes Kapital binden zu müssen. Dem gegenüber steht der Nachteil, dass der Leasinggeber in der Regel nur marktgängige und somit mehrfach vermietbare Gegenstände im Rahmen von Operate-Leasingverträgen anbieten wird.[39]

Beim Finance-Leasing wird das mit dem Leasingobjekt verbundene Investitionsrisiko auf den Leasinggeber übertragen. In den Verträgen wird eine feste Grundmietzeit vereinbart, während der eine Kündigung beidseitig ausgeschlossen ist. Die Leasingraten[40] werden vom Leasinggeber in der Regel so kalkuliert, dass er eine Vollamortisation seiner gesamten Kosten erreicht und ihm zusätzlich ein Gewinn zufließt. Die Grundmietzeit bewegt sich meist zwischen 50 und 75 % der gewöhnlichen Nutzungsdauer des Leasingobjektes.[41] Im Gegensatz zum Operate-Leasing hat der Leasingnehmer sowohl alle Reparatur- und Instandhaltungskosten als auch die Risiken des Untergangs oder der Verschlechterung des Leasinggegenstands zu tragen. Das Finance-Leasing weicht im Rahmen der Vertragsfreiheit stark von gewöhnlichen Miet- und Pachtverträgen ab, weshalb man hier auch häufig von atypischen Mietverträgen spricht. Finance-Leasing eignet sich gut zur Beschaffung von speziellen, auf die konkreten Anforderungen des Leasingnehmers angepassten Investitionsgütern, da der Leasinggeber aufgrund der Vollamortisation kein Risiko im Hinblick auf eine eventuelle Weitervermietung nach Vertragsende trägt. Der wirtschaftliche Zweck des Finance-Leasings ist weniger die Bereitstellung und Nutzung eines bestimmten Wirtschaftsgutes, sondern die Übertragung des Gutes an sich sowie die Ausübung einer Finanzierungsfunktion durch den Leasinggeber.[42]

Leasing in seinen vielfältigen Ausgestaltungsformen stellt für mittelständische Unternehmen ein beliebtes und häufig genutztes Finanzierungsinstrument dar.[43] Der

---

39 Vgl. Perridon/Steiner/Rathgeber (2012), S. 485–486; Büschgen (1998), S. 6–7.
40 Je nach Vertragsgestaltung hat der Leasingnehmer zusätzlich zu den Leasingraten eine einmalige Leasingsonderzahlung bei Vertragsbeginn zu leisten.
41 Vgl. Perridon/Steiner/Rathgeber (2012), S. 486.
42 Vgl. Büschgen (1998), S. 7.
43 Vgl. z. B. abcfinance (2015), S. 8.

Anteil des Leasinggeschäfts an den gesamtwirtschaftlichen Investitionen ist in den vergangenen Jahren kontinuierlich gestiegen.[44] Vorteile des Leasings sind die Schonung der Liquidität, die steuerliche Absetzbarkeit der Leasingraten sowie die Bilanzneutralität.[45] Eine Vergrößerung des Kreditspielraums ist durch Leasing jedoch nicht zu erwarten, da Kreditgeber bei der Kreditwürdigkeitsprüfung und Bonitätsbeurteilung auch bestehende Leasingverträge berücksichtigen. Für den Leasingnehmer besteht ein weiterer Vorteil darin, dass die periodischen Leasingraten eine sichere Kalkulationsgrundlage im Rahmen der betrieblichen (Finanz-)Planung darstellen. Es ist augenscheinlich, dass die allgemeinen finanziellen Vorteile des Leasings denen der Kreditfinanzierung von Investitions- und Gebrauchsgütern stark ähneln. Im konkreten Fall wird sich die Vorteilhaftigkeit von Leasing- oder Kreditfinanzierungsalternativen nur durch die Anwendung dynamischer Investitionsrechenverfahren unter Berücksichtigung der steuerlichen Wirkungen feststellen lassen.

2.5 Finanzierung durch Rückstellungen

Bei Rückstellungen handelt es sich um Verbindlichkeiten, die im Hinblick auf ihren rechtlichen Bestand und/oder ihre Höhe sowie den Zeitpunkt der Fälligkeit nicht sicher feststehen. Wofür Rückstellungen zu bilden sind, regelt § 249 HGB:[46]
- ungewisse Verbindlichkeiten;
- drohende Verluste aus schwebenden Geschäften;
- im Geschäftsjahr unterlassene Aufwendungen für Instandhaltung, die im folgenden Geschäftsjahr innerhalb von drei Monaten, oder für Abraumbeseitigung, die im folgenden Geschäftsjahr nachgeholt werden;
- Gewährleistungen, die ohne rechtliche Verpflichtung erbracht werden.

Rückstellungen gehen als Aufwand in die Gewinn- und Verlustrechnung ein und mindern den ausgewiesenen Gewinn. Ein Finanzierungseffekt kann dann zustande kommen, wenn den verrechneten Aufwendungen keine sofortigen Auszahlungen gegenüberstehen. Voraussetzung hierfür ist jedoch, dass dem Unternehmen einzahlungswirksame Erträge mindestens in Höhe der gebildeten Rückstellungen zugeflossen sind. Der Finanzierungseffekt kommt somit primär durch ein vermindertes Gewinnausschüttungspotenzial zustande. Wenn die Rückstellungen steuerlich anerkannt sind, vermindert sich zusätzlich die Belastung durch Einkommen- bzw. Körper-

---

44 Vgl. ifo Institut für Wirtschaftsforschung (2014), S. 42.

45 Die steuerliche Absetzbarkeit der Leasingraten und die Bilanzneutralität kommen als Vorteile nur dann zum Tragen, wenn die Leasingverträge den Leasingerlassen des Bundesministeriums der Finanzen aus den Jahren 1971, 1972, 1975 und 1991 genügen.

46 Neben den aufgeführten Pflichtrückstellungsfällen sieht § 249 HGB auch einige Ansatzwahlrechte für weitere Rückstellungen vor.

schaftsteuer sowie Gewerbesteuer. Die vermiedenen Steuerzahlungen verstärken den Finanzierungseffekt als sekundäre Komponente. Der gesamte Finanzierungseffekt ist umso größer, je länger der Zeitraum zwischen Bildung der Rückstellung und ihrer Auflösung bzw. Inanspruchnahme ist.[47]

Viele Rückstellungen haben einen kurzfristigen Charakter und werden innerhalb weniger Monate wieder aufgelöst. Dazu zählen beispielsweise Rückstellungen für unterlassene Instandhaltung, für die Beseitigung von Abraum, für erwartete Steuernachzahlungen oder auch für offene Gerichtsprozesse. Durch kontinuierliche Zugänge und Abgänge kommt es in der Regel zur Bildung eines Bodensatzes bei den kurzfristigen Rückstellungen, welcher dem Unternehmen langfristig als Finanzierungsquelle zur Verfügung steht.[48]

Ein hohes Finanzierungspotenzial ist mit langfristigen Rückstellungen verbunden, zu denen neben Rückstellungen für Garantieverpflichtungen vor allem die Pensionsrückstellungen zählen. Diese werden nach versicherungsmathematischen Prinzipien gebildet, wenn sich ein Unternehmen verpflichtet hat, seinen Arbeitnehmern eine Pension bei Eintritt bestimmter Ereignisse (Erreichen einer Altersgrenze; Invalidität) zu leisten. Pensionsrückstellungen können große Umfänge annehmen und übersteigen bei manchen Kapitalgesellschaften sogar das gezeichnete Kapital.[49] Dies lässt sich in der Regel jedoch nicht bei den KMU beobachten, die im Fokus dieses Beitrags stehen. Insgesamt hat die Rückstellungsfinanzierung bei KMU einen geringeren Stellenwert als die Kreditfinanzierung und die offene Selbstfinanzierung.

3 Mezzaninekapital für KMU

3.1 Grundlagen der Mezzaninefinanzierung

Der Begriff „Mezzanine" ist dem Italienischen entlehnt und wurde ursprünglich in der Architektur als Bezeichnung für ein Halbgeschoss, welches sich zwischen zwei Hauptgeschossen befindet, verwendet.[50] Mezzaninekapital ist eine Form der Außenfinanzierung, die alle rechtlichen Ausgestaltungsmöglichkeiten zwischen Eigen- und Fremdkapital annehmen kann.[51] Damit handelt es sich nicht um eine neue oder spezielle Finanzierungsform, sondern es werden nur die bilanziellen und haftungsrechtlichen

---

47 Vgl. Busse (2003), S. 746–747; Schneck (2006), S. 105; Perridon/Steiner/Rathgeber (2012), S. 515–517.
48 Vgl. Schneck (2006), S. 105; Perridon/Steiner/Rathgeber (2012), S. 516.
49 Vgl. Perridon/Steiner/Rathgeber (2012), S. 516–517; Busse (2003), S. 746–747.
50 Vgl. Volk (2003), S. 1224; Häger/Elkemann-Reusch (2007), S. 22; Werner (2007), S. 21.
51 Vgl. Link/Reichling (2000), S. 266; Link (2002), S. 8; Busse (2003), S. 40; Dörscher/Hinz (2003), S. 606; Nelles/Klusemann (2003), S. 1; Werner (2007), S. 21.

Wirkungen verschiedener Finanzierungsmöglichkeiten beschrieben, welche sich in ihrer Ausgestaltung zwischen Eigen- und Fremdkapital bewegen (vgl. Tab. 69).[52]

Tab. 69: Einordnung von Mezzaninekapital.

Mittelherkunft Rechtsstellung	Innenfinanzierung	Außenfinanzierung
Eigenfinanzierung	Selbstfinanzierung	Beteiligungsfinanzierung
Fremdfinanzierung	Finanzierung durch Rückstellung	Mezzanine-Finanzierung Kreditfinanzierung

Mezzaninekapital lässt sich in private (Private Mezzanine) und am Kapitalmarkt (Public Mezzanine) platzierte Instrumente sowie in eigenkapitalähnliche (Equity Mezzanine), hybride und fremdkapitalähnliche (Debt Mezzanine) Formen unterscheiden.[53] Neben Vorzugsaktien werden unter Equity Mezzanine vor allem Genussrechte und atypisch stille Beteiligungen verstanden. Bei hybriden Formen handelt es sich um Wandel- und Optionsanleihen, wogegen unter fremdkapitalähnlichen mezzaninen Finanzierungsinstrumenten in der Regel typisch stille Beteiligungen, nachrangige und partiarische Darlehen sowie Verkäuferdarlehen (Seller's Notes, Vendor Loans)[54] subsumiert werden.[55] Damit sind im weiteren Sinne unter Mezzaninekapital alle Finanzierungstitel zu fassen, die nicht vorrangiges besichertes Fremdkapital (Senior Debt) oder nicht voll stimmberechtigtes Eigenkapital sind. Sie weisen infolgedessen ein erwartetes Risiko und eine erwartete risikoadäquate Rendite auf, die zwischen den Werten von Eigen- und Fremdkapital liegen.[56]

Der Begriff der Mezzaninefinanzierung hat seinen Ursprung in der Unternehmens- und Akquisitionsfinanzierung. Dementsprechend werden als die üblichen An-

---

52 So auch Werner (2007), S. 21.

53 Vgl. Gereth/Schulte (1992), S. 67–106; Golland (2000), S. 35; Link/Reichling (2000), S. 267–268; Nelles/Klusemann (2003), S. 7–8.

54 Verkäuferdarlehen werden vor allem bei Übernahmefinanzierungen eingesetzt. Hierbei wird im Grunde ganz oder teilweise der Kaufpreis durch den Unternehmensverkäufer gestundet. Diese Stundung erfolgt durch die Gewährung eines Darlehens an den Käufer. Oft wird durch den Einsatz dieses Finanzierungsinstruments eine Transaktion erst möglich, wobei der Unternehmensverkäufer neben dem Zahlungsrisiko infolge der Nachrangigkeit auch ein unternehmerisches Risiko trägt; vgl. dazu ausführlich z. B. Link/Reichling (2000), S. 268; Häger/Elkemann-Reusch (2007), S. 27–28 m. w. N. Da Unternehmenstransaktionen nicht im Fokus dieser Betrachtungen stehen, soll das Verkäuferdarlehen im Folgenden nicht weiter berücksichtigt werden.

55 Vgl. Golland (2000), S. 35; Link/Reichling (2000), S. 267–268; Dörscher/Hinz (2003), S. 606–607; Nelles/Klusemann (2003), S. 7–8; Volk (2003), S. 1226; Kamp/Solmecke (2005), S. 621; Häger/Elkemann-Reusch (2007), S. 24–51.

56 Vgl. Dörscher/Hinz (2003), S. 606–607; Werner (2007), S. 31.

wendungsbereiche vor allem Wachstumsfinanzierungen, Brückenfinanzierungen bis zum Börsengang oder Finanzierungen im Rahmen von Gesellschafterneuordnungen und Übernahmen gesehen. Aber auch die Sicherung der Finanzierung von Projekten sowie Sanierungsfinanzierungen sind typische Anwendungsgebiete.[57] Dabei ist zu beachten, dass Mezzaninekapital immer nur zur Gap-Finanzierung herangezogen wird, also dort, wo der Finanzierungsbedarf nicht durch Eigen- und Fremdkapital gedeckt werden kann.[58]

Trotz der großen Anzahl an unterschiedlichen auf die individuelle Finanzierungssituation zugeschnittenen mezzaninen Instrumenten sind diese regelmäßig durch folgende konzeptionelle Merkmale gekennzeichnet:[59]

- Nachrangigkeit in Bezug auf normales Fremdkapital (Zins und Tilgung) im Insolvenzfall;
- Vorrangigkeit gegenüber dem Eigenkapital im Insolvenzfall;
- höhere Zinszahlungen[60] für die Kapitalbereitstellung als bei regulärem Fremdkapital aufgrund der Nachrangigkeit und dem damit verbundenen höheren Risiko für die Kapitalgeber;
- niedrigere Zinszahlungen für die Kapitalbereitstellung als die erwartete Rendite bei der Inanspruchnahme von reinem Eigenkapital;
- Vergütung der Kapitalgeber in der Regel bestehend aus einem festen Zins (ähnlich dem Fremdkapital) und einer erfolgsabhängigen Komponente;
- zeitliche Befristung der Kapitalüberlassung (meist mittel- bis langfristiger Charakter);
- Flexibilität und Vielseitigkeit bzgl. der Ausgestaltung der Vertragskonditionen;
- meist Verzicht auf Sicherheiten, aber Vereinbarung von Berichts- und Verhaltenspflichten (sogenannte Covenants).

Die erfolgsabhängige Komponente wird auch als Kicker-Komponente bezeichnet.[61] Sie kann unterschiedlich ausgestaltet werden sowie vom Eintreten bestimmter Ereignisse abhängen. Bei einem Equity-Kicker ist die erfolgsabhängige Sonderzahlung an die Unternehmenswertentwicklung gekoppelt, wobei bestimmte Options- und Wandelrechte bzgl. des Eigenkapitals oder Rechte auf Teilnahme an zukünftigen Kapitaler-

---

57 Vgl. z. B. Gereth/Schulte (1992), S. 1–2; Jänisch/Moran/Waibel (2000), S. 2451; Link/Reichling (2000), S. 269 sowie ausführlich Häger/Elkemann-Reusch (2007), S. 59–65 m. w. N.

58 Vgl. auch Link/Reichling (2000), S. 269; Werner (2007), S. 23.

59 Vgl. exemplarisch Gereth/Schulte (1992), S. 9–18; Golland (2000), S. 35–36; Busse (2003), S. 252; Dörscher/Hinz (2003), S. 608; Nelles/Klusemann (2003), S. 6–7; Volk (2003), S. 1225–1226; Häger/Elkemann-Reusch (2007), S. 23–24; Werner (2007), S. 22–23; Zantow/Dinauer (2011), S. 44.

60 Die Angabe eines bestimmten Zinssatzes ist in der Regel nicht zielführend, da zum einen die jeweiligen Referenzzinssätze regelmäßigen Veränderungen unterworfen sind und zum anderen die Risikobereitschaft und der damit verbundene Zinssatz der Investoren differieren können.

61 Vgl. Link/Reichling (2000), S. 266–267; Jänisch/Moran/Waibel (2002), S. 2451; Nelles/Klusemann (2003), S. 7; Kamp/Solmecke (2005), S. 621; Elser/Jetter (2005), S. 632–634.

höhungen bei Fälligkeit des Mezzaninedarlehens verabredet werden. Wenn die Kapitalgeber diese Options- und Wandelrechte ausüben, kommt es zu einer Verwässerung der Gesellschafteranteile der Alteigentümer. Sollte eine solche Verwässerung durch die Altgesellschafter nicht erwünscht sein, bietet sich die Nutzung eines Non-Equity-Kickers an. Dieser stellt eine einmalige Sonderverzinsung auf das zur Verfügung gestellte Kapital dar und wird in Abhängigkeit vom Erfolg des Unternehmens individuell festgelegt, ohne dass später ein Gesellschafterverhältnis begründet wird. Beim virtuellen Equity-Kicker wird die unternehmenswertabhängige Sonderzahlung regelmäßig in Barmitteln vorgenommen, wobei der Investor so gestellt wird, als ob er Eigentümer geworden wäre.[62]

Mezzaninekapital stellt unabhängig davon, ob es als bilanzielles Eigen- oder Fremdkapital ausgestaltet ist, aufgrund seiner Nachrangigkeit grundsätzlich haftendes Kapital und damit wirtschaftliches Eigenkapital dar. Dadurch erhöht sich die „Quasi"-Eigenkapitalausstattung und infolgedessen die Kredit- und Handlungsfähigkeit des jeweiligen Schuldners.[63]

Insgesamt kann man konstatieren, dass es sich bei mezzaninen Finanzierungsinstrumenten um individuell zusammengesetzte Konstruktionen und damit nicht um ein bestimmtes Instrument handelt. Diese sollen unternehmensspezifisch zur Lösung von Finanzierungsproblemen beitragen und Zusatzrechte bzw. Zusatzpflichten strukturiert miteinander kombinieren.[64]

3.2 Der Einsatz von Mezzaninekapital bei KMU

3.2.1 Rechtsformabhängige Einsatzmöglichkeiten von Mezzaninekapital

Von der Wahl der Rechtsform hängt es regelmäßig ab, welche Finanzierungsinstrumente genutzt werden können, da nicht bei jeder Rechtsform auch alle Finanzierungsmöglichkeiten zur Verfügung stehen.

Der Großteil der KMU in Deutschland wird in Form einer GmbH geführt, gefolgt von Personengesellschaften und Einzelunternehmen. Nur ein geringer Teil besitzt, wie schon erwähnt, die Rechtsform einer Aktiengesellschaft.[65] Neben den geringeren Gründungs- und Unterhaltungskosten spricht vor allem der Umstand für die GmbH oder die GmbH & Co. KG, dass deren Innenverhältnis im Gegensatz zu dem einer Akti-

---

62 Vgl. dazu ausführlich Kamp/Solmecke (2005), S. 621; Elser/Jetter (2005), S. 632–634; Häger/Elkemann-Reusch (2007), S. 81–84; Werner (2007), S. 42–43.
63 Vgl. Link/Reichling (2000), S. 268; Föcking (2006), S. 33; Werner (2007), S. 30. Ob dies in jedem Fall gegeben ist, unterliegt jedoch einer ausgiebigen Diskussion in Theorie und Praxis; vgl. z. B. Küting/Dürr (2005), S. 1533; Brezski et al. (2006), S. 176–179.
64 So auch Link (2002), S. 7; Volk (2003), S. 1226.
65 Vgl. FN 19.

engesellschaft[66] weitgehend frei ausgestaltet werden kann und daher eine große Flexibilität erlaubt.[67] Zudem besteht der Vorteil gegenüber Personengesellschaften und Einzelunternehmen darin, dass nur das Gesellschaftsvermögen zur Haftung herangezogen werden kann.

Aufgrund der geringen Verbreitung von KMU in Form von Aktiengesellschaften scheiden kapitalmarktorientierte mezzanine Finanzierungsinstrumente wie z. B. Vorzugsaktien oder Options- und Wandelanleihen für die meisten deutschen KMU als Finanzierungsmöglichkeit aus. Daher konzentrieren sich die weiteren Untersuchungen ausschließlich auf privat platziertes Mezzaninekapital.

3.2.2 Genussrechte

Die Ausgestaltung von Genussrechten kann auf vielfältige Art geschehen. Die Basis für Genussrechte stellt ein schuldrechtlicher Vertrag dar, in dem das emittierende Unternehmen dem Inhaber als Gegenleistung für die Kapitalüberlassung Vermögensrechte einräumt, die eigentlich nur Gesellschaftern zustehen (z. B. das Recht auf Anteil am Gewinn, auf Forderung eines festen Geldbetrags oder sonstige Rechte wie etwa Bezugs- oder Wandlungsrechte). Dabei wird regelmäßig die Höhe der Vergütung an die Höhe des Gewinns gekoppelt. Es kann jedoch auch eine Teilnahme an möglichen Verlusten vereinbart werden, welche sich dann meist in einer verminderten Rückzahlung der Genussrechte widerspiegelt. Gleichzeitig werden keinerlei Mitverwaltungsrechte bzw. Mitgliedschaftsrechte, insbesondere Stimmrechte, gewährt. Somit fehlt bei Genussrechten das Zusammenwirken von Kapitalgebern und -nehmern zu einem gemeinsamen Zweck.[68]

Genussrechte können in Genussscheinen verbrieft werden, um somit die Handelbarkeit zu erhöhen, nur wird das für die meisten KMU aufgrund der fehlenden Kapitalmarktorientierung nicht infrage kommen, sodass diese Möglichkeit im Folgenden nicht weiter vertieft werden soll. Alternativ besteht die Möglichkeit, Genussrechte direkt an einen begrenzten Kreis privater Anleger auszugeben, wobei verschiedene Ausgestaltungsmöglichkeiten denkbar sind. Gesellschaftsrechtlich sind Genussrech-

---

66 Vgl. § 23 Abs. 5 AktG.

67 Es besteht zudem die Möglichkeit, auf die in anderen EG-Mitgliedstaaten vorhandenen Kapitalgesellschaftsmodelle auszuweichen. Fraglich ist jedoch, ob dies im Hinblick auf die bei der Gründung und der laufenden Tätigkeit anfallenden Kosten tatsächlich einen Vorteil mit sich bringt. Dies kann nicht abschließend beantwortet werden, vgl. dazu z. B. Jorde/Götz (2003), S. 1813–1818; Busekist (2004), S. 650–659; Happ/Holler (2004), S. 730–736; Wilhelm (2007); Kußmaul/Richter/Ruiner (2009), S. 1–10.

68 Vgl. dazu ausführlich Rid-Niebler (1989), S. 3–4 m. w. N.; Frantzen (1993), S. 2–6 m. w. N.; Sethe (1993), S. 297; Elser/Jetter (2005), S. 627; Harrer/Jansen/Halbig (2005), S. 1; Heinemann/Kraus/Schneider (2006), S. 172–173; Häger/Elkemann-Reusch (2007), S. 212; Werner (2007), S. 84.

te im §221 Abs. 3 und 4 AktG verankert, wobei auf eine nähere Begriffsbestimmung verzichtet wurde. Die Vertragsparteien sind infolgedessen in der Ausgestaltung relativ frei, sodass individuelle Anforderungen und Finanzierungsbedürfnisse der Emittenten entsprechend umfangreich berücksichtigt werden können. Damit besteht die Möglichkeit, Genussrechte sehr komplex auszugestalten.[69] Infolgedessen ergibt sich je nach Vereinbarung ein eher fremdkapital- oder eigenkapitalähnlicher Charakter. Die Ausgabe ist nach einhelliger Meinung unabhängig von der Gesellschaftsform entweder durch Verbriefung am Kapitalmarkt oder durch Ausgabe an wenige Zeichner möglich.[70] Des Weiteren kann die Aufnahme von Genussrechtskapital aus handelsbilanzieller und steuerlicher Sicht sehr attraktiv sein, da bei entsprechender Ausgestaltung der Bedingungen das Genussrechtskapital handelsbilanziell als Eigenkapital und steuerlich als Fremdkapital angesehen werden kann.[71] Diese Komponente stellt ein interessantes Argument für die Finanzierung über Genussrechte dar. Es muss jedoch immer darauf geachtet werden, dass die Erlösmöglichkeiten für den Kapitalgeber auch attraktiv genug sind.

Des Weiteren ist es für Genussrechte sicherlich sinnvoll, eine Nachrangabrede zu treffen. Der Vergütungsanspruch der Investoren kann sowohl den Gesellschaftern als auch weiteren Gläubigern vor-, gleich- oder nachrangig gestellt sein.[72] Die Rückzahlung des Genusskapitals kann wie alle anderen Vertragsparameter variabel gestaltet werden, entweder endfällig oder zu bestimmten Stichtagen. Auch eine Vereinbarung von Wandlungsrechten wäre prinzipiell denkbar. Die Höhe der Rückzahlungen sowie die Laufzeit sind frei verhandelbar, wobei Genusskapital in der Regel für 5 bis 8 Jahre vergeben wird.[73]

Bei der Ausgabe von Genussrechten durch KMU bleibt das Vermögen der Anteilseigner unangetastet, sodass die Rückzahlung vollständig von den zukünftigen Erlösen des Unternehmens abhängt. Wird auch eine Verlustteilnahme vereinbart, mindert sich das Risiko für das betreffende Unternehmen, da eine Rückzahlung nur in Abhängigkeit vom jeweiligen Gewinn des Unternehmens stattfindet. Es findet also ein Risikotransfer auf die Genussrechtsinhaber statt. Weiterhin ermöglicht dieses Finanzierungsinstrument, dass die Gestaltungsrechte weitestgehend beim Unternehmen verbleiben, da Genussrechte ausschließlich eine Beteiligung an den Erlösen für

---

69 Vgl. Frantzen (1993), S. 97–99; Werner (2007), S. 82–87; Nelles/Klusemann (2003), S. 8; Harrer/Janssen/Halbig (2005), S. 1–2 m. w. N.

70 Vgl. Frantzen (1993), S. 25 m. w. N.; Harrer/Jansen/Halbig (2005), S. 1; Häger/Elkemann-Reusch (2007), S. 215.

71 Vgl. für die einzelnen Rechnungslegungssysteme Harrer/Jansen/Halbig (2005), S. 4; Heinemann/Kraus/Schneider (2006), S. 172–173; Häger/Elkemann-Reusch (2007), S. 280–296.

72 Vgl. Berghaus/Bardelmeier (2013), S. 533.

73 Vgl. u. a. Busse (2003), S. 591; Werner (2007), S. 85 sowie die Beispiele in Häger/Elkemann-Reusch (2007), S. 49–50.

einen bestimmten Zeitraum verbriefen und den Gläubigern, was vor allem für KMU interessant ist, keinerlei Mitverwaltungsrechte eingeräumt werden.

Die Ausgabe von Genussrechten kann für KMU über zwei Wege erfolgen. Bei der direkten Ausgabe von Genussrechten durch das Unternehmen muss berücksichtigt werden, dass die Anleger zur Risikosenkung sicher umfangreiche Mitspracherechte einfordern werden, welche jedoch bei Genussrechten weitgehend eingeschränkt sind. Zudem besteht durch die fehlende Standardisierung eine hohe Komplexität bei der Ausgestaltung[74] und damit eine relativ hohe Rechtsunsicherheit, die vor allem für kleinere Unternehmen nicht unproblematisch ist.[75]

Einen weiteren wichtigen Bereich, der bei der Ausgabe von Genussrechten durch KMU zu berücksichtigen ist, stellen die Kosten der Finanzierung dar. Hier sind insbesondere die Prospektpflicht und die damit verbundene Prospekthaftung hervorzuheben.[76] Für Genussrechte, die als nicht in Wertpapieren verbriefte Vermögensanlagen öffentlich in Deutschland angeboten werden[77] und die nicht zum Handel an einer inländischen Börse zugelassen sind, ist nach § 6 VermAnlG durch den Anbieter ein Prospekt zu veröffentlichen. Hierbei ist jedoch zu beachten, dass gem. § 6 i. V. m. § 1 Abs. 2 VermAnlG öffentlich angebotene Vermögensanlagen nur dann einer Prospektpflicht unterliegen, wenn der Verkaufspreis der im Zeitraum von zwölf Monaten angebotenen Anteile gem. § 2 Nr. 3b) VermAnlG die Summe von 100.000 € übersteigt. Inwieweit solche Anforderungen für KMU problematisch sind, muss im Einzelfall entschieden werden. Eine indirekte Ausgabe von Genussrechten über Genussscheinfonds durch Finanzinstitute, welche vor der Finanzkrise stark vorangetrieben wurde,[78] führt vor allem hinsichtlich der Abwicklung zu Verbesserungen für KMU. Hierbei bestehen jedoch Beschränkungen hinsichtlich der Nutzung für kleinere Unternehmen, da die Adressaten, wie aus den angebotenen Kapitalhöhen ersichtlich, vor allem größere KMU sind. Gleichzeitig müssen sich Anleger stets fragen, ob ein Investment in einen Genussscheinfonds für KMU unter Berücksichtigung der Eigenschaften von KMU (gerin-

---

74 Vgl. Nelles/Klusemann (2003), S. 8.
75 Vgl. Sethe (1993), S. 297.
76 Vgl. allgemein zur Prospektpflicht und -haftung z. B. Mülbert/Steup (2013), S. 1334–1393.
77 Zu öffentlich angebotenen Vermögensanlagen zählen gem. § 1 Abs. 2 VermAnlG Anteile (außer verbriefte Wertpapiere i. S. des WpPG und Anteile an Investmentvermögen i. S. des § 1 Abs. 1 KAGB), die eine Beteiligung am Ergebnis eines Unternehmens gewähren, Anteile an einem Vermögen, das der Emittent oder ein Dritter in eigenem Namen für fremde Rechnung hält oder verwaltet (Treuhandvermögen), partiarische Darlehen, Nachrangdarlehen, Genussrechte, Namensschuldverschreibungen und sonstige Anlagen, die einen Anspruch auf Verzinsung und Rückzahlung gewähren oder im Austausch für die zeitweise Überlassung von Geld einen vermögenswerten auf Barausgleich gerichteten Anspruch vermitteln, sofern die Annahme der Gelder nicht als Einlagengeschäft i. S. des § 1 Abs. 1 S. 2 Nr. 1 des KWG zu qualifizieren ist.
78 Vgl. dazu z. B. Harrer/Jansen/Halbig (2005), S. 7; Häger/Elkemann-Reusch (2007), S. 35–50.

ge Transparenz, oft beschränkte Wachstumsaussichten) und den damit verbundenen Risiken wirklich lohnenswert ist.[79]

3.2.3 Nachrangige Darlehen

Das typische nachrangige Darlehen ist regelmäßig nicht besichert oder zweitrangig über die gleichen Vermögensgegenstände, welche das Senior Debt besichern.[80] Es kommt dem reinen Fremdkapital am nächsten und unterscheidet sich von diesem nur dadurch, dass ein Rangrücktritt vereinbart wird. Im Insolvenzfall erfolgt die Rückzahlung erst, wenn die sonstigen Gläubiger bedient wurden, wobei die Kapitalgeber an laufenden Verlusten nicht beteiligt werden.[81] Die Verzinsung liegt infolge des Rangrücktritts und dem damit verbundenen höheren Risiko über der von besichertem Fremdkapital.[82]

Die Verzinsung von nachrangigen Darlehen kann unterschiedlich strukturiert werden. Für KMU scheint eine feste Verzinsung am sinnvollsten, da so eine gewisse Planungssicherheit erzielt wird und unerwartete Gewinnsprünge bei KMU eher die Seltenheit sind.[83] Die Laufzeit bei nachrangigen Darlehen beträgt in der Regel 5 bis 15 Jahre.[84] Wie bei anderen Darlehen sind keine Mitwirkungs- und Kontrollrechte für den Gläubiger vorgesehen, da dies ein Gesellschafterverhältnis voraussetzen würde. Die Kapitalgeber werden jedoch die Vereinbarung von bestimmten Berichts- und Verhaltenspflichten (Covenants) einfordern, um die Informationstransparenz zu erhöhen.

Insgesamt ist festzustellen, dass nachrangige Darlehen für die Finanzierung von KMU grundsätzlich infrage kommen. Ein entscheidender Vorteil ist der durch die Nachrangigkeit bedingte eigenkapitalähnliche Charakter. Dies führt dazu, dass nachrangige Darlehen bei der Bilanzanalyse als wirtschaftliches Eigenkapital gewertet werden können. Dadurch verbessert sich die Eigenkapitalquote und die Aufnahme von weiterem Fremdkapital wird erleichtert.[85] Vorteilhaft erscheint zudem, dass sich nachrangige Darlehen mittels der Nachrangabrede nahtlos in die vorhandene Rückflussstruktur einbauen lassen[86] und durch den Fremdkapitalcharakter auch keine po-

---

79 Diese Problematik wurde vor allem beim Auslaufen der letzten Standardmezzanineprogramme in 2014 deutlich, welche auch von mittelständischen Unternehmen genutzt wurden und größtenteils eine schwache Performance aufwiesen; vgl. z. B. KfW (2011); PWC (2011), S. 33–45.
80 Vgl. Häger/Elkemann-Reusch (2007), S. 183; Werner (2007), S. 118.
81 Vgl. Link (2002), S. 18; Nelles/Klusemann (2003), S. 7; Elser/Jetter (2005), S. 626; Werner (2007), S. 116.
82 Vgl. Link/Reichling (2000), S. 267; Nelles/Klusemann (2003), S. 7; Kamp/Solmecke (2005), S. 622.
83 Vgl. schon FN 6.
84 Vgl. z. B. Nelles/Klusemann (2003), S. 7–8; Häger/Elkemann-Reusch (2007), S. 25–26.
85 So auch Nelles/Klusemann (2003), S. 7.
86 Vgl. Smerdka (2003), S. 31–32.

tenzielle Anteilsverwässerung gegeben ist. Auch für die Kapitalgeber kann diese Form der Darlehensvergabe interessant sein. Sie tragen durch die Nachrangigkeit zwar ein nicht unerhebliches Risiko, doch kann im Vergleich zu vorrangig besichertem Fremdkapital eine höhere Vergütung erfolgen. Aufgrund der geringen Transparenz bei KMU werden Kapitalgeber dennoch versuchen, bestimmte Sicherheiten zu erlangen, um ihr Risiko zu mindern.[87]

3.2.4 Partiarische Darlehen

Ein partiarisches Darlehen ähnelt dem nachrangigen Darlehen, wobei jedoch als Vergütung für die Kapitalüberlassung eine Erfolgsbeteiligung gemessen an einer bestimmten Bezugsgröße wie dem Gewinn oder Umsatz vereinbart wird. Grundsätzlich gewähren solche Darlehen aber keine Wandlungs- oder Bezugsrechte, also keine Beteiligung an einer Wertsteigerung des Unternehmens, keine Beteiligung am Liquidationserlös oder andere über den Gewinnanteil hinausgehende Vermögensrechte.[88] Damit stellt das partiarische Darlehen prinzipiell Fremdkapital dar. Es muss jedoch nicht automatisch eine Rangrücktrittsvereinbarung enthalten.[89]

Bei der Verzinsung sind grundsätzlich die gleichen Ausgestaltungen wie bei Nachrangdarlehen möglich. So kann eine jährliche oder endfällige Verzinsung bzw. eine Kombination aus beiden erfolgen, wobei die genaue Ausgestaltung frei vereinbar ist. KMU werden sicher eine jährlich gleichbleibende Basisverzinsung bevorzugen, zu der beispielsweise vom jährlichen Gewinn abhängige Zinszahlungen hinzukommen, um eine gewisse Planungssicherheit zu erhalten. Diese Vorgehensweise entspricht auch den Interessen des jeweiligen Investors, da ihm so eine bestimmte Mindestrendite gewährleistet wird. Die genaue Zinszahlung hängt somit von der Höhe der Bezugsgröße ab und orientiert sich wie die Darlehenslaufzeit in der Regel an nachrangigen Darlehen. Für die genaue Berechnung seines Gewinnanteils wird sich der Darlehensgeber in den meisten Fällen umfassende Einsichtsrechte in die „Bücher" des Unternehmens einräumen lassen, um die Informationstransparenz zu erhöhen. Ähnlich wie bei nachrangigen Darlehen sind keine Mitwirkungs- und Kontrollrechte vorgesehen, doch werden die Kapitalgeber wahrscheinlich die Vereinbarung von Covenants einfordern.

Der Vorteil bei der Finanzierung mit partiarischen Darlehen liegt für das KMU darin, dass je nach Ausgestaltung des Darlehensvertrages die Zinszahlungen nur geleistet werden müssen, wenn ein ausreichendes Ergebnis bei den Bezugsgrößen der Zinshöhe erzielt worden ist. Damit kann das Unternehmen einen Teil des Risikos auf die Investoren abwälzen und zugleich die unsicheren zukünftigen Erlöse

---

87 Vgl. zu weiteren praktischen Problemen z. B. Häger/Elkemann-Reusch (2007), S. 184–195.
88 Vgl. Link/Reichling (2000), S. 268; Link (2002), S. 21; Smerdka (2003), S. 16–17; Elser/Jetter (2005), S. 626–627; Werner (2007), S. 61.
89 Vgl. Jänisch/Moran/Waibel (2002), S. 2452.

von Zinszahlungen entlasten. Durch eine Nachrangabrede kann auch diese Darlehensform individuell in eine bestehende Rückflussstruktur eingepasst werden. Des Weiteren besteht die Möglichkeit, dass partiarische Darlehen je nach Ausgestaltung der Nachrangigkeit wirtschaftlich als Eigenkapital gewertet werden[90] und somit die „Quasi"-Eigenkapitalausstattung erhöhen. Der Vorteil für Investoren liegt in der Teilhabe am möglichen Aufwärtspotenzial des KMU und damit auch in der Chance auf eine höhere Rendite als beim nachrangigen Darlehen. Sollten dagegen bestimmte Erfolgsvorgaben durch das Unternehmen nicht erreicht werden, erhält der Kapitalgeber meist nur eine bestimmte Mindestverzinsung. Damit kommt es entscheidend auf die Erwartungen des Investors bzgl. der Entwicklung des KMU an.

3.2.5 Stille Beteiligungen

Das Finanzierungsinstrument der stillen Beteiligung ist in den §§ 230 bis 236 HGB gesetzlich geregelt. Dabei engagiert sich ein Investor in einem Unternehmen, ohne dass dies nach außen sichtbar wird.[91] Im Unterschied zu nachrangigen und partiarischen Darlehen ist der stille Gesellschafter grundsätzlich am Gewinn und Verlust der Gesellschaft beteiligt, wobei die Verlustbeteiligung nach § 232 Abs. 2 HGB nur bis zum Betrag seiner eingezahlten oder rückständigen Einlage erfolgt. Sie kann im Gesellschaftsvertrag nach § 231 Abs. 2 HGB aber auch teilweise oder ganz ausgeschlossen werden. Im Unterschied zu den oben genannten Darlehensarten verfolgen die Vertragspartner einen gemeinsamen Zweck.[92] Die Laufzeit kann begrenzt oder unbegrenzt sein.[93] Die Vergütung für die Kapitalüberlassung muss neben einem durchaus möglichen fixen Vergütungsanteil auch eine gewinnabhängige Komponente vorsehen, wobei der jeweilige Anteil frei festsetzbar ist.[94] Auch kann eine stille Beteiligung, die mit einer Nachrangabrede versehen ist, als bilanzielles Eigenkapital verbucht werden und dadurch die Aufnahme weiteren Fremdkapitals erleichtern.[95]

Die Vermögenseinlage des stillen Gesellschafters geht nach § 230 Abs. 1 HGB in das Vermögen des Unternehmens über. Infolgedessen sind die Ansprüche des stillen Gesellschafters auf das Gesellschaftsvermögen typischerweise rein schuldrechtlicher Natur, sodass er nicht an der Wertsteigerung des Unternehmens teilnimmt. In diesem Fall spricht man von einer typisch stillen Beteiligung. Aufgrund der Freiheit in der

---

90 Vgl. Elser/Jetter (2005), S. 626–627.
91 Damit handelt es sich um eine reine Innengesellschaft.
92 Vgl. Jänisch/Moran/Waibel (2002), S. 2452; Smerdka (2003), S. 23–24; Blaurock (2010), S. 57.
93 Vgl. Blaurock (2010), S. 61–63; Häger/Elkemann-Reusch (2007), S. 75–76.
94 Vgl. Blaurock (2010), S. 116; Häger/Elkemann-Reusch (2007), S. 76. Nelles/Klusemann (2003), S. 7 betonen dabei, dass die gewinnabhängige Vergütungskomponente beträchtlich sein muss, da es sonst den Anschein hat, dass es sich um ein partiarisches Darlehen handelt.
95 Vgl. dazu ausführlich zum Beispiel Häger/Elkemann-Reusch (2007), S. 157–176.

Ausgestaltung der jeweiligen Beteiligungsverträge kann der stille Gesellschafter neben Verlusten auch am Vermögenszuwachs des Unternehmens beteiligt werden. Dies bezeichnet man als atypisch stille Beteiligung.[96] Insofern hat der typisch stille Gesellschafter nur Anspruch auf Rückzahlung seiner nominellen Einlage und einer Beteiligung am Gewinn, während der atypisch stille Gesellschafter neben der Gewinnbeteiligung auch einen Anspruch auf die Vermögenswerte (wie stille Reserven) hat.[97] Des Weiteren besitzt der typisch stille Gesellschafter kein Recht zur Geschäftsführung oder Vertretung des Unternehmens (fremdkapitalähnliche Position), während beim atypisch stillen Gesellschafter auch die Ausübung bestimmter unternehmerischer Funktionen möglich ist (eigenkapitalähnliche Position). Es wird jedoch in der Regel kein explizites Recht zur Geschäftsführung oder Vertretung vereinbart. Insgesamt bekommt der atypisch stille Beteiligte durch diese Besonderheiten den Status eines Mitunternehmers.[98] Die Frage, ob eine typisch oder atypisch stille Gesellschaft vorliegt, ist jeweils vom Einzelfall abhängig.[99]

Die Teilnahme am Gewinn kann nach § 231 Abs. 2 Hs. 2 HGB bei einer typisch stillen Beteiligung vertraglich nicht ausgeschlossen oder durch die Vereinbarung eines reinen Festzinses umgangen werden. Die Art und Weise sowie die Höhe der Beteiligung am Gewinn sind frei verhandelbar, müssen jedoch nach § 231 Abs. 1 HGB angemessen sein. Bei der Vergütung der typisch stillen Gesellschafter wird in der Regel neben einem festen Zins eine Gewinnbeteiligung, beispielsweise in Form einer Kicker-Komponente, vereinbart.[100] Auch für die Finanzierung von KMU scheint diese Vorgehensweise sinnvoll, da so dem Investor bis zu einem gewissen Grad die Teilnahme am Potenzial der zukünftigen Entwicklung des Unternehmens ermöglicht wird. In der Regel wird es sich um einen Non-Equity-Kicker handeln, da dieser eine von der Unternehmensentwicklung unabhängige Sonderverzinsung darstellt. Würde man z. B. einen virtuellen Equity-Kicker als Verzinsung vereinbaren, wäre das ein Hinweis auf eine mögliche atypische stille Beteiligung. Auch wird ein KMU es bevorzugen, wenn die Vergütung jährlich gezahlt wird, um so die Planungssicherheit zu erhöhen. An den Vermögenswerten ist der stille Gesellschafter jedoch, wie beschrieben, nicht beteiligt. Der typisch stille Beteiligte besitzt ein gesetzliches Informations- und Kontrollrecht aus § 233 HGB, welches ihn lediglich zur Einsicht in die Geschäftsbücher berechtigt

---

96 Vgl. Link (2002), S. 20; Smerdka (2003), S. 29–30; Blaurock (2010), S. 64–66; Busse (2003), S. 84.

97 Bei Auflösung der Gesellschaft werden, wenn nicht eine Verlustbeteiligung ausgeschlossen wurde, die Anteile des stillen Gesellschafters – um eventuelle Verluste gemindert – zurückgezahlt; vgl. Link (2002), S. 20; Busse (2003), S. 84; Blaurock (2010), S. 314–315.

98 Vgl. Häger/Elkemann-Reusch (2007), S. 79–80. Der Status des Mitunternehmers führt bei der Gesellschaft regelmäßig zu einer höheren ertragsteuerlichen Belastung, da die Vergütung des Gesellschafters nicht mehr als Betriebsaufwand geltend gemacht werden kann; vgl. Link (2002), S. 20; Elser/Jetter (2005), S. 628–629.

99 Vgl. die Ausführungen von Elser/Jetter (2005), S. 628 m. w. N.

100 Vgl. exemplarisch Nelles/Klusemann (2003), S. 7; Häger/Elkemann-Reusch (2007), S. 80–84.

und ihm einen Anspruch auf eine ordnungsgemäße Buchführung und Bilanzierung des Unternehmens einräumt. Darüber hinaus kann er keinen Einfluss auf die Geschäfte nehmen oder dem Geschäftsführer Weisungen erteilen. Dies wird regelmäßig ebenfalls im Interesse des KMU sein.

Auch bei der Finanzierung durch einen atypisch stillen Gesellschafter ist eine Verzinsung für die Kapitalüberlassung vorgesehen, wobei die Ausgestaltung der einer typischen stillen Gesellschaft entspricht. Dennoch sind einige wesentliche Unterschiede im Vergleich zur typisch stillen Beteiligung zu beachten. Durch die Beteiligung an den Änderungen der Vermögenswerte sowie die Möglichkeit der Übernahme bestimmter unternehmerischer Funktionen wird dem atypisch stillen Beteiligten, wie oben beschrieben, eine Art Mitunternehmerschaft eingeräumt. Somit profitiert der Investor auch von der Wertsteigerung des Unternehmens, erhält allerdings keinen Anteil am Gesellschaftsvermögen, sondern wird lediglich vertraglich so gestellt, als besäße er diesen. Der Mitunternehmerschaft könnte bei der Vergütung durch einen höheren festen Zins Rechnung getragen werden. Die damit einhergehenden erweiterten Mitspracherechte könnten Interessen von KMU zuwiderlaufen, da die Eigentümer meist kein Interesse daran besitzen werden, ihre Entscheidungskompetenz eingrenzen zu lassen.[101] Auch wird das KMU versuchen, fixe Zahlungsversprechen so gering wie möglich zu halten. Infolgedessen scheint es von Seiten des KMU sinnvoller, dass der Mitunternehmerschaft durch die Vergütung mithilfe einer Kicker-Komponente Rechnung getragen wird. Infolge der Stellung als Mitunternehmer sind als Vergütung im Vergleich zur typisch stillen Beteiligung eher virtuelle Equity-Kicker und normale Equity-Kicker vorstellbar, welche den Stillen am Unternehmenserfolg beteiligen. Bei deren Ausgestaltung sind die Vertragspartner völlig frei. Auch bei atypisch stillen Beteiligungen kann die Verlustbeteiligung teilweise oder ganz ausgeschlossen werden. Ob das aus Sicht des KMU wünschenswert ist, mag jedoch bezweifelt werden, da in diesem Fall die Abwälzung eines Teils des unternehmerischen Risikos partiell unterbunden wird, der atypisch stille Gesellschafter aber trotzdem an der Wertsteigerung des Unternehmens beteiligt ist.

Bei der Mitsprache im Rahmen der Führung des KMU sowie den Kontroll- und Informationsrechten wird der stille Beteiligte immer versuchen, einen hohen Einfluss zu erlangen, um sein individuelles Risiko zu mindern. Ob und wieweit diese Rechte wahrgenommen werden, hängt von den Interessen des einzelnen Investors ab. Da diese Regelungen frei vereinbar sind, kann das Mitspracherecht allerdings bis hin zur Geschäftsführung des Stillen ausgedehnt werden. Die Unternehmenseigner werden regelmäßig versuchen, die zusätzlichen Rechte so gering wie möglich zu halten, um weiter die alleinige Entscheidungsgewalt zu besitzen.

---

[101] So auch Dörscher/Hinz (2003), S. 609; Nelles/Klusemann (2003), S. 10; Kamp/Solmecke (2005), S. 624.

Die stille Gesellschaft gehört in der Praxis neben nachrangigen Darlehen zu den am häufigsten auftretenden Formen von Mezzaninekapital.[102] Entsprechend den vielfältigen Ausgestaltungsmöglichkeiten, welche dieses Finanzierungsinstrument bietet, kann ein Risiko-Rendite-Profil konstruiert werden, das den jeweiligen individuellen Interessen entspricht. Die Kapitalüberlassung erfolgt im Hinblick auf die Erfüllung des gemeinsamen Geschäftszwecks. So investiert der Stille sein Geld nicht alleine, um Zinserträge zu erwirtschaften, sondern er versucht, durch die Kapitalüberlassung an der potenziellen Entwicklung des KMU zu partizipieren. Zwischen typisch und atypisch stiller Beteiligung sind vor allem Unterschiede bei der Gestaltung der erfolgsabhängigen Komponente vorhanden. Atypisch Stille werden in der Regel an den Vermögenswerten beteiligt, wogegen dies bei typisch stillen Beteiligten nicht der Fall ist. Für wachstumsstarke KMU ist aus Sicht der Eigentümer eine Einbeziehung der stillen Gesellschafter an Vermögenswertsteigerungen in der Regel nicht wünschenswert und sollte möglichst weitgehend ausgeschlossen werden, um selber ausreichend an den Erlösen teilhaben zu können. Unter der Prämisse, dass möglichst wenig Kontrolle über das KMU abgegeben werden soll, ist die typisch stille Beteiligung zu favorisieren, da in diesem Fall die Informations- und Kontrollrechte stark eingeschränkt sind. Bei der atypischen Ausgestaltung ist es infolge der Klassifizierung als Mitunternehmer zwingend notwendig, dass der Investor umfangreiche Mitspracherechte eingeräumt bekommt. Allerdings können diese eingeschränkt werden, wenn gleichzeitig die Beteiligung am unternehmerischen Risiko sinkt.[103] In diesem Fall hängt der Umfang der abzugebenden Kontrollrechte von der Verhandlungsstärke der Vertragspartner und der Notwendigkeit, steuerlichen Vorgaben im Sinne der Mitunternehmerschaft gerecht zu werden, ab. Ob eine solche atypische Beteiligung für ein KMU vorteilhaft ist, muss im Einzelfall geprüft werden, ist aber generell nicht zu verneinen.

3.3 Die Zukunft von Mezzaninekapital

Bei der Nutzung von Mezzaninekapital im Rahmen der Mittelstandsfinanzierung zeigt sich ein gemischtes Bild. So wurde Mezzaninekapital in der Vergangenheit aufgrund der flexiblen Einsatzmöglichkeiten für den Mittelstand als äußerst attraktiv angesehen[104] und eine große Zukunft vorausgesagt.[105] Betrachtet man dagegen die Ergebnisse von Befragungen unter KMU, dann zeigt sich, dass Mezzaninekapital eher eine untergeordnete Rolle zukommt.[106] Einige kritische Stimmen sehen zudem mezzanine Fi-

---

102 Vgl. Häger/Elkemann-Reusch (2007), S. 75.
103 Vgl. Schulze zur Wiesche (2013), S. 85–87.
104 So z. B. Dörscher/Hinz (2003), S. 610; Nelles/Klusemann (2003), S. 10; Werner (2007), S. 187.
105 Hier z. B. Brezski et al. (2006), S. 221–222; Brezski (2007), S. 13; Werner (2007), S. 187–188.
106 Vgl. dazu z. B. die Ergebnisse einer Unternehmensbefragung von Deloitte (2012), S. 23–24, wonach 13 % der befragten Unternehmen der Mezzaninefinanzierung eine starke Bedeutung und nur 9 % eine

nanzierungsinstrumente sowieso nur für wenige, wachstumsstarke Unternehmen als wirkliche Alternative an, da nur eine begrenzte Anzahl von KMU ein hohes Wachstum aufweist und die für die einzelnen Instrumente nötige Transparenz nur selten gegeben ist.[107]

Ein weiterer wichtiger Punkt ist die Problematik der Anerkennung von Mezzaninekapital als Eigenkapital im Ratingprozess. So stellt die Verbesserung der Bilanzstruktur und die daraus resultierende Verbesserung der Bonität ein zentrales Argument für die Verwendung von mezzaninen Finanzierungsinstrumenten dar. In diesem Zusammenhang ergibt sich jedoch die Frage, ob beim Rating eine Anerkennung als wirtschaftliches Eigenkapital ausreicht oder ob es sich zwingend um haftendes Eigenkapital handeln muss.[108] Auf der einen Seite wird argumentiert, dass in den meisten Fällen nur die Anteilseigner mit ihren Ansprüchen noch hinter den mezzaninen Kapitalgebern stehen und somit keine Verschlechterung der Position der Fremdkapitalgeber eintritt. Damit wäre die Stellung als wirtschaftliches Eigenkapital für die Berücksichtigung im Ratingprozess ausreichend.[109] Dem wird jedoch entgegengehalten, dass nur Mezzaninekapital eine handelsrechtliche Eigenkapitalposition zugesprochen werden kann, welches die vier definierten Bedingungen des IDW (Nachrangigkeit, lange Laufzeit, erfolgsabhängige Vergütung und Verlustbeteiligung bis zur vollen Höhe)[110] erfüllt.[111] Kritisch zu sehen ist in diesem Zusammenhang, dass die Kriterien des IDW teilweise nicht eindeutig sind und somit keine klaren Vorgaben abgeleitet werden können.[112] Insgesamt ist durch die unterschiedlichen Ausgestaltungsmöglichkeiten von Mezzaninekapital eine pauschale Aussage zur möglichen Anerkennung im Rahmen des Ratingprozesses nicht möglich. Für Kreditinstitute eröffnen sich hier Ermessensspielräume, die sicher nicht dafür sorgen werden, dass die Transparenz im Rahmen der Kreditvergabe für KMU erhöht wird.

4 Fazit

Der Kapitalbedarf kleiner und mittelständischer Unternehmen kann nicht in allen Situationen mit dem klassischen Finanzierungsinstrumentarium gedeckt werden.

---

sehr starke Bedeutung beimessen. Zu ähnlichen Ergebnissen kommt auch das KfW-Mittelstandspanel 2015; KfW Bankengruppe (2015a), S. 7.
107 Vgl. Kamp/Solmecke (2005), S. 625. Ähnliche Beschränkungen bzgl. der möglichen Einsatzbereiche von Mezzaninekapital ergeben sich nach Fox (2006), S. 492 z. B. auch bei Spielfilmfinanzierungen.
108 Vgl. Brezski et al. (2006), S. 177.
109 Vgl. dazu z. B. Küting/Dürr (2005), S. 1533–1534.
110 Vgl. ausführlich IDW (1994), S. 419–421.
111 Vgl. Brezski et al. (2006), S. 178.
112 Vgl. Baetge/Brüggemann (2005), S. 2147–2151 m. w. N.

In Phasen konjunkturellen Abschwungs und geringerer Überschüsse ist eine (offene) Selbstfinanzierung in der Regel nicht durchführbar. Auch die Möglichkeiten der Kreditfinanzierung verschlechtern sich im Zuge einer Rezession in aller Regel mit einigen Monaten Nachlauf. Die Nutzung von Kreditsubstituten wie Leasing und Factoring führt nicht unmittelbar zur Bildung bilanziellen Kapitals. Ihr Hauptnutzen besteht vielmehr darin, dass sie die finanzielle Situation des Unternehmens verbessern können, indem sie vorhandene Liquidität schonen bzw. den Zufluss liquider Mittel beschleunigen. Weitgehend unabhängig von der jeweiligen konjunkturellen Lage haben junge innovative Wachstumsunternehmen häufig das Problem, Fremdkapital in ausreichender Höhe von Banken und Sparkassen zu erhalten und diese von ihren Geschäftsmodellen zu überzeugen. Erschwerend kommt gerade für diese Unternehmen hinzu, dass ihnen in den ersten (ggf. verlustbringenden) Geschäftsjahren eine Selbstfinanzierung in der Regel nicht möglich sein wird.

Ob Mezzaninekapital in diesem Zusammenhang eine Alternative für KMU darstellt, lässt sich – insbesondere vor dem Hintergrund der Heterogenität von KMU – nicht pauschal beantworten. Deutlich wird aber, dass es keinen vollständigen Ersatz für klassische Finanzierungsinstrumente bietet. Vielmehr stellt Mezzaninekapital eine interessante Ergänzung in den Situationen dar, in welchen der Kapitalbedarf nicht auf konventionellem Wege gedeckt werden kann. Hierbei ist jedoch zu berücksichtigen, dass mezzanine Finanzierungsinstrumente nicht in jedem Fall durch Kreditinstitute im Ratingprozess als Eigenkapital anerkannt werden, wodurch sich wiederum die Aufnahme von weiterem Fremdkapital erschwert. Darum kommt der Verbesserung der „reinen" Eigenkapitalausstattung weiterhin eine große Bedeutung zu.

5 Literatur

abcfinance (2015): Leasingtrends im deutschen Mittelstand. Köln.

Baetge, J./Brüggemann, B. (2005): Ausweis von Genussrechten auf der Passivseite der Bilanz des Emittenten. In: DB, 58. Jg., H. 40, S. 2145–2152.

Berghaus, M./Bardelmeier, A. (2013): Genussrechte. In: Habersack, M./Mülbert, P. O./Schlitt, M. (Hg.): Unternehmensfinanzierung am Kapitalmarkt. 3. Aufl., Köln, S. 526–549.

Blaurock, U. (2010): Handbuch der Stillen Gesellschaft. 7. Aufl., Köln.

Böttcher, B./Linnemann, C. (2008): Erfolgsmodell Mittelstand – Fakten und Irrtümer. In: FB, 10. Jg., H. 2, S. 163–167.

Brezski, E. (2007): Die Behandlung von Mezzanine-Kapital im internen Rating. In: Kredit- & Rating-Praxis, 33. Jg., H. 3, S. 13–14.

Brezski, E./Böge, H./Lübbehüsen, T./Rhode, T./Tomat, O. (2006): Mezzanine-Kapital für den Mittelstand. Stuttgart.

Büschgen, H. E. (1998): Praxishandbuch Leasing. München.

Busekist, K. P. (2004): Umwandlung einer GmbH in eine im Inland ansässige EU-Kapitalgesellschaft am Beispiel der englischen Ltd: Möglichkeiten und Gestaltungen in gesellschafts- und steuerrechtlicher Sicht. In: GmbHR, 95. Jg., H. 10, S. 650–659.

Busse, F.-J. (2003): Grundlagen der Finanzwirtschaft. 5. Aufl., München.

Dechant, H. (1998): Investitions-Controlling für mittelständische Unternehmen: Ein Ansatz zur Analyse und praktischen Nutzbarmachung von Verfahren der Investitionsbewertung. Aachen.

Deloitte (2012): Finanzierung im Mittelstand, verfügbar unter: https://www2.deloitte.com/de/de/pages/mittelstand/contents/Studienserie-Erfolgsfaktoren-im-Mittelstand.html, Abruf: 30.06.2017.

Dörscher, M./Hinz, H. (2003): Mezzanine Capital – Ein flexibles Finanzierungsinstrument für KMU. In: FB, 5. Jg., H. 10, S. 606–610.

DZ Bank, A. G. (2015): Mittelstand im Mittelpunkt: Ausgabe Herbst 2015. Frankfurt a. M.

Elser, T./Jetter, J. (2005): Steuereffiziente Ausgestaltung von Mezzaninekapital. In: FB, 7. Jg., H. 10, S. 625–635.

Europäische Kommission (2003): Empfehlung der Kommission vom 6. Mai 2003 betreffend die Definition der Kleinstunternehmen sowie der kleinen und mittleren Unternehmen. 2003/361/EG, ABl. Nr. L 124, S. 36–41.

Fey, G./Kuhn, N. (2008): Der Börsengang – eine Finanzierungsalternative für den Mittelstand? In: ZfgK. 61. Jg., H. 3, S. 114–117.

Föcking, M. (2006): Formen, Ausstattungsmerkmale und Preisgestaltung von Mezzanine Kapital. In: Bösl, K./Sommer, M. (Hg.): Mezzanine Finanzierung: Betriebswirtschaft – Zivilrecht – Steuerrecht – Bilanzrecht. München, S. 23–35.

Fox, A. (2006): Spielfilmfinanzierung mit Mezzanine-Kapital. In: ZBB, 18. Jg., H. 6, S. 484–494.

Fox, A./Schonert, B. (2009): Mezzanine Finanzierungsinstrumente – eine Perspektive für KMU? In: Müller, D. (Hg.): Controlling für kleine und mittlere Unternehmen. München, S. 413–442.

Frantzen, C. (1993): Genußscheine: Zugleich eine Analyse der Genußscheinbedingungen deutscher Unternehmen. Köln et al.

Gereth, B./Schulte, K.-W. (1992): Mezzanine-Finanzierung. Bergisch-Gladbach/Köln.

Golland, F. (2000): Equity Mezzanine Capital. In: FB, 2. Jg., H. 1, S. 34–39.

Grill, W./Perczynski, H./Grill, H. (2015): Wirtschaftslehre des Kreditwesens. 49. Aufl., Troisdorf.

Häger, M./Elkemann-Reusch, M. (2007): Mezzanine Finanzierungsinstrumente. 2. Aufl., Berlin.

Harrer, H./Janssen, U./Halbig, U. (2005): Genussscheine – Eine interessante Form der Unternehmensfinanzierung. In: FB, 7. Jg., H. 1, S. 1–7.

Happ, W./Holler, L. (2004): Limited statt GmbH? In: DStR, 42. Jg., H. 17, S. 730–736.

Haves, R. (2009): Basel II – ein Überblick. In: Everling, O./Holschuh, K./Leker, J. (Hg.): Credit Analyst, München. S. 27–51.

Heinemann, S./Kraus, M./Schneider, A. (2006): Genussrechte. In: Bösl, K./Sommer, M. (Hg.): Mezzanine Finanzierung: Betriebswirtschaft – Zivilrecht – Steuerrecht – Bilanzrecht. München, S. 171–196.

Huchzermeier, M. (2006): Investor Relations beim Börsengang – Konzept für mittelständische Unternehmen. Wiesbaden.

IDW – Institut der Wirtschaftsprüfer (1994): Aus der Facharbeit des IDW – Stellungnahme HFA 1-1994: Zur Behandlung von Genußrechten im Jahresabschluß von Kapitalgesellschaften (IDW HFA 1/1994). In: WPg, 47. Jg., H. 13, S. 419–423.

IDW – Institut der Wirtschaftsprüfer (2014): WP Handbuch 2014: Wirtschaftsprüfung, Rechnungslegung und Beratung. Band II, 14. Aufl., Düsseldorf.

IfM Bonn (o.J.): Definitionen. http://www.ifm-bonn.org/definitionen/, Abruf: 30.06.2017.

ifo Institut für Wirtschaftsforschung (2014): Investitionsklima durch geopolitische Krisen belastet – Leasing wächst noch kräftig. In: ifo Schnelldienst, 67. Jg., H. 18, S. 40–43.

Jänisch, C./Moran, K./Waibel, N. (2002): Mezzanine-Finanzierung: intelligentes Fremdkapital und deutsches Steuerrecht. In: DB, 55. Jg., H. 47, S. 2451–2456.

Jorde, T./Götz, H. (2003): Maßgebende Gesichtspunkte der Rechtsformwahl unter Steuer-, Liquiditäts- und Bewertungsaspekten. In: BB, 58. Jg., H. 35, S. 1813–1818.

Kamp, A./Solmecke, H. (2005): Mezzanine Kapital: Ein Eigenkapitalsubstitut für den Mittelstand? In: FB, 7. Jg., H. 10, S. 618–625.

KfW Bankengruppe (2007): Unternehmensbefragung 2007: Unternehmensfinanzierung im Aufwind – erstmals profitieren auch kleine Unternehmen. Frankfurt a. M.

KfW Bankengruppe (2011): Standard-Mezzanine: Refinanzierungsproblematik, Lösungsansätze und Handlungsempfehlungen. Frankfurt a. M.

KfW Bankengruppe (2015a): KfW-Mittelstandspanel 2015: Mit steigender Zuversicht aus dem Investitionstief. Frankfurt a. M.

KfW Bankengruppe (2015b): Unternehmensbefragung 2015: Finanzierungssituation besser denn je – weiterhin strukturelle Probleme bei kleinen und jungen Unternehmen. Frankfurt a. M.

Kußmaul, H./Richter, L./Ruiner, C. (2009): Grenzenlose Mobilität?! – Zum Zuzug und Wegzug von Gesellschaften in Europa. In: Europäisches Wirtschafts- und Steuerrecht, 20. Jg., H. 1–2, S. 1–10.

Küting, K./Dürr, U. L. (2005): Mezzanine-Kapital – Finanzierungsentscheidung im Sog der Rechnungslegung. In: DB, 58. Jg., H. 29, S. 1529–1534.

Link, G. (2002): Anreizkompatible Finanzierung durch Mezzanine-Kapital. Frankfurt a. M. et al.

Link, G./Reichling, P. (2000): Mezzanine Money – Vielfalt in der Finanzierung. In: Die Bank, H. 4, S. 266–269.

Mülbert, P. O./Steup, S. (2013): Haftung für fehlerhafte Kapitalmarktinformationen. In: Habersack, M./Mülbert, P. O./Schlitt, M. (Hg.): Unternehmensfinanzierung am Kapitalmarkt. 3. Aufl., Köln, S. 1321–1433.

Nelles, M./Klusemann, M. (2003): Die Bedeutung der Finanzierungsalternative Mezzanine-Kapital im Kontext von Basel II für den Mittelstand. In: FB, 5. Jg., H. 1, S. 1–10.

Niederöcker, B. (2002): Finanzierungsalternativen in kleinen und mittleren Unternehmen. Wiesbaden.

Perridon, L./Steiner, M./Rathgeber (2012): Finanzwirtschaft der Unternehmung. 16. Aufl., München.

PWC (2011): Fälligkeit Standard-Mezzanin: Herausforderung für den Mittelstand? Düsseldorf.

Reichling, P./Beinert, C./Henne, A. (2005): Praxishandbuch Finanzierung. Wiesbaden.

Rid-Niebler, E.-M. (1989): Genussrechte als Instrument zur Eigenkapitalbeschaffung über den organisierten Kapitalmarkt für die GmbH. Köln.

Schneck, O. (2006): Handbuch alternative Finanzierungsformen. Weinheim.

Schulze zur Wiesche, D. (2013): Die GmbH & Still: Eine alternative Gesellschaftsform; mit Vertragsmustern. 6. Aufl., München.

Sethe, R. (1993): Genußrechte: Rechtliche Rahmenbedingungen und Anlegerschutz (I). In: Die Aktiengesellschaft, 38. Jg., H. 7, S. 293–315.

Smerdka, U. (2003): Die Finanzierung mit mezzaninem Haftkapital. Lohmar/Köln.

Volk, G. (2003): Mezzanine Capital: Neue Finanzierungsmöglichkeit für den Mittelstand? In: BB, 58. Jg., H. 23, S. 1224–1226.

Werner, H. S. (2007): Mezzanine-Kapital: Mit Mezzanine-Finanzierung die Eigenkapitalquote erhöhen. Köln.

Wilhelm, M. F. (2007): Die GmbH-Reform und der Wettbewerb der Rechtsformen in Europa. Berlin.

Zantow, R./Dinauer, J. (2011): Finanzwirtschaft des Unternehmens: Die Grundlagen des modernen Finanzmanagements. 3. Aufl., München u. a.

Andreas Oehler und Stefan Wendt

Sozial-ökologische Ausrichtung von KMU: Herausforderungen für die Investitions- und Finanzierungspolitik

1 Einleitung

Die sozial-ökologische Ausrichtung unternehmerischer Tätigkeit, inklusive der Investitions- und Finanzierungsaktivitäten, wird seit mindestens zwei Jahrzehnten im Zuge der Diskussion um sogenannte Nachhaltigkeit/Sustainability und *Corporate Social Responsibility* (CSR) sowie entsprechende Ansätze basierend auf beispielsweise ESG-Kriterien (*Environmental, Social, Corporate Governance*) oder SRI- bzw. RI-Kriterien (*Socially Responsible Investment, Responsible Investment*) thematisiert.[1]

Ziel des vorliegenden Beitrags ist, Herausforderungen hinsichtlich der sozial-ökologischen Ausrichtung der Investitions- und Finanzierungspolitik im spezifischen Kontext kleiner und mittelgroßer Unternehmen (KMU) zu erörtern. Als KMU sollen grundsätzlich Unternehmen mit bis zu 500 Beschäftigten und einem Umsatz von bis zu 50 Mio. € pro Jahr verstanden werden, wobei sich wesentliche Überlegungen auch auf größere Mittelständler mit bis zu 1.000 Beschäftigten und 500 Mio. € Umsatz übertragen lassen.[2] Neben diesen quantitativen Kriterien sind zudem die häufig vorzufindende Identität von Eigentum und Verfügungsmacht (geschäftsführende Gesellschafter) sowie insbesondere bei kleinen Unternehmen wenig ausgeprägte Organisationsstrukturen und wenig institutionalisierte und formalisierte Unternehmens-

---

1 Vgl. Oehler (2013a), S. 10 und 20–22.
2 Zur grundlegenden Abgrenzung und Systematisierung vgl. Oehler (2006); Oehler/Schalkowski/Wendt (2012), S. 407–408; IfM Bonn (2016).

DOI 10.1515/9783110517163-022

prozesse charakteristisch, was sich in einer typischerweise hohen Konzentration der Entscheidungsbefugnisse bei wenigen oder einzelnen Personen widerspiegelt.[3]

Es soll nicht ausgeschlossen werden, dass bei KMU implizit oder explizit bereits eine zumindest teilweise sozial-ökologische Ausrichtung der unternehmerischen Tätigkeit vorliegt. Dies kann durch die enge Einbindung in den lokalen gesellschaftlichen Kontext, z. B. im Sinne einer starken Abhängigkeit von regionalen Arbeits- und Absatzmärkten oder (regional) politischen Entscheidungen, bedingt sein oder durch über die ökonomischen Interessen der Geschäftsführer bzw. geschäftsführenden Gesellschafter hinausgehende Interessen, die sich aus der persönlichen und räumlichen Nähe ergeben, und zwar in Bezug auf persönliche Beziehungen (Familie/Bekanntenkreis) und Umweltbedingungen.[4] Vor diesem Hintergrund erörtert der Beitrag die Herausforderungen hinsichtlich der Möglichkeiten für eine Überprüfung der Aktivitäten von KMU auf deren sozial-ökologische Ausrichtung und für die systematischere und umfassendere Berücksichtigung sozial-ökologischer Kriterien bei der Investitions- und Finanzierungspolitik.

Während die Berücksichtigung sozial-ökologischer Kriterien typischerweise im Kontext von Investitionsentscheidungen erfolgt, sind im Sinne einer übergreifenden und ganzheitlichen Betrachtung der sozial-ökologischen Ausrichtung der Wertschöpfungskette gleichermaßen Finanzierungsentscheidungen von KMU und damit beispielsweise die sozial-ökologische Ausrichtung der Kapitalgeber, z. B. als Kreditinstitute, in die Betrachtungen einzubeziehen.[5]

Zunächst werden die begrifflichen Grundlagen in Bezug auf eine sozial-ökologische Investitions- und Finanzierungspolitik erörtert. Darauf aufbauend werden mit Bezug auf den Entscheidungsprozess die Herausforderungen erörtert, die für KMU hinsichtlich der sozial-ökologischen Ausrichtung der Investitions- und Finanzierungspolitik bestehen. Dabei wird zunächst die Identifikation relevanter Entscheidungskriterien näher betrachtet, um anschließend die Bewertung und Auswahl von Projekten entlang dieser Kriterien zu erörtern. Zudem werden die nach der Implementierung erforderlichen bzw. möglichen Maßnahmen in Bezug auf Überwachung, Weiterentwicklung und Berichterstattung thematisiert. In einer Schlussbetrachtung werden die Ergebnisse zusammengefasst und Handlungsempfehlungen erörtert.

---

3 Vgl. Oehler/Schalkowski/Wendt (2010), S. 5–8; Oehler/Schalkowski/Wendt (2011), S. 368; Oehler/Schalkowski/Wendt (2012), S. 407–408; Oehler/Schalkowski/Wendt (2013), S. 106; Oehler/Schalkowski/Wendt (2014), S. 82–83.
4 Vgl. Oehler/Schalkowski/Wendt (2014), S. 92.
5 Vgl. grundlegend Oehler (2013a) und die dort zitierte Literatur.

2 Was bedeutet *sozial-ökologisch*?

Bereits das Fehlen einer grundlegenden, allgemein akzeptierten Definition, was unter *sozial-ökologischer* Ausrichtung unternehmerischer Tätigkeit zu verstehen ist, stellt eine zentrale Herausforderung für entsprechende Entscheidungsprozesse in KMU dar. Die Diskussion umfasst dabei das Spektrum vom sehr allgemeinen Begriff der Nachhaltigkeit unternehmerischer Aktivitäten über CSR bis hin zu Kriterienkatalogen im Sinne von ESG-Kriterien, SRI-Kriterien (zum Teil auch RI-Kriterien) oder den KPI (Key Performance Indicators) des Rats für nachhaltige Entwicklung/Deutscher Nachhaltigkeitskodex (RNE/DNK). Die jeweils enthaltenen Kriterien sind dabei häufig nicht eindeutig definiert und zudem nicht disjunkt formuliert.[6]

Im hier betrachteten Kontext soll grundsätzlich ethisches Verhalten als Ausgangspunkt herangezogen werden und dabei berücksichtigt werden, dass ethisches Verhalten sowohl das „Soziale" als auch das „Ökologische" umfasst. Dies beinhaltet somit einerseits das Spektrum von Arbeitsumfeld und -bedingungen bis hin zu gesellschaftlichen Aspekten (sozial/social; auch: societal) sowie andererseits die Umwelt im weitesten Sinne mit Wasser, Luft, Boden sowie Flora und Fauna (ökologisch).

Neben der auf dieser Grundlage basierenden Überlegung einer Ableitung und separaten Betrachtung entsprechender sozialer und ökologischer Anforderungen ist jedoch offensichtlich, dass eine deutliche inhaltliche Schnittmenge zwischen sozialen und ökologischen Kriterien vorliegt. So betrifft die Betrachtung toxischer Substanzen im Produktionsprozess und in Endprodukten die soziale Ebene, und zwar beispielsweise in Hinblick auf Arbeitsbedingungen, gleichzeitig aber auch die ökologische Ebene, und zwar dahingehend, dass diese toxischen Substanzen in die Umwelt gelangen, z. B. im Rahmen von Abfall- und Recyclingprozessen. Viele Ergebnisse, Grenzwerte und Regelungsvorgaben, die heute im Kontext der Produkte für Endabnehmer stehen, stammen ursprünglich sogar aus der Regulierung von Arbeitsbedingungen.

Wertschöpfungsketten erlauben damit möglicherweise gar keine disjunkte Trennung in soziale und ökologische Dimensionen oder Kriteriengruppen, insbesondere auch dann, wenn berücksichtigt wird, dass vermeintliche Endabnehmer (Verbraucherinnen und Verbraucher, staatliche und nicht staatliche Organisationen etc.) nicht notwendigerweise das „Ende" der Wertschöpfungskette darstellen, sondern selbst wieder Produkte weiterveräußern und/oder Abfall- oder Recyclingkreisläufen zuführen.

Bislang nur wenig thematisiert ist sowohl in der wissenschaftlichen Literatur als auch in der praktischen Umsetzung das Verhältnis zwischen grundlegenden rechtlichen Vorgaben und darüber hinausgehenden sozial-ökologischen Anforderungen. Ist beispielsweise die Einhaltung der gesetzlichen Vorgaben bzgl. der Arbeitsbedin-

---

6 Vgl. hierzu und im Folgenden grundlegend Oehler (2013a), S. 20–26 und 46–50 und Oehler (2014), S. 252–253 und die jeweils dort zitierte Literatur.

gungen (z. B. Kinderarbeit, Toxizität am Arbeitsplatz) und der Emissionen als Teil der sozial-ökologischen Kriterien zu verstehen, oder wird diese als grundsätzliches Erfordernis vorausgesetzt? In diesem Beitrag soll der Europäischen Kommission gefolgt werden und damit der Überlegung, dass das Einhalten der rechtlichen Vorgaben zentrale Voraussetzung ist und eine sozial-ökologische Ausrichtung unternehmerischer Tätigkeit darüber hinausgeht.[7]

Besondere Bedeutung erlangt dieses Thema dann, wenn grenzüberschreitende unternehmerische Tätigkeit und Wertketten betrachtet werden. In dieser Situation erweitert sich die Frage dahingehend, welche gesetzlichen Vorgaben als Bezugsgröße für das Gesamtprojekt heranzuziehen sind – die des Heimatlandes des KMU, z. B. ermittelt auf Grundlage des Unternehmenssitzes, oder diejenigen des Landes, in dem sich beispielsweise eine Produktionsstätte oder ein Zulieferer befindet. Grundsätzlich soll hier davon ausgegangen werden, dass im Kontext von KMU, die in Deutschland beispielsweise im Sinne von Produktion und Absatz bzw. (Dienst-)Leistungserbringung aktiv sind oder ihren Unternehmenssitz haben, sowie den entsprechenden Wertschöpfungsketten die deutschen rechtlichen Vorgaben zu berücksichtigen sind.

3 Entscheidungsfindung, Überwachung und Berichterstattung

3.1 Auswahl sozial-ökologischer Entscheidungskriterien und Bewertung

Ausgehend von den im vorangegangenen Abschnitt erörterten Überlegungen, was als sozial-ökologisch zu verstehen ist, sind für konkrete Investitions- und Finanzierungsentscheidungen entsprechende sozial-ökologische Entscheidungskriterien auszuwählen, entlang derer die Entscheider in den KMU eine Einschätzung der aktuellen und potenziellen Projekte vornehmen können. Zur Auswahl der Entscheidungskriterien hinsichtlich sozial-ökologischer Aktivitäten werden im Wesentlichen drei Ansätze unterschieden:[8]

- *Negativauswahl*: Bestimmte Tätigkeitsfelder, d. h. ganze Geschäftsmodelle oder Teile davon, und unternehmerische Praktiken werden ausgeschlossen. Zu den auszuschließenden Geschäftsfeldern und Praktiken werden häufig jene in Bezug

---

7 Vgl. European Commission (2001), S. 6.
8 Vgl. z. B. Schäfer (2003), S. 31–33; Schäfer et al. (2006), S. 21; Oehler (2013a), S. 31–32; Oehler (2014), S. 253.

auf Rüstungsgüter, Atomenergie, Alkohol und Tabakwaren sowie Pornografie und Glücksspiel oder auch Tierversuche gezählt.

- *Positivauswahl*: Es erfolgt eine Festlegung von Tätigkeitsfeldern, in die (ausschließlich) investiert werden darf, z. B. Umwelttechnologien oder erneuerbare Energien. Ebenso darf in bestimmte Aktivitäten nur investiert werden, wenn konkrete sozial-ökologische Kriterien, z. B. Mindestsozialstandards, Gleichstellung von Frauen und Männern oder das Vorliegen entsprechender Verhaltensrichtlinien, erfüllt sind.

- *Kombination von Negativ- und Positivauswahl*: Es werden sowohl im Sinne einer Negativauswahl einzelne Tätigkeitsfelder ausgeschlossen als auch als Positivauswahl Vorgaben gemacht, welche Anforderungen die Projekte erfüllen müssen.

Um eine Entscheidung unter Berücksichtigung der gewählten sozial-ökologischen Entscheidungskriterien treffen zu können, müssen die infrage kommenden Projekte entlang der Kriterien bewertet werden. Diesbezügliche Ansätze und die damit verbundenen grundlegenden Herausforderungen lassen sich wie folgt systematisieren:[9]

- *Nominalprinzip*: Es wird überprüft, ob die einzelnen Kriterien erfüllt sind oder nicht. Die Bewertung mit ja oder nein stellt damit eine absolute Bewertung dar. Aus der Nichterfüllung folgt der Ausschluss der entsprechenden Projekte von der Liste der betrachteten Entscheidungsalternativen. Häufig wird diese absolute Bewertung jedoch nicht eingehalten; vielmehr werden Schwellenwerte genutzt, sodass beispielsweise 5 % des Umsatzes auch aus an sich ausgeschlossener Geschäftstätigkeit stammen darf, was der Überlegung einer sozial-ökologischen Ausrichtung der Investitions- und Finanzierungspolitik von KMU grundlegend zuwiderläuft.

- *Scoring*: Beim Scoring wird für die Einhaltung oder den Grad der Einhaltung einzelner Kriterien jeweils ein Punktwert vergeben. Die Punktwerte für die Einzelkriterien werden dann gewichtet zusammengefasst, um ausgehend vom so ermittelten Gesamtpunktwert bzw. Gesamt-Score eine Rangreihung verschiedener Projekte im Sinne eines Rankings vorzunehmen. Charakteristisch für das Scoring ist die Verrechnung zwischen den Einzelkriterien bei der Ermittlung des Gesamt-Scores. Je nach Grenz-Score, der im Sinne einer Mindestschwelle herangezogen wird, um einzuschätzen, ob das Projekt als sozial-ökologisch oder nicht eingestuft werden kann, ist es daher möglich, mit einem niedrigen Punktwert versehene Kriterien mit Kriterien auszugleichen, die einen hohen Punktwert erreicht haben. Das Projekt kann damit noch insgesamt als sozial-ökologisch eingestuft werden, obwohl in einzelnen Bereichen deutlich dagegen verstoßen wird. Problematisch ist ins-

---

9 Vgl. z. B. Schäfer (2003), S. 33–35; Schäfer et al. (2006), S. 21 und 26–27; Öko-Institut (2009), S. 48–50; Oehler (2013a), S. 33–36; Oehler (2014), S. 253. Zu vergleichbaren Ansätzen bei der finanzwirtschaftlichen Bonitätsanalyse vgl. Oehler (2006) und die dort genannte Literatur.

besondere, dass ausgehend vom Gesamt-Score kaum oder gar nicht zu erkennen ist, inwieweit ein solcher „Ausgleich" vorliegt und insbesondere zwischen welchen Einzelkriterien. Grundlegend zu hinterfragen ist das für die Einzelkriterien jeweils verwendete Messmodell, und zwar in Bezug auf dessen Qualität und Transparenz, insbesondere vor dem Hintergrund, dass zweifelhaft ist, ob sozial-ökologische Kriterien immer in mindestens ordinale oder gar kardinale Skalen, wie sie beim Scoring typischerweise unterstellt werden, übertragbar sind.

– *Ranking und Benchmarking*: Ausgehend von den Gesamt-Scores, die beim Scoring ermittelt werden, erfolgt eine Rangreihung. Hierdurch sollen diejenigen Projekte ermittelt werden, die „am besten" die sozial-ökologischen Kriterien erfüllen. Diese lassen sich dann als *best practice* oder als *best in class* als Bezugsgröße heranziehen. Neben den bereits beim Scoring erörterten Problemen dieser Vorgehensweise besteht aufgrund des ausschließlich relativen Bewertungsansatzes zudem die Gefahr, dass es sich trotz des ersten Platzes in der Rangfolge nicht notwendigerweise um ein sozial-ökologisch wertvolles Projekt handelt, sondern dass die anderen Projekte vielmehr noch schlechter abschneiden.

– *Rating*: Ausgehend von der Rangreihung bzw. vom Ranking der Projekte auf Grundlage ihres Gesamt-Scores werden beim Rating für bestimmte Punktintervalle entsprechende Ratingkategorien oder -klassen zugeordnet. Zwar lässt sich das durch das Ranking entstehende Problem des fehlenden absoluten Bezugs beim Rating ggf. dadurch „lösen", dass eine feste Ratingskala Verwendung findet und dadurch eventuell die höchsten Ratingkategorien unbesetzt bleiben, wenn kein ausreichender Punktwert erreicht wird, jedoch sind die Folgewirkungen der Verrechnung bei der Ermittlung des Gesamt-Scores auch hier offensichtlich. Zudem entsteht durch die noch höhere Aggregationsstufe ein Informationsverlust dahingehend, dass sich Projekte innerhalb einer Ratingkategorie kaum unterscheiden lassen.

Ein Großteil der Diskussion in der wissenschaftlichen Literatur, aber auch viele praktische Ansätze beziehen sich weitgehend auf die Betrachtung einzelner Schritte in der Wertschöpfung bzw. einzelner Unternehmen, wohingegen eine übergreifende Betrachtung kaum vorliegt. Diesbezügliche Fragen, ob z. B. die sozial-ökologischen Entscheidungskriterien ausschließlich auf das betrachtete KMU selbst oder auf die gesamte Wertschöpfungskette und damit auch auf Zulieferer und Kunden – auch über mehrere Stufen in der Wertkette hinweg – sowie auf Kapitalgeber anzuwenden sind, bleiben damit inhaltlich bislang häufig unbeantwortet. Während dies zwar aus Vereinfachungsgründen aufgrund der mit zunehmender Betrachtungstiefe zunehmenden Komplexität verständlich erscheint, insbesondere auch bei einer ggf. schwachen (Verhandlungs-)Position des KMU in der Wertschöpfungskette, erscheint es jedoch unumgänglich, eine übergreifende Einschätzung vorzunehmen, da ansonsten beispielsweise ohne Kenntnis über das Einhalten sozial-ökologischer Anforderungen beim Zulieferer entsprechende Aussagen über das weiterverarbeitete Produkt praktisch inhaltsleer und ggf. sogar irreführend sind.

3.2 Entscheidungsfindung

Für die Entscheidung über Investitionsprojekte, die sozial-ökologischen Anforderungen gerecht werden (sollen), und deren Finanzierung ist zusätzlich zu den sozial-ökologischen Kriterien und deren Bewertung zu thematisieren, inwieweit soziale und/oder ökologische Kriterien mit ökonomischen Kriterien konfligieren. Zunächst ist also zu erörtern, ob ein Trade-off zwischen ökonomischen und sozial-ökologischen Kriterien besteht und damit die Notwendigkeit eines Renditeverzichts, wenn sozial-ökologische Kriterien eingehalten werden sollen.

Geht man von einfachen ökonomischen Bewertungsmethoden wie z. B. der DCF-Methode (Discounted-Cashflow-Methode) aus, würde die Notwendigkeit eines Renditeverzichts bedeuten, dass beispielsweise Projekte, bei denen sozial-ökologische Kriterien zu Arbeitsbedingungen und Umweltschutz eingehalten werden (sollen), höhere Anfangsinvestitionen (höherer Preis) und/oder geringere (Netto-)Zahlungsströme im Projektverlauf aufweisen, also bei gleichem (ökonomischen) Risiko eine geringere (ökonomische) Rendite.[10]

Die Argumentation, warum trotzdem eine Bereitschaft zur Investition besteht, reicht von einem sogenannten „ethischen Bias" im Vergleich zur neoklassischen Kapitalmarkttheorie, das daraus herrührt, dass von der Betrachtung finanzieller Größen abgewichen wird und vielmehr der Nutzen aus dem Einkommensstrom im Vordergrund steht, der sich jedoch auch unter Berücksichtigung altruistischer Motive und/oder relativ zu einer sozialen (Vergleichs-)Gruppe (Veblen-Effekt) ergibt, bis hin zu einem niedrigeren Diskontierungszinssatz, und zwar nicht aufgrund eines geringeren Risikos oder einer veränderten Risikoeinstellung, sondern aufgrund eines geringeren „price of time", da die soziale Zeitpräferenzrate geringer sei als die private.[11]

Hinsichtlich des angeblichen Trade-off zwischen ökonomischen und sozial-ökologischen Kriterien und der Begründung für trotzdem bestehende Bereitschaft, entsprechende Investitionen vorzunehmen, sind jedoch mindestens drei Aspekte nur unzureichend geklärt:[12]

---

10 Vgl. Oehler (2013a), S. 27–28; vgl. auch Oehler (2013c).
11 Vgl. Schäfer (2001), S. 740–744.
12 Vgl. Oehler (2013a), S. 27–28. Zudem besteht das grundlegende inhaltliche Problem, dass vermeintliche Anomalien und Bias im Vergleich zur neoklassischen Theorie eher normales Verhalten von Individuen darstellen und erst durch die sehr restriktiven Annahmen der neoklassischen Theorie als Abweichungen definiert werden, obwohl die neoklassischen Ansätze nicht notwendigerweise einen normativen Anspruch verfolgen. Zur weiterführenden Diskussion im Kontext der Behavioral Econo-

- Zunächst besteht die Frage, ob altruistisches Verhalten im hier diskutierten Kontext überhaupt existiert oder in Bezug auf das als altruistisch eingeordnete Verhalten nicht auch – ggf. sogar ökonomische – Anreize bestehen, z. B. in Bezug auf das Gewinnen von Aufmerksamkeit.

- Darüber hinaus ließen sich die Überlegungen zum Renditeverzicht und angeblichen „ethischen Bias" dahingehend interpretieren, dass ein Bewertungsansatz mit Berücksichtigung der ökologischen und sozialen Effekte, d. h. der diesbezüglichen Externalitäten, den eigentlich umfassenderen Bewertungsansatz widerspiegelt, der als Bezugspunkt heranzuziehen ist, und eine Nichtberücksichtigung sozial-ökologischer Effekte in traditionelleren Bewertungsmodellen dazu führt, dass Investitionsprojekte ohne Einhaltung sozial-ökologischer Anforderungen eine zu hohe Rendite bzw. einen zu geringen Preis aufweisen. Das Bias bestünde damit also nicht hinsichtlich der sozial-ökologischen Projekte, sondern bei fehlender Berücksichtigung sozial-ökologischer Aspekte.

- Zudem – und im hier betrachteten Kontext viel grundlegender – ist zu erörtern, inwieweit überhaupt ein negativer Zusammenhang zwischen der Berücksichtigung sozial-ökologischer Kriterien und der zu erwartenden (und der realisierten) Rendite besteht. So können beispielsweise verbesserte Arbeitsbedingungen und Entlohnungen zwar zu höheren Arbeits- oder Personalaufwendungen führen, jedoch folgen aus der auf diesem Wege erreichbaren höheren Arbeitszufriedenheit, höheren Produktivität, den geringeren Qualitätseinbußen und der geringeren Fluktuation niedrigere Aufwendungen. Gleichermaßen kann eine Investition in Projekte mit besseren Umweltstandards, z. B. geringerem Pestizideinsatz oder Wasserverbrauch, zwar höhere Anfangsinvestitionen erfordern und höhere Produktionskosten zur Folge haben, jedoch bestehen Vorteile hinsichtlich der Verbrauchseinsparungen an sich und Möglichkeiten, höhere Preise und Kundenbindung beim Verkauf der Produkte oder Dienstleistungen zu erzielen und insgesamt eine bessere Positionierung im Wettbewerb zu erreichen. Ein eindeutig negativer Renditeeffekt (bei gleichem Risiko) besteht daher nicht.[13] Auch empirisch konnten keine systematisch negativen Renditeeffekte ermittelt werden, sondern vielfach gleiche oder sogar bessere Renditen.[14]

Insgesamt ist daher für die Entscheidungsfindung hinsichtlich Investitionen durch KMU und deren Finanzierung zu schlussfolgern, dass zum einen der ökonomische Rendite-Risiko-Zusammenhang auch bei Einbezug sozialer und ökologischer

---

mics & Finance vgl. z. B. Oehler (1992, 1994, 1995, 1998, 2000, 2002) sowie Oehler/Reisch (2008) und Oehler (2011, 2012, 2013b).

13 Vgl. Albuquerque/Durnev/Koskinen (2013). Vgl. auch European Commission (2001), S. 6–7; Servaes/Tamayo (2013), S. 1045–1061; Mollet/von Arx/Ilic (2013), S. 577–604.

14 Vgl. die Studien von Weber/Mansfeld/Schirrmann (2010); Stiftung Warentest (2013); Gramlich/Finster (2013), S. 631–664; vgl. auch Kütz/Lierow (2013), S. 30–33; Ebert (2013), S. 37–40.

Anforderungen grundsätzlich gegeben ist, auch in Bezug auf eine höhere Rendite(forderung) bei höherem Risiko,[15] und zum anderen sozial-ökologische Kriterien nicht anstelle von ökonomischen Kriterien zu berücksichtigen sind, sondern dass ökonomische *und* sozial-ökologische Kriterien in die Entscheidungsfindung einzubeziehen sind.[16]

3.3 Überwachung, Weiterentwicklung und Berichterstattung

Im Zuge der laufenden Überwachung in Bezug auf die Einhaltung der sozial-ökologischen Ausrichtung der Unternehmensaktivitäten von KMU und der Ableitung von Verbesserungspotenzial zeigt sich wiederum die Notwendigkeit entsprechend geeigneter Kriterien, wie sie auch bereits in Bezug auf die ursprüngliche Entscheidung herangezogen wurden.[17] Um Abweichungsanalysen im Zeitablauf vornehmen zu können, sind daher regelmäßig die entsprechenden Ausprägungen zu erfassen und zu dokumentieren. Neben der Kriterienauswahl und -bewertung zeigen sich damit wiederum die Herausforderungen in Bezug auf die Messung und die grundsätzlich erforderliche übergreifende Betrachtung in der Wertschöpfungskette, z. B. durch die Abhängigkeit von der Qualität der von den Zulieferern zur Verfügung gestellten Informationen.

Die Dokumentation und Berichterstattung hinsichtlich der sozial-ökologischen Aktivitäten von KMU ist aus Sicht zahlreicher Interessengruppen von Bedeutung, nicht zuletzt aufgrund der typischerweise grundlegenden Idee einer sozial-ökologischen Ausrichtung, die Interessen aller Interessengruppen zu berücksichtigen:

- Informationen für die Geschäftsführung und die Mitarbeiter sind von Bedeutung, um entsprechende unternehmerische Entscheidungen zu unterstützen und die Arbeitszufriedenheit zu erhöhen.
- Für die Gesellschafter (sofern nicht identisch mit den Geschäftsführern) und Kreditgeber sind die Informationen in Hinblick auf eine umfassende Bewertung der eigenen Investitionsentscheidungen von Bedeutung, und insbesondere auch dann, wenn die Kapitalgeber selbst eine entsprechende sozial-ökologische Anlagepolitik verfolgen, z. B. im Sinne sozial-ökologischer Geldanlagen (SÖG).[18]
- Des Weiteren sind die Informationen im Sinne der Ausrichtung der gesamten Wertschöpfungskette an sozial-ökologischen Kriterien für Zulieferer und für Kunden von Bedeutung sowie für Letztere vor allem auch dann, wenn es sich um Verbraucherinnen und Verbraucher handelt, die ihre Konsumentscheidungen sozial-ökologisch ausrichten wollen.

---

15 Vgl. auch CRIC (2008), S. 5–6; Aras/Crowther (2010), S. 51–68.
16 Vgl. Oehler (2013a), S. 20–22 und 27–29.
17 Zu grundlegenden Ausführungen hinsichtlich kybernetischer Prozessabläufe vgl. Oehler/Unser (2002), S. 20–29.
18 Vgl. grundlegend Oehler (2013a, 2014).

– Darüber hinaus können die Informationen auch für mögliche staatliche und nicht staatliche Fördermittelgeber von Interesse sein, wenn diese entsprechende sozial-ökologische unternehmerische Aktivitäten unterstützen.

Erfolgt die Kommunikation – insbesondere zu den externen Interessengruppen – nicht direkt, sondern unter Einbezug eines Informationsintermediärs wie beispielsweise einer Ratingagentur (entweder im Auftrag des KMU oder aus Eigeninteresse der Ratingagentur), sind ggf. auch deren Anforderungen an die Informationen zu berücksichtigen.

Eine entsprechende Berichterstattung wird bislang zumeist als „triple bottom line reporting" bezeichnet oder unter den Begriffen „people, planet, profit" thematisiert. Zusätzlich zur rechnungswesenorientierten „financial performance" sollen dabei eine „social performance" und eine „environmental performance" in die Berichterstattung einbezogen werden.[19] In diesem Kontext wird häufig jedoch kritisiert, dass der Fokus auf finanzielle bzw. ökonomische Ergebnisse weiterhin im Vordergrund steht und die zusätzlichen Informationen in Bezug auf soziale und ökologische Aspekte wenig Substanz haben und ihnen eher eine Alibifunktion zukommt. Mangels standardisierter Kriterien, der oben bereits beschriebenen Messproblematik und einer diesbezüglich fehlenden kritischen Diskussion besteht die Gefahr, dass die Aktivitäten als sozial-ökologisch erscheinen, obwohl sie dies bei stringenter Anwendung entsprechender Kriterien nicht sind.[20]

Im Interesse der KMU und ihrer Stakeholder wäre daher eine vertrauenswürdige, qualitativ hochwertige Berichterstattung entlang transparenter und im Sinne der sozial-ökologischen Ausrichtung relevanter Kriterien (s. o.). Die Informationen sollten dabei nicht nur verständlich, sondern auch zwischen Projekten bzw. KMU vergleichbar sein. Hierdurch ließen sich die Informationen auch durch Dritte nachvollziehen und überprüfen, was sich wiederum positiv auf das KMU auswirken kann.

4 Schlussbetrachtung & Handlungsempfehlungen

Ziel dieses Beitrags war eine Erörterung der Herausforderungen, denen KMU hinsichtlich der sozial-ökologischen Ausrichtung ihrer Investitions- und Finanzierungspolitik ausgesetzt sind. Hierbei hat sich gezeigt, dass wesentliche Herausforderungen zunächst hinsichtlich der grundlegenden Definition der sozial-ökologischen Ausrichtung unternehmerischer Aktivitäten und entsprechender sozial-ökologischer Entscheidungskriterien bestehen. Darüber hinaus erscheinen insbesondere die Be-

---

19 Vgl. z. B. Spreckley (1981); Elkington (1998), S. 69 ff.; Aras/Crowther (2010), S. 51–68; Crowther/Seifi (2010), S. 11.
20 Vgl. Norman/MacDonald (2004), S. 243–255; Crowther/Seifi (2010), S. 11.

wertungsansätze problematisch, und zwar insbesondere Scoring-, Ranking- und Ratingansätze aufgrund der Verrechnungsmöglichkeit zwischen Kriterien und des entsprechenden Informationsverlusts. Auch erscheint fraglich, inwieweit bestimmte sozial-ökologische Kriterien überhaupt im für diese Ansätze erforderlichen Sinne messbar sind. Zudem bestehen Anreize, für einzelne Kriterien Schwellenwerte zu verwenden und damit den Aussagegehalt deutlich abzuschwächen.

In Hinblick auf die letztendliche unternehmerische Entscheidungsfindung hat sich gezeigt, dass sowohl ökonomische als auch sozial-ökologische Kriterien zu berücksichtigen sind und nicht notwendigerweise ein Trade-off zwischen ökonomischen und sozial-ökologischen Kriterien besteht, die Berücksichtigung sozial-ökologischer Anforderungen also nicht automatisch einen Renditeverzicht erfordert. Die Entscheidungsfindung wird außerdem dadurch komplexer, dass nicht nur die sozial-ökologische Ausrichtung des KMU selbst, sondern die gesamte Wertschöpfungskette zu betrachten ist. Die erläuterten Herausforderungen bestehen also auch in Hinblick auf die sozial-ökologische Ausrichtung der Vertragspartner wie Zulieferer und Kunden oder Kapitalgeber. Die Herausforderungen bei der Überwachung und Weiterentwicklung sowie der internen und externen Berichterstattung basieren wiederum auf den in Bezug auf die Kriterien und deren Anwendung thematisierten Aspekten wie Standardisierung, Messung und Bewertung.

Ausgehend von diesen Ergebnissen ergeben sich folgende Handlungsempfehlungen für KMU:

- Die Festlegung und Auswahl sozial-ökologischer Kriterien ist als zentrale Grundlage der Entscheidungsfindung sowie der darauf folgenden Prozessschritte zu verstehen. Um eine unternehmensübergreifende Betrachtung in der Wertschöpfungskette und Vergleichbarkeit für beispielsweise Kunden und Kapitalgeber zu ermöglichen, sollten branchenweit oder sogar branchenübergreifend standardisierte Kriterien genutzt werden.
- Scheinbar fortschrittliche Bewertungsmethoden wie beispielsweise Ranking- und Ratingverfahren sind potenziell kontraproduktiv, da die Verrechnung von Einzelkriterien zu einem erheblichen Informationsverlust führt. Zudem leiden hierunter die Verständlichkeit und Nachvollziehbarkeit der Bewertung. Vielmehr bietet sich an, ausgehend von entsprechend eindeutig definierten Kriterien eine Bewertung nach dem Nominalprinzip als erfüllt/nicht erfüllt vorzunehmen.
- Sowohl die herangezogenen Kriterien als auch die Bewertungsmethoden und -ergebnisse sollten vollständig transparent gemacht werden, um Vertrauen zu schaffen und eine Überprüfung durch Dritte zu ermöglichen.

5 Literatur

Albuquerque, R./Durnev, A./Koskinen, Y. (2013): Corporate Social Responsibility and Firm Risk: Theory and Empirical Evidence. Working Paper, Boston.

Aras, G./Crowther, D. (2010): Redefining Sustainability. In: Aras, G./Crowther, D. (Hg.): A Handbook of Corporate Governance and Social Responsibility. Farnham, S. 51–68.

CRIC (2008): Leitfaden für ethisch orientierte InvestorInnen. Frankfurt/Wien.

Crowther, D./Seifi, S. (2010): Corporate Governance and Risk Management. Copenhagen.

Ebert, B. (2013): Best Practice bei der Bethmann Bank. In: die bank, H. 7/2013, S. 37–40.

Elkington, J. (1998): Cannibals with Forks: the Triple Bottom Line of 21st Century Business. Gabriola Island, BC, Canada.

European Commission (2001): Green Paper. Promoting a European Framework for Corporate Social Responsibility. COM(2001) 366 final, Brussels.

Gramlich, D./Finster, N. (2013): Corporate sustainability and risk. In: JBE, 83. Jg., H. 6, S. 631–664.

IfM Bonn (2016): KMU-Definition des IfM Bonn. http://www.ifm-bonn.org/definitionen/kmu-definition-des-ifm-bonn/, Abruf: 30.06.2017.

Kütz, F. C./Lierow, M. (2013): Impulse für das Firmenkundengeschäft. Nachhaltigkeitsfinanzierung. In: die bank, H. 7/2013, S. 30–33.

Mollet, J. C./von Arx, U./Ilic, D. (2013): Strategic sustainability and financial performance: exploring abnormal returns. In: JBE, 83. Jg., H. 6, S. 577–604.

Norman, W./MacDonald, C. (2004): Getting to the bottom of the "Triple Bottom Line". In: Business Ethics Quarterly, 14. Jg., H. 2, S. 243–262.

Oehler, A. (1992): „Anomalien", „Irrationalitäten" oder „Biases" der Erwartungsnutzentheorie und ihre Relevanz für Finanzmärkte. In: ZBB, H. 2, S. 97–124.

Oehler, A. (1994): Verhaltensmuster individueller Anleger – eine experimentelle Studie. In: ZfbF, 46. Jg., H. 11, S. 939–958.

Oehler, A. (1995): Die Erklärung des Verhaltens privater Anleger – Theoretischer Ansatz und empirische Analysen. Stuttgart.

Oehler, A. (1998): Analyse des Verhaltens privater Anleger. In: Kleeberg, J./Rehkugler, H. (Hg.): Handbuch des Portfoliomanagement. Bad Soden, S. 71–110.

Oehler, A. (2000): Behavioral Finance – Theoretische, empirische und experimentelle Befunde unter Marktrelevanz. In: ÖBA, 48. Jg., H. 11, S. 978–989.

Oehler, A. (2002): Behavioral Finance, verhaltenswissenschaftliche Finanzmarktforschung und Portfoliomanagement. In: Kleeberg, J./Rehkugler, H. (Hg.): Handbuch des Portfoliomanagement. 2. Aufl., Bad Soden, S. 843–870.

Oehler, A. (2006): Banken- und externes Rating der Unternehmernachfolge. Nur ein weiterer Ratingansatz in der Praxis der Finanzwirtschaft? In: Achleitner, A.-K./Everling, O./Klemm, S. (Hg.): Nachfolgerating. Wiesbaden, S. 297–312.

Oehler, A. (2011): Behavioral Economics und Verbraucherpolitik: Grundsätzliche Überlegungen und Praxisbeispiele aus dem Bereich Verbraucherfinanzen. In: ÖBA, 59. Jg., H. 10, S. 707–727.

Oehler, A. (2012): Verbraucher & Wirtschaft: Modellwelten oder Realität? Leid(t)bilder, Mythen und Lösungen, Eröffnungs- und Grundsatzvortrag, 33. Wirtschaftsphilologentagung „Wirtschaftliche Entscheidungsmodelle in der Krise". Passau.

Oehler, A. (2013a): Mindeststandard für sozial-ökologische Geldanlagen (SÖG): Studie zur Erarbeitung eines Anforderungskatalogs. Im Auftrag der zeppelin universität – Forschungszentrum Verbraucher, Markt und Politik | CCMP und des MLR Ministerium für Ländlichen Raum und Verbraucherschutz Baden-Württemberg. Bamberg/Stuttgart.

Oehler, A. (2013b): Neue alte Verbraucherleitbilder: Basis für die Verbraucherbildung? In: HiBiFo Haushalt in Bildung und Forschung, H. 2/2013, S. 44–60.

Oehler, A. (2013c): Was bedeutet eigentlich „Nachhaltigkeit"? Kann ich solche Produkte erkennen und überprüfen? Vortrag, Verbrauchertag 2013: Der Finanzmarkt im Fokus. München, 16. April 2013.

Oehler, A. (2014): Überlegungen zu einem Mindeststandard für sozial-ökologische Geldanlagen (SÖG). In: Journal für Verbraucherschutz und Lebensmittelsicherheit, 9. Jg., H. 3, S. 251–255.

Oehler, A./Reisch, L. A. (2008): Behavioral Economics – eine neue Grundlage für die Verbraucherpolitik? Studie im Auftrag des vzbv e. V., Berlin.

Oehler, A./Schalkowski, H./Wendt, S. (2010): Unternehmensfinanzierung für Existenzgründer. In: Mittelstand Wissen, H. 5/2010, S. 5–8.

Oehler, A./Schalkowski, H./Wendt, S. (2011): Gefährdung der Nachhaltigkeit von KMU durch Wirtschaftskriminalität – Ansatzpunkte zur Aufdeckung und Vorbeugung durch Forensic Economics & Finance. In: Meyer, J.-A. (Hg.): Jahrbuch der KMU-Forschung und -praxis 2011. Lohmar, S. 367–382.

Oehler, A./Schalkowski, H./Wendt, S. (2012): Personal- und Risikomanagement in KMU – Ein Ansatz zur Integration. In: Meyer, J.-A. (Hg.): Jahrbuch der KMU-Forschung und -praxis 2012. Lohmar, S. 407–417.

Oehler, A./Schalkowski, H./Wendt, S. (2013): Persönliche und automatisierte Kommunikation in KMU: Ein Ansatz zum Management gestiegener Komplexität von Kommunikationsprozessen. In: Meyer, J.-A. (Hg.): Jahrbuch der KMU-Forschung und -praxis 2013. Lohmar, S. 105–112.

Oehler, A./Schalkowski, H./Wendt, S. (2014): Umweltmanagement: Management der Umwelt oder Management in und mit der Umwelt? Überlegungen zu einem integrativen Managementansatz. In: Meyer, J.-A. (Hg.): Jahrbuch der KMU-Forschung und -praxis 2014. Lohmar, S. 79–108.

Oehler, A./Unser, M. (2002): Finanzwirtschaftliches Risikomanagement. 2. Aufl., Berlin.

Öko-Institut (2009): Untersuchung zur möglichen Ausgestaltung und Marktimplementierung eines Nachhaltigkeitslabels zur Verbraucherinformation, Endbericht. Freiburg.

Schäfer, H. (2001): Triple Bottom Line Investing. In: ZfgK, 54. Jg., H. 13, S. 740–744.

Schäfer, H. (2003): Sozial-ökologische Ratings am Kapitalmarkt, Böckler-Stiftung. Düsseldorf.

Schäfer, H./Beer, J./Zenker, J./Fernandes, P. (2006): Who is who in Corporate Social Responsibility Rating? Bertelsmann Foundation, Gütersloh/Stuttgart.

Servaes, H./Tamayo, A. (2013): The Impact of Corporate Social Responsibility on Firm Value: The Role of Customer Awareness. In: MS, 59. Jg., H. 5, S. 1045–1061.

Spreckley, F. (1981): Social Audit – A Management Tool for Co-operative Working. Leeds.

Stiftung Warentest (2013): Ethisch-ökologische Fonds: Viel Zulauf, durchschnittliche Rendite. https://www.test.de/Ethisch-oekologische-Fonds-Viel-Zulauf-durchschnittliche-Rendite-4539133-0/, Abruf: 30.06.2017.

Weber, O./Mansfeld, M./Schirrmann, E. (2010): The Financial Performance of SRI Funds between 2002 and 2009. Working Paper, Waterloo.

Abbildungsverzeichnis

Tabellenverzeichnis

Abkürzungsverzeichnis der zitierten Literatur

AER	American Economic Review
AG	Die Aktiengesellschaft
AMJ	Academy of Management Journal
AMR	Academy of Management Review
AOS	Accounting, Organizations and Society
ARoP	Annual Review of Psychology
ASQ	Administrative Science Quarterly
ASR	American Sociological Review
BB	Betriebs-Berater
BBB	Bamberger Betriebswirtschaftliche Beiträge
BC	Bilanzbuchhalter und Controller
BFuP	Betriebswirtschaftliche Forschung und Praxis
CM	Controller Magazin
CMR	Controlling & Management Review
DB	Der Betrieb
DBW	Die Betriebswirtschaft
DStR	Deutsches Steuerrecht
EAR	European Accounting Review
EJOR	European Journal of Operational Research
EMJ	European Management Journal
ETP	Entrepreneurship Theory and Practice
FB	Finanz-Betrieb
FBR	Family Business Review
GmbHR	GmbH Rundschau
HBM	Harvard Business Manager
HBR	Harvard Business Review
HWB	Handwörterbuch der Betriebswirtschaft
IJEBR	International Journal of Entrepreneurial Behaviour & Research
IJOPM	International Journal of Operations and Production Management
IRZ	Zeitschrift für Internationale Rechnungslegung
JAAR	Journal of Applied Accounting Research
JAOC	Journal of Accounting & Organizational Change
JAP	Journal of Applied Psychology
JBE	Journal of Business Economics
JBR	Journal of Business Research
JBS	Journal of Business Strategy
JBVELA	Journal of Business Valuation and Economic Loss Analysis
JEEM	Journal of Environmental Economics and Management
JEP	Journal of Economic Perspectives
JET-M	Journal of Engineering and Technology Management
JFBS	Journal of Family Business Strategy
JFE	Journal of Financial Economics
JFQA	Journal of Financial and Quantitative Analysis
JM	Journal of Marketing
JMAR	Journal of Management Accounting Research

JoM	Journal of Management
JoMaC	Journal of Management Control
JOMS	Journal of Management Studies
JPE	Journal of Political Economy
JSBED	Journal of Small Business and Enterprise Development
JSBM	Journal of Small Business Management
KoR	Zeitschrift für internationale und kapitalmarktorientierte Rechnungslegung
KRP	Kostenrechnungspraxis
LQ	The Leadership Quarterly
MAR	Management Accounting Research
MIT SMR	MIT Sloan Management Review
MM	Manager Magazin
MS	Management Science
ÖBA	BankArchiv
OD	Organizational Dynamics
ORS	Organization Studies
OS	Organization Science
PP	Personnel Psychology
PR	Psychological Review
RES	Review of Economics and Statistics
RTM	Research Technology Management
SBE	Small Business Economics
SBR	Schmalenbach Business Review
SF	Strategic Finance
ST	Der Schweizer Treuhänder
SMJ	Strategic Management Journal
TAMP	The Academy of Management Perspectives
TAR	The Accounting Review
TJF	The Journal of Finance
WiSt	Wirtschaftswissenschaftliches Studium
WISTA	Wirtschaft und Statistik
WISU	Das Wirtschaftsstudium
WPg	Die Wirtschaftsprüfung
ZBB	Zeitschrift für Bankrecht und Bankwirtschaft
ZfB	Zeitschrift für Betriebswirtschaft
ZfbF	Schmalenbachs Zeitschrift für betriebswirtschaftliche Forschung
ZfCM	Zeitschrift für Controlling und Management
ZfgK	Zeitschrift für das gesamte Kreditwesen
ZfKE	Zeitschrift für KMU und Entrepreneurship
ZfPU	Zeitschrift für Planung und Unternehmenssteuerung
ZfM	Zeitschrift für Management
ZFO	Zeitschrift Führung + Organisation
ZfS	Zeitschrift für Soziologie
ZGR	Zeitschrift für Unternehmens- und Gesellschaftsrecht
ZHR	Zeitschrift für das gesamte Handels- und Wirtschaftsrecht

Autorenverzeichnis

Becker, Wolfgang
Univ.-Prof. Dr. Dr. habil. Wolfgang Becker ist Ordinarius für Betriebswirtschaftslehre und Inhaber des Lehrstuhls Unternehmensführung & Controlling, wissenschaftlicher Direktor des Europäischen Kompetenzzentrums für Angewandte Mittelstandsforschung (EKAM) sowie Mitglied des Direktoriums des Kompetenzzentrums für Geschäftsmodelle in der digitalen Welt an der Otto-Friedrich-Universität Bamberg.

Behrends, Thomas
Univ.-Prof. Dr. Thomas Behrends, Jahrgang 1967, arbeitet als Professor für allgemeine BWL, insbesondere Personal und Organisation am Internationalen Institut für Management und ökonomische Bildung der Europa-Universität Flensburg. Seine Forschungsschwerpunkte liegen im Bereich der verhaltenswissenschaftlichen Personal-, Organisations- und Managementforschung. Insbesondere beschäftigt er sich mit Fragen des Personalmanagements in Klein- und Mittelbetrieben, der Entstehung und Wirkung von Organisationskultur, der Entwicklung betrieblicher Anerkennungs- und Sozialstrukturen sowie dem Verlauf organisationaler Lern- und Veränderungsprozesse.

Busch, Michael
Michael W. Busch, geboren 1972 in Siegen, studierte Verwaltungswissenschaft an der Universität Konstanz. Nach seiner Promotion an der TU Ilmenau (Fakultät für Wirtschaftswissenschaften) arbeitete er von 2008 bis 2014 als akademischer Rat am Institut für Unternehmensführung (Univ.-Prof. Dr. Dietrich von der Oelsnitz) an der TU Braunschweig, wo er sich 2015 im Fach Betriebswirtschaftslehre habilitierte. Daneben war er als Dozent an der VWA Braunschweig und der Wissenschaftlichen Hochschule Lahr tätig. Seit Mai 2014 arbeitet er im Fachbereich Management-, Organisations- und Personalberatung (Univ.-Doz. Dr. Ralph Sichler) an der FH Wiener Neustadt. Er lebt in Wien.

Feldbauer-Durstmüller, Birgit
Univ.-Prof. Dr. Birgit Feldbauer-Durstmüller ist seit 2005 Inhaberin des Lehrstuhls für Controlling und Vorstand des Instituts für Controlling und Consulting der Johannes Kepler Universität Linz, Österreich. Ihre Forschungsschwerpunkte liegen im Bereich Controlling, Krisenmanagement – Sanierung – Insolvenz, Familienunternehmen sowie in der interdisziplinären Forschung zur Unternehmensethik.

Fox, Alexander
Dr. rer. pol., Dipl.-Kfm., geboren 1979, Studium der Medienwirtschaft an der TU Ilmenau von Oktober 1998 bis Juni 2003, Referent im Controlling der Allianz Versicherungs-

AG, ZN Leipzig von Juli 2003 bis September 2004, Promotion 2009 zum Dr. rer. pol., seit Oktober 2010 akademischer Rat am Fachgebiet Finanzwirtschaft/Investition der TU Ilmenau. Seine Forschungsschwerpunkte liegen in den Bereichen Unternehmensbewertung und -finanzierung sowie der Investitionsrechnung im Rahmen erneuerbarer Energien.

Funke, Wilfried

Nach der Ausbildung zum Industriekaufmann in einem mittelständischen Unternehmen studierte Professor Wilfried Funk an der Universität Tübingen (Abschlüsse: Staatsexamen und Dipl.-Kfm.). Er war mehrere Jahre bei der Daimler AG tätig mit entsprechenden Auslandsaufenthalten in USA und Japan. Seit 1999 ist Wilfried Funk Professor im Studienbereich Betriebswirtschaft an der Hochschule Albstadt-Sigmaringen. Professor Funk ist des Weiteren Gastdozent an der Hochschule Reutlingen und an der SIBE in Berlin sowie als Berater in Unternehmen, insbesondere in der Automobilindustrie, tätig.

Hering, Thomas

Geboren 1967 in Unna. Studium der Betriebswirtschaftslehre (Diplom 1991) und Promotion (1994) an der Westfälischen Wilhelms-Universität Münster. Wissenschaftlicher Mitarbeiter von Dietrich Adam am Institut für Industrie- und Krankenhausbetriebslehre. Danach wissenschaftlicher Assistent von Manfred Jürgen Matschke am Lehrstuhl für Allgemeine Betriebswirtschaftslehre und Betriebliche Finanzwirtschaft, insbesondere Unternehmensbewertung, Ernst-Moritz-Arndt-Universität Greifswald. Habilitation für Betriebswirtschaftslehre (1999), Privatdozent und Lehrstuhlvertreter für Rechnungswesen und Controlling. Gastprofessor für Finanzwirtschaft an der Universität Joensuu (Finnland). Seit Juni 2000 Lehrstuhlinhaber an der Fern-Universität in Hagen. Mitherausgeber der BFuP seit 2004, Geschäftsführender Herausgeber seit 2009. Dekan der Wirtschaftswissenschaftlichen Fakultät 2009–2011.

Hiebl, Martin R. W.

Martin R. W. Hiebl ist seit 2015 Inhaber des Lehrstuhls für Betriebswirtschaftslehre, insbesondere Management Accounting and Control, an der Universität Siegen. Vor dieser Tätigkeit war er zunächst als Assistenzprofessor und später als assoziierter Professor an der Johannes Kepler Universität Linz aktiv, wo er sich 2015 für Betriebswirtschaftslehre habilitierte. In seiner Forschung beschäftigt er sich schwerpunktmäßig mit Controlling und strategischem Management in Familienunternehmen und KMU, mit der Rolle und dem Rollenwandel von CFO und Controllern sowie Zusammenhängen zwischen organisationalem Wandel und Controlling.

Hirsch, Bernhard

Univ.-Prof. Dr. Bernhard Hirsch ist Professor für Controlling an der Universität der Bundeswehr München. Seine Forschungsschwerpunkte liegen in den Bereichen Behavioral Controlling, wertorientierte Unternehmenssteuerung und Controlling in öffentlichen Institutionen.

Höge, Christin
Dipl.-Kffr. (FH), Bankkauffrau, geboren 1985, 2008–2012 Studium der Betriebswirtschaftslehre an der Hochschule Zittau/Görlitz, 2012–2014 Forschungsmitarbeiterin an der Hochschule Zittau/Görlitz, seit 2015 kaufmännische Leiterin des Wasser- und Abwasserzweckverbandes Elbe-Elster-Jessen.

Jacobs, Jens
Dr. Jens Jacobs hat im Jahr 2010 an der Universität Siegen promoviert. Er ist an der Universität Siegen verantwortlich für die Bereiche Wissenstransfer, Career Service, Alumni und Gründung. Während seiner Promotion hat er diverse Drittmittelprojekte bearbeitet und verschiedene Veröffentlichungen in Zeitschriften und Büchern publiziert, u. a. in der Zeitschrift für Betriebswirtschaft.

Knopf, Lukas
Dipl.-Wirt.-Ing. Lukas Knopf, geboren 1982 in Hamm (Westf.). Wissenschaftlicher Mitarbeiter am Lehrstuhl für Organisation und Führung der TU Braunschweig mit den Schwerpunkten Innovationsmanagement, Kompetenz- und Geschäftsmodellentwicklung. Neben der Lehrstuhltätigkeit ebenfalls beschäftigt im Business Development auf dem Gebiet der Elektronikentwicklung in Wolfsburg (Automotive).

Kuttner, Michael
Mag. Michael Kuttner ist Mitarbeiter am Institut für Controlling und Consulting. Seine Forschung fokussiert sich auf Controlling, Familienunternehmen und Corporate Social Responsibility.

Letmathe, Peter
Univ.-Prof. Dr. rer. pol. habil. Peter Letmathe (Lehrstuhl für Controlling, RWTH Aachen University) forscht und lehrt in den Feldern des verhaltenswissenschaftlichen Controllings, des betrieblichen Wertschöpfungsmanagements sowie des Innovations- und Geschäftsmodellcontrollings. Seine praktischen Erfahrungen umfassen mehr als 60 Drittmittelvorhaben. Seine Forschungsergebnisse hat er in zahlreichen TOP-Zeitschriften veröffentlicht, u. a. im Journal of Operations Management, im European Journal of Operational Research, im OR Spectrum und in der Zeitschrift für Betriebswirtschaft.

Lingnau, Volker
Univ.-Prof. Dr. rer. pol. habil., Studium des Wirtschaftsingenieurwesens und Promotion an der TU Berlin, Habilitation für Betriebswirtschaftslehre an der Universität Mannheim. Inhaber des Lehrstuhls für Unternehmensrechnung und Controlling an

der TU Kaiserslautern. Im Rahmen seiner Lehr- und Forschungstätigkeit beschäftigt er sich u. a. mit den Themengebieten „Psychological Management Accounting Research", insbesondere der Phänomene beschränkte Rationalität und beschränkter Opportunismus, sowie mit „Controlling und Nachhaltigkeit".

Mäder, Olaf B.
Dr. Olaf B. Mäder ist seit mehr als 15 Jahren in Führungspositionen in den Bereichen Finanzen, Controlling und Strategie tätig sowie Dozent für Controlling und Rechnungswesen. Forschungsschwerpunkte sind die wertorientierte Unternehmensführung, insbesondere von Technologieunternehmen, sowie die Schaffung von Transparenz als Entscheidungsgrundlage. Aus der Forschungstätigkeit sind u. a. der Technology Value Cube sowie der objektivierungsorientierte Controllingansatz hervorgegangen.

Martin, Alexander
Alexander Martin hat am Fachbereich Wirtschaftswissenschaft der Freien Universität Berlin promoviert und ist seit November 2011 als Akademischer Rat an der Professur für allgemeine BWL, insbesondere Personal und Organisation am Internationalen Institut für Management und ökonomische Bildung der Europa-Universität Flensburg tätig. Seine Forschungsschwerpunkte und wissenschaftlichen Interessen liegen in den Bereichen Innovation, organisationaler Wandel, kleine und mittlere Unternehmen, betriebliche Koordination und Integration sowie Subjektivierung von Arbeit.

Martin, Andrea
StB Dipl.-Kfm. Andrea Martin ist in der Steuer- und Unternehmensberatung, insbesondere für mittelständische Unternehmen und Familiengesellschaften, tätig. Am Center of Management Research and Consulting Martin (CMRC) arbeitet sie als Steuerberaterin. An der FOM Hochschule, Studienzentrum Mannheim, ist sie Lehrbeauftragte für Jahresabschluss und Steuerrecht. Die Veröffentlichungen behandeln Unternehmensnachfolge im Mittelstand, Jahresabschluss und Controlling.

Martin, Thomas A.
Prof. Dr. rer. pol. Dipl.-Kfm. Thomas A. Martin ist Inhaber der Professur für Betriebswirtschaftslehre, insbesondere Finanz- und Rechnungswesen, im Studienbereich Personalmanagement an der Hochschule Ludwigshafen am Rhein und wissenschaftlicher Direktor des Zentrums für Mittelstands- und Gründungsökonomie e. V. (ZMG). Die Lehr- und Forschungsbereiche umfassen Personalmanagement, Rechnungslegung und Controlling sowie Mittelstandsökonomie und Entrepreneurship.

Muche, Thomas
Prof. Dr. rer. pol. habil., Dipl.-Kfm., Maschinenbauer, geboren 1969, 1991–1996 Studium der Betriebswirtschaftslehre an der Universität Bielefeld und der Technischen Universität Dresden, 2000 Promotion an der Technischen Universität Dresden, 2000–2001

Hauptabteilung Betriebswirtschaft, Dr. August Oetker KG, Bielefeld, 2001–2002 Beteiligungsmanager und Projektleiter, RBB Management AG, Bautzen, 2003–2008 Professor für Allgemeine Betriebswirtschaftslehre, Investition und Finanzierung und seit 2008 Professor für Allgemeine Betriebswirtschaftslehre, insbesondere Unternehmensplanung und spezielle Betriebswirtschaftslehre der Energiewirtschaft an der Hochschule Zittau/Görlitz, 2010 Habilitation am Internationalen Hochschulinstitut Zittau, Arbeits- und Forschungsgebiete: Unternehmens- und Investitionsbewertung, Unternehmensplanung, Energiewirtschaft.

Mühlbauer, Martina
Martina Mühlbauer, M.A., ist wissenschaftliche Mitarbeiterin an der Professur für Betriebswirtschaftslehre, insbesondere Finanz- und Rechnungswesen, im Studienbereich Personalmanagement an der Hochschule Ludwigshafen am Rhein. Sie ist externe Doktorandin an der Helmut-Schmidt-Universität/Universität der Bundeswehr Hamburg. An der Hochschule Ludwigshafen am Rhein und an der Dualen Hochschule Baden-Württemberg in Mannheim ist sie Lehrbeauftragte für Rechnungslegung und Kosten- und Leistungsrechnung. Ihre Forschungsschwerpunkte umfassen internes und externes Rechnungswesen, Controlling und Mittelstandsökonomie.

Müller, David
Univ.-Prof. Dr. rer. pol. habil. David Müller ist seit 2015 Professor für Rechnungswesen und Controlling an der Brandenburgischen Technischen Universität Cottbus-Senftenberg, wo er bereits seit 2012 als Gastprofessor tätig war. Zuvor war er Juniorprofessor für Allgemeine Betriebswirtschaftslehre an der Technischen Universität Ilmenau, wo er 2011 habilitierte und die Vertretung des Lehrstuhls für Rechnungswesen und Controlling übernahm. Seine Arbeitsschwerpunkte sind Planung und Steuerung von Investitionen, Fragen des Controllings in kleinen und mittelständischen Unternehmen sowie die Modellierung von ökonomischen Aspekten in der Produktentwicklung.

Müller, Martin
Dipl.-Kfm. Martin Müller studierte bis 2013 an der Friedrich-Schiller-Universität Jena und an der Universitat de Barcelona Betriebswirtschaftslehre mit den Schwerpunkten Rechnungswesen/Controlling, Industrie- und Produktionslehre sowie Außenpolitik. Seit 2013 ist er akademischer Mitarbeiter und seit 2015 Doktorand am Lehrstuhl ABWL und Besondere des Rechnungswesens und Controlling an der Brandenburgischen Technischen Universität Cottbus-Senftenberg. Seine Arbeits- und Forschungsgebiete liegen in ausgewählten Fragestellungen der Kostenrechnung, in Schnittstellen zwischen internem und externem Rechnungswesen sowie in betriebswirtschaftlichen Anwendungsfeldern der kooperativen Spieltheorie.

Oehler, Andreas

Univ.-Prof. Dr. Andreas Oehler ist Inhaber des Lehrstuhls für Betriebswirtschaftslehre, insbesondere Finanzwirtschaft, an der Otto-Friedrich-Universität Bamberg. Außerdem ist er Direktor der Forschungsstelle „Verbraucherfinanzen und Verbraucherbildung", Vorsitzender des Verwaltungsrats der Stiftung Warentest und Mitglied des Sachverständigenrats für Verbraucherfragen des BMJV. Seine Arbeits- und Interessengebiete umfassen u. a. Finanzwirtschaft, Bankbetriebslehre, insbesondere kundenorientiertes Multi-Channel Banking & Direct Banking, Finanzmärkte, empirische & experimentelle Finanzmarktforschung, Anleger- & Verbraucherschutz, Verbraucherfinanzen, Personal Finance, Household Finance.

Rieg, Robert

Prof. Dr. Robert Rieg ist Prodekan für Forschung an der Fakultät Wirtschaftswissenschaften und lehrt Controlling und interne Unternehmensrechnung. Seine Forschungsinteressen liegen in der Veränderung der Berufspraxis von angestellten und selbstständigen Controllern, den Strukturen des Rechnungswesens und Controllings im Mittelstand sowie der Steuerung und dem Berichtswesen freiwilliger immaterieller Werte.

Rossmanith, Jonas

Prof. Dr. Jonas Rossmanith studierte Betriebswirtschaftslehre an der Universität Mannheim (Abschluss: Dipl.-Kfm.). Nach seiner Promotion war er von 1998 bis 2000 bei der Wirtschaftsprüfungsgesellschaft KPMG in Wien. Seit April 2000 ist er Professor an der Fakultät Business Science and Management der Hochschule Albstadt-Sigmaringen. Des Weiteren ist er an in- und ausländischen Hochschulen tätig und Autor zahlreicher Publikationen auf den Gebieten der nationalen und internationalen Rechnungslegung, der Steuerlehre sowie des Controllings.

Schonert, Bastian

Dipl.-Wirt.-Inf., geboren 1978, Berufsausbildung zum Bankkaufmann bei der Nordthüringer Volksbank eG von August 1997 bis Juni 2000, Studium der Wirtschaftsinformatik von Oktober 2000 bis Oktober 2005, wissenschaftlicher Mitarbeiter am Fachgebiet Finanzwirtschaft/Investition der Technischen Universität Ilmenau von November 2005 bis Oktober 2008, Mitarbeiter im Controlling und Rechnungswesen der Bosch Solar Energy AG von November 2008 bis Oktober 2013, Systemberater im Controlling der Robert Bosch GmbH von November 2013 bis Dezember 2015.

Seewald, Yannik B.

Dipl.-Wirt.-Ing., studierte Wirtschaftsingenieurwesen mit der Fachrichtung Chemie an der Technischen Universität Kaiserslautern. Seit August 2015 ist er wissenschaftlicher Mitarbeiter am Lehrstuhl für Unternehmensrechnung und Controlling bei Prof. Dr. Volker Lingnau an der TU Kaiserslautern. Im Rahmen seiner Promotion beschäftigt er sich mit „Gamification", um diese mit der verhaltensorientierten Controlling-forschung zu verknüpfen.

Strigel, Benedikt

Master of Arts, studierte Wirtschaftsrecht und Betriebswirtschaftslehre mit der Vertiefung Accounting, Auditing & Taxation an der HfWU Nürtingen-Geislingen sowie Business Excellence an der University of South Wales in Großbritannien. Seit 2015 ist Herr Strigel als akademischer Mitarbeiter am Kompetenzzentrum „Internationale Rechnungslegung und Internationales Controlling" der Hochschule Albstadt-Sigmaringen von Herrn Professor Funk und Herr Professor Dr. Rossmanith forschend tätig.

Thommes, Kirsten

Dr. Kirsten Thommes leitet den Lehrstuhl Unternehmensführung, Organisation und Human Resource Management an der Brandenburgischen Technischen Universität Cottbus-Senftenberg. Während ihrer Postdocphase forschte sie an der Radboud Universität Nijmegen und der RWTH Aachen zu den Folgen von industriellen Konflikten in Unternehmen und dem Einfluss von Institutionen auf die Entstehung von Konflikten in Unternehmen. Ihre aktuellen Forschungsschwerpunkte liegen in den Bereichen des organisationalen Wandels, der Teamarbeit und der Interaktion von Mensch und Maschine im Bereich der Industrie 4.0.

Toebe, Marc

Dr. Toebe ist Lehrstuhlvertreter für ABWL, insbesondere Investition und Finanzierung, an der Brandenburgischen Technischen Universität Cottbus-Senftenberg. Herr Toebe studierte Betriebs- und Volkswirtschaftslehre. Nach seiner Tätigkeit bei der KPMG ist er an universitären Hochschulen tätig. Er wurde 2005 als Steuerberater sowie 2009 als Wirtschaftsprüfer bestellt.

Toll, Christian

Dr. Christian Toll studierte Betriebswirtschaftslehre an der Ernst-Moritz-Arndt-Universität Greifswald. Dort war er von Oktober 2004 bis April 2005 als wissenschaftlicher Mitarbeiter von Univ.-Prof. Dr. Manfred J. Matschke am Lehrstuhl für Allgemeine Betriebswirtschaftslehre und Betriebliche Finanzwirtschaft, insbesondere Unternehmensbewertung, tätig. Seit Mai 2005 ist er wissenschaftlicher Mitarbeiter von Univ.-Prof. Dr. habil. Thomas Hering am Lehrstuhl für Betriebswirtschaftslehre, insbesondere Investitionstheorie und Unternehmensbewertung (ehemals Unternehmensgründung und Unternehmensnachfolge), der Fern-Universität in Hagen. Momentan ist er ebendort akademischer Rat und Habilitand.

Trost, Ralf

Univ.-Prof. Dr. rer. pol. habil. Dipl.-Math., Studium der Mathematik an der Technischen Hochschule (heute: Technische Universität) Darmstadt, wissenschaftlicher

Mitarbeiter und wissenschaftlicher Assistent am Lehrstuhl für Statistik am Institut für Statistik und Mathematische Wirtschaftstheorie der Wirtschafts- und Sozialwissenschaftlichen Fakultät der Universität Augsburg. Promotion 1989 und Habilitation 1995 an der Universität Augsburg. Nach Professurvertretungen an den Universitäten Ulm und Bielefeld seit 1995 Leiter des Fachgebiets Allgemeine Betriebswirtschaftslehre, insbesondere Finanzwirtschaft/Investition an der Fakultät für Wirtschaftswissenschaft, nunmehr Fakultät für Wirtschaftswissenschaft und Medien, der Technischen Universität Ilmenau.

Ulrich, Patrick
Prof. Dr. habil. Patrick Ulrich lehrt Unternehmensführung und -kontrolle an der Hochschule Aalen – Technik und Wirtschaft, ist Privatdozent an der Otto-Friedrich-Universität Bamberg sowie Lehrbeauftragter an der Universität Siegen und der VWA Nürnberg.

Urigshardt, Thomas
Dr. Thomas Urigshardt hat im Jahr 2010 an der Universität Siegen im Bereich des forstwirtschaftlichen Controllings promoviert. Seit 2010 ist er im Controlling bei einem mittelständisch geprägten Automobilzulieferer tätig. Während seiner Promotion hat er das Drittmittelprojekt „Forstliches Controlling" bearbeitet und verschiedene Veröffentlichungen in Büchern publiziert.

von der Oelsnitz, Dietrich
Univ.-Prof. Dr. Dietrich von der Oelsnitz, geboren 1964 in Lübeck, Leiter des Instituts für Unternehmensführung und Inhaber des Lehrstuhls für Organisation und Führung an der Technischen Universität Braunschweig. Arbeitsschwerpunkte: strategisches Management, Unternehmenskooperationen, Personalführung, Teamarbeit. Daneben Beratungsaktivitäten vor allem in der Automobilindustrie sowie im Dienstleistungsbereich (Professional Services).

Wendt, Stefan
Prof. Dr. Stefan Wendt ist seit 2015 Professor an der Universität Reykjavik, Island. Er lehrt dort in den Themenbereichen Unternehmensfinanzierung und internationale Finanzierung. Seine Forschungsgebiete sind insbesondere Unternehmensfinanzierung und Corporate Governance, Finanzmärkte und Finanzdienstleistungen sowie Risikomanagement.

Wolf, Tanja
Tanja Wolf ist promovierte Mitarbeiterin am Institut für Controlling und Consulting. Ihre Forschungsschwerpunkte liegen in den Bereichen Controlling und interdisziplinäre Forschung zur Unternehmensethik.

Zielinski, Marc

Dr. Marc Zielinski hat im Mai 2012 an der Universität Siegen promoviert. Seit September 2012 ist er in einem mittelständischen Unternehmen in Siegen tätig, seit März 2015 als kaufmännischer Leiter. Seine wissenschaftlichen Interessen liegen auf den Gebieten des verhaltensorientierten Controllings und des Behavioral Operations Management. Er hat im Journal of Operations Management und im International Journal of Operations & Production Management veröffentlicht.

Stichwortverzeichnis